문채규 교수 정년기념논문집

형법학의 주요문제

문채규 교수 정년기념준비위원회

法 文 社

문채규 교수님의 정년을 기념하며

　2023년 2학기를 마지막으로 문채규 교수님은 30여 년의 교직을 내려놓게 되었다. 그동안 형사법 학자로서 무수한 논문을 남겨 한국 형법학의 발전에 일익을 담당하였으며, 그에 대한 노고와 학문적 업적을 기념하기 위해서 교수님께서 쓰신 논문을 모아 정년기념논문집을 발간하기로 하였다. 거의 일 년 전부터 제자들이 기념논문집 발간에 동참하기로 의견을 모았고, 문채규 교수님과 친분이 있는 교수님들께 참여에 대한 협조를 구하였다. 그렇게 문채규 교수 정년기념논문집 「형법학의 주요문제」가 탄생할 수 있었다.

　처음에는 기념논문집을 만들기 위해 독일의 기념논문집 형식을 벤치마킹하여 각 참여자가 자신의 논문을 써서 교수님의 정년을 기념하는 방식을 생각하였다. 하지만 실적을 우선시하는 학계의 현실에서 연구업적에 포함되지 않는 기념논문집에 참여자의 글 한 편을 싣는다는 것은 쉽지 않은 일이었다. 그에 따라 고민한 것이 교수님께서 쓰신 글들을 모아서 각 글에 평석을 다는 방식이었다. 여기에서 어려운 작업 중 하나는 교수님의 무수한 업적 중 일부를 추리는 것이었다. 어느 하나 소홀히 할 수 없는 글 중에서 기념논문집에 담을 글을 선정하는 것은 중요한 고민거리였다. 그래서 우선 교수님께서 주로 글을 쓰신 분야가 형법총론이기에, 그에 대한 글들을 중심에 두고, 형법각론의 영역에서는 주로 재산범죄를 다룬 글들을 포함하기로 하였다. 그렇게 「형법학의 주요문제」에는 교수님께서 쓰신 논문 중 20편의 글이 실리게 되었다. 이 중 11편의 글에 여러 교수님과 제자들의 평석이 달렸고, 허일태 교수님께서는 독자적인 논문을 보내주셨다.

　이와 같은 기념논문집이 발간되기까지에는 많은 분의 노력과 도움이 있었다. "문채규 교수 정년기념준비위원회"의 위원장직을 흔쾌히 수락하여 물심양면으로

도움을 주신 한국해양대학교 최석윤 교수님, 형법학자로서 문채규 교수님의 멋진 마무리를 기획해주신 동아대학교 허일태 명예교수님, 동아대학교 최병각 교수님, 그리고 부산대학교 이기춘 교수님, 기념논문집의 축사를 맡아주신 동국대학교 변종필 교수님, 기념논문집의 평석 작성에 기꺼이 참여해 주신 동아대학교 하태영 교수님, 단국대학교 이석배 교수님, 경남대학교 하태인 교수님, 가천대학교 이근우 교수님, 동의대학교 최성진 교수님께 심심한 감사의 말씀을 드린다. 아울러 기념논문집의 발간에 노고를 아끼지 않은 문채규 교수님의 제자들(강수경, 김은경, 김충식, 이수진, 여현수, 정윤철, 조현영)에게도 감사의 말씀을 드린다.

정년기념논문집의 발간에 참여하신 모든 분이 문채규 교수님의 학문적 업적에 대한 존경의 마음을 담아 그 업적을 기리고자 한다. 교수님의 명예로운 퇴임을 기념하며 교수님께 감사의 말씀을 올린다.

2024년 2월
문채규 교수 정년기념준비위원회

문채규 교수 연보 및 주요 연구 활동

Ⅰ. 연 보

문채규 선생님은 1958. 3. 26. 경남 진양군 미천면 반지리 613번지에서 부 문병용 선생과 모 강병옥 여사의 3남 2녀 중 장남으로 출생하셨다. 선생께서 는 1986년 이견희 여사와 혼인하시어 슬하에 장녀 선윤, 차녀 선진, 장남 선 호를 두셨다.

[학력]

1977. 2.	진주고등학교 졸업
1982. 2.	고려대학교 법과대학 졸업
1984. 2.	고려대학교 대학원 법학과 수료(법학석사)
1993. 2.	고려대학교 대학원 법학과 수료(법학박사)

[경력]

1984. 8. ~ 1985. 2.	제4기 예비역사관후보생
1985. 9. ~ 1988. 2.	안동대학교 사회과학대학, 한국외국어대학교 법과대학 강사
1988. 3. ~ 2005. 2.	안동대학교 사회과학대학 전임강사, 조교수, 부교수, 교수
1993. 3. ~ 1995. 2.	안동대학교 방송국장
1998. 1. ~ 1999. 1.	독일 Trier 대학교 객원교수
2002. ~ 2020.	사법시험·변호사시험·행정고시·입법고시 출제위원 각 수회
2005. 3. ~ 2009. 2.	부산대학교 법과대학 교수
2009. 3. ~ 현재	부산대학교 법학전문대학원 교수

2009. ~ 2012.	한국비교형사법학회(2009) · 한국형사정책학회(2010) · 한국형사법학회(2011, 2012) 편집위원장
2009. 7. ~ 2010. 7.	부산지방검찰청 형사조정위원회 조정위원
2009. 9. ~ 2022. 3.	부산광역시 소청심사위원회 위원
2010. 1. ~ 현재	부산지방검찰청 형집행정지심의위원회 위원
2010. 11. ~ 2016. 11.	부산고등검찰청 행정심판위원회 위원
2015. 1. ~ 2016. 1.	한국비교형사법학회 회장
2015. 6. ~ 현재	한국형사정책연구원 형사정책연구자문위원
2016. 1. ~ 2022. 1.	대법원 양형위원회 자문위원
2016. 8. ~ 현재	부산경찰청 수사심의위원회 위원 및 위원장
2017. 1. ~ 2018. 1.	부산지방변호사회 분쟁조정위원회 위원
2023. 1. ~ 현재	부산고등검찰청 형사상고심의위원회 위원

[서훈]

2001. 12.	한국형사법학회 정암학술상 수상
2021. 5.	부산대학교 교육자상 수상

Ⅱ. 저서 · 논문

[저서]

1. 로스쿨 형법각론(공저), 세창출판사, 2009
2. 주석 형법총칙(공저), 한국사법행정학회, 2011
3. 형법판례 150선(공저), 한국형사판례연구회 편, 박영사, 2016
4. 죄형법정원칙과 법원(공저), 한국형사법학회 편, 박영사, 2023

[논문]

1. 형법상 행위론에 관한 연구, 고려대학교 대학원, 석사학위논문, 1983.
2. 부진정부작위범에 있어서의 보증인적 지위, 승진강좌, 1987/12.
3. 위법성조각사유의 객관적 전제조건에 관한 착오, 안동대학 논문집 제9집, 1987.
4. 미필적 고의, 안동대학 논문집 제11집, 1989.
5. 작위와 부작위, 사회과학논총(안동대 사회과학연구소) 창간호, 1989.
6. 부진정부작위범의 가벌성요건에 관한 고찰, 고려대학교 대학원, 박사학위논문, 1992.
7. 형법 제310조의 법리, 민주사회를 위한 변론 제4호, 1994.
8. 보증인지위의 체계화, 사회과학논총(안동대 사회과학연구소) 제6집, 1994.
9. 오상과잉방위, 안암법학 제2집, 1994.
10. 부작위범 미수의 가능성, 사회과학논총(안동대 사회과학연구소) 제7집, 1995.
11. 결과적 가중범에서 기본범죄와 중한 결과 간의 직접관련성, 사회과학논총(안동대 사회과학연구소) 제8집, 1996.
12. C. Roxin의 범행지배설과 과실범의 공동정범, 사회과학논총(안동대 사회과학연구소) 제9집, 1997.
13. 검사의 부당한 불기소처분에 대한 법적 통제와 기소편의주의의 미래, 안암법학 제6호, 1998.
14. 과실범의 공동정범에 대한 논증도구로서의 기능적 범행지배표지, 법치국가와 형법(심재우 교수 정년기념논문집), 1998.

15. 소극적 구성요건표지이론을 위한 변론 – 고의책임의 본질을 중심으로 –, 형사법연구 제12호, 1999.
16. 형법 제310조에 대한 규범이론적 접근, 안암법학(안암법학회) 제11호, 2000.
17. 위증죄의 성격과 진술의 허위성, 형사법연구 제13호, 2000.
18. 공동정범의 본질론에 대한 재검토, 안암법학 제12호, 2001.
19. 형법 제15조 제1항에 대한 새로운 해석의 시도, 형사법연구 제16호, 2001.
20. 상대적 친고죄와 주관적 고소불가분의 원칙, 고시연구, 2001/3.
21. 핵심논점, 고시연구, 2001/6.
22. 구성요건착오의 한계사례와 인과과정의 착오, 비교형사법연구 제3권 제1호, 2001.
23. 간통죄에서 '이혼소송의 취하로 인한 고소취소간주'의 제한적 해석, 고시연구, 2001/12.
24. 방법의 착오의 착오유형적 정체성, 비교형사법연구 제3권 제2호, 2001.
25. 절도죄 관련 죄형법규의 체계, 안암법학(안암법학회) 제14호, 2002.
26. 사법경찰관 작성의 실황조사서 및 그 조사서에 기재된 피의자진술의 증거능력, 고시연구, 2002/5.
27. 예비비의 공범과 중지, 비교형사법연구 제4권 제1호, 2002.
28. 형법 제18조(부작위범)의 구성요건표지인 '결과'의 의미, 박재윤 교수 정년기념논문집, 2002.
29. 항소심에서의 공소장변경과 고소취소의 효력, 형사판례의 연구 I(이재상 교수 화갑기념 논문집), 2003.
30. 공소장변경의 필요성과 고소취소기간의 제한, 고시계, 2003/2.
31. 형법상 과실의 구조, 비교형사법연구 제5권 제1호, 2003.
32. 보강증거의 보강범위, 고시연구, 2003/9.
33. 제정형법의 오늘, 형사법연구 제20호, 2003.
34. 뇌사의 법적 의미와 장기 등 이식에 관한 법률, 비교형사법연구 제5권 제2호 특집호, 2003.
35. 긴급피난·공범의 종속형식·공범과 신분·정당화사유의 전제사실에 관한 착오 등의 관련 사례, 고시연구, 2004/1.
36. 사시 및 군법무관 2차 대비 예상문제·핵심논점정리, 고시연구, 2004/5.
37. 상상적 경합과 법조경합에 있어서 과형의 문제, 형사법연구 제21호, 2004.
38. 합동범의 공동정범, 형사법연구 제22호, 2004.
39. 고의, 과실 및 구성요건착오에 관한 형법규정의 정비, 형사법연구 제22호 특집호, 2004.
40. 준강도죄의 법적 성격과 주체, 비교형사법연구 제6권 제2호, 2004.
41. 실체적 공판준비의 허용범위, 고시연구, 2005/3.
42. 국제형사사법공조의 주요 형식, 비교형사법연구 제7권 제2호, 2005.
43. 사면의 형법체계적 위치와 그 한계 – 총체적 형법학의 양형체계의 맥락에서 –, 형사법연구 제24호, 2005.
44. 긴급체포 및 긴급압수·수색의 적법 요건, 고시연구, 2006/3.
45. 법학전문대학원 개설 준비를 위한 교육과정 및 교육방법 개발에 관한 연구, 2005년도 부산대학교 기획과제 연구결과보고서, 2006.
46. 사개추위안의 수사상 긴급 압수·수색·검증제도에 대한 검토, 비교형사법연구 제8권 제1호, 2006.
47. 형법 제27조(불능범)의 "위험성" 표지, 비교형사법연구 제8권 제2호, 2006.
48. 준강도죄의 불법과 책임의 구조, 한국형법학의 새로운 지평(김일수 교수 화갑기념논문집), 2006.
49. "국가보안법 폐지 후 형법보완론"의 구체적 내용에 대한 형법이론적 분석 – 열린우리당이

2004년 10월 20일 발의한 형법중개정법률안을 중심으로 -, 법학연구(부산대 법학연구소) 제47권 제2호, 2007.

50. 제49회 사시·제51회 행시 2차대비 출제경향분석과 최종전략, 고시계 2007/6.

51. 미필적 고의 및 보증인 지위, 고시계 2010/7.

52. 경합범의 일부상소에 있어서 상소심의 파기범위, 법학연구(부산대학교 법학연구소), 2007.

53. 경합범의 일부상소와 관련한 미결구금일수의 통산방법에 관한 일고찰, 비교형사법연구 제9권 제2호, 2007.

54. 법학전문대학원의 입시전형요강 및 평가문항과 기준의 개발에 관한 연구, 2006년도 부산대학교 기획과제 연구결과보고서, 2008.

55. 결과적 가중범의 불법 및 책임, 한국형사법학의 신 전개(이재상 교수 정년기념 논문집), 2008.

56. 수사절차상 피의자의 청문권, 법학연구(부산대학교 법학연구소) 제49권 제1호, 2008.

57. 부진정부작위범에 있어서 상응성 요건의 허와 실, 비교형사법연구 제11권 제1호, 2009.

58. 교육의 질적 고도화 정책에 대한 평가, 2008년도 부산대학교 제10대 교수회 기획과제, 2009.

59. 행위 중에 형벌법규의 변경이 있는 경우 적용법규의 문제, 형사법연구 제21권 제4호, 2009.

60. 절도와 강도의 죄에 관한 형법 및 특별법의 개정과 정비 방안, 비교형사법연구 제11권 제2호, 2009.

61. 부산대학교 정체성 진단과 발전전략, 2009년도 부산대학교 제11대 교수회 기획과제, 2010.

62. 미필적 고의 및 보증인 지위, 고시계, 2010/6.

63. 판례사안을 통하여 본 작위와 부작위의 구별, 한국 형사법학의 이론과 실천(정암 정성진 박사 고희기념논문집), 2010.

64. 특정범죄가중처벌 등에 관한 법률 제5조의4 제5항 위반죄와 죄수관계, 형사법연구 제22권 제4호, 2010.

65. 주거침입죄의 보호법익 - '사실상 평온설'의 정립을 위하여 -, 비교형사법연구 제12권 제2호, 2010.

66. 부산대학교 정체성 진단과 발전전략, 2010년도 부산대학교 제11대 교수회 기획과제, 2011.

67. 구성요건착오와 금지착오의 구별 - 규범적 구성요건표지에 대한 고의의 인식양태를 중심으로 -, 법학연구(부산대 법학연구소) 제52권 제3호, 2011.

68. 교통사고 관련 형사법규들의 체계적 해석 - 도로교통법 제54조 제1항, 특정범죄가중처벌등에관한법률 제5조의3 제1항 및 교통사고처리특례법 제3조 제2항의 '필요한 조치' 중 '신원확인조치'의 포함여부를 중심으로, 법학연구(전북대학교 법학연구소) 통권 제33집, 2011.

69. 이중기소의 처리 및 추가기소에 의한 공소장변경의 허용 여부, 고시계, 2011/12.

70. 야간주거침입절도죄에서 야간 상황이 요구되는 시점과 실행의 착수시기, 고시계 2012/1.

71. 지휘책임제도 개선방안 연구, 육군본부 용역연구 과제, 2012.

72. 결과적 가중범과 그 미수범에 관한 선행연구의 분석과 형법각칙상 해당규정의 총체적 정비를 위한 구체적인 개정입법모델에 관한 연구, 비교형사법연구 제14권 제1호, 2012.

73. 공·사문서의 부정행사죄에서 부정행사의 개념, 법학연구(부산대 법학연구소) 제53권 제4호, 2012.

74. 현주건조물등방화치사죄 관련 죄수, 특별형법 간의 법조경합, 도로교통법위반(음주측정불응) 등, 고시계, 2012/12.

75. 사후적 경합범의 처단에 관한 형법 제39조의 비교법적 차별성과 그 해석론, 형사법연구 제25권 제4호, 2013.

76. 재산범죄 일반의 기본 쟁점, 비교형사법연구 제15권 제2호, 2013.
77. 방조범의 불법과 중립적 행위에 의한 방조, 법학논총(한양대 법학연구소) 제31집 제4호, 2014.
78. 특별사면의 정상화를 위한 법제적 정비, 형사정책 제27권 제3호, 2015.
79. 형법상 경합범 규정의 개선방향 연구, 법원행정처 연구용역 과제, 2015.
80. 테러범죄에 관한 한국의 연구 현황, 비교형사법연구 제17권 제4호, 2015.
81. 배임죄의 주체에 관한 판례이론의 분석과 비판, 법학연구(부산대 법학연구소) 제57권 제4호, 2016.
82. 사기죄의 본질 및 구성요건 구조와 처분의사, 비교형사법연구 제19권 제3호, 2017.
83. 종교적 행위의 형사법적 허용범위, 비교형사법연구 제19권 제4호, 2018.
84. 사후적 경합범에서 형의 집행 및 형기의 통산에 관한 문제, 법학연구(부산대 법학연구소) 제59권 제2호, 2018.
85. 불법과 책임의 구별 그리고 규범이론 – 독일의 논의를 중심으로 –, 법학(서울대 법학연구소) 제59권 제4호, 2018.
86. 법률의 부지와 금지착오, 형사법연구 제31권 제4호, 2019.
87. 위법성조각사유에 관한 학계의 몇 가지 오해에 관하여, 비교형사법연구 제21권 제4호, 2020.
88. 횡령죄의 주체와 부동산명의수탁자의 지위, 형사법연구 제32권 제2호, 2020.
89. 재산범죄에서 구성요건의 해석원리로서의 법질서의 통일성, 법학논총(국민대학교 법학연구소) 제33권 제3호, 2021.
90. 형법 해석의 방법론, 비교형사법연구 제23권 제3호, 2021.
91. 형법 제258조의2(특수상해)에 대한 입법론적 검토, 형사법연구, 제33권 제4호, 2021.
92. 공동주거에 대한 주거침입죄, 형사법연구 제34권 제3호, 2022.
93. 주거침입죄에서 주거권자의 의사장벽의 구조와 내용 – 소위 추정적 의사 내지 진정한 의사의 문제 – 법학연구(부산대 법학연구소) 제64권 제4호, 2023.

존경하는 선배님의 정년에 즈음한 단상

최 석 윤(국립한국해양대학교 총장 직무대리)

참으로 시간은 빠르게 흘러간다.

1987년 여름 대학원 석사과정 첫 방학 기간에 스승이신 심재우 교수님의 지도로 진행되었던 사형과 사제 간의 세미나 자리에서 처음 문채규 선배님을 만났다.

그때가 엊그제 같은데 2월 말이면 벌써 36년이 넘는 시간이 흘러 선배님은 정년퇴직을 맞이하게 된다.

청룡의 해인 갑진년에 정년을 맞이하신 선배님께 진심으로 축하를 드리며, 상승 청룡의 기운을 듬뿍 받아 항상 축복과 행운이 함께 하면서 무엇이든 원하시는 것은 모두 다 이루시기를 간절히 소망한다.

아울러 존경하는 선배님의 정년퇴직을 축하하는 의미에서 주마등처럼 떠오르는 추억 가운데 일부를 소개하고자 한다.

1. 동 칸

스승이신 심재우 교수님은 한동안 매년 여름 방학이면 교수로 임용되어 활동하고 있던 선배님들을 학교로 불러 모으거나 강릉 본가, 안동 병산서원 등 산 좋고 물 좋은 곳에서 일주일간 대학원에 재학 중이었던 제자들과 함께 독일어 원서강독을 하는 세미나를 실시하였다. 전자의 예로 당시 강릉대 좌중흔 선배님, 강원대 윤용규 선배님, 계명대 조상제 선배님, 안동대 문채규 선배님 등이 있었고, 나중에 건국대 손동권 선배님도 독일 유학을 마치고 세미나에 합류하였다.

후자의 예로는 순천향대 김완섭 선배님, 충북대 이재룡 선배님, 친구인 고려대 윤재왕 교수와 경기대 진희권 교수, 후배인 단국대 서윤호 교수와 목포대 조천수 교수, 그리고 한국해양대 최석윤 교수 등이 있다. 스승님은 독일 유학을 마치고 이미 고려대에서 석사와 박사를 배출하고 있던 김일수 교수님과 배종대 교수님이나 마찬가지로 독일 유학을 마치고 당시 한림대에서 재직하고 있었던 김영환 교수님 등은 세미나에 참여시키지 않았다. 김일수 교수님, 배종대 교수님, 김영환 교수님 등을 비롯하여 독일로 유학을 가는 제자는 모두 독일어 원서강독을 통한 스승님의 개별지도를 받고 난 후에야 한국을 떠날 수 있었다.

독일어 원서강독 세미나 중에 좌중흔 선배님은 독특한 독일어 발음으로 참가 자들이 진지한 분위기에서도 웃음을 참기 어렵게 만든 경우가 많았다, 예컨대 대부분의 사람은 'nicht sich'를 '니히트 지히'라고 발음하는데, 좌선배님은 '니키트 지키'라고 발음하여 웃음을 자아내곤 하였다. 그래도 번역은 정확하였다.

스승님이 제자들과 한동안 여름 방학 기간마다 독일어 원서강독 세미나를 진행하였던 계기는 선후배 사이의 교류를 증진하려는 의도도 있었지만, 논의 대상에 대한 정확한 이해와 판단을 전제로 학문적 토론이 이루어져야 한다는 신념인 것으로 이해된다. 왜냐하면 기본전제에 대한 정확한 이해와 판단이 없으면 학문적 토론이 일상이론(Alltagstheorie)에 불과하여 검증되기도 어려운 저마다의 주장으로 얼룩질 우려가 크기 때문이다.

아무튼 세미나 도중에 스승님은 문채규 선배님을 **'동양의 칸트'**라고 하시면서 줄여서 **'동칸'**이라고 부르셨다. 스승님의 사상에 가장 큰 영향을 준 칸트에 비견될 만큼 문채규 선배님은 독일어 원서강독이나 학문적 활동뿐만 아니라 약속 시간 준수를 비롯한 일상생활에서도 정확하고 철저한 사람이었다. 학문의 세계에서 초보자인 후배로서 그런 선배님을 존경하지 않을래야 존경하지 않을 수 없는 노릇이었다.

2. 반 전

학문 활동이나 일상생활에서도 언제나 진지하고 철저한 모습만 보여주었던 선배님도 장난이 심한 개구쟁이의 모습을 드러내는 반전이 있었다.

1989년 여름 방학에는 강원도 강릉시 제비리에 소재하는 스승님의 본가에서 세미나를 진행하였다. 무더운 여름이었지만, 스승님의 본가는 과수원과 텃밭이 딸린 저택이었을 뿐만 아니라 본채와 사랑채가 분리되어 있었고 특히 대청마루가 있는 사랑채는 세미나 장소로서 최적의 조건을 지니고 있었다. 쉬는 시간에 근처에 있는 남대천에서 물놀이도 하고 이른 아침에는 주변을 산책도 하면서 지냈다. 스승님은 슬하에 3명의 따님과 4대 독자인 막내아들 종윤이를 두고 있었는데, 당시 초등학교 5학년이었던 막내아들 종윤이는 함께 물놀이하면서 스킨쉽을 통해 친해진 탓인지 시도 때도 없이 우리들이 머무는 사랑채로 찾아오곤 하였다. 선배님은 장난삼아 "종윤아, 석윤 형이 그렇게 좋아 떨어지기 싫으면 부모님께 매형으로 삼게 해달라고 해라"라고 이야기한 것이 첫 번째 반전이었다.

선배님의 장난으로 종윤이가 개학 후에 하숙집을 찾아왔다가 몇 차례 허탕을 친 적이 있었는데, 그 일로 종윤이는 사모님께 심하게 야단맞기도 하였다. 얼마 후 스승님이 갑자기 "최군 올해 나이가 몇이지?"라고 질문을 하셨고, "스물여덟입니다"라는 대답을 들으시고, "너무 많아서 안 되겠네"라고 하셨다. 도대체 무슨 영문인지 몰랐는데, 나중에 생각해 보니 종윤이의 성화에 못 이겨 나이를 물어보셨고 85학번인 첫째 따님은 이미 사귀는 사람이 있어 곤란하고 둘째 따님부터는 나이 차가 커서 종윤이의 요구를 받아들이기 곤란하다고 판단하셨던 것 같았다. 아무튼 선배님의 장난으로 스승님의 사위가 될 뻔하였다.

두 번째 반전은 선배님의 박사학위 논문심사 과정에서 있었다. 선배님은 석사학위를 받고 박사과정 재학 중에 안동대 교수로 부임하였으며, 나중에 박사학위를 취득한 후 부산대 법학전문대학원으로 자리를 옮겼다. 선배님은 안동대 교수로 재직하고 있을 때 박사학위 논문심사를 받는데, 나는 당시 한국형사정책연구원에 재직하면서 박사과정을 이수하고 있었다. 박사학위 논문심사를 통과한 후에 선배님은 반포동 아파트에 마련된 우리 신혼집에서 하룻밤을 묵기로 하고 근처 노래방에 가서 음주와 유흥을 즐기기로 하였다. 그날 그 자리에서 밝혀진 두 가지 사실, 즉 선배님이 '테니스에 빠져 박사과정을 수료한 지 10년 만에 박사학위를 취득하게 되었다는 사실'과 '노래방에서 마이크를 잡으면 쉽게 놓지 않는다는 사실'이 '동칸'과는 거리가 먼 반전이었다.

아무튼 그때 내가 불렀던 김현식의 '내 사랑 내 곁에'는 지금도 선배님이 나에게 요청하는 단골 신청곡이 되었다.

3. 스승님의 당부

박사과정 입학시험을 마친 후 스승님은 "나는 석사과정에서는 사법시험 준비생을 구제하기 위해 입학시험 성적만 좋으면 누구나 제자로 받지만, 박사과정에서는 입학시험 성적이 좋더라도 최소한 두 가지 조건을 갖추고 학문에 전념할 수 있는 제자만 받는다"라고 하셨다.

그 첫 번째 조건은 "학문에 정진하려면 기본적인 머리와 성실성이 있어야 한다"라는 것이고, 두 번째 조건은 "학문이 저절로 해답을 줄 때까지 학문을 돈, 명예, 권력 등을 위한 수단으로 삼지 말라"라는 것이었다. 돈을 벌어 부를 축적하고자 한다면 당장 공부를 그만두고 사업을 벌이거나 장사를 시작하는 것이 더 나은 선택이고, 권력을 추구하고자 한다면 국회의원선거에 출마하거나 최소한 국회의원 보좌관으로 나가는 것이 더 나은 선택이며, 명예나 유명세를 추구한다면 공부를 그만두고 노래, 춤, 연기 등을 배우거나 운동을 시작하는 것이 더 나은 선택이라고 하셨다.

일단 합격은 해야 할 처지였기 때문에 무조건 두 가지 조건에 따르겠다고 약속은 드렸지만, 속으로 "부잣집 3대 독자로 태어나 부족함이 없이 자라면서 오로지 학문에만 정진해 오신 분이라 세상 물정을 정말 모르시는구나"라고 생각하면서 "결국 학문도 먹고 살기 위한 수단입니다"라고 되뇌었다.

그런데 지나고 보니 스승님의 말씀이 모두 옳았음을 깨달았다. 운이 좋아 박사과정 첫 학기에 한국형사정책연구원에서 연구원을 뽑는다는 공고를 보고 응시하여 공채 2기로 채용되어 돈을 벌면서 공부할 수 있게 되었다. 박사과정 입학시험을 본 지 얼마 되지 않은 시점에서 연구원 채용시험에 응시하였는데 시험과목이 영어, 독일어, 전공 기초과목(법학개론), 전공과목(형사법)으로 똑같은 까닭에 쉽게 고득점을 할 수 있었다. 특히 모든 영어시험 가운데 가장 어렵다는 고려대 대학원 영어 입학시험에 대비하기 위해 Vocabulary 33000을 숙독하고 있었던 상황인지라 어떤 영어시험에서든 A$^+$를 받는 것은 어려운 일이 아니었다. 그리고 연구원에서 근무하면서 품위유지비를 마련하기 위해 열심히 쓴 논문 덕분에 교수로 채용도 되고 생계를 위한 비용도 그럭저럭 충당할 수 있었다.

아무튼 선배님도 스승님의 당부 말씀을 들었을 것이고, 고지식한 선배님은 나

보다 더 철저히 약속을 지키면서 살아왔을 것이라고 짐작한다. 따라서 그럭저럭 생계는 유지해 왔을 테지만, 조금 여유 있는 삶을 보장해 줄 수 있는 해답을 아직 제대로 얻지 못했을 것이라고도 짐작한다. 이미 해답을 얻고 그 비전을 실현하기 위해 차근차근 준비하고 있으므로 선배님이 육체적으로나 정신적으로나 건강관리 제대로 하면서 5년만 기다려 준다면 그 결실을 함께 나눌 생각이다.

존경하는 선배님!
늘 건승하시고, 행복하시기 바랍니다.

흐트러짐 없이 걸어온 삶과 학문의 여정
- 문채규 교수님의 정년에 즈음하여 -

변 종 필(동국대학교 법과대학 교수)

문 교수님이 정년을 눈앞에 두고 계시다니, 쏜살같은 시간의 추이를 다시금 실감하게 된다. 아울러, 어느덧 세월이 이렇게 흘렀냐는 탄식과 함께 왠지 모를 아쉬움과 안타까움, 그리고 허망함도 느껴진다. 필자도 이제 정년을 얼마 두고 있지 않아 그런지 모르겠으나, 반드시 그것 때문만은 아닌 것 같다. 누구나 이때쯤 되면 경험하게 될 정체 모를 야릇한 느낌 같은 것, 그런 것일 수도 있겠다 싶다.

1. 인 연

필자가 문 교수님(대학 선배이자 동시에 학문의 길에서도 선배이시기에 이하에서는 선배님이라 칭함)을 처음 알게 된 것은 대학원 석사과정 입학 후의 일이다. 입학 후 첫 학기 강의과목 중 하나가 「구성요건론」(작고하신 심재우 교수님이 담당하심)이었는데, 필자로서는 무척 애를 먹었던 기억이 생생하다. 독일어 원서를 독해하고 이론에 관한 설명을 듣고 파악하는 수업이었는데, 입학 전 대학원 진학을 위해 제2외국어로 독일어를 배우기는 했으나, 그 정도로 전공 수업을 이해하기에는 턱없이 부족했기 때문이다. 그렇기에 이미 상당한 훈련을 거쳐 어느 정도의 수준에 있었던 선배 대학원생들이 엄청 부럽기도 하였다. 선배님도 그중 한 분이었다. 그런 까닭에 이런저런 자리에서 간간이 묻고 도움을 구하기도 했던 기억이 떠오른다. 그때 본-선배님만의 특유한-소탈하고 털털한 웃음은 지금까지도 항상 존함에 따라다니는 상징적 인상으로 남아 있다.

2. 학회 활동

실상, 선배님과 같은 대학 교정을 오가며 동문수학했던 때가 어느덧 40여 년 전의 일이고 보니, 학교 선후배 관계를 넘어 인간으로서 맺은 인연의 끈도 상당히 긴 듯하다. 하지만, 만남의 긴 인연만큼이나 사적으로는 선배님과 그다지 깊은 교제의 시간을 갖지 못하고, 같은 직역의 동료 교수로서 학회 활동을 하며 시간과 대화를 나누었던 것이 대부분이 아니었나 생각된다. 비교형사법학회 회장을 맡아 일하실 때 상임이사로 업무를 보조한 일, 특히 개인적으로는 한중학술대회를 통해 선배님의 면면을 더 잘 알 수 있는 좋은 계기가 되었던 것 같다. 그것도 중국에서 개최된 한중학술대회를 통해서 말이다.

선배님과는 중국에서 개최된 세미나에 두어 차례(필자의 기억으로는 중경과 길림대학에서 개최된 때) 함께 참석한 것으로 기억한다. 학술대회 세미나에서 순서를 맡아 발표·토론 및 사회를 진행했던 일, 그리고 세미나를 마친 뒤 호텔 객실에서 사적 담소를 하며 소회와 생각을 나누었던 일, 무엇보다 (필자가 학회장을 수행할 때 중국 길림대학에서 개최된 학술대회에서 중국 현지인조차 백두산의 전경을 온전히 보기는 쉽지 않다고 얘기되는 상황에서) 함께 백두산에 올라 온전히 그 모습을 봄과 동시에, 강하게 휘몰아치는 찬 바람을 온몸으로 맞으면서 유유히 천지를 바라보며 사념에 잠겼던 일, 그밖에 몇몇 유명지를 돌아보며 함께 차를 마시고 밥을 먹고 기념촬영을 했던 일도ㅡ극히 일상적인 사소한 것이지만ㅡ마음에 새겨진 소중하고 아름다운 추억으로 남아 있다. 이 모든 경험에서 선배님은 든든하고 믿음직한 선배 교수로서 모습을 보여주었고, 직책과 나이에 상관없이 배움과 대화에 열려 있는 분임을 느끼게 해주었다.

3. 논문과 글쓰기

교수이자 학자로서 선배님이 쓴 여러 논문이 있지만, 필자로서는 그중에서 특히 두 개의 논문이 인상 깊게 남아 있다. 그중 하나는 「소극적 구성요건표지이론을 위한 변론」이다. 이는 2단계 범죄체계론에 따른 소극적 구성요건표지이론의 타당성을 강변한 글이다. 우리의 경우 현재 행위의 범죄성립과 관련하여 3단계 범죄체계론을 취하는 것이 지배적인 상황임을 고려할 때, 이 논문은 대단히 이례적인 항변을 담은 글이며, 선배님이 몇 안 되는 이러한 이례적 주장자 중의 한 사람임은 익히 잘 알려져 있다. 이 자리에서 그 이론적 타당성을 논하는 것은 필요치 않은 일이지만, 이론의 당부를 넘어 극소수의 입장을 견지하면서도 그 타당성을 강변하는 데서 선배님의 학자로서의 소신과 면모를 잘 엿볼 수 있었다. 물론, 이런 유의 소신이 이 글에서만 피력되고 있는 것은 아니다.

사실, 이러한 소신의 피력은 멀리 중국을 방문해서도 행해졌고(길림대학에서 개최된 세미나에서 이 주제로 발표를 함), 이후 백두산 방문차 일시 묵었던 숙소에서의 사적 대화에서도 분명한 톤으로 행해졌다(늦은 시간에 숙소에서 몇몇 참석자들이 같이 모여 가볍게 술 한잔을 기울이며 대화를 나눌 기회가 있었는데, 이때 선배님이 한 얘기 중에 다른 것은 거의 기억나지 않으나 아직도 한 가지만은 기억에 생생한데, 그것은 바로 소극적 구성요건표지이론에 관한 소신을 피력한 부분이다).

다른 하나는 「형법 해석의 방법론」이다. 이 논문은 해석 방법들의 서열과 순서를 시론적으로 제시하고, 동시에 해석 방법들의 합리성 제고를 위해 하위척도들도 제시한 글이다. 이는 형법의 가장 핵심적 쟁점이라 할 수 있는 해석론과 관련하여 그간의 경험과 생각을 정리하는 차원에서 쓴 글이 아닌가 짐작된다. 필자로서는, 하나의 가능한 방법에 기초하여-물론 시각에 따라 비판의 여지도 있겠으나-형법의 해석 방법들에 관한 메타규칙을 찾기 위한 시도로서 이들 간의 우선순위를 제안한 글이라는 점에서 깊은 인상을 받았다. 정확한 논리에 기초해 소신을 펼치는 교수임을 잘 엿볼 수 있는 글이라 여겼기 때문이다.

4. 회고: 그리움

이 글을 쓰다 보니, 일상에 묻혔던 따뜻한 위로가 되살아나는 기억도 떠오른다. 한때 필자의 몸 상태가 좋지 않은 시기가 있었는데, 그때 선배님이 전화 연락을 하여 격려하면서 건강의 소중함과 함께 장기적으로 건강을 잘 유지하려면 테니스를 배우거나 헬스장에 다니도록 권유했던 기억이 그것이다. 또한, 이 순간에도 여전히 소중한 추억으로 남아 있는 것은, 대학원 시절 훌륭한 은사님들을 만나 그 지도 아래에서 장래의 직업적 삶의 토대가 되는 핵심적 형식과 내용을 함께 배우고 익힐 수 있었다는 점이다. 그렇기에 복잡성과 과학기술로 대표되는 현재의 우리 사회에서 예상치 못한 하 수상한 일들이 비일비재하게 일어나는 이

혼란의 시기에 선배님과 같은 배움터에서 함께 수학했던 그 시절, 그때의 배움과 일상이 마냥 그리워지기도 한다.

5. 기 원

이상으로, 선배님과 함께 나누었던 삶의 시간과 과정, 그에 대한 필자의 소회를 간략히 적어 보았다. 미처 필자가 들추어내지 못한 부분도 있으리라 생각된다. 필자의 경험에 비추어 볼 때 선배님의 그간의 시간은 '흐트러짐 없이 걸어온 삶과 학문의 여정'이라고 불릴 수 있을 것이다. 이런 점에서 후배의 한 사람으로서, 또 동료 교수의 한 사람으로서 심심한 존경과 감사의 마음을 표시하고 싶다. 정년은 끝이 아니라 또 다른 시작일 것임을 알기에("야~야~야, 내 나이가 어때서!"), 이제껏 그러했던 것처럼 이후에도 더 좋은 길에서 더 의미 있는 역할을 하실 것이라 믿어 의심치 않는다. 소탈하면서도 원칙의 소중함을 잃지 않고 타인의 생각을 존중하면서도 그 틈새를 날카롭게 파고드는 성품과 인격과 능력을 통해 지금까지의 여정을 걸어온 선배님의 앞날에 큰 축복이 함께 하길 기원한다.

선배님, 그동안 수고 많으셨습니다! 감사합니다! 늘 건강하시길 기원합니다!

차 례

형법학의 주요문제

01~20

01 형법 해석의 방법론*

Ⅰ. 머 리 말

개개의 구성요건이 구체적인 행위자의 구체적인 행위를 기술해주지는 않는다. 규범의 필연적인 추상성으로 인하여, 규범을 구체적인 생활사태에 적용하기 위해서는 해석을 통하여 구성요건표지가 미치는 의미의 범위를 탐구하여야 하고, 그와 동시에 생활사태를 그렇게 해석된 구성요건표지에 포섭할 수 있는가를 검토하게 된다. 즉, 해석과 포섭은 통찰의 시선이 규범과 생활사태 사이를 왕복하면서 규범과 생활사태를 서로 맞추어 보는 방법이자 과정이다.[1] 따라서 해석과 포섭을 통하여 비로소 법률과 생활사태가 조우하게 되며, 그것이 바로 법률의 적용이다.[2] 예컨대 타인의 컴퓨터에 보관 중이던 건축설계도면을 몰래 출력해가거나 또는 타인의 정원수를 몰래 뽑아 가는 것이 절도죄에 해당하는가를 검토할 때면, 법적용자는 해석을 통하여 "재물"개념의 의미를 먼저 탐구한다. 승객이 지하철

---

* 비교형사법연구 제23권 제3호(2021) 1-38면에 게재된 글임.
1) Engisch, Logische Studien zur Gesetzesanwendung, 3. Aufl., 1969, 15면(Baumann/Weber, AT, 9. Aufl., 1985, 151 참조).
2) Baumann/Weber, 앞의 책, 151면. 해석과 포섭의 과정이 결코 쉽지 않음을 '법률과 사안 간의 팽팽한 긴장관계'로 표현하기도 한다(배종대, 형법총론 제14판, [14]/3).

선반 위에 두고 내린 가방을 다른 승객이 가져갔다면 "절취" 개념을 고민해봐야 한다.

물론 해석이 언제나 하나의 명확한 결론으로 이르는 것은 아니다. 소송법에서는 피고인의 책임에 중요한 사실이 입증되지 않는 경우에 "in dubio pro reo"원칙이 적용되지만, 형법에서는 다양한 해석이 가능한 경우에 피고인에게 더 유리한 것을 선택하라는(in dubio pro liberato; in dubio mitius) 해석규칙은 존재하지 않는다.[3] 법규범의 해석에서 의문이 있는 때에는 행위자에게 이익이 되는 해석이 아니라 올바른 해석을 선택해야 할 뿐이다.[4]

대법원의 판례들을 보면 법규의 문맥으로부터 분명하게 결정되지 않는 의문스러운 물음들을 해석방법에 의거하지 아니하고, 기존의 관련 판례나[5] 특정 학설, 또는 형사정책적 필요성 등에 의거하여 해결하는 경우가 많음을 알 수 있다.[6] 그러한 방식의 해결을 일종의 객관적 해석방법을 통하여 얻은 결론이라고 치부해버리는 것은 바람직하지 않다. 그런 식으로 치부해버리면 종종 해석 방법론적으로 검증 가능한 절차가 전혀 사용되지 않은 채 은근슬쩍 지나가버렸음이 은폐되어버리기 때문이다. 하지만 그와는 달리 결론으로 이르는 해석과정을 특별히 상세하게 설시하는 판례들도 종종 있다.[7] 유럽의 경우 18세기까지만 하더라도 '해석의 금지'가 시도된 적이 있지만,[8] 오늘날은 해석의 허용과 그 필요성에 대하여 의견이 일치한다. 문제는 어떻게 하면 해석이 형법의 보장적 기능을 안정화시키면서 구체적 타당성을 획득하도록 할 것인가에 있다. 그 방법은 법관으로 하여

---

3) 이는 독일의 경우 다수설인(Jescheck/Weigend, AT, 5. Aufl., 1996, 154면 각주 11 참조) 동시에 판례의 입장이기도(BGHSt 6, 131 [133]; BGHSt 14, 68 [73]) 한데, 이에 대해서는 우리나라에서도 다른 견해가 없는 것으로 보인다.
4) Jescheck/Weigend, 앞의 책, 154면.; Maurach/Zipf, AT, 7. Aufl., 1987. §9 Ⅰ Rn. 7.
5) 이를 '선례에 의한 논증'이라고 하기도 한다(변종필, 형법해석과 정당화, 형사법연구 제29권 제4호(2017), 23면).
6) 이러한 현상은 독일 판례의 경우도 다르지 않다고 한다(Naucke, Der Nutzen der subjektiven Auslegung im Strafrecht, Engisch-FS, 1969, 275면 참조.).
7) 대판 1994. 12. 20., 94모32 전합; 대판 1997. 3. 20., 96도1167; 대판 2018. 7. 24., 2018도3443 등. 한편 이러한 판례가 증가하는 추세를 일컬어 재판실무의 '논증 강화 형상'으로 표현하기도 한다(변종필, 앞의 논문(주 5), 26면).
8) 죄형법정주의의 사상적 토대를 제공한 계몽주의시대의 계몽사상가들은 '법관은 법률의 명확한 문언을 적용만 하여야 하고, 그 의미를 해석하려 들어서는 안 된다'는 사고를 하였다. 예컨대 '법관은 법을 말하는 입이다'는 몽테스키예의 말은 이를 잘 대변해준다.

금 그를 일정 정도 객관적으로 구속하는 승인된 해석규칙들에 입각하여 해석하
도록 하는 것이다.[9]

물론 전통적인 해석방법론들이 존재론적 Hermeneutik, 비판적 언어분석철학,
논증이론 등에 의하여 그 존재의의와 가치에서 공격을 받기도 하였다.

하지만 오늘날 '입법자에 의하여 의결된 법문을 해석하는 것은 법 발견의 과
정에서 반드시 거쳐야 하는 하나의 발걸음일 수밖에 없다'는 사실에 대해서는 견
해가 일치한다. 이는 권력분립의 원칙, 법관의 법률에의 구속, 비 선출직 법관으
로 사법부를 구성하는 우리나라와 같은 대다수의 국가에서는 사법작용이 국민의
선출로 구성되는 입법부의 결정에 종속될 때에만 민주적으로 정당화 될 수 있다
는 인식 등에 터 잡고 있다.

그러나 이러한 합의에도 불구하고 오늘날까지 전통적인 해석방법론에서 여전
히 잘 해명되지 않고 있는 가장 시급한 문제는 개개의 해석방법들이 상호 간에
어떠한 관계에 놓여 있는가의 문제와 해석의 한계를 설정하는 '문언의 가능한 의
미'가 확정 가능한 것인가의 문제, 마지막으로 목적론적 해석의 객관성과 합리성
을 제고시키는 문제 등이라고 할 수 있다. 이러한 문제들의 해결이 시급한 것으
로 인식된 데에는 비판적 언어분석철학이나 논증이론 등이 전통적인 해석방법론
에 대하여 제기한 회의적인 반론들이 큰 공헌을 하였다. 비록 그러한 비판적 대
안들이 오늘날 법 획득의 방법으로 일반화되지는 못하였지만, 전통적인 해석방법
론의 아킬레스건을 정확하게 지적하고 비판함으로써 전통적인 해석방법론이 어
떠한 방향으로 보완되고 재정립되어야 할 것인가를 반사적으로 정확하게 제시하
는 역할을 하였고, 또 그럼으로써 전통적인 해석방법론의 생명력을 더 강화시킬
수 있는 계기를 제공했다고 평가할 수 있다.

Ⅱ. 해석방법들의 서열과 순서에 관한 학설과 판례

1. 방법통합주의

해석방법의 통합주의란 전통적인 해석방법들 간에 아무런 서열과 순서 없이

---

9) Jescheck/Weigend, 앞의 책, 154면.

그때그때 개개의 법적 문제의 특수성을 고려하여 하나를 선택하거나 두세 가지를 묶어서 사용하는 태도를 말한다.

판례를 보면 해석방법들의 서열과 순서에 관하여 나름대로 하나의 규칙이 정립되어있는 것처럼 보이기는 하는데, 그에 따르면 일단 문법적 해석에서 출발하면서 문언적 의미가 불명확한 경우에는 논리적·체계적 해석과 주관적·역사적 해석을 통하여 그 의미의 필요한 윤곽을 얻으려고 시도한다. 이때 객관적·목적론적 고려들도 동시에 이루어진다. 대법원은 "법 해석의 목표는 어디까지나 법적 안정성을 저해하지 않는 범위 내에서 구체적 타당성을 찾는 데에 두어야 한다. 그리고 그 과정에서 가능한 한, 법률에 사용된 문언의 통상적인 의미에 충실하게 해석하는 것을 원칙으로 하고, 나아가 법률의 입법 취지와 목적, 제·개정의 연혁, 법질서 전체와의 조화, 다른 법령과의 관계 등을 고려하는 체계적·논리적 해석방법을 추가적으로 동원함으로써, 법 해석의 요청에 부응하는 타당한 해석이 되도록 하여야 할 것이다. 형벌법규는 문언이 가지는 가능한 의미의 범위 안에서 규정의 입법 취지와 목적 등을 고려하여 문언의 논리적 의미를 분명히 밝히는 체계적 해석을 하는 것은 죄형법정주의의 원칙에 어긋나지 않는다."[10]고 하고, 또한 "형벌법규의 해석에 있어서 유추해석이나 확장해석도 피고인에게 유리한 경우에는 가능한 것이나, 문리를 넘어서는 이러한 해석은 그렇게 해석하지 아니하면 그 결과가 현저히 형평과 정의에 반하거나 심각한 불합리가 초래되는 경우에 한하여야 할 것이고, 그렇지 아니하는 한, 입법자가 그 나름대로의 근거와 합리성을 가지고 입법한 경우에는 입법자의 재량을 존중하여야 하는 것이다"[11]라고 함으로써 해석방법의 통합주의에 입각하고 있음을 볼 수 있다.

대법원의 통합주의는 문언의 통상적인 의미에 충실할 것, 문언의 가능한 의미의 범위 안에 머물 것, 해석의 결론은 기타의 해석방법 등을 두루두루 고려하여 구체적 타당성에 맞는 것을 선택할 것 등, 아주 두리뭉실하게 큰 윤곽만을 제시할 뿐이고, 각 해석방법들의 적용결과가 충돌할 경우에 어떠한 기준에 의하여 어떠한 결과를 선택하여야 하는가에 대해서는 침묵한다.

이러한 방법통합주의는 결과적으로 해석방법들 간의 서열과 순서를 포기하는

---

10) 대판 2020. 8. 27., 2019도11294 전합.
11) 대판 2004. 11. 11., 2004도4049.

입장으로서, 근본적으로 몇 가지의 결정적인 문제점을 안고 있다. 첫째는 당해 결론으로 이르는 특정 해석방법이 선택된 이유가 해석방법론의 측면에서 설명되지 않기 때문에 방법론적인 근거의 명확성을 약화시킨다.[12] 둘째는 해석의 전체적인 과정이 순환론에 빠지는 모양이 된다. 개별문제를 결정하여야 할 해석방법의 선택이 그 자체 개별문제에 의하여 결정되기 때문이다. 셋째는 법적용자가 그에게 가장 적절하다고 느껴지는 결과를 제공하는 해석방법을 지지할 것이기 때문에, 자의적인 주관적 해석으로 이를 수 있다.

2. 목적론적 해석 우위론

(1) 내 용

오늘날 문헌의 일부에서는 문법적 해석, 논리적·체계적 해석, 주관적·역사적 해석 등을 오로지 법률의 객관적 의미를 밝히기 위한 '보조수단'으로 간주하고, 대신에 객관적·목적론적 해석을 "해석절차의 제왕"으로 인정한다.[13]

이 입장은 예컨대 역사적·연혁적 해석의 가치를 해석의 보조수단으로 간주하는 이유를 다음과 같이 설명한다. (입법)동기는 사라지지만 법률은 남는다. 역사적 해석은 법률을 탄생 당시의 '미이라'로 만든다. 역사적 해석은 법률을 몇 십년 이상 계속해서 탄력성 있고 실효성 있는 법률로 유지시킬 수 없다. 소위 말하는 입법자의 의지는 항상 법률의 명확한 문언에 양보해야 한다.[14] 일단 법률이 제정되면 그 법률은 제정 당시 입법자의 목적에 종속되는 것이 아니라 독자적인 목적을 수행한다.[15] "그 어떠한 법률도 자신의 적용가능성을 입법자가 포착했던 출발상황에 상응하는 사례들로 엄격하게 제한하도록 고집할 수 없다. 법률이란 죽은 활자가 아니고 살아서 발전하는 정신, 즉 생활상황과 더불어 계속되고, 또

---

12) MK/Schmitz, §1 Rn. 86.
13) 목적론적 해석을 문법적 해석보다는 후순위로 보지만 체계적 해석이나 역사적 해석보다는 우위에 두는 견해는 임웅, 형법총론 개정판(2002), 24면, 성낙현, 형법총론 제3판(2020), 67면 참조. 목적론적 해석을 역사적 해석보다 우위에 두는 견해는 오영근, 형법총론 제3판(2014) 37면 참조. 독일의 경우에는 Jescheck/Weigend, 앞의 책, 156면; SK/Rudolphi, §1 Rn. 32. 등이 대표적인데, 목적론적 해석의 우위론을 취하는 독일 학자들에 대한 더 자세한 소개는 류전철, 법해석학의 방법과 형법, 전남대 법률행정논총 제17집(1997), 365면 이하 참조.
14) Maurach/Zipf, 앞의 책. §9 Ⅱ Rn. 16.
15) 오영근, 앞의 책, 37면.

생활상황에 맞게 계속되려는 정신이다".[16] 또한 목적론적 해석의 우위론은 모든 해석이 문언에서 시작되므로 어쩔 수 없이 문법적 해석에다가 해석과정의 '시간적' 우선순위는 인정하지만, 그렇다고 하여 '가치적인' 면에서까지 우선적 지위를 인정하지는 않으려고 한다. 그 근거로서 첫째, 언어가 갖는 불확실성과 변화가능성 때문에 문법적 해석도 유일한 해석원리가 될 수 없으며, 둘째, 분석적인 작업을 요하는 순수 언어적 해석만으로는 형법에 충분히 기여하지 못한다는 점 등을 든다.

즉 법률언어는 자체적으로 분명한 개념사용법을 갖기 때문에 일상 언어의 가변성 및 다의성과 동행할 수 없고, 따라서 법률언어들은 일상 언어와 동일한 개념으로 표현되는 경우에도 필연적으로 서로 다른 내용을 가질 수밖에 없다는 것이다. 예컨대 "사기"라는 언어를 보더라도 일상 언어는 법률언어에 비하여 더 넓은 의미를 부여하는 경향이 있고, 반려동물을 민법상의 '물건'개념에서 제외시키는 민법 개정안이 국회에 계류 중인 사실에서도 알 수 있듯이, 반려견을 키우는 자가 반려견을 아무런 사랑의 교감 대상이 아닌 단순한 물건으로 취급하는 것에 만족할지는 최소한 의문이 남는다는 것이다.[17]

또한 모든 법 영역을 아우르는 단일한 '법 언어'라는 것은 결코 존재하지 않으며, 그러한 개념들은 개개의 법 영역에서 저마다 특수한 조건, 특수한 임무들과 연관되어 표현된다는 것을 인정할 수밖에 없다고 한다. 재물범죄에서 형법은 최소한 원칙적으로 물체성을 갖는 대상에 대해서만 존재할 수 있는 물리적 지배관계를 재물개념의 전제로 하기 때문에 형법의 재물개념과 민법 제98조의 물건개념이 동일할 수 없고, 또한 형법의 점유개념과 민법의 점유개념의 관계도 마찬가지라고 한다. 공무원 개념도 그것이 행정법에서 문제되는지 민법에서 문제되는지, 또는 형법에서 문제되는지에 따라서 그 내용이 달라진다. 마지막으로 형법에 의해 보호되는 가치의 다양성과 그 가치에 대한 공격방법의 다양성으로 인하여 형법 내에서조차도 동일한 개념들이 종종 서로 다른 내용을 갖기도 한다. 가장 대표적인 것으로는 폭행과 협박의 개념을 들 수 있다. 따라서 법률언어의 구체적인 내용은 개별적인 형벌법규의 목적으로부터 추론되어야 하고, 그렇기 때문에 '가

---

16) BGHSt 10, 159.
17) Maurach/Zipf, 앞의 책, §9 Ⅱ Rn. 18.

치'의 면에서는 오히려 목적론적 해석이 문법적 해석보다 우위에 있다고 한다.[18]

결국 이 입장에 따르면 올바른 해석은 목적론적 방법을 사용함으로써만, 그리하여 일반적으로는 형법의 의미에 대한 질문을 통하여, 그리고 개별적으로는 개개의 형벌법규의 목적에 대한 질문을 통하여 달성될 수 있다. 심지어 한때 목적론적 해석에 경도되어 있던 시절 독일 연방법원은 "규범의 의미와 목적은 해석을 결정한다"라고까지 하였다.[19]

(2) 비 판

목적론적 해석의 우위를 내세우면, 법 적용자를 외재적인 인식원천으로부터 차단된 주관적 해석의 길로 접어들게 만든다.[20] 또한 이 입장은 외재적인 인식원천 대신에 종종 극단적으로 과장된 비유를 통하여 자기 입장의 당위성과 타당성을 포장시키려고 한다. 과장된 비유란 예컨대 '배의 비유' 내지 '정신의 비유'를 말한다. Radbruch가 법률을 "망망대해에서 스스로 항로를 찾아가야만 하는 배"에 비유했는가 하면, Rudolphi는 "법률은 높은 파도 위에 떠가는 배와 같이 고독하게 자기의 길을 찾아가야 한다."고 하였으며,[21] 독일연방법원도 "법률은 죽은 활자가 아니고 살아서 스스로 발전하는 정신이다"라고[22] 하였다.

또한 목적론적 해석의 우위론은 권력분립의 원칙과도 멀어진다. 목적론적 해석을 절대시하면, 결국 입법자 대신에 법적용자가 구성요건이 미치는 범위를 결정하기 십상이기 때문이다. 이러한 방식은 분명히 거부되어야 한다.[23]

해석하려는 규정의 일차적인 의미와 목적이 분명하지 않은 경우도 얼마든지 있을 수 있는데, 전래적이고 직관적인, 그리고 또한 이상적인 사례들을 통하여 직관적으로 포착된 "의미와 목적"을 섣불리 당해 규정의 의미와 목적으로 지레짐작해버린다면, 이는 구체적인 법 발견을 위해서는 커다란 위험이다. 규범의 의

18) Maurach/Zipf, 앞의 책, §9 Ⅱ Rn. 19, 20.
19) BGHSt 14, 167.
20) '입법자가 입법을 통해 일정한 목적을 추구하는 것은 당연하지만, 입법자가 의도하지 않은 목적을 법률 그 자체가 갖는다는 것은 이해하기 어렵다. 법률의 목적이란 실은 법 해석자에 의한 목적설정의 은폐이다.'라는 지적도 있다(오세혁, 법해석방법의 우선순위에 대한 시론적 고찰, 중앙법학(중앙법학회) 제21권 제4호(2019), 18면 참조).
21) SK/Rudolphi, §1 Rn. 31.
22) BGHSt 10, 375f.
23) MK/Schmitz, §1 Rn. 87.

미와 목적을 그처럼 지레짐작하여 직관적으로 결정하는 것은 마치 첫걸음을 떼기도 전에 두 번째 걸음을 내딛는 것과 같다. 규정의 일차적인 목적이 불분명한 경우에는 문언에 엄격하고 체계적으로 시도하는 다양한 포섭과 해석을 거침으로써 비로소 법규의 객관적인 의미와 목적을 인식하게 될 터인데도,[24] 이러한 과정을 제쳐두고 법규의 의미와 목적을 지레짐작으로 먼저 결정해놓고 그것을 해석의 출발점으로 삼는 것은 분명 첫걸음을 떼지도 않고 두 번째 걸음을 떼는 것과 다르지 않다. 이렇게 볼 때, 법률의 객관적인 목적을 가지고 출발하는 '논증'은 이미 그 단서에서부터 생략적이고 비약적이다.[25]

3. 목적론적 해석의 보충적 지위론

(1) 문법적 해석의 가치론적 우위성

문법적 해석의 지위에 관한 근본적인 질문은 '법률의 객관적인 진정한 의미가' 문언적 의미의 한계 바깥에 있는 것처럼 보일 때에는 법관이 문언적 의미를 벗어나도 되는지, 또는 더 이상 가장 광의의 문언적 의미에 포함되지 않는 해석이 형법에서 허용되는지 등이다.[26] 이러한 질문에 대하여 문법적 해석의 우위성을 견지하는 진영에서는 다음과 같이, 즉 '법률의 의미는 언어들을 통하여 표현되고, 또한 그 의미의 표현은 그 언어들 속에서만 발견될 수 있다'라고 대답한다. 언어들은 해석의 기본소재(Grundstoff)이고, 그렇기 때문에 어쨌거나 '문언의 가능한 언어적 의미'는 외연의 한계로서 존중되어야 한다. 이러한 한계를 벗어나 있는

---

24) 이러한 시각에서 목적론적 해석을 과연 법규의 의미를 구체화하는 해석이라고 할 수 있는지, 과연 문법적 해석이나 논리적·체계적 해석, 또는 역사적 해석 등과 같은 차원의 해석방법이라고 할 수 있는지에 대하여 의문을 제기하기도 한다. 규범의 객관적 취지나 목적은 진정한 의미의 해석방법들에 의하여 비로소 밝혀지는 해석의 결과이지 해석의 수단이 될 수 없다는 것이다(이진국, 형법상 법정형중심적 해석에 관한 소고, 동아법학(동아대 법학연구소) 제54호(2012), 313면). 심지어 문법적·체계적·역사적 해석이 입법자의 규율의도를 확인하는 단계라면, 이른바 목적론적 해석은 해석자에 의하여 규범의 가치발견과 가치구체화가 추구되는 단계이므로, 후자에 대해서는 엄밀히 말하여 해석이라는 개념을 사용하는 것이 적절하지 않다는 지적도 있다(Schünemann, Die Gesetzesinterpretation im Schnittfeld von Sprachphilosophie, Staatsverfassung und juristischer Methodenlehre, Klug-FS Band Ⅰ (1983), 185면).

25) Herzberg, Kritik der teleologischen Gesetzesauslegung, NJW 1999, Heft 40, 2530면.

26) 스위스 법원은 두 번째의 질문에 대해서 때때로 허용될 수 있다는 입장인데, 그 이유는 특히 스위스 형법이 3개의 언어로 되어 있는 점을 고려하여 판례가 언어형식주의(Wortformalismus)에 경화(硬化)되는 것을 피하기 위함이다.

것은 이미 법 창조이고, 이는 방법론적으로 더 이상 해석이라 할 수 없다. 가능한 언어적 의미라는 척도는 법치국가적 근거에 의하여 불가피하다. 언어적 의미는 객관적으로 확증 가능한 유일한 표지이고, 이 표지는 법관이 스스로 형성한법에 대하여 그의 책임이 어디서부터 시작되는가를 안정적으로 인식하게 해주는표지이다.[27]

하지만 문법적 해석의 우위성이 문언적 의미의 절대성을 의미하지는 않는다. 예컨대 언어적 의미가 허용되는 해석과 금지되는 유추를 한계 지운다는 명제가해석은 언제나 모든 경우에 언어적 의미의 한계에까지 이르러야 함을 의미하지는 않는다. 구성요건이 성문화되면 그것은 때때로 입법자가 의도했던 적용범위보다 더 멀리 미치기도 하는데, 그러한 경우에는 목적론적 축소(teleologische Reduktion)를 통하여 "진정한 법률의 의지"를 관철시키는 것이 가능하다.[28] 또한법률을 성문화 할 때에 오류가 – 소위 편찬오류(Redaktionsfehler) – 있는 때에는가능한 문언적 의미가 무시될 수도 있다. 후술하는 바와 같이 편찬오류의 종류는다양하고, 그것을 문법적 해석에서 어떻게 해결할 것인가에 대하여 다양한 견해가 있지만, 어쨌든 문언적 해석의 가치론적 우위성을 인정하는 입장을 취한다고하여, 그것이 절대로 예외를 허용하지 않는, 문언적 한계의 절대성을 고집하는것은 아니다.

(2) 논리적·체계적 해석 및 주관적·역사적 해석의 상대적 우위성

문법적 해석, 논리적·체계적 해석, 역사적 해석 등은 법관의 자율적인 평가가 없는, 입법부의 결정을 확인하는 데에로 이르고 있고, 그렇기 때문에 헌법에근거하는 입법자에 대한 법관의 복종의무를 고려할 때, 이들의 해석방법이 목적론적 해석에 우선하여야 한다는 견해,[29] 실무적으로 상당히 유용한 완성된 Meta규칙이 존재하지 않는 한에서는, – 문언적 한계로부터 출발하여 – 주관적·역사적 해석을 목적론적 해석보다 앞에 두어야 한다는 견해,[30] 입법자가 규율을 통하

---

27) Jescheck/Weigend, 앞의 책, 159면.
28) 동일한 취지로는 BGHSt 11, 199 [203]; 22, 190; BGH NJW 1993, 1145면.
29) Schünemann, 앞의 논문, 184면. 특히 형사법적인 관점에서 주류적인 법학방법론을 대표하는 Engisch도 이러한 입장이다(오세혁, 앞의 논문, 5면 이하 참조).
30) 심헌섭, 법철학적 법학방법론 – 법철학과 합리적 법학방법, 서울대 법학 제24권 제1호(1983),

여 목적하고자 했던 바가 주관적·역사적 해석을 통하여 충분히 명확하게 확정될 수 있는 때에는 어쨌거나 목적론적 해석보다 주관적·역사적 해석을 우선해야 한다는 견해[31] 등은 모두 목적론적 해석보다 체계적 또는 역사적 해석의 상대적 우위성을 인정하는 입장들이다.

Ⅲ. 해석방법들의 서열과 순서에 관한 시론

1. 서열과 순서의 불가피성

전통적인 해석방법들은 현재 체계화되어 있지 않고 '병렬과 경합'의 관계에 있다고 할만하다.[32] 다양한 해석방법들은 개별적인 사례에서 서로 다른 결과로 이를 수 있다. 예컨대 어떤 해석방법에 의하면 하나의 명확한 결론으로 이르는가 하면, 다른 해석방법에 의하면 복수의 다의적인 결론으로 이르기도 하며, 또 다른 해석방법에 의하면 아무런 결론을 얻지 못하는 경우도 있다. 그런가 하면 어떤 해석방법을 통하여 얻은 결과가 다른 해석방법에 의한 결과와 모순될[33] 수도 있다.[34]

판례들을 보면, 타당한 것으로 잠정적으로 내린 결론에 이르는 데에 장점이 있는 해석론에 기초하기 위하여 해석방법들을 비교하면서 저울질한다는 느낌을 주는 경우가 적지 않다. 실무의 이러한 현상은 전통적인 해석방법들[35] 간에 확립

7면; Koch/Rüßmann, Juristische Begründunglehre, 182면(류전철, 앞의 논문, 349면 각주 22 참조).

31) NK/Hassemer/Kargl, §1 Rn. 88.

32) 전통적인 해석방법들의 서열에 대해서는 현재 견해가 일치하지 않는다는 지적은 김선복, 형법상 해석과 유추, 비교형사법연구 제3권 제2호(2002), 67면.

33) 여기서 '모순'의 개념은 Müller의 개념에 따른다.(해석방법의 우선순위에 관한 Müller의 견해는 오세혁, 앞의 논문, 12면 이하 참고) 즉 여기에서 '모순'이란 해석의 결과가 서로 정면으로 대립하는 경우를 말한다. 만약 체계적 해석에 의한 결과가 둘 이상의 가능성을 열어두고 있고, 그들 중의 어느 하나가 역사적 해석의 결과와 부합한다면, 두 해석관점은 일부 부합하므로 모순관계에 있지 않다.

34) 해석방법들 간의 충돌이란 허구일 뿐이라는 지적도 있다(이상돈, 법학입문(2001), 255면). 하지만 이러한 지적은 극히 한정적인 경우를 들어 전체를 부정하는 점에서 수긍하기 어렵다.

35) 전통적인 해석방법이라 할 때, Savigy의 분류방법에 따라서 문법적 해석, 논리적 해석, 역사적 해석, 체계적 해석을 지칭하기도 하고, Larenz의 분류방법에 따라서 문언적 해석, 체계적 해석, 역사적 해석, 목적론적 해석, 헌법합치적 해석 등을 지칭하기도 하지만, 이 글에서는 오늘

된 서열이나 적용 순서가 있는 것도 아니기 때문에, 구체적인 사안마다 어떠한 해석방법이 유익한가라는 관점에서 해석방법을 임의적으로 선택하는 사정임을 말해준다.

해석방법들 사이에 서열을 정하는 것은 불가능하거나 무의미하다는 입장이 없는 것은 아니지만,[36] 법관으로 하여금 필요에 따라서 해석방법을 임의로 선택하도록 내맡기는 것은 분명 문제가 있다. 필요에 따른 임의적인 선택을 허용하면, 우선 해석의 논증구조에서부터 논리적 모순이 발생한다. 다양한 해석방법들의 충돌을 어떠한 상위원칙에 따라서 일반적으로 해결하지 않고, 오로지 개개의 법적 문제의 특수성을 고려하여 해결한다면, 해석의 과정이 사실상 순환론에 빠지는 모양이 된다. 즉, 개별문제를 해결해줄 해석방법을 결정하는 일이 오히려 해결되어야 할 개별문제에 의하여 좌우된다면, 그러한 논증구조는 바로 '논증되어야 할 것을 오히려 논증의 근거로 삼는 것'(petitio principii)으로 된다.[37] 뿐만 아니라 그렇게 되면 법적용자는 가장 적절하다고 느껴지는 결과를 제공하는 해석방법을 지지할 것이기 때문에, 결과적으로 자의적인 해석으로 이르게 되는 현실적인 문제도 발생한다.[38] 그러므로 다양한 해석방법들 간에 서열과 순서가 존재하여야 할 필연성이 있는 것이고,[39] 또 그렇기 때문에 해석방법의 적용에 대하여 결단을 내려주는 Meta 규칙이 있어야 한다. 즉 해석방법들은 병렬적인 관계가 아니라 수직적인 위계질서를 가져야만, 즉 어떠한 사정에서는 어떠한 해석방법이 사용될 수 있는가를 결정하는 해석이론의 Meta 규칙이 존재할 때에만 해석방법들은 현실적으로 결과를 결정하는 힘을 가질 수 있다.[40] 이러한 Meta 규칙이 존재하지 않는다면, ― 이미 언급했듯이 ― 법관은 자신이 선호하는 결과를 뒷받침하는 해

날 좀 더 보편적으로 분류되는 4가지 해석방법, 즉 문법적 해석, 논리적·체계적 해석, 주관적·역사적 해석, 객관적·목적론적 해석을 전통적인 해석방법으로 지칭하기로 한다.

36) 전통적인 해석방법을 확립한 학자들인 독일의 Savigny와 Larenz가 대표적이다(류전철, 앞의 논문, 348면 참조).

37) Schünemann, 앞의 논문, 171면.

38) MK/Schmitz, §1 Rn. 85.

39) 우리나라 학자들이 제시하는 서열들의 다양한 모습에 대한 소개로는 이승준, 형법해석을 둘러싼 의문에 관한 소고 ― 공모관계의 이탈에 관한 판례의 태도를 중심으로, 법학연구(충북대학교 법학연구소) 제26권 제2호(2015), 443면 참조.

40) 이를 극단적으로 표현하여 Bydlinski는 '법 획득의 합리성을 가능한 한 최대한으로 달성하기 위해서는 법 획득 방법의 서열이론을 Kelsen 등에 의해 정립된 법의 단계이론과 동열에 두어야 한다'고 한 바 있다(오세혁, 앞의 논문, 15면 참조).

석방법을 원용하는 데에 아무런 방해를 받지 않게 된다.[41] 이러한 약점이[42] 바로 전통적인 해석방법론이 합의이론이나 논증이론 등으로부터 근본적인 공격을 받는 빌미가 되었음은 주지의 사실이다. 비록 상대적이고 잠정적이라 할지라도 해석방법의 우선순위가 매겨지면, 특별한 경우 법해석자가 그 순위에 따르지 않는 때에는 그 근거를 제시하도록 함으로써 해석자에게 논증책임을 강화시키는 부수적인 효과도 기대할 수 있다.

그러나 이론적으로 제시되는 그간의 Meta 규칙은 이제 겨우 그 시도단계에 있을 뿐이고, 아마도 모든 사례에 대하여 선험적으로 적용 가능한 분명한 언명을 제공하는 단계에는 미치지 못한다.[43] 오히려 그간의 시도들은 그 단점들이 노정됨으로써 실패로 끝났다고도 볼 수 있다. 그렇기 때문에 종종 '그러한 Meta 규칙은 존재하지 않는다'라고 선언하기도 한다.[44] 그러나 그렇다고 하여 법적용자가 완전히 자유롭게 해석방법을 선택할 수 있다는 결론을 내린다면 그것은 지나친 속단이다. 반대로 실천이성을 통하여 해석방법의 임의적인 선택을 저지하려는 많은 노력들이 이어지는 현상을 통해서도 알 수 있듯이,[45] Meta 규칙을 정립하려는 노력은 계속되어야 한다.[46]

2. 서열과 순서의 확립을 위한 기본 입장

첫째, 권력분립원칙,[47] 입법자에 대한 법관의 복종의무, 법 획득의 민주적 정당성, 법적 안정성, 법적용의 예측가능성 등을 근거로 '평가 없는 법률해석을 통

---

41) 배종대, 앞의 책, [14]/7, 8; NK/Hassemer/Kargl, §1 Rn. 120.
42) "오늘날까지도 법해석론의 흠은 무엇보다도 다양한 해석기준들 사이의 확고한 서열질서가 여전히 마련되어 있지 않다는 데에 있다"라는 Zweigert의 지적은(오세혁, 앞의 논문, 6면) 타당하다.
43) MK/Schmitz, §1 Rn. 86.
44) 향후에도 일반적으로 효력을 인정받는 메타규칙이 제시될 가능성이 크지 않다고 예상하는 견해도 있다(변종필, 앞의 논문(주 5), 25면).
45) NK/ Hassemer/Kargl, §1 Rn. 120.
46) 같은 입장으로는 오세혁, 앞의 논문, 26면.
47) 법관은 입법자가 설정한 법률을 토대로 그 범위 안에서 해석·적용하여야 한다는(법관의 법률에의 구속) 헌법적 요청의 표현인 권력분립원칙에 대해서는 법률이 정치적 결정의 산물이라는 점, 그리고 법률텍스트가 추상적이라는 점 등으로 인하여 해석을 구체적이고 엄격하게 통제하는 실천적인 의미가 그리 크지 않고, 법관의 해석권력에는 일정한 법치국가적 한계가 있음을 경고하는 정도의 실천적 의미가 있을 뿐이라는 회의적인 지적으로는 변종필, 앞의 논문(주 5), 16면 참조.

한 법 발견'이 최우선 되어야 하고, '입법자에 의하여 허용된 결정영역의 범위 내에서 평가적인 방법을 통한 정당한 법 발견'은 보충적으로 이루어져야 한다.

둘째, 법 발견의 경우 과학적 요소와 가치론적 요소를 구분함으로써 법학과 법정책을 분리하고, 법 발견의 단계에서는 원칙적으로 과학적 요소를 우선하여야 한다.

셋째, 문법적 해석, 논리적·체계적 해석, 주관적·역사적 해석 등이 '평가 없는 해석, 즉 문언의 일상적 의미의 확인, 법규의 논리적·체계적 분석, 입법자료 등에 의한 입법의도의 확인 등을 통한 법 발견'의 방법들로서 철저히 과학적 고찰을 바탕으로 한다면, 목적론적 해석은 '입법자에 의하여 허용된 결정영역 내에서 평가적인 방법, 즉 가치발견과 가치구체화를 통한 정당한 법 발견'의 방법으로서 가치론적 판단을 바탕으로 한다.

넷째, 앞의 세 가지 입장을 전제할 때, 해석을 통한 법 획득의 단계에서는 일단 목적론적 해석이 가장 후순위에 위치하게 된다.

다섯째, 해석방법은 그 자체 규칙이나 법칙, 또는 원칙이 아니고 타당한 법 발견을 위한 합리적인 접근방법이자 수단일 뿐이므로, 해석의 서열이나 순서도 절대적인 것은 아니고, 일반적·잠정적·상대적인 성격을 갖는다.

3. 서열과 순서

(1) 문법적 해석: 법 발견의 단계에서 최상위의 지위

1) 문법적 해석의 최상위성

문법적 해석의 전제는 법문언의 일상적 의미의 한계가 존재하며, 그것을 해석의 한계로 삼는다는 것이다. 문법적 해석에 대한 비판[48]에도 불구하고, 법문언의 일상적 의미의 한계를 해석의 토대인 동시에 한계로서 인정할 수밖에 없는 가장

---

48) 해석과 유추의 한계를 법률문언과 같은 외재적인 기준에서 찾을 것이 아니라, 의사소통모델을 통하여 포섭의 합리적인 근거가 확보되느냐의 여부에 따라서, 즉 확보되면 해석이고 그렇지 못하면 유추가 된다는 견해로서는, 이상돈, 법이론(1996), 148면; 이상돈, 법학입문(2001), 256면 참조. 그리고 문언적 한계를 해석의 한계로 삼아서 해석과 유추를 구별하는 전통적인 견해에 대하여 Sax, Arth. Kaufmann, Hassemer 등이 제기하는 회의론에 대한 소개로는 김학태, 법률해석의 한계 － 판례에서 나타난 법해석방법론에 대한 비판적 고찰 －, 외법논집 제22집(2006), 183면 이하 참조.

근본적인 이유는 법규범이란 법률가들의 전유물이 아니라 일반인을 지향하고 있
는 일반인의 규범이기 때문이다.[49] 법규범과 일반인을 연결하는 일차적인 매개체
는 법문언의 일상적 의미이다. 일반인은 일차적으로 법문언의 일상적 의미를 통
하여 법규범을 접한다. 또한 입법자 역시 광범위하게 일상어의 자연적인 용어를
사용하는 한, 그 또한 일상어가 미치는 한계로부터 원칙적으로 해방될 수 없
다.[50] 즉, 입법자와 일반인이 소통할 수 있는 가장 원초적인 매체가 법문언의 일
상적인 의미구조이기 때문에, 문법적 해석이 다른 모든 해석방법들에 대하여 토
대로서의 지위를 가질 수밖에 없다. '가능한 문언의 한계'가 존재적으로 확정 가
능하지 않다는[51] 이유로 '가능한 어의법칙'을 포기할 것이 아니라,[52] 가능한 어의
를 확정하는 방법의 구상이 필요하다. '자유의사'의 존재에 대한 근본적인 회의를
품고 그것을 책임의 근거로 인정하지 않으려는 시도들이 성공할 수 없었던 이유
를 되새겨 볼 만하다. 그 이유가 '자유의사'의 존재가 비록 과학적으로 증명되지
않더라도 그것이 책임비난의 핵심을 가장 잘 설명할 수 있기 때문이듯이, 시련과
도전에도 불구하고 문법적 해석이 포기될 수 없는 이유도 그것이 그나마 법관의
법률구속성을 가장 잘 담보해줄 수 있기 때문이다.[53]

물론 문법적 해석의 우위성이 절대적인 것은 아니다. 성문화 단계에서 극히

---

49) "법의 1차적인 수범자는 법률전문가인 법관이 아니라 '일반국민'이고, ...국민의 법 이해는 법
   문에 사용된 어구의 사전적 의미와 일상적 용법을 뛰어넘지 못한다"는 지적도(임웅, 법의 흠
   결과 형법의 유추적용금지, 형사법연구 제21호(2004), 81면; 같은 취지의 언급으로 오세혁, 앞
   의 논문, 30면) 같은 맥락이다. 또한 Roxin이 '법문의 가능한 의미'는 일상어적 의미를 말하는
   것으로서, 그것의 범주는 확정될 수 있을 뿐만 아니라, 그것을 법의 해석 및 적용의 기준으로
   삼을 수밖에 없는 이유는 그렇게 하여야만 일반인으로 하여금 자신의 행위를 법문에 맞게 통
   제하도록 만드는 일반예방기능이 수행될 수 있기 때문이라고 한다(Roxin, AT, §5 Rn. 30).
   '법문의 가능한 의미'를 해석의 출발점이자 해석의 한계로 인정할 수밖에 없는 근거를 죄형법
   정주의원리 및 유추적용금지원칙의 유지에서 찾는 견해는 류전철, 앞의 논문, 363면 참조.
50) 같은 취지의 언급으로는 하태훈, 형벌법규의 해석과 죄형법정 원칙, 형사판례연구 [11](2003),
   19면 참조.
51) '법문언의 가능한 의미'는 존재적으로 불확정적이며, 오히려 법관에 의하여 확정되는 것이라는
   견해가 있다(김영환, 법의 흠결과 목적론적 축소해석, 형사판례의 연구 Ⅰ, 이재상 교수 화갑기
   념논문집(2003), 74면).
52) '가능한 어의법칙'은 죄형법정원칙의 국가법적·헌법적 기초에서 도출되는 요청이기 때문에 엄
   격히 준수되어야 함을 강조하는 입장으로는 김일수/서보학, 형법총론 제9판, 39면.
53) 물론 해석의 법규구속성을 의미론적으로 접근하는 것보다 법관과 입법자의 의사소통모델 속에
   서 접근하려는 Schroth의 견해를 좀 더 나은 것으로 평가하는 견해도 있다(이용식, 형법해석
   의 방법 - 형법해석에 있어서 법규구속성과 정단성의 문제, 서울대 법학 제46권 제2호(2005),
   45면 이하).

예외적이고 비정상적이며 명백한 오류가 발생한 경우에는 문언적 어의가 수정될
수 있다. 예컨대 인쇄과정에서 실수가54) 있었거나 법문이 입법자의 의도와 명백
히 다르게 표현된 경우 등과 같이 명백한 편찬상의 과오가 있는 경우에는 사용
된 법문언의 일상어적 의미에 구속당하지 않을 수 있다.55) 다만 후자의 경우에
주의를 요하는 점은 역사적 해석을 통하여 그 과오가 증명되어야 한다는 점이다.
단지 올바른 해석이라는 관점에서 볼 때 편찬상의 과오로 인정될 수 있다는 정
도로는 문언적 어의가 수정될 수 없다.56) 형법 제55조(법률상의 감경) 제1항 제6
호 "벌금을 감경할 때에는 그 다액의 2분의 1로 한다."를 해석함에 있어서 판례
처럼57) '다액'을 그와 전혀 다른 의미인 '금액'으로 수정하여 해석할 수 있기 위
해서는, '다액'이라는 용어의 선택이 편찬상의 명백한 과오였음이 역사적 해석을
통하여 증명되어야 한다. 반면에 입법자가 당연히 포함시켜야 할 생활사태를 간
과한 나머지 그것을 포함할 수 없는 좁은 의미의 문언을 사용하였거나, 입법 당
시에는 존재하지 않았지만 사회의 변천에 의하여 새로이 등장한, 그러나 입법의
목적이나 취지에 비추어 당연히 포함시킬 수 있는 생활사태의 경우, 그것들을 포
섭시키기 위하여 문언적 어의를 수정할 수 있는가에 대해서는 논란이 있다.58) 전
자의 예로는 2001년 개정 전의 형법 제347조의2(컴퓨터 등 사용사기)의 해석에서
'정보의 권한 없는 입력·변경'이 '허위의 정보 또는 부정한 명령의 입력'에 포섭
되는가를 두고 논란이 있다가59) 2001년 개정을 통하여 '정보의 권한 없는 입

54) 법률공보에 인쇄된 법문이 원래 확정 통과된 원문과 부합하지 않는 경우를 말한다.
55) 김일수 교수는 이러한 입장을 지지하면서, 이 입장을 독일의 다수설로 소개한다(김일수, 형법
  해석의 한계, 형사판례의 연구 I, 이재상 교수 화갑기념논문집(2003), 55면 참조). 반면에 '문
  언의 가능한 의미'의 절대성을 주장하는 것으로 보이는 견해는 이재상, 형법총론 제7판, §
  2/34.
56) Schünemann, 앞의 논문, 183면 각주 45 참조. 편찬상의 오류의 경우에도 문언의 한계를 벗
  어날 수 없다는 견해(하태훈, 앞의 논문, 22면), 순수한 편찬상의 과오(입법자의 의도와는 분
  명히 다른 용어가 선택된 경우)에 대해서는 해석을 통한 문언의 수정이 가능하지만, 광의의
  편찬상의 과오(생활사태에 대한 정확하지 못한 파악으로 당연히 포섭시켜야 할 사태를 포섭하
  지 못하는 문언이 사용된 경우)에 대해서는 해석을 통한 수정이 불가하다는 견해(김일수, 앞의
  논문, 55면) 등이 있는데, 후자의 입장이 타당하다고 본다.
57) 대판 1978. 4. 25, 78도246.
58) 그러한 경우 해석을 통한 포섭이 가능할 뿐만 아니라 그러한 해석을 하는 것이 법원의 임무에
  속한다는 견해가 있다(김학태, 앞의 논문, 201면).
59) 당시에 권한 없는 정보의 입력을 부정한 명령의 입력으로 포섭가능한가를 두고 긍정설(대판
  2003. 1. 10., 2002도2363; 김일수, 형법각론(1996), 301면; 박상기, 형법각론(1996), 330면;
  이형국, 형법각론연구 I(1997), 462면)과 부정설(이재상, 형법각론 신정판(1996), 315면; 장

력·변경'을 포함시킴으로써 해결한 사례를 들 수 있고, 후자의 예로는 형법 제
309조(출판물 등에 의한 명예훼손)의 '기타 출판물'에 TV, 인터넷통신망, 영화 등이
포섭될 수 있는가를 두고 벌어지는 논란을[60] 들 수 있다. 후자와 관련해서 독일
에서는 '우마차(bespanntes Fuhrwerk)'을 사용한 산림절도를 가중처벌하는 프로이
센 산림절도법의 '우마차' 논쟁이 유명하다. 독일연방법원이 케케묵은 프로이센
'산림절도법'을 적용하면서 '화물차(Kraftfahrzeug)'를 '우마차'에 포섭시키는 결정[61]
을 하였는데, 이를 두고 전개된 논쟁이다. 이들 두 가지의 경우에 대해서는 그
오류가 명백하고, 외부사정의 변화가 해석에 앞서 미리 입증될 수 있어야 한다는
전제 하에서 문언을 수정하는 것이 가능하다는 견해가[62] 있으나, 입법자가 현실
을 간과하였거나 미래의 사태를 예측하지 못한 나머지 그것들을 포섭할 수 없는
문언을 사용하였고, 그들 생활사태들은 법문언의 일상적 의미의 외계에 속하기
때문에 포섭될 수 없다고 보아야 한다.[63] 문언의 일상어적 의미에서 볼 때는 명
백히 다른 문언이지만, 당벌성이라는 측면에서는 동일하게 다루는 것이 합목적이
라는 이유로, 문언적 의미의 한계를 벗어나는 생활사태를 그 문언에 포섭시켜 처
벌대상으로 결정한다면, 이것이 바로 금지되는 전형적인 유추적용일 것이기 때문
이다.

그렇다면 입법자와 해석자, 입법자와 일반인, 또는 규범과 일반인 간에 그러한
소통의 매개체 역할을 하는 일상어적 의미라는 것이 과연 현실적으로 확정될 수
있는 것일까? 문법적 해석에 대한 비판들은 대부분 이 물음에 대한 회의론을 바
탕으로 하기 때문에 이에 대한 대답이 필요한 것으로 보인다.

2) 일상어적 의미의 확정 가능성

비판론자들의 지적처럼 일상어적 의미의 불확정성, 즉 의미의 모호성, 다공성
(多孔性) 내지 허점(Porosität),[64] 그리고 다의성은 분명 일상어에 따라붙는 하나의

영민, 개정형법의 컴퓨터범죄, 고시계, 1996(2), 49면)이 대립하였다.
60) 포섭 긍정론(김성돈, 형법각론 제2판(2009), 201면; 김성천/김형준, 형법각론 제2판(2006), 332면; 김일수/서보학, 형법각론 제6판(2004), 201면; 박상기, 형법각론 제7판(2008), 191면; 이정원, 형법각론초판(1999), 225면), 포섭 부정론(오영근, 형법각론 제2판(2009), §12/62; 임웅, 형법각론(상) 초판(2000), 196면; 정영일, 형법각론 개정판(2008), 184면)이 대립한다.
61) BGHSt 10, 375면 이하.
62) Jescheck/Weigend, 앞의 책, 160면; BGHSt 1, 47 [49 f.]; 6, 394 [396]; 10, 375.
63) 김일수, 앞의 논문, 55면; Schünemann, 앞의 논문, 182면.

속성을 정확하게 통찰한 것이라고 할 수 있다.[65] 그러나 그럼에도 불구하고 일상어는 근본적인 지향성을 제시하는 기능을 가지며, 그러한 기능은 바로 기본적인 일상의 체험이기 때문에 부정될 수 없다.[66] 그리고 일상어가 그러한 생산적인 기능을 가질 수 있는 것은 — Schünemann을 비롯한 몇몇 학자의 분석에 따르면 — 일상어의 사용에는 그 '의미의 핵'(Bedeutungskern)과 '의미의 뜰'(Bedeutungshof)이 구별되기 때문이다.[67] 즉, 일상어를 사용하는 현실을 분석해 보면, 일정량의 대상들은 언어공동체의 모든 구성원들에 의하여 의문 없이 그 일상어로 표현되고, 또 그 이상의 일정량의 대상들은 언어공동체의 단지 일부의 구성원에 의해서만 그 일상어로 표현되며, 마지막으로 그들 외의 다른 모든 대상들은 더 이상 전혀 그 일상어로 표현되지 않는다. 첫 번째의 대상그룹은 그 일상어의 의미의 핵을 구성하고, 두 번째의 대상그룹은 의미의 뜰을 구성하며, 세 번째의 그룹은 의미의 "외계(Rest der Welt)"를 구성한다.[68] 예컨대 '재물'이라는 일상어를 예로들면, 책상, 옷, 가방, 현금 등은 의미의 핵에 속하고, 부동산, 사체, 반려견, 의치·의족 등은 의미의 뜰에 속하며, 전파, 지식, 기회, 정보 등은 의미의 외계에

---

64) 규범의 취지와 목적에 비추어 볼 때 마땅히 포괄하여야 할 대상을 법문언의 일상어적 의미의 협소함으로 인하여 포괄하지 못하는 성질을 말한다. 예컨대 절도죄의 객체를 '재물'로 했을 경우, 전기를 포함할 수 없다든지, 독일의 경우 가장 전형적인 예로는 산림절도법상 가중처벌 구성요건의 표지인 '우마차'가 화물자동차를 포함할 수 없는 경우 등을 일컫는다.

65) 문언의 일상어적 의미의 한계성에 대한 다양한 지적들에 관한 소개로는 류전철, 앞의 논문, 349면 이하 참조.

66) 법문언의 가능한 의미의 한계를 짓는 것이 쉽지는 않지만, 그 기준은 법문언의 일상어적 의미에서 찾을 수밖에 없으며, 그리고 이 일상어적 의미는 결국 우리 사회에서 찾을 수밖에 없다거나 언어가 일상생활에서 통상 관용적으로 사용되는 용례를 기준으로 삼아야 한다는 견해도 (김성돈, 형법총론 제2판(2009), 64면; 이승준, 앞의 논문, 444면) 같은 맥락에 속한다. 언어의 다의성을 부정할 수는 없으나, 그럼에도 불구하고 어의가 해석의 한계가 되는 것을 불가능하게 하지는 않는다는 지적으로는 김선복, 앞의 논문, 85. 반면에 '법문언의 가능한 의미'는 형식적인 기준일 뿐이고 법해석에 앞서 미리 확정되는 것은 아니라는 견해로는 (김영환, 앞의 논문, 74면; 형법해석의 한계 – 허용된 해석과 금지된 유추와의 상관관계, 형사판례연구 [4](1996), 10면)

67) Schünemann에 의하면, 일상어의 의미론적 구조를 의미의 핵과 의미의 뜰로 구분하는 착상 즉, '의미-뜰-착상(Kern-Hof-Ansatz)'은 이미 Ludwig Heck로부터 기인하고, 분석적 법이론에서 특히 H. L. A. Hart에 의하여 완성된 것으로 소개된다(Schünamann, 앞의 논문, 177면). 그리고 독일에서는 이들 개념에 대한 새로운 상응개념으로서 적극적 후보자(의미의 핵), 중립적 후보자(의미의 뜰), 소극적 후보자(의미의 외계)의 개념이 사용되기도 한다는 소개로는 이상돈, 법이론(1996), 139면 참조. 더 나아가 [통상적 의미 내지 일상적 의미=의미의 핵], [가능한 의미=의미의 뜰]로 대칭시킬 수도 있다.

68) Schünemann, 앞의 논문, 177면.

속한다고 할 수 있다.

생활사태가 법률용어의 일상적 의미의 외계에 속할 때에는 포섭이 불가능하다. 반대로 생활사태가 법률용어의 일상어적 의미의 핵에 속할 때에는 더 이상의 개별적인 방법론적 도구 없이 언제나, 그리고 법관의 자율적인 평가의 개입 없이 반드시 그 용어에 포섭되어야 한다. 마지막으로 생활사태가 법률용어의 의미의 뜰에 속할 때에는 당연히 포섭되거나 포섭되지 않는 것이 아니라, 포섭이 될 수도 있고 안 될 수도 있는 포섭의 중립지대에 속하게 된다. 이 경우에는 다음 단계의 해석방법을 통하여 포섭 여부가 결정된다.

예컨대 '성폭력범죄의 처벌 등에 관한 특례법' 제14조 제2항의 '음란촬영물등의 반포행위'에서 사용되는 '반포'가 음란서적이나 음화 등 소위 유체물을 널리 배부하거나 퍼뜨리는 것을 의미한다는 점에 대해서는 다른 의견이 없을 것이다. 즉, '음란서적이나 음화 등 소위 유체물을 널리 배부하거나 퍼뜨리는 행위'는 '반포'라는 법문언의 일상적 의미의 핵에 속한다. 그러나 '음란한 내용의 문자메시지나 영상 등을 정보통신망 등을 이용하여 일반 다중에게 널리 전송하는 행위'도 반포라고 할 수 있느냐에 대해서는 이견이 있을 수 있다. 이는 곧 이러한 행위유형들이 '반포'라는 용어의 의미의 핵이 아니라 뜰에 속함을 말해준다. 따라서 이에 대해서는 문법적 해석이 직접 포섭 여부를 결정할 수는 없고, 다음 단계의 해석을 통하여 결정해야 할 것이다.[69]

드물긴 하지만 아예 일상적 의미의 핵이 불분명한 경우가 있을 수 있다. 가끔 접속어나 접미어 등에서 그 예를 볼 수 있다. 일반인들이 어떤 접속어나 접미어를 특별한 기준 없이 아주 혼돈스럽게 사용하기 때문에, 명확한 일상적 의미가 확립되지 않은 경우이다. 예컨대 형법 제170조(실화) 제2항의 "자기의 소유에 속하는 제166조 또는 제167조에 기재한 물건"에서 '또는'의 일상적 의미는 불분명하다. 그것을 대법원의 입장처럼[70] 분리어로 보면, '자기의 소유에 속하는 제166조에 기재한 물건 또는 (자기의 소유에 속하든 아니든 상관없이) 제167조에 기재한 물건'으로 해석되고, 연결어로 보면 '자기의 소유에 속하는 제166조에 기재한 물

---

69) 이들 배포, 반포, 전송 등의 개념에 관한 판례의 해석태도에 대한 비판적 검토로는 윤동호, 형법에서 판례의 문언해석의 한계 - 몇 가지 판례를 비교·분석하여 - 경희법학(경희대 법학연구소) 제54권 제3호, 2019, 15면 이하 참조.
70) 대판 1994. 12. 20., 94모32 전합.

건 또는 자기의 소유에 속하는 제167조에 기재한 물건'으로 해석된다. 여기서 '또는'이 일상의 언어사용에서 분리어로 사용되기도 하고 연결어로 사용되기도 하며, 또 때로는 분리어와 연결어로 혼용되기도 하므로, 그 어느 것도 의미의 핵에 해당한다고 볼 수 없다.

이 경우에는 오히려 두 의미가 모두 의미의 뜰에 속하는 것으로 분류해야 할 것이다. 또한 형법 제62조의2(보호관찰, 사회봉사·수강명령) 제1항의 "보호관찰을 받을 것을 명하거나 사회봉사 또는 수강을 명할 수 있다"에서 '~거나'와 '또는'이라는 용어도 유사한 사례이다. 이들을 대법원의 입장처럼 '포괄'을 의미하는 것으로 보면, 보호관찰, 사회봉사, 수강을 모두 명할 수도 있고, 그 중의 일부를 명할 수도 있는 것으로 해석되는[71] 반면에, '선택'을 의미하는 것으로 보면 그들 중에서 어느 하나만을 명할 수 있는 것으로 해석된다. 여기서도 '~거나' 내지 '또는'의 일상어적 의미가 어느 하나로 확립되었다고 볼 수 없다. 이들의 경우처럼 의미의 뜰에 속하는 의미군은 존재하지만 의미의 핵이 존재하지 않는 경우에는 문법적 해석을 통한 포섭의 결정은 불가능하고, 다음 단계인 체계적 해석이나 역사적 해석, 또는 목적론적 해석의 도움을 받아서 해결하여야 한다.[72]

따라서 일상어의 불확실성 때문에 '가능한 문언의 의미'가 해석의 한계로 기능할 수 없다는 비판에 대해서는 의미의 '핵-뜰-외계'의 구분에 의하여 상당한 정도로 방어가 가능하다. 물론 이러한 착상에 대해서는 기본적으로 개념실재론(Begriffsrealismus)이라거나 의미의 핵과 뜰, 그리고 의미의 뜰과 외계가 명확하게 구분되지 않는다는 비판이 있을 수 있다.[73] 하지만 그러한 '핵-뜰-외계'의 구분은 언어공동체의 사실상의 언어사용체험을 바탕으로 하는 것이기 때문에 기본적으로 구별이 가능한 경우가 절대 다수일 것이며, 설사 그러한 구별이 의문스러운 경우에는 의미의 뜰로 분류하여 다음 단계의 해석으로 넘기면 된다.

---

71) 대판 1998. 4. 24., 98도98.

72) '대판 1994. 12. 20., 94모32 전합'과 '대판 1998. 4. 24., 98도98'을 비교하면서 대법원이 '또는'에 대한 '문언의 가능한 의미'라는 해석기준을 무색하게 하는 잘못된 해석이라고 지적하는 견해가 있다(윤동호, 앞의 논문, 10, 11, 21면). 하지만 이 글의 입장에서는 의미의 뜰에 해당하는 생활사태를 체계적, 역사적, 목적론적 해석을 통하여 포섭 여부를 결정한 것으로 평가할 수 있다.

73) 이러한 비판의 상세한 소개로는 정승환, 형법상 유추금지에 관한 고찰, 안암법학 제12호(2001). 144면 이하 참조.

전통적인 해석방법에 메스를 들이댄 현대의 비판적 언어분석철학이 아이러니하게도 이처럼 문언의 가능한 의미를 근간으로 하는 문법적 해석의 한계점을 부각시키는 데에 그치지 않고, 반사적으로 그 한계를 극복할 수 있는 언어분석적인 착상을 제공하였고, 그럼으로써 전통적인 해석방법이 그 체질을 더욱 강화시킬 수 있는 계기를 갖게 되었다는 사실은 흥미롭다.

(2) 논리적·체계적 해석 → 주관적·역사적 해석 → 목적론적 해석

문법적 해석의 단계에서 생활사태가 법문언의 일상어적 의미의 뜰에 속할 때에는, 또 하나의 과학적 해석방법인 논리적·체계적 해석이나 주관적·역사적 해석을 통하여 포섭 여부가 결정되어야 한다. 즉, 이들의 해석방법을 통하여 법문언의 의미에 대한 정의를 시도하고, 생활사태가 이러한 하위정의(Subdefinition)를 – 일상적 의미에 따른 법문언의 정의를 상위정의라고 할때 – 통하여 얻은 의미의 핵에 속할 때에는 법관은 그 사태를 법문언에 포섭시켜야 한다.

해석의 단계를 이처럼 순차적으로 전진시키는 목적은 법률 속에 표현된 '입법자의 규율의지'를 다소 터프한 도구인 '일상어의 의미의 핵-뜰-외계'라는 착상을 통하여 확인하는 것보다 훨씬 더 섬세하게 확인하기 위함이다.

즉 체계적 해석과 역사적 해석의 목적은 법문언의 일상어적 의미의 뜰에 놓여 있는 모든 포섭후보들을 대상으로 놓고 입법자의 '특수한' 언어사용에 의하여 포착되는 것과 배제되는 것으로 선별하는 것이다. 따라서 이 단계에서는 아직 규범의 객관적·목적론적 관점들은 중요하지 않으며, 오로지 입법자의 의식적인 또는 수반의식적인 규율의도를 확인하는 것이 중요하다. 누구를 입법자로 간주할 것인지가 명확하게 확정되지 않는다든지,[74] 의회에서 논쟁적인 토론이 있는 경우 입법자의 규율의도를 내용적으로 명확하게 하나로 확정하는 것이 가능하지 않는 경우가 종종 있다는 등의 통상적인 반론은, 우리가 역사적 해석을 너무 심리화하지 않도록 주의하면서, 그 대신에 의회의 입법적 토대가 된 조건들에 주목한다면, 그 반론은 그렇게 대단한 것이 못 된다.[75] 마지막으로 생활사태가 일상적 의

---

74) 류전철, 앞의 논문, 351면. 의회민주주의 하에서 입법자의 의사란 실은 정당의 의사에 불과하다는 비판적 지적도 있다(배종대, 앞의 책(형법총론), [14]/4; Maurch/Zipf, 앞의 책, §9 Ⅱ Rn. 16.)

75) Schünemann, 앞의 논문, 183면.

미의 핵에도 속하지 않고, 논리적·체계적 해석과 주관적·역사적 해석을 통하여 시도한 하위정의를 통해서 얻은 의미의 핵에도 속하지는 않지만, 여전히 일상어의 의미의 뜰 내지 하위정의로 얻은 의미의 뜰에 속할 때에는 과학적이라기보다는 오히려 가치판단이 더 강하게 작용하는, 그리고 가치발견과 가치구체화의 절차라고 할 수 있는 목적론적 해석을 통한 규범의 구체화가 시도된다.[76) 이 단계에서 법관이 가치판단을 수행할 수 있는 권한은 법률의 공표를 통하여 의미의 뜰을 채우도록 법관에게 위임하는 입법자로부터 나온다. 이는 마치 명령제정권의 위임을 통하여 정부나 그 밖의 행정권의 집행자에게 입법부의 권한이 위임될 수 있는 것과 유사하다.[77)

그러면 마지막으로 논리적·체계적 해석과 주관적·역사적 해석의 우선순위는 어떠한가? 양자 모두 법문언의 하위정의를 얻으려는 과학적 해석방법이라는 측면에서 근본적으로 동열의 지위에 있다고 할 수 있다. 하지만 구체적인 어떤 사례의 경우에 그들을 통하여 얻은 하위정의 내지 그것을 통하여 얻은 의미의 핵이 충돌하는 경우가 있을 수 있기 때문에 이들 간에도 기본적인 서열은 필요할 것이다. 주관적·역사적 해석을 우위에 두는 견해도 있지만,[78) 원칙적으로는 논리적·체계적 해석을 우위에 두는 것이 옳다고 본다.[79) 주관적·역사적 해석은 규범이 어떠한 의도로 탄생했으며, 어떠한 변천과정을 거쳐서 현재에 이르렀는지를 회고적으로 고찰하는 방식이라면, 논리적·체계적 해석은 분석적 성찰을 통하여 현재의 규범상황을 고찰하는 방식이라고 할 수 있고, 더 근본적으로는 규범이 일단 성문화 되어 공표되면 그것은 원칙적으로 입법자의 입법 당시의 의도

---

76) 이러한 서열화는 대체로 Bydlinski의 견해와 일치한다(오세혁, 앞의 논문, 14면 이하 참조).
77) 같은 취지로는 구모영, 형법해석의 한계에 관한 방법적 고찰, 비교형사법연구 제4권 제1호 (2002), 382면; Schünemann, 앞의 논문, 179면.
78) Baumann/Weber, 앞의 책, §13 Ⅰ 2. 체계적 해석은 문맥을 고려하여 해석하라는 의미에서는 문언적 해석의 보조수단으로 흡수되고, 다른 규범과 모순되지 않게 해석하라는 의미에서는 목적론적 해석과 다를 바 없다고 보아, 체계적 해석의 독자적인 지위를 부정함으로써 상대적으로 역사적 해석의 우위성을 주장하기도 한다(심헌섭, 앞의 논문, 6면 이하).
79) 신동운 교수는 역사적 해석보다 논리적 해석이 우선한다는 인식이 일반적으로 널리 퍼져 있다고 소개한다(신동운, 형법총론 초판, 18면). 독일 판례도 같은 취지인 것으로 보인다(BGHSt 17, 23). Müller는 법치국가적인 명확성원칙 때문에 충돌사례에서는 규범텍스트가 규범구체화의 우선적인 준거점이 되어야 한다는 관점에서 역사적·연혁적 해석과 같은 비(非)규범텍스트적인 요소들은 문언적 해석이나 논리적·체계적 해석과 같은 규범텍스트적인 요소에 우선순위를 양보해야 한다고 한다(오세혁, 앞의 논문, 13면 참조).

와는 분리·독립된 자기 존재를 갖기 때문이다. 하지만 두 방법은 근본적으로는 동열의 지위에 있기 때문에, 체계적 해석을 통해서는 의미의 핵을 얻지 못하였지만, 역사적 해석을 통해서는 의미의 핵을 얻은 경우이거나, 체계적 해석을 통해서는 하위정의에 이르는 데에 실패했지만, 역사적 해석을 통해서는 성공한 경우에는 역사적 해석을 통하여 얻은 의미의 핵에 따라서 포섭이 결정될 수 있다.

Ⅳ. 해석방법들의 합리성 제고를 위한 하위척도들

해석방법들이 그 자체 합리성을 확보하지 못한다면, 해석방법들을 서열과 순서에 따라서 체계적으로 적용한다고 하더라도, 합당한 해석결과를 기대하기 어려울 것이다. 해석방법 자체의 합리성을 제고시키는 길은 세부적인 하위척도들을 마련함으로써 다소 추상적인 개개의 해석방법을 좀 더 구체화시키는 것이다.[80] 특히 비과학적인 가치판단이 강하게 작용하는 목적론적 해석에는 가치판단의 합리성과 객관성을 제고시킬 수 있는 구체적인 하위척도가 더욱 절실하다. 목적론적 해석이 그 합리성과 객관성을 높이는 데에 실패하면, 법규범의 객관적 목적과 취지를 추구한다는 원래의 목표와는 달리 해석자의 주관적·자의적 해석으로 흐를 위험이 크다. 목적론적 해석이 해석을 통한 법 획득의 최종단계에 해당하고, 목적론적 해석까지 거침으로써 비로소 법문언의 의미가 확정되는 사례가 적지 않음을 고려할 때, 목적론적 해석의 합리성을 확보하는 것은 전통적인 해석방법의 성패를 좌우한다고도 볼 수 있다.[81]

---

80) 전통적인 해석방법들의 합리성과 정당성의 확보를 위한 방법에는 필자가 여기서 시도하는 방법 외에도 해석의 결론에 이르게 된 근거에 대한 충실한 논증을 이행하도록 하는 절차적인 방법을 생각할 수도 있는데, 후자의 방법을 강조하는 견해로는 변종필, 대법원의 형법해석에 대한 비판적 고찰, 비교형사법연구 제7권 제1호(2005), 7면 이하; 형법해석에서 법정책적 논거원용의 타당성 문제 - 객관적·목적론적 해석카논의 사용과 관련하여 - , 형사법연구 제26호 특집호(2006), 522면 이하; 형법해석과 정당화, 형사법연구 제29권 제4호(2017), 21면 이하 참조.

81) 객관적·목적론적 해석의 경우 해석자가 도달한 결론, 즉 해석자가 주장하는 법규의 객관적 목적에 대해서는 Alexy의 견해에 따라서 합리적인 논증을 통한 근거제시를 강조하는 주장으로는 변종필, 형사법연구 제26호 특집호(2006), 523면.

1. 보편적인 하위척도로서 형벌범위

(1) 형벌범위 지향적 해석[82]의 현주소

교과서나 주석서에서 다루는 해석방법의 일반론은 거의 예외 없이 '전통적인' 해석방법들뿐이고 형벌범위의 해석론적 의미에 대한 논의는 찾아보기 어렵다. 하지만 각칙의 개별법규를 해석하는 곳에서는 판례와 문헌들이 형벌범위를 깊이 있게 고려하면서 중요한 척도로 삼고 있음을 알 수 있다. 예컨대 공직선거법상 자수규정의 '자수'를 발각 전의 자수로 제한적으로 해석하여야 한다는 대법원의 소수의견은 바로 그 근거로서 자수가 공직선거법상 절대적 형벌면제사유라는 사실을 들고 있다. 주지하듯이 해석론을 통하여 부진정결과적 가중범을 인정하는 것도 형벌범위를 고려한 결과이다.

그렇다면 형벌범위에 대한 이론적인 인식이 해석방법의 일반론에서는 거의 존재하지 않는 반면에 구체적인 개별 구성요건의 해석에서는 자주 등장하는 이러한 간극은 어디에서 연유하는 것일까? 형벌범위 지향적 해석이란 이론적으로 충분히 정립되지 않은, 단지 실무상 사용되는 논증의 임시방편에 불과한 것인가? 형벌범위 지향성은 일반적으로 승인되는 다른 해석토포스에 완전히 포괄되기 때문에, 그것을 고유한 척도로 삼을 필요가 없기 때문인가? 또는 형벌범위 지향적 해석의 타당성이 너무도 자명하기 때문에 굳이 해석일반론의 문제로 다룰 필요가 없었던 것인가? 필자가 보기에는 전통적인 해석방법들을 일반해석론의 차원에서 발전적으로 보완하려는 노력이 부족했기 때문으로 보인다.

(2) 전통적인 해석방법과의 관계

논리적·체계적 해석의 경우에 형벌범위가 고려될 수 있음을 보여주는 사례들이 많이 발견된다. 예컨대 상해치사와 같은 결과적 가중범의 해석론에서 중요한 의미를 갖는 소위 '직접관련성의 요청'은 상해치사죄의 형벌범위(3년이상의 유기징

---

82) '형벌범위 지향적 해석'을 일종의 '결과 지향적 해석'으로 보는 견해가 있는데(변종필, 앞의 논문(주 81), 519면), 이 글에서는 양자를 서로 다른 개념으로 사용하고 있다(그 구별에 대해서는 이진국, 앞의 논문, 300면 이하; Kudlich, Die strafrahmenorientierte Auslegung im System der strafrechtlichen Rechtsfindung, ZStW 115(2003), 4면 이하 참조).

역)가 그 속에 포함된 상해죄와 과실치사죄의 상상적 경합을 인정하는 경우의 형벌범위(7년 이하의 징역)에 비하여 현저하게 더 무겁다는 문제의식을 출발점으로 한다.[83] 즉 상해죄와 과실치사죄의 상상적 경합의 처단형에 비하여 상해치사죄의 현저히 무거운 형벌을 정당화시키기 위해서는 상해죄와 과실치사죄의 단순한 상상적 경합과 차별화되는 요건이 필요했고, 그것을 직접관련성에서 찾았던 것이다.[84] 여기서 상해죄, 과실치사죄, 상해죄와 과실치사죄의 상상적 경합, 상해치사죄 등이 체계적으로 비교·검토되는, 이른바 체계적 해석이 시도되고 있는데, 바로 그 체계적인 비교 고찰에서 핵심적인 비교표지는 그들 각각의 형벌범위들이다.[85]

부진정결과적 가중범을 인정하는 해석론도 형벌범위를 고려한 것임은 이미 잘 알려진 바이다. 부진정결과적 가중범을 부정하게 되면 중한 결과를 고의로 실현시킨 경우가 과실로 실현시킨 경우보다 더 가볍게 처벌되는 불합리한 결과로 이르기 때문이다. 여기서도 결과적 가중범, 고의의 기본범죄, 중한 결과에 대한 고의범과 과실범 등이 체계적으로 비교·검토되는데, 여기서도 그 핵심적인 비교대상이 바로 형벌범위이다. 뿐만 아니라 특수폭행치상의 경우, 특수상해죄가 신설되었음에도 불구하고 그 이전과 동일하게 특수상해죄가 아닌 단순 상해죄의 예에 따라서 처벌해야 한다는 대법원의 판결[86]도 체계적 해석을 하면서 형벌범위를 중요하게 고려하였다. 하지만 형벌범위가 논리적·체계적 해석의 구체화를 위한 하위척도로만 기능하는 것은 아니다.[87]

형벌범위는 역사적·연혁적 해석의 경우에도 중요한 해석척도로서 기여한다. 대법원은 위에서 언급한 특수폭행치상에 대한 처벌규정의 준용과 관련하여, 특수상해죄의 신설로 인하여 특수폭행치상을 문언상 특수상해죄의 예에 의하여 처벌하는 것이 가능하게 되었음을 인정하면서도, 특수상해죄가 형법에 신설된 역사적·연혁적 배경을 살핀 후, 특수폭행치상을 특수상해죄의 예에 의하여 무겁게

---

83) 직접관련성의 요청이 이제는 그 자체 결과적 가중범의 본질적인 요건으로 다루어지지만, 이 요건이 등장하게 된 배경에는 관련 규정과의 체계적 검토를 통하여 결과적 가중범의 법정형이 현저히 무겁다는 사실이 확인되고, 또 그에 대한 정당화가 필요했기 때문이다.
84) 같은 견해로는 이진국, 앞의 논문, 296면 이하.
85) 대법원이 특가법의 '유기도주'를 엄격하게 제한적으로 해석하는 것도 단순도주에 비하여 그 법정형이 현저히 높다는 것을 고려한 것으로 평가하기도 한다(이진국, 앞의 논문, 297면).
86) 대판 2018. 7. 24., 2018도3443.
87) Kudlich, 앞의 논문, 8면.

처벌하는 것은 제258조의2(특수상해)를 신설한 입법적 이유에 포함되지 않는다고 해석하였다. 그리고 이러한 역사적·연혁적 해석의 타당성을 논증하기 위하여 형벌범위를 중요하게 고려하였다. 즉, 대법원은 특수폭행치상을 특수상해죄의 예에 의하여 처벌하게 되면, 상해죄의 법정형(7년 이하의 징역, 10년 이하의 자격정지 또는 1천만 원 이하의 벌금)과 특수상해죄의 법정형(1년 이상 10년 이하의 징역)을 비교해볼 때, 종래에 상해죄의 예에 의하여 처벌할 때에는 비교적 경미한 특수폭행치상에 대하여 벌금형을 선택할 수 있었는데, 이제 특수상해죄의 예에 의하여 처벌하게 되면 비교적 경미한 특수폭행치상에 대해서까지도 일률적으로 징역형을 선고할 수밖에 없게 된다면서, 이렇게 해석하는 것은 '폭력행위 등 처벌에 관한 법률'(이하 폭처법이라 한다)의 관련 조항 등을 폐지하는 대신에 그 중의 일부였던 특수상해죄를 형법 제258조의2로 신설한 취지와 목적에 맞지 않다고 보았다. 대법원은 법 개정의 취지와 목적을 고려하는 역사적·연혁적 해석을 하면서 그 타당성의 중요한 논거로서 형벌범위를 고려하였던 것이다. 이와 같이 대법원은 특수폭행치상죄에 준용할 처벌규정을 결정하기 위한 해석론을 전개하면서 형벌범위를 체계적 해석에서 고려하는 데에 그치지 않고 역사적 해석에서도 중요한 척도로 고려하였다.

더 나아가 목적론적 해석이 척도로 삼는 법률의 객관적인 목적과 취지를 추론할 때에도 형벌범위가 중요한 단서들을 제공하기도 한다. 폭처법 제2조 제2항의 공동폭행에 대한 가중규정을 해석하는 판례에서 그 예를 찾을 수 있다. 판례는 폭처법 제2조 제2항의 "공동"의 개념을 공동정범의 '공동'의 개념으로 해석하지 않고, 그것보다 개념 폭이 좁은 합동범의 '합동'의 개념에 가깝게 해석한다.[88] 그것이 공동정범에서 의미하는 공동의 개념이라면 폭행죄의 형으로 처벌해야 할 것인데, 폭처법에는 폭행죄에 정한 형의 2분의 1까지 가중하고 있으므로, 폭처법상 공동실행에 대한 가중처벌규정을 둔 취지와목적은 공동정범의 '공동'개념보다 더 '엄격한' 공동의 개념을 전제한 것이라고 보아야 한다는 것이다. 이는 바로 형벌범위의 고려가 해당 법규의 객관적 취지와 목적을 파악하는 데에 핵심적인 단서로서 고려되었음을 보여준다. 반면에 개개의 범죄표지들을 문법적으로 해석하

---

88) 대판 1990. 10. 30., 90도2022.

는 단계에서만은 형벌범위가 아무런 기여를 할 수 없다. 왜냐하면 형벌범위는 단지 법효과적인 측면만을 표현하는 것이고 개개의 구성요건표지와는 직접적인 관련성이 없기 때문이다.

(3) 요 약

이상에서 본 바와 같이 해석절차에서 형벌범위를 고려하는 것은 - 문법적 해석을 제외하고 - 이미 전통적인 모든 해석카논에서 발견된다. 여기서 형벌범위 지향적 해석의 두 가지 특성을 간파할 수 있다. 첫째는 형벌범위는 그 자체로서 독자적인 해석척도로 기능하는 것이 아니라 항상 다른 해석방법들과 결합함으로써 비로소 그 기능을 발휘한다는 점이고, 둘째는 전통적인 해석카논 중의 특정한 어느 하나의 '하위척도'가 아니라 전통적인 해석척도들 모두에 봉사하는 보편적인 보조척도라는 사실이다. 즉, 형벌범위의 고려는 전통적인 해석방법들에 공통으로 기여하는 제2의 해석척도로서, 전통적인 해석방법의 합리성과 타당성을 높여주는 일종의 크로스논증(Querschnittsargument)을 위한 척도라고 할 수 있다.[89]

이러한 기능은 때로는 ① 개별법규의 구체적인 형벌범위의 특수성에(예컨대 특별히 무거운 형벌이 규정되어 있거나 절대적 단일형으로 규정되어 있는 경우) 주목하거나, 상호 관련성이 있는 구성요건들의 형벌범위를 서로 비교함으로써, 그들 구성요건들의 상호 관계를 밝히는 데에 기여하기도 하고(논리적·체계적 해석의 보조기능), ② 관련 규정의 역사적인 전개과정을 밝히는 데에 기여하기도 하며(역사적·연혁적 해석의 보조기능), ③ 법규의 객관적인 목적을 구체화하는 데에 기여하기도 한다(목적론적 해석의 보조기능). 형벌범위의 고려는 이러한 방식으로 전통적인 해석방법들이 더욱 더 합리적이고 정당한 결론에 이르도록 보조한다.

물론 형벌범위 지향적 해석의 실질적인 정당성에 대해서는 반론이 있을 수 있다.[90] 예컨대 형벌범위 지향적 해석은 법률상의 형벌범위가 그 자체 적절할 뿐만 아니라, 평가적으로 납득할 만하고 모순 없는 하나의 체계를 형성하고 있다는 점을 묵시적으로 전제해야 하는데, 현실은 그렇지 않다는 반론을 생각할 수 있다.

---

89) Kudlich, 앞의 논문, 13면.
90) 형벌범위 지향적 해석의 실질적 정당성(법규정의 목적론적 관점, 비례성원칙의 관점, 국가형벌권의 최후수단성의 관점), 실질적 정당성에 대한 반론 그리고 그 반론에 대한 재반론 등에 대해서는 Kudlich, 앞의 논문, 16면 이하 참조.

특히 우리와 같이 특별형법이나 부수형법이 졸속으로 입법되어 난무하는 상황에서는 이러한 비판이 더욱 현실감 있게 다가올 수 있다. 물론 그처럼 비정상적인 극히 일부의 잘못된 형벌규정의 경우에는 당연히 형벌범위의 고려가 하위척도로서 기능할 수 없다. 그렇다고 하더라도 절대 다수를 차지하는 정상적인 형벌법규를 대상으로 한다면, 그러한 반론이 형벌범위 지향적 해석이라는 착상을 근본적으로 부정할 이유가 되지는 못할 것이다. 목욕물을 버린답시고 아이까지 함께 버릴 수는 없는 노릇이다.

2. 목적론적 해석의 특수한 하위척도들

(1) 법익보호의 필요성

형법이 보충적 법익보호질서라는 사실에 대하여 오늘날 의문을 제기하는 자는 없다. 따라서 형법을 통한 법익보호의 필요성이 형법의 객관적 목적을 추론하는 데에 하나의 구체적인 좌표가 될 수 있음은 쉽게 수긍할 수 있다. 그런데 일반적인 해석방법론에서 이러한 시각이 언급되는 것은 좀처럼 발견되지 않는다. 하지만 각칙의 개별 구성요건을 적용할 때에는 법익의 보호필요성 내지 더 강한 보호필요성 등이 해석에서 중요하게 고려되는 것을 종종 발견할 수 있다.[91]

법익보호의 필요성이라는 관점이 때로는 형법을 확장시키는 근거가 되기도 하고, 때로는 축소시키는 근거가 되기도 한다. 예컨대 판례가 특수폭행죄의 "휴대" 개념에 '널리 이용하는 것'을 포함시킴으로써 자동차를 휴대 가능한 대상으로 인정한 것은[92] 자동차를 이용하여 폭행하는 경우에도 특수폭행으로 가중처벌을 함으로써 신체의 안전을 특별히 '더 강하게' 보호할 필요가 있다는 사고가 작용했을 것이다. 이는 보호필요성의 관점을 통하여 형법을 확장시킨 사례이다. 반면에 판례가 최근에 판례변경을 통하여 명의신탁부동산의 수탁자에 대하여 횡령죄를 부정하면서 들고 있는 논거들 중에는 소위 부동산실명법을 위반한 명의신탁자에 대해서까지 횡령죄의 적용을 통하여 그의 소유권을 보호할 필요가 없다는 사고가 깊게 작용하고 있음을 확인할 수 있다. 이 논거의 타당성 여부는 이 글의 관

---

91) 대판 1996. 12. 23., 96도2673; 대판 1997. 5. 30., 97도597.
92) 대판 1997. 5. 30., 97도597.

심대상이 아니다. 다만 그 논거가 바로 '형법을 통한 법익의 보호필요성'의 관점에 해당한다는 것이다. 이는 보호필요성의 관점을 통하여 형법을 축소시킨 사례이다. 아주 고전적인, 그러나 여전히 논쟁의 불씨가 남아 있는 사례로는 불법하게 취득한 재물이나 재산적 이익도 재산범죄의 보호대상에 해당하는가의 논쟁이다. 예컨대 절도범을 기망하여 도품을 사취하면 사기죄에 해당하는가의 문제이다. 이 논쟁을 보면 이미 오래 전부터 법익보호의 필요성이 형법의 적용범위를 결정하는 데에 아주 근본적인 고려요소였음을 알 수 있다.

일찍이 Blei는 독일의 학설과 판례를 보면 도처에서 형법적인 보호필요성이라는 관점이 목적론적 해석의 범주 내에서 대두될 수 있을 뿐만 아니라 해석의 결론을 선택하는 척도이기도 하다는 사실을 보여준다고 분석한 바 있다.[93]

형법은 법익보호를 목적으로 한다. 그러므로 목적론적 해석의 바로미터인 형벌법규의 객관적 목적에 대한 물음에서는 형법을 통하여 보호하려는 법익과 그 보호범위, 즉 형법을 통한 법익의 보호필요성의 관점이 의미를 갖는다는 것은 자연스럽다고 할 것이다.[94]

(2) 경미성의 원칙

경미성의 원칙은 구성요건적 불법이 경미한 경우에 그것을 다방면으로 행위자에게 유리하게 고려하는 원리를 말한다. 이 원칙은 우선 입법단계에서부터 고려되어 소송법은 물론이고, ― 예컨대 기소유예제도 ― 형법에서도 다양하게 반영되어 있다. 예컨대 형법총칙의 경우 범행의 결과를 양형이나 선고유예 내지 집행유예의 고려사항으로 규정한 것이나, 각칙의 경우 명예훼손죄나 모욕죄에서 공연한 적시만을 당벌적인 것으로 규정하거나, 기타 불법의 경미성을 고려한 친고죄 내지 반의사불벌죄의 규정들이 전형적인 예라고 할 수 있다. 뿐만 아니라 사회상규에 반하지 않음을 정당화사유로 규정한 데에도 경미성의 원칙이 반영되었다고 할 수 있다.

하지만 경미성의 원칙은 이처럼 입법에서 고려되는 데에 그치지 않고, 해석단계에서도 고려된다. 판례와 문헌을 보면 일정한 형벌법규의 경우 경미한 법익침

---

93) Blei, Strafschutzbedürfnis und Auslegung, H. Henkel-FS, 1974, 123면.
94) Jescheck/Weigend, 앞의 책, 157, 158면.

해를 구성요건해당성이 없는 것으로 간주하기도 한다. 경미한 상해를 상해개념에서 제외하거나, 체포죄나 감금죄 등을 계속범으로 - 계속범으로 해석함으로써 계속하려는 의사 없이 극히 순간적으로 이루어지는 체포와 감금은 구성요건해당성이 부정 된다 - 해석하는 것 등을 예로 들 수 있다. 더 나아가 위법성 판단에서도 소극적 저항행위나 무료로 실시한 무면허 수지침 시술행위 등을 사회상규에 반하지 않는다고 한 것도 법익침해의 경미성이 고려된 것들이다. 독일의 일부 하급심법원에서는 경미성의 원칙을 보편적인 해석규칙으로 일반화시키기도 한다고 한다.[95] 목적론적 해석은 구성요건을 통하여 마치 포스터 형식으로 설정되어 있는 불법유형들을 구체화시켜야 하는데, 경계선상에 있는 경미한 결과불법은 해석과 포섭의 단계에서 - 당벌성이라는 관점에서 - 항상 신중하게 고려해보아야 한다.

형법은 법익보호를 목적으로 하므로 개개의 형벌규범의 보호법익이 무엇인지 묻지 않을 수 없고, 따라서 구성요건을 해석함에 있어서는 이러한 보호법익이 '질적'으로 결정되어야 할 뿐만 아니라 '양적'으로도 그 범위가 설정되어야 한다. 이는 마치 사회상당성이 행위 반가치를 한계지우고, 허용된 위험이 객관적 주의의무를 한계지우며, 객관적 귀속론이 등가적 인관관계를 수정하듯이, 경미성의 원칙은 양적인 측면에서 구성요건적 결과의 한계를 설정할 수 있다. 그래서 경미성의 원칙은 하나의 해석기준으로 편입될 수 있고, 더 구체적으로는 당해 법규의 객관적 목적을 추론함에 있어서 보조적인 좌표가 될 수 있다.

(3) 요 약

역사적 해석이 입법자의 주관에 얽매이는 주관적 해석이라는 오명을 받듯이, 목적론적 해석도 이론적으로는 법의 '객관적인' 목적과 취지에 따른 해석이라고 하지만 실제로는 해석자의 주관에 의존하는 또 다른 주관적 해석이라는 비판을 받는 것이 사실이다. 법의 객관적인 목적과 취지를 법해석의 불가피한 핵심적인 척도로서 받아들일 수밖에 없음에도 불구하고 그러한 척도가 너무 막연하고 추상적이어서 해석자의 주관이 개입될 수밖에 없는 사정이라면, 남은 과제는 분명

---

95) Ostendorf, Das Geringfügigkeitsprinzip als strafrechtliche Auslegungsregel, GA 1982, 333면.

해진다. 그것은 법의 객관적인 목적과 취지가 합리적으로 추론되도록 담보해줄 수 있는 구체적인 하위척도들을 발굴하여 체계화 하는 것이다. 이러한 착상에서 본고는 미흡하지만, 그래서 앞으로 계속해서 더욱 보강되어야 하겠지만, 우선 몇 가지의 보조적인 하위척도를 예시적으로 다루었다.

물론 그것들이 결코 새로운 것은 아니다. 그것들은 형법해석의 일반론에서는 이제까지 거의 주목을 받지 못하고 있었지만, 개별 구성요건의 구체적인 해석과 포섭을 고민하는 곳에서는 이미 사용되고 있는 척도들이다. 형벌범위가 구성요건 표지를 해석하는 직접적인 척도일 수는 없지만, 다음의 질문들은 법의 객관적인 목적과 취지를 탐구함에 있어서 분명 의미 있는 질문일 수 있다. 일반적으로는 거의 대부분 선택형으로 법정형을 규정하면서 왜 이 형벌법규만은 굳이 절대적인 단일형으로 규정했는가? 이 법규는 왜 상대적으로 특별히 중한 형을 부과했는가?(형벌범위의 고려), 이 구성요건을 이러한 생활사태에까지 적용함으로써 법익의 보호를 꾀하는 것이 과연 이 형벌법규가 객관적으로 의도하는 바라고 할 수 있는가?(형법을 통한 법익보호의 필요성), 법익침해가 최소한 어느 정도에 이르러야 형법의 투입이 정당화될 수 있는가?(최소침해성의 원칙) 이러한 질문들은 분명 당해 규범의 목적과 취지를 객관적으로 파악함에 있어서 검토해볼 만한 의미 있는 질문이다.

목적론적 해석이 간선도로의 표지판이라면, 목적론적 해석의 합리성을 높이기 위한 보조적인 하위척도들은 지선도로의 표지판이라고 할 수 있다.[96] 간선도로의 표지판만을 설치하거나, 지선도로의 표지판만을 설치하는 것보다는 양자를 체계적으로 조합하는 것이 목적지를 안내하는 데에 더 합리적일 것임은 자명하다.

V. 맺 음 말

전통적인 해석방법론에 대한 회의론 내지 비판론들이 대안으로 내세우는 합리적이고 정당한 법 획득의 새로운 방법들이 전통적인 해석론을 대체할 수 있다는 희망을 주는 데에는 실패했을지라도,[97] 그러한 시도들이 전통적인 해석방법론의

---

96) 이와 비슷한 비유는 Ostendorf, 앞의 논문, 345면.

아킬레스건을 정확하게 지적하고, 그 보완의 절실함을 상기시켰다는 점에서는 가치 있는 시도들이었다고 할 수 있다.

그러한 비판적 시도들을 통하여 전통적인 해석방법론이 시급히 해결해야 할 과제로 떠안은 것은 첫째, 비록 잠정적이고 상대적일지라도 해석방법들의 서열과 순서를 설정하여 그것들을 체계화하는 것이고, 둘째는 개개의 해석방법들의 합리성을 제고시키는 구체적인 하위척도들을 발굴하는 것이다. 법 획득의 단계를 기본적으로 2단계로 구분한다면, 첫째 단계는 '해석을 통한 법 획득'의 단계이고, 둘째 단계는 목적론적 축소나 행위자에게 유리한 유추의 허용 등과 같은 '법 창조적인 법 획득'의 단계라고 할 수 있다. 그리고 첫째 단계를 다시 세 단계로 나누면 그 첫째는 입법부의 입법의도를 확인하는 단계로서 문법적 해석, 논리적·체계적 해석, 주관적·역사적 해석의 단계이고, 둘째는 일반적인 법원칙, 형법 도그마틱, 학설 및 판례, 사회생활상의 가치 등, 상대적으로 높은 학문성과 과학성을 갖는 개념이나 이론들을 원용하는 '과학적·학문적 규범구체화'의 단계이며, 셋째는 규범의 가치발견과 가치구체화를 추구하는 이른바 '목적론적 해석'의 단계이다. 셋째 단계에서는 앞의 두 단계에 비하여 법적용자의 주관적인 가치판단이 개입될 여지가 높고, 그리하여 적용자의 판단에 대한 예측가능성이 떨어질 수 있으며, 또 국민들의 행위지침으로서의 규범안정성이 떨어질 위험이 있다. 그래서 특히 이 단계에서는 판단의 합리성을 확보하기 위한 방안이 더욱 절실하다.

본고에서는 전통적인 해석방법들의 서열과 순서를 문법적 해석 → 논리적·체계적 해석 → 주관적·역사적 해석 → 목적론적 해석의 순서로 설정하였다. 물론 이 서열이 절대적인 것은 아니고, 잠정적이고 상대적인 것이다. 해석방법론 자체가 원칙이나 법칙이 아니고, 합리적인 법 발견을 위한 수단이고 방법일 뿐이기 때문에, 그들의 서열 또한 그러한 당위적인 절대적 기준일 수는 없다. 하지만 비록 잠정적일지라도 이러한 서열이 갖는 의미는 크다.

첫째는 해석자가 자신의 주관에 따라서 해석방법을 임의적으로 선택하는 것을 제어할 수 있으며, 둘째는 그러한 서열을 준수하지 않은 해석을 하는 경우에는 그 이유를 제시하도록 함으로써 해석의 결론에 대한 논증의무를 강화시킬 수 있다.

97) 전통적인 해석방법론에 대립하는 언어이론적인 새로운 해석론들이 실패했다는 평가로는 구모영, 앞의 논문, 375면 참조.

목적론적 해석의 합리성을 제고시키는 구체적인 하위척도로서 형벌범위의 고려, 법익보호의 필요성, 경미성의 원칙을 제시하였다. 하지만 이러한 제언은 하나의 시론에 불과하다. 그 밖에도 일반적으로 양형의 단계에서 중요하게 고려하는 '법적용의 결과'를 해석단계에서도 고려할 수 있는지, '범죄학적 해석방법'을 형법의 특수하고도 총체적이며 실용적인 해석방법으로 받아들일 수 있는지[98] 등도 계속 연구될만하다. 물론 이것들을 해석방법의 구체적인 하위척도로 받아들인다면, 그것은 사회학을 규범학에 침투시키는 이른바 트로이목마가 될 것이라는 비판도 가능하겠지만, 그것들을 해석의 하위척도로 받아들일 경우 예상되는 득과 실을 신중히 따져볼 만한 가치는 있다고 본다. 형법해석 방법론의 발전은 아직 끝나지 않았다.

---

[98] 이를 허용할 수 있을 뿐만 아니라 해석방법론의 발전을 위하여 불가피하다는 견해로는 Georg Rácz, Die kriminologische Auslegungsmethode der Strafgesetze, JR 1984 Heft 6, 235면 이하.

형법 해석의 방법론

정윤철*

Ⅰ. 들어가며

1. 문채규 교수님과의 인연

문채규 교수님과의 인연은 지금으로부터 8년 전, 2016년 부산대학교 대학원에 입학하여 처음으로 연구보조조교가 되었을 때이다. 어리숙한 새내기 형법학도를 시종일관 차분한 목소리와 친근한 미소로 대해주시던 교수님의 인자하신 그 모습은 아직도 잊히지가 않는다.

내가 연구보조조교가 된 지 얼마 안 되었을 때, 한 번은 나의 잘못으로 교수님께서 아끼시는 물통을 실수로 떨어뜨려 깨버린 적이 있었는데 충분히 혼을 낼 법한 상황에서조차 교수님께서는 인애를 실천하시며 그것을 문제 삼지 않으시고 오히려 내가 앞으로 실수하지 않도록 지도까지 해주셨다.

교수님의 자비와 가르침은 상대의 잘못을 지적하기보다 스스로 성찰하고 깨닫고 뉘우치고 바른길로 갈 수 있도록 이끄시는 것 같았다.

과장된 표현이라고 생각될 지도 모르지만, 교수님을 알고 지내는 동안, 교수님의 말씀과 행동 그 모든 것에서는 인(仁)과 현(賢)이 절로 느껴져 '내 평생에 이렇게 인자하신 분을 뵌 적이 있었던가?'실로 매번 감탄의 순간이었다.

2. 인자하신 교수님

교수님께서는 상대방을 대하실 때, 그 사람의 학문의 깊고 낮음, 경험의 많고 적음에 구애되지 않으시고, 그것을 초월하여 자연을 아우르는 물과 같이 그 누구와도 건설적인 토론이 가능하신 분이셨다. 그렇기에 나같이 학문과 식견이 부족한 제자와도 형법에 대해 이야기하고 있노라면 시간 가는 줄 모르게 대화가 가능하실 뿐 아니라 형법 이외에도 문화, 예술 분야에도 식견이 높으셨고, 의견 대립이 일어나기 쉬운 정치, 사회, 종교이야기

---

* 부산대학교 대학원 법학과 석사수료.

를 하더라도 단 한 번도 인자하신 미소를 잃어버리신 적이 없으셨다. 교수님과 대면을 하면 할수록 인생을 간접적으로 배울 수 있었고 학문에 있어서는 어린아이 같던 나조차 연구에 열망이 샘솟게 될 정도로 참스승이자 어른이셨다.

교수님을 뵌 후로 '전업으로 학문에 전념하겠다.' 다짐하며 교수님의 제자가 되기를 청하였을 때, 교수님께서 "정말 열심히 하여야 한다. 그럴 수 있겠느냐?"재차 반문하셨고, 당시 교수님과 같은 사람이 되고 싶었던 나는 그렇게 하겠노라 스스로 각오를 다지고선 자신 있게 "예!"라 대답하였다.

그 후 교수님의 제자로서 학문연구에 몰두하는 중에도 교수님께서는 학문적으로도 옳은 방향성을 제시해주셨고, 불확실한 미래에 모든 것을 걸어야 했던 나에게 "학문의 길을 가는 것에 불안한 마음은 없느냐?"하시며 인생의 선배로서도 세심한 것까지 신경을 써 주셨다.

당시, 형법을 전공으로 택하고 교수님을 만난 것은 내 인생에 있어서는 코페르니쿠스적인 전환이었고 오로지 형법학에 대한 열망과 환희로 살았던 순간이었기에 나는 전혀 두렵지 않다고 자신 있게 대답하였으나, 현실의 벽에 부딪혀 학문에 손을 놓고 지낸지도 4년이 된 지금에 와서 생각해 보면, 지금까지 교수님께서 해주셨던 말씀 하나하나가 마치 지금의 상황을 예견이라도 하셨던 것처럼, 그 정도로 열심히 하지 않으면 이 길을 가는 것이 쉽지 않은 길임을, 단순히 학문에 대한 열정 하나만으로는 가기 힘든 현실의 벽이 있음을, 그 어둡고 긴 터널을 지나가야만 했던 후학에 대한 배려와 걱정으로 해주셨던 조언이었음을 다시금 느끼고 있다.

결국, 말석에 자리하기도 부끄러운 나 같은 제자와도 거리낌 없이 1:1로 대면하여 함께 식사하고, 학문에 대해 논하며, 대화가 가능하셨던 것은, 순전히 처음부터 끝까지 인자하신 교수님의 전적인 배려 덕분이었음을 깨닫게 된다.

3. 퇴임하시는 교수님

내가 학문을 놓고 있던 순간에도 교수님과의 인연이 계속될 수 있도록 자리를 마련해주고 신경써주셨던 수진[2]선배님께 늘 교수님의 퇴임이 얼마 남지 않았기에 논문을 쓰려면 시간이 많지 않다는 이야기를 들었지만 '그래도 교수님께서 정정하시니 아직은 시간이 있겠지' 하던 것이 엊그제 같은데 벌써 교수님의 퇴임이 다가오니 나로서는 감회가 새롭다. 나조차도 이럴진대 1982년 고려대 법학과를 졸업하시고 그 후로도 근 40년간 학문의 길을 걸어오신 교수님 당신께서는 오죽하실까.

나로서는 아직 상상조차 되지 않는 세월을 형법학 발전과 후학양성을 위해 달려오신 그 길에 마침표를 찍는 그 순간이 어떨지. 그저 제자로서 무한한 존경을 담아 감히 고생하셨다는 말과 함께 축하드린다는 말씀을 전해 드리고 싶다.

---

2) 동서대학교 경찰학과 교수, 법학박사(형사법)

Ⅱ. 논문에 대한 평석

1. 평석에 앞서

교수님의 퇴임소식을 수진 선배님께 전해 들었을 때, 교수님의 퇴임을 기념하며 논문집을 만들 계획임을 알게 되었고, 교수님의 논문에 각자 평석을 남기는 것이 어떻겠냐는 이야기를 들었을 때, 나는 걱정이 앞섰다. 학문을 손에서 놓은 지 꽤 되었고, 내가 쓴 논문을 교수님께 심사받기도 감당하기 어려운 입장에서 교수님께서 쓰신 논문을 내가 논평한다는 것이 가당키나 하겠는가? 마치 성경에서 세례요한이 예수님을 가리켜 '나는 그분의 신발끈을 풀기도 감당하지 못하겠노라.' 하였던 것처럼 내 심정은 그러하였다. 제자의 입장에서는 다른 분들도 마찬가지겠지만 특히나 교수님 앞에서 학문에 뜻을 세우기로 굳게 다짐하여놓고서 '정말 열심히 하여야 한다.'는 교수님의 기대에조차 부응하지 못한 나로서는 교수님의 제자라고 말하기도 부끄러운 입장인데, 존경해 마지않는 교수님의 논문을 감히 평한다는 것이 너무나도 부담이 되었다.

그럼에도 존경하는 교수님의 퇴임하시는 그 순간을 기리기 위해서 부족하게나마라도 교수님께서 논문을 통해 말씀하시고자 하는 바를 요약하여 소개하고, 논문을 읽고 내가 느낀 바를 써보려고 한다.

2. '형법 해석의 방법론' 소개

형법은 규범의 필연적인 추상성으로 인하여 해석이 가지는 의미가 크다. 형법 해석에 있어서는 소위 "in dubio pro reo"라고 하는 원칙조차 적용되지 않을 정도로, 올바른 해석을 선택해야할 뿐임을 강조한다. 당연하게도 법관의 자의적이고 주관적인 해석의 가능성을 경계하여야 한다는 점에 대해서도 이견이 없을 것이다.

'형법 해석의 방법론'에서는 위 정신에 입각하여 전통적인 해석방법론의 문제점[3]과 체계적인 해석방법에 의거하지 않는 판례의 문제점[4]을 지적하며, 그것을 해결하기 위한 형법 해석방법들의 서열과 순서의 필요성(불가피성)[5]과 그 서열과 순서의 확립을 위한 기본입장 다섯 가지[6]에 대해 설명하고, 문법적 해석의 최상위성을 인정함과 동시에, '문법적

---

3) 개개의 해석방법들이 상호 간에 어떠한 관계에 놓여 있는지, '문언의 가능한 의미'가 확정 가능한 것인지, 목적론적 해석의 객관성과 합리성을 제고시키는 문제 등.

4) 형법 해석을 특정 학설, 또는 형사정책적 필요성 등에 의거하여 해결하는 문제. 이 경우 해석방법론적으로 검증 가능한 절차가 전혀 사용되지 않은 채 지나가 버릴 수 있으며, 형사정책을 실현하기 위해 형법을 확장시키거나 축소시키는 등 법관의 자의적 해석의 위험성이 있다.

5) 법관으로 하여금 필요에 따라서 해석방법을 임의로 선택하도록 내맡기는 것은 분명 문제가 있으며, 해석방법들이 수직적인 위계질서를 가져야만 법 해석자가 그 순위에 따르지 않는 때에는 그 근거를 제시하도록 함으로써 해석자에게 논증책임을 강화시키는 부수적인 효과도 기대할 수 있다.

해석 → 논리적·체계적 해석 → 주관적·역사적 해석 → 목적론적 해석'이라는 형법 해석 방법의 순서를 제시하고, 개개의 해석방법들의 합리성을 제고시키기 위한 구체적인 하위 척도들에 대해서 소개하고 있다.

특히, 목적론적 해석론(우위론)의 문제점[7]에 대해서 지적하면서도 해석의 합리성 제고 를 위해 목적론적 해석의(보충적인 입장[8]에서의) 특수한 하위척도들[9]의 필요성에 대해서 자세히 소개하고 있다.

'방법 통합주의'에 입각한 대법원의 법 해석의 목표에 대해서는 인정하는 것으로 보이 나, 통합주의는 두리뭉실한 큰 윤곽만을 제시할 뿐, 각 해석방법들의 적용결과가 충돌할 경우, 어떠한 기준에 의하여 어떠한 결과를 선택하여야 하는가에 대해서는 침묵하고 있다 는 문제점[10]을 지적하고 있다.

서열과 순서를 정하는 기준에서는 문법적 해석의 최상위성을 인정하고 일상어적 의미 의 확정 가능성에 대해 핵, 뜰, 외계(외계에 속하는 의미는 제외)로 구분하고, 그 중 뜰에 속하는 의미군은 존재하지만 의미의 핵이 존재하지 않는 경우에는 문법적 해석을 통한 포 섭의 결정은 불가능하고, 다음 단계인 체계적 해석이나 역사적 해석, 또는 목적론적 해석 의 도움을 받아서 해결하여야 함을 주장한다.

3. '형법 해석의 방법론'을 읽고

'형법 해석의 방법론'을 읽으면서 가장 마음에 와 닿았던 부분은 '목적론적 해석'과 '목 적론적 해석의 합리성을 높이기 위한 보조적인 하위척도들' 양자를 체계적으로 조합하는

---

6) ① 권력분립원칙, 입법자에 대한 법관의 복종의무, 권력분립원칙, 입법자에 대한 법관의 복종 의무, 법 획득의 민주적 정당성, 법적 안정성, 법적용의 예측가능성 등을 근거로 '평가 없는 법률해석을 통한 법 발견'이 최우선이며, '입법자에 의하여 허용된 결정영역의 범위 내에서 평 가적인 방법을 통한 정당한 법 발견'은 보충적. ② 법 발견의 경우 과학적 요소와 가치론적 요 소를 구분함으로써 법학과 법 정책을 분리하고, 법 발견의 단계에서는 원칙적으로 과학적 요 소를 우선하여야 함. ③ 문법적 해석 등은 철저히 과학적 고찰을 바탕으로 한다면, 목적론적 해석은 가치론적 판단을 바탕으로 해야 함. ④ 앞의 세 가지 입장을 전제할 때, 해석을 통한 법 획득의 단계에서는 일단 목적론적 해석이 가장 후순위에 위치하게 됨. ⑤ 해석방법은 그 자체 규칙이나 법칙, 또는 원칙이 아니고 타당한 법 발견을 위한 합리적인 접근방법이자 수단 일 뿐이므로, 해석의 서열이나 순서도 절대적인 것은 아니고, 일반적·잠정적·상대적인 성격 을 갖는다.
7) 법 적용자의 주관적 해석이 가능해지며, 헌법상 권력분립의 원칙과도 멀어진다(법 적용자가 입법자에게 종속되는 구조가 아니라, 입법자 대신에 법 적용자가 구성요건이 미치는 범위를 결정할 수 있게 되기 때문).
8) 가치론적 우위성, 논리적·체계적 해석 및 주관적·역사적 해석의 상대적 우위성.
9) 법익보호의 필요성, 경미성의 원칙.
10) 결과적으로 해석방법들간의 서열과 순서를 포기하게 되고, 방법론적인 근거의 명확성을 약화 시키며, 해석의 전체적인 과정이 순환론에 빠지는 모양이 되고, 법적용자가 자의적이고 주관적 인 해석으로 이를 수 있음.

것이 더 합리적일 것[11]이라는 부분이다. 그에 따라 결론적으로는 문법적 해석을 기반으로 하면서도 보충적으로 구체적인 하위척도들을 발굴하여 보조적으로 합리성까지 확보한 나름의 형법 해석의 체계와 순서와 방법을 제시하였다는 것이 인상 깊었다.

또한 형법 해석에 있어서 형벌범위의 고려, 형법을 통한 법익보호의 필요성, 경미성의 원칙, 최소침해성의 원칙에 등에 입각한 질문들을 던짐으로써 당해 규범의 목적과 취지를 객관적으로 파악할 수 있는데 도움을 주어 많은 것을 생각해보게 한다.

Ⅲ. 마치며

일생을 형법학의 발전에 기여하시고 후학양성에 힘쓰신 문채규 교수님. 아버지 같은 인자함과 어머니 같은 자애로움으로 제자들을 가르치시고 스스로도 본이 되신 스승님. 내가 감히 그분의 업적과 일생을 평가할 수는 없지만 존경하는 마음으로 교수님에 대해 떠올려보자면 그분의 인자함과 자애로움은 상대에 대한 이해와 배려에서 나오는 것 같다. 상대에 대한 깊은 이해가 있기에, 그 대상에 대한 입장과 처지를 잘 이해하기에, 배려가 있고 조화가 가능한 것이다.

마치 예수께서 십자가형을 언도받고 형을 집행당하는 과정에서 자신을 십자가에 못 박은 로마군인들에 대해 하나님을 향하여 '아버지 저들을 용서하여 주옵소서 저들은 자기들이 하는 것을 알지 못함이니이다.'라고 했던 것처럼. 그것에는 예수께서 단순히 자비했기 때문만이 아니라, 그들의 입장에 대한 깊은 이해와 성찰이 있었기 때문에 가능했던 것이라고 생각한다. 그들은 그저 현대사회로 보면 공무원, 즉 교도관의 입장에서 자신들의 맡은바 직무에 충실했던 것뿐이다. 그것에 대한 이해가 있었기에 그에 따르는 용서와 자비가 있었던 것이다.

제법공상(諸法空相), 제법실상(諸法實相). 제법이 공이기에 즉, 그것이 무엇도 아니기에 무엇이든 될 수 있고, 어떤 틀에 얽매이지 않는, 결국 대립이나 차별 없이 있는 그대로의 참모습, 실상을 있는 그대로 받아들인다는 것처럼, 교수님의 눈은 세상을 편견 없이 받아들이시며, 머리는 그 대상에 대한 깊은 이해로, 가슴은 따뜻한 자비와 배려로 품으시는 것이라 생각한다.

교수님께서 형법을 대하는 관점도 이와 마찬가지였을 것이라고 생각한다. 교수님의 논문은 그 학설과 학문에 대한 깊은 이해를 기반으로 하고 있다. 또한 단순히 학문적인 이해와 견해를 넘어선 실상에서의 형법이 우리 사회와 우리 삶에 어떻게 작용되어야하는지에 대해서도 철학적인 방향성을 제시한다. 나의 무지함과 부족함으로 감히 교수님의 논문을 심도 있게 논평하지는 못하겠으나, 그 깊이를 가늠할 수조차 없는 교수님의 학문의 대한 이해와 배려는 학문을 연구하려는 후학들에게 본이 되시며, 큰 감동을 준다.

---

11) 형법 해석의 방법론 (2021, 비교형사법연구 제23권 제3호) 29면.

나 개인적으로는 지도교수이신 문채규 교수님의 제자로서 이름을 올리는 논문을 쓰지 못한 아쉬움도 있지만, 그보다 8년 전 교수님 앞에서 열심히 하겠노라고 다짐하며 학문 연구에 뜻을 세웠으나, 그 뜻을 다하지 못하여 교수님의 기대에 부응하지 못한 죄송한 마음이 크다.

그럼에도 제자로서 스승이신 문채규 교수님의 퇴임하시는 논문집에 축하의 의미로 짧게나마 글을 남길 수 있음에 무한한 영광과 감사함을 느낀다.

행위 중에 형벌법규의 변경이 있는 경우 적용법규의 문제*

Ⅰ. 여는 말

법질서란 고정불변의 것이 아니고 계속적으로 변경될 수 있다. 형법질서도 예외는 아니다. 범행과 재판 사이에는 상당한 시차가 있고, 심지어 하나의 범행이 시작되어 종료되기까지에도 상당한 시간이 경과될 수 있기 때문에, 그 사이에 관련 형벌법규가 변경될 수 있다. 그런 경우에 행위자가 처벌가능한지, 처벌가능하다면 어느 법규에 따라서 처벌될 수 있는지 또는 어떤 부수적인 효과들이 가능한지 등의 문제가 발생한다.[1] 바로 이 문제를 해결하기 위한 규정들이 형법 제1조에 포함되어 있다. 그런데 제1조는 제1항과 제2항을 통하여 범죄 후 법률의 변경으로 행위시법과 재판시법이 다른 경우만을 직접적으로 규정하고 있을 뿐, 범행의 실행 중에 법률의 변경이 있는 경우에 대해서는 직접 규정하고 있지 않다.

통설은 이 경우 제1조 제1항에 따라서 행위종료시의 법률이 적용된다고 한다. 제1조 제1항의 "행위시"는 '행위종료시'로 해석된다는 것이다. 이러한 통설은 그

---

* 형사법연구 제21권 제4호(2009) 197-218면에 게재된 글임.
1) MK-Schmitz, § 2 Rn. 1.

간 불안정한 입장을 보여 왔던[2] 판례가 '대법원 1986. 7. 22. 선고 86도1012 전원합의체 판결'을 통하여 그 입장을 종료시법 적용설로 확정한 이래로 더욱 고착되는 현상을 보인다.

통설은 행위의 종료를 경계로 하여 그 이후(범죄 후)에 법률의 변경이 있는 경우와 그 이전에 법률의 변경이 있는 경우로 나누어 적용법규를 2분법적으로 결정한다. 전자의 경우에는 제1조 제1항과 제2항의 결합을 통하여 적용 법규가 정해지는 반면에, 후자의 경우에는 무조건 행위종료시의 법규가 적용되어야 하고, 이는 제1조 제1항의 행위시법주의의 당연한 귀결이라고 한다.

그러나 통설에 대해서는 ① 범죄 후에 이루어진 법률의 변경은 형법의 적용 문제에서 중요한 고려 대상이 되는데, 왜 범행 중에 이루어진 법률의 변경은 완전히 무시되고 무조건 종료시법이 적용되어야 하는지, ② 일반적으로 범죄를 실현하는 행태로서의 행위라 함은 시간의 경과와 더불어 진행되는 것이므로, 행위 '시'의 의미도 그 행위의 진행'기간'으로 이해되는 것이 자연스러운데, 왜 행위종료 이전의 행위 진행 기간은 제1조 제1항의 행위시의 개념에서 제외되어야 하는지, ③ 만에 하나 제1조 제1항의 행위시를 기간개념이 아니라 하나의 '시점'개념으로 이해하여야 한다면, 이 조항을 통하여 천명하고 있는 소급효금지원칙에 더욱 충실하기 위해서는 차라리 행위시를 행위의 '착수시'로 해석해야 하는 것은 아닌지, ④ 통설을 전제하면, 1995년 전면 개정된 형법 부칙 제3조는 총칙 제1조 제1항의 반복이 되어 무의미한 규정이 되고 마는데, 과연 그런 것인가, ⑤ 같은 맥락에서 독일 형법이 우리 형법 제1조 제1항과 제2항에 해당하는 규정을 두고도 따로 '행위 중에 법률의 변경이 있는 경우'의 적용법규에 관한 규정을 두고 있는데, 이 또한 불필요한 규정인지 등의 의문들을 떨치기 어렵다.

---

2) 종료시법(신법) 적용설을 취한 '대판 1970. 8. 31., 70도1393'과 1995년 개정 전의 형법 부칙 4조 제1항을 근거로 착수시법(구법) 적용설을 취한 '대판 1974. 5. 28., 74도191' 및 '대판 1985. 7. 9., 85도740' 참조.

Ⅱ. 형법질서 내에서 형법 제1조의 기능

1. 소급효금지원칙과 형법 제1조 제1항 행위시법주의의 관계

죄형법정주의의 소급효금지원칙은 행위 이후의 신법을 소급적용하여 형사처벌 또는 처벌가중의 근거로 하지 못한다는 의미이다. 이를 달리 말하면 어떤 행위가 형사제재의 대상이 되기 위해서는 그 행위의 가벌성뿐만 아니라 형사제재의 종류와 정도가 그 행위 이전에 성문 그 행에 의하여 확정되어 있어야 한다는 의미이다. 그리고 소급효금지원칙은 입법자에 대하여는 소급입법금지원칙으로, 법 집행자에 대하여는 소급적용금지원칙으로 나타난다.

그런데 소급효금지원칙이 행위시에 처벌법규가 존재하였던 한, 재판시에 이미 그 법규가 폐지되었더라도 그 유효기간 내에 위반한 행위에 대하여는 계속하여 적용할 수 있다는 의미까지 포함하는 것은 아니다. 행위시의 형벌법규가 재판시에는 이미 폐지되어 효력기간이 끝난 그 법규를 유효기간 내의 위반행위에 대하여 계속 적용할 수 있는가는 소급효금지원칙과는 다른 차원의 문제이다. 따라서 이미 폐지되었지만, 그 법규를 효력기간 내의 위반행위에 대하여 계속 적용한다고 할 때, 이는 소급효금지원칙과 충돌하는 것도 아니고, 또한 반대로 소급효금지원칙상 당연히 그렇게 되어야 하는 것도 아니다. 오히려 이는 소급효금지원칙과는 다른 차원의 입법적 결단의 대상이 된다.

법은 시행일로부터 폐지일까지 효력을 갖는 것이므로 폐지 전의 위반사실에 대하여도 폐지된 법률을 추급하여 적용할 수 없는 것이 법의 형식적 효력에 관한 일반원칙이다.[3] 이는 형법이라고 하여 예외일 수 없다.[4] 따라서 행위시에 존재하였던 형벌법규가 행위 후에 폐지됨으로써 그 효력기간이 종료하였다면 이제 더 이상 그 법을 폐지 전의 위반행위에 적용할 수 없는 것이 법의 형식적 효력에 관한 일반원칙에 합당한 것이다.

그런데 형법 제1조 제1항은 행위시법주의를 천명하였고, 이를 제1조 제2항과

---

3) 최종고, 법학통론, 3정판, 1989, 112면 이하.
4) 이재상, 총론 제6판, 2008, 32면; 소재용, 형법의 시간적 적용범위에 관한 연구, 성균관대학교 박사학위논문, 2007, 33면.

결합시켜 해석하면, 행위시의 법규가 그 후 더 중하게 변경됨으로써 폐지되었더라도 유효기간 내의 위반행위에 대하여 계속 추급하여 적용할 수 있게 된다. 제1조 제1항은 행위 후 중하게 법규가 변경된 경우 신법의 소급적용을 금지시킴과 동시에, 이미 폐지된 구법의 추급적용을 허용하는 두 가지 의미를 갖고 있다. 즉 제1조 제1항은 형사처벌은 행위시에 그 처벌법규가 이미 존재하고 있어야 하고, 사후의 신법을 소급적용하여 처벌의 근거로 삼지 못한다는 의미 외에, 행위 후 법률의 폐지가 있는 경우 제2항과의 결합에 의하여 때로는 행위시에 유효했었던 법규를 추급적용하여 형사처벌의근거로 삼을 수 있다는 의미까지 포함한다. 전자는 소급효금지원칙의 반영이고, 후자는 실효된 법규의 추급적용이 금지된다는 법의 형식적 효력에 관한 일반원칙의 예외를 인정한 것이다.

결과적으로 제1조 제1항의 행위시법주의는 소급효금지원칙을 천명하는 것에 그치지 않고 행위시법의 '추급효원칙'까지 규정한 효력규범이다.[5] 따라서 형법 제1조 제1항에 대하여 그 성격을 소급효금지원칙의 선언규정으로만 규정한다면,[6] 이는 제1항의 중요한 의의 중 일면만을 말하는 것이라고 하여야 한다. 즉 형법 제1조 제1항은 서로 중첩되는 부분이 있으면서도 동시에 서로 차별화되는 차원의 문제인 소급효금지원칙과 행위시법주의를 모두 함축하고 있는 규정에 해당한다.

2. 형법질서 내에서 형법 제1조의 기능

형법 제1조는 법질서란 고정불변의 것이 아니고 계속적으로 변경될 수 있다는 사정을 고려한 것이다. 범행과 재판 사이에는 상당한 시차가 있기 때문에, 그 사이에 관련 형법규범이 변경될 수 있다. 그런 경우에 행위자가 처벌가능한지, 처벌가능하다면 어느 법규에 따라서 처벌될 수 있는지, 또는 어떤 부수적인 효과들이 가능한지 등에 관한 규정들이 제1조에 포함되어 있다.[7]

행위시와 재판시 사이에 발생가능한 법질서의 변경양태는 ① 행위 후에 비로

---

5) 독일 형법 제1조(죄형법정주의)와 제2조 제1항(행위시법주의)의 관계에서 제2조 제1항이 제1조의 소급효금지원칙을 단순히 반복하는 데 그치지 않고 그 이상의 의미를 함께 포함한다는 지적은 LK-Gribbohm, §2 Rn. 1; MK-Schmitz §2 Rn. 5.

6) 소재용, 앞의 학위논문, 31면.

7) MK-Schmitz, §2 Rn. 1.

소 가별적으로 된 경우, ② 행위 후에 중하게 된 경우, ③ 행위 후에 비가별적으로 된 경우, ④ 행위 후에 경하게 된 경우로 정리할 수 있다. 이들 중에서 ①은 소급효금지원칙으로 바로 해결되고, ②의 경우는 중한 신법이 적용될 수 없다는 것까지는 소급효금지원칙으로 해결된다. 그런데 ②의 경우 경한 구법의 추급적용이 가능한지, ③의 경우 구법의 추급적용이 가능한지, ④의 경우 신·구법 중 어느 법규를 적용할 것인지 등은 소급효금지원칙만으로는 해결되지 않는 영역이다. 바로 이 영역의 문제를 해결하려는 것이 제1조의 취지이고, 그 존재의의이기도 하다.

예컨대 형법 제1조에 의하면 중하게 변경된 경우에는 폐지된 행위시에 유효했던 구법을 추급적용하고(제1항), 경하게 변경된 경우에는 재판시에 유효한 신법을 소급적용하게 된다(제2항). 그런데 이 경우, 형벌법규의 변경에도 불구하고 여전히 신·구 규범 중 어느 하나를 적용할 수 있다는 사실은 변경 전의 구 규범이나 변경 후의 신 규범 자체에 근거하는 것이 아니다.[8] 형벌법규가 내용적으로 변경되었다는 것은 바로 기존의 규범이 폐지되고 새로운 규범이 생성되었다는 것을 의미하기 때문에,[9] 법의 형식적 효력에 관한 일반원칙에 의할 때, 구 규범은 이미 폐지되어 효력을 잃었으므로 처벌의 근거가 될 수 없고, 신 규범은 행위시에 아직 효력이 없었으므로 신 규범을 위반한 것이 아니어서 신 규범 또한 처벌의 근거가 될 수 없다.

이러한 상황에서 제1조는 때에 따라서는 행위시의 구법의 추급효력을 인정하고, 또 때로는 재판시의 신법의 소급효력을 인정하도록 하였기 때문에, 제1조는 법규변경의 경우 형벌법규의 효력범위를 정하는 특별한 효력규범에 해당하고, 따라서 제1조는 형법질서 내에서 핵심적인 기능을 담당하는 규정이라 할 수 있다.[10]

---

8) MK-Schmitz, §2 Rn. 2.
9) Jescheck/Weigend, §15 Ⅳ. 2.
10) Jescheck/Weigend, §15 Ⅳ. 2.

Ⅲ. 행위 중 형벌법규의 변경이 있는 경우 적용법규에 관한 학설과 판례에 대한 검토

1. 학설 및 판례의 개관

(1) 학 설

1) 종료시법 적용설

이는 실행행위가 계속되는 중에 법률의 변경이 있는 경우, 즉 법률의 변경으로 실행행위의 착수시와 그 종료시의 법률이 다른 경우 종료시의 신법을 적용하여야 한다는 견해로서, 통설에 해당한다.[11] 그런데 결론은 동일하지만 그 결론에 이르는 논증구조에서는 서로 다른 두 견해가 있다. 하나는 형법 제1조 제1항의 행위시법주의를 논거로 하는 것이고,[12] 다른 하나는 신법우선의 원칙을 논거로 한다.[13]

행위시법주의를 논거로 하는 견해는 형법 제1조 제1항의 "행위시"를 '행위종료시'로 해석하여 행위시법은 바로 행위종료시법을 의미하는 것으로 보고, 따라서 행위종료시의 신법이 행위시법이기 때문에 행위시법주의에 따라서 신법이 적용되는 것이 당연하다는 논리를 편다.

타면 신법우선의 원칙을 근거로 하는 견해는 제2항의 "범죄 후"가 '실행행위의 종료 후'를 의미하는 것은 분명하지만, 그렇다고 하여 제1항의 "행위시"가 바로 '종료행위시'를 의미하는 것은 아니라는 입장에서 출발한다. 즉 행위시란 실행행위의 착수시부터 그 종료시까지의 '기간'을 의미하는 것이므로 실행행위의 계

---

11) 권오걸, 총론 제3판, 47면; 김일수/서보학, 총론 제9판, 2002, 43면; 배종대, 총론 제8전정판, 2005, 121면; 김성돈, 총론 제2판, 2009, 78면; 손동권, 총론 제2개정판, 2005, 46면; 이재상, 총론 제6판, 2008, 33면; 오영근, 총론 제2판, 2009, 70면; 임웅, 총론 개정판, 2002, 50면; 박상기, 총론 제8판, 2009, 42면; 정성근/박광민, 총론 제1판, 2001, 44면; 정영일, 총론 개정판, 2007, 55면; 신동운, 총론 초판, 2001, 51면; 진계호, 총론, 제5판, 1996, 89면: 이형국, 형법총론연구 Ⅰ초판, 1984, 79, 80면; 이정원, 총론 증보판, 2001, 41면.
12) 권오걸, 김일수/서보학, 배종대, 김성돈, 손동권, 이재상, 오영근, 임웅, 박상기, 정성근/박광민, 정영일, 신동운(각 위의 주 참조),
13) 진계호, 총론, 제5판, 1996, 89면: 이형국, 형법총론연구 Ⅰ초판, 1984, 79, 80면; 이정원, 총론 증보판, 2001, 41면.

속 중에 법률의 변경이 있는 경우에는 변경 전·후의 양 법이 모두 행위시법에 해당한다는 것이다.[14] 따라서 제1조 제1항의 행위시법주의에 의하면 이 경우 적용가능한 행위시법이 두 개가 되어 행위시법주의에 의해서는 적용법규를 결정할 수 없게 되는데, 이때에는 신법우선의 원칙에 따라서 신법이 적용되어야 한다고 본다.

2) 형법 제1조 제2항의 유추적용설

이 견해는 범죄가 형법상 신·구 양법에 걸쳐 행하여진 경우에는 행위자에게 유리한 경우에만 신법을 적용하고, 심지어 구 형법 부칙 제4조 제1항에 따라 형법의 경우에는 구법을 적용하되 행위자에게 신법이 유리한 경우에는 그 부칙에도 불구하고 형법 제1조 제2항에 따라 신법을 적용하여야 한다고 한다. 그리고 형법 이외의 법령의 경우 신·구 양법에 걸쳐 행하여진 행위의 경우에는 형법 제1조 제2항을 적용하면 된다고 한다.[15] 따라서 이 견해는 실행행위 중에 법률의 변경이 있는 경우에는 형법 제1조 제2항이 바로 적용되는 것은 아니지만, 그 취지에 따라서 유추적용하여 해결하려는 견해이다. 결국 이 견해에 의하면 행위 중에 법률의 변경이 있는 경우에도 항상 행위자에게 유리한 법률을 적용하여야 한다고 함으로써, 제1조 제2항의 "범죄 후" 법률의 변경이 있는 경우와 동일하게 해결하려 한다.

(2) 판 례

이 문제에 관한 판례사례들은 거의 전부가 특별형법이나 부수형법의 위반행위가 포괄일죄에 해당하면서, 그 범행의 실행행위 중에 법률의 변경이 있는 경우 어느 법을 적용할 것인가에 관한 것이다. 판례는 과거에 서로 다른 판결을 하다가 '대법원 1986. 7. 22. 선고 86도1012 전원합의체판결'을 통하여 입장을 정리한 바 있다.

과거의 입장을 보면, 먼저 '대법원 1970. 8. 31. 선고 70도1393 판결'은 '무면허 의료행위 중 해당 법규가 의료법 제25조에서 보건범죄단속에 관한 특별조치

---

14) 진계호, 총론, 제5판, 1996, 89면: 이형국, 형법총론연구 Ⅰ초판, 1984, 79, 80면; 이정원, 총론 증보판, 2001, 41면.
15) 손해목, 총론 초판, 1996, 74면

법 제5조로 가중적으로 변경된 사안에서, 신법 시행 전후에 걸친 무면허 의료행위는 단일의사로 반복 계속한 것으로서 포괄적 일죄이므로 그 행위 전체에 대하여 신법을 적용 처벌할 것이고 의료법 제25조와의 사이에 신·구법 비교의 필요가 없다'고 판시하였다. 종료시법(신법) 적용설을 따른 것이다. 그러나 그 후 '대법원 1974. 5. 28. 선고 74도191 판결'과 '대법원 1985. 7. 9. 선고 85도740 판결'은 특별형법이나 부수형법의 경우에도 1995년 개정 전의 형법 부칙 제4조 "1개의 죄가 본법 시행 전후에 걸쳐서 행하여진 때에는 본법 시행 전에 범한 것으로 간주 한다"라고 규정한 취지에 비추어 구법을 적용하였다. 이는 앞의 입장과는 달리 구법을 적용한 것이다. 그러나 위의 전원합의체판결을 통하여 판례는 다시 종료시법 적용설로 회귀하였고, 이 입장이 현재까지 유지되고 있다. 이 전원합의체판결의 요지는 첫째, 1995년 개정 전의 형법 부칙 제4조는 형법 외의 다른 특수형법이나 부수형법에 적용되지 않는다는 점이고, 둘째, 형법 제1조 제1항의 "행위시"는 '행위종료시'로 해석하여야 한다는 점이다. 즉, 현재의 판례 입장은 통설인 종료시법 적용설을 취하면서 그 논거로서 행위시를 행위종료시로 해석하는 견해와 일치한다.

2. 학설 및 판례에 대한 비판적 검토

(1) '행위시'를 '행위종료시'로 이해하는 종료시법 적용설에 대한 비판적 검토

1) 제1조 제1항의 '행위시'의 일반적 의미

형법 제1조 제1항에 따르면 – 제2항의 경우를 제외하고 – 행위자에게 효력이 있는 법은 행위시의 법이다. 행위시는 작위범의 경우에는 실행행위의 시점을, 부작위범의 경우에는 요구되는 행위를 했어야 할 시점을 말한다.[16] 결과의 발생 여부나 발생시점은 중요하지 않은데. 그 이유는 실행의 착수부터 그 종료시까지의 단계에서만 법은 행위통제기능(verhaltenssteuernde Funktion)을 수행할 수 있기 때문이다.[17] 그리고 객관적 처벌조건이나 소추조건의 충족 여부도 행위시의 판단

---

16) '행위시'에 대한 이러한 정의는 독일 형법의 경우 제8조에서 직접 규정되어 있으나, 그러한 정의 규정이 없는 형법의 해석에서도 같은 의미로 받아들여지고 있다(신동운, 앞의 책, 2001, 50면).
17) MK-Schmitz, §1 Rn. 28.

기준이 아니다. 예컨대 친고죄에 해당하는 범행의 '행위종료 후 고소 전'에 법률의 변경이 있는 경우거나 사전수뢰 후 공무원이 되기 전에 법률의 변경이 있는 경우의 행위시법은 변경 전의 구법이다.[18]

공범의 행위시점은 공범의 행위가 기준이 된다는 견해와[19] 정범의 행위가 기준이 된다는 견해,[20] 그리고 공범종속성설을 취하면 정범의 행위가 기준이 되지만 공범독립성설을 취하면 공범의 행위가 기준이 될 것이라는 견해[21] 등이 있다. 공범에게 적용할 행위시법의 결정을 정범의 행위시점에 좌우되게 할 수는 없고, 특히 교사를 받은 자가 범죄의 실행을 승낙하지 아니한 경우 교사자를 예비 또는 음모에 준하여 처벌하도록 규정한 형법 제31조 제3항의 경우, 정범행위를 기준으로 하면 공범에게 적용할 행위시법이 존재하지 아니하는 문제가 생긴다[22]는 점 등을 고려할 때, 정범행위기준설은 문제가 있다. 또한 공범종속성설 내지 공범독립성설과 결부시키는 견해도 공범의 성립단계의 문제인 종속성 여부와 그 행위의 시점은 다른 차원의 문제라는 점에서 수긍하기 어렵다. 따라서 공범의 행위시점은 공범의 행위 자체를 기준으로 하는 것이 타당하다. 독일 형법은 타당하게도 제8조에서 '행위시'를 정의하면서 '정범 또는 공범이 행위 했던 시점'이라고 함으로써 공범의 경우에는 공범의 행위 자체가 행위시점 판단의 기준임을 명시하고 있다.

문제는 이 논문의 논제와 직결되는 것으로서, 제1조 제1항의 "행위시"가 '행위종료시'를 의미하는가이다. 통설은 그렇게 보는데, 유감스럽게도 특별한 논거 제시는 없다. "행위시점은 행위가 종료하는 시점이다", "행위시란 범죄행위의 종료시를 의미한다"라는 식으로 단정적인 주장을 하고 있을 뿐이다. 추측건대 제1조 제1항과 제2항의 관계 속에서 2분법적으로 접근하는 것이 아닌가 싶다. 즉 제2항의 "범죄 후"가 '실행행위의 종료 후'를 의미한다는 데 이견이 없는 상태에서,

---

18) 같은 취지로 권오걸, 앞의 책, 46면.
19) 신동운, 앞의 책, 50면.
20) 손해목, 앞의 책, 74면.
21) 이형국, 앞의 책, 79면.
22) 형법 제31조 제3항의 경우, 교사를 받은 자, 즉 정범이 될 자가 범죄의 실행을 승낙하지 아니한 경우에는 정범이 될 자는 예비·음모에 해당하는 행위조차도 행한 바가 없으므로, 정범의 행위를 기준으로 공범의 행위시를 결정하게 되면 결국 정범의 행위시가 존재하지 아니하므로 공범의 행위시도 존재하지 아니한다는 결론이 되고 만다.

제1항의 "행위시"를 하나의 시점으로 파악하여 제2항 범죄 후와 대비시키면 실행행위의 종료시점이 될 수 있다. 그런데 제1항의 '행위시'를 바로 제2항의 "범죄 후"와 경계를 이루는 '하나의 시점'으로 파악하는 것이 과연 타당한지는 의문의 여지가 있는데, 이는 항을 바꾸어 상론하기로한다.

2) 제1조 제1항의 "행위시"와 '행위종료시'의 관계

행위시는 작위범의 경우에는 실행행위의 시점을, 부작위범의 경우에는 요구되는 행위를 했어야 할 시점을 말한다는 일반적인 개념이해에서는 이론이 없다. 그런데 여기서 실행행위의 시점이나 요구되는 행위를 했어야 할 시점은 '시각'개념으로 이해할 수 없다. 작위범의 실행행위나 부작위범의 부작위행위는 시간의 경과와 더불어 진행되기 때문에 언제나 일정한 '기간'이 형성되고, 그 기간은 바로 실행행위의 착수시부터 종료시까지이다. 행위시 개념의 정의규정인 독일 형법 제8조의 '행위 했던 시점 또는 행위 했어야 할 시점'에 대해서도 "행위시는 실행의 착수시부터 종료시까지"를 의미하는 것으로 해석한다.[23]

만약 제1항의 행위시를 '시각'개념으로 이해하려 한다면, 차라리 그것은 종료시가 아니라 착수시로 이해하는 것이 더 타당할지 모른다. 제1항은 소급효금지원칙을 선언한 것이기도 하므로, 그 점을 분명히 하는 방향으로 제1항을 해석하면 '범죄의 성립과 처벌은 최소한 실행의 착수시에 그 근거법률이 있어야 한다'는 의미가 될 것이기 때문이다. 반대로 행위시를 행위종료시로 보게 되면, 제1항은 '착수시에는 처벌법규가 없었더라도 종료시점에 처벌법규가 마련되어 있기만 하면 처벌할 수 있다'는 해석이 가능하게 되는데, 이는 소급효금지원칙의 정신과 취지를 충실하게 반영한 해석이라고 보기 어렵다.

"행위 중에 형이 변경된 경우에는 행위종료시에 유효한 법률을 적용한다"라는 독일 형법 제2조 제2항을 '행위시'를 '행위종료시'로 해석하는 견해의 간접적인 논거로 삼기도 한다.[24] 그러나 독일 형법 제2조 제2항은 행위시란 행위종료시라는 '시각'개념이 아니라 '기간' 개념이므로 행위기간 중에 법률의 변경이 있는 경우에는 행위시법이 다수로 존재할 수 있음을 인정하고는, 그 경우 행위시법을 특

---

23) MK-Schmitz, §2 Rn. 9.
24) 신동운, 앞의 책, 51면; 소재용, 앞의 학위논문, 37면.

정하는 규정이라고 보는 것이 옳을 것이다. 독일에서도 독일 형법 제2조 제2항의 성격을 동조 제1항의 행위시법주의를 구체화하는 규정으로 이해한다.[25] 즉 제2항은 행위기간 중에 법률의 변경으로 행위시법이 다수 존재하는 경우 제1항의 행위시법주의만으로는 적용법규가 확정되지 않으므로 그 구체적인 확정방법을 규정한 것으로 보는 것이다. 이는 독일 형법도 행위 중에 법률의 변경이 있는 경우 행위종료시법만을 행위시법으로 보지는 않는다는 것을 반증해준다.

1995년 개정 전의 형법 부칙 제4조 제1항이 ─ "1개의 죄가 본법시행 전후에 걸쳐서 행하여진 때에는 본법 시행 전에 범한 것으로 간주한다." ─ 행위종료시의 법률의 적용을 배제한 점에서 범죄의 성립과 처벌은 행위시의 법률에 의한다고 규정한 형법 제1조 제1항의 해석에 비추어 타당한 것이 아니라거나,[26] 1995년 개정형법 부칙 제3조가 ─ "1개의 행위가 이 법 시행 전후에 걸쳐 이루어진 경우에는 이 법 시행 이후에 행한 것으로 본다." ─ 행위종료시법이 제1조 제1항의 행위시법에 해당하는 것임을 밝히고 있다거나,[27] 1995년 개정 전의 형법 부칙 제4조 제1항이 일견 형법 제1조 제1항과 모순되는 문제가 있었지만, 1995년의 개정형법 부칙 제3조에 의하여 그러한 문제가 해소되었다는 견해[28] 등도 타당하지 않다고 본다.

오히려 1개의 행위가 신·구 형법에 걸쳐 이루어진 경우의 적용법규를 1995년 개정 전·후의 형법 부칙에서 모두 별도로 규정한 것은 이 경우에는 행위시법이 복수이고, 따라서 제1조 제1항의 행위시법주의만으로는 적용법규가 결정되지 않음을 인정하여, 이를 입법적으로 해결한 것으로 이해할 수 있다. 더 나아가 1995년 개정 전·후의 형법 부칙에서 각 신·구법의 적용을 달리 규정한 것도 이러한 특수한 경우에는 소급효금지원칙이나 행위시법주의에 비추어 신법과 구법이 모두 선택적으로 적용가능하다고 본 것으로도 이해할 수 있다. 즉 1995년 개정 전·후의 각 형법 부칙 제4조 및 제3조를 통해서도 형법은 행위시와 행위종료시를 동일시하지 않고 있다는 사실이 추론되는 것이다.

---

25) LK-Gribbohm, §2 Rn. 12("Die das Tatzeitprinzip des §2 Abs. 1 präzisierende Vorschrift des Absatzes 2···").
26) 대법원 1986. 7. 22. 선고 86도1012 전원합의체 판결.
27) 소재용, 앞의 학위논문, 37면.
28) 김성돈, 앞의 책, 2009, 78면 주 99).

결과적으로 '행위시'의 개념을 하나의 시각개념으로 접근하여 '행위종료시'와 동일시하면서, 실행행위 중에 법률의 변경이 있는 경우 행위종료시법만이 행위시법이라는 견해는 그 타당 근거를 발견하기 어렵다. 따라서 범행 중에 법률의 변경으로 1개의 죄가 신·구법에 걸쳐 이루어진 경우에는 형법 제1조 제1항의 행위시법주의를 통하여 곧바로 그 적용 법조가 결정되지는 않는다고 해야 할 것이다.

(2) 신법우선의 원칙을 논거로 하는 종료시법 적용설에 대한 비판적 검토

이미 언급하였듯이 종료시법 적용설 중에서 신법우선의 원칙을 근거로 하는 견해는 실행행위의 계속 중에 법률의 변경이 있는 경우에는 변경 전·후의 양 법이 모두 행위시법에 해당하여 적용가능한 행위시법이 두 개가 되는데, 이때에는 신법우선의 원칙에 따라서 신법인 종료시법이 적용되어야 한다고 한다.[29]

국가의사는 통일적이어야 하므로 동일한 사항에 대하여 신법과 구법이 모순·저촉될 때에는 그 저촉의 한도에서 구법은 묵시적으로 당연히 폐지된 것으로 보는데, 여기서 작용하는 원리가 "신법은 구법을 깨뜨린다"라는 원칙이고[30], 이것을 일컬어 신법우선의 원칙이라고 한다. 신법우선의 원칙은 법의 시간적 효력 범위를 정하는 법의 일반원칙으로서 절대적인 것이 아니다. 또한 이 원칙은 아주 추상적인 원칙으로서 신·구법의 변경이 적용하려는 사안의 발생 전에 있었는지, 발생 중에 있었는지 또는 발생 후에 있었는지 등도 전혀 고려하지 않는다. 따라서 이 원칙은 구체적인 법률에서 합리적인 근거에 바탕하여 얼마든지 배제될 수 있는 원칙이다. 바로 그 예를 형법에서 볼 수 있다.

형법은 제1조 제1항을 통하여 소급효금지와 행위시법주의를 천명하였다. 이들 원칙은 신법우선의 원칙과 배치된다. 즉 형법은 소급효금지원칙과 행위시법주의를 통하여 신법우선의 원칙을 배제하고 구법우선의 원칙을 천명한 것이다.[31] 적어도 형법에서는 구법우선의 원칙이라는 특수한 구체적 원칙에 의하여, 법의 형식적 효력에 관한 추상적이고 일반적인, 그러면서 절대성을 갖지 않는 신법우선

---

29) 진계호, 앞의 책, 89면: 이형국, 앞의 책, 79, 80면; 이정원, 앞의 책, 41면.
30) 최종고, 앞의 책, 113면 이하.
31) 신동운, 앞의 책, 49면; 소재용, 앞의 학위 논문, 11면; 이재상, 앞의 책, 32면.

의 원칙이 폐기된 것이라고 보아야 한다. 따라서 제2항의 경우에도 외형상으로는 신법우선의 원칙을 적용한 것과 같은 결과가 되지만, 이 또한 구법우선의 원칙의 정신과 취지를 실질적으로 실현하기 위하여 특수한 경우에 한하여 구법우선의 원칙에 대한 예외를 인정한 것이지, 결코 신법우선의 원칙을 채택한 것이라고 해석할 수는 없다. 제1조 제1항과 제2항의 관계에서 보듯이, 하나의 원칙하에 구체적인 경우 그 원칙의 정신과 취지에 어긋나지 않는 한에서 예외를 인정할 수는 있다. 하지만 형법의 시간적 적용범위의 문제처럼 동일한 법 영역의 동일한 문제 영역에서 서로 배치되는 두 원리를 원칙으로서 동시에 수용할 수는 없다.

따라서 행위 중에 법률이 변경되는 경우에 계속범이나 연속범의 가분적인 범행의 경우처럼 일정한 범위 내에서 신법을 적용할 수 있다는 결론의 타당성은 별론으로 하고, 이러한 결론을 신법우선의 원칙을 논거로 하여 도출하는 것은 타당하지 않다고 본다.

(3) 형법 제1조 제2항의 유추적용설에 대한 비판적 검토

일단 형법 제1조 제1항의 "행위시"를 '행위종료시'와 동일한 의미로 해석할 수 없으므로 행위 중 법률의 변경이 있는 경우에는 하나의 행위시법만이 존재하는 것이 아니어서 제1조 제1항에 의하여 곧바로 적용법규가 정해질 수 없고, 또한 '행위 중의 법률의 변경'과 '범죄 후 법률의 변경'은 서로 구별되므로 전자에 대하여 형법 제1조 제2항이 직접 적용되는 것도 아니라고 본 점에서 유추적용설의 장점을 발견할 수 있다.

그리고 독일 형법과는 달리 형법상 이 경우를 직접 규정하는 효력규범이 없는 상황에서, 결국 소급효금지원칙과 행위시법주의 그리고 제1조 제1항과 제2항의 관계에서 추론되는 입법취지 ― 법률변경의 경우 행위자에게 유리한 법률을 적용한다 ― 등을 고려하여 해결하려는 발상도 설득력이 있는 것으로 본다. 계속범이나 연속범처럼 '가분적' 범행의 경우 신법이나 구법 중 어느 법을 적용하더라도 소급효금지원칙과 행위시법주의에 위반되지 않는다는 점은 이미 검토한 바와 같다. 그리고 제1조 제2항에 의하여 범죄행위가 완전히 '종료한 후'에 행위자에게 유리하게 법률이 변경된 경우에도 유리한 신법을 적용하여야 한다면, 행위 '중'에 유리하게 변경된 경우라면 더더욱 유리한 신법을 적용하는 것이 제2항의 취지에 합당하다는 논리가 가능하다. 따라서 이 견해는 그 논리적인 면에서는 모순이나 불합리한 점을 발견할 수 없다. 그러나 이 견해에 대해서는 법정책적인 면에서 간과할 수 없는 결함을 발견할 수 있다.

계속법이나 연속범 그리고 특히 영업범이나 직업범 등 집합범에 해당하는 범행 등 포괄일죄로 포섭되는 범행들은 장기간 계속・반복되는 것이 일반적이고, 또한 이들 범죄는 특별형법이나 부수형법을 통하여 규율되는 경우가 많다. 그리고 특별형법이나 부수형법은 법정책적인 필요성에 따라서 개정이 빈번하게 일어나는 것도 현실이다.[32]

그런데 제2항 유추적용설에 따르면, 행위 중 법정책적 판단에 따라서 법률이 중하게 변경된 경우에는 범행 전체에 대하여 신법을 적용하지 못하기 때문에, 변경 후에 계속된 범행 부분에 대해서조차도 새로운 법정책을 실현할 수 없는 문제가 발생한다. 더구나 가분적 범행의 도중에 비로소 처음으로 가벌적인 범죄로 규정되는 경우에는, 변경 후의 행위 만으로써도 완전한 범죄구성요건을 충족할 뿐만 아니라 그 범행이 계속해서 장기간 계속되었는데도 처벌할 수 없는 치명적인 결과가 발생한다.

결국 유추적용설은 법논리적인 면에서는 문제없으나, 법정책적인 면에서 문제를 안고 있다고 본다.

(4) 판례의 입장에 대한 비판적 검토

위 전원합의체판결[33]을 통하여 대법원이 "1개의 죄가 본법 시행 전후에 걸쳐서 행하여진 때에는 본법 시행 전에 범한 것으로 간주한다"고 규정한 1995년 개정 전의 형법 부칙 제4조 제1항을 형법시행에 즈음하여 구형법과의 관계에서 그 적용범위를 규정한 경과법으로서 형법 제8조에서 규정하는 총칙규정이 아니기

---

32) 따라서 판례에서 행위 중 법률의 변경으로 인한 적용법규가 문제된 사례도 모두가 특별형법이나 부수형법에 관련된 것이었다. 대판 2001. 9. 25., 2001도3990(건축법위반: 경과규정 두었음); 대판 1998. 2. 24., 97도183(국회의원선거법위반); 대판 1994. 10. 28., 93도1166(지방의회의원선거법위반); 대판 1994. 5. 10., 94도563(변호사법위반); 대판 1992. 12. 8., 92도407(수질환경보전법위반); 대판 1989. 5. 23., 89도570(특정경제범죄가중처벌등에관한법률위반); 대판 1986. 7. 22., 86도1012 전원합의체(특정경제범죄가중처벌등에관한법률위반); 대판 1985. 7. 9., 85도740(특정경제범죄가중처벌등에관한법률위반); 대판 1974. 5. 28., 74도191(건축법위반); 대판 1970. 8. 31., 70도1393(보건범죄단속에관한특별조치법 및 의료법위반) 참조.
33) 대법원 1986. 7. 22. 선고 86도1012 전원합의체 판결.

때문에, 신·구형 법과의 관계가 아닌 다른 법과의 관계에서는 위 부칙을 적용 내지 유추적용 할 것이 아니라고 본 점은 타당하다. 부칙 제4조 제1항에서 말하는 "본법"은 형식적 의미의 형법을 의미하는 것이고, 제8조의 '본법 총칙은 타 법령에 정한 죄에 준용한다'에서 말하는 "본법 총칙" 또한 '부칙'과는 엄연히 구별되는 것이기 때문이다.[34]

그러나 부칙 제4조 제1항을 다른 법에 적용할 수 없는 또 다른 이유로서 이 부칙조항이 총칙 제1조 제1항의 해석에 따른 행위종료시의 법의 적용을 배제한 점에서 타당하지 못하기 때문이라는 지적은 제1항의 "행위시"를 행위종료시로 해석했다는 점에서 타당하지 못하다.

결국 판례의 입장에 대해서는 위 "행위시를 행위종료시로 이해하는 종료시법 적용설에 대한 비판적 검토"에서 제기한 비판이 그대로 적용될 수 있다.

Ⅳ. 행위 중 형벌법규의 변경이 있는 경우 적용법규에 관한 새로운 해석론의 시도

1. 독일 형법 제2조 제2항의 해석론

(1) 독일 형법 제2조 제2항의 해석론과 형법 해석의 관계

독일 형법은 형법의 시간적 효력에 관하여 우리 형법보다 비교적 상세한 규정을 가지고 있다. 즉 독일 형법 제2조(시간적 적용범위)에는 우리 형법 제1조 제1항과 제2항에 해당하는 규정(제1항, 제3항) 외에도 행위 중에 형이 변경된 경우 행위종료시의 법률을 적용한다는 규정(제2항)과 한시법의 경우 원칙적으로 추급효를 인정한다는 규정(제4항), 그리고 보안처분에 관하여는 원칙적으로 재판시법을 적용한다는 규정(제6항) 등도 포함되어 있다.

여기서 이 논문의 논제와 관련하여 관심이 있는 부분은 제2조 제2항의 "행위 중에 형의 변경이 있는 경우에는 행위 종료시에 유효한 법률을 적용한다"라는 규정이다. 이 규정은 1969년 형법개정법률(StrRG; Gesetz zur Reform des Strafrechts)

---

34) 배종대, 앞의 책, 121면; 정영일, 총론 개정판, 2007, 54면; 이형국, 앞의 책, 79, 80면; 안동준, 앞의 책, 24면; 소재용, 앞의 학위논문, 44, 45면.

과 그 이전의 1962년 초안 제2조 제2항에서 처음으로 등장하여 현재에 이르고 있고, 1962년의 초안은 제국법원의 일관된 판례에서 연유한 것이라고 한다.[35]

그런데 독일 형법이 우리와 달리 이러한 구체적인 규정을 가지고 있지만, 그 규정이 일반적인 소급효금지원칙이나 행위시법주의에 대한 제한이나 예외를 포함하는 것이 아니기 때문에 실질적으로는 별다른 의미를 갖지 못하는 규정으로 평가받는다.[36] 이는 결국 제2조 제2항의 규정이 있건 없건 행위 중 법률의 변경이 있는 경우 적용법규를 결정하는 문제에서 그 결론이 실질적으로 크게 달라지지 않는다는 의미이기도 하다. 이는 또한 실행행위 중 법률의 변경이 있는 경우에 대하여 독일 형법 제2조 제2항의 해석론에 의한 해결과 그러한 규정이 없는 우리 형법의 해석론에 의한 해결이 그 결론에서 크게 달라지지 않을 수 있다는 의미이기도 하다. 따라서 입법적으로 해결하지 않고 남겨 둔 이 문제를 해결하는 데 있어서 독일 형법 제2조 제2항의 해석론에 대한 개관은 의미를 가질 수 있다.

(2) 독일 형법 제2조 제2항의 해석론 개관

어떤 행위가 실행 중에 비로소 가벌적인 행위로 법률이 변경되는 경우에는 그 행위가 '가분적인가', '불가분적인가'에 따라서 결론이 달라진다. 불가분적인 범행의 경우에는 제2항에도 불구하고 원칙적으로 제1항에 의하여 불가벌이다. 신법을 적용하여 처벌하면 소급효금지원칙에 반하기 때문이다. 반면에 그 행위가 계속범이나 연속범에 해당하는 경우처럼 '가분적'인 경우에는 변경 이후의 행위부분만으로도 하나의 완전한 범죄를 구성하는 한, 제2항에 따라서 신법을 적용하여 처벌할 수 있다. 변경된 신법 이후의 행위만으로도 하나의 완전한 범죄구성요건을 충족하므로 소급효금지원칙이나 행위시법주의에 어긋나지 않기 때문이다. 그러나 이 경우에도 새로운 법률이 효력을 가진 이후에 행한 행위부분에 대해서만 변경된 신법이 효력을 갖는다. 따라서 불가벌적이었던 이전의 행위부분을 연속범행에 포함시켜서는 안 되고, 따라서 양형에서도 함께 고려해서는 안 된다.[37]

행위 중에 형이 중하게 변경되는 경우에도 그 행위가 '불가분적인' 범행인가

---

35) LK-Gribbohm, §2 Rn. 12; SK-Rudolphi §2 Rn. 4.
36) Jakobs, 4/58.
37) S/S-Eser, §2 Rn. 15; SK-Rudolphi §2 Rn. 4; BGH NStZ 94, 124.

'가분적인' 범행인가에 따라 적용법규가 달라진다. 불가분적인 범행의 경우에는 가중된 신법을 적용하지 못한다. 행위가 불가분적이므로 가중된 신법을 적용하면 불가피하게 부분적으로(변경 전의 행위부분에 대하여) 소급효가 미칠 수밖에 없기 때문이다. 예컨대 기망행위 후 재물의 교부를 받기 전에 사기죄가 중하게 변경된 경우에는 제2항에도 불구하고 변경 전의 구법을 적용할 수밖에 없다. 반면에 가분적인 범행의 경우에는 범행 후의 행위부분만으로도 완전한 범죄의 요건을 충족하는 한, 제2항에 의하여 중한 신법을 적용할 수 있다. 그러나 이 경우에도 형이 중하게 변경되기 전후에 걸쳐있는 부분행위들을 통합하여 하나의 평가를 하는 것이기는 하지만, 그래도 변경 전에 행한 행위들은 그 행위들이 변경 전에 평가되던 비중으로만 고려되어야 한다.[38]

행위 중에 형을 경하게 또는 폐지하는 방향으로 법률의 변경이 있는 경우에는 언제나 변경된 신법을 적용한다. 그런데 이 결론은 제2항이 아니더라도 제3항에 의하여 가능한 것으로 해석한다.

위의 개관에서 보듯이 행위 중에 법률의 변경이 있는 경우 독일 형법 제2조 제2항이 적용법규를 결정하는데 현실적인 기준으로 작용하는 경우는 극히 제한되어 있다. 먼저 불가분적인 범행의 경우에는 법률의 변경이 어떠한 형태로 발생하던지 아무런 기준이 못된다. 그리고 가분적인 범행의 경우에도 형이 폐지되거나 경하게 변경되는 경우에는 제2항의 규정과 무관하게 동일한 결론으로 이른다. 따라서 제2항이 의미 있는 기준으로 작용하는 경우는 가분적인 범행의 경우 중에서 형이 중하게 변경되거나 비로소 가벌적으로 변경되는 두 경우뿐이다. 이들 경우에 모두 결과적으로 행위자에게 불리한 신법이 적용된다. 그러나 이들 경우에도 변경 이후의 행위만으로도 완전히 하나의 범죄를 구성하는 경우를 전제한 것이므로, 소급효금지원칙이나 행위시법주의를 벗어나는 것은 아니다. 행위자는 신법 또한 행위 시에 위반한 것이 사실이기 때문이다. 즉, 이 경우에는 변경 전후의 어느 법을 적용하더라도 소급효금지원칙이나 행위시법주의에 위반되지 않는데, 이러한 상황에서 제2항은 입법을 통하여 그 적용법규를 신법으로 선택하였다는 의미를 갖는다. 이런 면에서 독일에서도 제2항을 결코 일반적인 소급효금지

---

38) Jakobs, 4/61.

원칙이나 행위시법주의의 예외에 해당하는 독자적인 규율을 담고 있는 것이 아니라거나[39] 실질적으로 의미 없는 규정이라는[40] 평가를 이해할 수 있다.

2. 형법의 새로운 해석론

독일 형법 제2조 제2항이 현실적으로 의미를 갖는 경우는 두 가지로 압축되었다. 그것은 계속범이나 접속범, 또는 연속범 등과 같이 가분적인 범행의 실행 중에 처음으로 가벌적인 것으로 법률이 변경되거나 형이 중하게 변경된 경우이다. 즉, 이들 두 경우에는 소급효금지원칙이나 행위시법주의 내지 그 예외 규정 어느 것도 적용법규를 직접적으로 확정해 주지 못하기 때문에 제2조 제2항에 의하여 행위종료시법으로 적용법규가 확정된다.

그 외 나머지의 경우들은 제2조 제1항과 제3항에 의하여 결정될 수 있었고, 이러한 해결은 독일 형법 제2조 제1항과 제3항에 해당하는 규정을 우리 형법도 가지고 있기 때문에 동일한 해결이 가능하고, 현재 우리의 해석론도 동일한 결론을 인정한다. 여기서 그 외 나머지의 경우들이란 ① 가분적 범행의 실행 중에 형이 경하게 변경되거나 폐지된 경우, ② 불가분적인 범행의 실행 중에 비로소 가벌적으로 변경되는 경우, ③ 불가분적인 범행의 실행 중에 중하게 변경되는 경우, ④ 불가분적인 범행의 실행 중에 형이 폐지되는 경우, ⑤ 불가분적인 범행의 실행 중에 경하게 변경되는 경우 들이다. ①의 경우에는 형법 제1조 제2항이 유추적용 되어 종료시법으로 가볍게 처벌되거나(경하게 변경 되는 경우) 불가벌이 되고(폐지되는 경우), ②의 경우에는 제1조 제1항에 따라 착수시법이 적용되어 불가벌이 되고, ③의 경우에는 제1조 제1항에 따라 착수시법이 적용되고, ④의 경우는 제1조 제2항이 유추적용 되어 종료시법으로 불가벌이 되고, ⑤의 경우에는 제1조 제2항이 유추적용 되어 종료시법이 적용되어 경하게 처벌된다.

따라서 우리 형법의 해석론상 문제되는 것도 독일 형법 제2조 제2항이 현실적으로 의미를 갖는 위 두 경우를 어떻게 해결할 것인가에 있다. 일단 현재의 통설·판례에 해당하는 종료시법 적용설은 그 논거의 부당성이 - 행위시와 행위종료시를 동일시하거나 신법우선의 원칙을 원용하는 점 - 이미 논증되었고, 제2항

39) MK-Schmitz, §2 Rn. 12.
40) Jakobs, 4/58.

유추적용설은 실질적으로 법정책적인 관점에서 중대한 결함이 드러났다. 이제 남은 해결방향은 착수시법(구법) 적용설과 새로운 논거에 근거하는 종료시법(신법) 적용설의 두 가지 가능성이다.

(1) 법원칙이나 법논리적 측면

가분적 범행의 경우 행위 중 법률의 변경이 있는 경우에는 신·구법 중 어느 법을 적용하더라도 형법 제1조 제1항의 소급효금지원칙이나 행위시법주의 그리고 동조 제2항의 예외적 신법적용에 위반되지 않는다. 가분적 범행의 경우 변경된 신법도 행위시법이고 또 법률변경 후의 행위만으로도 완전히 가벌성요건을 충족하므로 비록 행위자에게 불리하게 변경된 신법을 적용하더라도 이는 결코 소급적용도 아니고 행위시법주의를 이탈한 것도 아니다. 그렇다고 그것이 행위자에게 유리한 경우에는 신법을 적용하라는 제1조 제2항에 직접 위반되는 것도 아니다. 행위 중의 법률의 변경과 제2조 제2항의 범죄 후 법률의 변경은 분명히 구별되기 때문이다. 따라서 법원칙이나 실정법 체계의 논리적인 면에서는 신·구양 법이 모두 적용 가능하다는 결론에 이른다. 따라서 이 문제의 해결은 법원칙이나 법논리의 차원보다는 법정책이라는 현실적·실질적 차원에서 찾아야 할 것으로 본다.

(2) 법정책적 측면

먼저 일괄적으로 착수시법(구법)을 적용하는 방안은 법률의 변경을 통하여 추구하는 법정책을 실현할 수 없다는 결정적인 결함이 있다. 법률의 변경에는 언제나 법이념의 변경이나 법정책의 변경을 근거로 하여 이루어진다. 행위 중 법률의 변경이 있는 경우 일괄적으로 구법을 적용하게 되면, 변경된 신법을 통하여 새롭게 구현하고자 하는 법이념이나 법정책을 법률의 변경 후에 행해진 행위부분에 대해서조차도 실현할 수 없다. 반면에 일괄적으로 종료시법(신법)을 적용하면 그러한 결함이 근본적으로 해결됨으로써 법정책적인 측면에서 큰 타당성을 확보하게 된다.

다만 종료시법을 적용하면 제1조 제2항의 입법정신과 조화되지 않는 단점이 있다. 제1조 제2항의 입법정신을 넓게 이해하면, 법률의 변경이라는 사정은 행위자에게 유리한 방향으로 고려하라는 것이다. 종료시법을 일괄적으로 적용하면, 불리하게 변경된 경우에도 신법을 적용하게 되어 법률의 변경이라는 사정이 행위자에게 유리하게 반영되지 못한다. 그런데 이러한 단점은, 착수시법 적용설이 안고 있는 법정책적인 결함과 비교할 때, 감수할 수 있을 정도의 단점이라고 본다. 그리고 입법자가 제2항을 규정할 때, 과연 행위 중에 법률의 변경이 있는 경우까지 고려했다는 확증이 없고, 행위 중에 변경된 신법 그 자체는, 제2항의 신법과는 달리, 분명히 행위시법에 따라 행위 한다는 본질적인 차이가 있기 때문에, 제2항의 입법 정신이 절대적으로 이 경우에도 그대로 관철되어야 한다고도 할 수 없다. 결과적으로 착수시법의 적용보다는 종료시법을 적용하는 것이 타당하다는 결론에 이르게 된다.

V. 닫는 말

실행행위 중에 법률의 변경이 있는 경우 기본적으로 종료시법을 적용하는 것이 합당하다는 결론에 이르렀다. 이는 통설 및 판례와 결론을 같이 한다. 그러나 통설 및 판례처럼 행위시가 행위종료시를 의미한다거나 신법우선의 원칙이 적용된다는 등의 논거는 적절해 보이지 않는다. 형법이 제1조를 통하여 취한 법적용의 원칙이나 동조 제1항과 제2항의 체계적 해석의 관점에서 논리적으로 접근하면 필연적으로 종료시법이 적용되어야 한다는 결론은 도출되지 않는다. 오히려 착수시법 또는 종료시법의 적용가능성이 모두 열려 있다. 따라서 이 경우에는 법원칙이나 법논리가 아니라, 법정책이라는 현실적·실질적 측면에서 접근해볼 필요가 있고, 바로 이 법정책적인 측면에서 종료시법적용설이 우위에 있음을 보았다.

가분적 범행이 현행 형법의 시행 전후에 걸쳐있는 경우 형법의 적용 문제는 부칙 제3조(1개의 행위에 대한 경과조치)를 통하여 입법적으로 해결되었지만, 그러한 경과규정을 갖고 있지 않은 특별형법이나 부수형법에서는 현실적으로 여전히 문제가 된다. 판례에서 문제되었던 사안들도 모두 특별형법이나 부수형법과 관련된 것들이었다.[41] 위의 전원합의체판결이나 통설의 입장처럼 타당하게도 형법 부

---

41) 대판 2001. 9. 25., 2001도3990(건축법위반: 경과규정 두었음); 대판 1998. 2. 24., 97도183(국

칙의 경과규정을 다른 특별형법이나 부수형법에 적용할 수 없기 때문이다.

특별형법이나 부수형법이 경과규정 없이 어떤 행위의 실행 중에 변경되는 경우에는 종료시법을 적용하는 것이 타당하다. 하지만 이러한 결론은 법정책적인 측면에서의 큰 장점을 근거로 하는 것일 뿐, 법원칙이나 규범체계적인 면에서 논리적으로 귀결하는 것이 아니므로, 변경된 당해 법률의 경우 법정책적인 면에서 종료시법을 적용할 특별한 이유가 없고, 이미 진행 중이었던 행위에 대해서는 착수시법을 적용하는 것이 더 타당하다고 판단되는 예외적인 경우라면 착수시법을 적용하는 것도 가능하다는 것이다. 그러나 이처럼 해당 법률의 변경취지를 법정책적인 측면에서 그때마다 구체적으로 판단하여 적용법을 결정하는 것은 법적 안정성이라는 면에서 바람직하지 않을 것이다. 따라서 계속범, 연속범, 접속범 등 가분적 범행을 내용으로 하는 법규를 변경하는 경우에는 반드시 경과규정을 둠으로써 미리 입법 단계에서 적용법규를 결정하는 것이 바람직하고, 더욱 근본적으로는 형법 총칙 제1조에 독일 형법 제2조 제2항과 같은 규정을 두는 것도 고려될 수 있다.

회의원선거법위반); 대판 1994. 10. 28., 93도1166(지방의회의원선거법위반); 대판 1994. 5. 10., 94도563(변호사법위반); 대판 1992. 12. 8., 92도407(수질환경보전법위반); 대판 1989. 5. 23., 89도570(특정경제범죄가중처벌등에관한법률위반); 대판 1986. 7. 22., 86도1012 전원합의체(특정경제범죄가중처벌등에관한법률위반); 대판 1985. 7. 9., 85도740(특정경제범죄가중처벌등에관한법률위반); 대판 1974. 5. 28., 74도191(건축법위반); 대판 1970. 8. 31., 70도1393(보건범죄단속에관한특별조치법 및 의료법위반).

평 석

"행위 중에 형벌법규의 변경이 있는 경우
법규의 적용 문제"

이근우*

Ⅰ. 들어가며

선생님을 생각하면 먼저 떠오르는 것은 선생님의 문체이다. 평소에 뵙는 소탈하고 소박한 웃음과는 조금 달리 선생님의 글은 그야 말로 쾌도난마이시다. 지금이야 연구자의 논문이 소위 '실적', 숫자로 취급되는 무엇이 되다보니 스스로 느끼기에 설익은 글이라도 일단은 할당량은 채우기 위해서 겨우겨우 발간시켜야 하는 것이 통용, 묵인, 조장되지만, '글이 곧 나'라고 느끼던 시절에는 비판에 견디고 반박할 견고한 자신만의 논리가 서기 전까지는 쉽게 남 앞에 보이기 힘들었다. 그 시절에도 무수한 외국 학자와 先學의 글을 앞세우고 '자신'의 글은 숨기는 경우도 많았다. 그러나 선생님의 글은 달랐다. 겨우 '교수'라는 자리에 취직했을 뿐, 아직 내놓는 글마다 조심스러울 때에도 내게 논문심사가 의뢰되었고, 어설픈 실력으로 훌륭한 글들을 평가해야 했었다. 그 과정에서 어떤 글들은 자세를 고쳐 잡고 다시 봐야 할 글도 심사하게 된다. 그럴 때에는 심사도 심사지만, 나중에 출간되는 글에서 내가 추측했던 그 분이 맞는지를 확인해보기도 했다. 선생님의 글도 여러 번이었다. 이제 존경하는 선생님의 정년을 맞아하여 선생님의 글 중 하나를 요약하고 제 나름의 해설을 붙이고자 한다.

Ⅱ. "행위 중에 형벌법규의 변경이 있는 경우 적용법규의 문제"의 요약

1. 여는 말

시간적 흐름에 따라 어떠한 행위에 어떤 법이 적용될 것을 정하는 것은 중요한 문제이다. 우리 형법 제1조가 이를 규율한다. '그런데 제1조는 제1항과 제2항을 통하여 범죄 후 법률의 변경으로 행위시법과 재판시법이 다른 경우만을 직접적으로 규정하고 있을 뿐, 범

---

* 가천대학교 법학과 부교수, 법학박사.

행의 실행 중에 법률의 변경이 있는 경우에 대해서는 직접 규정하고 있지 않다.'(37면) 당시에나 지금이나 통설은 제1조 제1항이 규정하는 "행위시"를 '행위종료시'로 해석하여 행위종료시의 법이 '행위시 법'으로서 적용된다는 논리이고, 이는 대법원이 1986. 7. 22. 선고 86도1012 전원합의체 판결에서 종료시법 적용을 확정한 후로 더 강화되고 있다고 평가한다. 그래서 '통설은 행위의 종료를 경계로 하여 그 이후(범죄 후)에 법률의 변경이 있는 경우와 그 이전에 법률의 변경이 있는 경우로 나누어 적용법규를 2분법적으로 결정한다. 전자의 경우에는 제1조 제1항과 제2항의 결합을 통하여 적용 법규가 정해지는 반면에, 후자의 경우에는 무조건 행위종료시의 법규가 적용되어야 하고, 이는 제1조 제1항의 행위시법주의의 당연한 귀결이라고 한다.'(38면) 이러한 통설에 대하여 문채규 선생께서는 '① 범죄 후에 이루어진 법률의 변경은 형법의 적용 문제에서 중요한 고려 대상이 되는데, 왜 범행 중에 이루어진 법률의 변경은 완전히 무시되고 무조건 종료시법이 적용되어야 하는지, ② 일반적으로 범죄를 실현하는 형태로서의 행위라 함은 시간의 경과와 더불어 진행되는 것이므로, 행위'시'의 의미도 그 행위의 진행'기간'으로 이해되는 것이 자연스러운데, 왜 행위종료 이전의 행위 진행 기간은 제1조 제1항의 행위시의 개념에서 제외되어야 하는지, ③ 만에 하나 제1조 제1항의 행위시를 기간개념이 아니라 하나의 '시점'개념으로 이해하여야 한다면, 이 조항을 통하여 천명하고 있는 소급효금지원칙에 더욱 충실하기 위해서는 차라리 행위시를 행위의 '착수시'로 해석해야 하는 것은 아닌지, ④ 통설을 전제하면, 1995년 전면 개정된 형법 부칙 제3조는 총칙 제1조 제1항의 반복이 되어 무의미한 규정이 되고 마는데, 과연 그런 것인가, ⑤ 같은 맥락에서 독일 형법이 우리 형법 제1조 제1항과 제2항에 해당하는 규정을 두고도 따로 '행위 중에 법률의 변경이 있는 경우'의 적용법규에 관한 규정을 두고 있는데, 이 또한 불필요한 규정인지 등의 의문들을 떨치기 어렵다.'(38면)고 하면서 대상 논문의 쟁점을 정리하신다.

2. 형법질서 내에서 형법 제1조의 기능

문채규 선생은 형법질서 내에서 형법 제1조의 기능에 대하여 '1. 소급효금지원칙과 형법 제1조 제1항 행위시법주의의 관계, 2. 형법질서 내에서 형법 제1조의 기능'으로 나누어 설명한다. '1. 소급효금지원칙과 형법 제1조 제1항 행위시법주의의 관계'에서는 먼저 '소급효금지원칙이 행위시에 처벌법규가 존재하였던 한, 재판시에 이미 그 법규가 폐지되었더라도 그 유효기간 내에 위반한 행위에 대하여는 계속하여 적용할 수 있다는 의미까지 포함하는 것은 아니다. 행위시의 형벌법규가 재판시에는 이미 폐지되어 효력기간이 끝난 그 법규를 유효기간 내의 위반행위에 대하여 계속 적용할 수 있는가는 소급효금지원칙과는 다른 차원의 문제이다.' '법은 시행일로부터 폐지일까지 효력을 갖는 것이므로 폐지 전의 위반사실에 대하여도 폐지된 법률을 추급하여 적용할 수 없는 것이 법의 형식적 효력에 관한 일반원칙이다. 이는 형법이라고 하여 예외일 수 없다. 따라서 행위시에 존재하였던 형벌법규가 행위 후에 폐지됨으로써 그 효력기간이 종료하였다면 이제 더 이상 그 법을 폐지 전의 위반행위에 적용할 수 없는 것이 법의 형식적 효력에 관한 일반원칙에 합당한 것이다.'(39면)고 전제한 다음, 형법 '제1조 제1항은 행위 후 중하게 법규가 변경된 경우 신법의 소급적용을 금지시킴과 동시에, 이미 폐지된 구법의 추급적용을 허용하는 두 가지 의미를 갖고 있다. 즉, 제1조 제1항은 형사처벌은 행위시에 그 처벌법규가 이미 존재하고 있어야 하고, 사후의 신법을 소급적용하여 처벌의 근거로 삼지 못한다는 의미 외에, 행위 후 법률의 폐지가 있는 경우 제2항과의 결합에 의하여 때로는 행위시에 유효했던 법규를 추급 적용하여 형사처벌의 근거로 삼을 수 있다는 의미까지 포함한다. 전자는 소급효 금지원칙의 반영이고, 후자는 실효된 법규의 추급적용이 금지된다는 법의 형식적 효력에 관한 일반원칙의 예외를 인정한 것이다.'고 지적한다. 그래서 '결과적으로 제1조 제1항의 행위시법주의는 소급효금지원칙을 천명하는 것에 그치지 않고 행위시법의 '추급효원칙'까지 규정한 효력규범이다. 따라서 형법 제1조 제1항에 대하여 그 성격을 소급효금지원칙의 선언규정으로만 규정한다면, 이는 제1항의 중요한 의의 중 일면만을 말하는 것이라고 하여야 한다. 즉, 형법 제1조 제1항은 서로 중첩되는 부분이 있으면서도 동시에 서로 차별화되는 차원의 문제인 소급효금지원칙과 행위시법주의를 모두 함축하고 있는 규정에 해당한다.'(40면)고 한다.

형법질서 내에서 형법 제1조는 형법 제1조는 법질서가 고정불변이 아니고 계속적으로 변경될 수 있다는 사정을 고려한 것으로서, '행위시와 재판시 사이에 발생가능한 법질서의 변경양태는 ① 행위 후에 비로소 가벌적으로 된 경우, ② 행위 후에 중하게 된 경우, ③ 행위 후에 비가벌적으로 된 경우, ④ 행위 후에 경하게 된 경우로 정리할 수 있다. 이들 중에서 ①은 소급효금지원칙으로 바로 해결되고, ②의 경우는 중한 신법이 적용될 수 없다는 것까지는 소급효금지 원칙으로 해결된다. 그런데 ②의 경우 경한 구법의 추급적용이 가능한지, ③의 경우 구법의 추급적용이 가능한지, ④의 경우 신·구법 중 어느 법규를 적용할 것인지 등은 소급효금지원칙만으로는 해결되지 않는 영역이다. 바로 이 영역의 문제를 해결하려는 것이 제1조의 취지이고, 그 존재의의이기도 하다.' '이 경우, 형벌법규의 변경에도 불구하고 여전히 신·구 규범 중 어느 하나를 적용할 수 있다는 사실은 변경 전의 舊규범이나 변경 후의 新규범 자체에 근거하는 것이 아니다. 형벌법규가 내용적으로 변경되었다는 것은 바로 기존의 규범이 폐지되고 새로운 규범이 생성되었다는 것을 의미하기 때문에, 법의 형식적 효력에 관한 일반원칙에 의할 때, 舊규범은 이미 폐지되어 효력을 잃었으므로 처벌의 근거가 될 수 없고, 新규범은 행위 시에 아직 효력이 없었으므로 신규범을 위반한 것이 아니어서 신규범 또한 처벌의 근거가 될 수 없다.'[1](41면)고 분명

---

1) 이를 분명하게 지적하는 글은 찾아보기 힘들지만, '증보' 방식이 아니라, '개정' 방식을 사용하는 우리의 법개정은 구법의 폐지와 신법의 생성의 의미를 가진다는 점은 해당 법률의 법률번호가 변경된다는 점에서 드러난다. 정부 부처 명칭이나 용어의 변경처럼 심지어 전혀 다른 법률 개정에 따라 그 부칙에 의해 그 내용이 달라지는 경우에도 해당 법률의 번호가 변경된다.

하게 지적한다. 그래서 '제1조는 때에 따라서는 행위시의 구법의 추급효력을 인정하고, 또 때로는 재판시의 신법의 소급효력을 인정하도록 하였기 때문에, 제1조는 법규변경의 경우 형벌법규의 효력범위를 정하는 특별한 효력규범에 해당하고, 따라서 제1조는 형법질서 내에서 핵심적인 기능을 담당하는 규정이라 할 수 있다.'고 분명하게 그 의의를 설명한다.

3. 행위 중 형벌법규의 변경이 있는 경우 적용법규에 관한 학설과 판례에 대한 검토

여기에서는 학설과 판례를 개관한 다음, 이를 비판적으로 검토한다. 먼저 학설을 통설인 '종료시법 적용설'과 '제1조 제2항의 유추적용설'로 구별하여 분석한다.

통설인 '종료시법 적용설'은 실행행위가 계속되는 중에 법률의 변경이 있는 경우, 즉 법률의 변경으로 실행행위의 착수시와 그 종료시의 법률이 다른 경우 종료시의 신법을 적용하여야 한다는 견해로서 형법 제1조 제1항의 행위시법주의를 논거로 하는 입장과 신법우선의 원칙을 논거로 하는 입장으로 서로 다른 두 견해가 있다. 행위시법주의를 논거로 하는 견해는 형법 제1조 제1항의 "행위시"를 '행위종료시'로 해석하여 행위시법은 바로 행위종료시법을 의미하는 것으로 보고, 따라서 행위종료시의 신법이 행위시법이기 때문에 행위시법주의에 따라서 신법이 적용되는 것이 당연하다는 논리이다. 신법우선의 원칙을 근거로 하는 견해는 제2항의 "범죄 후"가 '실행행위의 종료 후'를 의미하는 것은 분명하지만, 그렇다고 하여 제1항의 "행위시"가 바로 '종료행위시'를 의미하는 것은 아니라는 입장에서 출발하여 행위시란 실행행위의 착수시부터 그 종료시까지의 '기간'을 의미하는 것이므로 실행행위의 계속 중에 법률의 변경이 있는 경우에는 변경 전·후의 양 법이 모두 행위시법에 해당한다는 논리이다. 따라서 제1조 제1항의 행위시법주의에 의하면 이 경우 적용가능한 행위시법이 두 개가 되어 행위시법주의에 의해서는 적용법규를 결정할 수 없게 되는데, 이때에는 신법우선의 원칙에 따라서 신법이 적용되어야 한다고 본다.

형법 제1조 제2항의 유추적용설은 범죄가 형법상 신·구 양법에 걸쳐 행하여진 경우에는 행위자에게 유리한 경우에만 신법을 적용하고, 심지어 구 형법 부칙 제4조 제1항에 따라 형법의 경우에는 구법을 적용하되 행위자에게 신법이 유리한 경우에는 그 부칙에도 불구하고 형법 제1조 제2항에 따라 신법을 적용하여야 한다고 한다. 그리고 형법 이외의 법령의 경우 신·구 양법에 걸쳐 행하여진 행위의 경우에는 형법 제1조 제2항을 적용하면 된다고 한다. 따라서 이 견해는 실행행위 중에 법률의 변경이 있는 경우에는 형법 제1조 제2항이 바로 적용되는 것은 아니지만, 그 취지에 따라서 유추적용하여 해결하려는 견해이다. 결국 이 견해에 의하면 행위 중에 법률의 변경이 있는 경우에도 항상 행위자에게 유리한 법률을 적용하여야 한다고 함으로써, 제1조 제2항의 "범죄 후" 법률의 변경이 있

법제처는 이를 '타법 개정'이라고 별도로 부기하고 있다. 다만 이 경우에 타법개정에 의한 개정은 그 '타법'의 법률번호가 표기된다.

는 경우와 동일하게 해결하려 한다.

판례의 경우 종전에 대법원 1970. 8. 31. 선고 70도1393 판결에서는 신법시행 전후에 걸친 무면허 의료행위는 단일의사로 반복 계속한 것으로서 포괄적 일죄이므로 그 행위 전체에 대하여 신법을 적용 처벌할 것이고 신·구법 비교의 필요가 없다'고 판시하하여 종료시법(신법) 적용설을 따른 것도 있고, 대법원 1974. 5. 28. 선고 74도191 판결, 대법원 1985. 7. 9. 선고 85도740 판결은 특별형법이나 부수형법의 경우에도 1995년 개정 전의 형법 부칙 제4조 "1개의 죄가 본법 시행 전후에 걸쳐서 행하여진 때에는 본법 시행 전에 범한 것으로 간주한다"고 규정한 취지에 비추어 구법을 적용하였다. 이는 앞의 입장과는 달리 구법을 적용한 것이다. 그러나 위의 전원합의체판결을 통하여 판례는 다시 종료시법 적용설로 회귀하였는데, 이 전원합의체판결의 요지는 첫째, 1995년 개정 전의 형법 부칙 제4조는 형법 외의 다른 특수형법이나 부수형법에 적용되지 않는다는 점이고, 둘째, 형법 제1조 제1항의 "행위시"는 '행위종료시'로 해석하여야 한다는 점이다. 즉, 현재의 판례 입장은 통설인 종료시법 적용설을 취하면서 그 논거로서 행위시를 행위종료시로 해석하는 견해와 일치하고 이 입장이 현재까지 유지되고 있다고 평가한다.

문교수님은 '행위시'를 '행위종료시'로 이해하는 종료시법 적용설에 대해서는 먼저 형법이론의 기본적 원리에서 비판한다. 독일의 학자들을 인용하면서 '행위자에게 효력이 있는 법은 행위시의 법이다. 행위시는 작위범의 경우에는 실행행위의 시점을, 부작위범의 경우에는 요구되는 행위를 했어야 할 시점을 말한다. 결과의 발생 여부나 발생시점은 중요하지 않은데. 그 이유는 실행의 착수부터 그 종료시까지의 단계에서만 법은 행위통제기능(verhaltenssteuernde Funktion)을 수행할 수 있기 때문이다.'라고 지적하는 것이다. 이를 좀 더 풀어 보자면, 형법은 '행위규범'이기 때문에 행위자가 그의 의사를 결정하기 전에 존재하여 이를 인식하고 그의 進退를 결정하는데 고려할 수 있는 법에 따라 의사를 결정할 것이기 때문에 행위의 종료가 아니라, 행위의 시작(착수) 당시의 법이 원칙적으로 행위시법이 되어야 함을 지적하고 있는 것이다. 또한 공범의 행위시를 정범에게 종속시켜야 한다는 일부 견해에 대해서도 '공범에게 적용할 행위시법의 결정을 정범의 행위시점에 좌우되게 할 수는 없고', '공범 종속성설 내지 독립성설과 결부시키는 견해도 공범의 성립단계의 문제인 종속성 여부와 그 행위의 시점은 다른 차원의 문제라는 점에서 수긍하기 어렵다. 따라서 공범의 행위시점은 공범의 행위 자체를 기준으로 하는 것이 타당하다. 독일 형법은 타당하게도 제8조에서 '행위시'를 정의하면서 '정범 또는 공범이 행위 했던 시점'이라고 함으로써 공범의 경우에는 공범의 행위 자체가 행위시점 판단의 기준임을 명시하고 있다.'는 점을 분명하게 지적한다. 그러면서 '제1조 제1항의 "행위시"가 '행위종료시'를 의미하는가에 대하여 '통설은 그렇게 보는데, 유감스럽게도 특별한 논거 제시는 없다. "행위시점은 행위가 종료하는 시점이다.", "행위시란 범죄행위의 종료시를 의미한다."는 식으로 단정적인 주장을 하고 있을 뿐이다.'라고 비판한다. 그러면서 이는 제1조 제1항과 제2항의 관계 속에서 2분법적으로 접근하여 제2항의 '범죄 후'에 대해 '실행행위의 종료 후'로

해석하는데에 이견이 없으므로, 제1항의 '행위시'도 하나의 '시점'으로 파악하여 '범죄 후'
와 대비시키게 되면 '실행행위의 종료 시점'으로 파악하게 되는 것은 아닌가 하고 추측하
신다.

그러면서 '행위시'는 작위범의 경우에는 실행행위의 시점, 부작위범의 경우 요구되는
행위를 했어야 할 시점이라는 일반적 견해에 이론은 없지만, 이를 '시각' 개념으로 이해할
수 없다고 지적하신다.(45면) 작위범이건 부작위범이건 그 실행행위, 부작위행위는 시간의
경과와 더불어 진행되기 때문에 '기간'이 형성되는 것이고 '그 기간은 바로 실행행위의 착
수시부터 종료시까지이다.' 그러면서 제1항의 행위시를 '시각'개념으로 파악하려 한다면 차
라리 종료시가 아니라, 착수시로 파악하는 것이 소급효금지원칙과의 관계에서 타당한 해
석이 될 것이라고 지적한다. 왜냐하면 통설처럼 종료시로 해석하게 되면 '착수시에 처벌법
규가 없었더라도 종료시점에 처벌법규가 마련되어 있기만 하면 처벌할 수 있다.'는 해석이
가능하게 되는데, 이는 소급효금지원칙의 정신과 취지를 충실하게 반영한 것이라고 보기
어렵다고 예리하게 지적하신다. 그리고 일부 견해가 "행위 중에 형이 변경된 경우에는 행
위종료시에 유효한 법률을 적용한다."는 독일 형법 제2조 제2항을 '행위시'를 '행위종료시'
로 해석하는 견해의 간접적인 논거로 삼기도 하지만, '독일 형법 제2조 제2항은 행위시란
행위종료시라는 '시각'개념이 아니라 '기간' 개념이므로 행위기간 중에 법률의 변경이 있는
경우에는 행위시법이 다수로 존재할 수 있음을 인정하고는, 그 경우 행위시법을 특정하는
규정이라고 보는 것이 옳을 것이다.'고 지적한다.(46면)

또한 이러한 점에서 "1개의 죄가 본법시행 전후에 걸쳐서 행하여진 때에는 본법 시행
전에 범한 것으로 간주한다."는 1995년 개정 전의 형법 부칙 제4조 제1항이 행위종료시의
법률의 적용을 배제한 점에서 범죄의 성립과 처벌은 행위시의 법률에 의한다고 규정한 형
법 제1조 제1항의 해석에 비추어 타당한 것이 아니라거나, "1개의 행위가 이 법 시행 전
후에 걸쳐 이루어진 경우에는 이 법 시행 이후에 행한 것으로 본다."는 1995년 개정형법
부칙 제3조가 행위종료시법이 제1조 제1항의 행위시법에 해당하는 것임을 밝히고 있다거
나, 1995년 개정 전의 형법 부칙 제4조 제1항이 일견 형법 제1조 제1항과 모순되는 문제
가 있었지만, 1995년의 개정형법 부칙 제3조에 의하여 그러한 문제가 해소되었다는 견해
등도 타당하지 않다고 비판하신다.(47면)

그러면서 "오히려 1개의 행위가 신·구 형법에 걸쳐 이루어진 경우의 적용법규를 1995
년 개정 전·후의 형법 부칙에서 모두 별도로 규정한 것은 이 경우에는 행위시법이 복수
이고, 따라서 제1조 제1항의 행위시법주의만으로는 적용 법규가 결정되지 않음을 인정하
여, 이를 입법적으로 해결한 것으로 이해할 수 있다. 더 나아가 1995년 개정 전·후의 형
법부칙에서 각 신·구법의 적용을 달리 규정한 것도 이러한 특수한 경우에는 소급효금지
원칙이나 행위시법주의에 비추어 신법과 구법이 모두 선택적으로 적용가능하다고 본 것으
로도 이해할 수 있다. 즉, 1995년 개정 전·후의 각 형법 부칙 제4조 및 제3조를 통해서
도 형법은 행위시와 행위종료시를 동일시하지 않고 있다는 사실이 추론되는 것이다."라고

적절히 지적한다.(47면)

그래서 "결과적으로 '행위시'의 개념을 하나의 시각개념으로 접근하여 '행위종료시'와 동일시하면서, 실행행위 중에 법률의 변경이 있는 경우 행위종료시 법만이 행위시법이라는 견해는 그 타당 근거를 발견하기 어렵다. 따라서 범행 중에 법률의 변경으로 1개의 죄가 신·구법에 걸쳐 이루어진 경우에는 형법 제1조 제1항의 행위시법주의를 통하여 곧바로 그 적용 법조가 결정되지는 않는다고 해야 할 것이다."고 지적한다.

다음으로는 종료시법 적용설 중에서 신법우선의 원칙을 근거로 하는 견해를 비판하시는데, 이는 '실행행위의 계속 중에 법률의 변경이 있는 경우에는 변경 전·후의 양 법이 모두 행위시법에 해당하여 적용가능한 행위시법이 두 개가 되는데, 이때에는 신법우선의 원칙에 따라서 신법인 종료시법이 적용되어야 한다'는 입장이다. "신법은 구법을 깨뜨린다."는 신법우선의 원칙은 국가의사는 통일적이어야 하므로 동일한 사항에 대하여 신법과 구법이 모순·저촉될 때에는 그 저촉의 한도에서 구법은 묵시적으로 당연히 폐지된 것으로 보는 것이지만, 법의 시간적 효력 범위를 정하는 법의 일반원칙으로서 절대적인 것이 아니고, 구체적인 법률에서 합리적인 근거에 바탕하여 얼마든지 배제될 수 있는 원칙이다. 바로 소급효금지와 행위시법주의를 천명한 형법 제1조 제1항은 이를 통하여 신법우선의 원칙을 배제하고 구법우선의 원칙을 천명한 것이다. 제2항의 경우가 외형상으로는 신법우선의 원칙을 적용한 것과 같은 결과가 도출되지만, 이는 제1항의 구법우선의 원칙의 정신과 취지를 실질적으로 실현하기 위하여 특수한 경우에 한하여 구법우선의 원칙에 대한 예외를 인정한 것이지, 신법우선의 원칙을 채택한 것이라고 단정할 수는 없음을 지적한다. '따라서 행위 중에 법률이 변경되는 경우에 계속범이나 연속범의 가분적인 범행의 경우처럼 일정한 범위 내에서 신법을 적용할 수 있다는 결론의 타당성은 별론으로 하고, 이러한 결론을 신법우선의 원칙을 논거로 하여 도출하는 것은 타당하지 않다'고 지적한다.(48면)

다음으로는 형법 제1조 제2항의 유추적용설에 대해서는 비교적 긍정적으로 평가하신다. '형법 제1조 제1항의 "행위시"를 '행위종료시'와 동일한 의미로 해석할 수 없으므로 행위 중 법률의 변경이 있는 경우에는 하나의 행위시법만이 존재하는 것이 아니어서 제1조 제1항에 의하여 곧바로 적용법규가 정해질 수 없고, 또한 '행위 중의 법률의 변경'과 '범죄 후 법률의 변경'은 서로 구별되므로 전자에 대하여 형법 제1조 제2항이 직접 적용되는 것도 아니라고 본다는 점, 독일 형법과는 달리 형법상 이 경우를 직접 규정하는 효력규범이 없는 상황에서, 결국 소급효금지원칙과 행위시법주의, 그리고 제1조 제1항과 제2항의 관계에서 추론되는 '법률변경의 경우 행위자에게 유리한 법률을 적용한다'는 입법취지 등을 고려하여 해결하려는 발상도 설득력이 있는 것으로 보고 있다. 계속범이나 연속범처럼 '가분적' 범행의 경우 신법이나 구법 중 어느 법을 적용하더라도 소급효금지원칙과 행위시법주의에 위반되지 않고, 제1조 제2항에 의하여 범죄행위가 완전히 '종료한 후'에 행위자에게 유리하게 법률이 변경된 경우에도 유리한 신법을 적용하여야 한다면, 행위 '중'에 유리하게 변경된 경우라면 더더욱 유리한 신법을 적용하는 것이 제2항의 취지에 합당하다는 논리는 그 논리적인 면에서는 모순이나 불합리한 점을 발견할 수 없다는 것이다.(49면) 그러나 이 견해에서 간과할 수 없는 법 정책적 결함을 발견할 수 있다고 한다. 왜냐하면 '계속법이나 연속범, 그리고 특히 영업범이나 직업범 등 집합범에 해당하는 범행 등 포괄일죄로 포섭되는 범행들은 장기간 계속·반복되는 것이 일반적이고, 또한 이들 범죄들은 특별형법이나 부수형법을 통하여 규율되는 경우가 많다. 그리고 특별형법이나 부수형법은 법 정책적인 필요성에 따라서 개정이 빈번하게 일어나는 것도 현실이다. 그런데 제2항 유추적용설에 따르면, 행위 중 법 정책적 판단에 따라서 법률이 중하게 변경된 경우에는 범행 전체에 대하여 신법을 적용하지 못하기 때문에, 변경 후에 계속된 범행 부분에 대해서조차도 새로운 법 정책을 실현할 수 없는 문제가 발생한다.'는 것이다.

마지막으로 판례의 입장을 검토하시는데, 대법원 전원합의체 1986. 7. 22. 선고 86도1012 판결에서 "1개의 죄가 본 법 시행 전후에 걸쳐서 행하여진 때에는 본법 시행 전에 범한 것으로 간주한다"고 규정한 1995년 개정 전의 형법 부칙 제4조 제1항은 형법 시행에 즈음하여 구형법과의 관계에서 그 적용 범위를 규정한 경과법일 뿐, 형법 제8조에서 규정하는 총칙규정으로 볼 수 없기 때문에, 신·구 형법과의 관계가 아닌 다른 법과의 관계에서는 위 부칙을 적용 내지 유추적용 할 것이 아니라고 본 것에 찬동하신다. 즉 부칙 제4조 제1항에서 말하는 "본 법"은 형식적 의미의 형법을 의미하는 것이고, 제8조의 '본법 총칙은 타 법령에 정한 죄에 준용한다'에서 말하는 "본 법 총칙" 또한 '부칙'과는 엄연히 구별되는 것이기 때문이다. 그러나 부칙 제4조 제1항을 다른 법에 적용할 수 없는 또 다른 이유로서 이 부칙 조항이 총칙 제1조 제1항의 해석에 따른 행위종료시의 법의 적용을 배제한 점에서 타당하지 못하기 때문이라는 지적은 제1항의 "행위시"를 행위종료시로 해석했다는 점에서 타당하지 못하며, "행위시를 행위종료시로 이해하는 종료시법 적용설에 대한 비판적 검토"에서 제기한 비판이 그대로 적용될 수 있다고 하신다.(51면)

'Ⅳ. 행위 중 형벌법규의 변경이 있는 경우 적용법규에 관한 새로운 해석론의 시도'에서는 먼저 1. 독일 형법 제2조 제2항의 해석론, 2 형법의 새로운 해석론을 내용으로 하는데, 먼저 1. 독일 형법 제2조 제2항의 해석론에서는 (1) 독일 형법 제2조 제2항의 해석론과 형법 해석의 관계를 다룬다. 독일 형법은 독일 형법 제2조(시간적 적용범위)에는 우리 형법 제1조 제1항과 제2항에 해당하는 규정(제1항, 제3항) 외에도 행위 중에 형이 변경된 경우 행위종료시의 법률을 적용한다는 규정(제2항)과 한시법의 경우 원칙적으로 추급효를 인정한다는 규정(제4항), 그리고 보안처분에 관하여는 원칙적으로 재판시법을 적용한다는 규정(제6항) 등도 포함되어 있다. 제2조 제2항의 "행위 중에 형의 변경이 있는 경우에는 행위 종료시에 유효한 법률을 적용한다"는 규정이 있지만, '결국 제2조 제2항의 규정이 있건 없건 행위 중 법률의 변경이 있는 경우 적용법규를 결정하는 문제에서 그 결론이 실질적으로 크게 달라지지 않는다는 의미이며 실행행위 중 법률의 변경이 있는 경우에 대하여 독일 형법 제2조 제2항의 해석론에 의한 해결과 그러한 규정이 없는 우리 형법의 해석론에 의한 해결이 그 결론에서 크게 달라지지 않을 수 있다는 의미'라고 지적한다.(51면) (2) 독일 형법 제2조 제2항의 해석론 부분에서는 어떤 행위가 실행 중에 비로소 가벌적인 행위로 법률이 변경되는 경우에는 그 행위가 '가분적인가', '불가분적인가'에 따라서 결론이 달라진다고 한다. 불가분적인 범행의 경우에는 제2항에도 불구하고 신법을 적용하여 처벌하면 소급효금지원칙에 반하기 때문에 원칙적으로 제1항이 적용되어 불가벌이 될 뿐이라는 것이다. 반면에 그 행위가 계속범이나 연속범에 해당하는 경우처럼 '가분적'인 경우에는 변경 이후의 행위부분 만으로도 하나의 완전한 범죄를 구성하는 한, 제2항에 따라서 신법을 적용하여 처벌할 수 있다. 변경된 신법 이후의 행위만으로도 하나의 완전한 범죄구성요건을 충족하므로 소급효금지원칙이나 행위시법주의에 어긋나지 않기 때문이다. 그러나 이 경우에도 새로운 법률이 효력을 가진 이후에 행한 행위부분에 대해서만 변경된 신법이 효력을 갖는다. 따라서 불가벌적이었던 이전 행위 부분을 연속범행에 포함시켜서는 안 되고, 따라서 양형에서도 함께 고려해서는 안 된다고 한다.(52면)

'행위 중에 형이 중하게 변경되는 경우에도 그 행위가 '불가분적인' 범행인가 '가분적인' 범행인가에 따라 적용 법규가 달라진다. 불가분적인 범행의 경우에는 가중된 신법을 적용하지 못한다. 행위가 불가분적이므로 가중된 신법을 적용하면 불가피하게 부분적으로 (변경 전의 행위부분에 대하여) 소급효가 미칠 수밖에 없기 때문이다. 반면에 가분적인 범행의 경우에는 범행 후의 행위부분만으로도 완전한 범죄의 요건을 충족하는 한, 제2항에 의하여 중한 신법을 적용할 수 있다. 그러나 이 경우에도 형이 중하게 변경되기 전후에 걸쳐 있는 부분행위들을 통합하여 하나의 평가를 하는 것이기는 하지만, 그래도 변경 전에 행한 행위들은 그 행위들이 변경 전에 평가되던 비중으로만 고려되어야 한다. 행위 중에 형을 경하게 또는 폐지하는 방향으로 법률의 변경이 있는 경우에는 언제나 변경된 신법을 적용한다.'고 한다. 그런데 이 결론은 제2항이 아니더라도 제3항에 의하여 가능한 것이다.

그래서 교수님의 논증에 따른 '2. 형법의 새로운 해석론'에 따르면, 독일 형법 제2조 제2항이 현실적으로 의미를 갖는 경우는 계속범이나 접속범, 또는 연속범 등과 같이 가분적인 범행의 실행 중에 처음으로 가벌적인 것으로 법률이 변경되거나 형이 중하게 변경된 경우이다. 즉, 이 경우에는 소급효금지원칙이나 행위시법주의 내지 그 예외 규정 어느 것도 적용법규를 직접적으로 확정해 주지 못하기 때문에 제2조 제2항에 의하여 행위종료시법으로 적용법규가 확정된다. 여기에 독일 형법 제2조 제2항의 의의가 있고, 이를 우리 형법에 적용하기 위한 논증이 필요한 것이다.

'그 외 나머지의 경우들은 제2조 제1항과 제3항에 의하여 결정될 수 있었고, 이러한 해결은 독일 형법 제2조 제1항과 제3항에 해당하는 규정을 우리 형법도 가지고 있기 때문에 동일한 해결이 가능하고, 현재 우리의 해석론도 동일한 결론을 인정한다. 여기서 그 외 나머지의 경우들이란 ① 가분적 범행의 실행 중에 형이 경하게 변경되거나 폐지된 경우, ② 불가분적인 범행의 실행 중에 비로소 가벌적으로 변경되는 경우, ③ 불가분 적인 범행의 실행 중에 중하게 변경되는 경우, ④ 불가분적인 범행의 실행 중에 형이 폐지되는 경우, ⑤ 불가분적인 범행의 실행 중에 경하게 변경되는 경우이다. ①의 경우에는 형법 제1조 제2항이 유추적용되어 종료시법으로 가볍게 처벌되거나(경하게 변경되는 경우) 불가벌이 되고(폐지되는 경우), ②의 경우에는 제1조 제1항에 따라 착수시법이 적용되어 불가벌이 되고, ③의 경우에는 제1조 제1항에 따라 착수시법이 적용되고, ④의 경우는 제1조 제2항이 유추적용 되어 종료시법으로 불가벌이 되고, ⑤의 경우에는 제1조 제2항이 유추적용 되어 종료시법이 적용되어 경하게 처벌된다. 따라서 우리 형법의 해석론상 문제되는 것도 독일 형법 제2조 제2항이 현실적으로 의미를 갖는 위 두 경우를 어떻게 해결할 것인가에 있다.'고 한다. 교수님의 논증에 따라 행위시와 행위종료시를 동일시하거나 신법 우선의 원칙을 원용하는 현재의 통설·판례에 해당하는 종료시법 적용설은 그 논거의 부당성이 드러났고, 제2항 유추적용설은 실질적으로 법 정책적인 관점에서 중대한 결함이 드러났다.

결국 문제의 해결방향은 착수시법(구법) 적용을 할 것인가 아니면 종료시법(신법)을 적용하되 새로운 논거를 제시할 것인가 하는 것이다. 교수님은 '가분적 범행의 경우 행위 중 법률의 변경이 있는 경우에는 신·구법 중 어느 법을 적용하더라도 형법 제1조 제1항의 소급효금지원칙이나 행위시법주의, 그리고 동조 제2항의 예외적 신법적용에 위반되지 않는다. 가분적 범행의 경우 변경된 신법도 행위시법이고 또 법률 변경 후의 행위만으로도 완전히 가벌성요건을 충족하므로 비록 행위자에게 불리하게 변경된 신법을 적용하더라도 이는 결코 소급적용도 아니고, 행위시법주의를 이탈한 것도 아니다. 그렇다고 그것이 행위자에게 유리한 경우에는 신법을 적용하라는 제1조 제2항에 직접 위반되는 것도 아니다. 행위 중의 법률의 변경과 제2조 제2항의 범죄 후 법률의 변경은 분명히 구별되기 때문'이라고 하시면서 법원칙이나 실정법 체계의 논리적인 면에서는 신·구 양 법이 모두 적용 가능하다는 결론에 이른다. 따라서 이 문제의 해결은 법원칙이나 법 논리의 차원보다는 법 정책이라는 현실적·실질적 차원에서 찾아야 할 것으로 본다고 한다.(54면)

그런데 일괄적으로 착수시법(구법)을 적용하는 방안은 법률의 변경을 통하여 추구하는 법 정책을 실현할 수 없다는 결정적인 결함이 있다고 한다. 특히 '법률의 변경에는 언제나 법이 념의 변경이나 법 정책의 변경을 근거로 하여 이루어진다. 행위 중 법률의 변경이 있는 경우 일괄적으로 구법을 적용하게 되면, 변경된 신법을 통하여 새롭게 구현하고자 하는 법이념이나 법 정책을 법률의 변경 후에 행해진 행위부분에 대해서조차도 실현할 수 없다.'고 지적한다. 반면에 일괄적으로 종료시법(신법)을 적용하면 그러한 결함이 근본적으로 해결됨으로써 법 정책적인 측면에서 큰 타당성을 확보하게 된다는 것이다.

다만 일괄적으로 종료시법을 적용하는 것은 '법률의 변경을 행위자에게 유리한 방향으로 고려하라는 제1조 제2항의 입법정신과 조화되지 않아서, 행위자에게 불리하게 변경된 경우에도 신법을 적용하게 되어 법률의 변경이라는 사정이 행위자에게 유리하게 반영되지 못하게 되는 것이다. 그러나 교수님께서는 이 정도의 단점은 착수시법 적용설이 안고 있는 법 정책적인 결함과 비교할 때, 감수할 수 있을 정도의 단점이라고 판단한다. 그리고 '입법자가 제2항을 규정할 때, 과연 행위 중에 법률의 변경이 있는 경우까지 고려했다는 확증이 없고, 행위 중에 변경된 신법 그 자체는, 제2항에서의 실행행위 종료 후 변경된 신법과는 달리, 분명히 행위시법에 따라 행위한다는 본질적인 차이가 있기 때문에, 제2항의 입법 정신이 절대적으로 이 경우에도 그대로 관철되어야 한다고도 할 수 없다. 결과적으로 착수시법의 적용보다는 종료시법을 적용하는 것이 타당하다'는 결론을 내리시고 있다.(55면)

그리하여 결론적으로는 통설 및 판례와 같이 "실행행위 중에 법률의 변경이 있는 경우 기본적으로 종료시법을 적용하는 것이 합당하다는 결론"에 이르렀지만, 통설 및 판례처럼 행위시가 행위종료시를 의미한다거나 신법우선의 원칙이 적용된다는 등의 논거는 적절하지 않고, 오히려 착수시법 또는 종료시법의 적용가능성이 모두 열려 있는 것이고, 종료시법 적용설이 법 정책이라는 현실적, 실질적 측면에서 우위에 있다고 결론 내리신다.

'가분적 범행이 현행 형법의 시행 전후에 걸쳐 있는 경우' 형법 자체의 적용 문제는 형법 부칙 제3조(1개의 행위에 대한 경과조치)를 통하여 입법적으로 해결되었지만, 그러한 경과규정을 갖고 있지 않은 특별형법이나 부수형법에서는 형법 부칙의 경과규정을 다른 특별형법이나 부수형법에 적용할 수 없다는 위의 전원합의체판결이나 통설의 입장이 타당하다. 따라서 특별형법이나 부수형법이 경과규정 없이 어떤 행위의 실행 중에 변경되는 경우에는 종료시법을 적용하는 것이 타당하다.

하지만 이러한 결론은 법 정책적인 측면에서의 큰 장점을 근거로 하는 것일 뿐, 법원칙이나 규범체계적인 면에서 논리적으로 귀결하는 것이 아니므로, 변경된 당해 법률의 경우 법 정책적인 면에서 종료시법을 적용할 특별한 이유가 없고, 이미 진행 중이었던 행위에 대해서는 착수시법을 적용하는 것이 더 타당하다고 판단되는 예외적인 경우라면 착수시법을 적용하는 것도 가능하다. 그러나 이처럼 해당 법률의 변경취지를 법 정책적인 측면에서 그때마다 구체적으로 판단하여 적용법을 결정하는 것은 법적 안정성이라는 면에서 바람직하지 않을 것이다. 따라서 "계속범, 연속범, 접속범 등 가분적 범행을 내용으로 하는 법규를 변경하는 경우에는 반드시 경과 규정을 둠으로써 미리 입법 단계에서 적용법규를 결정하는 것이 바람직하고, 더욱 근본적으로는 형법 총칙 제1조에 독일 형법 제2조 제2항과 같은 규정을 두는 것도 고려될 수 있다."고 글을 마무리 짓고 있다.(56면)

Ⅲ. 평 석

대상 논문은 제목 그대로 '범죄의 실행행위 중에 형벌법규의 변경이 있는 경우'에 구법과 신법 중 어느 법률을 적용하여야 하는가에 대하여 통설과 같이 계속범이나 연속범처럼 가분적 범행의 경우 신법의 적용을 긍정하면서도 그 근거를 달리하여야 한다는 점을 치밀하게 논증한 글이다. 통설인 '종료시법 적용설'에는 형법 제1조 제1항의 행위시법주의를 논거로 하는 입장과 신법우선의 원칙을 논거로 하는 입장으로 서로 다른 두 견해가 있다. 선생님께서는 이러한 두 입장 모두 적절하지 않은 논거로서 구법을 적용하든, 신법을 적용하든 모두 이론적으로는 가능한 것이지만, 법 개정에 반영된 최신의 입법자의 취지를 반영하여야 한다는 현실적, 실질적 법 정책적 고려를 근거로 하여 신법을 적용하여야 한다고 결론 내리신다.

예를 들면 특정 오염물질의 하천 방류가 아직은 범죄로 여겨지지 않았다가 새롭게 범죄화되어 오염물질 방류 업체를 처벌하는 경우를 생각해보면 이 논문의 주제를 더 쉽게 파악할 수 있다. 사실 대부분의 형벌법규의 제정, 형벌 상향의 개정들은 해당 문제에 대한 범죄화, 형벌 강화의 인식이 반영된 것인데, 과거부터 지속되어온 행위라고 해서 이를 벌할 수 없다는 것은 법 감정의 측면에서도 입법정책의 측면에서도 바람직하지 못하다. 이렇게 되면 기존의 오염물 방류 업체는 계속 오염물을 방류할 특권을 누리는 것과 마찬가지가 되기 때문이다.

해석은 입법적 흠결을 해소하는 방법이고, 새로운 사회 현상에 대하여 법 적용을 가능케 하는 자연스러운 작용이라고 할 수 있다. 인간의 언어로서는 모든 경우를 다 표현할 수는 없고, 법 제정 이후에 변화된 사정에 대응할 필요성이 있기 때문이다. 다만 다른 법 분야와 달리 형법에 있어서는 오랫동안 형성되어 온 죄형법정주의라는 형법의 기본원칙에 따라 법 적용 범위를 확장하는 해석에 대한 제한 요소가 있다. 따라서 가급적 해석의 여지를 줄일 수 있도록 명료한 언어를 사용하고, 새로운 현상에 대하여 적극적으로 발빠르게 대응하여야 하는 입법자의 노력, 성실성이 필요하다. 법 해석학을 달리 이르는 dogmatic이라는 용어는 긍정적 의미만 가지고 있는 것은 아니고, 그 어원에서처럼 독단적이거나 권위를 통하여 억압한다는 부정적 뉘앙스도 있다. 수학적 언어나 컴퓨터 프로그램 언어처럼 인공적 언어가 아닌 한 해석은 불가피한 것이다. 그러나 이는 어디까지나 불가피한 것이지, 형벌법규의 경우 해석의 여지가 넓다는 것은 법원의 독단성을 강화할 빌미를 제공한다. 죄형법정주의 역시 본래부터 입법자와 법원에 대해 직접 기능하는 원칙이다. 입법자의 불성실성 때문에 해석의 여지가 넓어지고, 법원의 해석이 입법을 사실상 대체하는 경우가 되어서는 안 된다.

이러한 측면에서 교수님께서 글을 맺으시면서 "그러나 이처럼 해당 법률의 변경취지를 법 정책적인 측면에서 그때마다 구체적으로 판단하여 적용법을 결정하는 것은 법적 안정성이라는 면에서 바람직하지 않을 것이다. 따라서 계속범, 연속범, 접속범 등 가분적 범행을 내용으로 하는 법규를 변경하는 경우에는 반드시 경과 규정을 둠으로써 미리 입법 단계에서 적용법규를 결정하는 것이 바람직하고, 더욱 근본적으로는 형법 총칙 제1조에 독일 형법 제2조 제2항과 같은 규정을 두는 것도 고려될 수 있다."고 지적하신 것은 너무도 당연한 것이면서 선생님의 혜안을 느끼게 하는 문장이라고 할 수 있다. 학자들이나 법원의 해석을 통해서 적용법규가 결정될 수 있지만, 형벌법규의 적용 여부에 관한 문제는 본래 입법자가 결정하였어야 하는 것이므로 우리 입법자는 이 문제에 대한 해결기준을 일반적 원칙으로 형법전에 포함시키거나 개별법의 부칙에서 결정하였어야 함을 분명하게 지적하고 계신 것이다.

한 가지 덧붙이고 싶은 것은 형벌규범의 신설, 가중의 경우에 입법자와 정부 담당부처의 적극적 홍보, 계도가 요구된다는 점이다. 특히 대상자를 일반인 즉 '누구든지'로 하는 형벌규정의 경우 헌법, 국회법에 따른 절차를 준수했다고 해서 해당 규정이 곧바로 수범자에게 알려지지는 않는다. 그러한 경우 법률의 형식적 효력만을 근거로 처벌하는 경우 대상자로서는 억울한 마음을 들 수밖에 없다. 형법이론에서는 '법률의 부지'로 다루게 되는 많은 사례들이 여기에 해당한다. 전문가도 알 수 없을 정도로 무수한 형벌규범이 양산되는 우리 현실에서 이는 대단히 중요한 문제로 보인다. 행위시법주의는 단지 우리 형법 제1조가 그렇게 규정하였기 때문에 정당한 것이 아니라, 형법의 행위규범성을 근거로 하여 행위자가 해당 규범의 존재를 알고 있음을 전제로 이를 어기지 않을 수 있었음에도 위반하였기 때문에 그를 비난할 수 있다는 형법이론 전체의 근간이 되는 것이다. 사실적인 문제에 속하는 것이지만, 이러한 적극적 홍보, 계도 과정이 있다면, 행위자로서는 과거에 허용되었던 자신의 행위가 이제는 불법한 것이 되었음을 인식할 수 있게 되고, 스스로의 행위를 중지할 계기가 되는 것이다. 그렇게 되면 비록 1죄라고 하더라도 가분적 범행으로 분리될 수 있는 경우에 법률 변경 후의 행위를 분리하여 형사처벌하더라도 그 정당성을 인정하기에 훨씬 용이할 것이다.

다시 한 번 선생님의 정년을 기념하고, 또 다른 시작을 준비하고 계시는 선생님의 건강과 행운을 기원한다.

03 형법 제15조 제1항에 대한 새로운 해석의 시도*

Ⅰ. 머 리 말

"특별히 중한 죄가 되는 사실을 인식하지 못한 행위는 중한 죄로 벌하지 아니한다"는 형법 제15조 제1항은 구성요건착오의 유형 중에서 어디까지를 어떻게 규율하고 있는가? 현재의 학설상황을 보면, 이 규정 이 경·중의 구별이 가능한 모든 추상적 사실의 착오에 대한 일반적 규정인가, 아니면 그중에서도 기본·변형구성요건 간의 추상적 사실 또는 거기에 더하여 죄질을 같이하는 구성요건 간의 추상적 사실의 착오에만 제한적으로 적용되는 규정인가를 두고 견해가 맞서 있다. 더 나아가 이 규정을 객체의 착오에만 해당하는 규정으로 해석하는 견해가 있는가 하면, 방법의 착오에도 해당하는 규정으로 해석하는 견해도 있다.

그런데 각 견해들을 분석해 보면, 그들은 기본적으로 서로 다른 두 가지의 선이해(先理解)를 각각 출발점으로 삼고 있음을 확인할 수 있다. 첫째는 형법 제13조에 대한 선이해다. 즉, 형법 제13조도 제15조 제1항과 더불어 구성요건 착오에 관한 규정이라는 선이해에서 출발하는 입장이 있는가 하면, 제13조는 고의에 관

---

* 형사법연구 제16권(2001) 19-38면에 게재된 글임.

한 정의규정인 동시에 고의범에 대한 원칙적 처벌의 취지를 밝히는 규정이지 구성요건착오의 규정은 아니라는 선이해에서 출발하는 입장도 있다. 이러한 선이해의 차이가 제15조 제1항에 대한 해석의 차이를 가져오는 하나의 원인으로 작용하는 것으로 보인다. 둘째는 이러한 선이해를 초래하는 더욱 근원적인 선이해라고 할 수 있는데, 그것은 구성요건착오의 개념에 관한 선이해의 차이다. 소위 행위자가 인식한 사태는 구성요건사실이 아닌데 발생한 사태가 구성요건사실에 해당하는 경우가 구성요건착오에 해당하는가에 대한 이해의 차이다. 이 경우를 구성요건착오로 이해하면 제13조를 구성요건착오의 규정으로 해석하는 것이 자연스럽다. 반면에 이 경우를 구성요건착오와는 무관한 과실범의 문제로만 이해한다면, 제13조를 구성요건착오의 규정이 아니라고 해석할 수 있는 여지가 발생한다.

따라서 제15조 제1항의 해석에 관한 제 견해들을 검토함에 있어서는, 그들에 영향을 미치고 있는 선이해를 먼저 파악하여야 할 뿐만 아니라, 그 선이해의 당부(當否)에 대한 비판적 검토를 간과해서는 안될 것이다.

Ⅱ. 형법 제15조 제1항의 해석에 관한 견해들의 분석

1. 추상적 사실착오의 일반규정설

(1) 내 용

이 견해는 형법 제15조 제1항을 경·중의 구별이 있는 모든 구성요건간의 추상적 사실의 착오 중에서, 경한 사실을 인식하였으나 중한 사실이 발생한 경우를 적용대상으로 하는 일반적 규정이라고 해석한다.[1] 이 견해의 주장자에 따르면 "특별히 중한 죄"에서 "특별히"라는 표지에 반드시 특별한 의미부여를 해야 하는 것은 아니라고 전제하고, 그렇다면 이 규정은 경한 죄가 되는 사실을 인식하였으나 중한 죄가 되는 사실이 발생한 경우를 위한 일반규정으로 해석하지 못할 이유가 없다고 한다. 게다가 "중한 죄로 벌하지 아니한다"는 문언은 '중한 죄의 고의기수로 벌하지 아니한다'는 소극적 처리지침만을 제시한 것으로 해석한다. 결

---

1) 심재우, 고시계 82/11, 62면 이하; 배종대, 총론, 제6판, 2001, 222면 이하; 정성근, 총론, 재판, 1984, 268면; 이형국, 총론연구Ⅰ, 초판, 1984, 241면; 임웅, 총론, 초판, 2001, 156면.

국 이 견해는 규율대상은 일반적으로 해석하고 법효과는 소극적으로 해석하는 입장으로서, 더욱 구체적으로 명명하면 '일반적·소극적 규정설'이라 할 수 있다.

이 견해는 두 가지의 근본 시각을 바탕에 깔고 있는 것으로 보인다.

첫째는 형법 제13조는 고의의 일반규정일 뿐 구성요건착오의 해결을 위한 직접적인 근거규정은 아니며, 제15조 제1항만이 구성요건착오의 해결을 위한 유일한 규정이라는 시각이다.[2] 그리하여 제15조 제1항의 적용범위를 가능한 한 넓게 설정함으로써 구성요건착오사례의 해결을 되도록이면 규범적 구속 하에서 추구하는 것이 법치국가적 형법의 요청상 바람직한 태도라고 하기도 한다.[3]

둘째는 형법 제15조 제1항이 추상적 사실의 '객체'에 대한 착오뿐만 아니라 '방법'의 착오까지도 규율하는 것으로 이해한다.[4] 그리고 이러한 선이해를 바탕으로 하여 다음과 같은 견해를 펴기도 한다. 즉, 후술하는 제한적·적극적 규정설처럼, 기본·변형구성요건 간의 추상적 사실의 착오만을 동 조항의 적용 대상으로 한정하면서 "중한 죄로 벌하지 아니한다"를 '경한 죄의 고의기수로 벌한다'는 적극적 처리규정으로 해석하게 되면, 이미 극복되었다고 볼 수 있는 추상적 부합설을 방법의 착오의 경우에 다시 부활시키는 결과가 되기 때문에 부당하다는 것이다.[5] 반면에 제15조 제1항을 일반적·소극적 규정설의 입장에서 해석·적용하면 이러한 부당한 결론은 피할 수 있다고 생각하는 것이다.

(2) 비판적 검토

일반규정설에 대한 타당성의 검토는 일단 구성요건착오에 관한 현행 형법의 규정체계를 분석하는 것으로부터 출발해야 할 것 같다. 일반규정설이 전제하고 있는 바와 같이 과연 형법 제13조는 구성요건착오에 관한 규정이 아닌 것인가? 과연 그러하다면 형법의 법치국가성을 확대하려는 목적 하에 제15조 제1항의 적용범위를 가능한 한 넓게 설정함으로써 이론적 해결에 맡기는 영역을 최대한으로 제한하려는 해석태도는 바람직할 수 있을 것이다.

---

2) 배종대, 총론, 제6판, 2001, 228면; 정성근, 총론, 재판, 1984, 267면; 임웅, 총론, 초판, 2001, 155면.
3) 배종대, 총론, 제6판, 2001, 223면, 228면.
4) 심재우, 고시계 82/11, 62면 이하; 배종대, 총론, 제6판, 2001, 225면.
5) 배종대, 총론, 제6판, 2001, 225면.

형법 제13조가 그 표제를 "범의"라고 하는 데에서도 드러나듯이, 그것이 일단 고의에 관한 규정임에는 틀림없다. 그러나 제13조의 "죄의 성립요소인 사실을 인식하지 못한 행위는 벌하지 아니한다"는 '죄의 성립요소인 사실이 발생하였으나 그 사실을 인식하지 못한 행위에는 고의책임이 귀속될 수 없다'는 내용이며, 이것은 바로 구성요건착오의 기본구조[6]와 그 법적 효과에 해당하는 내용이기도 하다. 그렇다면 동 규정의 표제가 어떻게 되어 있든 내용적으로는 구성요건착오를 규율하고 있다는 사실 또한 부인하기 어려울 것이다.[7]

그럼에도 제13조를 구성요건착오에 관한 규정으로 보지 않는 해석론의 근저에는, 인식사실과 발생사실이 모두 범죄사실에 해당하면서 양자가 불일치하는 경우만이 구성요건착오에 해당하고, 행위자가 범죄사실을 인식하지 못하고 행위하였으나 객관적으로 범죄사실이 발생한 경우는 단순히 과실범의 문제일 뿐 구성요건착오의 문제가 아니라는, 구성요건착오에 대한 독자적인 개념이해가 선이해로서 자리하고 있는 것으로 보인다.[8]

그러나 이러한 선이해에서 구성요건착오로 파악하는 경우는 소위 구성요건착오의 한계사례에 해당하는 것이고, 단순히 과실범의 문제로 돌리는 경우가 오히려 구성요건착오의 기본유형이다. 구성요건착오란 '행위자가 발생된 범죄사실을 행위시에 인식하지 못하였거나 잘못 인식하였음을 근거로 고의의 주관적 귀속이 배제되는 경우'를 지칭하는 법형상이므로, 인식한 사실은 범죄사실이 아닌데 발생사실이 범죄사실에 해당하는 착오사례에서 고의의 주관적 귀속이 배제되는 경우를 구성요건착오에서 제외시킬 이유가 없다. 즉, 여기서 고의의 주관적 귀속이 배제되어 고의범이 성립하지 않는 것까지는 어디까지나 구성요건착오의 문제영역에 속하는 것이며, 과실범의 성부 문제는 그 다음의 문제에 불과하다.

결국 고의의 인식적인 측면과 구성요건착오는 표리관계에 있는 관계로, 조문

---

6) Roxin, AT I, 2. Aufl., 1994, §12 II Rdnr. 81 참조.

7) 같은 견해로는 김영환, 고시계 98/9, 43면; 이용식, 고시계 93/9, 125면; 김일수, 한국형법 I, 초판, 1992, 462면; 박상기, 총론, 제2개정판, 1997, 124면; 김성돈, 사례연구 형법총론, 제2판, 1998, 134면.

8) 정성근, 총론, 재판, 1984, 263면; 배종대, 총론, 제6판, 2001, 218면; 임웅, 총론, 초판, 2001, 14면 이하. 그리고 대법원의 판례도 기본적으로 이러한 입장인 것 같다(대판 1983. 9. 13., 83도1762, 대판 1984. 12. 11., 84도2002 등의 판결과 대판 1984. 1. 24., 83도2813, 대판 1987. 10. 26., 87도1745 등의 판결을 비교).

의 표제가 어떻게 되어 있든, 내용적으로 제13조는 고의에 관한 규정인 동시에
구성요건착오의 규정일 수밖에 없다.[9] 오히려 제13조의 내용으로 볼 때, 고의에
관한 규정으로서는 부적절하고 불충분한 반면,[10] 구성요건착오의 규정으로서는
부족함이 없다. 그리고 제13조의 단서규정인 "법률에 특별한 규정이 있는 경우에
는 예외로 한다"도 '고의범에 대한 원칙적 처벌과 과실범에 대한 특별한 경우의
예외적 처벌'의 취지를 밝힌 것으로 해석하기[11]보다는, '구성요건착오는 고의범의
처벌만을 배제할 뿐, 과실범의 성립까지 배제하는 것은 아니다'는 취지를 밝힌
것으로 해석하는 것이 옳을 것이다.[12]

그리하여 형법 제13조를 구성요건착오의 일반규정[13] 내지 원칙규정[14]이라고
할 때, 제15조 제1항은 특별규정[15] 이라고 할 수 있다. 그 이유는 제13조가 착오
대상을 "죄의 성립요소인 사실"로 하고 있음에 반하여, 제15조 제1항은 "특별히
중한 죄가 되는 사실"로 한정시키고 있기 때문이다. 따라서 제15조 제1항을 해석
할 때에는 규정의 이러한 체계적인 관계를 고려하여야 한다. 특별규정은 일반규
정에 대하여 두 가지 면에서 특수성을 갖는다. 하나는 규정에 포섭되는 규율대상
의 특수성이고, 나머지 하나는 규율대상에 대한 법효과의 특수성이다. 그리하여
이러한 특별규정은 '특별법은 일반법에 우선한다'는 원칙에 따라 우선적으로 적
용된다.

그런데 일반적·소극적 규정설에 의하면 결과적으로 적용대상에서는 내용상

---

9) 예컨대 형법 제13조와 전적으로 동일한 내용과 취지를 담고 있는 독일 형법 제16조 제1항은
   그 표제를 '행위사정에 대한 착오'라고 달고 있는데, 구성요건착오와 고의의 인식적인 측면의
   표리관계를 고려하면 그 또한 얼마든지 가능한 표제라고 할 수 있다.
10) 제13조를 구성요건착오에 관한 규정이 아니라, 오로지 고의의 정의규정으로 해석하는 입장에
   서도 이 점은 인정한다(임웅, 총론, 2001, 초판, 139면 이하).
11) 임웅, 총론, 초판, 2001, 139면.
12) '고의범에 대한 원칙적 처벌과 과실범에 대한 예외적 처벌'의 취지는 오히려 형법 제14조에서
   추론하는 것이 타당하다. 제14조에서 과실행위는 "법률에 특별한 규정이 있는 경우에 한하여
   처벌한다"라고 되어 있는데, 이것은 동시에 형사처벌의 일반적·원칙적 대상은 고의행위임을
   전제로 한 표현으로 보아야 하기 때문이다.
13) 김일수, 한국형법 I, 초판, 1992, 462면.
14) 김영환, 형사판례연구 제1권(93/7), 31면; 김성돈, 사례연구 형법총론, 제2판, 1998, 134면.
15) 김영환, 형사판례연구 제1권(93/7), 16면 주 8; 김일수, 한국형법 I, 초판, 1992, 492면 주 2.
   록신도 형법 제15조 제1항과 같은 취지의 독일 형법 제16조 제2항을. 형법 제13조와 같은 취
   지의 독일 형법 제16조 제1항에 대한 특별규정으로 파악한다(Roxin, AT I, 2. Aufl., 1994,
   §12 II Rdnr. 120).

제15조 제1항이 제13조에 대한 특별규정이 될 수 있는 반면에 그 법효과에서는 그렇지 못하다. 즉, 일반규정설은 동 조항의 법효과규정을 중한 범죄의 고의기수를 유보한다는 소극적인 의미로만 이해함으로써, 법효과의 면에서는 동 조항이 제13조에 대한 특별규정이 될 수 없도록 만들고 있다. 제15조 제1항의 적용대상에다가 제13조를 적용하더라도 중한 범죄의 고의기수가 유보된다는 한에서는 차이가 나지 않기 때문이다. 경·중의 구별이 있는 구성요건간의 추상적 사실의 착오 중에서 경한 사실을 인식하였으나 중한 죄의 사실이 발생했을 경우, 중한 죄에 관한 한, 죄의 성립요소인 사실에 대한 인식이 없는 것이므로 제13조에 의하더라도 중한 죄의 고의기수범의 처벌은 유보되는 것이다. 이렇게 볼 때, 일반적·소극적 규정설의 입장은 일반규정과 특별규정의 체계에 부합하는 해석으로 이르지 못함을 알 수 있다.

이 입장이 전제로 하는 바와 같이, 제13조와 제15조 제1항의 관계를 일반규정과 특별규정의 관계로 이해하지 않는다고 하더라도 규범체계적인 면에서 비판을 면하기 어렵다는 사정은 변함이 없다. 즉, 양자의 형식적인 관계를 어떻게 보든, 일반규정설이 제15조 제1항의 규율대상으로 이해하는 사례가 내용적으로 제13조의 규율대상에 포함될 수 있다는 것은 제13조의 해석상 분명하고, 또 그러면서도 그 법적 해결에서조차 아무런 차이가 나지 않는다면, 제15조 제1항은 최소한 불필요한 중복 규정이라는 비판을 면할 수가 없을 것이기 때문이다.

다음으로 적용대상을 기본·변형구성요건 간의 추상적 사실착오로 제한하면서, 그 법효과는 경한 범죄의 고의기수로 벌한다는 적극적 처리규정으로 이해하게 되면, 방법의 착오의 경우에 추상적 부합설을 부활시키는 결과가 된다는 비판도 오해에서 비롯하는 것 같다. 먼저 제한규정설과 적극규정설은 반드시 운명을 같이하는 것이 아니라는 점을 분명히 할 필요가 있다. 즉, 다 같이 제한규정설을 취하면서도 그 법효과에 대해서는 소극규정설을 취할 수도 있고,[16] 적극규정설을 취할 수도 있는 것이다.[17] 친구인 줄 알고 살해했으나 피살자가 아버지였던 경우, 제15조 제1항으로부터 존속살해의 고의기수로 벌할 수 없다는 소극적인 적

---

16) 대표적인 학자는 김성돈, 사례연구 형법총론, 제2판, 1998, 154면, 155면.
17) 대표적인 학자로서 김일수, 한국형법 I, 초판, 1992, 462면; 박상기, 총론, 제2개정판, 1997, 128면; 손해목, 총론, 초판, 1996, 350면.

용결과만을 이끌어 내든, 더 나아가 보통살인죄의 고의기수로 벌하여야 한다는 적극적 적용결과까지[18] 이끌어 내든, 고의론의 일반 원리상 그 자체 불합리한 결론이라고 할 수 없기 때문이다. 일반규정설을 취하면 소극규정설을 취할 수밖에 없는 것과는 대조적이다.

그럼에도 불구하고 제한적·적극적 규정설을 취하게 되면 추상적 부합설의 부활이라는 불합리한 결과가 초래된다는 비판은 어디서 연유하는가? 그것은 제15조 제1항이 방법의 착오에도 적용되는 규정으로 이해하고 있는 데에서 기인하는 것으로 보인다. 예컨대 갑(甲)이 을(乙)과 싸우던 중에 을(乙)을 살해하려 하였으나 잘못하여 싸움을 말리던 갑(甲)의 아버지 병(丙)을 살해한 방법의 착오의 경우에, 제한적·적극적 규정설의 입장에서 제15조 제1항을 적용하게 되면, 경한 범죄인 보통살인죄의 고의기수가 성립한다는 결론이 되는데, 이는 분명 결과적으로 추상적 부합설에 따른 부당한 결론과 일치하게 되고, 바로 이 점을 비판의 대상으로 삼고 있는 것이다.

그러나 현재 제한적·적극적 규정설을 취하는 견해 중에서는 제15조 제1항을 방법의 착오에도 적용되는 규정으로 이해하는 입장은 없는 듯하고,[19] 또한 그러한 입장은 타당하다.[20] "특별히 중한 죄가 되는 사실을 인식하지 못한 행위"라는 표현에는 '경한 죄가 되는 사실'은 인식한 행위임을 전제하고 있다. 즉, 경한 죄에 관한 한, 인식사실과 발생사실이 고의귀속에 지장이 없을 정도로 일치하고 있

---

18) 이러한 해결은 고의의 본질론에서 판단하든, 아니면 소위 부합설의 공식에 따라 판단하든 동일하게 도출되는 타당한 결론이기 때문이다. 대법원도 이러한 입장을 취한다(대판 1960. 10. 31., 4293형상494 참조). 대판 1977. 1. 11., 76도3871 판결도 같은 취지에서 제15조 제1항을 적용한 사례로 소개하기도 하는데(이재상, 총론, 제4판, 1999, 168면 주1), 동 판결은 존속을 '살해함'에 대한 인식과 의욕을 인정할 수 없다는 판단 하에 제13조를 적용하여 존속살해죄의 성립을 배척한 판례이다.

19) 대부분 이 점을 분명하게 언급하고 있지는 않으나, 견해의 전체 내용이나 제15조 제1항의 적용여부를 검토하는 서술위치 등을 고려하면 이러한 추론은 충분히 가능하다. 그런데 비교적 직접적인 언급을 하고 있는 문헌으로서는 김일수, 한국형법 I, 초판, 492면 주 2와 차용석, 총론강의, 재판, 1988, 924면을 참조.

20) 여기서 형법 제15조 제1항이 '방법의 착오에는 적용되지 않는다'는 것을 '객체의 착오에만 적용된다'는 의미로 이해해서는 안 된다. 예컨대 단순폭행과 위험한 물건을 휴대한 특수폭행의 관계에서 위험한 물건을 휴대한 사실을 인식하지 못한 경우, 객체의 착오는 아니지만 "상대적으로 경한 죄가 되는 사실은 인식했으나 특별히 중한 죄가 되는 사실만을 인식하지 못한 행위"임에 틀림없고 따라서 제15조 제1항이 적용되는 데 아무런 문제가 없다. 반면에 방법의 착오는 발생사실에 대해서는 중한 사실만을 인식하지 못한 것이 아니라 경한 사실에 대한 인식까지도 없는 경우이기 때문에 그것은 제15조 제1항의 적용대상이 될 수 없는 것이다.

음을 전제하는 표현이다. 그런데 방법의 착오의 경우에는 이러한 전제가 성립하지 않는다. 방법의 착오에 관한 위의 선례에서 아버지의 피살이라는 발생사실에 관한 한, 중한 죄가 되는 사실, 즉 객체가 아버지라는 점에 대해서만 인식하지 못한 것이 아니라 경한 죄가 되는 사실, 즉 '그 사람'을 살해한다는 점에 대해서도 인식하지 못한 경우에 해당하고, 이러한 경우에는 결과적으로 발생사실에 관한 한 중한 죄가 되는 사실은 물론이고 경한 죄가 되는 사실도 인식하지 못한 것이기 때문이다.[21]

그리하여 타당하게도 제한적·적극적 규정설은 제15조 제1항을 방법의 착오에는 적용되지 않는 규정으로 이해하고 있다고 보이며, 따라서 이 견해가 방법의 착오의 경우에 부당한 결론으로 이른다는 비판은 타당하지 못한 것으로 판단된다. 일반적·소극적 규정설의 관점을 취하게 되면 객체의 착오와 방법의 착오를 구분하지 않고 포괄적으로 제15조 제1항의 적용대상으로 논하여도 적용결과에서 아무런 문제가 발생하지 않기 때문에 그렇게 할 수도 있는데,[22] 그러한 배경에서 의당 제한적·적극적 규정설도 방법의 착오를 포함시켜 제15조 제1항의 적용범위를 논하고 있는 것으로 전제한 비판으로 보이나, 사실은 그렇지 않은 것이다.

2. 특별한 관계에 있는 구성요건 간의 추상적 사실착오의 제한규정설

(1) 내 용

이 견해는 형법 제15조 제1항의 적용범위를 엄격히 한정하여, 동 조항은 기본·가중 구성요건 간의 추상적 사실의 착오(제1설)[23] 또는 기본·가중구성요건 간 내지 죄질을 같이 하는 구성요건 간의 추상적 사실의 착오를(제2설)[24] 규율한

---

21) 이러한 방법의 착오에서, 법정적 부합설에 의하면 경한 범죄의 범위 내에서는 발생사실에 대한 고의귀속을 인정할 수 있을 것이나(특히 죄질 내지 법익부합설의 입장에서), 구체적 부합설에 의하면 발생사실에 대한 어떠한 고의귀속도 인정되지 않는다.

22) 일반적·소극적 규정설은 제15조 제1항의 처리지침을 중한 죄의 고의범으로 다스릴 수 없다는 소극적 내용만을 담고 있는 것으로 해석하기 때문에, 제15조 제1항의 규율대상에서 객체의 착오와 방법의 착오를 구별하여 논할 필요가 없는 것이다. 어느 경우에나 중한 죄의 고의범으로 다스릴 수 없다는 데에 이론(異論)이 있을 수 없기 때문이다.

23) 박상기, 총론, 제2개정판, 1997, 128면; 김일수, 한국형법 I, 초판, 1992, 479면; 김성돈, 사례연구 형법총론, 제2판, 1998, 154면; 손해목, 총론, 초판, 1996, 350면; 차용석, 총론강의, 재판, 1988, 924면.

24) 손동권, 형법총칙론, 초판, 2001, 9/39; 이재상, 총론, 제4판, 1999, 168면; 유기천, 형법학(총

다고 이해하는 입장이다. 그리고 제1설이건 제2설이건 "중한 죄로 벌하지 아니한
다"는 법문에 대해서는 경한 범죄의 고의기수로만 벌한다는 적극적 처리지침을
규정한 것으로 이해한다.[25] 따라서 이 견해는 규율대상은 제한적으로 해석하면서
법효과는 적극적으로 해석하려는 입장으로서, 더욱 구체적으로 표현하면, 제한
적·적극적 규정설이라 할 수 있다.

제1설은 제15조 제1항의 "특별히"라는 표지에 적극적인 의미부여를 하여 그
적용범위를 가장 좁게 설정하는 견해로서, 동 조항을 기본구성요건요소에 대한
인식은 공통분모로 전제해 두고 가중구성요건의 추가적인 가중사유만을 인식하
지 못한 채 가중구성요건을 실현한 경우를 규율하는 것으로 해석한다. 규정의 문
리해석에 가장 충실한 태도로 평가받기도 한다.[26] 그리고 제1설을 취하는 학자들
은 대부분[27] 불법감경사유가 존재하는 것으로 오인하고서 기본구성요건을 실현
한 경우는 동 조항의 직접적인 규율대상이 아니라고 하면서, 다만 동 조항을 간
접 적용하여 그 내용과 취지에 따라 감경구성요건의 고의기수로 처리함이 타당
하다고 한다.

제2설은 기본·가중구성요건의 관계뿐만 아니라 죄질만을 같이하는 구성요건
간에서도 중한 죄가 되는 사실을 인식하지 못한 경우에는 동 조항이 적용된다고
한다. 그래서 예컨대 점유이탈물횡령죄의 고의로 절도죄를 범한 때에는 동 조항
이 적용되어 점유이탈물횡령죄가 성립할 수 있을 뿐이라고 한다.

그리고 기본적으로는 제2설에 속하는 것으로 분류할 수 있으나, 적용범위를
더욱 확대하여 제15조 제1항을 마치 죄질(법익)부합설을 입법화한 것과 같이 해
석하는 견해도 있다. 이 견해는 제2설이 적용대상으로 제시하는 착오사례와 그것
이 반전된 착오사례는 물론이고, 기본·감경구성요건 간의 추상적 사실의 착오에
도 제15조 제1항이 직접 적용되는 것으로 이해한다. 그리하여 기본구성요건을

론강의), 전정판, 1980, 242, 243면.
25) 다만 김성돈 교수는 중한 죄가 되는 사실을 인식하지 못한 경우 중한 죄의 고의가 조각되는
것은 제15조 제1항의 적용결과로, 그리고 기본범죄에 대한 고의기수의 죄책을 물을 수 있는
것은 '큰 것에는 작은 것이 포함되어 있다'는 논증의 결론으로 구분하고 있는 것으로 보아 동
조항을 소극적 해결규정으로 이해하고 있는 것으로 보인다(김성돈, 사례연구 형법총론, 제2판,
1998, 155면).
26) 차용석, 총론강의, 재판, 1988, 924면.
27) 김일수, 한국형법 I, 초판, 1992, 481면; 박상기, 총론, 제2개정판, 1997, 128면; 차용석, 총론
강의, 재판, 1988, 924면.

인식하고 가중구성요건을 실현한 경우 및 그 반대의 경우, 감경구성요건을 인식하고 기본구성요건을 실현한 경우 및 그 반대의 경우, 그리고 죄질을 같이 하는 구성요건 간에서 경한 범죄의 고의로 중한 범죄를 실현한 경우 및 그 반대의 경우들 모두에 대하여 경한 범죄의 고의기수로 문의하여야 한다고 한다.[28] 이러한 해결결과는 바로 법정적 부합설 중에서 죄질부합설에 의한 해결과 완전히 일치한다.

(2) 비판적 검토

먼저 제한규정설이 "특별히"라는 법문의 의미를 적극적으로 살려 해석하려는 태도는 타당하다고 생각한다. 법문은 가장 정제된 표지를 통하여 그리고 가장 압축된 형태로 의미를 표현하는 대표적인 문장이라 할 수 있다. 따라서 법문을 해석함에 있어서는 사용된 표지에 상응하는 의미를 적극적으로 탐구해 내려는 자세가 바람직할 것이기 때문이다.

그런데 제1설에 따르면 "특별히 중한 죄가 되는 사실"이란 기본구성요건의 불법요소에다가 첨가적으로 특별히 불법을 가중시키는 사실을 의미하고, 그리고 그것을 "인식하지 못한 행위"란 기본적 불법요소는 인식하였으나 첨가적인 불법가중요소만을 인식하지 못한 행위를 의미한다고 해석한다. 제15조 제1항의 규율대상을 이렇게 이해하면, 제1설의 주장자들이 대부분 그러하듯이 "중한죄로 벌하지 아니한다"는 효과규정도 '기본범죄의 고의범으로'만 '처벌한다'는 적극적 처리규정으로 해석하는 것은 나름대로 타당성을 인정받을 수 있다. 처리결과가 구성요건착오의 일반규정인 제13조와 전혀 모순되지 않기 때문이다. 그리하여 제1설의 주장자 중에는 "제13조에 기초하고 있는 사상과도 일치하는 해결방법"이 된다는 사실을 제한규정설의 타당근거로 제시하기도 한다.[29]

그런데 필자가 보기에는 제1설에 따른 해결은 제13조에 기초하고 있는 사상뿐만 아니라 그 문언적 적용결과와도 완전히 일치한다는 데에 문제가 있는 것으로 보인다.

먼저 제1설에 따른 제15조 제1항의 규율대상은 제13조의 규율대상의 일부분

---

28) 유기천, 형법학(총론강의), 전정판, 1980, 242, 243면.
29) 김일수, 한국형법 I, 초판, 1992, 480면.

으로서 그것에 완전히 포함된다. "특별히 중한 죄가 되는 사실"도 가중구성요건의 "죄의 성립요소인 사실"에 해당하는 것은 분명하기 때문이다.

다음으로 그러한 사실의 불인식에 대한 법효과도 완전히 일치한다. 예컨대 직계존속인 줄 모르고 살해한 경우 제1설에 의하면 보통살인죄로 처리하게 되는데, 이는 제13조를 적용하더라도 마찬가지다. 일단 직계존속이라는 사실은 존속살해죄의 "죄의 성립요소인 사실"인데, 그것을 인식하지 못했으므로 제13조에 의하더라도 존속살해죄가 성립할 수는 없다. 다음으로 보통살인죄의 성립요소인 사실에 대해서는 고의기수범의 성립에 지장이 없을 정도로 인식하였으므로,[30) 제13조에 의해서도 보통살인죄가 성립한다. 마지막으로 남는 문제는 인식하지 못한 죄의 성립요소에 관한, 즉 존속살해에 관한 과실범의 처벌가능성인데, 제13조에 의하여 처리하더라도 결과적으로 그 가능성은 부정된다.

형법은 고의살해와는 달리 과실살해에 대해서는 "사람"이라는 단일객체개념에 입각하고 있다. 일반인이건, 직계존속이건, 영아건, 촉탁·승낙자건 아무런 구별 없이 모두 과실살해의 동가치적 객체로서 "사람"으로 통합되어 있다. 따라서 과실살해의 객체로서는 사람이라는 사실만이 의미가 있고 직계존속이냐의 여부는 아무런 의미가 없다. 즉, 객체에 관한 한, 과실살해죄와 보통살인죄는 완전히 일치한다. 그렇다면 일반인으로 오인하여 직계존속을 살해한 경우, 직계존속이라는 침해객체는 보통살인죄의 객체로도, 과실살해죄의 객체로도될 수 있는데, 당해 침해객체 및 그 결과에 대하여 이미 보통살인죄의 고의기수범이 성립하고 있다면, 이제 과실범의 성립은 불가능하다.[31) 과실범은 고의범에 대한 법조경합의 보충관계에 있으므로 동일한 객체·결과·행위에 대하여 동종의 고의범과 과실범이 동시에 성립할 수는 없기 때문이다. 따라서 일반인으로 오인하여 직계존속을 살해한 경우, 제13조의 문언적 적용에 의하더라도 결과적으로 보통살인죄의 고의기수범으로만 처벌이 될 수 있을 뿐, 별도의 과실범의 성립은 불가능하다.

결론적으로 제1설은 제15조 제1항을 규정체계적 측면에서는 제13조에 대한 특별규정으로 이해하고 출발하지만, 그 내용의 해석에서는 그것을 제13조의 불필

---

30) 객체가 직계존속이냐 아니냐의 차이는, 보통살인죄에 관한 한, 소위 동가치적 객체의 착오로서 고의를 배제하지 못하는 동기의 착오에 불과하다는 데에 이론이 없다.

31) 牧野英一, 形法總論, 再版(1941), 293면(신동운, 판례백선 형법총론, 개정판, 1997, 156면).

요한 중복규정으로 만들고 있다. 즉, "죄의 성립요소인 사실을 인식하지 못한 행위" 중에서 "특별히 중한 죄가 되는 사실을 인식하지 못한 행위"로 규율대상을 특별화시켜 놓고선, 그 법적 효과에서는 다시 제13조로 되돌아가도록 해석하고 있는 것이다.

특별규정의 문언적 적용결과가 일반규정의 그것과 불일치하면서도 그 기초 되는 사상에서 불일치가 발생하지 않는다면, 이 점을 특별규정의 타당근거로 삼는 것은 가능하다. 문언적 적용결과의 불일치는 바로 일반규정에 대한 특별규정의 차별성을 의미하는 것이고, 반면에 기초되는 사상에서의 일치는 차별화의 한계를 의미하는 것으로 이해할 수 있을 것이기 때문이다. 이러한 관점에서 볼 때, 록신이 독일 형법 제16조 제2항[32])을 제16조 제1항[33])에 대한 특별규정으로 이해하면서, 제2항에 따른 해결이 제1항의 문언적 적용결과와는 불일치하지만 그 기초사상에서는 일치한다는 점을 특별규정으로서의 제2항의 타당근거로 제시한 것은 일리가 있다.[34)] 하지만 제1설의 해석에 따르면 제15조 제1항의 적용결과가 제13조의 기초사상은 물론이고 그 문언적 적용결과와도 완전히 일치해 버리는 점에 문제가 있는 것이다.[35)]

타면 제2설은 제15조 제1항의 문리해석에 충실하지 못하다는 측면에서 비판받을 소지를 안고 있다. 죄질을 같이 하지만 각각 독립된 기본구성요건인 중한죄와 경한 죄의 관계에서는, 중한 죄가 되는 사실을 경한 죄가 되는 사실에 대해서 "특별히 중한 죄가 되는 사실"이라고 볼 수 없다는 비판이 가능할 것이기 때문이다. 제2설이 즐겨 드는 예에서 절도죄가 점유이탈물횡령죄에 대해서 특별히 중한 죄인가, 그래서 타인의 점유 하에 있는 재물이라는 사실이 점유이탈물이라는 사실에 비하여 특별히 중한 죄가 되는 사실이라고 할 수 있는가는 의문이다. 따라서 죄질을 같이 하면서 경·중의 구별이 가능한 상호 독립적인 구성요건 간에

---

32) "경한 죄에 해당하는 사실이 존재하는 것으로 오인한 자는 경한 죄에 대해서만 고의범으로 처벌할 수 있다."
33) "행위시 구성요건적 사정을 인식하지 못한 자는 고의로 행위한 것이 아니다. 과실범의 가벌성은 이와 무관하다."
34) Roxin, AT I, 2. Aufl., 1994, §12 II Rdnr. 120 참조.
35) 특별법과 일반법이 그 기초되는 사상뿐만 아니라 문언적 적용결과까지도 완전히 일치한다는 사실은 특별법의 고유영역이 없음을 반증하는 것으로서, 그것은 특별법에 대한 입법론적 비판의 근거는 될 수 있을지언정 그 존재 및 해석의 타당근거가 될 수는 없을 것이기 때문이다.

서 발생한 착오도, 기본·가중구성요건 간의 그러한 착오와 그 성질 및 구조가 비슷하다는 이유로, - 그것에 대하여 제15조 제1항을 간접 적용할 수 있는지는 별론으로 하고 - 동 조항의 직접적인 적용대상이라고 하는 것은 부당하다 할 것이다.

마지막으로 마치 제15조 제1항을 결과적으로는 소위 죄질(법익)부합설을 입법화한 것과 같이 해석하는 견해도 역시 문리해석상 불가능한 해석이라는 비판을 면하기 어렵다. 이 견해에 의하면 예컨대 존속살해의 고의로 보통살인의 결과를 실현한 때에도 - 객체의 착오와 방법의 착오를 불문하고 - 제15조 제1항이 직접 적용되어 보통살인죄의 고의기수만 성립한다고 한다. 그러나 이 경우는 특별히 중한 죄가 되는 사실을 인식하지 못한 것이 아니라 분명히 인식한 경우이므로 제15조 제1항의 규율대상과는 반대의 관계에 있는 경우이다. 뿐만 아니라 문리해석상 제15조 제1항은 방법의 착오에는 해당할 수 없는 규정인데도, 이 견해는 방법의 착오도 규율대상으로 포함시킨다는 점에서도 타당하지 않다.

Ⅲ. 형법 제15조 제1항에 대한 새로운 해석의 시도

1. 새로운 해석 시도의 필요성

먼저 제15조 제1항을 해석함에 있어서는 그것이 제13조에 대한 특별규정이라는 점에 대한 인식을 분명하게 하는 것이 필요하다. "특별히"라는 표지의 의미범위를 어떻게 설정하든, "특별히 중한 죄가 되는 사실을 인식하지 못한 행위"가 "죄의 성립요소인 사실을 인식하지 못한 행위"의 특별한 일부분에 해당하는 것만은 분명하고, 따라서 규율대상의 면에서 제15조 제1항은 분명 제13조의 특별규정이다. 그렇다면 법효과에서도 제15조 제1항은 제13조와 차별화되어야 한다. 적용대상만 특별화시켜 놓고 그것에 상응하는 법효과의 특별화가 이루어지지 않는다면, 그것은 불필요한 중복규정일 뿐이고 특별규정으로서의 존재의의가 없어지기 때문이다.

그런데 이미 검토한 바와 같이 문리해석상 채택가능한 두 견해 즉, 일반적·소극적 규정설과 다수설이라 할 수 있는 제한적·적극적 규정설 중의 제1설은 모두가 제15조 제1항을 특별규정으로서의 존재의의를 상실한 불필요한 중복규정으로 만들고 말았다. 따라서 제15조 제1항을 의미 있는 특별규정으로서 그 존속의 필요성을 인정하고자 한다면, 동 조항의 존재의의를 살릴 수 있는 새로운 해석가능성의 모색이 불가피하다 할 것이다.

2. 새로운 해석

(1) 적용범위

해석의 출발은 역시 문리해석이다. 문리해석은 일차적으로 해석의 가능범위를 한계지우기 때문이다. 이는 유추적용으로의 이탈을 방지하는 죄형법정주의의 요청이기도 하다. 체계해석이나 목적론적 해석은 문리해석의 가능범위 내에서 법규의 타당성을 제고하기 위한 보완해석일 뿐이다.

새로운 해석을 시도하는 취지가 문리해석의 한계 내에서 제15조 제1항이 특별규정으로서 그 존재의미를 확보할 수 있도록 하자는 데 있다고 할 때, 결국 가능한 새로운 해석은 제1설과 제2설의 중간 영역에 놓여 있을 수밖에 없다. 문리해석의 관점에서 제15조 제1항을 제13조와 차별화시킬 수 있는 문언적 표지는 "특별히 중한" 뿐인데, 제1설은 그 표지를 너무 경직되게 해석함으로써 제15조 제1항의 특별규정으로서의 의미 확보에 실패했고, 제2설은 확대해석함으로써 특별규정의 의미획득에는 성공하였으나, 확대가 지나쳐 문리해석의 한계를 이탈하고 있기 때문이다.

제1설은 "특별히 중한"을 기본구성요건의 '기본적인 범죄사실'을 비교표준으로 고정시킨 채, 그것에 비하여 "특별히 중한 사실"을 지시하는 개념으로 해석한다. 그리하여 가중구성요건의 가중사유만이 기본구성요건에 대하여 "특별히 중한 사실"에 해당하는 것으로 이해한다. 그러나 제15조 제1항의 "특별히 중한"을 문리해석할 때, 반드시 기본구성요건의 기본적인 범죄사실'만'을 비교표준으로 고정시킨 채, 그것에 비하여 중한 사실만을 가리킨다고 볼 근거는 없다. 관련되는 두 구성요건이 특수한 관계[36] 속에 있고, 일정한 사실이 제1 구성요건에 대하여 제2

---

36) 여기서 관계가 '특수하다' 함은 양 구성요건이 그 구성요건적 불법에서 일정한 사실의 존부에 의하여 단순히 '양'적으로만 차별화되는 독특한 관계를 의미한다.

구성요건의 불법을 가중시키는 요소로 작용하고 있다면, 그 사실은 제2 구성요건의 구성요건적 사실이면서 동시에 제1 구성요건에 대해서는 '특별히 중한' 사실이라고 표현할 수 있는 것이다.

예컨대 보통살인죄와 동의살인죄의 관계를 보자. 원래 보통살인죄는 동의살인과 부동의살인을 포함하고, 또 구성요건적 불법에서도 양자는 차별화되지 않는다. 피살자가 동의했건 동의하지 않았건 공히 보통살인죄의 객체에 해당하는 것이다. 그런데 구성요건적 불법을 감경적으로 차별화하는 구성요건이 만들어졌다. 그것이 동의살인죄 구성요건이다. 따라서 이제는 피살된 객체가 동의한 자인지 아닌지의 여부가 구성요건적 불법의 차별화를 가져오는 객관적인 구성요건적 사실이 된다. 보통살인죄와 동의살인죄는 바로 이러한 특별한 관계에 놓여 있다. 양 구성요건은 '오로지' 동의객체인가 부동의객체인가에 의해서만 불법이 차별화되는, '오로지' 동의여부에만 의거하여 분화된 그러한 관계에 있는 구성요건이다. 따라서 이러한 관계에 있는 구성요건 간이라면 중한 사실과 경한 사실은 바로 "특별한" 관계로 연결되어 있다 할 것이고, 중한 사실을 일컬어 – 경한 사실을 염두에 두면서 – "특별히 중한 사실"이라고 표현하더라도 어색할 게 없는 것이다.

'중하다' 또는 '경하다'는 개념을 상대적 비교개념 그대로 받아들이고, 다만 비교대상을 기본·가중이나 기본·감경 또는 가중·감경의 특수한 관계에 있는 구성요건으로 한정한다면, 항상 상대적으로 중한 구성요건에 해당하는 사실은 경한 구성요건에 해당하는 사실에 대하여 "특별히 중한 사실"이 될 수 있다. 이러한 특수한 관계에 있는 구성요건 사이에서 상대적으로 중한 사실과 경한 사실의 '관계'는 그 질적 측면(質的 側面)에서 차이가 없다. 즉, 존속살해죄와 보통살인죄의 관계 속에서 객체가 직계존속인가의 여부가 구성요건적으로 갖는 의미나, 보통살인죄와 동의살인죄의 관계 속에서 객체가 부동의한 자인가의 여부가 구성요건적으로 갖는 의미는 아무런 차이가 없다.[37] 그렇다면 객체가 직계존속이라는 사실

---

37) 가중·기본구성요건 간, 기본·감경구성요건 간, 가중·감경구성요건 간의 이러한 특수한 동질적 관련성은 제15조 제1항의 적용대상이 반전된 경우를 이론적으로 해결할 때에도 고려되어야 할 것이다. 즉, 가중구성요건을 실현하는 줄 알았으나 실은 기본구성요건에 해당하는 사실을 실현시킨 경우에 중한 범죄의 미수와 경한 기본범죄의 고의기수의 관념적 경합으로 처벌하는 것이 타당하다면, 감경구성요건의 불법감경사유의 존재를 착오로 알지 못한 상태에서 감경

이 보통살인죄에 대하여 "특별히 중한 죄가 되는 사실"이라면, 객체가 동의하지 않은 자라는 사실이 동의살인죄에 대하여 "특별히 중한 죄가 되는 사실"이라고 하지 못할 이유가 없다.[38]

그러나 제2설처럼 단순히 죄질만을 같이 하는 구성요건 사이에서도 경·중의 불법 구별이 있으면 중한 사실을 상대적으로 경한 사실에 대하여 "특별히 중한 사실"로 취급하는 것은 부당하다. 예컨대 절도죄와 점유이탈물횡령죄는, 서로 죄질이 같다고는 하지만, 각자 기본구성요건으로서 상호간 독립된 관계에 있다. 즉 절도죄는 원래 그 객체로서 타인점유물과 점유이탈물을 포함하였다가, 점유이탈물만을 분리하여 점유이탈물횡령죄로 불법을 감경시킨 것도 아니고, 그 반대도 ― 타인점유물과 점유이탈물을 공히 점유이탈물횡령죄의 객체로 포함시키면서, 타인점유물만을 분리시켜 절도죄라는 별도의 불법가중적 구성요건으로 만든 것도 ― 아니다. '타인점유물'을 '절취'하는 것이 '점유이탈물'을 '횡령'하는 것보다 '전체적으로' 그 불법 및 책임이 중하다 할 것이므로 법정형이 무겁게 되어 있을 뿐이다. 양자가 특별한 관계 속에서, 그리고 특별한 표지를 통하여 어느 것이 어느 것을 특별히 가중 또는 감경시킨 것은 아니다. 따라서 이러한 관계 속에 있는 사실에 대해서는 어느 것을 어느 것에 대하여 "특별히 중한 사실"이라거나 반대로 "특별히 경한 사실"이라고 말할 수 없다.

이리하여 새로운 해석에 의할 때, 제15조 제1항의 적용대상은 첫째, 기본·가중구성요건 사이에서, 둘째, 기본·감경구성요건 사이에서, 셋째, 가중·감경 구성요건 사이에서 각각 상대적으로 중한 사실을 인식하지 못한 착오사례로 한정된다. 반면에 이러한 착오사례들이 반전된 경우는 물론이고, 또 단순히 죄질만을 같이하는 구성요건 간의 착오는 직접적인 적용대상이 아니다.

구성요건을 실현시킨 경우에도 기본범죄의 미수와 감경구성요건의 고의기수의 관념적 경합으로 처벌하는 것이 타당하다(같은 견해로서 임웅, 총론, 초판, 2001, 147면, 다른 견해로서는 김일수, 한국형법 I, 초판, 1992, 482면 참조).
38) 슈레더(Schroeder)도 불법의 차등화가 기본·가중구성요건의 관계로 설정되어 있는가, 아니면 그것이 기본·감경구성요건의 관계로 설정되어 있는가는 입법기술상의 문제일 뿐, 각각의 관계는 내용적으로 동질적인 것으로 파악한다. 그래서 그는 기본구성요건도 감경구성요건에 대해서는 일종의 소극적 가중구성요건으로 취급되어야 한다고 한다(Schroeder, LK, 11. Aufl., 1994, §16 Rdnr. 68).

(2) 효과규정

형법 제15조 제1항은 적용대상이 되는 착오사례에 대하여 "중한 죄로 벌하지 아니한다"라고만 규정함으로써 형식적으로 보면 소극적 처리지침을 제시하는 데 그치고 있다. 따라서 이러한 효과규정이 '중한 죄의 고의범으로 다스릴 수 없다'는 소극적 내용을 포함한다는 데에는 이견이 없다. 다만 거기에 더하여 '경한 죄의 고의범으로 다스려야 한다'는 적극적 처리지침까지 포함하고 있다고 볼 것인가에 대해서만 입장이 대립하고 있음은 이미 밝힌 바와 같다.

그렇다면 제15조 제1항의 적용범위를 이 논문의 입장에 따라 설정할 때에는 효과규정을 어떻게 해석하여야 하는가? 결론부터 말한다면 소극적으로도 적극적으로도 모두 해석가능하고, 또 어떻게 해석하든 실질적으로 아무런 차이가 없다. 어떻게 해석하든 결과적으로는 경한 죄의 고의기수범이 성립한다는 동일한 결론에 도달하기 때문이다. 단지 소극적 규정설을 취하면 그러한 결론에 도달하는 데에 이론적 검토단계를 필요로 하는[39] 반면에, 적극적 규정설을 취하면 그러한 결론이 제15조 제1항의 직접적인 적용결과로서 곧바로 도출된다는 차이가 있을 뿐이다.

마지막으로 중한 죄의 발생사실에 관한 과실범의 성립가능성의 문제가 있다. 소극적 규정설에 의하면 중한 죄의 고의범의 성립만을 배제하고 있을 뿐 과실범의 성립 여부는 직접 규정하고 있지 않다고 보는 반면, 적극적 규정설에 의하면 중한 죄의 고의범뿐만 아니라 과실범까지도 곧바로 배제되는 것으로 해석한다. 그러므로 논리적으로 보면 중한 죄의 발생사실에 관한 과실범의 문제에 대해서는 소극적 규정설을 취하느냐 아니면 적극적 규정설을 취하느냐에 따라서 결론이 달라질 수 있지 않느냐는 물음이 제기될 수 있다. 그러나 이미 앞에서 검토한 바와 같이[40] 소극적 규정설을 따를 때에도 결과적으로는 중한죄의 과실범이 성립될 수 없다는 것으로 귀결되기 때문에 결론에서 차이가 나지 않는다. 결국 이 논문의 새로운 해석에 의한 제15조 제1항의 적용범위를 전제한다면, 법효과에 대해서는 소극적으로 해석하든 적극적으로 해석하든 실질적으로나 논리적으로나

---

39) 현재 이러한 이론적 결론에 대한 이견은 없는 것으로 보인다.

40) 이 논문 II. 2. (2) 참조.

아무런 문제도 없고 차이도 없다. 중한 죄에 관해서는 고의범으로도 과실범으로도 처벌되지 않고, 경한 죄에 관해서만 고의기수범으로 처벌되는 것이다.

Ⅳ. 형법 제15조 제1항의 적용상 새로운 해석이 갖는 의미

이 논문에서 시도된 새로운 해석이 갖는 의미는, 제15조 제1항의 적용대상을 제1설보다는 확장된, 그러나 제2설보다는 축소된 범위에서 포착함으로써, 동 조항이 문리해석의 한계를 벗어나지 않으면서 동시에 제13조에 대한 특별규정으로서의 의미를 확보할 수 있게 된다는 점이다. 즉, 제15조 제1항이 가중·기본구성요건 간의 중한 사실의 착오만을 적용대상으로 삼아서는 제13조에 대한 특별규정의 의미를 확보할 수 없고, 기본·감경구성요건 간의 중한 사실의 착오를 적용범위에 포함시킬 때에 비로소 제15조 제1항은 특별규정으로서의 존재의미를 가질 수 있다. 이 후자의 경우를 보면, 제15조 제1항의 적용결과가 제13조의 문언적 적용결과와는 불일치하지만 제13조의 기초되는 사상과는 일치하는데, 바로 이러한 특수한 경우에 제15조 제1항을 우선 적용함으로써 제13조의 기초되는 사상에 부합하는 타당한 해결을 기할 수 있다는 데에서 제15조 제1항의 특별규정으로서의 의미를 포착할 수 있기 때문이다.

예컨대 갑(甲)은 살려달라고 간절히 애원하고 있는 을(乙)을 죽여달라고 간절히 부탁하고 있는 것으로 오인하여 살해했다고 하자. 제13조를 문언적으로 적용하면 보통살인죄의 고의기수범이 성립할 수 있다. 보통살인죄의 객체는 살해를 동의한 자인지의 여부를 불문하고, 따라서 그 고의도 동의한 자를 살해한다는 인식이건 동의하지 않은 자를 살해한다는 인식이건 불문한다. 사람을 살해한다는 인식을 갖고 사람을 살해하는 것으로 족한 것이다. 그렇다면 제13조에 의할 때, 위의 착오사례는 보통살인죄의 성립에 장애가 되지 않는 중요하지 않은 착오에 불과하며, 따라서 보통살인죄의 고의기수범으로 처벌된다는 결론이 가능한 것이다.

그런데 이런 특수한 관계에 있는 구성요건 간의 객체의 착오사례에 대하여 제13조의 이러한 문언적 적용결과가 과연 제13조의 기초되는 사상과도 일치하는 것인지는 의문이다. 제13조의 기초되는 사상을 '실현된 불법에 대한 고의범의 책임은 인식하고 의욕한 범위 내로 한정되어야 한다'는 것으로 이해하면, 위의 착오사례에서 행위자가 인식·의욕한 동의살인의 고의범으로 책임을 묻는 것이 적어도 제13조의 기초사상과 일치한다고 볼 수 있을 것이기 때문이다.

반면에 제15조 제1항을 적용하면, 동의살인의 고의범으로 책임을 묻는 그래서 제13조의 문언적 적용결과와는 불일치하지만 그 기초사상과는 일치하는 타당한 해결로 곧 바로 이르게 된다.[41] 바로 여기에서 형법 제15조 제1항은 제13조에 대한 특별규정으로서의 존재의미를 획득할 수 있게 된다. 즉, 일반규정인 제13조를 문언적으로 적용할 때 결과적으로 타당하지 못한 해결로 이르는 이와 같은 특수한 경우에 제15조 제1항이 우선 적용됨으로써 전체적인 법규적용의 타당성을 제고할 수 있게 되는 것이다.

물론 제1설도 이러한 특수한 착오의 경우가 제15조 제1항의 직접적인 규율대상은 아니나, 동조의 내용과 취지에 따라 감경구성요건의 고의기수로만 처벌하는 것이 옳다고 하기도 한다.[42] 그러나 내용과 취지를 고려한 특별규정의 '간접적인' 적용결과가 일반규정의 '직접적인' 적용결과와 서로 상치될 때, 곧바로 특별규정의 적용을 우선시킬 수 있는지는 논란의 여지가 있다. 특별규정의 '직접적인' 적용결과와 일반규정의 '직접적인' 적용결과가 서로 상치될 때, 전자를 우선시키는 것에 대해서는 의문이 없지만 말이다. 하지만 이 논문의 입장과 같이 이러한 착오사례도 제15조 제1항의 직접적인 규율대상으로 포함시킬 수 있다고 한다면, 이러한 의문의 소지는 처음부터 발생하지 않는다.

---

41) 소극적 규정설에 의하면 이론적 결론으로서, 그리고 적극적 규정설에 의하면 규정적용의 직접적인 결과로서 동의살인죄로 처리될 것이다.

42) 김일수, 한국형법 I, 초판, 1992, 481면; 박상기, 총론, 제2개정판, 1997, 128면.

04 구성요건착오와 금지착오의 구별*

- 규범적 구성요건표지에 대한 고의의 인식양태를 중심으로 -

Ⅰ. 머 리 말

Binding은 이미 1세기 전에 "오래된 착오들을 극복하는 일이 어렵긴 하지만, 가장 어려운 것은 착오에 대한 착오들을 극복하는 일이다"고[1] 하였고, Haft는 "착오에 관하여 말하는 자 역시 착오할 수 있다는 사실을 알고 있다. 따라서 내 생각 역시 착오에 빠져있을 수 있다. 그러나 내가 바라는 바는 필시 내 생각이 착오에서 나온 것이라 하더라도 내 생각 자체가 오해되지 않고 제대로 이해되었으면 하는 것이다."라고[2] 한 바도 있다. 이런 말들은 착오의 문제가 그만큼 복잡하고 어렵다는 것을 상기시키는 말들이다.

형법 제13조(범의) 및 제15조(사실의 착오) 제1항과 제16조(법률의 착오)가 전적으로 독립된 규정이라 할지라도, 이들 규정 사이에는 다양한 관련성이 존재한다. 각 규정의 적용범위를 결정하는 일은 다른 비교규정에 대하여 영향을 미친다. 이

---

* 부산대학교 법학연구 제52권 제3호(2011) 103-135면에 게재된 글임.
1) Binding, Die Normen und ihre Übertretung, Bd. Ⅰ, 3. Aufl., 1916, 96면.
2) Haft, Grenzfälle des Irrtums über normative Tatbestandsmerkmale im Strafrecht, JA 1981, 285면.

는 특히 위법성의 영역에서 발생하는 착오에 대해서는 부분적으로 독자적인 의미가 인정될 때 더욱 그러하다.[3]

제13조 및 제15조 제1항과 제16조의 규정을 통하여 책임설이 입법화되었다고 볼 수 있다. 그러나 책임설을 입법화함으로써 책임설과 고의설의 대립을 종식시켰다고 해서 금지착오와 구성요건착오의 구별이 입법적으로 해결된 것은 아니다. 책임설의 입법화는 금지착오의 효력을 입법적으로 해결한 것일 뿐이고, 금지착오가 무엇이며 구성요건착오가 무엇인가라는 물음은 그러한 법적 효력의 문제와는 전적으로 무관하기 때문이다. 착오의 실체가 어떻게 구별되는가는 오로지 구성요건과 위법성을 어떻게 경계지울 것인가에 달려 있는 문제이다. 즉, '구성요건'과 '위법성'의 개념들이 포섭하는 것이 무엇이냐에 지향된다.[4] 이들 문제에 대해서 법률은 아무런 결정을 한 바 없기 때문에, 제13조 및 제15조 제1항과 제16조를 통하여 구성요건착오와 금지착오가 독자적으로 규정되어 있음에도 불구하고, 양자의 실체가 어떻게 구별되고, 따라서 각 규정의 적용범위가 어떠한지는 여전히 이론적 논쟁의 대상이 될 수밖에 없다.

규범적 구성요건요소에 대한 착오와 관련하여 구성요건착오와 금지착오의 구별이 요즘 새롭게 형법적 연구의 관심사로 등장하고 있다.[5] 이는 규범적 구성요건표지들에 대한 착오의 경우, 구성요건착오와 금지착오를 구별하는 것이 아마도 착오론의 전체 영역 중에서 현재 가장 해결이 덜 된 문제이기 때문일 것이다.[6]

---

3) Otto, Der Verbotsirrtum, Jura 1990, 645면. 고의설과는 달리 구성요건영역에서 발생하는 착오의 경우에는 고의책임이 바로 부정되지만, 위법성의 영역에서 발생하는 착오의 경우에는 바로 고의책임이 부정되지 않고, 그 착오가 회피불가능했을 경우에만 고의책임이 부정된다고 보는 책임설의 입장을 전제한 서술이다.

4) Kaufmann, Einige Anmerkungen zu Irtümmern über den Irtum, Lackner-FS, 1987, 186, 187면 참조.

5) 김범식, 규범적 구성요건요소의 착오, 형사법연구 제21권 제2호, 2009; 김범식, 규범적 구성요건요소의 착오에 관한 연구, 성대 박사학위논문, 2007; 장성원, 고의조각적 법률의 착오 - 포섭의 착오에 대한 형법적 취급 -, 형사법연구 제21권 제2호, 2009; 박광민/김범식, 규범적 구성요건요소에 대한 인식정도, 성균관법학 제18권 제3호, 2006; 성낙현, 고의인정여부에 따른 착오의 구분, 비교형사법연구 제4권 제2호, 2002; 최관식, 포섭의 착오, 이철원 교수 정년기념논문집, 1998; 류전철, 규범적 구성요건요소에 관한 소고, 형사법연구 제10호, 1998; 한정환, 불능미수와 환각범, 사법행정, 1994, 10, 11월호; 한정환, 구성요건 착오와 금지착오의 구별 - 규범적 구성요건요소에 관한 착오와 관련하여 - 형사법연구 제7호, 1994; 이용식, 고의를 조각하는 착오, 김철수 교수 화갑기념논문집, 1993.

6) 이는 독일의 경우도 다르지 않은 듯하다(Haft, 앞의 논문, 281면 참조).

이는 직접적으로는 구성요건적 사실, 특히 규범적 구성요건표지에 해당하는 사실에 대한 인식의 양태가 명확하게 규명되지 못한 데에서 기인하는 것이지만, 더 근본적으로는 고의의 규범론적 의의나 그 기능이 아직도 확정적으로 규명되지 못한 것과도 관련된다. 규범적 구성요건요소에 대한 착오론의 중심문제는 구성요건착오와 금지착오의 구별, 미수와 환각범의 구별, 허용구성요건착오와 허용착오의 구별의 문제로 구체화 된다. 이 연구에서는 고의의 본질론은 논외로 하고 규성요건표지에 대한 인식 양태를 중심으로 규범적 구성요건요소에 대한 착오의 중심문제에 접근하고자 한다.

Ⅱ. 규범적 구성요건표지에 대한 착오의 한계사례

1. 구성요건착오와 금지착오의 한계사례

> (예 1-1) 대학생 A와 B는 같은 방에서 자취를 하며 전축을 공동으로 구입했다. A는 이사를 가면서 이 전축을 B와 상의 없이 처분했다. 이때 A는 자신이 이 전축의 소유자이므로 이것은 제355조 횡령죄의 '타인'의 재물이 아니라고 믿었다. 따라서 A는 B의 동의 없이도 전축을 당연히 처분할 수 있다고 생각했다.[7]

> (예 1-2) A는 형법 제243조의 음란한 문서를 판매하였다. 그런데 A는 문서의 내용을 음란하다고 간주하지 않고 대신 예술적으로 가치가 있는 것으로 평가하였다.

이들 사례는 구성요건착오로 볼 수 있는 여지도 있고, 금지착오로 볼 수 있는 여지도 있다. (예 1-1)에서 A는 자기의 행위가 '타인'의 재물을 횡령하는 것으로서 횡령죄의 구성요건적 행위에 해당한다는 의미를 인식하지 못했고, 또 (예 1-2)에서도 A는 '음란한' 문서를 판매한다는 음란문서 판매죄의 구성요건적 의미를 인식하지 못하였으므로 고의로 행위 한 것이 아니라고 할 수 있다. 타면 (예 1-1)에서 A는 그 전축이 B와 공동으로 구입한 물건이라는 점에 대한 인식

---

7) 한정환, 구성요건 착오와 금지착오의 구별 – 규범적 구성요건요소에 관한 착오와 관련하여 – 형사법연구 제7호, 1994, 25면.

은 있었기 때문에 고의를 인정해야 하고, 다만 공동소유는 '타인'의 소유에 해당하지 않는다고 생각한 것은 포섭의 착오로서 금지착오일뿐이라는 주장이 가능할 것이고, (예 1-2)에서는 문서의 내용을 음란하지 않다고 평가한 것은 포섭의 착오로서 금지착오일 뿐이고, 객관적으로 음란하다고 판단되는 문서의 내용 자체는 인식하고 있었으므로 음란문서 판매죄의 객체를 인식한 것이고 따라서 고의가 인정된다는 주장도 가능하다.

2. 불능미수와 환각범의 한계사례

(예 2) 甲은 면세점에서 면세주류를 살 수 있는 할인권을 위조했다. 甲이 인쇄한 할 인권에는 발행인의 서명란이 있는데, 甲은 면세점 직원들이 물품 판매 시에 발행인의 서명을 일일이 확인하지 않는다는 것을 알고, 이 난을 일부러 공란으로 남겨두었다. 물론 甲은 자신이 형법 제231조의 사문서위조죄를 범한다고 믿었고, 실제로도 상당량의 면세품이 甲에 의해 위조된 할인권을 통해 유출됐다.[8]

이 사례에서 행위자는 반전된 구성요건착오로서 사문서위조죄의 불능미수죄를 범했다고 할 수 있는가? 아니면 행위자가 잘못된 표상으로 인하여 단지 금지되지 않은, 그리고 구성요건해당성도 없는 행위를 금지된 것으로 오인한 반전된 금지착오로서 환각범이라고 해야 하는가? 실례인 이 사건은 독일연방법원이 그리하였던 것처럼[9] 불능미수범으로 볼 여지도, 환각범으로 볼 여지도 있다.

3. 허용구성요건착오와 허용착오의 한계사례

(예 3-1) 소속 중대장의 당번병 甲은 근무시간 중은 물론 근무시간 후에도 밤 늦게까지 수시로 영외에 있는 중대장의 관사에 머물면서 집안일을 도와주고 그 자녀들을 보살피며 중대장 또는 그 처의 심부름으로 관사를 떠나서까지

---

8) 한정환, 앞의 논문(각주 7), 28면.
9) BGHSt 7, 53은 반전된 구성요건착오로 본 반면에, BGHSt 13, 235는 반전된 금지착오로 보았다. 자세한 소개는 한정환, 앞의 논문(각주 7) 28면 이하 참조.
10) 대법원 1986. 10. 28. 선고 86도1406 판결 참조.

수행해야 하는 일을 해오고 있었다. 사건당일 중대장의 지시에 따라 관사를 지키고 있던 중, 중대장과 함께 외출나간 그 처로부터 24:00 경 비가 오고 밤이 늦어 혼자 귀가할 수 없으니 관사로부터 1.5km 가량 떨어진 지점까지 우산을 들고 마중을 나오라는 연락을 받고, 甲은 당번병으로서 당연히 해야 할 일로 생각하고 그 지점까지 나가 동인을 마중하여 그 다음날 01:00경 귀가하였다. 甲은 자신의 관사이탈 행위가 중대장의 직접적인 허가를 받지 아니 하였다 하더라도 당번병으로서의 그 임무 범위 내에 속하는 일로 오인하였다.[10]

(예 3-2) 피살자의 승낙을 받고 그를 살해한 甲은 그 승낙이 유효한 것으로 오인하였다.[11]

(예 3-1)에서 허용구성요건착오로 볼 여지와 허용착오로 볼 여지가 병존한다. 즉, '상관의 허가'라는 허용구성요건의 규범적 표지인 '허가'에 관한 착오이므로 허용구성요건착오라고 할 수도 있고, 임무범위 즉, 관사이탈의 허용범위에 관한 착오로서 허용착오라고 할 여지도 있다.

(예 3-2)에서 행위자가 허용구성요건의 규범적 표지로서의 피살자의 승낙권한을 오인했다고 해야 하는가? 아니면 존재하지 않는 허용규정을 존재하는 것으로 오인했고 따라서 허용착오에 빠졌다고 해야 하는가?

Ⅲ. 규범적 구성요건표지에 대한 고의의 인식 양태

1. 문제의 제기

일반적으로 고의를 정의할 때, 구성요건요소 및 구성요건실현에 대한 인식과 의사라고 한다. 즉, 고의란 개개의 객관적 구성요건요소들과 이들의 구조적 결합물로서의[12] 구성요건적 사태의 실현에 관한 인식과 의사이다. 여기서 착오와 관련되는 것은 인식적인 측면이므로, 이하에서는 고의의 인식적인 측면만을 고찰의

---

11) Haft, 앞의 논문, 282면.
12) 한정환, 앞의 논문(각주 7) 34면에서는 집합물로서 표현하고 있는데 단순한 집합이라기보다는 하나의 구조물로서의 사태라고 하는 것이 더욱 적절해 보인다.

대상으로 삼는다.

고의의 인식대상은 개개의 구성요건요소들과 그 요소들의 결합물로 형성되는 구성요건적 사태인데, 여기서 개개의 요소 및 사태에 대한 인식양태는 그것들을 경험적으로 지각하는 것뿐만 아니라 그 '사회적 의미내용을 이해'하는 것도 포함하는 것으로 본다. 구성요건적 요소 및 사태의 의미를 이해한다고 할 때, 그 의미는 법적 의미가 아니라 사회적 의미일 뿐이다. 그리고 규범적 구성요건표지에 대한 인식양태와 직접 관련되는 것은 개개의 구성요건적 요소에 대한 사회적 의미의 인식이며, 구성요건적 사태의 실현에 대한 의미의 인식이라는 문제는 불법의식 내지 위법성인식과 비교되는 것으로서 이 논문에서는 논외로 한다.

개개의 구성요건요소의 사회적 의미는 보통사람들의 일상적인 의사소통에서 갖는 의미를 가리키는 것으로 본다.[13] 즉, 사회적 의미는 법률적 개념에 포섭시켜 이해할 필요는 없고 유사한 일상개념으로 인식하면 족하기 때문에, 일반인이 할 수 있는 소박한 인식·평가면 충분하고 전문가의 인식수준을 요구하는 것은 아니라는[14] 의미이다.

여기서 어려운 문제는 개개의 구성요건표지의 '사회적 의미'가 가리키는 바가 무엇이며, '일반인 내지 보통사람들의 수준에서 인식'한다는 것이 무엇을 의미하는가이다.

2. '사회적 의미'의 이해에 관한 새로운 구상들

(1) 평행평가이론에 대한 회의적인 시각

주지하는 바와 같이 규범적 구성요건표지에 대한 의미의 인식에 대한 가장 전통적인 이해의 공식이 이른바 '평행평가이론'[15]이다. 그것에 의하면 하나의 규범적 구성요건표지는 서로 다른 차원의 세 가지 의미를 갖는 것으로 본다. 자연과학적 의미, 사회적 의미, 정확한 법적 의미가 그것인데, 여기서 고의에 필요한

---

13) 이상돈, 형법강의 제1판, 2010, 132면.
14) 배종대, 형법총론 제10판, 2011, 249면.
15) 독일의 평행평가이론에 대한 이론사적 연원과 비판에 대해서는 Schultz, Parallelwertung in der Laiensphäre und Vorsatzbegriff. Skizzen zur Dogmengeschichte eines dogmatischen Kuriosums, Günter Bemmann-FS, 1997, 246면 이하 참조.

것은 자연과학적 의미와 사회적 의미라고 한다.[16] 그리고 그 의미인식의 범위는
일반인(문외한)이 할 수 있는 소박한 인식·이해면 충분하고 전문가의 인식 수준
을 요구하는 것이 아니라고 한다.

그러나 이 평행평가이론은 최근 심각한 비판에 직면해 있다. 그 비판 논거를
보면 첫째는 그 학문성과 실용성에 대한 비판이다. 즉, 사회적 의미의 실체가 무
엇이며, 문외한의 평가에 상응한 의미의 인식이라는 게 도대체 어떤 정도의 인식
을 말하는 것인가 하는 점 등이 명료하지 못하기 때문에, 평행평가이론이 결국
구성요건착오와 금지착오를 구별하는 학문적·실용적 판단기준이 될 수 없다는
것이다.[17] 또 다른 비판 논거는 평행평가이론이 고의설이 지배하던 시기, 즉 위
법성의 인식 내지 인식 가능성을 포함하는 소위 악의(dolus malus)의 고의개념을
토대로 하는 이론이기 때문에, 오늘날 책임설의 고의개념과는 맞지 않는다는 점
이다.[18] 즉, 평행평가이론을 체계화 한 Mezger에 의하면, 고의에는 사실의 인식
과 의미의 인식이 필요하고, 또 의미의 인식에는 규범적 요소의 의미의 인식과
행위전체의 의미(요컨대 위법성)의 인식이 있는 바, 고의를 인정하기 위해서는 행
위자가 그 어느 것에 대해서도 법관에 의한 평가와 평행한 일반인 영역의 평가
를 행하지 않으면 안 된다고 하는데,[19] 두 번째의 비판논거는 바로 이 점에 관한
비판이다. 예컨대 Herzberg는 두 번째 논거를 다음의 예를 들어 설명한다. 즉,
한 식당종업원이 자신의 손님 중 하나가 경찰에 의해 공개수배된 범인임을 알아
보고 그를 화장실에 가둔 채 경찰을 부른 사례이다. 이 사례에서 종업원이 법의
판단과 평행한 평가를 내렸는가, 즉 자신의 행위를 불법한 것으로 느꼈는가에 따
라 해결하고자 한다면 혼란에 빠질 수 있다고 한다.[20] 종업원은 자기 행위의 법
적 비난가능성에 대해 일반인의 상식에 평행하게 평가했고, 따라서 자신의 행위

---

16) 한정환, 앞의 논문(각주 7), 35면.
17) 성낙현, 앞의 논문, 117면; 한정환, 앞의 논문(각주 7), 35면; 박광민/김범식, 앞의 논문, 508면.
18) 이러한 관점의 비판은 특히 Schultz 앞의 논문 참조.
19) Mezger, Strafrecht, Ein Lehrbuch, 1. Aufl., 1931, 304면 이하.
20) 평행평가이론에서 평행의 대척점을 행위에 대한 행위자의 평가와 행위에 대한 객관적인 법적
   평가로 설정하는 입장은 Welzel, Der Parteiverrat und Irrtumsprobleme(Tatbestans-,
   Verbots- und Subsumtionsirrtum), in: JA 1954, 279면; Kaufmann, 앞의 논문, 191면;
   BGHSt 3, 225, 248 참조. 따라서 평행평가이론은 이중의 평행을 담고 있다. 평행평가의 대상
   에서는 행위에 대한 행위자의 주관적 평가와 행위에 대한 객관적인 법적 평가의 평행이고, 평
   행평가의 정도에서는 행위자의 평가와 문외한의 일상적 평가이다.

를 칭찬받을 행위로 생각했기 때문에 악의를 가졌다고 할 수 없다 하여 고의를 부정한다면 이는 옳지 않다는 것이다.[21] 즉, 이 사례의 경우 고의설의 입장을 전제한다면 평행평가이론의 결론대로 고의를 부정하겠지만, 책임설의 관점에서는 고의가 인정되어야 하므로, 이 이론이 책임설과는 잘 맞지 않는다는 의미이다.

(2) '사회적 의미'의 이해에 관한 새로운 구상들

그래서 최근에는 평행평가이론을 포기하거나 그 기능의 한계성을 전제하면서, 규범적 구성요건표지의 사회적 의미가 가리키는 바 그 실체를 규명하고자 하는 새로운 구상들이 독일에서 나타나기 시작했으며, 이러한 경향은 우리나라에도 반영되고 있다. 먼저 독일을 보면, Kuhlen의 시간구조기준이론,[22] Schlüchter의 목적론적으로 축소된 사태인식이론,[23] Haft의 대상관련적 착오와 개념관련적 착오의 구별이론,[24] Kindhäuser의 사실적인 전제조건에 대한 경험적 착오와 언어관련적 의미의 착오의 구별이론[25] 등을 예로들 수 있다. 우리나라에서는 한정환 교수의 '제도화된 기능'이론,[26] 박광민 교수와 김범식 박사의 '형법적 관점에서 파악한 속성'이론,[27] 그리고 성낙현 교수가 Schlüchter의 '목적론적으로 축소된 사태인식이론'과 Kuhlen의 '내적 정당화의 고유명제와 일반명제'를 접목시키려는 견해[28] 등을 들 수 있다. 이들 독일의 새로운 구상들에 대해서는 이미 우리 학자들이 상당부분 소개하고 있으므로, 이 논문의 전개에 필요한 범위 내에서 선택적으로 언급하고, 이어서 한정환 교수의 '제도화된 기능'이론과 박광민 교수와 김범식 박사의 '형법적 관점에서 파악한 속성'의 인식이론을 살펴보기로 한다.

Kuhlen의 시간구조기준이론은 사실의 착오와 비형벌법규의 착오는 고의를 조각하고, 형벌법규의 착오는 포섭의 착오로서 고의를 조각하지 않는다는 제국법원

---

21) Herzberg, Zur Eingrenzung des vorsatzausschließenden Irrtums(§ 16 StGB), JZ 1993, 1018 f; 성낙현, 앞의 논문, 117면.
22) 자세한 소개는 박광민/김범식, 앞의 논문, 493면; 성낙현, 앞의 논문, 117면 이하 참조.
23) 자세한 소개는 박광민/김범식, 앞의 논문, 503면 이하; 성낙현, 앞의 논문, 124면 이하 참조.
24) 소개로는 성낙현, 앞의 논문, 127면 이하 참조.
25) Kindhäuser, Zur Unterscheidung von Tat- und Rechtsirrtum, GA 1990, 407면 이하.
26) 한정환, 앞의 논문(각주 7), 31면 이하.
27) 박광민/김범식; 앞의 논문, 505면 이하; 김범식, 규범적 구성요건요소의 착오, 형사법연구 제21권 제2호, 16면 이하.
28) 성낙현, 앞의 논문, 131면.

의 입장을 기본으로 한다. 다만 비형벌법규의 착오와 형벌법규의 착오에 서로 다른 효과를 부여하는 이론적 근거를 형법의 보장적 기능에서 찾는다. 즉, 비형벌법규의 착오와 형벌법규의 착오는 시간적 구조라는 기준에 의해 구별된다면서, 형벌법규에 의해 그 내용의 결정을 위임받은 하위의 보충규범은 그 내용의 변동성이 크므로 일반인이 그것을 아는 것은 쉽지 않고, 따라서 그 내용을 인식하지 않은 것을 일반인의 책임으로 돌리는 것은 가혹하다는 것이다. 따라서 비형벌법규의 착오는 고의를 조각하는 것으로 인정해야 하며, 그럼으로써 일반인의 '예측가능성을 보장'해야 한다는 것이다.[29]

Schlüchter의 '목적론적으로 축소된 사태인식이론'은 고의의 인정을 위해서는 범인이 구성요건표지의 전체 의미를 인식할 것이 요구되는 것이 아니라 구성요건표지의 법익에 관련된 요소에 대한 의미의 인식으로 족하다는 것이다. 이는 형법의 궁극적인 임무가 법익보호에 있으므로 고의의 지적요소도 법익관련성이 있는 요소와 관련되는 것으로 충분하다는 것이다.[30] 이처럼 Schlüchter는 기본적으로는 구성요건착오를 사실의 착오로 보는 것에서 출발하면서, 다만 그 사실의 범위를 법익관련적인 사실로 목적론적으로 축소시킴으로써 사실의 착오를 더욱 명백하고 객관적으로 옳게 구분할 수 있다고 믿는다.

구성요건착오와 금지착오 대신에 '대상관련적 착오'와 '개념관련적 착오'라는 개념쌍을 제안하는 Haft는 용어상으로는 제국법원의 사실의 착오나 연방법원의 구성요건착오라는 개념을 적절하지 않다고 한다. 그 이유로서 첫째, '타인의', '권한 있는', '의무에 반하여' 등과 같은 정신적인 관계구조물로 되어 있는 규범적 구성요건표지에 대한 착오를 사실의 착오로 간주할 수 없기 때문이며,[31] 둘째, 고의를 조각하는 구성요건착오는 실제로는 구성요건 영역 밖에서 일어나는 착오이기 때문에 구성요건착오라는 개념도 적절치 않다는 것이다. 그러나 Haft는 실질적인 면에서는 고의를 조각하는 사실의 착오 및 비형벌법규의 착오와 고의를 조각하지 않는 형벌법규의 착오로 구분하는 제국법원의 기본 입장, 또는 사실의 착오와 비형벌법규의 착오를 구성요건착오로 그리고 형벌법규의 착오를 금지착

---

29) 자세한 소개와 검토에 대해서는 성낙현, 앞의 논문, 117면 이하.
30) 성낙현, 앞의 논문, 125면.
31) 이는 전통적인 사실의 착오와 법률의 착오라는 개념 쌍을 포기하고 구성요건착오와 금지착오라는 개념 쌍을 등장하게 한 직접적인 원인이기도 하다.

오로 구분하는 연방법원의 기본 입장에는 찬동한다. 다만 판례는 구성요건착오와 금지착오의 서로 다른 착오관련점을 정확하게 성찰하지 못한 채 직관적으로 구분하고 있기 때문에 복잡하고 다양한 한계상황에서 어려움에 봉착한다고 한다.[32]

Haft는 착오의 관련점에 유의하여, 법률적 구성요건표지에 의하여 지시되는 대상과 관련하여 발생하는 '대상관련적 착오'와 대상을 지시하는 법률적 구성요건표지 자체에 대한 개념적 이해와 관련하여 발생하는 '개념관련적 착오'로 구분하는 것이 사실의 착오와 법률의 착오 내지 구성요건착오와 금지착오로 개념을 구분하는 것보다 더 적절하다고 한다. 여기서 '대상'이란 '감각적으로 지각 가능한 사실'과 동일한 개념은 아니다. 대상은 감각적으로 지각 가능한 것일 수도 있고, 평가적으로만 파악할 수 있는 정신적인 관계구조물일 수도 있기 때문이다. 예컨대 음란하다고 평가되는 문서의 '내용'은 감각적으로 지각되는 대상이 아니고 정신적 이해를 통하여 인식되는 대상이다. 따라서 대상관련적 착오와 사실의 착오는 개념적으로 분명하게 구별된다. 그리고 대상관련적 착오는 착오의 관련점이 법률의 영역 바깥에 있으므로 형법외적인 착오라 할 수 있다면, 개념관련적 착오는 그 관련점이 구성요건표지의 개념 자체, 즉 법률 내에 있으므로 형법내적인 착오라고 한다.[33] 여기서 Haft는 대상관련적 착오에 해당하는 구성요건착오가 아이러니하게도 그 명칭과는 달리 구성요건과는 사실상 무관하다는 점을 강조하기까지 한다.[34]

그리고 구체적인 착오사례에서 대상관련적 착오인지 개념관련적 착오인지를 확인하는 방법은 간단하다고 한다. 즉, 법률적인 구성요건과 관련지우지 않은 채 착오를 이해할 수 있도록 설명할 수 있으면 모두 대상관련적 착오이고, 법률적 구성요건표지와 관련지울 때에만 이해할 수 있게 설명되는 착오는 개념관련적 착오라고 한다. 예컨대 행위자가 재물의 공동소유자로서 그것을 손괴해도 된다고 착오한 경우에는, 「형법 제366조의 '타인'의 개념에는 공동소유도 포함되는데, 네가 공동소유를 타인의 소유가 아니라고 생각했다면 그것은 착오다」라고 설명될 수 있는데, 여기서 행위자의 착오를 설명하는데 제366조의 '타인'의 개념이 반드

---

32) Haft, 앞의 논문, 285면.
33) Haft, 앞의 논문, 284면.
34) Haft, 앞의 논문, 285면.

시 원용될 수밖에 없으므로 개념관련적 착오가 된다. 반면에 행위자가 그 재물의 공동소유자임을 모르고 단독 소유자라고 생각하여 손괴해도 된다고 착오한 경우에는, 「너는 이러 이러한 이유로 그 재물의 공동소유자인데, 네가 단독소유자라고 생각했다면 그것은 착오다」라고 설명될 수 있는데, 여기서는 착오가 제366조의 '타인'의 개념에 의거하지 않고도 이해할 수 있도록 설명이 되므로 대상관련적 착오가 된다.[35]

그리하여 결론적으로 대상관련적 착오자에게는 항상 형법외적인 잘못된 표상들이 존재하는 것으로서 형법은 이런 잘못된 표상을 항상 중요하게 고려해야 하고, 개념관련적 착오자에게는 형법내적인 잘못된 표상들이 존재하는 경우로서 그런 잘못된 표상들은 특별한 요건하에서만 중요하게 고려된다고 한다. 즉, 대상관련적 착오는 형법외적인 세계에서 기능하는 것으로서, 형법은 그것을 있는 그대로 수용해야 하는 반면에, 개념 관련적 착오는 형법의 세계에서 기능하고, 형법은 그것에 대하여 처분을[36] 할 수 있다고 한다.[37]

한정환 교수는 구성요건요소에 관한 착오는 개개 구성요건요소의 기술적 측면과 관련하여 착오할 수도 있고, 규범적 측면과 관련하여 착오할 수도 있는데, 기술적 측면과 관련한 착오는 명백히 구성요건착오에 해당할 것이지만, 규범적 측면과 관련한 착오는 구성요건착오에 해당하는 경우도 있고 금지착오가 되는 경우도 있다고 한다. 그래서 한정환 교수는 적어도 규범적 구성요건요소에 관한 착오의 경우에는 형식적·범죄체계론적 구분에 맞추어 구성요건착오와 금지착오로 구분하는 것은 만족스럽지 못하다면서, '사실관계'에 관한 착오와 사실관계가 갖는 '법적 성격(rechtliche Eigenschaft)'에 관한 착오로 구분할 것을 제안한다.

사실관계에 관한 착오는 예컨대 헌 신문지들 틈에 끼어있던 '타인의 문서'를 보지 못하고 소각시켜버린 사람이 형법 제366조(재물손괴 등)의 구성요건요소인 '문서'를 이루는 종이와 잉크로 된 사물로서의 '문서'를 인지하지 못한 사례를 가

---

35) Haft, 앞의 논문, 284면.
36) 여기서 처분이라 함은 그 착오의 형법적 효과를 어떻게 인정할 것인가, 즉 금지착오의 형법적 효과에 대하여 입법적으로 결정할 수 있다는 의미이다. 예컨대 독일형법 제17조에서는 회피불가능했던 경우에는 책임조각, 그리고 회피가능했을 경우에는 임의적 감경으로 처분하는 반면, 형법 제16조에는 정당한 이유가 있는 때에는 면책, 그리고 정당한 이유가 없는 때에는 완전한 처벌로 처분한다.
37) Haft, 앞의 논문, 285면.

리킨다. 이처럼 사실관계를 이루는 부분은 일상적인 관찰을 통해 정확한 의미를 알 수 있는 부분을 말하는 것으로서, 사실관계에 관한 착오의 경우는 예외 없이 구성요건착오가 된다.

한편 사실관계의 '법적 성격'이란 구성요건요소가 내포하는 '법률관계(Rechtsver- hältnis)'를 의미하므로, 사실관계의 법적 성격에 관한 착오는 달리 말하면 '법률 관계'에 관한 착오가 된다. 예컨대 뇌사상태의 사람은 이미 사망한 것이기 때문에 살인죄의 '사람'에 해당하지 않는다고 생각하고 인공생명연장기구의 작동을 중단시켰다든지, 공증되지 않은 계약서는 형법 제231조 문서변조죄의 '문서'에 해당하지 않는다고 생각하고 그 계약서상의 매매금액을 수정한 경우를 보자. 여기서는 경험적 관찰을 통해 지각할 수 있는 사물로서의 사람이나 문서를 착각한 것이 아니고, 뇌사상태의 사람이나 공증되지 않은 문서가 살인죄 내지 문서변조죄의 객체로서의 '법적 성격'을 갖는가에 관하여 착오한 것인데, 이 경우가 법률관계에 관한 착오다. 구성요건요소의 법률관계에 관한 착오는, 사실관계에 관한 착오와는 달리, 상황에 따라서 구성요건착오가 되기도 하고 금지착오가 되기도 한다는 것이다.

그리하여 한정환 교수는 규범적 구성요건요소에 관한 착오의 경우 구성요건착오와 금지착오의 구별 문제를 결국 구성요건요소의 법률관계에 관한 착오가 발생한 경우 그것을 구성요건착오와 금지착오로 구분하는 문제로 압축시킨다. 그리고 이 문제를 더욱 구체적으로는 법률관계에 대한 이해 범위의 문제로 귀결시키면서,[38] 규범적 구성요건요소와 관련하여 고의의 성립에 필수적으로 요구되는 것은 바로 이 요소가 법사회에서 수행하는 '제도화된 기능'이라고 한다. 즉, '제도화된 기능'을 인식하지 못한 경우가 구성요건착오이고, '제도화된 기능'을 인식하고도 구성요건에 해당하지 않는 것으로 인식했다면 포섭착오로서 금지착오가 된다는 것이다.

한정환 교수는 이를 공증되지 않은 부동산매매계약서에서 매매가격을 임의로 고치는 방식으로 변조하면서 '문서'란 반드시 인쇄된 용지에 관인이 있는 것에 한정된다고 생각하여 이 계약서는 형법 제231조의 '문서'가 아니라고 믿은 사례

---

38) 한정환, 앞의 논문(각주 7), 43면.

를 통하여 설명한다. 매매계약서가 갖는 사회적 의미, 즉 매매계약서가 법사회에
서 갖는 '제도화된 기능' 내지 '법적 성격'은 매매계약서가 법적 거래에서 갖는
'증명력'이므로, 이 점에 대한 인식이 고의의 성립에 필수적이라고 한다. 그래서
행위자가 그 매매계약서가 가격을 증명하는 것임을 인식한 이상, 다시 말해서 그
문서의 제도적 기능을 이해한 이상, '문서'에 대한 고의는 인정된다.[39] 그럼에도
공중되지 않았기 때문에 문서변조죄의 문서에 해당하지 않는다고 생각했다면, 이
는 포섭의 착오로서 금지착오가 된다고 한다.[40]

한편 박광민 교수와 김범식 박사는 형법이 어떤 사실에 개입하는 것은, 그 사
실이 인간의 현실사회에서 가지는 특정한 '의미'에 관심을 갖기 때문인데, 그 의
미는 그 사실이 갖는 일정한 '속성'에서 비롯하는 것이고, 그 속성 때문에 구성요
건요소로 규정된다고 본다. 즉, 그 속성은 '범죄의 당벌성'을 이루며, '범죄의 실
질'을 구성하는 것으로서, 그 사실이 구성요건요소가 된 '이유'이기도 하다는 것
이다. 그렇다면 중한 책임형식인 고의의 인식양태가 '의미'의 인식이라 할 때, 그
'의미' 인식의 내용도 그 '이유'에서 끌어내어야 할 것이므로, 결국 '사회적 의미'
는 사실에 대하여 '형법이 주목하는 속성'으로 이해되어야 한다는 것이다.[41] 범죄
는 형벌이라는 중대한 해악을 정당화할 만한 당벌성이 인정되는 사회적 실체를
가져야 하는데, 이는 주관적인 면에 있어서도 그와 같은 범죄의 실질적인 내용을
이해한 자만을 고의범으로 무겁게 처벌할 수 있다는 의미가 된다고 한다.[42]

이를 음란문서의 '음란성'과 관련시켜 보면, 음란성에 대한 고의를 인정할 수
있기 위해서는 문서의 외형만 인식해서는 안 되고, 음란하다고 평가되는 부분의
문서내용을 인식해야 한다. 음란성을 띤 그 내용이 바로 그 문서에 관한 한 당벌
성의 사회적 실체이고, 그것이 바로 형법이 그 문서에 대하여 관심을 갖는 속성
이기 때문이다.[43]

그리고 박광민 교수와 김범식 박사는 '형법이 주목하는 속성'은 법률의 수준에
서 정해진다면서, 죄형법정주의가 하위의 규칙에 백지위임을 금지한다고 한다면,

---

39) 한정환, 앞의 논문(각주 7), 42면.
40) 한정환, 앞의 논문(각주 7), 40면.
41) 김범식, 앞의 논문(각주 27), 16면 이하.
42) 김범식, 앞의 논문(각주 27), 18면.
43) 박광민/김범식, 앞의 논문, 508면.

중요한 속성이 무엇인지도 또한 형벌법규를 단서로 이해하지 않으면 안 되며, 이
것은 소위 행정범에 있어서도 마찬가지라고 한다.[44] 예컨대 독일형법 제244조
제1항 제1호(특수흉기절도)의 '무기'와 독일형법 제250조 제1항 제1호(위험한 강도)
의 '무기'는 같은 표지인데도 형법적 관점에서 파악한 속성은 다르다는 것이다.
즉, 전자의 특수흉기절도는 강도의 의사가 있는 절도를 보다 중하게 처벌하려는
것인데, 단순강도의 경우에는 단순한 협박, 따라서 보이기 위한 무기라도 충분하
므로, 여기서 무기 개념은 넓게 해석될 필요가 있고, 따라서 '장난감권총(모조무
기)'도 무기 개념에 포섭될 수 있다. 이런 논의를 전제할 때 특수흉기절도의 경우
행위자가 자기의 권총이 '장난감권총(모조무기)'이라고 인식한 경우에도 '형법적
관점에서 파악한 속성'의 인식이 긍정되어 고의가 인정된다고 한다. 반면에 후자
의 '위험한 강도'의 경우에는 단순강도에 비하여 중한 처벌을 정당화해야 하므로
'무기'를 협의로 해석할 필요가 있고, 따라서 단순히 보이기 위한 무기는 제외시
켜야 할 것이므로, 고의론과 결부시키면 단순한 협박용으로 '장난감권총(모조권
총)'이라고 생각한 경우에는 위험한 강도의 무기가 갖는 '형법적 관점에서 파악한
속성'을 인식하지 못한 것이고 따라서 고의는 부정된다.[45]

결론적으로 박광민 교수와 김범식 박사의 견해는 평행평가이론에서 말하는
'사회적 의미'라는 기준의 불명확성은 '형법이 주목하는 속성'으로 구체화될 수
있고, 이 '형법이 주목하는 속성'은 원칙적으로 법률의 수준에서 정해지는 것인데
그 속성에 대한 이해의 정도는 평행평가이론에서 말하는 '일반인적 수준의 인식'
이라고 한다.[46]

3. 규범적 구성요건표지에 대한 인식양태인 '사회적 의미'의 실체

(1) '사실의 착오'와 '법률의 착오'라는 전통적인 수평적 구별구도로의 회귀

위에서 언급한 독일의 새로운 구상들은 독일의 제국법원 및 연방법원의 기본
적인 입장 및 그 판단 결과를 수용하면서 다만 그것을 합리적으로 해명하고, 또
그럼으로써 애매한 한계사례에서 안정적인 판단결과를 확보하려는 시도라 할 수

---

44) 박광민/김범식, 앞의 논문, 507면; 김범식, 앞의 논문(각주 27), 18면.
45) 박광민/김범식, 507면.
46) 김범식, 앞의 논문(각주 27), 19면.

있다.[47] 한편 한정환 교수와 박광민 교수 및 김범식 박사의 구상들도 이미 언급한 바와 같이 독일의 새로운 구상들과 맥을 같이 하는 것이므로 결과적으로는 독일 판례들과 시각을 같이한다고 평가할 수 있다.

독일 연방법원은 특히 규범적 구성요건표지의 경우 사실적인 영역과 법적인 영역을 구별함으로써 독일 제국법원의 '사실의 착오와 법의 착오'라는 개념 쌍을 사용하여 구성요건착오와 금지착오의 구별 문제를 처리한다. 사실 형법적으로 중요한 사실의 착오와 중요하지 않은 법의 착오라는 구별법은 독일 형법 제16조와 제17조에 규정된 구성요건착오와 금지착오의 구별을 통하여 '용어'의 면에서는 극복된 구별법이라 할 수 있다. 특히 제국법원은 규범적 구성요건요소의 발견 이후, 규범적 구성요건요소에 대한 착오는 법의 착오로 인정했어야만 했는데, 그럼에도 사실의 착오와 같은 효과를 인정하는 것이 타당한 경우도 있다는 점을 인식하고는, 제국 법원 스스로 자기 이론을 수정하여 법의 착오 내에서도 다시 중요한 형법외적 착오와 중요하지 않은 형법적인 착오를 구별하였다. 한편 독일 연방법원은 제국법원의 수정된 구별법인 중요한 형법외적 착오와 중요하지 않은 형법적 착오의 구별에 대응하여 규범적 구성요건요소의 '사실적인 영역'에 관한 착오와 '법적인 영역'에 관한 착오를 구별함으로써 제국법원의 '사실의 착오와 법의 착오'라는 전통적인 수평적 구별의 구도로 회귀하고 있는 것이다.[48]

독일 학설의 새로운 구상들도, Kaufmann이 평가한 바와 같이, 기본적으로는 제국법원의 전통적인 입장으로 회귀한 연방법원의 구별법에 동조하는 것으로 볼 수 있다. Kaufmann은 사실의 착오, 형법외적인 법의 착오, 형법적인 법의 착오라는 제국법원의 전통적인 구별법은 '지각 있는 시민이라면 형법질서를 인식해야 하지만 형법외적으로 규율된 것까지 인식할 필요는 없다'는 원칙을 확고한 기본

47) 특히 새로운 구상을 전개하는 학자들 중 하나인 Haft는 판례의 결론들이 납득할 만하지만, 거기에는 만족할 만한 합리적인 해명이 결하여 있고, 때로는 결론이 수긍이 가지만 – 합리적인 해명의 가정이 없음으로 해서 – 합리적인 측면에서는 의문이 가는 판례사례들이 많다고 하면서, 자신의 새로운 구상의 목적이 판례의 설득력을 이론적으로 만족할 만하게 밝히는 데에 있다고 하기도 한다(Haft, 앞의 논문, 281, 282, 283면 참조).
48) Haft, 앞의 논문, 282면. 특히 독일 연방법원의 판례들이 용어만 변경 하였을 뿐 내용적으로는 여전히 사실의 착오와 법률의 착오라는 구별법을 따르고 있다는 지적으로는 Kuhlen, Die Unterscheidung von vorsatzausschließendem und nichtvorsatzschließendem Irrtum, 1987, 298면 이하.

으로 하는 고전적인 귀속론에 터 잡은 것이라고 평가한다. Kaufmann은 질서위
반법 등 무수한 부수형법과 특별형법이 양산되는 현대사회에서 '형법규정들이 모
든 사람에게 인식된다'는 제국법원 판례의 전제에 대해서는 더 이상 일반적으로
동의할 수 없다는 비판이 가능하지만, 그렇다고 하여 제국법원이 기초를 놓은 모
든 것이 잘못이라고는 할 수 없으며, 따라서 제국법원의 판례에서 옳은 것을 지
금 다시 발견하여 옹호한다는 사실은 결코 놀라운 일이 아니라고 평가한다. 오히
려 진정한 본질 문제는 결코 영원히 은폐될 수는 없는 것임을 보여주는 현상이
라고 본다.[49]

즉, 앞에서 언급한 바와 같이 Kuhlen의 시간구조기준이론은 사실의 착오와
비형벌법규의 착오는 고의를 조각하고, 형벌법규의 착오는 포섭의 착오로서 고의
를 조각하지 않는다는 제국법원의 입장을 기본으로 하며, Schlüchter의 목적론적
으로 축소된 사태인식이론은 기본적으로 구성요건착오를 사실의 착오로 보면서,
다만 그 사실의 범위를 법익 관련적인 사실로 목적론적으로 축소시킴으로써 사
실의 착오를 더욱 명백하고 객관적으로 옳게 구분하려는 이론이다. 또한 Haft도
개념적으로는 제국법원의 사실의 착오나 연방법원의 구성요건착오가 적절하지
못하다면서 그 대신 대상관련적 착오라는 개념을 제시하지만, 실질적인 면에서는
그 대상관련적 착오라는 것이 고의를 조각하는 중요한 사실의 착오 및 비형벌법
규의 착오와 일치한다.[50]

한편 한정환 교수의 '제도화된 기능' 이론과 박광민 교수와 김범식 박사의 '형
법적 관점에서 파악한 속성'의 인식이론도 「구성요건요소와 관련된 착오는 구성
요건착오다」는 도식을 버리고, 특히 규범적 구성요건요소의 경우에는[51] 구성요건
요소와 관련된 착오의 경우에도 고의를 조각하는 사실관련적 착오와 그렇지 않

---

49) Kaufmann, 앞의 논문, 185면.
50) 그 밖에도 독일의 새로운 구상으로 소개되는 Kindhäuser의 '사실적인 전제조건에 대한 경험적
    착오와 언어관련적 의미의 착오'의 구별법, Puppe의 '형법구성요건에 포함된 개념에 대한 착
    오와 구성요건을 충족시키는 사실에 대한 착오'로 구분하려는 구상, Kuhlen의 이론과 유사한
    취지에서 비형벌법규의 착오에서 고의가 배제되는 규범론적 논거로서 '구성요건에 선행하는
    영역'의 개념을 제시하는 Herzberg의 견해 등도 기본적으로는 사실의 착오와 법률의 착오라는
    구도를 수용한다.
51) 여기서 규범적 구성요건요소의 개념은 전통적인 기술적 구성요건요소와 규범적 구성요건요소
    의 구별에 상응하는 개념이 아니고 모든 구성요건요소에는 규범적 구성요건요소의 의미가 병
    존한다는 의미에서 사용된 개념이다.

은 규범관련적 착오가 있다는 사고를 토대로 한다. 따라서 한정환 교수나 박광민 교수 및 김범식 박사의 견해도 범죄체계론적 구분에 따른 구성요건착오와 금지 착오라는 수직적 구별법보다는 사실의 착오와 법률의 착오라는 수평적 구별법에 상응하는 구도이다. 특히 한정환 교수는 적어도 규범적 구성요건요소에 관한 착 오의 경우에는 형식적·범죄체계론적 구분에 맞추어 구성요건착오와 금지착오로 구분하는 것은 만족스럽지 못하다면서, 사실관계에 관한 착오와 사실관계가 갖는 '법적 성격(rechtliche Eigenschaft)'에 관한 착오로 구분할 것을 제안하고 있다.

이상의 검토를 토대로 할 때, '사실의 착오'와 '법률의 착오'라는 전통적인 구 도에로 회귀하는 새로운 구상들의 특징은 두 가지의 방향으로 집약된다. 하나는 Kuhlen이나 Herzberg의 견해처럼 비형벌법규의 착오가 법률관련적 착오이면서 도 고의를 조각하는 것으로 보는 제국법원의 입장을 합리적으로 설명하고 그 근 거를 밝히려는 방향이고, 또 하나는 Schlüchter, Kindhäuser, 한정환 교수, 박광 민 교수, 김범식 박사처럼 고의의 인식대상을 구성요건요소의 사실적 측면인 '사 회적 의미'라고 할 때, 그 사회적 의미를 구체적으로 밝히려는 방향이다. 그런데 전자와 후자는 별개의 다른 방향이 아님을 알 수 있다. 즉, 전자의 방향은 결국 규범적 구성요건요소에 관한 착오의 경우 형벌법규의 측면과 관련된 착오와 형 벌법규 외적인 측면과 관련된 착오를 구분하여 후자만이 구성요건착오로서 고의 를 조각하게 되는 그 근거를 밝히려는 것인데, 이는 바로 후자의 방향이 규범적 구성요건요소에서 고의의 인식대상을 실질적으로 확정하여 그것을 기준으로 하 여 구성요건착오와 금지착오의 구별하려는 것과 상통하기 때문이다. 그렇다면 결 국 규범적 구성요건요소에 대한 고의의 인식양태의 문제, 또는 규범적 구성요건 요소와 관련하여 고의를 조각하는 구성요건착오와 고의를 조각하지 않는 금지착 오를 구별하는 기준의 문제는 이제 규범적 구성요건요소에 대한 고의의 인식양 태인 사회적 의미의 실체를 규명하는 과제로 집약된다고 할 수 있다.

(2) 규범적 구성요건표지에 대한 인식양태인 '사회적 의미'의 실체

1) 구성요건착오상황과 금지착오상황의 성질상 구별

이상의 고찰을 통하여 얻어진 중간결론을 요약하면 이렇다. 규범적 구성요건 요소의 발견으로 등장한 평행평가이론 및 사회적 의미라는 것이 구성요건착오와 금지착오의 구별을 위한 기준으로서 부적합하거나 불충분하다는 문제의식을 토대로, 1980년대 이후 독일에서 새로운 구상들이 등장하게 되고 이러한 경향은 우리나라에도 반영되기 시작한다. 이 새로운 구상들은 구성요건과 위법성이라는 범죄체계론에 맞추어 구성요건에 관한 착오와 위법성에 대한 착오, 즉 구성요건착오와 금지착오로 수직적으로 구별하는 것이 양 착오의 성질의 차이를 정확하게 포착하지 못한다고 인식하고, 사실관련적인 착오와 (형)법관련적인 착오라는 전통적인 수평적 구별법으로 회귀한다.

이러한 새로운 구상들을 보면 개념적으로는 다양한 기준들이 제시되지만, 그 실질적인 면에서는 일정한 동질성이 도출된다. 즉, 착오상황을 두 가지로 구별하여, 하나는 구성요건표지를 통하여 지시되는 규율대상에 대한 착오이고, 또 하나는 그 대상을 지시하는 구성요건표지 자체에 대한 개념적 이해와 관련된 착오로 파악한다는 점이다. 여기서 대상이란 감각적으로 지각 가능한 '사실'과 동일한 개념은 아니다. Haft가 적절히 파악한 바와 같이, 대상은 감각적으로 지각 가능한 대상일 수도 있고, 평가적으로만 파악할 수 있는 정신적인 관계구조물일 수도 있다.[52] 즉, 음란하다고 평가되는 문서의 '내용'은 감각적으로 지각되는 대상이 아니고 정신적 이해를 통하여 인식되는 대상에 해당한다. 이러한 착오상황의 구별은 기술적 구성요건표지, 규범적 구성요건표지, 또는 소위 종합적 행위평가표지 모두에 대해서 동일하게 적용될 수 있다.[53]

사람을 허수아비로 오인하여 손괴의 의사로 총을 발사했다면 살인죄의 객체인 '사람'이라는 구성요건표지가 지시하는 대상 또는 손괴죄의 객체인 '재물'이 지시하는 대상과 관련하여 착오한 것이고, 뇌사상태의 사람은 살인죄의 객체인 사람에 해당하지 않는다고 오인하여 인공생명연장기구를 제거했다면, 살인죄의 객체인 '사람'에 대한 개념적 이해와 관련된 착오이다(기술적 구성요건표지의 경우). 문서의 내용을 제대로 인식하지 못하여 '음란'하지 않다고 인식했다면 대상관련적 착오이고,[54] 문서의 내용은 제대로 인식·이해했으나 그것을 음란하지 않고 예술

---

52) Haft, 앞의 논문, 284면.
53) 다만, 한정환 교수와 박광민/김범식의 견해에서는 종합적 행위평가표지와 관련된 착오의 경우에 대하여 명확한 입장을 찾기가 어렵다.
54) 예컨대 문서의 내용을 검토했으나 객관적·법적으로 음란하다고 평가되는 결정적인 부분을 놓치고 읽는 바람에 음란한 문서가 아니라고 인식하고 판매한 경우가 이에 해당할 것이다.

적이라고 인식했다면 개념관련적 착오이다(규범적 구성요건표지의 경우). 더 나아가 이러한 착오상황의 구별은 형법 제122조(직무유기)의 '정당한 이유 없이'라는 소위 종합적 행위평가표지의 경우에도 적용된다. 예컨대 「소속대 수송관 겸 3종 출납관으로서, 소속대 유류수령과 불출 및 그에 따른 결산 기타 3종 업무를 수행할 직무가 있음에도 신병치료를 이유로 상부의 승인도 받음이 없이 4개월여 동안 3종 출납관 도장과 창고열쇠를 포함한 3종 업무 일체를 3종 계원에게 맡겨두고 이에 대한 일체의 확인 감독마저 하지 아니하면서,[55] 자신의 행위가 부대관례에 따른 정당한 위임에 의한 것으로서 '정당한 이유 없이' 직무를 유기하는 것이 아니라고 생각한 경우」를 보자. 이 사례에서 부대관례상 인정되는 정당한 위임의 '요건'을 잘못 인식한 나머지 자신의 행위를 '정당한 이유'가 있는 행위라고 판단했다면 대상관련적 착오이고, 부대관례상 인정되는 정당한 위임의 요건은 제대로 인식했으나 자신이 행한 위임도 그 정당한 위임에 '해당한다'고 오인하여 자신의 행위를 '정당한 이유'가 있는 행위라고 인식했다면 개념관련적 착오이다(소위 종합적 행위평가표지의 경우).

착오상황의 성질상 차별화를 적절히 표현하는 데에는 구성요건착오와 금지착오라는 수직적 개념구분보다는 대상관련적(내지 사실관련적) 착오와 개념관련적(내지 언어관련적 의미의) 착오라는 수평적 구분이 더 적절해 보인다. 원래 구성요건요소에 관한 착오와 위법성에 관한 착오의 구분에 대응하여 구성요건착오와 금지착오의 개념구분이 이루어진 것인데, 이제 구성요건요소에 관한 착오이지만 금지착오가 되는 경우도 있음이 밝혀진 이상 기존의 구성요건착오와 금지착오라는 개념 쌍은 양 착오의 성질을 대비시키기에는 부적절한 면이 있다. 그리고 수평적 구분으로서는 사실의 착오와 법의 착오보다는 대상관련적(내지 사실관련적) 착오와 개념관련적(내지 언어관련적 의미의) 착오로 대비시키는 게 더욱 적절해 보인다.[56] 규범적 구성요건요소나 종합적 행위평가요소의 경우에는 명백히 사실의 착오가 아니면서도 구성요건착오로 평가되는 경우가 있기 때문이다.

---

55) 대판 1986. 2. 11., 85도2471 참조.
56) 사실의 착오와 법의 착오라는 개념 쌍을 감각적으로 포착 가능한 현실세계의 사실들과 법률 내의 기술적인 구성요건표지들만을 법학의 대상으로 직시했던 19세기 법실증주의의 유물로 평가하는 입장으로는 Haft, 앞의 논문, 284면 참조.

2) 사회적 의미의 실체

규범적 구성요건표지의 경우 구성요건착오를 그 규범적 표지가 지시하는 대상, 또는 그 표지에 포섭되는 대상과 관련하여 발생하는 착오라고 한다면, 이제 그 대상의 무엇을 어떻게 인식할 때 고의가 인정되며, 반대로 그 대상의 무었을 어떻게 오인했을 때 고의가 부정되는가의 물음으로 이어진다. 예컨대 첫째, 남의 닭을 오리로 오인하고 죽인 경우, 새장에 설치된 박제올빼미를 살아 있는 올빼미로 오인하고 칼을 던져 훼손한 경우, 성행위를 묘사하는 부분을 유사성행위를 묘사하는 내용으로 이해한 경우, 둘째, 모양새가 비슷해서 남의 고양이를 자기 집 고양이로 오인하여 죽인 경우, 유실물을 버린 물건으로 알고 가져간 경우 등을 보면, 모두 '재물', '음란한', '타인' 등의 구성요건표지가 지시하는 대상에 관련된 착오이다. 그러나 이들 착오의 경우 모두 고의가 부정되지는 않는다. 즉, 첫째의 경우들은 모두 고의가 인정된다면, 둘째의 경우들은 모두 구성요건착오로서 고의가 부정된다.

따라서 구성요건착오와 금지착오의 개념 쌍보다는 대상관련적 착오와 개념관련적 착오로 구분하는 것이 양 착오상황의 성질상의 차이를 명확하게 표현하는 데에는 적절하다고 할지라도, 더 나아가 고의가 인정되기 위해서는 대상의 어떠한 측면이 인식되어야 하는가, 또는 구체적으로 대상관련적 착오가 발생했을 경우 고의를 조각하는 착오와 형법적으로 의미가 없는 즉, 고의 귀속에 영향을 미치지 않는 착오를 구분하는 문제를 해결해주지는 못한다. 이러한 문제는 곧 대상에 대한 인식양태의 문제이고, 또한 이는 고의의 인식대상을 구성요건표지에 상응하는 사회적 의미라고 할 때 그 사회적 의미의 실체가 무엇인가의 문제이기도 하다.

이에 대하여 한정환 교수는 사회적 의미의 실체를 규범적 구성요건요소가 법사회에서 수행하는 '제도화된 기능'으로 파악한다. 한정환 교수에 의하면, 규범적 구성요건요소는 일상적인 관찰을 통하여 의미를 파악할 수 있는 '사실관계'를 이루는 부분과 일상적인 관찰만으로는 의미를 이해할 수 없는 '법률관계'를 이루는 부분으로 구성되어 있는데, 이 법률관계는 바로 규범적 구성요건요소의 '법적 성격'이라고 한다. 예컨대 문서의 외관적인 부분은 '사실관계'에 해당하고, 문서의 증명기능이나 보장기능 등은 '법적 성격'에 해당한다. 그리고 고의를 위해서는 '법적 성격' 내지 '법률관계'를 규범적 확정규칙에 따라 정확하게 이해할 필요는 없고, 그들 요소가 법사회에서 수행하는 '제도화된 기능'을 이해하는 것이 필수적이라고 한다. 예컨대 '법생활에서 어떤 것을 증명하고 발행인이 내용을 보장하는 기능', '개인적인 생업에 종사하지 않고 국가기관으로서 혹은 이에 부속된 사람으로 공공의 업무를 수행하는 사람', '다른 사람이 물건에 대하여 배타적으로 점유, 사용, 양도를 할 수 있는 민법상의 권리' 등이 각각 '문서', '공무원', '타인' 등의 규범적 구성요건요소의 제도화된 기능으로서 그것들을 인식한 이상 그들 요소에 대한 고의가 인정된다는 것이다.

이를 한정환 교수는 매매계약서를 예로 들어 설명한다. 매매계약서가 갖는 사회적 의미, 즉 매매계약서가 법사회에서 갖는 '제도화된 기능' 내지 '법적 성격'은 매매계약서가 '법적 거래에서 어떤 무엇을 증명하는 역할 내지 기능'이므로, 그 매매계약서가 가격을 증명하는 것임을 인식한 이상, '문서'에 대한 고의는 인정된다. 그럼에도 공증되지 않았기 때문에 문서변조죄의 문서에 해당하지 않는다고 생각했다면, 이는 포섭의 착오로서 금지착오가 된다고 한다.[57]

한편 박광민 교수와 김범식 박사는 형법이 어떤 사실에 개입하는 것은, 그 사실이 인간의 현실사회에서 갖는 특정한 '의미'에 관심을 갖기 때문인데, 그 의미는 그 사실이 갖는 일정한 '속성'에서 비롯하는 것이고, 그 속성 때문에 구성요건요소로 규정된다고 본다. 즉, 그 속성은 '범죄의 당벌성'을 이루며, '범죄의 실질'을 구성하는 것으로서, 그 사실이 구성요건요소가 된 '이유'이기도 하다는 것이다. 그렇다면 중한 책임형식인 고의의 인식양태가 '의미의 인식'이라 할 때, 그 '의미의 인식'의 내용도 그 '이유'에서 끌어내어야 할 것이므로, 결국 고의의 인식양태인 '사회적 의미'는 사실에 대하여 '형법이 주목하는 속성'으로 이해되어야 한다는 것이다.[58] 예컨대 음란문서의 '음란성'과 관련시켜 보면, 음란성을 띤 그 내용이 바로 그 문서에 관한 당벌성의 사회적 실체이고, 그것이 바로 형법이 그 문서에 대하여 관심을 갖는 속성이다.[59]

---

57) 한정환, 앞의 논문(각주 7), 40, 42면.
58) 김범식, 앞의 논문(각주 27), 16면 이하.
59) 박광민/김범식, 앞의 논문, 508면.

그리고 '형법이 주목하는 속성'은 형벌법규, 즉 그 규범적 구성요건요소가 포함된 구성요건을 단서로 하여 파악된다면서, 이를 독일형법 제244조 제1항 제1호(특수흉기절도)의 '무기'와 독일형법 제250조 제1항 제1호(위험한 강도)의 '무기'는 같은 표지인데도 형법적 관점에서 파악한 속성은 다르다는 점을 예로 들어 설명한다. 따라서 박광민 교수와 김범식 박사의 '형법이 주목하는 속성'은 더욱 정확하게 구체적으로 말하면 '구성요건이 주목하는 속성'인 셈이다.

Kindhäuser의 '구성요건표지가 포함하는 속성'도 박광민 교수와 김범식 박사의 '형법이 주목하는 속성'과 그 내용에서 일치한다. Kindhäuser는 고의의 대상은 구성요건에 '속하는' 사정이 아니라, 구성요건을 '실현하는' 사정이라는 인식에서 출발한다.[60] 그리고 구성요건을 '실현하는 사정'을 인식한다 함은 구성요건표지가 적절하게 적용되는 사실적인 전제요건, 즉 규범적 구성요건요소에 포함되도록 하는 '속성'을 인식하는 것이라고 한다.

예컨대 음란문서판매죄의 음란성의 표지에서는 '음란하다고 평가되는 일정한 내용', 손괴죄의 재물의 표지에서는 '동물 내지 고양이'라는 속성,[61] 문서손괴죄의 문서의 표지에서는 '작성자의 인식가능성' 등이 '구성요건표지가 포함하는 속성'에[62] 해당한다고 한다. 따라서 음란한 문서의 내용 자체는 인식했으면서도 음란하지 않다고 간주했다면, 고의는 인정되고 포섭착오로서 금지착오일 뿐이라고 한다.[63] 즉, 이 경우에는 구성요건을 실현하는 사정을 인식하지 못한 것이 아니고, '음란'이라는 개념의 언어적 의미와 관련한 착오일 뿐이라는 것이다. 남의 '고양이'를 죽이면서 재물손괴가 아니라고 생각했다면, 재물개념에 포함되는 동물 내지 개라는 '속성' 자체는 인식했으므로 고의가 인정되고, 다만 그 속성이 재물이라는 개념에 포함되는 속성임을 몰랐다는 것은 재물이라는 표지 자체에 대한 언

---

60) 예컨대 음란문서판매죄의 구성요건에 '속하는' 사정은 '음란한 문서를 판매함'이 되므로, 구성요건에 '속하는' 사정이 고의의 대상이라면 '음란함'을 인식해야 한다. 따라서 객관적으로 음란하다고 평가되는 문서의 내용을 행위자가 음란하다고 간주하지 않고 예술적으로 가치가 있다고 평가한다면 음란함을 인식하지 못했으므로 고의가 부정될 것이고, 이는 타당하지 않다는 것이다. 반면에 음란문서판매죄의 구성요건을 '실현하는' 사정은 '객관적으로 음란하다고 평가되는 일정한 내용의 문서가 판매되었음'이 되고, 구성요건을 '실현하는' 사정이 고의의 대상이라면 음란하다고 평가되는 일정한 '내용 자체'를 인식하면 된다.

61) Kindhäuser, 앞의 논문, 410면.

62) Kindhäuser, 앞의 논문, 411면.

63) Kindhäuser, 앞의 논문, 408, 410면.

어관련적 의미를 착오한 것이므로 금지착오가 된다. 또한 실제로 누가 작성자인지를 쉽게 알 수 있는, 그러나 작성자의 서명이 없는 문서의 내용을 변경하면서 작성자의 서명이 없는 문서는 문서변조죄의 문서가 아니므로 문서변조에 해당하지 않는다고 생각했다면, '문서'의 표지에 포함되는 '속성', 즉 '문서의 작성자가 인식가능하다'는 속성은 인식했으므로 문서에 대한 고의가 인정되고, 서명이 없더라도 작성자가 누구인지 인식가능한 문서는 문서에 포함된다는 점을 몰랐다는 것은 문서라는 표지에 대한 언어관련적 의미의 착오가 된다고 한다.

한정환 교수의 '제도화된 기능', 박광민 교수와 김범식 박사의 '형법적 관점에서 파악한 속성', 또는 Kindhäuser의 '구성요건표지가 포함하는 속성'[64]들은 고의의 인식양태인 사회적 의미의 '실체'를 제시하는 표지들이다. 이들 3가지 표지들은 그 용어나 표현상의 차이에도 불구하고 그 의미하는 바는 크게 차별화되지 않는다. 특히 박광민 교수와 김범식 박사의 '형법이 주목하는 속성'은 앞에서 언급했듯이 곧 '구성요건이 주목하는 속성'을 의미하는 것이므로, Kindhäuser의 '구성요건표지가 포함하는 속성'과 동일한 표지라 할 수 있다. 다만 박광민 교수와 김범식 박사가 입법론적 관점에서 표현한 것이라면, Kindhäuser는 귀속론적 관점에서 표현한 것이라는 차이가 있을 뿐이다. 그리고 한정환 교수의 '제도화된 기능'도 그 의미하는 바가 박광민 교수와 김범식 박사 또는 Kindhäuser의 '속성'과 별로 다르지 않다는 것은 한정환 교수의 '문서' 또는 '타인' 등의 규범적 구성요건요소에 대한 인식양태의 설명에서 드러난다.

한정환 교수에 의하면 매매계약서가 갖는 사회적 의미, 즉 매매계약서가 법사회에서 갖는 '제도화된 기능' 내지 '법적 성격'은 매매계약서가 '법적 거래에서 어떤 무엇을 증명하는 역할 내지 기능'이므로, 이 점에 대한 인식이 고의의 성립에 필수적이다. 그래서 행위자가 그 매매계약서가 가격을 증명하는 것임을 인식한 이상, 다시 말해서 그 문서의 제도적 기능을 이해한 이상, 공증되지 않았기 때문에 문서변조죄의 문서에 해당하지 않는다고 생각했다 하더라도 '문서'에 대한 고의는 인정된다. 여기서 '법적 거래에서 어떤 무엇을 증명하는 역할 내지 기능'은 바로 박광민 교수와 김범식 박사가 제시하는 바, 즉 그 매매계약서를 문서로서

---

64) Kindhäuser, 앞의 논문, 408면 이하.

형법적 관심을 갖게 하는 '속성'에 다름 아니고, Kinhäuser의 표현을 빌면 그러한 기능이 그 매매계약서를 문서라는 표지에 포함되게 하는 '속성'이다.

다만 한정환 교수의 '제도화된 기능'은 한교수가 예로 드는 '문서', '공무원', '타인'등과 같은 규범적 구성요건표지에는 문제가 없으나, '음란한', '허위의' 등과 같이 제도화된 기능과 연결시키기 어려운 규범적 표지라든지, '정당한 이유 없이', '부당하게' 등과 같이 소위 종합적 행위평가표지[65] 등의 경우에는 적용하기 어려운 점이 있을 것으로 본다. 그리고 입법의 동기와 취지가 법규의 해석과 적용에 중요한 지침이 될 수는 있지만, 일정한 법이 법규의 체계 속에 객관적으로 편입된 이상 그것은 입법자의 주관과는 독립적으로 존재하는 것임을 감안한다면, 입법적 관점에서 접근한 박광민 교수와 김범식 박사의 '형법이 주목하는 속성' 보다는 귀속론적 관점에서 접근한 Kindhäuser의 '구성요건표지가 포함하는 속성' 이 더 적합할 것으로 본다.

이상의 고찰에서 새로운 구상들에 의하여 밝혀진 사회적 의미의 '실체'는 '구성요건표지가 포함하는 속성'이다. 이러한 속성을 인식하지 못하면 언제나 고의가 성립하지 않는 구성요건착오가 된다. 물론 이런 구성요건착오의 경우에는 위법성에 대한 현실적 인식도 없다. 그러나 이는 금지착오는 아니다. 금지착오는 구성요건실현의 인식, 즉 고의의 존재를 전제로 하고 다만 위법성에 대한 현실적 인식만이 결한 경우를 말하기 때문이다. 그리고 구성요건표지가 포함하는 속성은 다양하다. 예컨대 손괴죄의 '재물'이라는 표지가 포함하는 대상의 속성은 휴대폰, 자동차, 고양이 등과 같은 동물, 의과대학의 해부실습용 사체 등 수없이 많다. 음란한 문서에서 '음란'의 표지가 포함하는 대상의 속성도 다양하기는 마찬가지이다. 문서 중에서 음란하다고 평가되는 내용이 문자로 표현된 것일 수도 있고, 그림이나 사진으로 표현된 것일 수도 있다. 정당방위라는 허용구성요건의 '부당한' 침해의 표지가 포함하는 속성도, 예컨대 신체에 대한 공격, 명예에 대한 공격, 재산에 대한 공격 등 다양하다. 해당 구성요건표지를 인식했음이 인정되는

---

65) 한정환 교수가 말하는 가치요소, 즉 전통개념으로 말하면 종합적 행위평가요소의 경우 구성요건착오와 금지착오의 구별에 관한 설명이 없다. 다만, 종합적 행위평가요소는 구성요건요소이지만 결국 하나의 행위를 표현하는 것이고, 그러므로 이 행위가 구성요건에 해당하는가에 관한 판단은 곧 이 행위가 형법상 위법한가에 관한 판단을 의미한다고(한정환, 앞의 논문<각주 7>, 33면) 하는 것으로 보면, 금지착오로 보는 것이 아닌가 추측될 뿐이다.

데에는 그 다양한 속성 중 하나를 인식하는 것으로 족하다.

따라서 그 속성들 상호간에 인식상의 착오가 있는 것은 고의의 성립에 문제가 되지 않는다. 타인이 기르고 있는 올빼미를 부엉이로 알았던 경우, 문서 속의 그림을 사진으로 알았던 경우, 자신이 들고 가던 항아리를 깨뜨리기 위해 달려드는 사람을 자신의 신체를 공격하는 것으로 알았던 경우 등이라면, 모두 '재물', '음란한', '부당한'이라는 구성요건표지에 대한 사회적 의미, 즉 해당 구성요건표지가 포함하는 대상적 속성을 인식한 것이 된다.

이를 구성요건착오론의 일반적 개념으로 표현하면 '동가치적 대상의 착오' 또는 '구체적 사실의 착오'에 해당한다. 이들 경우에 고의가 인정된다는 데에는 이견이 없다. 다만 발생된 결과를 이미 인정된 고의에 귀속시킬 수 있어서 고의 기수범이 되는지, 아니면 고의 귀속이 부정되어 미수범이 되는지의 문제만이 남는다. 즉, 객체의 착오에서는 고의 기수범을 인정하는 데 견해가 일치하고, 방법의 착오에서는 구체적 부합설과 법정적 부합설 사이에 결론이 달라진다. 어쨌든 행위자의 인식 상태를 고의로 인정하는 데에는 차이가 없다. 이들 경우 모두 관련 구성요건표지가 포함하는 속성 중 하나를 인식한 것은 분명하기 때문에, 즉 모두 구성요건표지에 포함되는 속성이라는 점에서 동가치적이기 때문에, 그 속성 간의 차이는 고의의 성립에 지장이 없는 것이다. 따라서 규범적구성요건표지에 대한 고의의 인식양태를 구성요건착오론과 결부시켜 표현하면 "구성요건표지가 포함하는 동가치적 속성"이라 할 수 있다.

Ⅳ. Ⅱ.의 한계사례를 통한 검토

Ⅱ.에서 언급한 한계사례들을 '대상관련적 착오'와 '개념관련적 착오'의 구분, 그리고 '구성요건표지가 포함하는 속성'이라는 고의의 인식양태에 따라서 판단해 보면 아래와 같다:

(예 1-1)의 사례에서 행위자 A가 소유관계 자체에 대하여 착오를 했다면, 예컨대 자기가 구입대금의 2/3을 지불했으므로 그 전축의 단독 소유자라고 생각했다면 대상관련적 착오이고, 또 행위자가 대상과 관련하여 인식한 자기의 단독 소

유라는 속성은 '타인의 소유'라는 구성요건표지에 포함되는 속성이 아니므로 고의가 부정되는 구성요건착오이다. 반면에 공동소유는 자기 소유이기도 하기 때문에 '타인'의 소유가 아니라고 생각하여 처분할 수 있다고 생각했다면 '타인'이라는 구성요건표지 자체에 대한 개념관련적착오로서 금지착오가 된다.

(예 1-2)의 사례에서는 A가 문서를 대충 대충 읽는 바람에 음란한 부분을 빠뜨린 나머지 음란한 문서가 아니라고 생각했다면, '음란한'의 표지에 포함되는 속성을 인식하지 못한 것이므로 대상관련적 착오로서 구성요건착오이고, 내용 자체는 정확하게 읽었으나 그 정도의 내용은 음란하지 않다고 인식했다면 개념관련적 착오로서 금지착오이다.

(예 2)에서 문서위조죄의 '문서'라는 구성요건표지에 포함되기 위해서는 명의인을 알 수 있어야 한다. 즉, 문서의 '보장성'은 '문서'라는 표지가 지시하는 대상의 속성이다. 따라서 (예 2)에서 발행인의 난이 공란으로 되어 있는 할인권은 문서에 포함될 수 있는 전제요건으로서의 보장성이라는 '속성'이 결하여 있으므로 객관적으로 문서가 아니다. 그럼에도 甲이 사문서를 위조한다고 생각했다면, 불능미수 아니면 환각범에 해당한다. 즉, 이 사례에서 甲이 발행인의 서명란에 서명하지 않더라도 발행인이 누구인지 알 수 있다고 착각하였다면, 이는 대상관련적 착오로서 '문서'에 포함되는 존재하지 않는 속성을 존재하는 것으로 오인한 것이므로 (전도된) 구성요건착오로서 불능미수일 것이다. 반면에 서명을 하지 않으면 발행인이 누구인지 알 수 없는 할인권이 된다는 사실을 정확하게 알았지만, 즉 '문서'에 포함되는 대상의 속성이 존재하지 않음을 알았기 때문에 대상관련적 착오는 없었지만, 그럼에도 발행인이 누구인지 알 수 없이 작성된 할인권도 문서라고 생각했다면, 이는 개념관련적 착오로서 단순히 금지 여부만을 오인한(전도된) 금지착오가 되고 따라서 환각범이 될 것이다.

(예 3-1)에서 만약 당번병 甲이 마중을 나오라는 중대장 처의 요구가 중대장의 지시에 의한 것이고 따라서 그 처의 요구를 곧 중대장의 허가로 오인했다면, 이는 '상관의 허가'라는 규범적 구성요건표지에 포함되는 속성을 오인한 것이므로 대상관련적 착오로서 허용구성요건착오가 된다. 반면에 중대장의 처가 단독으로 판단하여 마중을 나오라고 요구한 것으로서 중대장의 허가와는 무관함을 알았지만, 지난 관례에 비추어 중대장 처의 일정한 요구에 따르는 것도 당번병의

임무이기 때문에 관사이탈이 허용되는 것으로 생각했다면, 중대장 허가의 범위에 대한 개념관련적 착오로서 허용착오가 될 것이다.[66]

(예 3-2)에서는 문제의 허용규범이 존재하지 않다는 사실에 유의해야 한다. 승낙의 효과를 믿고 살해가 허용된다고 생각했다면, 이는 개념관련적인 착오이고 따라서 허용착오이다. 그러나 승낙의 존재 그 자체에 대해서 착오했다면, 착오상황의 성질상으로는 대상관련적 착오이다. 따라서 승낙 자체가 가능한 것이었다면, 허용구성요건착오가 될 것이다. 그러나 살인의 경우에는 피해자의 승낙이라는 허용구성요건 자체가 존재하지 않기 때문에 허용구성요건착오도 존재할 수 없고, 따라서 금지착오의 문제만이 남게 된다.[67]

V. 맺음말

모든 구성요건표지에는 사실적인 측면과 규범적인 측면이 함께 포함되어 있다는 데에는 이론이 없고, 사실적인 측면에 대한 고의의 인식양태가 경험적 지각을 통한 감각적인 인지라는 점에도 이견이 없다. 그러나 구성요건표지의 규범적 요소에 대한 전통적인 인식양태, 즉 '일반인 내지 보통사람들의 수준에서 인식하는 사회적 의미'에 대해서는 설득력 있는 회의론이 대두된다. 즉, 평행평가이론이 책임설의 입장에서 파악하는 고의 개념과는 맞지 않는 부분이 있고, 또 기준으로서 구체성이 떨어지며, 사회적 의미라는 것도 너무 막연하여 구성요건착오와 금지착오를 구별하는 기준으로서는 한계가 있기 때문이다.

규범적 구성요건표지의 인식양태인 사회적 의미의 실체를 규명하여 그것을 인식했느냐의 여부에 따라서 고의의 인정 여부 및 구성요건착오와 금지착오를 구별하려는 새로운 구상이 타당하다고 본다. 구성요건착오와 금지착오를 구별할 수 있는 사회적 의미의 실체를 포착하기 위해서는 각 착오상황의 본질적인 차이를 파악하는 것이 먼저이다. 형법규범은 구성요건표지라는 개념적 술어들을 사용하

---

66) 법원은 이 사례를 허용구성요건착오로 판단하였으나, 사안의 내용상 허용착오로 볼 여지가 많다고 본다.

67) Haft, 앞의 논문, 285면; Kaufmann, Zur Lehre von den negativen Tatbestandsmerkmalen, in: Schuld und Strafe, 1966, 118면 이하.

여 형법이 규율하려는 사태를 제시한다. 따라서 착오도 구성요건표지가 지시하는 대상의 어떤 부분과 관련하여 발생할 수 있고, 정확하게 인식한 대상이 개념적·어의학적으로 구성요건표지에 포함되는지 여부와 관련하여 발생할 수도 있다. 전자를 형법외적인 착오라 한다면, 후자는 형법내적인 착오라 할 수 있다. 즉, 전자는 형법외적인 잘못된 표상이 존재하는 것이고, 후자는 형법내적인 잘못된 표상이 존재하는 것이다. 그리고 전자의 착오는 형법외적인 영역에서 기능하는 것이므로 형법은 그것을 있는 그대로 수용해야 하는 반면에, 후자의 착오는 형법의 세계 내에서 기능하는 것이므로 형법은 그것에 대하여 처분을 할 수 있다. 이는 다음의 사실을 의미하는 것이기도 하다. 전자의 경우에는 그 착오가 비난가능 하더라도 고의가 탈락한다는 것을 의미하고, 이러한 잘못의 검토는 과실의 영역에서만 의미를 갖는다. 후자의 경우에는 그 착오를 형법적으로 어떻게 취급할 것인가의 영역에 속하는 문제인데, 형법 제17조는 정당한 이유가 있는 경우에 한하여 중요하게 고려한다.

이러한 착오상황의 구별에 따라서 구성요건표지가 지시하는 대상에 관련된 착오가 구성요건착오라 할 때, 이제 더욱 구체적으로 그 대상의 어떠한 부분에 대한 착오가 구성요건착오인가의 문제에 이른다. 이는 대상관련적 착오 중에서도 고의를 배제하는 구성요건착오와 고의를 배제하지 못하는 중요하지 않은 착오를 구별하는 문제와도 연결된다. 이 문제는 관점을 바꾸면 고의가 인정되기 위해서는 필수적으로 대상의 어떤 부분을 인식해야 하는가의 문제이다. 이에 대해서는 '구성요건표지가 포함하는 속성'이라는 결론으로 이르렀고, 이를 구성요건착오론의 '동가치적 객체의 착오' 내지 '구체적 사실의 착오'라는 개념과 결부시키면 '구성요건표지가 포함하는 동가치적 속성'이라 할 수 있다. 즉, '객체가 동가치다'는 말은 '객체의 속성들이 모두 같은 구성요건표지에 포함되는 속성이다'는 의미이다.

05 방법의 착오의 착오유형적 정체성*

Ⅰ. 논의의 범위설정 및 전개방향

객체의 착오 및 인과과정의 착오와 더불어, 방법의 착오도 구성요건착오의 한계사례에 해당한다.[1] 구성요건착오에 관한 현재의 논의상황을 보면, 행위에 대한 고의의 주관적 귀속을 문제삼는 구성요건착오의 기본유형보다는 구성요건적 결과의 객관적 고의귀속을 다루는, 즉 객관적 구성요건과 주관적 구성요건의 결합의 문제[2]를 다루는 구성요건착오의 한계사례에 논의가 집중되고 있음을 볼 수 있다. 그 중에서도 특히 방법의 착오에 관한 논란이 심한 형편이다.

방법의 착오라는 개념은, 그 어원(aberratio ictus: 화살의 빗나감)이 풍기는 뉘앙스를 통하여 짐작할 수 있듯이, 원래는 특히 살인죄의 실행과정에서 나타나는 하나의 소박한 범죄발현형태를 지시하는 것이었다. 즉, 목전에 있는 희생자를 향하여 창을 던지거나 활을 쏘았는데, 빗나가서 다른 사람을 희생시키게 되는 법형상을 지시하는 개념으로 등장한 것이다.[3] 이처럼 하나의 소박한 범죄발현형태를

---

* 비교형사법연구 제3권 제2호(2001) 115-145면에 게재된 글임.
1) 구성요건착오의 한계사례에 대한 개념규정과 그 특징 및 구성요건착오의 기본유형과의 차별성에 관해서는 문채규, 비교형사법연구 제3권 제1호, 2001, 30면 이하 참조.
2) Herzberg, JA 1981, S. 373 f(프릿트빗츠, 이재상·장영민 편역, 형법상의 착오, 1999, 145면).

지시하는 개념으로 머물러 있었던 한에서는, 객체의 착오(erro in objecto)와의 사례적 차별성도 비교적 명확한 것으로 인정되었었다. 그러나 범죄의 종류는 물론이고 범행의 발현형태 또한 복잡·다양화되면서, 이제 방법의 착오가 그 법효과의 정체성뿐만 아니라 사례유형적 정체성까지 도전 받고 있는 듯이 보인다.[4]

그런데 방법의 착오의 정체성에 회의(懷疑)를 갖게 하는 복잡·다양한 변형사례로서 등장하는 것들을 보면, 대략 세 가지 유형으로 분류될 수 있다. 첫째 유형은 방법의 착오적인 요소와 함께 착오 외적인 법적 관점도 아울러 포함하고 있는 사례군이다. 그리고 둘째 유형은 표적이 되는 객체가 감각적 인지를 통하여 특정되지 못하는 경우로서, 그것을 객체의 착오로 분류할 것인가 방법의 착오로 분류할 것인가부터 문제가 되는 사례군이고, 마지막 셋째 유형은 다수인이 범행에 참여하는 경우에서 직접실행자가 객체의 착오를 범함으로써 타관여자의 의도와 일치하지 않는 결과가 발생하는 사례군이다. 특히 셋째 유형은 다수인의 범죄 참가형태에서 발생하는 착오라는 점에서 더욱 복잡한 구조를 띠게 되는데, 독일에서는 이미 오랜 기간 격렬한 논란의 대상으로 되어 왔으며, 우리나라에서도 최근 이 사례를 다루면서 서로 입장을 달리 하는 세 편의 논문이[5] 거의 동시에 발표되어 흥미를 갖게 하는 유형이기도 한다.

이처럼 방법의 착오의 소박한 전통적 표준사례를 벗어나는 복잡·다양한 변형사례들이 이론사례 또는 실제사례로서 다수 등장하면서부터, 방법의 착오라는 법형상에 부여되었던 독자적인 지위를 소극적인 방향으로 재평가하려는 시도들이 나타나고 있다.[6] 그렇다면 방법의 착오라는 개념범주로써 해결할 수 있는 문제영역이 과연 그만큼 실제로 제한적일 수밖에 없는 것인가라는 반문의 제시도 의미가 있을 것이다. 객체의 착오와 방법의 착오의 이분법적 해결방식이 도전을 받는 것은 혹시 방법의 착오의 사례적·법효과적 정체성이 분명하게 규명되지 못

3) Puppe, GA 1981, S. 6.
4) 방법의 착오의 정체성과 관련하여 심층적 분석을 하고 있는 대표적인 국내 학자로는 김영환 교수를 들 수 있다(김영환, 형사판례연구 제1권, 1993, 13면 이하 참조).
5) 이정원, 직접행위자의 객체의 착오시 배후인의 형사책임, 중앙대 형사법학 4권(4집), 1993, 2면 이하; 조병선, 피교사자의 객체의 착오와 교사자로의 고의귀속, 청주대 법학논집 9집, 1994, 91면 이하; 成樂賢, 공범관계에 있어서의 객체의 착오와 방법의 착오, 영남대 영남법학 제2권 제1·2호, 1995, 223면 이하.
6) 한국에서는 대표적으로 김영환 교수가, 독일에서는 대표적으로 푸페 교수가 이에 해당한다.

한 데에 그 원인이 있는 것은 아닌가라는 의문도 가질 수 있다는 말이다.

이 논문은 이러한 문제의식에서 출발하고 있다. 그래서 객체의 착오와 방법의 착오의 표준사례(Standardfall)를 대상으로 하여, 먼저 방법의 착오의 사례적·법효과적 정체성을 규명해 보려 한다. 이어서 그 정체성에 입각하여, 객체의 착오와 방법의 착오의 이분법적 해결방식에 대하여 회의(懷疑)를 갖게 하는 소위 문제사례들을 심사해 봄으로써, 방법의 착오의 착오유형적 정체성을 전제로하는 전통적인 이분법적 해결방식이 타당할 수 있는 문제영역을 재확인해 보고자 한다.[7]

그리고 방법의 착오의 사례적·법효과적 정체성을 가장 명확하게 정면으로 부정하는 대표적인 견해인 동시에, 이미 독일에서는 많은 반향을 불러 일으켰고 최근에는 우리나라의 학자들에게도 영향을 미치고 있는 독일의 푸페 교수의 견해를, 필자의 논증취지와 대립하는 대응견해로 설정하여, 이 논문 전개의 전과정에 걸쳐서 주된 분석의 대상으로 삼기로 한다.

다만 지면 관계상, 위의 세 가지 유형의 문제사례 중에서 셋째의 유형에 대한 검토는 별도의 기회로 미루기로 하고, 또 객체의 착오로 보고 접근하건 방법의 착오로 보고 접근하건 법적 해결에서 이론(異論)없이 통일된 결론으로 이르는 소위 추상적 사실에 관한 착오도 논의의 대상에서 제외하기로 한다.

II. 방법의 착오의 사례적 정체성

1. 방법의 착오에 대한 기존의 개념적 서술은 불완전한 것인가?

방법의 착오는 일반적으로 "행위자가 침해하고자 인식·의욕한 객체가 아닌 다른 객체에서 침해의 결과가 발생하는 경우이다. 그러므로 범행시 행위자가 인식·의욕한 바로 그 객체에서 침해결과가 발생하는 객체의 착오와는 엄연히 구별된다"는 내용으로 정의된다.[8] 그러나 이러한 개념적 서술은 불완전한 것이라고

---

7) 헤르츠베르크는 타당하게도 "왜 방법의 착오의 표준사례가 중요한 착오임에 반하여 객체의 착오의 표준사례는 중요하지 않은 착오인가에 대한 실질적 근거를 밝히는 것이야말로 양 착오의 한계사례의 적절한 해결을 가능하게 한다"고 지적한다(프릿트빗츠, 이재상·장영민 편역, 앞의 책, 145, 146면).

8) 김영환, 고시계 95/7, 35면; 배종대, 총론 제6판, 2001, 220면.

푸페에 의하여 예리하게 지적된 후,[9] 독일에서는 많은 반향을 불러일으켰고,[10] 그 여파가 최근 우리나라에서도[11] 나타나고 있는 것으로 보인다.

푸페는 "행위자는 그가 침해하고자 의욕했던 바로 그 객체를 침해하였다"는 객체의 착오에 대한 전통적인 개념적 명제나, "행위자는 그가 침해하고자 의욕했던 그 객체를 침해하지 않았다"는 방법의 착오에 대한 전통적인 개념적 명제는 모두가 불완전한 서술이라고 한다.[12] 즉, 객체의 착오에 대한 긍정명제가 항상 객체의 착오에 부합하는 것도 아니고, 또한 방법의 착오에 대한 부정명제가 항상 방법의 착오에 부합하는 것도 아니라는 것이다. 그리고 방법의 착오에도 객체의 착오에 대한 긍정명제가 타당한 측면이 있고, 또한 객체의 착오에도 방법의 착오에 대한 부정명제가 타당한 측면이 있다고 한다.

푸페는 의욕한 객체와 침해된 객체가 일치하는가의 여부는 객체의 속성을 비교하여 판단할 수밖에 없다고 한다. 그런데 객체의 착오에서 보면, 객체의 동일성을 규정하는 수많은 속성 중에서 그 일부에 대해서는 항상 표상과 실재가 일치하는가 하면 또 다른 일부에 대해서는 항상 불일치하기도 하므로, 일치하는 부분에 대해서만 긍정명제가 타당하고, 불일치하는 부분에 대해서는 반대로 부정명제가 타당하다는 것이다. 푸페는, 객체의 착오의 경우, 특히 행위자에게 결정적으로 중요한 속성과 관련된 부분에서 오히려 부정명제가 타당한 경우가 통상적이라고 한다. 예컨대 적대자인 줄로 알고 아무 상관도 없는 제3자를 살해한 객체의 착오가 그러한 경우이다. 이 경우에 행위자의 적대자라는 속성이 행위자에게는 결정적으로 중요한데, 바로 이 속성과 관련해서는 "행위자는 그가 침해하고자 의욕했던 그 객체를 침해하지 않았다"는 부정명제가 성립한다는 것이다.

반면에 방법의 착오에서도 "행위자는 그가 침해하고자 의욕했던 바로 그 객체를 침해하였다"는 긍정명제를 성립시키는 측면이 반드시 있다고 하면서, 그것을

---

9) 푸페, 이재상·장영민 편역, 앞의 책, 71면 이하.

10) Herzberg, JA 1981, S. 369 ff(이재상·장영민 편역, 앞의 책, 144면 이하); 프릿트빗츠, 이재상·장영민 편역, 앞의 책, 131면 이하; 헤팅거, 이재상·장영민 편역, 앞의 책, 95면 이하; Wolter, in: Schünemann(hrsg.), Grundfragen des modernen Strafrechtssystems, 1984, S. 123 ff; Silva-Sanches, ZStW 101(1989), S. 352 ff; Streng, JuS 1991, S. 910 ff; Roxin, Spendel-FS, S. 289 ff.

11) 김영환, 형사판례연구 제1권(93/7), 13면 이하; 고시계 95/7, 29면 이하; 배종대, 총론 제6판, 2001, 234면 이하.

12) 푸페, 이재상·장영민 편역, 앞의 책, 72면.

인과과정에 의한 개별화에서 찾는다. 즉, 행위자는 언제나 자신의 행위수단의 효력범위 내에 있는 객체를 침해하고자 의욕하는 법이라고 전제할 때, 방법의 착오로 침해된 객체도 행위수단의 효력범위 내에 있는 객체임은 분명하고, 따라서 그것은 인과과정을 통하여 행위자에게 개별화된 바로 그 객체인 것이며, 그러한 한에서는 방법의 착오에서도 긍정명제는 타당하다는 것이다. 예컨대 A와 B가 나란히 걸어가고 있는 것을 보고 행위자가 A를 조준하여 발사하였으나 빗나가 B를 사살한 경우를 보자. 행위자는 언제나 자신의 행위수단의 효력범위 내에 있는 객체를 침해하고자 의욕하고 기대하면서 행위하는 것이라고 전제할 때, B가 사살된 것은 그가 행위수단의 효력범위 내에 있었다는 것이 되고, 그 한에서는 그것도 행위자가 침해하고자 의욕한 객체에 속하게 되므로, 이 사례에서도 "행위자는 그가 침해하고자 의욕했던 바로 그 객체를 침해하였다"는 긍정명제가 성립한다는 것이다.

개념정의의 정체성을 부정하는 것에서 출발하여, 종국적으로는 객체의 착오와 방법의 착오의 차별성을 완전히 부정하는 데에로 이르는 푸페의 견해의 허실(虛實)은 차차 이 논문에서 밝혀져야 할 과제이긴 하지만, 푸페의 견해가 독일 학계에서는 기존의 구체화설을 재조명할 필요가 있다는 방향으로 학설의 흐름을 유도하는 계기가 된 것만은 사실이다. 물론 새로운 흐름의 방향이 푸페처럼 동가치설에 동참하자는 것은 아니다. 오히려 신경향의 주된 흐름은 방법의 착오에 대한 전통적인 개념적 서술의 불완전성과 특히 한계사례에서의 사례적 구분의 불명확성에 관한 푸페의 지적을 수용하면서, 기존의 구체화설의 문제해결능력의 한계성을 인정하고, 그것을 보완할 수 있는 새로운 이론 틀을 개발하려는 방향으로 나타나고 있다.[13]

그리고 이러한 시도들은 주로 기존의 구체화설에 따른 이분법적 해결은 – 객체의 착오는 중요하지 않은 동기의 착오요, 방법의 착오는 고의귀속을 부정하는 중요한 착오라는 도식적 해결 – 전통적 개념정의에 따르더라도 객체의 착오와 명확하게 구분되는 방법의 착오사례에 대해서만 적용하고, 나머지의 한계사례에 대해서는 새로운 실질적 기준에 의하여 해결해보려는 방향으로 전개되는데,[14] 이

---

13) 앞의 주 10)을 참조.
14) 독일에서는 "계획실현(Planverwirklichung)"이라는 실질적 기준에 의해 해결하려는 록신이 가

는 자연히 기존의 구체화설의 입지를 좁히는 결과를 초래하게 된다.[15] 그리고 여기서 지각적 인지에 의하여 객체를 개별화하는 경우는 객체의 착오 또는 방법의 착오로 명확하게 구분되는 사례로, 반면에 객체를 지각적 인지에 의해 개별화하지 못하는 경우는 어떤 착오에 해당하는지가 명확하게 구분되지 않는 한계사례로 분류한다.

여기서 다음과 같은 반문이 가능할 것이다. 방법의 착오에 대한 기존의 개념적 서술이 과연 푸페의 분석처럼 그렇게 불완전한 것인가? 오히려 푸페의 분석에 불충분한 점은 없는가? 표준사례를 토대로 하여 설정된 기존의 개념정의에서는 과연 한계사례를 구분할 수 있는 실질적 기준을 포착할 수 없는 것인가? 만약 기존의 개념정의에서도 실질적 기준(차이점)을 찾아낼 수 있다면, 새로운 시도들의 필요성은 부정될 것이고, 반사적으로 구체화설의 입지는 다시 회복될 수 있는 것이 아닌가?

그런데 이러한 반문의 타당성 여부는, 객체의 착오와 방법의 착오의 서로 다른 개념적 서술의 모태가 된 각각의 표준사례에 대한 비교분석을 통하여, 객체의 착오에 대한 방법의 착오의 사례적·법효과적 정체성과 차별성을 포착해낼 수 있느냐에 달려 있다고 본다.[16]

2. 방법의 착오의 사례적 정체성

[사례 1] 행위자는 A를 살해하고자 한다. 그러나 목전에 있는 B를 A로 오인한 나머지 B를 겨누어 방아쇠를 당겨 사살하였다.
[사례 2] 행위자는 A를 살해하고자 한다. 그러나 목전에 있는 A를 겨누어 방아쇠를 당겼으나, 빗나가 예기치 않게 뒤따라오던 B가 사살되었다.

여기서 우리는 [사례 1]과 [사례 2]의 착오구조적인 차별성을 분명히 인식할

장 대표적이라면(Roxin, AT I, 2. Aufl., 1994, §12 III Rdnr. 149 f; ders., Spendel-FS, S. 294 ff.), 우리나라에서는 김영환 교수가 록신의 기준을 수용하고 있다(김영환, 형사판례연구 제1권, 1993, 37면).

15) 배종대, 총론 제6판, 2001, 235면.
16) 객체의 착오와 방법의 착오의 법적 해결의 차별성은 각각의 표준사례의 정체성의 차별화에서 접근해야 한다는 타당한 언급에 대해서는 프릿트빗츠, 이재상·장영민 편역, 앞의 책, 154면.

수 있다. 그리고 [사례 1]에 대해서는 객체의 착오라 하여 "행위자가 의욕하였던 바로 그 객체를 침해한 경우"라고 하고, [사례 2]에 대해서는 방법의 착오라 하여 "행위자가 의욕하였던 바로 그 객체가 아닌 다른 객체를 침해한 경우"라고 함으로써, 그 서술을 달리하고 있다. 그리고 이러한 개념적 서술의 차별성은 바로 [사례 1]과 [사례 2]의 사례적 차별성에서 비롯하는 것임은 의심의 여지가 없다.

그런데 [사례 1]과 [사례 2]의 경우, 모두 행위자가 의도했던 A가 아닌 B가 살해되었는데도 불구하고, [사례 1]에 대해서는 '의욕하였던 바로 그 객체가 침해되었다'고 서술하고, [사례 2]에 대해서는 '의욕하였던 그 객체가 아닌 다른 객체가 침해되었다'고 서로 달리 서술하는 것은 어떠한 사례적 차별성을 반영하고 있는 것인가? 이에 대해서 푸페는 독일의 통설이 그 사례적 차별성을 침해객체가 시공적(時空的) 존재위치(存在位置)를 통하여 직접 인식한 객체인가 아닌가에서 찾는다고 지적한다. 즉, 독일의 통설인 구체화설은 시공적 존재위치의 인식을 통하여 개별화된 객체를 침해하는 경우는 객체의 착오인 반면에, 시공적 존재위치의 인식을 통하여 개별화된 객체가 아닌 다른 객체를 침해하는 경우는 방법의 착오다 라는 식으로 양자를 차별화 한다고 지적한다.

푸페는 그러나 시공적 존재위치의 인식에 의한 객체개별화와 기타의 다양한 다른 속성들의 인식에 의한 객체개별화는 외견상의 차이에 불과하다고 한다. 즉, 객체의 위치도 그 개체를 특정하는 하나의 속성으로서 다른 속성들과 차별화 되지 않는다는 것이다. 모든 개체는 그 개체가 유일자로서 갖는 속성을 제시함으로써 특정될 수 있는 것인데, 특정 시점의 특정 위치에 존재하는 개체는 유일할 수밖에 없다는 점에서 시공적 존재위치도 개체를 개별화하는 중요한 하나의 속성일 뿐이고, 그러한 한에서 다른 개별화의 속성과 차이가 없다고 본 것이다.[17]

분명 그러하다. 그 개체를 유일존재자로서 개별화·특정화시킬 수 있는 고유한 속성이라는 측면에서만 바라본다면, 개체의 시공적 존재위치도 다른 속성들과 차별화 되지 않는다. 객체로 특정되는 대상이 '일정한 시점에서 왼쪽에 있는 사람'인가 아니면 '오른쪽에 있는 사람'인가도 그 자체 개체의 존재적 개별화를 위한 하나의 속성일 수 있으며, 그 점에서는 마치 객체로 특정되는 대상이 '나의

---

17) 푸페, 이재상·장영민 편역, 앞의 책, 76면.

적'인가 '나의 친구'인가라는 또 다른 속성과 차별화 되지 않는 것이다. 따라서 다른 속성에 의한 개별화의 측면에서 발생하는 객체의 착오와 개체의 존재위치에 의한 개별화의 측면에서 발생하는 방법의 착오를 차별화 할 아무런 근거가 없다고 할 수 있다. 나의 적인 줄로 오인하여 친구를 살해한 객체의 착오에서 "나의 적"이라는 개별화의 속성이 구성요건적으로 중요한 속성이 아니기 때문에 이러한 착오가 중요하지 않다면, 왼쪽에 있는 자를 살해하려 했으나 잘못하여 오른쪽에 있는 자를 살해한 방법의 착오에서 "왼쪽에 있는 자"라는 개별화의 속성도 구성요건적으로 중요한 속성이 아니기 때문에 이러한 착오 역시 중요하지 않다라고 할 수 있을 것이기 때문이다.

그러나 여기서 푸페는 객체의 개별화의 문제를, 오로지 개체의 고유한 속성을 표상함으로써 그 개체를 다른 개체와 존재적으로 구분짓는다는 "개체의 존재적 개별화·동일화"의 문제로만 단순화시키고 있음을 알 수 있다. 존재적 개별화의 측면에서만 본다면, 객체의 착오건 방법의 착오건 모두가 속성의 인식을 통하여 행위자의 표상 속에서 개별화된 객체와 현실의 침해객체가 불일치하는 경우라는 점에서 차이가 나지 않으며, 따라서 방법의 착오도 객체의 착오와 마찬가지로 구성요건적으로 중요하지 않은 속성의 착오에 불과하다는 결론도 가능하게 된다.[18]

그러나 객체의 착오와 방법의 착오를 구별하는 개념적 서술의 핵심인 "행위자가 침해하고자 의욕한 그 객체인가 아닌가"라는 부분은 행위자가 속성을 매개로 표상한 객체와 침해객체가 존재적 동일개체인가 아닌가에 대한 물음이 아니라고 한다면 사정은 달라진다. 객체의 착오건 방법의 착오건 공히 표상객체와 침해객체가 존재적 동일개체가 아님에도 불구하고, 객체의 착오에서는 "의욕한 그 객체가 침해되었다"고 하고, 방법의 착오에서는 "의욕한 그 객체가 아닌 다른 객체가 침해되었다"고 구별하고 있다. 이것은 무엇을 의미하는가? 그것은 객체의 착오와

---

18) 그런데 이처럼 푸페가 객체의 개별화를 개체의 존재적 개별화의 차원으로 단순화시킴으로써 방법의 착오를 객체의 착오와 구별되지 않는 속성의 착오로 동일시한 데에는, 사실 기존의 독일 통설이 방법의 착오에서의 개별화와 객체의 착오에서의 개별화가 서로 다른 차원의 문제라는 점을 분명하게 인식시키지 못한 데에도 그 원인이 없지 않다. 즉, 기존의 독일 통설은 객체의 착오와 관련되는 객체의 속성에 의한 개별화와 방법의 착오와 관련되는 객체의 위치에 의한 개별화의 차이를 단지 개별화의 양태나 방법상의 차이로만 인식했을 뿐(Vgl. Engisch, Vorsatz und Fahrlässigkeit, 1964, S. 68, 70), 방법의 착오는 객체의 착오와는 달리 존재적 차원의 객체개별화의 문제가 아니라는 사실을 분명하게 인식시키지 못하였던 것이다.

방법의 착오의 차별화는 적어도 존재적 차원의 개체개별화의 문제가 아님을 말해주고 있는 것이 아닌가? 존재적 차원의 개체개별화의 문제라면 객체의 착오건 방법의 착오건 차이가 없으므로, 다 같이 "의욕한 그 객체가 침해되었다"고 하든지, 아니면 다 같이 "의욕한 그 객체가 아닌 다른 객체가 침해되었다"고 하여야 할 것이기 때문이다.

여기서 우리는 "침해하고자 인식·의욕한 그 객체"라는 서술에 다시 주목할 필요가 있다. 객체의 착오와 방법의 착오의 차별성을 침해된 객체가 "침해하고자 인식·의욕한 그 객체인가 아닌가"에서 찾고 있는 것이다. 즉, 객체의 개별화의 지침을 오로지 "침해하고자 인식·의욕함"으로 설정하고 있음을 알 수 있다. 그렇다면 "침해하고자 인식·의욕함"이라는 의미는 무엇인가? 그것은 바로 "행위효과를 실현할 대상으로 설정함"이라는 의미다. 즉, 행위의 효과방향의 예견을 통한 객체의 대상적 개별화를 의미한다.

예컨대 오른쪽에 있는 자를 향하여 발사하였으나 왼쪽에 있는 자가 사살된 사례의 경우, 방법의 착오로서 "침해하고자 인식·의욕한 그 객체가 아닌 다른 객체가 침해되었다"고 서술하는데, 여기서 중요한 것은 오른쪽에 "존재"하는 자가 아닌 왼쪽에 "존재"하는 자가 침해되었다는 사실이 아니라, 자신의 행위가 진행하여 효과를 발생시킬 것으로 예견한 "방향"에 있는 자가 침해되지 않고 자신의 행위가 지향할 것으로 예견하지 못한 "방향"에 있는 자가 침해되었다는 사실이다. 여기서는 개체의 속성을 표상함으로써 이 세상에서 유일자로 존재하는 하나의 고유한 개체를 특정한다는 의미에서의 개별화를 문제삼는 것이 아니고, 행위의 진행방향의 예견을 통하여 행위의 효과가 미칠 대상을 특정한다는 의미에서의 개별화를 문제삼고 있는 것이다.

이처럼 행위의 진행방향의 예견을 통한 객체의 개별화라는 관점에 의해서만 객체의 착오와 방법의 착오의 개념적 서술의 차별화는 근거지워질 수 있다. 즉, 행위의 진행방향의 예견을 통한 객체의 개별화의 측면에서 볼 때, 객체의 착오는 개별화된 그 객체에서 결과가 발생했으므로 "행위자가 인식·의욕한 그 객체가 침해된" 경우라고 하고, 방법의 착오는 개별화된 그 객체가 아닌 다른 객체에서 결과가 발생했으므로 "행위자가 인식·의욕한 그 객체가 아닌 다른 객체가 침해된" 경우라고 하는 것이다. 객체의 착오와 방법의 착오의 이러한 차별성을 쉬트

랭은 적절하게도 침해객체가 '지배가능한 인과과정의 표상을 통하여 한계지워진' 객체인가 아닌가에서 찾고 있다.[19]

이 세상의 모든 개체는 유일자로서 존재하고, 유일자로서의 그 개체를 관념적으로 특정화·개별화하는 방법은 그 개체의 속성을 ─ 나의 연적(戀敵), 주소, 성명, 채권자, 시공적 존재위치 등 ─ 표상하는 것인데, 객체의 착오는 행위의 진행방향의 예견을 통하여 개별화된 대상에 대하여 단지 그 개체의 속성을 잘못 표상함으로써 표상객체와 침해객체가 서로 다른 별개의 존재자에 해당하는 경우이다. 즉, 객체의 착오는 항상 행위의 진행방향의 예견을 통하여 개별화된 그 객체에서 결과가 발생했다는 것을 전제로 하고, 단지 그 객체의 개체적 속성에 대해서만, 따라서 개체의 존재적 동일성에 대해서만 착오하는 것으로서, 표상객체와 침해객체 사이에 존재적 개체동일성의 불일치가 발생하는 경우이다. 반면에 방법의 착오는 행위의 진행방향의 예견을 통하여 특정화·개별화된 대상이 아닌, 즉 행위의 진행방향의 예견을 통하여 특정화·개별화되지 않은 대상에서 행위의 효과가 발생하는 경우이다.[20]

이렇게 하여 객체의 착오와 방법의 착오는 모두 객체의 개별화와 관련되어 있으나, 그 각각은 서로 다른 차원의 개별화임이 드러난다. 개체의 속성의 인식을 통한 객체의 '존재적 개별화'와 행위의 진행방향의 예견을 통한 객체의 '대상적 개별화'가 그것이다. 전자의 개별화가 객체의 착오에 관련된 문제라면, 후자의 개별화는 방법의 착오에 관련된 문제다. 전자의 차원에서는 푸페의 지적대로 객체의 착오와 방법의 착오는 차별화되지 않고, 바로 후자의 차원에서만 차별화된다. 그리고 객체의 착오와 방법의 착오에 대한 개념적 서술의 차이도 바로 이 후자를 지적하는 것이다.

이것을 「구체적인 살인사태」에 대한 고의귀속이 가능한 행위자의 표상을 서술하고 있는 엥기쉬의 말에 적용해 보자. 엥기쉬는 살인죄의 객관적 구성요건사태에 대하여 고의귀속에 필요한 행위자의 표상을 "행위자는 공격방향에 놓여 있는

---

19) Streng, JuS 1991, S. 913. 록신도 표준사례에 관한 한, 객체의 착오와 방법의 착오의 법적 효과를 달리하는 것은 충분한 근거가 있다고 하면서, 객체의 착오와는 달리 방법의 착오는 단순히 객체의 뒤바뀜의 문제가 아니고 행위의 진행과정이 행위자의 조종을 이탈함으로써 계획하지 않은 결과를 야기시키는 것이라는 점을 강조한다(Roxin, Spendel-FS, S. 293).
20) 같은 취지의 서술로는 허일태, 한국판례형성의 제문제, 1988, 224면.

그 구체적인 객체를 그가 살해하려고 하는 사람으로 인식하는 것"으로[21] 서술하고 있다. 이 서술은 객체에 관한 두 가지 서로 다른 차원의 개별화를 함축하고 있다. 하나는 '공격방향을 통한' 개별화이고, 다른 하나는 그렇게 개별화된 객체를 '살해하려고 의도하는' 사람과 동일시하는 개별화이다. 전자는 대상적 개별화이고 후자는 존재적 개별화이다. 그리고 대상적으로 개별화되지 않은 객체에서 결과가 발생하는 것이 방법의 착오이고, 존재적으로 개별화되지 않은 객체에서 결과가 발생하는 것이 객체의 착오이다.[22]

Ⅲ. 방법의 착오의 법효과적 정체성

1. 문제의 소재

방법의 착오의 법효과에 대해서는 객체의 착오의 그것과의 차별성을 부정하는 견해와 ― 법정적 부합설 내지 동가치설 ― 차별성을 긍정하는 견해가 ― 구체적 부합설 내지 구체화설 ― 전통적으로 대립하고 있다. 독일의 통설 및 판례의 입장이 모두 후자에 해당한다면, 우리 나라에서는 다수설은[23] 후자의 입장을, 판례는 전자의 입장을[24] 취하는 재미나는 대조를 보이고 있다. 한편 일본은 학설 및 판례 모두가 전자의 입장을 취한다고 한다.[25]

---

21) Engisch, a.a.O., S. 68.
22) 푸폐가 일단 방법의 착오로 분류하는 다음의 사례를 한 번 보자. "행위자가 자신의 적대자 N이 친구 F와 함께 오고 있는 것을 보고 F가 N인줄 알고 F에게 총을 겨냥하였으나, 조준이 잘못 되었거나 총알이 빗나갔기 때문에 N을 명중시켰다." 여기서 행위자는 자기의 행위효과가 F에게로 지향할 것으로 예견했기 때문에 행위대상으로서는 F로 개별화하였다. 그러나 행위의 진행방향의 예견을 통하여 개별화된 객체가 아닌 N에게서 효과가 발생했으므로 방법의 착오에 해당한다. 다음으로 행위자는 행위대상으로 개별화된 객체 F를 "자기의 적대자 N"으로 동일화하였으므로, 개별화된 공격객체와 실제의 침해객체는 존재적으로 동일개체가 아니며, 따라서 외형상으로는 객체의 착오에도 해당하는 것처럼 보인다. 그러나 객체의 착오는 행위의 진행방향의 예견을 통하여 대상적으로 개별화된 그 객체가 침해되었음을 전제할 때에만 의미를 갖는 것이므로, 이 사례와 같이 이미 대상적으로 개별화된 그 객체가 아닌 다른 객체에서 침해결과가 발생한, 즉 이미 방법의 착오가 발생한 경우에는 객체의 착오는 문제삼을 필요가 없다.
23) 우리나라의 학설상황에 대해서는, 법정적 부합설을 다수설로 소개하는 것이 일반적이지만, 이제는 구체적 부합설이 다수설인 듯하다(배종대, 총론 제6판, 2001, 233면 주 57 참조).
24) 대판 1987. 10. 26., 87도1745; 대판 1984. 1. 24., 83도2813.
25) 정영일, 고시계 97/3, 43면.

푸페는 두 가지 논거로서 독일의 소수설을 지지한다. 첫째는 이미 언급한 바와 같이 객체의 착오와 방법의 착오가 사례적으로 차별화 되지 않는 것으로 본다. 양자 모두 행위객체의 구성요건 외적 속성에 대하여 잘못된 표상을 가짐으로써 결과적으로 행위객체의 동일성에 대하여 착오한 것에 불과하다는 점에서 동질적이며, 따라서 그것들에 대한 법효과에서도 차별화 될 수 없다는 것이다. 둘째는 발생된 구성요건적 사태를 고의에 귀속시키기 위해서는 발생사태와 표상사태가 동일한 법률구성요건의 충족이라는 측면에서 일치하면 충분하고, 방법의 착오도 객체의 착오와 같이 그러한 최소요건을 충족하고 있으므로 다같이 결과의 고의귀속이 인정된다고 한다.[26] 여기서 첫째 논거가 푸페에 의하여 개발된 논거라면 둘째의 논거는 독일의 소수설에 해당하는 동가치설의 전통적인 논거에 해당한다.

이미 사례적 차별상의 논증을 통하여 푸페의 첫째 논거는 그 효력을 상실하였다고 본다. 이제 남은 것은 과연 방법의 착오도 객체의 착오와 같은 수준으로 결과의 고의귀속을 위한 최소요건을 충족하고 있느냐의 문제이다.

2. 방법의 착오의 법효과적 정체성

결과의 고의귀속에 관한 지금까지의 어떠한 견해에 의하더라도 동가치적 사실의 착오 중에서 객체의 착오에 대해서는 결과의 고의귀속을 인정하고, 그 결론은 또한 타당하다. 행위자가 B를 A로 알고 살해한 객체의 착오를 보자. 여기서 사람을 사망시킬만한 행위, 행위의 객체지향성, 그 지향성을 통하여 개별화된 객체, 그 객체가 사람이라는 사실, 그 객체에서 발생된 사망의 결과, 행위와 결과간의 인과관계 등, 적어도 살인죄의 구성요건적 의미를 형성하는 모든 요소들에서 표상된 사태와 발생된 사태는 구체적으로 부합하고 있다. 즉, 구성요건적으로 의미 있는 요소에 관한 한, 객관적으로 발생된 사태는 행위자의 표상 속에 반영되어 있던 사태 그대로이다. 따라서 객체의 착오에서는 발생사태는 표상의 실현이며, 역으로 표상은 발생사태의 주관적 반영이라 할 수 있으므로, 발생사태는 고의에 귀속될 수 있는 것이다. 즉, 이러한 착오에서는 표상사태와 현실의 발생사태가

---

26) 푸페, 이재상·장영민 편역, 앞의 책, 64면.

구성요건적으로 의미 있는 요소에서는 구체적으로 부합[27]하고 있는 것이다.

반면에 살인죄에서 살해행위의 객체가 구체적으로 A인가 B인가는 구성요건적 의미를 형성하는 요소가 아니기 때문에, 그 점에 대한 표상과 현실의 불일치는 결과의 고의귀속에 장애가 되지 않는다.[28] 즉, 객체의 존재적 고유성은 살인죄의 구성요건적 행위구조물의 중요한 구성요소가 아니기 때문에, 그 점에 대한 불일치는 표상된 행위구조물과 실현된 행위구조물을 구성요건적으로 서로 다른 행위구조물로 평가하게 하는 요인이 될 수 없는 것이다. 살인죄의 경우, 살해행위가 지향하는 객체가 사람이라는 사실만이 구성요건적으로 의미를 가지므로, 객체의 존재적 동일성에 대해서는 아무런 표상이 없었다 하더라도 — A인지 B인지에 대한 아무런 표상이 없었다 하더라도 — 발생된 결과를 고의에 귀속시키는 데에 아무런 문제가 없다. 하물며 객체의 동일성을 달리 표상했다고 해서 고의귀속에 장애가 될 수 있겠는가?[29]

그렇다면 방법의 착오는 어떠한가? 방법의 착오는 행위가 지향할 것으로 예견했던 객체에서 결과가 발생하지 않고, 현실적으로 예견하지 않았던 방향으로 행위가 진행하여 엉뚱한 객체에서 결과가 발생하는 착오현상이다.[30] 즉, 행위의 표상된 진행방향과 현실의 진행방향이 일치하지 아니하여 공격객체와 침해객체의 상위(相違)가 발생하는 착오현상이다. 따라서 방법의 착오의 법적 처리는 결국 행위의 표상된 진행방향과 현실의 진행방향의 불일치가 법적으로 어떠한 의미를

---

27) 이를 필자는 "구성요건적·구체적 부합"이라 부르고자 한다(문채규, 앞의 논문, 41면 이하 참조).

28) Vgl. Schreiber, JuS, S. 873. 같은 의미에서 볼터는 "객체의 구체화는 착오문제에 중요한 의미를 갖는 표지가 아니다"라고 한다(Wolter, a.a.O., S. 124 f.).

29) 그러나 A 또는 B가 예컨대 행위자의 직계존속이라면 사정은 달라진다. 우리 형법은 보통살인죄와 존속살해죄를 구성요건적으로 구별하고 있으므로, 이제 행위객체가 직계존속인가 아닌가는 구성요건적으로 의미를 갖는 요소가 되었고, 따라서 행위객체의 고유성에 대한 착오가 직계존속이냐의 여부에 관계된다면 그 착오는 결과의 고의귀속에 영향을 미치게 된다. 그리하여 예컨대 직계존속인 B를 B의 채권자인 A로 오인하여 살해했다면, 보통살인죄의 구성요건적 요소에서만 표상사태와 발생사태가 구체적으로 일치하고, 존속살해죄의 구성요건적 요소에서는 표상사태와 발생사태가 구체적으로 일치하지 않는다. 따라서 보통살인죄의 구성요건에 관해서만 결과의 고의귀속이 가능하여 살인죄의 고의기수가 성립하고, 존속살해죄의 구성요건과 관련해서는 결과의 고의귀속이 부정된다.

30) 이를 이용식 교수는 '인식한 위험과 실현된 위험의 불일치' 또는 '실현된 위험은 인식했던 위험이 진행변형되어 나타난 것이 아님' 등으로 표현한다(이용식, 고시계 93/9, 137면). 물론 같은 의미이다.

갖는가에 달려 있게 된다.

먼저 행위가 지향하는 방향을 전제하지 않고서는 객체라는 개념이 성립하지 않는다. 객체는 바로 행위의 객체를 의미하기 때문이다. 따라서 행위의 객체지향성은 행위와 객체를 구성요건적 의미체로 결합시키는 요소이다. 뿐만 아니라 그 것은 더 근본적으로는 형법의 평가규범적 측면과 결정규범적 측면을 연결시키는 요소이기도 하다. 결정규범적 측면에서 금지대상이 되는 행위는 평가규범적 측면에서 부정적 평가를 받는 객체침해를 지향하는 행위일 수밖에 없기 때문이다. 따라서 행위와 객체가 구체적으로 연결되어 나타나는 특정화된 행위가 평가의 기초를 이룬다는 취지의 허일태 교수의 언급은[31] 타당하다.

더구나 행위의 객체지향성은 행위와 결과간의 인과관계의 전제이기도 하다. 행위가 객관적으로 지향하고 있지 아니한 객체에서 발생된 결과와 그 행위 사이에 인과관계가 성립할 수는 없는 노릇이기 때문이다. 그렇다면 결국 인과관계의 예견도 객체지향성의 예견을 전제로 하게 될 것이다. 결과적으로 인과관계가 객관적 구성요건요소로서 고의의 표상내용이라면 행위의 객체지향성도 고의의 표상내용이 될 수밖에 없는 것이다. 결과는 그것이 발생될 객체를 통하여 표상된다. 구체적인 사람이 사망하는 것이기 때문이다. 구체적인 사람이 매개되지 않은 채, 사망이라는 구체적 결과는 표상될 수 없으며, 따라서 행위의 객체지향성의 예견 없이 행위와 결과간의 인과관계의 예견도 불가능하다. 행위와 객체 및 결과는 이처럼 객관적·주관적 양 측면에서 하나의 행위구조물로 결합되어 있다. 행위의 효과방향의 예견을 통하여 객체를 표상하게 되고, 다시 그렇게 개별화된 구체적 객체의 표상을 통하여 결과를 표상하게 되며, 나아가서는 그러한 연결관계 속에서 결과와 행위 사이의 인과관계도 표상할 수 있게 된다.[32]

---

31) 허일태, 한국판례형성의 제문제, 1988, 225면. 이를 같은 취지에서 행위반가치와 결과반가치의 상관관계로서 설명하기도 한다. 즉, 방법의 착오에서 행위와 결과의 구체적 연결을 경시하고 행위객체의 구성요건적 동가치성만 주목하는 독일 소수설의 견해는 결과반가치와 동등하게 중시되어야 할 행위반가치를 경시하는 것이라고 하면서, 방법의 착오에서는 '고의적인' 행위반가치와 실제로 발생한 결과반가치는 결합되지 않기 때문에 양자는 서로 별개의 구성요건실현에 해당한다는 것이다. 다시 말하면 방법의 착오에서는 '고의'행위와 발생결과간에 불법관련성이 없다는 것이다(Streng, JuS 1991, S. 911. f; Hettinger, GA 1990, S. 531, 549; Hruschka, JZ 1991, S. 488, 491).

32) 다만 결과범에서는 인과관계가 이미 독자적인 객관적 구성요건요소로 되어 있고, 그것의 예견도 이미 고의의 표상내용으로 되어 있기 때문에, 행위의 객체지향성 및 그것의 예견을 독자적

이렇게 볼 때, 행위의 객체지향성은 객체의 개별화를 위해서도, 인과관계의 성립을 위해서도 불가결한 수단 및 전제요건이 되므로, 그것은 실질적으로 중요한 객관적 구성요건요소라 할 것이다. 그리고 행위의 객체지향성의 예견은 객체의 표상을 매개하는 연결요소이면서, 동시에 인과관계의 예견을 위한 필수적인 선행 예견이므로, 그것은 실질적으로 고의의 중요한 표상내용이 된다. "고의는 행위자가 설정한 행위객체에 대한 '방향'을 전제로 하고 있다"는 독일 제국법원의 언명은[33] 행위의 객체지향성의 예견을 통한 객체의 개별화와 고의의 관계를 정확하게 포착하고 있다.

결국 객체는 행위객체로서 그것은 행위의 객체지향성의 예견을 통하여 행위자에게 개별화된다. 행위의 객관적 지향성의 범위 내에 속하는 객체들 중에서도 행위자가 구체적으로 자기 행위가 지향할 것으로 예견한 객체만이 행위자의 표상 속에 개별화된 객체이다. 따라서 나머지의 객체들은 과실행위의 객체는 될 수 있을지언정 고의행위의 객체는 아니다.

방법의 착오는 바로 행위의 예견된 객체지향성과 현실의 객체지향성에서 상위가 발생하는 경우이다. 그리하여 방법의 착오에서는 객체지향성의 예견을 통하여 개별화된 '공격객체'와 현실의 객체지향성에 의해 실제로 침해된 '침해객체', 예견한 공격객체에서 발생될 것으로 '예견된 결과'와 침해객체에서 '실제로 발생된 결과', 그리고 예견된 결과와 행위간의 '예견된 인과관계'와 발생결과와 행위간의 '현실적 인과관계' 등이 각각 서로 불일치하게 된다.[34] 이는 곧 표상된 행위구조물과 실현된 행위구조물이 구성요건적으로 의미 있는 요소에서 일치하지 않는 서로 다른 행위구조물이라는 의미가 된다. 이를 독일 제국법원의 언명형식에 도입시켜 표현하면, 「방법의 착오의 경우 침해객체는 행위자가 설정한 행위객체에 대한 '방향'에 놓인 객체가 아니므로, 결과의 고의귀속을 위한 전제가 결여되어

인 객관적 구성요건요소나 고의의 독자적인 표상내용으로 요구할 현실적인 필요성이 없을 뿐이다. 인과관계의 성립 및 그것의 예견에는 행위의 객체지향성 및 그것의 예견이 필연적으로 전제되기 때문이다.

　　반면에 행위객체는 존재하지만 결과발생을 요구하지 않는, 따라서 인과관계가 객관적 구성요건요소로 되지 않는 거동범에서는 행위의 객체지향성 및 그 예견은 구성요건적으로 독자적인 의미를 가질 수 있을 것이다.

33) RGSt 3, 384(헤팅거, 이재상·장영민 편역, 앞의 책, 101면 참조).
34) 헤팅거, 이재상·장영민 편역, 앞의 책, 117면.

있다」로 될 것이다. 결과적으로 방법의 착오에서 '예견된' 객체지향성과 연결되지
아니하는 침해객체 및 그 결과에 대해서는, 과실책임은 별론으로 하고, 적어도
고의책임을 귀속시킬 수는 없는 것이다.

물론 방법의 착오의 경우에 행위자가 행위의 객체지향성의 예견을 통하여 개
별화한 객체 외에, 실제로 침해된 객체를 포함하여 더 많은 객체들의 '존재 그
자체'는 인식했을 수도 있다. 그러나 그것들이 객체지향성의 예견을 통하여 행위
효과가 발생할 대상으로 개별화되지 않는 한, 그것들은 고의행위의 객체는 못된
다.[35] 따라서 그 객체에서 발생된 결과를 고의에 귀속시킬 수 없는 것은 당연하
다. 기껏해야 인식 있는 과실정도에 귀속될 수 있을 뿐이다.

Ⅳ. 문제사례의 검토

1. 착오 외적인 법적 관점을 내포하는 예외사례의 검토

(1) 미필적 또는 택일적 고의의 사례와 방법의 착오

예컨대 행위자는 B가 맞아 사망할 수도 있다는 점을 진지하게 고려하였으나,
A를 죽일 수 있는 절호의 기회를 놓치고 싶지 않아서 A를 노리고 범행을 감행한
결과 B가 사망한 경우이다. 이 사례를 방법의 착오로 해결하려는 견해가 있다.
예컨대 방법의 착오는 원칙적으로 구체적 부합설에 따라 해결하되, 이 사례처럼
발생결과에 대한 미필적 고의가 존재할 경우에는, 구체적 부합설의 도식적 해결
공식[36]을 지양하고 의도된 공격객체에 대한 미수범과 침해객체에 대한 고의기수
범의 상상적 경합을 인정하는 방향으로 구체적 부합설을 보완하자는 견해가 그
것이다.[37]

그러나 이 사례는 방법의 착오에 해당하지 않는다고 봄이 타당하다. 방법의
착오는 발생사실에 대해서는 고의에 포섭되는 어떠한 형태의 표상도 존재하지
않을 것을 전제로 한다. 그러나 이 사례처럼 발생사실에 대하여 비록 미필적 고

---

35) 다른 견해로는 신양균, 박정근 교수 화갑기념논문집, 1990, 155면.
36) 여기서 구체적 부합설의 도식적 해결공식이란 인식사실에 대한 미수범과 과실이 인정될 경우
　　발생사실에 대한 과실범의 상상적 경합으로 해결하려는 공식을 말한다.
37) 정영일, 고시계 97/3, 46면 이하.

의의 형태라 할지라도 고의에 포섭되는 표상을 가지고 있다면, 그 결과는 단순히 방법의 착오로 '발생된' 것이 아니고 이미 (미필적) 고의로 '실현한' 것이다. A뿐만 아니라 B도 행위의 진행방향의 예견을 통하여 행위자에게 객체로 개별화되었고, 개별화된 그 객체에서 결과가 발생한 것이므로 방법의 착오에 해당하지 않는다.[38]

(2) 행위자가 겨냥한 객체가 아닌 제3의 객체에서 침해결과가 발생하였으나 행위자의 의도는 결국 실현된 경우와 방법의 착오

예컨대 장난삼아 지나가는 행인 B에게 눈덩이를 던졌으나 그 옆을 지나던 행인 A가 맞았다든지, 데모를 진압할 목적으로 시위학생 B를 겨냥하였으나 그 옆에 있던 시위학생 A가 맞은 경우, 또는 친구를 골려주려고 친구의 형법각론 교과서를 훔치려 하였으나 실수로 그 옆에 놓여 있던 형법총론 교과서를 훔치게 된 경우 등이다.

이 경우에 발생사태를 고의에 귀속시켜야 한다는 견해가 있다.[39] 그리고 이 견해의 일반적인 논거는 행위자의 범행계획상 피해객체의 동일성은 중요하지 않고 따라서 범행계획은 구체화된 객체를 전제하지 않기 때문에, B 대신에 A를 맞추었거나 형법각론 대신에 형법총론 교과서를 훔쳤다고 해서 그의 계획이 실패했다고 볼 수 없다는 것이다.[40] 여기서 범행계획상 피해객체의 동일성은 행위자에게 중요한 것이 아니다는 사실에 대한 징표는, 만약 그러한 빗나감을 행위자가 고려했었더라도 역시 행위를 감행했었을 것인가라는 가상적 질문에 대하여 "그렇다"라는 긍정적 대답이 기대된다는 점에서 찾는다.

그러나 이러한 견해는 수긍하기 어렵다. 우선 이 견해가 핵심표지로 삼고 있는 '구체화된 객체를 전제하지 않는 범행계획'이란 있을 수 없기 때문이다. 범행계획이라는 개념을 형법상 의미를 갖는 범위 내에서 사용한다고 하면, 그것은 결국 결과실현의 계획을 의미할 것이고, 행위·객체·결과는 항상 구체적·불가분

---

38) 김영환, 형사판례연구 제1권, 1993, 17면; 헤팅거, 이재상·장영민 편역, 앞의 책, 99면 이하; 프릿트빗츠, 이재상·장영민 편역, 앞의 책, 156면; Engisch. a.a.O., S. 71f.

39) 독일에서는 이러한 견해를 취하는 학자가 많다고 하며(프릿트빗츠, 이재상·장영민 편역, 앞의 책, 162면), 우리나라에서는 김영환 교수가 이 견해를 취한다(김영환, 형사판례연구 제1권, 1993, 19면).

40) 김영환, 형사판례연구 제1권, 1993, 19, 36면; Roxin, AT I, 2. Aufl., 1994, §12 III Rdnr. 150; Wolter, a.a.O., S. 130.

적 결합관계에 있는 것이기 때문에, 구체화된 객체를 전제하지 않는 결과실현의 계획이란 있을 수 없으며, 당연히 구체화된 객체를 전제하지 않은 범행계획도 있을 수 없다.[41] 물론 구체화된 객체가 다수일 수는 있다. 소위 일반적 고의 또는 택일적 고의의 경우가 그러하다. 그러나 이 경우에도 객체가 구체화된 것만은 분명하다.

그럼에도 위의 사례에서 구체화된 객체를 전제하지 않는 범행계획 운운한다면, 그것은 구성요건적으로 의미 있는 결과실현의 계획이 아니고, 다른 차원의, 즉 구성요건적 의미와는 무관한 차원의 계획일 수밖에 없을 것이다. 예컨대 장난으로 즐거움을 얻겠다는, 또는 데모를 진압하겠다는, 또는 친구를 골려주겠다는 등의 계획일 수는 있을 것이다. 이러한 의미의 계획을 염두에 두고 말한다면, 분명 위의 사례들에서는 행위자의 계획이 실현되었다고도 할 수 있다. 이러한 의미에서라면, 피해자 B, A의 동일성은 행위자에게 중요하지 않고, B 대신에 A가 맞았다고 해서 행위자의 계획이 실패했다고는 말할 수 없을 것이기 때문이다.

그러나 이러한 의미의 목적·계획은 구성요건적으로 의미를 갖지 못하는 범행의 동기에 불과하고, 그러한 동기의 달성 여부가 고의귀속의 척도가 될 수 없다는 것도 분명하다. 가령 위의 마지막 사례의 경우, 다음 날로 예정된 친구의 형법각론 시험을 망치게 하려고 한 경우였다면 어떻게 해결되는가? 위 견해에 의하면, 이번에는 범행계획상 피해객체의 동일성이 중요하므로 구체화된 객체를 전제한 범행계획이라 할 것이고, 이어서 전제한 객체에서 피해가 발생하지 않았으므로 계획은 실패했고, 따라서 고의귀속은 안 된다고 할 것이다. 모든 사정이 완전히 동일하고, 단지 구성요건적적 의미를 갖지 못하는 동기상의 차이만 ─ 단순히 골려주려는 동기와 시험을 망치게 하려는 동기 ─ 있을 뿐인데, 이처럼 고의귀속의 여부가 달라져야 한다는 것은 이해할 수 없다.

예시된 사례들에 대해서 결과의 고의귀속을 인정하려는 견해가 그 척도로서

---

41) 같은 맥락에서 헤팅거는 살인죄의 구성요건은 모든 인간의 생명 자체를 보호하는 것이기는 하지만 그것은 일차적으로는 구체적인 행위객체를 보호함으로써만 가능하다고 하고(헤팅거, 이재상·장영민 편역, 앞의 책, 113면), 빈딩은 그 누구도 인간이라는 類(das Genus Mensch)를 공격하려고 의욕할 수는 없으며, 살해의 의사는 특정된 표지에 의해 다른 사람과 구별되는 특정된 사람에게 한정된다고 한다(Binding, Die Normen und ihre Übertretung, 2. Bd., 2. hälfte, 2. Aufl., 1916, S. 829).

제시하는 "범행계획의 달성"이란 내용적으로는 "범행동기의 달성"에 불과하고, 따라서 그것은 고의의 결과귀속을 인정하는 근거가 될 수 없다.[42] 결국 위의 사례들에서도 일반적인 방법의 착오와 달리 취급할 아무런 요소도 발견될 수 없다 할 것이다. 그러므로 A 또는 형법총론 교과서에 대하여 택일적 고의 내지는 미필적 고의를 인정할 수 있을 정도의 표상을 가지고 있지 아니하였던 한에서는, 그들에게서 발생된 침해결과는 행위의 객체지향성의 예견을 통하여 개별화되지 않은 객체에서 발생된 것으로서 고의에 귀속시킬 수 없다.

(3) 정당화되는 객체와 그렇지 않은 객체간의 방법의 착오

예컨대 행위자는 B의 위법한 공격을 방어하기 위하여 B에게 방위행위를 한다고 한 것이 잘못되어 옆에 있던 A에게 상해를 입힌 경우이다. 이 사례도 외형적으로는 방법의 착오의 형태 및 구조를 갖는다. 그러나 이 사례는 결과의 객관적 고의귀속의 문제이기 이전에, 범행의 주관적 고의귀속부터 문제가 된다. 즉, 고의책임이 귀속될 수 있는 고의행위 자체의 인부(認否)부터 문제가 된다.

그런데 소극적 구성요건표지이론을 비롯하여 다수설인 제한적 책임설의 '취지'에[43] 따르면 이러한 사례에서는 처음부터 고의책임이 귀속될 수 있는 '고의행위'가 없다. 이 행위자의 행위에는 발생결과를 귀속시킬 고의 자체가 ― 그것이 불법고의건 책임고의건 ― 없는 것이다. 따라서 A의 상해결과는 원천적으로 고의에 귀속될 수 없고 기껏해야 과실에의 귀속이 가능할 수 있을 뿐이다.[44] 이 사례는 결과의 고의귀속 이전의 문제이기 때문에,[45] 구체적 부합설을 취하느냐 법정적 부합설을 취하느냐에 따라서 결론이 달라질 문제가 아니다.[46]

---

42) 록신의 "계획실현"이라는 척도에 대하여 필자와 같은 취지에서 비판하는 견해로는 이용식, 고시계 93/9, 132면 주 38 참조.

43) 소극적 구성요건표지이론이나 제한적 책임설은 존재하지 않는 객관적 정당화요소를 존재하는 것으로 오인하는 착오사례에 관한 학설이기 때문에, 지금 논의되는 이 사례에 직접 적용될 수는 없다. 그러나 범행에 대한 주관적 고의귀속에 관한 이 두 학설의 기본 취지만큼은 이 사례의 해결에 관련지을 수 있다.

44) 김영환, 형사판례연구 제1권, 1993, 18, 35면; Roxin, AT I, 2. Aufl., 1994, §12 III Rdnr. 146. 외형상 객체의 착오의 구조를 띠는 경우에도 마찬가지다, 예컨대 상대방을 공격자로 착각하였거나 오인하여 상해를 가한 경우에도 처음부터 고의가 존재하지 않으므로, 발생결과의 고의귀속이라는 문제는 발생하지 않으며, 단지 발생결과에 대한 과실범의 성부만이 문제로 남는다 (Roxin, AT I, 2. Aufl., 1994, §12 III, Rdnr. 176).

45) 다만 엄격책임설을 취하면, 범행의 고의가 긍정되기 때문에 방법의 착오문제로 이어진다.

(4) 행위의 인과적 진행이 일반인의 경험칙상 전혀 예견할 수 없는 방향으로 진행하여, 개별화되지 않은 객체에서 결과가 발생한 경우

김영환 교수는 방안에서 행위자가 A를 향하여 몽둥이를 던졌으나 A가 그것을 피하는 바람에 그 몽둥이가 방 밖으로 날아가 마당에서 놀던 B를 사망케 한 경우, 또는 행위자가 A를 향하여 쏜 총탄이 벽을 관통하여 바깥에서 놀던 B가 맞아 사망한 경우를 예시하면서, 이러한 경우에는 인과관계의 성부조차 문제될 것이지만 인과관계가 인정된다고 하더라도 발생결과에 대하여 고의책임을 지우는 것은 일반인의 법감정에도 일치하지 않고 행위자형법의 입장이라는 비난을 피할 수 없을 것이라고 한다.[47]

그러나 이러한 사례는 고의책임의 귀속문제 이전에 이미 결과의 객관적 행위귀속이 부정될 것이다. 일반인의 경험칙상 전혀 예견할 수 없는 방향으로 행위가 진행하여 발생시킨 결과는 행위와의 상당인과관계 내지는 행위에의 객관적 귀속이 부정되는 전형적인 경우에 해당하기 때문이다. 따라서 발생결과에 대해서는 고의책임은 물론이고 과실책임도 지울 수 없다. 즉, 이러한 사례는 외형상으로는 방법의 착오에 해당하는 것으로 보이지만 법형상으로서 의미를 갖는 방법의 착오에는 해당하지 않는다. 방법의 착오는 결과의 객관적 행위귀속이 가능하다는 것을 전제한 상태에서 그 결과의 고의귀속을 문제삼는 법형상을 의미하는 것이기 때문이다.

2. 객체의 착오와 방법의 착오의 한계사례의 검토

(1) 객체의 착오와 방법의 착오간의 한계사례에 대한 일반론

시간과 장소에 의거하여 객체의 위치를 지각적으로 인지함으로써 직접적으로 객체의 대상적 개별화가 이루어지는 경우가 아니라, 가령 다른 행위관여자에 의하여 결과가 매개되거나 나중에 효과가 발생하는 행위도구에 의해서 결과가 매

---

46) 반면에 이 사례를 방법의 착오로서 해결하려는 견해로는 이용식, 고시계 93/9, 139면 주 57과, 김영환, 형사판례연구 제1권, 1993, 35면 주 49 참조. 특히 김영환 교수는 이 사례를 방법의 착오의 문제로 보고 접근하면서, 구체적 부합설에 따라 해결하는 것이 타당한 사례로 분류한다.
47) 김영환, 형사판례연구 제1권, 1993, 18, 35면.

개되는 경우에, 행위자가 표상했던 객체와 다른 객체에서 결과가 발생했다면, 이를 객체의 착오로 볼 것인가 방법의 착오로 볼 것인가부터 논란이 된다.[48] 이러한 경우는 객체의 착오적인 측면과 방법의 착오적인 측면을 복합적으로 포함하는 것으로 보기 때문이다. 이러한 사례들을 객체의 착오와 방법의 착오의 한계사례라고 부른다.

소위 폭탄설치사례로 불리는 경우를 보자. 행위자는 B의 자동차에 시동을 걸면 폭발하도록 폭탄을 설치하여 B를 살해하려 하였다. 그러나 폭탄을 설치한 다음 날 아침에 예상하지 못했던 A가 B의 자동차를 사용하려다가 폭발로 인하여 사망하였다. 이 사례에서는 개별화된 공격객체를 이해하는 관점에 따라서는 객체의 착오로도 방법의 착오로도 볼 수 있는 측면을 동시에 가지고 있다고 한다. 만약 개별화된 공격객체를 평소대로 아침에 그 자동차에 시동을 걸게될 B라고 이해하면, 평소와는 달리 A가 시동을 걸었다는 점에서 결과실현과정에서부터 착오가 발생한 것으로서 방법의 착오가 되는 반면에, 개별화된 객체를 폭탄 설치 후 최초로 시동을 거는 사람이라고 이해하면, 단지 최초로 시동을 거는 사람의 동일성에 대해서만 착오한 것으로서 객체의 착오가 된다는 것이다.[49]

푸페는 이러한 한계사례의 경우, 객체의 착오와 방법의 착오로 명확하게 구분하기는 어려우며, 따라서 그러한 명확한 구분을 전제하는 구체화설은 그만큼 설득력을 잃게 된다고 비판한다. 그리고 푸페의 이러한 비판은 독일에서는 많은 학자들로부터 공감을 받게 되었다. 그렇다고 하여 구체화설을 지지하던 독일의 학자들이 동가치설로 전회(轉回)하는 경향을 보이는 것은 아니고, 다만 기존의 구체화설의 접근방법, 즉 객체의 착오와 방법의 착오의 이분법적·도식적 해결방법의 한계를 인정하면서, 이러한 한계사례의 해결을 위하여 구체적으로 타당한 새로운 실질적 기준을 찾으려는 경향을 보이게 된다. 그리고 이러한 경향은 최근 우리나라에서도 나타나고 있다.[50]

만약 한계사례들이 객체의 착오 또는 방법의 착오로 명확하게 구별될 수 없다

---

48) 푸페, 이재상·장영민 편역, 앞의 책, 75면.

49) Roxin, AT I, 2. Aufl., 1994, §12 III Rdnr. 172; 푸페, 이재상·장영민 편역, 앞의 책, 68, 69, 73, 74면 참조.

50) 김영환, 형사판례연구 제1권, 1993, 13면 이하; 고시계 1995/7, 29면 이하; 배종대, 총론 제6판, 2001, 234면 이하 참조.

거나, 구분될 수 있다하더라도 표준사례에 타당한 해결공식이 여기서는 더이상 구체적으로 타당한 공식이 될 수 없는 것이라면, 한계사례들을 위하여 새로운 해결의 기준을 모색하려는 시도들은 나름대로 그 근거와 의미가 있다 할 것이다.

그러나 푸페의 회의(懷疑) 속에는 사례에 대한 자의적(恣意的)인 해석이 개입되어 있는 것으로 보인다. 예컨대 푸페가 위의 한계사례에서 개별화된 공격객체를 '최초로 자동차에 올라 시동을 거는 사람'으로도 이해할 수 있다고 하는데, 이는 사례와는 본질적으로 거리가 있는 해석이기 때문이다. 즉, 사례상의 행위자는 공격객체가 B이기를 기대하지만 B가 아닌 다른 사람이라도 상관없고, 어쨌거나 '최초에 자동차에 올라 시동을 거는 사람'을 살해하겠다는 표상을 가졌던 것이 아니다. B가 최초로 자동차를 사용할 것이라는 예상을 근거로 B에게 결과가 발생할 것이라는 예견 하에 행위를 계획·실행한 것이었다.

이 사례와 같이 나중에 효과가 발생하는 행위도구에 의하여 결과가 매개되는 경우에는, 행위자는 공격객체에 관한 일정한 정보를 근거로 하여 행위의 진행방향을 설정하고 조종한다. 따라서 이러한 사례에서는 일정한 정보에 의거하여 자신의 행위효과가 미칠 것으로 예견한 그 개체로 객체의 대상적 개별화가 이루어지는 것으로 보아야 한다. 만약 행위의 효과발생에 중요한, 따라서 행위의 진행방향의 설정과 조종에 중요한 의미를 갖는 객체에 관한 일정한 정보가 구체적으로 들어맞지 않은 관계로, 그러한 정보를 근거로 설정한 대상에서 결과가 발생하지 않고 다른 대상에서 결과가 발생했다면, 그것은 바로 개별화되지 않은 대상에서 결과가 발생한 것으로서 방법의 착오에 해당한다.

따라서 행위객체를 목전에서 지각적으로 인지하지 못하는 경우에도 '행위의 예견된 객체지향성에 의한 객체개별화'의 기준은 유효하게 적용될 수 있다.[51] 객체의 존재위치의 지각적 인지를 토대로 행위의 객체지향성을 예견하고 조종하느냐, 범행계획의 성패 내지는 행위효과의 달성에 중요한 변수가 되는 일정한 객체정보를 토대로 행위의 객체지향성을 예견하고 조종하느냐의 차이가 있을 뿐이다. 전자에서는 예견된 객체지향성의 대상으로 직접 인지된 객체로 개별화된다면, 후

---

51) 록신은 방법의 착오를 "계획된 인과과정과 발생된 인과과정의 상위(相違)로 인하여 행위가 외도하지 않은 객체로 이르는 것"으로 이해하면서, 행위객체가 지각적으로 인지가능한 경우인가의 여부에 상관없이 객체의 착오와 방법의 착오를 구분하는 것은 가능하다고 한다(Vgl. Roxin, Spendel-FS, 293 ff.).

자에서는 일정한 객체정보에 의하여 행위가 진행해 갈 것으로 예견된 대상으로
행위객체는 개별화된다.

(2) 구체적 사례의 해결

1) 폭탄설치사례

이것은 한계사례의 대표적인 사례로서 이미 소개한 바와 같다. 즉, 행위자는
B의 자동차에 시동을 걸면 폭발하도록 폭탄을 설치하여 B를 살해하려 하였다.
그러나 폭탄을 설치한 다음 날 아침에 예상하지 못했던 A가 B의 자동차를 사용
하려다가 폭발로 인하여 사망하였다.

먼저 법정적 부합설 내지 동가치설에 따르면 행위자는 살인죄의 고의기수의
책임을 지게 된다.[52] 반면에 구체적 부합설 내지 구체화설에 따르면, 이 사례를
객체의 착오로 볼 것인가[53] 방법의 착오로 볼 것인가[54]에 따라서 발생결과의 고
의귀속의 여부가 달라진다. 타면 이분법적·도식적 해결을 포기하고 새로운 실질
적 기준에 따라서 해결하려는 입장을 취하는 자들도 견해가 통일되지 않고, 혹자
는 구성요건적으로 중요한 착오로 보아 고의귀속을 부정하는가[55] 하면 혹자는
중요하지 않은 착오로 평가하여 고의귀속을 긍정하기도[56] 한다. 문자 그대로 견
해가 난립하고 있다.

그런데 이 사례에서 행위의 객체지향성의 예견을 통하여 개별화된 객체는 B
라 할 것이다. 행위를 계획하고 실행함에 있어서 범행의 성패에 직결되는 정보는
B에 관한 정보이며, 그 정보에 입각하여 범행은 B에게로 지향하는 것으로 행위
자는 예견하였다. 여기서 B를 행위객체로서 개별화시키는 요소는 B라는 존재 개
체로서의 고유성이 아니라, B가 행위의 예견된 진행방향상의 대상이었다는 점이
다. 그런데 행위는 A에게서 결과를 발생시킴으로써 예견된 대상에서 예견된 효
과를 실현하는 데에 실패하고 말았다. 따라서 이 착오는 그 구조와 성질에서 방

---

52) 푸페, 이재상·장영민 편역, 앞의 책, 92면.
53) Noack, Schroeder, Backmann(프릿트빗츠, 이재상·장영민 편역, 앞의 책, 158면 주 86 참조).
54) Jescheck(프릿트빗츠, 이재상·장영민 편역, 앞의 책, 158면 주 87 참조).
55) Roxin, AT Ⅰ, 2. Aufl., 1994, §12 Ⅲ Rdnr. 172; ders., Spendel-FS, 295; Herzberg(프릿트
    빗츠, 이재상·장영민 편역, 앞의 책, 158면 주 88 참조).
56) 프릿트빗츠, 이재상·장영민 편역, 앞의 책, 158면.

법의 착오에 상응하고, 따라서 A의 사망은 고의에 귀속되지 않는다.[57]

2) 독약을 탄 화주(火酒) 우송사례

아내는 자기 남편을 살해하기 위하여 독약을 탄 화주 한 병을 남편에게 우송하였다. 그런데 남편은 자기 동료에게 먼저 권하였고, 그것을 받아 마신 동료는 급사하였다.

이 사례의 해결을 두고서도 독일에서는 위의 폭탄설치사례만큼이나 다양한 견해들이 난립하고 있다. 먼저 동가치설의 입장에서 결과의 고의귀속을 긍정하는 입장이 있고,[58] 구체화설의 입장에서는 다시 방법의 착오로 해석하려는 견해와,[59] 객체의 착오로 해석하려는 견해가[60] 병존한다. 타면 이분법적·도식적 접근보다는 구체적 사례의 타당성을 고려한 실질적 기준을 적용하려는 입장 중에서도, 이 사례를 구성요건적으로 중요한 착오로 보는 견해가[61] 있는가 하면 구성요건적으로 중요하지 않은 착오로 보려는 견해도[62] 있다.

이 사례는 앞의 폭탄설치사례와 동질적인 사례로서 함께 거론되는데, 구조적으로 앞의 사례와 차이가 없으므로 이 또한 방법의 착오로서 결과의 고의귀속은 부정되어, 개별화되었던 대상에 대해서는 고의미수가 성립하고, 발생결과에 대해서는 과실책임의 귀속 여부가 문제로 된다.

---

57) 이정원, 중앙대 형사법학 4권(4집), 1993, 15면 참조. 사례를 약간 변형하여, B의 심부름으로 그의 아들 C가 자동차 안의 물건을 가지러 왔다가 자동차 문을 심하게 닫는 바람에 그 충격으로 폭탄이 폭발하여 C가 사망했다거나, 지나가던 D의 자동차가 B의 자동차를 들이받아 그 충격으로 폭탄이 폭발하여 D가 사망한 경우, 또는 B가 자동차에 시동을 거는 순간 폭탄이 폭발하여 B와 지나가던 행인 E가 함께 사망했을 경우에도, C, D, E의 사망은 행위의 예견된 효과방향을 통하여 대상적으로 개별화된 객체에서 발생된 결과가 아니기 때문에 고의에 귀속시킬 수 없을 것이다. 여기서 C와 D의 사망사례는 전형적인 방법의 착오사례로서, 개별화된 객체인 B에 대한 살인미수와 개별화되지 않은 C 또는 D의 사망에 대한 과실치사의 상상적 경합이 된다. 그러나 E의 사망사례는 전형적인 방법의 착오는 아니지만, E의 사망이 적어도 대상적으로 개별화된 객체에서 발생된 결과는 아니므로 그것이 고의에 귀속될 수 없다는 면에서는 차이가 없다. 결국 B의 사망에 대해서는 완전한 살인죄의 고의기수가 성립하고, E의 사망에 대해서는 과실치사가 성립할 수 있을 뿐이다.

58) 대표적으로 푸폐, 이재상·장영민 편역, 앞의 책, 69, 92면 참조.

59) Otto, Jescheck(Puppe, NStZ, 1991, Anm. 18 참조).

60) Blei, Jakobs(Puppe, NStZ 1991, Anm. 19 참조).

61) 헤르츠베르크(프릿트빗츠, 이재상·장영민 편역, 앞의 책, 144면 이하와 158면 참조); Roxin, Spendel-FS, S. 293f. 우리나라의 학자로서는 김영환, 형사판례연구 제1권, 1993, 37면.

62) 프릿트빗츠, 이재상·장영민 편역, 앞의 책, 154면 이하 참조.

물론 행위자가 남편 외에 다른 사람이 독주를 마시고 사망할 수도 있다는 점을 고려하고서 행한 행위라면, 이미 이는 착오문제가 아니며 미필적 고의 내지는 택일적 고의의 문제에 불과하다. 따라서 이 경우에는 다른 요건이 충족되는 한, 남편에 대해서는 살인미수요 사망한 그의 동료의 사망에 대해서는 살인기수가 됨은 물론이다.

3) 전화모욕사례

행위자는 변심한 내연의 처 B를 전화로 모욕하고자 한다. 그러나 행위자는 전화번호를 잘못 눌러 C라는 여자를 모욕하게 되었다.

이 사례에 대한 독일의 논의상황을 보면, 기본적으로 구체화설을 지지하는 학자들의 대부분은 이를 객체의 착오로 보고서 고의귀속을 긍정한다.[63] 타면 기본적으로는 구체화설에 서 있으면서도 특히 한계사례의 타당한 해결을 위해서는 구체화설의 재구성이 필요하다고 주장하는 학자들 중에는 다시 이 사례를 중요한 착오로 평가하여 고의귀속을 부정하려는 입장이 있는가 하면,[64] 중요하지 않은 착오로 평가하여 고의귀속을 긍정하는 견해도 있다.[65] 그런가 하면 록신처럼

---

63) 푸페, 이재상·장영민 편역, 앞의 책, 68면 주 9; 프릿트빗츠, 이재상·장영민 편역, 앞의 책, 163면; Roxin, AT I, 2. Aufl., 1994, §12 III Rdnr. 173.

64) 헤르츠베르크, 이재상·장영민 편역, 앞의 책, 144면 이하; Roxin, AT I, 2. Aufl., 1994, §12 III Rdnr. 174 ; ders, Spendel-FS, S. 295. 헤르츠베르크는, 객체·방법·인과과정의 착오를 포함하는 소위 구성요건착오의 한계사례에서, 중요한 착오와 중요하지 않은 착오를 구별할 수 있는 실질적 척도를 외부적·기계적 의미에서의 목적달성의 여부라고 한다. 그리고 목적이 무엇인가를 결정하는 기초를 이원화하여, 일차적으로는 '감각적 인지'이고, 공격객체가 감각적으로 인지되지 않은 경우에는 이차적으로 객체에 관한 '정신적 동일성관념'이라고 한다. 이러한 판단 척도에 따른다면, 위 사례는 중요한 착오가 된다.
한편, 록신은 이 사례가 외형적 구조의 면에서는 객체의 착오에 해당하지만, 개인의 명예에 대한 존중요구(Achtungsanspruch)라는 고도의 일신전속적인 객체를 갖는 범죄라는 모욕죄의 특수성 때문에, 기타의 다른 일반적인 객체의 착오와는 달리 취급하여야 한다고 한다. 그리하여 예컨대 특정 여인에게 해당하는 모욕적인 언사를 사용하였으나, 전화 연결이 잘못되어 수신자가 남성이었을 경우에는, 처음부터 모욕이 이루어지지를 않고 모욕을 당했다고 느끼지도 않기 때문에, 결국 행위자의 계획은 실패한 것이며, 미수가 될 수 있을 뿐이므로 결과적으로 이 착오는 중요한 착오가 된다고 한다. 타면 록신은 행위계획상 수신자의 개인이 중요하지 않은 경우라면, 이러한 착오가 중요하지 않을 수도 있다고 한다. 예컨대 임의의 여인에게 성적 음란전화를 통하여 모욕하고자 한 바, 연결하고자 했던 번호가 아닌 다른 번호로 연결되어 다른 여자가 전화를 받은 경우에는 결과적으로 계획은 실현된 것으로서 그 착오는 중요하지 않고 고의귀속이 가능할 수도 있다는 것이다.
우리나라에서는 김영환 교수가 이 사례를, 계획실패라는 록신의 척도를 적용하여, 고의귀속을 배제하는 중요한 착오로 평가한다(김영환, 형사판례연구 제1권, 1993, 37면).

이 사례를 유형적으로는 명백히 객체의 착오로 분류하면서도,[66] 결과의 고의귀속을 배제하는 중요한 착오로 해석하는[67] 견해도 있다.

그런데 이 논문에서 제시된 구별기준에 의하면 중요하지 않은 객체의 착오에 해당한다. 행위자는 실행행위시에 지금 수화기를 들고 전화를 받고 있는 사람을 대상으로 하여 모욕적인 말을 하고 있다. 전화를 받고 있는 그 사람에게로 행위가 진행하여 그 사람에게 행위효과가 발생할 것이라고 예견·의욕하면서 행위하였고, 자신의 표상대로 그 대상에게서 현실적으로 행위효과가 발생하였다. 여기서 현실과 표상의 불일치는 단지 그 대상이 B이냐 C이냐라는 객체의 존재적 동일성에 관한 불일치일 뿐이다. 즉, 객체의 착오의 표준사례에 상응하는 것이다. 행위자는 C에 대한 모욕죄의 고의기수의 책임을 면할 수 없다. 물론 이 사례는 독일 형법과는 달리 모욕행위의 공연성을 반드시 요구하는 우리 형법과는 다소 거리가 있는 사례이다. 즉, 독일 형법을 전제로 한 이론적 검토임을 밝혀 둔다.

4) 함정봉투사례[68]

한 회사에서 절도사건이 빈번히 발생하였다. 범인을 찾아내기 위한 방법으로 경찰은 여러 통의 함정봉투를 곳곳에 놓아 두었다. 경찰이 취한 조치를 알고 있던 피고인은 평소 자신이 미워하던 W가 혐의를 받도록 하기 위해 F의 책상서랍 속에 있던 함정봉투에서 조심스럽게 돈을 꺼내고서는 다시 봉하여, 그것을 F의

---

65) 프릿트빗츠, 이재상·장영민 편역, 앞의 책, 154면 이하 및 163면 이하. 프릿트빗츠는 행위과정과 행위자 관념의 불일치는 행위자가 감각적으로 인지한 공격객체 대신에 인지하지 못한 객체에서 법익침해가 발생한 경우에만 중요하며, 처음부터 공격객체를 감각적으로 인지하지 못하고 단지 객체의 동일성에 대한 행위자의 관념을 통하여 객체를 개별화한 경우에는 행위과정과 행위자 관념의 불일치는 중요하지 않다고 하면서, 이러한 차별화는 충분한 형사정책적 근거를 갖는다고 한다. 즉, 다른 객체가 침해될 위험성이라는 측면에서 볼 때, 감각적 인지에 의해 행위가 조종되는 경우가 동일성관념에 의해 조종되는 경우보다 그 위험성이 현저히 낮다는 것이다(Prittwitz, GA 1993, S. 127f.). 한편 볼터는 객체의 착오는 동기의 착오로서 실행의 착수 이전에 발생하고, 방법의 착오는 실행의 착수이후 내지는 최소한 실행행위시에 발생한다고 한다. 그리하여 볼터는 이 전화모욕사례를, 예비단계에서 착오가 발생하여 에비단계에서 착오는 종료하였고 실행단계에서는 구체화되지 않은 잘못된 객체에로 잘못 진행하는 사태는 발생하지 않았으므로, 중요하지 않은 객체의 착오로 본다(Wolter, a.a.O., S. 128). 우리나라에서는 권오걸 교수가 이 사례에 대하여 볼터와 같은 입장을 취한다(권오걸, 비교형사법연구 제2권 제2호, 2000, 40면).

66) Roxin, Spendel-FS, S. 295.

67) Roxin, AT I, 2. Aufl., 1994, §12 III Rdnr. 174.

68) BGHSt 9, 240 f.

비서인 D의 방에 넣어두었다. D는 봉투를 열어보니 빈 봉투라서 휴지통에 버렸다. 함정봉투 하나가 없어진 걸 알고 경찰은 조사를 하였고, 봉투를 만질 때 빨간색이 묻어나게 한 장치에 의해 D의 손에 빨간색의 흔적이 남게되어 결국 D가 혐의를 받게 된다.

독일의 이 판례사례는 독일연방법원이 방법의 착오로 보면서도, 보호법익의 특수성을 근거로 하여, 일반적인 방법의 착오와는 달리 결과적으로 중요하지 않은 착오로 판단하여 무고죄의 고의기수를 인정한[69] 사례이다. 이 판결에 대해서 독일 학자들 사이에는 찬·반 양론으로 견해가 갈라져 있다.[70]

물론 이 사례상의 피고인의 행위는 독일 형법과는 달리 우리 형법상으로는 무고죄의 행위에 해당할 수 없다. 우리 형법 제156조의 무고죄는 구성요건행위를 국가기관에 대하여 '허위의 사실을 신고하는' 행위로 규정하고 있으므로, 이 사례처럼 국가기관으로부터 혐의를 받을 만한 상황으로 특정인을 함정에 빠뜨리는 행위는 형법상의 무고행위에 포섭될 수 없기 때문이다. 따라서 무고죄에 관한 한 이 사례는 우리 형법상으로는 처음부터 착오의 문제가 발생할 여지가 없다.

다만 이론적 검토의 차원에서 독일 형법 제164조 ①항[71]의 무고죄를 전제로 간단히 결론만 언급하면, 방법의 착오로서 고의귀속이 부정된다 할 것이다. 특정인이 범죄혐의를 받게 된다는 행위효과의 발생대상으로 행위자에 의해 개별화된 객체는 W였는데, 행위가 예견한 방향과는 달리 진행되어 개별화되지 않은 대상인 D에게서 행위효과가 발생하였으므로 방법의 착오가 되는 것이다.

5) 객체의 수에 관한 착오사례[72]

행위자는 A 혼자 사무실 안에 있는 것으로 알고 그를 살해하기 위하여 사제

---

69) 즉, 독일 연방법원은 무고죄는 개인뿐만 아니라 국가의 사법도 보호하기 위한 것이므로, 개인 및 국가의 사법기관 모두가 행위객체에 해당한다 할 것이고, 따라서 무고가 사법기관에 대하여 행하여지고 사법기능의 위태화라는 의욕된 결과가 달성된 이상, 피무고자의 개인에 대해서 표상과 현실의 상위가 있다 하더라도 무고죄의 고의기수는 인정된다고 판단하였다(BGHSt 9, 242).

70) 찬성하는 견해: 프릿트빗츠, 이재상·장영민 편역, 앞의 책, 159면; Schreiber, JuS 1985, S. 875. 반대하는 견해: 헤르츠베르크, 이재상·장영민 편역, 앞의 책, 195면 이하; Roxin, AT I, 2. Aufl., 1994, §12 III Rdnr. 153.

71) 제164조 ①항: 타인에 대한 형사절차를……초래하게 할 목적으로, 권한 있는 일정한 관청으로 하여금……그 타인이 위법행위를 하였다는……혐의를 갖도록 한 자는……처한다.

72) 유사사례에 관해서는 조병선, 청주대 법학논집 9집, 1994, 114면 이하 참조.

폭탄을 던졌는데, 실은 그 사무실 안에는 B와 C가 있었고 그 둘은 모두 사망하였다.

살인죄처럼 일신전속적 법익을 보호하는 경우에는 고의의 수는 객체로 된 사람의 수에 상응한다. 객체를 한 사람으로 인식했으면 살인의 고의는 한 개이다. 이 사례에서는 B의 사망 또는 C의 사망 중에서 하나만이 고의에 귀속될 수 있고, 나머지 하나는 과실에 귀속될 수 있을 뿐이다. 여기서 현실적으로 결과가 발생된 침해객체가 행위자가 의도했던 객체와 동일인이 아니라는 사실은 객체의 착오에 불과하다. 행위자는 행위의 진행방향의 예견을 통하여 개별화한 객체는 방안에 있는 한 사람이었고, 그 한에서는 행위자가 예견한 대로 개별화된 하나의 객체가 살해되었기 때문이다. 반면에 나머지 하나의 객체는 행위자에 의하여 개별화된 객체의 범위를 초과한 것이기 때문에 고의에 귀속될 수 없다.

물론 행위자가 사무실 안에 A 외에 다른 사람이 더 있을지도 모른다고 예상하고 그들의 희생도 고려한 채 사제폭탄을 던진 경우라면, B와 C의 사망은 모두 고의에 귀속되어 두 개의 살인죄가 상상적 경합으로 성립할 것임은 물론이다.

V. 맺는 말

객체의 착오에 대한 방법의 착오의 정체청을 부정하려는 푸페의 논증이 비록 그 섬세함과 치밀함에서는 탁월한 것으로 보이나, 타당한 논증으로 보이지는 않는다. 방법의 착오는 사례구조적인 면에서나 법효과적인 면에서 객체의 착오와는 차별화된다. 방법의 착오와 객체의 착오는 각자 사례적·법효과적 정체성, 즉 착오유형적 정체성을 갖고 있는 것이다.

그리고 객체의 착오와 방법의 착오로 명확히 구별되기 어렵다거나, 그러한 구분이 가능하다 하더라도 구체화설 또는 구체적 부합설로서는 타당한 해결이 보장되지 않는다는 이른바 한계사례들도, 이러한 정체성에 입각하여 판단할 때, 객체의 착오나 방법의 착오로 분류될 수 있다. 뿐만 아니라 이러한 한계사례를 구체화설 또는 구체적 부합설에 따라 해결하면, 고의귀속의 일반원리에 합치하는 타당한 결과를 얻을 수 있다.

이렇게 볼 때, 「구체적 사실에 관한 객체의 착오 = 결과의 고의귀속」, 「구체적 사실에 관한 방법의 착오 = 결과의 고의귀속 부정」의 등식으로 상징되는 구체화설 내지 구체적 부합설은 여전히 확고한 적용영역을 확보하고 있는 것으로 보인다.

평 석

고의의 대상 특정과 방법의 착오

－ 문채규, "방법의 착오의 착오유형적 정체성", 「비교형사법연구 제3권
제2호」(2001), 115쪽 이하에 대하여 －

이 석 배*

Ⅰ. 들어가며

　　항상 좋은 선배로서, 학회의 회장으로서 모범을 보여주었던 문채규 교수가 정년을 맞이한다. 우리나라에 많은 형법도그마틱 학자들이 있지만, 그 중에서 지속적으로 형법도그마틱을 집중 연구해 온 유일한 학자로 평가한다. 장년학자 시절 재산범죄와 관련하여 연구에 집중해온 반면,[1] 청년 학자 시절 도그마틱 주제 중에서도 특히 난해한 착오론에 많은 연구성과를 남겼다. 특히 고의와 착오 부분 대표적으로 "형법 제15조 제1항에 대한 새로운 해석의 시도", "방법의 착오의 착오유형적 정체성", "구성요건착오의 한계사례의 인과과정의 착오", "구성요건착오와 금지착오의 구별 －규범적 구성요건표지에 대한 고의의 인식양태를 중심으로－" 등 주옥같은 글을 남겼다.[2]

　　"형법 제15조 제1항에 대한 새로운 해석의 시도"[3]에서 문교수는 기존의 학설처럼 형법 제15조제1항이 가중·기본구성요건 사이의 중한 사실의 착오만을 적용대상으로 하면 제13조의 특별규정이라는 의미를 잃게되고, 기본·감경구성요건 사이의 중한 사실의 착오

---

* 단국대학교 법과대학 교수, 법학박사.

1) 문채규, "재산범죄 일반의 기본 쟁점", 「비교형사법연구 제15권 제2호」, (2013), 313쪽 이하; "재산법죄에서 구성요건의 해석원리로서의 법질서의 통일성", 국민대학교 「법학연구 제33권 제3호」(2021), 261쪽 이하; "절도와 강도의 죄에 관한 형법 및 특별법의 개정과 정비 방안", 「비교형사법연구 제11권 제2호」(2009), 105쪽 이하; "준강도죄의 법적 성격과 주체", 「비교형사법연구 제6권 제2호」(2004), 83쪽 이하; "사기죄의 본질 및 구성요건 구조와 처분의사", 「비교형사법연구 제19권 제3호」(2017), 1쪽 이하; "횡령죄의 주체와 부동산명의수탁자의 지위", 「형사법연구 제32권 제2호(2020)」, 105쪽 이하; "배임죄의 주체에 관한 판례이론의 분석과 검토", 부산대학교 「법학연구 제57권 제4호」(2016), 107쪽 이하 등.

2) 그 밖에도 문채규, "소극적 구성요건표지이론을 위한 변론 － 고의책임의 본질을 중심으로 －", 「형사법연구 제12호」(1999), 71쪽 이하; "고의, 과실 및 구성요건착오에 관한 형법규정의 정비", 「형사법연구 제22호 특집호」.

3) 문채규, "형법 제15조 제1항에 대한 새로운 해석의 시도", 「형사법연구 제16호」(2001), 19쪽 이하.

를 적용범위에 포함이 되어야, 형법 제15조제1항이 제13조의 특별규정으로서 의미를 가질 수 있다는 해석을 하여 기존에 없었던 새로운 시도를 하였다.

"구성요건착오의 한계사례의 인과과정의 착오"[4]에서는 구성요건에서 의미있는 것은 행위와 결과 사이의 인과관계일 뿐이고 그 안에서 이루어지는 구체적인 인과과정은 인과관계를 형성하는 요소로서 법적으로 중요하지 않은 부수적 요소로 객관적 구성요건요소가 아니며 인과과정에 대한 인식은 인과관계를 인식하는 매개할 뿐이므로, 그 구체적인 인과과정은 당연히 고의의 인식대상이 아니라는 주장을 논증하였다. 즉 인과과정은 행위시에 미리 정확하게 구체적으로 예견할 수 없기 때문에 구체적으로 인식할 필요가 없는 것이 아니라, 애초에 구성요건요소가 아니기 때문에 인식할 필요가 없다는 점을 논증하였다.

"구성요건착오와 금지착오의 구별"[5]에서는 규범적 구성요건표지에 대한 의미를 인식하는 전통적인 '평행평가이론'에 대하여 비판하면서 새롭게 등장한 규범적 구성요건표지의 '사회적 의미'를 규명하고자 하는 독일의 논의를 소개하고 구성요건착오와 금지착오 대신에 '대상관련적 착오'와 '개념관련적 착오'라는 개념을 제안하는 Haft와 Kindhäuser의 이해를 중심으로 검토한다. 기본적으로 사회적 의미의 실체를 규명하여 그것을 인식했느냐의 여부에 따라서 고의의 인정 여부 및 구성요건착오와 금지착오를 구별하려는 새로운 구상을 지지한다. 이에 따라 구체적 논증의 결과로 다음 결론에 이른다: 구성요건표지가 지시하는 대상의 어떤 부분과 관련하여 착오가 발생할 수 있고, 형법외적인 영역에서 기능하는 것이므로 형법은 그것을 있는 그대로 수용해야 하므로, 이 경우 그 착오가 비난가능하더라도 고의가 탈락한다는 것을 의미하기 때문에 구성요건 착오로 보아야 한다고 한다. 반면 정확하게 인식한 대상이 개념적·어의학적으로 구성요건표지에 포함되는지 여부와 관련하여 발생할 수도 있고, 형법의 세계 내에서 기능하는 것이므로 그 착오를 형법적으로 어떻게 취급할 것인가의 영역에 속하는 문제인데, 형법 제16조는 정당한 이유가 있는 경우에 한하여 중요하게 고려한다고 한다.

이 논평의 대상인 "방법의 착오의 착오유형적 정체성"[6]에서는 본래 aberratio ictus라는 개념에서 출발한 것으로 본래 범죄의 실행과정에서 나타나는 하나의 소박한 범죄발현형태에 불과했는데, 이에 대한 논의가 다양한 변형사례를 통해 재평가하려는 시도들이 나타나고 있어 이에 대한 재평가를 시도한다. 문교수는 이 문제 사례를 크게 세가지 유형으로 분류하고 있다. 즉 ⅰ) 방법의 착오적 요소와 함께 착오 외적인 법적 관점도 아울러 포함하는 사례군, ⅱ) 표적이 되는 객체가 감각적 인지를 통하여 특정되지 못하는 경우로, 객체의 착오인지 방법의 착오인지 분류가 문제되는 사례군, ⅲ) 다수인이 범행에 참

---

4) 문채규, "구성요건착오의 한계사례의 인과과정의 착오", 「비교형사법연구 제3권 제1호」(2001), 29쪽 이하.

5) 문채규, "구성요건착오와 금지착오의 구별 – 규범적 구성요건표지에 대한 고의의 인식양태를 중심으로 –", 부산대학교 「법학연구 제52권 제3호」(2011), 103쪽 이하.

6) 문채규, "방법의 착오의 착오유형적 정체성", 「비교형사법연구 제3권 제2호」(2001), 115쪽 이하.

여하는 경우에 직접행위자가 객체의 착오를 일으키고, 관여자가 의도하지 않은 결과를 발생시킨 사례군으로 분류한다.[7] 하지만 착오유형적 정체성 측면을 고려하여 ⅲ)의 사례군과 이 가치간 객체의 착오는 논외로 하고 논증을 시도한다.

아래에서는 마지막에 소개한 문교수의 "방법의 착오의 착오유형적 정체성"의 논리흐름을 따라 평가를 시도한다.

Ⅱ. 방법의 착오의 사례적 정체성

통상 방법의 착오는 행위자가 행위시에 인식·의욕한 객체가 아닌 다른 객체에 결과가 발생하는 경우를 말한다. 이에 따라 행위자가 행위시에 인식·의욕한 객체에 그대로 결과가 발생하는 객체의 착오와는 다르다.[8] 하지만 통설이 서술하는 방법의 착오 개념에 대한 Puppe의 문제제기[9]를 소개하면도 객체의 착오와 방법의 착오 사이의 차별성을 완전 부정하는 결론에 이르는 논증과,[10] Puppe의 영향을 받은 것으로 여겨지는 견해들[11]에 대해서도 함께 검토한다.

문교수는 우선 아래 객체의 착오와 방법의 착오 기본사례에서 출발하여 그 차이점을 밝히려고 시도한다.[12]

사례 ⅰ) 행위자는 총으로 A를 사살하려고 하였다. 그러나 앞에 있던 B를 A로 오인한 나머지 B를 겨누어 방아쇠를 당겨 사살하였다.
사례 ⅱ) 행위자는 총으로 A를 사살하려고 하였다. 앞에 보이는 A를 조준하여 방아쇠를 당겼으나 총알이 빗나가 뒤따라오던 B가 맞아 사망하였다.

Puppe는 침해객체가 존재하는 시간과 공간적 위치를 통하여 직접 인식한 객체인지 아닌지에 따라 통설이 서술하는 객체의 착오와 방법의 착오가 구별된다고 보지만, 이러한 차이는 외견상 차이에 불과하다고 지적한다.[13] 특정 시점에 개체의 시간과 공간적 위치도

7) 문채규, "방법의 착오의 착오유형적 정체성", 「비교형사법연구 제3권 제2호」(2001), 117쪽.
8) 문채규, "방법의 착오의 착오유형적 정체성", 「비교형사법연구 제3권 제2호」(2001), 118쪽.
9) Puppe, Zur Revision der Lehre vom ›konkreten‹ Vorsatz und der Beachtlichkeit der aberratio ictus, GA 1981, S. 1 ff. 이 글의 번역은 잉게보르크 푸페 저, 원혜욱 역, "'구체적' 고의의 이론과 방법의 착오의 중요성에 관한 고찰", 이재상/장영민 편역, 「형법상 착오」(1999), 63쪽 이하.
10) 문채규, "방법의 착오의 착오유형적 정체성", 「비교형사법연구 제3권 제2호」(2001), 118쪽 이하.
11) Herzberg, Wolter, Silva-Sanches, Streng 등.
12) 문채규, "방법의 착오의 착오유형적 정체성", 「비교형사법연구 제3권 제2호」(2001), 121쪽에서 제시한 사례의 문구를 약간 수정하였다.
13) 잉게보르크 푸페 저, 원혜욱 역, "'구체적' 고의의 이론과 방법의 착오의 중요성에 관한 고찰", 76쪽.

그 개체의 속성이고, 개체의 속성은 그 개체의 결정적인 특징은 아닌 사소한 경우가 많기 때문에 사람들이 간과하고 있지만 개체는 그 속성을 통해서만 우리 앞에 나타나며 우리가 그 객체를 특정할 수 있는 것은 그 객체가 자신의 고유한 속성을 제시하기 때문이라고 한다.[14)]

문교수는 Puppe의 이러한 주장에 대하여 객체의 개별화 문제를 오로지 개체의 고유한 속성을 인식함으로써 그 개체를 다른 개체와 존재론적으로 구분한다는 "개체의 존재론적 개별화·동일화" 문제로 단순화하는 것이라고 비판한다.[15)] 객체의 착오에서 "의욕한 객체가 침해되었다."고 하면서도, 방법의 착오에서는 "의욕한 객체가 아닌 다른 객체가 침해되었다."라고 하는 것은 적어도 존재적 차원의 개별화는 아니어야 한다.[16)] 만약 그렇다면 객체의 착오와 방법의 착오는 모두 같은 결론에 도달해야 하기 때문이다.

여기서 문교수는 "침해하고자 인식·의욕한 객체"라는 서술의 의미는 "행위효과를 실현할 대상으로 설정한 객체"라는 점을 논증한다. 즉 객체의 착오는 항상 행위의 진행방향의 예견을 통하여 개별화된 그 객체에 결과가 발생했다는 점을 전제로 하고, 단지 개체의 속성(개체 존재의 동일성)에 대해서만 착오하는 것으로 인식한 객체와 침해된 객체 사이의 존재적 개체 동일성에 착오가 발생하는 반면, 방법의 착오는 행위의 진행방향의 예견을 통하여 특정화·개별화되지 않는 객체에 결과가 발생했다는 점에서 다르다고 한다.[17)] 즉 객체의 착오는 '존재적 개별화'인 반면, 방법의 착오는 '대상적 개별화'이다. 존재적 개별화에서는 Puppe의 지적대로 객체의 착오와 방법의 착오가 구별되지 않지만 대상적 개별화에서는 두 착오가 구별된다고 한다.

Engisch가 살인죄에서 고의귀속을 위한 행위자의 인식은 "행위자가 공격방향에 놓여있는 그 구체적인 객체를 그가 살해하려고 하는 사람으로 인식하는 것"[18)]이라고 표현한 점에서 나타나는 것처럼, 살인죄의 고의귀속을 위한 인식대상인 객체의 특정 정도에서 차이가 발생한다고 볼 수 있고 고의가 귀속되기 위해서는 내가 살해하려고 특정한 구체적 객체에 결과가 발생해야 하지만 방법의 착오는 행위자가 특정하지 않은 객체에 결과가 발생한 점에서 차이가 있다. 다르게 말하면 행위자가 고의의 대상으로 특정한 객체에 결과가 발생한 것이 객체의 착오라면, 행위자가 특정한 객체에 결과가 발생하지 않은 것이 방법의 착오다.[19)] 문교수의 표현으로 치환하면 "대상적으로 개별화되지 않은 객체에서 결과가 발생하는 것이 방법의 착오, 존재론적으로 개별화되지 않은 객체에 결과가 발생하는

---

14) 잉게보르크 푸페 저, 원혜욱 역, "'구체적' 고의의 이론과 방법의 착오의 중요성에 관한 고찰", 76쪽.
15) 문채규, "방법의 착오의 착오유형적 정체성", 「비교형사법연구 제3권제2호」(2001), 122쪽.
16) 문채규, "방법의 착오의 착오유형적 정체성", 「비교형사법연구 제3권제2호」(2001), 123쪽.
17) 문채규, "방법의 착오의 착오유형적 정체성", 「비교형사법연구 제3권제2호」(2001), 124쪽.
18) Engisch, Vorsatz und Fahrlässigkeit (1964), S. 68.
19) 고의의 대상으로서 객체가 어느 정도 특정되어야 하는가는 필자도 수년간 고민하고 있는 주제다. 아직 생각이 정리되지 않아서 글로 정리하지는 못했지만 조만간 글로 정리할 생각이다.

것이 객체의 착오"다.[20] 하지만 문교수의 이 표현은 Puppe가 주장한 내용과 그 비판에 나타난 독일어가 직역되면서 나타난 것으로 필자의 표현과 내용적으로 차이는 없는 것으로 보인다.

Ⅲ. 방법의 착오의 법효과적 정체성

문교수는 방법의 착오의 사례적 정체성에 이어 법효과적 정체성에서도 Puppe의 주장을 따라가면서 비판적으로 검토한다.

Puppe는 객체의 착오와 방법의 착오가 (존재적 개별화에서) 사례적 정체성에서 차이가 없으므로 행위객체의 동일성에 대한 착오로 법효과에서도 차이가 없어야 하고, 발생한 결과와 인식한 결과가 동일한 구성요건을 충족하면 족하므로 방법의 착오도 객체의 착오와 마찬가지로 그러한 최소요건을 충족하므로 결과의 고의귀속이 인정된다고 하는 두 가지 논거를 제시한다.[21]

문교수는 객체의 존재적 고유성은 살인죄 구성요건에서 행위구조물의 중요한 구성요소가 아니기 때문에, 즉 살인죄에서는 살해행위가 지향하는 객체가 사람이라는 사실만이 구성요건적으로 의미를 가지므로 그 객체가 A인지 B인지는 고의귀속에 장애가 되지 않는다고 한다.[22] 하지만 방법의 착오는 살해행위가 지향한 객체가 아닌 다른 객체에 결과가 발생한 것이다. 결국 행위자가 인식한 살해행위의 진행방향과 현실의 진행방향의 불일치 문제이고 결국 이에 대한 평가에 따라 처리방법이 달라진다.[23]

여기서 문교수가 타당하게 지적하는 것처럼 행위가 지향하는 방향을 전제하지 않고서는 객체라는 개념은 성립할 수 없다. 행위의 객체지향성에 의해 행위와 객체를 구성요건적 의미체로 결합시키고 행위객체가 될 수 있다. 고의범에서 객체가 특정된 행위가 형법상 평가의 대상이고, 인과관계가 고의의 인식대상이라면 행위의 객체지향성도 고의의 인식대상이어야 한다. 구체적으로 사람이 특정되지 않으면 사망이라는 결과가 발생할 객체도 특정되지 않기 때문에 사망이라는 결과는 물론 인과관계도 인식할 수 없다. 행위의 객관적 지향성의 범위 안에 있는 수많은 객체들 중에서 행위자가 자신의 행위가 지향할 것으로 구체적으로 특정한 객체만이 행위자의 인식에서 개별화된 객체며, 나머지 객체들은 과실행위의 객체는 될 수 있을지 몰라도 고의행위의 객체는 아니다.[24]

방법의 착오는 행위지향성으로 개별화된 '공격객체'와 현실적인 '침해객체'가 다르고, 그에 따라 개별화된 공격객체에 '예견된 결과'와 침해객체에 '실제 발생된 결과'도 다르고,

---

20) 문채규, "방법의 착오의 착오유형적 정체성", 「비교형사법연구 제3권 제2호」(2001), 125쪽.
21) 잉게보르크 푸페 저, 원혜욱 역, "'구체적' 고의의 이론과 방법의 착오의 중요성에 관한 고찰", 64쪽.
22) 문채규, "방법의 착오의 착오유형적 정체성", 「비교형사법연구 제3권 제2호」(2001), 127쪽.
23) 문채규, "방법의 착오의 착오유형적 정체성", 「비교형사법연구 제3권 제2호」(2001), 128쪽.
24) 문채규, "방법의 착오의 착오유형적 정체성", 「비교형사법연구 제3권 제2호」(2001), 129쪽.

행위와 예견된 결과 사이의 '예견된 인과관계'와 행위와 발생결과 사이의 '현실적 인과관계' 역시 다르다. 즉 방법의 착오에서 침해객체는 행위자가 설정한 방향에 놓인 행위객체가 아니므로 결과의 고의귀속을 위한 전제가 결여되어있다.[25]

Ⅳ. 문제사례 해결

문교수는 위에서 검토한 결과에 따라 문제로 제기되는 사례들을 검토한다. 우선 착오 외적인 법적 관점을 내포하는 예외사례들이 많은 경우 방법의 착오 차원에서 논의되지만 대부분 택일적 고의나 미필적 고의의 문제로 해결된다는 점을 논증한다.

정당화되는 객체와 그렇지 않은 객체 사이 방법의 착오 문제 역시 정당화상황의 착오로 고의귀속 문제를 해결할 수 있다고 한다.[26] 소극적 구성요건표지이론과 제한적 책임설의 '취지'에 따르면 이 경우 구성요건 고의의 문제가 되기 때문에 발생결과를 귀속시킬 고의 자체가 없기 때문에 법정적 부합설을 취하는지 구체적 부합설을 취하는지에 따라 결론이 달라질 문제가 아니라고 한다.[27] 결론적으로 (소극적 구성요건 표지이론에 따르면 논증구조) 과실범이 된다는 점은 타당하지만, 법효과제한적 책임설에 따르면 불법 단계에서 도그마틱의 구성은 달라진다. 물론 제한적 책임설의 '취지'에 따른다고 했지만 이것은 해결해야 할 문제로 보인다.

문교수는 객체의 착오와 방법의 착오 한계사례로 제시되는 문제에 대하여도 앞에서 제시한 '행위의 예견된 객체지향성에 의한 객체개별화' 기준에 따라 해결방안을 제시한다. 물론 이 사례들은 우리나라가 아니라 독일에서 논의되는 사례들을 대상으로 한 것이기는 하다. 우리나라보다는 상대적으로 이미 많은 논쟁이 있었던 독일의 사례를 검토하는 것은 의미가 있다. 문교수는 폭탄설치사례,[28] 독약을 탄 화주(火酒) 우송사례,[29] 전화모욕사례,[30] 함정봉투사례,[31] 객체의 수에 관한 착오사례[32] 등을 앞에서 제시한 기준을 관철하려고 시도한다.

종합적인 검토를 통해 문교수는 한계사례들이 '행위의 예견된 객체지향성에 의한 객체개별화' 기준에 따라 판단할 때 객체의 착오나 방법의 착오로 분류할 수 있고 구체적 부합설에 따라 해결이 가능하며, 「구체적 사실에 관한 객체의 착오＝결과의 고의귀속」, 「구

---

25) 문채규, "방법의 착오의 착오유형적 정체성", 「비교형사법연구 제3권 제2호」(2001), 130쪽.
26) 문채규, "방법의 착오의 착오유형적 정체성", 「비교형사법연구 제3권 제2호」(2001), 134쪽.
27) 문채규, "방법의 착오의 착오유형적 정체성", 「비교형사법연구 제3권 제2호」(2001), 134쪽.
28) 문채규, "방법의 착오의 착오유형적 정체성", 「비교형사법연구 제3권 제2호」(2001), 135-138쪽.
29) 문채규, "방법의 착오의 착오유형적 정체성", 「비교형사법연구 제3권 제2호」(2001), 139쪽.
30) 문채규, "방법의 착오의 착오유형적 정체성", 「비교형사법연구 제3권 제2호」(2001), 140-141쪽.
31) BGHSt. 9, 240 f.; 문채규, "방법의 착오의 착오유형적 정체성", 「비교형사법연구 제3권 제2호」(2001), 141-142쪽.
32) 문채규, "방법의 착오의 착오유형적 정체성", 「비교형사법연구 제3권 제2호」(2001), 142-143쪽.

체적 사실에 관한 방법의 착오=결과의 고의귀속 부정」이라고 상징되는 구체적 부합설이 타당하다는 결론에 이른다.

V. 나가며

논평대상인 문교수의 이 글이 나온지 20년이 지났다. 형법의 근본적이면서도 난해한 고의의 대상 특정문제는 그 이후 많은 논의가 이루어지지 못했다. 20년전 우리 학계의 상황을 고려하면 우리나라에서는 크게 논의되지 않았지만 근본적인 문제인 고의의 대상 특정정도에 관한 이 글은 주제 자체로 큰 의미가 있다. 문교수는 이 글 이외에도 처음에 본 것처럼 이 글이 출간될 즈음에 고의와 관련된 많은 논문을 출간하였다. 하지만 그에 대한 연속적인 논의가 있었던 것으로 보이지는 않는다. 그 이유는 아마도 주제의 난해함에서 비롯되는 것으로 보인다. 논평자도 '고의의 대상 특정'이라는 주제에 관심을 가지고 오랫동안 고민하고 있지만 아직 논문을 출간하지 못했다. 문교수의 대상 논문을 다시 읽으면서 고민하던 문제의 실마리가 보이기는 한다. 이 글에서는 대상논문을 다시 한번 재조명하는 수준에 그쳤지만, 조만간 문교수의 고의 관련 논문들에 대한 화답을 할 수 있기를 희망하며 글을 마친다. 그것이 학계의 후배로서 선배에 대한 최소한의 예의이므로.

06 구성요건착오의 한계사례와 인과과정의 착오*

Ⅰ. 머리말

형법이론에서 구성요건착오만큼 그 이론적 접근이 체계화되어 있지 못한 분야도 드물 것이다. 이러한 상황은 형법 규정에서도 그대로 나타나고 있다. 즉 우리 형법 제13조와 독일 형법 제16조 제1항은 동일한 내용·취지의 규정임에도 우리 형법이 그 표제를 "범의"로 표현함에 반하여 독일 형법은 "행위사정의 착오"라고 표현하고 있는 것이라든지, 우리 형법 제15조를 보면 사실의 착오(구성요건착오)의 특별한 一類型(제1항)과 결과적 가중범(제2항)을 규정하면서 그 표제를 일반명칭인 "사실의 착오"로 표현하고 있는 점, 구성요건착오의 특별한 一類型을 위한 입법적 해결규정인 우리 형법 제15조 제1항[1]과 독일 형법 제16조 제2항[2]이 재미나는 대조를 보여주고 있는 점 등은 구성요건착오에 관한 이론적 정비의 미흡함에서 비롯되는 현상이라는 것 외에는 그럴듯한 다른 근거를 찾기가 어렵다.

사실 범행에 대한 주관적 고의귀속을 다루는 구성요건착오의 기본유형에서는

---

* 비교형사법연구 제3권 제1호(2001) 29-58면에 게재된 글임.
1) "특별히 중한 죄가 되는 사실을 인식하지 못한 행위는 중한 죄로 벌하지 아니한다."
2) "경한 죄에 해당하는 사실이 존재하는 것으로 오인한 자는 경한 죄에 대해서만 고의범으로 처벌할 수 있다."

특별히 어려운 문제가 발생하지 않는다. 오히려 객관적 고의귀속의 관점이 적용되어야 하는 구성요건착오의 한계사례에서 어려움이 나타나는데, 우리 형법 제15조 제1항도 한계사례의 특별한 一類型에 관한 규정이다. 그런데 한계사례의 해결에 어려움을 겪고 있는 원인은 두 가지로 집약할 수 있을 것 같다. 첫째는 한계사례의 개념적 구조가 명확하게 조명되어 있지 않다는 점이다. 특히 구성요건착오의 기본유형에 대한 한계사례의 구조적 유사성과 차별성이 분명하게 조명되어 있지 않다. 둘째는 구성요건착오는 기본유형이건 한계사례건 고의론의 이면에 속하는 문제영역으로서 고의의 일반적 귀속원리에 입각하여 그 해답을 찾아야 하는데 현재의 논의상황을 보면 이러한 문제의식에는 공감하면서도 해결의 실천적 과정에서는 이러한 관점이 철저하게 적용되지 못하고 있다는 점이다.

따라서 구성요건착오의 한계사례의 해결을 위한 이론적 접근은 구체적인 개별 유형에 대한 법적 효과의 규명에 앞서 한계사례의 개념적 구조를 조명하는 작업과 고의의 일반적 귀속원리에 따른 해결의 당위성·타당성·가능성을 논증하는 작업이 선행될 필요가 있다.

Ⅱ. 구성요건착오의 한계사례

1. 구성요건착오와 그 한계사례

구성요건착오는 일반적으로 행위자가 인식·예견한 사태와 객관적으로 발생한 구성요건적 사태가 일치하지 아니하여 발생사태에 대한 고의가 배제되는 경우라고 정의한다.[3] 그리고 여기에서 일치하지 않는 원인은 행위자가 객관적으로 발

---

3) 김영환 교수는 구성요건착오의 개념을 이렇게 정의하는 것은 잘못이라고 지적하면서, 그 대신 事前的인 관점에서 접근하여 "행위자가 행위시에 죄의 성립요소인 사실을 인식하지 못했거나 잘못 인식한 경우"로 정의하는 것이 타당하다고 주장한다(김영환, 고시계 95/7, 35면). 그러나 구성요건착오에 대한 일반적인 정의가 김영환 교수의 정의와 배치되는 것으로 볼 수는 없다. 행위시에 죄의 성립요소인 사실을 인식하지 못했거나 잘못 인식했다는 말은 결국 객관적으로 발생한 죄의 성립요소인 사실에 대해서 행위자가 행위시에 인식하지 못했거나 잘못 인식했다는 의미일 수밖에 없고, 이것은 결국 행위자가 인식한 사태와 객관적으로 발생한 구성요건적 사태가 일치하지 않음에 해당한다. 만약 착오개념을 인식사태와 발생사태의 비교개념으로 파악하지 않고, 事前的인 고찰로서 행위시의 인식사태만을 표현하는 개념으로 파악한다면, 행위시에 죄의 성립요소를 인식하지 아니했고, 객관적으로도 죄의 성립요소가 발생하지 아니한 경

생한 죄의 성립요소인 사실을 행위시에 인식·예견하지 못했거나 잘못 인식·예견하였다는 데에 있다. 어떤 행위에 대하여 형법상 고의책임을 묻기 위해서는 행위자가 행위시에 죄의 성립요소인 사실을 인식·예견하여야 할 뿐만 아니라, 그 행위로 인하여 객관적으로 실현된 사태가 행위시에 인식·예견했던 바와 일치하여야 한다.[4] 따라서 행위시에 인식·예견했던 바와 행위로 인하여 발생한 구성요건적 사태가 일치하지 않는 착오가 발생하면 그 발생한 사태에 대하여 행위자의 고의가 배제되는 경우가 생길 수 있는데, 이것이 바로 구성요건착오에 해당하는 경우이다.

그런데 구성요건착오는 다음의 착오와는 개념적으로 구별되어야 한다.[5]

첫째, 구성요건착오는 고의의 성립에 영향을 미치는 사실에 관한 착오만을 의미하므로 처벌조건, 소추조건, 책임능력, 범행동기 등에 관한 착오는 구성요건착오가 아니다.

둘째, 구성요건착오는 미수범에서 나타나는 착오와 구별되어야 한다. 구성요건착오는 객관적으로 실현된 구성요건사실을 인식하지 못한 경우이지만, 반대로 미수범에서의 착오는 주관적으로 인식한 구성요건사실이 실현되지 못한 경우이다. 예컨대 상해의 고의를 갖고 사람을 향하여 투석하였으나 맞지 않은 경우 또는 사람인 줄로 알고 투석하였으나 망부석이었던 경우 등이다. 특히 후자를 전도된 구성요건착오라고도 하는데, 이는 미수범에서 나타나는 착오의 방향이 구성요건착오에서 나타나는 착오의 방향과는 반대로 되어 있음을 보여준다.

그런데 구성요건착오는 인식사실과 발생사실이 모두 구성요건에 해당하는 경우에만 가능하다고 보고, 과실범에서의 착오에는 애초에 구성요건사실에 대한 인식이 없으므로 '인식한 구성요건사실과 발생한 구성요건사실간의 불일치'라는 현상은 발생하지 않고 따라서 구성요건착오가 아니라는 견해가 있다. 예컨대 남의

우도 구성요건착오에 해당한다는 식의 개념사용이 가능할 수도 있을 것인데, 이를 구성요건착오라고 할 수 없는 것은 자명하다.

4) 심재우, 고시계 82/11, 56면.
5) 심재우, 고시계 82/11, 56, 57면; 김일수, 한국형법 I. 460면 이하 참조. 다만 김일수 교수는 소극적 구성요건표지이론을 수용하지 않는 입장에서 위법성조각사유의 전제되는 사실에 관한 착오는 구성요건착오가 아니라고 하나, 소극적 구성요건표지이론에 따르면 이 경우도 구성요건 착오에 해당한다. 소극적 구성요건표지이론에 관해서는 문채규, 소극적 구성요건표지이론을 위한 변론 - 고의책임의 본질을 중심으로 -, 형사법연구 제12호, 71면 이하 참조.

물건을 자기 것으로 알고 가져온 경우 인식사실과 발생사실간에 착오가 발생하였으나, 인식한 사실 자체가 구성요건에 해당하는 사실이 아니므로 구성요건착오에 해당하지 않는다는 것이다.[6] 물론 이러한 착오에서는 궁극적으로는 과실범이론에 의하여 해결되어야 할 과실의 성부가 주요 관심사다. 그러나 그 이전에 발생한 구성요건사실에 대한 인식이 없어 고의가 성립하지 않는다는 점이 먼저 전제가 되어 있다. 이 부분은 바로 구성요건착오에 해당한다. 오히려 이러한 유형이 구성요건착오의 가장 단순하면서도 기본적인 유형이다.[7] 그러하다 보니 착오론적 관점에서 특별히 주의 깊게 다룰만한 논쟁거리를 담고 있지 않으며, 자연히 구성요건착오론의 중요한 고찰대상으로 부각되지 않고 있을 뿐이다.[8]

따라서 구성요건착오론의 관심은 기본유형에서 벗어난, 소위 구성요건착오의 한계사례에 모아지고 있다. 한계사례는 일반적으로 착오의 대상이 되는 구성요건 표지가 무엇이냐에 따라 객체의 착오, 방법의 착오, 인과과정의 착오로 나누어지고, 다시 인식사실과 발생사실이 동일한 구성요건에 속하는 구체적 사실의 착오와 그것들이 서로 다른 구성요건에 속하는 추상적 사실의 착오로 나뉜다. 그리고 기본적인 구성요건착오와 비교할 때, 한계사례의 특징은 두 가지로 집약된다. 첫째는 구성요건착오의 기본형과 달리, 한계사례는 항상 인식사실과 발생사실이 모두 구성요건적 사실에 해당한다는 점이다. 둘째는 발생사실에 대하여 별개의 독자적인 고의의 성부를 문제삼는 것이 아니라, 인식사실에 해당하는 고의의 성립을 전제로 하고 단지 발생한 결과를 그 고의에 귀속시켜 고의기수범의 성립이 가능한지를 문제로 삼는다는 점이다.

2. 전형적인 구성요건착오에 대한 한계사례의 차별성

전형적인 구성요건착오에서는 인식사실과 발생사실 간에 相違가 있느냐만을 문제로 삼는다. 상위가 있으면 구성요건착오로서 발생사실에 대한 고의가 부정되고 과실범의 成否만이 남고, 반대로 상위가 없으면 발생사실에 대한 완전한 고의기수범이 성립한다. 그러나 한계사례는 다르다. 인식사실과 발생사실 간에 상위

---

6) 배종대, 총론, 2001, 50/3, 4.
7) Vgl. Roxin, AT I, §12 II, Rdnr. 81.
8) 같은 취지, 김일수, 한국형법 I, 461면; 이형국, 형법총론연구 I, 224면.

가 있느냐의 문제에서 끝나지 않고, 항상 그 상위가 중요한 상위인지 아닌지를 문제삼는다. 그리하여 중요한 상위이면 발생사실에 대한 고의귀속을 부정하고, 중요하지 않은 상위이면 발생사실에 대하여 고의를 귀속시켜려고 한다. 즉 인식 사실과 발생사실 간의 상위가 중요한 것인지의 여부를 주된 검토대상으로 한다. 구성요건적 사실에 관하여 분명히 착오가 발생하고 있음에도, 그 중요성 여하에 따라서 결과적으로 고의귀속이 배제되는 구성요건착오가 되기도 하고 안되기도 하는 것이다. 바로 이러하기 때문에 이를 구성요건착오의 한계사례라고 하는 것이다.[9]

다음으로 전형적인 구성요건착오의 경우에는 발생사실에 대하여 事前的인 관점에서 행위시에 고의가 없었다는 확정만으로 발생사실에 대한 고의책임이 종국적으로 배제된다. 즉 과실범에서 행위자는 구체적으로 발생한 사실에 대한 인식이 없었다는 확인만으로 발생사실에 대한 고의책임은 배제된다. 그런데 한계사례의 경우에는 다르다. 물론 한계사례에서도 구체적인 발생사실만을 놓고 판단한다면 그 사실에 대한 인식이 없었음은 분명하고, 따라서 발생사실에 대한 행위시의 고의가 인정될 수 없다는 점에서는 전형적인 구성요건착오와 다를 바가 없다.[10] 그러나 한계사례는 여기에서 끝나지 않고, 그 착오의 중요성 여하에 따라서는 행위시에 가지고 있었던 고의에 발생결과를 귀속시켜, 발생한 결과에 대한 고의책임을 귀속시킬 수 있는지를 더 검토할 것을 요구한다.

한계사례에는 전형적인 구성요건착오와는 달리 事前的인 관점에서 판단된 완전한 고의행위가 항상 전제되어 있기 때문이다. 즉 구체적 사실에 대한 객체 및 방법의 착오나 인과과정의 착오에서 볼 때, 발생사실과 연결되는 고의행위의 존재가 항상 전제되어 있다. 예컨대 甲을 乙로 오인하여 살해한 경우건, 甲을 살해하려 하였으나 조준이 잘못되어 동행하던 乙을 살해한 경우건, 또 甲을 낭떠러지에서 밀어 땅바닥에 추락사시키려 하였으나 떨어지는 도중에 나뭇가지에 복부를 찔려 사망한 경우건 모두 살해의 고의는 전제되어 있는 것이다.[11] 따라서 한계사례에서는 그 전제된 고의가 인식·예견된 사실 ─ 甲의 사망 또는 땅바닥에 추락

---

9) 같은 취지에서 한계사례의 개념을 정의하고 있는 입장으로는 김영환, 고시계 95/7, 29, 30면.
10) 한계사례는 전형적인 구성요건착오와 구별되면서도 바로 이러한 동질성 때문에 구성요건착오론에서 다룰만한, 또 구성요건착오론에서 다루는 것이 타당한 문제영역이라 할 수 있다.
11) 같은 관점에서 구성요건착오와 한계사례를 구분하는 입장으로는 이용식, 고시계 93/9, 118면.

하여 그 충격으로 사망할 것임 – 과는 구체적으로 일치하지 않는 발생사실 – 乙의 사망 또는 나뭇가지에 복부를 찔려 사망하게 됨 – 에까지 미치는지, 반대로 말하면 발생사실을 事前的인 관점에서 이미 인정된 살인의 고의에 귀속시킬 수가 있는지를 주요한 대상으로 한다.

추상적 사실에 대한 객체 및 방법의 착오에서도 마찬가지다. 상해의 고의로 甲을 향하여 맥주병을 던졌으나 빗나가서 乙의 자동차를 파손시켰다고 가정하자. 여기서도 事前的인 관점에서 판단할 때, 상해의 고의는 완전히 성립되고 결과적으로 자동차파손은 (상해의) 고의행위에 의하여 발생한 결과이다. 여기서 상해고의가 재물손괴에까지 미친다고 볼 수 있는지, 반대로 말하여 재물손괴를 상해고의에 객관적으로 귀속시킬 수 있는지가 문제될 여지는 있는 것이다.[12] 물론 고의귀속을 평가적인 관점에서 아무리 확대하여 판단한다고 하더라도 구성요건 자체를 초월할 수는 없을 것이기 때문에[13] 결과적으로는 고의귀속이 부정되겠지만, 어쨌든 이것도 객관적 고의귀속의 판단을 거친 후 내려진 결론임은 틀림없다.

하지만 전형적인 구성요건착오는 그렇지 않다. 여기에는 발생한 사실에 대하여 객관적으로 귀속을 검토해 볼 만한, 사전적인 관점에서 이미 인정된 고의행위가 존재하지 않는다. 예컨대 과실상해의 결과에 미칠 수 있는, 사전적인 관점에서 인정된 어떠한 고의의 존재도 전제되어 있지 않다.

Ⅲ. 고의의 일반적인 귀속원리와 한계사례의 해결

1. 구성요건착오론과 고의론

구성요건착오론과 고의론의 불가분적 관계를 언급하면서 일반적으로 구성요건착오론은 故意論의 裏面에 불과하다고 지적한다.[14] 위법성인식을 고의의 내용으로 포함시키면서 고의를 책임요소로 파악했던 – 인과적 범죄체계론에서 주장되

---

12) 소위 추상적 부합설을 상기할 것.
13) 김영환, 고시계 95/7, 30면.
14) 심재우, 고시계 82/11, 56면; 이형국, 형법총론연구 Ⅰ, 224면 주63); 정영일, 고시계 97/3, 37면; 김영환, 형사판례연구 제1권(93/7), 16면. 김영환 교수는 덧붙여 타당하게도 구성요건착오론을 이면으로 본 고의론이라고 주장하는 학자들도 구성요건착오의 문제를 우리 형법의 고의규정과 직접 연결해서 해결하려는 시도를 거의 하지 않는다고 지적한다(같은 논문 같은 면 주7)).

었던 – 고의설, 특히 엄격고의설에 따르면 구성요건착오를 금지착오와 구별하여 특별히 주목할 이유가 없다.[15] 그러나 고의의 내용에서 위법성인식을 배제시킨 후, 고의를 주관적 구성요건요소 내지 불법요소로 파악하는 목적적 범죄체계론의 책임설이 등장하면서 구성요건착오는 주목받기 시작한다. 목적적 범죄체계론에서는 구성요건착오가 금지착오와는 달리 책임요소 이전에 구성요건요소인 고의에 곧바로 관계되기 때문이다. 그런데 목적적 범죄체계론에서 구성요건착오가 주목을 받는 것은 그 자체가 형법이론에서 새롭게 해석되기 때문은 아니고, 고의가 새롭게 해석된 결과이다. 구성요건착오는 예전과 다름없이 '행위자가 발생한 구성요건적 행위상황을 행위시에 인식하지 못했거나 잘못 인식한 관계로 고의가 배제되는 경우'를 지칭하는 것에 불과하다.

그리고 구성요건착오의 경우에 고의가 배제된다고 하는 것도 구성요건착오론에서 직접적으로 도출되는 결론이 아니며, 고의론의 결론일 뿐이다. 즉 고의를 구성요건적 행위상황을 올바로 인식하는 것이라고 정의할 때, 구성요건적 행위상황을 인식하지 못하거나 잘못 인식하는 것은 고의가 아니다. 그리고 행위자가 구성요건적 행위상황을 올바로 인식했을 때 그 행위자의 인식 및 표상 상태는 고의에 포섭되어 행위자에게 고의가 인정된다면, 행위자가 구성요건적 행위상황을 인식하지 못했거나 잘못 인식했을 때의 그 표상은 고의에 포섭될 수 없고, 따라서 고의가 배제되어야 한다는 것은 바로 고의개념에서 직접 추론되는 결론이다. 이 후자에 해당하는 경우를 구성요건착오라고 지칭하는 것일 뿐이다.

고의론은 고의의 성립요건을 고찰대상으로 할 뿐이고, 고의의 배제요건을 고찰대상으로 하지는 않는다. 또 그럴 필요도 없다. 고의의 성립요건을 검토하여 충족하는지의 여부만이 관심사다. 고의의 성립요건이 충족되면 고의를 인정하고, 충족되지 않으면 고의를 부정하면 되는 것이지, 고의를 배제하는 요건을 별도로 상정할 필요는 없기 때문이다. 따라서 고의를 배제시키는 사유라는 것은 별도로 존재하지도 않고 존재할 필요도 없다.[16] 그러므로 구성요건착오는 고의의 배제사유가 아니라, 고의론에 의하여 고의가 인정될 수 없는 사태들 중에서 착오라는

---

15) 손동권, 형법총칙론, 2001, 18/12.
16) 고의는 고의범의 불법을 근거지우는 적극적 요소이기 때문에, 그 존부의 판단도 고의의 성립요건이 충족되어 있는지를 검토하는 적극적 판단이어야 하고 배제요건의 부존재를 검토하는 식의 소극적 판단이어서는 안 된다.

현상에 의해 고의가 배제되는 경우를[17] 지칭하는 이론적 개념에 불과하다고 보아야 한다. 고의의 成否와 관련하여 구성요건착오론이 독자적으로 해결할 수 있는 문제영역은 없다. 구성요건착오론은 고의론의 이면에 불과하다는 말은 바로 이러한 의미이다. 그러므로 구성요건적 행위상황의 요소에 관한 착오의 경우에 – 한계사례를 포함하여 – 특히 고의의 成否問題를 형법이론적 원리에 의하여 해결하고자 할 때에는 고의론에서 접근할 수밖에 없다.[18] 구성요건착오론 자체가 고의의 성부문제에 대한 해결원리를 내포하고 있는 것이 아니기 때문이다.

소위 한계사례에서 등장하는 중요한 착오와 중요하지 않은 착오라는 관점도 마찬가지다. 착오가 중요하기 때문에 고의귀속이 부정되고 중요하지 않기 때문에 고의귀속이 긍정되는 것이 아니다. 오히려 그 반대의 관계로 보아야 한다. 즉 의욕된 사태와 실현된 사태가 부합하지 않으면 결과의 고의귀속이 부정되는데, 그렇게 되면 착오로 인하여 행위자가 의도했던 범행과는 다른 법적 효과가 귀속될 수밖에 없을 것이고 그렇기 때문에 그 착오를 중요하다고 하는 것일 뿐이다. 반면에 양 사태가 부합한다면 결과의 고의귀속이 긍정되어 착오가 있었음에도 불구하고 의도했던 범행대로 법적 효과가 발생하게 된다는 점에서 그 착오는 중요하지 않다고 하는 것일 뿐이다. 따라서 한계사례를 해결할 때에도 착오가 중요한 것인가, 그래서 고의귀속이 배제되는가의 방향으로 접근할 것이 아니라, 직접 고의의 일반적 귀속원리에서 출발하여 고의귀속이 배제되는가 내지 긍정되는가를 판단하고, 그 결과에 따라서 고의귀속이 배제되는 경우는 중요한 착오로, 반대의 경우는 중요하지 않은 착오로 분류하는 방향으로 접근함이 타당하다.[19]

---

17) 고의론에 의해서 고의가 부정되는 경우는 구성요건착오만은 아니다. 예컨대 인식 및 의욕의 强度에 의하여서도 고의가 부정될 수 있다.

18) 이 점을 특히 방법의 착오에 대한 해결방안과 관련하여 강조하는 입장으로는 김영환, 형사판례연구 제1권(93/7), 22, 31, 34면 참조.

19) 소위 구체적 사실에 대한 객체의 착오와 방법의 착오는 그 법적 효과를 달리한다는 전제하에 객체의 착오이기 때문에 고의가 귀속되고 방법의 착오이기 때문에 고의귀속이 문제된다는 식으로 접근할 것이 아니라, 고의귀속이 문제되기 때문에 방법의 착오로 분류하는 것이 보다 현실적이라는 취지의 김영환 교수의 지적은 같은 맥락에서 타당하다(김영환, 형사판례연구 제1권(93/7, 27면). 록신은 개념은 기능에 의해 규정될 수 있다는 사고에서 출발하여, 착오문제의 해결에 기여하는 구성요건개념을 착오구성요건이라고 한다. 그리고 이 착오구성요건은 고의가 미쳐야 할 모든 표지들을 포함해야 한다고 한다. 이러하다면 결국 착오문제의 해결은 고의와 고의가 미쳐야 할 객관적 구성요건표지의 문제에서 접근되어야 한다는 결론이 된다(Roxin, Offene Tatbestände und Rechtspflichtmerkmale, 1970, S. 107 f. 참조).

2. 고의의 객관적 귀속의 문제로서의 한계사례

(1) 고의개념, 고의의 주관적 귀속 그리고 고의의 객관적 귀속

한계사례도 구성요건착오의 일부로 취급하여야 하고, 구성요건착오는 고의의 일반이론에서 접근하여야 한다고 하였다. 그렇다면 한계사례도 고의귀속의 일반원리에서 접근할 수밖에 없을 것이다. 그런데 고의라는 개념은 그 쓰임새가 다양하기 때문에 구성요건착오 및 한계사례에서 사용되는 고의개념의 쓰임새를 먼저 정확하게 파악함이 필요하다. 사실 한계사례의 개념적 구조 자체가 분명히 조명되지 않은 상태에서[20] 그 법적 효과의 해결에만 매달리다 보니 혼돈이 지속되고 있다고 느껴지는데, 알고 보면 이러한 혼돈의 더 근본적인 원인은 쓰임새를 서로 달리하는 고의개념들이 명확하게 구분되지 못한 채 혼용되는 데에 있다고 본다.

먼저 고의는 규범적 개념으로 사용된다. '고의는 고의범의 주관적 구성요건요소이다'라고 할 때의 고의는 규범적 개념으로 사용된 것이다. 이때의 고의개념은 '객관적 구성요건요소를 인식·예견함'을 의미한다. 이것은 주관적 구성요건요소로서 추상적인 행위자의 추상적인 표상상태를 표현하는 규범적 개념이다. 따라서 구체적인 행위자의 주관 속에 실재하는 구체적 표상상태를 지칭하는 개념이 아니다. 이를 '규범적 개념으로서의 고의'라고 할 수 있을 것이다. 이러한 규범적 개념으로서의 고의의 개념내용은 해당 범행의 구성요건을 통하여 미리 규범적으로 결정되어 있다.

다음으로 고의는 구체적인 행위자의 구체적인 표상상태를 지칭하는 개념으로 사용되기도 한다. 현실적인 고의범의 성립시에 구체적인 행위자에게 고의가 있다든지, 전형적인 구성요건착오의 경우에 구체적인 행위자에게 고의가 없다고 할 때 사용되는 고의개념이 여기에 해당한다. 예컨대 구체적인 행위자 甲이 목전에 있는 乙을 살해하였는데, 그 대상이 乙이라는 점, 乙을 사망시키기에 적합한 행위를 한다는 점, 행위의 결과로서 乙이 사망할 것이라는 점 등을 정확하게 인

---

20) 김영환 교수는 타당하게도 방법의 착오에 대해서 그 개념적 구조가 분명하게 규명되지 못한 데에서 그 법적 해결에 대한 혼돈의 근원이 있음을 지적하는데(김영환, 형사판례연구 제1권 (93/7), 31면 이하), 이러한 지적은 객체의 착오와 인과과정의 착오를 포함하여 한계사례 전반에 대한 지적으로서도 타당하다고 생각한다.

식·예견하였다고 하자. 이때 우리는 구체적인 행위자 甲에게 살인의 고의가 있다고 말한다. 이것은 바로 구체적인 행위자의 구체적 표상이 살인죄의 구성요건적 고의의 추상적 표상내용에 상응하고, 따라서 그것이 살인죄의 고의개념에 포섭된다는 의미이다. 타면 사냥 중인 행위자가 같이 사냥을 나간 乙을 산짐승으로 오인하고서 살해하였다고 하자. 여기서는 행위자에게 고의가 없다고 말하는데, 이것은 반대로 행위자의 표상이 살인죄의 구성요건고의의 개념내용인 추상적·규범적 표상에 상응하지 않아 살인죄의 고의개념에 포섭되지 않는다는 의미이다.

그리고 구체적인 표상이 고의개념에 포섭되느냐의 문제는 바로 그러한 구체적·실재적 표상에서 행해진 행위에 고의가 주관적으로 귀속되느냐의 문제이다. 어떤 행위시에 가졌던 행위자의 표상이 고의에 포섭된다는 것은 그 표상의 객관화인 행위에 고의가 주관적으로 귀속되어 고의행위가 된다는 의미이다. 이리하여 구체적 표상의 규범적 고의개념에의 포섭은 바로 행위에 대한 고의의 주관적 귀속의 문제임을 알 수 있다. 결과적으로 전형적인 구성요건착오는 행위에 고의의 주관적 귀속이 부정되는 경우이다.

이러한 포섭의 판단, 즉 고의의 주관적 귀속 여부를 판단하는 데에는 행위자의 구체적인 표상이 현실세계에 그대로 실현되었는지는 문제가 되지 않는다. 표상이 현실화되었느냐의 문제는 기껏해야 고의범행의 객관적 완성도를 의미할 뿐이고, 고의의 주관적 귀속의 문제와는 무관하다. 어떤 행위시에 행위자가 추상적·규범적 고의개념에 포섭되는 표상을 가지기만 하면 고의의 주관적 귀속은 이미 긍정되는 것이고, 그것의 현실화 문제는 범행이 예비·음모 내지는 미수에 그쳤는지, 기수에 이르렀는지에 관한 문제일 뿐이다.[21]

그렇다면 이 논문에서 한계사례로 분류하는, 소위 구체적 또는 추상적 사실에 대한 객체 및 방법의 착오와 인과과정[22]의 착오에서 사용되는 고의는 그 쓰임새

---

21) 이정원 교수는 결과범에서 "구체적 사건에서 행위자가 의도한 결과가 발생되지 않았거나 또는 결과가 발생했지만 그가 예상했던 방법대로 나타난 결과가 아닌 경우에도 고의의 성립에는 변화가 없다"라고 하는데(이정원, 형사법연구 제13호, 97면), 여기에서 이정원 교수가 말하는 '고의의 성립'이라고 하는 것은 구체적인 행위자의 표상이 고의개념에 포섭되어 고의범행이 성립됨을 의미한다.

22) 인과관계의 착오와 인과과정의 착오라는 개념이 혼동되어 사용되고 있는데, 개념이 사용되는 대상의 의미로 볼 때, 인과과정의 착오라는 개념이 더욱 정확하다. 인과관계 자체의 존부에 대한 착오와 인과관계를 구성하는 과정내용에 대한 착오는 서로 다른 내용이고, 인과관계의 착

가 어떠한 것인가? 우선 한계사례가 고의의 귀속문제임은 일반적으로 인정한다. 그러나 여기에서의 고의의 귀속은 앞서 전형적인 구성요건착오에서 분석된 고의의 주관적 귀속과는 차원을 달리하는 문제임을 직시할 필요가 있다. 즉 한계사례에서는 발생한 사태와 연결되어 있는 행위에 주관적으로 귀속된 모종의 구성요건고의가 이미 전제되어 있다. 甲을 乙로 오인하고 살해했다든지, 甲을 향하여 살해행위를 하였으나 잘못되어 옆에 있던 乙이 뜻하지 않게 사망했다든지, 낭떠러지에서 밀어 땅바닥에 추락사시키려 하였으나 떨어지는 도중에 나뭇가지에 찔려 사망했다는 경우를 다시 한번 보자. 행위시 행위자의 구체적 표상을 事前的인 관점에서 판단할 때, 행위자는 명백하게 살인죄 구성요건의 고의에 포섭되는 인식과 예견을 하고 있었다. 행위자의 행위에는 이미 살인의 고의가 주관적으로 완전하게 귀속된다. 즉 한계사례에서는 결과를 발생시킨 행위에 대한 고의의 주관적 귀속이 문제되는 것이 아니다. 바로 이 점에서 전형적인 구성요건착오와 구분된다.

오히려 한계사례는 전형적인 구성요건착오에서 나타나지 않았던 새로운 문제를 고찰대상으로 한다. 여기에서는 인식·예견되었던 것과는 다르게 발생한 결과를 이미 주관적 귀속을 통하여 전제되어 있는 살인의 고의에 귀속시킬 수 있느냐가 문제이다. 한계사례에는 발생한 결과가 예견했던 결과와 그리고 현실의 인과과정이 예견했던 인과과정과 구체적으로는 일치하지 않지만, 인식사실과 발생사실이 모두 구성요건에 속하는 사실이라는 데에 현상적인 특정이 있다. 이러한 상황에서 발생결과를 이미 존재하는 고의에 귀속시킬 수 있는지, 또 그 판단척도는 무엇인지가 해결되어야 할 문제인 것이다. 이 문제는 분명 전형적인 구성요건착오에서는 대두되지 않는 문제로서 새로운 차원의 귀속문제이다.

즉 전형적인 구성요건착오에서 이루어지는 주관적 고의귀속이 구체적인 행위자의 내심 속에 형성된 구체적 표상이 규범적 고의개념에 내포된 추상적 표상에 개념적으로 포섭되는지의 문제였다면 — 따라서 이는 주관적 귀속의 문제이다 —, 한계사례에서 이루어지는 고의귀속은 표상 대 표상의 문제가 아니다. 표상 대 객관적 사태의 문제이다. 그런데 표상이라는 주관적 상태와 발생한 객관적 사태는

오라고 표현하는 사람들도 모두가 그 개념을 후자의 의미로 사용하고 있는데, 그렇다면 인과과정의 착오라고 하는 것이 정확한 개념사용이 될 것이다.

직접적인 비교대상이 될 수 없다. 따라서 여기서 발생한 객관적 사태와 비교될 수 있는 대상은 행위자에 의하여 표상된 인식과 예견을 통하여 행위자의 심리 속에 형성되어 있는 구성요건적 사태일 수밖에 없다. 그러한 양 사태를 평가적인 관점에서 판단하여 발생한 결과를 전제된 고의에 귀속시킬 수 있는지를 심사하는 것이다. 따라서 이것은 전형적인 구성요건착오에서와는 달리 양 사태를 평가적인 관점에서 객관적으로 비교·교량하여 귀속 여부를 판단하게 된다. 그러므로 여기에서의 고의귀속은 그 귀속 여부가 객관적·평가적 관점에서 판단된다는 의미에서 '고의의 객관적 귀속'이라 할 수 있다.[23]

물론 여기에서 말하는 고의의 객관적 귀속은 소위 객관적 귀속론에서 말하는 결과의 행위에의 객관적 귀속과는 다르다. 고의의 객관적 귀속은 이미 결과가 행위에 객관적으로 귀속됨을 전제하고서 나타나는 문제이다. 즉 결과가 행위에 귀속될 때에만, 이어서 그 결과에 고의귀속이냐 과실귀속이냐가 비로소 문제될 수 있다.

(2) 고의의 객관적 귀속척도: 구성요건적·구체적 부합성

한계사례에서 행해지는 고의의 객관적 귀속 판단은 결국 실제로 발생한 구성요건적 사태를 행위자의 주관 속에 형성되어 있는 구성요건적 사태와 구성요건적으로 동일시할 수 있느냐를 규범적으로 평가하는 문제에 속한다. 즉 한계사례에서 고의의 객관적 귀속의 문제는 발생한 사태와 표상된 사태가 구성요건적으로 부합하느냐의 문제인 것이다.[24] 여기에서 구성요건적으로 부합한다는 말은 양 사태가 모든 면에서 구체적으로 일치하는 것은 아니지만 구성요건적으로 의미 있는 요소에서는 일치한다는 것을 의미한다. 따라서 구성요건적으로 부합하는 경우란 행위자가 발생사태를 구성요건적으로 의미 있는 범위 내에서는 인식·예견한 경우를 말한다. 그런데 고의는 원래 '죄의 성립요소인 사실', 즉 '구성요건적으

---

23) 볼터는 이를 적절하게도 방법의 착오에서는 '구성요건착오에 의한 고의배제의 문제'가 아니고, 계획된 사태와 현실사태의 非同價性(현실의 객관적 故意非相當性) 때문에 현실의 결과 내지 위험을 고의(행위)에 귀속시킬 수 없는 경우라 하는데(Wolter, in: Schünemann(hrsg.), Grundfragen des modernen Strafrechtssystems, 1984, S. 132), 이는 한계사례와 전형적인 구성요건착오의 구조적 차이를 정확하게 지적한 것으로 평가할 수 있다.

24) 동지, 이용식, 고시계 93/9, 120면. 이러한 측면에서만 본다면 기존의 소위 부합설은 문제의 핵심을 포착했다고 평가할 수 있다.

로 의미 있는 사실'에 대한 인식·예견으로 충분하고, 발생한 범죄사태에 관한 모든 사실을 인식·예견할 것을 요구하지는 않는다. 따라서 발생사태가 표상사태에 구성요건적으로 부합되면, 그것은 결국 고의 성립에 필요한 인식·예견의 대상의 측면에서는 양 사태가 완전히 동일한 사태가 되는 것이므로 발생사태는 고의에 귀속되는 것이다. 결과적으로 표상사태와 발생사태를 비교할 때, 구성요건적 의미를 갖는 요소에서 불일치가 있으면 양 사태는 구성요건적으로 서로 다른 별개의 사태가 되어 고의귀속이 부정되고, 구성요건적 의미를 갖는 요소가 일치하면 구성요건적으로 의미 없는 부수상황에 대한 불일치가 있더라도 구성요건적으로는 동일사태가 되어 고의가 귀속된다.[25] 따라서 한계사례에서 고의의 객관적 귀속척도는 결론적으로 '구성요건적·구체적 부합'이라 할 수 있다. 객관적 고의귀속이 가능하려면 표상사태와 발생사태가 구성요건적으로 의미 있는 요소에서 구체적으로 일치하여야 하는 것이다.

그리고 여기에서 고의의 객관적 귀속의 척도로 등장하는 '구성요건적·구체적 부합'이라는 표지는 소위 법정적 부합설의 귀속척도인 '구성요건부합' 내지 '죄질부합'이나 동가치설의 '구성요건적 동가치성'과 구별됨은 물론이고 구체적 부합설 내지 구체화설과도 구별되어야 한다.[26]

먼저 법정적 부합설은 표상사태와 발생사태가 동일한 구성요건이나 죄질이 같은 구성요건에 속하기만 하면 어떠한 요소에서 구체적으로 불일치하는 점이 있는가는 문제삼지 않고 부합한다고 한다. 동가치설도 마찬가지다.[27] 반면에 '구성요건적·구체적 부합'의 척도에 따르면 양 사태가 동일한 구성요건에 속하더라도, 구성요건적으로 의미 있는 요소에서 구체적으로 일치하지 아니하면 부합하지 않는 것으로 된다. 그리하여 필자의 견해를 '구성요건적·구체적 부합설'이라고 한다면, 법정적 부합설이나 동가치설은 '구성요건적·추상적 부합설'이라고 할 수 있다. 이러한 차이 때문에 소위 구체적 사실에 대한 방법의 착오에 대한 해결에

---

25) 동지, 이용식, 고시계 93/9, 124면.
26) 부합설이나 동가치설 및 구체화설의 상세한 내용에 관해서는 권오걸, 비교형사법연구 제2권 제2호(2000), 41면 이하 참조.
27) 이렇게 볼 때 법정적 부합설이나 동가치설은 표상사태와 발생사태를 직접 비교하여 부합 여부를 판단하지 않고, 양 사태가 동일한 구성요건에 포섭되는지의 여부에 따라 간접적으로 부합 여부를 판단하고 있음을 알 수 있다.

서 결론이 달라진다. 법정적 부합설이나 동가치설은 결과에 대한 고의귀속을 인정하는 반면에 구성요건적·구체적 부합설에 의하면 고의귀속이 부정된다.

타면 구체적 부합설과도 구별된다. 즉 구체적 부합설은 표상사태와 발생사태가 구체적으로 부합하여야 한다고 함으로써, 구성요건적·구체적 부합설과는 달리 부합의 대상을 구성요건적으로 의미 있는 요소로 제한하지 않는다. 만약 구체적 부합설의 언명대로 그것을 엄격히 적용한다면 구체적 사실에 대한 객체의 착오의 경우에 고의귀속이 부정된다고 하여야 논리적일 것이다. 반면에 구성요건적·구체적 부합성이라는 척도를 적용하면 고의귀속이 긍정되는 것이 자연스럽다. 결과론적으로 구성요건적·구체적 부합설은 구체적 부합설과 법정적 부합설의 중간에 위치한다고 볼 수 있다.[28]

그러면 고의의 객관적 귀속의 판단에는 구성요건적 가치동일성도 아니고 동일구성요건에의 포섭가능성도 아닌 사태 자체의 구성요건적·구체적 동일성이어야 하는 근거는 어디에서 찾을 수 있을 것인가?

그것은 구성요건의 규범적 성격에서 찾을 수 있다.[29] 형법규범은 평가규범인 동시에 명령규범이며, 그것은 구성요건을 통하여 구체화된다. 일반적으로 구성요건을 불법'유형' 내지 범죄'유형'이라고 하며, 이때의 유형개념은 특정한 범죄행위를 비범죄적 행위나 다른 범죄행위와 구별하는 당해 범죄의 범죄적 정체성을 의미한다. 그런데 이러한 유형개념을 규범론적으로 말하면, 구성요건은 구성요건표지를 사용하여 규범적 평가 및 명령의 대상이 되는 행위를 유형적으로 설정하는 것이 된다.

그런데 이 대상은 폐쇄된[30] 하나의 행위구조물로 되어 있다. 즉 구성요건은 가벌적 불법의 모든 구성요소를 망라하고 있다는 점에서 일단 구성요건적 불법유형은 폐쇄된 완성유형이다. 그리고 가벌적 불법의 모든 구성요소는 행위를 중

---

28) 김영환 교수도 방법의 착오를 거론하면서 올바른 해결책은 구체적 부합설과 법정적 부합설의 중간에서 찾아야 한다는 견해를 취한다(김영환, 형사판례연구 제1권(93/7), 28면).

29) 구체적인 접근과정은 필자와 같지 않지만, 구성요건착오의 한계사례 해결을 위해서는 형법의 규범적 성격을 함께 고려할 필요가 있다는 견해로는 권오걸, 비교형사법연구 제2권 제2호 (2000), 52면 참조.

30) 구성요건은 가벌적 불법의 모든 요소를 포착하고 있기 때문에 구성요건을 통하여 형성되는 불법 및 범죄유형은 폐쇄된 완성유형이라는 점에 대한 정확한 이해를 위해서는 Roxin, Offene Tatbestände und Rechtspflichtmerkmale, 1970 참조.

심으로 하여 하나의 규범적 평가 및 명령의 대상으로 구조화되어 있다는 점에서 규범적 대상은 바로 행위구조물이다. 모든 구성요건요소는 행위와 연결되어 구조화되어 있는 것이다. 행위의 주체, 행위의 객체, 행위의 결과, 구성요건적 행위상황, 행위와 결과 간의 인과관계, 결과의 행위에의 객관적 귀속, 행위에 의한 법익침해, 심지어 고의도 행위고의이다. 그래서 우리는 행위자형법이나 결과형법이라고 하지 않고 행위형법이라고 하는 것이다. 규범은 일정한 가치를 실현하기 위한 수단일 뿐인데, 규범이라는 수단의 작동원리는 행위규율이기 때문에 형법도 규범으로서 행위형법이 될 수밖에 없는 것이다.[31) 그리하여 형법규범의 평가의 대상도 행위구조물이고, 명령의 대상도 행위구조물이라는 결론이 된다.

따라서 구체적 사건의 구성요건요소 중에서 행위를 중심으로 하는 하나의 동일한 구조물로 결합되지 않는 요소가 있다면 그 요소는 그 행위구조물로 귀속될 수가 없고, 대신 그 요소가 연결되는 다른 행위를 중심으로 하는 또 다른 행위구조물에 귀속될 수밖에 없다. 예컨대 한계사례에서 표상된 행위구조물과 발생한 행위구조물을 비교·판단해 본 결과, 행위구조물의 구성요소에서 일치한다면 그것은 동일한 행위구조물임을 의미하는 것이고, 일치하지 않는다면 불일치하는 그 각각의 요소가 귀속되는 별개의 행위구조물이 된다는 의미이다. 즉 이 후자의 경우에는 표상된 행위구조물과 발생한 행위구조물이 서로 다른 행위구조물이 될 것이고, 당연히 발생결과를 표상된 고의행위에 귀속시킬 수 없는 것이다.

여기에서 규범론적 관점에서 사용된 행위구조물이라는 표지는 도그마틱의 용어로 표현하면 구성요건적 사태이다. 따라서 한계사례에서 고의의 객관적 귀속의 척도는 표상사태와 발생사태의 구성요건적·구체적 부합성이 되어야 하는 것이다.

---

31) 마이호퍼는 법질서를 법규범을 수단으로 하고 법익보호를 목적으로 하는 질서로 파악하면서, 수단으로서의 법규범을 행위규범으로 규정한다(Die Rechtsordnung erreicht dieses Ziel eines bestimmten Interessenschutzes(Rechtsgüter) durch das Mittel der Aufstellung bestimmter Verhaltensnorm(Rechtsnorm)....). Maihofer, Th. Rittler-Festschrift, S. 149 참조.

Ⅳ. 한계사례의 一類型으로서 인과과정의 착오

1. 문제되는 한계사례

구성요건착오의 한계사례에 대한 해결이 형법이론에서 심한 논란의 대상이 되고 있지만, 두 가지 유형에 대해서는 현재 견해가 일치하고 있다.

첫째 유형은 표상사실과 발생사실이 서로 다른 구성요건에 속하는 소위 추상적 사실에 관한 객체 및 방법의 착오이다. 이에 대해서는 현재 주장되고 있는 어떠한 견해에 의하더라도 발생한 사태를 고의에 귀속시킬 수 없고, 단지 과실의 성부만이 문제가 된다는 데에 타당하게도 견해가 일치하고 있다. 이 경우에는 표상사태와 발생사태가 구체적으로 부합하지 않는 것은 물론이고, 구성요건적으로도 부합하지 않으므로 '구성요건적·구체적 부합'이라는 척도에 의하더라도 발생사태를 고의에 귀속시킬 수 없게 된다. 즉 양 사태는 구체적으로도 별개의 사태(행위구조물)이고 구성요건적으로도 별개의 사태(행위구조물)이다. 다만 형법 제15조 제1항 및 독일 형법 제16조 제2항의 해석과 관련하여 서로 다른 구성요건이 기본과 변형의 관계일 경우에는 위의 일반적 해결방식의 적용이 어떻게 되는가를 놓고 논란이 되고 있을 뿐이다.[32]

둘째 유형은 표상사실과 발생사실이 동일한 구성요건에 속하는 소위 구체적 사실에 관한 객체의 착오이다. 이 유형의 경우는 첫째의 유형과는 반대로, 발생사태가 고의에 귀속되어 완전한 고의기수의 책임이 성립된다는 데에 견해가 일치하고 있으며, 이 또한 타당하다 할 것이다.[33] 이에 대해서는 일반적으로 구성요건적으로 의미를 갖지 않는 부수상항에 관한 착오에 불과하고, 구성요건적으로 의미 있는 죄의 요소되는 사실에 관해서 착오한 것이 아니므로, 애당초 구성요건

---

32) 특히 김일수 교수와 배종대 교수의 견해 차이를 주목할 필요가 있다(김일수, 한국형법 I, 478면 이하와 배종대, 총론, 2001, 50/12 이하 참조).

33) 다만 다음과 같은 경우에 동가치적 객체의 착오로서 중요하지 않은 동기의 착오로 취급할 수 있는지가 문제될 수 있다. 예컨대 어두운 골목길에서 담배를 피우고 있는 이웃집 아이를 자기 아들로 오인하고서 꾸중을 하면서 뺨을 한 대 때렸다고 하는 경우이다. 형식적으로는 동가치적 객체의 착오에 해당하지만, 이 경우는 고의귀속의 문제 이전에 더 근본적으로 구성요건개념 내지는 구성요건착오의 본질론 문제로 접근하는 것이 타당하다. 소위 정당화사유에 관한 착오문제로 접근하는 것이 타당하다(Roxin, AT I, §12 III, Rdnr. 176).

착오에 해당하지도 않고 따라서 고의도 배제될 수 없다고 설명한다. 이 결론 또한 필자의 판단척도에 의한 결론과 일치한다. 객체의 개별성을 구성요건적으로 문제삼지 않는 한, 즉 그것이 구성요건적으로 의미 있는 요소가 아닌 한, 그것은 부수상황일 뿐이고, 그 부수상황을 제외한 구성요건적으로 의미 있는 죄의 요소 되는 사실에 관한 한, 표상사실과 발생사실은 구성요건적으로는 물론이고 구체적으로도 부합하고 있기 때문에 발생사실은 고의에 귀속되고 따라서 발생사실에 대해서는 고의책임이 귀속되어야 한다.

이렇게 보면 한계사례 중에서 논란의 대상으로 남아 있는 것은 인과과정의 착오와 구체적 사실에 관한 방법의 착오 두 유형이다. 이하에서는 인과과정의 착오만을 다루기로 한다.

2. 인과과정의 착오의 의의 및 학설의 개관

구성요건착오의 한계사례 중에는 일종의 구체적 사실의 착오에 해당하는[34] 것으로서 인과과정의 착오가 있다. 인과과정이란 행위에서 비롯된 원인력이 결과발생을 향하여 연쇄적으로 진행되어 가는 과정의 구성부분을 의미한다. 그리고 인과과정의 착오라 함은 동일한 행위객체에서 결과가 발생했지만 그 결과가 행위자가 예견한 인과과정과는 다른 인과과정을 거쳐 발생한 경우를 말한다. 예컨대 甲이 乙을 익사시키기 위하여 다리 밑으로 밀어 떨어뜨렸는데 乙은 甲의 예견과는 달리 떨어지면서 교각에 머리를 부딪혀 뇌진탕으로 사망한 경우, 甲이 乙을 살해하기 위하여 곡괭이 자루로 乙의 머리를 후려쳤으나 乙은 단지 부상만을 입고 병원에서 입원 치료 중 병원 화재로 사망한 경우, 甲이 乙을 죽이기 위하여 곡괭이 자루로 머리를 내리친 후 쓰러진 乙을 사망한 줄 알고 범행을 은폐하기 위하여 乙의 몸에 휘발유를 뿌리고 불을 질렀는데, 乙은 사실 불에 타서 사망한 경우 등이다.

이러한 인과과정의 착오에 대해서 우리나라나 독일의 다수설 및 다수 판결은[35] 예견된 인과과정과 실제의 인과과정 간의 相違가 본질적인가 아니면 비본질적인가를 기준으로 하여 본질적 상위의 경우는 고의귀속을 부정하고 비본질적

---

34) 심재우, 고시계 82/11, 63면; 배종대, 총론, 2001, 221면.
35) 헤르츠베르크, 이재상·장영민 편역, 형법상의 착오, 1999, 167면, 169면.

상위의 경우는 고의귀속을 인정한다. 이 견해는 인과과정도 객관적 구성요건요소의 하나로서 고의의 인식대상인데, 다만 인과과정을 구체적으로 정확하게 예견하는 것은 불가능하므로 '본질적인 점'만을 예견하면 족하고 '비본질적인' 인과과정까지 모두 예견할 필요는 없다는 점을 논거로 하고 있다. 따라서 다수설은 인과과정은 일단 객관적 구성요건요소로서 고의의 인식대상인데, 다만 본질적인 인과과정만이 그렇고, 비본질적 인과과정은 구성요건적으로 의미 없는 부수상황으로서 고의의 인식대상이 되지 못한다는 견해이다.

반면에 인과과정은 고의의 인식대상이 아니라 객관적 귀속의 일부로 보아, 그것은 처음부터 착오의 대상도 아니고 고의귀속의 문제도 아니라는 견해도 새롭게 등장하고 있다. 이 견해는 인과관계와 인과과정을 엄격히 구분하고, 前者만을 고의의 대상인 객관적 구성요건요소로 다루고 後者는 객관적 귀속이라는 규범적 평가의 문제로 다루는 것이 구성요건해당성 판단의 합리성을 더 높게 보장할 수 있다는 점을 논거로 한다.[36]

3. 인과과정의 착오의 해결

이상의 견해들을 종합할 때, 인과과정의 착오를 해결하는 데에는 역시 인과과정을 구성요건적으로 어떻게 이해할 것인가에 핵심이 있음을 알 수 있다. 결론부터 말한다면 인과관계는 고의의 대상인 객관적 구성요건요소이지만 그것의 구체적 진행과정, 즉 구체적 인과과정은 객관적 구성요건요소가 아니고, 따라서 고의의 대상도 아니다.[37]

동가치적인 객체 간에 개별성을 문제삼지 않고 모두 금지실질로 하고 있듯이, 인과관계에서도 결과에 대하여 인과적 연결성(인과관계)을 갖는 행위라면 그 구체적 과정이야 어떠하든 금지실질에 포함되어야 한다. 인과과정은 금지실질을 좌우하는 주요한 요소가 될 수 없다. 따라서 객관적 구성요건요소를 금지실질의 구성요소라고 할 때, 단지 인과관계 그 자체만이 구성요건요소이고, 구체적 인과과

---

36) 김일수, 한국형법 I, 467면 이하와 497면. 김일수 교수는 이러한 견해를 독일과 오스트리아의 신유력설이라고 소개한다.
37) 김일수, 한국형법 I, 466면 이하; Streng, JuS 1991, S. 912; Wolter, in: Schünemann(hrsg.), Grundfragen des modernen Strafrechtssystems, 1984, S. 124, 130; Jakobs, AT(1991), 8/66.

정은 구성요건요소가 아니다. 당연히 그것은 고의의 표상대상도 아니다.

　우리나라의 다수설뿐만 아니라 독일의 다수설 및 다수의 판결이 인과과정도 고의의 대상이며 행위자는 그것을 '본질적인 점'에서 바르게 예견하는 것으로 충분하다고 하는데, 여기서 '본질적인 점'이란 '인과적 연결관계의 성립'으로 해석되어야 한다. 구체적인 사례에서 행위자의 의도가 결과로 실현되는 과정은 무수히 다양할 수 있는데, 그것들을 통합할 수 있는 '본질적인 점'이란 인과관계의 성립 그 자체일 수밖에 없는 것이다. 인과관계의 구성부분으로 포섭될 수 있는 인과과정이라면 그것들을 본질적인 것과 비본질적인 것으로 구분할 수 없고, 모두 동등한 가치로 인과관계를 구성하는 요소이다. 오로지 본질적인 것은 그러한 요소로 구성되는 행위와 결과 간의 인과적 연결성, 즉 인과관계의 성립 그 자체이다. 앞의 예를 보자. 교각에 부딪혀 뇌진탕으로 사망에 이르는 인과과정과 물에 빠져 익사하는 인과과정에서 본질적인 인과과정이란 무엇일 수 있겠는가?

　따라서 구성요건적으로 의미 있는 요소는 행위와 결과 간의 인과관계이고, 인과관계만이 구성요건적으로 의미 있는 고의의 예견대상이다. 구체적인 인과과정은 인과관계를 형성하는 요소로서 그것의 표상은 인과관계를 표상하는 매개체일[38] 뿐이며, 따라서 인과과정 자체는 구성요건적으로 의미 있는 고의의 예견대상이 아니다. 즉 인식의 존재구조상 행위자는 인과과정의 표상을 통하여 인과관계를 표상하겠지만, 그 표상된 인과과정이 인과관계로 포섭될 수 있는 것인 한, 그것의 구체적인 내용은 법적으로 중요하지 않은 부수적인 요소일 뿐이다.[39] 따

---

38) 「구체적인 행위진행과정에 대한 행위자의 구체적인 표상은 구성요건적으로 중요한 인과관계에 대한 인식이 있다는 자료에 불과하다. 중요한 것은 그것뿐이다. 이런 사정 이상의 구체적인 표상들은 법적으로 중요하지 않다.」라는 크림펠만의 지적도 같은 맥락이다(크림펠만, 이재상·장영민 편역, 형법상의 착오, 1999, 23면).

39) 이정원 교수는(형사법연구 제13호, 107면) 인과관계는 인과과정을 통칭하는 것이라고 하면서도, 행위의 결과에로의 진행과정(결과의 구체적 형성과정＝구체적 인과과정)이 바로 인과관계라고 한다. 그러나 인과관계가 가능한 다양한 인과과정을 통칭하는 것이라면, 인과관계와 구체적 인과과정은 개념적으로 동일할 수가 없다. 마치 살인죄 구성요건의 객체인 사람이 남녀노소를 통칭하는 개념이라고 할 때, 사람과 남자, 사람과 여자가 개념적으로 같을 수 없는 것과 같은 이치이다. 객체의 표지가 통칭개념인 사람으로 되어 있어, 고의를 위해서는 객체를 사람으로 인식하면 족하고 그 객체가 남자인지 여자인지 등에 대하여 구체적으로 인식할 필요가 없듯이, 구성요건표지를 인과관계라고 본다면 인과관계(행위와 결과의 연결성 자체)만을 인식하면 족하고 다양하게 전개될 수 있는 가능한 구체적 인과과정까지 인식할 것을 요구하지는 않는 것으로 해석함이 타당하다. 이렇게 해석할 때에만 인과관계는 가능한 모든 구체적 인과과정을 통칭하는 객관적 구성요건표지가 될 수 있다.

라서 객관적으로 인과관계에 포섭되는 인과과정 중에서는 어떤 것을 구체적으로 예견했는가도 중요하지 않을 뿐만 아니라, 가능한 인과과정 중에서 어떤 것을 특정하여 예견하는 것이 아니라 그중에서 어떤 인과과정에 의하더라도 상관 않겠다는 식의 포괄적인 형태로 예견하더라도 고의에 포섭되는 데에는 아무런 문제가 없다.

현실의 인과과정을 행위시에 미리 정확하게 구체적으로 예견할 수 없는 것이기 때문에 그것을 구체적으로 인식하지 않아도 되는 것이 아니라, 애초에 구체적 인과과정은 중요한 구성요건요소가 아니기 때문에 구체적으로 인식할 필요가 없는 것이다.

그런데 인과관계만이 구성요건적으로 중요한 요소이고 인과과정은 그렇지 않다는 것은 근원적으로는 형법의 규범적 성격에 근거하고 있다. 구체적인 인과과정이야 어떠하든 결과에 인과적으로 연결되는 행위라면 모두가 객관적으로는 물론이고, 주관적으로도 금지규범의 대상이 되기에 충분한 것이다. 그러한 명령규범에 위반된 의사결정이 곧 법적대적 의사로서의 고의이고, 그러한 의사결정을 회피할 수 있었음에도 회피하지 않은 것이 과실인 것이다. 인과관계가 성립되는 행위인 한, 구체적인 과정이야 어떠하든 규범적으로는 금지대상으로서 동가치인 것이다.[40] 뿐만 아니라 형법은 행위형법이기 때문에 구성요건을 통한 규범적 명령 및 평가의 대상은 행위구조물이다. 여기에서 인과관계는 발생결과를 행위에 규범적 행위구조물로 결합시키는 요소이다. 그러므로 인과관계의 성립으로 행위와 결과가 하나의 행위구조물로 결합될 수 있느냐는 것만이 구성요건적으로 중요하고, 그 구체적인 결합구조의 양태는 중요하지 않다. 여기에서 구체적인 결합구조의 양태란 바로 구체적 인과과정을 의미한다는 것은 두말할 나위가 없다.

그렇다면 표상된 인과과정과 현실의 그것이 본질적으로 상위하다는 것은 무슨 의미인가? 그것은 표상된 인과과정이 현실의 인과관계에 포섭되지 않는다는 의미이고, 그것은 다시 표상된 인과과정이 현실의 인과관계에 포섭될 수 있는 인과과정의 범위에 속하지 않는다는 의미이다. 그리고 이것은 결과적으로 표상된 인과

---

40) 록신은 같은 취지에서 이를 '입법자는 고의귀속을 위하여는 결과에 대한 예견을 요구하지만 인과과정의 세부사항에 대하여는 단순한 예견가능성으로 만족할 수 있다'라는 말로 표현한다 (록신, 이재상·장영민 편역, 형법상의 착오, 1999, 243면).

과정을 구성부분으로 하는 인과관계와 현실의 인과관계가 별개의 서로 다른 인과관계로 된다는 의미이다. 즉 행위자는 현실의 인과관계를 예견한 것이 아니라 그와는 별개의 다른 인과관계를 예견한 것이고, 따라서 표상된 인과관계로 결합되는 행위구조물은 실현되지 않은 것이므로 미수에 불과하고, 현실의 인과관계로 결합되는 행위구조물은 인식 · 예견하지 못한 것이므로 고의귀속이 부정되는 것이다.

예컨대 위에서 예시된 사례 중에서 甲이 乙을 살해하기 위하여 곡괭이 자루로 乙의 머리를 후려쳤으나 乙은 단지 부상만 입고 병원에서 입원 치료 중 병원 화재로 사망한 경우를 보자. 이러한 비유형적 인과과정은 인과과정의 본질적 상위에 해당하여 결과의 고의귀속이 부정된다고 한다. 이것은 바로 병원 화재와 乙의 사망 간에 성립된 현실의 인과관계가 행위자가 표상한 행위와 결과 간의 인과관계와 부합하지 않고 별개라는 의미 외에 다름 아니다. 즉 본질적으로 상위한 인과과정의 경우는 인과관계의 상위에 해당하고, 이는 결국 단순한 '인과과정의 착오'를 넘어 '인과관계의 착오'로 된다는 의미다. 그러므로 인과관계를 구성요건요소로 전제하는 한, 고의귀속의 배제는 당연한 것이다. 따라서 인과과정이 본질적으로 상위한 경우에는 객관적 고의귀속이 배제되므로 중요한 착오라 할 수 있다.

반면에 비본질적으로 상위하다는 것은 표상된 인과과정이 현실의 인과관계에 포섭되는 인과과정의 범위를 벗어나지 않는다는 것이고, 그것은 또 표상된 인과과정이 현실의 인과관계에 포섭된다는 의미이다. 이는 곧 표상된 인과과정을 구성부분으로 하는 인과관계와 현실의 인과과정을 구성부분으로 하는 인과관계가 동일 인과관계가 된다는 의미이므로, 현실의 인과관계는 바로 행위자가 예견한 인과관계이다. 그것은 또 현실의 인과관계로 연결되는 행위구조물을 인식 · 예견 했다는 의미가 되므로 고의귀속이 긍정되는 것이다.[41] 결과적으로 비본질적로 상위한 인과과정의 경우는 인과관계의 상위에까지 이르지 못하고, 이는 결국 인과과정의 착오에 그칠 뿐 인과관계의 착오는 되지 못한다. 인과관계만이 구성요건적으로 중요한 객관적 요소라고 전제하는 한, 객관적 고의귀속은 당연하다. 따라서 비본질적 상위의 경우는 객관적 고의귀속을 배제하지 않는 중요하지 않은 착

---

41) 이러한 관점에서 볼 때, 구성요건착오의 한계사례의 핵심에는 포섭문제가 있다는 크림펠만의 진단은 정확하다(크림펠만, 이재상 · 장영민 편역, 형법상의 착오, 1999, 20면).

오에 해당한다.

여기에서 우리는 객관적 고의귀속의 문제와 인과관계의 확정문제를 구별할 필요가 있다. 객관적 고의귀속의 판단을 위해서는 먼저 현실의 인과관계에 포섭될 수 있는 인과과정을 객관적으로 확정하는 것이 필요한데, 그것은 인과관계의 확정문제이다. 여기에서 인과관계의 확정문제는 인과관계론에 속하는 문제로서, 그것은 객관적 고의귀속의 선결문제일 뿐 그 자체가 고의귀속의 문제는 아니다. 인과관계론은 오로지 객관적인 측면에서 행위와 결과 간 인과관계의 확정, 더 구체적으로 말하면, 인과관계로 포섭될 수 있는 인과과정의 범위를 확정하는 문제를 다룬다. 반면에 객관적 고의귀속은 표상된 인과과정이 확정된 현실의 인과과정의 범위에 속하여 그것이 현실의 인과관계에 포섭되는지, 그래서 표상된 인과관계와 현실의 인과관계가 부합하여 고의귀속이 가능한가를 다룬다.

이렇게 볼 때, 우리의 견해에 의한 결론은 현재의 다수설에 의한 결론과 다르지 않지만, 그 이론구성에서는 분명히 다르다. 즉 현재의 다수설은 인과관계론과 객관적 고의귀속의 문제를 구분하지 못하고 있다. 다수설은 인과과정의 상위가 일반적인 생활경험칙상 예견가능한 범위 내에 있을 때에는 고의귀속이 배제되지 않는다고 함으로써, 인과관계의 확정기준을 곧바로 고의귀속의 척도로 사용하고 있다. 그러나 양자를 구분하는 우리의 입장에 선다면, 인과과정의 상위가 일반적인 생활경험칙상 예견가능한 범위 내에 있을 때에는 – 이 부분은 인과관계의 판단에 해당한다 – '양 인과과정은 동일한 인과관계에 포섭되고 표상된 인과과정을 매개로 예견된 인과관계는 바로 현실의 인과관계와 구체적으로 부합하여' – 이 부분이 직접적인 객관적 고의귀속의 판단에 해당한다 – 고의귀속이 배제되지 않는다는 이론구성이 된다.

결론은 같다 하더라도, 다수설처럼 양자를 구분하지 않는 논증구조는 자체 모순에 빠지고 만다. 즉 다수설은 '인과과정은 고의의 대상이며 구체적으로 예견되어야 한다'라는 기본명제를 취하면서[42] 동시에 현실의 인과과정이 '예견될' 필요는 없고 '예견가능성의' 한계 내에 있으면 고의귀속이 된다고 하는데, 이는 자체 모순에 해당한다. 그리고 바로 이 모순 때문에, 다수설은 고의를 의제한다는 비

---

42) 헤르츠베르크, 이재상·장영민 편역, 형법상의 착오, 1999, 178면.

판에[43] 봉착한다. 다수설이 논증구조의 모순에서 탈피할 수 있는 길은 인과과정을 고의의 대상에서 제외시키는 것이다.[44]

한편 인과과정의 착오를 고의의 문제로 접근하지 않고 객관적 귀속의 문제로 다루는 소수설은 인과관계만이 구성요건요소로서 고의의 인식대상인 반면, 구체적 인과과정은 인과관계의 객관적 확정을 위해서만 필요한 것으로 본 점에서는[45] 타당하다. 하지만 소수설은 결과의 행위에의 객관적 귀속과 결과의 고의귀속을 구분하지 못하고, 일반적인 객관적 귀속의 척도를 고의귀속에 그대로 적용하는 체계론적 오류를 범하고 있다.[46] 즉 범죄체계론적으로 보면 결과의 행위에의 객관적 귀속은 결과의 고의귀속이나 과실귀속을 위한 전제요건이다. 따라서 결과의 객관적 행위귀속이 부정되면 고의귀속이나 과실귀속은 판단할 필요가 없을 뿐만 아니라, 그것이 불가능한 것이기도 하다. 이미 객관적으로 행위에도 귀속되지 않는 결과가 고의나 과실에 귀속될 수는 더더구나 있을 수 없는 일이기 때문이다.

그런데 인과관계를 조건설이나 합법칙적 조건설에 따라 판단하고 범죄체계론적으로는 고의의 대상이 아닌 객관적 귀속의 관점을 받아들인 후, 인과과정의 착오를 객관적 귀속의 문제로 다루게 되면, 소위 비유형적 인과과정의 경우에 행위자는 발생사태에 대하여 행위·객체·발생결과·인과관계[47] 등 고의의 대상인 객관적 구성요건요소는 완전히 인식·예견했으므로 발생한 결과에 대하여 고의귀속을 인정할 수밖에 없는데, 오히려 결과의 객관적인 행위귀속이 배제된다는 희한한 결론이 된다. 반면에 우리의 견해에 의하면 현실의 결과와 행위 사이에 인과관계가 부정될 뿐만 아니라, 행위자에 의하여 표상된 성립가능한 인과관계는

---

43) 김일수, 한국형법 I, 468면.
44) 김영환 교수는 다수설이 사실적인 인과과정을 고의의 대상으로 파악하는 것은 아직도 자연주의적인 고의개념에 매달려 있는 것이라고 비판한다(김영환, 고시계 98/9, 43면). 록신도 구체적 인과과정은 고의의 대상이며 최소한 수반의식에라도 포함되어야 한다는 헤르츠베르크의 기본 시각을 이미 극복된 방법론상의 자연주의에 해당한다고 비판한다(록신, 이재상·장영민 편역, 형법상의 착오, 1999, 234, 240면).
45) 김일수, 한국형법 I, 468면.
46) 동지, 박상기, 총론, 1997, 145면; 배종대, 총론, 2001, 49/60; 하태훈, 고시계 95/7, 51면. 특히 김영환 교수는 타당하게도 소수설의 관점은 객관적 귀속의 기준에 의해 고의의 귀속이라는 또 다른 평가문제를 공허화시킬 수 있다고 비판한다(김영환, 고시계 98/9, 40면).
47) 조건설은 물론이고 합법칙적 조건설에 의하더라도 비유형적 인과과정의 경우에 인과관계는 인정된다(김일수, 한국형법 I, 377면; 배종대, 총론, 2001, 47/20).

실현되지 않은 것이므로 논리정연하게 고의귀속의 부정에 이르게 된다.

뿐만 아니라 인과과정의 착오를 객관적 귀속의 문제로 다루는 견해의 체계론적 모순은 객관적 귀속이 인정되는 경우에도 마찬가지로 발생한다. 객관적 귀속은 결과의 객관적 행위귀속만을 대상으로 하는 것으로서 고의귀속과 과실귀속에 대해서는 가치중립적인 관계에 있다. 즉 객관적 귀속이 인정된 결과에 대해서는 고의귀속과 과실귀속의 가능성이 개방되어 있어야 하는데, 소수설은 객관적 귀속을 '고의'기수의 척도로 삼기 때문에 객관적 귀속이 인정되면 곧바로 '고의'기수가 성립해 버리고, 과실귀속의 가능성은 차단되어 버린다. 예컨대 甲은 자신의 살해행위를 은폐하고 피해자 乙이 화재로 사망한 것으로 가장하려는 계획에 따라, 乙의 집을 방문하여 방안에서 같이 술을 마시고는 乙의 후두부를 술잔으로 일회 가격하여 일단 실신시키고는 주방 부근에 휘발유를 뿌리고 불을 불인 후 그 집을 빠져나왔다. 그런데 화재는 조기에 진화되고 乙은 화재에 의한 피해가 전혀 없는 상태에서 구출되었으나, 그는 이미 사망한 상태였고, 사망원인은 甲의 후두부 가격에 의한 打殺로 밝혀졌다.[48] 여기에서 결과의 객관적 행위귀속은 의문의 여지 없이 인정될 것이다. 그렇다면 소수설에 의할 때, 결과의 객관적 행위귀속에 의해 곧바로 결과의 객관적 고의귀속까지 이루어져 버리므로[49] 과실귀속의 가능성 - (상해)치사의 성립가능성 - 이 결과의 객관적 행위귀속의 판단에 의하여 차단되는 결과가 된다.

그러나 이 경우에는 객관적인 측면에서 후두부 가격행위와 사망 간의 인과관계가 인정되지만, 그것의 현실적 인과과정(加擊에 의한 打殺)과 표상된 인과과정(失身 → 放火 → 화재로 사망)의 상위가 본질적인가의 여부에[50] 따라 고의귀속이

---

48) 이러한 유형의 인과과정의 착오를 우리나라에서는 '반대형태의 개괄적 고의'(박상기, 월간고시 93/4, 41면) 또는 '조기 결과발생사례'(오영근, 한양대 법학논총 제11집, 128면)라고 표현하기도 한다.

49) 물론 이 경우에 고의살인행위에 대한 실행의 착수를 부정하고, 예비로 볼 여지도 있다. 그렇게 되면 소수설에 의하더라도 살인의 기수가 아니고, 살인의 예비와 상해치사의 상상적 경합이 될 수도 있다. 그러나 이 경우는 실행의 착수를 인정하는 것이 타당하다(동지, 오영근, 한양대 법학논총 제11집, 141면).

50) 독일의 다수설과 판례는 비본질적 상위로 판단하여 고의기수를 인정하는 반면에, 실행미수 상태에서 발생한 결과에 대하여 고의기수를 인정해 버리면 그 상태에서 자의적으로 범행을 중지한 행위자에 대하여 중지미수의 형벌면제가 불가능하게 되기 때문에 부당하다는 것을 논거로 의도한 행위의 미수로 보려는 소수설도 있다(박상기, 월간고시 93/4, 42면). 반면에 우리나라에서는 아직 이러한 사례에 대한 논의가 활발하지 못한 편인데, 이 문제를 다루는 소수의 학

되기도 하고 과실귀속이 가능할 수도 있어야 한다. 즉 상위가 비본질적이라고 판단될 경우에만 결과의 고의귀속이 인정되어 고의기수가 성립되고, 본질적인 상위로 판단될 경우에는 결과의 고의귀속이 부정되어 고의미수와 발생결과에 대한 과실범의 상상적 경합이 되든지 과실조차 인정되지 않으면 적어도 발생결과에 관한 한 불가벌이고 결과적으로 고의미수범만 성립되어야 한다.[51] 그런데 소수설에 의하면 본질적 상위의 경우 과실귀속의 검토단계가 없어져 버리는 체계적 모순에 빠지고 만다.

그런데 다수설은 논증구조의 자체 모순에, 그리고 소수설은 범죄체계론적 모순에 빠지게 됨에도 불구하고, 결론에서는 우리와 일치하는 우연이 발생하고 있다. 그것은 다행인지 불행인지 모르겠지만, 결정적인 판단척도에서 실질적으로 큰 차이가 없기 때문이다. 즉 우리의 입장에서 등장하는 인과관계의 포섭범위를 확정하는 척도와 다수설의 본질적 상위와 비본질적 상위를 구분하는 척도는 원래 동일한 것이고, 나아가 소수설의 객관적 귀속의 척도도 그 내용에서는 크게 다르지 않다. 그 명칭이야 상당인과관계설에 의한 인과관계의 포섭 내지 확정이라고 하든, 조건관계나 합법칙적 조건관계를 전제로 한 객관적 귀속이라고 하든, 위의 척도들은 모두가 실질적으로는 결과의 객관적 행위귀속의 척도이며 그 내용에서도 차이가 없다.[52] 그래서 결론도 같다.

다만 다수설이나 소수설은 결과의 행위귀속문제와 결과의 고의귀속문제를 분리하지 않은 채 결과의 객관적 행위귀속척도를 결과의 객관적 고의귀속척도로 바로 사용하는 반면에, 우리의 입장은 그 척도를 표상된 인과관계와 현실의 인과관계 간의 부합판단에 대한 前段階로서 행해지는 인과관계의 확정을 위한 척도로만 사용한다는 차이가 있다. 그런데 우리의 입장에 의하더라도, 부합판단은 현

자들은 모두 독일의 다수설과 같은 입장을 취한다(박상기, 월간고시 93/4, 42면; 오영근, 한양대 법학논총 제11집, 141면; 임웅, 고시계 97/3, 57면).

51) 일반적인 생활경험칙상의 예견가능성이라는 판단기준에 따라 그러한 예견가능성의 범위 밖에 있는 인과과정은 본질적으로 상위한 것이라고 한다면, 그러한 인과과정은 행위자가 주관적으로도 예견하기 어려운 경우에 속할 것이기 때문에 과실귀속도 부정되어 결과적으로는 의도된 행위의 미수만 성립할 것이므로 결론에서는 우리의 입장과 소수설(객관적 귀속설) 사이에 차이가 나지 않을 수 있다. 그러나 그러한 결론에 이르는 과정은 범죄체계론적으로 우리와 완전히 다르다.

52) 배종대, 총론, 2001, 48/19 이하.

실적으로 인과관계 포섭범위의 확정을 통해 거의 결정되기 때문에 결론은 같이 나오는 것이다. 포섭범위의 확정으로 표상된 인과관계와 현실의 인과관계가 부합하는지는 곧바로 판단되기 때문이다. 즉 표상된 인과과정이 현실의 인과관계에 포섭되는 인과과정이면 결과적으로 표상된 인과관계와 현실의 인과관계는 부합하여 결과는 고의에 귀속되고, 그 반대의 경우에는 고의귀속이 부정된다.

그런데 다음의 경우는 인과과정의 착오와 구별되어야 한다. 즉 객관적으로 인과관계가 인정될 수 없는 인과과정을 행위자가 구체적으로 예견하고 행위하였을 경우에는 행위의 事前的 관점에서 판단되는 '표상의 고의개념에의 포섭', 즉 주관적 고의귀속 자체가 성립되지 않는다. 즉 표상 자체가 고의에 해당할 수 없다.[53] 객관적으로 구성요건에 해당할 수 없는 요소를 인식한 것에 불과하기 때문이다. 결과를 객관적으로 귀속시킬 만한 고의 자체가 없는 것이다. 예컨대 행위자가 비유형적 인과과정을 예견하고 행위를 한 바, 예견된 과정으로 결과가 발생했다고 하더라도 — 행위자가 피해자에게 어느 정도의 상해를 입히면 피해자는 치료를 받기 위하여 병원으로 가다가 교통사고로 사망에 이를 것이라고 예견하고 행위를 한 바, 실제로 행위자가 예견한 과정대로 결과가 발생한 경우를 상기하면 된다 — 발생사태를 행위와 결과 간의 인과관계라는 측면에서 판단할 때, 그 결과는 행위와는 무관한 우연에 불과할 뿐이다. 우연적 사태는 아무리 예견·의욕한다고 하더라도 고의의 대상이 될 수 없다. 이것은 마치 사진을 태우면 그 사람이 죽게 될 것이라고 예견하고 사진을 태우는 행위와 다를 바가 없다. 객관적으로 성립가능한 인과관계만이, 그리고 그러한 인과관계로 행위에 결합되는 결과만이 고의의 대상이 된다.

4. 개괄적 고의의 사례(인과과정의 착오의 특수사례[54])

예컨대 행위자는 살해의 고의로 살해행위를 한 후, 실신한 피해자를 사망한 것으로 오인하고서 사체를 은닉하기 위하여 야산에 피해자를 매장하였던 바, 사

---

53) 헤르츠베르크, 이재상·장영민 편역, 형법상의 착오, 1999, 177면; Jakobs, AT(1991), 8/65a.
54) 인과과정의 착오의 보통사례가 하나의 행위와 결과 간에 나타나는 인과과정의 상위에 해당한다면, 개괄적 고의사례는 하나의 행위와 결과 간의 인과과정에 또 다른 행위가 개입하여 인과과정의 상위가 발생한다는 점에서 특수사례라고 하기도 한다(김영환, 고시계 98/9, 45면; 헤팅거, 이재상·장영민 편역, 형법상의 착오, 1999, 261, 269면).

실은 피해자가 제2의 매장행위에 의하여 질식사한 것으로 판명된 경우를 일컬어 개괄적 고의의 사례라고 한다.

이러한 개괄적 고의의 사례에 관한 해결방법들은 이미 다양하게 제시되어 있다. 그러나 그러한 견해들의 난립에도 불구하고, 제1행위가 발생결과에 대한 고의의 실행행위라는 점, 분석적·자연주의적 관점에서 제1행위와 제2행위가 구분될 수 있다는 점, 결과의 발생이 직접적으로는 제2행위에 의하여 야기되었다는 점 그리고 결과를 직접 야기한 제2행위의 시점에서는 더 이상 고의가 존재하지 않는다는 점55) 등에 대해서는 기본적으로 인식을 같이하고 있다. 다만 그럼에도 불구하고 남아 있는 문제점은 제1행위와 결과발생 사이에 개입되어 있는 제2행위를 범행진행의 전체 과정에서 어떻게 평가하여야 하는가이다.

그런데 기존의 기수설이나 미수설이 빠져 있는 오류는 제2행위를 독자적 행위단위로 보게 되면 이제 더 이상 그것을 제1행위와 관련될 수 없는 것으로 본다든지(미수설), 아니면 반대로 제2행위를 제1행위에 연결되는 행위로 보아 더 이상 제2행위의 독자성을 인정할 수 없는 것으로 파악한다는(기수설) 점이다. 즉 기존의 견해들은 제2행위만으로도 독자적인 행위단위(과실치사)로 볼 수 있고 또 그렇기 때문에 제1행위와 제2행위는 분리하여 고찰되어야 한다거나, 반대로 제2행위를 제1행위와의 관계 속에서 파악할 수 있고 또 그렇기 때문에 제2행위의 독자적 의미는 부정되어야 한다는 잘못된 시각을 출발점으로 하고 있는 것이다. 그러나 제2행위가 독자적으로 과실치사의 법적 의미를 가지면서도 동시에 제1행위와 결과발생 간의 인과적 과정으로서의 의미를 갖는 것은 가능하다. 물론 그 반대의 경우도 마찬가지다. 제2행위만으로도 법적 의미를 갖는 독자적 행위단위가 될 수 있느냐의 문제와 제1행위가 결과발생에 이르는 과정에서 제2행위가 어떠한 의미를 가질 수 있느냐의 문제는 별개의 문제인 것이다.

우리 형법에서 하나의 동일한 행위가 법적으로 다른 의미를 동시에 갖는 것은 얼마든지 가능하기 때문이다. 하나의 행위가 특정한 법적 의미를 획득한다는 사실이 그 행위가 동시에 다른 법적 의미를 획득하는 것을 방해하지는 않는다. 이의 전형적인 예는 결합범, 상상적 경합, 상습범과 같은 포괄일죄 등의 경우에서

---

55) 이 점에서 소위 본래적 의미의 개괄적 고의는 이미 개념적으로 극복되었다고 할 수 있다.

얼마든지 볼 수 있다. 따라서 개괄적 고의의 사례에서도 제2행위가 독자적으로 과실치사의 의미를 획득한다 하더라도 동시에 제1행위와의 관계 속에서는 결과에 이르는 진행과정을 구성하는 부분으로서의 의미도 함께 갖는 것은 가능한 것이다.

오히려 중요한 것은 제2행위가 과연 제1행위의 인과적 구성부분으로서의 의미를 획득할 수 있느냐이다. 반대로 말하면 제1행위와 제2행위가 규범적·평가적 관점에서 완전히 단절된 독립된 행위로만 파악될 수 있느냐이다.

이 문제를 해결하려면 일차적으로 제2행위가 행해지는 시점이 제1행위의 인과과정이 진행 중이라는 사실에 주목할 필요가 있다. 만약 제2행위가 제1행위의 인과진행의 종결 이후에 행해진다면 그것이 제1행위의 인과적 구성부분으로 평가될 가능성은 차단될 것이기 때문이다. 예컨대 사체은닉을 위한 매장행위가 실제로 사망한 자를 대상으로 – 즉 제1행위의 결과발생과정의 종결 이후에 – 이루어졌다면, 행위자가 사실대로 사망한 것으로 인식했건, 아직 살아 있다고 오인했건, 제2행위가 제1행위의 인과과정을 구성하는 부분이 될 수 없음은 의문의 여지가 없다. 따라서 이러한 경우의 제2행위는 그 자체의 독자적인 법적 판단만을 받게 될 것이다. 다만 살아 있는 것으로 오인하고서 살인의 고의로 다시 매장한 경우 이러한 제2행위는 그 자체로 분명 살인죄의 불능미수에 해당하지만, 그것을 제1행위의 살인죄와 실체적 경합으로 처리하는 것보다는 살인죄의 포괄일죄로 처리함이 타당할 것이다.

반면에 개괄적 고의의 사례에서처럼 제2행위를 하는 시점이 제1행위를 종료하였으나 아직 결과가 발생하기 전이고, 또 결과가 발생할 가능성이 남아 있는 상태라면 인과과정은 아직 진행 중에 있는 것이다. 그 진행이 장차 결과의 발생으로 종결될지 불발생으로 종결될지는 아직 불확정한 상태에 있다. 계속해서 앞으로 어떠한 구체적 인과과정이 개입될지는 미지수다. 아직 사망하지 않았다는 것을 알고는 마음을 고쳐먹고 결과의 발생을 저지시킬 수도 있고, 반대로 생매장을 하여 처음의 고의를 관철할 수도 있다. 그런가 하면 사망한 것으로 오인하고서는 매장하여 결국은 사망에 이르게 할 수도 있고, 그대로 방치한 채 현장을 떠남으로써 결국 피해자가 사망하거나 반대로 제3자에 의해 구조될 수도 있다.

이러한 맥락에서 볼 때, 개괄적 고의의 사례에서 행해지는 제2행위는 분명 제

1행위의 인과과정의 진행 중에 행해진 행위로서 제1행위의 진행과정에 영향을 미치는 요소로서의 의미를 갖는다. 뿐만 아니라 제2행위는 객관적으로나 주관적으로나 제1행위를 마무리하는 행위로서의 의미를 갖는다는 사실을 부인할 수 없으며, 또 제2행위시 살아 있는 사람을 사체로 오인한 것도 자신의 제1행위와 직접적으로 관련되어 있다는 점도 분명하다. 제1행위와 제2행위의 관계가 이러하다면, 개괄적 고의의 사례를 인과과정의 착오사례로 취급할 수 있을 것이다.[56) 그리하여 인과과정의 착오에 대한 해결기준에 따라 판단한 결과, 고의귀속이 긍정되면 과실범은 고의범에 대하여 보충적이라는 원리에 의해 고의기수범만이 성립되고, 고의귀속이 부정되면 살인미수 내지는 제2행위에 대한 과실이 인정될 경우 살인미수와 과실치사의 실체적 경합으로 될 것이다.

---

56) 미수설은 전통적으로 개괄적 고의사례에서 제2행위에는 발생결과에 대한 고의가 없다는 점에 집착한다. 분명 그러하다. 그러나 고의는 행위시에 있으면 족하고 인과과정이 진행되는 동안 계속 유지되어야 하는 게 아니라는 점도 분명하다(록신, 이재상·장영민 편역, 형법상의 착오, 1999, 238면). 그리고 개괄적 고의사례를 인과과정의 착오사례로 해결하려는 견해가 결코 제2행위를 '고의'행위로 이해하려고 하는 것도 아니다. 다만 제2행위에서 인과과정으로서의 의미를 포착할 수 있다고 할 뿐이다. 그렇다면 제2행위에는 고의가 존재하지 않는다는 사실을 들어 인과과정의 착오로 해결하려는 견해를 반박할 수는 없을 것이다.

07 법률의 부지와 금지착오*

Ⅰ. 머 리 말

금지착오의 이론적인 법리에 대해서는 오늘날 학자들의 견해가 거의 일치하고 있지만, 제16조(법률의 착오)의 적용범위에 관한 해석론에 들어가면 견해들이 다양하게 나뉜다. 금지착오에 대한 판례의 입장은 아직 명확하게 규명되지 못한 것으로 보이는데, 다만 판례가 학설의 지지를 받지 못하는 것만은 분명해 보인다. 또한 판례에 대한 학자들의 평가를 보면, 제16조에 충실하게 의거하기 보다는 곧바로 금지착오의 이론적인 법리를 잣대로 하여 평가하는 경향을 보인다. 금지착오의 이론적인 법리가 제16조를 무력화시킬 수 있는 자연법적인 원리도 아니고, 또한 그 법리가 사물의 본성에 해당한다고도 할 수도 없으며, 더구나 직접적인 헌법적 근거를 갖는 것도 아니라면, 또 그렇기 때문에 금지착오의 인정범위나 그 법적인 효과가 다분히 입법적 결단의 대상이 될 수 있는 것이라면, 금지착오에 대한 판례의 평가도 일단은 제16조를 우선적인 준거로 삼는 것이 마땅할 것이다. 따라서 이 글은 금지착오에 관한 이론적인 법리 그 자체보다는 제16조의 규율범위의 분석 및 그것에 근거한 판례의 평가를 주된 연구내용으로 하면서, 특히 법

---

* 형사법연구 제31권 제4호(2019) 133-159면에 게재된 글임.

률의 부지에 초점을 맞추고자 한다.

범죄의 성립요소로서 구성요건, 위법성 및 책임이 개념적으로나 범죄체계론적으로 정립된 오늘날에는 구성요건착오와 위법성착오(금지착오)라는 용어가 일반화 되어 있지만, 그 이전에는 사실의 착오와 법률의 착오라는 개념이 전통적으로 사용되었다. 구성요건착오와 사실의 착오는 물론이고 금지착오와 법률의 착오 또한 서로 개념적으로 구별되는 것이기는 하지만, 형법 제15조의 '사실의 착오'는 구성요건착오를, 그리고 제16조의 '법률의 착오'는 금지착오를 의미한다는 데에 견해가 거의 일치하므로,[1] 이 글에서는 오늘날 일반화 된 금지착오라는 용어를 사용하기로 한다.

Ⅱ. 법률의 부지와 금지착오

1. 금지착오의 인식적 측면

금지착오란 행위자가 불법상황을 완전히 인식하고 있음에도 불구하고 자기 행위가 법적으로 금지되어 있음을 인식하지 못하는 것을 말한다. 행위자가 행위의 위법성을 통찰할 수 있는 일반적인 능력을 갖는 경우에도 구체적인 경우에 다른 이유들로 인하여, 예컨대 살아온 역사(예컨대 다른 법질서를 갖는 외국에서 온 경우) 때문이거나, 외부적인 사정(예컨대 잘못된 법적 정보)들로 인하여[2] 위법성의 인식을 못할 수 있다. 구성요건착오가 개개의 구성요건요소들에 대한 착오라면, 금지착오는 총체적인 법적 평가에 대한 착오이다. 따라서 위법성조각사유의 객관적 전제사실에 대한 착오(이하 '위전착'으로 표기함)도 개개의 정당화 사정에 대한 착오라는 점에서 금지착오와 구별된다. 물론 구성요건착오와 위전착도 행위자로 하여금 '위법을 행한다는 통찰'을 못하게 방해하기 때문에 종국적으로는 금지착오로 이르게 된다. 하지만 구성요건착오나 위전착이 금지착오보다 그 법적인 효과에서 행위자에게 더 유리하므로[3] 그것이 금지착오보다 우선하여 적용된다.[4]

---

1) 김영환, 법률의 부지의 형법해석학적 문제점, 형사법연구 제21호(2004), 186면.
2) Stratenwerth, AT Ⅰ, Rn. 551.
3) 위전착에 관한 엄격책임설은 논외로 한다.
4) Roxin, AT Ⅰ, §21 Rn. 3.

"위법성인식"과 "금지착오"는 상호 배척관계에 있다. 행위 시에 행위자에게 위법성인식이 결하여 있는 때에는, 그리고 그런 때에만 행위자는 금지착오로 행위하는 것이다. 따라서 금지착오의 개념은 "단지 완전한 책임비난을 위하여 필요한 위법성인식의 소극적인 결여"로서 정의된다. 따라서 합법적으로 행위한다는 - 즉 위법하지 않게 행위한다는 - 적극적인 의식은 금지착오에 필요하지 않다. 그러한 측면에서 본다면 금지착오와 위법성인식의 관계는 구성요건착오와 고의의 관계와 같다. 따라서 구성요건착오나 금지착오에서 말하는 착오의 개념은, 지배설에 의할 때,[5] 적극적인 잘못된 표상(positive Fehlvorstellung)을 요구하는 사기죄의 착오개념보다는 더 넓다고 할 수 있다.[6]

1962년 독일 형법 개정초안 제21조의 법문에 따르면, 행위자가 불법을 행하지 않는다는 적극적인 표상을 가질 때에만 금지착오가 고려된다고 한 바 있다. 따라서 행위자는 합법성에 관하여 의식된 표상을 갖고 행위 해야 금지착오에 해당한다. 반면에 행위자에게 단지 위법성의 인식이 결하여 있는 경우라면, 어떤 경우에도 감경되지 않은 완전한 고의범으로 처벌된다. 입법근거에서 밝히는 그 이유를 보면, "자기의 행위에 대하여 옳고 그름, 즉 적법, 부적법 여부에 대하여 어떠한 고려도 하지 않고, 또 그럼으로써 자기가 불법을 행한다는 것을 지각하지 못하는 자는 책임 없이, 또는 감경된 책임으로 행위하는 것이 아니다"라는 것이다. 하지만 이미 Armin Kaufmann은 이 규정에 대하여, 그 결론에서나 이론적인 토대에서나, 모두 지지할 수 없다고 한 바 있다.[7] 이 개정초안의 근본사상은 분명히 법경멸자(Rechtsfeind)를 - 그에게는 처음부터 법질서가 완전히 관심 밖에 있는데 - 감경가능성에서 제외시키는 것이었다.[8] 하지만 법 경멸자를 감경가능성에서 제외시키겠다는 발상 자체는 정당하다고 할 수 있으나, 그렇다고 하여 '법경멸자를 반드시 금지착오에서 아예 배제시켜야만 하는 것은 아니다'는 비판이 일었다.[9] 법질서에 대하여 무관심하거나 경멸하는 태도로 인하여 자기 행위의

---

5) 지배설과는 달리, 금지착오의 착오개념도 적극적인 잘못된 표상을 의미한다는 견해도 있다(임광주, 형법에 있어서 법률착오의 개념과 유형 - 종래의 착오론에 대한 근본적인 재검토를 위하여, 저스티스 통권 제74호, 2003 참고).

6) NK/Neumann, §17 Rn. 9.

7) Kaufmann, Armin, Schuldfähigkeit und Verbotsirrtum, Eb. Schmidt-FS, S. 326.

8) Roxin, Die Behandlung des Irrtums im Entwurf 1962, ZStW 76, 1964, S. 607.

9) 같은 취지로는 김영환, 앞의 논문(각주 1), 193면.

위법성에 대하여 아무런 표상을 갖지 않는 경우를 금지착오에 포함시키더라도 얼마든지 감경가능성을 배제시킬 수 있기 때문이다. 법무관심으로 인한 금지착오의 경우에는 정당한 이유를 인정받을 수 없을 것이고, 따라서 완전한 책임을 물을 수 있다. 그러나 더 중요한 사실은 개정초안이 법무관심자의 경우 외에도 제2의 중요한 사례가 더 있다는 사실을 간과하고 있다는 점이 지적되었다. 즉, 법무관심자와는 반대로 위법성인식의 단순한 흠결을 금지착오로 포섭하여 특별히 감경적으로 고려함이 마땅한 경우들이 있다는 것이다. 예컨대 법성실자로서 — 법무관심자나 법경멸자와는 달리 — 합법적으로 행위 할 작정을 하고 있는 행위자에게도 자신의 확실한 법의식 때문에 위법성의 인식이 결할 수 있다는 것이다. 이러한 비판들이 수용되어 개정초안은 현행 독일형법 제17조와 같이 위법성인식의 단순한 부재만으로도 금지착오에 해당하는 것으로 수정되었다.

간접적 금지착오의 경우에는 약간 다르다. 행위자가 자기의 그 행위가 일반적으로 위법하다고 인식한 이상, 그 행위가 예외적으로 정당화된다고 적극적으로 표상했을 때에만 비로소 처음에 가졌던 위법성인식이 소멸될 수 있고, 따라서 금지착오가 된다.[10] 이는 마치 위전착의 경우, 적극적 구성요건요소에 대한 일반적인 인식을 한 이상, 예외적으로 정당화사정이 존재하는 것으로 적극적으로 표상하는 경우에만 (불법)고의가 부정되는 것과[11] 같은 구조이다. 즉, 적극적 구성요건착오의 경우에는 구성요건적 사태에 대한 인식의 부존재로 족하지만, 소극적 구성요건착오의 경우에는 정당화상황이 존재하는 것으로 적극적으로 인식하는 것이 필요하듯이, 직접적 금지착오의 경우에는 금지규범에 해당하여 위법하다는 인식의 부존재로서 족하지만, 간접적 금지착오의 경우에는 허용규범에 해당하여 위법하지 않다고 적극적으로 인식하는 것이 필요하다. 자기 행위가 금지규범에 해당하여 일반적으로 위법하다는 인식을 가진 이상, 그 위법성인식이 소멸될 수 있기 위해서는 자기의 특별한 경우에는 예외적으로 위법하지 않다는 적극적인 인식이 필요하기 때문이다.

---

10) NK/Neumann, § 17 Rn. 10.
11) 2단계 범죄체계론에 의하면 고의 자체가 부정되지만, 3단계 범죄체계론에 의하면 대체로 고의 책임이 부정되는 것으로 본다.

2. 위법성인식과 금지착오의 책임론적 의미

(1) 위법성인식의 책임론적 의미

위법성인식은 범죄체계론상 책임관련 표지이다. 이는 현재 우리나라의 통설이기도 하고, 1952. 3. 18. 독일연방법원 대형사위원회의 판결 이래 독일의 학설과 판례의 일치 된 입장이기도 하다. 그렇지만 위법성인식과 고의와의 관계, 그리고 위법성인식이 결여된 경우의 법적 효과에 대해서는 아직까지도 논란이 계속되고 있다. 고의설과 책임설의 대립이 그것이다. 그러나 입법자는 이러한 논쟁을 우리나라는 제16조를 통하여, 독일은 제17조를 통하여 책임설의 방향으로 종결지었다. 이리하여 두 가지가 분명해졌다. 하나는 '완전한' 책임은 위법성인식을 전제한다는 것이고, 다른 하나는 위법성인식의 결여가 고의에 영향을 미치지 않고, 단지 그 착오에 정당한 이유가 있느냐 없느냐에 따라서 고의범행의 '비난'만을 배제 내지 감경한다는 것이다.[12]

물론 아직도 고의설의 진영에서는 위법성인식이 책임의 '구성적' 요소라는 주장이 존재한다. 예컨대 고의설의 열렬한 지지자인 Schmidhäuser는 책임의 관점에서 볼 때 범행 시에 위법성인식이 있는가 없는가는 당벌성을 근거지움에 있어서 완전히 다르다고 본다. 즉, 행위사실에 대한 단순한 인식만으로는 결코 고의범행의 책임을 '인정'하기에 충분하지 않다는 것이다.[13]

하지만 고의설의 견해에는 위법성의 인식이 책임에 대하여 갖는 의미가 과대평가되어 있다. 물론 법을 어긴다는 의식을 가진 자는 그러한 의식이 없이 법을 어기는 자에 비하여 보통 더 높은 책임을 진다. 하지만 그 정도의 책임의 차등화는 책임설에 의하더라도 얼마든지 고려될 수 있다. 책임설에 의하더라도 법을 어긴다는 의식이 없는 자에 대해서는 책임비난을 부정하든지(정당한 이유가 있는 경우) 형벌감경의 여지를 인정함으로써 책임의 차등화를 실현할 수 있기 때문이다.[14]

12) SK/Rudolphi, §17 Rn. 1.
13) Schmidhäuser, Eberhard, Der Verbotsirrtum und das Strafgesetz(§16 Abs. 1 Satz 1 und § 17 StGB), JZ 1979, S. 367.
14) 물론 그렇다고 하여 언제나 감경적으로 고려해야 하는 것은 아니다. 이는 예컨대 부모가 어린 자식을 학대하는 사례처럼 기본적인 사회윤리적 규범을 위반하는 자의 책임을 생각해보면 알 수 있다. 부모가 양심의 긴장 없이 법위반의 가능성을 전혀 의식하지 못한 채 그렇게 행동한

위법성인식 그 자체는 책임의 '성립'을 위하여 결정적인 잣대일 수 없다는 인식이 중요하다. 왜냐하면 – 바로 책임설에 따를 때 – 위법성의 인식이 없는 경우에도 완전한 책임인정에서 완전한 책임배제까지가 모두 가능하다는 사실을 보더라도, 위법성인식 그 자체는 명백히 책임의 성립과는 직접적인 관련성이 없다는 점이 드러나기 때문이다. 그런 점에서 그 존부에 따라서 책임에 항상 영향을 미치는 고의와는 대조적이다. 따라서 이제는 위법성의 인식이 없는데도 불구하고 도대체 책임을 인정할 수 있는가를 물을 것이 아니라, 위법성의 인식이 없음에도 불구하고 책임의 성립을 정당화시키는 표지가(Kriterium) 무엇인가를 물어야 한다. 이 물음에 대한 답은 바로 실질적 의미의 '불법고의'이다. 위법성의 인식이 없음에도 불구하고 책임을 성립시키는 결정적인 바로미터는 행위의 실질적인 의미내용의 인식, 즉 불법고의에 있다.[15]

고의범행의 형벌근거는 행위자가 법질서에 순종하지 않았다는 점에 그 본질이 있는 것이 아니라, 타인 또는 공공의 이익을 참을 수 없는 방법으로 – 즉 정당화 되지 않는 방법으로 – 존중하지 않았다는 데에 있다. 고의범행에 대한 평가에서 결정적으로 중요한 것은 위법성인식의 존부가 아니고, 객관적으로 평가할 때 행위자가 의도한 바가 법의 척도와 일치하는가, 아니면 행위자가 자기의 행위를 법의 척도와 어긋나는 방향으로 지향하고 있는가이다.[16]

위법성의 인식이 책임에 대하여 갖는 핵심적인 의미는 인식의 존재 여부가 아니고, 오히려 인식 가능성의 여부이다. 금지착오에 정당한 이유가 없다고 판단되는 경우에 책임비난이 가능한 것은 위법성인식의 가능성이 긍정되기 때문이다.[17]

경우와 법위반의 가능성을 의식하고 법적인 양심의 가책을 느끼면서 그렇게 행동한 경우를 비교해볼 때, 결코 전자의 책임이 후자보다 가볍다고 할 수 없을 것이기 때문이다(Roxin, AT I, § 21 Rn. 8).

15) Kaufmann, Arthur. Die Irrtumsregelung im Strafgesetz-Entwurf 1962, ZStW 76, 1964, S. 558.

16) Roxin, AT I, § 21 Rn. 8.

17) 이는 형사책임이 '직접적인 행위책임'을 넘어서 일정한 범위 내에서는 '생활영위책임', 즉 자기에게 귀책사유가 있는 어떤 생활태도에서 기인하는 '간접적인 행위책임'을 가벌성의 근거로 승인하고 있음을 보여주는 것이기도 하다. 예컨대 부수형법에 대한 착오가 과거의 직업생활이나 기타 사회생활상의 태만함에서 기인하는 것은 아닌지, 또는 자기 행위의 법적 성질에 대하여 조회할 계기가 있었는지 등이 금지착오의 정당한 이유의 판단에서 중요하게 고려되는데, 그러한 고려들은 바로 생활영위책임이 가벌성의 근거로 고려되고 있음을 보여준다. 위법성인식의 책임론적 의미를 불법행위에 대한 비난가능성의 측면에서 바라보는 견해로는, 이정원, 형

따라서 위법성의 인식이 책임 관련적인 표지인 것은 분명하지만, 책임의 성립요소 내지 근거요소는 아니다. 그것은 단지 '책임비난의 가능성과 정도에 관련된 책임표지'이다. 위법성의 인식이 있는 경우에는 완전한 책임비난이, 위법성인식의 결여에 정당한 이유가 없는 경우에는 책임비난의 약화가, 그리고 위법성인식의 결여에 정당한 이유가 있는 경우에는 책임비난의 배제가 인정될 수 있다. 달리 표현하면 위 순서대로 행위자가 자기 행위를 법질서에 맞춰 올바르게 조정할 수 있는 객관적 가능성이 더 크다고 할 수 있기 때문에, 책임비난의 정도도 그러한 순서로 더 크다고 평가하는 것이다.[18]

(2) 금지착오의 책임론적 의미

금지착오가 구성요건착오나 허용구성요건착오보다 행위자에게 더 불리하게 취급된다는 것은 주지의 사실이다. Roxin은 이러한 차이를 객관적 법성실(objektive Rechtstreue)과 주관적 법성실(subjektive Rechtstreue)의 차이로 설명한 바 있다. 구성요건착오 내지 허용구성요건착오의 경우에는, 행위자가 의도했던 바를 기준으로 할 때, 사회시스템에서 이탈하지 않고 통합되어 있으며, 또한 법 및 불법의 판단에서도 행위자는 입법자와 입장을 같이 한다. 즉 행위자가 의도했던 바가 법질서와 배치되지 않으므로 그는 객관적으로 법성실자이다. 반면에 금지착오의 경우에는 행위자가 법 및 불법에 대하여 법공동체와 다른 표상을 가지고 있다. 행위자가 주관적으로는 법에 성실하게 행위 한다고 의식하고 있음에도 불구하고, 그가 하고자 했던 바의 객관적인 내용을 보면, 그는 비사회성의 범주에서 움직이고 있다. 즉, 금지착오에 빠져 행위 하는 자는 객관적으로 법에 불성실한 행위를 의도하면서도 법의식의 잘못된 조종에 의하여 단지 주관적으로만 법에 성실하게 행위 하는 것으로 인식하고 있는 것이다. 구성요건착오에 비하여 금지착오의 경우에 더 무거운 책임을 인정하는 것은 이처럼 법의식을 잘못 조종했음에 그 이

법의 착오이론과 행위자의 인식, 영남법학(영남대학교 법학연구소) 제41집(2015), 155면; 천진호, 금지착오사례의 논증과 정당한 이유의 구체적 판단, 비교형사법연구 제2권 제2호(2000), 284면.

18) Armin Kaufmann이 위법성의 인식이 요구되는 것은 그 존재 자체가 중요해서가 아니라 위법성을 인식하게 되면 행위를 법질서에 맞춰 올바르게 조정할 가능성이 높아진다는 데에 있다고 본다(Kaufmann, Arminn, 앞의 논문, 323면 이하).

유가 있다.[19] 즉 형법은 구성요건착오나 허용구성요건착오의 원인이 되는 단순한 현실적인 부주의보다 금지착오의 근거인 법의식의 잘못된 조종에 대하여 훨씬 더 엄중한 책임을 묻는 것이다.

타면 보통의 경우에는, 금지착오의 경우가 금지인식을 갖고 법을 위반한 경우에 비하여 그 책임이 더 가볍다는 것은 어느 정도 분명하다.[20] 어떻게 보면 고의설적인 견해가 사라지지 않는 이유도 거기에 있다고 할 수 있다. 최소한 주관적으로 법성실성을 보이는 자는 – 금지착오에서 행위 하는 자는 – 사회윤리적으로 잘못된 그의 행위를 반복할 가능성이 낮고, 또 형벌을 통하여 경고를 받은 후에는 개선될 여지가 크다고 할 수 있다. 반면에 의식적인 법위반자, 즉 규범에 어긋남을 알면서도 그렇게 행위 하는 자는 본질적으로 더 큰 위험을 안고 있는 자이다. 그렇게 볼 때, 주관적 법성실성은 단지, 그러나 항상 반쪽의 법성실성[21] 이라고 할 수 있고, 따라서 법성실성이라는 측면에서 볼 때, 금지착오에 빠진 자는 과실행위자와 금지인식을 가진 자의 중간에 위치한다.[22] 바로 이러한 관점이 독일 형법 제17조를 신설할 때 회피 가능한 금지착오의 경우 필요적 감경으로 해야 한다는 주장의 근거가 되기도 했었다.

다만 금지착오가 법무관심(Rechtsblindheit)이나 법경멸(Rechtsfeindschaft)에 근거하는 때에는 감경되지 않은 고의벌이 가해져야 한다.[23] 왜냐하면 의도적으로 법과 불법에 대하여 아무런 관심을 갖지 않았고, 또 그래도 될 정도로 법과 불법이 그에게는 아무런 상관이 없었기 때문에 금지인식을 갖지 못은 자라면, 그는 주관적인 법성실성조차도 없는 자이기 때문이다.[24]

---

19) Roxin, 앞의 논문(각주 8), 604면.
20) MK/Joeck, §17 Rn. 68.
21) 주관적으로만 법성실성을 보이는 것이고, 객관적으로는 법성실성에 배치된다는 의미에서 반쪽의 법성실성이라 표현한 것이다.
22) 과실행위자는 객관적 법성실자인 동시에 주관적 법성실자이고, 위법성인식을 가진 자는 객관적 법불성실자인 동시에 주관적 법불성실자이며, 금지착오로 행위 하는 자는 객관적 법불성실자이지만 주관적으로는 법성실자에 해당하므로 이렇게 표현하는 것이다.
23) Jakobs, AT, 19/49; NK/Neumann, §17 Rn. 83; SK/Rudolphi, §17 Rn. 48; 이 점에 대해서는 고의설도 지지한다. 다만 고의설에 의하면 고의가 부정되지만 예외적으로 고의벌을 가해야 한다는 논리를 편다.
24) Roxin, 앞의 논문(각주 8), 605면. 더 나아가 금지착오를 아주 쉽게 회피할 수 있었다고 판단되는 경우에도 감경을 고려하지 않는 것이 타당할 수 있다. 예컨대 자기의 행위가 반사회적이라거나 민법 또는 행정법적으로 금지된다는 것을 이미 알고 있고, 또 그렇기 때문에 형법적인

이상의 고찰을 통하여 알 수 있는 사실은 금지착오의 책임론적 의미는 주관적 법성실성에 대한 평가와 관련된다는 점이다. 첫째, 위법성의 인식이 있는 경우와는 달리, 금지착오의 경우는 적어도 주관적 법성실은 인정되므로 책임감경적으로 고려될 여지가 생긴다. 둘째, 법무관심이나 법경멸로 인한 금지착오의 경우에는 주관적 법성실성조차 인정될 수 없으므로 금지착오로 인한 감경적 고려를 받지 못한다. 셋째, 일반적인 금지착오의 경우에도 주관적 법성실성의 정도에 따라서 책임비난의 차등화를 고려할 수 있다. 예컨대 정당한 이유가 없는 금지착오의 경우는 주관적 법성실성이 가장 낮은 단계이므로 행위자에게 유리한 방향으로 고려되지 않는다. 그리고 금지착오에 정당한 이유가 인정되는 경우에도 주관적 법성실성의 정도에 따라서 책임의 정도가 차등화 될 수 있다. 예컨대 자기의 행위가 위법하지 않다는 적극적인 표상을 가진 경우와 위법하다는 인식이 단지 소극적으로 부존재하는 경우를 비교하면, 전자가 법에 성실하게 따르려는 의지가 더욱 분명하다고 할 수 있고, 따라서 더 높은 법성실성을 보이는 태도라고 할 수 있다. 이 관점은 법률의 부지로 인하여 자신의 행위가 위법하지 않다고 적극적으로 인식한 경우와 법률의 부지로 인하여 자신의 행위가 위법함을 단순히 인식하지 못한 경우를 차별화하여 전자만을 금지착오로 인정할 수 있다는 논거가 될 수도 있을 것이다.

3. 법률의 부지와 금지착오의 관계

(1) 법률의 부지의 개념

법률의 부지는 금지규범의 존재나 그 내용을 알지 못하는 경우이다. 이는 금지착오의 전형적인 형태에 해당한다. 예컨대 13세 미만의 자에 대하여 간음이나 추행을 하면서 그것이 금지된 것임을 모르는 경우이다. 이러한 형태의 금지착오는 기본형법의 영역에서는 잘 발생하지 않지만 부수형법에서는 많이 발생할 수 있다. 반면에 허용규범의 부지는 여기서 말하는 법률의 부지에 해당하지 않는다. 자신의 행위를 금지하는 일반적인 금지규범은 알고 있는데 그 행위에 적용될 특

금지 여부에 대하여 조회를 해보아야 할 충분한 계기가 있었다고 판단되는 경우들을 생각할 수 있다(MK/Joeck, §17 Rn. 68; NK/Neumann, §17 Rn. 84.). 이러한 자들의 법성실성은 아주 미미하다고 할 수 있기 때문이다.

별한 허용규범의 존재를 알지 못하는 경우에는, 언제나 자기 행위가 위법하다는 적극적 표상을 가지고 있다는 것을 의미하므로, 이는 아예 금지착오가 될 수 없기 때문이다. 따라서 금지착오에서 말하는 법률의 부지는 금지규범의 부지를 말한다.

(2) 법률의 부지와 금지착오의 관계

법률의 부지가 형법 제16조 금지착오에 해당하는가에 대해서는 현재 지배설과 판례가 서로 다른 입장인 것으로 알려져 있다. 즉, 지배설은 — 다수설과 통설의 중간쯤에 해당하는 경우를 지칭함 — 형법 제16조가 법률의 부지를 포함하는 것으로 해석하는 반면에, 판례는 부정하는 것으로 알려져 있다. 법률의 부지와 형법 제16조의 관계 및 법률의 부지에 대한 판례의 입장 등에 대해서는 장을 바꾸어 상론하기로 하고 여기서는 우선 법률의 부지가 독일에서 금지착오로 자리 잡는 역사적 변천과정을 간단히 짚어본다.

19세기에 수많은 개별 형법전들에 채택되었을 뿐만 아니라, 그 당시에는 전적으로 지배적인 견해에 상응했던 법칙, 그리고 오늘날에도 여전히 일반의 의식 속에 계속 살아있는 법칙, 이른바 '법률의 부지는 형벌로부터 용서받지 못한다("error iuris nocet")'는 법칙은 주지하듯이 로마법에 그 근원을 갖는다. 이 로마법적 근원은 '민법적인' 법효력의 착오를 처벌하였고, 어쨌든 오늘날 그 본질적인 면에서는 시대에 뒤쳐진 것으로 평가받는다. 물론 과거 독일제국법원은, 단호하고도 확고한 학설에 맞서, 몇 십 년 넘게 법률의 부지를 금지착오로 받아들이지 않았다. 독일제국법원의 그러한 입장은 형법이 기초적인 사회적 규범의 위반을 처벌하는 데에 국한되고, 게다가 개개인이 좁은 생활영역에 갇혀 살면서 좀처럼 국경을 넘는 일이 없었던 시대에서는 어느 정도 정당시 되었다. 그 시대의 환경에서는, 모두들 실제로 형법적인 법질서에 대하여 무관심할 수도 없었고, 또한 일정한 정신적인 능력만 갖추면 모두가 형법규범을 인식할 수 있었다고 볼 수 있다. 따라서 형법규범에 대하여 용서할 수 있는 부지라는 것은 생각할 수 없었을 수도 있다. 그러나 부수형법의 홍수에서 보듯이 형법규범이 기초적인 사회적 규범의 핵심영역을 넘어 급속도로 팽창되고, 또한 사람들의 국제적인 왕래가 빈번해지면서, '금지착오는 용서될 수 없기 때문에 면책되지 않는다.'는 법칙은 '금지착오는 그것이 용서될 수 없는 때에만 면책되지 않는다.'는 법칙으로 변경되어 야만 했다. 이러한 원칙의 변경이 독일에서는 이미 20C 초반부터 몇몇의 특별규 정들에 반영되기 시작했다고 한다.[25]

또한 1871년 독일제국형법전이 제59조에서 구성요건착오만을 고의를 배제하 는 것으로 규정하고 금지착오는 아예 규율하지 않았기 때문에, 이러한 토대 위에 서 독일제국법원은 착오를 사실의 착오와 법의 착오(Tat- und Rechtsirrtum)로 구 분하면서, 사실의 착오는 일반적으로 고의를 배제하는 것으로 보았던 반면에, 법 의 착오는 다시 형법적인 법의 착오와 형법외적인 법의 착오로 구분한 후, 전자 의 경우는 모두 무시해버리고 후자의 경우에 한하여 사실의 착오와 동일하게 취 급하여 고의를 배제하는 것으로 다루었다. 예컨대 소유권관계는 민법에 규정되어 있기 때문에, 재물의 타인성에 대한 착오는 형법외적인 법의 착오로 다루어서 고 의를 배제하는 것으로 취급하였다.[26] 반면에 형법에 금지된, 예컨대 타인의 대화 를 녹음하는 행위를 금지된(독일형법 제201조) 줄 모른 경우에는 형법적인 법의 착오로서 면책될 수 없게 된다.[27]

그러나 제2차 세계대전 이후에 와서는, 처음에는 일련의 주고등법원의 판결을 통하여, 그리고 1952년 3월 18일 연방법원의 대형사위원회의 판결을[28] 통하여 역사적인 전환점을 맡게 된다. 즉 연방법원의 이 판결은 제국법원에 반대할 뿐만 아니라, 고의설을 버리고 책임설에 찬동하는 결단을 함으로써 미래를 위한 하나 의 전환점을(Weiche) 놓았다는 평가를 받는다.[29]

---

25) 예컨대 그러한 원칙의 변경을 말해주는 최초의 법규라 할 수 있는 1917년의 연방의회규정 (Bundesrats-VO)은 전쟁법의 예외규정들에 대한 위반을 처벌할 때 독특한 방식을 사용하였 다. 즉, 행위자가 자신이 위반한 규정의 존재 내지 적용가능성에 대한 비난할 수 없는 착오로 인하여 그 행위를 허용된 것으로 간주했다면, 행위자는 처벌받지 않았다. 그 외에도 1931년의 ReichsAbgO 제395조, 1949년의 경제형법 제31조, 1952년의 OWiG 제12조 등이 그러한 입장 에 따랐다고 한다(Stratenwerth, AT I, Rn. 552.).

26) RGSt 50, 183.

27) Roxin, AT I, §21 Rn. 5.

28) BGHSt 2, 194.("위법성에 대한 착오는 행위자가 자신이 하는 것이 무엇인지는 알지만 그것이 허용되어 있다고 착각하는 것이다. 위법성에 대한 착오는 금지규범을 모르거나 잘못 앎으로써 자신의 행위가 허용되는 것이라고 생각하거나 그 행위가 원칙적으로는 금지되어 있지만 자신 의 경우에는 반대규범에 의하여 정당화 된다고 생각하는 것이다····그리고 행위자가 금 지착오를 극복할 수 없었던 경우에는 책임을 배제하고, 극복할 수 있었던 경우에는 책임을 감 경할 뿐, 고의를 배제시키지는 않는다.")

29) Roxin, AT I, §21 Rn. 7.

위와 같은 역사적인 변천과정을 거치면서 오늘날에 와서는, 법률의 부지의 경우에 자기 행위가 위법하지 않다고 적극적으로 표상하는 경우뿐만이 아니라 단지 자기 행위가 위법함을 인식하지 못하는 소극적인 표상도 금지착오에 포함된다고 보는 것이 일반적인 견해가 되었다. 그리고 이러한 일반적인 견해는 1969년 개정되어 1975년부터 시행된 현행 독일형법 제17조에 그대로 반영되었다. 하지만 1962년 개정초안 제21조가 수정을 거쳐 현행의 제17조로 규정되기까지에는 적잖은 논란이 있었다. 1962년 개정초안 제21조는 "불법을 행하는 것이 아니라고 적극적인 의식형태로 오인하는" 자에게만 금지착오를 인정하려고 했었다. 반면에 불법을 행한다는 인식이 단순히 부재하는 것만으로는 면책되지 않는 것으로 하였다. "자기의 행위에 대하여 아무런 성찰도 안 해 보고 그래서 자기가 불법을 행한다는 사실을 단지 지각하지 못할 뿐인 자는 그러한 이유로 책임 없이, 또는 감경된 책임으로 행위 하는 것이 아니다"는 것이다. 그러나 이 초안에 대해서는 위법 또는 적법에 대한 아무런 적극적 표상이 없었던 경우에도 진정 행위자가 위법성을 인식하지 못한 것이라면 금지착오로 취급하여 책임에 고려되어야 한다는 거센 비판이 일었다. 즉, 아주 순박하고 악의 없이 행위 하는 자 중에는 그가 합법적으로 행위하는지 아니면 위법하게 행위 하는지의 물음에 대하여 아무런 생각 없이 행위하는 경우들이 분명 있을 수 있고, 그러한 경우는 책임에 반영되어야 한다는 비판이 일었다. 그리하여 형법개정특별위원회는 1962년의 개정초안 제21조를 수정하여 현행 제17조처럼 단순히 불법을 행한다는 인식이 결한 경우도 금지착오로 포함시켰다.[30]

Ⅲ. 법률의 부지와 형법 제16조의 적용범위

1. 쟁점의 정리

형법 제16조는[31] 금지착오를 "자기의 행위가 법령에 의하여 죄가 되지 아니한

---

30) Roxin, AT Ⅰ, § 21 Rn. 20.
31) 형법 제16조는 스위스 구 형법(1933) 제20조("행위자가 충분한 이유에 근거하여 그 행위를 할 권한이 있다고 오인했다면, 법관은 이에 대한 형벌을 (형법 제66조에 따라서) 자유재량으로 감경하거나 면제할 수 있다.")를 계수했다는 주장이 있다(Dr. Paul K. Ryu, Das Koreanische

것으로 오인한 행위"라고 규정한다. 여기서 제16조의 문언에 따르면, 마치 제16조가 금지착오를 망라하여 규율하지 않고 그 일부만을 규율한 것으로 해석할 여지가 있다.[32] 먼저 "법령에 의하여 죄가 되지 아니한"에서 '법령'을 죄가 되지 않도록 하는 '허용법령'으로 해석할 여지가 있다. 즉 '자기의 행위를 죄가 되지 않도록 규정하는 법령, 즉 위법성을 조각하거나 금지규범의 적용범위를 제한하는 법령에[33] 의하여 죄가 되지 아니한'으로 해석할 여지가 있다. 이렇게 해석하면 금지규범의 부지나 오해에서 비롯하는 착오는 제16조의 금지착오에 해당할 수 없게 된다. 또한 "죄가 되지 아니한 것으로 오인"에서 '오인'을 문리해석하면 위법성을 단지 소극적으로 인식하지 못했을 뿐인 경우는 제외되고 오로지 자기의 행위가 위법하지 않다고, 즉 적법하다고 적극적으로 표상한 경우만을 규정한 것으로 해석할 여지도 있다. 실제 제16조의 적용범위에 관한 현재의 쟁점들도 결국은 이 두 가지로 집약된다. 즉, 첫째는 금지규범의 존재 자체에 대한 부지가 제16조의 적용대상인지 여부이고, 둘째는 금지규범의 존재 자체에 대한 부지가 일단 제16조의 적용대상이 된다면, 더 나아가 부지로 인하여 자신의 행위가 위법하지 않다고 적극적으로 표상한 경우만이 대상이 되는지, 아니면 부지로 인하여 단순히 위법하다는 인식을 하지 못했을 뿐인 경우까지도 대상이 되는지의 여부이다.

2. 제16조의 적용범위에 관한 학설 상황

(1) 엄상섭 의원의 견해

형법제정 당시 국회 법제사법위원장으로서, 법전편찬위원회가 마련한 1951년의 형법전 정부초안에 대한 심사와 국회법사위 수정안의 작성을 주도한 엄상섭 의원은 제16조의 입법이유를 "'법을 모른다고 하여 처벌을 면할 수 없다'는 것이 형법상의 원칙이거니와 이 원칙의 절대적인 적용만으로는 심히 가혹하여 행위자

Strafgesetzbuch, 1968, 4면 이하).

32) 허일태, 법률의 부지의 효력, 형사판례연구[1](1993), 44면.

33) 예컨대 도로교통법 제54조 제2항은 교통사고의 경우 경찰공무원 등에게 신고하도록 규정하면서 "차만 손괴 된 것이 분명하고 도로에서의 위험방지와 원활한 소통을 위하여 필요한 조치를 한 경우에는 그러하지 아니하다"고 하여 명령규범을 제한하고 있다. 이러한 경우 사고 운전자가 필요한 조치를 다 하였다고 오인하여 신고하지 않는 경우를 생각할 수 있다.

로서는 억울키 한량없는 경우가 있는 것이다. 더구나 법이론은 정교해짐에 불구하고 각종 형벌법규는 가일층 복잡화되는 반면에 일반 민중의 직업상의 노력의 양이 증가하기만 하는 사회 추세에 비추어 일반 민중으로서는 범법이 되는 것인가 아니 되는 것인가를 알기 어려운 경우가 많아진다는 것을 시인할 때, '법의 부지는 면책사유가 되지 못한다.'는 것만으로는 현실과 실정을 무시하는 노릇이다. 특히 행정범에 있어서 그러하다."라고 밝힌 바 있다.[34]

제16조의 입법취지에 관한 이러한 해설을 보면, 제16조 법문의 "법령에 의하여 죄가 되지 아니하는 것으로 오인한"은 '허용규범에 의하여 죄가 되지 아니하는 것으로 오인한' 경우뿐만 아니라 '금지규범의 부지로 인하여 죄가 되지 아니하는 것으로 오인한' 경우를 포함하는 것임을 알 수 있다. 위 엄상섭 의원의 입법이유 설명 중, "형벌법규의 가일층 복잡화"의 '형벌법규'나 "특히 행정범에 있어서"의 행정범의 근거 법규는 분명 허용법규가 아니라 명령법규를 가리키는 것이기 때문이다. 즉, 제16조의 "법령"은 금지법령을 포함하는 개념으로 사용된 것이 분명하고, 또 그렇기 때문에 "법령에 의하여 죄가 되지 아니하는 것"은 '법령상 죄가 되지 아니하는 것'으로 해석하는 것이 입법취지와 일치한다. 또한 그렇게 해석하는 것이 법문의 문리해석에 반한다고도 할 수도 없다.

반면에 제16조의 "오인"이라는 개념이 어떠한 입법의도로 사용되었는지는 엄상섭 의원의 글에서도 분명하게 밝혀져 있지 않다. '오인'의 원래 의미는 객관적으로 A인 것을 B인 것으로 착각하는 것을 말하며, 단지 A를 알지 못하는 것만으로는 오인이라 할 수 없다. 그것은 그냥 단순한 부지일 뿐이다. 따라서 '오인'의 문언적 의미를 따르면, "죄가 되지 아니한 것으로 오인"한다는 것은 죄가 되는 것(A)을 죄가 되지 아니하는 것(B)으로 적극적으로 표상하는 것을 의미하게 된다. 제16조가 이처럼 단순한 부지와 '오인'의 차이를 염두에 두고 그 점을 분명하게 하기 위하여 "오인"이라는 용어를 사용했는지는 엄상섭 의원의 글에서도 분명하게 드러나지 않는다. 다만, 엄상섭 의원은 제16조가 규범적 책임론에서 도출되는 것이라고 단정하면서, 금지착오의 책임론적 의미를 '규범의식, 즉 의무의식

---

34) 엄상섭, 우리 형법전에 나타난 형법민주화의 조항, 법정(法政), 제10권 제11호, 통권 제79호 (1955년 11월), 3면 이하(신동운·허일태 편저, 효당 엄상섭 형법논집, 2003, 서울대학교출판부, 75면 이하 참조).

의 차단'에 있다거나, 또는 '불법행위 이외의 반대동기를 설정할 길이 막혔다'는 데에 있다고 보는데,[35] 그렇다면 위법성인식의 부재만으로도 '규범의식의 차단'은 있게 되므로 위법성인식의 단순한 부재도 금지착오에 포함되는 것으로 보았을 여지가 있다. 하지만 보초가 아병(我兵)을 적병(敵兵)으로 오인하여 사살한 사례를 다루는 부분에서 발견되는 "위법성이 있음을 위법성이 없는 것으로 착오한 것에 불과하다"는 표현이나, "'정당한 이유 있음'이라는 것은 '위법성을 오인함에 있어서 과실도 없음'을 말하는 것이고"라는 표현들을 보면[36] 위법하지 않다는 적극적 표상을 가지는 경우만을 금지착오로 하려는 생각에서 "오인"이라는 용어를 사용했을 여지도 있다.

(2) 법률의 부지 불포함설

제16조의 문언에 충실할 때, 제16조는 위법성조각사유에 의하여 죄가 되지 않는 것으로 오인한 '간접적 금지착오'사례만을 규율하는 것인데, 다만 직접적 금지착오사례 중에서 포섭의 착오와 효력의 착오는 '법령상'으로 죄가 되지 아니한 경우로 오인한 경우에 해당할 수 있기 때문에 제16조의 적용대상으로 인정할 여지가 있다는 견해가 있다. 이 견해는 단순한 법률의 부지는 제16조의 규율대상에 속하지 않는다고 본다.[37]

(3) 법률의 부지 포함설

이 견해는 현재 이론적으로 금지착오의 범위에 속하는 모든 유형이 제16조의 규율대상이 되며, 따라서 법률의 부지도 제16조에 의하여 규율된다고 본다. '법률의 부지'란 '법률의 부지에서 야기된 법률의 착오'라고 할 수 있으므로, 형법 제16조에서 법률의 부지를 제외하는 것은 피고인에게 유리한 규정을 축소해석하는 것으로서 허용되지 않는다거나[38] "형법 제16조는 위법성에 관한 모든 착오

---

35) 엄상섭, 형법이론과 재판의 타당성, 법정(法政), 제12권 제8호 통권 제100호(1957년 8월), 4면 이하(신동운·허일태 편저, 앞의 책, 152면 이하 참조).
36) 엄상섭, 형법이론과 재판의 타당성, 법정(法政), 제12권 제8호 통권 제100호(1957년 8월), 4면 이하(신동운·허일태 편저, 앞의 책, 152면 이하 참조).
37) 김성돈, 형법총론 제2판(2009), 370면.
38) 오영근, 형법총론 제3판(2014), 296면.

유형을 포함한다고 해야 하고 ···· 법률의 부지도 형법 제16조의 대상으로 삼고 있다"거나[39] "'법령에 의하여 죄'가 되지 아니하는 것으로 오인한다는 것은 자기 행위가 위법하지 않다고 오인한 것으로서 위법성의 인식이 없는 위법성의 착오를 말한다."거나[40] 또는 "'법령에 의하여 죄가 되지 아니한다.'라 함은 법질서 전체의 입장에서 볼 때 죄가 되지 아니한다."는 것을 의미한다거나,[41] 또는 제16조의 법문이 "오인한 행위"라는 표현을 사용하여 법률의 착오가 적극적으로 착오를 일으킨 경우만을 의미하는 것처럼 보이나 소극적으로 법률을 알지 못했던 경우(법률의 부지)도 이에 포함된다고 해석함이 타당하다는[42] 등의 견해가 이에 해당한다. 우리나라의 다수설이라 할 수 있다.

(4) 법률의 부지 일부 포함설

이 견해는 제16조가 기본적으로 직접적 금지착오와 간접적 금지착오를 모두 포함하는 것으로 보면서도, 다만 직접적 금지착오 중에서 금지규범의 부지로 인하여 자기의 행위가 위법하지 않다고 적극적으로 표상한 경우는 제16조의 규율 대상이 되지만, 금지규범의 부지로 인하여 단지 소극적으로 위법하다는 인식을 하지 못했을 뿐인 경우는 제16조의 규율대상이 아니라는 견해이다.[43]

(5) 유추적용설

제16조가 법문상으로는 법률의 부지를 포함하지 않지만, 위법성을 인식하지 못한 이유가 법률의 부지에 있든 허용규범의 착오에 있든 본질적인 차이가 없으므로 법률의 부지로 인하여 자기의 행위가 법령에 의하여 죄가 된다는 사실을 인식하지 못한 경우에도 제16조를 유추적용하자는 견해이다.[44] 기본적으로는 문리해석을 통해서도 법률의 부지를 제16조에 포함시키는 것이 가능하다고 보면서도, 설령 그렇게 해석하는 것이 문리해석에 반하는 유추에 해당한다고 하더라도 행위

---

39) 허일태, 주석형법 총칙(1) 제2판(2011), 417면.
40) 정성근·박광민, 형법총론 전정판(2012), 349면.
41) 신동운, 형법총론 초판(2001), 381, 391면.
42) 이형국, 형법총론 개정판(1996), 236면.
43) 손해목, 형법총론 초판(1996), 635면, 641면.
44) 김태명, 판례형법총론 제2판(2016), 319면.

자에게 유리한 유추로서 유추금지원칙에 위배되지 않을 뿐만 아니라, 법률의 부지를 제16조에 포함시켜 해석하는 것이 실질적으로도 타당하다는 견해도 있다.[45]

(6) 사 견

제정형법의 입법에 핵심적인 역할을 하였던 엄상섭 의원은 제16조의 입법취지에 대한 해설에서, 제16조의 "법령"이 금지법령과 허용법령을 망라하는 개념임을 분명히 하였다. 그리고 "법령에 의하여 죄가 되지 아니하는"을 '허용규범에 의하여 죄가 되지 아니하는'으로 제한적으로 해석하지 아니하고, 널리 '법령상 죄가 되지 아니하는'이나 '법령에 저촉되지 아니하는'으로 해석한다고 하여 문리해석의 한계를 벗어난다고도 할 수도 없다.[46] 따라서 오늘날의 이론적 수준에서 볼 때, 금지착오의 가장 전형적인 유형이라고 할 수 있는[47] 법률의 부지가 제16조의 규율대상에서 제외되어 있다고 해석해야 할 근거는 없다고 본다.

다만 '법률의 부지' 중에서 자기의 행위가 위법하지 않다고 적극적으로 인식한 경우는 문제가 없지만, 단지 소극적으로 위법함을 인식하지 못했을 뿐인 경우는 제16조의 규율대상에서 제외된다고 본다. 제16조는 착오의 인식형태를 '오인'으로 명시하고 있기 때문이다. 단지 위법함을 인식하지 못했을 뿐인 것을 '위법하지 않다고 오인한'에 포섭시키는 해석은 명백히 법문의 가능한 언어적 의미의 한계를 넘어서기 때문이다. 다만 유추해석을 통하여 포함시킬 것인가는 별도의 문제이다.

제16조의 적용범위를 이렇게 해석할 때, 제16조가 법률의 부지로 인하여 단순히 위법성인식이 부재하는 경우를 금지착오로 규율할 수 없다는 점에서, 금지착

45) 이상돈, 형법강의 제1판(2010), 431면. 그리고 실질적으로 타당한 이유로서 ① 법정보화의 실패에 대한 책임을 개인에게만 전가시키는 것은 부당하고, ② 행정형법의 홍수 속에서 법률의 부지에 대하여 제16조에 의한 면책가능성을 전적으로 부정하는 것은 과잉금지원칙에 위배되며, ③ '법률의 부지는 용서받지 못한다'는 로마법의 전통에서도 법정범의 경우에 특정인(예: 여성, 미성년자, 문맹자, 군인)에게 예외적으로 면책사유를 인정한 취지를 오늘날의 상황에 맞게 재해석하면 법률의 부지를 금지착오로 인정할 수 있는 여지가 있다는 점 등을 든다.
46) 반면에 이렇게 해석하는 것은 제16조의 "법령에 의하여"라는 부분에 눈길을 두지 않는, 즉 문리해석의 궤도를 벗어나는 해석이 된다는 견해도 있다(김성돈, 형법 제16조의 개정방안, 형사법연구 제22호(특집호)(2004), 198면).
47) 법률의 부지야말로 위법성을 인식하지 못한 전형적인 경우에 해당한다(김성돈, 앞의 논문, 201면).

오에 대한 오늘날의 이론 수준에는 다소 못 미치는 측면이 있다. 하지만 1953년 형법 제정당시의 국내·외의 이론적 수준이나 외국의, 특히 위에서 짚어 본 독일의 입법상황 및 판례 등을 볼 때, 적어도 그 당시로서는 제16조가 선진적 입법이었다고 할 수 있다. 그리고 제16조의 법문 중에서 금지착오의 모든 경우를 망라하는 데에 장애가 되는 부분은 "법령에 의하여 죄가 되지 아니하는"이 아니고, "오인"이라는 점을 알 수 있었다.[48]

Ⅳ. 법률의 부지에 관한 판례의 입장

1. 판례의 입장

(1) 조선고등법원의 입장

조선고등법원 판례는 법률의 부지의 경우 기본적으로 범의를 인정하면서도[49] 민사법규의 부지는 범의를 조각한다고[50] 보았다. 이러한 입장은 금지착오가 형법에 규정되어 있지 않고 학설로 접근하던 시절의 독일제국법원의 입장과 같다. 독일 제국법원은 그 당시 착오를 '사실의 착오'와 '법률의 착오'로 구분하고, 다시 법률의 착오를 형법률의 착오와 비형법률(예컨대 민사법규)의 착오로 구분한 후, 비형법률의 착오는 사실의 착오와 같이 취급하여 고의를 배제하는 것으로 하였던 반면에 형법률의 착오는 원칙적으로 '법률의 부지는 용서받지 못한다.'는 로마법의 원칙에 따라서 범죄성립에 영향이 없는 것으로 보았다.

---

48) 법률의 부지를 포섭할 수 있도록 하기 위해서는 "자기의 행위가 법령에 의하여 죄가 되지 아니하는 것으로 오인한"을 수정하여 "금지착오란 착오로 자기의 행위가 위법하지 아니한 것으로 오인한 것"임을 명확하게 표현해야 한다는 견해가 있으나(한상훈·천진호, 책임 분야 개정 방향, 형사법연구 제21권 제1호(2009), 108면), '오인'을 금지착오의 요건으로 유지하는 이상 현행 제16조의 한계를 해소하기는 어렵다.

49) 조고판 1935.6.6. 판례총람 16-3; 조고판 1941.12.26. 판례총람 16-6. ("폭행이 정신병의 치료로서 때로는 혹시 효과 있을 것이라고 믿고 환자 또는 간호인의 의촉에 응하여 환자에 대하여 폭행을 가하여도 위법이 아니라고 오상함과 같은 것은 자기의 행위의 법률상의 가치판단을 잘못하여 죄가 되지 않는다고 사유하였음에 불과하고 이는 (구)형법 제38조 제3항에 소위 법률을 알지 못하는 것에 해당함으로써 죄를 범할 의사 없다고 할 수 없다")

50) 조고판 1918.11.14. 판례총람 16-1. ("민사법령의 부지는 형벌법령의 부지와 달라 범의를 조각하는 것이다.")

위와 같은 조선고등법원의 입장은 형법 제정 이후 대법원의 판례에서는 자취를 감추는데, 다만 유일하게 '대법원 1965. 11. 23. 선고 65도876 판결'에서는 조선고등법원의 입장에 따른 것으로 의심할만한 판시가 발견되기는 한다. 그 판결에서 대법원은, "가족계획의 국가 시책에 순응한 행위라고 믿고 낙태를 한 것이므로 자기의 행위는 죄가 되지 않는다"고 주장하는 피고인에 대하여, 피고인의 그러한 주장은 "법률의 착오를 주장하였음에 지나지 아니한다. 그리하여 법률의 착오가 사실의 착오를 가져오게 하지 아니한 이상 범죄의 성립을 저각할 바 아니다"고 하였다. 이는 '피고인의 착오는 형법률의 착오에 불과하고, 범의를 조각하는 사실의 착오로 취급되는 비형법률의 착오에 해당하지 않으므로 범죄성립에 영향이 없다'는 의미로 해석될 수 있다.

(2) 대법원의 입장

1) 대법원의 입장에 대한 분석들

판례는 '대판 1961. 10. 5. 4294 형상 208' 이후 지금까지 일관하여 형법 제16조의 법률의 착오란 "단순한 법률의 부지를 말하는 것이 아니고 일반적으로 범죄가 되는 행위이지만 자기의 특수한 경우에는 법령에 의하여 허용된 행위로서 죄가 되지 아니한다고 그릇 인식하는 것"이라고 밝히고 있다.[51] 이러한 판례의 입장에 대해서는 '존재하지 않는 허용규범을 존재한다고 생각하거나'(허용규범의 존재에 관한 착오) 또는 '실제 존재하는 허용규범의 한계를 넘어서까지 허용된다고 오인'한(허용규범의 효력에 관한 착오) 경우에만 제16조를 적용하는 입장이라고 분석하기도 하고[52] 대법원은 위법하지 않다는 적극적인 오인만을 법률의 착오로 보고 법률의 소극적인 부지는 법률의 착오로 보지 않는 입장이라는 분석도 있다.[53] 판례 중에는 법률의 부지는 아예 법률의 착오에 해당하지 않는다고 한 것도 있고, 법률의 부지이기 때문에 정당한 이유가 없다고 한 판례들도 많이 있다면서, 후자의 판례들은 법률의 부지가 법률의 착오에 해당한다는 것을 부지불식

---

51) 대판 1961. 10. 5., 4294형상208; 대판 2002. 1. 25., 2000도1696; 대판 2005. 9. 29., 2005도4592; 대판 2006. 5. 11., 2006도631; 대판 2008. 10. 23., 2008도5526; 대판 2009. 7. 9., 2008도9151; 대판 2017. 11. 29., 2015도18253; 대판 2018. 4. 19., 2017도14322(전합) 등 참조.
52) 김성돈, 앞의 책, 369면.
53) 김영환, 앞의 논문, 192면.

간에 인정하는 것이라는 분석도 있다.[54]

판례의 입장에 대한 학자들의 분석들에서 보듯이, 금지착오에 관하여 우리 판례의 입장이 어떠한가에 대해서는 기본적으로 두 가지가 쟁점으로 부각된다. 첫째는 판례가 금지규범의 착오, 특히 법률의 부지 자체를 금지착오로 인정하느냐이고, 둘째는 판례가 법률의 부지를 금지착오로 인정하는 입장이라면, 전면적으로 인정하는지 아니면 부분적으로만 인정하는지이다.

2) 대법원의 입장에 대한 사견적 분석

가. 법률의 부지의 포함 여부

대법원이 법률의 부지를 금지착오로 인정하지 않는다고 보는 견해가 현재 일반화 되어 있다. 하지만 대법원이 법률의 부지를 전면적으로 금지착오에서 배제하는 것은 아닌 것으로 보인다. 법률의 부지로 인하여 자기의 행위가 위법하다는 것을 단순히 인식하지 못한 데에 그친 경우는 금지착오에서 배제하지만, 법률의 부지로 인하여 자기의 행위가 위법하지 않은 것으로 적극적으로 오인한 경우는 금지착오로 인정하기 때문이다. 즉, 대법원은 제16조의 법문에 따라서 "죄가 되지 아니하는 것으로 오인"한 경우라면 그것이 법률의 부지에서 비롯한 경우도 제16조의 적용범위에서 배제하지 않는다.

예컨대 대법원은 국가보안법 제9조의 불고지죄와 관련하여 '수사기관에 고지하지 아니하면 죄가 된다는 것을 몰랐다'는 사실만으로는 – 즉 위법하다는 것을 몰랐다는 사실만으로는 – 법률의 착오에 해당할 수 없고, '수사기관에 고지하지 아니하여도 죄가 되지 아니한다고 적극적으로 그릇 인정한 경우'라야 – 즉 위법하지 않다고 적극적으로 오인한 경우라야 – 법률의 착오에 해당할 수 있다고 한 바 있고,[55] 범행당시 금융실명거래에 관한 법률의 제정사실이나 그 금지의 내용을 전혀 모르고 있었으니 위 법률위반죄로 처벌받을 수 없다는 피고인의 주장에 대하여 "피고인이 범행당시 금지법령의 내용을 알지 못하였다는 것일 뿐 일반적인 금지에도 불구하고, 피고인의 경우만은 특별히 허용되는 것이라고 오인하였으며 그 오인에 정당한 이유가 있었다는 것이 아니므로" 제16조에 의한 범죄불성

---

54) 오영근, 앞의 책, 296면.
55) 대판 1961. 10. 5., 4294형상208.

립에 해당하지 않는다고 한 바도 있는데,[56] 이는 만약 피고인이 금지법령을 몰랐고 또 그렇기 때문에 자기 행위를 위법하지 않다고 적극적으로 오인하였다는 것이라면 법률의 착오에 해당할 수 있다는 취지로 해석된다. 또한 피고인이 '구 음반·비디오물 및 게임물에 관한 법률' 및 그 시행령을 제대로 알지 못하여 자신의 비디오물감상실에 18세 이상 19세 미만의 청소년들을 출입시키면서, 그들이 위 법령상 출입금지대상에 해당하지 않기 때문에 관련 법률에 의하여 금지되지 않는다고 적극적으로 오인한 사례에서는 법률의 착오를 인정한다.[57]

또한 대법원은 '범행 당시 긴급명령이 시행된 지 그리 오래되지 않아 금융거래의 실명전환 및 확인에만 관심이 집중되어 있었기 때문에 비밀보장의무의 내용에 관하여 확립된 규정이나 판례, 학설은 물론 관계 기관의 유권해석이나 금융관행이 확립되어 있지 아니하였기 때문에 자신의 행위가 비밀보장의무에 위반되는 행위인 줄 몰랐다'는 피고인의 주장에 대하여 그것은 단순한 법률의 부지라고 하면서, 이어서 '그 밖에 공소외 공진기가 위 은행에 대하여 주식회사 신진금속 및 광우철강 주식회사의 금융거래 내용을 공개하여도 좋다고 동의하였고, 한편으로 위 피고인들의 행위가 이 사건 제1심 변호인들의 자료요청에서 기인하였기 때문에' 위법하지 않다고 '오인'하였다는 주장에 대해서는 법률의 착오로 인정한 후, 다만 변호인들에게 구체적으로 긴급명령위반의 여부에 관하여 자문을 받은 것은 아닌데다가, 위 은행에서는 긴급명령상의 비밀보장에 관하여 상당한 교육을 시행하였음을 알 수 있어 위 피고인들의 행위가 죄가 되지 않는다고 믿은 데에 정당한 이유가 있는 경우에 해당하지 않는다고 판시한 바 있다.[58]

또한 대법원은 '게임기들이 위원회로부터 등급분류를 받은 내용과 달리 제작된 점 등에 비추어 보면, 첫째, 원심이 피고인들이 위원회로부터 이 사건 게임기들에 관한 등급분류를 받았다는 사유만으로 피고인들이 이 사건 게임기들이 사행성 전자식 유기기구에 해당하는 것으로 인식하지 못하였다고 볼 수 없다고 판단한 것은 정당하고, 둘째, 설사 피고인들의 행위가 죄가 되지 아니하는 것으로 오인했음을 인정하여 법률의 착오에 해당한다고 하더라도 그와 같은 오인에 정

---

56) 대판 1985. 5. 14., 84도1271.
57) 대판 2002. 5. 17., 2001도4077.
58) 대판 1997. 6. 27., 95도1964.

당한 사유가 있는 것으로 볼 수 없다고 판단한 것은 수긍할 수 있다'고 함으로써 금지규범을 제대로 알지 못하여 죄가 되지 아니하는 것으로 오인한 경우라면 법률의 착오에 해당한다는 취지로 판시하고 있다.[59]

또한 '구 건설폐기물의 재활용촉진에 관한 법률' 제16조 제1항을 위반한 자가 '그 규정의 부지로 인하여 자기의 행위가 죄가 되지 아니한다고 적극적으로 오인한 사례'에서도 일단 법률의 착오를 인정한 후, 단지 정당한 이유를 부정한 바도 있다.[60]

나. 금지규범에 대한 착오의 포함 여부

행위자가 법령의 부지로 인하여 자기의 행위가 위법하지 않다고 적극적으로 오인한 경우들을 금지착오로 인정한 위 판례들에서 말하는 법령은 모두가 명령규범이다. 따라서 대법원은 제16조의 "법령에 의하여 죄가 되지 아니하는 것"에서 '법령'을 '허용규범'으로 제한 해석하는 입장도 아닌 것으로 보인다. 위에서 예시한 것 외에 '대법원 1985. 4. 9. 선고 85도25 판결'도 금지법령을 정확하게 알지 못하여 법령에 저촉되지 않는 것으로 오인한 경우를 법률의 착오로 보았다. 즉, 대법원은 제16조의 "법령에 의하여 죄가 되지 아니하는 것"을 "허용규범에 의하여 죄가 되지 아니하는 것"으로 제한적으로 해석하지 아니하고 '법률상 죄가 되지 아니하는 것', 또는 '법령에 저촉되지 아니하는 것'으로 해석하는 입장이다.

다. 단순한 위법성인식 부재의 포함 여부

대법원은 위법성인식의 단순한 부재만으로는 금지착오로 인정하지 아니하고, 위법하지 않다는 적극적 인식이 있는 경우만을 금지착오로 인정한다. 이는 특히 앞에서 언급된 법률의 부지에 해당하는 경우들 중에서 금지착오로 인정한 것과 인정하지 아니한 것을 대조해보면 분명하게 드러난다. 즉, 형법 제16조에 대한 대법원의 기본 입장으로 확립되어 판결문의 서두에 빠짐없이 등장하는 "형법 제16조의 법률의 착오란 단순한 법률의 부지를 말하는 것이 아니고 일반적으로 범죄가 되는 행위이지만 자기의 특수한 경우에는 법령에 의하여 허용된 행위로서 죄가 되지 아니한다고 그릇 인식하는 것"이라는 표현에서 '단순한 법률의 부지'

59) 대판 2007. 11. 15., 2007도6775.
60) 대판 2009. 1. 30., 2008도8607.

는 '법률의 단순한 부지', 즉 '법률의 부지로 인하여 위법성인식의 단순한 부재'를 의미하는 것으로 해석된다.

위법성인식의 단순한 부재를 금지착오에 포함시킬 것인가는 1962년 독일형법 개정초안을 마련할 때에 특히 논란이 많았던 문제였고, 그것을 금지착오에서 제외하였던 개정초안 제21조가 1975년 개정형법 제17조에서는 금지착오로 포함시키는 방향으로 수정되었는데, 우리의 제정형법은 위법하지 않다고 적극적으로 오인한 경우만을 금지착오로 규정하였고, 우리 판례도 일관하여 이에 따르고 있는 것이다.

라. 소결

이상의 분석을 종합하면, 대법원은 법률의 부지라는 이유만으로 전적으로 금지착오에서 배제시키지는 않으며, 오히려 대법원이 결정적인 바로미터로 삼는 것은 위법하지 않다는, 즉 적법하다는 적극적 오인이 존재하느냐의 여부이다. 더구나 위법하지 않다고 오인한 원인을 허용규범에 대한 착오로 제한하지도 않는다. 대법원은 행위자가 금지규범의 부지로 인하여 위법하지 않다고 오인했건, 허용규범을 오해하여 적법하다고 오인했건, 통상 해오던 것이므로 별다른 생각 없이 위법하지 않다고 오인했건, 금지규범의 내용을 제대로 알지 못하여 위법하지 않다고 오인했건 모두 금지착오로 인정한다. 즉 대법원은 일반적으로 죄가 되는 행위인데도 행위자가 자기의 구체적인 행위를 그릇 판단하여 법령상 죄가 되지 않는 것으로 '오인'하면 법률의 착오로 인정하는 입장이다. 따라서 대법원은 금지착오의 결정적인 표지를 위법성인식의 '부재'로 보지 않고, 위법하지 않다는 적극적 '오인'으로 본다고 할 수 있다.

이렇게 볼 때, 금지착오에 대하여 대법원은 나름대로 일관된 태도를 유지하고 있다고 할 수 있다.[61] 제16조의 법률의 착오에 대한 정의로서 대법원이 1961년부터 지금까지 단어 한 자 바꾸지 않고 되풀이 하는 표현, 즉 "형법 제16조의 법률의 착오란 단순한 법률의 부지를 말하는 것이 아니고 일반적으로 범죄가 되는 행위이지만 자기의 특수한 경우에는 법령에 의하여 허용된 행위로서 죄가 되지 아니한다고 그릇 인식하는 것"을 여기서 분석한 결론에 따라 재구성하면 "형법

---

61) 반면에 대법원의 태도에 일관성이 없다는 지적도 있다(김성돈, 앞의 논문, 200면).

제16조의 법률의 착오란 법률의 부지로 인하여 위법하다는 인식이 단순히 존재하지 않는 것을 말하는 것이 아니고, 일반적으로 죄가 되는 행위임에도 불구하고 법령상 죄가 되지 아니한다고 적극적으로 그릇 인식하는 것"으로 된다.

2. 판례와 제16조의 부합성

금지착오에 관한 판례의 타당성을 검토 내지 평가할 때에는 금지착오의 이론을 기준으로 할 수도 있고, 관련규정인 제16조를 기준으로 할 수도 있다. 제16조가 금지착오의 일반 이론에 맞게 규정되어 있다면 이론에 기초하건 제16조에 기초하건 판례에 대한 평가는 동일한 결론에 이를 것이다. 하지만 제16조가 금지착오의 일반이론과 부합하지 않는 부분이 있다면, 판례가 금지착오의 일반이론에는 배치되지만 제16조와는 일치하는 경우도 있을 수도 있고, 그 반대의 경우도 있을수 있다. 그런데 판례는 이론에 앞서서 일차적으로 실정법규에 따를 수밖에 없음을 상기한다면, 판례에 대한 평가 또한 1차적으로는 관계규정을 기초로 해야 하는 것은 당연하다. 그런데 판례에 대한 그간의 평가를 보면 직접 제16조를 기준으로 하기 보다는 곧바로 금지착오의 일반 이론을 기준으로 하는 경향이 없지 않았다.

판례가 법률의 부지는 아예 개념적으로 금지착오에 해당하지 않는다는 입장이라면, 그것은 제16조에 – 제16조에 대한 이 글의 해석론에 따를 때 – 맞지 않다고 할 것이다. 하지만 판례는 그러한 입장이 아님을 알 수 있었다. 판례는 법률의 부지의 경우에도 위법하지 않다는 적극적인 오인에 이른 때에는 제16조에 따라서 금지착오로 인정한다. 다만 판례가 법률의 부지에 해당하는 사례들에서 소극적인 판단을 한 것들은 세 가지 유형이 있는데, 첫째는 법률을 알지 못하였다는 행위자의 주장 자체를 그대로 받아들일 수 없다는 이유로 금지착오를 부정한경우 – 이는 사실인정의 문제로서 법률의 부지라는 피고인의 주장 자체를 부정한 것이다 –, 둘째는 법률의 부지로 인하여 단순히 위법하다는 인식을 하지 못했을 뿐, 위법하지 않다는 적극적인 표상, 즉 오인에 이르지는 않았기 때문에 금지착오를 부정한 경우, 셋째는 법률의 부지로 인하여 위법하지 않다고 적극적으로 오인한 경우를 일단 금지착오로는 인정하고 단지 정당한 이유를 부정한 경우 등이다. 이러한 판례의 태도는 법률의 부지로 인하여 위법성의 인식이 없는 것만으로 금지착오를 인정하는 오늘날의 일반화 된 이론과는 다소 부합하지 않지만, 적어도 형법 제16조와는 부합한다고 할 것이다.

V. 맺음말

금지착오에 관한 오늘날의 이론 수준에서 보면 법률의 부지로 인하여 위법성을 인식하지 못한 경우는, 필시 위법하지 않다고 적극적으로 오인한 것은 아니라 하더라도, 금지착오로 인정하는 것이 타당하다. 그러한 의미에서 형법 제16조나 우리 판례가 법률의 부지로 인하여 위법하지 않다고 '오인'한 경우만을 금지착오로 인정하는 것은 오늘의 이론적인 수준에 못 미친다 할 것이다.

하지만 법률의 부지로 인하여 위법하다는 인식이 없었을 뿐이고 위법하지 않다는 인식은 하지 않았다는 경우란 현실적으로 아주 드문 경우이다. 행위는 위법하든지 적법하든지 둘 중에 어느 하나일 수밖에 없는 것이고 위법하지도 않고 적법하지도 않는 경우란 없으므로, 위법하다는 인식이 없는 경우에는 반대로 위법하지 않다는 인식 또한 최소한 수반의식의 형태로 존재하는 것이 통상적일 것이기 때문이다. 다만 드물긴 하지만, 위법성의 인식과 적법성의 인식이 동시에 존재하지 않는 경우가 분명 존재할 수는 있는 것이기 때문에 제16조를 개정하는 것이 바람직하다. 그러한 드문 경우로는 다음의 두 가지를 생각할 수 있다.

하나는 '법무관심자' 내지 '법경멸자'의 경우이다. 그러한 자는 어떤 행위를 할 때에 아예 자기 행위의 위법성이나 적법성에 대하여 아무런 고려를 하지 않으므로, 위법하다는 인식도 없고 적법하다는 인식도 없이 행위 하는 경우가 있을 수 있다.

다른 하나는 평소 성실하게 합법적으로 행위 하려는 자세를 가진 자로서 아주 순박하고 악의 없이 행위 하는 자의 경우인데, 자신의 법감정의 확실성으로 인하여 자기 행위의 위법성이나 합법성에 대하여 아무런 의문조차 갖지 않고 행위하는 경우가 있을 수 있다. 이러한 자는 자신의 확실한 법 감정 때문에 위법성 여부에 대하여 의문을 가질 만한 그 어떤 계기도 없었고, 그리하여 자기 행위의 위법 또는 적법 여부에 대한 아무런 인식을 가지지 못하는 것이다.

법률의 부지를 전면적으로 금지착오에 포함시키면 위 두 경우가 모두 금지착오로 포섭되는데, 전자의 경우는 정당한 이유를 부정하여 금지착오의 혜택을 배제하고, 후자의 경우는 정당한 이유를 인정하여 책임을 배제시키든지 정당한 이유를 부정하더라도 양형에서 감경적으로 고려하면 될 것이다.

생각건대 제16조를 금지착오에 관한 오늘날의 일반적인 이론과 일치시키기 위해서는 제16조의 '자기의 행위가 죄가 되지 아니하는 것으로 오인한 행위'를 '자기의 행위가 죄가 되는 것으로 인식하지 못한 행위'로 개정하고,[62] 판례 또한 그에 맞추어 법률의 부지를 전면적으로 금지착오로 인정하는 것이 가장 근본적인 해결책이 될 것이다. 하지만 개정되기까지는 우선 해석을 통하여 오늘날의 금지착오론에 접근시키는 법적용이 가능하다고 본다. 즉, 위법성을 인식하지 못한 경우에는 ─ 위 두 가지 예외적인 경우를 제외하면 ─, 적법하다는 인식이 최소한 수반의식의 형태로 존재하는 것으로 사실인정을 넓게 한다든지, '오인'을 유추하여 위법성의 불인식까지 포함하는 것으로 해석하는 방법을 생각할 수 있다.

제16조를 이렇게 확대 적용하면 법무관심자, 또는 법경멸자가 금지착오에 포섭되겠지만, 그들의 경우에는 정당한 이유 있는 금지착오로 인정받지 못할 것이므로 그들에게 불합리하게 금지착오의 혜택이 부여되지는 않을까 하는 염려를 할 필요는 없을 것이다. 반면에 합법적으로 성실하게 행위 하는 자가 자신의 확실한 법감정으로 인하여 위법성을 인식하지 못하는 경우에는 금지착오를 적용하여 책임배제 내지는 감경적 고려를 할 수 있는 길이 열리게 되는 장점을 기대할 수 있다.

---

62) 같은 견해로는 천진호, 금지착오 규정에 대한 입법론적 검토, 동아법학 제43호(2009), 104면.

평 석

형법 제16조 법률 착오와 법률 부지 문제

하 태 영*

Ⅰ. 서 론

무(無)란 '존재하지 않음'을 말한다. 지(知)란 '앎'이다. 무지(無知)란 '아는 것이 없음'이다. 무는 존재의 문제이다. 독일어로 ob의 문제이다. '있느냐, 없느냐'의 문제이다. 무지란 '알았느냐, 몰랐느냐'의 문제이다. 존재에 대한 인식 문제이다. 인식하였느냐, 인식하지 못하였느냐? 모두 철학적 문제이다.

그렇다면 '어떻게'와 '왜' 문제가 나온다. 독일어로 wie와 warum이다. 어떤 이유(왜·어떻게) 법령을 몰랐나? 부지(不知)와 착오(錯誤)가 대립한다. 모두 이유의 문제이다. 부지는 단순히 인식하지 못한 상태이고, 착오는 전문가에게 문의하였어도 인식하지 못한 상태이다. 부지는 소극적으로 모르는 것이고, 착오는 적극적으로 모르는 것이다. 이것이 대법원 판례의 입장이다. 형법은 로마법 정신을 계승했다. 대법원 판례도 맥이 같다.

"법률 부지는 형벌로부터 용서받지 못한다."

신동운 교수는 『형법총론』에서 법률 부지와 금지착오 문제를 이렇게 설명하였다.

"대법원은 형법 제16조의 해석에 관한 일관된 입장을 본 판례에서 다시 한 번 확인하고 있다. 대법원은 형법 제16조의 운용에 있어서 ① 단순한 법률의 부지(不知)는 형법 제16조의 혜택을 받지 못하며, ② 일반적으로는 범죄가 되는 행위이지만 자기의 특수한 경우에는 법령에 의하여 허용된 행위로서 죄가 되지 아니한다고 그릇 인식한 경우에 이르러야 형법 제16조가 적용될 여지가 있으며, ③ 그와 같이 그릇 인식함에 있어서 정당한 이유가 있는 경우에 비로소 형법 제16조에 의하여 처벌받지 않게 된다는 점을 밝히고 있다."[1]

"<천지창조 사건>[2] 판례에서 대법원이 판시한 내용 가운데 우선 주목되는 것은

---

* 동아대학교 법학전문대학원 교수. 법학박사(ius).
  존경하고 사랑하는 문채규 교수님의 정년을 진심으로 축하드립니다. ―『진주 목걸이』
 1) 신동운, 新판례백선 형법총론, 신판, 경세원, 2009, 423-426면(425면).
 2) 대법원 1985. 4. 9. 선고 85도25 판결.

형법 제16조가 "단순한 법률의 부지의 경우에는 적용되지 않는다고 한 부분이다. 이러한 대법원의 입장은 <호병계장 사건>[3]에서의 판시사항과 상충되는 것이 아닌가 하는 의문을 불러일으킨다. 법률의 부지(不知)란 위법성의 인식이 결여된 것을 의미한다고 볼 때, 본 판례에 나타난 대법원의 입장은 위법성의 인식이 없더라도 범죄가 성립한다는 것으로서 결국 위법성인식불요설을 택한 것이 아닌가 의심되기 때문이다."[4]

"그러나 본 판례의 태도(판례 본문의 핵심 판시 부분은 대법원의 다른 판례들에서도 거의 같은 문구로 되풀이하여 등장하고 있다)를 반드시 위법성인식불요설의 관점에서 파악할 필요는 없다고 본다. <호병계장 사건>에서도 살펴본 바와 같이 위법성의 인식은 "사회정의와 조리에 반하는 것"을 인식하는 것이다. 대부분의 사람은 특별한 사정이 없는 한 자신의 행위가 사회정의와 조리에 위반하는가 아닌가를 인식하고 있다."[5]

"이와 같은 경험칙에 비추어 보면 자신의 행위가 죄로 되는 것을 알지 못하였다는 주장은 이례적인 상황에 속하며 그 부지의 사유를 특별히 제시할 필요가 있게 된다. 대법원이 형법 제16조를 해석함에 있어서 자기의 특수한 경우에 죄로 되지 않는다고 주장하는 경우를 그 규율대상으로 설정하고 있는 것은 바로 이와 같은 이유 때문이다."

생활세계에서 일어난 일이다. 어떤 법률이 있다. 건축법이다. 건축은 허가 대상이다. 이것이 일반인의 인식이다. 불법 건축은 처벌된다. 그럼에도 어떤 사람이 허가 없이 건축을 한다. 이 불법행위는 처벌된다. 건축주가 법을 몰랐다고 주장하여도 처벌된다. 설령 누군가가 허가를 받지 않고 건축한 건축물을 (완공하지 못하고 방치함) 이후에 이어서 완공한 경우에도 건축법 위반으로 처벌된다. 건축주가 법을 몰랐다고 주장하여도 처벌된다. 이것은 단순한 법률 부지이다. 구성요건·위법성·책임이 있다. 단순한 법률 부지 처벌은 공동체 생활에서 불가피한 법률 운영이다.

그러나 법률 착오는 약간 다르다. 적극적 법률 부지가 있다. 전문가에게 물어보고 법을 준수하려고 노력한 흔적이 있다. 불법을 회피하려고 노력한 부분을 주장하면, 그 이유를 판단해야 한다. '정당한 이유'가 있다면, 그 억울함을 해소해 주어야 한다. 이것이 형법 제16조이다. 입법부는 이 문제를 입법 제정 당시에 알고 있었다. 그래서 형법 제16조 법률 착오가 규정되었다. 다만 독일식 '회피가능성'보다 '정당한 이유'를 입법하였다. '법률 부지'도 형법 제16조 적용 대상으로 삼고 '정당한 이유'에서 판단해야 한다. 문채규 교수의 의문은 여기서 시작된다.

문채규 교수의 학문 생활 마지막 논문이 「형법 제16조 법률 착오와 법률 부지」이다. 문채규 교수는 두 가지 질문을 하고 있다. ① 법률의 부지가 형법 제16조 적용 대상에서

---

3) 대법원 1987. 3. 24. 선고 86도2673 판결.
4) 신동운, 新판례백선 형법총론, 신판, 경세원, 2009, 423-426면(425면).
5) 신동운, 新판례백선 형법총론, 신판, 경세원, 2009, 423-426면(425면).

제외되는가? ② 판례는 일관성이 있는가? 학설과 판례를 샅샅이 분석하고 비판한다. 그리고 새로운 길을 주장한다.

문채규 교수 논문에서 한 형법학자의 치밀성을 만날 수 있다. 형법사·판례 변천사·학설사·쟁점·비판·대안 제시이다. 학문적 역량이 없으면 쓸 수 없는 글이다. 이 주제를 14면에 담을 수 없다.

　　"법률의 부지 이원화 구습, 과감히 벗어나라."[6]

학자의 품격을 느꼈다. 이것이 문채규 교수의 학풍이다. 문채규 교수의 웅변을 더 듣지 못해 아쉽다. 문채규 교수가 남긴 주옥같은 글은 그가 한평생 바쳐 만든 '진주 목걸이'이다.

Ⅱ. 문채규 교수와 정년

문채규 교수는 학자형 아나키스트(anarchist)이다. 일반적으로 '아나키스트를 무정부주의를 믿거나 주장하는 사람'이라고 말한다. 그러나 소설가 나림 이병주 선생은 '기존 질서를 혁신하는 사람'이라고 해석한다.[7] 문채규 교수는 기존 논문을 따라다니는 흥행형 논문연구자가 아니고, 기존 논문을 혁신하는 선도형 논문연구자이다. 전형적인 소학행(小學行·소소하게 학문하는 사람) 학자이다. 조용히 집·연구실·테니스장만 왕래한다.

1. 교 수

문채규 교수는 평생 학문을 한 분이다. 나서는 것을 좋아하지 않는다. 그러나 쟁점이 되는 문제라면 형법과 형사소송법을 가리지 않고 전념한다. 한국의 대표적 형법 체계적 해석론자(도그마틱 전문가)이다. 안동대를 거쳐 부산대에서 교수 생활을 했다. 모두 국립대라 문채규 교수의 교수 생활에 큰 도움이 되었을 것이다. 전형적인 교수 생활을 하신 분이다.

2. 학 문

문채규 교수의 학문은 넓고 깊다. 방대한 저술이 증명한다. 특히 형사법 실체법 논문들

---

6) 문채규, 형법 제16조와 법률의 부지 문제 – 형법 제16조의 적용대상에서 법률의 부지를 배제하는 것, 형사법학회, 죄형법정원칙과 법원 1, 박영사, 2023, 209-223면(223면).

7) 이병주, 『허상(虛像)과 장미 2』, 바이북스, 2021, 10면. "아나키즘은 모든 기존 질서, 모든 기존 가치 체계를 무질서 무가치한 거라고 보는 가치관이거든. 그런 뜻으로 무질서 또는 무가치주의래야 된단 말야. 그러나 무질서를 무가치를 숭상한다는 말은 아니거든. 현실의 상황을 무질서, 무가치한 것으로 본다는 뜻이지. 현실의 질서뿐만 아니라 공산주의가 내세우는 질서관의 가치관도 부정하는 사상으로 발전한 거지." "말하자면 파괴주의자구먼요." 옥동윤은 형산의 아나키스트 해설엔 독특한 멋이 있었다고 생각했다." 나림은 이 작품에서 아나키즘의 번역에 관해 설명한다. "아나키즘, 아나르시즘은 적당한 번역어가 없다."

은 인용지수가 높다. 고민이 있어 검색하면 논문이 보인다. 독일어 번역이 뛰어나다. 그 제자들이 모두 번역이 뛰어난 것은 이유가 있다. 국어 문장이 되는 학자이다.

3. 인 간

문채규 교수와 나와 인연은 깊다. 세 가지만 간략히 말씀드린다.

7급 공무원 형사소송법 출제위원으로 감금된 일이 있다. 합숙하며 같은 방에서 지냈다. 그때 많은 말씀을 들었다. 출제 이후 문채규 교수는 항상 책을 읽었다. 어떤 책을 좋아하느냐? 내가 물었다. 헤밍웨이(Ernest Miller Hemingway, 1899.7.21.~1961.7.2)의 『노인과 바다』라고 했다. 인고(忍苦)와 무상(無常)을 좋아하시는 듯했다. 그때 나는 학자형 아나키스로 생각했다. 소학행(小學行) 인물이다.

문채규 교수와 나는 어느 날 우연히 진영휴게소에서 만났다. 나는 마산으로, 문채규 교수는 진주로 가는 길이었다. 2019년으로 생각한다. 그때 『형법조문강화』(법문사, 2019)라는 책이 출판되어 한 권 드렸다. 문채규 교수는 "진주 요양원에 아버님이 계신다"고 말했다. 그날은 부친 예방을 위해 가는 길이었다. 비빔밥을 드셨다. 아주 소박한 분이다. 그때 나는 문채규 교수를 효자 학자로 생각했다.

문채규 교수는 허일태 교수님 정년 기념 세미나 장소에 오셨다. 경주에서 열린 행사였다. 그때 전국에서 많은 교수님이 오셨다. 문채규 교수는 선배 교수를 정중히 모신다. 후배들을 따뜻하게 만난다. 사랑받는 사람이다. 문채규 교수를 존경하는 후배 학자들이 많다. 문채규 교수 큰 재산이다.

나림 이병주 선생은 지도자란 '민주적 인격자'라고 말했다.[8] 문채규 교수가 그런 사람이다. 항상 경청하고 편하게 소통하는 사람이다. 진주는 나림 이병주 선생과 문채규 교수가 생활한 곳이다. 진주 남강과 지리산의 기운이 사람을 그렇게 만드는가 보다.

언젠가 기회가 된다면, <문채규 교수의 삶·형법학·인간학>을 한번 듣고 싶다. 소중한 형법학자라고 생각한다. 문채규 교수가 남긴 글과 삶의 자세 그리고 형법학 논문은 우리 형법학계의 큰 자산이라고 생각한다.

Ⅲ. 문채규 교수와 논문

형법 제16조(법률의 착오) 자기의 행위가 법령에 의하여 죄가 되지 아니하는 것으로 오인한 행위는 그 오인에 정당한 이유가 있는 때에 한하여 벌하지 아니한다.[9]

---

8) 이병주, 『여사록』(현대문학, 1976), 바이북스, 2014, 8-62면(37면). 이 소설은 30년의 세월, 진주농고 교사들의 이야기이다. "나는 산천이 함께 격동한 30년의 시간 속을 살아남은 내 운명의 보람을 생각하기로 했다. 거게 세계의 30년이 겹치고 베트남의 30년이 겹쳤다."(61면). "학자는 지위보다 연구 실적이 소중한 것 아닙니까."(55면).
9) 형법 일부개정 2023. 8. 8. [법률 제19582호, 시행 2023. 8. 8.] 법무부.

1. 형법 제16조 법률 착오

(1) 입법 이유

엄상섭 의원은 이렇게 말했다.

"법을 모른다고 하여 처벌을 면할 수 없다."

로마법 정신을 강조한 말이다. 법의 부지는 면책사유가 되지 못한다. 법령은 금지규범과 허용규범을 의미한다. 그러나 엄상섭 의원은 현실과 실정을 무시해서는 안 된다고 강조한다.[10] 법률 홍수 시대를 예견하였다.

(2) 학설 대립

형법 제16조 법률 착오에 법률 부지도 포함되는가에 대해 학설이 대립한다. ① 포함설: 법률 부지도 법률 착오의 유형이다. 위법성 인식이 없다. '오인한 행위'에는 적극적 부지와 소극적 부지도 포함한다. 우리나라 다수설이다. ② 불포함설: 단순한 법률 부지는 해당하지 않는다. ③ 일부 포함설: 적극적 법률 부지는 포함되지만, 소극적 부지는 포함되지 않는다. ④ 유추적용설: 행위자에게 유리하다. 법률 부지와 법률 착오 문제는 이처럼 학설 대립이 심하다. 문채규 교수의 입장은 포함설이다.

(3) 소결

문채규 교수는 여러 문헌을 분석하여 학설을 정리하였다. 이쯤 해서 문채규 교수가 판례 평석으로 삼은 대법원 판례를 살펴보자.

2. 대법원 2011.10.13. 선고 2010도15260 판결 [건축법위반]

이 판결은 형법 제16조 법률 착오와 법률 부지를 다루고 있다. 대법원은 무죄를 선고한 원심판결을 파기하고 환송하였다. 문채규 교수는 2023년 11월 22일 출판한 『죄형법정원칙과 법원 1』(한국형사법학회)에서 이 판례를 다시 평석하였다. 문채규 교수의 주장이다.

"위법성의 불인식을 금지착오에서 제외시키지 않는 것이 오히려 형법 제16조와 실질적으로 부합한다. 따라서 위법하지 않다는 적극적 오인에 이른 법률의 부지와 위법함을 인식하지 못한 단순한 법률의 부지로 이원화하여 후자를 금지착오에서 제외시키는 것은 금지착오의 실질에도 맞지 않고 형법 제16조와도 부합하지 않는다.

향후 우리 판례는 많은 문제를 내포하고 있는, 금지착오에 대한 기존의 정의와 먼저 결별하고, 이어서 법률의 부지를 이원화시키는 구습에서 과감하게 벗어나길 기대

---

10) 엄상섭, 우리 형법전에 나타난 형법민주화의 조항, 법정 제10권 제11호, 1955년 11월호, 3면 이하; 신동운·허일태 편저, 효당 엄상섭 형법논집, 서울대출판부, 2003, 75면 이하.

한다.”[11]

이 판결을 자세히 살펴볼 필요가 있다. 사실관계·원심 판단·대법원 판단이다. 대법원은 단순한 법률 부지는 형법 제16조 법률 착오 문제가 아니라고 선을 그었다.

[사실관계] 甲은 관할 관청의 허가를 받지 않고 이 사건 주택을 건축하였다.

[제1심과 제2심 판단] 구 「건축법」(2007. 10. 17. 법률 제8662호로 개정되기 전의 것, 이하 '구 건축법'이라 한다) 제8조 제1항, 제9조 제1항의 규정에 의하면, 이 사건 주택이 위치한 춘천시 사북면 고탄리 (지번 생략)는 「국토의 계획 및 이용에 관한 법률」에서 정한 제2종 지구단위계획구역 내에 있으므로 이 사건 주택의 건축은 구 건축법 제9조 제1항 소정의 신고대상이 아닌 같은 법 제8조 제1항 소정의 허가대상에 해당하고, 처벌규정인 구 건축법 제79조 제1호의 규정 형식상 그 위반죄는 고의범에 속하므로, 피고인을 구 건축법 제79조 제1호에 의하여 처벌하기 위해서는 피고인이 건축한 이 사건 주택이 '제2종 지구단위계획구역 안에서의 건축'에 해당한다는 사실까지 피고인이 인식하였을 것을 필요로 한다고 전제한 후, 증거를 종합하더라도 피고인이 위와 같은 사실을 인식하고 있었다고 인정하기에는 부족하고, 오히려 피고인은 당시 제2종 지구단위계획구역 지정 등 건축 관련 규제나 행정절차 등을 잘 몰라 건축사에게 건축 설계는 물론 허가나 신고 등의 일까지 모두 맡기고는 알아서 처리해 줄 것으로 요청한 사실이 엿보일 뿐이라는 이유로 무죄를 선고하였다.

[대법원 판시사항] [1] 자신의 행위가 구 건축법상 허가대상인 줄 몰랐다는 사정이 '법률의 착오'에 해당하는지 여부(소극) [2] 피고인이 구 건축법상 허가대상인 주택을 무허가로 건축하였다는 내용으로 기소된 사안에서, '국토의 계획 및 이용에 관한 법률'에서 정한 제2종 지구단위계획구역 안에서의 건축에 해당한다는 사실을 알았다면 그 건축이 허가대상인 줄 몰랐다 하더라도 이는 단순한 법률의 부지에 불과하여 구 건축법 위반죄의 성립에 영향이 없는데도, 이와 달리 피고인에게 무허가 건축의 범의가 없었다고 보아 무죄를 선고한 원심판결에 법리오해 및 심리미진의 위법이 있다고 한 사례.

[대법원 판단] 「형법」 제16조에 의하여 처벌하지 아니하는 경우란 단순한 법률의 부지의 경우를 말하는 것이 아니다. **일반적으로 범죄가 되는 행위이지만 자기의 특수한 경우에는 법령에 의하여 허용된 행위로서 죄가 되지 아니한다고 그릇 인식한 것이다. 그와 같이 인식함에 있어 정당한 이유가 있는 경우에는 벌하지 아니한다는 취지이다. 그러므로 피고인이 자신의 행위가 구 「건축법」상의 허가대상인 줄을 몰랐다는 사정은 단순한 법률의 부지에 불과하고 특히 법령에 의하여 허용된 행위로서 죄가 되지 않는다고 적극적으로 그릇 인식한 경우가 아니어서 이를 법률의 착오에 기인한 행위라고 할 수 없다**(대법원 1991. 10. 11. 선고 91도1566 판결 등 참조).

---

11) 문채규, 형법 제16조와 법률의 부지 문제 – 형법 제16조의 적용대상에서 법률의 부지를 배제하는 것, 형사법학회, 죄형법정원칙과 법원 1, 박영사, 2023, 209-223면.

원심판결 이유에 의하면, 원심은 피고인이 건축 관련 규제나 행정절차 등을 잘 몰라 이를 건축사에게 맡겼다고 인정하고 있으나, 기록에 비추어 살펴보면, 피고인은 부동산 개발업을 하는 사람으로서, 공소외 1이 2005년경 허가를 받지 않은 채 이 사건 주택을 건축하다가 사라진 후 피고인이 나머지 공사를 진행하여 2007년 11월경 이를 완공하였는데, 2009년 7월경 춘천시장으로부터 무허가 건축을 이유로 고발을 당하자 그제야 비로소 공소외 2 건축사에게 양성화 절차를 의뢰하여 2009. 11. 10. 건축허가를 받고 2010. 2. 18. 사용승인을 받은 것으로 보이는데다가, 피고인은 경찰에서, 공소외 1이 불법으로 임의로 건축을 하고 사라져 피고인이 나머지 공사를 진행하였다고 진술하였고, 피고인의 동생 공소외 3이 2006년 8월 및 9월경 공소외 1에게 보낸 내용증명에 이 사건 주택 부지 지상의 무허가 불법 건축물을 원상 복구할 것을 요구하는 내용이 기재되어 있어 피고인도 이 사건 주택의 건축에 허가가 필요함을 알았던 것으로 볼 여지가 있는 점, **일반적으로 건축주가 자신의 주택을 건축함에 있어서는 토지이용계획확인원 등을 통하여 주택의 부지의 법적 규제 현황을 확인한다고 보는 것이 경험칙상 합당한 점,** 「국토의 계획 및 이용에 관한 법률」은 제2종 지구단위계획구역의 결정에 주민 및 지방의회의 의견을 청취하고 결정 후 이를 고시하고 열람할 수 있는 절차를 마련하고 있는 점 등에 비추어 피고인이 이 사건 주택의 건축이 제2종 지구단위계획구역 안에서의 건축에 해당한다는 사실을 알았다고 볼 여지가 충분하다.

이러한 사실관계를 앞서 본 법리에 비추어 보면, **피고인이 위 사실을 알았음에도 제2종 지구단위계획구역 안에서의 건축이 구 「건축법」상 허가대상인 줄 몰랐다면 이는 단순한 법률의 부지에 불과**하여 구 건축법 위반죄의 성립에 아무런 영향을 미치지 못한다.

3. 문채규 교수 평석

문채규 교수 논문을 읽고 핵심 내용을 정리하고자 한다. 대법원 판례 변경을 촉구하는 논지가 선명하다. "법률 부지도 형법 제16조 적용 대상이다. 그래야 판례가 일관성을 유지한다." 이런 주장이다. 독일의 논의과정이 자세히 소개되어 있다. 대법원 판례 평석도 담겨 있다.

(1) '법률 부지'에서 부지의 대상

"법률 부지를 금지착오에서 제외하는 것은 금지착오 절반을 제외하는 것이다. 현실적으로 허용규범 착오가 금지규범 착오보다 압도적으로 많다. 그러므로 금지규범 대부분을 제외하는 결과가 된다. 이는 심히 부당하다. 금지규범 착오이건 허용규범 착오이건 금지착오 실질, 즉 '위법성 인식 부존재' 내지 '적법성 오인'은 관점에서 아무런 차이가 없다."[12]

---

12) 문채규, 형법 제16조와 법률의 부지 문제, 213-214면.

문채규 교수는 법령을 모르는 것은 적법성을 모르는 것과 같다고 말한다. 위법성 인식의 부존재는 적법성 오인이라고 말한다. 이러한 주장은 설득력이 있다. 모르는 것이든 잘못 아는 것이든, 모두 법률 부지이다.

(2) 위법성 인식 부존재와 적법하다는 적극적 오인의 관계

"우리 판례는 적극적 '오인'에 주목한 나머지 단순한 법률 부지를 금지착오에서 제외한 것으로 보인다. <중략> 위법하다는 인식이 없다는 것은 곧 적법하다는 오인이 최소한 수반 의식의 형태로 존재할 수밖에 없다. <중략> 따라서 형법의 '오인'이라는 요건 때문에 법률 부지가 형법 제16조 적용 대상에서 제외된다는 논리는 성립하지 않는다."[13]

문채규 교수는 '오인'에 인식 부존재도 포함된다고 말한다. 형법 제16조 법률 착오의 적용 대상에 포함된다고 강조한다. 이러한 주장은 설득력이 있다. '정당한 이유'로 판단하면 된다.

(3) 법률 부지가 금지착오로 자리 잡는 역사적 변천과정

"법률 부지는 형벌로부터 용서받지 못한다(error iuris nocet). 로마법에서 확립된 원칙이다. 독일의 경우 법률 부지는 금지착오로서 정착되었다. 역사적 과정을 보면, '학설 → 판례 → 입법' 순서를 거쳤다."[14]

문채규 교수는 독일 사례를 자세히 소개한다. 독일은 법률 부지가 금지착오로서 확고한 지위를 굳혔다고 설명한다. 1952년 독일 연방법원(BGH) 판결문과 1975년 독일 형법 제17조 개정을 언급하며 논문의 품격을 올린다.

(4) 법률 부지가 금지착오에서 갖는 의미

"직접적 금지착오와 간접적 금지착오는 모두 위법성 인식 부재 또는 적법하다는 오인에 이르게 하는 원인들이다. 금지착오에서 갖는 의미는 모두 동일하다. 법률 부지도 그중 하나에 불과하다. 법률 부지를 금지착오에서 특별하게 취급할 이유가 없다. '단순한' 법률 부지라고 달라질 것은 없다. 단순한 법률 부지와 단순하지 않는 법률 부지 구별은 적어도 위법성 인식 부존재, 즉 금지착오와 관련하여 아무런 의미가 없다."[15]

문채규 교수는 단순한 법률 부지와 단순하지 않는 법률 부지를 구분할 실익이 없다고 한다. 소극적 법률 부지와 적극적 법률 부지를 구분할 의미가 없다고 한다. 결국 형법 제16조 법률 착오에서 '정당한 이유'로 판단하면 되기 때문이다.

---

13) 문채규, 형법 제16조와 법률의 부지 문제, 214-216면.
14) 문채규, 형법 제16조와 법률의 부지 문제, 216-217면.
15) 문채규, 형법 제16조와 법률의 부지 문제, 218면.

(5) 조선고등법원 판례와 대법원 입장

"조선고등법원 판례는 법률의 부지를 사실의 착오로 취급했다."[16]

"대법원은 …국가보안법 제9조 불고지죄 위반 사례와 금융실명거래법 위반 사례 그리고 금융거래 내용 공개 사례는 모두 법률 부지 사례이다. 마지막 사례만 법률 착오를 인정한다. <중략> 대법원은 법률 부지로 단순히 위법성을 인식하지 못한 것에 그친 경우 법률 착오에 포함하지 않고, 거기서 더 나아가 자신 행위가 위법하지 않다고 적극적으로 오인한 경우 법률 착오에 포함하여 형식적으로 보면 나름 일관성을 갖는다. 하지만 위법성 인식 부존재라는 소극적 인식양태와 위법하지 않다고 오인하는 적극적 인식양태는 형식적·언어적으로 구별될 뿐이다. 실질적으로 구별되지 않는다. 위법한 줄 몰랐다는 것은 적법한 줄 알았다는 것과 다르지 않다. <중략> 실질적으로 서로 구별되지 않는 것을 차별화하여 달리 평가한다면, 그 평가는 임의적이고 자의적인 평가일 뿐이다."[17]

"법률 부지로 위법성 인식이 없는 경우를 모두 위법하지 않은 것으로 오인한 경우에 포함하는 것이 형법 제16조와 실질적으로 부합한다. 즉 형법 제16조의 '…죄가 되지 아니하는 것으로 오인한'은 '…죄가 되는 것으로 인식하지 아니한'과 실질적으로 동일한 것을 다르게 표현한 것에 불과하기 때문이다."[18]

문채규 교수는 대법원 판례를 조목조목 비판한다. 위법성 불인식도 금지착오로 해석해야 한다고 주장한다. 조선고등법원 판례와 대법원 판례를 소개한다. 각 판례를 정확하게 분석하고 평석한다. 이것이 문채규 교수 필법이다. 문채규 교수는 '법률 부지 이원화 구습, 과감하게 벗어나라'로 일침을 놓고 있다. 위법성 인식을 금지착오에서 제외하지 않는 것이 오히려 형법 제16조와 실질적으로 부합한다. '특별하게 취급하지 말라.' 이것이 문채규 교수 논문의 핵심이다.

Ⅳ. 문채규 교수와 제자

문채규 교수는 학부와 대학원에서 많은 제자를 지도하였다. 내가 문채규 교수 제자였다면, "법률 무지·법률 부지·법률 착오를 구별해 달라"고 질문했을 것이다. 문채규 교수 논문을 읽으면서 문채규 교수가 한평생 생활한 교단을 생각한다. 문채규 교수의 마지막 강의를 상상력으로 그려 본다. 대화 장면이 눈에 떠오른다.

---

16) 문채규, 형법 제16조와 법률의 부지 문제, 219면.
17) 문채규, 형법 제16조와 법률의 부지 문제, 219-222면.
18) 문채규, 형법 제16조와 법률의 부지 문제, 222면.

1. 법률 무지

"형은 나의 무지와 어리석음을 비웃었을 것이다."[19]

무지(無知)란 '아는 것이 없음'을 말한다.

"소크라테스(Socrates, B.C.470?~B.C.399)는 문답을 통하여 상대의 무지(無知)를 깨닫게 하고, 시민의 도덕의식을 개혁하는 일에 힘썼다. 신(神)을 모독하고 청년을 타락시켰다는 혐의로 독배(毒杯)를 받고 죽었다."[20]

법률 무지(法律 無知)란 '법률에 대해 아는 것이 없음'을 말한다. 이 경우 구성요건해당성이 없다. 구성요건에 대한 인식이 없다. 따라서 고의가 조각된다. 법률 무지는 고의 문제이다. '알았음'을 증명할 수가 없기 때문이다. 법률 무지는 '알았나(知)', '몰랐나(無知)'를 증명하는 존재(ob)의 문제이다.

2. 법률 부지

"법원은 나의 부지와 어리석음을 비웃었을 것이다."[21]

부지(不知)란 '알지 못함'을 말한다. 여기에는 인식 대상이 있다. 법령이다. 그래서 무(無) 아니고 부(不)이다. 우리는 부작위(不作爲)·불능범(不能犯)이라고 말한다. 무작위(無作爲)·무능범(無能犯)이 아니다.

"피고인이 자신의 행위가 구 「건축법」상의 허가 대상인 줄을 몰랐다는 사정은 단순한 법률의 부지에 불과하다."[22]

법률 부지(法律 不知)란 '법률에 관해 알지 못함'을 말한다. 법률 부지는 형벌로부터 용서받지 못한다. 무지와 부지는 다르다. 부지는 인식 대상이 있다. 법률 부지를 형법이 용서한다면, 법률을 부지한 모든 사람은 전부 용서해야 한다. 따라서 법률 부지는 구성요건해당성이 있다. 구성요건에 대한 인식이 있다. 고의 또는 과실이 존재한다. 법률 부지는 위법성 인식이 있기 때문에 처벌한다. 다만 형법 제16조 법률 착오는 '정당한 이유'가 있는 경우 처벌하지 않는다. 입법부는 현실과 실정을 고려하여 과잉 처벌을 막아 놓았다.

---

19) 네이버 국어사전.
20) 국립국어원 표준국어대사전.
21) 네이버 국어사전.
22) 대법원 2011. 10. 13. 선고 2010도15260 판결[건축법위반].

3. 법률 착오

"도로에서는 순간적인 실수나 판단 착오로 큰 사고가 날 수 있습니다."[23]

착오(錯誤)란 '착각을 하여 잘못함'을 말한다.

"甲의 행위는 일반적으로 범죄가 성립한다. 그러나 행위자가 자기의 특수한 경우 법령에 의하여 허용된 행위로서 착각한 것이다. 죄가 되지 않는다고 그릇 인식한 것이다. 이러한 인식에 정당한 이유가 있는 경우 벌하지 아니한다."[24]

법률 착오(錯誤)란 '법률에 관해 아는 것이 없음'을 말한다. 어떻게(wie) 또는 왜(warum) 그 법률을 알지 못하였는가? 이것이 핵심이다. 착오에 대한 평가 문제이다. 이 경우 구성요건해당성이 있다. 구성요건에 대한 인식이 있다. 따라서 고의가 성립한다. 다만 법률 착오(위법성 착오)는 책임 고의의 문제가 된다. 형법 제16조는 법률 착오를 규정하고 있다. '정당한 이유'가 있으면 책임고의를 조각한다. 법률 착오는 적극적 착오와 소극적 착오(법률 부지)를 모두 포함한다. 책임 판단은 '정당한 이유'이다. '회피가능한 이유'로 해석할 수 있다. 위법성 인식에 대한 인도적 책임 평가이다. 행위자에 대한 비난을 묻는 '인도적' 책임 요소이다.

4. 법률 해석

"이 연구 결과에 대한 박 교수의 해석은 상당한 설득력이 있다."[25]

해석(解釋)은 '문장이나 사물 따위로 표현된 내용을 이해하고 설명함' 또는 사물을 자세히 풀어서 논리적으로 밝힘'을 말한다.

법률 해석(法律 解釋)이란 법률·재판에서 법의 구체적 실현을 위하여 실정법의 의미와 내용을 통일적·조직적으로 밝히는 것을 말한다. 무지(無知)·부지(不知)·착오(錯誤)는 그 의미와 내용이 완전히 다르다. 부지는 존재를 자기 잘못으로 알지 못한 행위이고, 착오는 존재를 잘못 해석으로 잘못 알은 행위이다. 법률 부지는 법률 규범을 소극적으로 알지 못한 행위이고, 법률 착오는 법률 규범을 적극적으로 잘못 해석한 행위이다. 법률 착오는 법규범을 알고 있었지만, 완전히 잘못 해석한 것이다.

"법률의 부지는 특히 법령에 의하여 허용된 행위로서 죄가 되지 않는다고 적극적으로 그릇 인식한 경우가 아니어서 이를 법률의 착오에 기인한 행위라고 할 수 없다."[26]

---

23) 고려대 한국어대사전.
24) 대법원 2011. 10. 13. 선고 2010도15260 판결[건축법위반].
25) 고려대 한국어대사전.

대법원은 적극적 잘못 인식을 법률 착오라고 하고, 소극적 잘못 인식을 법률의 부지로 본다. 그러나 이 두 유형에서 '잘못 인식'(위법성 인식 부존재)은 같은 것이다. 이것이 법률 착오이다. '적극적' 또는 '소극적'은 형법 제16조 법률 착오 '정당한 이유'에서 판단하면 된다.

"법률 부지가 형법 제16조 적용 대상에서 제외되는가? 판례는 일관성이 있는가"[27]

"법률 부지가 금지착오에서 특별하게 취급되어야 할 근거가 형법 제16조에 있는 것도 아니다. 그 이유도 없다. 다양한 이유 중 하나일 뿐이다. 동일한 인식 대상을 달리 표현한 것에 불과하다. 금지착오 기존 정의와 결별하자."[28]

문채규 교수의 주장은 설득력이 있다. '정당한 이유'로 평가하면 된다. '왜·어떻게'의 문제이기 때문이다. 그러면 형법 해석은 더 정밀하게 할 수 있다.

V. 결 론

「형법 제16조와 법률의 부지 문제」는 문채규 교수님의 마지막 작품이다. 2023년 11월 22일 출판된 논문이다. 정년 퇴임을 하는 해, 그 무더웠던 여름을 「형법 제16조와 법률의 부지 문제」 논문 작성을 위해 아마 소진했을 것이다. 문채규 교수님께 깊이 감사드린다.

한국 형사법학회와 한국비교형사법학회 회원들과 많은 형법학자는 문채규 교수님이 남겨 놓으신 수많은 저작물을 다시 읽을 것이다. 가까운 시일에 『문채규 교수님의 형법철학과 형법사상』은 조명을 받을 것이다.

나는 진주를 사랑했던 대문호 나림 이병주 선생의 문장을 선사하려고 한다.

"문학은 사랑을 배우기 위한 인간의 노력이다." - 나림 이병주

문채규 교수님은 나림 이병주 선생의 문학 작품을 좋아하셨다. 나림 이병주 선생은 『소설·알렉산드리아』(1965)를 시작으로 27년 동안 88권의 소설과 40권의 수필집을 남겼다. 한평생(1921-1992) 작가로 살다 가신 분이다. 문채규 교수님과 비슷하다. 나림 이병주 선생은 우리나라 제1세대 법률소설가이다.[29] 직접 재판을 받고 수감생활을 하신 분이다. 「법률에 알레르기」[30]가 있는 분이다.[31]

---

26) 대법원 2011. 10. 13. 선고 2010도15260 판결[건축법위반].

27) 대법원 2011. 10. 13. 선고 2010도15260 판결[건축법위반]; 문채규, 형법 제16조와 법률의 부지 문제, 210면(I. 문제점).

28) 문채규, 형법 제16조와 법률의 부지 문제, 210면(I. 문제점), 223면(III. 맺음말).

29) 안경환, 『이병주 평전』 태양에 바래면 역사가 되고 월광에 물들면 신화가 된다, 한길사, 2022, 851-863면(33. 이병주, 법과 문학의 선구자). "이병주를 일러 이 땅의 '법과 문학' 선구자라고 불러도 좋다."(851면).

30) 이병주, 「법률과 알레르기」, 신동아, 1967; 이병주, 「법률과 알레르기」, 이병주 지음/김종회 엮

"형법학은 인권을 지키기 위한 인간의 노력이다."

나림 이병주 선생과 문채규 교수님은 공통점이 있다. 문학과 법학에서 『인간학』을 평생 연구하였다. 두 분의 삶은 사랑과 인권이다.

"인간이 된다는 것, 그것이 예술이다." – 나림 이병주

"인간은 예술품이다."

문채규 교수님의 『삶과 학문과 법학』은 예술품이다. 문채규 교수님이 인생 2모작으로 『법학과 문학』을 벗 삼아 건강하고, 행복한 삶을 누리시길 기도드린다.

문채규 교수님의 고향에는 지리산이 있다. 지리산(智異山)은 '지혜와 다르다'는 뜻이다. 문채규 교수님의 정신세계이다. 아나키즘의 정신이다. 야성(野性)의 정신이다. 고향의 정신이다.

"한쪽 모서리를 뭉개버린 듯한 원형의 달이 엷은 구름 사이로 소리 없이 흘러가고 있었다."

"음력 스무날께의 달인가 보았다." – 나림 이병주 『여사록』

교수님! 보름 지나 달이 기울기 시작하는 시점 절묘하군요!

음, 『이병주 수필선집』, 지식을 만드는 사람들, 2017, 29-39면.
31) 하태영, 『밤이 깔렸다』, 함향, 2022, 104-122면.

08 소극적 구성요건표지이론을 위한 변론*
- 고의책임의 본질을 중심으로 -

Ⅰ. 머리말

정당화사유의 객관적 전제요건에 관한 착오. 아마 형법학에서, 특히 독일에서, 이 문제만큼 그렇게 오랜 기간 꾸준하게 논쟁이 지속되고 있는 분야도 드물 것이다. 그럼에도 불구하고 이 문제는 논의의 수렴에로 이르러 가기는 커녕, 그 반대로 논쟁의 경색함이 더욱 공고해지는 느낌이다. 이러한 현상은 아마도 학자들이 각자 이 문제를 너무도 잘 알고 있기 때문에, 또는 학자특유의 체계구성에 대한 집착 때문에, 가능한 한, 자신의 견해를 견지하려고만 할 뿐, 좀처럼 양보하려고 하지 않기 때문이 아닐까 생각한다.[1] 우리나라에서도 90년대에 접어들어 이 논제를 다루는 논문들이 속출하고 있어, 이미 논의의 불길이 당겨졌지 않나 생각한다. 이 문제가 학자들의 논제로서 이처럼 끈질긴 생명력을 갖는 근거는 어디에 있을까? 그것은 아마도 이 문제의 해명에는 복잡 다양한 또 다른 어려운 문제들이 줄줄이 관련되어 들어온다는 데에 있을 것이다. 즉, 이 문제를 해결하는

---

* 형사법연구 제12호(1999) 71-95면에 게재된 글임.
1) 카우프만, 소극적 구성요건요소이론(이재상·장영민 편역, 형법상의 착오, 1999), 317면; 엥기쉬, 정당화사유에서의 구성요건적 착오와 금지착오(이재상·장영민 편역, 앞의 책), 342면; 페프겐, 허용구성요건의 착오(이재상·장영민 편역, 앞의 책), 281면.

과정에는 고의론, 구성요건론, 책임의 본질론, 범죄체계론, 착오론, 정당화사유론뿐만 아니라, 더 크게는 규범론 및 심지어 정의론까지[2] 등장하기도 한다.

그러나 뭐니 해도 이 문제의 해결 실마리는 역시 직접적으로는 착오론에서, 그리고 근본적으로는 고의 및 책임의 본질론에서 찾아야 할 것이다.

현행법상 서로 달리 취급되는 착오의 유형은 구성요건착오와 금지착오 두 유형뿐이다. 따라서 정당화사유의 전제요건에 관한 착오의 해명은 결국 이것이 구성요건착오인지, 아니면 금지착오인지, 또 아니면 그 어느 것도 아닌 제3의 독립된 착오유형인지를 밝히고, 만일 제3의 독립된 착오유형이라면 이것을 형법적으로 어떻게 취급할 것인가를 밝히는 것이다. 그리고 이 작업을 위해서는 먼저 구성요건착오와 금지착오가 근본적으로 달리 취급되는 근거를 상호 대비적으로 밝힘으로써 두 착오유형의 본질을 선명하게 하고, 이어서 정당화사유의 전제요건에 관한 착오가 이러한 두 유형과 어떠한 관계상황에 놓여 있는지를 판단하면 될 것이다.

그런데 구성요건착오와 금지착오의 근본적인 차이는 '고의'책임의 認定 與否에 있다. 즉 구성요건착오는 언제나 '고의'책임을 배제시키고 '과실'책임의 가능성만 남는 반면에, 금지착오는 원칙적으로 '고의'책임을 인정하고 단지 예외적으로 금지착오에 상당한 이유가 있는 경우에 한하여 고의'책임'만을 배제시킨다. 구성요건착오에서 고의책임이 조각됨은 고의 그 자체가 조각된 직접적인 결과이고, 반대로 금지착오에서 고의책임이 인정됨은 고의 그 자체가 인정된 결과이다. 이렇게 볼 때, 착오·고의·책임의 불가분적 관련성은 부인될 수 없다. 따라서 고의와 책임의 관련성을 규명하면 구성요건착오와 금지착오가 근본적으로 서로 달리 취급되는 근거도 드러나게 될 것이다.

Ⅱ. 논의상황

정당화사유의 객관적 전제요건에 관한 착오의 해결을 위해 제시된 학설들은

---

2) 특히 正義感情은 엄격책임설을 비판하는 주요 논거로 등장한다(페프겐, 이재상·장영민 편역, 앞의 책, 294면).

너무도 다양하다. 이 논문은 이 학설들 자체를 분석·검토함을 목적으로 하지 않고 있다. 따라서 모든 학설들을 모두 언급할 필요도 없을 뿐만 아니라, 언급하는 학설들에 대해서도 詳論을 피하기로 한다. 앞으로 논의를 전개시켜 나감에 있어서 필요한 최소한의 범위에 한정하여 언급하면 족할 것이다. 학설 설명을 축약하면서도 그 차별성을 분명히 하기 위하여, 하나의 사례를 제시하여 언급되는 학설에 적용시켜 보고자 한다.

[甲과 乙 그리고 丙과 丁은 2인 1조로 야간 초소근무를 子正에 교대하기로 되어 있다. 먼저 근무를 섰던 甲은 丙이 내무반에서 술을 먹다가 교대시간보다 무려 1시간 30분이나 늦게 丁을 데리고 초소에 나타나자, 丙에게 욕설을 하면서 丙의 얼굴을 주먹으로 한 대 쳤다. 자신의 코피를 본 丙은 흥분하여 "월남에서는 사람 하나 죽인 것은 파리를 죽인 것이나 같았다. 너 하나 못 죽일 줄 아느냐" 하며 실탄을 장전하는 흉내를 내면서 발사할 듯이 위협하였다. 甲이 당황해 하자 丁이 장전된 자기의 소총을 甲에게 건넸고, 甲은 그 총으로 丙을 사살하였다. 그런데 사실 丁은 자기 조의 실탄을 모두 자기가 휴대하고 있었고, 술에 취한 丙의 소총에는 실탄이 삽입되어 있지 않다는 사실을 알고 있었다. 여기서 상황에 대한 甲의 誤認은 회피가능했다고 전제한다.][3]

1. 고의설[4]

고의설에는 제한고의설이라 하여 수정된 형태가 없는 건 아니지만, 본래적 의미의 고의설, 소위 엄격고의설은 위법성인식을 고의의 핵심요소로 본다. 따라서 고의설에 의하면 정당화상황의 착오의 경우 고의는 부정되고, 그 착오에 과실이 인정되면 과실범으로 처벌될 수 있을 뿐이다. 결국 위 사례에서 甲은 살인죄로 처벌될 수 없고, 과실치사의 죄책 가능성만 남는다. 그리고 甲에게서 고의범행이 부정된 관계로 丁의 공범성립은 불가능하고, 간접정범의 성립 가능성이 남는다.

---

3) 대판 1968. 5. 7., 68도370의 판례사례를 변형한 것임.
4) 정영석, 형법총론, 1988, 177면 이하; Schmidhäuser, Der Verbotsirrtum und das Strafgesetz (§16 Ⅰ Satz 1 und §17 StGB), JZ 1979, S. 361.

2. 소극적 구성요건표지이론[5]

소극적 구성요건표지이론은 위법성조각사유를 소극적 구성요건으로 본다. 그 결과 고의는 당연히 이러한 요소에도 미쳐야 한다. 따라서 위법성조각사유의 전제요건에 대한 착오는 구성요건착오로서 직접 고의를 조각하게 된다고 한다. 위 사례의 경우, 고의설과 동일한 결론에 이른다.

3. 제한적 책임설

고의설과 마찬가지로 제한적 책임설도 통일된 하나의 학설로 존재하지 않는다. 다양한 변형과 수정의 형태로 존재한다. 主된 두 가지를 들면 고의불법 배제적 제한책임설과 고의책임 배제적 제한책임설이 있다. 전자를 구성요건착오규정 유추적용설이라고 하고, 후자를 법효과제한적 책임설이라고 하기도 한다. 그리고 크림펠만, 페프겐, 드레어 등의 견해를 묶어 법효과독립적 제한책임설이라는 또 다른 유형을 인정하기도 한다. 그냥 제한적 책임설이라 할 때는 일반적으로 고의불법 배제적 제한책임설을 가리킨다.

(1) 고의불법 배제적 제한책임설[6]

이 說은 구성요건과 위법성의 체계적 독자성을 엄격하게 고수한다. 따라서 구

---

5) 심재우, 소극적 구성요건개념, 고시연구, 1986(4), 73면 이하; 문채규, 위법성조각 사유의 객관적 전제조건에 관한 착오, 안동대 논문집 제9집(1987), 1면 이하; 카우프만, 이재상·장영민 편역, 앞의 책, 315면 이하; 그리고 Tatbestand, Rechtfertigungsgründe und Irrtum, in: Schuld und Strafe, 1966, S. 122 ff.; 그리고 Einige Anmerkungen zu Irrtümern über den Irrtum, in: Lackner-FS, 1987, S. 185 ff.; 엥기쉬, 이재상·장영민 편역, 앞의 책, 566면 이하; Roxin, Offene Tatbestände und Rechtspflichtmerkmale, 2. Aufl., 1970, S. 106 ff.; Schünemann, Die deutschsprachige Strafrechtswissenschaft nach der Strafrechtsreform im Spiegel des Leipziger Kommentars und des Wiener Kommentars, GA 1985, S. 341, 349 ff.; Samson, Systematischer Kommentar, 6. Aufl., 1995, Vor § 32, Rn. 6 ff.

6) 김일수, 한국형법 I, 1992, 603면; 이형국, 형법총론연구 I, 1990, 241면; 장영민, 위법성조각사유의 착오와 책임설, 고시계 1992(7), 153면 이하; 하태훈, 소극적 구성요건개념과 허용구성요건착오(김일수·배종대 편, 법치국가와 형법 – 심재우 선생의 형법사상에 대한 재조명 –, 1998), 244면 이하: 독일의 판례도 대부분 이 견해를 취하고 있고(Roxin, Strafrecht AT Bd. 1, S. 506, Anm. 73 참조), 학설상 독일의 다수설이기도 하다(Roxin, aaO., S. 504, Anm. 66 참조).

성요건고의와 불법고의를 구별하고, 고의책임형식에 직접 관련되는 고의는 불법
고의라고 본다. 정당화상황에 대한 착오의 경우에는 불법고의가 부정되고 그 결
과 고의책임도 배제된다. 그러나 본래의 구성요건착오와는 달리 구성요건고의는
여전히 존재하기 때문에, 구성요건착오규정이 '직접적용'되지 않고 '유추적용'되는
것으로 본다.[7] 그러나 결과적으로 이미 불법단계에서부터 고의가 부정된다는 점
에서는 소극적 구성요건 표지이론과 같다.

위 사례에서 甲은 살인죄의 구성요건해당성은 인정되지만, 고의불법 특히 고
의행위불법이 배제되고 과실불법의 가능성만 남는다. 그리고 丁에게는 살인죄의
간접정범으로 처벌될 여지가 남는다.

(2) 고의책임 배제적 제한책임설[8]

이 입장도 고의불법 배제적 제한책임설과 마찬가지로 구성요건고의는 배제되
지 않는다고 본다. 그러나 이 說은 불법단계에서 고의불법, 특히 고의행위불법이
탈락하는 것이 아니라 감소할 뿐이라고 한다. 반면에 책임은 質的으로 과실책임
에 상응한다고 주장한다. 정당화상황의 착오사례는 감소된 고의불법에 과실책임
이 그 반가치내용이라는 것이다. 즉 정당화인식이 있었다 하더라도 구성요건실현
의사가 있었기 때문에 고의행위불법이 감소할지언정 탈락하지는 않는 반면, 心情
面에서는 행위자가 표상하여 실현하고자 한 바가 법질서와 완전히 일치하고 다만
상황을 부주의하게 검토한 잘못밖에 없으므로, 책임에서 고의책임이 배제되고 과
실책임으로 된다는 것이다. 고의벌이 불가능하고 과실벌의 가능성만 남는다는 점
에서 결과적으로는 구성요건착오규정이 유추적용되었다고 보아야 하며 고의불법
배제적 제한책임설과 차이가 없다. 다만 고의불법의 존재를 인정함으로써 他關與
者의 공범성립이 가능하다는 면에서 고의불법 배제적 제한책임설과 차이가 있다.

---

7) 독일 형법 제16조가 구성요건고의를 직접 배제시키는 구성요건착오규정이기는 하지만, 제한책임
설의 입장처럼 정당화상황의 착오에 대해서 구성요건고의를 그대로 인정하면서도 그 규정을 유
추적용하는 것은 해석론상 가능하다는 지적은 Dieckmann, Plädoyer für die eingeschränkte
Schuldtheorie beim Irrtum über Rechtfertigungsgründe, Jura 1994, S. 180.

8) 배종대, 형법총론, 397면; 이재상, 형법총론, 338면; 박상기, 형법총론, 234면; 정진연, 위법성
조각사유의 객관적 전제사실에 관한 착오(김종원 교수 화갑기념논문집, 1991), 292면 이하; 임
웅, 위법성조각사유에 관한 착오, 월간고시 1987(6), 52면 이하: 독일에서도 이 견해를 취하는
학자는 적지 않다(Roxin, Strafrecht AT Bd. 1, S. 504 Anm. 67 참조).

위 사례에서 甲에게는 결과적으로 구성요건착오규정의 유추적용을 받아 과실치사의 가능성만 남는다. 그러나 丁에게는 앞의 견해들과는 달리 살인죄의 간접정범의 가능성뿐만 아니라(과실범으로 처벌되는 자를 이용하는 행위) 살인죄에 대한 공범성립의 가능성도(제한종속형식) 함께 남는다. 의사지배를 인정할 수 있느냐에 따라 결정될 것이다.

(3) 법효과 독립적 책임설

이 이론은 정당화상황에 대한 착오의 경우, 그 법효과에 있어서 구성요건착오나 금지착오와는 독립된 독자적 형벌범주를 인정하고자 하는 이론이다. 예컨대 고의벌을 인정하되 필요적 법률감경을 적용할 뿐만 아니라, 독일형법 제49조 제2항을 유추적용하여 법정된 고의형벌의 下限以下로도 감경할 수 있도록 하자거나[9], 또는 항상 과실범과 같이 취급하되 당해 행위에 대한 과실범 처벌규정이 있을 경우에는 과실범의 형벌을 기준형으로 하고, 과실범 처벌규정이 없는 경우에는 필요적 법률감경에 의해 감경된 고의형벌을 기준형으로 하자는 견해[10] 등이 여기에 속한다. 이 견해의 특징은 범죄의 성립과 형벌을 완전히 분리시킨다는 데에 있다. 즉 범죄의 성질과 관련해서는 고의범을 인정하고 그것에 부과되는 형벌의 범주는 고의벌과 과실벌의 중간적인 것으로 하자는 주장이다.

위 사례에서 甲은 살인죄에 해당하고, 다만 그 형벌범위는 감경된 살인 또는 과실치사의 형벌이 된다. 그리고 丁은 살인죄의 공범에 해당한다.

4. 엄격책임설[11]

엄격책임설은 정당화사유의 존재 및 그 효력범위에 관한 착오는 물론이고, 그 전제사실에 관한 착오도 완전한 금지착오로 파악한다. 이 견해는 구성요건을 전

---

9) 크림펠만, 형법상의 착오의 처리(이재상·장영민 편역, 앞의 책), 48면 이하; 페프겐, 이재상·장영민 편역, 앞의 책, 292면 이하.
10) 드레어, 위법성조각사유의 전제사실에 대한 착오(이재상·장영민 편역, 앞의 책), 421면 이하.
11) 황산덕, 형법총론, 1982, 163면; 정성근, 위법성조각사유의 전제사실에 대한착오(성시탁 교수 화갑기념논문집, 1993), 411면; 성시탁, 위법성의 착오와 형법 제16조(현대의 형사법학, 박정근 박사 화갑기념논문집, 1990), 376면; 이훈동, 정당화사정의 착오에 관한 연구(한국외국어대 박사학위 논문), 1991, 131면; 독일에서는 벨첼, 히르쉬, 아르민 카우프만, 마우라흐 등 소위 목적적 행위론자 내지는 목적적 범죄체계론자들에 의해 주로 주장된다.

형적인 범죄유형개념으로 파악함으로써, 고의의 인식대상을 협의의 불법구성요건요소로 한정할 뿐만 아니라, 총체적 불법구성요건 및 불법고의의 개념을 인정하지 않는다. 전형적으로 無色의 단일 구성요건개념과 無色의 단일 고의개념에 입각하고 있다. 따라서 정당화상황에 대한 착오의 경우에도 범죄유형으로서의 구성요건적 사정을 인식하였으므로, 고의가 인정됨은 물론이고 책임형식에서도 완전한 고의책임으로 본다. 정당화상황에 대한 착오는 구성요건과는 무관하고 純的으로 위법성에 관련된 착오로서 위법성인식에만 영향을 미친다는 것이다. 따라서 그 착오가 회피불가능한 경우가 아닌 한, 고의벌로 처벌되어야 한다. 다만 착오로 인하여 현재적 위법성인식이 결여되어 있기 때문에 금지착오의 원리에 따라 고의벌이 감경될 수 있을 뿐이다.

위 사례에서 甲은 살인죄에 해당하고 그 형벌은 감경될 수 있다. 丁은 살인죄의 간접정범이 될 수도(정범배후의 정범이론) 있지만, 공범이 될 수도 있다. 역시 의사지배의 여부에 따라 결정될 것이다.

III. 고의의 착오론적 의미

1. 고의책임의 본질

고의의 체계적 위치는 어디인가? 이 물음을 대상으로 하는 논쟁이 바로 그 유명한 고의의 체계적 지위론 논쟁이다. 고의를 책임형식으로서 책임요소로 보는 고전적 범죄체계론과 고의를 불법단계로 移住시켜 주관적 구성요건요소 내지는 주관적 불법요소로 파악하는 목적적 범죄체계론, 더 나아가 고의에 대하여 불법요소로서의 의미와 책임요소로서의 의미를 동시에 인정하고자 하는 신고전적·목적적 합일체계가 이 논쟁의 주도적 역할을 하였고, 이러한 판도는 아직도 계속되고 있음은 주지의 사실이다. 이러한 논쟁의 희생양인 고의를 보노라면, 마치 조강지처를 버리고 잠깐 외도를 즐기다가 지친 모습으로 마음의 고향으로 찾아드는 초로의 신사를 보는 느낌이다. 왜 고의는 책임이라는 고향을 버리지 못하는가? 이 물음에 대해서는 록신의 간결한 한마디에서 그 실마리를 찾을 수 있다. 록신은 "고의란 그 본질상 책임문제이기는 하나, 그렇다고 해서 범제체계론적으로도 반드시 책임문제여야 하는 것은 아니다"라고 한다.[12] 이 언명의 裏面에서는 '고의가 순수 체계론적 도그마틱의 관점에서는 반드시 책임요소이어야 하는 것은 아니지만, 고의가 갖는 책임요소로서의 본질적 의미성, 즉 본질상 고의와 책임의 밀접불가분성은 변할 수 없음'을 천명해 주고 있다.

그러면 어떠한 본질이 고의와 책임을 떼어놓지 못하게 만드는가? 이 물음은 다시 고의책임과 과실책임의 엄격한 구분이 무엇에서 기인하는가라는 물음에 대한 해답을 먼저 요구한다. 과실책임에 대한 고의책임의 차이는 책임과의 관계 속에서 고의와 과실이 갖는 서로 다른 의미에서 비롯될 것이고, 바로 이 차이점이 책임요소로서의 고의의 본질을 해명해 줄 수 있을 것이기 때문이다.

그렇다면 무엇이 고의책임을 원칙적인 책임형식으로 만들며, 또 과실책임보다 현저하게 높게 만드는가? 즉 책임의 성질을 규범적 책임론에 따라 비난가능성으로 볼 때, 무엇 때문에 고의책임의 비난성이 더 높아지는가? 고의책임에서 비난의 대상은 적법행위 대신에 위법행위에로 의사결정을 했다는 것이다. 규범은 수범자에게 법질서의 요구를 준수할 것을, 따라서 규범합치적으로 의사결정을 하도록 요구한다. 이러한 요구를 위반한 행위 및 행위자에 대해서는 규범이 비난을 가한다. 즉 규범위반적 의사결정을 회피하지 아니한 심정에 대한 비난이다. 그런데 여기서의 심정적 비난이 가능하기 위해서는 규범위반적 의사결정을 회피할 수 있는 심정상태에 있었을 것을 전제로 하고,[13] 그러한 심정상태는 바로 자신의 행위가 법질서에 반하는 행위라는 것을 인식했거나 최소한 인식할 수 있었던 심정상태라는 것을 알 수 있다. 적어도 자신의 행위가 위법하다는 것을 인식할 수조차 없었던 심정상태 내지는 심리적 표상상태였다면, 그러한 위법한 의사결정을 했다고 비난할 수 없을 것이기 때문이다. 고의책임은 행위의 위법성인식이 직접 매개될 수 있는 심리적 표상상태였으며, 따라서 위법한 의사결정 대신에 규범의 요구에 상응하는 적법한 의사결정이 직접적으로 기대가능했음에도 그렇게 하

---

12) Roxin, Zur Kritik der finalen Handlungslehre, in: Strafrechtliche Grundlagenprobleme, 1973, S. 118.

13) 벨첼이 책임의 본질을 비난가능성으로 파악한 후 이 비난가능성의 전제로서 책임능력, 위법성의 인식가능성, 그리고 기대가능성을 드는데(Welzel, Das Deutsche Strafrecht, 11. Aufl., 1969, S. 141 ff., 157 ff., 178.), 여기서 두 번째의 전제를 매개하는 심정상태가 바로 고의, 특히 책임요소적 의미의 고의이다.

지 않은 데 대한 비난이고, 이 점에서 고의책임은 본질적으로 심정책임이다.[14)] 그리고 바로 이 점에서 과실책임의 비난과 근본적으로 다르다.

과실책임의 본질을 일컬어 심정반가치와 구별하여 태도반가치라고 한다.[15)] 과실책임의 비난은 위법성을 인식하였거나 인식할 수 있었던 심정상태였고, 따라서 적법행위 쪽으로의 반대동기의 설정이 기대되고 요구될 수 있었는데도 그렇게 하지 않은 데에 대한 비난이 아니다. 단지 불법결과의 회피를 위하여 요구되는 사려깊은 생활태도를 취하지 아니했다는 데에 대한 비난이다. 여기서는 위법한 의사결정이 책임비난의 대상이 아니기 때문에, 위법한 의사결정에 대한 반대동기를 부여할 수 있는 표상상태로서의 위법성의 인식은 문제가 되지도 않고 또 될 수도 없다. 과실행위자는 자기 행위의 반사회적 의미를 認知하지 못하고 있다. 따라서 과실행위자가 자기행위의 禁止性을 인식한다는 것은 ― 그 인식형태가 현재적이건, 수반적이건 ― 원천적으로 불가능하기 때문이다.[16)] 따라서 일반적인 견해와는 달리 금지착오의 문제도 과실범에서는 발생할 여지가 없다.[17)]

다른 견해들은 인식 있는 과실의 경우 구성요건실현가능성의 인식 및 주의의무위반의 인식을 근거로 하여 위법성의 인식 및 그 가능성을 인정하고 또 금지착오의 가능성을 인정할 뿐만 아니라, 인식 없는 과실에서도 금지착오가 가능하며, 따라서 형벌감경이 고려될 수 있다고 한다. 그러나 이러한 견해는 받아들이기 어렵다. 먼저 인식 있는 과실에서 주의의무위반의 인식을 위법성인식과 동일시 할 수 없다. 주의의무위반이 과실범의 위법성을 형성하는 본질적인 필요요소임에는 틀림없으나, 그것만으로써 과실범행의 위법성이 충족되지 않기 때문에, 그것에 대한 인식이 위법성인식 그 자체일 수 없을 뿐만 아니라 위법성인식을 직접 매개할 수도 없다. 더 나아가 인식 없는 과실의 경우에 금지착오의 가능성을 긍정하는 논거도[18)] 다분히 고의범의 구조에 억지로 맞추려는 圖式的인 思考로 보인다.

---

14) 김일수, 한국형법 II, 75면.
15) 김일수, 한국형법 II, 76면.
16) 카우프만, 이재상·장영민 편역, 앞의 책, 321, 322면.
17) 같은 견해로는 엥기쉬, 이재상·장영민 편역, 앞의 책, 352면. 반대견해로는 김일수, 한국 형법 II, 86면; 조상제, 형법상 과실의 개념과 체계적 정서(김일수·배종대 편, 앞의 책), 338면; Roxin, Strafrecht AT Bd. 1, §24 Rn. 103 ff.
18) Roxin, Strafrecht AT Bd. 1, §24 Rn. 105 f. 참조.

과실책임의 본질은 주의의무를 다했더라면 가능했었을 결과예견과 결과회피의 주의의무를 태만함으로 인하여 그렇게 하지 못한 행위태도 그 자체를 비난하는 것이다. 회피가능했던 *法敵對的* 의사결정이라는 심정상태가 비난의 대상이 아니다. 과실범에서는 행위자가 실현시켜 놓은 불법결과에 대한 인식이 없으며,[19] 따라서 처음부터 위법성을 인식할 수 있는 표상상태에 있지 아니하다. 단지 주의규범에 합치하는 생활태도를 취했었다면 실현된 불법을 예견했을 것이고, 더 나아가 그러한 *前提*에서라면 위법성인식도 가능했을 것이라는 가정적인 평가를 통한 추정만이 가능할 뿐이다. 여기서 우리는 고의와 과실간의 책임차등화의 근원을 발견할 수 있다.

그리고 이러한 책임차등화는 법질서의 *二元的 要求體系*와 맞물려 있다. 법질서의 *一次的·主된* 요구는 '법에 충실'하라는 것이다. 반면에 '주의깊은 행위성찰'을 요구하는 것은 특별한 법익보호에만 한정되는 보충적인 요구이다. 고의행위는 일차적 요구를 직접 위반하는 행위이고, 과실행위는 주의깊은 행위성찰의 요구를 위반하는 행위이다. 과실로 행위상황에 대해 오인한 자가 행위하고자 한 것은 법질서에 일치하는 것이며 불법이 아니기 때문에, 과실행위자는 원칙적으로 법에 충실한 관계에 있다. 반면에 고의행위자는 자기 행위의 불법의 실질을 인식하고 있다. 그럼에도 행위로 나아갔다는 것은 법에 대한 저항을 의미한다. 불법의 실질을 인식했음에도 금지인식이 없었다면(금지착오의 경우) 의도적 저항은 아니라고 볼 수 있다. 그러나 법에서 금지된 행위의 내용, 즉 금지실질을 정확하게 *認知*했으면서도 금지되지 않은 것으로 믿었다면, 행위자가 법에 충실했다고는 할 수 없다.[20] 물론 의도적 저항에 비해 비난이 *量的*으로는 가벼워질 수 있을 것이다. 이리하여 법질서의 요구체계의 면에서도 고의책임에 대한 비난과 과실책임에 대한 비난의 질적 차등화는 그 근거가 있다 할 것이다.

결론적으로 첫째, 고의와 더불어 위법성인식을 가진 경우와 둘째, 고의는 가졌으나 회피가능한 금지착오에 의해 위법성인식이 단지 가능했을 뿐인 경우와 셋째, 고의 없는 과실행위였고 따라서 위법성인식이 처음부터 불가능했던 경우들을

---

19) 인식 있는 과실에서의 결과실현가능성 인식과 미필적 고의에서의 결과실현가능성 인식은 그 내용이 같지 않다는 지적에 대해서는 문채규, 미필적 고의, 안동대 논문집 제11집(1989), 17면 이하.

20) 카우프만, 이재상·장영민 편역, 앞의 책, 322면 참조.

책임의 質的 면에서 비교하면 이렇게 될 것이다.[21] 즉 첫째는 질적으로 가장 무거운 故意罰, 둘째는 질적으로는 전자와 동등 하나 量的으로는 減輕 可能한 故意罰,[22] 셋째는 질적으로 가벼운 過失罰로 그 차등화가 일어난다.

2. 책임요소로서의 고의의 내용

위에서 우리는 고의의 책임요소로서의 의미는 위법성인식 내지는 그 인식가능성을 직접 매개하는 심정상태를 형성해주는 데에 있음을 확인하였다. 따라서 책임요소로서의 고의의 존재의의가 그러하다면 고의의 인식내용도 그러한 매개기능을 가능하도록 하는 것이어야 함은 당연한 논리이다. 그러한 고의는 바로 構成要件故意와 구별되어 사용되고 있는 不法故意이다.[23] 구성요건고의가 전제로 하고 있는 범죄유형개념으로서의 구성요건은 위법성을 잠정적으로 징표하는데 그치므로, 구성요건고의도 위법성인식을 징표할 수 있을 뿐이고 직접 매개할 수는 없다. 반면에 불법고의가 전제로 하고 있는 총체적 불법구성요건은 위법하다는 평가를 가능하게 하는 모든 표지를 포함하는 금지실질에[24] 해당하므로, 그것에 대한 認識인 불법고의는 곧바로 위법성인식을 매개할 수 있기 때문이다.

뿐만 아니라 고의를 이처럼 금지실질의 인식으로 파악할 때에만 순수 규범적 책임개념에 대하여 가하여지는 비판, 즉 책임개념의 공허화도 회피할 수 있다.[25] 다 같은 고의행위인데도 살인과 상해는 책임이 같지 않다. 순수 형식개념인 위법성인식에서 그 차등근거를 찾을 수는 없다. 위법성인식의 면에서는 살인과 상해의 경우 다를 게 없다. 차등근거는 바로 불법의식에서 찾아야 한다. 불법의식은 위법성인식의 실질이다. 마치 불법이 위법성의 실질인 것과 같다. 금지실질의 그

---

21) 이러한 3단계적 책임차등화의 모델에 대해서는 Roxin, Offene Tatbestände und Rechtsp-flichtmerkmale, 2. Aufl., 1970, S. 112 f. 참조.

22) 첫째와 둘째에 대해 질적으로 동등한 고의책임을 인정하는 데 대해서 책임원칙과 조화될 수 없다는 논거로 비판하는 입장에 대해서는 Koriath, Überlegungen zu einigen Grundsätzen der strafrechtlichen Irrtumslehre, Jura 1996, S. 124 f. 참조.

23) 양자의 구별에 관해서는 배종대, 형법총론, 215면 참조.

24) 여기서의 금지실질은 벨첼의 개념이 아니라 카우프만의 개념에서다. 양자의 개념 차이에 대한 상세한 비교는 심재우, 목적적 행위론 비판, 법률행정논집(고려대학교 법률행정연구소) 제13집(1976), 186면 이하.

25) 순수 규범적 책임론의 책임공허화에 대한 분석과 비판에 대해서는 심재우, 법률행정논집(고려대학교 법률행정연구소) 제13집(1976), 205면 이하.

'社會的 反價値意味'의 인식이 불법의식인 것이다. 그리고 이것은 곧 고의의 책임
요소적 의미와 일치한다. 고의의 불법요소적 의미는 금지실질의 '要素的 認識'의
측면이라면, 책임요소적 의미는 금지실질의 반사회적 '의미의 인식'의 측면을 가
리키기 때문이다. 살인과 상해의 사회적 의미가 같을 수 없고, 따라서 살인과 상
해의 불법고의 또한 같을 수 없으며, 이것은 곧 불법의식의 차이를 의미하고, 이
차이가 서로 다른 책임의 근거인 동시에 이유이다. 불법과 책임이 상응하여야 한
다는 것은 책임원칙의 一內容이다. 그리고 불법의 질적 차이에 상응하는 책임차
등화는 실정법의 法定刑을 통하여 확인되어 있다.[26]

　　불법에 상응하는 책임차등화의 존재론적 근거 및 이유가 그러하다면, 다시 이
것이 법질서의 요구체계와 어떻게 연결되는지를 보아야 한다. 여기서의 책임은
법적 책임이기 때문이다. 책임차등의 의미적·존재론적 근거가 規範的인 非難性
强度의 差等化로 연결될 수 있어야 한다는 말이다. 법익보호를 위한 규범준수의
요구는 보호법익의 質과 量에 따라 그 要求의 强度가 달라지고, 따라서 그 위반
에 대한 비난의 强度도 달라진다. 다른 사정이 동일하다면 살인금지의 규범요구
는 상해금지의 규범요구보다 강하다. 더 나아가 특수한 상황에서는 특정한 법익
보호를 목적으로 하는 규범준수의 요구는 더 큰 법익을 위하여 그 요구가 철회
되기도 한다.[27] 이는 정당화적 긴급피난이나 면책적 긴급피난에서 법익교량의 관
점을 보면 쉽게 알 수 있다. 그런데 더 강한 규범요구는 그 요구에 응할 수 있는
가능성이 더 클 때 비로소 그 위반에 대한 더 큰 비난도 정당화된다. 當爲는 可
能을 전제로 한다는 법규범의 상대적 강제규범성 때문이다.[28] 그리고 규범의 요
구에 응할 수 있는 가능성이라 함은 규범위반적 의사결정을 억제하고, 적법한 의
사결정으로의 반대동기를 설정할 수 있는 가능성을 의미한다. 여기서 규범요구의
强度에 상응하는 반대동기설정가능성의 차등을 설명해 줄 수 있는 것도 바로 실
질적 불법의 인식으로서의 고의이다. 행위의 사회적 의미를 살인으로 인식했을

---

26) 불법과 책임의 이러한 질적 상응성이라는 측면에서 불법을 책임유형으로 파악하기도 한다.
　　Roxin, Zur Kritik der finalen Handlungslehre, in: Strafrechtliche Grundlagenprobleme, 2.
　　Aufl., 1973, S. 118.
27) 보호법익의 상대성에 대해서는 문채규, 부진정부작위범의 가벌성요건에 관한 고찰(고려대 박사
　　학위논문), 1992, 159면 이하 참조.
28) Maihofer, Der Unrechtsvorwurf, in: Th. Rittler-FS, 1957, S. 152 f.

경우와 상해로 인식했을 경우, 행위결정의 억제가능성은 질적으로 같을 수가 없을 것이기 때문이다.

이상에서 고의책임과 과실책임을 본질적으로 다르게 만드는 요소는 무엇인가, 또 고의책임 중에서도 불법과 책임의 상응성이 어떻게 근거지워지는가라는 관점에서 책임고의의 내용은 금지실질의 내용적·의미적 인식이 될 수밖에 없음이 논증된 셈이다. 그렇다면 고의는 이러한 책임요소적 의미만 갖는가? 아니면 동시에 주관적 불법요소로서의 의미도 갖는가? 또 아니면 책임고의와 불법고의가 서로 독립된 별개의 두 가지 고의로서 따로 존재하는가? 이러한 물음들에 대한 입장 정립은 정당화상황의 착오를 해결하려는 학설들에 영향을 미치고 있다.

3. 고의의 이중적 의미

(1) 구성요건고의의 이중적 의미의 허구성

고전적 범죄체계에서는 고의가 책임형식으로서 책임요소였고, 또 위법성인식은 고의와 분리될 수 없는 고의의 핵심요소였다. 반면에 오늘날 일반적으로 주관적 구성요건요소로 간주되는 고의는 목적적 범죄체계론의 성과물이다. 여기서는 이제 더 이상 위법성인식은 고의의 요소도 아니고, 또 고의는 이제 더 이상 책임요소도 아니다. 고의는 주관적 구성요건요소인 동시에 주관적 불법요소일 뿐이다. 그런데 여기서 고의의 인식대상인 구성요건은 범죄유형으로서의 순수한 형식적 구성요건개념에 입각하고 있고, 고의가 그러한 형식적 구성요건을 인식대상으로 하는 한, 위법성인식이 고의의 내용에서 배제되는 것은 또한 당연하다.

그런데 적어도 고의개념에 관한 한, 목적적 체계론의 입장을 기본으로 하면서 고전적 체계론의 입장을 부분적으로 수용하는 이른바 신고전적·목적적 범제체계가 등장하게 된다. 여기서는 고의를 구성요건요소임과 동시에 책임요소로 파악한다. 일단 행위의 방향 및 그 과정이 행위자의 주관적인 인식과 의사에 의해 결정된 고의행위로서의 행위형태를 결정지우는 요인이라는 측면에서 고의를 구성요건요소로 본다. 반면에 행위형태를 결정지우는 행위자의 그러한 인식과 의사는, 또 다시 법질서의 관점에서 보면, 법질서에 반하는 방향으로의 내심적 동기형성 및 의사결정이라는 심정반가치로 해석될 수 있고, 이 점이 고의의 책임요소적 의미라고 한다. 따라서 구성요건요소로서의 고의와 책임요소로서의 고의는 존재론적으로는 완전한 하나의 同一實體이면서, 서로 구별되는 두 의미를 갖게 되는데, 이 두 가지 의미만큼은 독자적으로 존재할 수 있는 것으로 파악되어 있다. 예컨대 구성요건고의는 책임고의를 징표할 뿐이므로, 허용구성요건착오의 경우 그 징표는 탈락하여, 구성요건고의는 존재하나 책임고의는 탈락하게 된다는 것이다.

여기서 우리는 구성요건고의의 이중적 의미의 허구성을 발견할 수 있다. 고의의 책임요소로서의 의미는 위법성인식을 직접적으로 매개할 수 있는 심리적 표상상태라는 점이었음은 이미 논증한 바와 같다. 그리고 그러한 의미를 갖기 위해서는 고의는 금지실질의 意味的 認識을 내용으로 할 수밖에 없었다. 금지실질의 충족은 확정적으로 위법하고, 따라서 금지실질의 인식은 행위자에게 社會的 倫理意識에 瑕疵가 없는 한, 또 법공동체 구성원으로서 법질서에 대한 충실의무를 이행하는 한, 항상 위법성인식을 매개할 수 있는 심정상태라는 데에 그 의미가 있다. 바로 이 점이 과실책임과 근본적으로 다른 고의책임의 본질이다. 그런데 구성요건고의에서는 이러한 의미를 발견할 수 없다.

허용구성요건착오의 경우 구성요건고의는 존재하나 책임고의는 탈락하고, 따라서 고의책임이 배제된다고 한다. 그렇다면 이 경우에 구성요건고의는 그 자체 책임요소로서 아무런 기능도 하지 못한다는 것을 말해준다. 단지 구성요건고의가 책임요소로서 기능하는 것은 정당화상황의 인식이 없다는 前提下에서만 가능하게 된다. 그렇다면 오히려 정당화상황에 관한 인식 여하가 책임요소로서 '직접' 기능하게 된다는 말이다. 정당화상황의 존재를 인식하면 고의책임은 부정되고, 정당화상황의 존재에 관한 無認識 — 정당화상황이 존재하지 않는다는 인식상태와 정당화상황의 존재여부에 관한 아무런 표상이 없는 인식상태를 포괄하는 개념 — 은 책임고의의 의미를 획득한다. 마치 범죄유형으로서의 구성요건이 위법성의 아무런 존재근거가 못되는 것과 같다. 범죄유형이건 위법성유형이건 불법유형이건, 유형개념으로서의 구성요건은 그 자체 불법의 실질을 내용으로 갖고 있지 않다.[29] 따라서 그것의 인식도 위법성인식을 직접 매개할 수 있는 아무런 실

---

29) 갈라스는 이러한 내용을 다음과 같이 간결하게 잘 표현해준다. 구성요건은 "범행의 불법유형성의 존재근거이다. 그러나 위법성에 대해서는 인식근거에 불과하다." Gallas, ZStW 67, 1955,

질도 갖고 있지 않다. 위법성판단을 받고 난 후에야 비로소 구성요건은 불법이라는 실질을 공급받게 되듯이, 정당화상황의 불인식에 의해 비로소 구성요건고의는 불법고의의 실질을 공급받아서 책임요소로서의 의미를 띠게 된다. 불법고의로 실질화 되지 못한 순수 형식적 구성요건고의 자체로는 위법성인식을 매개할 수 없고, 따라서 책임요소로서의 의미도 갖지 못한다. 고의의 이중적 의미를 설명하면서, 구성요건고의에는 법질서의 관점에서 보면 법질서에 반하는 방향으로 주관적 동기를 형성하고 또 의사를 형성한 심정반가치의 측면이 있는데 그것이 구성요건고의의 책임요소적 의미라고 하나, 금지실질의 인식을 내용으로 하지 않는 순수 형식적 구성요건고의에서 직접 그러한 심정상태는 발견되지 않는다. 고의의 책임요소로서의 의미는 최소한 구성요건고의와는 구별되는 불법고의의 심정상태에서만 도출될 수 있다.

왜 고의가 책임요소로서의 지위를 잃고 구성요건요소로 내려앉았는지를 고려하지 않고, 또 변질된 고의를 책임요소로 복귀시키기 위해서는 다시 무엇을 복원시켜야 하는지를 고려하지 않은 채, 원래 책임요소로서의 고의와는 본질적으로 달리 파악된 구성요건고의를 갖고서 원래와 같이 책임요소로서의 의미도 갖는다고 해서 될 일이 아니다. 금지실질의 인식을 내용으로 하지 않는 구성요건고의를 고집하는 한, 그것은 책임요소일 수도 없고 또 그럴 필요도 없다. 그것은 그냥 형식적 구성요건에 상응하는 형식적 고의로서 위치하는 것이 제격에 맞다.[30] 여기서 책임요소로서의 의미를 갖기 위해서는 금지실질이 고의의 내용적 인식대상으로 보완되어야 함을 주장하는 것이고, 고의설처럼 위법성인식이 고의의 핵심요소로 복원되어야 한다는 말은 물론 아니다.

이런 면에서 볼 때, 위법성조각사유에 관련된 모든 유형의 착오를 고의와 무관한, 따라서 책임형식으로서의 고의책임과 무관한 금지착오로 보는 엄격책임설은 적어도 그 자체의 논리성과 체계일관성만은 나무랄 데가 없다. 엄격책임설은 범제체계면에서 구성요건과 위법성을 엄격하게 분리하고, 고의와 위법성인식을 단절시키며 ― 위법성인식을 고의의 본질적 요소로 보지 않는다는 측면뿐만 아니

S. 23; Roxin, Offene Tatbestände und Rechtspflichtmerkmale, 2. Aufl., 1970, S. 175.
30) 록신이 이원적 고의개념을 취하게 된 것은 구성요건고의로는 이중적 의미가 도출될 수 없음을 간파했기 때문으로 볼 수 있다(Gillmeister, Zum Stand der deutschen Verbrechenslehre aus der Sicht einer gemeinrechtlichen Tradition in Europa, ZStW 93(1981), S. 1047 참조).

라, 위법성인식에 대한 고의의 직접적 매개기능을 인정하지 않는다는 측면까지를 포함하여 - 또 그럼으로써 애초에 책임요소로서의 의미를 가질 수 없는 구성요건고의에 대하여 억지로 이중적 의미를 인정하려고도 하지 않는다. 또 그러한 근본입장에서라면 정당화상황에 관한 착오의 경우도 금지착오로 보는 것이 자연스러운 논리일 것이기 때문이다. 단지 엄격책임설이 그 내용에서도 타당하느냐는 별개의 문제이다.

반면에 법효과제한적 책임설은 협의의 구성요건고의를 고의개념으로 채택하면서, 동시에 고의의 이중적 의미를 논거로 하여, 정당화상황의 착오는 고의책임만을 배제한다고 한다. 그러나 구성요건고의와 책임고의가 내용적으로 동일한 실체가 될 수 없는 것이라면, 정당화상황의 착오에서 배제되는 책임고의는 구성요건고의와는 별개의 것이다. 여기에서 구성요건 고의가 가지고 있던 책임요소적 의미가 배제된 것은 아니다. 애당초 구성요건고의에는 책임요소적 의미가 있을 수 없기 때문에 또한 그것이 배제될 수도 없다. 정당화상황의 착오에서 배제된 책임고의는 금지실질의 인식을 내용으로 하는 불법고의임은 두말할 나위도 없다. 따라서 법효과제한적 책임설은 구성요건고의의 이중적 의미의 허구성으로 인하여 그 논거부터 정당성을 상실하고 있음을 알 수 있다.

(2) 불법고의의 진정한 이중적 의미성

이미 앞의 논증을 통하여 암시되었다고 보이지만, 고의가 진정한 의미에서 이중적 의미를 갖고자 한다면, 금지실질의 인식을 내용으로 하는 불법고의를 취할 수밖에 없다. 실질적 불법고의가 아니고서는 책임요소로서의 의미를 가질 수 없기 때문이다. 뿐만 아니라 불법고의가 갖는 이러한 책임요소적 의미가 바로 고의책임의 '근거인 동시에 이유'라는 사실도 이미 밝힌 바와 같다. 불법고의의 인식대상으로서의 구성요건은 당연히 총체적 불법구성요건이다. 이러한 논리적 결론을 가능하게 하는 理論이 소위 소극적 구성요건표지이론이다. 이 이론은 물론 고의 및 고의책임의 본질론에서 출발했다기보다는, 구성요건론 및 구성요건과 위법성의 관계론 그리고 이를 바탕으로 하는 범죄체계론에서 출발하였다. 도그마틱의 측면에서 이 논문과는 서로 반대방향에서 출발했음에도 동일한 지점으로 수렴하는 것은 본질이 그러하기 때문이다. 이 이론은 위법성조각사유를 소극적 구성요건으로 포괄하는 총체적 불법구성요건개념을 취함으로써 범죄체계를 불법과 책임으로 이단계구성을 한다는 점이 특징이다. 따라서 고의도 불법고의 하나만 나타나고, 이것은 주관적 불법요소인 동시에 책임요소로서의 의미를 충족하게 된다. 그리고 정당화상황의 착오는 직접적인 구성요건착오가 됨으로써 고의불법을 배제함은 물론 곧바로 고의책임도 배제하게 된다.

(3) 이원적 고의론31)

형법상 착오문제의 근간은 고의책임을 언제나 배제하는 구성요건착오냐, 아니면 원칙적으로 고의책임을 인정하는 금지착오냐를 해결하는 것이다. 따라서 착오문제는 곧 고의의 문제이다. 이러한 관점에서 접근하여 불법유형 등, 유형개념으로서의 구성요건 및 그것에 상응하는 구성요건고의로서는 착오문제의 합당한 해결이 불가능함을 인정하고, 총체적 불법구성요건 및 그것에 상응하는 불법고의를 착오문제를 합당하게 해결해주는 기능을 갖는 개념으로 설정한다. 개념은 필요하다면 그 기능에 따라서 개념 내용이 달리 설정될 수 있다는 思考가 바탕이 되어 있다. 그리하여 총체적 불법구성요건을 그 기능적 측면에서 일컬어 '착오구성요건'이라 한다. 반면에 위법성과 엄격하게 구분되는 범죄유형 및 불법유형개념으로서의 구성요건은 '체계구성요건'이라 하여 착오구성요건과 구별한다. 유형개념으로서의 구성요건은 삼단계체계론을 위해서는 불가피하고, 또 삼단계체계론은 포기할 수 없는 장점을 여전히 가지고 있으므로, 유형구성요건은 가장 타당한 범죄체계를 위하여 기능하는 구성요건개념으로 평가한다. 따라서 이 또한 포기될 수 없다고 한다.

이리하여 체계구성요건에 상응하는 '구성요건고의'와 착오구성요건에 상응하는 '불법고의'라는 二元的 故意概念이 등장한다. 일반적 구성요건착오는 직접 구성요건고의를 배제함으로써 결과적으로 고의불법과 고의책임이 배제되고, 정당화상황의 착오는 직접 구성요건고의는 배제하지 않지만 불법고의를 배제함으로써 결과적으로 고의불법과 고의책임이 배제된다. 그리고 구성요건착오규정인 독일 형법 제16조 제1항은 직접적으로는 체계구성요건에 대한 착오를 규정한 것이므로, 불

---

31) Roxin, Strafrecht AT Bd. 1, §10 Rn. 62 ff., §14 Rn. 51 ff. 참조.

법고의만을 배제하는 정당화상황의 착오에는 제16조 제1항이 '유추'적용된다고 한다. 이러한 해결방식은 록신의 독창적인 이론구성이라 할 수 있지만, 결과적으로는 넓게 보아 고의불법 배제적 제한책임설에 속한다고 할 수 있다.

반면에 정당화상황의 착오의 경우 제16조 제1항이 유추적용되어 고의불법이 배제된다는 결론으로 이르는 고의불법 배제적 제한책임설의 대부분의 주장자들은 이원적 고의개념을 수용하지 않는다. 단지 착오대상 − 정당화사유의 객관적 전제사실과 유형구성요건의 객관적 요소 − 의 성질이 같지는 않지만 유사하다는 점, 정당화상황의 착오에 빠진 행위자의 주관적 심정상태가 고의범행보다는 과실범행의 심정상태에 가깝다는 점, 사태의 성질상 과실불법의 책임을 묻는 것이 법감정에 더 부합한다는 점 등의 논거로, 구성요건고의는 인정되더라도 제16조 제1항이 유추적용되어 고의불법이 배제된다는 결론을 도출하고 있다.

고의불법 배제적 제한책임설의 다른 주장자들의 논거에 비해서 이원적 고의개념에 입각한 록신의 이론구성이 그 논리성과 체계성 및 명확성에서 돋보인다고 본다. 그러나 이원적 고의개념이 과연 불가피한가는 신중히 검토되어야 할 문제이다. 물론 체계가 본질을 왜곡해서는 안 된다. 본질에 부합하는 합목적적 해결을 위해서 불가피하다면 개념의 다양화도 고려될 수 있고, 체계의 논리성과 간결성도 후퇴될 수 있다. 소위 록신의 형사정책적 합목적성 관점에 의해 체계사고가 융통성과 탄력성을 가질 수 있음은 인정될 수 있다. 그런데 구성요건과 고의는 범죄론에서 가장 기본적인 개념이므로 그 개념을 어떻게 설정하느냐에 따라서 범죄론 전반에 다양하게 파급효과를 미친다. 따라서 이원적 구성요건개념 및 이원적 고의개념을 취할 경우 범죄론 전반에 어떤 효과가 미칠지도 짐작이 가고 남는다. 물론 착오구성요건 및 불법고의는 착오문제에서만 한정적으로 기능하기 때문에 큰 문제가 없다고 항변할 수도 있다. 그러나 착오문제가 또 다시 범죄론의 다양한 다른 영역과 관련되어 있음을 생각하면 그러한 항변은 무색해지고 만다. 따라서 록신의 이원적 고의론은 그 불가피성의 검증이 관건이라 할 수 있다.

Ⅳ. 논의상황에 대한 총체적 평가[32)

제2장의 논의상황에서 알 수 있듯이 위법성조각사유의 전제사실에 대한 착오는 결과적으로 구성요건착오로 '취급'되어 고의벌이 배제되어야 한다는 방향의 견해가 主流를 이루고 있는 것만은 사실이다. 또 그러한 결론이 고의 및 고의책임의 본질과도 부합한다는 것은 이미 본 바와 같다. 문제는 그러한 결론으로 이르는 이론구성이다.

고의설은 이미 그것에 대하여 타당하게 제기된 여러 비판 외에도 위법성인식과 고의를 구별하지 못한다는 면에서 형법이론의 발전을 거슬러 역행한다는 비판을 면하기 어려울 것이다.

고의책임 배제적 제한책임설과 일부의 고의불법 배제적 제한책임설은 그 논거로 삼고 있는 구성요건고의의 이중적 의미의 허구성으로 인하여 논거 자체를 상실하고 말았다. 착오대상의 유사성, 심정상태의 유사성, 추상적인 법감정 등 소위 종합적인 상황을 논거로 하는 고의불법 배제적 제한책임설의 主流에 대해서는 그 결론의 타당성은 인정되지만 이론구성의 模糊性과 非緻密性의 약점을 안고 있다.

법효과독립적 책임설은 현행 형법체계와 조화되기 어려운 학설이다. 현행 형법체계는 「고의범에 대해서는 고의벌, 과실범에 대해서는 과실벌」의 원칙에 따라서 형벌범주를 범죄의 성질에 대응시키고 있는 데 반하여, 법효과독립적 책임설은 범죄의 성질과 형벌범주의 대응관계를 해체시키고 있기 때문이다. 다만 이 견해는 하나의 입법론적 대안으로서는 고려될 수 있을 것이다. 사실 이 견해가 범죄의 성질을 고의범으로 규정하면서도 독립된 형벌범주를 제시하는 배경을 보면, 정당화상황의 착오라는 법형상에는 전형적인 고의범 및 과실범과 완전히 일치하지는 않는 면이 있다는 생각이 전제되어 있다. 그러한 전제가 타당하다면, 고의범도 과실범도 아닌 제3의 고유한 법형상을 먼저 수용하고 더 나아가 그것에 상

---

32) 고의불법 배제적 제한책임설을 독일의 다수설이라 할 수 있다. 그런데 결론을 같이 하는 소극적 구성요건표지이론과 고의불법 배제적 제한책임설 및 고의책임 배제적 제한책임설을 묶어 독일의 통설로 평가하는 입장도 있다(페프겐, 이재상·장영민 편역, 앞의 책, 280면). 반면에 우리나라에서는 고의책임 배제적 제한책임설이 다수설이라 할 수 있다.

응하는 독립된 형벌범주를 설정하자는 발상은 입법론적으로 가능할 것이기 때문이다. 하지만 위법성조각사유의 전제사실에 대한 착오는 과실책임뿐만 아니라 과실불법에도 부합하고, 또 그것으로 충분하다고 볼 때, 이러한 입법론적 대안은 그 타당성을 인정하기 어렵다.[33]

이제 남는 것은 록신의 고의불법 배제적 제한책임설과 소극적 구성요건표지이론이다. 이 두 입장은 적어도 위법성조각사유의 전제사실에 관한 착오의 해결에서만은 완전히 일치하는 근본입장과 해결결과를 갖는다. 그리고 이러한 근본입장과 결과는 고의 및 고의책임의 본질론에서 접근한 이 논문의 결과와 일치함은 물론이다. 단지 록신의 이론과 소극적 구성요건표지이론은 착오문제의 영역을 넘어서 체계론영역에서도 여전히 총체적 불법구성요건을 優位에 둘 것인가, 아니면 형식적 유형개념으로서의 협의의 불법구성요건을 체계구성요건으로 固守할 것인가에 대해서만 입장 차이를 보일 뿐이다. 즉 록신은 위법성과 엄격히 구별되는 협의의 불법구성요건을 독립된 체계요소로 고수하여 삼단계체계구성의 유용성을 주장하는 반면에, 소극적 구성요건표지이론은 협의의 불법구성요건과 허용구성요건을 포괄하는 총체적 불법구성요건을 토대로 하는 이단계체계를 주장한다. 前者는 총체적 불법구성요건을 착오문제의 해결과 관련해서만 한정적으로 그 存在意義를 인정하는 반면에,[34] 後者는 협의의 불법구성요건의 독자적인 체계요소로서의 지위를 否定하고, 총체적 불법구성요건의 一要素로 편입시켜 버린다. 이 문제에 대한 입장표명이 이 논문의 마지막 과제인 듯하다.

V. 맺 는 말

록신도 젊은 시절 한 때 소극적 구성요건표지이론에 가담했었다. 그러나 구성요건의 체계적 독자성에 대한 미련을 떨치지 못하고, 삼단계체계론을 토대로 하는 고의불법 배제적 제한책임설로 轉回하고 만다.[35] 그렇다면 협의의 불법구성요

---

33) 임웅, 월간고시 1989(6), 53면; 정진연, 김종원 교수 화갑기념 논문집, 294면; 크림펠만, 이재상·장영민 편역, 앞의 책, 62면; 드레어, 이재상·장영민 편역, 앞의 책, 424면 이하에서 입법적 단안을 주장하고, 하태훈, 김일수·배종대 편, 앞의 책, 247면에서는 입법적 해결에 반대한다. 그런데 하태훈 교수의 반대논거는 필자와 같지 않다.

34) Roxin, Strafrecht AT Bd. 1, § 14 Rn. 70 참조.

건의 그러한 魅力은 어디에서 비롯되는가? 록신의 말에 귀를 기울여보기로 한다. 구성요건은 그 성질 및 구조의 면에서 위법성과 분명하게 구별되고, 또 그러한 독자성에 상응하는 특별한 형사정책적 기능을 수행하는데, 그것의 체계적 독자성을 부정하고 위법성조각사유를 더불어 포함하는 총체적 불법구성요건으로 포괄시켜버리면, 구성요건에 특수한 형사정책적 기능들이 상실될 위험에 처한다고 한다. 위법성은 형법을 포함한 사회의 전체법질서원리에 따라 구성되는 위법성조각사유를 본질로 하는 반면에, 구성요건은 오로지 형법적인 폐쇄적 범죄유형으로서 범죄적 생활단면을 기술함을 본질로 하는 것으로 兩者를 峻別한다. 그리고 여기서 구성요건의 특성으로 포착된 刑法的 特殊性・閉鎖性・生活斷面의 記述性 때문에 구성요건표지는 가장 엄격하게 죄형법정주의의 原理下에 놓일 수 있는 반면에, 위법성은 그러하지 못한데도 불구하고 양자를 체계적으로 분리・독립시키지 않고 하나의 체계요소로 포괄시켜버리면, 죄형법정주의의 실현이라는 기능이 위험에 처한다는 것이다. 또한 이단계체계를 취하면 체계구성요건이 갖는 당벌적 행위의 유형성, 즉 금지목록으로서의 성질을 상실하게 되며, 그 결과 체계구성요건이 갖던 일반예방적 기능을 잃게 된다고도 우려한다.[36]

그러나 이러한 우려는 소극적 구성요건표지이론 및 이단계체계론에 대한 오해에서 비롯되는 것으로 보인다. 이단계체계론은 범죄체계론 구성에서 협의의 불법구성요건의 체계적 독자성만을 부정할 뿐이지 그 존재 자체를 부정하는 것은 아니다.[37] 그것은 여전히 총체적 불법구성요건요소의 일부로서 존재할 뿐만 아니라 그 본래의 성질이나 내용 및 의미를 그대로 간직하고 있다. 즉 그것은 총체적 불법구성요건이라는 하나의 같은 房에 적극적 구성요건이라는 이름으로 改名되어, 소극적 구성요건이라는 이름으로 改名된 위법성조각사유와 나란히 한 자리를 차지하고 있다. 위법성조각사유와의 縱的 關係를 橫的 關係로 변경하였을 뿐이다. 따라서 과거 독자적 위치를 누렸던 체계구성요건에서 기대하던 형사정책적 기능

---

35) 록신의 이러한 입장변화는 다음과 같은 그의 논문과 저술을 비교해보면 드러난다. Offene Tatbestände und Rechtspflichtmerkmale(1958) – Zur Kritik der finalen Handlungslehre (1962) – Strafrecht AT Bd. 1(1994).

36) Roxin, Strafrecht AT Bd. 1, 2. Aufl., §10 Rn. 20 참조.

37) 심재우, 고시연구 1986(4), 85면; Arth. Kaufmann, Tatbestand, Rechtfertigungsgründe und Irrtum, in: Schuld und Strafe, 1966, S. 124 ff. 참조.

들은 아무런 차이 없이 적극적 구성요건에서 그대로 기대하고 요구하면 되는 것이다. 총체적 불법구성요건을 취한다고 해서 삼단계체계론이 오매불망 잊지 못하는 형법각칙의 죄형규정을 어떻게 하겠다는 것이 아님을 명심할 필요가 있다.

이단계체계를 취하느냐 아니면 삼단계체계를 취하느냐에 따라서 위법성조각사유에 해당하는 행위의 법적 의미에서 차이가 나타난다고도 한다. 즉 삼단계체계에서는 위법성만 조각되고 구성요건해당성은 여전히 긍정되는 반면에, 이단계체계에서는 구성요건해당성 자체가 조각되는데, 위법성조각과 구성요건해당성의 조각은 원래 그 법적 의미가 같지 않다는 것이다.[38] 위법성이 조각된 행위는 법질서에 의해 허용된 행위이고 따라서 행위의 상대방은 그 행위를 원칙적으로 감수해야 하는 반면에, 처음부터 구성요건해당성이 없는 행위는 반드시 그 자체로 허용된 행위여야 하는 것은 아니며, 오히려 법으로부터 자유로운 영역에 해당하거나 아니면 위법한 행위일 수도 있다는 것이다. 위법성조각사유에 의해 위법성이 조각되는 행위도 이단계체계에서는 구성요건해당성 자체를 부정해야 하는데, 이렇게 되면 결국 처음부터 구성요건해당성이 없는 행위와 위법성만이 조각되는 행위 간의 법적 의미의 구별이 없어지게 되므로 이것은 부당하다는 것이다.

하지만 이러한 차이는 개념차이의 문제에 불과하고 내용에 차이가 발생하는 것은 아니다.[39] 이단계체계는 삼단계체계의 구성요건과 위법성조각사유를 적극적 구성요건과 소극적 구성요건으로 槪念變更하여 총체적 불법구성요건요소로서 포함시킨다. 그리고 적극적 구성요건과 소극적 구성요건을 모두 충족시킬 때 구성요건해당성이 인정된다. 여기에서 적극적 구성요건을 충족시킨다는 것은 적극적 구성요건이 존재한다는 의미이고, 소극적 구성요건의 충족은 소극적 구성요건이 존재하지 않는다는 의미이다.[40] 어느 하나라도 충족되지 않으면 구성요건해당성

---

38) 구성요건의 설정에는 범죄정책적 목표가 토대로 되는 반면에, 위법성조각사유의 설정에는 전체 법질서를 아우르는 법정책적 목표가 토대로 되므로, 구성요건과 위법성은 동등한 차원에 놓일 수 없다는 아멜룽의 주장도 이러한 맥락에 놓여 있다(Amelung, Zur Kritik des kriminalpolitischen Strafrechtssystems von Roxin, in: Schünemann (Hrsg.), Grundlagen des modernen Strafrechtssystems, 1984, S. 94 참조).

39) 같은 취지로는 엥기쉬, 이재상·장영민 편역, 앞의 책, 375면 이하 참조.

40) 이단계체계의 구성요건은 이처럼 그 요소가 다소 복잡한 구조로 되어 있기 때문에 많은 오해를 불러온다. 그래서 카우프만은 소극적 구성요건표지이론을 일컬어 형법이론들 가운데 영원히 오해받는 이론에 속한다고 안타까워한다(카우프만, 이재상·장영민 편역, 앞의 책, 317면).

은 부정된다. 삼단계체계에서 말하는 소위 처음부터 구성요건해당성이 없는 행위
는 적극적 구성요건'조차' 충족시키지 못하는 행위이고, 위법성만 조각되는 행위
는 소극적 구성요건'만' 충족되지 않는 행위에 해당한다. 검토의 진행도 구성요건
해당성검토에 이어 위법성검토가 이루어지듯이, 적극적 구성요건 검토에 이어 소
극적 구성요건 검토의 순서로 이루어지는 점도 마찬가지이다. 이렇게 볼 때 벨첼
의 소위 모기논쟁을 통한 순환논법비판도 소극적 구성요건표지이론에 대한 오해
에서 비롯된 것으로 보인다.[41] 위법성조각사유에 해당하는 경우 이단계체계에서
개념적으로는 구성요건해당성이 조각된다고 하지만, 내용적으로는 역시 위법성이
조각된 행위라고 하는 점에 차이가 없다. 따라서 상대방은 정당방위로 대항할 수
없다. 반면에 삼단계체계에서 말하는 소위 처음부터 구성요건해당성이 없는 경우
에도 이단계체계에서는 마찬가지로 구성요건해당성이 없다고 하겠지만, 이 경우
는 적극적 구성요건조차 충족시키지 못하는 경우로서 소극적 구성요건만 충족되
지 못한 경우와는 달리 법에서 자유로운 영역에 해당하거나 아니면 경우에 따라
서는 위법할 수도 있다. 적극적 구성요건조차 충족시키지 못하는 경우이거나 소
극적 구성요건만 충족시키지 못하는 경우이거나 共히 결과적으로는 구성요건해
당성을 배제하게 되겠지만, 그 각각의 법적 의미는 삼단계체계에서와 동일하게
細分化될 수 있는 것이다. 즉 前者는 삼단계체계의 구성요건해당성이 없는 경우
와, 그리고 後者는 삼단계체계의 위법성이 조각되는 경우와 각각 동일한 법적 의
미를 갖는다.

좋게 말하여 위법성을 징표한다고 하지만 사실은 위법성 판단에서 자유로운
구성요건개념이 범죄체계에서 버젓이 한 자리를 차지하는 것을 거부할 뿐이지,
이단계체계를 취한다고 해서 범죄요소의 실질적인 의미를 변경하는 것은 아무
것도 없다. 단지 삼단계체계에서는 위법하지 않은 구성요건해당성이 가능하지만,
이단계체계에서는 그것이 불가능하다는 것, 그리고 구성요건의 요소와 그 의미를
서로 달리 포착하기 때문에 고의의 인식내용과 의미가 달라진다는 것을 제외하
면 말이다.

더 이상 범죄유형개념으로서의 구성요건에 집착할 이유가 없다고 본다. 삼단

---

41) 벨첼(Das Deutsche Strafrecht, 11. Aufl., 1969, S. 81, 82)과 카우프만(Tatbestand,
Rechtfertigungsgründe und Irrtum, in: Schuld und Strafe, 1966, S. 128 ff.)의 논쟁을 참조.

계체계의 체계구성요건이 고유하게 갖는다는 형사정책적 기능들은 이 단계체계
에서도 전혀 손상되지 않는다.[42] 반면에 범죄유형으로서의 형식적 구성요건개념
은 착오문제, 특히 위법성조각사유의 전제사실에 대한 착오의 해결에 치명적인
약점을 안고 있을 뿐만 아니라 자연주의 및 실증주의를 기초로 하고 있다는 달
갑지 않은 평가도 받고 있다.[43] 그리고 우리 형법에는 구성요건이 무엇을 의미하
는가에 대한 아무런 法律的 定義規定도 없다. 따라서 形式的·自然主義的인 類型
構成要件槪念에 얽매여야 할 아무런 이론적·법률적 이유가 없다 할 것이다.

---

42) 쉬네만은 제한책임설의 핵심내용에 충실하고자 한다면, 체계적으로는 소극적 구성 요건표지이
   론에 따라야 한다고 주장하기도 한다(Schünemann, GA 1985, S. 350 참조).
43) 심재우, 법률행정논집 제13집(1976), 216면; Gillmeister, ZStW 93(1981), S. 1046 참조.

평석

소극적 구성요건표지이론에 관한 소고

강 수 경*

I.

교수님과의 인연은 벌써 거의 20년 전으로 거슬러 올라간다. 교수님께서는 2005년 법학전문대학원 도입이 논의되던 시기에 부임하셨다. 그해 2학기 대학원 수업 「형사판례연구」에서 교수님을 처음 뵈었는데, 이미 학부 시절 형법학계의 '소수설'로 그 명성을 듣고 있었던 터라 유명인을 만난다는 설렘을 안고 수업에 임하였다. 수업은 명불허전이었고, 그 여운으로 며칠 후 지도교수 승낙을 부탁드렸다. 하지만 개인적으로 관심이 있었던 형법학을 지도교수님께 배울 수 있다는 기대도 잠시였고, 미천한 실력으로 지도교수님의 업적을 좇아가는 것조차 버거운 시기를 보내야 했다.

석사학위논문 준비를 위해 교수님과 독일 논문을 일대일로 강독하는 시간을 가진 적이 있었다. 그 논문은 한 독일 교수의 칠순기념논문집에 실려 있는 글이었고, 거기에 Jubilar라는 단어가 있었다. 사전을 찾았으나 그 의미가 불명확하여 무슨 뜻인지 이해가 가지 않았는데, 교수님께서 기념논문집의 주인공을 Jubilar로 부른다고 말씀해 주셨다. 당시에는 독일의 학문적 풍토를 잘 알지 못해 그와 같은 기념논문집의 의미를 이해하지 못했지만, 언젠가 교수님 퇴임에 맞춰 기념논문집을 준비하게 되면 Jubilar로 불러 드려야겠다는 생각을 한 적이 있었다. 그런데 어느덧 시간이 흘러 거의 20년 전의 생각이 현실이 되는 시기가 도래하였다.

학부 시절부터 익히 들었던 그 '소수설'의 핵심은 '소극적 구성요건표지이론'이다. 교수님은 당신의 은사님이신 '심재우 교수님'에 이어 현재 이 이론의 대표적 지지자로 알려져 있다. 안타깝게도 현재 국내 학계에서는 교수님을 제외하고는 이 이론에 대해 심도 있게 접근한 학자는 발견되지 않는다. 그래서 지도제자 된 도리로서 그리고 그 이론의 타당성을 인정하는 관점에서 교수님의 업적을 잇고자 고민을 하였고, 나름대로 교수님의 논지에 법사학적 관점을 가미하여 접근해 보기로 한다.

---

* 부산대학교 법학연구소 연구원.

II.

형법학에서 학자들의 관심을 많이 받는 주제는 주요한 연구의 대상이 되며, 그에 따라 그 주제에 대한 연구의 결과물이 소개된다. 하지만 이론의 영역에서 한 축을 담당하고 있음에도 상대적으로 주목을 받지 못한 주제라면 연구의 결과물이 부족할 것이고, 이로 인해 기존의 일부 결과를 따를 수밖에 없다. 형법학에서 그러한 주제를 찾는다면 감히 "소극적 구성요건표지이론(Die Lehre von den negativen Tatbestandsmerkmalen)"이라고 말할 수 있겠다.

현재 형법학계에서 소극적 구성요건표지이론을 지지하는 학자들은 거의 보이지 않으며, 필연적으로 이에 대한 연구결과물도 드물다. 그 이유는 대부분의 연구가 구성요건해당성 – 위법성 – 책임의 3단계 범죄체계에 기반하고 있기 때문이라고 할 수 있다. 그런데 형법 기본교재에서 소극적 구성요건표지이론은 꾸준히 언급되고 있으며 이 이론이 등장하는 대표적인 두 분야가 있는데, 하나는 구성요건론이고, 다른 하나는 위법성조각사유의 전제사실에 대한 착오 또는 허용구성요건의 착오 상황의 해결모델이다. 전자와 관련하여서 소극적 구성요건표지이론은 정당화사유 내지 위법성조각사유가 구성요건의 소극적인 요소가 되는 이론으로, 후자와 관련하여서는 해당 착오의 경우에 구성요건고의를 배제하는 모델로 소개된다.

문채규 교수님의 무수한 학문적 업적 중 소극적 구성요건표지이론을 중심주제로 논지를 전개한 글은 세 편이다: 1987년 "違法性阻却事由의 客觀的 前提條件에 관한 錯誤",[1] 1999년 "소극적 구성요건표지이론을 위한 변론 – 고의책임의 본질을 중심으로 –"[2] 그리고 2020년 "위법성조각사유에 관한 학계의 몇 가지 오해에 관하여".[3] 이 중 앞의 두 편은 구성요건과 고의의 본질을 규명하고, 이어서 고의책임의 의미를 밝히면서 소극적 구성요건표지이론의 타당성을 논증하고 있고, 마지막 글은 이러한 입장을 정리하고 있다. 세 편에서 보여주는 공통점은 '불법고의'개념을 중심으로 논증이 이루어진다는 것이다.

"違法性阻却事由의 客觀的 前提條件에 관한 錯誤"에서는 이러한 착오문제의 해결을 위한 선결과제로서 구성요건과 고의의 본질이 규명된다. 먼저 구성요건에는 단순히 범죄유형을 넘어서 금지실질이 포함되어야 한다고 한다.[4] 불법의 본질적 내용을 담고 있는 구성요건개념은 '위법하다'는 반가치판단을 가능하게 하는 모든 요소를 그 자체 내에 포함하고 있어야 하기 때문이다.[5] 그래서 구성요건에는 불법을 근거짓는 요소뿐만 아니라 불법을

---

1) 문채규, "違法性阻却事由의 客觀的 前提條件에 관한 錯誤", 안동대학 논문집 제9집, 1987.
2) 문채규, "소극적 구성요건표지이론을 위한 변론 – 고의책임의 본질을 중심으로 –", 형사법연구 제12호, 1999.
3) 문채규, "위법성조각사유에 관한 학계의 몇 가지 오해에 관하여", 비교형사법연구 제21권 제4호, 2020.
4) 문채규, 앞의 글(각주 1), 5면 이하.

배제하는 요소 역시 포함되어야 하며, 이에 따라 구성요건해당성을 판단하기 위해서는 적극적 구성요건의 존재만이 아니라 소극적 구성요건의 부존재도 확정되어야 한다.[6]

이러한 구성요건은 위법성과의 관계에서 그 존재근거로서 기능한다. 위법성은 "하나의 평가이고 술어이며 따라서 관계개념"이기 때문에, "「위법하다」와 「위법하지 않다」라는 평가의 대상은 동일하게 행위자의 행위이며, 따라서 동일한 대상에 대하여 두 가지 판단, 즉 「위법하다」와 「위법하지 않다」라는 평가를 동시에 내린다는 것은 논리적으로 불가능하다"라고 할 수 있다.[7] 하지만 소위 '원칙과 예외의 관계(Regel-Ausnahme-Verhältnis)' 속에서 그러한 논리적 불가능성은 은폐된다. 즉 위법하든 위법하지 않든 종국적인 하나의 판단만이 필요할 뿐인데, 살해행위와 정당방위행위처럼 "원칙적으로 금지되어 있고 예외적으로 허용되어 있는 행위"라는 구분을 통해 "동일한 하나의 평가대상인 하나의 행위를 두 개의 행위로 분해시켜 독립된 별개의 평가대상"으로 구분하고 있다.[8] 이러한 원인은 "구성요건을 위법성의 인식근거로 보고, 구성요건해당성을 위법성과 분리된 잠정적인 위법성판단임을 고집하는 데"에 있다.[9] 이와 같은 견해는 타당하지 못하며, 따라서 위법성 판단의 대상이자 근거인 구성요건해당성이 존재하는 경우 그에 대한 종국적 판단인 위법성판단으로 이어져야 하고, 마찬가지로 소극적 구성요건요소가 존재하면 구성요건해당성이 부정되어 위법성의 부인으로 이어져야 한다.[10] 이러한 구조에서 소극적 구성요건인 정당화사유의 객관적 전제사실에 관한 착오는 구성요건착오로 취급된다.

이와 같은 구성요건개념의 연장선에서 고의의 의미는 "자연주의적으로 지각가능한 일부만을 (즉 전형적인 범죄유형에 해당되는 부분) 고의의 인식대상"으로 삼고 있는 자연적 고의가 아니라, 규범적 의미에서 타인에 대하여 갖는 반가치내용의 인식을 내용으로 하는 불법의식, 즉 법적 고의이다.[11] "객관적 구성요건이 불법의 존재근거로서 그것의 객관적 실현이 불법과 분리될 수 없듯이, 그것에 대한 주관적 인식인 고의가 불법의식과 분리될 수 없음은 논리상 당연"하기 때문이다.[12]

그리고 후속작인 "소극적 구성요건표지이론을 위한 변론"은 고의책임의 의미를 밝히면서 종국적으로 소극적 구성요건표지이론을 옹호한다. "고의의 책임요소로소의 의미는 위법성인식 내지는 그 인식가능성을 직접 매개하는 심정상태를 형성"해주는 데에 있으므로, "고의의 인식내용도 그러한 매개기능을 가능하도록" 하여야 한다.[13] 그러한 역할을 하는

---

5) 문채규, 앞의 글(각주 1), 6면.
6) 문채규, 앞의 글(각주 1), 7면.
7) 문채규, 앞의 글(각주 1), 7면.
8) 문채규, 앞의 글(각주 1), 7면.
9) 문채규, 앞의 글(각주 1), 7면 이하.
10) 문채규, 앞의 글(각주 1), 8면.
11) 문채규, 앞의 글(각주 1), 9면.
12) 문채규, 앞의 글(각주 1), 9면 이하.
13) 문채규, 앞의 글(각주 2), 82면.

것이 '불법고의'이다. 이러한 "불법고의가 전제로 하고 있는 총체적 불법구성요건은 위법하다는 평가를 가능하게 하는 모든 표지를 포함하는 금지실질에 해당하므로, 그것에 대한 인식인 불법고의는 곧바로 위법성인식을 매개할 수 있기 때문이다".[14] 그리고 불법고의는 구성요건에 내재하는 "금지실질의 그 '사회적 반가치의미'[에 대한] 인식[으로서] 불법의식"이므로, 고의의 책임요소적 의미와 일치하게 된다.[15] "고의의 불법요소적 의미는 금지실질의 '요소적 인식'의 측면이라면, 책임요소적 의미는 금지실질의 반사회적 '의미의 인식'의 측면을 가리키기 때문이다".[16]

이러한 "불법고의의 인식대상으로서의 구성요건은 당연히 총체적 불법구성요건이다. 이러한 논리적 결론을 가능하게 하는 이론이 소위 소극적 구성요건표지이론이다. […] 이 이론은 위법성조각사유를 소극적 구성요건으로 포괄하는 총체적 불법구성요건개념을 취함으로써 범죄체계를 불법과 책임으로 이단계구성을 한다는 점이 특징이다".[17]

마지막으로 최근의 논문인 "위법성조각사유에 관한 학계의 몇 가지 오해에 관하여"에서는 '총체적 불법구성요건의 개념'이 설명되고, 그 후 '고의'개념이 다루어진다. 우선 "총체적 불법구성요건론은 구성요건을 규범적 개념으로 이해하면서 '금지의 실질'로 정의한다".[18] 이러한 구성요건은 "범죄의 당벌성을 '구성'하는 '전형적'인 요소만이 아니라 당벌성의 내용을 '규정'하는 '모든' 요소들을 포함하는 실질적인 개념으로 파악"되며, 형식적 관계개념인 위법성에 대응된다.[19] 따라서 그러한 구성요건을 판단하기 위해서는 "적극적 구성요건의 '존재'와 위법성조각사유(즉 소극적 구성요건)의 '부존재'가 모두 확정되어야 한다".[20] 아울러 위법성과의 관계에서는 "하나의 행위에 대하여 위법하다는 평가와 적법하다는 평가를 동시에 내리는 것은 논리적으로 불가능하기 때문"에 "평가의 대상이 동일한 하나의 행위임에도 불구하고, 그것에 대하여 (원칙적으로) 위법하다는 평가와 (예외적으로) 적법하다는 상반된 평가가 동시에 내려질 수 없다".[21] 그래서 '원칙과 예외의 관계'를 설정하여 하나의 행위를 두 개의 행위로 분리하여 두 개의 평가대상으로 분해하는 3단계 체계론은 부당하다고 한다. 이러한 토대에서 고의는 "내용적으로 실질적 불법의 실현에 대한 인식, 즉 불법의식을 의미"하고, "이러한 불법의식은 '책임요소'로서 고의책임의 '근거'가 된다".[22]

---

14) 문채규, 앞의 글(각주 2), 82면.

15) 문채규, 앞의 글(각주 2), 82면. 이는 고의가 "책임요소로서의 의미를 갖기 위해서는 금지실질이 고의의 내용적 인식대상으로 보완되어야 함을 주장하는 것이고, 고의설처럼 위법성인식이 고의의 핵심요소로 복원되어야 한다는 말은 물론 아니다"라고 한다(문채규, 앞의 글(각주 2), 86면).

16) 문채규, 앞의 글(각주 2), 82면.

17) 문채규, 앞의 글(각주 2), 87면.

18) 문채규, 앞의 글(각주 3), 156면.

19) 문채규, 앞의 글(각주 3), 156면.

20) 문채규, 앞의 글(각주 3), 157면.

21) 문채규, 앞의 글(각주 3), 157면.

이와 같은 구성요건의 개념 속에서 "소극적 구성요건은 소극적 기능(즉 불법 배제적 기능)을 하는 것이기 때문에 정당화사정이 존재한다고 인식하는 경우에만 고의를 배제시키게 되고, 정당화사정이 존재하지 아니한다고 인식하거나 정당화사정에 대한 아무런 표상이 없는 경우에는 고의를 배제시키지 않는다".[23]

Ⅲ.

이상에서 교수님께서 작성하신 '소극적 구성요건표지이론'과 관련된 세 편의 논문을 요약하였고, 전체적인 맥락에서 교수님의 견해에 동조하는 바이다. 하지만 이하에서는 교수님의 글에서 논의되지 않은 부분을 다루어 보고 혼동을 일으킬 수 있는 부분을 살펴보고자 한다.

1. 소극적 구성요건표지이론을 심도 있게 이해하기 위해서는 그 전개상황을 검토할 필요가 있다. '소극적 구성요건표지'라는 표현을 처음으로 적용한 사람은 메르켈(Adolf Merkel)로 알려져 있다.[24] 1889년 자신의 저서인 「독일 형법 교과서(Lehrbuch des Deutschen Strafrechts)」에서 정당화사유가 소극적 구성요건표지라고 밝혔고, 그 전제사실에 관한 착오에서는 고의범이 성립될 수 없다고 하였다.[25] 이러한 입장을 프랑크(Reinhard Frank)가 이어받게 되는데, 그의 구성요건개념에는 위법성이 포함되고, 그래서 "위법성은 적극적 구성요건표지는 아니지만, 그 결여는 소극적 구성요건표지"[26]라고 하면서 그 전제사실에 관한 착오에 고의조각의 효과를 부여하였다.[27] 그 이후 바움가르텐(Arthur Baumgarten)은 1913년 「범죄론의 구축(Der Aufbau der Verbrechenslehre)」에서 정당화사유가 소극적 구성요건표지로서 구성요건개념에 포함되며,[28] 그 부존재에 대한 인식은 고의에 속한다고 하였다.[29] 그리고 메츠거(Edmund Mezger)는 "형법적 구성요건의 의미에 대하여(Vom Sinn der strafrechtlichen Tatbestände)"라는 글에서 소극적 구성요건표지이론을 지지하며 구성요건은 위법성의 존재근거임을 밝혔으며,[30] 라드부르흐(Gustav

22) 문채규, 앞의 글(각주 3), 158면. 여기에서 "불법의식을 내용으로 하는 고의는 그 성질상 책임요소일 수밖에 없다"라고 한다.
23) 문채규, 앞의 글(각주 3), 160면.
24) 메르켈의 불법개념에 대해서는 문채규·강수경, "불법과 책임의 구별 그리고 규범이론 – 독일의 논의를 중심으로 –", 서울대학교 법학 제59권 제4호, 2018, 47면 이하.
25) Merkel, Lehrbuch des Deutschen Strafrechts, Stuttgart 1889, S. 82.
26) Frank, Das Strafgesetzbuch für das Deutsche Reich nebst dem Einführungsgesetze, 2. Aufl., Leipzig 1901, S. 79.
27) Frank, 앞의 책(각주 26), S. 97.
28) Baumgarten, Der Aufbau der Verbrechenslehre. Zugleich ein Beitrag zur Lehre vom Strafrechtsverhältnis, Tübingen 1913, S. 188, 218.
29) Baumgarten, 앞의 책(각주 28), S. 183.
30) Mezger, "Vom Sinn der strafrechtlichen Tatbestäde", in: Festschrift für Ludwig Traeger

Radbruch) 역시 "범죄론의 체계학에 관하여(Zur Systematik der Verbrechenslehre)"라는 논문에서 소극적 구성요건표지이론을 옹호한다.[31] 이와 같은 소극적 구성요건표지이론의 역사적 전개과정에서 발견되는 공통점은 위법성이라는 반가치의 개념이 구성요건에 내재되어 있다는 것이다.[32]

이어지는 흐름에서 위의 논의는 소위 총체적 불법구성요건과 동의어로 사용되는 총체적 구성요건(Gesamttatbestand)[33]의 표현으로 전개된다. 이 표현은 대표적으로 랑−힌릭센(Dietrich Lang−Hinrichsen)과 록신(Claus Roxin)의 초기견해에서 확인된다.[34] 랑−힌릭센은 이러한 총체적 구성요건을 위법성의 특별한 형태로 보면서, 소극적 구성요건표지이론은 포괄적 구성요건개념에 도달하는 이론사적 노력이라고 평가한다.[35] 그리고 록신에 의하면 총체적 구성요건은 "사회적 의미에서 위법성에 중요한 모든 상황"을 포함하며, 이러한 구성요건은 위법성의 존재근거가 된다고 한다.[36] 이와 같은 입장이 소위 2단계 범죄체계와 관련된 것으로, 이러한 총체적 불법구성요건에는 입법자의 가치판단이 내재된 것으로 본다.[37]

이와는 다른 관점에서 소극적 구성요건표지이론을 전개하는 견해가 있다. 엥기쉬(Karl Engisch)와 카우프만(Arthur Kaufmann)이 그러한 견해의 대표적 주장이다. 이 둘은 평가의 객체인 구성요건과 객체의 평가인 위법성을 구별하여, 구성요건해당성의 확정이 위법성이라는 가치판단을 도출하는 것으로 파악한다.[38] 그래서 불법근거 및 불법배제의 표

zum 70. Geburtstag. Überreicht von der Juristischen Fakultät der Universität Marburg, Neudruck der Ausgabe Berlin 1926, Aalen 1979, S. 195.

31) Radbruch, "Zur Systematik der Verbrechenslehre", in: Hegler (Hrsg.), Beiträge zur Strafrechtswissenschaft. Festgabe für Reinhard von Frank zum 70. Geburtstag, Band I, Neudruck der Ausgabe Tübingen 1930, Tübingen 1969, S. 165 f.

32) 강수경·하태인, "실질적 불법구성요건개념에 관한 고찰 − 소극적 구성요건표지이론에 관한 오해와 이해 −", 고려법학 제110호, 2023, 53면.

33) 이 용어는 1906년 벨링(Ernst Beling)에 의해 현대적인 구성요건개념이 적용되기 이전의 구성요건개념을 의미한다(벨링 이전의 구성요건이론에 대해서는 강수경, "형법학에서 구성요건이론의 전개 − 벨링(Ernst Beling)과 그 이전의 구성요건이론을 중심으로 −", 법사학연구 제60호, 2019 참조). 그 이후 랑-힌릭센이 자신의 구성요건개념을 전개하며 총체적 구성요건(Gesamttatbestand)과 보장구성요건(Garantietatbestand)을 구별하면서(Lang-Hinrichsen, "Tatbestandslehre und Verbotsirrtum", in: JR 1952, S. 307) 그와 같은 용어가 사용된다.

34) 랑-힌릭센은 대표적인 고의설의 지지자이지만, 록신은 위법성인식을 주관적 구성요건요소로 인정하지 않는다는 점에서 차이가 있다.

35) Lang-Hinrichsen, 앞의 글(각주 33), S. 307.

36) Roxin, Offene Tatbestände und Rechtspflichtmerkmale, 2. Aufl., Berlin 1970, S. 175, 178.

37) 강수경·하태인, 앞의 글(각주 32), 57면.

38) Engisch, "Der Unrechtstatbestand im Strafrecht. Eine kritische Betrachtung zum heutigen Stand der Lehre von der Rechtswidrigkeit im Strafrecht", in: von Caemmerer/Friesenhahn/Lange (Hrsg.), Hundert Jahre Deutsches Rechtsleben. Festschrift zum hundertjährigen Bestehen des Deutschen Juristentages 1860-1960, Band I, Karlsruhe 1960, S. 404; Kaufmann, "Zur Lehre von den negativen Tatbestandsmerkmalen", in: JZ

지가 속한 불법구성요건은 "모든 위법성판단에 중요한 표지"[39] 또는 "필수적으로 위법성 판단에 이르는 모든 표지"[40]를 포함하는 것으로 본다. 그에 따라 구성요건과 위법성의 관계는 근거(Grund)와 결과(Folge)의 관계로 설정된다.[41]

위에서 본 것과 같이 소극적 구성요건표지이론을 지지하는 입장은 세 가지의 견해로 구분될 수 있다. 하나는 메르켈처럼 행위규범론의 입장에서 주관적 불법론을 옹호하는 관점, 다른 하나는 총체적 불법구성요건의 관점, 마지막으로 구성요건과 위법성의 관계를 근거과 결과로 보는 관점이다. 하지만 안타깝게도 국내에서는 총체적 불법구성요건만이 소극적 구성요건표지이론을 주장하는 것처럼 소개되어, 소극적 구성요건표지이론이라고 하면 2단계 범죄체계와 관련되는 것으로 믿게 되었다. 하지만 첫 번째의 견해는 불법(또는 위법)－책임의 구조가 아닌 책임－불법의 구조와 관련되어 책임 있는 자만이 불법을 범할 수 있으므로 범죄체계론의 단계는 의미가 없으며, 세 번째의 견해는 구성요건과 위법성을 형식적으로 분리하기 때문에 형식적 3단계 범죄체계를 유지한다. "이렇듯 총체적 불법구성요건을 인정할 때에만 소극적 구성요건표지이론으로 연결될 수 있다는 설명은 소극적 구성요건표지이론을 주장하는 견해 중의 일부로서 이 이론에 대한 오해에서 비롯된 것이다".[42]

2. 교수님의 글에서는 국내에 널리 알려진 것처럼 소극적 구성요건표지이론에 관한 오해가 담겨져 있다. 특히 아르투어 카우프만을 원용하면서 총체적 불법구성요건이라고 표현한 점이 바로 그것이다.

소위 총체적 불법구성요건의 개념에는 위법성이 구성요건에 내재되어 있다. 하지만 교수님의 글에서는 총체적 불법구성요건의 표현을 사용하면서 그것을 부정하는 내용이 발견된다: "소극적 구성요건표지의 이론은 구성요건을 위법성의 존재근거로 보기 때문에, 위법성조각사유로 인해 구성요건해당성이 조각된 당연한 결과로서 위법성이 조각된 것이지, 결코 구성요건해당성을 판단함에 앞서 위법성 판단을 전제로 하는 것은 아니다".[43] 그 외에도 총체적 불법구성요건의 개념을 글에서 사용하면서,[44] 카우프만의 견해를 긍정하는 논지를 보여준다. 하지만 카우프만은 자신의 글에서 총체적 구성요건 내지 총체적 불법구

1954, S. 654.

39) Engisch, 앞의 글(각주 38), S. 409.

40) Kaufmann, 앞의 글(각주 38), S. 656.

41) Engisch, 앞의 글(각주 38), S. 410; Kaufmann, "Tatbestand, Rechtfertigungsgrüde und Irrtum", in: JZ 1956, S. 356. 엥기쉬의 초기입장은 구성요건표지와 위법성표지 간에 차이가 없으며, 두 표지 모두 단일하게 구성요건표지라는 것이었다(Engisch, Untersuchungen über Vorsatz und Fahrlässigkeit im Strafrecht, 2. Neudruck der Ausgabe Berlin 1930, Aalen 1995, S. 11 f.).

42) 강수경・하태인, 앞의 글(각주 32), 57면.

43) 문채규, 앞의 글(각주 1), 5면.

44) 문채규, 앞의 글(각주 2), 92면, 93면, 94면; 문채규, 앞의 글(각주 3), 159면 등.

성요건이라는 표현을 사용하지 않았다. 의례 소극적 구성요건표지이론이 총체적 불법구성요건과만 연결된다고 오해하고 있었기 때문에 카우프만 역시 소극적 구성요건표지이론을 주장하면서 총체적 불법구성요건개념을 적용한 것이라고 추측할 수는 있다. 그러다 보니 총체적 불법구성요건과 소극적 구성요건표지이론의 개념에서 혼동이 발생한다.

그러나 교수님의 글에서 드러나는 논지는 구성요건과 위법성은 형식적으로 구별되는 근거와 결과의 관계에 있다는 것이다. 그렇게 볼 때 불법고의가 위법성인식을 매개하는 역할을 할 수 있으며 고의책임의 인정에 무리가 없다. 총체적 불법구성요건의 본연적 개념을 따르게 되면 고의와 위법성인식의 구별이 혼란스러워진다. 다만 록신의 초기견해는 "구성요건과 불법의 단일성이 구성요건인식과 불법인식의 분리를 배제하는 것은 아니"라는 난해한 해명을 내놓을 뿐이다.[45]

이러한 의미에서 논문에 언급된 총체적 불법구성요건은 실질적 불법구성요건이라고 파악하는 것이 타당하다. 그러한 실질적 불법구성요건에서 정당화사유는 그 부존재가 불법에 영향을 미치는 불법구성요건의 소극적 구성요건표지로 이해된다. 불법구성요건은 구성요건의 실현이라는 존재(Sein)의 영역에서 형법적 불법을 확정하게 되고, 이로부터 가치판단인 당위(Sollen)로서의 위법성이 도출될 수 있는 것이다. 그와 같은 근거-결과의 관계가 성립할 때 불법구성요건은 소극적 구성요건표지이론과 자연스럽게 결부된다. "소극적 구성요건표지이론은 위법성조각사유의 전제사실에 관한 착오의 특별한 해결모델이 아니라, 구성요건론과 불법론으로부터 도출될 수 있는 논리적 귀결이다".[46]

IV.

석사학위논문을 준비할 때부터 교수님께서는 당신께서 논문을 쓰지 않은 분야이기 때문에 더 열심히 공부해서 좋은 글을 만들도록 격려해 주셨다. 하지만 이번에 감히 당신의 글을 분석할 수 있는 기회를 갖게 되었다. 그 내용은 교수님께 배운 학문에 대한 접근방법, 한 편의 논문을 작성할 때에도 허투루 글을 쓰지 않도록 조심하며 쓰는 법이 체화되어 알게 된 점을 기반으로 하였다.

퇴임을 맞이하신 교수님의, 즉 Jubilar의 업적을 기리며, 그간의 學恩에 감사드리고자 한다.

---

45) Roxin, 앞의 글(각주 36), S. 185.
46) 강수경·하태인, 앞의 글(각주 32), 62면.

09 형법 제27조(불능범)의 "위험성" 표지*

Ⅰ. 위험에 처한 "위험성" 표지

불능미수에 관한 최근의 연구와 논쟁이 예사롭지 않다. 이러한 움직임은 독일에서도 감지된다. 다만 우리의 논쟁상황은 독일에 비해 상당히 복잡한 양상을 따고 있다.

독일은 1985년 프랑크푸르트에서 개최된 독일 형법학자대회와 1988년 쾰른에서 개최된 독·일 형법콜로키움을 계기로 하여 주관적 미수론에 대한 반성적 재평가와 더불어 객관적 미수론에 대한 관심이 증가하는 경향을 보이고 있다. 이러한 경향은 특히 독·일 형법콜로키움을 기화로 하여, 객관적 미수론을 기조로 하는 일본으로부터 어느 정도 영향을 받았다는 흔적도 발견된다.[1] 독일에서 새롭게 불붙은 미수론의 논쟁은, 특히 미수의 처벌근거 및 불능미수의 가벌성 요건과 관련하여, 주관적 미수론과 객관적 미수론 간의 재격돌 내지는 1940년대 이전에

---

* 비교형사법연구 제8권 제2호(2006) 31-58면에 게재된 글임.

1) 1988년 독·일 형법콜로키움을 계기로 독일 형법에서도 미수의 가벌성근거 및 불능미수의 가벌성 요건에 관하여 일본처럼 좀 더 객관적인 방향으로 접근할 필요가 있다는 생각을 갖게 되었다는 피력은 Roxin, Über den Strafgrund des Versuchs, Nishihara-FS, 1998, 157면 이하 참조.

독일 학계를 지배했던 객관적 미수론의 부활로 규정할 수 있을 정도로 그 논쟁의 노선이 비교적 단순하다.

반면에 우리의 논쟁은 복잡·다양한 양상을 띤다. 과거 불능미수에 관한 우리의 연구는 주로 위험성 판단의 기준2)에 집중되어 있었다. 여기에는 위험성 표지의 의미와 그것이 불능미수에서 차지하는 가벌성 요건으로서의 지위에 관한 한 상당한 수준의 암묵적인 합의가 이미 형성되어 있었던 것으로 볼 수 있다. 그런데 최근의 논의는 이러한 전제에 대해서부터 의문을 던진다는 특징을 보인다. 특히 위험성 표지가 불능미수의 가벌성 요건으로서 갖는 독자적인 지위를 부정하면서, 그것을 불필요한 표지라든지, 아니면 감경 가능한 불능미수와 형면제가 되는 불능미수를 구별하는 기준으로서의 기능을 갖는 표지로 해석할 수 있다는 등의 주장까지 등장하고 있다.3) 더구나 다양한 연구결과가 발표되면서 오히려 위험성 개념의 의미론적 실체까지 혼미 속으로 빠져드는 느낌이다. 이 모든 현상들을 불능미수범이 형법도그마틱의 차원에서 제대로 자리 잡기 위한 진통일 것이라고 위로해보지만, 산만한 논쟁이 장기화되는 것은 연구의 효율성이라는 측면에서 결코 바람직한 현상은 아닐 것이다.

제1차적 혼란상은 위험성 개념의 의미론적 실체의 파악과 관련되어 있다. 불능미수범에서 요구하는 위험성이란 어떠한 위험을 의미하는 것인가? '결과발생에로 이를 가능성이 있는 행위'라는 의미에서의 '행위의 위험성', 즉 행위의 속성으로서의 위험성을 의미하는가, 아니면 '법익이 위험에 처해지거나 처해질 가능성'을 의미하는 '결과발생의 위험성'을 의미하는가?4) 또 후자라면 그것은 다시 '구성요건적인 구체적' 법익의 위태화인가, 아니면 '탈구성요건적인 일반적' 법익의 위태화를5) 의미하는 것인가?6) 우리의 논의상황을 분석해보면, 이 위험성을 행위의

---

2) 불능미수범의 위험성 판단에 관한 학설의 상세한 검토에 관해서는 이경렬, 미수범에 있어서의 위험개념에 관한 연구(성균관대학교 박사학위논문), 1994, 88-104면 참조.
3) 이정원, 불능범의 새로운 이해, 형사정책연구 제13권 제4호(2002), 235면 이하; 이형국, 형법총론연구 Ⅱ, 재판(1986), 554면; 천진호, 불능미수범의 위험성 판단 – 해석상의 오류를 중심으로 –, 비교형사법연구 창간호(1999), 83면 이하.
4) 대표적으로 허일태, 불능미수범에 있어서 위험성의 의미, 형사법연구 제13호(2000), 119면.
5) 소위 인상설이 대표적으로 이 입장에 해당한다.
6) 인상설이 순환논리에 빠져드는 것을 모면하려면 형벌위협의 배후에 놓여 있는 구성요건적 이익으로 되돌아갈 수밖에 없고, 이는 미수범에 대한 처벌의 목적이 만약 범죄가 기수에 이르렀다면 침해되었을 이익을 보호하는 것이기 때문이라고 함으로써, '법의식의 동요'라는 탈구성요

위험성으로 이해하는 경우가 있는가 하면, 결과의 위험성으로 이해하는 경우도 있고, 심지어는 양자를 구별하지 아니한 채 논의를 전개하기도 한다.[7] 하지만 이러한 입장들의 차이는 미수범 일반의 처벌근거 및 불능미수범의 가벌성 요건, 미수형태들의 구분기준, 불능미수와 불능범의 구별문제, 위험범의 위험과의 관계 등 수많은 관련 문제들을 해결하는 데에 있어서 서로 다른 결론으로 이르게 하는 원인이 될 수 있다. 그러므로 개념의 의미론적 실체가 정립되지 않은 채 논의가 계속된다면, 이는 현재의 혼란상을 수습하는 데 상당한 장애요소로 작용할 수 있을 것이다.[8]

제2차적 혼란상은 위험성 표지가 불능미수범에서 갖는 지위 내지 기능을 둘러싸고 발생한다. 즉, 불능미수범에서 독자적인 의미를 갖는 표지라는 일반적인 견해에 맞서, 위험성은 범죄개념의 내재적 속성 내지는 미수범 일반의 처벌근거일 뿐 불능미수범의 독자적인 표지도 핵심적인 표지도 아니라는 견해에서부터[9] 독자적 표지성을 부정한다는 전제에서 출발하여 불능미수범의 형감경과 형면제를 구별하는 기준으로서의 의미를 부여할 수 있다는 견해,[10] 불능미수범의 성립요건인 동시에 형감경과 형면제의 구별기준이 된다는 견해,[11] 불능미수범에서 아무런 의미를 갖지 못하는 불필요한 표지라는 견해[12] 등이 등장함으로써, 불능미수범의 위험성 표지는 또 다른 시련과 위험에 직면한 듯하다.

그런데 이러한 위험성의 독자적 지위에 대한 부정적 시각들의 근원에는 두 가지의 선(先)판단이 자리하고 있는 것으로 보인다. 첫째는 일정한 범죄군의 일반적인 처벌근거의 문제와 그 범죄군에 속하는 개별 범죄유형의 구체적인 성립요

건적인 일반적 법익의 공허성을 비판하는 견해로는 Herzberg, Zur Strafbarkeit des untauglichen Versuchs, GA, 2001(6), 266, 267면.

7) 천진호, 앞의 논문, 85, 86, 87면 참조.

8) 양자를 개념적으로 명확히 구분한 후, 미수범의 처벌근거로서의 위험성 내지 불능미수범의 가벌성 요건으로서의 위험성은 행위의 위험성으로 파악하는 견해로는 심재우. 불능미수범, 고시연구, 1982(10), 17면 이하; 이용식, 불능미수와 위험성, 고시계, 1999(6), 112면 이하; Hirsch, Untauglicher Versuch und Tatstrafrecht, Roxin-FS, 2001, 717, 718면.

9) 천진호, 앞의 논문, 83면 이하: 허일태, 앞의 논문, 116면 이하.

10) 이정원, 앞의 논문, 235면 이하.

11) 손동권, 형법총론 제2개정판(2005), 439면 이하.

12) 이형국, 앞의 책, 554면. 이형국 교수는 위험성을 주관설에 치우쳐 있는 인상설의 견지에서 이해하여 모든 가벌적·불가벌적 불능범의 경우 위험성이 없는 경우란 존재하지 아니하므로 "위험성이 있는 때에는"이라는 표현은 사실상 아무런 의미를 갖지 못한다고 본다.

건의 문제를 구별하지 않는다는 점이다. 그러나 공범 일반의 처벌근거의 문제와 교사범 또는 방조범의 성립요건의 문제가 구별되듯이, 미수범 일반의 처벌근거와 개별유형의 미수범의 성립요건은 서로 다른 문제영역에 속한다. 물론 공범 및 미수범 일반의 처벌근거를 어떻게 파악하느냐가 개별 공범 및 미수범의 성립요건 등을 해석하는 데에 영향을 미칠 수 있다는 점에서 상호 관련성이 없는 것은 아니지만, 포괄적 범죄군의 공통적인 처벌근거와 그 속에 포함되는 개별 범죄유형의 성립요건은 구별되는 개념이다.

　둘째는 '일실체(一實體) 일지위(一地位)'의 관념, 즉 '실체가 동일하면 그 지위도 단일해야 한다'는 관념이 자리하고 있는 것으로 보인다. 불능미수범에서 거론되는 위험성이 미수범 일반의 처벌근거로서의 위험성과 구별되지 않는 동일한 실체라면, 그것은 이미 미수범 일반에 대한 처벌근거로서의 지위와 기능을 갖는 표지이기 때문에, 또 다시 불능미수범에서 독자적인 지위를 가질 수 없다는 것이다. 그러나 동일한 하나의 실체라고 하여 하나의 단일한 지위만이 인정되는 것이 아니라는 것은 이미 고의의 이중적 지위에서 상징적으로 볼 수 있을 뿐만 아니라, 우리의 일상사에서도 체험적으로 확인할 수 있다. 동일한 하나의 사람에게도 무수히 다양한 지위와 기능이 부여되어 있지 않은가?

II. 위험성 표지의 의미론적 실체

　불능미수범의 위험성 표지에 관한 기존의 일반적인 연구경향은 그 위험성의 판단기준을 찾는 데에 집중되어 있었다. 불능미수범의 실정법적인 표지로서 특별히 명시된 위험성의 의미론적 실체가 무엇인가에 대해서는 별도의 진지한 성찰이 없었다. 여기에는 물론 이 위험성이 미수범 일반의 처벌근거로서의 위험성과 차별화되지 않는 것이기 때문에, 그것은 이미 미수범의 일반론에서 그 처벌근거의 문제로서 다루어진 것으로 간주했을 가능성이 있다. 그리고 불능미수범에 와서는 이제 불가벌적 불능범과의 구별이라는 자체적인 고유한 문제를 해결하기 위하여 위험성의 판단기준으로 연구의 초점을 맞추었을 수 있다. 그러다 보니 논자들이 전제하고 있는 위험성의 의미는 논자들마다 서로 다를 수도 있고, 또 논자마다 다소 불분명한 개념설정에서 출발했을 수도 있다. 이는 위험성의 판단기준의 설정에도 혼란을 초래할 수 있음은 물론이고, 급기야는 불능미수범의 이 실정법적 표지의 지위에 대한 해석상의 혼란까지 초래하는 근본적인 원인이 되었을 수도 있다. 따라서 불능미수범의 위험성 표지의 의미론적 실체를 먼저 분석하는 일이 절실한 것으로 보인다.

1. 실정법규의 문언적 맥락에서의 분석

불능미수범의 위험성 표지의 해석과 관련하여 주관적·역사적 해석에 비중을 둘 것인가, 아니면 객관적·목직론적 해석에 중점을 둘 것인가를 두고 논란이 없지 않다.[13] 그러나 객관적·목적론적 해석방법론에 비중을 두어야 한다고 하더라도, 헌법원리나 승인된 법원칙 또는 규범의 체계적 조화를 해하지 않는 한에서라면 입법자가 채택한 가치결단이나 규범의도를 정확하게 파악하여 규범의 해석지침으로 삼는 것까지 배척할 수는 없을 것이다.[14] 특히 해석대상이 되는 규정이 형법 제27조(불능범)처럼 비교법적으로 독창적인 구조와 표지를 가진 경우에는 더욱 그러하다.

그런데 주관적·역사적 해석의 방법으로는 일반적으로 입법의 배경이나 과정을 추적하는 방법을 사용하지만, 법문언에 충실하려는 해석도 간접적으로는 입법자의 의도에 충실하려는 해석태도일 수 있다. 입법자는 언제나 가장 적합한 언어를 선택하고 이를 가장 적절하게 구문화하여 그 의도를 법문으로 분명하게 담아내려 하기 때문이다. 전자의 방법에 의한 해석은 이미 여러 학자들에 의하여 시도된 바 있으므로,[15] 여기서는 후자의 방법에 의하여 '위험성' 표지의 의미를 분석해보기로 한다.

뿐만 아니라 독일 형법과는 달리 우리는 위험성이 조문에 불능미수범의 가벌요건으로서 명시되어 있기 때문에, 그 의미의 해석도 조문에서 출발하는 것이 올

---

13) 예컨대 신동운 교수(불능범에 관한 형법 제27조의 성립경위, 법학, 서울대학교, 제41권 제4호, 2001, 39면 이하)와 천진호 교수(앞의 논문, 특히 77면 이하)의 견해대립을 들 수 있다.
14) Engisch, Einführung in das juristische Denken, 7. Aufl, 249면 주 104b).
15) 김종원, 불능미수에 관한 연구, 대한민국 학술원 논문집(인문·사회과학편) 제36집(1997), 28면 이하; 김태명, 형법상 위험개념과 형법해석, 성균관법학 제14권 제1호(2002), 130면 이하; 신동운, 앞의 논문, 39면 이하; 천진호, 앞의 논문, 77면 이하; 하태훈, 불능미수, 형사법연구 제4호(1991), 68, 69면.

바른 태도일 것이다.[16]

독일 형법에는 위험성이 실정법규의 표지로서 규정되어 있지 않기 때문에 법규의 문언적 맥락 속에서 그 의미를 포착하는 것이 아예 불가능하다. 그래서 미수범 일반이나 불능범의 처벌근거로서의 위험성의 의미를 정의함에 있어서 순수 이론적으로 접근할 수밖에 없었고, 이는 독일의 학설이 일정한 정향성을 찾기 어려울 정도로 다양하게 전개된 하나의 원인이 되었을 수 있다. 반면에 우리는 법규의 문언적 맥락 속에서 위험성 개념의 내연과 외포를 가늠케 하는 기초적인 지침을 발견할 수 있다. 이는 위험성 표지의 더욱 구체적인 의미론적 실체를 파악함에 있어 연구와 논의의 기본방향을 제시해 줄 수 있다는 측면에서 중요한 의미를 갖는다.

형법 제27조(불능범)의 "… 결과의 발생이 불가능하더라도 위험성이 있는 때 …"라는 문맥은 불능미수범의 위험성이 '결과의 위험성'이 아니라 '행위의 위험성'을 의미한다는 것을 시사해주는 것으로 해석할 수 있다. 결과의 위험성은 행위의 '효과'로서 법익침해 또는 위태화의 결과상황이 초래되거나 초래될 수 있는 가능성을 의미하는 것인데, 결과의 발생이 불가능한 경우에는 그러한 결과상황이 초래될 가능성이 없다는 것이 되고, 이는 결국 '결과의 위험성'이 없다는 의미가 되기 때문이다. 그럼에도 만약 불능미수범의 위험성 표지를 행위의 위험성이 아니라 결과의 위험성으로 해석하게 되면, 논리적으로 볼 때, 법문의 표현이 '결과의 위험성이 없더라도 결과의 위험성이 있는 때에는'의 식으로 서술의 모순에 빠지게 된다.[17]

여기서 이미 법문언의 맥락상 불능미수범의 위험성 표지는 행위의 위험성으로

---

16) 실정법을 제쳐두고 미수의 처벌근거를 순수 철학적인 근거화로부터 접근함으로써 결국 법률과 조화될 수 없는 결론으로 이르는 쾰러의 견해를(Köhler, Strafrecht AT, 1977, 451-459면, 462면 이하 참조) 비판하면서, 헤르츠베르크는 칸트와 피히테의 말을 빌려 미수의 처벌근거를 밝히려는 쾰러를 향하여 "법과 불법을 결정하는 것은 현행 법률이지 칸트와 피히테가 아니다"라고 혹평을 한 바 있다(Herzberg, 앞의 논문, 258, 259면). 여기서 헤르츠베르크의 말을 액면 그대로 받아들이면 마치 법실증주의적 편협성을 지적할 수도 있겠지만, 해석에 있어서의 법규정의 존중이라는 의미로 완화시켜 받아들일 수도 있을 것이다.

17) 결과의 위험성과 행위의 위험성을 구별하지 아니하면 결과발생이 불가능한 경우도 위험성이 없는 경우가 되어 결국 제27조(불능범)의 '결과의 발생이 불가능하더라도 위험성이 있는 때'라는 법문이 '위험성이 없더라도 위험성이 있는 때'라는 의미가 되어 그 자체 형용의 모순에 빠진다는 적절한 지적으로는 신양균, 불능미수의 법적 성격, 김종원 교수 화갑기념논문집(1991), 419면.

해석할 수밖에 없다. 결과의 위험성과 행위의 위험성은 구별되는 개념이다.[18] 결과의 위험성은 법익의 침해 또는 위태화라는 위험상황이 사실상 초래되거나 초래될 가능성을 의미하는 것으로서 사후적인 '사실적 판단'의 대상이 되는 반면에, 행위의 위험성은 행위가 향후 결과발생으로 이르러갈 수 있는 가능성, 즉 행위의 속성[19]의 일면을 의미하는 것으로서 사후예측을 통한 '규범적 판단'의 대상이 된다.[20]

향후 결과발생으로 이르러갈 가능성이 있는 것으로 예견되거나 평가되는 행위, 즉 위험성이 있는 행위라고 해서, 언제나 예견대로 결과발생에로 이르러가는 것은 아니다. 사후적으로 확인되었을 때, 실제로 결과발생에로 이르기도 하고(기수범), 사실상 결과발생의 위험성을 야기한 정도에서 그치기도 하고(가능미수), 사실상 결과발생의 위험성을 야기하지 못하는 경우도(불능미수) 있다.[21][22] 결국 법문의 "결과의 발생이 불가능하더라도 위험성이 있는 때에는"은 "결과의 발생이 불가능하여 그 위험성이 없더라도 행위의 위험성이 있는 때에는"으로 해석될 것

---

18) Hirsch는 「교과서나 주석서 및 판례의 일반적인 결함은 특정한 객체에 닥치고 있는 구체적 "위험(Gefahr)"과 행위로부터 나오는 구체적 "위험성(Gefährichkeit od. Risiko)"을 개념적으로 분명히 구별하지 않는다는 점에 있다. 미수범의 처벌근거의 문제에서는 행위의 구체적 위험성만을 말할 수 있다. 미수의 경우에는 미수에 그친 실현이 문제되고 있기 때문에, 행위객체가 이미 구체적인 위험상황(Gefahrlage)에 빠져있음을 전제하지 않는다」고 함으로써 결과의 위험성과 행위의 위험성을 개념적으로 엄격히 구별함은 물론, 이러한 구별의 중요성을 강조한다(Hirsch, 앞의 논문, 717, 718면).

19) 불능미수의 위험성을 이처럼 행위의 속성이라는 측면에서 접근함으로써 행위의 효과로서의 결과의 위험성과 개념적으로 구별하는 입장으로는 이용식, 앞의 논문, 114면 참조.

20) 결과의 위험성과 행위의 위험성의 성격 차이의 일면을 이처럼 사실적 판단과 규범적 판단의 차이로 적절하게 비교하는 견해로는 신양균, 앞의 논문, 419면.

21) '결과의 위험성'과 '행위의 위험성'을 구별하는 방법 대신에 '구성요건적 행위 대상에 대한 구체적 침해위험성'과 '일반적인 법익교란의 실현위험성'을 구별함으로써 법문언의 모순 없는 해석을 시도하는 견해가 있다. 이 입장은 결과적으로 인상설로 귀결된다. 즉 법문의 '결과의 발생이 불가능하다'는 것은 '구성요건적 결과발생실현의 위험성이 없다'는 것을 의미하고, '위험성이 있다'는 것은 '법익교란의 실현위험성이 있다'는 것을 의미한다는 것이다(허일태, 앞의 논문, 114면 이하).

22) 또한 "… 결과의 발생이 불가능하더라도 위험성이 있는 때 …"라는 표현은 결과발생이 불가능한, 즉 결과의 위험성이 없는 행위들을 다시 이 행위의 위험성 여하에 따라서 양분할 것을 요구하는 것이다. 이를 역으로 추론하면, 결과발생이 불가능한 행위들을 면밀히 분석하여 가벌성을 인정하는 것이 타당해 보이는 행위들과 그렇지 못한 행위들로 나눈 후에 그들을 구별지우는 본질적인 요소를 발견해냄으로써 위험성의 의미론적 실체에 접근할 수 있음을 시사해준다. 이는 동시에 "위험성" 표지가 실천적으로는 불능미수범에서 중요한 기능을 하는 것임을 말해주기도 한다.

이다.

2. 규범 본질론적 분석

형법은 법익질서인 동시에 법규범질서이다. 형법은 법익보호를 위하여 인간의 행위를 규범으로써 규율하고자 한다. 법익질서가 목적이고, 법규범질서가 수단인 셈이다. 먼저 법규범질서는 법익질서를 전제로 하여 설정된다. 따라서 법규범질서에 의한 행위자유의 통제는 법익질서의 필요성에 의하여 정당화된다. 반면에 법익질서는 정형화되어 있는 행위규범을 통하여 추구된다. 규범은 법익침해 자체를 금지시키는 것이 아니라, 법익침해의 지향성이 있는 행위를 금지시킬 뿐이다.[23] 그리고 법익질서는 피해자의 이익침해에 관계되기 때문에 피해자를 지향하고 있고, 법규범질서는 행위를 대상으로 하는 것이기 때문에 행위자를 지향한다. 즉 형법은 법익질서의 보호를 위하여 필요한 한에서 행위자의 행위를 통제하는 것이다.[24] 여기서 형법상 명령규범의 대상으로서의 행위에 대하여 요구되는 속성이 도출될 수 있다.

첫째, 법익침해관련성이 있는 행위만이 형법의 규율대상이 될 수 있다. 법익침해 내지 위태화로 이르러 갈 가능성이 있는 행위만이 금지의 대상이 될 수 있다는 것이다. 이를 구성요건실현에로의 일반적인 정형성[25]이라고 하는데, 이를 사회적 행위론에서는 '행위의 객관적 목적성'이라 하기도 하고, 상당인과관계설에서는 '행위와 결과 간에 상당성이 있다'고 하며, 또 객관적 귀속론에서는 '허용되지 아니한 위험의 상당한 실현'이라고 하고, 미수론에서는 '행위의 결과 지향적 속성으로서의 행위의 위험성'이라 한다.

둘째, 법익침해관련성은 구체적인 법익에 대한 침해관련성이다. 형법은 보호할 법익을 구성요건을 통하여 구체적으로 설정해두고 있다. 이 설정된 법익의 보호만이 형법규범의 목적일 수 있으므로, 이러한 구체적인 법익의 침해에로 지향된

---

23) 문채규, 형법상 과실의 구조, 비교형사법연구 제5권 제1호(2003), 97면.
24) 형법의 규범본질에 대한 이러한 견해에 대하여는 심재우, 미수범에 있어서 행위불법과 결과불법, 고시계, 1983(2), 32면 이하; Maihofer, Der Unrechtsvorwurf, Th. Rittier-FS, 1957, 142면 참조.
25) '정형설'이라는 유사한 내용의 일본 학설에 대한 소개는 정진연, 불능미수에 있어서의 위험성, 박양빈 교수 화갑기념논문집, 1996, 602면 참조.

행위만이 규범의 통제대상이 될 수 있다. 따라서 불능미수범을 포함한 미수 일반의 처벌근거로서의 행위의 위험성도 구체적인 구성요건적 법익을 전제로 하여 판단되는 위험성이어야 한다. 그러므로 구성요건을 통하여 구체적으로 설정된 법익 이외의 임의적 이익을 위하여 행위를 규율하는 것은 형법규범의 본질을 일탈하는 것이다. 이런 면에서 보면, '행위자의 행위가 불러온 법동요적 인상 내지 사회적 평화의 와해'라는[26] 탈구성요건적 법익을 등장시키는 인상설은[27] 이미 비판의 여지를 안고 있다.[28]

셋째, 규범의 명령은 그러한 행위를 사전적(事前的)으로 금지시키는 것이기 때문에, 행위가 착수되기 전에 착수하기로 예정된 행위를 대상으로 하여 발동되어야 한다. 그래서 행위의 위험성에 대한 판단도 표출되려는 행위를 대상으로 사전적으로[29] 이루어져야 한다.[30] 다만 위험성의 판단기준은 일반화시켜야 할 것이다. 행위자가 표상하는 행위를 판단대상으로 하되, 그것이 위험한 행위로서 일반적으로 금지시킬만한 것인가는 일반적인 시각에서 판단해야 하는 것이다. 그 이유는 형법의 명령은 일반인을 향하여 발동되는 보편적인 명령이기 때문이다. 이처럼 규범 본질론에서 접근할 때, 위험성의 판단기준에 관해서는 추상적 위험설[31]이 타당할 것이다.

---

26) Roxin, 앞의 논문, 169면.

27) 인상설의 구체적 내용은 그 본고장인 독일에서도 정말로 다양하게 설명되고 있다. 예컨대 Grünwald, Welzel-FS, 1974, 712면; LK, 10. Aufl./Vogler, vor § 22, Rn. 52; Maurach/Gössel AT/2, 7. Aufl., 40/40 ff.; Schönke/Schröder/Eser, 25. Aufl., vor § 22, Rn. 22; SK/Rudolphi, vor § 22, Rn. 13 ff.; Wessels AT, 27. Aufl., Rn. 594 등을 비교하면 구체적 내용의 다양성을 볼 수 있다.

28) 비록 비판의 시각은 다르지만, 인상설에 대한 치밀한 비판으로서는 Zaczyk, Das Unrecht der versuchten Tat, 1989, 25 ff.; Jakobs, Strafrecht AT, 2. Aufl., 1991, 25/22; Kühl, Grundfälle zu Vorbereitung, Versuch, Vollendung und Beendigung, JuS 1980, 506, 507면 참조.

29) 이미 과거에 있었던 범행을 대상으로 판단이 내려지므로 판단시점에서 보면 사후판단이지만, 행위자가 특별히 인식했거나 일반인이 인식할 수 있었던 사정을 토대로 구성요건실현으로 이를 가능성이 있는가를 행위 당시로 돌아가서 사후예측을 통하여 판단하는 것이므로 판단방법에서 보면 사전판단에 해당한다는 정확한 지적으로 김태명, 앞의 논문, 133면; 신양균, 앞의 논문. 428면 참조.

30) 입법과정에서 입안자가 국회에서 행한 입법이유 설명을 근거로 불능미수범에서 결과발생의 불가능은 사후적 판단으로, 그리고 위험성 판단은 사전적 판단으로 대비시키는 견해는 신동운, 앞의 논문, 66면 참조.

31) 학설 상황을 보면 구체적 위험설과 추상적 위험설 내지 인상설이 상당한 세력으로 맞서 있고, 판례는 주로 구객관설의 태도를 취하는 중에도(대판 1973. 4. 30., 73도354; 대판 1984. 2. 28., 83도3331; 대판 1985. 3. 26., 85도206; 대판 1990. 7. 24., 90도1149) 추상적 위험설에

3. 불법 구조론적 분석

통상적인 언어사용의 예에 따를 때, 불법이라는 용어는 '甲이 불법을 저질렀다'거나 '甲이 한 행위는 불법이다'라는 식으로 사용된다. 전자는 일정한 하나의 사태 자체를 이르는 것이고, 후자는 하나의 사태에 대한 평가를 이르는 것이다. 어느 경우이건 그때의 불법은 법의 반대가치, 즉 반가치로 이해되는데, 문제는 그 반가치를 이루는 요소(내용)가 무엇인가에 있다.

불법은 인간의 행위와 관계되는데, 모든 인간 행위는 두 가지 측면, 즉 개인을 통하여 '실행'된다는 측면과 타인에 대한 '작용'이라는 측면을 갖는다. 인간 행위는 언제나 이러한 두 측면으로 실재(實在)한다. 그렇기 때문에 인간 행위의 가치 또는 반가치는 그러한 실재적 두 측면과 각각 관련하여 항상 두 가지 시각에서 규정될 수 있다. 그 행위는 어쨌거나 행위자 자신이 실행한 것이라는 측면에서 그 자신이 그 행위에 대하여 부담하게 되는 가치 또는 반가치의 관점이 그 하나이고, 그 행위의 작용이 타인에 대하여 갖는 가치 또는 반가치의 관점이 또 다른 하나이다. 이를 불법의 반가치 구조 속에서 말한다면 전자는 바로 행위반가치에 관계되고, 후자는 결과반가치에 관계된다. 그리고 이를 다시 행위자와 피해자의 관계 속에서 이해하면, 전자의 시각은 행위자의 규범침해의 측면이고, 후자는 피해자에 대한 이익침해의 측면이다.[32]

불법의 반가치를 이처럼 이원적으로 파악하는 것은 적어도 오늘의 사회적 범죄체계에서는 일반적인 견해에 해당한다. 불법의 개념규명이나 본질규명은 원래 규범의 본질론과 밀접한 관련을 갖는데, 과거의 객관적 불법론이 평가규범설을, 그리고 주관적 불법론이 명령규범설을 배경으로 하였다는 점은 잘 알려진 사실이다. 그리하여 객관적 불법론이 행위의 타인에 대한 작용의 측면을 불법고찰의 주된 대상으로 삼았다면, 주관적 불법론은 행위자에 의한 행위의 실행이라는 측면을 불법고찰의 주된 대상으로 삼았다. 반면에 사회적 범죄체계에서처럼 불법의 개념과 본질을 행위의 두 실재적 측면에 동등하게 관련시켜 이원적으로 고찰하

___

입각한 것으로 볼 수 있는 경우도 발견된다(대판 1978. 3. 28., 77도4049).

32) Maihofer, Der Unrechtsvorwurf, Th. Rittler-FS, 1957, 142면 참조.

게 되면, 형법규범의 본질을 명령규범인 동시에 평가규범으로 이해하는 오늘의 일반화된 규범 본질론과도 조화를 이루게 된다.[33]

이러한 인간행위의 실재적 두 측면은 고의, 과실, 작위, 부작위 등의 행위 유형에 따라서 달라지지 않는다. 뿐만 아니라 규범은 행위의 통제를 수단으로 하여 일정한 이익의 보호를 목적으로 하는 것이고, 죄형구성요건은 규범의 구체적 발현형태라고 할 때, 구성요건도 고의범, 과실범, 작위범, 부작위범을 불문하고 언제나 행위반가치를 구성하는 요소와 결과반가치를 구성하는 요소로 이루어질 수밖에 없다. 이는 인간행위의 실재적 측면과 규범의 본질론 및 규범과 구성요건의 관계에서 비롯되는 것이기 때문에, 행위의 종류나 구성요건의 종류에 따라서 달라질 수 없다.[34]

그러나 독립적인 기본적 구성요건의 이러한 원칙적인 불법구조와는 달리, 이익침해에 의한 결과반가치와 규범침해에 의한 행위반가치가 일치하지 않는 수정된 범죄유형도 존재한다. 미수범이 그 한 예이다. 미수는 기본적인 기수범의 구성요건에서 예정한 결과반가치를 − 그것이 법익침해(침해범)이든 법익위태화(위험범)이든 − 실현하는 과정에 불과하기 때문에, 미수범에서는 아직 해당 기수범의 결과반가치의 실현이 있을 수 없다. 따라서 미수가 처벌되는 근거를 불법 구조론적으로 어떻게 설명할 수 있을 것인가가 문제이다.

그것은 행위의 결과반가치에로의 지향성으로 설명될 수 있다. 여기서 말하는 지향성은 행위가 구성요건실현에로 이를 수 있는 객관적 가능성을 의미한다. 결과발생 또는 결과발생의 위험성이 없는 행위는 형법적으로 반가치판단을 해야 할 이유도 없고 실익도 없다. 형법은 법익보호를 목적으로 행위를 규율하는 것이기 때문이다. 환각범이나 불능범이 처벌되지 않는 이유도 여기에 있다. 여기서는 결과발생에로 이를 객관적 가능성이 없는 행위가 문제되는 경우이기 때문에, 결과반가치에로 지향된 행위반가치가 존재할 수 없다.[35] 반면에 미수범에서는 이익침해 내지 위태화라는 결과반가치가 존재하지 아니하지만, 그러한 결과반가치로

33) 특히 평가규범과 명령규범을 목적과 수단의 관계로 파악하는 대표적인 견해로는 Arthur Kaufmann, Das Unrechtsbewußtsein in der Schuldlehre des Strafrechts, 1949, 138, 139면 참조.
34) 문채규, 앞의 논문, 94, 95면.
35) 심재우, 앞의 논문(주 23), 35면.

지향된 행위반가치가 인정된다. 형법은 법익의 침해 자체를 금지시키는 것이 아니라, 법익침해의 가능성이 있는 행위를 금지시키는 것이기 때문에,[36] 법익침해에로의 객관적 가능성이 인정되는 행위는 그것만으로써 규범위반이 인정되어 처벌될 수 있는 것이다.

즉, 불법의 본질에 대한 오늘의 일반화된 견해인 행위불법·결과불법이원론에 의하면 결과불법이 존재하지 아니하더라도 결과불법에로 지향된 행위불법이 인정되면 가벌성의 요건이 충족된다. 행위불법·결과불법이원론은 항상 존재적으로 행위불법과 결과불법을 모두 갖출 것을 요구하는 것이 아니라, 행위불법과 결과불법의 어느 한쪽만으로써는 가벌성을 근거지울 수 없고 항상 양자의 상호관련 속에서 가벌성의 근거를 찾고자 하는 입장이다. 따라서 양자의 상호관련성이 완전히 단절되고 있는 곳에서는 가벌성의 근거를 찾지 못한다. 즉, 결과반가치와 행위반가치가 독자적으로 형법상의 불법을 기초 붙일 수 없고 상호관련 속에서만 가능하다는 것이다.[37]

그래서 예컨대 환각범이나 불능범은 행위가 법익침해나 위태화라는 결과반가치의 실현에로의 지향성이 없기 때문에, 결과반가치에 앞서 행위반가치 자체까지 부정되어 불가벌이고, 정당방위의 경우나 주의의무위반 없이 불가항력으로 발생된 결과의 경우는 결과반가치가 행위반가치에 접속되어 있지 않기 때문에 불가벌이며, 더 나아가 소위 주의의무위반관련성이 문제되는 사례에서는 결과발생과 주의의무위반행위의 관련성이 부정되어 결과반가치와 행위반가치가 단절되기 때문에 가벌성이 부정된다.[38]

행위불법과 결과불법은 독자적으로 가벌성을 기초붙일 수 없을 뿐만 아니라 가벌성의 차등 근거도 제시해 주지 못한다. 예컨대 살인죄, 상해치사죄, 과실치사죄는 모두 결과불법에서 동일하지만, 처벌에서 차이가 생기는 것은 결과불법을 행위반가치에 관계시켜서 판단하기 때문이다. 반대로 살인미수와 살인기수는 사람을 살해하려는 행위를 하였다는 행위불법에서 동일하지만, 그 가벌성에 차이가 생기는 것은 그것을 결과반가치에 관련시켜 판단하기 때문이다.[39] 이는 가능미수

36) Welzel, Studien zum System des Strafrechts, ZStW 58(1939), 515면 이하, 529면.
37) 심재우, 앞의 논문(주 23), 37면.
38) 문채규, 앞의 논문, 97, 98면.
39) 심재우, 앞의 논문(주 23), 36면.

와 불능미수의 관계에서도 마찬가지이다. 즉 행위반가치에서는 동일하지만, 결과 반가치에 관련시키면 처벌의 차등화가 설명될 수 있다. 가능미수의 경우는 사실 상 결과발생의 구체적 가능성이 있는 반면에, 불능미수에는 사실상 결과발생이 불가능한 경우이다. 사실상 결과발생의 가능성이라는 결과반가치와 관련하여 차 등화된다.

결국 불법구조론적 관점에서 보더라도 미수범이 처벌되는 근거는 결과반가치 에로 지향된 행위반가치의 존재에 있고, 이때 결과반가치로의 지향성은 행위의 결과발생에로의 객관적 지향성, 즉 행위의 객관적 위험성을 의미하는 것이다. 따라서 불법구조론적 관점에서 보더라도 미수범의 처벌근거로서의 위험성은 행위의 객관적·일반적 위험성으로 파악된다.

4. 착오론적 분석

형법은 불능미수범에 대하여 "… 착오로 인하여 결과의 발생이 불가능하더라도 위험성이 있는 때에는 …"이라고 규정한다. 이는 착오로 인하여 결과의 발생이 불가능하다는 동질적인 사태라 하더라도 더욱 구체적으로는 위험한 것과 위험하지 않은 것으로 달리 평가할 수 있는 두 사태로 구분될 수 있다는 것을 말해준다. 그렇다면 결과의 발생이 불가능한 사태를 형성하는 요소들 중에는 다시 그 사태를 구체적으로 위험한 것과 위험하지 않은 것으로 달리 평가될 수 있도록 하는 요소가 있다는 것이고, 그 요소가 바로 위험성의 판단에 연결될 것이라는 추론이 가능하다.

위험성 판단의 대상이 되는 공통 사태는 '착오로 인하여 결과의 발생이 불가능하다'는 것이다. 여기서 사태를 형성하는 기본요소는 첫째, 착오가 있었다는 점, 둘째, 결과의 발생이 불가능하다는 점, 셋째, 결과의 발생이 불가능하게 된 것이 착오에서 기인한다는 점이다. 그런데 이러한 요소들 중에서 사태를 위험한 것과 위험하지 않은 것으로 달리 평가될 수 있도록 사태를 내용적으로 달리 형성시킬 수 있는 요소, 즉 가변성이 있는 요소는 착오의 '정도'뿐이다. 착오의 정도는 다양하게 전개될 수 있기 때문에, 그에 따라서 구체적으로 사태의 성격도 달리 형성되고 평가도 달라질 수 있다. 반면에 착오가 있었다는 사실, 결과의 발

생이 사실상 불능하다는 사실, 그리고 양자 사이에 연관성이 있다는 사실은 고정
적인 요소이기 때문에, 이러한 요소는 사태를 유동적으로 변경시킬 수 없다.

그러므로 이제 어떠한 착오일 때 위험성이 인정되고, 어떠한 경우가 그 반대
의 경우인가의 문제로 귀결시킬 수 있다. 그런데 형법상 착오의 정도에 관해서는
이분법적 분류가 일반화되어 있다. 상당한 착오와 그렇지 못한 착오의 구분이 그
것이다. 이는 구성요건착오에서도 금지착오에서도 모두 의미 있는 유용한 구분임
은 주지의 사실이므로, 불능미수에서도 이러한 기준을 적용해볼 수 있다.[40]

즉 결과의 발생이 불가능하다는 사실을 착오로 인하여 인식하지 못한 것이 일
반인에게도 일반적으로 가능한 상당한 착오라면 위험성을 인정할 수 있을 것이
다. 일반인이 행위자의 행위상황에 놓여 있다고 가정할 때, 그 일반인도 그렇게
착오하여 결과의 발생을 가능한 것으로 생각할 수 있을 정도의 행위라면, 그것은
규범이 방치할 수 없을 정도로 위험한 행위라고 할 수 있기 때문이다. 반면에 착
오에 상당성이 없는 경우, 즉 일반인의 통상적인 관점에서 볼 때 행위자의 착오
가 엉뚱한 착오로 생각될 정도로, 그래서 일반인이 그러한 행위를 하면서 결과의
발생을 표상하지는 않을 것이라고 판단될 정도의 행위라면, 그것은 규범이 방치
해도 무방할 정도로 위험성이 없는 행위라 할 수 있다.[41]

독일 형법도 제23조 제3항에서 범행이 결코 기수에 이를 수 없음을 현저한

---

40) 불능미수범을 반전된 구성요건착오라 하기도 한다. 착오의 방향이 서로 반대로 되어 있기 때
문이다. 그런데 착오의 효과도 서로 반대방향으로 나타나는 점을 알 수 있다. 구성요건착오는
행위자에게 유리하게 작용하는 반면에 불능미수범의 반전된 구성요건착오는 행위자에게 불리
하게 작용한다(허일태, 앞의 논문, 120면). 이를테면 구성요건적 착오의 경우 구성요건이 객관
적으로 실현되었음에도 착오의 존재로 곧바로 구성요건 고의가 배제되고, 더 나아가 그 착오
가 상당한 착오(일반인에게도 개연성이 높은 착오)일 경우에는 과실도 부정된다. 반면에 반전
된 구성요건착오에 해당하는 불능미수에서 나타나는 착오는 그 효과도 반전되어 행위자에게
불리하게 작용한다. 구성요건이 객관적으로 실현되지 않았음에도 불구하고, 고의책임을 문제
삼고, 더 나아가 그 착오가 상당한 착오(일반인에게도 개연성이 높은 착오)일 경우에는 오히려
위험성이 인정되어 불능미수로서의 가벌성이 긍정된다.

41) 착오의 정도와 위험성의 상관성에 대하여 필자와 동일한 취지의 언급으로는 신양균, 앞의 논
문, 429면. 한편 천진호 교수도 위험성 표지의 독자적 지위를 부정하면서, 불능미수범의 가벌
성에 직접적으로 중요한 요소를 착오에서 찾고자 한다. 그런데 천진호 교수는 이 착오의 성격
을 금지착오와 같은 것으로 보면서, 착오에 정당한 이유가 있느냐의 여부에 따라서 형을 감경
하거나 면제하는 근거로 삼아야 한다고 함으로써, 착오를 불능미수범의 위험성 요건과 연결시
키지는 않는다(천진호, 앞의 논문, 85, 88, 89면), 한편 독일에서도 '현저한 무지'라는 표지에
착안하여 착오의 정도와 미수범의 처벌근거로서의 위험성을 연결시키려는 견해가 발견된다
(Hirsch, 앞의 논문, 719면; Herzberg, 앞의 논문, 265, 266면).

무지로 인하여 인식하지 못한 때에는 형을 면제하거나 감경할 수 있도록 함으로 써, 착오의 정도를 기준으로 하여 가벌성에 차등을 두고 있다. 이는 현저한 무지 의 경우와 그렇지 않은, 예컨대 일반적인 무지를 구별한 것이다. 결코 기수에 이 를 수 없는 동일한 불능의 경우라 하더라도, 일반적인 무지로 그것을 알지 못한 경우는 미수범의 통상적인 임의적 감경으로 하면서, 현저한 무지의 경우는 더욱 완화하여 임의적 감면으로 한 것이다. 여기서 현저한 무지, 또는 일반적인 무지 는 착오의 정도에 해당하는 것이다. 독일 형법도 착오로 인한 불능의 경우, 착오 의 정도를 가벌성의 차등화에 반영하고 있음을 알 수 있다. 다만 우리는 위험성 표지와 연결시켜 가벌성의 존부에 관한 요소로 삼은 반면에, 독일 형법은 임의적 감면의 요소로 하는 차이가 있다.[42]

형법상 위험성 표지는 착오의 정도와 연결되어 있고, 상당한 착오의 경우는 행위의 위험성이 인정되고, 상당성이 없는 착오의 경우는 행위의 위험성이 부정 되는 것을 보았다. 그리고 여기서의 위험성도 객관적·일반적 위험성이다. 위험 성 판단의 기준이 되는 착오의 상당성 여부가 객관적이고 일반적인 기준으로 평 가되는 것이기 때문이다.

Ⅲ. 위험성 표지의 지위와 기능

형법 제27조(불능범)의 "위험성" 표지를 가벌적 불능미수와 불가벌적인 불능범 을 구별하는 기준인 동시에 다른 형태의 미수범과 구별하는 기준으로 기능한다 는 점에서 불능미수범의 핵심적이고 독자적인 요소로 이해하는 것이 일반적이 다.[43] 그런데 최근에는 위험성이 범죄개념의 내재적 속성 내지는 미수범 일반의 처벌근거일 뿐 불능미수범의 독자적인 표지도 핵심적인 표지도 아니라는 견해에 서부터[44] 독자적 표지로서의 지위를 부정하면서 대신에 불능미수범의 형감경과 형면제를 구별하는 기준으로 사용하자는 견해[45] 등이 등장하여 주목된다.

---

42) 여기서 미수범 처벌에 관하여 우리 형법과 독일 형법을 비교하면, 상대적으로 독일 형법은 주 관주의 경향이, 우리 형법은 객관주의 경향이 강하다고 할 수 있다(같은 견해로는 오영근, 형 법총론 초판, 2002, 519면 참조).

43) 이러한 견해를 가진 학자에 대해서는 천진호, 앞의 논문, 83면 주 33) 참조.

44) 천진호, 앞의 논문, 83면 이하; 허일태, 앞의 논문, 116면 이하.

그런데 위험성 표지의 독자적인 지위를 부정하는 견해들이 말하고 있는 바가 구체적으로 같지는 않고 세 갈래 정도로 나뉜다.

하나는 위험성의 개념을 주관적으로 접근하여 "행위의사 속에 정향된 법익침해에의 위험"[46]으로 이해하면서, 이러한 위험성은 상대적으로 정도의 차이는 있을지언정 모든 불능형태의 미수범에 다 있는 것이므로 그것을 별도로 요구하는 것이 의미가 없다는 견해이다. 그래서 "우리 형법 제27조가 비록 법문상 '위험성이 있는 때에는 처벌한다'라고 규정하여 마치 위험성이 없는 경우도 있지만 위험성이 있는 경우만을 골라서 처벌한다고 하는 것처럼 보이나 불능미수의 본질을 고려해 볼 때 위험성이 없는 경우란 있을 수 없고 그러한 실례를 찾아볼 수도 없다. 그러므로 '위험성이 있는 때에는'이라는 법문상의 표현은 사실상 아무런 의미를 갖지 못하며 입법론상 재검토를 요한다"고 한다.[47] 다만 환각범과 미신범은 처음부터 불능미수와 구별되며 따라서 그것들은 위험성이 없는 불능미수범에도 속하지 않는다고 한다.[48]

그러나 위험성을 행위 당시 행위자가 인식한 바를 대상으로 하여 일반인의 관점에서 판단하는 것으로서 그 의미를 객관화시켜 이해함으로써, 불능형태의 미수에도 위험성이 있는 경우와 위험성이 없는 경우가 구별될 수 있다는 입장을 취하게 되면 이 견해는 근거를 상실하게 될 것이다.

또 하나의 갈래는 위험성의 양과 질, 또는 구체적 내용은 다를지라도 모든 가벌적 범죄유형에는 — 침해범, 위험범, 기수범, 미수범, 예비죄, 과실범, 장애미수범, 중지미수범, 불능미수범 등 — 모두 위험성이라는 것이 내포되어 있는 것이고 불능미수범에서만 요구되는 것이 아니므로, 그것이 불능미수범을 근거지우는 핵심적 표지가 못된다는 견해이다.[49]

이 견해는 그 실체가 다를 뿐이지 — 위험의 구체적 내용 또는 위험성의 양과 질의 차이를 인정한다는 것은 결과적으로 그 실체가 다를 수 있음을 인정한 것으로 볼 수 있다 — 위험성이라는 요소 자체는 모든 범죄유형에 다 등장하는 것이

---

45) 이정원, 앞의 논문, 235면 이하.
46) 이형국, 앞의 책, 553면.
47) 이형국, 앞의 책, 554면.
48) 이형국, 앞의 책, 554면 주 82).
49) 천진호, 앞의 논문, 83면 이하.

기 때문에, 그것을 불능미수범에 고유한 것으로 볼 수 없다는 의미로 이해된다. 그러나 이 견해처럼 모든 범죄유형에서 등장하는 위험성이 그 개념 표지만을 같이 할 뿐이고 그 실체가 다를 수 있다고 한다면, 각 범죄유형에서 위험성의 독자성을 부정할 것이 아니라 오히려 긍정하는 것이 사리에 맞을 것으로 생각한다.[50]

문제는 마지막 남은 견해이다. 이는 미수범 일반의 처벌근거로서의 위험성과 불능미수범의 위험성이 그 실체가 완전히 동일한 것이기 때문에,[51] 그것은 미수범 일반의 처벌근거로서 미수범 일반의 요건일 뿐이지 불능미수범에서 고유하게 요구되는 요건이 아니라는 것이다.[52] 불능미수범 역시 미수범의 일 유형이므로 위험성은 불능미수에서 의미를 갖기 이전에 이미 미수범으로 성립하기 위한 요건으로서의 의미를 갖는다는 것이다. 따라서 이 견해는 위험성이 미수범의 성립요건으로서 검토되는 것으로 족하고, 불능미수범의 성립과 관련하여 별도로 검토될 필요가 없다는 의미를 포함하고 있다.

미수범 일반의 처벌근거로서의 위험성과 불능미수범의 위험성이 그 실체가 동일한 것이라고 보게 되면, 과연 그것의 불능미수범에서의 독자적인 지위까지 부정되어야 하는 것인가? 지위는 역할과 기능에 의하여 결정된다. 만약 위험성이 미수범 일반의 처벌근거를 설명하는 기능과 역할만을 수행할 뿐, 그와는 별도로 불능미수범에서 수행하는 역할과 기능이 없다면, 불능미수범에서의 독자적인 지위는 부정되는 것이 마땅할 것이다. 그러나 실체가 같은 하나의 요소가 두 영역에서 동시에 등장한다는 이유만으로 어느 하나의 영역에서 그가 설 자리가 없다고 한다면, 이는 타당하지 않다.

---

50) 특히 천진호 교수는 위험성을 행위의 위험성과 결과의 위험성으로 개념적으로 구별하지 아니하고 혼용하고 있는 것으로 보인다. 이는 천진호 교수의 "형법이 규율하고 있는 모든 범죄유형은 그것이 형법상의 행위로 인한 현실적인 법익침해나 위태화라는 결과발생 또는 법익침해나 위태화의 실현가능성이라는 '위험'을 내포하고 있다. 즉 위험하지 않은 행위와 결과를 범죄로 규정할 리가 없다는 점에서 형벌의 대상인 범죄는 범죄개념의 본질적 표지로서 '위험성'을 가지고 있다." "침해범이냐 위험범이냐에 따라서 '위험'의 구체적 내용이 다를 수 있으며, 고의 기수범이냐 미수범이냐 예비죄냐 과실범이냐, 장애미수범이냐 중지미수범이냐 불능미수범이냐에 따라 '위험성'의 정도(양과 질)에서 차이가 있을 뿐이며 이러한 차이를 법률효과인 양형에서 차등을 두고 있는 것이다." "불능미수범・장애미수범의 위험성 개념은 동일하다 하더라도 위험성의 정도, 즉 그 양과 질은 결과반가치와 행위반가치의 측면에서 다르다…"(천진호, 앞의 논문, 85, 86, 87면 참조) 등의 표현으로부터 추론될 수 있다.
51) 이 점에서는 이 글의 입장과 일치한다.
52) 이정원, 앞의 논문, 236면 이하; 허일태, 앞의 논문, 116면 이하.

예컨대 고의에 불법요소로서의 지위와 책임요소로서의 지위를 동시에 인정한다고 할 때, 실체가 서로 다른 두 개의 고의가 있다는 의미는 아니다. 동일한 실체로 된 하나의 고의가 있을 뿐이다. 다만 규범 의미론적으로 볼 때, 그것으로부터 불법요소로서 기여하는 기능, 즉 불법요소로서의 의미와 책임요소로서 기여하는 기능, 즉 책임요소로서의 의미를 동시에 끌어낼 수 있다는 것을 의미할 뿐이다. 여기서 우리는 동일한 실체를 갖는 하나의 요소가 두 영역에서 동시에 독자적인 각각의 고유한 지위를 누리는 것을 본다.

그러면 먼저 위험성이 미수범 일반의 처벌근거라는 의미는 무엇인가? 그것은 일단 미수이기 때문에 반드시 처벌하여야 한다는 적극적 의미로서의 처벌근거를 말하는 것은 아니다. 미수가 반드시 처벌되는 것은 아니기 때문이다. 그렇다면 그것은 소극적 의미의 근거일 것이다. 즉, 비록 기수가 아니고 미수이지만, 그래서 형법이 회피하고자 하는 법익침해 내지 법익위태화의 상태를 초래하지는 않았지만, 그래도 경우에 따라서는 처벌될 수도 있게 하는 근거라는 의미를 갖는다. 형법은 특별한 처벌규정을 근거로 하여 예외적으로만 미수범을 처벌하는데, 비록 예외적이지만 그래도 처벌하기 위해서는 그 근거가 필요한 것이고, 그것이 바로 위험성이라는 의미다.

그렇다면 위험성이 불능미수범에서 수행하는 역할과 기능은 무엇인가? 일반적인 견해에 따라서 불능미수범을 미수범의 일 형태로 볼 때,[53] 불능미수범을 미수범으로 처벌하기 위해서는 우선 미수범의 처벌근거로서의 이 위험성이 인정되어야 한다. 그런 면에서 이 위험성은 일단 불능미수범의 처벌근거로서의 기능을 한다. 그런데 위험성의 측면에서 볼 때, 불능미수범은 미수범의 최저한계에 속하므로, 미수 일반의 처벌근거로서 필요적으로 요구되는 이 위험성만으로도 – 물론 위험성 이외의 다른 요건이 충족된 것이라 할 때 – 불능미수범이 성립할 수 있다. 이는 이 위험성이 불능미수를 미수범으로 처벌할 수 있는 근거로서의 필요조건인 동시에 불능미수범이 성립할 수 있는 충분조건이 된다는 의미이다. 즉,

---

53) 일반적인 견해와는 달리 불능미수를 고유한 미수형태인 가능미수와는 본질을 달리 하는 것으로서 미수범의 일 형태로 보지 아니하고 미수범과 불가발적인 불능범의 중간에 위치하는 별개의 법형상으로 볼 수도 있는데, 김종원 교수에 의하면 과거 류병진 판사(한국형법(총론), 1957년, 162면 이하)와 이건호 교수(형법학개론, 1964, 164면)가 이러한 견해를 취하였다고 한다 (김종원, 앞의 논문, 31면 주 23 참조).

이 위험성은 불능미수범의 처벌근거로서의 기능 외에 불능미수범의 성립요건이 된다.

그러나 가능미수에서는 사정이 다르다. 이 위험성이 가능미수를 '미수범으로' 처벌할 수 있는 근거로서의 필요조건이기는 하지만, 불능미수와 구별되는 '가능미수범으로서' 더 무겁게 처벌할 수 있는 충분조건은 못된다. 더 무겁게 처벌되는 가능미수가 성립하기 위해서는 불능미수에서 요구되는 것보다 더 큰 위험성이 요구되기 때문이다. 이는 이 위험성이 가능미수에서는 성립요건으로서의 기능을 수행하지 못한다는 것을 의미한다.

이상의 고찰을 통하여 위험성이 미수범의 처벌근거인 동시에 불능미수범에서만 성립요건으로서의 기능을 동시에 갖는다는 것이 확인되었다. 미수 일반에 대한 처벌근거로서의 기능은 미수 일반의 가벌성의 전제조건이지[54] 구체적인 각 미수형태의 성립요건을 의미하는 것은 아니다. 오히려 구체적인 각 미수형태가 성립하기 위하여 요구하는 위험성은 제각각 다르다. 예컨대 가능미수가 성립하기 위해서는 이 위험성만으로는 부족하고 행위가 구성요건실현으로 이를 사실적인 가능성이 있어야 한다는 점에서 결과의 위험성까지 요구된다. 반면에 불능미수에서는 그러한 결과의 위험성이 없는 경우로서 행위의 위험성만으로 족하다. 사실상 결과발생으로 이를 수 있는 행위의 위험성과 사실상 결과발생으로 이르는 것이 불가능한 행위의 위험성이 같을 수는 없는 노릇이다. 이리하여 동일한 실체로서 파악된 미수 일반의 처벌근거로서의 위험성과 불능미수범의 표지인 위험성은 불능미수범에서만 그 성립요건으로서의 역할과 기능을 수행한다는 점에서 그것의 불능미수범에서의 독자적인 지위를 인정할 수 있다. 지금까지 일반적으로 미수 일반의 처벌근거인 이 위험성을 불능미수범의 성립요건으로 다루어 온 것은 그만한 이유가 있었던 셈이다.[55]

---

54) 처벌근거의 문제를 가벌성의 전제조건으로 이해하는 견해로는 Herzberg, 앞의 논문, 266, 267면 참조.

55) 한편 불능의 미수형태 중에서 가벌적인 것과 불가벌적인 것을 구별하는 데에 위험성 표지가 기능을 한다는 입장에서 위험성 표지를 불능미수범에서 고유한 기능을 하는 것으로 보는 견해가 있으나, 이는 적절하지 않은 것으로 생각한다. 이 기능은 불능미수범에 고유한 기능이라고 할 수 없다. 불가벌적인 불능범은 미수범 일반의 처벌근거로서의 위험성에 의해서도 배제될 수 있기 때문이다. 즉 위험성 표지를 통하여 불가벌적인 불능범을 구별해내는 일은 불능미수범의 영역에서 실행하지 않더라도, 미수 일반의 위험성 요소를 통해서도 가능하기 때문에, 이

IV. 위험성 표지의 정체성 확인

1. 미수범의 처벌근거로서의 위험성

미수범의 처벌근거로서의 위험성은 착수하려는 행위가 갖는 구성요건실현에로의 일반적인 지향성이라는 행위의 속성으로서의 위험성이었다. 그리고 불능미수범은 위험성이라는 측면에서 미수범 중에서 최하한의 한계선상에 놓여 있는 것이기 때문에, 미수 일반의 처벌근거로서의 위험성은 동시에 불능미수범의 성립요건으로서의 위험성에 해당한다. 그래서 양 위험성은 그 실체가 완전히 동일한 개념이다. 따라서 불능미수범의 위험성 판단기준에 의하여 위험성이 인정되면, 이는 곧 미수 일반의 처벌근거로서의 위험성이 인정된다는 의미가 되고, 그 반대도 마찬가지이다.

2. 가능미수범의 성립요건으로서의 위험성

가능미수범의 성립요건으로서의 위험성과 불능미수범의 성립요건으로서의 위험성은 같지 않다. 즉, 미수 일반의 처벌근거로서의 위험성은 동시에 불능미수범의 성립요건으로서의 위험성에 해당하지만, 가능미수범이 성립하기에는 충분하지 못한 위험성이다. 즉, 가능미수범의 행위가 갖는 위험성은 결과발생에로의 '일반적인' 지향성이라는 의미의 행위의 위험성만으로는 부족하고, 그 행위가 '현실적으로' 결과발생에로 이를 가능성까지 인정되어야 한다. 불능미수범의 실행행위는 사실상 현실적으로 결과발생에로 이를 가능성이 없는 반면에, 가능미수범의 실행행위는 원래 그러한 가능성이 있는 행위였는데, 사후에 개입된 우연적인 장애요소로 인하여 결과발생에로 이르지 못한 경우이기 때문이다. 반면에 불능미수에서는 행위의 착수시에 이미 사실상 결과발생이 불가능한 행위이다.

가능미수와 불능미수의 가벌성의 차이도 이러한 위험성의 차이에서 비롯한다.

를 불능미수범에서 특별히 다를 필요가 없는 것이다. 다만 가능미수와 불가능 미수를 먼저 구별하고 난 후에, 이어서 불가능 미수를 다시 이 위험성 표지를 통하여 가벌적 불능미수와 불가벌적 불능미수로 구별하는 것이 효율적이기 때문에, 현실적으로는 이 구별이 불능미수에 고유한 문제인 것처럼 취급되고 있을 뿐이다.

불능미수는 행위의 일반적인 위험성만 인정되고, 사실상 결과발생에로 이를 가능성이 없기 때문에 결과반가치가 현실적으로 실현될 위험이 없다. 반면에 가능미수에서는 그러한 일반적인 위험성에서 더 나아가, 사실상의 현실적 가능성이 있는 행위가 착수된 경우이기 때문에, 결과반가치가 현실적으로 실현될 가능성까지 나타나는 경우이다.

3. 실행의 착수에서의 위험성

독일 형법의 해석에서는 실행의 착수를 판단함에 있어서 실질적인 기준으로서 위험성의 관점을 끌어들이는 것이 다수설의 입장이고, 이때의 위험성은 미수처벌의 근거로서의 위험성이다. 즉, 독일 형법 제22조의 "구성요건실현의 직접적인 개시"를 해석함에 있어서 직접성의 판단이 문제이고, 이를 실질적인 관점에서 접근하여 '구성요건적 침해대상이 구체적으로 위태롭게 되었다고 판단될 때' 또는 '구성요건실현의 직접적인 위험초래'로 이해한다.[56] 이러한 견해는 우리나라에서도 발견된다.[57]

독일 형법은 불가벌적 불능범을 인정하지 않으므로 실행의 착수에 의하여 바로 미수가 성립하게 되고,[58] 따라서 실행의 착수는 내용적으로 미수의 처벌근거를 담고 있어야 한다. 뿐만 아니라 범죄성립요건의 규범화라는 측면에서 보더라도 독일의 경우 실행의 착수와 위험성이 결합하는 것은 자연스럽다. 독일 형법은 우리와 달리 실정법규에 위험성 표지가 존재하지 않는다. 그래서 순전히 이론적인 산물인 위험성이라는 처벌근거를 실정법규의 명시적 표지인 '실행의 착수'에 접목시킴으로써 위험성요건을 규범화시킬 수 있게 된다.

그러나 불가벌적 불능범을 인정하고, 또 가벌적 불능미수범을 위해서는 실행의 착수 – 이는 미수 일반의 성립요건으로서 제25조(미수범)에서 요구한다 – 와는 별도로 위험성까지 명시적으로 요구하는 – 이는 제27조(불능범)에서 직접 요구한다 – 우리의 법제에서는 실행의 착수와 처벌근거로서의 위험성을 분리시키는 것이 가능하다.[59] 즉 구성요건의 실현은 물리적으로 시간의 진행 속에서 개개

---

56) MünchKommStGB/Herzberg(2003) §22 Rn. 155.
57) 김종원, 앞의 논문, 39면 주 53) 참조; 이용식, 앞의 논문, 114면.
58) 다만 미신범과 환각범의 경우만이 제외된다.

의 연속된 행위를 통하여 도달하게 되는데, 실행의 착수는 그중에서 어떤 단계의 행위가 이루어질 때를 구성요건 실현의 직접적 개시라고 할 것인가의 문제로 국한시키고, 그렇게 함으로써 그것을 행위 그 자체의 속성으로서의 위험성과는 단절시키는 것이다.

다만 어느 단계에 이를 때를 '구성요건 실현의 직접적인 개시'라고 할 것인가의 판단에 이르면, 위험성 등의 실질적인 기준이 등장할 수 있다. 예컨대, 행위의 위험성이 객관적으로 표출되기 시작했다고 평가될 수 있을 때를 '직접적인' 착수시점으로 본다고 한다면, 행위의 위험성이 실행의 착수를 판단하는 데에 원용될 수 있다. 그러나 이것은 이미 실행의 착수와는 별개의 차원에서 검토된 행위의 위험성을 전제하는 것이지, 행위의 위험성 여부를 판단하겠다는 것은 아니다. 따라서 독일과는 달리 우리 형법의 적용과정에서는 실행의 착수에 행위의 위험성까지 접목시켜 판단을 복잡하게 할 이유가 없을 것이다.

4. 예비·음모행위의 위험성

위험성의 관점이 미수의 시작에서 비로소 등장하는 것은 아니고, 예비·음모행위의 가벌성 역시 근본적으로는 위험성에서 그 근거를 찾는다.[60] 그러나 예비·음모행위의 위험성은 미수행위의 위험성과는 질적으로 차이가 있다. 즉 미수의 실행행위의 위험성이 '직접적인' 위험성이라면 예비행위의 위험성은 '간접적인' 위험성이다.[61] 예비행위는 구성요건실현으로의 직접적인 지향성을 갖지 못하고, 본 범죄의 실행행위를 통해서 비로소 지향성이 표출되기 때문이다. 그래서 예비·음모행위는 미수행위에 비하여 더욱 예외적으로만 처벌대상이 된다. 반면에 불가벌적인 불능범의 경우에는 실행행위 자체에 위험성이 없기 때문에, 필시 그것을 준비하는 예비·음모행위는 간접적인 위험성도 갖지 못한다.

---

59) 이 입장에 서 있는 대표적인 견해로는 김종원, 앞의 논문, 39, 40면. 이 입장의 가능성을 암시하는 학자로는 신양균, 앞의 논문, 412면 참조.

60) Hirsch, 앞의 논문, 722면; Roxin, 앞의 논문, 159, 164면.

61) 예비행위의 위험성과 미수의 실행행위의 위험성의 차이를 이처럼 질적 차이로 보지 않고 양적 차이로 이해하여, 실행행위의 위험성을 '구성요건에 근접한 위험'으로, 그리고 예비행위의 위험성을 '결과발생과 상당한 거리가 있는 위험'으로 대비시키는 견해로는, Roxin, 앞의 논문, 159, 164면 참조.

이런 관점에서 김종원 교수가 흥미롭게 발견한 법형상[62]에 대한 가벌성의 검토를 해볼 수 있다. 즉 '가벌적인 불능미수에 대응하는 불능예비'의 경우에는 예비하는 실행행위의 위험성이 인정되는 경우이므로 예비행위 자체의 간접적인 위험성도 인정되어 가벌성이 긍정될 것이고, '불가벌적인 불능범에 대응하는 불능예비'의 경우에는 결국 예비행위 자체의 간접적인 위험성조차 부정되어 가벌성이 부정될 것이다.

5. 위험범의 위험

위험범의 위험은 구성요건적 행위를 통하여 실현된 결과반가치로서의 위험을 말하는 것으로서 구성요건적 법익이 위험한 상황에 처하게 됨을 의미한다. 이는 행위의 '속성'으로서의 위험성이 아니라 행위의 '효과'로서 발생한 구성요건적 법익의 위태화를 의미하는 것으로서 결과의 위험성에 해당한다. 그리고 이 위태화는 위험범이 기수에 이름으로써 발생하게 된다. 기수에 이르기 전에는 위험범이 결과반가치로서 전제하고 있는 이 위태화가 실현되기 전의 상태이기 때문에 위험범의 위험은 존재하지 아니하고, 따라서 위험범으로 처벌될 수 없다. 그러나 착수된 행위가 법익위태화를 실현시킬 가능성이 있는 행위라고 평가되면, 즉 행위의 위험성이 인정되면 미수범으로서의 처벌은 가능하다. 이리하여 위험범의 위험과 미수 일반의 처벌근거 내지 불능미수범의 성립요건인 행위의 위험성은 실질적으로 구별되는 개념이다.

이는 구체적 위험범이나 추상적 위험범 모두 마찬가지이다. 예컨대 구체적 위험범의 전형인 자기소유건조물방화죄(제166조 제2항)를 보자. 이 범죄의 결과반가치는 '공공의 위험의 발생'이다. 그리고 이 결과반가치는 최소한 불이 매개물을 떠나 목적물에 옮겨 붙어 독립하여 연소할 수 있는 상태에 이르렀을 때[63] 비로소 인정될 수 있다. 반면에 매개물에 불을 켜서 목적물인 건조물에 불을 붙이려는 순간 저지당했다면, 공공의 위험의 발생이 있을 수 없고, 따라서 기수범으로 처벌될 수 없다. 그러나 이러한 실행의 착수행위가[64] 공공의 위험발생에로 이를

---

62) 김종원, 앞의 논문, 40면 이하.
63) 학설의 대립이 있지만, 판례 및 다수설에 해당하는 독립연소설에 의함.
64) 대판 2002. 3. 26., 2001도6641.

위험성이 있는 행위로 판단될 수는 있고 따라서 미수의 처벌근거는 충족될 수 있다.[65]

이러한 논리는 추상적 위험범에서도 그대로 적용된다. 예컨대 초겨울 쌀쌀한 밤에 귀가하던 아들이 대문 밖에 쭈그리고 앉아 있는 사람을 치매를 앓고 있는 노모라고 생각하고는 화가 나서 못본 채 하고 그대로 집으로 들어 왔는데, 노모는 방에서 자고 있었다고 하자. 이러한 부작위 행위는 보호법익에 대한 일반적 위험성이 인정되는 행위로서 유기죄의 불능미수의 착수를 인정할 수 있지만, 추상적 위험범인 유기죄의 결과반가치로서 법익이 추상적으로 위험상태에 처했다고 볼 수는 없다.[66] 즉, 유기죄의 (불능)미수범은 몰라도 기수범의 성립을 인정하기는 어려울 것이다.

이처럼 위험범의 결과반가치의 내용인 법익의 위태화와 미수 일반의 처벌근거인 동시에 불능미수범의 성립요건으로서의 행위의 위험성은 구별되는 것임을 알 수 있다.[67]

V. 맺는말

구성요건적 표지인 위험성의 판단기준, 불가벌적 불능범과의 구별, 위험성 표지의 지위 및 기능, 불능미수범에 관련된 문제는 다양한 목록으로 등장한다. 개개의 문제들에 대한 학자들의 견해도 다양하다. 반면에 이 위험성의 실체를 규명

---

65) 물론 이는 이론적 고찰이다. 형법에는 자기소유건조물방화의 미수범을 처벌하는 규정이 없기 때문이다.

66) 반면에 불능미수론에서의 위험개념과 추상적 위험범론에서의 위험개념이 본질적으로 같은 의미를 갖는 것으로 이해하는 견해로는 안원하, 추상적 위험범과 불능미수, 법학연구(부산대학교 법학연구소) 제36권 제1호(1995), 209면.

67) 다만 가능미수범의 위험성은 미수 일반의 처벌근거 내지 불능미수범의 성립요건인 행위의 일반적 위험성이 아니라, 행위가 결과반가치로 이를 사실상의 가능성이 인정된다는 의미에서의 위험성을 말하는 것이므로, 이때에는 실행의 착수로써 결과반가치가 실현될 현실적 위험성도 발생된다고 할 수 있다. 따라서 구체적 위험범의 경우에서 현실적 위험성이 있는 행위가 착수되면, 비록 기수에 이른 경우보다는 그 정도가 약하겠지만, 현실적으로 법익이 위태화에 처하게 되는 측면이 있다. 이 점에서 가능미수의 행위의 위험성은 기수보다는 낮은 단계의 법익위태화를 초래한다고 볼 수 있다. 이렇게 볼 때, 구체적 위험범의 위험이 가능미수행위의 구체적 위험성보다 높은 위험으로 보고, 침해범의 가능미수의 구체적 위험을 구체적 위험범의 위험과 같은 정도로 해석할 수 있다는 견해(이용식, 앞의 논문, 115면)와 가능미수의 위험성을 구체적 위험범의 위태화와 유사한 위험이라는 견해(Roxin, 앞의 논문, 159면) 등은 이해할 수 있는 일면을 지닌 것으로 생각된다.

해보려는 시도는 그간 소홀히 되어 있었다. 위험성은 실정법규상 불능미수범의 성립요건으로 되어 있기 때문에, 그 의미론적 실체를 규명하는 일은 그 자체로서도 중요하거니와, 관련 문제들을 해결하는 데에도 일정한 기여를 할 것이라는 인식이 이 연구의 동기에 해당한다.

위험성의 의미론적 실체에 접근하기 위하여 실정법규의 문언적 맥락, 규범의 본질론, 불법구조론, 착오론 등 입체적 분석을 시도해 본 결과, 불능미수범의 위험성은 결과의 위험성과 구별되는 행위의 위험성이고, 구체적인 구성요건적 법익침해(또는 위태화)에로의 일반적 지향성으로서의 위험성이며, 사후예측을 통한 사전적 판단에 의해 인정되는 위험성으로 드러났다. 그리고 이러한 위험성은 미수 일반의 처벌근거로서의 위험성과 그 실체가 동일한 것으로 밝혀졌다.

이러한 의미론적 실체규명을 토대로 하여 위험성이 불능미수범에서 차지하는 지위 및 기능을 검토하고, 이어서 여타의 유사한, 그러면서도 때로는 혼용되는 다른 문제영역에서 등장하는 위험성 개념과의 차별성을 확인하였다. 먼저 불능미수범의 위험성이 미수 일반의 처벌근거로서의 위험성과 동일한 실체의 동일한 개념이기는 하지만, 여전히 불능미수범에서 고유한 기능을 수행하는 독자적인 지위를 갖는 표지임을 확인하였다. 즉 이 위험성은 다른 미수 형태에서와는 달리 불능미수범에서만 가벌성의 성립요건으로서의 기능을 수행하고 있다.

이어서 이 위험성은 가능미수범의 성립요건으로서의 위험성과 구별되고, 독일과는 달리 우리의 법제에서는 실행의 착수를 판단하는 실질적 기준으로서의 위험성과도 구별될 수 있으며, 또한 예비·음모행위의 가벌성의 실질적 관점으로 등장하는 위험성과도 구별되고, 끝으로 위험범의 위험과도 구별되었다.

10 부진정부작위범에 있어서 상응성 요건의 허와 실*

I. 머리말

상응성 요건이 과연 부진정부작위범의 필수적인 가벌요건인지, 가벌요건이라면 소위 행태결합범에만 의미 있는 요건인지, 또한 상응성의 내용과 관련하여서도 행태반가치를 중심으로 하는 불법반가치의 상응성인지, 아니면 불법 및 책임의 총반가치의 상응성인지 등을 놓고 논란이 계속되고 있다.

우선 부작위의 작위 상응성을 부진정부작위범의 필수적인 가벌요건으로 이해하는 통설에 대하여, 상응성 요건이 실질적으로 가벌성 제한의 기능을 전혀 수행하지 못한다거나 독일과 달리 형법에는 상응성 요건이 명시되어 있지 않기 때문에 상응성을 부진정부작위범의 불가결한 가벌요건으로 인정할 근거가 없다는 반론이 최근에 만만찮게 등장하고 있어 주목을 끈다.[1] 반면에 통설은 상응성 요건의 의미를 구체적으로 어떻게 이해하든, 또 부진정부작위범의 성립요건으로서 상

---

* 비교형사법연구 제11권 제1호(2009) 183-212면에 게재된 글임.
1) 김성룡, 부진정부작위범의 한국적 해석으로서 단일정범개념, 비교형사법연구 제5권 제1호 (2003), 107면; 김성룡, 묵시적 기망·부작위를 통한 기망 및 부작위의 상응성, 형사법연구 제 23호(2005), 41면; 한정환, 형법 제18조에서의 작위의무자, 형사법연구 제22호(2004), 92면; 한정환, 부작위범의 불법, 형사법연구 제23호(2005), 10, 11면.

응성 요건이 명시되어 있건 없건, 부진정부작위범을 작위범에 준하여 처벌한다고
하는 이상 부작위의 반가치가 작위범의 반가치에 상응하여야 하는 것은 죄형균
형의 원칙상 당연한 요청으로 이해한다. 최소한 행태결합범에 관한 한, 상응성이
부진정부작위범의 불가결한 가벌요건이라는 군건한 통설에 대하여, 상응성 요건
이 명시되어 있는 독일에서조차도 최근 그 요건의 기능에 대한 회의론이 새롭게
등장하고 있는 상황이고 보면,[2] 상응성 요건이 부진정부작위범에서 갖는 그 존
재의의를 한 번 더 근본적으로 검토해볼 가치가 있는 것으로 보인다.

한편 상응성이 부작위범의 불가결한 가벌요건이라고 한다면, 그 요건이 통설
처럼 소위 특수한 행위정형을 요하는 작위범에 한하여 실질적인 의미를 갖는 것
인지에 대해서도 재검토의 필요성이 적지 않다. 위에서 언급되었듯이, 상응성 요
건이 행태결합범의 경우에도 가벌요건으로서 아무런 실질적 기능을 수행하지 못
한다는 측면에서 통설이 비판받고 있을 뿐만 아니라, 독일과 달리 임의적 감경조
항이 없는 입법현실에서 상응성을 행태결합범에만 해당하는 요건으로 이해하는
것은 잘못이며, 순수결과범을 포함한 모든 범죄에 대하여 검토될 필요가 있다는
견해도 있는가 하면,[3] 결과범과 거동범을 구별하여 거동범에서만 의미를 갖는다
는 견해도[4] 있고, 판례 또한 통설과는 달리 모든 범죄에 대하여 상응성 요건을
요구하는 입장을 취하는[5] 등 정말 어수선한 상황을 연출하고 있기 때문이다.

끝으로 상응성의 내용에 관해서도 소위 행태결합범의 특수한 행위양태의 동가
치성으로 이해하는 통설과 차이를 보이는 다양한 견해들이 소수설로서 존재한다.
예컨대 행위반가치의 면에서 사회적 의미동일성을 의미한다거나,[6] 작위에 의한
구성요건실현과 같은 정도의 위법성을 갖추어야 한다거나,[7] 불법과 책임에서 작

---

2) Roxin, Die Entsprechungsklausel, Lüderssen-FS, 2002, 577면 이하 참조.
3) 임웅, 형법총론 개정판(2002), 536면; 오영근, 형법총론 제2판(2009), 274면. 이용식 교수는
동가치성 기준이 행태의존적 결과범에서만 의미를 갖는다는 통설은 단독범의 경우에만 타당하
고, 다수인이 참가하는 경우에는 단순결과범의 경우에도 그 부작위가 정범에 해당하는지 공범
에 해당하는지를 판단하기 위해서는 상응성 검토를 통하여 그것이 작위정범에 상응하는지 작
위공범에 상응하는지 반드시 법적 평가가 이루어져야 한다고 함으로써 부분적으로 통설에 반
대한다(이용식, 서울대학교 법학 제40권 제2호, 1999, 282, 283면).
4) 김성돈, 형법총론 제2판(2009), 528, 529면.
5) 대판 1997. 3. 14., 96도1639; 대판 1992. 2. 11., 91도2951; 대판 1982. 11. 23., 82도2024
참조.
6) 김성돈, 앞의 교과서, 529면; 임웅, 앞의 교과서, 536면; 정성근/박광민, 형법총론1판(2001),
470면.

위에 의한 구성요건의 실현과 동일시될 것을 요한다는 견해[8] 등이 그것이다. 통설을 포함하여 이들 각 견해들을 보면 구체적으로는 약간의 차이들을 보이고 있으나, 크게 보면 통설을 포함하여 상응성의 내용을 행위반가치의 상응성으로 보는 견해와 불법 및 책임의 총반가치의 상응성으로 이해하는 견해로 대별할 수 있다. 죄형균형의 원칙상 부작위범이 작위범과 범죄반가치에서 상응할 때 비로소 작위범에 상응한 처벌이 정당화될 수 있다. 그리고 범죄반가치는 불법반가치와 책임반가치로 구성된다는 점은 분명하다. 그렇다면 통설처럼 행위반가치만의 상응성으로 작위범에 상응한 처벌이 정당화될 수 있는가라는 의문이 당연히 제기될 수 있을 것이다.

Ⅱ. 상응성 요건의 연원

독일과는 달리 상응성 요건이 명시되어 있지 않음에도 불구하고 통설 및 판례는 상응성을 부진정부작위범의 성립요건으로 이해하고 있다. 이러한 통설 및 판례의 입장은 독일에서 1975년 형법개정을 통하여 부진정부작위범이 법규화되기 전부터 이미 형성되었던 독일의 지배설과 판례의 입장과도 상통하고, 또 그 영향을 받았음은 주지의 사실이다. 따라서 상응성이 독일에서 입법적으로 명시적인 요건으로 자리 잡는 과정과 그 요건이 우리 학설 및 판례에 도입되는 과정을 간단히 더듬어 보는 것이 이 요건의 이해에 도움이 될 것으로 본다.

1. 독일의 경우

부진정부작위범에 관한 이론사를 단적으로 표현하면 부작위와 작위의 동치요건에 관한 이론사라 할 수 있는데, 독일의 경우 현재 부작위의 작위 상응성을 부진정부작위범의 가벌성 요건으로 이해하는 것이 압도적 다수설에 해당한다.

그 이론사의 전개과정은 우선 진정부작위범과 부진정부작위범을 구별하지 못하였을 뿐만 아니라, 부작위범의 가벌성 근거에 관한 일반적인 원칙이 서 있지

---

7) 차용석, 형법총론강의 재판, 1988, 357면.
8) 정성근, 형법총론 재판, 1984, 550면.

않았던 포이에르바하 이전 시대와 그 이후 시대로 구분할 수 있다. 즉, 포이에르
바하에 이르러서야 비로소, 여전히 진정부작위범과 부진정부작위범이 구별되지는
않은 상태였지만, 부작위범의 가벌성에 관한 일반원리를 제시하려는 시도가 이루
어진다.

그러다가 부진정부작위범을 진정부작위범과 구별하고 부작위의 작위동치를 부
진정부작위범의 특수한 가벌성 근거로 인식하기 시작한 것은 19C의 자연과학적
사고의 영향 하에 등장한 소위 작위와 부작위의 동치에 관한 인과관계설이라 할
수 있다. 동치이론으로서의 인과관계설은 부진정부작위의 가벌성 근거를 부작위
행위와 결과 사이의 인과관계로서 설명하려고 하였다. 그리고 인과관계설 이후의
동치요건에 관한 이론사를 보면 형식적 법의무설과 실질적 불법론, 그리고 정범
유형론을 거쳐 한국에서도 잘 알려진 나글러의 보증인설로 이어진다.[9]

이러한 부작위의 작위동치를 설명하려는 이론 중에서 정범유형론을 제외한 나
머지들은 모두가 인과관계(인과관계설)나 법적 결과방지의무(형식적 법의무설), 또
는 실질적인 불법성(실질적 불법론) 등 일원적인 척도로서 동치문제를 해결하려고
하였다. 반면에 1930년대의 담과 샤프슈타인의 정범유형론에 이르러 비로소 부
진정부작위범의 가벌요건으로서 보증인의무와 더불어 추가적인 제2의 요건을 주
장함으로써 동치요건을 이원적으로 인식하기 시작한다. 그러니까 동치요건을 오
늘처럼 보증인지위와 상응성으로 이원적으로 파악하는 입장의 이론사적 연원은
담과 샤프슈타인의 정범유형론이라 할 수 있다. 담과 샤프슈타인의 정범유형론에
따르면 보증인의 부작위라는 것만으로는 부족하고, 더 나아가 구체적인 상황에
따라 판단하여 그 부작위가 당해 범죄의 정범이나 공범으로 여겨질 수 있을 때
비로소 부진정부작위의 가벌성이 인정된다. 후자의 추가적인 요건이 - 그 구체
적인 내용에서는 상당한 차이가 있지만 - 오늘날의 상응성의 관점으로 이어지게
된 것이다.

그러나 1930년대 후반 나글러의 보증인설이 등장하면서 동치요건이 다시 보
증인지위로 일원화 된다. 나글러는 비록 예외적이기는 하지만 작위와 더불어 부

---

9) 독일의 경우 나글러의 보증인설에 이르기까지 부작위의 작위 동치화에 관한 이론사의 상세한
분석으로는 문채규, 부진정부작위범의 가벌성요건에 관한 고찰, 고려대학교 박사학위논문
(1992), 92면 이하 참조.

작위도 명시적으로 구성요건적 행위로 규정하고 있는 구성요건들을[10] 철저히 분석한 후, 그것들의 경우 언제나 당해 부작위행위의 주체를 결과방지의 의무를 지는 보증인으로 한정하고 있으며 그 외의 요건에서는 작위범과 부작위범 사이에 그 어떤 차이도 없다는 사실에 주목하였다. 그리하여 작위만을 구성요건행위로 기술한 구성요건들의 경우에도 구성요건적 행위로서 부작위가 작위에 동치되기 위해서는 그 부작위가 보증인의 부작위이면 충분하다고 본 것이다. 부작위의 작위동치문제를 체계적으로는 구성요건에 속하는 문제로 인식하고, 그 동치의 내용은 부작위행위와 작위행위를 구성요건행위로서 동치시키는 것으로 이해하는 나글러의 보증인설은 부진정부작위범의 도그마틱에 획기적인 전기를 마련한 것으로 평가받는다.[11]

그러나 나글러의 보증인설이 등장하여 많은 지지와 관심을 받은 것은 사실이지만, 그럼에도 불구하고 나글러의 보증인설이 전통적인 의미의 보증인지위만으로는 부작위범의 가벌성이 충분히 근거 지워질 수 없고 따라서 추가적인 요건이 요구된다는 담과 샤프슈타인의 인식을 불식시키지는 못하였다. 오히려 나글러의 보증인설로 인하여 보증인지위가 구성요건요소로서 정립되면서, 부진정부작위범에 관한 연구방향이 보증인지위의 발생근거에 관한 연구[12]와 추가적인 가벌요건의 내용에 관한 연구[13]로 이원화되는 현상을 보이면서, 이 추가적인 가벌요건이 부진정부작위범의 불가결한 요건으로 정착하게 되었다.

오늘날 독일에서는 추가적인 가벌요건인 상응성을 '행위양태의 등가성'으로 이해하는 것이 지배적인 견해인데, 이 견해는, 독일형법 제13조(부작위범)를 탄생시킨 1975년의 개정형법이 마련되는 과정에서, 갈라스가 작위범의 '행위양태'가 부작위의 작위 동치를 위하여 갖는 특별한 의미를 피력한 것에서 기인한다고 한다.[14] 즉 갈라스는 1959년 개정초안 제2독회에서 다음과 같은 요지의 설명을 하

---

10) 독일 형법 제120조(도주원조), 제221조(유기), 제225조(피보호자에 대한 학대) 등을 가리킨다.

11) Metzen, Die Problematik und Funktion der fakultativen Strafmilderung für die Begehung durch Unterlassen (§13 Abs. 2 StGB 1975), Diss., Köln 1977, 58면.

12) 이 연구는 나글러로부터 등장하기 시작하는 '수정된 형식적 법의무설'과 1960년대부터 등장하기 시작하는 '실질적 보증인설'로 대표된다.

13) 다만 추가적인 가벌성 요건을 보증인지위를 규정할 때 그것까지 함께 고려하는 입장(대표적으로 Arm. Kaufmann)과 보증인지위와는 별도로 제2의 동치척도로 파악하는 입장(대표적으로 C. Roxin)으로 구별될 수 있는데, 어느 경우이든 전통적 의미의 보증인지위만으로는 동치요건이 완전히 충족되지 않는다는 인식에는 차이가 없다.

였다고 한다. 「보증의무위반의 요건은 단지 결과의 불방지를 결과의 적극적인 야기와 동치시킬 뿐이므로, 단순한 결과의 야기만을 이유로 처벌하는 것이 아니라 이런 결과가 어떤 방법으로 야기되어야 하는가를 구체적으로 기술하는 사기죄와 같은 구성요건들의 경우에는 제2의 제한적 관점으로서 구성요건에 전제된 특별한 행위양태와 관련해서도 부작위가 작위와 동가치적이라는 관점을 필요로 한다」. 타면 그 당시 갈라스는 「순수 결과범의 경우에도 "구체적인 경우에 그 행위가 작위에 의한 범행과 동치되지 않는다"고 말할 수 있는 가능성이 법관에게 허용되어야 한다」는 생각도 가졌다고 한다.[15] 이러한 갈라스의 설명과 생각은 독일 개정형법 제13조의 상응성 요건이 입법되는 데 결정적인 계기가 되었고, 특히 그의 설명에서 강조하였던 '특별한 행위양태의 동가치성'이 오늘날 독일에서 상응성의 내용에 관한 지배설인 '양태등가설'의 모태가 되었다.

2. 한국의 경우

우리의 학술문헌을 조사해보면 보증인의무위반과 더불어 상응성을 제2의 독립된 동치요건으로 인식하기 시작한 것은 정영석 교수의 1961년 형법총론 교과서 초판에서 비롯하는 것으로 보인다.[16] 그때까지의 다른 학자들의 교과서에서는 모두가 보증인의무위반만을 동치요건으로 파악하고 있다.[17]

정영석 교수는 교과서 초판이 발행된 1961년부터 모든 부진정부작위범을 대상으로 작위의무위반 외에 부작위가 위법성에서 작위와 등가할 때, 즉, 부작위가 작위로 범한 것과 같은 정도의 반사회성이 인정될 때, 부작위의 구성요건해당성,

---

14) Roxin, 앞의 논문, 579면.
15) Roxin, 앞의 논문, 577면.
16) 정영석, 형법총론 중판(1963), 121면 이하(초판은 1961년에 출판되었음).
17) 백남억 교수는 보증인의무위반으로 부작위의 위법성을 인정하는데(백남억, 형법총론 초판, 1955, 104면 이하), 이 입장은 1963년 형법총론 교과서 제3전정판(145면 이하)에서도 유지되어있다. 황산덕 교수는 1956년 형법총론강의 초판에서 부작위의 동치요건으로서 보증의무위반만을 거론하다가, 1972년 형법총론 제5정판부터는(62면) 상응성 요건을 독자적인 제2의 동치요건으로 인식하지는 않지만 작위의무를 거론하면서 보증인지위에 있는 자의 어떠한 부작위가 구성요건에 해당하는가는 보증인의무의 내용을 구체적으로 분석하여 구성요건적 결과의 방지에 직결되는 의무위반일 경우에 비로소 부작위범이 성립한다고 함으로써 보증인지위의 내용을 통하여 오늘날의 상응성 요건의 취지를 받아들이는 경향을 보이기 시작하며, 이 입장은 1984년 제7정판까지(68면 이하) 유지된다. 염정철 교수는 형법총론대의(1958, 180면 이하)에서 동치요건으로서 보증인의무만을 언급한다.

즉 부작위의 범죄실행행위성이 인정된다고 보았고, 이러한 입장을 1977년 그의 교과서 제3전정판까지 유지한다. 그러다가 1979년 교과서 제4전정판에 이르면 "작위의무가 있다고 하더라도 부진정부작위범이 성립하기 위하여는 각 부작위가 다시 구체적 사정을 고려하여 작위에 의한 구성요건실현과 동가치로 평가되어, 당해 부작위가 실행행위로서의 정형성을 가지는 경우에 비로소 부진정부작위범이 성립된다"라고 함으로써 과거의 위법성등가성에서 행위정형의 등가성으로, 즉 그 당시 독일의 지배설과 일치하는 방향으로 약간의 견해수정을 가하여 1985년 제5전정판까지 계속된다.

1970년대 후반에 이르러 박동희 교수가 상응성 요건을 제2의 동치요건으로 인정하는 견해에 가세할 때까지는[18] 정영석 교수 홀로 외롭게 이원적 동치요건을 주장하고 있었던 셈이다. 그러다가 1980년대에 접어들어 많은 학자들이, 구체적인 내용에서는 차이들이 있지만, 부작위가 작위에 동치되기 위해서는 보증인의무위반 외에 제2의 독자적인 동치요건이 필요하다는 입장에 가세함으로써[19] 이 입장이 오늘날의 통설로 자리 잡게 되었다.

한편 판례상황을 보면 1980년대까지는 상응성을 별도로 검토하는 판례를 찾아볼 수 없고,[20] 1990년대에 이르러서야 비로소 보증인의무위반 외에 부진정부

---

18) 박동희, 형법학총론 초판(1977), 70, 71면. 박동희 교수는 작위행위와 부작위행위의 형법적 동가치성을 작위의무위반 외의 독자적인 제2의 동치요건으로 인정하며, 살인죄를 예로 들어서 설명하고 있는 것으로 미루어 순수결과범과 행태의존범의 구별 없이 모든 범죄에 대하여 해당하는 요건으로 이해한 것으로 보인다.

19) 그 내용들을 보면 유기천 교수는 행위정형의 동가치성으로서 모든 범죄에 해당하는 요건으로 파악하며(유기천, 전정 형법학 총론강의, 1980, 125, 126면), 이형국 교수는(이형국, 형법총론연구 Ⅱ, 1986, 711면) 양태등가성으로 이해하고, 이재상 교수도(이재상, 형법총론 초판, 1986, 128면) 양태등가성으로 이해하면서 특수한 행위자요소를 요건으로 하는 범죄의 경우에는 그 요소까지 충족되어야 하며, 자수적 작위범에 상응하는 부작위범은 불가능한 것으로 본다. 한편 차용석 교수는(차용석, 형법총론강의 재판, 1988, 357면) 위법성의 등가성으로, 그리고 정성근 교수는(정성근, 형법총론 재판, 1984, 550면) 불법과 책임의 등가성으로 이해한다.

20) 다만 대판 1982. 11. 23., 82도2024를 보면, '피고인이 미성년자를 유인하여 포박 감금한 후 단지 그 상태를 유지하였을 뿐인데도 피감금자가 사망에 이르게 된 것이라면 피고인의 죄책은 감금치사죄에 해당한다 하겠으나, 나아가서 그 감금상태가 계속된 어느 시점에서 피고인에게 살해의 범의가 생겨 피감금자에 대한 위험발생을 방지함이 없이 포박감금상태에 있던 피감금자를 그대로 방치함으로써 사망케 하였다면 피고인의 부작위는 살인죄의 구성요건적 행위를 충족하는 것이라고 평가하기에 충분하므로 부작위에 의한 살인죄를 구성한다.'는 요지의 판시에서 '평가'라는 용어가 등장하기 때문에 상응성 검토를 별도로 수행한 것으로 볼 여지도 있으나, 이 판결의 전체 취지로 보나, 그 직후에 나온 판결에서도(대판 1984. 11. 27., 84도1906) 상응성 검토가 이루어지지 않는 점으로 보나, 이 판결은 보증인의 부작위로 인하여 사망의 결

작위범의 독립된 성립요건으로서 상응성을 검토하기 시작하여[21] 현재까지 유지 되고 있다. 그러니까 상응성 요건이 다수 학설로서 수용된 후 판례에 반영되기까 지 10여년이 소요된 셈이다.

Ⅲ. 상응성 요건의 존재 의의

1. 상응성 요건의 필요성 여부에 관한 논의상황

부진정부작위범을 작위범의 법정형으로 처벌할 수 있기 위해서는 보증인의무 의 위반만으로는 부족하고 상응성 내지 행위정형의 동가치성이 있어야 한다는 것이 우리의 통설·판례이다.[22] 즉 우리의 지배설은 부작위의 작위동치를 보증의 무위반과 상응성이라는 2단계 검토를 통하여 확정하려 한다. 그러나 최근에 와서 지배설에 반대하면서 상응성을 부진정부작위범의 가벌요건으로 보지 않고, 보증 인의무의 위반만으로 부진정부작위범의 가벌요건이 충족된다는 견해가, 비록 소 수이기는 하지만, 강력하게 주장된다.[23]

과를 방지하지 아니한 소위는 살인죄에 '해당한다'는 의미로 이해한 것으로서 상응성을 별도로 검토한 것은 아니라고 보는 것이 타당할 것 같다.

21) 상응성 요건이 명확하게 독립된 가벌성 요건으로 검토되기 시작한 판례는 대판 1992. 2. 11., 91도2951이라고 보여 진다. 이 판결에서는 "형법이 금지하고 있는 법익침해의 결과발생을 방 지할 법적인 작위의무를 지고 있는 자가, 그 의무를 이행함으로써 결과발생을 쉽게 방지할 수 있었음에도 불구하고 그 결과의 발생을 용인하고 이를 방관한 채 그 의무를 이행하지 아니한 경우에, 그 부작위(부작위)가 작위에 의한 법익침해와 동등한 형법적 가치가 있는 것이어서 그 범죄의 실행행위로 평가될 만한 것이라면, 작위에 의한 실행행위와 동일하게 부작위범으로 처 벌할 수 있다고 할 것이다."고 하여 상응성의 요건을 분명하게 별도로 검토하고 있다. 이 입장 은 이어 나온 대판 1996. 9. 6., 95도2551과 대판 1997. 3. 14., 96도1639에서도 그대로 유지 되어있고, 이후 부진정 부작위범의 상응성 요건에 대한 우리 판례의 기본 입장으로 정착된다 (대판 2005. 7. 22., 2005도3034; 대판 2006. 4. 28., 2003도80 참조).

22) 권오걸, 형법총론 수정3판(2009), 432면; 김성돈, 앞의 교과서, 528면 이하; 김일수/서보학, 형 법총론 제9판(2002), 175면 이하; 박상기, 형법총론 제8판(2009), 316면 이하; 배종대, 형법총 론 제8전정판(2005), 753면 이하; 손동권, 형법총론 제2개정판(2005), 380면; 손해목, 형법총 론 초판(1996), 800면 이하; 신동운, 형법총론 초판(2001), 121면 이하; 안동준, 형법총론 초 판(1998), 300면; 이재상, 형법총론 제6판(2008), 132면 이하; 이형국, 형법총론 개정판(1996), 414면; 임웅, 앞의 교과서, 535면 이하; 정성근/박광민, 앞의 교과서, 470면; 대판 1992. 2. 11., 91도2951.

23) 김성룡, 부진정부작위범의 한국적 해석으로서 단일정범개념, 비교형사법연구 제5권 제1호 (2003), 107면; 김성룡, 묵시적 기망·부작위를 통한 기망 및 부작위의 상응성, 형사법연구 제 23호(2005), 41면; 한정환, 형법 제18조에서의 작위의무자, 형사법연구 제22호(2004), 92면;

소수견해의 논거는 두 가지로 집약된다. 첫째는 상응성 요건이 이론적 혼동만을 초래할 뿐, 실질적으로 보증인부작위의 가벌성을 제한할 수 있는 실체를 갖지 못하고, 그렇기 때문에 지배설은 아직까지 상응성 판단의 척도조차 제시하지 못하고 있다는 점을 든다. 둘째는 상응성 요건이 명시되어 있는 독일에서조차 첫째의 이유를 들어 상응성 조항의 실효성에 의문이 제기되는 상황임을 고려할 때, 규정에 명시되어 있지 않은 우리의 형법현실에서 상응성 요건을 별도로 거론할 이유가 없다는 점을 든다.[24] 이런 입장에서 상응성이 형법 제51조 제3호에 따른 '범행의 수단'에서 고려되는 양형의 기준이 될 수는 있을 것이라고 하기도 한다.[25]

2. 상응성 요건의 존재 의의

(1) 부진정부작위범에 관한 총칙규정의 존재 의의

독일 형법이 1975년 개정을 통하여 제13조(부작위범)가 규정되기 이전에는 부진정부작위범 처벌의 실정법적 근거가 무엇인가와 관련하여 유추적용금지의 위반 여부가 중요한 논쟁거리였다는 것은 주지의 사실이다. 즉, 형법 각칙의 개별 구성요건들이 부진정부작위도 포괄하는지의 여부가 중요한 논점이었다. 여기서 형법각칙의 대부분의 구성요건들은 ─ 진정부작위범을 제외한 ─ 작위범의 구성요건일 뿐, 부진정부작위범을 포함하지 않는 것으로 해석한다면,[26] 부진정부작위범을 그러한 처벌규정에 따라서 처벌하는 것은 유추적용금지에 위반된다는 결론이 될 것이다. 그러한 결론을 피하기 위하여 1975년 개정형법 이전에는 부진정부작위범을 각칙의 개별 구성요건들에 포섭시키려는 해석론들이 다양하게 제시되었고,[27] 그 결과 독일의 학설과 판례는 부진정부작위범이 작위범의 구성요건에 함

한정환, 부작위범의 불법, 형사법연구 제23호(2005), 10, 11면.

24) 한정환, 위의 각 논문 각 면을 참조.

25) 김성룡, 부진정부작위범의 한국적 해석으로서 단일정범개념, 비교형사법연구 제5권 제1호(2003), 133면.

26) 이 입장의 대표자로는 Arm. Kaufmann(Die Dogmatik der Unterlassungsdelikte, 1959, 256면 이하와 277면 이하 참조), G. Grünwald(Zur gesetzlichen Regelung der unechten Unterlassungsdelikte, ZStW 70, 412면 이하 참조), R. Busch(Zur gesetzlichen Begründung der Strafbarkeit unechten Unterlassens, Weber-FS, 1963, 195면 이하 참조) 등이 있다.

27) 대표적으로 Nagler(Die Problematik der Begehung durch Unterlassung, GS 111, 12면 이하), H. Henkel(Das Methodenproblem bei den unechten Unterlassungsdelikten, MschrKrim, 1961, 178면 이하), Herzberg(Die Unterlassung im Strafrecht und das

께 규율되어 있다는 입장으로 기울게 되었다.[28]

　그러나 지배설과 판례의 논증이 부진정부작위범을 작위범의 구성요건에 포섭되지 않는, 따라서 기술되지 않은 구성요건으로 파악하려는 소수설을 압도할 수 있는 설득력을 갖지 못하였기 때문에, 부진정부작위범을 작위범의 구성요건을 적용하여 처벌하는 것이 유추적용금지에 위반되는 것이 아닌가 하는 의구심은 여전히 잠재하고 있었다. 심지어 지배설의 진영에 속하는 록신 조차도 "입법자가 구성요건의 본질을 구성요건적 (작위)행위에 두고 있는 경우에 흠결된 작위를 결과방지의무로 대체시키는 것은 사실 법관에 의한 자유로운 법창조라는 결과를 가져 왔다"고 고백하기도 하였다.[29]

　그러던 중 개정형법에서 제13조가 신설됨으로써 이제 유추적용이라는 비난을 벗어나기 위하여 부진정부작위범을 각칙의 작위범구성요건에 포섭시키려는 힘겨운 해석론이 불필요하게 되었다.[30] 이제 부진정부작위범의 실정법적 처벌근거는 제13조이고, 제13조를 처벌근거로 하는 부진정부작위범은 이제 작위범과는 독자적인 관계에 놓이게 되었다.[31] 이렇게 볼 때, 진정부작위범과 부진정부작위범의 구별에 관한 형식설을 전제하면, 이제 전통적 의미의 '부진정'부작위범은 사라지고 진정부작위범으로 일원화되었다고도 할 수 있다.[32]

　다만 제13조는 그 자체 부진정부작위범의 완결된 구성요건이 아니다. 각칙의 개별적인 작위범구성요건과 결합함으로써 비로소 구체화 되는 일반규정이다. 부진정부작위범에 관한 일반규정인 제13조와 개별적인 작위범 구성요건이 결합하여 개개의 부진정부작위범의 구성요건이 구체적으로 완성된다. 제13조는 "… 형법의 구성요건에 해당하는 결과의 발생을 방지하지 아니한 자는 … 그 부작위가

　　　Garantenprinzip, 1972, 252면 이하), Schünemann(Grund und Grenzen der unechten Unterlassungsdelikte, 1971, 46면 이하) 등이 있다.

28) 이러한 이론적 발전과정에 관해서는 Arm. Kaufmann, 앞의 논문, 241-251면 참조.

29) 김일수 역, 형법학방법론, 1984, 89면.

30) 유추적용금지에 대한 위반 여부의 문제는 제13조의 신설을 통하여 입법적으로 해결된 것으로 보는 것이다(Roxin, Unterlassung, Vorsatz und Fahrlässigkeit, Versuch und Teilnahme im neuen Strafgesetzbuch, JuS 1973, 197면 이하; Schönke/Schröder, 23. Aufl., §13 Rdnr. 5 참조).

31) Jakobs, AT(1983), 642면 Rdnr. 12; Schürmann, Unterlassungsstrafbarkeit und Gesetzlichkeitsgrundsatz, 1986, 70, 81, 88면.

32) 다만 혼란을 피하기 위하여, 이하에서는 계속 이미 익숙해진 부진정부작위범으로 표현하기로 한다.

작위에 의한 법적 구성요건의 실현에 상응한 때에 한하여 … 그 작위범의 구성
요건에 따라서 처벌한다 … ”고 기술함으로써 구성요건결과, 구성요건 실현의 상
응성, 법정형 등을 매개로 하여 부진정부작위범의 구성요건요소를 작위범의 구성
요건요소와 연결시키고 있다. 일반규정인 제13조와 그 규정에서 제시한 연결고리
를 통하여 연결되는 개별적인 작위범구성요건이 결합하여 그때마다 하나의 구체
적인 부진정부작위범의 구성요건이 형성되는 것이다. 따라서 총칙상의 부작위범
규정은 부진정부작위범의 가벌성의 실정법적 근거, 즉 부진정부작위범 구성요건
을 창설하는 의미를 갖는다.

　결론적으로 각칙상의 개별적인 작위범구성요건들은 그 자체만으로는 규범적으
로 부진정부작위범과 연결될 수 없고, 총칙상의 부작위범의 일반규정을 통하여
비로소 부진정부작위범과 연결되고, 또 그에 한에서만 ‘간접적으로’ 부진정부작위
범의 처벌에 관한 실정법적 근거로 기능할 수 있을 뿐이다.

　이러한 논리와 설명이 우리 형법 제18조에도 전적으로 해당함은 특별한 설명
을 요하지 않는다고 할 것이다.

(2) 상응성 요건의 역할 변화

　독일의 경우 상응성 요건은 이미 부진정부작위범의 처벌규정이 마련되기 이전
부터 부진정부작위범의 가벌요건으로 논의되다가, 이 요건이 법제화된 이후에는
실정법적인 가벌요건으로서 계속 논의되고 있다. 반면에 이미 제정형법에서부터
부진정부작위범의 일반규정이 마련되었으면서도 상응성 요건이 법정화되지 않은
우리는 이 요건을 계속하여 이론적인 측면에서 부진정부작위범의 가벌요건으로
논의하고 있다. 그런데 이러한 상응성 요건이 부진정부작위범에서 갖는 그 역할
과 기능이 부진정부작위범의 일반규정의 존부와 무관하게 동일한 것인가는 검토
해볼 여지가 있다.

　부진정부작위범의 일반규정이 입법되기 전의 부진정부작위범의 해석론적 핵심
과제 중의 하나는 어떻게든 부작위를 작위범의 구성요건에 포섭시켜 작위범의
법정형으로 처벌하는 것을 정당화시킴으로써 유추적용금지에 위반된다는 혐의를
벗는 일이었다. 그런데 보증인의무의 위반이라는 요소만으로는 부작위를 작위범
의 구성요건에 완전히 포섭시키기에 부족하다고 생각하여 상응성 요건을 추가적

으로 요구하게 되었다. 따라서 이때의 상응성 요건은 보증인의무와 더불어 부작위를 작위범의 구성요건으로 포섭시키기 위한 적극적인 기능을 하는 요소였다. 이는 전통적으로(독일의 경우 제13조가 신설되기 이전부터) 보증인지위를 제1의 동치요건, 상응성을 제2의 동치요건으로 표현함으로써 양자를 병렬적인 관계로 인식한 데에서도 잘 나타난다.

그런데 부진정부작위범의 실정법적 처벌근거가 독자적으로 마련되었으므로, 이제 더 이상 작위범의 구성요건을 부진정부작위범의 처벌근거로 직접 원용할 필요가 없고, 또한 부작위를 작위에 동치시켜 작위범의 구성요건에 포섭시킬 필요도 없어졌다. 이제 부진정부작위범은 자체적인 죄형법규에 따라서 처벌되는 것이다. 따라서 보증인지위는 물론이고 상응성도 이제 부작위의 작위동치를 위한 요건이 아니라, 죄형균형의 원칙에 따라서 작위범의 가벌성과 당벌성에 상응하는 부진정부작위범의 독자적인 구성요건을 형성하는 요소로 그 지위가 변경되어야 할 것이다.

총칙상 부진정부작위범의 규정이 부진정부작위범의 구성요건을 형성하는 방식은 작위범의 구성요건을 원용하는 방식을 취하고 있다. 즉, 행위주체는 해당하는 작위범 구성요건의 실현을 방지해야 할 보증인으로 하고, 행위는 작위범구성요건 실현의 불방지로 하며, 구성요건적 결과는 작위범이 예정하고 있는 결과로[33] 하고, 마지막으로 그 처벌은 해당 작위범의 법정형으로 처벌한다고 규정함으로써, 부진정부작위범의 죄형요소 중에서 주체, 행위, 결과 및 법정형은 작위범의 구성요건을 원용하여 직접 규정하고 있다. 따라서 개개의 작위범의 고유한 가벌요건들 중에서 위의 요건들 외의 것들에 대해서는 구체적으로 명시하지 않고 있다. 주체, 행위, 결과 등은 형법 제18조에서 기술하고 있는 바와 같이 '위험의 발생을 방지할 의무가 있거나 자기의 행위로 인하여 위험발생의 원인을 야기한 자', '위험발생을 방지하지 아니한', '그 발생된 결과' 등으로 일반적으로 기술하는 것이 용이하지만, 각 작위범의 구성요건에 고유한 그 밖의 가벌요건들은 그것을 일반화하여 표현하기는 어렵기 때문에 그러한 모든 요건들을 일반규정에 직접 기술하기는 어려웠을 것이다.

---

33) 여기서 결과라 함은 소위 결과범과 거동범을 구별하는 의미의 결과개념이 아니다. 상세한 내용은, 문채규, 앞의 학위논문, 83면 이하 참조.

그러나 총칙상의 일반규정에 의하여 명시된 가벌요건의 충족, 즉 보증인이 작위범의 구성요건결과의 발생을 방지하지 아니하였다는 사실만으로는 지금까지 지배적인 견해로 확립된 부진정부작위범과 작위범의 동치를 정당화시키기에는 부족하다 할 것이다. 그리하여 독일에서는 상응성이 규정되기에 이르렀고, 우리는 입법의 불비라는 평가가 나오는 것이다. 그러니까 독일의 경우에는 이제 직접적으로 원용되지 못한 각 작위범의 고유한 개별적인, 그래서 일반적으로 기술하기 어려운 가벌요건들이 상응성 요건을 통하여 보충되어야 할 것이고, 우리의 경우에도 상응성 요건을 부진정부작위범의 기술되지 않은 구성요건요소로 이해함으로써[34] 상응성 요건이 부진정부작위범이 작위범에 상응하도록 부진정부작위범의 구성요건을 완성시키는 역할과 기능을 하는 것으로 보아야 할 것이다.

(3) 상응성 요건의 존재 의의

이처럼 변화된 역할과 기능을 고려할 때, 이 요건이 독일처럼 처벌규정에 명시적으로 기술된 경우와 우리처럼 기술되지 않은 경우에 가벌요건으로서의 그 존재의의가 달리 평가될 수 없다고 본다. 즉, 총칙에 부작위범의 처벌규정이 입법되기 전에는 상응성 요건이 부작위를 작위범의 구성요건적 행위로 포섭시켜 소위 부작위에 의한 작위범으로서 작위범의 구성요건을 적용하기 위한 불가결한 요소였다면, 처벌규정이 마련된 이후에는 작위범의 가벌성에 상응하는 부진정부작위범의 구성요건을 완성시키는 데에 불가결한 요소로 존재하는 것이다. 즉, 상응성은 부진정부작위범과 작위범 간의 죄형균형의 요청에서 직접 도출되는 것으로서,[35] 이 요건이 법규화되어 있느냐의 여부에 따라서 그 존재의의가 달리 이해될 것이 아니다. 따라서 부진정부작위범의 처벌규정을 두면서 상응성 요건을 법규화하지 않은 것을 두고 입법의 불비라고 평가하는 것은[36] 타당한 지적이라 할 수 있다. 즉, 처벌규정은 그간 이론적으로 그 가벌성과 당벌성이 충분히 검증되었지만, 그럼에도 과연 그 처벌이 실정법적 근거에 의거한 것인가에 대한 의구심을 해소시킨 점에 그 가치가 있을 뿐, 그 규정이 그때까지 이론을 통하여 인정된

---

34) 배종대, 앞의 교과서, 753.
35) 같은 취지로는 임웅, 앞의 교과서, 536면.
36) 김성돈, 앞의 교과서, 528면; 김일수/서보학, 앞의 교과서 176면; 배종대, 앞의 교과서, 753면.

가별요건에 특별히 새로운 변경을 가한 것은 없는 것이다.

어떻게 보면 상응성 요건은 부진정부작위범이 독자적으로 법규화됨으로써 더욱 불가피한 요건이 되었다고 볼 수도 있다. 부작위범의 규정이 없어서 작위범의 구성요건을 직접적인 실정법적 근거로 할 때에는 작위에 상응하는 부작위의 행위상응성만 근거지워 부작위를 작위행위에 포섭시키고 나면, 나머지의 가별요건은 작위범의 구성요건에 기술된 요건이 그대로 적용됨으로써 불법 및 책임 등에서 별도의 상응성 요청이 불필요할 수도 있다.[37] 그러나 이제는 총칙의 일반조항에 직접 기술되지 않은 가별요건들을 이 상응성 요건을 통하여 모두 보충하여야 한다. 이렇게 볼 때, 갈라스가 입법과정에서, 즉 독자적인 처벌규정 입법과정에서 비로소 상응성을 강조한 것은 당연하고도 타당한 착상으로 평가할 수 있다. 이제 입법기술적인 면에서 말하면, 상응성 요건을 통하여 개개의 작위범의 가별요건들을 모두 － 총칙규정에서 직접 규정한 주체, 결과, 불방지행위 등을 제외하고 － 부작위범의 가별요건으로 치환시키고 있는 것이다. 따라서 부진정부작위범의 독자적인 죄형규정을 갖게 됨으로써 상응성 요건이 담당하는 역할과 임무가 더 커졌다고 볼 수 있다.

IV. 상응성의 내용

1. 상응성 요건이 의미를 갖는 부작위범의 범위

우리나라에서는 주로 상응성 내지 행위정형의 동가치성이라는 용어가 같은 의미로서 혼용되고 있는데, 지배적인 견해는, 독일과 같이, 이 상응성 요건이 행태의존적인 작위범에 한하여 의미가 있다고 한다.[38] 반면에 소수설로서는 모든 부

---

37) 나글러의 보증인설이 바로 이런 입장에서 출발하고 있음을 알 수 있다(문채규, 앞의 학위논문, 116, 117면 참조).

38) 권오걸, 앞의 교과서, 432면; 김성천/김형준, 형법총론, 2005, 261면; 김일수/서보학, 앞의 교과서, 175면 이하; 박상기, 앞의 교과서, 316면 이하; 배종대, 앞의 교과서, 753면 이하; 손동권, 앞의 교과서, 380면; 손해목, 앞의 교과서, 800면 이하; 신동운, 앞의 교과서, 121면 이하; 안동준, 앞의 교과서, 300면; 이재상, 앞의 교과서, 132면 이하; 앞의 교과서, 414면; 정성근/박광민, 앞의 교과서, 470면. 한편 이정원 교수는 제2의 동치요건으로서의 상응성은 형식범처럼 언제나 일정한 행위방식에 의하여 불법내용이 충족되거나 결과범 중에서도 특별한 행위정형이 요구되는 경우에는 상응성이 충족될 수 없어 부작위범의 정범성립이 부정된다고 함으로

작위범에 대하여 의미를 갖는다는 견해,[39] 결과범과 거동범을 구별하여 거동범에서만 의미를 갖는다는 견해,[40] 단독범의 경우에만 통설이 타당하고 다수인이 범죄에 참가하는 경우에는 상응성이 정범의 상응성과 공범의 상응성으로 구체화되어야 하고, 따라서 이 경우에는 단순 결과야기범에서도 상응성 요건이 중대한 의미를 갖는다는 견해[41] 등이 존재한다. 판례는 모든 범죄에 대하여 상응성이 요구된다는 입장이다.[42]

상응성 요건이 행태의존범 내지 거동범 등 특정한 형식의 범죄에만 의미 있는 요건인가? 도대체 특수한 행위양태를 전제하지 않은 순수한 결과야기범이란 것이 존재하는 것인가? 결론부터 말한다면 특수한 행위양태를 전제하지 않는 순수한 결과야기범이란 존재하지도 않고, 따라서 그러한 구별을 전제하고 행태의존범에서만 상응성 요건이 의미를 갖는다는 견해는 문제가 있는 것으로 보인다.

통설은 순순한 결과야기범에 해당하는 가장 전형적이고 대표적인 예로서 살인죄를 든다. 살인죄의 살해행위에는 아무런 고유한 정형성이 없다는 의미이다. 그런데 과연 그런가? 과실치사죄와 비교하면 그렇지 않다는 사실이 금방 드러난다. 살해행위는 살인의 고의가 화체된 범행이라면, 치사행위는 과실이 화체된 범행이다. 즉, 살인죄와 과실치사죄를 구별하는 결정적인 표지는 결과의 야기가 아니고, 결과를 야기한 행위양태인 것이다. 이는 바로 살인죄나 과실치사죄도 고유하고 특수한 행위양태를 전제한다는 것을 말해 준다. 즉, 작위범의 개별 구성요건들의 행위양태는 객관적인 표지뿐만 아니라 주관적 요소까지 고려할 때 비로소 특정되는 것이기 때문에, 살인죄와 과실치사죄도 각각 구별될 수 있는 특수한 행위양태를 갖는다고 볼 수 있다.

또 하나의 예를 들어서 설명하면 이렇다. 통설은 사기죄를 가장 대표적인 행태결합범으로 분류한다. 반면에 통설은 아마도 절도죄를 순수한 결과야기범으로 분류할 것이다. 그러나 절취행위도 사취행위에 못지않은 복잡한 요건이 충족될

써 상응성 요건의 소극적 한계기능을 보고 있다(이정원, 형법총론 재판, 2001, 456면).

39) 오영근, 앞의 교과서, 274면; 임웅, 앞의 교과서, 536면; 이용식, 앞의 논문, 282, 283면.

40) 김성돈 교수는 폭행죄를 예로 들면서 결과범은 제외되고 거동범의 경우에만 상응성 요건이 의미를 갖는다고 한다(김성돈, 앞의 교과서, 528, 529면).

41) 이용식, 앞의 논문, 281-288면; 오영근, 앞의 교과서, 304면.

42) 대판 1997. 3. 14, 96도1639; 대판 1992. 2. 11., 91도2951; 대판 1982. 11. 23., 82도2024 참조.

때에 비로소 인정되는 행위라고 볼 때, 이 또한 고유하고 특수한 행위양태임을 인정해야 할 것이다.

따라서 모든 범죄에는 그 나름의 특수한 행위양태를 전제한다고 보아야 한다. 다만 통설이 구별한 순수 야기범과 행태결합범의 차이는 정도의 차이에 해당할 뿐이다. 즉, 소위 행태결합범으로 분류된 경우가 순수 결과범에 비하여 행위양태를 더욱 구체화 내지 특수화하였다는 정도의 차이를 인정할 수는 있을 것이다. 하지만 그러한 차이는 해당 범죄에 고유한 행위정형의 '존부'에 관한 것이 아니라, 결과를 야기하는 가벌적 범행의 정형을 법정책상 어떤 태양을 통하여 어느 '정도'의 범위로 설정할 것인가에 관한 '정도'의 차이에 불과하다.[43] 따라서 통설처럼 상응성의 내용을 행위양태의 동가치성으로 이해한다고 하더라도, 상응성 요건은 모든 부진정부작위범에서 의미를 갖는다고 하는 것이 옳을 것이다.

이러한 결론은 앞서 논증한 상응성 요건의 존재의의와 관련하여서도 타당하다 할 것이다. 즉, 상응성 요건이 부진정부작위범의 일반규정에서 명시되지 않은 가벌성 요건을 보충하여 부진정부작위범의 구성요건을 완성시키는 데 그 존재의의가 있다면, 그것은 모든 부진정부작위범에 대하여 의미 있는 요건으로 보는 것이 타당할 것이다. 일반규정에서는 부진정부작위범의 잠정적인 범행주체, 작위범의 구성요건적 결과실현의 불방지, 법정형 등만을 규정하고 있는데, 이것만으로는 결코 부진정부작위범의 구성요건이 완성되지 않는다.

예컨대 해당 작위범이 특별한 행위자요소, 또는 영아살해죄의 "분만 중 또는 분만 직후"와 같은 객관적 책임요소 등을 포함하는 경우에는 이들 요소들도 상응성 요건을 통하여 부작위범의 구성요건요소로 보충되어야 한다. 더구나 고의 또는 과실은 모든 구성요건에 필수적인 요소인데, 부작위범의 일반규정에는 이러한 일반적인 주관적 구성요건요소마저도 직접 규정되어 있지 않다. 즉, 일반규정에 직접적으로 규정된 구성요건요소만으로 완성되는 부진정부작위범의 구성요건이란 존재할 수 없다는 것을 의미한다.

부작위에 의한 살인죄라는 부진정부작위범은 사망의 결과발생에 대한 고의를 요구할 것인데, 이는 어디에 근거하는 것인가? 그 대답은 '작위의 살인죄가 고의

---

43) Schürmann, 앞의 논문, 109면 참조.

를 요하므로 그것에 상응하기 위해서는 부작위에 의한 살인죄의 경우에도 고의
가 있어야 한다'는 식이 될 것이다. 즉, 고의의 요구는 바로 상응성에 터잡게 되
는 것이다. 이러한 원리는 과실범에서도 그대로 타당하다. 모든 작위범은 고의범
아니면 과실범이므로, 그에 상응하는 부진정부작위범 역시 고의범 아니면 과실범
일 수밖에 없다. 그런데 부작위범의 일반규정에는 고의, 또는 과실의 요건이 명
시되어 있지 아니하므로 모든 부진정부작위범의 개별적인 구성요건은 상응성 요
건을 통하여 해당 작위범의 구성요건으로부터 고의 또는 과실을 보충할 수밖에
없다. 따라서 부진정부작위범의 구성요건 중에서 상응성 요건을 통하여 보충되어
야 할 필요가 없는 경우란 있을 수 없다는 결론에 이른다. 단순 결과범과 행태의
존범 내지 결과범과 거동범 등으로 구별한 후, 후자의 경우에만 상응성 요건이
의미를 갖는다고 하는 것은 적절치 못하다고 보며, 상응성 요건은 모든 부진정부
작위범에 의미 있는 요건이라 할 것이다.

　참고로 독일의 경우 보증인의 부작위만으로써는 곧바로 부작위의 작위동치를
인정하기 어렵고, 별도의 동치검토가 필요하다는 견해 즉, 보증인 검토와 상응성
검토라는 '이중검토'가 모든 구성요건에서 이루어져야 한다는 견해의 저변에는
① 과거 전통적 입장이었던 형식적 법의무설에 의한 보증의무의 경우에는 그것
에 관련된 부작위가 곧바로 반드시 작위와의 동치로 이르러가지는 않는다고 볼
수 있기 때문에 보증인의무 위반에 덧붙여지는 동치척도들을 상응성 조항으로
묶는 것이 의미가 있다는 점과, ② 보증인의 부작위만으로써는 작위에 비하여 그
당벌성이 약하기 때문에 추가적인 상응성 검토가 필요하다는 인식이 깔려있었다
고 한다. 그런데 ①의 근거는 보호보증인과 감독보증인이라는 소위 형법적 관점
에서 정해지는 실질적 보증인설의 등장으로 이제 별도의 형법적 관점에서 추가
적으로 더 검토될 법한 것이 일반적인 경우에 더 이상 남아 있지 않다는 반론을
받을 수 있고, ②의 근거는 1962년의 초안에서도 생각하지 않았던 제13조 제2항
의 형벌감경가능성이 입법됨으로써 상응성 조항을 통하여 엄격한 동치를 요구할
필요가 없어졌다는 반론을 받는다.[44] 그러나 이러한 반론은 적어도 우리의 현실
과는 상관성이 약하다. 우리는 여전히, 특히 판례의 경우,[45] 형식적 법의무설을

---

44) Roxin, 앞의 논문, 580, 581면.
45) 대판 2006. 4. 28., 2003도80에서는 작위의무로서 '조리상의 의무'를 인정하고, 대판 2005. 7.

벗어나지 못하고 있으며, 임의적 감경규정도 마련되어 있지 않기 때문이다.

2. 상응성의 내용

(1) 학설 및 판례의 상황

상응성의 내용에 관해서는 ① 부작위는 일반적으로 작위에 비하여 결과에 대한 인과적 연결이 약하기 때문에 부작위가 작위와 같은 정도의 강력한 행위요소를 갖추어야 한다는 의미라는 견해,[46] ② 행위반가치의 면에서 사회적 의미동일성을 의미한다는 견해,[47] ③ 작위에 의한 구성요건실현과 같은 정도의 위법성을 갖추어야 한다는 의미라는 견해,[48] ④ 불법과 책임에서 작위에 의한 구성요건의 실현과 동일시될 것을 요한다고 해석하는 견해[49] 등도 있으나, ⑤ 통설은 소위 행태의존범의 경우에 부작위행위가 그러한 행위태양과 동가치적인 것으로 평가될 수 있어야 한다는 것으로 이해한다.[50]

이상의 견해들을 보면 구체적으로는 조금씩의 차이가 있으나, ④의 견해를 제외한 나머지는 모두 기본적으로 상응성의 내용을 행위반가치의 상응성으로 이해하는 견해로 묶을 수 있으므로, 결국 상응성의 내용에 관한 견해는 행위양태의 사회의미적 동가치성 즉, 행위반가치의 상응성으로 이해하는 견해와 불법 및 책임의 총반가치의 상응성으로 이해하는 견해로 나눌 수 있다.[51] 한편 판례는 일관되게 "보증인의 부작위가 작위에 의한 법익침해와 동등한 형법적 가치가 있는 것이어서 그 범죄의 실행행위로 평가될 만한 것이라면, 작위에 의한 실행행위와

22., 2005도3034에서는 작위의무로서 '법률상·조리상 의무'를 원용하고, 대판 1997. 3. 14., 96도1639에서는 '근로계약상·조리상 의무'를 원용한다. 더구나 대판 1996. 9. 6., 95도2551은 "법령, 법률행위, 선행행위로 인한 경우는 물론이고 기타 신의성실의 원칙이나 사회상규 혹은 조리상 작위의무가 기대되는 경우에도 법적인 작위의무는 있다"고 함으로써, 전형적인 형식적 법의무설에 입각하고 있음을 알 수 있다.

46) 오영근, 앞의 교과서, 274면.

47) 김성돈, 앞의 교과서, 529면; 임웅, 앞의 교과서, 536면; 정성근/박광민, 앞의 교과서, 470면.

48) 차용석, 형법총론강의 재판, 1988, 357면.

49) 정성근, 형법총론 재판, 1984, 550면.

50) 주 40) 참조.

51) 총반가치의 동일성으로 이해하는 견해는 독일이나 우리의 소수설에 해당하는데, 그나마 독일의 경우에는 Arm. Kaufmann(앞의 논문, 283면 이하), Kienapfel(Zur Gleichwertigkeit von Tun und Unterlassen, ÖJZ 1976, 197면 이하), Schürmann(앞의 논문, 112면 이하) 등이 있으나, 우리나라에는 정성근 교수가 유일하다(형법총론 재판, 1984, 550면).

동일하게 부작위범으로 처벌할 수 있다"[52]라고 함으로써, 판례 역시 상응성을 행위반가치의 상응성으로 이해하고 있다. 또한 판례는 "부작위에 의한 방조범도 보증인의 부작위가 작위에 의한 방조와 동등한 형법적 가치가 있는 경우에 인정된다"라고 하여, 방조범에 대하여도 상응성을 요구한다.[53]

(2) 행위반가치의 상응성인가, 불법 및 책임의 총반가치의 상응성인가?

우리나라에서는 과거 정성근 교수가 한때 총반가치의 상응성으로 이해한 적이 있었었을 뿐, 현재 상응성 요건이 필요하다는 입장을 취하는 자들은 모두가 예외 없이 행위반가치의 상응성으로 이해한다. 반면에 독일에서는 총반가치의 상응성으로 이해하는 견해가 몇몇 학자에 의하여 주장된 바 있다.

독일의 논쟁상황을 보면, 먼저 총반가치의 상응성으로 보는 입장에서는 만약 상응성을 행위반가치의 상응성으로 한정하면 부작위범을 원칙적으로 — 여기서 원칙적이라는 표현은 임의적 감경규정을 염두에 둔 것이다 — 작위범의 법정형으로 처벌하는 것을 설명할 수 없다고 한다.[54] 법정형은 근본적으로 불법과 책임의 총반가치를 근거로 결정되는데, 부작위가 작위에 동치되어 당해 작위범의 법정형에 의하도록 되어 있다면, 부작위가 불법 및 책임의 총반가치에서 작위와 상응해야 한다는 것은 기본적인 요청이라는 것이다.

반면에 행위반가치의 상응성이라는 견해는 상응성을 불법 및 책임의 총반가치의 상응성으로 보게 되면, 임의적 감경규정과 모순된다는 논거를 제시한다. 즉, 총반가치에서 작위범과 상응할 것을 요구하면서 동시에 작위범에 비하여 감경가능성을 인정하는 것은 모순이라는 것이다. 따라서 이러한 모순을 피하기 위해서는 책임반가치는 상응성의 대상에서 제외시키고, 불법반가치의 상응성으로 한정하는 것이 옳다는 것이다.[55] 하지만 이 견해에 대해서는 상응성은 '완전한 동일성'이 아니라 '근접한 동일성'을 의미하기 때문에, 총반가치의 상응성으로 해석하더라도 임의적 감경규정과 모순되지 않는다는 반론이 가해진다.[56]

---

52) 대판 1992. 2. 11., 91도2951; 대판 1996. 9. 6., 95도2551; 대판 1997. 3. 14., 96도1639.
53) 대판 1997. 3. 14., 96도1639.
54) Schürmann, 앞의 논문, 112면.
55) Rudolphi, SK, 6. Aufl., 1995, §13 Rdnr. 18, 65; Jescheck, LK, 11. Aufl., 1993, §13 Rdnr. 5, 61; Gallas, Der dogmatische Teil des Alternativentwurfs, ZStW 80(1968), 20면.

부진정부작위범의 처벌은 해당하는 작위범의 법정형에 의하도록 되어 있고, 법정형은 기본적으로 죄형균형의 원칙상 범죄반가치에 상응하여 정해지는 것이며, 범죄반가치는 불법반가치와 책임반가치의 총체라고 할 때, 부진정부작위범과 작위범의 반가치 상응성은 불법 및 책임의 총반가치의 상응성이라 하는 것이 원리에 맞는다고 본다. 독일에서 임의적 감경규정이 총체적 반가치의 상응성에 반대하는 중요한 논거로 사용되기도 하는데, 이러한 비판논거에 대해서는 독일에서처럼 '근접한 동일성' 개념으로 대항할 수도 있겠지만, 임의적 감경규정을 갖고 있지 않은 우리에게는 그 비판논거가 성립될 여지조차도 없다. 타면 상응성 요건의 척도가 불명확한 상태에서 책임 반가치의 상응성까지 요구하게 되면 법적 안정성이 염려된다는 우려가 있을 수도 있다.[57] 그러나 이러한 우려는 행위반가치의 상응성으로 이해하는 경우에도 여전히 존재하는 것이며, 그것의 해결을 위해서는 상응성 요건의 척도를 구체화하려는 차원에서 접근해야 할 것이지, 그 정도의 염려 때문에, 죄형균형의 원칙을 포기할 수는 없다고 본다.

또한 앞서 부작위범에 관한 총칙규정의 존재의의에서 보았듯이, 총칙의 일반규정은 모든 작위범의 구성요건에 대응하는 – 자수적 작위범, 고도의 일신전속적 의무범, 행위자 형법범, 작위정범의 행위만을 특징짓는 가중표지를 포함하는 구성요건 등 작위범의 본질상 그에 상응하는 부작위범이 불가능한 경우를 제외하고 – 부작위범의 구성요건을 창설하는 의미를 갖는다. 이런 관점에서 상응성을 재해석하면, '보증인이 의무에 반하여 부작위한 경우의 부작위범의 범죄구성요건은 대응하는 작위범의 범죄구성요건과 그 범죄반가치에서 상응하여야 한다.'는 의미가 된다. 그런데 구성요건적 범죄반가치는 구성요건별로 고유하게 유형화되어 있고, 그 내용은 구성요건적으로 고유한 불법반가치와 책임반가치이다.

(3) 상응성이 충족될 수 없는 예외적인 작위범 구성요건

상응성 요건에 의하여 불법 및 책임의 총반가치에서 작위범에 상응할 때에만 작위범에 대응하는 부진정부작위범이 성립할 수 있다고 할 때, 작위범의 불법 및

---

56) 근접한 동일성으로 이해하는 견해는 Arm. Kaufmann, 앞의 논문, 284면 이하 및 300면 이하와 Schürmann, 앞의 논문, 115면 이하 참조.
57) 독일에서는 상응성 요건을 행태결합범에 제한하지 않고 모든 부작위범에 확대 적용하려는 견해에 대하여 이러한 비판이 제기되기도 한다(Roxin, 앞의 논문, 580면 참조).

책임반가치를 구성하는 요소 중에서 부작위행위 내지 부작위행위자로서는 충족할 수 없는 요소를 포함하는 구성요건이 있다면, 그 구성요건에 대응하는 부작위범은 처음부터 불가능하다는 결론이 된다. 그러한 요소가 불법반가치를 구성하는 요소일 수도 있고, 책임반가치를 구성하는 요소일 수도 있다. 달리 말하면 그러한 요소는 그 성질상 상응성 요건을 통하여 부작위범의 구성요건요소로 전용될 수 없기 때문에, 그것에 대응하는 부진정부작위범의 구성요건이 형성될 수 없는 것이다. 이에 해당하는 것으로서는 행위자 형법범, 자수적 작위범, 일신전속적 의무범, 영득범 등이 있고, 또한 작위범의 구성요건에 작위정범에만 해당될 수 있는 가중표지가 포함된 경우도 이에 해당한다.

행위자 형법범은 당벌성의 핵심을 특정된 행위 자체에서 바라보지 않고 비사회성과 반사회성으로 특징지을 수 있는 행위자의 인격적 품행에 두고 있는 범죄유형이다. 이에 해당하는 것으로는 '성매매알선 등 행위의 처벌에 관한 법률' 제19조 제2항 제1호(영업적 성매매알선등행위), 구 경범죄 처벌법 제1조 제3호(떠돌이) 그리고 독일 형법 제181a조(음행매개) 등이 있다. 이들 범죄의 경우, 목적 없이 여기저기를 한두 번 떠돌아 다녔다거나, 성매매알선행위를 한두 번 했다는 행위 자체에 당벌성의 본질이 있는 것이 아니라, 무위도식하는 반사회적인 존재양식이나 영업성이라는 인격적 태도에 당벌성의 본질이 있다. 따라서 이러한 행위자 형법범의 구성요건은 부작위에 의하여 독자적으로 실현될 수 없다. 보증인이 그러한 행위를 방지하지 아니하였다는 것만으로 그 부작위행위자를 떠돌이라고 할 수도 없고, 영업성을 인정할 수도 없기 때문이다.[58]

자수적 작위범은 그 당벌성이 법익침해보다는 일정한 작위행위 자체의 반사회적 생활태도나 단순한 윤리적 비난성에 있는 범죄유형인데, 형법 제241조(간통)이나 군형법 제92조(계간) 등이 이에 속한다. 이러한 자수적 작위범은 구성요건에 기술된 적극적 '작위행위 자체'의 반사회성 내지 반윤리성을 처벌의 근거로 하기 때문에, 그러한 방식의 행위를 하지 않고는 전제된 반가치를 실현할 수 없고 따라서 부작위로서는 상응한 반가치를 충족할 수 없다.[59]

---

58) 같은 취지에서 헤르쯔베르그는 이러한 행위자 형법범을 부작위에 의해서는 범할 수 없는 진정 작위범으로 분류한다(Herzberg, Die Unterlassung im Strafrecht und das Garantenprinzip, 1972, 15면).

59) 같은 취지, 이재상, 앞의 교과서, 133면; 안동준, 앞의 교과서, 300면; Roxin, 앞의 논문, 583

일신전속적 의무범은 일정한 일신전속적 의무를 직접 위반했을 때에만 성립할 수 있는 범죄로서 위증죄가 그 대표적인 예이다. 물론 이러한 범죄도 부작위를 통하여 직접 실현할 수는 있다. 예컨대 증인이 진술 중에 본질적으로 중요한 부분을 진술하지 아니함으로써 위증죄를 실현할 수 있다. 그러나 감독보증인이 피보증인의 위증을 방지하지 않았다고 하여 그 보증인을 부작위에 의한 위증죄의 정범이라고 할 수는 없다. 부작위자에게는 감독보증의무의 위반만 인정될 뿐 선서한 증인의 진실의무의 위반이라는 요소가 충족될 수 없기 때문에, 불법반가치의 질적인 면에서 위증 그 자체와 결코 상응할 수 없기 때문이다. 따라서 이 경우 보증인의 부작위는 단지 방조범에 해당할 수 있을 뿐이다.

영득범의 경우에도 부작위에 의한 구성요건의 실현이 불가능한 것으로 본다. 영득은 재물의 취거에서 더 나아가 행위자가 경제적 이용의 목적을 위하여 그 재물에 대한 독립적인 처분력을 획득한다는 데에 본질이 있는데, 부작위자에게는 그것이 불가능하기 때문이다. 따라서 타인의 절도행위나 횡령행위 등을 저지하지 아니한 보증인은 부작위에 의한 절도죄 내지 횡령죄의 정범이 될 수 없고,[60] 방조범으로 처벌될 수 있을 뿐이다.[61]

마지막으로 오로지 작위정범의 행위만을 특징짓는 가중표지를 포함하는 구성요건에 대하여는 그것에 상응하는 부작위범이 성립할 수 없다. 이에 해당하는 예로서 록신은 독일 형법의 모살 중에서 비열한 동기에 의한 살인을 들면서, 여기서 비열한 동기는 적극적 살해행위의 동기를 지칭하는 것으로서, 부작위자의 행위 속에서는 그것에 상응하는 것을 찾을 수 없기 때문에, 비열한 동기로 살해하는 행위를 저지하지 않은 부작위가 비열한 동기로 살해하는 행위와 상응할 수 없고, 따라서 부작위행위자는 기본구성요건인 고살의 실현에 대하여는 정범으로 책임을 져야 하지만 가중구성요건의 실현에 상응하지 못하므로 모살에 대한 부작위정범이 될 수는 없다고 한다.[62]

면; Rudolphi, SK, 3. Aufl., 1982, §13 Rdnr. 10.

60) Roxin, 앞의 논문, 583면.

61) Roxin, 앞의 논문, 481면 이하.

62) Roxin, 앞의 논문, 583면. 한편 록신은 이처럼 작위정범에 관련된 가중표지를 포함하는 구성요건에 상응하는 부진정부작위범이 불가능하다는 것은 상응성 조항이 들어오기 오래전부터 이미 아르민 카우프만이 "작위범에서 가중사유가 공격의 형성 속에서 드러나는 더 높은 범죄성에 연결되어 있을 뿐, 결과를 더 중하게 하는 것이 아니라면, 이러한 가중사유를 부작위범에

3. 상응성 요건의 준거점

부진정부작위범에서 상응성 요건은 불법 및 책임의 총반가치에서 개개의 작위
범 구성요건과 상응하는 부작위범의 구성요건을 완성하는 역할을 하는 것으로서,
– 작위범의 구성요건의 본질상 처음부터 그것에 상응하는 부작위범이 불가능한
경우를 제외하고 – 모든 부작위범에서 의미가 있는 요건임이 논증되었다. 그렇
다면 이제 작위범의 구성요건적 불법 및 책임의 반가치를 형성하는 요소 중에서
상응성 요건을 통하여 부작위범의 반가치를 형성하는 요소로 전용되어야 할 것
이 무엇인가가 확인되어야 할 것이다. 범죄반가치는 구성요건을 통하여 고유하게
개별화되어 있으므로, 결국 개개의 작위범의 고유한 불법 및 책임반가치를 형성
하는 구성요건적 모든 불법 및 책임요소들이 상응성 요건을 통하여 부작위범의
구성요건으로 전용되어야 한다. 이처럼 불법 및 책임의 총반가치의 상응성을 그
형성요소의 측면에서 접근하면, 총반가치의 상응성에 대하여 제기될 수 있는 비
판 즉, 상응성 요건의 척도가 불명확한 상태에서 불법 및 책임의 총반가치에 대
한 상응성을 요건으로 하면 법적 안정성이 염려된다는 비판에 대해서도 상당한
정도 대응력을 가질 수 있을 것이다.

(1) 불법반가치 영역에서 상응성 요건의 준거점

작위범의 구성요건적 불법반가치를 형성하는 요소는 일반적으로 구성요건요소
로 불리며, 이에는 객관적 구성요건요소와 주관적 구성요건요소가 있다. 구성요
건적으로 고유한 이러한 요소들의 결합으로 구성요건마다 고유한 불법반가치가
형성된다. 따라서 불법반가치에서 해당 작위범에 상응하는 부진정부작위범의 구
성요건이 형성되기 위해서는 이들 모든 요소를 준거로 하여 불법반가치의 상응
성이 충족되어야 한다. 예컨대 작위범이 특별한 신분자 내지 의무자로 그 주체를
한정하고 있다면, 그에 상응하는 부작위범의 구성요건적 행위주체는 보증인지위
외에 작위범이 요구하는 특별한 의무나 신분도 아울러 가진 자이어야 한다. 또한
고의, 과실 등 주관적 행위요소도 행위불법을 형성하는 요소이므로, 해당하는 작

전용시키는 것은 불가능하다"(Armin Kaufmann, Die Dogmatik der Unterlassungsdelikte,
1959, 289면)고 함으로써 포착한 바 있다고 한다.

위범에 대응하여 부작위범에도 고의 내지 과실이라는 주관적 행위요소가 충족되어야 할 것은 자명하다. 또한 경향, 굴절된 표현의사 등 초과주관적 불법요소도 상응성 요건의 준거가 된다. 예컨대 부작위에 의한 학대죄가 되기 위해서는 냉혈적인 인성이 부작위를 통하여 표출되어야 할 것이며, 부작위에 의한 위증의 경우에도 내심의 굴절된 표현의사가 부작위행위 속에 존재하여야 할 것이다.

그러나 작위범의 구성요건적 '결과'나 그 결과발생으로 이르는 위험을 적극적으로 야기시키는 '작위행위', 또는 작위범의 '일반적인 주체' - 이는 자연인 일반을 의미 - 등의 요소에 대해서는 형법 제18조 부작위범의 일반규정이 "그 발생된 결과", "그 위험발생을 방지하지 아니한", "… 의무가 있거나 … 야기한자" 등으로 직접 규정하고 있으므로, 그것들은 상응성 요건의 직접적인 준거에서는 제외된다.

문제는 소위 행태결합범과 같이 작위범의 구성요건이 특수한 행위양태를 요구하고 있는 경우에, 부작위가 그 행위양태에 상응하는 반가치를 가질 것을 요하느냐이다. 다수설은 상응성을 행위양태의 동가치성을 의미하는 것이라 하여 상응성 요건의 준거점을 오로지 작위범의 특수한 행위양태라고 본다. 그리고 사기죄의 '기망', 공갈죄나 강요죄의 '폭행·협박', 특수폭행죄나 특수도주죄의 '단체 또는 다중의 위력을 보이거나 위험한 물건을 휴대하여' 등을 특수한 행위양태의 예로 든다.[63] 예컨대 사기죄의 경우 "기망"이라는 특수한 행위양태가 있기 때문에, 보증인의 결과방지의무 위반만으로는 상응성이 인정될 수 없고 부작위가 기망의 성질을 가지고 있는지가 상응성 요건을 통하여 특별히 검토되어야 한다고 한다.

그러나 과거 형식적 법의무설에서와는 달리 실질적 보증인설에서는 보증인의 무를 해당 구성요건의 실현을 저지시켜야 할 형법적 보증의무로 이해한다. 이러한 관점에서의 보증인의무는 당연히 '범죄유형적' 결과의 방지에 지향되어 있다. 즉, 사기죄의 경우 보증인의무는 단순히 재산적 손해를 방지할 의무가 아니라 착오에 의한 자기손실처분의 방지에 지향되어 있는 의무인 것이다. 따라서 그러한 의무를 지는 보증인이 피보증인의 착오에 의한 자기손실처분을 방지하지 아니하여 재산적 손해를 입게 했다면 작위와의 동치를 인정하기에 부족함이 없다고 할

63) 이재상, 앞의 교과서, 133면.

것이다. 착오에 빠진 상태에서 자기손실적 처분행위를 하도록 적극적으로 야기시키는 것이 기망이라고 할 때, 그러한 기망이 다른 범죄와는 달리 결과의 의무위반적 불방지에 의하여 대체되지 못할 이유가 없는 것이다. 보증인의무는 '범죄유형적' 결과의 방지에 지향된 형법적 의무이고, 따라서 사기죄에 있어서의 보증인의무의 내용은 착오에 빠진 자를 보호함으로써 그가 자기손실처분을 하는 것을 방지해야 할 의무라고 할 때, 그 의무를 이행하지 아니하여 피해자가 손해를 입었다면, 이는 적극적으로 기망하여 자기손실 처분을 하게 하는 것과 동가치적이라고 해야 할 것이기 때문이다. 이처럼 실질적 보증인설의 관점에서 보증인의무를 범죄유형적 결과의 방지에 지향된 의무로 이해하면, 아예 보증인의무의 내용이 "특수한 행위양태에 의한 결과의 발생을 저지시킬 의무"에 해당하게 되고, 그러한 의무의 불이행은 특수한 행위 양태를 통하여 적극적으로 결과를 야기시키는 것과 동가치적이라 할 수 있는 것이다.[64]

이러한 원리는 강요죄나 특수폭행죄에도 마찬가지이다. 이미 보증인의무가 '폭행·협박에 의한 강요'를 저지시킬 의무에 해당하거나 '단체 또는 다중의 위력을 보이거나 위험한 물건을 휴대한 상태에서의 폭행'을 저지시킬 의무에 해당하는 한, 그러한 의무의 불이행으로 피해자가 강요를 당하거나 특수폭행을 당하게 되었다면, 적극적으로 그러한 행위를 한 것과 동치시키지 못할 이유가 없다.[65] 따라서 소위 행태결합범의 특수한 행위양태에 대한 동가치성은 이미 보증인의무에서 그러한 특수한 행위양태의 실행을 저지시킬 보증인의무의 위반으로써 곧 인정되는 것이지, 상응성 요건을 통하여 특별히 더 검토되어야 할 사항이 없는 것이다. 지금까지 다수설이 전통적으로 행태결합범에 대하여 상응성 요건의 특별한 의미를 강조하면서도 그 판단척도를 제시하지 못하고 있는 것은 어떻게 보면 특별한 검토의 여지가 없는 것임을 반증하는 것인지도 모른다. 상응성 요건이 소위 행태결합범에서 특별한 의미를 갖고, 따라서 행태결합범의 경우 그에 상응하는

---

64) Roxin, 앞의 논문, 581면 참조.
65) 록신도 "어린 학생의 보호를 맞고 있는 교사가 그 어린 학생이 다른 학생으로부터 성적 강요를 당하는 것을 보고도 개입하지 않았다면, 그 교사에게는 형법 제177조(성적 강요, 강간)에 상응한 부작위에 의한 성적 강요죄의 가벌성이 인정되고, 그 사건을 저지시키지 않은 부작위가 적극적인 작위적 결과실현과 상응하는지를 추가적으로 검토할 필요가 없다"(Roxin, 앞의 논문, 582면)라고 함으로써 같은 입장을 취한다.

부작위범의 성립범위가 상응성 요건을 통하여 상당히 제한될 것이라는 기대는 「허상」이라 할 수 있다.[66]

(2) 책임반가치 영역에서 상응성 요건의 준거점

책임반가치에서 부작위범이 작위범과 상응하기 위해서는 작위범의 책임반가치를 형성하는 책임요소들을 준거점으로 하여서도 서로 상응하여야 할 것이다. 그런데 책임요소와 불법요소에는 하나의 차이점이 있다. 불법요소는 모두가 구성요건적으로 고유한 불법반가치를 형성하는 구성요건적 범죄유형화 요소인데, 책임요소는 그렇지 않다. 책임요소에는 책임의 구성요건적 개별화기능을 통하여 구성요건적으로 범죄반가치를 개별화·유형화하는 요소가 있는가 하면, 모든 범죄에 공통된 책임요소로서 책임반가치의 구성요건적 유형화기능을 하지 않는 요소가 있다. 예컨대 책임요소로서의 고의나 과실, 또는 영아살해죄의 "분만 중 또는 분만 직후"와 같은 구성요건적으로 특수하게 요구하는 객관적 책임요소 등이 전자에 해당한다면, 책임능력이나 적법행위의 기대가능성, 위법성인식 등은 후자에 해당한다.

상응성이 부작위범과 작위범 간에 '구성요건적으로 고유한' 범죄반가치의 상응성이기 때문에, 책임반가치의 상응성도 구성요건적으로 개별화·유형화된 책임반가치의 상응성을 의미할 수밖에 없고, 따라서 책임반가치에 있어서의 상응성 요건의 준거점도 자연히 구성요건적 책임반가치의 개별화와 유형화기능을 하는 책임요소가 될 것이다. 반면에 모든 범죄에 공통된 일반적 책임요소는 상응성 요건에 의하여 검토될 것이 아니라, 일반적인 범죄성립요소에 따라 검토되면 족할 것이다.

V. 맺는말

지금까지 수행한 논증을 상응성 요건의 기능이라는 관점에서 정리하면, 상응

---

66) 사기죄와 관련하여 이제껏 다수설이 행태등가성을 요구하면서도 그 구체적인 척도가 제시되지 못한 것은 바로 그런 척도란 존재하지 않기 때문으로 분석하는 견해로는 김성룡, 묵시적 기망·부작위를 통한 기망 및 부작위의 상응성, 형사법연구 제23호(2005), 33면 참조.

성 요건은 일차적으로 형법 제18조(부작위범)라는 부진정부작위범의 미완성 일반 규정에다가 관련 작위범의 고유한 범죄반가치요소를 전용·보충시킴으로써 부진정부작위범의 구성요건을 구체적으로 완성시키는 기능을 수행하며, 타면 부차적으로는 작위범에 대응하는 부작위범이 처음부터 불가능한 작위범의 구성요건을 선별하는 기능도 수행한다. 전자를 상응성 요건의 구성요건형성기능이라 한다면, 후자는 상응성 요건의 구성요건선별기능이라 할 수 있다. 상응성 요건의 「실상」은 바로 이 두 기능에서 찾아야 할 것으로 본다.

반면에 상응성 요건이 행태결합범에서 부진정부작위범의 성립범위를 본질적으로 제한하는 기능을 수행할 것이라는 믿음은 버려야 할 때가 된 것 같다. 이미 논증해보았듯이 소위 행태결합범의 특수한 행위양태에 대한 동가치성은 그러한 특수한 행위양태의 실행을 저지시킬 보증인의무의 위반으로서 곧 인정되는 것이지, 상응성 요건을 통하여 특별히 검토될 사항이 없기 때문이다. 지금까지 통설이 행태결합범에 대하여 상응성 요건의 특별한 의미를 강조하면서도 그 판단척도를 제시하지 못하고 있는 것은 어떻게 보면 특별한 검토의 여지가 없는 것임을 반증하는 것인지도 모른다. 결과적으로 상응성 요건이 소위 행태결합범에서 특별한 의미를 갖고, 따라서 행태결합범의 경우 그에 상응하는 부작위범의 성립이 상응성 요건을 통하여 상당히 제한될 것이라는 기대는 「허상」이라 할 수 있다.

"부진정부작위범에 있어서 상응성 요건의 허와 실"에 관하여

최 성 진*

I. 문채규 교수님과의 인연

문채규 교수님을 처음 만나 뵙게 된 것은 2010년 11월로 기억한다. 유학을 마치고 여러 교수님께 인사를 드리던 중 부산대에 계신 교수님께 인사를 드리러 가게 되었다. 그동안 글로만 뵙다가 실제로 처음 만나 뵙게 되었던 터라 많이 긴장하고 조심스러웠음에도 불구하고 편하게 대해주시고 그날 점심식사까지 같이 하게 되면서 앞으로의 생활에 대해 이런저런 조언을 해주셨던 것이 특히 기억에 남는다. 그 이후 교수님께서 비교형사법학회 회장에 취임하시면서 학회 편집간사 일을 맡겨주셔서 감사하게도 학회 일을 경험할 수 있는 소중한 기회도 얻을 수 있었다. 지금까지 전국 각지에 있는 또래 동료 학자들과 가까운 관계를 유지할 수 있었던 계기도 어떻게 보면 교수님께서 마련해주신거나 다름없어서 늘 마음 한구석에 감사하는 마음을 가지고 살고 있다. 그 이후에도 여러 번 찾아뵈면서 학문에 대한 열정과 진지함을 배울 수 있는 기회를 가질 수 있었음에도 감사한다. 특히 2013년도에 중국 랴오닝대학에서 열린 제11회 한중국제학술대회에 교수님 추천으로 함께 참석하면서 학술대회뿐만 아니라 랴오닝성 법원 등 여러 곳들을 방문하면서 잊지 못할 경험을 쌓았던 것도 10년이 지난 지금도 생생하게 기억에 남는다.

교수님과의 인연은 학문적인 면에서만 그치지 않았다. 교수님은 안동대에 계실 때 테니스에 입문하셨고 가끔씩 찾아뵐 때면 당신이 얼마나 테니스에 열정적이셨던지를 각종 일화를 곁들여서 말씀해주시곤 하셨다. 게임을 하시고 집에 돌아오셔서 샤워를 하셨음에도 불구하고 게임을 하자는 지인분들의 전화를 받으면 바로 다시 나가셨다는 등등의 말씀을 하실 때면 '아, 정말 테니스를 사랑하시는구나'라는 생각이 들 때가 한두 번이 아니었다. 이 글을 쓰고 있는 본인도 교수님 권유 덕분에 평생 처음으로 테니스라는 운동을 해보게 되었고 교수님뿐만 아니라 여러 분들과 함께 어울려 지리산, 부곡, 산청, 청도 등 테니스장이 있는 곳을 소풍 삼아 찾아다니면서 다년간 좋은 시간을 보냈던 것으로 기억한다. 늘 교수님 기대에 미치는 못하는 실력이 안타깝기는 하지만 그래도 지금까지 재직 중

* 동의대학교 인문사회과학대학 법학과 부교수.

인 학교에서 간간히 테니스를 즐기고 있는 것은 오로지 교수님 덕분이라고 하겠다. 요즘은 후배 교수들한테 테니스를 권하고 있는 나를 보고 있자면 10년 전 교수님께서 처음 테니스를 권해주셨던 순간이 자주자주 떠오른다. 모쪼록 건강을 유지하셔서 퇴임 후에도 좋아하시는 테니스를 계속 즐기시기를 기원한다.

Ⅱ. 문채규 교수님의 학문 세계의 특징

어떤 글이 학문적으로 좋은 글인지에 대해서는 개인마다 다른 기준이 있다고 생각한다. 논리가 분명한 글, 근거가 풍부한 글, 문장이 수려한 글 등등이 하나의 기준이 될 수 있다고 생각하는데 교수님의 글은 끊임없이 읽는 사람으로 하여금 스스로에게 질문을 하게 하는 힘이 있다. 교수님의 글을 읽으면서 떠오르는 질문들을 따라가다 보면 어느새 나 자신의 공부가 더 단단해져 가고 있음을 느끼곤 하였다. 학교에서 학생들을 가르치면서 언제나 첫 수업시간에 "질문이 멈추는 곳에 스스로 답이 드러난다."라는 말을 학생들에게 해주는데 교수님의 글이 나에게는 끊임 없는 질문을 하게 만드는 마중물이 되었다고 할 수 있다. 언젠가 교수님께서 "다른 사람이 내 글을 읽을 때 어렵다고 한다"라는 말씀을 하신 적이 있는 걸로 기억하는데 아직까지 누구인지 모를 그분의 말씀만큼은 잘 이해가 되지 않는다.

아직 누군가의 글을 평가할 수 있을 만한 위치에 있지 않지만, 감히 교수님 글에 대해 첨언하자면 교수님 글의 특징은 읽는 순서대로 논리가 전개된다는 점과 문언에 충실한 법률해석을 하신다는 점을 들 수 있다. 학자마다 어떤 분은 형사정책적 고려를 우선하여 목적적 해석에 무게를 둔 분도 계시나 교수님의 글은 대부분은 문언적 해석을 우선시하고 계신다는 느낌을 받을 때가 종종 있다. 아마도 이러한 점은 교수님께서 2021년도에 비교형사법연구에 투고하신 "형법 해석의 방법론"[1]이라는 글에서 해석카논 사이의 우열관계는 상정하기 힘들다는 다수 견해를 비판하시면서 '해석을 통한 법획득'의 단계를 '법 창조적인 법 획득'보다 우위에 두고 계시는 입장, 즉 문법적 해석 → 논리적·체계적 해석 → 주관적·역사적 해석 → 목적론적 해석의 순서로 해석카논의 순위를 설정하고 계시는 입장에 기인한 것이 아닌가라고 추측해본다. 문법적 해석에 무게를 두시다 보니 필연적으로 풍부한 논거 제시가 따라올 수밖에 없고 그러한 점이 교수님 논문의 특징이라고 생각한다. 대법원 전원합의체 판결을 예로 들자면 교수님의 글은 마치 '별개의견'을 읽는 느낌이 들 때가 있다. 때로는 다수의견에 찬성하시고 또 때로는 반대의견과 결론을 같이 하시지만 그 논리적 전개과정은 사뭇 다른, 그래서 더 풍부하고 치밀한 논증을 하실 수밖에 없는 것이 아닌가 생각한다.

교수님 학문 세계의 두 번째 특징은 – 위에서 언급한 첫 번째 특징과 연결될 수도 있

---

[1] 문채규, "형법 해석의 방법론", 비교형사법연구 제23권 제3호, 2021, 1면 이하.

다고 생각하는데 − 형사정책적 고려가 두드러지는 논문보다는 법이론 관련, 특히 형법 체계와 관련하여 서술하신 논문이 많다는 점을 들 수 있다. "소극적 구성요건표지이론을 위한 변론", "부진정부작위범에 있어서 상응성 요건의 허와 실", "공동정범의 본질론에 대한 재검토", "구성요건착오와 금지착오의 구별" 등등 주제 하나하나가 모두 형법의 큰 틀과 관련 있는 글들이다. 이처럼 형법 체계와 관련된 주제들을 많이 다루고 있다는 점이 교수님 논문의 또 하나의 특징이라고 할 수 있다. 형사정책적 논문보다는 도그마틱한 논문이 더 가치가 있다고 말할 수는 없으나 후자의 논문은 필연적으로 형법에 있어서의 여러 가지 제도와의 정합성을 따질 수밖에 없어 마치 수학에 있어서 고차방정식을 꼼꼼하게 풀어가는 과정과 유사하다는 점에는 별로 이견이 없을 듯하다. 본고에서 다룰 "부진정부작위범에 있어서 상응성 요건의 허와 실"도 그러한 논문 중의 하나이다. 이하에서 이를 자세히 살펴보기로 한다.

Ⅲ. 논문 "부진정부작위범에 있어서 상응성 요건의 허와 실"에 대하여

교수님께서 부진정부작위범에 대해서 발표하신 논문은 총 2편이다. 그중에 한 편은 고려대 박사학위논문으로 "부진정부작위범의 가벌성요건에 관한 고찰"이라는 제목으로 1992년에 발표되었다. 다른 논문은 2009년 비교형사법연구 제11권 제1호에 게재된 "부진정부작위범에 있어서 상응성 요건의 허와 실"이라는 글이다. 두 편은 거의 20년이라는 시간적 간극을 두고 있는데 입장을 바꾸신 부분은 눈에 띄지 않는다. 박사학위 논문이 부진정부작위범 전반적인 분야에 대해 논지를 전개하신 것이라면 2009년에 발표하신 논문은 부진정부작위범에 있어서 '상응성' 부분을 집중적으로 다루고 계시다는 점에서 차이가 있다.

교수님은 위 논문에서 상응성 요건이 필요하다는 통설에 찬성하시면서도 상응성 요건은 일차적으로 형법 제18조(부작위범)라는 부진정부작위범의 미완성 일반규정에다가 관련 작위범의 고유한 범죄반가치 요소를 전용 보충시킴으로써 부진정부작위범의 구성요건을 구체적으로 완성시키는 기능을 수행하며, 부차적으로는 작위범에 대응하는 부작위범이 처음부터 불가능한 작위범의 구성요건을 선별하는 기능도 수행한다고 보고 계신다. 다시 말해 전자를 상응성 요건의 구성요건 형성기능이라 한다면, 후자는 상응성 요건의 구성요건 선별기능을 수행하고 있다고 분석하신다. 그리고 상응성 요건의 실상은 바로 상응성 요건의 구성요건 형성기능과 구성요건 선별기능을 수행하고 있다는 점에서 찾아야 한다고 주장하신다. 나아가 상응성 요건이 행태결합범에서 부진정부작위범의 성립범위를 본질적으로 제한한다는 구체적인 기능을 지니고 있다는 통설의 견해에 대해서는 반대하고 계시며 행태결합범의 특수한 행위양태에 대한 동가치성은 그러한 특수한 행위양태의 실행을 저지시킬 보증인 의무의 위반으로써 곧 인정되는 것이지, 상응성 요건을 통하여 특별히 검토될 사항이 없기 때문이라는 것을 그 근거로 들고 계신다. 결국 상응성 요건은 부진정부작위범의 구조로 인해 필요는 하나 내용상 부진정부작위범의 성립범위를 '본질적으로' 제한하는 '구체적인' 기능은 가지고 있지 않다는 것으로 요약될 수 있다.

교수님은 부진정부작위범에 있어서 상응성 요건을 다루면서 다음과 같은 세 가지 질문을 기반으로 논문을 시작하고 계신다. 첫째, 상응성 요건이 필요한가? 둘째, 필요하다면 행태결합범의 경우에만 의미있는 요건인가? 셋째, 상응성 내용과 관련하여 불법반가치의 상응성인지, 아니면 불법 및 책임의 총반가치의 상응성인가?라는 세 가지 질문이 그것이다.

1. 독일과 한국에 있어서 학설사적 검토

독일의 경우 1975년 개정을 통해 형법 제13조가 규정되기 이전에는 부진정부작위범의 처벌의 실정법적 근거가 무엇인가와 관련하여 유추적용금지 위반 여부가 중요한 논쟁거리였다. 여기서 형법각칙의 대부분의 구성요건들은 작위범의 구성요건일 뿐, 부진정부작위범을 포함하지 않는 것으로 해석한다면, 부진정부작위범을 그러한 처벌규정에 따라서 처벌하는 것은 유추적용금지에 위반된다는 결론에 이르게 된다. 그러던 중 개정형법에서 제13조가 신설됨으로써 이제 유추적용이라는 비난을 벗어나기 위하여 부진정부작위범을 각칙의 작위범구성요건에 포섭시키려는 힘겨운 해석론이 불필요하게 되었다. 그러다 결국 1975년 상응성 요건을 추가하는 쪽으로 개정이 이루어졌는데 교수님은 이를 아래와 같이 정리하셨다.

"오늘날 독일에서는 추가적인 가벌요건인 상응성을 '행위양태의 등가성'으로 이해하는 것이 지배적인 견해인데, 이 견해는, 독일형법 제13조(부작위범)를 탄생시킨 1975년의 개정형법이 마련되는 과정에서, 갈라스가 작위범의 '행위양태'가 부작위의 작위 동치를 위하여 갖는 특별한 의미를 피력한 것에서 기인한다고 한다. 즉 갈라스는 1959년 개정초안 제2독회에서 다음과 같은 요지의 설명을 하였다고 한다. 보증의 무위반의 요건은 단지 결과의 불방지를 결과의 적극적인 야기와 동치 시킬 뿐이므로, 단순한 결과의 야기만을 이유로 처벌하는 것이 아니라 이런 결과가 어떤 방법으로 야기되어야 하는가를 구체적으로 기술하는 사기죄와 같은 구성요건들의 경우에는 제2의 제한적 관점으로서 구성요건에 전제된 특별한 행위양태와 관련해서도 부작위가 작위와 동가치적이라는 관점을 필요로 한다. 타면 그 당시 갈라스는 순수 결과범의 경우에도 "구체적인 경우에 그 행위가 작위에 의한 범행과 동치 되지 않는다"고 말할 수 있는 가능성이 법관에게 허용되어야 한다 는 생각도 가졌다고 한다. 이러한 갈라스의 설명과 생각은 독일 개정형법 제13조의 상응성 요건이 입법되는 데 결정적인 계기가 되었고, 특히 그의 설명에서 강조하였던 '특별한 행위양태의 동가치성'이 오늘날 독일에서 상응성의 내용에 관한 지배설인 '양태등가설'의 모태가 되었다."[2]

---

2) 문채규, "부진정부작위범에 있어서 상응성 요건의 허와 실", 비교형사법연구 제11권 제1호,

그리고 한국에서 벌어진 학설사도 아래와 같이 명료하게 정리하고 계신다.

"1970년대 후반에 이르러 박동희 교수가 상응성 요건을 제2의 동치요건으로 인정하는 견해에 가세할 때까지는 정영석 교수 홀로 외롭게 이원적 동치요건을 주장하고 있었던 셈이다. 그러다가 1980년대에 접어들어 많은 학자들이, 구체적인 내용에서는 차이들이 있지만, 부작위가 작위에 동치 되기 위해서는 보증인의무위반 외에 제2의 독자적인 동치요건이 필요하다는 입장에 가세함으로써 이 입장이 오늘날의 통설로 자리 잡게 되었다."[3]

결국 독일은 입법을 통해서 상응성 요건의 필요성이 규정된 반면, 한국의 경우는 상응성 요건이 입법화되지는 않았으나 해석을 통해 상응성 요건이 필요하다는 쪽으로 정리되었다고 보고 계신다.

2. 상응성 요건의 존재 의의

상응성 요건의 필요성을 검토하기 이전에 우선 부진정부작위범의 구조를 간략히 살펴볼 필요가 있다. 소극적 부작위에 의한 범행이 적극적 작위에 의한 구성요건실현과 동등하게 평가될 수 있어야 하는 바, 이를 '부작위의 동치성'이라고 한다. 그리고 일반적으로 부작위의 동치성은 '보증의무 위반'과 '상응성[4]'의 2단계를 그 내용으로 하고 있다. 그런데 형법 제18조는 '위험의 발생을 방지할 의무가 있거나 자기의 행위로 인하여 위험발생의 원인을 야기한 자가 그 위험발생을 방지하지 아니한 때에' 부작위범이 성립하는 것으로 규정하여, '보증인적 지위'에 있는 자의 부작위만이 처벌될 수 있음을 밝히고 있을 뿐, '행위정형의 동가치성'에 대해서는 규정하고 있지 않으나 통설과 판례를 이를 요구하고 있다.

여기에 대해 '보증인의무 위반'만으로 부작위범의 가벌요건이 충족되며 행위정형의 동가치성이라는 요건은 가벌요건이 아니라는 일부 견해가 있다. 이 견해는 다음과 같은 점을 그 근거로 들고 있다. 첫째는 상응성 요건이 이론적 혼동만을 초래할 뿐, 실질적으로 보증인부작위의 가벌성을 제한할 수 있는 실체를 갖지 못하고, 그렇기 때문에 지배설은 아직까지 상응성 판단의 척도조차 제시하지 못하고 있다는 점을 든다. 둘째는 상응성 요건이 명시되어 있는 독일에서조차 첫째의 이유를 들어 상응성 조항의 실효성에 의문이 제기되는 상황임을 고려할 때, 규정에 명시되어 있지 않은 우리의 형법현실에서 상응성 요건을 별도로 거론할 이유가 없다는 점을 든다.[5] 이런 입장에서 상응성이 형법 제51조 제3호에 따른 '범행의 수단'에서 고려되는 양형의 기준이 될 수는 있을 것이라고 하기도 한

2009, 188면.

3) 문채규, 위의 글, 189면.

4) 행위정형의 동가치성으로 표현되기도 한다.

5) 김성룡, "부진정부작위범의 한국적 해석으로서 단일정범개념", 비교형사법연구 제5권 제1호, 2003, 107면; 한정환, 형법 제18조에서의 작위의무자, 형사법연구 제22호, 2004, 92면.

다.[6] 여기에 대해 교수님은 다음과 같은 반론을 드시면서 상응성 요건이 필요하다는 통설적인 입장에 찬성하고 계신다.

"총칙에 부작위범의 처벌규정이 입법되기 전에는 상응성 요건이 부작위를 작위범의 구성요건적행위로 포섭시켜 소위 부작위에 의한 작위범으로서 작위범의 구성요건을 적용하기 위한 불가결한 요소였다면, 처벌규정이 마련된 이후에는 작위범의 가벌성에 상응하는 부진정부작위범의 구성요건을 완성시키는 데에 불가결한 요소로 존재하는 것이다. 즉, 상응성은 부진정부작위범과 작위범 간의 죄형균형의 요청에서 직접 도출되는 것으로서, 이 요건이 법규화되어 있느냐의 여부에 따라서 그 존재의의가 달리 이해될 것이 아니다. 따라서 부진정부작위범의 처벌규정을 두면서 상응성 요건을 법규화 하지 않은 것을 두고 입법의 불비라고 평가하는 것은 타당한 지적이라 할 수 있다. 즉, 처벌규정은 그간 이론적으로 그 가벌성과 당벌성이 충분히 검증되었지만, 그럼에도 과연 그 처벌이 실정법적 근거에 의거한 것인가에 대한 의구심을 해소시킨 점에 그 가치가 있을 뿐, 그 규정이 그때까지 이론을 통하여 인정된 가벌요건에 특별히 새로운 변경을 가한 것은 없는 것이다."[7]

각칙상의 개별적인 구성요건만으로는 규범적으로 부진정부작위범과 연결될 수는 없고 형법 제18조와 연결됨으로써 의미를 갖는 것으로 보아야 한다. 따라서 상응성 요건이 형법 제18조에 규정되어 있지 않다는 것이 상응성 요건이 필요없다고 볼 수 있는 근거로 작용할 수는 없다.

"어떻게 보면 상응성 요건은 부진정부작위범이 독자적으로 법규화됨으로써 더욱 불가피한 요건이 되었다고 볼 수도 있다. 부작위범의 규정이 없어서 작위범의 구성요건을 직접적인 실정법적 근거로 할 때에는 작위에 상응하는 부작위의 행위상응성만 근거지워 부작위를 작위행위에 포섭시키고 나면, 나머지의 가벌요건은 작위범의 구성요건에 기술된 요건이 그대로 적용됨으로써 불법 및 책임 등에서 별도의 상응성 요청이 불필요할 수도 있다. 그러나 이제는 총칙의 일반조항에 직접 기술되지 않은 가벌요건들을 이 상응성 요건을 통하여 모두 보충하여야 한다. 이렇게 볼 때, 갈라스가 입법과정에서, 즉 독자적인 처벌규정 입법 과정에서 비로소 상응성을 강조한 것은 당연하고도 타당한 착상으로 평가할 수 있다. 이제 입법기술적인 면에서 말하면, 상응성 요건을 통하여 개개의 작위범의 가벌요건들을 모두 - 총칙규정에서 직접 규정한 주체, 결과, 불방지행위 등을 제외하고 - 부작위범의 가벌요건으로 치환시키고 있는 것이다. 따라서 부진정부작위범의 독자적인 죄형규정을 갖게 됨으로써 상응성 요건이 담당하는 역할과 임무가 더 커졌다고 볼 수 있다."[8]

---

6) 김성룡, 위의 글, 133면.
7) 문채규, 위의 글, 196면.
8) 문채규, 위의 글, 196면.

결국 독일의 경우에는 각칙 상에 기술하지 못한 부작위를 총칙에 규정된 상응성 요건을 통하여 보충해야 할 것이고 한국의 경우에는 상응성 요건을 기술되지 않은 부진정부작위범 성립 요건으로 이해하여 검토해야 하며 독일 형법과 한국 형법간의 규정형태 차이가 실제 내용의 차이에까지 이르는 것이 아님을 명확하게 밝히고 계신다.

3. 상응성 요건이 의미를 갖는 부작위범의 범위

그렇다면 상응성 요건이 의미를 갖는 부작위범의 범위는 어디까지인가? 이 부분에서 교수님만의 독특한 의견 제시가 이루어지고 있다. 상응성 요건이 필요하다고 보는 대다수의 학자들은 살인죄, 상해죄, 손괴죄와 같은 "순수결과적 야기범"과 강요죄, 사기죄와 같은 "행태결합범"을 구별하여, 후자의 경우에만 상응성 요건이 의미있는 것으로 파악하고 있다. 이러한 다수설의 입장에 대해 교수님은 다음과 같은 의문을 제기하고 계신다.

"그들은 작위범 구성요건 중에는 특수한 범행양태를 요구하는 것과 그렇지 않다는 것이 있다는 것을 전제로 하고 출발한다. 과연 그런가? 과연 작위범 구성요건 중에 특수한 범행양태를 전제로 하지 않는 것들이 있을 수 있는가? 오히려 모든 구성요건적 범행은 그것에 '고유한 특수한 형질'을 가지고 있는게 아닌가?"9)

교수님의 반론을 이해하기에 앞서 다수설의 입장을 조금 더 상세히 살펴볼 필요가 있다. 다수설의 입장은 결국 살인죄의 경우에 있어서 '살해' 행위는 사망에 이르게 하는 일체의 행위를 의미하는 것으로서 그 내용과 방법 등에 제한이 없다는 점에서 출발한다. 즉 사망이라는 결과만 가져오면 되므로 그 행위의 특수성은 크게 고려할 필요가 없다는 뜻이다. 이 경우에는 작위범의 행위에 특별한 정형성이 없으므로 자동적으로 부작위와의 동치성은 크게 문제가 되지 않는다는 입장으로 이해할 수 있다. 반면 사기죄의 경우에는 다른 재산범죄와 비교해 볼 때 다음과 같은 차이점이 발견된다는 점에 착안을 두고 있다. 즉 절도, 사기, 공갈, 강도 등의 재산범죄의 공통점은 행위의 상대방은 재산 피해를 입고 행위자는 재물 획득 혹은 재산상의 이익을 얻는다는 점이다. 이러한 공통점에도 불구하고 서로 법정형이 다른 이유는 절취, 강취, 사취라는 객관적 구성요건인 '행위'의 특수성에 기인한다는 것이다. 이처럼 작위 행위에 다른 범죄와 구분되는 행위의 특수성이 있으니 결국 부작위의 경우에도 작위와 동등하다고 평가할 수 있는 상응성 요건이 조금 더 엄격하게 요구된다는 점에서 착안한 것으로 볼 수 있다. 이러한 입장에 대해 교수님은 다음과 같은 반론을 제기하신다.

"통설은 순수한 결과야기범에 해당하는 가장 전형적이고 대표적인 예로서 살인죄를 든다. 살인죄의 살해행위에는 아무런 고유한 정형성이 없다는 의미이다. 그런데 과

---

9) 문채규, 부진정부작위범의 가벌성요건에 관한 고찰, 고려대학교 박사학위논문, 1992, 213면.

연 그런가? 과실치사죄와 비교하면 그렇지 않다는 사실이 금방 드러난다. 살해행위는 살인의 고의가 화체된 범행이라면, 치사행위는 과실이 화체된 범행이다. 즉, 살인죄와 과실치사죄를 구별하는 결정적인 표지는 결과의 야기가 아니고, 결과를 야기한 행위양태인 것이다. 이는 바로 살인죄나 과실치사죄도 고유하고 특수한 행위양태를 전제한다는 것을 말해 준다. 즉, 작위범의 개별 구성요건들의 행위양태는 객관적인 표지뿐만 아니라 주관적 요소까지 고려할 때 비로소 특정되는 것이기 때문에, 살인죄와 과실치사죄도 각각 구별될 수 있는 특수한 행위양태를 갖는다고 볼 수 있다."[10]

교수님의 입장에 따르면 모든 범죄는 그 나름의 특수한 행위양태를 전제로 하고 있으므로 통설의 입장과는 달리 순수결과적 야기범이든 행태결합범이든 모두 상응성 요건이 의미가 있다는 결론에 이르게 된다. 아래와 같은 부분에서 교수님의 주장은 더욱 분명해진다.

"소위 행태결합범으로 분류된 경우가 순수 결과범에 비하여 행위양태를 더욱 구체화 내지 특수화하였다는 정도의 차이를 인정할 수는 있을 것이다. 하지만 그러한 차이는 해당 범죄에 고유한 행위정형의 '존부'에 관한 것이 아니라, 결과를 야기하는 가벌적 범행의 정형을 법정책상 어떤 태양을 통하여 어느 '정도'의 범위로 설정할 것인가에 관한 '정도'의 차이에 불과하다."[11]

4. 상응성의 내용 – 행위반가치의 상응성 vs. 불법 및 책임의 총반가치의 상응성

상응성의 내용과 관련하여 여러 가지 학설이 있으나 크게 보면 행위양태의 사회의미적 동가치성, 즉 행위반가치의 상응성으로 이해하는 견해와 불법 및 책임의 총반가치의 상응성으로 이해하는 견해로 나눌 수 있다.

통설은 행위반가치의 상응성으로 이해하고 있으며 대법원도 이러한 입장에 서 있는 것으로 파악하고 있다. 통설은 그 근거에 대해서는 자세히 설시하고 있지 않으나 아마도 다음과 같은 구조에 기인하는 것으로 생각된다. 즉 부진정부작위범은 부작위를 통하여 작위범의 구성요건을 실현하는 것이고 부작위와 작위는 모두 객관적 구성요건요소인 '행위'에 속하는 것이므로 행위단계에서의 상응성으로 이해하는 것이 타당하다는 전제에서 출발하는 것으로 보인다. 예를 들어 형법 제250조의 "사람을 살해한 자는....." 이라는 부분에서 작위범의 경우 행위주체에 일대일로 대응하는 것이 보증인지위이며 작위의 살해행위에 대응하는 것은 부작위로 이해하는 것이다. 따라서 상응성은 객관적 구성요건요소인 '행위'단계에서만 작동한다는 것으로 이해할 수 있다. 이에 대해 교수님은 불법 및 책임의 총반가치의 상응성이라는 입장을 취하고 계신데 다음과 같은 논증방법을 취하고 계신다.

---

10) 문채규, "부진정부작위범에 있어서 상응성 요건의 허와 실", 비교형사법연구 제11권 제1호, 2009, 198면.
11) 문채규, 위의 글, 198면.

"부작위범에 관한 총칙규정의 존재의의에서 보았듯이, 총칙의 일반규정은 모든 작위범의 구성요건에 대응하는 – 자수적 작위범, 고도의 일신전속적 의무범, 행위자 형법범, 작위정범의 행위만을 특징짓는 가중표지를 포함하는 구성요건 등 작위범의 본질상 그에 상응하는 부작위범이 불가능한 경우를 제외하고 – 부작위범의 구성요건을 창설하는 의미를 갖는다. 이런 관점에서 상응성을 재해석하면, '보증인이 의무에 반하여 부작위한 경우의 부작위범의 범죄구성요건은 대응하는 작위범의 범죄구성요건과 그 범죄반가치에서 상응하여야 한다.'는 의미가 된다. 그런데 구성요건적 범죄반가치는 구성요건별로 고유하게 유형화되어 있고, 그 내용은 구성요건적으로 고유한 불법반가치와 책임반가치이다."[12]

교수님의 주장은 '불법반가치'를 설명하는 부분에서 더 분명해진다.

"작위범의 구성요건적 불법반가치를 형성하는 요소는 일반적으로 구성요건요소로 불리며, 이에는 객관적 구성요건요소와 주관적 구성요건요소가 있다. 구성요건적으로 고유한 이러한 요소들의 결합으로 구성요건마다 고유한 불법반가치가 형성된다. 따라서 불법반가치에서 해당 작위범에 상응하는 부진정부작위범의 구성요건이 형성되기 위해서는 이들 모든 요소를 준거로 하여 불법반가치의 상응성이 충족되어야 한다."[13]

교수님의 주장에 따르게 되면 작위범에 대응하는 부작위범에 있어서도 불법반가치의 내용인 객관적 구성요건요소뿐만 아니라 고의와 같은 주관적 구성요건요소도 같이 고려해야 한다는 결론이 도출된다. 바로 이 부분이 본 논문의 핵심적인 부분이라고 생각된다. 교수님은 "소극적 구성요건표지이론을 위한 변론"[14]에서 밝히셨듯이 2단계범죄체계론을 취하고 계신 것으로 보여진다. 불법반가치라는 단어를 사용하신다는 것은 작위범의 개별 구성요건들의 행위양태는 객관적 표지뿐만 아니라 주관적 요소까지 고려할 때 비로소 특정될 수 있다는 의미이다. 즉 상응성 요건이 순수결과야기적 범죄뿐만 아니라 행태결합적 범죄의 경우에도 모두 의미가 있다는 교수님의 입장은 상응성의 내용으로 불법반가치 및 책임반가치를 모두 대상으로 한다는 주장과 논리적으로 연결된다. 나아가 불법반가치 영역에서 상응성의 준거점 역시 객관적 구성요건과 주관적 구성요건을 모두 아우르는 '특수한 행위양태'로 이해하고 실질적 보증인설의 입장에서 바라보면 상응성 요건은 통설과는 달리 행태결합범에서 조차 그다지 큰 의미를 가지지는 못한다. 이러한 점을 교수님은 다음과 같이 지적하고 계신다.

"실질적 보증인설의 관점에서 보증인 의무를 범죄유형적 결과의 방지에 지향된 의무로 이해하면, 아예 보증인 의무의 내용이 "특수한 행위양태에 의한 결과의 발생을

---

12) 문채규, 위의 글, 203면.
13) 문채규, 위의 글, 206면.
14) 문채규, "소극적 구성요건표지이론을 위한 변론", 형사법연구 제12권, 1999, 71면 이하.

저지시킬 의무"에 해당하게 되고, 그러한 의무의 불이행은 특수한 행위양태를 통하여 적극적으로 결과를 야기시키는 것과 동가치적이라 할 수 있는 것이···따라서 소위 행태결합범의 특수한 행위양태에 대한 동가치성은 이미 보증인 의무에서 그러한 특수한 행위양태의 실행을 저지시킬 보증인 의무의위반으로써 곧 인정되는 것이지, 상응성 요건을 통하여 특별히 더 검토되어야 할 사항이 없는 것이다. 지금까지 다수설이 전통적으로 행태결합범에 대하여 상응성 요건의 특별한 의미를 강조하면서도 그 판단 척도를 제시하지 못하고 있는 것은 어떻게 보면 특별한 검토의 여지가 없는 것임을 반증하는 것인지도 모른다. 상응성 요건이 소위 행태결합범에서 특별한 의미를 갖고, 따라서 행태결합범의 경우 그에 상응하는 부작위범의 성립범위가 상응성 요건을 통하여 상당히 제한될 것이라는 기대는 「허상」이라 할 수 있다."[15]

이러한 교수님의 견해에 동의한다. 대법원이 부진정부작위범과 관련하여 내린 판결을 보면 통설이 대법원이 행위반가치의 입장에서 상응성 요건을 이해하고 있다는 설명은 동의하기 힘들다. 즉 순수결과야기적 범죄인 살인죄에서 대법원은 "형법이 금지하고 있는 법익침해의 결과발생을 방지할 법적인 작위의무를 지고 있는 자가 그 의무를 이행함으로써 결과발생을 쉽게 방지할 수 있었음에도 불구하고 그 결과의 발생을 용인하고 이를 방관한 채 그 의무를 이행하지 아니한 경우에, 그 <u>부작위가 작위에 의한 법익침해와 동등한 형법적 가치가 있는 것이어서 그 범죄의 실행행위로 평가될 만한 것이라면, 작위에 의한 실행행위와 동일하게 부작위범으로 처벌할 수 있다고 할 것이다</u>"라고 하여 행위반가치를 상응성 요건으로 이해하고 있는 표현을 사용하고 있다.[16] 반면 통설 스스로가 상응성 요건이 큰 의미가 있다고 보고 있는 행태결합적 범죄인 사기죄에서는 "사기죄의 요건으로서의 기망은 널리 재산상의 거래관계에 있어 서로 지켜야 할 신의와 성실의 의무를 저버리는 모든 적극적 또는 소극적 행위를 말하는 것이고, 그중 소극적 행위로서의 부작위에 의한 기망은 법률상 고지의무 있는 자가 일정한 사실에 관하여 상대방이 착오에 빠져 있음을 알면서도 그 사실을 고지하지 아니함을 말하는 것으로서, <u>일반거래의 경험칙상 상대방이 그 사실을 알았더라면 당해 법률행위를 하지 않았을 것이 명백한 경우에는 신의칙에 비추어 그 사실을 고지할 법률상 의무가 인정된다 할 것이다</u>"라고 하여 스스로 보증인적 의무를 상세히 설시하고 있을 뿐 상응성 요건은 따로 검토하는 표현을 사용하고 있지는 않다.[17] 결국 순수결과야기적 범죄에서는 내용없는 상응성만을 언급하고 있으며 행태결합범에서는 그조차도 언급하고 있지 않음으로써 상응성 요건이 교수님께서 말씀하신 것처럼 '허상'에 지나지 않음을 스스로 보여주고 있다.

책임반가치에 대해서도 교수님은 아래와 같이 적고 계신다.

---

15) 문채규, 위의 글, 208면.
16) 대법원 1992. 2. 11. 선고 91도2951 판결.
17) 대법원 2006. 2. 23. 선고 2005도8645 판결.

"상응성이 부작위범과 작위범 간에 '구성요건적으로 고유한' 범죄반가치의 상응성이기 때문에, 책임반가치의 상응성도 구성요건적으로 개별화 유형화 된 책임반가치의 상응성을 의미할 수밖에 없고, 따라서 책임반가치에 있어서의 상응성 요건의 준거점도 자연히 구성요건적 책임반가치의 개별화와 유형화기능을 하는 책임요소가 될 것이다."[18]

결론적으로 교수님의 입장에 따르면 상응성 판단의 비교점은 작위범의 범죄반가치 중에서 불법을 구성하는 반가치요소 모두와 책임을 구성하는 반가치요소들 중에서 범죄유형화와 구성요건개별화에 관련된 반가치요소의 총합이다.

Ⅳ. 나가는 글

교수님을 처음 만나 뵌 지도 벌써 10여 년이 훌쩍 지나가 버렸다. 교수님께서 보여주셨던 학문을 함에 있어서의 진지함과 그동안 보여주셨던 학문을 대함에 있어서 진지함과 후학들에 대한 애정은 두고두고 기억에 남을 것이다. 정년퇴임을 하시지만 모쪼록 건강하셔서 앞으로도 후학들에게 끊임없는 질문을 남겨줄 수 있는 학문적 활동을 계속하셨으면 좋겠다는 소망과 개인적으로 좋아하시는 테니스를 계속하실 수 있을 만큼 건강하시기를 기원한다.

---

18) 문채규, 위의 글, 209면.

11 방조범의 불법과 중립적 행위에 의한 방조*

Ⅰ. 머리말

형법 제32조의 방조범에 대한 일반적인 이해에 따르면 타인의 범행에 대한 고의적인 모든 형태의 방조는 방조범으로 처벌된다. 그리하여 중립적이고 일상적인 것으로 보이고 그 범죄적 성격이 명백하게 드러나지 않는 행위들도 방조의 금지에 포함된다. 이는 독일 형법 제27조(방조범)에 대한 독일의 일반적인 해석과도 일치한다. 그러나 이러한 결론은 독일에서 오래 전부터 종종 문제가 있는 것으로 간주되어 오다가, 최근에 이르러서는 범죄촉진적인 행위양태들이 일상적이고 사회통상적인 범위를 이탈하지 않는 때에는 그 범죄화를 배제하는, 방조의 기술되지 않은 객관적·주관적인 한계들이 존재하는지 여부에 대하여 논란이 활발하게 진행되고 있다.[1] 즉 독일에서는 일상적 행위들에 대한 가벌성이 학문적으로 오랫동안 소홀히 되어왔고, 판례에서도 단지 산발적으로 그리고 뚜렷이 통일적인

---

* 한양대학교 법학논총 제31권 제4호(2014) 115-142면에 게재된 글임.

1) Weigend, Grenzen strafbarer Beihilfe, Nishihara-FS, 1998, 197면. 중립적 방조에 대한 이론의 전개과정에 대해서는 이용식, 일상적·중립적 행위와 방조 – 방조행위의 개념적 의미내용과 방조의 불법귀속의 이해구조 –, 서울대학교 법학 제48권 제1호(2007), 304면 각주 5) 참조.

착안 없이 취급되어 왔는데, 최근에 와서야 급작스런 변화가 일어 중립적 방조의 문제가 형법학계의 유행적인 테마로 등장하였고, 이러한 사정은 판례에 대해서도 근본적인 판결들을 내도록 자극하는 상황이 되었다고 한다.[2] 우리나라에서도 최근에 이 문제가 논의되기 시작하였다. 이를 일반적으로 '중립적 행위에 의한 방조'의 문제라고 부른다. '중립적 행위에 의한 방조'의 문제는 일상적이고 외형상 중립적이며 전형적인 직업활동에 해당하는 행위가 개별 사건에서 정범의 범행 수행을 가능하게 하거나 용이하게 한 경우에 가벌적 방조가 될 수 있는지, 그리고 이를 긍정한다면 어디까지 가능한지에 관한 문제이다. 이 문제는 일상생활의 활동영역 전반에 걸쳐 나타날 수 있지만, 주로 문제되는 경우는 통상 정상적인 직업활동으로서 행한 행위가 타인의 범죄실행을 촉진한 경우이다.[3]

독일에서 이 주제가 최근 형법학계의 유행적인 테마가 된 데에는 1990년대 중반에 발생한 하나의 커다란 사회적인 이슈와 형법도그마틱적인 이유가 결합된 것으로 보인다. 먼저 사회적인 이슈는 1994년 조세의무를 지는 자금을 룩셈부르크로 송금하는 데에 협력했다는 이유로 탈세의 방조혐의를 받고 있던 독일의 대형은행을 수색하도록 한 연방헌법재판소의 이례적인 결정을 든다.[4]

다음으로 형법도그마틱적인 이유는 공범의 처벌근거에 대한 초실정법적인 관심과 객관적 귀속론의 대두를 든다. 위험의 창출 또는 증대라는 객관적 귀속론의 핵심적인 부분이 독일 형법 제27조에서 요구하는 "촉진"의 윤곽을 정교하게 잡는 데에 유용했을 뿐만 아니라, 이 이론에서 중요시 되는 사고 즉 타인의 자기책임적인 행위에 대하여는 원칙적으로 책임지지 않는다는 사고가, 정범의 원칙적인 자기책임과 관련하여, 공범의 처벌을 어떻게 설득력 있게 근거지울 수 있는가 하는 물음에 관심을 갖게 만들었고, 이러한 물음은 소위 중립적인 행위들의 사례에서 특별한 폭발력을 갖게 되었다는 것이다. 왜냐하면 일정한 행위가 일상적이면 일상적일수록, 그리고 또 그 행위의 범죄적인 평가가 정범의 자기책임적인 몫으로 되면 될수록, 공범의 가벌성을 위한 설득력 있는 근거를 제시하기가 그만큼

---

2) Roxin, AT Ⅱ, § 26 Rdn, 219.

3) 신양균, 중립적 행위에 의한 방조, 형사법연구 제26호(2006), 3면.

4) Amelung, Die Neutralisierung geschäftsmäßiger Beiträge zu fremden Straftaten im Rahmen des Beihilfetatbestandes, Grünwald-FS, 1999, 9면. 이 사건에 대한 개략적인 소개는 신양균, 앞의 논문, 6면 각주 18) 참조.

더 어려워지기 때문이다.[5]

이러한 배경하에서 불이 지펴진 논쟁을 통하여 수많은 대답들과 해결방안들이 등장하였다. 중립적 행위에 의한 방조를 둘러싼 최근 독일의 형법도그마틱을 보면, 그러한 행위들을 비가벌적인 것으로 평가하는 경향이 두드러진 가운데, 그러한 특혜를 단호히 거부하는 완강한 반대목소리가 대립하고 있을 뿐만 아니라, 비가벌적인 것으로 평가하는 견해들이 드는 근거들도 구체적으로는 아주 다양하다. 그러나 그러한 행위들이 왜 비가벌적이어야 하는가에 대하여 보편적 설득력을 갖는 논증은 아직 나타나지 않았다. 그리하여 최근에 "일상적인" 방조의 문제에 대하여 형법적인 통찰이 점점 증가하고 있는 상황임에도 불구하고, 논의상황이 명료해지기보다는 오히려 복잡하게 되고 있다고 평가하기도 한다.[6]

이 문제에 대한 우리학계의 논의는 이제 시작단계라 할 수 있고, 이 문제를 다룬 몇몇 학자들의 논문은 독일의 논의상황을 비교적 상세하게 소개하는 데에 중점을 두면서 본인의 견해를 간단하게 제시하는 것으로 되어 있다.[7] 그리고 이 문제를 직접적인 쟁점으로 다룬 우리의 판례는 아직 없다. 그러나 뒤에서 검토하겠지만 사안의 내용이 중립적 방조사례에 해당하는 판례는 다수 존재한다. 그리고 이 문제는 무엇보다도 경제범죄와 조세범죄에서 아주 중요한 실제적인 의미를 갖기 때문에 향후 방조범의 영역에서 간과할 수 없는 주제라고 할 수 있다.

이 논문은 중립적 행위에 의한 방조의 경우에 방조의 가벌성을 특별한 관점을 통하여 제한하는 것이 정당화되지도 않을 뿐만 아니라 필요하지도 않다는 입장에서 출발하여, '특별한 제한'이 필요하다는 견해에 대하여 비판적 검토를 한 후, 필자의 견해를 피력하고자 한다. 그러나 지면관계상 특별한 제한을 시도하는 수많은 관점들을 망라하여 다룰 수는 없고, 독일에서 주목받는 견해이기도 하면서,

5) Frisch, Beihilfe durch neutrale Handlungen, Lüderssen-FS, 2002, 540면.
6) Weigend, 앞의 논문, 198면.
7) 방조행위가 중립적 행위를 통해 이루어진 경우에 처벌의 대상으로 삼을 것인가에 대한 대답은 행위 자체로부터 나타나는 것이 아니라 오히려 방조의 일반적 성립요건에서 찾아야 한다.(신양균, 앞의 논문, 21면); 여러 기준이 있겠지만 최종적으로는 행위자의 기여가 사회적으로 보아 범죄적인 의미연관을 가지는가 여부가 가벌성을 확정하는 결정적인 기준이 되고 있다고 보여진다.(이용식, 앞의 논문, 321, 322면); 대체적으로 록신의 견해에 따라서 중립적 방조의 해결을 시도하는 입장도 있다.(원형식, 방조범의 인과관계와 객관적 귀속, 형사법연구 제21권 제3호(2009), 222면 이하)

또 견해표명을 한 소수의 우리 학자들 중에서 그나마 지지자가 있는, Frisch와 Roxin의 견해를 중점적으로 분석·검토하기로 한다.

II. 객관적 귀속의 특별한 제한론에 대한 비판적 검토

1. 특별한 제한론의 기본시각에 대한 비판적 검토

중립적 행위에 의한 방조에 대해서는 특별한 가벌성의 제한이 필요하다는 입장은 중립적 방조행위는 정범의 범행을 촉진시킨다는 의미 외에 그 자체 정상적·직업적 활동으로서 사회적으로 유용하고 긍정적인 의미를 함께 가진다는 점이 반영되어야 한다는 시각을 바탕으로 한다. 예컨대 중립적 행위에 대해서까지 방조범의 규정을 무제한적으로 적용하면 정상적인 생활을 위하여 절대적으로 통용되는 행위영역들을 잠식하게 될 것이라거나,[8] 직업적인 거래에서 기인하는 그 자체 위험하지 아니한 행위들이 타인에 의하여 임의적으로 남용된다는 이유만으로 그 행위들을 포기하라고 기대할 수는 없다고 하거나,[9] 상대방을 가리지 않는 거래적·직업적 행위는 항상 타인의 범죄에 도움을 줄 가능성이 있는 것이기 때문에 그 가능성을 우연히 알게 되었다는 이유만으로 방조범으로 처벌하는 것은 처벌범위의 지나친 확장이며, 또 중립적 행위자는 항상 자기의 행위가 범죄적으로 이용되지 않을까 경계하지 않으면 안 되고 또 그와 같은 가능성을 인식했으면 그 행위를 해서는 안 된다는 결론이 되어 사회적 활동에 커다란 장애가 될 것이라고 한다.[10] 즉 통상적인 업무적 행위들을 형법적인 제재의 대상으로 하는 것은 그 행위가 갖는 범죄중립적인 부분에 대해서까지 형법의 효력이 미치게 하는 것이고, 이는 그 통상적 행위의 공급을 받는 자는 물론이고 공급자의 행위자유에 대하여 비례성을 벗어난 침해를 의미한다는 것이다.

그러나 중립적 방조행위에 대하여 방조의 가벌성을 특별히 제한하지 아니하면, 분업사회에서 정상적인 생활을 위하여 절대적으로 통용되는 행위영역들을 잠

---

8) Frisch, Tatbestandsmäßiges Verhalten und Zurechnung des Erfolges, 1988, 298면.
9) Meyer-Arndt, Beihilfe durch neutrale Handlungen?, wistra, 1989, 281.
10) 이용식, 앞의 논문, 304면.

식하여 사회적 활동에 장애를 초래하게 될 것이라는 염려는 지나친 염려라고 생각된다. 타인의 범행을 방조해서는 안 된다는 것은 그 누구에게도 요구될 수 있는 것이고, 더구나 이러한 요구는 타인의 범행에 대한 항의의무나 방지의무를 부과하는 것도 아니다. 여기서는 자신의 범행의 회피, 즉 타인의 범행에 기여하는 자신의 방조행위의 불이행만을 말하고 있을 뿐이다. 타인의 범행을 고의적으로 촉진하는 행위가 통상적으로 보호받는 업무행위들의 일부분에 해당할 경우, 위험한 어떤 직업적 행위양태 자체를 처벌하자는 것도 아니고, 단지 고의의 범행촉진적인 구체적인 그 행위만 행하지 말 것을 요구하는 것이기 때문에 행위자유를 과도하게 제한하는 것이 아니다. 이러한 평가는 개인의 행위자유와 행위자유의 제한을 통하여 달성될 법익보호를 비교교량 하더라도 달라지지 않는다.

정범이 일상적인 방조행위를 다른 방법으로도 쉽게 취할 수 있어서 행위자유를 제한하는 것이 법익보호에 아무런 도움이 되지 않는다는 주장도 해당하는 당사자 개인의 가벌성을 문제 삼고 있다는 사실을 간과하고 있다. 각자는 어떠한 범위에서 타인의 법익에 대한 적극적인 위태화를 자제하여야 하는가만이 유일한 척도이다. 타인의 범행을 촉진하는 자신의 적극적인 활동을 자제하라는 것은 결코 행위자유에 대한 부적절한 제한이 아니며, 비록 개인이 단기간 내지는 일회적으로 직업활동을 포기해야하는 경우에 있어서조차도 그러한 자제는 요구될 수 있다.[11]

더구나 일반적인 업무상 또는 생활상의 행위들이 예외적으로 정범의 범행기회를 증대시킨다는 점을 인식한 경우에 한에서만 중지되어야 하는 것이기 때문에, 그러한 중지를 통하여 일상적 행위의 자유가 제한되는 경우는 현실적으로 극히 드물다고 할 수 있다. 장차 범행을 할 정범으로부터 그 사실을 미리 고지를 받거나 우연히 다른 경로를 통하여 알게 되는 경우가 현실적으로 얼마나 되겠는가? 또한 과실공범은 아예 불가벌이고, 신뢰의 원칙에 의하면 향후 있을 수 있는 정범의 범행을 미리 알아내려고 주의를 기울여야 하는 것도 아니고, 자유의 제한은 오로지 관여자 자신의 고의적인 관여행위만을 대상으로 하는 것이기 때문에, 일상적 방조행위자는 자기의 행위가 혹시나 범죄적으로 이용되지 않을까 미리 경

---

11) Beckemper, Strafbare Beihilfe und alltägliche Geschäftsvorgänge, Jura 2001, 169면.

계해야 할 필요도 없다.[12)]

중립적 방조행위의 경우 가벌성의 특별한 제한이 필요하다는 견해는, 소위 중립적 방조행위들은 그들이 촉진시키는 범행과의 관계를 접어 두고 생각하면, 그 자체 모두가 분업화된 사회에서 필요로 하는 정상적인 행위들이기 때문에, 전통적인 방조에 비하여는 어느 정도라도 그 가벌성을 제한하는 것이 필요하고 자연스럽다는 선판단에서 비롯하는 것으로 보인다. 형법이론, 특히 방조범의 가벌성 요건에 대한 이론적인 성찰에서 출발하여 그 제한의 당위성을 발견하고, 그것을 토대로 가벌성의 특별한 제한이 요구된다는 식으로 접근하는 것이 아니라, 가벌성을 제한하는 것이 필요하고 요구된다는 형사정책적인 관점에서 선판단을 먼저 하고, 그 선판단의 정당성을 근거지우기 위하여 인위적으로 근거들을 구성해보려는 방법으로 접근하고 있다는 인상을 지우기 힘들다.[13)] 그러나 방조범의 구성요건 및 불법의 측면에서 중립적 방조라고 하여 전통적인 방조에 비하여 특별히 그 가벌성의 제한을 정당화시킬 요소가 발견되지 않는다면, 그러한 선판단 자체에 대한 재고가 필요할 것이다.

2. 특별한 제한론의 구체적인 척도들에 대한 비판적 검토

특별한 객관적 귀속척도를 통하여 중립적 방조의 가벌성을 제한하려는 착상들은 대부분이 형법적인 책임은 법익에 대한 '법적으로 비난가능한, 즉 법적으로 승인되지 않는 위험의 창출 내지 증대'를 통해서 근거지워진다는 객관적 귀속론의 기본생각에 기초한다. 여기서 보통 정범의 범행을 객관적으로 가능하게 하거나 용이하게 하면 정범의 범행에 의하여 위험에 처한 법익에 대하여 '위험을 창출 내지 증대'시키는 것으로 판단된다. 따라서 가벌적 방조의 범위를 제한함에 있어서 실질적으로 기여할 수 있고, 동시에 어려운 문제는 그 창출 또는 증대된 위험을 '법적으로 허용되지 않는 것으로 판단할 수 있는 척도'를 찾는 일이다.

따라서 특별한 제한론자들의 관심은 창출한 위험의 법적 허용성 판단의 구체

---

12) 객관적 귀속의 제한을 통하여 일상적 행위의 방조를 제한하려는 Roxin 조차도 고의라는 주관적 요소를 고려할 때, 중립적 행위에 의한 방조의 가벌성 여부가 현실적으로 문제되는 경우는 많지 않다고 한다(Roxin, 앞의 책, § 26 Rdn. 242).

13) Beckemper, 앞의 논문, 169면.

적인 특별한 척도를 찾는 데에 집중되어 있다. 대표적으로 Frisch의 3척도와 Roxin의 확정적 고의와 미필적 고의의 2원적 접근방법을 들 수 있다. 그 외 Schumann, Jakobs 등도 이러한 견해의 부류에 속한다. 이 논문에서는 이들 견해들 중에서 독일에서 주목받는 견해이면서, 우리나라에서도 지지자를 확보하고 있는 Frisch와 Roxin의 견해를 중심으로[14] 특별한 객관적 귀속제한을 위한 구체적인 척도들을 중점적으로 검토하려 한다.

(1) Frisch의 3원적 객관적 귀속제한

1) 범죄적 의미연관

Frisch에 의하면, 처음부터 행위의 의미내용 그 자체에 따를 때 자기에게 주어진 자유를 꾀하는 것으로 간주되는 행위에 대해서만 자유영역을 열어 둘 필연성과 정당성이 인정된다. 반면에 객관적으로 범행을 촉진하는 효과를 갖는 행위가 그 의미내용상으로도 범죄적 사건을 촉진시키는 데에로 지향하고 있다면 그러한 필연성과 정당성은 부정된다. 그러한 범죄적 의미연관을 갖는 행위는 정범행위와 더불어 승인된 자유의 영역을 벗어난 것이라고 한다. 정범이 자기책임 하에 행위했다는 이유로 그러한 촉진행위를 허용해주어야 할 그 어떤 필연성과 정당화도 인정되지 않으며, 그러한 행위를 허용한다면 그것은 바로 평가의 모순에 해당한다는 것이다.[15] 따라서 중립적 행위에 의한 방조의 사례에서 범죄적 의미연관이 인정되면, 그러한 행위양태들은 중립성을 상실할 뿐만 아니라 동시에 비난되는 방조행위가 된다.

Frisch에 의하면, 첫째, 범행의 촉진 외에 달리 아무런 의미를 갖지 않는, 오로지 의도된 촉진으로서만 이해되는 모든 행위들은 그러한 범죄적 의미연관을 갖는 행위양태이다. 예컨대 범행 중의 정범을 격려한다든지 정범에게 일정한 예방조치를 알려주는 행위들이 이에 해당한다. 오로지 범죄를 촉진시키는 의미만을 갖는 그러한 행위들의 범주는 그리 넓지 않을지 모르지만, 그러한 범주에 속하는 행위가 있다는 사실은 부정될 수 없다고 한다.

---

14) 원형식 교수는 Roxin의 견해를 그리고 이용식 교수는 Frisch의 '범죄적 의미연관'의 표지를 수용하는 것으로 보인다. 한편 Roxin의 방법론에 대한 독일의 추종자에 대해서는 Roxin, 앞의 책, § 26 Rdn. 243, 각주 322) 참조.

15) Frisch, 앞의 논문(각주 5), 544면.

둘째, 그러나 범죄적 의미연관은 그 외의 많은 사정들, 예컨대 행위를 하게 된 상황, 행위가 행해진 양태와 방식, 정범과의 담합 및 일체의 의사소통들로부터도 나타날 수 있다고 한다. 이러한 경우가 중립적 행위의 방조사례에서 더 중요하다고 한다. 그래서 예컨대 싸움이 진행되고 있는 상황에서 상대방의 목숨을 노리는 자에게 칼을 넘겨준다든지, 정범의 희망에 따라 도품을 운반해주거나 주거침입절도에 사용하려는 열쇠를 제작해주는 행위 또는 탈세 목적으로 외국으로 송금하려는 자에게 그 송금을 가능하게 도와주는 은행원의 행위 등은 오로지 범죄촉진 의도로 행한 것이라고는 할 수 없더라도 그 칼을 수단으로 살인을 촉진시키거나 주거침입절도를 촉진시킨다는 범죄적 의미연관 또는 탈세의 촉진이라는 범죄적 의미연관 외에 달리 이해하기 어렵다고 한다.[16]

반면에 자기의 행위가 타인의 (있을지 모르는) 범행에 도움이 된다는 사실을 알고는 있지만 다른 관계에서 그 자체 문제되지 않는 일을 수행하는 데에 한정되는 경우에는 범죄적 의미연관이 부정된다고 한다. 이 때 향후 있을지도 모르는 정범의 범행이 확실할 수도 있고, 단지 가능할 수도 있으며, 약하게 기대될 수도 있고, 구체적인 근거에 의거할 수도 있다. 예컨대 주거침입자를 범행장소에 태워다 준다는 점을 받아들인 (또는 알고 있는) 택시기사의 행위, 구매자가 그 재료를 환경형법의 규정을 위반하면서 사용할 것이라는 점을 알고 그 재료를 제공한 제조업자의 행위, 구매자가 그것을 갖고 상해나 살인을 저지를지도 모른다고 생각하거나 그것을 인용하면서 칼을 판매한 행위 등은 범죄적 의미연관이 부정된다.[17]

그러나 범죄적인 의미만 갖는 행위와 범죄실행 외에도 다른 의미를 동시에 갖는 행위를 구별하는 것은 이미 근본적으로 어려운 것으로 보인다는 점에서 Frisch의 범죄적 의미연관이라는 척도는 어려움에 부딪힌다. 더구나 이러한 구분은 하나의 행위가 언제나 다양한 목적으로 사용될 가능성이 있다는 것을 통하여 더 큰 어려움에 봉착하게 된다.[18] 예컨대 드라이버는 장롱을 조립하기 위하여 구입됨과 동시에 주거침입절도의 실행을 위하여 구입될 수도 있다. 이 경우 판매자의 기여는 범죄적인 의미연관뿐만 아니라 합법적인 의미연관도 갖게 될 것이다.

---

16) Frisch, 앞의 논문(각주 5), 545면.
17) Frisch, 앞의 논문(각주 5), 546면.
18) Niedermair, Straflose Beihilfe durch neutrale Handlungen?, ZStW 107(1995), 507, 531면.

Frisch의 견해에 따르면, 결국 방조의 가벌성 여부가 정범이 그 기여를 합법적인 목적을 위해서도 활용하는가의 여부 또는 그 원조가 합법적인 목적을 위해서도 필요했다고 주장하는가의 여부에 따라서 결정될 것이다. 즉 드라이버판매의 경우 정범이 그 드라이버를 가지고 장롱도 설치하려고 했다고 주장하게 되면 바로 방조로서의 가벌성이 부정되어야 한다. 그러나 드라이버가 범죄실행 외에도 합법적인 일에 사용될 때에는 왜 그것의 판매가 범죄적인 의미연관을 잃게 되는지 알 수가 없다. 게다가 이러한 견해에 의하면 일상적인 거래업무를 특별하게 취급할 필연성을 설명하는 것이 어렵다. 예컨대 이웃집의 남자에게 도끼를 빌려주고, 그 남자가 그 도끼를 가지고 먼저 정원에 있는 전나무를 베어 넘기는 데에 사용하고, 그 후에 자기 아내를 살해한다면, 도끼를 빌려준 자가 그 두 가지 사용목적을 모두 알았을 때에도 방조의 가벌성에 대하여 아무런 의문이 없다. 그런데 그 범행도구를 제공한 자가 일상적인 직업적 업무의 범위 내에서 그 행위를 했을 때에는 왜 범죄적인 의미연관이 특별히 새롭게 문제되어야 하는지, 그 근거를 찾기가 어렵다. Frisch도 이에 대한 해명을 내놓지 않고 있다.[19]

2) 특별한 보증인의무나 직무관련적 의무의 위반

타인의 범행을 촉진하는 행위가 그 행위자에게 해당하는 의무나 권리제한과 충돌하는 경우에는 그 행위가 범죄적인 의미연관이 없더라도 비난될 수 있다고 한다. 물론 이 경우 그러한 의무나 권리제한은 촉진된 정범의 범행을 통하여 위협받는 법익을 보호하기 위한 것이어야 하고, 그 한에서 그러한 촉진행위는 비난되는 위험창출에 해당한다고 한다. 예컨대 생명·신체에 대한 위험으로부터 보호해야 할 자기 아들을 돌팔이 무면허의사에게 맡기는 자는 자기의 보호를 받는 자에 대한 위험을 창출하는 것이고, 자기에게 속한 총기류가 범행에 사용되지 않도록 할 안전의무를 지고 있는 자는 이 총기류를 경솔하게 아무렇게나 놓아두는 경우뿐만이 아니라, 신뢰할 수 없는 자에게 그 총기류를 넘겨주는 경우에도 안전의무의 위반에 해당한다고 한다. 또한 제3자의 범행으로부터 보호하기 위하여 오로지 일정한 조건 하에서만 넘겨줄 수 있는 물건이나 정보를 직무상 관련규정을 준수하지 아니하고 제공함으로써 어떤 자의 범죄실행의 위험을 증대시킨다면, 이

---

19) Beckemper, 앞의 논문, 167면.

또한 의무위반에 해당한다고 한다. 그리고 정범의 범행수행에 대한 위험을 창출하는 행위가 이처럼 보증의무나 직무관련적인 '특별의무나 주의의무'를 위반하는 경우에 해당하면, 범죄적인 의미연관이 없더라도 정범의 범행을 촉진하는 것으로 이어진 데 대한 비난받는 위험창출이 인정된다.[20]

이 견해에는 이미 부작위만으로도 가벌적이라면 적극적인 협력을 하는 경우도 당연히 가벌적이어야 한다는 사고가 바탕이 되어 있다. 그러나 이러한 견해 및 사고는 보증인의무가 적극적인 행위를 요구하고 그 불이행을 처벌하는 것임에 반하여 방조범은 적극적인 행위를 통하여 결과를 촉진시키는 것을 금지하는 것이라는 근본적인 차이를 간과하고 있다.[21] 단순한 부작위만으로도 이미 가벌적이라면 적극적인 기여도 당연히 가벌적이라는 것은 맞다. 하지만 이는 부작위범의 가벌성을 두고 이야기할 때이다. 즉 제3자가 자식을 폭행하는 것을 보고도 방치한 것만으로도 그 아버지가 부작위에 의한 폭행죄의 방조로서 가벌적이라면, 그 폭행에 사용될 것임을 알고도 몽둥이를 그 제3자에게 판매한 경우에도 당연히 폭행죄에 대한 부작위에 의한 방조로서 가벌성을 인정할 수 있다. 하지만 적극적인 행위를 통하여 타인의 범죄실현에 기여한, 작위에 의한 방조의 가벌성을 부작위가벌성의 척도들에 따라서 판단할 수 있느냐 하는 것은 그것과는 다른 차원의 문제이다.[22] 앞에서 언급했던 사례, 즉 Frisch는 주거침입절도를 하려는 자를 범행장소에 태워다 준 택시기사의 사례에서 범죄적 의미연관이 없기 때문에 방조로서 가벌적이지 않다고 했다. 그런데, 만약 그 주거가 자기 아내가 거주하는 곳이라면, 보증인 의무위반으로서 작위방조로서 가벌적이라고 하게 될 것인데, 처음부터 보증인의무와는 무관한 작위적 방조의 가벌성판단에서 보증인의무의 유무에 따라서 그 결론이 달라지는 이러한 논증은 동의하기 어렵다.

3) 연대의무들의 위반

정범의 범행을 촉진하는 행위들이 범죄적 의미연관이 없고, 또 보증인의무나 특별한 직업적 주의의무들을 위반한 것이 아니더라도, 독일 형법 제138조(범죄불고지)나 제323C조(구조불이행)에 따라서 모든 사람에게 해당하는 연대의무들에 위

---

20) Frisch, 앞의 논문(각주 5), 547, 548면.
21) Niedermair, 앞의 논문, 519면 이하; Beckemper, 앞의 논문, 166면.
22) Roxin, 앞의 책, §26 Rdn. 235.

반하는 경우에도 가벌적인 방조가 인정될 수 있다고 한다. 제138조나 제323C조에 따라서 일정한 위험사건의 진행과정을 회피하기 위하여 필요한 적극적인 조치를 취할 의무를 지고 있는 자가 그러한 상황에서 정범의 범행을 용이하게 하는 방향으로 행위를 한다면 비난받을 만한 위험창출로 간주되어야 한다는 것이다. 예컨대 제138조 소정의 중대한 범죄의 예비 또는 실행에 관하여 신뢰할만한 정보를 지득하고도 그 범행의 방지를 위한 적절한 조치를 취하지 아니하는 경우뿐만이 아니라 적극적으로 그 위험을 증대시키는 행위양태들도 비난받는 위험창출로 간주되어야 한다는 것이다.[23]

그리고 그 논증을 위하여 긴급피난의 원리를 차용한다. 즉 현재의 급박한 위험상황에서, 그 위험상황의 야기와는 무관한 제3자라도 위험에 처한 자의 이익을 위한 피난행위를 감수해야 하고, 그 한에서 제3자의 자유와 권리가 제한되듯이, 이미 급박한 위험상황에서 제138조, 제323C조에 따라 연대의무를 지는 자가 그 의무이행을 통하여 보호하고자 하는 이익을 침해하는 정범의 범행을 촉진하는 행위를 한다면, 그 행위 자체가 중립적 행위에 해당한다고 하더라도 그 행위자유는 제한될 수 있다고 한다. 그럼에도 그 행위를 함으로써 정범의 범행을 촉진하게 되면, 그것은 자유의 이탈로서 비난받는 위험의 창출로 평가되어 방조의 가벌성을 정당화한다는 것이다. 그리고 이러한 경우에는 문제되는 개별적이고 단편적인 중립적 행위의 포기로 인한 이익손실은 임박한 정범의 범행수행을 통하여 위험에 처하게 될 형법상의 보호법익에 비하여 명백히 경미하다고 한다.[24]

Frisch는 중립적 행위에 의한 방조가 연대의무들을 위반한 경우, 그 방조행위가 비난받는 위험창출로 평가되는 '근거'만을 긴급피난의 사고로부터 찾는 데에 그치지 않고, 촉진적인 행위에 대한 비난성의 '내재적인 한계'도 긴급피난의 사고에서 도출한다.

그 내재적 한계로서는 첫째, 중립적 방조행위의 경우 '본질적인 기여'에 한정하고, 비본질적으로 기여하는 경우는 가벌적인 방조에서 배제하자는 것이다. 임박한 범행으로 인한 타인의 법익에 대한 위험을 그리 크게 증대시키지 않는 경우까지 중립적 행위의 자유를 제한하는 것은 상대적으로 무익한 희생이 될 것이

---

23) Frisch, 앞의 논문(각주 5), 549, 550면.
24) Frisch, 앞의 논문(각주 5), 550-554.

고 또 그렇기 때문에 긴급피난의 원칙들과 조화되지 않는다고 한다. 그리고 이러한 사태가 갖는 불법이란 아주 경미하기 때문에 형법의 최후수단성과 비례성의 원칙에 비추어 보더라도 가벌적인 방조를 인정하기에는 적합하지 않다고 한다.

두 번째의 내재적 한계는 그 행위의 수행 여부가 전적으로 그 행위자의 자유에 속하여야 한다고 한다. 예컨대 고객이 그 돈을 뇌물로 쓰려고 한다는 점을 알고서도 고객에게 대출을 해 준 은행원의 경우, 그 대출행위는 단지 자기의 '의무'에 따른 것이므로 위험창출의 비난성이 결하게 된다고 한다.

셋째의 한계요소로는 촉진된 정범의 범행이 정범의 일정한 (특별)의무들의 위반을 본질로 하는 경우를 든다. 예컨대 하청업자가 소득에 대하여 탈세하려 한다는 점을 알면서도 그를 고용하여 임금을 지급하는 경우, 탈세는 그 하청인이 자신에게 부과된 납세의무를 위반한다는 데에 본질이 있는 것이기 때문에, 그가 탈세를 하지 못하게 하기 위하여 아예 보수를 지급하지 말도록 요구하는 것은 적절하지 않다는 것이다. 긴급피난의 필요성이나 적합성이라는 원칙에 따라서 볼 때, 탈세를 막기 위하여 아예 임금을 지급하지 말라고 요구할 수도 없고, 또 그렇기 때문에 비난받는 위험창출을 근거지울 수 없는 그러한 행위에서 갑자기 방조를 인정할 수는 없다는 것이다.[25]

그러나 제138조, 제323C조는 타인의 공격으로부터 법익을 보호하기 위하여 '예외적으로' 적극적인 행위를 하라는 '작위요구'를 하는 것이다. 보증인도 아니고 또한 범행관여자도 아닌데도 불구하고 특별히 중한 타인의 범죄를 저지하기 위하여 행위 해야 한다는 예외적인 의무는 형사제재를 통한 법익보호의 가장 앞선 단계에 해당한다. 제138조, 제323C조는 타인의 법익을 그 무엇보다도 우선적으로 - 필시 자신의 일상적인 행위를 못하게 되는 희생이 따르더라도 - 보호해줄 것을 모든 사람에게 기대한다. 반면에 방조의 가벌성은 타인의 범행에 적극적으로 기여하는 것을 '일반적으로' 금지하는 '부작위요구'로서 형성된 것이며, 따라서 독자적인 공범불법의 저지에 기여한다. 즉 방조범의 처벌은 고의범행에 대한 모든 적극적 방조를 금지시키는 기본적인 결단을 담고 있다.[26] 형사입법자가 제138조, 제323C조에 해당하는 특정 사례들에서 - 게다가 다른 사례들에서 - 더 많은

---

25) Frisch, 앞의 논문(각주 5), 554면 이하.
26) Niedermair, 앞의 논문, 521, 522면.

것을 요구한다는 사실이 공범처벌을 통하여 추구하는 표준적인 법익보호를 상대화시켜서는 안 될 것이다. 특별한 사정 하에서 중한 범행을 저지시키기 위하여 적극적인 작위 행위를 하도록 하는 추가적인 입법적 결단이 모든 고의범행에 대한 모든 적극적 방조를 금지시키는 기본적인 결단을 무력화시킬 수 없다. 형법 제138조는, 그 조항에서 목록화 하여 보호하는 법익을 공격하려는 자들로부터 그 공격의 앞 단계에서부터 차단하기 위한 광범위한 보호울타리이다. 그러나 이 요구규범은 처음부터 비참여자에게 지향되어 있는 것이기 때문에, 범행참여자에게 무엇이 요구되고, 또 무엇이 용인되는지 등에 대해서는 아무것도 말해줄 수 없다.[27] 더 나아가 정범의 행위자유를 제한하는 데에는 위 두 조항이 대상으로 삼는 특별히 중요한 법익으로 한정하지 않는데, 왜 방조범의 행위자유를 제한할 때에는 그러한 법익들로 한정해야 하는지도 이해하기 어렵다.[28]

그리고 범죄체계론적으로도 이해하기 어려운 점이 있다. 즉 긴급피난과 객관적 귀속의 제한은 범제체계론적 지위가 다르고, 그 법적 의미도 다르기 때문에 긴급피난의 사고로부터 객관적 귀속 제한의 정당화 근거나 내재적 한계를 도출하는 것은 적절하지 않다고 본다. 긴급피난은 특정 구성요건에 해당하는 행위를 전제하고 다만 다른 이익과의 충돌문제를 해결하기 위하여 법질서 전체의 관점에서 그 행위의 허용성 여부를 종국적으로 판단하는 문제라면, 객관적 귀속은 구성요건해당성 그 자체의 판단을 문제로 삼는 것이다. 지금 문제가 되는 것은 중립적 방조행위의 경우 방조범의 구성요건을 충족하는 것으로 볼 것인가의 규범적 판단의 문제인데, 여기서 긴급피난의 사고로부터 그 근거와 한계를 도출하는 것은 맞지 않기 때문이다.

(2) Roxin의 확정적 고의와 미필적 고의의 구별을 통한 2원적 접근방법

특별한 객관적 귀속척도를 통하여 중립적인 방조행위의 가벌성을 제한하려는 록신의 착상의 특징은 기여자가 정범의 범행결의를 인식하고 있는 경우와 그러한 인식 없이 단지 정범의 범죄적인 의도를 계산에 넣고 있는 경우들을 구별하여 접근한다는 점이다.

---

27) Niedermair, 앞의 논문, 521, 522면.
28) Beckemper, 앞의 논문, 166면.

1) 정범의 범행결의를 인식한 경우

중립적 행위를 통하여 정범의 범행을 촉진하는 자가 정범의 범행결의를 알고 있는 한에서는 그 기여행위가 '범죄적 의미연관'을 갖는 경우에만, 그리고 그럴 경우에는 언제나 가벌적인 방조를 인정해야 한다고 한다.

먼저 그 자체 범죄적 성격을 갖는 정범의 행위를 의식하고 촉진시키는 행위를 하는 경우에는 범죄적 의미연관을 갖는다고 한다. 따라서 구매자가 살인에 사용하려는 것을 알고 망치를 판매한 경우나 주거침입절도에 사용할 것임을 알고 드라이버를 판매한 자는 살인죄나 주거침입절도죄의 방조에 해당한다고 한다. 그 구매자가 망치와 드라이버를 그 외의 비범죄적인 목적으로도 사용할 수 있다는 사정은 범죄적 의미연관을 인정하는 데에 아무런 장애가 되지 않는다고 한다. 왜 냐하면 살인과 주거침입절도는 오로지 범죄적인 행위들이고, 또 촉진적인 기여가 바로 그 범죄적인 행위들에 관련되어 있기 때문이라는 것이다.[29]

그러나 직접적으로 촉진된 행위 그 자체는 범죄적인 성격을 갖지 않는 합법적인 행위이지만 그 행위를 하는 유일한 목적이, 촉진적인 기여행위자가 알고 있는 바와 같이, 정범에게는 자신이 계획하고 있는 범행을 가능하게 하거나 용이하게 하는 데에 본질이 있는 경우에도 범죄적 의미연관은 존재한다. 그래서 계획된 탈세 외에는 아무런 의미를 갖지 못했을 룩셈부르크로 자금을 송금한 예가 그 경우에 해당한다. 은행원의 기여를 통하여 직접적으로 촉진된 행위는 송금이고, 그 송금 자체는 합법적인 행위이지만, 정범이 송금을 한 목적이 탈세를 하려는 데에 그 본질이 있으므로 은행원의 기여행위는 범죄적 의미연관을 갖는다는 것이다.

반면에 정범의 범행을 촉진시키는 기여가, 정범에게 그 자체만으로도 이미 의미가 있고 유용하지만 다른 한편으로는 정범이 그것들과는 독립된 독자적인 결심에 근거한 범죄행위를 하는 데에 전제조건이 되는 경우에는 범죄적인 의미연관이 부정된다고 한다. 이 견해에 따르면, 제조업자에게 원료를 제공하는 자가, 그가 알고 있는 바와 같이, 그 제조업자가 제조과정에서 환경보호관련 규정을 위반하는 경우 원료제공자는 제조자에게 그 자체 이미 의미 있고 아무런 범죄연관이 없는 합법적인 행위를 ─ 즉, 상품의 제조행위를 ─ 촉진하는 것이다. 환경법을

---

29) Roxin, 앞의 책, §26 Rdn. 222

위반한다고 해서 그 점이 달라지지 않으며, 그 원료의 제공이 범죄행위의 전제가 된다고 하더라도 환경법의 위반은 제조자의 단독책임으로 된다. 마찬가지로 수공업자에게 일자리를 주고 임금을 주는 행위도 그 자체 자기 의미를 갖는 완전히 합법적인 행위이다. 수입으로 증가한 세금을 탈세하려한다는 것을 일자리 제공자가 알았고, 일자리 제공이 탈세라는 범행의 조건이 된 경우에도, 결코 그 일자리 제공이 범죄적 의미연관을 가지게되지는 않는다고 한다. 왜냐하면 일자리 제공이 갖는 객관적인 의미는 비범죄적인 성질을 갖는 수공업자의 직무수행에 한정되기 때문이라는 것이다.[30]

이에 대해서는 기본적으로 앞에서 Frisch의 '범죄적 의미연관'에 대하여 제기한 비판이 그대로 적용된다. 즉 범죄적 의미연관이라는 척도 자체가 불명확하다는 점, 하나의 기여행위가 일반적으로 범죄적 또는 비범죄적인 다양한 목적으로 사용될 가능성이 있다는 점, 기여행위가 범죄적 행위와 동시에 합법적인 행위에도 복합적으로 사용되면, 범죄적인 행위에 사용되는 점이 왜 무시되어야 하는가 하는 점 등에 대한 설득력 있는 설명이 어렵다는 비판을 면하기 어렵다.

2) 정범의 범행을 단지 고려 또는 계산에 넣은 경우

많은 경우 기여자는 정범의 범죄결심을 전혀 알지 못하고, 단지 자기의 기여가 범죄에 사용될 가능성을 고려하는 정도에 그칠 것이다. 예컨대 드라이버 판매자는 구매자가 그것을 주거침입에 사용할 것임을 알지는 못했지만, 구매자의 의심스러운 태도로 보아 그럴 가능성이 있다고 간주하고 고려에 넣는 경우가 이에 해당한다. 이 경우 미필적 고의에 의한 방조가 성립하는지 검토되어야 하는데, 미필적 고의에 의한 방조 그 자체는 가능하지만, 통상적인 경우 "신뢰의 원칙"에 따라서 부정될 수 있다고 한다. 신뢰의 원칙에 따르면 누구든지 타인이 고의적인 범행을 저지르지 않을 것임을 신뢰해도 되는데, 물론 타인의 "인식가능한 범죄경향"이 이러한 신뢰부여를 무력화시키지 않는 한에서 그렇다고 한다. 이는 과실범과 관련해서 상세히 다루어지는데, 고의적인 관여의 경우에도 여전히 타당하다는 것이다. 왜냐하면 이미 신뢰의 원칙에 터 잡고 있는 허용된 위험으로 인하여 객관적인 구성요건에로의 귀속이 배제되는 곳에서는 고의의 물음은 더 이상 제기

---

30) Roxin, 앞의 책, § 26 Rdn. 223, 224.

되지 않기 때문이라는 것이다.

그런데 주관적인 인상에 근거한 "의심스러운 태도"는 인식가능한 범죄경향성을 근거지우기에는 충분하지 못하기 때문에 방조가 부정된다고 한다. 범죄경향성을 근거 지우기 위해서는 범죄적으로 사용할 개연성을 시사해주는 구체적인 근거들이 필요하다는 것이다. 예컨대 도로에서 벌어진 격한 싸움에 관여했던 자가 가까운 가게에서 무기를 구입하는 경우가 그런 경우에 해당한다고 한다. 여기서 판매자가 그 무기가 상해에 쓰일 것임을 고려에 넣는다면, 그는 이 범행에 대하여 미필적 고의로써 방조한 것으로 책임을 질 수 있다.[31]

록신의 이러한 견해에 대해서는 기본적으로 몇 가지의 의문이 제기된다. 공범규정에 그러한 구별을 예정하고 있지 않는데도, 왜 정범과는 달리 유독 방조범에서만 확정적 고의와 미필적 고의를 구별하여 그 객관적 귀속척도를 달리 해야 하는지, 또 신뢰의 원칙이 정범론에서는 원래 과실범에 적용되는 것인데, 왜 방조범의 경우에는 미필적 고의에도 적용되는지 등에 대한 근거가 충분하지 않다는 비판이 가능하다.[32] 주지하듯이 신뢰의 원칙은 '과실범'에서 객관적 주의의무의 범위를 제한하기 위하여 전개된 것이다. Roxin에 따르면 미필적 고의는 행위자가 결과의 불발생을 신뢰하지 아니한다는 점에서 (인식 있는)과실과 구별된다.[33] 드라이버 구매자가 그것을 주거침입절도에 사용할 가능성이 있다고 간주하고 고려에 넣었지만, 그 구매자가 범행을 하지 않으리라고 신뢰했다면, 이는 이미 미필적 고의와 인식있는 과실에 관한 록신의 견해에 따를 때, 인식 있는 과실에 해당할 뿐이다. 그리고 과실 방조는 원래 불가벌이다.

보통의 경우 타인이 고의범행을 하지 않을 것이라고 모두가 신뢰할 수 있다는 것은 맞다. 그러나 방조자에게 미필적 고의가 인정되는 경우라면 적어도 정범의 범행을 감수하는 경우이므로 — 록신의 표현대로 하면 정범의 범행가능성을 신중히 고려에 넣은 것이므로 — 정범이 결코 범행을 하지 않으리라고 신뢰하는 경우란 있을 수 없다.[34] 따라서 기여자의 미필적 고의를 인정하면서 정범이 범행하지

31) Roxin, 앞의 책, §26 Rdn. 241.
32) 이용식, 앞의 논문, 319면.
33) Roxin, AT I, §12 Rdn. 23.
34) Otto, Vorgeleistete Strafvereitelung durch berufstypische oder alltägliche Verhaltensweisen als Beihilfe, Lenckner-FS, 1998, 193, 209면 이하.

않을 것이라고 신뢰하는 경우를 상정하는 것은 모순이다. 미필적 고의가 의적인 요소를 요구하는지 그리고 의적인 요소가 미필적 고의의 본질적인 것인지에 대해서는 논란이 있다. 그러나 행위자가 행위 시에 결과가 발생하지 않으리라고 신뢰하는 때에는 인식 있는 과실에 해당한다는 점에 대해서는 별로 이론이 없다. 따라서 드라이버판매자가 위 견해가 들고 있는 사례, 즉 범행에 사용하지 않을까 의심은 되었지만 그렇지 않을 거라고 신뢰한 경우라면, 그 판매자는 과실 방조로서 불가벌이 된다고 해야 할 것이다. 이 경우 인식 있는 과실로 접근하는 입장에 따를 경우에도 방조로서 불가벌이 된다는 결과가 된다. 즉 그 행위자는 이 경우 단지 과실로 행위하는 것 뿐이다. 그러므로 미필적 고의에 의한 방조의 경우 그 가벌성을 배제하는 논거를 신뢰의 원칙에서 구하는 것은 적절하지 않다.[35] 뿐만 아니라 정범에게 타당한 정도와는 다른 정도의 신뢰의 원칙이 방조자의 가벌성의 토대가 되도록 하는 그 어떤 법원칙이 존재하는 것도 아니다.[36]

Ⅲ. 방조불법의 기본요소를 통한 중립적 방조의 가벌성 판단

1. 방조불법의 기본요소

방조의 핵심개념은 고의적인 원조(Hilfeleistung)이다. 방조는 고의로 정범의 범행을 통하여 구성요건적 결과에 대하여 인과적이면서 법적으로 허용되지 않는 위험을 증대시키는 것으로 이해된다. 방조범의 고의에는 확정적 고의와 미필적 고의가 포함된다는 점에서 정범의 고의와 차이가 없다. 그리고 방조행위란 정범의 범죄실행을 가능하게 하거나 용이하게 하는 행위, 또는 정범의 범행을 촉진시키거나 안전하게 하는 행위로 정의된다. 예컨대 금고털이범에게 금고의 비밀번호를 알려주는 행위는 정범의 범행을 가능하게 하는 경우이고, 범행에 사용할 무기나 도구를 제공하는 행위는, 가장 빈번하게 행해지는 방조형태로서, 정범의 범행

---

35) Amelung, 앞의 논문, 18면.
36) Niedermair, 앞의 논문, 539, 540면; 비슷한 내용의 비판점에 대한 소개로는 이용식, 앞의 논문, 319면.

을 용이하게 하는 경우이며, 더 심하게 폭행 또는 협박을 하라고 충고하거나 어차피 훔칠 거라면 더 고가의 물건을 훔치라고 충고하는 행위는 범행결의를 강화시키는 경우에 해당한다. 끝으로 정범의 범행 중에 망을 봐준다거나 기타 정범을 보호하는 행위들은 정범의 범행을 안전하게 하는 경우에 해당한다.

방조범에서 인과관계는 객관적 귀속을 위하여 전제되는 조건이다. 여기서 인과관계란 방조가 결과에 대하여 불가결한 조건이어야 한다는 것을 의미하지는 않는다. 기여한 바가 다른 모든 인과적 요소와 더불어 구체적으로 결과에 영향을 미치는 것으로 족하다. 방조행위가 없었을 경우에는 결과가 발생하지 않았을 것으로 판단되는 경우에만 인과관계가 인정되는 것은 아니라는 점에 대해서도 견해가 일치한다. 또한 가설적 인과관계를 통하여 현실적 인과관계가 부정되지도 않는다. 이를 중립적 행위사례에 적용시키면 예컨대 드라이버를 구입하지 못했더라도 주거침입절도가 중단되지는 않았을 것이라거나, 다른 가게에서 쉽게 구입했을 것이라는 이유를 들어 인과관계가 부정되지 않는다.

또한 사전적으로 판단할 때 객관적으로 정범의 기회를 증대시키는 인과적 사정이 사후적으로 판단할 때에는 불필요했던 것으로 드러나더라도 인과관계가 부정되지 않는다. 예컨대 망을 봐주는 행위의 경우 범행을 종료할 때까지 접근하는 외부인이 없었기 때문에 현실적으로 도움이 되지 않았다 하더라도 그러한 기여가 있었다는 것만으로도 인과적이다. 망을 봐주는 누군가의 도움 하에서 절도를 실행하는 것과 그렇지 아니한 상태에서 실행하는 것은 그 범행의 양태와 방식에서 구체적으로 차이가 있기 때문이다.[37] 다만 방조행위가 결과에 대하여 인과적이어야 하는지, 결과에 대하여 인과적일 필요는 없고 단지 정범의 행위를 용이하게 하거나 촉진시키는 것으로 충분한지에 대해서는 다소 논란이 있으나, 이는 형식적이고 개념적인 문제일 뿐이고, 실질적으로는 차이가 없다. 정범의 행위를 용이하게 하거나 촉진시키는 기여는 동시에 결과에 대하여 인과적이라고 할 것이기 때문이다.[38]

그리고 방조적 기여의 인과관계는 정범의 범행이 기수에 이를 때까지 지속되어야 한다. 따라서 주거침입절도범이 다른 방법으로 침입하기로 마음을 바꿨기

---

37) Roxin, 앞의 책(각주 2), § 26 Rdn. 214.
38) Roxin, 앞의 책(각주 2), § 26 Rdn. 186.

때문에 그에게 사다리를 가져다주는 방조자를 도중에 다시 집으로 돌려보낸다면, 불가벌적인 미수에 그친 방조가 될 뿐이다. 만약 침입자가 사다리를 타고 올라가다가 사다리로부터 떨어지는 바람에 주거침입을 위한 다른 방법을 선택한다면 그것은 절도미수에 대한 방조가 될 뿐이다. 인과관계와 방조적 기여를 통한 기회의 증대가 미수단계에만 미치기 때문이다.[39]

방조범에서 인과관계가 필수적이지만, 그것만으로는 충분하지 않고, 인과적 기여가 피해자에 대한 위험을 증대시키고, 그에 상응하여 정범에게 결과야기의 기회를 증대시키는 경우로 한정할 때에만 객관적 귀속의 일반원칙들에 상응할 수 있다. 예컨대 정범이 모르게 범행 도구를 꼭 같은 것으로 바꿔치기해 놓은 자가 있다면, 그자의 행위도 구체적인 결과야기에 대하여 인과적이다. 그러나 그러한 기여가 법적으로 원조(Hilfeleistung)를 의미할 수 없다는 것은 자명하다. 즉, 정범의 범행실행에 인과적이기는 하지만 위험증대가 없기 때문이다.[40]

객관적 귀속의 척도인 위험증대의 원칙을 방조범에 적용하는 것은 공범의 처벌근거에서 기인한다.[41] 유력한 견해인 종속적 법익침해론은 공범의 불법을 전적으로 정범의 불법에서만 도출하지 않고, 공범 스스로도 보호법익을 - 정범의 행위를 통하여 실현한다는 점에서 비록 간접이기는 하지만 - 침해해야 한다는 점을 요구한다. 타당한 이 견해에 따르면, 공범의 불법은 독자적인 요소와 종속적인 요소로 구성된다. 공범불법의 독자적인 요소로 인하여 객관적 귀속론이 공범의 귀속을 위해서도 유용할 수 있게 되고, 또 그리하여 사물합치적인 결과로 이를 수 있게 된다. 이리하여 정범의 귀속에서와 같이 공범의 귀속을 위해서도 결과로 실현된 위험의 창출이 있어야 한다. 이는 방조행위가 정범의 범죄실행에서 그 정범을 원조함으로써 법익에 대한 공격으로 설명되어야 한다는 것을 의미한다. 기여행위도 그것이 위험을 창출하거나 증대시킬 때에만 가벌적인 방조가 될 수 있다는 사실을 인정함으로써, 이미 중립적 행위를 통한 방조의 가벌성과 관련하여 언급되는 많은 사례들이 가벌적인 방조의 범위에서 배제된다.[42]

---

39) Roxin, 앞의 책(각주 2), §26 Rdn. 215.
40) Roxin, 앞의 책(각주 2), §26 Rdn. 210.
41) Beckemper, 앞의 책, 164면; Roxin, 앞의 책(각주 2), §26 Rdn. 212.
42) Beckemper, 앞의 책, 164, 165면; Roxin, Zum Strafgrund der Teilnahme, Stree/Wessels-FS, 1993, 380면 이하.

2. 방조의 개념 내지 인과관계를 통한 중립적 방조의 가벌성 판단

중립적 방조행위의 문제로 거론되는 사례들 중에는 이미 방조의 개념 내지 인과관계의 흠결로 인하여 가벌성이 부정될 수 있는 것들이 있는데, 범인에게 음식을 제공하는 다양한 사례들이 이에 해당한다. 정범의 범죄실행을 가능 또는 용이하게 하거나, 강화시키거나, 안전하게 하는 행위만이 방조의 개념에 포함되는데, 일반적인 경우, 음식물의 제공을 통하여 정범의 범죄실행이 촉진된다고 보기 어렵기 때문이다. 음식물의 제공은 모든 사람들의 '생존에 중요한' 급부행위라 할 수 있다. 인간의 생존은 합법적 행위, 불법적 행위를 가리지 않고 모든 인간행위의 전제조건이다. 그러므로 인간생존을 안전하게 하는 것은 '원칙적으로' 그 급부를 제공받는 자가 바로 범행을 범하도록 촉진시키는 행위라고 평가할 수 없다.

그러나 극단적으로 예외적인 경우에는 사정이 달라질 수 있다. 예컨대 은밀한 장소에 숨어서 범행을 모의하는 무리들에게 남의 눈에 띄지 않게 음식물을 배달하거나, 고립되어 있는 인질강도범에게 음식물을 제공하거나, 또는 너무 기력이 없어 범행의 실행에 지장을 받는 자에게 음식물을 제공하는 경우라면, 이는 범죄실현을 촉진시키는 것으로서 방조의 개념에 포함될 수 있음은 물론이고, 인과관계도 인정되어 가벌적인 방조가 될 수 있다.[43] 어쨌거나 이러한 예외적인 경우가 아니고 통상적으로 범행을 하려는 자에게 식사시간에 또는 간식으로 음식을 판매하는 일반적인 경우에는 방조행위라고 할 수도 없고 정범의 범행에 대하여 인과관계가 있다고도 할 수 없다. 정범의 범행계획을 알고 그렇게 했더라도 마찬가지이다. 따라서 이들 사례들에는 '범죄적 의미연관'이라는 특별한 척도를 적용하지 않더라도, 방조행위의 개념 내지 인과관계라는 방조불법의 기본적인 요소를 통하여 일반적으로는 방조의 가벌성을 배제하고, 극단적으로 예외적인 경우에는 가벌성을 인정하는 적절한 결론으로 이르게 된다.

3. 객관적 귀속의 일반척도를 통한 중립적 방조의 가벌성 판단

이어서 많이 거론되는 사례들, 즉 수공업자가 소득에 대하여 탈세하려한다는

---

43) Amelung, 앞의 논문, 21면.

점을 알면서 도 그를 고용하여 임금을 지급하는 탈세사례, 제조업자가 가공과정에서 환경형범에 반하는 행위를 한다는 것을 알고도 그에게 원료를 공급하는 환경법위반사례, 사인으로부터 이미 기부받은 사실을 행정관청에 보고하지 않고 함구함으로써 또 다시 정부로부터 부조혜택을 받는 기부금사기사례 등도 '범죄적 의미연관'이라는 특별한 귀속척도에 의하지 않고, '위험증대의 원칙'이라는 일반적인 귀속척도를 통하여 적절하게 해결할 수 있다. 결론부터 말하면, 이들 사례에서는 '범죄적 의미연관'이 없어서가 아니라, '위험증대의 흠결' 때문에 가벌적인 방조가 부정된다.

수공업자가 세금을 내지 않는 행위가 임금지급행위를 통하여 원조된 것도 아니고, 제조과정에서 환경법규를 준수하지 않는 것이 원료 공급행위를 통하여 원조되었다고 할 수 없으며, 또한 피구호자가 행정관청에 보고하지 않는 행위가 기부행위를 통하여 원조된 것도 아니다. 이미 받은 임금에 대하여 정범이 세금을 내지 않음으로써, 이미 공급 받은 원료를 사용하여 정범이 가공하는 과정에서 환경법규를 위반함으로써, 또는 기금을 받은 사실을 정범이 함구함으로써, 그 어떤 타인의 협조 없이 정범이 독자적으로 범법행위를 실행했기 때문이다. 따라서 탈세의 위험, 환경침해의 위험, 정부보조금의 유출 위험 등이 임금지급, 원료공급, 기부행위 등을 통하여 증대되었다고 할 수 없다.

이러한 논증에 대하여 탈세, 환경법 위반, 구호금사기 등이 임금지급, 원료공급, 기부행위 등을 통하여 비로소 가능해졌다고 반론을 제기할 수 없다. 그들의 행위가 정범의 범법행위의 조건을 마련해준 것은 맞지만, 그러나 그가 범행의 실행을 용이하게 함으로써 법익에 대한 위험을 증대시킨 것은 아니다. 즉, 임금지급, 원료공급, 기부 등이 탈세, 환경형범위반, 공무원 기망 등에 대하여 절대적 제약공식에 의한 조건이 된 것은 맞지만, 그들의 행위가 범행의 실행을 용이하게 함으로써 법익에 대한 위험을 증대시킨 것은 아니다.[44] 따라서 이들의 경우에는 탈세 방지, 환경형범위반 방지, 구호금사취 방지 등을 방지하기 위하여 임금지급 자체, 원료공급 자체, 기부행위 자체 등을 금지시킬 수 없다. 이는 기여자가 정범의 범행을 인지했을 경우에도 달라지지 않는다.

---

44) Beckemper, 앞의 논문, 165면; Niedermair, 앞의 논문, 507, 521면.

　　반면에 중립적 방조사례로서 많이 거론되는 것들 중에서 범행에 사용될 드라이버를 판매하는 행위, 택시로 범인을 범행장소로 태워다주는 행위 등은 허용되지 않는 위험을 창출하는 경우에 해당한다. 판매자는 범행수단을 제공함으로써 범행을 용이하게 했고, 택시기사는 객관적으로 범행을 촉진시킨 것이 분명하기 때문이다. 범행수단으로 사용된 빵을 판매한 사례나, 세금포탈을 위하여 비밀계좌를 개설해준 은행직원의 사례들도 방조로서 가벌적이다. 그들은 단지 범행을 위한 조건의 형성에 국한된 행위에 그치지 않고, 범행의 실행 자체를 용이하게 하거나 가능하게 함으로써 법익에 대한 법적으로 승인되지 않는 위험을 창출했기 때문이다.[45]

　　1993년에 스위스 연방법원이 최초로 일상적 행위들의 가벌성에 관한 현대적인 논의들을 충분히 검토한 소위 '영양고기사례'도 같은 결론에 이른다. 스위스 연방법원은 피고인들이 올바로 표시된 아프리카 산 영양고기를(Antilopenfleisch) 의심스러운 고객에게 판매하였고, 그때 그 고객들이 그 고기를 "유럽산 엽수(獵獸)고기(Wildfleisch)"로 팔 것이라는 점을 알고 있었다는 전제 하에, 그 고객들이 이익을 볼 수 있는 판매는, 판매자가 인식했던 대로, 유럽산 엽수고기라고 기망할 때에만 가능했기 때문에 가벌적인 방조가 된다고 하였다. '범죄적 의미연관'이라는 특별한 제한척도를 주장하는 입장에서는 이 판결에 동의하면서 "구매자의 가벌적인 행위를 배제하면 애초 그 판매행위는 의미가 없었을 것이고, 따라서 범죄적 의미연관이 긍정된다"라고 한다.[46] 그러나 이 사례에서도 정범의 범행에 대한 인과적 위험증대라는 일반적인 객관적 귀속척도에 의해서도 동일한 결론에 이른다. 고객들은 그들이 구매한 아프리카 산 영양고기를 사기를 위한 기망의 직접적인 수단으로 사용하였다. 그 고기의 판매행위는 고객들에게 기망을 위한 조건을 제공한 것에 그치는 것이 아니라 기망의 수단을 제공하여 범행을 가능하게 한 것이므로, 사기범행의 실행을 위한 인과적 위험의 창출에 해당한다.

　　타면 중립적 방조사례로서 구성요건영역에서 다루는 것들 중에는 그 중립적 행위들이 일반적인 직업적 행위자유의 영역을 넘어 그러한 행위들을 해야 할 의

---

45) Beckemper, 앞의 논문, 165면.
46) Roxin, 앞의 책(각주 2), §26 Rdn. 250. 한편 스위스 연방법원 판결의 출처에 관해서는 Roxin, 앞의 책(각주 2), §26 Rdn. 250. 각주 332 참조.

무나 그러한 행위들을 할 수 있는 주관적 직업권과 관련되는 것들이 있다. 먼저 범인을 범행장소로 태워주는 택시 기사사례를 예로 들 수 있다. 그런데 택시기사 에게는 승차거부를 할 수 없는 직업적 의무가 있다고 한다면, 범인을 범행장소로 태워다주는 행위를 하지 말아야 할 의무와 손님을 승차시킬 의무가 충돌하게 된 다. 이 경우 허용된 위험창출행위로서 방조범의 구성요건해당성을 부정하려는 견 해가 있다.[47] 그러나 위에서 언급했듯이 택시기사의 행위는 객관적으로 위험을 창출한 행위로서 방조범의 구성요건적 가벌요건을 충족하고, 의무가 충돌하는 사 정은 위법성의 판단문제로 접근하는 것이 적절한 것으로 본다.[48]

또 하나의 사례로는 변호인의 법적 자문권과의 충돌이 문제되는 사례이다. 예 컨대 벌금 이상의 형에 해당하는 죄를 범한 자기 남편을 은닉 또는 도피시키려 는 아내에게 변호사가 형법 제151조 제2항의 친족간특례규정에 의하여 처벌되지 않을 수 있다고 설명해주는 경우가 이에 해당한다. 이에 대해서도 방조범의 구성 요건의 충족 여부의 문제로 볼 여지가 있다. 그러나 이러한 변호사의 행위는 남 편을 은닉 또는 도피시키려는 아내의 범행결심을 직접적으로 강화시키는 행위로 서 정범의 범행에 대한 인과적 위험증대를 인정하기에 어려움이 없다. 따라서 이 는 방조의 구성요건해당성의 문제로 접근하기보다는 위법성 판단의 문제로 접근 하는 것이 바람직하다. 즉 최대한 방해받지 않는 변호를 보장한다는 법치국가적 요청에 따른 변호사의 주관적인 직업권과 방조금지가 충돌하는 사례로서, 이익형 량이나 권리남용금지 등 위법성 판단의 척도들을 통하여 판단하는 것이 적절할 것으로 본다.

4. 주관적인 방조구성요건을 통한 중립적 방조의 가벌성 판단

독일에서는 중립적 방조의 경우, 통상적인 방조와는 달리, 방조의 주관적 요건 을 엄격히 한정함으로써 가벌적인 방조의 범위를 제한하려는 시도가 오래 전부터 있었다. 그 구체적인 내용을 보면 첫째, 중립적 방조의 고의를 확정적 고의로 한 정하려는 견해가 있다.[49] 앞에서 보았듯이, 미필적 고의의 경우 신뢰의 원칙을

---

47) 이용식, 앞의 논문, 327면.
48) 물론 이 경우 방조금지의무가 승차의무에 우선한다고 할 것이므로 위법성이 긍정될 것이다.
49) Otto, 앞의 논문, 214면 이하.

끌어들여 가벌성을 광범위하게 배제시키려는 록신도 결과적으로는 이러한 견해에 가깝다. 그러나 이 견해에 대해서는 중립적 방조라는 특수한 사례 때문에 통상적인 방조의 주관적 요건을 수정한다는 것은 타당하다 할 수 없고, 방조범에 관한 현행 법규나 일반적인 도그마틱에 따를 때, 중립적 방조에서만 미필적 고의를 배제할 근거도 없다는 비판이 타당하게 제기된다.[50]

다음으로 중립적 방조의 경우에는 주관적 요건을 더욱 엄격히 제한하여 확정적 고의만으로도 부족하고, 촉진의사까지 요구하는 견해가 있다. 이는 독일 판례의 입장이기도 하다.[51] 중립적 방조의 고의를 위해서는 '행위자가 자신의 행위를 통하여 타인이 의도하는 범행의 실행이 촉진된다는 인식 하에 자신의 의사가 그러한 결과에로 지향될 것이' 필요하다고 하면서, 중립적 방조의 경우에는 보통 그러한 촉진의사가 결하여 불가벌이 된다고 한다. 일반적인 경우, 중립적 행위자는 단지 영업을 의욕할 뿐이고, 범죄의 실현은 그에게 관심대상이 아니라는 것이다. 이 견해는 중립적 방조의 영역에 특별히 미필적 고의와 의도적 고의 사이에 제3의 고의형태를 설정하는 것이 아닌가 하는 의구심을 갖게 만든다.[52] 그러나 중립적 방조의 경우에 한하여 촉진의사가 특별히 요구되어야 할 형법이론적인 근거나 법규상의 근거를 찾기 어렵다. 이 견해도 형법이론적인 논증에서 출발하기보다는 중립적 행위의 일상성·정상성에 주목하여 어떻게 해서든지 가벌성을 넓게 제한해보려는 선판단에서 비롯하는 것으로 보인다.

따라서 주관적 구성요건요소를 특별히 엄격하게 요구함으로써 중립적 방조의 가벌성을 제한하려는 시도는 정당화될 수 없고, 독일에서도 별로 지지를 받지 못하는 실정이다. 다만 미필적 고의에 대해서는 하나의 주의가 필요한데, 이는 기본적으로 미필적 고의와 인식 있는 과실의 구별문제와도 연관된다. 이에 대해서는 Amelung의 착상이 시사하는 바가 크다. Amelung은 중립적 방조의 경우 미필적 고의를 2가지 형태로 나눈다. 우선 정범이 중립적 방조자의 기여행위를 범죄목적을 위하여 사용할 위험은 '일반적인 위험'과 '구체적인 근거에 의거한 위험'으로 구분된다고 한다. 일반적인 위험은 업무적 행위 그 자체에 일반적으로

---

50) 이용식, 앞의 논문, 316면.
51) RGSt 39, 44f.; BGHSt. 29, 99면 이하.
52) 이용식, 앞의 논문, 317면.

수반될 수 있는 위험, 예컨대 판매하는 칼이 주방용으로만 사용되지 않고 사람을 상해하는 데에 사용될 수도 있는 위험, 맛좋은 과일쨈이 음식물로만 사용되는 것이 아니라 독약을 혼입하는 데에 사용될 수도 있는 위험, 택시로 시내에 태워주는 것이 손님을 쇼핑 하도록 도와주는 것일 수도 있고 강도를 노리는 보석상점으로 데려주는 것일 수도 있는 위험 등을 말한다. 반면에 '구체적인 근거에 의거한 위험'은 개별적인 사례에서 자기 행위가 정범의 범행을 촉진할 것이라는 점에 대한 '구체적인 근거'를 가지는 경우인데, 예컨대 이웃집 남자가 이미 자기 아내에 대하여 살해위협을 해오고 있었던 사정을 알고 있는 상태에서, 그 남자가 칼을 구입할 경우 그 칼이 살해에 사용될 위험성이라고 한다. 이들 두 가지 위험성 중 어느 것이 라도 하나를 인식하고 고려해 넣었다면, 모두 방조의 미필적 고의가 인정되지만, 그러나 '일반적 위험'을 인식하고 고려한 경우에는 방조의 가벌성이 부정되고 '구체적 위험'을 인식하고 고려한 경우에만 가벌적인 방조가 된다는 것이다.[53]

그러나 일반적인 위험을 인식하고 고려한 경우 가벌적인 방조를 부정하는 결론에는 동의하지만, 그것을 미필적 고의로 분류하는 것에는 동의하기 어렵다. 여기서 미필적 고의와 인식 있는 과실의 구별에 관한 학설인 가능성설의 통찰에 주목할 필요가 있다.[54] 가능성설이 타당하냐의 문제와는 별개로, 결과발생의 '추상적 위험'과 '구체적 위험'을 구별하여, 미필적 고의를 위해서는 적어도 구체적 위험의 인식이 필요하다는 입장만큼은 타당하다고 본다. 가능성설에 의하면 예컨대 과속으로 앞차를 추월하면서 그런 행위가 위험한 행위라고 막연히 인식했지만, '지금', '여기서', 현실로 발생한 '그런' 사고가 발생지는 않으리라고 판단했다면, 이는 기껏해야 과속추월행위의 추상적 위험을 인식한 것에 불과하고, 이는 인식 있는 과실에 해당한다고 한다. 이 경우, 지금, 여기서, 현실로 발생한 그런 사고의 구체적인 위험을 인식할 수 있었음에도 인식하지 못한 것이 과실의 본질적인 요소에 해당한다는 것이다. 반면에 비록 의욕한 것은 아니지만, '지금', '여기서', 현실로 발생한 '그런' 사고의 구체적인 위험을 인식했다면, 이는 미필적 고

---

53) Amelung, 앞의 논문, 22면 이하.
54) 가능성설에 대한 자세한 분석은 문채규, 미필적 고의, 안동대학논문집 제11집(1989), 5면 이하 참조.

의가 된다는 것이다. 따라서 Amelung의 미필적 고의의 두 가지 형태 중에서 '구체적인 근거 없이' 자신의 직업적 행위가 막연히 정범의 범행에 사용될 가능성을 배제할 수는 없다는 정도의 일반적인 위험을 인식한 것만으로는 인식있는 과실에 불과하고, 따라서 불가벌적인 과실방조에 해당하여 방조의 가벌성이 배제되는 것으로 보는 것이 타당할 것이다. 물론 구체적인 근거에 의거한 위험성을 인식한 경우에는 미필적 고의로서 방조의 가벌성이 긍정되어야 할 것이다. 이렇게 보면, 주관적 방조구성요건을 통해서 중립적 방조를 특별히 제한할 수 있는 여지는 없다고 할 것이다.

Ⅳ. 판례사례에의 예시적 적용

이 논문의 입장을 중립적 방조의 유형으로 해석할 수 있는 대표적인 우리의 판례사례에 적용해보면 아래와 같다.

1. 대법원 2007. 11. 29. 선고 2006도119 판결

이 판례는 A기간통신사업자 및 그 종업원이 별정통신사업자등록을 하지 않은 개별사업자들에게 060회선을 임대하여 별정통신사업을 영위하게 함으로써 그 개별사업자들이 구 전기통신사업법을 위반하였고, 이를 알고서 기간통신사업자 및 그 종업원이 060회선을 임대하였다면 이는 무등록 별정통신사업자의 위법행위에 대한 방조에 해당한다고 판단하였다. 이에 대하여 피고인이 서비스제공을 거부했다면 정범은 다른 기간통신사업자의 서비스를 이용했을 가능성이 있고, 정범이 피고인이 근무하는 통신사업자의 서비스를 이용하게 된 것은 우연적인 측면이 있으며, 또한 피고인은 피고용자로서 일상적인 업무수행을 한 것이라는 점을 고려할 때, 피고인의 가벌성을 부정하는 것이 타당하다는 견해가 있다.[55] 정범이 다른 통신사업자의 서비스를 이용할 가능성이 있었다고 하더라도 가정적 인과관계를 통하여 현실적 인과관계가 부정될 수 없고, 서비스 제공에 관한 계약이라는 소통적 관계가 선행되었을 것이므로 A통신사업자의 서비스를 이용한 것이 단순

---

55) 김종구, 미국 형법상 중립적 행위에 의한 방조의 가벌성, 형사법연구 제24권 제4호(2012), 96면.

히 우연이라고도 할 수 없을 것이다. 오히려 피고인의 행위는 고의로 정범에게 직접적인 범행수단을 제공함으로써 범행을 가능하게 한 것이고, 이는 정범의 범행에 대한 인과적 위험증대에 해당하여 방조의 가벌성이 긍정된다고 할 것이다.

2. 대법원 2005. 4. 29. 선고 2003도6056

이 판례는 국내에서 금괴를 부가가치세 영세율이 적용되는 수출원자재 명목으로 구입하여 이를 시중에 판매처분하고 허위로 수출신고를 한 후, 이를 근거로 세관으로부터 관세를 부정 환급 받은 정범의 범행에 대하여, 정범이 설립한 위장 수출회사의 직원인 피고인이 최소한 미필적 고의로써 정범의 범행의 실행을 직접적으로 용이하게 하였다고 판단하여 방조범으로 처벌하였다. 이 사안에서 피고인이 담당한 업무가 정범의 지시를 받아 국내 금 도매업체인 고려아연 주식회사에 금괴를 주문하고 그 대금을 환전하여 고려아연 계좌에 입금한 다음 외환은행으로부터 '외화획득용 원료(물품) 구매승인서'를 발급받아 고려아연으로부터 금괴를 인수하여 이를 정범의 주식회사에 즉시 인계하고, 그 후 정범이 수출용 금제품이라며 나무상자에 담아 포장을 완료한 상태로 가져온 제품을 운송업체인 주식회사 발렉스코리아에 인도하는 등의 일이었다면, 피고인의 그러한 행위들이 업무수행으로 한 것이라고 하더라도, 그들 행위는 바로 정범의 실행행위의 일부분을 처리하는 것이었고, 이는 대법원이 판시하였듯이 정범의 범행의 실행을 직접적으로 용이하게 하는 것이므로 가벌적인 방조로 인정하는 것이 타당하다고 본다.[56] 판시와는 달리 만약 공동의사가 인정되었다면 오히려 이정도의 기여행위는 기능적 역할분담으로 판단할 여지도 있었을 것이다.

3. 대법원 2007. 12. 14. 선고 2005도872 판결

이른바 '소리바다 사건'으로 불리는 이 판례는 피고인들이 인터넷상에서 소리바다 서비스를 제공함으로써 이 사건 정범들이 이 서비스 프로그램을 이용하여 정당한 허락 없이 음악파일을 공유하는 불법 복제행위를 방조한 것이라고 판단하였다. 그러나 음악파일 공유프로그램인 소리바다서비스는 이용자들에게 적법하

---

56) 다른 견해로는 김종구, 앞의 논문, 97면.

게 이용될 수 있고, 불법하게도 이용될 수 있는 것이며, 이러한 서비스를 무단복제를 위하여 이용한 것은 서비스 제공행위와는 무관하게 정범들이 독자적으로 실행한 것이다. 앞에서 검토한 탈세사례나 환경법위반사례들처럼 피고인들의 행위가 정범들이 범법행위를 할 수 있는 하나의 조건을 마련해준 것은 맞지만, 정범들의 실행행위 자체를 용이하게 한 것이라고 할 수는 없다. 즉, 그러한 서비스가 적법하게 사용될 수도 있고, 불법하게도 사용될 수 있는 가치중립적인 프로그램인 이상, 일부 이용자가 불법복제를 위한 기술로 이용될 수 있다는 이유로 그 자체 합법적인 서비스 제공 자체를 금지시킬 수 없는 것이다. 이와 실질을 같이 하는 사례에서 방조를 부정한 일본의 Winny 사건은[57] 시사하는 바가 크다.[58]

V. 맺 는 말

소위 중립적 방조의 해결을 위해 최근 독일에서는 학문적으로 많은 연구결과들이 발표되고 있고, 우리나라에서도 최근에 논의되기 시작하였지만, 아직도 일반적으로 인정받는 해결책이 나오지 않고 있다. 오히려 독일에서는 최근에 중립적 방조의 문제에 대하여 형법적인 통찰이 점점 증가함으로써 논의상황이 명료해지기보다는 복잡하게 되고 있다고 평가하기도 한다. 중립적 방조에 대하여 특별히 그 가벌성을 제한하려는 다양한 시도들의 다양한 근거들이 하나같이 보편적인 설득력을 갖추는 데 실패했다는 평가이다.

중립적 방조에 대하여 특별히 그 가벌성을 제한하려는 다양한 시도들은 중립적 방조행위들에 대해서는 그 정상성과 일상성을 고려하여 전통적인 방조에 비하여 어느 정도 그 가벌성을 제한하는 것이 필요하고 자연스럽다는 선판단에서 출발하는 것으로 보인다. 그러나 방조범의 구성요건 및 불법의 측면에서 중립적 방조라고 하여 전통적인 방조에 비하여 특별히 그 가벌성의 제한을 정당화시킬 요소가 발견되지 않는 한, 그러한 선판단 자체에 대한 재고가 필요하다고 본다.

---

57) 자세한 소개는 김종구, 앞의 논문, 99, 100면.
58) 결론을 같이 하는 견해는 김종구, 앞의 논문, 100면; 오경식·이정훈·환태정, 저작권침해와 온라인서비스제공자의 형사책임, 형사정책, 제21권 제2호(2009), 141, 142면. 다른 견해로는 조균석, 중립적인 파일공유프로그램 개발·제공행위와 방조범 성립 여부, 지송 이재상교수 정년기념논문집, 2008, 315면.

그리고 그러한 선판단은 중립적 방조의 가벌성을 통상적인 방조와 같이 인정하게 되면 분업사회에서 정상적인 생활을 위하여 절대적으로 통용되는 행위영역들을 잠식하여 사회적 활동에 장애를 초래하게 될 것이라는 우려에서 출발하고 있다. 그러나 이는 기우라고 생각한다. 타인의 범행을 고의적으로 촉진하는 행위가 일상적인 업무행위들의 일부분에 해당하는 경우, 위험한 어떤 직업적 행위양태 자체를 금지시키자는 것이 아니고, 단지 고의의 범행촉진적인 구체적인 그 개별행위만 행하지 말 것을 요구하는 것이기 때문에, 그로 인하여 직업적 행위자유가 과도하게 제한된다고 할 수 없다. 또한 과실공범은 아예 불가벌이고, 신뢰의 원칙에 의하면 향후 있을 수 있는 정범의 범행을 미리 알아내려고 주의를 기울여야 하는 것도 아니고, 자유의 제한은 오로지 관여자 자신의 고의적인 관여행위만을 대상으로 하는 것이기 때문에, 일상적 방조행위자는 자기의 행위가 혹시나 범죄적으로 이용되지 않을까 미리 경계해야 할 필요도 없으므로 과도하게 직업적 행위자유를 위축시킬 염려도 없다.

종범의 성립에 대해 관건이 되는 것은, 방조행위가 '외형상' 범죄와 관계가 있는 것처럼 보이는가의 여부가 아니라 규범적으로 — 법익에 대한 간접적인 침해로서 — 정범의 범행을 촉진한 것으로 평가할 수 있는가의 여부이다. 방조행위가 중립적 행위를 통해 이루어진 경우에 처벌의 대상으로 삼을 것인가에 대한 대답은 행위 자체로부터 나타나는 것이 아니라 오히려 방조의 일반적 성립요건에서 찾아야 할 것으로 본다.[59] 중립적 방조의 가벌성을 특별히 제한하는 표지인 '범죄적 의미연관'이라는 것도 사실은 방조자가 타인의 법익침해를 의식적으로 촉진하고 또 그럼으로써 법익침해의 위험을 증대시키는 것으로부터 곧바로, 또 필연적으로 나오는 것이라고 본다. 즉, 범죄적 의미연관이란 방조자가 고의로 종속적 법익공격을 한 경우를 통칭하는 것 외에 다름 아니다.

---

59) 신양균, 앞의 논문, 21, 22면

12 예비죄의 공범 및 중지*

I. 여는 말

예비죄는 아직 특정범죄의 실행의 착수에 이르지는 아니하였으나, 그 준비행위만으로도 당벌적 불법성이 인정된 범죄형태이다. 그리고 예비는 고의의 기본범죄를 실현하기 위한 객관적인 준비행위를 의미하기 때문에, 내부적 범죄결심이나 결심의 단순한 표명만으로는 부족하고, 기본범죄의 실행을 가능·용이하게 하는 객관적·외부적 준비행위가 있어야 한다.

그런데 기본범죄의 구성요건적 실행행위와는 달리, 예비행위는 무한정·무정형적이라는 특징을 갖기 때문에, 예비죄는 그 입법기술상의 어려움은 물론이고, 이론적으로도 많은 문제들을 내포하고 있다. 예컨대 예비죄와 기본범죄의 관계(이는 예비죄의 법적 성격이라는 관점에서 논의된다), 예비죄의 실행행위성, 예비죄의 고의의 내용, 예비죄에 대한 공범의 가능성, 예비죄의 중지 등이 그것이다. 특히 후자의 두 가지 문제는 실정법의 적용과 직접 관련되는 실천적 의미를 갖는 문제이다. 반면에 전자의 세 가지 문제는 예비죄의 기본성격에 관한 물음으로

---

* 비교형사법연구 제4권 제1호(2002) 29-59면에 게재된 글임.

서 다분히 이론적인 문제영역에 속하는데, 이들은 후자의 실천적 문제를 해결하고자 할 때 반드시 그들에 관한 기본입장의 정립이 선행될 것을 요구한다. 그리고 현행 우리 형법의 죄형규정의 체계 내에서는 예비죄와 중지미수범간의 형의 불균형문제도 실천적인 의미를 갖는 해결과제에 속한다.

그런데 이러한 각 문제들에 대한 기존의 학문적 또는 실무상의 논의를 보면, 범죄론의 일반이론적 시각과 실정형법의 해석론적 시각이 구분되지 못하고 있거나(예비죄의 공범에 관한 논의의 경우), 문제의 소재를 정확하게 인식하지 못한 나머지 문제 자체를 왜곡시켜 논의를 펼치는 현상을(예비죄의 중지에 관한 논의의 경우) 발견할 수 있다. 또는, 실정형법의 적용론에 관한 문제를 다루면서도 외국과의 입법적 차이를 간과한 채 외국의 이론을 그대로 수용하고 있는 견해도(예비죄와 중지미수범간의 형의 불균형에 관한 논의의 경우) 있다.

문제소재의 정확한 인식과 그에 대한 접근방향의 정확한 설정만으로도 이미 문제 해결을 위한 논증은 절반의 성공을 보증받은 것이나 다름없다. 그러나 그 어느 하나만이라도 놓치게 되면, 이미 그 논증은 정당성을 확보하기 어렵고, 그러한 논증의 양산은 자칫 논의의 장까지 혼미 속으로 빠뜨리는 경우가 적지 않은데, 바로 예비죄의 문제에 관한 기존의 논의에서도 그러한 일면을 보게 된다.

II. 예비죄의 기본성격

1. 예비죄의 법적 성격

예비죄의 법적 성격은 예비죄와 그것이 목적으로 하는 기본범죄간의 관계를 어떻게 파악할 것인가에 관한 문제이다. 이에 대해서는 학설상 현재 발현형태설과 독립범죄설이 대립하고 있다.

발현형태설은 예비죄를 독립적인 범죄유형으로 보지 않고, 효과적인 법익보호를 위하여 처벌범위를 확장한, 기본적 구성요건의 수정형태로 이해한다. 현재 우리 나라의 다수설의 입장인[1] 동시에 대법원의 명확한 입장이기도[2] 하다. 반면에

---

1) 이정원, 경남법학 제15집, 2000, 188면; 손동권, 총론 초판, 2001, 385면; 박상기, 총론 제5판, 2002, 338면; 이형국, 총론연구II 초판, 1986, 481면; 이재상, 총론 제4판, 1999, §30/9; 정성

독립범죄설은 예비죄를 기본범죄와는 독립된, 독자적인 불법의 실질을 갖추고 있는 범죄형태로 이해한다.[3] 현재 우리 나라의 소수설에 해당한다.

예비는 어디까지나 주관적으로는 '기본범죄를 목적으로 한다'는 점, 그리고 객관적으로는 '기본범죄의 실현을 가능·용이하게 하는 데 기여할 수 있는' 사전행위라는 점에 그 불법의 실질이 있는 것이다. 뿐만 아니라 기본범죄와 단절된 상태에서는 예비라는 개념 자체가 성립하지 않는다. 예비는 언제나 기본범죄에 대한, 기본범죄를 위한, 기본범죄의 예비로서만 가능하다. 즉, 예비죄는 기본범죄와 독립적으로는 존재할 수도, 관념할 수도 없는 범죄형태인 것이다.

「…조의 죄를 범할 목적으로 예비한 자」와 같이 외형상 독립된 구성요건의 형식을 갖추었다고 해서 달라지는 것은 아무 것도 없다. 어차피 기본범죄와 연결시키지 않는 한, 예비행위는 자체적인 독자적 불법성은 고사하고, 개념적으로도 성립되지 않기 때문이다.

그리고 예비죄의 법정형을 기본범죄의 법정형과 연결시키지 않고 독자적으로 규정한 것에 대해서도, 굳이 예비죄의 불법의 독자성을 반영한 것이라고 볼 필요도 없다. 예비죄는 기수범이나 미수범에 비하여 기본범죄의 불법성의 실현정도가 현저히 낮다는 전제하에서, 기수범의 법정형을 기준으로 삼고 그것을 조정하는 방법을 통해서는 - 미수범에서 하고 있듯이 기수범의 법정형을 감경 또는 면제하는 방식으로는 - 적정 수준의 법정형을 설정하기가 어렵다는 이유에서 독자적으로 규정한 것이라고 이해할 수도 있기 때문이다.

결론적으로 예비죄는 기본범죄의 불법의 가장 초보적인 발현형태에 불과한 것으로 보는 발현형태설이 타당하다.

2. 예비죄의 실행행위성

예비죄에도 구성요건적 실행행위라는 것이 인정될 수 있는가가 문제된다. 예비죄의 법적 성격을 독립범죄라고 이해하면, 당연히 예비죄의 독자적 구성요건 및

근, 총론 재판, 1984, 563면; 진계호, 총론 제5판, 1996, 478면; 최우찬, 고시계 95/12, 190면; 차용석, 고시계 85/5, 72면; 백형구, 고시연구 88/5, 80면.
2) 대판 1976. 5. 25., 75도1549.
3) 김일수, 한국형법Ⅱ 초판, 1992, 251면; 배종대, 총론 제6판, 2001, 464면; 권문택, 예비죄(형사법 강좌, 1984), 557면.

구성요건적 실행행위를 긍정하게 된다.[4] 반면에 예비죄를 기본범죄의 발현형태로 보는 입장에서는 긍정설과 부정설이 대립하는데, 긍정설이 다수설에 해당한다.[5]

그런데 예비죄가, 독자적인 것으로 이해하든 수정적인 것으로 이해하든, 구성 요건화 되어 있는 이상 구성요건적 행위도 전제되어 있다고 해야 한다. 구성요건 적 행위 없는 구성요건은 있을 수 없기 때문이다. 다만 예비죄는 기본범죄의 발 현형태로서 기본범죄와의 관련하에서만 그 불법성이 규정되는 것이므로, 그 실행 행위도 기본범죄의 실행행위와의 주관적·객관적 관련하에서만 규정될 수 있다. 즉, 예비행위는 주관적으로는 기본범죄의 실행을 목적으로 하는 행위일 것, 그리 고 객관적으로는 기본범죄의 실행을 용이·촉진하게 하는 준비행위로서의 기능 을 갖는 행위일 것이 요구된다.[6]

이처럼 예비행위는 기본범죄의 실행행위와의 관련하에서만 그 실행행위가 규 정될 수 있다는 것은 분명하다. 그러나 그렇다고 해서 예비죄의 실행행위성이 부 정되어야 하는 것은 아니다. 예비죄의 실행행위성의 認否問題와 가벌적 예비행위 의 범주가 과연 기본범죄의 실행행위와 독립해서 규정될 수 있는가의 문제는 구 별되어야 한다.[7] 즉, 예비행위가 '기본범죄의 실행행위와의 관련하에서만 규정될' 수 있는 것이기는 하나,[8] 일단 그렇게 예비행위로 규정될 수 있는 행위가 존재 하는 한, 그것은 예비죄의 독자적인 실행행위가 되는 것이다.[9]

---

4) 김일수, 앞의 책, 251, 253면; 배종대, 앞의 책, 447면; 권문택, 앞의 논문(앞의 책), 558면.
5) 손해목, 총론 초판, 1996, 824면; 이재상, 앞의 책, 392면; 안동준, 총론 초판, 1998, 206면; 정성근, 앞의 책, 571면; 진계호, 앞의 책, 479면; 백형구, 앞의 논문, 80면; 차용석, 앞의 논 문, 72면.
6) 차용석, 앞의 논문, 192면.
7) 차용석, 앞의 논문, 71면.
8) 임웅, 총론 초판, 2001, 310면 참조. 다만 임웅 교수는 예비행위는 '기본범죄의 실행행위와 관 련해서만' 규정될 수 있다고 보는 점에서는 필자와 견해를 같이 하지만, 그럼에도 필자가 예비 행위의 실행행위성을 인정할 수 있다고 보는 반면에, 임웅 교수는 그러한 불가분성 때문에 실 행행위성이 부정되어야 한다고 본다.
9) 예비죄의 법적 성격을 발현형태설로 이해하면서도 실행행위성을 인정하는 것은 모순이라는 지 적과 더불어, 실행행위성을 인정하면서 발현형태설을 주장한다면, 이는 겉으로는 발현형태라고 하지만 실질적으로는 예비죄를 독립범죄로 본 것이라는 견해가 있다. 즉, 실행행위성을 인정하 면 그 실행행위를 내용으로 하는 독립된 구성요건이 형성된다는 의미가 되고, 독립된 구성요 건이 형성된다는 것은 곧 독립범죄성을 인정하는 결과로 이를 수밖에 없다는 논증을 펼친다 (이정원, 앞의 논문, 191면). 그러나 이러한 논증은 실행행위성과 법적 성격을 동일차원의 문 제로 인식한 데서 비롯하는 것이 아닌가 싶다. 그런데 예비죄의 법적 성격이 불법의 본질 및 그 구성요소가 기본범죄의 그것들과 어느 정도의 독자적인 관계에 놓여 있느냐의 문제라면,

3. 예비죄의 고의

고의의 예비만이 처벌가능하므로, 예비죄가 성립하기 위해서는 고의가 있어야 한다. 다만 고의의 내용에 관해서는 견해의 대립이 있다. 예비의 고의는 기본범죄의 고의와 일치하며 양자는 구별되지 않는다는 견해와[10] 양자는 구별되며 예비의 고의는 준비행위 자체에 대한 인식·의욕이라는 견해의[11] 대립이 그것이다.

예비행위는 기본범죄의 실행행위와 질적으로나 사실적으로 구별되고, 또 예비행위의 실행행위성을 인정할 수 있으므로, 분석적으로 본다면 예비행위 자체만의 인식·의욕을 내용으로 하는 표상상태를 포착할 수 있고, 그것을 고의라 할 수도 있을 것이다. 그러나 이러한 이해는 다음의 두 가지 논거에 의하여 타당하다고 할 수 없다.

먼저 기본범죄의 실행행위와의 관련성을 무시한 채 사실행위로서의 예비행위 자체만으로서는 법적 의미를 획득할 수 없고, 당연한 귀결로서 그것만을 인식·의욕한다는 것도 법적으로는 무의미하다. 그리고 기본범죄의 고의에 의하여 유도되지 않고서는 예비한다는 인식 자체도 불가능하다. 예비는 언제나 기본범죄의 예비이기 때문에, 예비의 인식도 언제나 기본범죄의 인식에 의해서만 매개될 수 있다.

설령 예비의 독자적인 고의를, 기본범죄를 위한 준비행위라는 의미의 인식을 배제한 채, 사실로서의 행위 그 자체에 대한 인식만을 가리키는 것으로 이해하더라도, 그것을 예비죄의 독자적인 고의로서 별도로 요구할 필요는 없다. 기본범죄

실행행위성은 예비죄의 성립여부를 판단하는 데 기준이 되는 형식적 자기발현의 양태가 설정될 수 있느냐의 문제로서, 양자는 서로 구별되는 차원의 문제이다.

10) 이정원, 앞의 논문, 200면; 박상기, 앞의 책, 339면; 신동운, 총론 초판, 2001, 512면; 안동준, 앞의 책, 207면; 이형국, 앞의 책, 483면; 임웅, 앞의 책, 310면; 정성근, 앞의 책, 563면; 백형구, 앞의 논문, 81면; 황산덕, 고시계 66/7, 84면.

11) 김일수, 앞의 책, 256면; 손동권, 앞의 책, 2001, 386면; 진계호, 앞의 책, 480면; 배종대, 앞의 책, 447면; 손해목, 앞의 책, 827면; 권문택, 앞의 논문(앞의 책), 550면; 차용석, 앞의 논문, 70면. 다만 차용석 교수는 예비죄의 고의에는 예비행위 그 자체의 인식과 더불어 기본범죄가 범하여질 위험의 인식이 포함되는 것으로 이해한다. 이러한 견해는 목적범의 목적을 초과주관적 구성요건요소로 이해하지 않고, 목적을 객관화 시켜 목적내용실현의 객관적 가능성으로 - 예컨대 통화위조죄에서 위조된 통화가 행사될 객관적 가능성 - 이해하고 그러한 위험성의 인식을 목적범의 고의의 一內容으로파악하는 차용석 교수의 기본 입장에서 비롯한다(차용석, 형법총론강의 재판, 1988, 294면 이하 참조).

를 목적으로 한다는 인식을 갖고 행위하고 있는 것인 한, 사실로서의 행위 그 자체에 대한 인식은 기본범죄를 목적으로 한다는 인식 속에 당연히 포함되어 있기 때문이다. 예컨대 살인에 사용할 목적으로 회칼을 구입하는 경우를 보자. 자신이 지금 행하고 있는 회칼의 구입행위를 살인을 목적으로 하는 행위임을 인식하고 있음에도, 회칼의 구입행위 그 자체를 인식하지 못한다는 것은 있을 수 없는 것이다. 그뿐만 아니라 역으로, 객관적으로는 기본범죄의 준비행위로서 기능한 행위에 대해서, 그 행위 자체에 대한 인식은 없으면서도 기본범죄를 목적으로 하는 행위라는 것을 인식한다는 것 또한 있을 수 없다. 예컨대 회칼을 구입하여 살인에 사용한 경우를 보자. 회칼을 구입할 당시에 구입행위 그 자체에 대한 인식이 없었으면서도 그 행위가 살인을 목적으로 하는 행위임을 인식했다는 것은 있을 수 없다.

다음으로 예비죄가 목적범의 형식으로 규정되어 있지만, 그것은 일반 목적범과는 본질을 달리하는 것으로 보아야 한다.[12] 일반 목적범은 고의에 의한 객관적 구성요건의 실현만으로도 이미 사회의미적 관점에서 불법이라고 평가할만한 실질을 갖추고 있다. 즉, '행사할 목적', '추업에 사용할 목적', '불법영득의 목적', '형사처분을 받게 할 목적' 등이 없어도, '통화를 고의로 위조하는 행위', '부녀를 고의로 매매하는 행위', '타인의 재물을 고의로 절취하는 행위', '타인을 무고하는 행위' 등은 그 자체만으로도 불법의 실질을 이미 내포하고 있는 것이다. 다만 일반 목적범은 특수한 목적에 의하여 그 불법성이 추가적으로 더욱 강화된 고의행위만을 당벌적·구성요건적 불법행위로 제한하는 의미를 가질 뿐이다. 그렇기 때문에 '초과'주관적 '불법'요소라고 하는 것이다.

그러나 다같이 형식적으로는 목적범으로 규정되어 있지만, 예비죄의 목적은 그 성질이 다르다. 기본범죄의 목적을 전제하지 않고, 사실행위로서의 예비행위 자체만을 놓고 볼 때, 그것을 인식하고 실행하는 행위는 그 자체 불법의 실질을 전혀 포착할 수 없는 무색·무취의 행위이다. 즉, 예비죄에서는 기본범죄를 목적으로 한다는 것이 전제될 때에만 예비행위는 '비로소' 고의불법의 실질을 취득할 가능성을 갖게 된다. 일반 목적범에서는 목적 속에 표상된 사태보다는 고의 속에

---

12) 같은 견해는 이정원, 앞의 논문, 200면. 다만 이정원 교수는 예비죄의 실행행위성을 부정하는 입장에서 출발하는 점에서 필자와 다르다.

표상된 사태가 당해 목적범의 불법의 핵을 이룬다면, 예비죄에서는 목적 속에 표상된 사태가 예비죄의 불법의 핵을 이룬다. 예비행위는 목적 속에 표상된 사태를 전제하지 않는 한 독자적으로는 형법적 의미조차 획득할 수 없기 때문이다. 예비죄의 목적은, 일반 목적범의 목적과는 달리, 그러나 고의범의 고의와 같이, 고의 불법을 비로소 구성하는 주관적 요소로 기능하는 것이다.

결과적으로 예비죄의 목적은, 범죄성립요소로서의 그 의미와 기능 면에서 볼 때, 오히려 일반 고의범의 고의에 해당한다는 의미가 된다. 그럼에도 현행 예비죄의 규정이 「…조의 죄를 범할 '고의'로 예비한 자」로 규정하지 않고 「…조의 죄를 범할 '목적'으로 예비한 자」로 규정하고 있는 것에 대해서는, 예비죄의 고의의 強度를 「의욕·목적함」의 수준으로 강화한 것이라고 해석하는 것이 타당하다. 즉, 예비죄의 고의는 '의도적 고의'의 수준으로 강화되어 있고, 그 내용은 '기본범죄의 실현을 목적함'으로 해석하여야 한다. 결국 기본범죄의 실현에 대한 미필적 고의를 가진 것에 불과한 때에는 예비죄의 고의를 인정할 수 없다.[13]

결국 예비죄의 고의는 그 내용에서 기본범죄의 고의에 완전히 흡수되는 것이고, 기본범죄의 고의와 구별되는 별도의 내용을 갖는 것은 아니다.

Ⅲ. 예비죄의 공범

1. 예비죄의 공동정범

이는 2인 이상이 공동하여 기본범죄를 실현하려 하였으나 가벌적 예비행위의 공동에 그친 경우이다. 예비죄의 실행행위성을 부정하는 입장에서 예비죄의 공동정범을 부정하는 견해도 있으나,[14] 긍정설[15]이 다수설인 동시에 판례의 입장이기

---

13) 임웅, 앞의 책, 310면: 한편 예비죄의 고의와 기본범죄를 범할 목적은 그 인식의 내용 면에서 구별되지 않는 것으로 보면서도, 인식의 정도는 필자와 달리 미필적 인식으로 족하다는 견해가 있다(신동운, 앞의 책, 512면).

14) 이정원, 앞의 논문, 194면; 최우찬, 앞의 논문, 190, 191면; 임웅, 앞의 책, 310, 312면. 임웅 교수는 예비죄의 공동정범을 부정하는 대신에 기본범죄에 대한 음모죄로 처리하는 것이 타당하다고 한다. 이러한 해결은 일반 형법과 같이 예비와 음모를 항상 함께 그리고 동일하게 처벌하는 경우에는 법적용의 결과 면에서 긍정설과 차이가 없으나, 밀항단속법 제3조 제3항처럼 예비죄만을 규정하고 있는 경우에는 차이가 발생한다. 긍정설을 취하면 예비죄의 공동정범으로 처벌되지만, 음모죄로 처리하게 되면 불가벌이 되기 때문이다.

도 하다.[16] 전술한 바와 같이 예비죄도 형법상 구성요건화 되어 있고 또 그렇기 때문에 그에 상응하는 구성요건적 실행행위성이 인정된다고 할 때, 그 예비행위를 공동으로 실행한 자에 대하여 공동정범의 형상을 인정하는 것이 이론적으로 합당하다 할 것이다.

그러나 현행법을 굳이 이러한 이론적 귀결에 따라 적용할 실익은 없다. 현행법은 음모를 항상(밀항단속법 제3조 제3항은 제외) 예비와 동일하게 처벌하고, 또 공동의 범행결의와 음모는 그 표상의 내용이나 구조에서 완전히 일치하므로, 예비죄의 공동정범에 해당하는 형상은 동시에 음모에도 해당하여 이미 각자가 음모죄로 처벌될 것이기 때문이다.

또한 공동정범을 정범적 가벌성의 일종의 확장형태로 본다면, 그 적용은 가능한 제한적인 것이 좋을 것이며, 그렇다면 현행법상 예외적으로 각칙의 개별적 처벌규정에 의해서만 그 가벌성이 인정되는 예비죄에 대해서까지 공동정범이라는 정범적 가벌성을 확장시킬 이유는 없다고 본다.[17]

2. 예비죄에 대한 협의의 공범

이는 정범의 기본범죄의 실행을 예상하면서 교사 또는 방조하였으나, 정범이 예비행위에 그친 경우에, 예비죄의 교사범 및 방조범으로 처벌될 수 있는가의 문제이다. 여기서 특히 예비죄의 교사란 이미 기본범죄의 범행결의를 가지고 있는 자에게 예비행위를 하도록 교사하는 경우[18] 또는 범죄의 예비행위'만'을 하도록 교사하는 경우[19]를 말하는 것이 아니고, 기본범죄의 범행결의가 없는 자에게 기본범죄를 교사하였으나 피교사자가 예비단계에 그친 경우를 의미한다.[20] 그리고

---

15) 김일수, 앞의 책, 258면; 박상기, 앞의 책, 340면; 배종대, 앞의 책, 464, 467면; 안동준, 앞의 책, 209면; 이재상, 앞의 책, 396면; 손동권, 앞의 책, 389면; 정성근, 앞의 책, 571면; 진계호, 앞의 책, 485면; 손해목, 앞의 책, 832면; 백형구, 앞의 논문, 91면; 차용석, 앞의 논문, 74면.

16) 대판 1976. 5. 25., 75도1549; 대판 1978. 2. 28., 77도3406; 대판 1979. 5. 22., 79도552.

17) 예비죄의 공동정범에 해당하는 형상은 동시에 최소한 음모죄에도 해당하고, 현행법은 예비와 음모를 항상 동일한 형으로 처벌하기 때문에, 예비죄의 공동정범을 현행법의 적용론에 수용하더라도 처벌의 확장이 이루어진다는 등의 현실적인 문제가 발생하는 것은 물론 아니다.

18) 이 경우는 오히려 예비죄의 방조에 해당할 것이다.

19) 이는 불가벌적인 미수의 교사에 상응하는 예비의 교사 또는 광의의 미수의 교사라 할 수 있을 것이며, 미수의 교사가 불가벌인 것과 같은 맥락에서 이 또한 형법의 대상이 될 수 없다(이정원, 앞의 논문, 195면; 임웅, 앞의 책, 312면).

예비죄의 방조도 기본범죄의 범행결의를 갖고 예비행위를 하는 자를 방조하였으나 피방조자가 예비단계에 그친 경우를 가리키며, 예비행위'만'을 꾀하는 자를 위하여 그 예비행위'만'을 방조하는 경우는 여기에 해당하지 않는다. 이는 불가벌적인 미수의 방조에 상응하는 예비의 방조 또는 광의의 미수의 방조라 할 수 있을 것이며, 미수의 방조가 불가벌인 것과 같은 맥락에서 이 또한 형법의 대상이 될 수 없다.[21]

그런데 교사의 경우는 형법상 명문의 규정을 통하여 해결되어 있으나,[22] 방조에 관해서는 명문의 규정이 없기 때문에 특히 방조의 경우가 논의의 대상이 된다. 그런데 현재의 논의상황을 보면, 예비죄의 교사·방조범이 이론적으로 성립가능한가의 문제와 그것들에 대한 현행 형법의 입장이 어떠한가의 문제를 구분하지 않고 접근함으로써, 논의가 더욱 혼란스러운 듯이 보인다.

(1) 예비죄의 교사·방조범의 이론적 성립가능성

이 문제에 대해서는 예비죄의 실행행위성을 인정하는가에 따라서 긍정설과 부정설이 대립한다. 부정설은 예비죄에는 구성요건에 해당하는 실행행위라는 개념을 인정할 수 없으므로, 교사범이건 방조범이건 예비죄에 대한 공범은 이론상 인정할 수 없다는 견해이다.[23] 반면에 긍정설[24]은 두 가지를 주된 논거로하여 예비죄에 대한 교사·방조범의 개념 및 그 가벌성을 긍정한다. 첫째, 예비죄도 구성요건화 되어 있는 이상 예비죄의 실행행위성은 인정되어야 하고, 특별히 그 위험성 내지 범죄성이 크다고 판단하여 구성요건화 해놓은 이상 그것에 대한 교사·

---

20) 박상기, 앞의 책, 340면.
21) 이정원, 앞의 논문, 196면.
22) 형법 제31조 제2항에 포섭되는 사안 중에서 피교사자가 범죄의 실행을 승낙하고 예비까지는 마쳤으나 실행의 착수에 이르지 아니한 경우.
23) 이형국, 앞의 책, 491면; 임웅, 앞의 책, 313면. 박상기, 앞의 책, 342면. 진계호 교수와 이재상 교수는 예비죄의 실행행위성을 인정하면서도, 예비죄의 교사·방조범의 이론적 가능성을 부정한다. 진계호 교수는 예비죄의 성질이 기본범죄의 발현형태에 불과하기 때문에 예비죄의 교사·방조범을 부정하여야 한다고 하고(진계호, 앞의 책, 478, 479, 486면 참조), 이재상 교수는 교사·방조범은 최소한 정범에 의하여 기본범죄가 실행의 착수에 이를 것을 요하므로, 예비죄의 교사·방조범은 부정하는 것이 타당하다고 한다(이재상, 앞의 책, 392, 397면).
24) 김일수, 앞의 책, 261면; 손동권, 앞의 책, 390면; 정성근, 앞의 책, 571면; 안동준, 앞의 책, 210; 배종대, 앞의 책, 468면; 권문택, 형법학연구, 1983, 231면 이하; 차용석, 앞의 논문, 75면; 박양빈, 월간고시 93/2, 156면.

방조도 그 가벌성이 충분하다고 한다. 둘째, 행위단계로서의 예비와 미수의 구분은 공범의 가능성과는 무관한 문제로 본다.

긍정설이 제시하는 근거에 따라 예비죄의 교사·방조범의 이론적 가능성은 인정되어야 한다. 하지만 이론적으로 예비죄의 교사·방조범이 가능하다고 해서, 그들이 당연히 형법적으로 처벌대상이 된다는 결론으로 이르는 것은 아니다. 예비죄의 공범의 처벌에 대한 현행 형법의 입장이 어떠한가의 해석론은 또 다른 문제이다. 그런데 우리 형법은 예비죄의 교사범에 해당하는 사례에 대해서만 명문의 규정을 두고 있으므로, 예비죄의 방조범에 대해서는 전적으로 해석론에 의하여 형법의 입장을 추론해 낼 수밖에 없고, 그 해석론의 단서는 예비죄의 공범에 관련된 유일한 명시적 입장표명이라 할 수 있는 형법 제31조 제2항 및 제3항이 될 것이다. 이리하여 예비죄의 공범에 관한 논의의 실천적 의미는 결과적으로 예비죄의 방조범이 현행법상 처벌가능한가에 관한 해석론으로 귀결됨을 알 수 있다.

(2) 현행법상 예비죄의 방조범에 대한 처벌가능성

1) 학설현황과 판례의 입장

예비죄의 교사·방조범의 이론적 가능성을 부정하는 입장에서는 형법상 명문의 처벌규정이 없는 예비죄의 방조범에 대하여 그 처벌가능성도 부정하는 것은 당연한 논리적 귀결이다.[25] 반면에 예비죄의 공범의 이론적 가능성을 인정하는 입장에서는 현행법상 예비죄의 공범이 처벌가능한가에 대하여 상반된 해석론이 존재한다. 즉 예비죄의 공범의 이론적 가능성을 인정하면서도, 예비죄의 방조범에 대한 현행법상 처벌가능성은 부정하는 해석론이 있는가 하면,[26] 예비죄의 교사범과는 달리 그 방조범에 대한 처벌규정이 없다고 하더라도, 이론적으로 그 가능성이 인정되고 또 가벌성의 정도도 결코 적다고 할 수 없다는 근거에서 예비죄의 방조범도 형법상 처벌가능하다는 해석론을 펴는 학자도 다수 있다.[27] 현재 부정설이 다수설이고 대법원도 일관되게 예비죄의 방조범의 처벌가능성을 부정한다.[28]

---

25) 앞의 주19) 참조.
26) 손동권, 앞의 책, 390면; 배종대, 앞의 책, 468; 차용석, 앞의 논문, 75면.
27) 김일수, 앞의 책, 261면; 안동준, 앞의 책, 210면; 정성근, 앞의 책, 571면; 박양빈, 앞의 논문, 156면.

2) 사 견

결론적으로 현행 형법상 예비죄 방조범의 처벌가능성에 대해서는 부정하는 해석론이 타당한 것으로 보인다.

그 근거로는 첫째, 형법 제31조 제2항 및 제3항이 예비죄의 교사에 관련된 명문의 처벌규정이라고는 하지만, 거기에는 예비죄의 교사범으로 처벌하지 않고 예비·음모죄로 처벌하도록 규정하고 있을 뿐만 아니라, 더 나아가 이론적으로 예비죄의 교사범이라 할 수 없는 — 제2항에 해당하는 경우 중에서 피교사자가 승낙만 하고 예비행위조차 하지 않는 경우 또는 승낙하고 예비행위에 착수는 하였으나 종료하지 못한 경우와 제3항의 경우처럼 아예 승낙조차 않는 경우에는 피교사자(정범)의 예비행위가 아직 가벌적 불법을 충족하지 못하기 때문에 — 행위까지도 예비·음모죄로 처벌하도록 규정한 것으로 볼 때, 이는 예비죄의 교사범으로서의 가벌성을 입법적으로 수용했다기보다는 '교사의 형태로 이루어지는 일종의 타인예비'의[29] 가벌성을 예외적으로 수용한 것이라고 해석하는 것이 더 타당하다.[30]

즉, 제31조 제2항 및 제3항은 타인예비·음모의 시각에서 접근할 때 더욱 무리 없이 일관되게 해석될 수 있다. 제31조 제2항 및 제3항에서 교사자는 타인에게 범행을 결의하도록 제안하거나, 제안하여 승낙을 받아내는 행위를 하고 있다. 이러한 일련의 행위들은 그 자체 타인의 범죄실현을 위한 준비행위로서 교사자의 입장에서는 일종의 타인예비·음모로 이해할 수 있는 것이다.[31] 이리하여 형법 제31조 제2항 및 제3항을 특별한 유형의 타인예비의 가벌성을 '예외적으로' 수용한 것이라고 이해하면, 기본적으로 우리 형법은 예비죄의 교사범의 개념을 부정하는 입장을 취하고 있다는 해석이 가능하다.[32] 그렇다면 상대적으로 그 불

---

28) 앞의 주 16) 참조.
29) 필자와 같이 형법 제31조 ②·③항의 교사를 타인예비의 일종으로 이해할 수 있다는 입장으로서는 차용석, 앞의 논문, 68면; 신동운, 앞의 책, 514면 참조.
30) 타인예비는 타인의 실행행위를 위하여 '준비하여 주는 행위'로서, 자기의 실행행위를 위하여 '준비하는 행위'인 자기예비와 구분된다. 그리고 타인예비는 형법상 불가벌이라는 데에 견해가 거의 일치하고 있다(다만 이례적으로 우리나라에서 타인예비를 가벌적 예비행위로 인정하는 견해로서는 차용석, 앞의 논문, 68면 참조).
31) 신동운, 앞의 책, 514, 518, 519면.
32) 손동권, 앞의 책, 390면.

법이 더 약하다고 볼 수 있는 방조범에 대해서 우리 형법이 어떠한 입장에 있을 수 있는가는 어렵지 않게 추론 가능하다.

둘째, 제31조 제2항의 규율대상 중에는 전형적으로 예비죄의 교사에 해당하는 법형상도 포함되어 있는데 - 교사를 받은 자가 승낙하고 예비행위까지는 마쳤으나 교사받은 기본범죄의 실행에 착수하지 않는 경우 -, 이 경우만을 분리하여 우리 형법이 예비죄의 교사범에 대한 가벌성을 규정하고 있다고 해석하더라도 결과가 달라지지 않는다. 즉, 제31조 제2항을 예비죄의 교사범에 대한 명문의 처벌규정이라고 한다면, 이는 예비죄의 교사범에 대해서는 교사범의 일반규정인 제31조 제1항이 당연히 적용되는 것이 아니고, 별도의 특별규정이 필요하다는 입장을 표명한 것이라고 할 수 있다. 즉, 예비죄의 공범에 대해서는 별도의 특별규정이 필요하다는 입장에 서 있다는 의미로 해석되는 것이다. 그렇다면 현행법이 예비죄의 방조범에 대해서는 명문의 특별규정을 두고 있지 않으므로, 예비죄의 방조범에 대해서는 그 가벌성을 부정한 것이라고 해석하는 것이 가능하다.

Ⅳ. 예비죄의 중지

1. 문제의 소재

예비죄 · 미수죄 · 기수죄는 특정 기본범죄의 실현단계상의 '구분'이기 때문에, 서로 배척관계에 있다. 즉, 예비죄가 성립한다는 최종적 판단은 이미 미수죄나 기수죄는 성립되지 않는다는 판단을 함축하는 것이며, 또한 미수죄가 성립한다는 최종적 판단 속에는 예비죄나 기수죄는 성립하지 않는다는 판단을 함축하는 것이다.

그러므로 중지미수라는 미수범의 일종에 대한 특례규정인 형법 제26조(중지범)가 미수죄와는 배척관계로서 그 범죄성립에서 엄격히 구별되는 예비죄에 대한 특례규정이 아님은 분명하다. 형법 제26조는 미수죄에 대한 특례규정이지 예비의 중지[33]를 위한 '직접적인 특례규정'은 아니라는 의미이다. 특히 우리는, 독일과는

---

33) 여기서 예비의 중지는 종료 전의 예비행위 그 자체를 중지하는 것을 말하는 것이 아니고, 예비행위는 종료하였으나 자의로 실행의 착수를 포기하는 것을 말한다. 기본범죄의 수행에 필요

달리,[34] 각칙의 개별 범죄에 대하여 명문규정이 있을 때에만 미수범 처벌이 가능한데, 미수범 처벌규정이 없는 예비죄에 대해서는 그 중지미수범은 물론이고 미수범 자체를 관념할 수 없기 때문에 더욱 그러하다.

그러나 예비는 미수의 이전단계로서 법익침해의 위험성이 더 적을 뿐만 아니라, 예비단계에서부터 범인을 합법의 세계로 되돌리기 위한 황금의 다리를 놓아줄 형사정책적 필요성이 있다는 근거에서, 예비의 중지에 대해서도 제26조의 특례규정을 '유추적용'할 수 있지 않느냐는 문제제기는 가능하다. 더 나아가 중지미수범에 대한 특례의 내용을 보면 형의 감경은 물론이고 면제까지 가능하도록 되어 있는데, 예비의 중지에 대해서는 형의 면제가능성이 차단된다면 불합리한 것이 아닌가라는 문제제기도 가능하다.

그런데 이러한 두 가지 문제에 대한 기존의 견해들을 보면, 그 중점을 두 번째의 형의 불균형 문제에 두면서 첫 번째 문제를 여기에 접목시켜 접근하는 경향을 보인다. 즉, 예비의 중지에 대한 처단형과 중지미수범의 처단형이 합리적으로 균형을 이루게 하기 위해서는 유추적용이 과연 불가피한 것인가의 관점에서 접근하고 있는 것이다. 그리하여 예비의 중지에 대하여 중지범특례를 유추적용하지 않고서도 처단형의 불균형 문제는 대부분 해소될 수 있다고 보고 그 구체적 방안을 제시하려는 경향의 견해들이 하나의 부류를 이룬다면, 어떤 형태로든 유추적용 없이는 처벌의 불균형 문제가 해결되기 어렵다고 보고 필요한 유추적용의 구체적 방법과 범위를 제시하는 경향의 견해들이 또 하나의 부류를 이루고 있다. 전자를 유추적용 부정설이라 부르고 후자를 유추적용 긍정설이라 부른다.

그런데 예비의 중지에 대하여 중지범의 특례규정을 유추적용하는 것이 타당하고 필요한가의 문제를, 예비의 중지와 중지미수범간의 형의 균형을 위하여 그것이 불가피한가의 문제로 흡수시켜 접근하는 방법론은 문제가 있어 보인다. 유추적용의 허용문제는 그것을 형의 균형문제와는 분리시켜 독자적으로 접근할 만한

한 준비를 완료하기 전에 중지하는 경우와 예비행위가 객관적으로는 완료되었으나 행위자가 그렇지 않다고 착각한 상태에서 중지하는 경우도 예비의 중지에 포함시켜 논의하는 견해도 있으나(김성천, 고시계 99/10, 18면 이하), 이러한 경우는 불가벌적인 예비의 미수에 불과한 것으로 보아도 무방할 것이다.

34) 독일 형법은 중죄의 경우 별도의 개별 규정 없이도 미수를 처벌하는 총칙규정을 두고 있다(독일 형법 제23조 제1항).

충분한 내용을 함유하고 있다고 보이기 때문이다.

그 근거로서 첫째, 중지미수의 필요적 감면을 예비의 중지에 유추적용하는 것이 법률적 측면과 형사정책적 측면에서 타당하고 필요한가를 검토하여, 그 결과만으로써 유추적용의 허용 여부를 결정하여도 그 결정은 충분히 정당화될 수 있다. 법률적·형사정책적 측면에서의 검토결과가 유추적용의 허용으로 귀결되면, 형의 불균형 문제가 없더라도 유추적용은 정당화될 수 있고, 반대로 유추적용의 부정으로 귀결되면 형의 불균형문제에도 불구하고 유추적용은 충분히 부정될 수 있을 것이기 때문이다.

둘째, 유추적용을 형의 불균형문제를 해결하기 위한 방편으로 끌어들인다고해도, 기존의 긍정설이 제시하는 다양한 방법론에서 볼 수 있듯이, 어차피 그 해결능력에는 한계가 있다. 형의 균형을 위하여 유추적용을 가장 넓게 인정하려는 방법론[35]에 의하더라도 형의 불균형문제는 여전히 남기 때문이다. 유추적용을 통하여 형의 균형을 이루고자 하는 견해는 오로지 예비의 중지와 중지미수간의 불균형만이 문제인 것으로 인식하고 있으나, 실은 그 이전에 중지범의 특례규정의 유추적용으로서는 해결될 수 없는 더욱 근본적인 불균형문제가 있다. 예컨대 예비는 종료하였으나 비자의적으로 실행의 착수에 이르지 못한 경우와 예비의 종료를 거쳐 실행의 착수에 이른 후에 중지한 경우를 비교할 때, 전자는 예비죄로 처벌되어야 하는 반면에 후자는 중지미수로서 형의 면제까지 가능하다고 한다면, 이 또한 분명한 형의 불균형이라 하지 않을 수 없다.

후자는 자의적으로 중지했다는 점에서 전자와 차이가 있다고 하겠지만, 그 중지는 어디까지나 예비 이후의 문제이고, 따라서 후자는 반드시 전자의 과정을 이미 거친 후 그것을 더욱 진전시킨 것 또한 분명하므로, 전자가 처벌된다면 후자도 처벌되는 것이 합리적이다. 그럼에도 후자의 경우에 형의 면제까지 가능하다면, 이는 분명 균형을 잃는 것이다. 그런데 여기서 전자는 예비의 중지에 해당하는 경우가 아니므로, 이러한 불균형은 중지미수규정의 유추적용으로 해결될 성질이 아니다. 즉, 예비죄와 중지미수간에는 중지범의 특례규정의 유추적용만으로써는 형의 불균형 문제가 해결되지 않는 영역이 여전히 남는다는 측면에서, 유추적

---

35) 예비죄의 법정형에 그대로 제26조를 유추적용하려는 견해를 말하는데, 이를 직접적 유추적용설이라 부르기도 한다(오영근, 총론 초판, 2002, 578면).

용을 통하여 형의 균형을 추구하는 방법론은 내재적 한계를 갖는다는 얘기다.

더구나 유추적용문제를 오로지 형의 불균형문제의 해결을 위한 수단적 차원의 문제로 흡수시키는 기존의 잘못된 접근방법은, 애초 예비죄 자체와 중지미수범간에 형의 불균형이 존재함을 보지 못하고 예비의 중지와 중지미수범 간에서만 형의 불균형이 발생하는 것으로 잘못 인식한 데에서 기인하는 것으로 보이기도 한다.

사정이 이러하다면 예비의 중지에 대한 중지범특례의 유추적용문제와 형의 불균형문제를 분리시켜 접근하는 시각의 전환이 필요한 것으로 보인다. 이러한 관점에서 출발할 때, 유추적용의 허용여부에 관한 기존의 찬반 논거들을, 형의 불균형문제와는 단절시키고서, 오로지 법률적·형사정책적 차원의 관점만으로 순화시켜 분석해 볼 필요가 있다.

2. 견해들의 분석

(1) 유추적용 부정의 논거

이 견해는 형법 제26조 중지미수의 특례규정을 예비의 중지에 유추적용할 수 없다는 것인데, 그 논거는 네 가지로 요약된다.

첫째, 예비행위의 종료란 절대적 기준에 의하여 정해지는 것이 아니라 기본범죄의 실행의 착수에 의해 상대적으로 결정되는 것이므로, 예비행위 자체의 기수와 미수, 더 나아가 장애미수와 중지미수를 객관적 기준에 따라 구별한다는 것이 현실적으로 어려우므로, 그러한 구별은 실제로는 범인의 주장에 의존할 수밖에 없을 것이고, 그렇게 되면 결과적으로 모든 예비행위에 대하여 중지미수의 특례를 적용해야 하는 결과를 낳을 우려가 있다고 한다.[36]

둘째, 예비죄에 대하여 중지미수의 특례규정을 유추적용하면, 이는 예비·음모죄의 자수범 특례규정의 입법취지와 배치되는 결과를 낳는다고 한다. 입법자는 피해의 급속한 확산이 우려되는 특정의 예비·음모죄에 대해서만 필요적 감면을 내용으로 하는 자수의 특례를 인정하고 있는데, 모든 예비·음모죄의 중지에 대하여 (필요적 감면이라는) 동일한 효과의 중지범특례규정을 미리 적용해 버리면, 선별적으로 특별한 예비·음모죄에 대해서만 자수범 특례규정을 둔 입법취지가

---

36) 김일수, 앞의 책, 246면; 남흥우, 총론 개정판, 1983, 207면.

무색해진다는 것이다.[37)]

셋째, 예비의 중지란 관념적으로는 예비죄가 이미 기수에 이른 이후에 중지하는 경우를 가리키는 것으로서 그것은 예비죄에 관한 한 이미 기수범에 해당하기 때문에, 중지미수규정을 유추적용할 수 없다고 한다. 예비의 중지는 예비행위가 실질적으로 완성된 단계에 해당하기 때문에 형면제까지 가능한 중지범특례규정이 유추적용되는 것은 부당하다는 의미다.[38)]

넷째, 이는 대법원의 일관된 입장으로서, 중지범은 범죄의 실행에 착수한 후 자의로 그 행위를 중지한 때를 말하는 것이므로, 실행의 착수가 있기 전의 예비·음모의 행위를 처벌하는 경우에 있어서는 중지범의 관념은 이를 인정할 수 없다는 것이다.[39)]

(2) 유추적용 긍정의 논거

유추적용 긍정설의 논거들을 정리하면 두 가지로 집약된다.

첫째는 중지범에 대한 관대한 취급의 법률적·형사정책적 근거가 예비의 중지에도 그대로 유효하게 타당하다는 것이다. 중지범 특례의 형법적·법률적 근거인 책임의 감소·소멸의 측면이나 범행의 중지를 유도한다는 형사정책적 취지는 예비의 중지에 대해서도 그대로 반영될 수 있다는 주장이다.[40)] 둘째는 예비의 중지와 실행의 중지는 중지시점의 차이에 불과한 것이고, 범행의 전체 과정에서 보면 하나의 과정에서 다음 과정으로의 범행계속을 중지한다는 점에서 동질적이므로, 양자를 달리 취급할 이유가 없다고 한다. 중지시점이 어느 단계이든지 다음 단계로의 범행계속을 자의적으로 중지한 경우에는 각각 그 단계의 형벌을 대상으로 하여 감면의 특례는 동일하게 적용하는 것이 바람직하다는 것이다.[41)]

결국 두 가지 논거를 하나로 결합하여 표현하면, 중지범 특례규정의 근거와 취지에 비추어 예비의 중지도 그 유추적용을 받을 만한 충분한 필요성과 타당성

---

37) 신동운, 앞의 책, 2001, 473면 이하.
38) 손동권, 형사판례연구 제5권(형사판례연구회 편), 1999, 94면. 독일 연방법원도 형식적으로 예비는 그 자체 기수에 해당하기 때문에 그것에 대해서는 중지범특례규정이 적용될 수 없다는 입장을 취한다(BGHSt 15, 198 f.).
39) 대판 1966. 7. 12., 66도617; 1991. 6. 25., 91도436; 1999. 4. 9., 99도424.
40) 임웅, 앞의 책, 314면.
41) 오영근, 앞의 책, 578면.

요소를 갖추고 있다는 것이다.

(3) 부정논거에 대한 비판적 분석

부정논거 중 하나는 예비행위의 기수와 미수, 더 나아가 장애미수와 중지미수를 객관적 기준에 따라 구별하는 것이 현실적으로 어렵다는 인식에서 출발하고 있다. 예비행위는 기본범죄의 실행행위에 비하여 그 객관적 정형성이 약하기 때문에, 기수와 미수 및 장애미수와 중지미수를 객관적 기준에 따라 구별하는 것이 그 만큼 더 어려워지는 것이 사실이다. 그러나 그 어려움은 예비행위의 특성상 기본범죄에 비하여 상대적으로 더 크다는 것일 뿐, 그러한 구별들이 절대적으로 불가능한 것은 아니며, 또한 그러한 어려움은 예비죄의 처벌에서 '일반적으로' 나타나는 현상이다. 그런데 그러한 어려움을 중지범 특례의 유추적용을 부정하는 논거의 단서로서만 부각시켜 문제삼는 것은 이해하기 어렵다. 예컨대 예비행위의 기수와 미수를 객관적 기준에 따라 구별한다는 것이 현실적으로 어려우므로, 그러한 구별은 실제로는 범인의 주장에 의존할 수밖에 없을 것이고, 그렇게 되면 결과적으로 모든 예비행위에 대하여 불가벌인 예비의 미수를 인정해야 하는 결과를 낳을 우려가 있기 때문에, 예비죄에 관한 한 미수와 기수를 구별하지 말자는 논증도 가능할 것이기 때문이다. 이러한 논증을 수용하기 어렵다면, 동일한 어려움을 근거로 삼아 중지범 특례의 유추적용을 부정하는 논증도 수용하기 어렵다.

다음으로 예비의 중지에 대하여 중지범 특례규정을 유추적용하여 필요적 감면을 인정하게 되면, 이는 자수의 특례규정을 통하여 특별한 예비·음모죄에 대해서만 별도로 필요적 감면을 인정하겠다는 입법자의 의도와 배치될 뿐만 아니라, 급기야는 자수의 특례규정을 무의미한 주의규정으로 격하시키는 결과가 된다는 논증에 대해서는 일단 그 경직성을 지적하고 싶다. 각종의 가벌적 예비·음모죄 중에서도 일정한 예비·음모죄에 대해서만 선별적으로 자수의 특례규정을 두고 있다는 사실로부터, 곧바로 그것에 해당하지 않는 예비·음모죄에 대해서는 형의 필요적 감면을 인정하지 않겠다는 것이 입법자의 취지라고 추론하는 것은 지나치게 경직된 해석으로 보인다.

특별한 예비·음모죄에 대하여 자수의 특례를 인정한 것은, 예비·음모를 지나 실행의 착수로 나아가면 피해의 급속한 확산이 우려되는 범죄에 대해서는 그 진행을 특별히 조기에 차단해 보려는 형사정책적 욕구를 수용한 입법적 결단정도로 해석하면 족할 것이다. 피해의 급속한 확산이 우려되지 않는, 그래서 자수의 특례가 입법단계에서 특별히 고려되지 않은 예비·음모죄에 대해서는 자수나 자의적 중지를 하더라도 결코 필요적 감면 같은 것은 불허하겠다는 취지라고 해석할 것까지는 없다는 것이다. 더 위험한 범죄를 예비하고도 자수할 때에는 형의 감면을 허용하면서, 그보다 덜 위험한 범죄를 예비하고 똑같이 자수했는데도 형의 감면을 불허한다면 이는 분명 사리에 맞지 않다. 그리고 범죄를 특별히 조기에 차단하려는 취지가 물론 더욱 위험한 범죄의 경우에 — 이른바 피해의 급속한 확산이 우려되는 범죄 — 더욱 절실할 수는 있으나, 그렇다고 해서 덜 위험한 범죄에서는 그러한 취지가 적용되지 말아야 하는 것도 아니다. 어떤 범죄든 조기에 차단되는 것이 바람직하다는 데에 차이가 있을 수 없기 때문이다.

그리고 예비의 중지에 중지범 특례를 유추적용한다고 해서 자수의 특례규정이 반드시 무의미한 주의규정으로 격하되는 것도 아니다. 중지와 자수는 엄연히 구별된다.[42] 예비 후 자의적으로 실행에 착수하지 않으면서도 자수는 하지 않을 수 있고, 자수는 했지만 실행에 착수하지 못한 것이 비자의적인 경우도 있을 수 있다. 자의적 중지와 자수가 결합될 수 있음도 물론이다. 그렇다면 첫째의 경우에는 중지범의 특례규정만이 유추적용될 것이고, 둘째의 경우에는 자수의 특례규정만이 적용될[43] 것이며, 셋째의 경우에는 중지범의 특례규정의 유추적용과 자수의 특례규정의 적용에 의하여 거듭 감경될 수도 있다. 상호 구별되는 법률상 감경사유가 여러 개 있는 경우에는 거듭 감경할 수 있기 때문이다.[44] 따라서 예비죄의 법정형을 대상으로 하여 중지범의 특례규정을 일반적으로 유추적용한다고 해서 특별한 예비죄의 자수의 특례규정이 무의미한 주의규정으로 격하된다고 볼 수

---

42) 유기천, 총론강의 전정 초판, 1980, 262면 주 549).

43) 이 경우 이른바 법의 유추에 의하여 자수의 특례가 명문으로 규정되어 있지 않은 예비·음모에 대해서도 자수의 특례규정을 유추적용할 수 있다고 보면(김일수, 앞의 책, 246면; 손동권, 앞의 논문, 95면), 자수가 있는 경우 모든 예비·음모죄에 대하여 필요적 감면이 가능하다. 반면에 자수의 특례는 명문의 규정이 있는 예비·음모죄에 대해서만 적용가능하다는 입장을 취하면(신동운, 앞의 책, 473면), 그렇지 않은 예비·음모죄에 대해서는 총칙(제52조 제1항)의 자수의 임의적 감면규정만이 적용될 것이다.

44) 형법 제55조 제2항.

없다.

예비의 중지는 예비죄에 관한 한 "일종의 기수범"에 해당하므로 (중지)미수 규정을 유추적용할 수 없고, 더구나 예비의 중지는 그 자체 예비죄의 완성단계에 해당하기 때문에 중지범 특례를 유추적용하여 형의 면제까지 허용하는 것은 부당하다는 논증도, 범행과정의 전체 속에서 예비의 중지를 보지 않고 예비죄를 하나의 독립 단위의 범행과정으로 단절시켜 바라보는 잘못을 범하고 있는 것으로 생각된다. 범행의 전체과정에서 볼 때, 그 예비를 처벌하는 범죄는, 그렇지 않은 범죄에 비하여, 기본범죄의 실현과정을 더욱 세분하여 한 단계 앞선 과정까지 처벌을 확장하고 있는 것에 불과하다. 따라서 예비의 중지는 예비단계만을 단절시켜 놓고 볼 때에만 '기수'나 '완성'이라는 관념이 가능한 것이고, 범행의 전체과정에서 보면 오히려 미수보다도 더 기수에 못 미치는 미완성단계에 해당할 뿐이다.45) 그러므로 예비의 중지를 "일종의 기수범" 또는 "실질적 완성"이라는 시각에서 바라보는 것은 타당하지 않다. 기수에 더욱 접근해있고, 더욱 완성단계에 이른 미수에 대해서도 중지범의 필요적 감면을 인정하는 것이 가능하다면, 그 보다 더욱 미완성단계인 예비의 중지에 대해서 동일한 특례를 인정하는 것은 더욱 용이하다고 보는 것이 오히려 사리에 맞을 것이다.

마지막으로 일관되게 부정설에 서 있는 대법원의 입장도 타당하지 않다. 대법원은 형법 제26조의 중지범이 최소한 실행의 착수를 전제로 한 것으로 이해한다. 따라서 그 이전 단계에 불과한 예비의 중지는 중지범에 해당할 수 없다는 논리다. 그런데 유추적용 긍정설은 대법원의 그러한 논리를 부정하는 것이 아니다. 즉, 유추적용 긍정설이 예비의 중지도 제26조에 직접적으로 포섭된다고 주장하는 것은 아니다. 다만 유추적용을 제안하고 있을 뿐이다.

3. 긍정논거에 대한 지지 및 보완

이미 언급된 바와 같이 유추적용 허용의 타당성을 근거 지우는 두 가지 시각 중, 중지범 특례의 취지와 근거에 비추어 예비의 중지도 필요적 감면이라는 관대한 취급을 할 만한 충분한 법률적·형사정책적 근거를 갖는다는 시각의 타당성

---

45) Vgl. Jescheck/Weigend, AT, 5. Aufl., 1996, S. 523.

에 대해서는 더 이상의 언급이 필요 없는 듯하다. 그리고 또 하나의 시각으로서
예비의 중지와 중지미수가 범행의 전체 과정에서 갖는 그 의미가 동질적이므로,
예비의 중지에 대해서도 중지범특례규정의 유추적용을 허용하는 것이 타당하다
는 논증도 그 전체적인 맥락에서는 설득력이 있다.

　다만 이 두 번째 시각에 대해서는 논증의 치밀성이라는 측면에서 보완이 필요
하다. 하나의 과정에서 다음 과정으로의 범행계속을 중지한다는 점에서는 동질적
이라 하더라도, 그 중지는 각각 범행의 서로 다른 진행단계에서 이루어지는 것이
기 때문에 서로 달리 취급될 수도 있지 않은가라는 반론이 제기될 수도 있을 것
이기 때문이다. 따라서 중지가 이루어지는 단계가 다르더라도 적어도 중지범 특
례의 적용과 관련해서는 각각의 중지가 여전히 동질적인 것으로 평가될 수 있다
는 논증이 필요하다.

　범행의 진행과정상 가벌성의 대상이라는 측면에서 의미를 갖는 시점은 세 가
지다. 예비의 종료(Vorbereitungsvollendung)와 실행의 착수(Unmittelbares Ansetzen
zur Verwirklichung des Tatbestandes), 그리고 기수(Vollendung)이다. 예비의 종료
시점부터 실행의 착수 이전까지는 예비죄로, 실행의 착수시점부터 기수 이전까지
는 미수범으로, 그리고 기수 이후에는 기수범으로 처벌된다. 그러면서 그 처벌은
예비죄, 미수범, 기수범의 순서로 점점 강화된다. 그리고 이러한 처벌 차등화의
근거는 동일한 법익에 대하여 침해 내지 위태화에로의 접근성의 차이이다. 기수
범이 법익침해 내지 위태화의 실현단계라면, 미수범은 그것으로 이르는 행위의
직접적 실행단계이고, 예비죄는 직접적 실행행위를 위한 준비의 완성단계이다.
결국 예비단계와 미수단계는 그 시점이나 기수에의 접근성의 정도 면에서 구체
적으로는 구별될 수 있음에도 불구하고, 그리고 그러한 구별에 상응하여 처벌이
차등화 됨에도 불구하고, 모두가 기수를 향하여 나아가는 동일과정의 구성부분을
이룬다는 점에서는 차이가 없다.

　그렇다면 예비단계의 중지나 미수단계의 중지나, 모두가 범행이 기수로 이르
는 의미 있는 단계에서 그 진행과정을 중지시킨다는 측면에서 차이가 있을 수
없다. 그러므로 미수단계의 중지에 대하여 당해 단계에 기준이 되는 법정형을 대
상으로 필요적 감면을 하는 것이 정당화된다면, 예비단계의 중지에 대해서도 당
해 단계에 기준이 되는 법정형을 대상으로 필요적 감면을 허용하는 것이 타당할

것이다. 이 때 미수단계에서 기준이 되는 법정형은 기수범의 법정형이고, 예비단계에서 기준이 되는 법정형은 예비죄의 법정형임은 물론이다.

V. 예비죄와 중지미수범간의 형의 불균형 문제

예비의 중지에 대하여 중지범 특례규정을 유추적용하면, 예비의 중지와 중지미수간의 불균형 문제가 해결되는 "반사적 효과"가 발생한다 그러나 이미 지적한 바 있듯이, 예비죄와 중지미수범간의 형의 불균형은 예비의 중지와 중지미수간에 국한된 문제가 아니다. 비자의적으로 예비에 그친 경우와 중지미수범 사이에서도 현행법상 형의 불균형이 발생하기는 마찬가지이다. 비록 비자의적이긴 하지만 어쨌건 예비에 그친 자에 대해서는 예비죄 소정의 형으로 처벌하면서, 예비에 그치기는커녕 실행의 착수까지 나아간, 그래서 예비죄의 당벌성을 이미 포함하고 있는 중지미수자에 대해서는 형을 면제하거나 또는 예비죄보다 가볍게 감경할 수 있다면, 이 또한 처벌의 균형을 잃은 것이라고 아니할 수 없기 때문이다.

그런데 현행법상 예비죄의 형과 중지미수범의 형'감경' 간의 불균형은 일반이적죄(제99조)의 중지미수범과 그 예비·음모죄의 관계에서만 유일하게[46] 발생할 뿐이고, 또한 그 불균형의 정도도 아주 미미하기 때문에 ― 일반이적죄 중지미수범의 감경형은 1년 6월 이상의 징역에 해당하고, 그 예비·음모죄의 법정형은 2년 이상의 유기징역이다 ― 관심의 초점은 역시 예비죄와 중지미수의 형'면제'간의 불균형에 모아진다.

---

46) 내란의 부화수행 등의 죄(제87조 제3호)의 중지미수범의 감경형과 그 예비·음모죄(제90조)의 법정형 사이에서도 형의 불균형이 나타난다는 견해가 있다(김성천, 앞의 논문, 17면). 내란의 부화수행 등 죄는 5년 이하의 징역 또는 금고인데 이를 감경하면 2년 6월 이하의 징역 또는 금고가 되는 반면에, 그 예비·음모는 3년 이상의 유기징역이나 유기금고에 해당하기 때문에 중지미수의 형이 더 무겁다는 것이다. 그러나 제90조가 형식적으로는 내란의 부화수행죄의 예비·음모죄 규정으로 되어 있으나, 해석상 제90조를 내란의 부화수행 등 죄의 예비·음모죄 규정으로 보기는 어렵다. 예비·음모죄의 법정형이(3년 이상의 유기징역이나 유기금고) 기본범죄의 기수범의 법정형(5년 이하의 징역 또는 금고)보다 무거울 수는 없기 때문이다.

1. 불균형의 해소에 관한 기존의 견해들에 대한 평가

예비죄와 중지미수범간의 형의 불균형을 해결하기 위하여 이미 다양한 견해들이 제시되었는데, 이들은 세 가지 유형으로 분류할 수 있다.

첫째의 유형은 중지미수범의 형은 고정시킨 채, 예비죄의 형을 조정하여 균형을 맞추려는 견해이다. 이 유형에 속하는 것들로는 ① 예비는 능동적 후회의 한 표현으로서 자수에 이르렀을 때에만 특별한 예비죄의 자수(내란예비·음모죄, 외환예비·음모죄, 방화예비·음모죄 등의 자수)에 대한 필요적 감면규정을 이른바 법의 유추형식으로 준용함으로써, 그 한도 내에서 처벌의 불균형을 수정하려는 견해,47) ② 예비의 중지에도 중지미수의 정신을 동일하게 적용하여 예비죄의 법정형을 대상으로 중지미수의 규정을 유추적용하려는 견해,48) ③ 예비죄의 형이 중지미수의 형보다 중한 경우에 한하여, 예비의 중지에 대하여도 더 경한 중지미수의 형을 직접 준용하려는 견해49) 등이 있다.

둘째의 유형은 반대로 예비죄의 형을 고정시킨 채, 중지미수의 형을 조정하여 균형을 맞추려는 견해로서, ④ 예비를 범죄로 처벌하는 기본범죄의 경우에는 형의 균형상 그 중지미수에 대해서도 형의 면제를 허용하지 말아야 한다고 주장한다.50)

마지막 셋째 유형은 형의 균형을 위하여 예비죄의 형과 중지미수의 형을 상호 조정하려는 견해인데, ⑤ 그 예비가 처벌되는 기본범죄의 경우에는 일단 중지미수에 대해서도 형의 면제를 허용하지 말고, 동시에 예비의 중지에 대해서는 자수가 있는 경우에 한해서 특별한 예비·음모죄에 대한 자수의 특례규정을 유추적용하면서 자수에 이르지 못한 예비의 중지에 대해서는 작량감경을 함으로써, 형의 불균형을 해소할 수 있다는 견해51)가 여기에 해당한다.

---

47) 김일수, 앞의 책, 246면.
48) 유기천, 앞의 책, 30, 262면; 임웅, 앞의 책, 314면; 손해목, 법정, 1963/11, 24면; 오영근, 앞의 책, 578면; 김성천, 앞의 논문, 18면 이하.
49) 이형국, 앞의 책, 487, 535면; 이재상, 앞의 책, 373면; 박상기, 앞의 책, 360면; 배종대, 앞의 책, 449면; 안동준, 앞의 책, 195면.
50) 남흥우, 앞의 책, 207면.
51) 손동권, 앞의 논문, 96면.

그런데 기존의 견해들은 기본적으로 형의 불균형이 예비의 중지와 중지미수간에서만 발생하는 것으로 보고 출발하기 때문에, 비자의적으로 예비에 그친 경우의 예비죄와 중지미수범간의 형의 불균형문제에 대해서는 전혀 해결능력을 갖지 못한다. ①의 견해는 물론이고, 상당한 지지층을 확보하고 있는 ②, ③의 견해도 마찬가지이다. 다만 ④, ⑤의 견해에 의하면 그 예비를 처벌하는 기본범죄의 경우에는 중지미수에 대해서도 일괄적으로 형의 면제가 허용되지 않기 때문에, 일단 중지미수의 형면제와 예비죄 간의 형의 불균형 문제는 해결된다. 그렇지만 ④, ⑤의 견해에 의하더라도 감경에 의하여 중지미수의 형이 예비죄보다 경하게 되는 경우의 불균형은 여전히 남는다. 특히 ⑤의 견해는 이 문제를 해결하기 위한 보완책으로 자수특례규정의 유추적용이나 예비의 중지에 대한 작량감경 등의 방법을 제시하지만, 이 또한 비자의적으로 예비에 그친 경우나 자수가 없는 예비죄와 중지미수의 형'감경'간의 불균형에 대해서는 해결방법이 될 수 없다.

2. 불균형 문제에 대한 재조명

논리적으로 볼 때, 미수는 언제나 예비의 단계를 거치게 마련이다. 우발적 또는 격정적으로 실행의 착수에 이르는 경우에는 예비행위와 실행행위가 밀착되어 있는 관계로 특별히 예비행위가 검토의 대상으로 부각되지 않을 뿐이지, 여기서도 예비단계를 반드시 거치게 된다는 데에는 차이가 없다. 그리하여 그 예비가 처벌되는 기본범죄의 경우, 미수범 속에는 필연적으로 예비죄가 흡수되어 있고, 예비죄와 미수범간에는 일단 미수범이 성립하면 예비죄 규정은 처벌의 근거규정이 될 수 없는 법조경합의 보충관계가 성립한다.

이러한 관계는 장애미수범은 물론이고, 중지미수범과 예비죄간에도 마찬가지이다. 중지미수로서 형이 면제되는 경우에도 예비죄에 대하여 기본법인 미수범 규정이 이미 "적용"되었음을 의미한다. 처벌규정의 적용 없이 형의 면제는 있을 수 없기 때문이다. 따라서 중지미수범이 성립하여 형이 면제되는 경우에도 보충법인 예비죄규정이 처벌근거로 등장할 수는 없다.

그런데 독일은 자의적 중지를 우리와는 달리 형의 감면사유로 하지 않고, 미수범으로서의 처벌 자체를 배제시키는 사유로 규정하고 있다.[52] 자의적으로 중지한 자에 대해서는 중지한 당해 범죄에 관한 한, 미수범 처벌규정의 적용 자체를 배제시키고 있는 것이다. 그래서 독일에서는 중지미수의 자의적 중지의 효력과 관련하여, 기본범죄에 대한 미수범의 처벌은 배제되지만, 미수의 기본범죄에 그 것과 보충관계에 있는 기수범이 이미 포함되어 있다면, 이 기수범을 근거로 하는 처벌이 가능하다는 해석론이 확립되어 있다. 이를 가중적 미수(qualifizierter Versuch)라고 한다. 예컨대 살인의 고의로 실행의 착수를 하였으나 상해의 결과 만 발생시킨 상태에서 중지하였다면, 살인미수죄로서의 처벌은 배제되지만 상해 죄로 처벌하는 것은 가능하다는 것이다.

그래서 독일에서는 이러한 가중적 미수의 해석론을 예비와 중지미수간에도 적 용하여 예비죄로 처할 수 있는지가 문제될 수 있다. 중지미수의 경우에도 이미 그것과 보충관계에 있는 기수의 예비죄가 포함되어 있기 때문이다. 그런데 가중 적 미수의 해석론이 확립되어 있는 독일에서도 "단순한" 예비·음모죄와 중지미 수범간에는 가중적 미수를 인정하지 않는다. 단순한 예비·음모죄는 기본범죄와 구별되는 새로운 법익을 침해하는 면이 없이 기본범죄의 미수에 이르는 과정상 의 전(前)단계에 불과하기 때문에, 미수범의 처벌을 배제하는 효과는 예비·음모 죄에 대해서도 미치는 것으로 보기 때문이다.[53] 다만 독일 형법 제149조(화폐 및 유가증권의 위조를 위한 예비)와 같이 일정한 예비행위 자체가 갖는 일반적 위험성 때문에 그것이 기본범죄와는 독립된 추상적 위험범으로서의 내용을 가질 때에는, 자의적 중지로 기본범죄의 처벌은 배제되더라도 예비죄를 근거로 한 처벌이 가 능하다고 한다.[54]

따라서 독일의 가중적 미수의 해석론을 우리 형법의 중지미수에 원용하려는 시도나, 더 나아가 그것을 예비죄와 중지미수의 관계에까지 확장하려는 시도는[55]

---

52) § 24 Abs. 1 StGB: Wegen Versuch wird nicht bestrft, wer freiwillig die weitere Ausführung der Tat aufgibt oder deren Vollendung verhindert. Wird die Tat ohne Zutun des Zurücktretenden nicht vollendet, so wird er straflos, wenn er sich freiwillig und ernsthaft bemüht, die Vollendung zu verhindern.
53) S/S, 25. Aufl., 1997, § 24 Rdnr. 110, Vor §§ 52 ff Rdnr. 139; Rudolphi, SK, 6. Aufl., 1995, § 24 Rdnr. 44; Jescheck/Weigend, 5. Aufl., 1996, S. 549, 738; LK, 11. Aufl., 1999, Vor §§ 52 ff. Rdnr. 114; BGHSt 14, 380.
54) Jescheck/Weigend, AT, 5. Aufl., 1996, S. 549; S/S, 25. Aufl., 1997, Vor §§ 52 ff. Rdnr. 139; LK, 11. Aufl., 1999, Vor §§ 52 ff. Rdnr. 113.
55) 손동권, 앞의 논문, 93면 이하.

과형상의 형면제사유(우리 형법의 입장)와 처벌규정의 적용 자체를 배제시키는 처벌조각사유(독일 형법의 입장)간의 차이를 간과한 것으로 보인다.[56] 우리 형법에서는 중지미수의 경우에도 이미 기본법인 미수범 처벌규정이 적용되기 때문에 보충법인 예비죄의 규정이 처벌근거로 등장할 수 없다.

혹여 중지미수로서 형면제가 되는 경우에도 결과적으로 미수범으로 처벌되지 않는다는 점에서는 독일과 같기 때문에 가중적 미수의 해석론을 원용할 수 있지 않느냐는 반론을 펼지 모르겠다. 그러나 예비죄와 형면제가 되는 중지미수간에 독일의 가중적 미수론을 적용시킨다 하더라도 예비죄 규정이 처벌근거로 등장할 수 없게 되는 것은 마찬가지이다. 우리 형법은 모든 예비·음모죄를 "~조의 죄를 범할 목적으로 예비 또는 음모한 자~"의 형식으로 규정함으로써, 예비행위를 기본범죄의 그것과는 구별될 수 있는 특별한 위험성을 포함하도록 설정하고 있지 않기 때문이다. 즉, 우리의 예비·음모죄는 모두가 "단순한" 예비·음모죄로 규정되어 있기[57] 때문이다.

독일과 다른 우리의 법제를 고려할 때, 예비죄와 중지미수간의 형의 불균형은 법조경합에서 적용이 배제되는 경한 법규가 갖는 과형상 차단작용(Sperr wirkung des verdrängten milderen Gesetzes)을 통하여 해결할 수밖에 없는 것 같고, 또 그것으로 충분하다고 본다. 법조경합에서 보충법은 아예 적용에서 배제되기 때문에, 처단형은 기본법에 따라 정해지는 것이 원칙이다. 이를 완전 흡수주의(Grundsatz der vollständigen Deliksabsorption)라고 한다. 그러나 이 원칙은 타당하게도 이미 오래 전에 독일에서는 판례를 통하여 대폭 수정되었고, 많은 학자들의 지지를 받고 있다. 즉, 적용에서 배제되는 보충법도 적용되는 기본법의 형벌범위에 영향을 미칠 수 있고, 그리하여 보충법의 최저형이 기본법의 최저형보다 중할 때에는 처단형의 범위가 보충법의 최저형 이상으로 제한된다는 것인데, 이를 과형상 보충법의 차단작용이라 한다.[58] 뿐만 아니라 보충법에 규정된 부가형이나

---

56) 중지미수범에 대한 우리와 독일의 규정 차이에 대한 구체적인 비교에 대해서는 신동운, 앞의 책, 460면 이하 참조.

57) 신동운, 앞의 책, 507면.

58) RGSt. 73, 148; BGHSt. 1, 152; 7, 307; 10, 312; 15, 345; 20, 235; Jescheck/Weigend, AT, 5. Aufl., 1996, S. 738; S/S, 25. Aufl., 1997, Vor §§ 52 ff. Rdnr. 141; Baumann/Weber, AT, 9. Aufl., 1985, § 41 Ⅱ 3, S. 665; LK, 11. Aufl., 1999, Vor §§ 52 ff. Rdnr. 70.

보안처분도 과형에서 고려될 수 있고, 더 나아가 기본구성요건에 포함되어 있지 않은 책임가중요소를 보충구성요건이 포함하고 있다면, 이러한 사정도 구체적 양형에서 고려될 수가 있다고 한다.59) 이리하여 독일의 경우, 이제 상상적 경합과 법조경합을 구분하는 것이 적어도 과형의 측면에서는 거의 의미가 없게 되었다.60)

법조경합의 경우에 배척되는 보충법이 과형의 과정에서 어떻게 고려될 수 있는지에 대해서, 우리 나라에서는 아직 실무에서나 학계에서나 그 논의가 없는 실정이다.61) 법조경합관계에 있는 보충법이 비록 그 적용에서는 배제된다고 하더라도, 보충법의 위반 그 자체는 여전히 사실적 범행으로서 존재하는 것이며, 그 범행에 포함된 불법 및 책임이 없어지는 것은 아니다. 그렇다면 이 점을 양형 과정에서 고려하는 것이 과형의 합리성을 위하여 타당하다고 할 것이다.62)

특히 예비죄와 중지미수범 사이에서 보충법의 차단작용을 인정하는 것은 현행 형법의 법규 체계의 면에서도 충분히 설득력이 있다. 중지미수범의 필요적 감면은 총칙의 일반규정에 근거한다. 반면에 예비죄의 형은 각칙의 개별법규로 규정하고 있다. 각칙은 총칙에 대하여 특별법의 지위에 있다. 일반법에 의한 형감경은 특별법의 최저형에 의해 제한되어야 한다. 적어도 예비죄가 소정의 형(刑) 이상(以上)으로 처벌된다는 특별규정이 있다면, 일반규정에 의하여 미수범의 형감경이 이루어지더라도 예비죄 소정의 최저형 이하로 감경될 수 없다고 보는 것이 체계적 해석과 맞다.

결론적으로 중지미수의 처단형의 하한이 예비죄에 규정된 최저형보다 높은 것은 상관없으나 낮아서는 안될 것이다. 따라서 예비만으로서도 처벌되는 기본범죄의 경우에는 그 중지미수에 대하여도 형의 면제는 허용되지 않는다 할 것이고, 중지미수의 감경형의 하한이 예비죄의 최저형보다 낮은 경우에는 예비죄의 최저형까지만 감경하는 것이 타당하다.

---

59) 반면에 배척되는 보충법의 최고형은 기본법의 형벌범위에 영향을 미치지 않는다. 따라서 보충법의 최고형이 기본법의 최고형보다 중하더라도, 형벌범위는 기본법의 최고형의 범위 내에서 결정된다(BGHSt. 30, 166; S/S, 25. Aufl., 1997, Vor §§ 52 ff. Rdnr. 141).

60) Puppe, GA 1982, S. 143, 161; S/S, 25. Aufl., 1997, Vor §§ 52 ff. Rdnr. 103; LK, 11. Aufl., 1999, Vor §§ 52 ff. Rdnr. 70.

61) 독일판례에서는 보충법이 양형에서 고려되고 있다는 정도의 언급을 하고 있는 교과서로는 이형국, 앞의 책, 721면; 안동준, 앞의 책, 311면; 김일수, 총론 신정판, 1996, 588면; 진계호, 앞의 책, 639면.

62) Vgl. BGHSt. 1, 155.

예비를 처벌하는 경우에는 중지미수에 대하여도 형의 면제를 허용해서는 안된
다는 견해에 대하여 중지미수규정을 무의미하게 만드는 것이라는 비판이 있으
나63), 침소봉대(針小棒大)의 감을 떨치기 어렵다. 예비를 처벌하는 경우에도 중지
미수규정에 의한 필요적 감경은 여전히 가능하며, 또 예비를 처벌하지 않는 기본
범죄의 경우에는 중지미수규정에 의한 형의 면제도 여전히 가능하기 때문이다.
더구나 예비를 처벌하는 경우는, 그래서 예비죄의 최저형이 중지미수의 처단형의
하한(下限)을 제한할 수 있는 경우는 그리 많지 않다는 사실을 고려하면, 그러한
비판의 극단성은 또 한번 분명해진다.

Ⅵ. 닫는 말

예비행위는 무한정·무정형이라는 특징을 갖는다는 점 외에도 그것은 법익의
침해 내지 위태화에 대하여 아직 원거리(遠距離)에 놓여 있기 때문에, 예비행위의
범죄화에 대해서는 제한적인 입장을 취하는 것이 형사처벌의 정형화 요청과 보
충성 요구에 비추어 바람직하다. 어떠한 양태와 범위로 제한할 것인가는 물론 입
법적 결단의 문제이다. 중요한 사실은 이론적으로는 가벌성이 인정될 수 있는 예
비죄 관련 행위양태라도 입법적 결단에 의하여 얼마든지 비범죄화 될 수 있으므
로, 이론적으로 가벌성이 긍정되는 행위영역과 법제상 처벌가능한 행위영역이 그
범위에서 차이를 보일 수 있다는 점이다. 따라서 예비죄 관련 행위양태와 관련하
여 그 처벌가능성과 범위를 논할 때에는 범죄의 일반론적 시각과 실정법에 대한
해석론적 시각을 엄격히 구별할 것이 요구된다. 뿐만 아니라 예비죄 관련 행위양
태들의 범죄화에 대해서는 국가마다 서로 다른 입법적 결단을 내릴 수 있기 때
문에, 다른 나라의 다른 법제를 대상으로 개발된 이론을 우리의 문제를 해결하기
위해 원용하려고 할 때에는 각별한 주의가 필요하다.

특히 예비죄의 공범, 예비죄의 중지, 과형상 예비죄와 중지미수의 관계 등, 이
른바 실천적 의미를 갖는, 그리고 결코 현행 법제를 떠나서는 고찰될 수 없는 문
제들을 다룰 때에는 이러한 기본인식에 더욱 충실할 필요가 있다. 그런데 기존의

---

63) 이재상, 앞의 책, 373면.

해석론과 적용론은 그러하지 못했던 것으로 보인다. 이는 그간의 예비죄와 관련된 논의가 혼란과 공전(空轉)에 봉착하게 된 주요원인이 아닌가 생각한다.

이상의 문제의식을 견지하면서 논구하여 얻은 결론을 정리하면 아래와 같다.

첫째, 예비죄의 기본성격 및 기본구조에 관한 문제로서, ① 예비죄는 기본범죄의 불법의 가장 초보적인 발현형태에 해당하고, ② 예비행위가 기본범죄의 실행행위와의 관련하에서만 규정될 수 있는 것이기는 하지만, 일단 그러한 방법으로 규정되는 예비행위가 설정될 수 있는 한, 그것은 예비죄의 독자적인 실행행위로 보아야 하며, ③ 예비죄가 규정형식으로는 목적범으로 되어 있지만, 목적을 초과주관적 구성요건요소로 하는 일반 목적범과는 달리, 예비죄의 목적은 의도적 고의의 수준으로 강화된 예비죄의 고의에 불과하다.

둘째, 예비죄의 공동정범, 교사범, 방조범 등은 모두가 이론적으로는 설정가능한 법형상이다. 그러나 실정형법의 해석론과 적용론에서 볼 때에는 사정이 달라진다. 먼저 예비죄의 공동정범에 해당하는 행위는 모두 음모죄에도 해당하고, 각칙의 필요적 공범인 음모죄보다 총칙상의 임의적 공범인 공동정범을 우선시켜야 할 이유가 없으므로, 예비죄의 공동정범은 인정할 실익이 없다. 다음 우리 형법은 예비죄의 교사범과 방조범에 대해서는 그 가벌성을 입법적으로 수용하지 않은 것으로 해석된다. 다만 예비죄의 교사범은 '교사의 형태로 이루어지는 일종의 타인예비'의 가벌성을 일정한 범위 내에서 예외적으로 수용한 형법 제31조 제2항의 규율대상에 포함되므로, 결과적으로 처벌대상이 되어 있다.

셋째, 예비죄의 중지에 중지범특례규정을 유추적용할 수 있느냐의 문제를 예비죄의 중지와 중지범간의 형의 불균형문제를 해결하기 위한 수단적 차원의 문제로 격하시키는 기존의 접근방법들은 극복되어야 한다. 유추적용의 허용여부는 그 자체 독자적으로 검토되어야 한다. 중지범특례의 취지와 근거에 비추어 볼 때, 예비죄의 중지도 필요적 감면의 특례를 인정받을 만한 충분한 법률적 ·형사정책적 근거와 타당성을 확보하고 있다. 물론 이 때의 유추형태는 법문(法文)의 문리적 유추가 아니고, 법규의 근본정신과 취지에서 유추하는 이른바 법의 유추(또는 전체유추 내지 일반적 유추)이다.

넷째, 예비죄의 중지와 중지범간에서만 형의 불균형이 발생하는 것으로 알았던 지금까지의 잘못된 인식과는 달리, 비자의적으로 예비에 그친 경우와 중지범

간에도 형의 불균형문제는 발생한다. 즉, 중지범과의 관계에서 볼 때, 형의 불균형은 현행법상 예비죄 전반에 걸쳐서 발생하는 문제이다. 이러한 형의 불균형은 법조경합관계에서 그 적용이 배척되는 경한 법규의 소위 '과형상 차단작용'을 통하여 해결할 수밖에 없고, 또 그것으로 충분할 것이다. 그리하여 중지미수의 처단형의 하한을 예비죄의 법정최저형으로 제한함으로써 과형상 균형을 유지함이 바람직하다.

13 공동정범의 본질론에 대한 재검토*

Ⅰ. 시각의 변화

공동정범은 2인 이상이 공동하여 범하는 죄로서, 공동한 각자를 정범으로 처벌하는 정범의 一類型이다. 종래 우리 형법학에서는 공동정범의 본질론이라하여 범죄공동설과 행위공동설이 대립하여 왔다.[1] 공동정범은 도대체 무엇을 공동으로 할 때 성립될 수 있는가를 논의의 초점으로 삼았던 것이다. 그리고 공동정범의 본질론에 대한 이러한 접근방법은 실무에서도 – 특히 과실범의 공동정범의 성립가능성 여부를 논증함에 있어서 – 반영되었다.

---

* 고려대학교 안암법학 제12권(2001) 157-186면에 게재된 글임.
1) 범죄공동설과 행위공동설의 대립은 일본과 우리나라 형법학의 독특한 이론적 산물로 취급하는 견해가 있는가 하면(김일수, 한국형법Ⅱ, 315면), 이것을 프랑스 형법학에서 유래된 것으로 보는 견해도 있다[이재상, 형법총론, 1999, 435면; 이형국, 공동정범(상), 고시연구, 1985. 8, 111면 주8]. 그러나 1930년대 이후 독일에서도 비록 그렇게 命名은 하지 않았지만 그 내용에서는 우리나라의 범죄공동설과 행위공동설에 상응하는 견해의 대립은 있었다. 즉 공동의 범행결의를 공동정범의 성립요건으로 전제하고서 과실범의 공동정범이 가능한가를 논증함에 있어서, 긍정하는 입장은(Mezger, Moderne Wege der Strafrechtsdogmatik, 1949, S. 32; Exner, Frank-FG I, S. 572 f.) 행위공동설의 관점과, 그리고 부정하는 입장은(Baumann, Lb., 2. Aufl., S. 439; Maurach, AT, 2. Aufl., S. 521; H. Mayer, Lb., S. 312: Roxin, Täterschaft und Tatherrschaft, 2. Aufl., S. 531 참조) 범죄공동설의 관점과 그 논증구조가 일치하고 있음을 발견할 수 있다.

그런데 이러한 접근방법에 대해서 오늘날 다양한 평가가 내려지고 있다. 공동정범에서 본질적인 문제는 무엇을 공동으로 하는 것이냐가 아니라 어떻게 공동으로 하는 것이냐이므로, 근본적인 시각의 전환이 필요하다는 평가가 주류를 이루고 있다.[2] 반면에 공동정범의 공동성은 공동정범에 있어서 공동의 대상이 무엇인가를 문제삼는 것으로서, 이것은 여전히 공동정범의 본질론으로서의 학문적 가치를 가질 뿐 아니라, 공동정범의 공동성을 범죄공동설에 의하여 설명할 수 있다고 하면서 그 실천적 가치까지 인정하는 견해도 있다. 이 견해는 더 나아가 어떻게 공동하여야 하느냐의 문제는 공동정범의 공동성에 관한 문제가 아니며 그것은 단지 공동정범과 종범의 구별의 문제일 뿐이라고 한다.[3]

생각건대 공동의 대상과 공동의 구조는 서로 다른 차원의 문제이다. 즉 '무엇을' 공동하느냐와 '어떻게' 공동하느냐는 서로 다른 두 가지 물음인 것이다. 공동성의 인정여부 및 그 인정범위는 그 대상을 무엇으로 하는가에 따라서도 달라질 수 있으며, 또 공동의 구조를 어떻게 설정하느냐에 따라서도 달라질 수 있다. 따라서 공동정범의 문제에서 공동의 대상에 관해서는 같은 입장을 취하더라도, 공동성을 인정하는 귀속척도를 달리 파악하면 공동정범의 성립여부 및 그 범위에 대한 결론이 달라질 수 있고, 또 그 반대의 경우도 가능하다. 그렇게 볼 때, 공동의 대상과 공동의 구조의 문제는 모두가 공동정범의 성립여부 및 그 범위의 확정을 위한 것임을 알 수 있고,[4] 결국 공동정범이라 할 수 있기 위해서는 관여자가 '무엇을' '어떻게' 공동하여야 하는가를 묻는 것이므로 둘다 공동정범의 본질론으로 다루어야 할 것이다.

---

2) 김일수, 한국형법 I, 316면 이하; 이형국, 앞의 논문, 113면 이하; 이재상, 형법총론, 1999, 438면; 배종대, 형법총론, 1999, 470면; 진계호, 형법총론, 1996, 554면 이하.
3) 백형구, 공동정범의 공동성 − 범죄공동설·행위공동설 −, 월간고시, 1990. 3, 113, 114면.
4) 어떻게 공동하는 것인가로부터 접근하는 시각은 처음부터 정범과 공범의 한계설정을 염두에 두고 있는 입장이므로, 이 시각은 공동정범의 성립범위와 직접적으로 관련되어 있다. 반면 공동의 대상을 문제삼는 시각은, 발생사적으로 볼 때, 공동정범의 성립범위를 염두에 둔 견해는 아니었지만, '공동이 가능한' 대상을 어떻게 설정하느냐에 따라서 공동정범의 성립범위가 달라질 수 있으므로 이것도 간접적으로는 공동정범의 성립범위와 관련이 된다.

Ⅱ. 공동의 대상

1. 범죄공동설

범죄공동설은 공동정범을 數人이 하나의 동일한 特定犯罪를 공동으로 실현할 때에 성립하는 것으로 보는 견해이다. 하나의 동일한 특정범죄를 數人이 공동으로 실현하는 것이 공동정범이므로, 공동정범은 '數人一罪'로만 성립될 수 있다고 한다. 그런데 '數人一罪'에서 一罪를 어떻게 파악하느냐에 따라서 범죄공동설은 다시 고의공동설, 구성요건공동설, 부분적 범죄공동설로 견해가 나뉜다.

먼저 고의공동설은 범죄공동설의 原型으로서[5] 1개의 동일한 고의범을 공동으로 실현할 때에만 공동정범이 성립한다는 견해이다. 고의공동설에 의하면 예컨대 甲, 乙, 丙 3인이 공동으로 관여하여 丁을 살해한 경우에 3인 모두 살해의 고의를 공동으로 가졌을 때에만 공동정범이 성립할 수 있다고 한다. 만일 甲은 폭행의 고의, 乙은 상해의 고의, 丙은 살해의 고의를 가짐으로써 고의가 동일하지 못하다면, 공동정범은 성립하지 못하고 甲은 폭행(치상 또는 치사)죄, 乙은 상해(치사)죄, 丙은 살인죄의 단독범(동시범)이 될 뿐이라고 한다. 따라서 고의공동설에 따르면 서로 다른 고의범간의 공동정범, 고의범과 과실범간의 공동정범, 과실범의 공동정범, 그리고 결과적 가중범의 공동정범 등은 생각할 수 없게 된다. 결국 고의공동설에 의하면 관여자 각자에게 귀책되는 종국적인 범죄가 동일한 하나의 고의범일 경우에만 공동정범이 성립할 수 있고, 따라서 이미 공동이 가능한 대상부터 엄격히 한정함으로써 공동정범의 성립범위가 극단적으로 제한되는 결과가 된다.

다음으로 구성요건공동설은 공동정범의 '성립'과 관여자 각자에게 귀속되는 '책임'을 분리하여 고찰하려고 한다. 그리하여 공동정범의 성립은 객관적인 구성요건충족의 문제로서 이해하고, 책임은 각자의 고의의 범위 내에서 개별적으로 논하면 된다는 견해이다. 위의 예에서 甲, 乙, 丙은 객관적 구성요건의 충족, 즉 살해결과의 실현에 공동으로 관여했기 때문에 최종의 완결범죄, 즉 살인죄의 공

---

5) 정성근, 범죄공동설과 행위공동설, 김종수박사 화갑기념논문집, 215면.

동정범이 성립하고, 각자의 책임만은 개별화하여 각자의 고의범위 내에서 甲은 폭행죄, 乙은 상해죄, 丙은 살인죄로 처벌하면 된다는 견해이다. 따라서 이 견해는 공동정범이 성립하는 범위 내에서 공동관여자 각자는 전체에 대해서 공동책임을 진다는 소위 '일부실행·전부책임'이라는 공동정범의 일반적 귀책원리와 정면으로 충돌하고 있다.[6]

마지막으로 부분적 범죄공동설은 공동하는 數人의 죄가 각각 다른 경우라 할지라도 그 수 개의 죄가 구성요건적으로 중첩하는 때에는 그 중첩하는 범위 내에서 공동정범의 성립을 인정하고, 각자의 죄책은 그들의 고의 내지 과실의 범위에 따라 각자 단독범으로서 부담한다는 견해이다. 예컨대 위의 예에서 본다면, 甲, 乙, 丙의 행위는 서로 다른 구성요건에 해당하지만, 乙의 상해의사나 丙의 살해의사 속에는 폭행의사가 포함되고, 실행행위로서의 폭행행위는 서로 중첩되므로 3인 모두에 대하여 일단 폭행(또는 폭행치상 내지 폭행치사)죄의 공동정범이 성립하고, 각자의 책임은 각자의 고의, 과실의 범위 내에서 부담한다. 즉 甲은 폭행죄(또는 폭행치상죄 내지 폭행치사죄: 자신의 폭행행위와 상해 내지 사망 사이에 인과관계가 인정되고, 또 치상 또는 치사의 과실이 인정될 때)로, 乙은 상해죄(또는 상해치상죄: 자신의 폭행행위와 사망 사이에 인과관계가 인정되고, 또 치사의 과실이 인정될 때)로, 丙은 살인죄(자신의 폭행과 사망의 결과 사이에 인과관계가 인정될 때) 또는 살인미수죄(폭행과 사망 사이에 인과관계가 인정되지 않을 때)로 책임을 진다.

여기서 알 수 있듯이 부분적 범죄공동설의 특징은 주관적, 객관적 구성요건이 완전히 중첩되는 한도 내에서만 공동정범이 성립한다고 보는 점에서 구성요건공동설과 구분되고, 각자에게 귀책되는 책임이 다를지라도 중첩되는 한도 내에서는 공동정범의 성립이 가능하다고 보는 점에서는 고의공동설과 다르다.

2. 행위공동설

행위공동설은 數人이 행위를 공동으로 하여 각자 자기의 범죄를 실현하는 것이 공동정범이라 한다. 따라서 행위공동설은 '數人數罪'에 대해서도 공동정범의 성립을 인정한다. 즉 사람은 타인과 협력함으로써 자기의 목적을 효과적으로 달

---

6) 최선호, 공동정범(상), 월간고시, 1988. 10, 95면.

성할 수 있는 것이므로, 행위를 공동함으로써 상호간에 자기의 행위에 의하여 다른 공동자의 행위를 보충하고 그 상대방의 행위는 자기 행위의 연장으로서 자기의 행위로 평가받는다. 그러므로 공동행위에서 발생된 모든 결과가 각자에게 귀속된다. 즉 이 공동관계 때문에 인과관계가 공동으로 고찰된다는 데에 공동정범의 본질이 있다고 보는 견해이다.[7]

그런데 행위공동설은 공동의 대상인 행위를 어떻게 이해할 것인가와 관련하여 前構成要件的·前法律的·自然的 行爲로 이해했던 초기의 입장이 범죄공동설의 비판을 받게 된 후, 공동의 대상인 행위를 構成要件的 行爲로 이해하는 입장으로 바뀌었다. 초기의 입장을 사실공동설이라 부르고, 후기의 입장을 구성요건적 행위공동설이라 부른다. 우리나라에서 행위공동설을 지지하는 학자는 모두가 구성요건적 행위공동설을 취한다.

행위공동설에 따르면 공동관계는 동일한 하나의 범죄사실에 대해서 성립할 수도 있고, 수개의 범죄사실에 대해서도 성립할 수 있다. 또 공동행위자는 동일한 고의를 가질 필요도 없고, 공동정범관계를 고의범에만 성립하는 것으로 한정할 필요도 없다. 고의범 상호간은 물론이고, 고의범과 과실범, 과실범 상호간에도 공동정범은 성립한다고 한다.

앞의 예를 행위공동설에 따라서 본다면, 甲의 폭행(치상 또는 치사)죄와 乙의 상해(치사)죄 그리고 丙의 살인죄는 공동정범의 관계에 있게 된다.

3. 학설에 대한 평가

공동의 대상에 관한 위의 다양한 학설 중에서 오늘까지도 그 생명력을 인정받을 만한 것은 부분적 범죄공동설과 구성요건적 행위공동설이라 생각된다. 그런데 사실 부분적 범죄공동설에 의하거나 구성요건적 행위공동설에 의하거나 결과적으로 공동의 대상으로 인정되는 범위에서는 별다른 차이가 없다.

그 이유는 공동정범의 문제에 관하여 오늘날 기본적으로 두 가지 관점에서 인식이 일치하기 때문이다. 첫째는 공동정범의 문제, 더욱 근본적으로는 정범과 공범의 문제는 범제체계론상 구성요건론에 속한다는 점에 대한 인식의 일치이다.

---

7) 정성근, 앞의 논문, 223면.

둘째는 구성요건적 행위란 주관과 객관의 의미론적 통일체로 파악하여야 한다는 점에 대한 인식의 일치이다. 그렇게 되면 결국 구성요건적 행위공동설에서 말하는 행위와 부분적 범죄공동설에서 말하는 범죄는 그 실체에서 접근할 수밖에 없다.[8]

다만 범죄공동설과 행위공동설의 가장 근본적인 차이는 부분적 범죄공동설과 구성요건적 행위공동설에서도 그대로 유지되고 있는데, 이 점에 대한 평가가 양 학설의 운명을 좌우한다고 볼 수 있다. 즉 범죄공동설은 공동정범을 기본적으로 數人一罪로만 성립될 수 있는 것으로 보는 반면, 행위공동설은 數人一罪뿐만 아니라 數人數罪로도 공동정범이 가능할 뿐만 아니라, 오히려 이 數人數罪의 성립을 공동정범의 기본형으로 본다는 점이다.

예컨대 甲과 乙이 丙을 상해하기로 모의하고, 공동으로 실행하여 丙을 살해하였는데, 乙은 살해의 고의를 가졌다고 가정하자. 부분적 범죄공동설에 의하면 甲과 乙은 상해(치사)죄의 범위에서만 공동정범이 성립하고, 乙에게만 해당하는 살인죄의 성립여부와 관련해서는 공동정범이 아닌 단독정범의 문제가 된다. 따라서 乙에게 살인죄의 고의기수를 인정할 수 있기 위해서는 甲과 乙의 공동의 상해행위와 丙의 사망 간의 인과관계를 검토하는 것이 아니라, 乙 자신의 살해행위와 丙의 사망간에 인과관계가 존재하여야 한다는 결과가 된다. 따라서 甲의 상해행위로 인하여 丙이 사망하였거나, 구체적으로 누구의 행위에 의해 丙이 사망하였는지가 입증되지 않는다면 결과적으로 乙은 살인미수가 될 뿐이다. 반면에 구성요건적 행위공동설에 의하면, 甲의 상해행위와 乙의 살해행위 사이에 행위의 공동관계가 성립하고, 따라서 甲과 乙 중 누구의 행위에 의하여 丙이 사망하였는지를 불문하고 甲의 상해행위와 乙의 살인행위의 공동에 의하여 丙이 사망하기만 하면 乙에게 살인죄의 기수를 인정할 수 있게 된다.

그렇다면 위의 예에서 상해행위와 살해행위의 공동성을 인정할 수 있는 것일까? 부분적 범죄공동설은 그것을 부정하고, 구성요건적 행위공동설은 그것을 긍정한다. 구성요건적 행위공동설은 공동의 대상인 행위를 구성요건적 행위로 이해함으로써 공동의 대상인 행위를 前構成要件的·事實的 行爲로 이해하는 입장보다는 (부분적)범죄공동설에 더욱 접근하고 있는 것은 사실이다. 그러나 공동의 대

---

8) 같은 취지로는, 전지연, 과실범의 공동정범, 형사법연구 제13호(2000), 47면.

상으로서의 구성요건적 행위가 동일한 구성요건의 행위일 필요는 없고, 서로 다른 구성요건적 행위일지라도 사실적으로 공동수행이 가능하면 공동정범이 성립가능하다고 보는 점에서 (부분적)범죄공동설과 근본적으로 다르다. 즉 부분적 범죄공동설은 상해행위와 살해행위는 상해(치사)행위의 범위 내에서만 공동정범이 가능하다고 보는 반면에, 구성요건적 행위공동설은 상해행위와 살해행위는 그 수행과정에서 사실적으로 공동관계의 형성이 가능하므로 양자간에 공동정범이 가능하다고 보는 것이다.[9]

공동정범은 그 귀책의 면에서 일부실행·전부책임의 원리가 적용된다는 데에 존재의미가 있다. 즉 공동정범이 성립되는 범위 내에서는 그 전체에 대하여 공동정범자 각자가 정범으로서 책임을 지는 것이다. 그런데 구성요건적 행위공동설에 따르면 공동정범의 성립과 귀책이 일치하지 않는다. 즉 상해(치사)죄와 살인죄가 공동정범의 관계에 있다고 하면서도 그 귀책은 甲은 상해(치사)죄 乙은 살인죄의 책임을 진다는 것이다. 일부실행·전부책임의 원리대로 한다면, 위의 예에서 상해(치사)죄와 살인죄의 공동정범이라면 甲, 乙 모두에게 상해(치사)죄와 살인죄의 정범으로 책임을 물어 결과적으로 甲, 乙 모두를 살인죄로 처벌하여야 할 것이다. 그러므로 구성요건적 행위공동설은 공동정범의 귀책원리인 일부실행·전부책임을 붕괴시키는 결과를 초래하고, 이는 바로 공동정범의 존재의미와 결별하게 하는 결과를 초래한다.

따라서 일부실행·전부책임의 원리에 충실한 부분적 범죄공동설이 더 타당한 것으로 생각된다. 물론 참여자의 고의, 과실이 각자 다를 경우 종국적으로 각자에게 귀책되는 책임은 다를 수 있다. 하지만 중첩되는 한도 내에서만 공동정범이 성립되고, 공동정범이 성립되는 한도 내에서는 각자가 그 전부에 대하여 책임을 진다는 점에서 공동정범의 일부실행·전부책임의 원리는 유지되고 있는 것이다.

다만 부분적 범죄공동설은 構成要件的 定型性에 지나치게 얽매이는 단점이 있

---

9) 이처럼 행위공동설이 부당하게도 공동정범의 성립범위를 확대 인정하게 되는 근본 원인은 결과범의 경우에도 행위의 공동만으로써 공동정범이 된다고 보기 때문이다. 그런데 결과범은 행위 못지않게 결과의 야기도 범죄의 필수요소이다. 따라서 결과범의 공동실현은 행위뿐만 아니라 결과의 실현 그 자체도 공동으로 야기했다고 볼 수 있을 때에만 공동정범이 될 수 있다는 것은 분명하다. 그렇다면 결과범의 경우에는 공동실현의 대상은 행위뿐만 아니라 결과야기를 포함한 범죄 전체가 되어야 할 것이다(Roxin, Täterschaft und Tatherrschaft, 2. Aufl., S. 531 참조).

다. 예컨대 甲은 강도의 의사로서, 乙은 강간의 의사로서 폭행만을 공동으로 하였는데 피해자에게 상해의 결과가 발생하였다고 하자. 부분적 범죄공동설에 의하면 구성요건적 정형성이 완전히 일치하는 폭행(치상)죄의 공동정범은 성립하나, 강도치상과 강간치상은 구성요건적 정형성을 달리하므로 공동정범의 관계가 성립하지 않는다. 따라서 甲에게 강도치상이 성립하려면 甲과 乙의 공동의 폭행에 의하여 상해의 결과가 발생하였다는 것만으로는 부족하고 甲의 폭행으로 인하여 상해의 결과가 발생하여야 한다고 할 것이다. 마찬가지로 乙에게 강간치상이 성립하기 위해서는 乙의 폭행으로 상해의 결과가 발생하여야 한다. 즉 강도치상과 강간치상은 각각 단독범으로 성립하는 것이므로, 자기의 행위에 의해서 발생된 결과에 대해서만 책임을 부담하게 된다.[10]

그러나 이러한 해결은 부당하다. 각자의 범행목적은 다르다 할지라도 각자의 범죄 중에 중첩되는 범행이 포함되어 있고, 그 범행에 대하여 공동정범의 관계가 성립한다면 그 범행으로 인한 중한 결과가 발생했을 경우에, 그 결과는 공동으로 수행된 범행에 공동으로 귀속되어야 한다. 즉 각자의 범행목적이 강도 또는 강간으로서 서로 다르다 할지라도, 치상의 결과가 공동정범의 관계에 있는 폭행으로 인한 것이라면, 치상의 결과와 인과관계가 검토되어야 할 행위는 공동의 폭행행위이지 甲 또는 乙의 개별적인 폭행행위가 아니다. 甲과 乙 사이에는 폭행(치상)죄 부분에 대해서만 공동정범이 성립하고 甲의 강간치상과 乙의 강도치상은 단독범으로 성립하더라도, 피해자에게 발생한 상해의 결과가 甲과 乙의 공동폭행에 의한 것이라면 인과관계 및 객관적 귀속은 甲·乙의 공동의 전체 폭행과 상해 결과 사이에서 검토되어야 한다. 이러한 결론은 독일의 판례와 다수설이 인정하는 소위 '부분적 공동정범'(teilweise Mittäterschaft)개념에 따른 해결과 일치한다.[11]

---

10) 정성근, 앞의 논문, 220면.
11) Vgl. Roxin, LK, 11. Aufl., § 25 Rn. 169.

Ⅲ. 공동정범의 정범표지

1. 정범표지의 구성요건 의존성

정범은 개별 구성요건에 범행의 주체로 기술되어 있다.[12] 개별 구성요건에 기술되어 있는 범행의 주체는 범죄유형을 이루는 필수적인 요소 중의 하나이다. 행위 없는 범죄유형이 있을 수 없다면, 행위주체 없는 행위 또한 생각할 수 없을 것이고, 따라서 행위주체 없는 범죄유형이 있을 수 없을 것이기 때문이다. 여기서 개별 구성요건에 기술되어 있는 범죄주체는 바로 정범주체에 해당한다.[13] 즉 개별 구성요건은 범죄주체 중에서 정범주체만을 규정하고 있는 것이다. 그런 면에서 정범표지는 당연히 개별 구성요건에 의존되지 않을 수 없다.[14]

그러나 하나의 구성요건을 실현하는 데에 여러 사람이 관여했을 경우, 누구를 정범행위의 주체로 귀속시키고, 또 누구를 공범행위의 주체로 귀속시킬 것인가에 대해서는 개별 구성요건은 아무 말도 해 주지 않는다. 구성요건요소로서 기술되어 있는 범죄주체는 그 범행의 가벌성과 당벌성이 근거지어질 수 있는 잠재적인 人的 範圍를 설정해 주는 것으로 그친다. 예컨대 살인죄에서와 같이 '…한 者'로 기술되어 있다면, 이것은 어느 누가 살해행위를 하더라도 살인죄의 가벌성과 당벌성이 인정된다는 의미이다. 반면에 범행주체를 특수한 신분자 또는 형법 외적 특별의무자로 한정하고 있다면, 그것은 그러한 신분자 또는 의무주체가 범행에 관여할 때에만 정범의 가벌성과 당벌성이 인정된다는 의미이다. 그러나 그러한 잠재적인 人的 範圍에 속하는 多數人이 하나의 구성요건적 범행에 가담했을 때, 그들 중에서 누가 정범의 책임을 지고 또 누가 공범의 책임을 지는가에 대해서

---

12) 김일수, 한국형법 Ⅱ, 285면.

13) 예컨대 우리 형법 제98조의 간첩방조는 그 자체 독자적인 정형성을 인정한 구성요건적 행위이며, 따라서 간첩방조자는 총칙상의 공범자가 아니라 간첩방조죄의 정범이다. 따라서 방조를 받은 간첩의 간첩행위가 미수에 그치더라도 방조행위 자체만 완료되었다면, 간첩방조죄의 기수이다(同旨: 김일수, 7인 공저, 600면; 이재상, 형법각론, 2000, 648면; 진계호, 형법각론, 1996, 730면. 異見: 이정원, 형법각론, 1999, 662면). 뿐만 아니라 총칙상의 방조미수는 처벌되지 않지만, 본죄의 방조미수는 미수죄로 처벌된다.

14) 그리하여 Gössel은 "정범표지는 구성요건표지이다"라고 할 뿐만 아니라, 고의범의 정범표지인 범행지배표지도 구성요건표지라고 한다(Gössel, Jescheck-FS, S. 552 f.). Wessels(허일태), 278면.

는 개별 구성요건은 침묵하고 있다. 즉 개별 구성요건이 정범 및 공범의 구체적 귀속척도에 대해서는 침묵하고 있는 것이다. 따라서 이러한 구체적 귀속척도는 총칙의 정범 및 공범규정의 해석을 통하여 구성할 수밖에 없다.[15] 이렇게 볼 때, 정범 및 공범의 귀속문제는 일차적으로는 개별 구성요건의 심사에서 출발하되, 종국적으로는 총칙의 정범 및 공범규정의 해석론으로 이르러 갈 수밖에 없음을 알 수 있다. 기술된 범죄주체는 결코 정범귀속과 공범귀속을 구별짓는 표지로서 기능하지는 못한다.

정범은 결국 犯行의 人的 歸屬의 문제이다. 그렇다면 정범표지는 결국 귀속척도의 문제이다. 그리하여 정범표지의 문제는 귀속척도의 구체화 작업으로 귀결된다. 따라서 구성요건요소들 중에서 귀속척도의 구체화에 어떤 영향을 미칠 수 있는 요소가 있다면, 그 요소에 관한 한, 정범표지는 구성요건에 의존될 수밖에 없다. 그러한 요소는 존재하는가?

그러한 요소는 구성요건적 범행의 성질 및 구조에서 찾을 수 있다. 먼저 구성요건적 범행의 구조가 본질적으로 다르다면 人的 歸屬의 구조도 달라지게 될 것이고, 그렇게 되면 귀속의 구체적 표지도 자연히 달라질 수밖에 없을 것이기 때문이다. 예컨대 적극적 지배조종의 과정을 통하여 구성요건이 실현되는 경우에는 그 지배조종의 과정에 어떻게 관여하였느냐가 정범귀속에 절대적인 의미를 갖게 될 것이다.[16] 반면에 구성요건적 결과의 발생을 회피하지 아니하였다는 소극적 태도로써 성립되는 범죄유형에서는 결과발생을 회피하기 위하여 누가 얼마만큼 더 적극적으로 관여했어야 하느냐가, 다시 말하면 침해된 법익의 보호가 객관적인 법질서상 그리고 현실적으로 누구의 적극적인 개입에 더 의존되어 있는가가 결정적인 의미를 가질 것이다.[17]

다음으로 구성요건적 범행의 성질과 내용적 특수성도 정범귀속에 결정적인 의미를 가질 수 있다. 이른바 行爲者 依存犯이나 行態意味 依存犯이 여기에 해당한다. 여기서는 행위자의 고도의 一身專屬的인 個人的 生活態度 또는 構成要件行爲

---

15) 이러한 관점에서 Georg Küpper는 타당하게도 총칙의 정범 및 공범규정을 귀속규범(Zurechnungs-norm)으로 이해한다(Georg Küpper, Grenzen der normativierenden Strafrechtsdogmatik, 1990, S. 111).
16) 고의 및 과실의 작위범이 이 유형에 해당할 것이다.
17) 고의 및 과실의 부작위범이 이 유형에 해당할 것이다.

反倫理性 그 자체를 불법의 본질로 한다. 따라서 이것들은 법익 관련 구성요건이 아니다. 그 당연한 결과로 구성요건행위를 직접 하지 아니하면 정범이 될 수 없다. 타인을 이용하여 간접적으로 정범이 된다는 것은 생각할 수도 없다. 그리고 역할분담을 통하여 공동정범이 될 수 있느냐도 논의의 실익이 없다. 공동으로 관여한 각자가 단독정범은 되지 못하면서 공동정범이 되는 경우는 생각할 수 없고, 공동으로 관여한 각자가 정범성이 인정될 수 있을 정도로 관여했다면, 그들은 그들의 관여분 그 자체만으로도 단독·직접정범이 되기에 충분하기 때문이다. 그렇다면 공동정범이 단독·직접정범에 대한 보충적·확장적 정범형태임을 고려할 때,[18] 행위자 의존범이나 행태의미 의존범의 경우에는 공동정범의 형상은 독자적인 의미가 없어지게 된다.

예컨대 스스로 간통하지 아니하면 간접정범이나 공동정범의 형태로 정범이 될 수 없고, 스스로 간통하면 곧바로 단독·직접정범이 되어버리므로, 간통죄의 단독·직접정범은 성립되지 않으면서 공동정범이 성립되는 경우란 있을 수 없다. 물론 사태에 따라서는 공동정범의 구조로 간통죄를 실현하는 것이 존재적으로 가능은 하겠지만, 공동정범이라는 독자적인 법형상을 인정할 실익이 없는 것이다. 예컨대 甲과 乙이 丙女와 간통하기로 공모하고 간통에 이르기까지 모든 과정을 협력하면서 진행시켜왔고, 동일한 장소, 동일한 시점에서 甲과 乙이 丙과 간통했다면, 존재구조적으로는 중첩적 공동정범의 형태에 해당한다. 하지만 그 이전에 甲과 乙은 간통죄의 단독정범이 되기 때문에 공동정범을 논할 실익이 없는 것이다. 반면에 모든 과정을 공동으로 했지만, 간통행위는 甲 혼자만이 했다면, 乙은 간통죄의 단독정범은 물론 공동정범도 되지 못한다.

이상의 고찰을 통하여 알 수 있는 바는 정범표지가 개별 구성요건에 의존될 수밖에 없는 것은 사실이나, 정범요소의 측면에서 각칙의 개별구성요건들을 유형화하여 그 유형별로 정범표지를 일반화하는 것은 가능하다는 사실이다. 그리고 실제로 그러한 접근이 이루어지고 있다. 물론 구성요건들의 유형별 그룹화가 학자마다 반드시 일치하지는 않는다.[19] 그런데 정범표지에 영향을 미칠 수 있는 개

---

18) 박상기, 형법총론, 1997, 400면.

19) 예컨대, 록신은 지배범, 의무범, 자수범으로(Roxin, LK §25 Rn. 28 ff.; ders., Täterschaft und Täterrschaft, 5. Aufl., S. 441 ff.), Bloy는 순수 지배범, 순수 의무범, 지배 및 의무범, 행태의존범, 과실작위범(Bloy, Die Beteiligungsform als Zurechnungstypus im Strafrecht,

별 구성요건요소에 따라 유형화한다면, 먼저 특수한 정범표지의 존재유무에 따라서는 일반범과 신분범으로, 그리고 범행의 성질과 구조에 따라서는 지배범과 비지배범, 그리고 행위자 또는 행태의미 의존범으로 유형화할 수 있다. 그런데 오늘날 개별 구성요건에서 정범주체의 범위와 자격을 특별히 제한하지 않는 소위 일반 지배범의 경우에는 누구나 구성요건적 행위 및 결과를 지배하기만 하면 정범이 될 수 있다고 보고, 그러한 유형의 구성요건들을 지배범으로 그룹화하는 데에 견해가 일치하고 있다.

본고에서는 지면관계상 정범과 공범의 구별, 특히 공동정범과 방조범의 구별[20]과 관련하여 공동정범의 귀속척도가 특별히 어려운 문제로 등장하는 일반지배범에 한정하여 공동정범의 귀속척도를 논하고자 한다.

2. 지배범의 정범표지에 관한 논의경향

독일에서는 최근 소장학자 몇 사람을 중심으로 (기능적) 범행지배의 표지를 버리고 객관적 귀속론을 가지고 (공동)정범의 귀속을 해결하려는 시도가 있고,[21] 이러한 시도에 대한 즉각적인 반론이 제기되기도 한다.[22] 그러나 독일이나 우리나라에서 보면 지배범에 대한 (공동)정범의 정범표지를 (기능적) 범행지 배로 이해하는 데에 견해가 거의 일치하고 있다. 그런데 (기능적) 범행지배라는 귀속표지를 이해하는 입장은 크게 두 가지 방향으로 갈리고 있다.

첫째 방향은 록신과 같이 범행지배개념을 처음부터 주관적·객관적 요소의 변증론적 합일개념으로 파악하는 입장이다. 따라서 객관적 범행지배란 개념적으로 불가능한 것으로 파악한다. 이 입장에 따르면 기능적 범행지배가 인정되면 공동정범이고, 그렇지 못하면 정범일 수 없다.[23] 둘째 방향은 범행지배 개념을 오로지 정범표지의 객관적인 요소로만 파악하고, 범행지배표지와는 독립된 독자적인

1985, S. 315)으로, 김일수 교수는 지배범, 의무범, 신분범, 자수범으로(한국형법Ⅱ, 286면 이하) 유형화한다.
20) 史的으로 볼 때, 정범과 공범의 구별문제는 주로 공동정범과 방조범의 구별문제였다고 할 수 있다(Bloy, Die Beteiligungsform als Zurechnungstypus im Strafrecht, 1985, S. 367).
21) Vgl. Heiko H. Lesch, ZStW 105, S. 271 ff.; Roland Derksen, GA 1993, S. 163 ff.
22) Vgl. Georg Küpper, ZStW 105, S. 295 ff.
23) Gallas, Täterschaft und Teilnahme, in; Beiträge zur Verbrechenslehre, 1968, S. 90; Bockelmann, Gallas-FS, S. 270; 우리나라 대부분의 학자.

주관적 정범표지를 인정하는 입장이다.[24] 이 입장에 의하면 지배범의 경우 정범
이 되기 위해서는 객관적 요소로서 범행지배, 그리고 그것과는 독립된 주관적인
정범요소가 함께 충족되어야 한다.

　이러한 입장의 차이는 정범의 근본구조를 이해하는 데 중요한 의미를 갖는 것
임에도 불구하고 학자들에 의해 별다른 주목을 받지 못하고 있다는 지적도 있으
나,[25] 그러한 입장차이가 정범과 공범의 구별에 대한 결과의 차이로 나타나지는
않기 때문에 실천적인 면에서 특별한 의미를 갖는다고 보지는 않는다. 뿐만 아니
라 그러한 입장차이가 정범 및 공범론의 범죄체계론적 이론구성에 차이를 가져
오는 것도 아니다. 예컨대 고의작위범의 공동정범의 성립요건과 관련하여 두 입
장을 비교하면, 첫째 입장에 의하면 객관적 요소인 공동의 실행행위와 주관적 요
소인 공동의 범행결의가 모두 충족될 때 (기능적) 범행지배가 인정되어 공동정범
이 성립하고, 둘째 견해에 의하면 객관적 요소인 (기능적) 범행지배 – 객관적 요
소인 공동의 실행행위와 동일 내용임 – 와 주관적 요소인 공동의 실행행위가 모
두 충족될 때 공동정범이 성립한다. 결과적으로 양 입장 모두 공동정범의 성립요
소로서 객관적 요소와 주관적 요소를 모두 필수적인 요소로 이해하고 있을 뿐만
아니라, 그 요소들의 내용도 비슷하게 이해하고 있는 것이다.[26]

　그리고 양 입장이 공유하고 있는 이러한 기본시각은 타당하다 할 것이다. 정
범귀속은 정범행위를 행위자에게 인적(人的)으로 귀속시키는 것이라고 할 때, 행
위가 객관적·주관적 요소의 의미통일체로 파악하는 한, 그 인적(人的) 귀속척도
도 객관적·주관적 요소의 의미통일체로 되지 않을 수 없을 것이기 때문이다.[27]
오히려 문제는 인적 귀속척도의 객관적 요소와 주관적 요소의 내용을 어떻게 이
해하느냐이다.

---

24) Cramer, Bockelmann-FS, S. 400 ff.; Maurach/Gössel/Zipf, AT2, S. 210 f.; 심재우, 과실범
　　의 공동정범, 고시계, 1980(4), 37면; 同人, 정범과 공범의 구별, 고시연구, 1982. 4, 45면 이하.
25) Bloy, Die Beteiligungsform als Zurechnungstypus im Strafrecht, 1985, S. 203 f.
26) 다만 개념의 통일적 정립이라는 측면에서 첫째의 입장이 더 장점이 있다고 생각한 다. 즉 지
　　배범으로 분류할 때 이미 이 유형의 범죄들은 범행과정을 지배했다는 점에 일반적인 정범성을
　　염두에 두고 있는 것이기 때문이다. 따라서 범행을 지배했다는 점을 정범의 최상위의 통일적
　　인 표지로 삼고, 그 밑에 그 표지의 요소로서 객관적 요소와 주관적 요소를 포함시키는 것이
　　개념정립의 체계성과 통일성에서 나아 보이는 것이다.
27) H. Otto, Jura 1987, S. 248; Fr. Geerds, Jura 1990, S. 176.

Ⅳ. 공동정범의 정범표지의 내용

1. 기능적 범행지배의 개념정의

기능적 범행지배는 전체 범행의 실현에 없어서는 안 될 기능을 각자가 협동적으로 분담함으로써 전체 생기를 공동으로 지배한다는 것을 의미하는 것으로서 공동정범의 정범표지에 해당한다. 공동정범은 관여자 각자가 독자적으로 전체 범행을 지배하지는 않는다. 독자적으로 지배하는 것은 자신의 역할에 대해서 뿐이다.[28] 그렇다고 개개인은 자신의 역할에 국한된 부분적인 지배만을 하는 것은 아니다. 적어도 타 관여자와 공동으로[29] 또는 집단으로[30] 전체 범행을 지배하고 있는 것이다. 이것이 단독정범의 실행지배나 간접정범의 의사지배와는 본질적으로 다른 기능적 범행지배의 독자적인 구조이다. 즉 실행지배와 의사지배는 전체 범행을 단독 또는 수직적으로 지배하는 것이지만,[31] 기능적 범행지배는 항상 공동정범자들이 수평적 관계에서 전체 범행을 단독지배도 부분지배도 아닌 공동 내지는 집단으로 지배하는 것이다. 각자는 자기 없이는 전체 범행의 실현이 불가능하다는 측면에서 소극적이나마 전체 생기를 공동으로 지배하고 있는 셈이며, 동시에 자기만으로써는 범행의 실현이 불가능하지만 타 관여자와 공동함으로써 범행을 완전히 수행할 수 있다는 측면에서는 적극적인 공동의 지배를 하고 있는 것이다.[32] 이렇게 볼 때, 기능적 범행지배는 물리적 존재론적·사실적 지배가 아니라, 각자가 분담한 역할이 상호 간에 일정한 관계 속에서 작동되고, 또 그것들이 전체 범행의 실현에 일정하게 기능을 할 때 인정되는 귀속표지로서, 이것은 각자의 기능 상호간의 관계에 대한 평가와 전체 범행에 대한 각각의 기능의 의미에 대한 평가를 통해서만 판단될 수 있다. 그런데 기능적 범행지배의 판단을 위한 이러한 평가를 위해서는 객관적인 요소와 주관적인 요소가 동시에 고려되어야 한다.[33]

---

28) Cramer, Bockelmann-FS, S. 400 f.
29) Roxin, Täterschaft und Tatherrschaft, 5. Aufl., S. 279.
30) Gössel, Jescheck-FS, S. 554; Heiko H. Lesch, ZStW 105, S. 274 ff.
31) 이러한 의미에서 간접정범은 단독정범으로 분류된다.
32) Roxin, Täterschaft und Tatherrschaft, 5. Aufl., S. 277.
33) Welzel, Das deutsche Strafrecht, 11. Aufl., 1969, S. 110.

어차피 범죄참가형태의 문제는 "구성요건적 생기와 사람 간의 인적 관련성" (personaler Zusammenhang zwischen dem Beteiligten und dem tatbestandsmäßigen Geschehen)[34]을 문제삼는 것일 뿐만 아니라, 귀속의 객체인 구성요건적 생기 자체도 객관적 요소와 주관적 요소의 의미통일체이기 때문이다.

2. 객관적 요소

각자의 맡은 역할에 따른 각자의 협력이 범행을 실현하는 데 본질적인 부분을 이룰 때, 기능적 범행지배의 객관적 요소는 충족된다. 즉 각자의 기능이 구체적인 범죄의 실현에서 본질적인 의미를 가질 때, 기능적 범행지배가 인정된다. 기능이 본질적인 의미를 갖는지의 판단은 결국 구체적인 사례에서 법관의 몫으로 돌아가겠지만,[35] 그 판단의 척도로서는 몇 가지가 제시되고 있다.

첫째, 전체 범행의 수행과정에서 각자의 역할들은 상호간에 독자적이고 대등한 관계에 있어야 한다. 일관여자(一關與者)의 기여와 타관여자(他關與者)의 기여는 그 기능면에서 전체 범행을 위하여 '상호' 보완 내지 보충하는 관계에 있어야 한다. 일관여자(一關與者)의 기여가 단지 타관여자(他關與者)의 기여를 일방적으로 보완 내지 보충하는 관계라든지, 어떤 기여가 다른 기여에 종속된 관계에 있어서는 안 된다. 즉 각각의 범행기여는 주종의 수직적 관계가 아니라 대등적 수평관계에 놓여 있어야 한다.[36] 이것은 구조적으로 '공동'의 지배가 되기 위한 최소한의 요구이다. 한 관여자의 기여가 타 관여자의 기여 자체를 단순히 야기·촉진시키는 기능을 하는 데 그친다면, 그러한 양 기여는 수평관계가 아니고, 따라서 '공동'의 지배를 하고 있다고 볼 수 없다. 각자의 역할이 그 기능면에서 전체범행의 실현을 위해 동등한 의미와 위치를 가져야 한다는 것이다. 그렇다고 해서 그 역할들의 내용이 구체적으로 동일할 필요는 없다.

이 첫째 요건을 과실 지배범의 공동정범의 객관적 요건으로 전환시킨다면, 각자의 주의의무위반이 그 기능면에서 범죄 결과의 발생에 대등한 의미와 위치에

---

34) Bloy, Die Beteiligungsform als Zurechnungstypus im Strafrecht, 1985, S. 313.
35) Roxin, Täterschaft und Tatherrschaft, 5. Aufl., S. 283.
36) Herzberg, Täterschaft und Teilnahme, 1977, S. 69 f.; Bloy, GA 1996, S. 430; Cramer, Bockelmann-FS, S. 402.

있어야 한다는 것으로 될 것이다. 그리고 고의 지배범의 경우 각자의 역할들이
그 구체적인 내용에서 동일할 필요가 없듯이, 주의의무의 구체적인 내용이 동일
할 필요는 없다.[37] 예컨대 성수대교 붕괴사건에서[38] 설계자의 과실, 시공자의 과
실, 시설물의 유지·관리자의 과실들을 볼 때, 그 과실의 구체적인 내용은 다르
지만, 다리 붕괴로 인한 인명사고의 발생에 대해서는 서로 우열을 가릴 수 없을
정도로 대등한 의미와 위치에 있다고 보아야 할 것이다.

둘째, 각자의 임무는 범행의 실현을 위하여 필요불가결한 것이어야 한다. 여기
서 말하는 필요불가결성은 절대성을 의미하는 것은 아니다. 즉 사후적(事後的)으
로 평가하여 그 기여가 없었더라도 범행의 실현에는 지장이 없었을 것으로 판단
되는 경우에도, 사전적(事前的)인 판단으로 그 기여가 전체 범행의 실현에 중요하
게 전제되어 있었다면 필요불가결성은 인정된다.[39] 이 점에서 중첩적 공동정범
(additive Mittäterschaft)의 경우에는 록신의 기능적 범행지배표지가 공동정범의 표
지로서는 적합하지 못하다고 지적한 헤르츠베르크의 주장이나,[40] 택일적 공동정
범(alternative Mittäterschaft)의 형상에 대하여 실행된 택일적 분담행위와 실행되지
않은 택일적 분담행위 간에 기능적 범행지배를 인정할 수 없다는 루돌피의 주장
은,[41] 기능적 범행지배개념을 부당하게 축소 이해하고 있는 것으로 보인다.[42]

이 요건을 과실 지배범의 공동정범에 관련시킨다면, 주의의무와 범행결과 회
피의 직접적인 관련성이라 할 수 있다. 즉 각자의 주의의무는 발생된 구체적인
결과의 회피를 직접적인 목적으로 하고 있어야 하고, 따라서 그 의무들의 위반은
결과발생에 직접적인 관계에 있어야 한다. 이는 자기의 주의의무의 준수로써 구
체적인 결과의 발생을 저지시킬 수 있었다거나, 최소한 결과발생의 가능성을 현
저히 감소시켰을 것이라는 사전적(事前的) 판단이 가능할 때, 이러한 직접적 관계
는 인정될 것이다.

---

37) Roxin, AT 1, 2. Aufl., S. 536.
38) 이용식, 과실범의 공동정범, 형사판례연구(7), 1999, 81면 이하 참조.
39) Vgl. Roxin, Täterschaft und Tatherrschaft, 5. Aufl., S. 283.
40) Herzberg, Täterschaft und Teilnahme, 1977, S. 57 f.
41) Rudolphi, Bockelmann-FS, S. 379 ff.
42) 헤르쯔베르크나 루돌피의 주장에 대한 비판적 검토에 대해서는 Roxin, Täterschaft und
    Tatherrschaft, 5. Aufl., S. 648 ff.; Bloy, GA 1996, S. 427 ff.; ders., Die Beteiligungsform
    als Zurechnungstypus im Strafrecht, 1985, S. 372 ff. 참조.

셋째, 각자 역할의 상호의존성과 내적 결합성이다. 각자는 상호 간에 타인에게 지향되어 있으므로, 모두가 공동하여서만 범행을 실현할 수 있는 관계 속에 있어야 한다. 각자의 임무는 전체 범행을 실현함에 있어서 필요불가결한 독자적인 기능을 수행하면서, 동시에 각자의 범행은 타 관여자의 범행을 전제로 할 때에만, 그리고 또 타 관여자의 범행과 더불어 할 때에만 전체 범행에 대한 범행으로서의 의미를 가지게 될 때, 그 각자들은 전체 범행을 기능적으로 지배하는 것이 된다.[43]

이를 다시 과실 지배범의 공동정범에 적용시켜서 말하면, 각자의 과실이 상호간에 결과발생의 가능성을 상승시키는 작용관계에 있어야 한다. 즉 결과 발생을 회피하기 위해서는 각자가 자기의 주의의무만을 다하는 것으로는 부족하고, 각자 모두가 의무를 다할 때에만 법익보호의 목적이 안정적으로 달성될 수 있고, 반대로 자기의 의무위반만으로써는 결과발생이 없을 수 있다 하더라도, 타인의 의무위반과 결합될 때에는 결과발생이 가능한, 그러한 구조의 공동 의무가 존재할 때, 그러한 의무들 및 의무위반들 사이에는 상호의존성과 내적 결합성이 인정된다.

3. 주관적 요소

(1) 고의(故意) 지배범(支配犯)의 주관적 요소

고의 지배범의 경우 공동정범의 주관적 요소에 대해서는 견해가 거의 일치하고 있다.

첫째는 공동의 범행결의이다. 관여자들의 객관적인 범행기여가 상호 의존되기 위해서는 먼저 공동정범자가 상호 의존되어 있어야 한다. 그리고 이러한 공동정범자의 상호 의존성을 인적(人的)으로 매개하는 것이 의사의 합치로서의 공동의 범행결의이다. 예컨대 결과의 실현에 한 사람의 관여자의 기여와 타 관여자의 기여가 순수 객관적인 측면에서 기능적으로 함께 작용했다고 하더라도, 타 관여자와의 사이에 의사의 합치에 의한 것이 아니라면 그들은 결코 공동으로 범죄를 실현했다고 볼 수 없다. 그들의 기여가 범죄실현에 함께 기여한 것은 '우연'에 불과한 것이며, 따라서 각자는 자기의 기여분에 대해서만 단독정범이 될 수 있을

---

43) Vgl. Roxin, Täterschaft und Tatherrschaft, 5. Aufl., S. 283 f.

뿐이며, 이 때 각자의 범죄는 동시범의 관계에[44] 있다.

둘째, 범행기여의 객관적인 상호의존성과 내적 결합성에 대한 상호인식이다. 공동의 범행결의가 관여자 각자를 결의된 전체 범죄에로 연결시키는 주관적 '정범'요소라면, 범행기여의 객관적인 상호의존성과 내적 관련성의 인식은 관여자 각자를 수평적 대등관계로 연결시키는 주관적 '공동성'요소이다. 따라서 양자가 통합하여 '공동''정범'의 주관적 요소가 되고, 양 요소의 결합구조를 보면 공동의 범행결의는 둘째의 주관적 요소에 대한 존재론적 토대가 된다.

(2) 과실(過失) 지배범(支配犯)의 주관적 요소

과실범의 공동정범의 주관적 요전은 고의범과는 달리 그 어떤 내용일지언정 인식적 또는 의지적 요소로 설정될 수는 없다.[45] 과실의 단독 정범에서도 아무런 인식적·의지적 요소를 필요로 하지 않는데, 과실의 공동정범을 위하여 갑자기 그러한 성질의 주관적 요소가 개입될 수는 없을 것이기 때문이다.

공동정범의 객관적 또는 주관적 요소는 모두 단독정범의 객관적 요소와 주관적 요소를 토대로 하여 단독이 아닌 공동으로 되기 위한 변형에 불과한 것이기 때문이다.

따라서 과실범의 공동정범의 주관적 요건은 과실범의 공동정범의 객관적 요건에 대한 인식가능성으로서 족하다. 자신에게 주어진 주의의무와 타인에게 주어진 주의의무가 결과의 발생을 회피하는 데 상호 대등한 위치를 가지고 있을 뿐만 아니라, 그 각각의 주의의무들이 결과회피를 위하여 필요불가결하며, 더 나아가 각각의 주의의무의 준수는 결과발생을 회피시키거나 그 위험성을 감소시키는 상호 작용관계에 있는 것임을 인식할 수 있는 것으로 족하다. 이를 과실개념으로 환언하면, 각자의 주의의무위반은 그 기능면에서 결과의 발생에 대등하게 기여하

---

44) 김일수, 한국형법 II, 321면.

45) 이를 심재우 교수는 "과실의 공동은 의사의 연락에 의해 매개되는 것이 아니라…"라고 단정짓는다[심재우, 과실범의 공동정범, 판례연구 제3집(고려대 법학연구소), 1984, 116면]. 반면에 이용식 교수는 과실범의 공동정범을 긍정하면서 주관적 요소로서 '공동행위의 인식'과 '공동의 주의의무의 인식'이 요구된다고 함으로써 과실범의 단독정범에서는 전혀 요구되지 않는 인식적 요소를 과실범의 공동정범을 위해서는 필요하다고 한다(이용식, 앞의 논문, 105면 이하), 한편 독일에서는 Weißer가 이용식 교수와 동일한 견해를 취하고 있다(Weißer, JZ 1998, S. 236 f.).

면서 동시에 결과발생을 위하여 필요불가결하고 또 동시에 상호 간의 상승작용에 의하여 결과의 발생을 가능하게 하는, 그러한 구조의 의무 위반이라는 점에 대한 인식가능성이 있으면 과실의 공동정범을 위한 주관적 요건은 충족된다.

물론 각자의 주의의무위반의 요건이 먼저 충족되어 있어야 함은 말할 나위가 없다. 과실범의 공동정범은 각자의 과실의 존재여부를 묻지 않고, 위에서 말하는 구조로 된 공동의 주의의무만 있으면 모두를 공동정범으로 인정하겠다는 것은 아니기 때문이다. 단지 각자의 주의의무위반과 결과간의 개별적인 인과관계 및 객관적 귀속을 토대로 정범귀속을 따지는 것이 아니라, 각자의 과실을 통합한 전체 과실과 결과 간의 정범귀속을 판단하겠다는 것이기 때문이다. 이것이 바로 공동정범의 귀책원리인 일부실행·전부책임에 해당하는 것이다.

자신의 주의의무와 타인의 주의의무가 결과회피를 위하여 연대되어 있고, 따라서 자기의 주의의무의 위반은 타인의 주의의무의 위반과 연계되어 결과발생에로 연결될 수 있는 경우에는, 자기의 가벼운 주의의무위반이 타인의 철저한 주의의무의 준수에 의해 결과발생으로 이르러 가지 않을 수도 있다고 예견될 수도 있지만, 반대로 타인의 중(重)한 주의의무의 위반과 결합하여 결과발생에로 이를 수 있다고 예견될 수도 있다. 이러한 공동의 주의의무의 구조하에서는 결과발생에 대한 각자의 자기 과실만을 분리해서 고찰하는 것은 부당하며, 따라서 자기의 과실이 아니라 타인의 과실이 결과발생에 더욱 결정적인 원인이었다는 식의 항변은 인정될 수 없다고 봄이 사리에 합당하다.

단독의 과실 정범에서는 행위자의 과실만으로는 결과가 발생하지 않을 수 있다고 판단되는 객관적 상황에서, 행위자가 결과의 불발생을 예견하고 신뢰할 수 있었다면 과실범의 성립은 부정될 수 있다. 그러나 공동의 주의의무의 구조하에서는 결과발생을 위해 자기의 과실만으로써는 불충분한 경우라도 타 관여자의 과실이 결합하여 결과발생이 가능할 수 있고, 또 그 점을 예견할 수 있었던 사정이라면 결과에 대하여 공동하여 과실의 정범으로 책임을 지게 되는 것이다. 이리하여 과실의 공동정범이라는 법형상의 존재 의미도 일부실행·전부책임을 인정한다는 데에 있다고 할 것이다.

V. 승계적 공동정범의 문제

1. 문제제기

승계적 공동정범을 인정하건 부정하건 이것도 공동정범의 한 유형으로서 문제삼고 있는 한, 승계적 공동정범의 문제는 공동정범의 본질론 및 정범과 공범의 구별기준에 관한 이론에 직결되어 있다.[46)]

승계적 공동정범에 관해서는 그 개념 자체를 인정할 필요성이 있는지 여부와 인정할 경우 그 성립범위가 주된 논의의 대상이지만, 최근에 와서는 승계적 공동정범의 성립이 가능한 최후의 시점에 관한 논의도[47)] 새롭게 시작되고 있다. 이 논문은 승계적 공동정범이라는 독자적인 형상을 부정하는 입장을 논증하고자 하기 때문에, 승계적 공동정범의 성립이 가능한 최후의 시점에 관한 논의는 자연히 그 의미를 상실하게 된다. 따라서 전자의 두 가지만을 다루고자 한다.

2. 승계적 공동정범의 개념 필요성에 관한 논의

공동정범의 한 유형으로서 승계적 공동정범의 개념을 인정할 것인가에 대해서 그 논의방향은 두 가지로 나뉜다. 하나는 승계적 공동정범의 개념이 필요한가의 여부를 승계적 공동정범이라는 독자적인 유형이 성립 가능한가와 연계시켜 파악하는 입장이고,[48)] 다른 하나는 독자적 유형으로서의 승계적 공동정범의 성립가능성 문제와는 분리시켜, 오로지 범행의 결의가 성립된 시점에 따른 유형분류의 의미만으로서도 승계적 공동정범의 개념은 존재의미(存在意味)가 있다고 하는 입장이다.[49)]

전자의 입장은 후행자가 가담한 이후의 범행부분에 대해서만 선·후행자 간에

---

46) 하태훈, 승계적 공동정범, 고시계, 1994. 3, 29면.
47) 박상기, 승계적 공동정범, 고시계, 1988. 6, 38면 이하; 이보영, 승계적 공동정범논고, 김종원 교수 화갑기념논문집, 1991, 489면; 하태훈, 앞의 논문, 31면 이하.
48) 이형국, 형법총론, 1996, 333면; 박상기, 형법총론, 1997, 399면; 손해목, 형법총론, 1996, 1009면 이하; 김일수, 한국형법Ⅱ, 324면 이하.
49) 이재상, 형법총론, 1999, 440면 이하; 同人, 승계적 공동정범, 고시연구, 1988. 10, 118면; 하태훈, 앞의 논문, 29면.

공동정범이 성립할 수 있다면, 이것은 공동정범의 일반원리(一般原理)에 의한 당연한 귀결이므로 별도의 승계적 공동정범이라는 개념은 필요 없고, 반면에 선행자의 행위부분을 포함한 전체 범행에 대해서 선·후행자 간에 공동정범의 성립을 인정할 경우에만 승계적 공동정범이라는 개념은 존립할 의의가 있다고 본다.

후자의 입장은 승계적 공동정범의 개념내용은 공동의 범행의사의 성립시기 및 그 형태에 관계된 것일 뿐, 후행자가 공동 가담하기 이전에 선행자가 단독으로 행한 행위에 대해서도 후행자에게 그 책임이 승계적으로 귀속되는가의 문제에는 관련되지 않는 것이라고 한다. 즉 승계적 공동정범이라는 용어는 후행자에게 그가 개입하기 전에 선행자에 의해서 실행된 행위를 포함한 전체 범행에 대한 공동정범의 성립여부에 대해서 어떤 입장을 취하는가에 관계 없는 중립적인 용어라는 것이다.[50] 이 입장에 따르면 후행자가 공동으로 가담한 이후의 범행에 대해서만 공동정범을 인정하여 이것을 승계적 공동정범라는 용어로 지칭하는 것만으로도 이 개념은 존재의의가 있다고 본다. 이러한 의미의 승계적 공동정범은 적어도 공동의사의 성립시기에 관한 한, 다른 두 유형인 예모적 공동정범 및 우연적 공동정범과 구별되고, 따라서 그 한에서는 승계적 공동정범 개념이 공동정범의 유형구별기능을 갖는다는 것이다.

생각건대 승계적 공동정범의 개념을 선행자의 행위부분을 승계하여 후행자에게 전체 범행에 대한 공동정범의 책임을 귀속시킬 수 있느냐의 문제와 연계시키지 않고, 단지 후행자가 가담한 이후의 행위부분에 대한 공동정범을 지칭하는 것만으로 한정짓는다면, 승계적 공동정범이라는 개념을 별도로 사용할 필요는 없다고 본다. 승계적 공동정범 개념을 단지 후행자가 공동으로 참가한 이후의 범행에 대해서 성립하는 공동정범을 지칭하는 것이라면, 이것은 결국 우연적 공동정범과 구별되지 않기 때문이다. 즉 승계적 공동정범이 성립되는 부분에 대해서만 본다면, 결국 선행자와 후행자는 행위시에 공동의 범행의사를 형성한 셈이 되어 우연적 공동정범과 구별되지 않는다. 공동의 범행의사의 상통이 있기 이전의 선행자만의 범행의사 및 행위를 포함한 전체 범행에 대한 공동의 범행의사를 후행자에게도 인정할 때에만, 공동의사의 성립시기의 면에서 승계적 공동정범과 우연적

---

50) 하태훈, 앞의 논문, 29면.

공동정범은 차별화된다.

뿐만 아니라 후자의 입장처럼 승계적 공동정범의 개념내용을 선행행위에 대한 후행자의 공동정범의 귀책여부와는 무관한 중립적인 개념으로 설정하면서, 오로지 공동의사의 형성이 선행자가 이미 착수한 행위의 도중에 이루어지는 경우를 지칭하는 개념으로 개념내용을 제한하여 사용하는 것이라면, 그 개념은 학문적으로나 실무적으로나 특별한 논의의 대상이 될 수 없을 것이다. 이것은 마치 예모적 공동정범과 우연적 공동정범의 개념구분이 학문적으로나 실무적으로 별다른 논의의 대상이 되지 못하는 것과 마찬가지이다. 승계적 공동정범의 개념에 대하여 후자의 입장처럼 공동의 범행의사의 성립시기에 따른 공동정범의 유형구별기능만을 인정하는 것이라면, 그러한 개념은 있어도 없어도 별 차이가 없을 것이다.

문제는 전자의 입장을 취할 때이다. 이 입장을 취하면 승계적 공동정범의 개념이 독자적인 존립의의를 갖자면, 선행행위를 포함한 전체 범행에 대하여 선·후행자 간의 공동정범의 성립을 긍정하여야 한다. 따라서 승계적 공동정범의 개념을 사용할 것인가의 문제는 곧 전체 범행에 대한 공동정범의 성립을 인정할 수 있는가의 여부에 따라 대답을 달리하게 된다. 그리고 여기서 전체 범행에 대한 공동정범의 성립을 인정할 수 있느냐의 문제는 결국 독자적인 유형으로서의 승계적 공동정범의 인부문제(認否問題)이다.

3. 승계적 공동정범의 인부(認否)

승계적 공동정범의 인부에 대해서는 전통적으로 적극설(긍정설)과 소극설 (부정설)이 대립하여 왔으며,[51] 각 견해에 대한 찬반논거도 이미 충분히 거론된 것

---

51) 우리 대법원의 입장은 소극설을 취하며(대표적인 판례는 대판 1982. 6. 8., 82도884: 연속된 히로뽕제조행위 전체가 포괄하여 一罪를 구성하는 경우 도중에 공동정범으로 가담한 자는 비록 그가 범행에 가담할 때 이미 이루어진 종전의 범행을 알았다 하더라도 그 가담 이후의 범행에 대해서만 공동정범으로 책임을 진다), 학설은 과거 적극설이 다수설이었으나, 이제 소극설이 다수설로 된 듯하다. 반면에 독일에서는 연방법원이 이전의 제국법원의 판례(사후고의에 대해 형사책임이 부과될 수 없으므로 선행자가 이미 종료한 부분에 대하여 후행자에게 책임을 지울 수 없다는 소극설의 입장을 취함)와는 달리 1952. 4. 24., BGHSt. 2, 344 판결에서 적극설의 입장으로 선회하면서 학설상으로도 적극설이 많은 지지를 받았던 적이 있었으나, 이제는 소극설이 점점 유력해지고 있다(이형국, 형법연구Ⅱ, 1986, 597면).

으로 판단된다. 그런데 후행자가 가담하기 이전에 선행자가 단독으로 행한 범행을 후행자에게 귀속시킨다는 것은 일반적 귀속의 주관적 요건으로 보나 객관적 요건으로 보나 불가능하다고 보아야 한다.

범행의 주관적 요소와 객관적 요소는 상호 분리된 채 존재할 수 없다. 객관적 요소는 주관적 태도의 외부적 표출이고, 주관적 요소는 객관적 요소에 대한 내적 태도이다. 이는 고의범행은 물론이고 과실범행에서도 다름이 없다. 즉 법익 침해 내지 위태화라는 객관적 요건은 그것이 주의의무위반이라는 내적 태도의 외부적 표출이라고 볼 수 있을 때에만, 그리고 주의의무위반이라는 주관적 요건은 그것이 구체적 결과야기에 대한 내적 태도일 때에만 의미를 갖는다. 이러한 주관적 요소와 객관적 요소의 의미론적 합일체가 행위요 범행인 것이며, 그러한 주・객관의 합일체의 주체가 바로 그 범행에 대하여 책임을 지는 것이다.

고의 공동정범의 주관적 요건인 '공동의 의사'와 객관적 요건인 '공동의 실행'의 관계도 다를 바 없다. 적극설에 따르면 후행자가 선행자의 앞선 범행을 사후에 인식・인용함으로써 그 범행에 대해서까지도 공동의 의사가 형성된다고 한다. 이러한 사후적(事後的) 공동의사(共同意思)라는 것이 개념적으로 가능한가부터 의문이지만, 개념적으로 인정한다 하더라도 그것은 범행의 주관적 요소일 수는 없다. 범행의 주관적 요소는 그것이 범행의 객관적 요소에 대한 내적 태도로서 의미를 가질 때에만 범행의 요소일 수 있기 때문이다. 적어도 선행자의 앞선 행위 속에는 그러한 사후적(事後的) 공동의사(共同意思)가 내적 태도로서 작용하고 있지 않았음은 너무도 자명하다. 바꾸어 말하면 선행자의 앞선 행위는 결코 사후적 공동의사의 객관적 표출이 아니다. 또한 독일 연방법원이 적극설에 찬동하는 취지로서 제시하는 논거, 즉 방조범에게는 그가 가담한 시점과 관계없이 정범에 의해 실현된 모든 가중사유가 귀속되는데, 공동정범은 방조범의 경우와 구별 여 실행에 가담한 시점에 따라 제한할 이유가 없다는 논거도 설득력이 없다. 이 논거는 공범의 처벌근거인 종속성과 공동정범의 처벌근거인 실행행위성 — 비록 공동의 실행이기는 하지만 — 의 차별성을 간과하고 있다.

뿐만 아니라 법정책적인 면에서 보더라도 승계적 공동정범을 인정해가면서까지 공동정범의 귀책범위를 확장시킬 이유는 없을 것이다.[52] 이리하여 이미 제시되었던 소극설의 다양한 타당근거와 더불어 판단할 때 승계적 공동정범은 부정됨이 타당하다고 생각한다.

그런데 기본적으로는 소극설의 견해를 취하면서도 예외적으로, 특수한 구조로 된 범죄유형에 대해서는 승계적 공동정범을 인정하여야 한다는 주장이 제기되고 있어 주목된다. 즉 예외적(例外的) 적극설(積極說)이라 부를 수 있는 견해이다. 예컨대 사기죄나 계속범의 경우와 같이 객관적 구성요건행위가 서로 인과적 과정으로 연결되어 있거나(사기죄의 경우) 위법상태를 초래하는 행위와 이를 유지하는 행위가 하나의 구성요건을 실현하는 경우(계속범의 경우)에는 개개의 행위를 독자적인 불법평가의 단위로 분리시키는 것이 불가능하므로, 이러한 특수한 구조로 되어 있는 범행의 경우에는 범행도중에 가담한 후행자에게 범죄 전체에 대한 공동정범의 책임이 귀속되어야 한다는 견해이다.[53]

예컨대 강도죄의 경우 폭행행위 종료 후 취거행위에만 가담한 경우에는 폭행과 취거가 각각 독립된 불법단위로서 폭행죄와 절도죄의 범행으로 취급되기 때문에 선행행위와 후행행위가 분리될 수 있고, 따라서 강도죄 전체가 아니라 절도죄에 대해서만 공동정범이 인정될 수 있다. 반면에 사기죄에서는 기망행위, 재물 또는 이익을 교부받는 행위 등은 각각 독립된 불법단위를 이루지 못하고 모두가 불가분적으로 결합하여 전체로서만 하나의 불법단위를 이룰 수 있기 때문에, 이들 중에서 일부가 선행자에 의해 이루어지고 난 후에 후행자가 가담했다면, 후행자는 자신이 공동으로 가담한 행위와 불가분적으로 결합되어 있는 선행행위를 포함한 전체에 대해서 공동정범의 책임을 진다는 견해이다.

이러한 견해에 대해서는 법정책적인 면에서 스스로 선판단(先判斷)에 의하여 합목적적이라고 생각하는 결론을 먼저 전제하고, 그 결론으로 이르기 위한 논증을 하고 있지 않나 하는 의문을 제기할 수 있다. 이 견해가 승계적 공동정범을 인정할 수 있다고 보는 범죄유형과 인정할 수 없다고 보는 범죄유형의 차이는 단순하다. 다행위범(多行爲犯)에서 그 요소로 되어 있는 개개의 행위가 독립된 불법단위로 되어 있느냐 그렇지 않느냐의 차이이다. 즉 전자의 경우는 개개의 행위만으로써도 불법평가의 단위가 될 수 있으므로 개개의 행위는 가분적이고, 따라서 후행자가 공동으로 가담한 이후의 행위에 대해서만 공동정범이 성립하는 것

---

52) 같은 입장, 박상기, 총론, 1997, 400면.
53) 하태훈, 앞의 논문, 37면 이하; Rudolphi, Bockelmann-FS, S. 377 ff.

이 가능한 반면에, 후자의 경우에는 그렇지 못하므로 전체에 대한 공동정범을 인정하지 않는다면 후행자에게 어떠한 정범책임도 귀속시킬 수 없게 된다. 후행 자가 가담한 행위부분만으로써는 독립된 불법평가의 단위가 아니기 때문이다.

후자의 경우에 후행자에게는 어떠한 정범책임도 귀속시킬 수 없다는 이러한 결론을 놓고 볼 때, 판단하기에 따라서는 이 결론을 법정책적으로 타당하지 못하다고 생각할 수도 있을 것이다. 후행자가 가담하는 자세로 보면, 분명히 어떤 형태, 어떤 내용으로든지 정범적 책임을 귀속시켜야 할 것으로 비칠 수도 있기 때문이다. 따라서 승계적 공동정범을 원칙적으로는 부정하면서도 이러한 결론을 피하기 위해서는, 다행위범을 서로 분리될 수 있는 독립된 불법 단위의 행위들로 구성된 것과 서로 독립된 불법단위로 분리될 수 없는 행위들로 구성된 것으로 구분하여 해결하는 방법밖에 없었을 것이다. 그러나 법정책이 법도그마틱을 좌우할 수는 없다. 그렇게 되면 이미 도그마틱이 아니기 때문이다. 도그마틱이 허용할 수 없는 법정책의 요구는 입법적인 해결로 접근할 문제이다.

예컨대 예외적 적극설을 따른다면, 폭행과 절취가 각각 비범죄화되어 이제 그것들이 독립된 불법단위가 아니라면 강도행위에서 폭행과 절취는 불가분적으로 결합되고, 따라서 폭행 후 절취에만 가담하더라도 강도죄 전체가 후행자에게 공동정범으로 귀속된다는 결론에 이를 것이다. 반면에 기망행위와 정당한 근거 없이 타인에게 재산상의 손해를 야기하는 이익취득행위를 각각 독자적으로 처벌하는 구성요건이 만들어진다면, 이제 법적 평가가 가분적이 되었으므로 기망 후 재산상의 이익취득행위에만 가담한 후행자에게 가담 후의 행위에 대해서만 공동정범을 인정할 수 있게 된다는 결론에 이를 것이다.

그런데 이러한 예외적 적극설은 도그마틱의 관점에서 수긍하기 어렵다. 선후행위가 독립된 불법단위로서 가분적이냐 불가분적이냐에 따라서 선행행위에 대한 후행자의 공동지배의 여부가 좌우된다고 하는 것은 납득하기 어렵기 때문이다. 다행위범을 구성하는 각각의 행위를 독립된 불법단위로 할 것이냐의 문제는 범행에 대한 정범귀속의 척도인 범행지배의 문제와는 완전히 다른 차원의 문제이다. 강도죄에서 폭행과 취거의 관계는 사기죄에서 기망과 취득행위의 관계와 구조적으로 크게 다르지 않다.[54] 다만 법적 평가의 단위를 달리하고 있을 뿐이다. 강도죄에서는 각각 독립된 평가단위를 결합하여 다시 강도라는 또 하나의 독립된 평가단위로 한 반면에, 사기죄에서는 각각 개별적으로는 독립된 평가단위가 아닌 것을 결합하여 비로소 하나의 평가단위로 했을 뿐이다. 그러나 평가단위의 차별성이 공동지배의 여부를 결정하는 근거로 될 수는 없다. 단순한 취거만의 공동이 강도 전체에 대한 공동지배의 근거가 될 수 없다면, 단순한 이익취득만의 공동도 사기 전체에 대한 공동지배의 근거가 될 수 없다고 보는 것이 사리에 합당할 것이다.

이러한 비판은 감금죄와 같은 소위 계속범에 대해서도 마찬가지다. 위법상태의 실현행위와 그것의 유지행위가 법적으로 불가분적인 하나의 감금행위로 평가되는 것은 법적 평가의 단위설정의 문제이다. 양 행위의 유기적인 결합성과 그 불법의 동질성 때문에 법적으로 불가분적인 하나의 평가단위로 취급하는 것이다. 그렇다고 해서 위법상태 유지행위를 지배하면 시간적으로 이미 앞서 이루어진 위법상태 실현행위까지 자동적으로 지배하게 된다는 논리는 성립될 수 없다. 평가단위의 설정문제와 구체적 범행에 대한 지배문제는 별개의 서로 다른 차원에 놓인 문제이기 때문이다. 따라서 위법상태 유지행위에만 정범으로 관여한 자는 그 부분에 대해서만 선행자와 공동지배를 할 수 있을 뿐이다. 다만 위법상태 유지행위만으로도 그 자체 감금행위로 포섭될 수 있기 때문에, 결과적으로는 후행자도 감금죄의 공동정범으로 책임을 지겠지만, 구체적으로 각자의 정범으로서의 범행내용은 같지 않다. 즉 선행자는 감금상태의 야기와 그 유지행위 전체에 대해서 감금죄의 정범으로 책임을 지게 되겠지만, 후행자는 감금상태의 유지행위에 대해서만 감금죄의 정범으로 책임을 질 뿐이다.

이러한 차이는 예컨대 선행자의 감금상태 야기행위로 인하여 피감금자에게 상해의 결과가 발생했을 때, 선행자는 과실의 유무에 따라서 감금치상의 죄책을 질수도 있겠지만, 후행자에게는 상해의 결과에 대해서는 어떠한 책임도 질 수 없다. 그런데 예외적 적극설에 의하면, 후행자에게도 과실의 유무에 따라 감금치상의 성립여부를 판단하려고 할 것인데, 이는 수긍하기 어렵다. 치상의 결과는 후행자와는 아무런 관련이 없기 때문이다.

---

54) 전후행위간의 수단·목적관계 및 인과적 연결관계 등에서 구조를 같이한다. 그런데 통설·판례와는 달리 강도죄에서 폭행과 취거 사이에 수단·목적관계만 있으면 충분하고, 인과관계는 불필요하다는 견해(김일수, 한국형법Ⅳ, 93면 이하)도 있다.

  이상의 검토에 따를 때, 후행자에게 그가 가담하기 이전의 선행행위까지 포함해서 전체 범행에 대한 공동정범의 책임을 귀속시킬 수는 없고, 이러한 원리가 배제되는 예외적인 특수한 범죄유형이 있는 것도 아니다. 그렇다면 결국 승계적 공동정범은 그 독자적인 실체를 갖고 있지 못한 개념이라 해야 할 것이다.

공동정범의 본질론에 대한 재검토

조 현 영*

Ⅰ. 들어가며

교수님께서는 제게 진정한 학문에 대한 열정과 전문성의 중요성을 알게 해주셨고 다른 것들을 고려하지 않고 오직 학문에 몰두할 수 있도록 해주셨습니다. 교수님의 논문을 이해하고 정리하는 과정 자체가 저에게 큰 배움이 되었습니다. 그래서 서평보다는 논문 내용을 최대한 이해한 대로 요약해보려고 합니다.

Ⅱ. 시각의 변화

공동정범에서 본질적인 문제는 무엇을 공동으로 하는 것이냐가 아니라 어떻게 공동으로 하는 것이냐이므로, 근본적인 시각의 전환이 필요하다는 평가가 주류를 이루고 있다. 공동의 대상과 공동의 구조는 서로 다른 차원의 문제이다. 즉, '무엇을' 공동하느냐와 '어떻게' 생각건대 공동의 대상과 공동의 구조는 서로 다른 차원의 문제이다. 즉 '무엇을' 공동하느냐와 '어떻게' 공동하느냐는 서로 다른 두 가지 물음인 것이다. 공동의 대상과 공동의 구조의 문제는 모두가 공동정범의 성립 여부 및 그 범위의 확정을 위한 것임을 알 수 있고, 결국 공동정범이라 할 수 있기 위해서는 관여자가 '무엇을' '어떻게' 공동하여야 하는가를 묻는 것이므로 둘 다 공동정범의 본질론으로 다루어야 할 것이다.

Ⅲ. 공동의 대상

1. 범죄공동설

범죄공동설은 하나의 동일한 특정범죄를 수인이 공동으로 실현하는 것이 공동정범이므로, 공동정범은 '수인일죄'로만 성립될 수 있다고 한다. 그런데 '수인일죄'에서 일죄를 어떻게 파악하느냐에 따라서 범죄공동설은 다시 고의공동설, 구성요건공동설, 부분적 범죄공동설로 견해가 나뉜다.

---

* 부산대학교 대학원 법학과 석사수료.

먼저 고의공동설은 범죄공동설의 원형으로서 1개의 동일한 고의범을 공동으로 실현할 때에만 공동정범이 성립한다는 견해이다. 고의공동설에 의하면 예컨대 갑, 을, 병 3인이 공동으로 관여하여 정을 살해한 경우에 3인 모두 살해의 고의를 공동으로 가졌을 때에만 공동정범이 성립할 수 있다고 한다.

다음으로 구성요건공동설은 공동정범의 '성립'과 관여자 각자에게 귀속되는 '책임'을 분리하여 고찰하려고 한다. 그리하여 공동정범의 성립은 객관적인 구성요건충족의 문제로서 이해하고, 책임은 각자의 고의의 범위 내에서 개별적으로 논하면 된다는 견해이다. 위의 예에서 갑, 을, 병은 객관적 구성요건의 충족, 즉 살해결과의 실현에 공동으로 관여했기 때문에 최종의 완결범죄, 즉 살인죄의 공동정범이 성립하고, 각자의 책임만은 개별화하여 각자의 고의범위 내에서 갑은 폭행죄, 을은 상해죄, 병은 살인죄로 처벌하면 된다는 견해이다.

마지막으로 부분적 범죄공동설은 공동하는 수인의 죄가 각각 다른 경우라 할지라도 그 수 개의 죄가 구성요건적으로 중첩하는 때에는 그 중첩하는 범위 내에서 공동정범의 성립을 인정하고, 각자의 죄책은 그들의 고의 내지 과실의 범위에 따라 각자 단독범으로서 부담한다는 견해이다. 예컨대 위의 예에서 본다면, 갑, 을, 병의 행위는 서로 다른 구성요건에 해당하지만, 을의 상해의사나 병의 살해의사 속에는 폭행의사가 포함되고, 실행행위로서의 폭행행위는 서로 중첩되므로 3인 모두에 대하여 일단 폭행죄의 공동정범이 성립하고, 각자의 책임은 각자의 고의, 과실의 범위 내에서 부담한다. 즉 갑은 폭행죄로, 을은 상해죄로, 병은 살인죄로 책임을 진다.

2. 행위공동설

행위공동설은 '수인수죄(數人數罪)'에 대해서도 공동정범의 성립을 인정한다. 즉 사람은 타인과 협력함으로써 자기의 목적을 효과적으로 달성할 수 있는 것이므로, 행위를 공동함으로써 상호 간의 자기 행위에 의하여 다른 공동자의 행위를 보충하고 그 상대방의 행위는 자기 행위의 연장으로서 자기의 행위로 평가받는다. 그러므로 공동행위에서 발생된 모든 결과가 각자에게 귀속된다. 즉 이 공동관계 때문에 인과관계가 공동으로 고찰된다는 데에 공동정범의 본질이 있다고 보는 견해이다. 그런데 행위공동설은 공동의 대상인 행위를 어떻게 이해할 것인가와 관련하여 공동의 대상인 행위를 구성요건적 행위로 이해하는 입장으로 바뀌었다. 이 입장을 구성요건적 행위공동설이라 부른다. 우리나라에서 행위공동설을 지지하는 학자는 모두가 구성요건적 행위공동설을 취한다.

행위공동설에 따르면 공동관계는 동일한 하나의 범죄사실에 대해서 성립할 수도 있고, 수 개의 범죄사실에 대해서도 성립할 수 있다. 고의범 상호 간은 물론이고, 고의범과 과실범, 과실범 상호 간에도 공동정범은 성립한다고 한다. 앞의 예를 행위공동설에 따라서 본다면, 갑의 폭행죄와 을의 상해죄 그리고 병의 살인죄는 공동정범의 관계에 있게 된다.

3. 학설에 대한 평가

공동의 대상에 관한 위의 다양한 학설 중에서 오늘까지도 그 생명력을 인정받을 만한 것은 부분적 범죄공동설과 구성요건적 행위공동설이라 생각된다. 그런데 사실 부분적 범죄공동설에 의하거나 구성요건적 행위공동설에 의하거나 결과적으로 공동의 대상으로 인정되는 범위에서는 별다른 차이가 없다. 그 이유는 공동정범의 문제에 관하여 오늘날 기본적으로 두 가지 관점에서 인식이 일치하기 때문이다.

첫째는 공동정범의 문제, 더욱 근본적으로는 정범과 공범의 문제는 범제체계론상 구성요건론에 속한다는 점에 대한 인식의 일치이다. 둘째는 구성요건적 행위란 주관과 객관의 의미론적 통일체로 파악하여야 한다는 점에 대한 인식의 일치이다. 그렇게 되면 결국 구성요건적 행위공동설에서 말하는 행위와 부분적 범죄공동설에서 말하는 범죄는 그 실체에서 접근할 수밖에 없다.

다만 범죄공동설과 행위공동설의 가장 근본적인 차이는 부분적 범죄공동설과 구성요건적 행위공동설에서도 그대로 유지되고 있는데, 이 점에 대한 평가가 양 학설의 운명을 좌우한다고 볼 수 있다. 즉 범죄공동설은 공동정범을 기본적으로 수인일죄로만 성립될 수 있는 것으로 보는 반면, 행위공동설은 수인일죄뿐만 아니라 수인수죄로도 공동정범이 가능할 뿐만 아니라, 오히려 이 수인수죄의 성립을 공동정범의 기본형으로 본다는 점이다. 공동정범은 그 귀책의 면에서 일부실행·전부책임의 원리가 적용된다는 데에 존재의미가 있다. 즉 공동정범이 성립되는 범위 내에서는 그 전체에 대하여 공동정범자 각자가 정범으로서 책임을 지는 것이다.

그런데 구성요건적 행위공동설에 따르면 공동정범의 성립과 귀책이 일치하지 않는다. 즉 상해(치사)죄와 살인죄가 공동정범의 관계에 있다고 하면서도 그 귀책은 갑은 상해(치사)죄 을은 살인죄의 책임을 진다는 것이다.

일부실행·전부책임의 원리대로 한다면, 위의 예에서 상해(치사)죄와 살인죄의 공동정범이라면 갑, 을 모두에게 상해(치사)죄와 살인죄의 정범으로 책임을 물어 결과적으로 갑, 을 모두를 살인죄로 처벌하여야 할 것이다. 그러므로 구성요건적 행위공동설은 공동정범의 귀책원리인 일부실행·전부책임을 붕괴시키는 결과를 초래하고, 이는 바로 공동정범의 존재의미와 결별하게 하는 결과를 초래한다.

따라서 일부실행·전부책임의 원리에 충실한 부분적 범죄공동설이 더 타당한 것으로 생각된다. 물론 참여자의 고의, 과실이 각자 다를 경우 종국적으로 각자에게 귀책되는 책임은 다를 수 있다. 하지만 중첩되는 한도 내에서만 공동정범이 성립되고, 공동정범이 성립되는 한도 내에서는 각자가 그 전부에 대하여 책임을 진다는 점에서 공동정범의 일부실행·전부책임의 원리는 유지되고 있는 것이다.

다만 부분적 범죄공동설은 구성요건적 정형성 지나치게 얽매이는 단점이 있다. 예컨대 갑은 강도의 의사로서, 갑은 강간의 의사로서 폭행만을 공동으로 하였는데 피해자에게 상해의 결과가 발생하였다고 하자. 부분적 범죄공동설에 의하면 구성요건적 정형성이 완전히 일치하는 폭행(치상)죄의 공동정범은 성립하나, 강도치상과 강간치상은 구성요건적 정형성을 달리하므로 공동정범의 관계가 성립하지 않는다. 따라서 갑에게 강도치상이 성립하려 갑과 을의 공동의 폭행에 의하여 상해의 결과가 발생하였다는 것만으로는 부족하고 갑의 폭행으로 인하여 상해의 결과가 발생하여야 한다고 할 것이다. 마찬가지로 을에게 강간치상이 성립하기 위해서는 을의 폭행으로 상해의 결과가 발생하여야 한다. 즉 강도치상과 강간치상은 각각 단독범으로 성립하는 것이므로, 자기의 행위에 의해서 발생된 결과에 대해서만 책임을 부담하게 된다.

그러나 이러한 해결은 부당하다. 각자의 범행목적은 다르다 할지라도 각자의 범죄 중에 중첩되는 범행이 포함되어 있고, 그 범행에 대하여 공동정범의 관계가 성립한다면 그 범행으로 인한 중한 결과가 발생했을 경우에, 그 결과는 공동으로 수행된 범행에 공동으로 귀속되어야 한다. 즉 각자의 범행목적이 강도 또는 강간으로서 서로 다르다 할지라도, 치상의 결과가 공동정범의 관계에 있는 폭행으로 인한 것이라면, 치상의 결과와 인과관계가 검토되어야 할 행위는 공동의 폭행행위이지 갑 또는 을의 개별적인 폭행행위가 아니다.

갑과 을 사이에는 폭행죄 부분에 대해서만 공동정범이 성립하고 갑의 강간치상과 을의 강도치상은 단독범으로 성립하더라도, 피해자에게 발생한 상해의 결과가 갑과 을의 공동폭행에 의한 것이라면 인과관계 및 객관적 귀속은 갑·을의 공동의 전체 폭행과 상해 결과 사이에서 검토되어야 한다. 이러한 결론은 독일의 판례와 다수설이 인정하는 소위 '부분적 공동정범'(teilweise Mitäterschaft)개념에 따른 해결과 일치한다.

Ⅳ. 공동정범의 정범표지

1. 정범표지의 구성요건 의존성

정범은 개별 구성요건에 범행의 주체로 기술되어 있다. 즉 개별 구성요건은 범죄 주체 중에서 정범 주체만을 규정하고 있는 것이다. 그런 면에서 정범표지는 당연히 개별 구성요건에 의존되지 않을 수 없다.

그러나 하나의 구성요건을 실현하는 데에 여러 사람이 관여했을 경우, 누구를 정범행위의 주체로 귀속시키고, 또 누구를 공범행위의 주체로 귀속시킬 것인가에 대해서는 개별 구성요건은 아무말도 해 주지 않는다. 이렇게 볼 때, 정범 및 공범의 귀속문제는 일차적으로는 개별 구성요건의 심사에서 출발하되, 종국적으로는 총칙의 정범 및 공범규정의 해석론으로 이르러 갈 수밖에 없음을 알 수 있다. 기술된 범죄주체는 결코 정범귀속과 공범귀속을 구별짓는 표지로서 기능하지는 못한다.

정범표지에 영향을 미칠 수 있는 개별 구성요건요소에 따라 유형화한다면, 먼저 특수한 정범표지의 존재유무에 따라서는 일반범과 신분범으로, 그리고 범행의 성질과 구조에 따라서는 지배범과 비지배범, 그리고 행위자 또는 행태의미 의존범으로 유형화할 수 있다. 그런데 오늘날 개별 구성요건에서 정범주체의 범위와 자격을 특별히 제한하지 않는 소위 일반 지배범의 경우에는 누구나 구성요건적 행위 및 결과를 지배하기만 하면 정범이 될 수 있다고 보고, 그러한 유형의 구성요건들을 지배범으로 그룹화하는 데에 견해가 일치하고 있다.

2. 지배범의 정범표지

지배범에 대한 (공동)정범의 정범표지를 (기능적)범행지배로 이해하는 데 대해 독일과 우리나라에서 거의 동일한 견해를 가지고 있다. 지배범은 범행을 지배하는 역할을 하는데, 이를 기능적 범행지배로 이해한다.

Ⅳ. 공동정범의 정범표지의 내용

1. 기능적 범행지배의 개념정의

기능적 범행지배는 전체 범행의 실현에 없어서는 안 될 기능을 각자가 협동적으로 분담함으로써 전체 생기를 공동으로 지배한다는 것을 의미하는 것으로서 공동정범의 정범표지에 해당한다. 기능적 범행지배는 항상 공동정범자들이 수평적 관계에서 전체 범행을 공동 내지는 집단으로 지배하는 것이다. 각자는 자기 없이는 전체 범행의 실현이 불가능하다는 측면에서 소극적이나마 전체 생기를 공동으로 지배하고 있는 셈이며, 동시에 자기만으로써는 범행의 실현이 불가능하지만 타 관여자와 공동함으로써 범행을 완전히 수행할 수 있다는 측면에서는 적극적인 공동의 지배를 하고있는 것이다.

이렇게 볼 때, 기능적 범행지배는 각자가 분담한 역할이 상호 간에 일정한 관계 속에서 작동되고, 또 그것들이 전체 범행의 실현에 일정하게 기능을 할 때 인정되는 귀속표지로서, 이것은 각자의 기능 상호 간의 관계에 대한 평가와 전체 범행에 대한 각각의 기능의 의미에 대한 평가를 통해서만 판단될 수 있다. 그런데 기능적 범행지배의 판단을 위한 이러한 평가를 위해서는 객관적인 요소와 주관적인 요소가 동시에 고려되어야 한다.

2. 객관적 요소

각자의 맡은 역할에 따른 각자의 협력이 범행을 실현하는 데 본질적인 부분을 이룰 때, 기능적 범행지배의 객관적 요소는 충족된다. 즉 각자의 기능이 구체적인 범죄의 실현에서 본질적인 의미를 가질 때, 기능적 범행지배가 인정된다. 기능이 본질적인 의미를 갖는지의 판단은 결국 구체적인 사례에서 법관의 몫으로 돌아가겠지만, 그 판단의 척도로서는 몇 가지가 제시되고 있다. 첫째, 전체 범행의 수행과정에서 각자의 역할들은 상호 간에 독자적이고 대등한 관계에 있어야 한다. 일관여자(一關與者)의 기여와 타관여자(他關與者)의 기여는 그 기능 면에서 전체 범행을 위하여 '상호' 보완 내지 보충하는 관계에 있어야 한다. 즉 각각의 범행기여는 주종의 대등적 수평관계에 놓여 있어야 한다. 이것은 구조적으로 '공동'의 지배가 되기 위한 최소한의 요구이다. 둘째, 각자의 임무는 범행의 실현을 위하여 필요불가결한 것이어야 한다. 즉 사후적으로 평가하여 그 기여가 없었더라도 범행의 실현에는 지장이 없었을 것으로 판단되는 경우에도, 사전적인 판단으로 그 기여가 전체 범행의 실현에 중요하게 전제되어 있었다면 필요불가결성은 인정된다. 셋째, 각자역할의 상호의존성과 내적 결합성이다. 각자는 상호 간에 타인에게 지향되어 있으므로, 모두가 공동하여서만 범행을 실현할 수 있는 관계 속에 있어야 한다.

각자의 임무는 전체 범행을 실현함에 있어서 필요불가결한 독자적인 기능을 수행하면서, 동시에 각자의 범행은 타 관여자의 범행을 전제로 할 때에만, 그리고 또 타 관여자의 범행과 더불어 할 때에만 전체 범행에 대한 범행으로서의 의미를 가지게 될 때, 그 각자들은 전체 범행을 기능적으로 지배하는 것이 된다.

3. 주관적 요소

(1) 고의(故意) 지배범(支配犯)의 주관적 요소

고의 지배범의 경우 공동정범의 주관적 요소에 대해서는 견해가 거의 일치하고 있다. 첫째는 공동의 범행결의이다. 관여자들의 객관적인 범행기여가 상호 의존되기 위해서는 먼저 공동정범자가 상호 의존되어 있어야 한다. 그리고 이러한 공동정범자의 상호 의존성을 인적(人的)으로 매개하는 것이 의사의 합치로서의 공동의 범행결의이다. 둘째, 범행기여의 객관적인 상호의존성과 내적 결합성에 대한 상호 인식이다. 공동의 범행결의가 관여자 각자를 결의된 전체 범죄에로 연결시키는 주관적 '정범'요소라면, 범행기여의 객관적인 상호 의존성과 내적 관련성의 인식은 관여자 각자를 수평적 대등관계로 연결시키는 주관적 '공동성'요소이다. 따라서 양자가 통합하여 '공동''정범'의 주관적 요소가 되고, 양 요소의 결합구조를 보면 공동의 범행결의는 둘째의 주관적 요소에 대한 존재론적 토대가 된다.

(2) 과실(過失) 지배범(支配犯)의 주관적 요소

과실범의 공동정범의 주관적 요건은 고의범과는 달리 그 어떤 내용일지언정 인식적 또는 의지적 요소로 설정될 수는 없다. 과실의 단독정범에서도 아무런 인식적·의지적 요소를 필요로 하지 않는데, 과실의 공동정범을 위하여 갑자기 그러한 성질의 주관적 요소가 개입될 수는 없을 것이기 때문이다.

공동정범의 객관적 또는 주관적 요소는 모두 단독정범의 객관적 요소와 주관적 요소를 토대로 하여 단독이 아닌 공동으로 되기 위한 변형에 불과한 것이다 따라서 과실범의 공동정범의 주관적 요건은 과실범의 공동정범의 객관적 요건에 대한 인식가능성으로써 족하다. 자신에게 주어진 주의의무와 타인에게 주어진 주의의무가 결과의 발생을 회피하는 데 상호 대등한 위치를 가지고 있을 뿐만 아니라, 그 각각의 주의의무들이 결과회피를 위하여 필요불가결하며, 더 나아가 각각의 주의의무의 준수는 결과발생을 회피시키거나 그 위험성을 감소시키는 상호 작용관계에 있는 것임을 인식할 수 있는 것으로 족하다.

14 재산범죄 일반의 기본 쟁점*

I. 들어가는 말

1. 재산범죄의 범죄학적 의미

오늘날과 같은 대중적 소비사회에서 재물이나 재산이 인간의 삶에 미치는 영향은 가히 절대적이라고 할 수 있다. 글로벌시대를 맞이하여 인간의 삶의 무대는 전 지구촌으로 확대되었고, 의료수준이 높아짐으로써 인간의 평균수명은 늘어가고 있다. 이처럼 공간적으로나 시간적으로 확대된 인간 삶의 무대를 자유스럽고 풍족하게 하는 수단으로서 재산의 의미와 가치는 더욱 커지게 되었다. 물론 인간의 역사에서 인간실존과 인격의 형성 및 발전에 중요한 의미를 갖는 유용한 조건이라는 점에서 재산은 언제나 형법적으로 중요한 의미를 지녀왔다. 그런데 환경의 변화로 인하여 그 의미가 더욱 커졌다. 어떻게 보면 이제 재산이 인간의 생존조건으로서의 의미를 넘어 인간의 삶의 질과 운명을 좌우하는 모양새를 갖게 되었다고 할 수 있다. 즉, 인간이 소유와 재물을 다스리고 누리는 것이 아니라 소유와 재물이 인간을 지배하고 다스리는 역기능이 나타난다는 것이다. 이를 인간이 소유로부터 소외당하는 현상으로 분석하기도 한다.[1] '이제는 머리로 공부하

---

* 비교형사법연구 제15권 제2호(2013) 313-338면에 게재된 글임.
1) 김일수, 한국형법 IV 초판(1994), 6면.

는 시대가 아니라 돈으로 공부하는 시대'라는 말은 오늘날 재산에 대한 인간의 소외상을 희화적으로 잘 드러내는 표현이라 할 수 있다.

타면 재산이 인간의 실존과 인격의 형성 및 발전에 대한 이러한 절대적인 의미 때문에, 재산은 또한 재물이나 재산을 소유하고자 하는 인간의 욕망을 더욱 자극하게 되고, 이는 또 다시 재물이나 재산을 소유하기 위한 다양한 갈등과 침해를 증대시키게 되었다. 이에 더하여 사회 경제적 신분의 양극화현상의 심화, 산업구조의 기술 및 정보의존성의 심화, 그리고 인터넷생활의 확대 등으로 재산범죄들은 날로 새로운 양상으로 확장되고 있다. 따라서 전통적인 재산범죄는 물론이고 새로운 형태로 등장하는 복잡다양한 재산적 갈등과 침해현상 들을 형법의 규범 속으로 포섭 체계화하고 형법규범으로 규율하는 작업은 더욱 중요하게 되었다.

2. 재산범죄의 규범체계 및 분류

(1) 규범체계

재산범죄를 규율하는 규범체계는 일반 형법전과 부수형법 및 특별형법으로 구성되어 있다. 일반 형법전은 전통적인 재산범죄와 최근에 신설된 몇 개의 신종범죄로 구성되어 있다. 즉, 절도와 강도의 죄, 사기와 공갈의 죄, 횡령과 배임의 죄, 장물에 관한 죄, 손괴의 죄, 그리고 권리행사를 방해하는 죄 등의 전통적인 재산범죄에다, 자동차 등 불법사용죄, 컴퓨터 등 사용사기죄, 편의시설부정이용죄, 전자기록 등 특수매체기록 손괴·은닉죄를 신설하여 규율하고 있다. 부수형법 및 특별형법에 규정된 재산범죄로는 「특정경제범죄 가중처벌 등에 관한 법률」 제3조(특정재산범죄 가중처벌), 「상법」 제622조(발기인, 이사 기타의 임원 등의 특별배임), 제623조(사채권자집회의 대표자 등의 특별배임), 제625조(회사재산을 위태롭게 하는 죄), 어업권침해에 관한 「수산업법」 제99조, 특허권 침해에 관한 「특허법」 제225조, 저작권 침해에 관한 「저작권법」 제136조, 기업비밀보호에 관한 「부정경쟁방지 및 영업비밀보호에 관한 법률」 제18조 등이 대표적이다.

(2) 재산범죄의 분류

재산범죄들은 다양한 기준에 따라서 다양하게 분류할 수 있다. ① 보호법익에 따라서는 소유권침해범죄(절도죄, 강도죄, 횡령죄, 재물손괴죄)와 소유권 이외의 특별한 재산적 가치에 대한 범죄(권리행사방해죄, 점유강취죄, 강제집행면탈죄), 그리고 전체로서의 재산에 대한 범죄(사기죄, 공갈죄, 배임죄, 부당이득죄, 장물죄)로 분류할 수 있다. ② 객체에 따라서는 재물죄와(절도죄, 횡령죄, 장물죄, 손괴죄), 이득죄(배임죄), 그리고 재물죄인 동시에 이득죄(강도죄, 사기죄, 공갈죄)로 분류할 수 있다. ③ 영득의사의 유무에 따라서는 영득죄와(절도죄, 강도죄, 사기죄, 공갈죄, 횡령죄, 장물죄 중 장물취득죄) 손괴죄로 나뉜다. ④ 점유침탈방법에 따라서는 탈취죄(절도죄, 강도죄), 횡령죄(횡령죄, 점유이탈물횡령죄),[2] 편취죄(사기죄, 공갈죄)로 분류된다.

Ⅱ. 재산범죄의 기본 요소

1. 재물과 재산상 이익

(1) 재물과 물건

모든 재산범죄는 기본적으로 재물 또는 재산상 이익을 객체로 하고 있다. 즉, 재산범죄는 재물만을 객체로 하는 재물죄, 재산상 이익만을 객체로 하는 이득죄, 그리고 재물과 재산상 이익을 모두 객체로 하는 범죄로 나뉜다. 따라서 재산범죄에서 그 객체인 재물 또는 재산상 이익의 개념을 확정하는 일은 각 재산죄의 포섭범위를 확정하는 데에 중요하다. 그런데 권리행사방해죄나 점유강취죄와 같이 그 객체를 재물이 아니라 '물건'으로 규정한 경우도 있다. 이경우 통설에 의하면 물건은 재물과 같은 의미로 이해된다.[3] 물론 물건을 재물과 구별하는 견해도 있다. 재물은 재산적 가치를 갖는 물건인 반면에, 물건은 재산적 가치를 요하지 않으므로 물건을 재물보다 넓은 개념으로 보는 것이다.[4] 그런데 재물은 경제적 교환가치를 갖는 물건일 필요가 없고, 단지 그 물건에 대한 소유자의 주관적 가치

---

2) 횡령죄를 탈취죄로 분류하기도 한다(정성근/박광민, 형법각론 제1판, 2002, 241면).
3) 김성돈, 형법각론 제2판(2009), 469면; 김일수/서보학, 형법각론 제6판(2004), 525면; 배종대, 형법각론 제8전정판(2013), 611면.
4) 오영근, 형법각론 제2판(2009), 295, 577면.

만 있으면 된다는 통설 판례의 재물개념을 전제로 하면 권리행사방해죄나 점유강취죄도 그러한 소유자의 주관적 가치조차도 없는 물건을 객체로 한 것이라고는 보기 어려우므로, 형법상 재산죄의 객체에서 물건과 재물을 구별할 필요는 없다고 본다.

(2) 재물의 개념 및 범위

1) 재물의 개념

재물의 개념을 두고 유체성설과 관리가능성설이 대립한다. 유체성설은 일정한 공간을 차지하고 있는 유체물만을 재물로 보는 견해이고, 관리가능성설은 사람이 물리적으로 관리할 수 있는 동력이면 유체물뿐만 아니라 전기 기타 에너지와 같은 무체물도 재물이라는 견해이다. 형법은 제346조에서 "관리할 수 있는 동력은 재물로 간주한다."라고 하여 유체물을 기본으로 하면서 관리할 수 있는 동력까지 재물에 포함시키는 입장을 취한다. 유체성설은 형법의 이 규정을 재물개념에 대한 예외규정으로, 관리가능성설은 그것을 확인규정으로 이해한다. 어쨌거나 이 규정이 적용되는 한에서는 이제 재물의 개념에 포섭되는 대상의 범위는 동일하게 정해진다.

다만 이 규정을 재물개념의 예외규정으로 보느냐 아니면 확인규정으로 보느냐는 장물죄와 같이 재물간주규정을 두고 있지 아니한 경우에 관리가능한 동력이 장물이 될 수 있는가 하는 문제와 관련하여 견해의 차이를 가져온다. 예외규정으로 보면, 그러한 예외규정이 없는 경우에는 유체물만이 재물이 될 것이므로 관리가능한 동력의 경우 장물이 될 수 없다고 해야 논리적이고,[5] 반대로 확인규정으로 보면 재물개념 자체를 처음부터 관리 가능한 동력까지 포함하는 개념으로 이해하는 것이므로 그러한 간주규정이 없더라도 자연히 관리 가능한 동력을 장물 개념에 포함시킬 수 있게 된다.[6] 물론 유체성설의 입장에서 재물간주규정의 성격을 예외규정으로 보면서도 간주규정을 준용하는 명문의 규정이 없는 장물죄에

---

5) 김성돈, 앞의 책, 439면; 박상기, 형법각론 제7판(2008), 244면; 배종대, 앞의 책, 351면; 손동권, 형법각론 개정판(2005), §26/17; 정영일, 형법각론 개정판(2008), 256면.
6) 오영근, 앞의 책, §22/12; 이재상, 형법각론 제4판(2000), §22/12; 임웅, 형법각론(상) 초판(2000), 248, 442면; 정성근/박광민, 앞의 책, 243면.

서도 형법 제346조의 간주규정에 대한 체계적인 해석의 원리상 관리할 수 있는 동력도 장물에 포함시키는 견해도 있다.[7] 그리고 이러한 문제는 역시 재물간주규정을 두고 있지 않은 권리행사방해죄나 점유강취죄의 '물건'에 대해서도 제기될 수 있다.[8]

우리 판례는 재물개념에 대하여 어떤 입장인지는 명확하지 않으나, 관리 가능한 동력이 장물이 된다는 태도를 취한다.[9] 생각건대 관리가능성설 및 확인규정설의 입장에 서게 되면 관리 가능한 동력도 장물이 될 수 있다는 점에 대해서는 이론의 여지가 없다. 문제는 유체성설 및 예외규정설을 취하게 되면, 간주규정이 없는 장물죄에서는 당연히 관리 가능한 동력이 장물이 될 수 없다라고 해석해야만 하는가 하는 점이다. 장물의 개념은 '재산범죄로 인하여 영득한 재물'로 정의된다. 여기서 재산범죄는 절도죄, 강도죄 사기죄, 공갈죄, 횡령죄, 장물죄 등을 말한다.[10] 예컨대 관리 가능한 동력을 절취한 후 이를 그 정을 아는 타인에게 양도한 경우 유체성설 및 예외규정설을 전제할 때 그 동력이 장물이 될 수 있는가를 보자. 일단 절도죄에서는 간주규정이 적용되므로 위 동력이 절도죄의 객체인 재물에 해당한다. 따라서 양도된 동력은 '재산범죄로 인하여 영득한 재물'에 해당하고, 자연히 장물개념에 포섭된다. 즉, 유체성설 및 예외규정설을 전제하더라도 별도의 간주규정을 두지 않은 장물죄에서의 장물개념에는 본범의 재물개념을 통하여 관리 가능한 동력이 포함될 수 있다. 장물의 개념인 '재산범죄로 인하여 영득한 재물'에서 재물 개념은 장물죄에서 별도로 설정되는 것이 아니라 본범의 재물개념에 연결되고, 간주규정을 통하여 본범의 재물개념에 관리 가능한 동력이 포함된다면 그것은 장물개념에도 포함된다는 것이다. 이렇게 보면, 유체성설과

---

7) 김일수/서보학, 앞의 책, 270, 503면.

8) 예컨대 관리가능성설의 입장에서 관리 가능한 동력을 물건에 포함시키는 견해와(오영근, 앞의 책, §25/7) 유체성설의 관점에서 배제시키는 견해가(김성돈, 앞의 책, 469면; 손동권, 앞의 책, §28/4) 있다.

9) 대판 1972. 6. 13., 72도971.

10) 순수 이득죄인 배임죄와 영득이 없는 손괴죄가 장물죄의 본범이 될 수 없다는 데에는 견해가 일치하지만, 권리행사방해죄, 점유강취죄, 강제집행면탈죄 등이 여기서의 재산범죄에 해당하는지에 대해서는 자기물건에 대한 '영득'이 가능한가에 대한 입장 차이로 견해의 대립이 있다. 이들 범죄도 기본적으로 재산범죄임에는 틀림없고 영득의 외형을 취할 수 있다는 이유로 긍정하는 견해와(김성돈, 앞의 책, 441면; 김일수/서보학, 앞의 책, 504면.) 자기 소유물에 대한 영득범죄는 불가하므로 부정하는 견해가(오영근, 앞의 책, §23/23; 이정원, 형법각론 초판, 1999, 447면 이하) 대립한다.

관리가능성설의 대립은 장물죄의 장물개념을 해석하는 데에도 실질적인 차이를 가져오지 않는다 할 것이다.

2) 재물의 범위

개념적으로는 재물에 포함될 수 있는 대상들 중에서도 구체적으로 절도죄의 객체로서의 재물에 포섭될 수 있는가를 두고, 예컨대 부동산, 사람의 신체 및 신체의 일부 또는 사람의 사체, 금제품, 사람의 노동력, 소나 말 등 가축의 견인력, 재물의 경제성 여부 등이 논해진다. 이들 중에서 재산범죄의 일반론으로서 다룰 만한 것은 재물죄의 재물에 재산적 가치가 필요한가이다. 이는 재산범죄의 또 다른 일반적인 객체인 재산상 이익과도 관련이 있기 때문이다.

재물에 대하여 그 재산적 가치의 필요성을 전적으로 부정하거나[11] 전적으로 긍정하는 견해[12]가 있고, 통설 및 판례는 경제적 교환가치는 필요하지 않지만, 적어도 소유자·점유자가 계속해서 소유 내지 점유하려는 주관적 가치는 필요하다고 본다.[13] 그러나 재산적 가치 불요설도 재산적 가치가 전혀 없는 재물에 대해서는 피해자의 승낙이나 추정적 승낙에 의하여 구성요건해당성 또는 위법성이 조각된다고 함으로써 범죄의 성립을 부정하고, 타면 경제적 가치 필요설도 극히 예외적인 사유가 없는 한 아무리 사소하더라도 경제적 가치를 가진다고 함으로써 경제적 가치를 아주 넓게 인정하기 때문에 불요설과 필요설 모두 실제적으로는 통설이나 판례의 입장과 차이를 보이지 않는다.

절도죄, 강도죄, 횡령죄 등과 같이 재산적 가치보다는 재물에 대한 소유권질서를 직접적인 보호법익으로 하는 소유권범죄의 경우에는 재물에 경제적 교환가치를 요구할 필요가 없고, 반대로 그 재물을 자기의 소유물로 하려는 소유자의 주관적 가치조차 없는 재물을 소유권 보호의 대상에 포함시킬 이유도 없다고 본다면, 통설·판례와 같이 주관적 가치의 존재만으로도 재물에 포함시키는 태도가 타당하다고 본다.

이러한 논리를 따르면, 재물을 객체로 하지만 그 범죄의 성질이 소유권질서의

---

11) 이재상, 앞의 책, §16/16.
12) 오영근, 앞의 책, §16/13.
13) 김성돈, 앞의 책, 254면; 김일수/서보학, 앞의 책, 273면; 배종대, 앞의 책, 353면; 대판 1996. 5. 10., 95도3057.

확보보다는 재산상태의 보호를 목적으로 하는 경우에는 재물의 개념을 목적론적으로 제한할 수 있다고 할 것이다. 예컨대 사기죄의 객체인 재물은 소유권침탈로부터 보호되는 대상으로서의 의미보다는 피해자의 재산의 구성요소로서의 의미를 갖는다 할 것이므로 객관적으로 경제적 교환가치를 갖는 재물로 제한하는 것이 타당할 것이다.[14] 따라서 형법의 재산범죄의 객체인 재물의 범위를 그 경제적인 가치 여부에 따라서 판단할 때에는 해당 규범의 취지와 본질에 맞게 목적론적으로 해석하는 것이 필요하다. 소유권침탈을 본질로 하는 경우에는 경제적 교환가치는 아니라 하더라도 적어도 점유자 내지 소유자의 주관적 가치를 갖는 재물로 한정하고, 재산의 보호를 취지로 하는 범죄의 경우에는 경제적 교환가치를 갖는 재물로 제한하는 것이 바람직하다.

(2) 재산상 이익

재산상 이익이란 재산가치가 있는 모든 이익을 말한다. 적극적 재산의 증가이건 소극적 재산의 감소이건, 또 영구적 이익이건 일시적 이익이건 불문한다. 재산개념을 어떻게 파악하는가에 따라서 재산상 이익의 내용이나 범위가 달라지는데, 이에 관해서는 법률적 재산설, 경제적 재산설, 법률적·경제적 재산설이 대립한다.

1) 법률적 재산설

이는 재산을 법률상, 즉 민법상 인정되는 재산상의 권리와 의무의 총체로 파악한다. 재산을 순수하게 법률적으로만 파악하고 그 경제적 가치를 문제 삼지 않는다. 이에 따르면 법률상 인정되지 않는 불법적 이익이나, 권리·의무로 되지 않은 사실상의 이익은 재산상의 이익으로 인정하지 않는다. 예컨대 대가를 지급할 것처럼 부녀를 기망하여 성관계를 맺은 경우에 행위자가 취득한 대가 상당의 이익은 재산상 이익이 되지 않으므로 사기죄가 성립하지 않고, 사람을 폭행·협박하여 채무의 면제를 받은 경우에도 이 채무면제가 법률상 효력이 없으므로 재산상 이익이 아니어서 강도죄가 성립하지 않는다. 법률적 재산설은 재

---

14) 사기죄의 재물은 경제적 교환가치가 필요하다는 다수견해(김성돈, 앞의 책, 254면 주 17; 김일수/서보학, 앞의 책, 415면; 박상기, 앞의 책, 305면)에 대하여 주관적 가치로서 족하다는 소수견해도 있다(배종대, 앞의 책, 446면).

산상 이익의 범위를 지나치게 제한한다는 단점이 있다. 현재 이 견해를 취하는
학자는 없다.

2) 경제적 재산설

이 견해는[15] 재산을 순수하게 경제적 관점에서 파악하여 적법하건 불법하건,
권리·의무이건 사실상의 이익이건 불문하고 경제적 가치만 있으면 모두 재산이
라고 한다. 사법상의 효력 여부와 상관없이 형법의 재산보호 취지에 따라서 독자
적으로 재산개념을 이해한다. 이 견해는 재산범위를 한없이 넓히는 특징을 갖는
다. 우리 판례의 태도이고,[16] 독일판례의 입장이기도 하다.[17] 예컨대 위 두 경우,
즉 부녀를 기망하여 성관계를 맺은 경우나, 폭행·협박으로 채무면제를 받은 경
우 모두 재산상의 이익으로 인정된다.

3) 법률적·경제적 재산설

이 견해는 경제적 가치가 있는 이익 중에서 법적으로 승인되는 것만을 재산으
로 인정한다.[18] 법질서 통일성의 관점에서 다른 법률이 보호해주지 않는 재산은
형법의 법익으로 인정할 수 없다는 것이다. 특히 형법의 보충성의 관점에서 더욱
그러하다고 한다. 이 견해에 따르면 위 성매매 대가의 경우 재산상의 이익을 부
정하게 될 것이다.

이 견해가 타당한 것으로 생각한다. 다만 법률적 재산설에서 말하는 법적 권
리와 의무일 필요는 없고, 경제적 가치가 있는 사실상의 이익이라도 법질서상 승
인되는 것이라면 재산에 포함되어야 할 것이다.

(3) 재물과 재산상 이익의 관계

재물과 재산상 이익의 관계가 문제 된다. 즉, 재물과 재산상의 이익이 택일관
계에 있는 것인가, 다시 말해서 재물에 해당하면 그것이 재산상의 가치를 갖는

---

15) 김성돈, 앞의 책, 291면; 손동권, 앞의 책, §21/16; 오영근, 앞의 책, §16/22; 이재상, 앞의 책,
   §17/9; 임웅, 앞의 책, 242면; 정성근/박광민, 앞의 책, 250면.
16) 대판 2001. 10. 23., 2001도2991; 대판 1997. 2. 25., 96도3411; 대판 1994. 2. 22., 93도428.
17) 배종대, 앞의 책, 408면.
18) 김성천·김형준, 형법각론 제2판(2006), 454면; 김일수/서보학, 앞의 책, 315면; 배종대, 앞의
   책, 409면; 이정원, 앞의 책, 330면.

경우에도 재산상의 이익 개념에서 제외되는 것인가 하는 문제이다. 이는 절취한 타인의 신용카드로 현금자동지급기에서 현금을 인출한 경우 대법원이 그 현금은 재물임이 분명하므로 재산상 이익이라 할 수 없고, 따라서 재산상의 이익만을 객체로 규정한 '컴퓨터 등 사용사기죄'가 되지 않는다고 판시한 것을 계기로 뜨거운 논란의 대상이 되었다. 이에 대하여 일부 학자들은 형법이 재물과 재산상 이익을 구분하여 사용하고 있는 한, 재물개념에 해당하는 것은 재산상의 이익에 포함되지 않는다면서 판례와[19] 같은 입장을 취하기도 하고,[20] 다른 학자들은 재물과 재산상 이익은 택일관계가 아니라 특별 대 일반의 관계에 있다거나,[21] 재물과 재산상 이익의 개념의 폭은 문언의 형식적 의미에 얽매일 것이 아니라 해당 범죄의 성질과 관련 조문과의 체계를 고려한 합리적 해석을 통해 신축성 있게 결정될 수 있다면서[22] 본 죄에서 재산상 이익은 재물을 포괄하는 일반개념으로 보아야 한다는 견해를 취하기도 한다.[23] 이러한 논란의 발단은 재산상 이익의 개념을 일반적으로 '재물 이외에 재산적 가치가 있는 모든 이익'으로 정의한 데에[24] 있는 것으로 보인다. 이러한 개념정의에 따르면 일단 재물에 해당하는 것은 재산상의 이익에 포함될 수 없게 된다.

그러나 재물과 재산상 이익의 개념이 상호 구별되는 개념임에는 틀림없지만, 택일관계나 배척관계, 또는 특별 대 일반의 관계에 있다고 볼 수는 없다. 즉, 재물도 경제적 가치가 있다면 그것은 동시에 재산상의 이익에도 해당한다고 보아야 하고, 따라서 재물이면서 동시에 재산상 이익도 되는 대상이 얼마든지 있을 수 있다. 바로 현금지급기에서 인출한 현금이 그 전형적인 경우일 것이다. 그러나 이미 논한 바와 같이 재물개념에 반드시 경제적 교환가치가 요구되는 것이

---

19) 대판 2003. 5. 13., 2003도1178.
20) 김성돈, 앞의 책, 354면; 이정훈, 최근 형법개정조문(컴퓨터 등 사용사기죄)의 해석론과 문제점, 형사법연구 제17호(2002), 135면.
21) 오영근, 앞의 책, §19/97.
22) 이처럼 재산상 이익에 관한 또 다른 신축성 있는 해석이 적용되는 예로서 도박죄의 경우 '재물'의 개념에 재물 뿐만 아니라 재산상의 이익도 포함된다는 데에 학설의 일치를 보고 있음을 들기도 한다(김일수/서보학, 앞의 책, 449면.).
23) 김일수/서보학, 앞의 책, 449면. 독일 형법도 컴퓨터 사용사기죄에서 행위객체를 재산상의 이익(Vermögensvorteil)으로 규정하고 있으나, 타인의 신용카드를 이용해 현금을 인출한 경우 본 죄가 성립한다는 데에 의견이 일치한다고 한다(김일수/서보학, 앞의 책, 449면.).
24) 김성돈, 앞의 책, 290면; 김일수/서보학, 앞의 책, 315면; 배종대, 앞의 책, 408면; 이재상, 앞의 책, §17/7.

아니라면, 경제적 교환가치가 없는 물건은 재물에는 해당하지만 재산상 이익이 될 수 없는 경우도 있을 수 있다. 예컨대 소유자의 주관적 가치는 인정되지만 경제적 교환가치가 없는 재물이 이에 해당할 것이다. 반대로 재산상의 이익에는 해당하지만 재물의 개념에 포섭되지 않는 경우도 당연히 있다. 그렇다면 재물과 재산상의 이익은 중복관계에 있을 수도 있고 서로 분리되는 관계에 있을 수도 있다. 그런 의미에서 재물과 재산상의 이익의 관계를 특별대 일반의 관계라고 보기도 어렵다. 이런 관점에서 볼 때, 독일 형법이 재물죄에(절도죄, 강도죄, 장물죄, 횡령죄) 대해서는 객체를 '동산'으로 일원화하고, 일반재산죄에(공갈죄, 사기죄, 배임죄) 대해서는 그 객체를 '재산상 이익'으로 일원화한 것은 의미 있는 입법태도라고 본다.

2. 점유의 개념

재물을 객체로 하는 재산범죄에서는 점유가 누구에게 있느냐에 따라서 범죄성립 여부 및 범죄의 유형이 달라진다. 즉, 절도죄, 강도죄, 사기죄, 공갈죄, 권리행사방해죄, 점유강취죄는 재물이 타인의 점유하에 있을 때에만 성립할 수 있고, 횡령죄, 강제집행면탈죄 등은 자기가(행위자가) 점유하는 재물을 객체로 하여 성립한다. 반면에 손괴죄나 장물죄는 행위시에 재물의 점유가 누구에게 있는지는 결정적인 의미를 갖지 않는다. 즉, 장물죄의 구성요건행위는 취득, 양도, 운반, 보관, 알선 등으로 다양한데, 예컨대 취득의 경우에는 타인이 점유하는 장물이, 그리고 양도의 경우에는 자기가 점유하는 장물이 객체가 될 것이다. 그리고 손괴죄에서도 손괴행위를 할 때, 그 재물이 누구의 점유하에 있느냐는 문제되지 않는다.

재물을 객체로 하는 재산범죄에서 소유의 개념 역시 중요한데, 형법상 재물의 소유권 귀속은 전적으로 민법상의 소유권 귀속에 의존하기 때문에, 형법적으로 특별한 어려움이 없다. 반면에 형법상 점유의 개념은 민법의 점유개념과 차별화된다. 즉, 형법상의 점유는 법적 개념을 전제로 하는 민법상의 점유와는 달리 사실상의 지배 내지 물리적 지배를 결정적인 요소로 하는 사실적 개념이라 할 수 있다. 예컨대 형법이 민법과는 달리 간접점유나 상속에 의한 점유를 인정하지 않는 반면에, 물건에 대한 사실상의 지배를 하고 있는 점유보조자의 점유를 인정하

는 데에서도 점유개념에 대한 민법과 형법의 차별화를 볼 수 있다. 이처럼 형법
상 점유개념은 형법의 독자적인 관점에서 파악되기 때문에 그 개념의 정립 및
범위를 형법적으로 결정하는 것이 필요하다.

타면 재물을 객체로 하는 재산범죄에서 점유의 구성요건적 기능이 동일한 것
은 아니다. 즉, 절도죄, 강도죄, 사기죄, 공갈죄, 등에서는 행위객체를 결정하는
요소로서 기능하는가 하면, 횡령죄의 경우에는 행위주체를 한정하는 요소로서 기
능하기도 하고, 권리행사방해죄의 경우에는 보호의 객체로서 기능하기도 한다.

(1) 형법상 점유의 일반적 개념요소

1) 객관적·물리적 요소(지배사실)

형법상 점유는 재물에 대한 사실상의 지배 내지 관리를 요구하기 때문에 재물
과 점유자 사이에 시간적·장소적으로 밀접한 작용가능성이 있어야 한다. 재물을
손이나 몸에 지니고 있거나 집·사무실·점포 등과 같이 자기가 지배·관리하는
공간에 보관하고 있는 경우가 이에 해당한다. 그리고 '사실상'의 지배, 즉, '사실
상의 처분가능성'이면 되므로, 그 재물에 대한 지배가 적법한 근원에 근거할 필
요가 없다. 절도범의 점유도 점유로 인정되는 것도 이 때문이다.

2) 주관적 정신적 요소(지배의사 또는 점유의사)

지배의사 또는 점유의사는 자기가 재물을 사실상 지배·관리한다는 인식과 의
사를 말한다. 사실상의 지배의사이기 때문에 법적인 의미에서의 처분권이나 민법
상의 의사능력이나 행위능력의 유무는 문제되지 않는다. 따라서 정신병자나 어린
이도 지배의사를 가질 수 있다. 그러나 법인은 사실상의 지배의사를 가질 수 없
다.[25)]

그리고 지배의사는 특정물에 대한 개별적·구체적 의사가 아니고 일반적·추
상적 의사를 의미하기 때문에 수신 여부를 모르는 편지함 속의 편지나 책상서랍
속에 있는 잡다한 물건들에 대해서도 점유가 인정된다.

---

25) 법인도 법인기관의 점유의사에 의하여 재물을 점유할 수 있다는 견해가 있으나(김일수/서보학,
　　앞의 책, 277면; 임웅, 앞의 책, 256면), 이는 의제적 점유의사를 인정하는 것으로서 사실상의
　　점유의사로 보기는 어렵다.

또한 지배의사는 현실적 의사가 아니라 잠재적 의사로도 족하므로, 예컨대 수면자나 무의식자 또는 졸도하여 의식을 상실한 자가 현장에 떨어뜨린 물건에 대해서도 그들의 점유의사가 인정된다.

3) 사회적·규범적 요소

이 요소는 앞에서 말한 두 가지 점유요소를 사회통념 내지 경험칙을 기준으로 재평가하여 점유의 범위를 확대 또는 축소하는 수정기능을 한다.

이 요소를 통하여 점유의 범위가 확대되는 경우로는 외출하면서 집에 둔 물건, 길에 세워둔 자동차, 집으로 돌아오는 습성을 가진 가축, 밭에 두고 온 농기구, 강간피해자가 현장에 두고 간 손가방 등에 대하여 원래 점유자의 점유가 계속되는 것으로 인정하는 경우 등을 들 수 있다.

반면에 이 요소를 통하여 점유의 범위가 축소되는 경우로는 상점에서 고객이 쥐고 있는 물건, 호텔에서 제공되는 침구류나 기타 비품, 음식점에서 손님이 사용하는 식기류, 가정부가 지키고 있는 집에 있는 물건 등에 대하여 고객이나 가정부의 점유를 부정하는 것들을 예로 들 수 있다. 그리고 판례가[26] 예식장 축의금사례에서 축의금 접수인으로 행세한 자의 점유를 인정하지 아니하고 축의금 접수처의 점유를 인정한 것도 사회적·규범적 요소를 통하여 점유를 제한적으로 수정한 경우라고 할 수 있다.

(2) 점유의 개념이 구체적으로 문제되는 주요 사례

1) 사자의 점유

재물을 탈취할 의사로 사람을 살해하고 이어서 사자의 재물을 영득하였다면, 사자가 죽기 전에 가지고 있던 점유를 침탈한 것으로 보아야 하기 때문에 사자의 점유문제는 발생하지 않는다. 그러나 살해 후 비로소 재물을 취할 의사가 생겨 사자의 휴대품을 가져간 경우에는 절도죄의 여부와 관련하여 사자의 점유가 문제된다. 일단 상속에 의한 점유를 부정하기 때문에 유족의 점유를 인정할 수는 없다. 따라서 사자의 점유를 인정하면 절도죄가 될 것이고, 인정하지 않는다면 점유이탈물횡령죄가 될 것이다. 이에 대하여는 사자는 사망과 동시에 지배사실과

---

26) 대판 1996. 10. 15., 96도2227.

지배의사를 상실하므로 사자의 점유를 인정할 수 없다는 견해,[27] 시간적·장소적 근접성이라는 조건하에 사자의 점유를 인정하는 견해,[28] 사자의 점유는 원칙적으로 인정될 수 없고, 대신 일정한 시간적·장소적 근접성이라는 전제하에 사자의 생전점유가 어느 정도 계속된다는 견해[29] 등이 있다.

사자에게 재물에 대한 사실상의 객관적·물리적 지배나 사실상의 주관적·정신적 지배의사를 인정할 수 없음은 분명하다. 따라서 이 문제의 핵심은 사회적·규범적 측면에서 점유를 확대하여 사자에게 점유를 인정할 수 있는가에 있다. 점유의 사회적·규범적 요소의 실체는 사회통념이나 경험칙이다. 그런데 사자의 점유를 인정하는 것이 — 비록 시간적·장소적 근접성을 조건으로 하더라도 — 우리의 사회통념이나 경험칙에 부합한다고 볼 수도 없고, 또한 민법에서도 사자의 점유를 인정하지 않는 것 등을 고려할 때 사자의 점유를 인정하는 것은 무리라고 본다. 뿐만 아니라 사자의 생전점유가 계속된다는 것도 다분히 의제적인 사고로 보인다. 따라서 재물에 대한 점유는 점유자의 사망으로 종료된다고 보아야 하고, 사자의 휴대품은 그것이 처음부터 사자와 유족 기타의 자와 공동점유에 있었거나 사체가 있는 장소를 일반적으로 지배·관리하는 자가 있는 경우를 제외하고는 형법상 점유이탈물이라고 하여야 할 것이다.[30]

2) 상하주종관계의 공동점유

행위자의 단독점유에 속하지 않는 공동점유물도 타인 점유의 재물에 해당한다. 공동점유자가 대등관계에 있는 경우, 예컨대 동업자, 조합원, 부부 사이와 같이 수인이 대등한 관계에서 공동점유하는 공유물, 합유물, 또는 총유물에 대하여 공동점유자 상호 간에 점유의 타인성이 인정되므로, 그중 1인이 다른 공동점유자의 점유를 배제하고 단독점유로 하였다면 절도죄가 성립한다. 이 점에 대해서는 이설이 없다.

---

27) 김성돈, 앞의 책, 260면; 김일수/서보학, 앞의 책, 278면; 손동권, 앞의 책, § 20/16; 이재상, 앞의 책, §16/27.
28) 배종대, 앞의 책, 367면.
29) 박상기, 앞의 책, 255면; 이기호, 형법상 점유에 대한 연구, 경찰대논문집, 1983, 174면; 임웅, 앞의 책, 257면; 최철환, 사자의 점유 및 사자명의의 문서, 형사판례연구[3], 195면; 대판 1993. 9. 28., 93도2143.
30) 김성돈, 앞의 책, 260면.

그런데 상점주인과 종업원, 가정부와 주인, 공장주인과 창고경비원 등과 같이 상하주종관계의 공동점유에 대해서는 견해가 다양하다. 즉, 상위점유자인 사용자의 단독점유만 인정된다는 견해,[31] 종업원, 가정부에게도 주인과 함께 공동점유가 인정된다는 견해,[32] 대내적으로는 상위점유자의 단독점유로 보아야 하고 대외적으로는 공동점유가 된다는 견해[33] 등이 있다.

이상의 상위점유자와 하위점유자의 관계를 볼 때, 하위점유자는 외형상으로는 재물을 사실상 지배·관리하고 있어도 주인의 의사와 지시에 따라서 기계적으로 보조하는 수족과 같은 지위에 불과하고 재물의 지배·관리·처분에 관하여 독자적으로 결정하거나 실행할 사실상의 지위에도 있지 아니하므로 사회적·규범적 관점에서 수정하여 하위점유자의 점유를 부정하는 것이 타당하다. 다만 예외적으로 상하관계의 내용이 고도의 신뢰관계를 전제하여 하위점유자에게 재물의 지배·관리·처분에 관한 특별한 위임이 있는 경우에는 하위점유자의 단독점유를 인정할 수 있을 것이다.[34] 이렇게 볼 때, 민법과는 달리 형법에서는 점유보조자의 점유가 인정된다는 말은 결국 이 예외적인 경우를 일컫는 것이라 할 수 있다.

3) 위탁자와 운반자의 점유관계

재물의 운반을 위탁받은 경우에 위탁자와 운반자 중에서 누구를 점유자로 볼 것인가가 문제된다. 운반자가 단독으로[35] 운반 중에 그 재물을 영득한 경우 누구를 점유자로 볼 것인가에 따라서 절도죄가 될 수도 있고, 횡령죄가 될 수도 있다. 이에 대하여 운반자의 단독점유를 인정하는 견해나[36] 위탁자의 단독점유를 인정하는 견해도[37] 있으나, 위탁자의 현실적인 지배·감독이 불가능하면 운반자의 단독점유를, 그리고 현실적인 지배·감독이 가능하면 위탁자의 단독점유를 인

---

31) 김성돈, 앞의 책, 261면; 김일수/서보학, 앞의 책, 281면; 박상기, 앞의 책, 256면; 배종대, 앞의 책, 362면; 이재상, 앞의 책, §16/35; 대판 1966. 1. 31., 65도1178.
32) 김성천·김형준, 앞의 책, 414면.
33) 임웅, 앞의 책, 260면.
34) 하위점유자의 점유를 부정하는 견해들도 대부분이 이처럼 예외적인 경우에는 하위점유자의 단독점유를 인정한다.(김성돈, 앞의 책, 261면; 김일수/서보학, 앞의 책, 281면; 배종대, 앞의 책, 362면; 대판 1982. 3. 9., 81도3396)
35) 위탁자와 공동으로 운반하는 경우에는 위탁자의 단독점유를 인정해야 할 것이다.
36) 김일수/서보학, 앞의 책, 282면; 배종대, 앞의 책, 363면.
37) 박상기, 앞의 책, 256면.

정하는 다수설과 판례의 입장이[38] 타당하다. 소수설은 다수설에 대하여 위탁자의 현실적인 감독과 통제라는 구별기준이 명확하지 않다고 비판한다.[39] 그러나 구체적인 사례에서 위탁자의 현실적인 감독과 통제가 가능한가에 대한 판단이 불가능하다고 할 수 없고, 위탁자가 운반자를 신뢰하여 운반뿐만 아니라 운반 중의 재물에 대한 관리까지 위탁한 경우와 위탁자의 현실적인 감독과 통제가 유지되는 상태에서 운반하는 경우는 구별하는 것이 타당하다.

3. 불법영득의사

(1) 개 관

불법영득의사란 권리자를 배제하고 타인의 물건을 자기의 소유물과 같이 이용·처분할 의사를 말한다. 판례는 이를 "권리자를 배제하고 타인의 물건을 자기의 소유물과 같이 그 경제적 용법에 따라서 이용하고 처분할 의사"라고 한다.[40] 판례가 '그 경제적 용법에 따른 이용·처분'을 언급하고 있으나, 예컨대 재물탈취죄의 경우 재물이 경제적 가치를 반드시 가져야 하는 것도 아니기 때문에 '경제적 용법'에 별다른 의미를 부여할 필요는 없고, 단지 비경제적 처분인 손괴와 구별하려는 취지로 이해하면 족하다.[41]

그런데 이 불법영득의사가 주관적 구성요건요소로서 과연 필요한 것인지, 필요하다면 그 체계적 지위는 무엇인지, 그리고 영득의사의 내용 및 대상은 무엇이며, 불법영득의사에서 '불법'의 의미는 무엇인지 등이 논의되고 있다. 주관적 구성요건요소로서 필요한 것인가에 대해서는 통설·판례가 긍정설의 입장이고, 체계적 지위에 관해서는 고의와 구별하여 초과주관적 구성요건요소로 보는 것이 압도적 다수설인데, 고의의 내용으로 보는 소수설도 있다. 불법영득의사의 체계적 지위는 순수 이론적인 문제로서 사안의 해결에서는 아무런 결론의 차이를 가져오지 않는다. 그리고 불법영득의사의 내용에 대해서는 권리자를 영구적 또는

---

38) 김성돈, 앞의 책, 262면; 이재상, 앞의 책, §16/37; 오영근, 앞의 책, §16/53; 정성근/박광민, 앞의 책, 268면; 대판 1982. 11. 23., 82도2394; 대판 1967. 7. 8., 65도798; 대판 1957. 9. 20., 4290형상281.
39) 김일수/서보학, 앞의 책, 282면; 박상기, 앞의 책, 256면; 배종대, 앞의 책, 363면.
40) 대판 2006. 3. 24., 2005도8081; 대판 1996. 5. 10., 95도3057.
41) 같은 견해로는 정성근/박광민, 앞의 책, 275면.

지속적으로 배제하려는 의사(소극적 요소)와 타인의 재물을 자기의 소유물과 같이 사용·수익·처분하려는 의사(적극적 요소)로 이해하는 데에 별다른 이견이 없고,[42] 불법영득의사의 대상을 '물체 그 자체 또는 그 물체에 화체된 가치'로 이해하는 데에도 학설과 판례가 일치된 입장을 보인다.[43]

따라서 이들에 대한 검토는 생략하고, 학설의 다수설과 판례가 견해를 달리하는 불법영득의사의 '불법'의 의미에 대해서만 검토해보고자 한다. 영득은 불법한 것이어야 한다. 여기서 불법이 위법을 의미한다는 점은 분명하다. 다만 여기서 위법은 특별한 주관적 불법요소의 일부분이므로, 일반적인 범죄표지인 위법성과는 구별된다. 일반적 범죄표지인 위법성은 구성요건해당성이 있는 행위가 일반적으로 법질서 전체의 입장과 모순·충돌된다는 의미인데 반하여, 불법영득에서 말하는 위법은 영득 그 자체만의 위법성을 말하기 때문이다.[44] 다만 영득의 불법이 구체적으로 무엇을 의미하는가에 대해서는 견해가 일치하지 않는다.

(2) 불법영득의사에서 불법의 의미

먼저 영득자가 그 재물에 대하여 소유자의 지위를 누리는 것 자체가 위법한 것이어야 한다는 견해가 있다. 이 견해는 '영득상태 위법성설'이라 할만하다. 즉, 영득의 위법성을 영득 자체가 특별히 피해자와 영득자 간의 소유권질서와 모순·충돌된다는 의미로 이해한다. 이 견해에 따르면 행위자가 재물에 대하여 물권적 청구권이나 특정물채권에 의한 반환청구권이 있는 때에는 그 영득상태가 실질적 소유권질서와 일치하기 때문에 불법영득이 되지 아니한다. 그러나 종류채권의 경우에는 채권자가 구체적으로 영득할 수 있는 재물을 채무자가 결정하는 것이므로 채권자가 임의로 선택하여 영득했을 경우 그 영득은 적법하지 않다고 한다. 이는 학설상 다수설이다.[45]

---

42) 다만 불법영득의사의 소극적 요소를 '권리자를 영구적 혹은 지속적으로 배제하려는 의사'로 이해하는 일반적인 견해에 대하여 권리자를 배제하려는 의사로 족하고 영구적 또는 지속적으로 배제한다는 의사일 필요는 없다는 견해가 있다(오영근, 앞의 책, §16/64).

43) 여기서 가치영득이라고 해서 물체에 대한 아무런 물리적 지배관계 없이 오로지 가치 그 자체만을 영득하는 것은 말하는 것은 아니다. 따라서 영득은 소유자의 사실적 지배를 침해하여 물건의 사용가능성을 취득하는 것이므로 영득의 대상은 물체 자체나 물체의 가치가 아니라 '물체에 대한 사실적 지배권'이라는 소위 '수정물체설'도 실질적으로는 결합설과 다르지 않다(같은 견해로는 김성돈, 앞의 책, 268면 주 69) 참조).

44) 김일수/서보학, 앞의 책, 296면.

한편 영득상태가 있어야 할 소유권질서와 모순·충돌되지 않더라도 영득의 수단 내지 과정, 즉 취거행위가 위법하면 불법영득이라는 견해가 있다. '영득과정 위법성설'이라 할 수 있다. 특정물에 대한 채권의 기한이 도래했더라도 채무자가 점유를 이전하기까지는 채무자의 소유이고, 이를 채권자의 소유로 하기 위해서는 채무자의 이행이 필요하므로 채무자의 이행을 통하지 않은 영득은 위법하다고 해야 한다는 것이다.[46] 또한 이 견해는 영득상태 위법성설에 의하면 영득의 불법 여부가 실질적인 소유권질서에 부합하는가에 따라서 결정되는 데, 이와 같이 전체법질서의 관점에서 내려지는 가치판단을 주관적 구성요건요소의 확정단계에서 하는 것은 체계모순이라면서 영득상태 위법성설을 비판하기도 한다.[47] 이는 소수설이며[48] 판례의 태도이다.[49]

재물에 대한 소유권질서를 보호법익으로 하는 재물탈취죄에서 영득이 실질적으로 소유권질서에 부합하는 것이라면, 그리고 실질적 소유권질서에 부합하는 상태를 의도한 것이라면, 그 재물에 대한 형식적인 소유권의 보호를 제한할 수 있다고 할 것이므로 영득상태 위법성설이 타당하다.

영득상태 위법성설도 채권기간이 도래했더라도 채무자가 점유를 이전하기까지는 채무자가 소유자이고, 이를 채권자의 소유로 하기 위해서는 채무자의 이행이 필요하다는 것을 부정하는 것이 아니다. 다만 그러한 과정을 그치지 아니하고 채무자의 의사에 반하여 취거하는 것은 영득행위의 위법성을 의미하는 것이고, 소유권질서를 보호법익으로 하는 재물탈취죄에서 그러한 영득행위의 위법성만으로는 절도죄의 불법내용으로 부족하고 더 나아가 소유권질서와 실질적으로 모순·충돌되는 영득결과를 의도했을 때에 비로소 절도죄의 구성요건적 불법이 충족되는 것으로 이해하는 것이다. 또한 행위자가 의도한 재물의 영득상태가 실질적인 소유권질서와 부합하는지의 판단과 예컨대 절도죄의 구성요건해당성을 충족하는

45) 김성천·김형준, 앞의 책, 429면; 김일수/서보학, 앞의 책, 296면; 박상기, 앞의 책, 263면; 배종대, 앞의 책, 378면; 이재상, 앞의 책, §16/65; 임웅, 앞의 책, 274면. 독일에서도 이 견해가 통설로 소개된다(이재상, 앞의 책, §16/24 참조).
46) 오영근, 앞의 책, §16/72.
47) 김성돈, 앞의 책, 269면.
48) 김성돈, 앞의 책, 270면; 손동권, 앞의 책, §20/40; 오영근, 앞의 책, §16/72.
49) 대판 2001. 10. 26., 2001도4546; 대판 1983. 11. 22., 83도2539; 대판 1973. 2. 28., 72도2538.

절취행위가 총체적으로 전체법질서의 관점에서 위법한가의 판단은 구별될 수 있으므로 영득상태 위법성설이 체계모순이라고 하기도 어렵다.

Ⅲ. 친족상도례

1. 의의 및 법적 성격

형법상 재산범죄에서 친족이라는 신분상의 특수관계를 고려하여 법정책적으로 특별한 취급을 하고 있다. 즉, 형법은 친족관계의 원근에 따라서 형면제, 형감경 또는 친고죄로 하고 있다.[50] 이러한 특례를 일컬어 친족상도례라고 하는데, 재산죄와 관련한 친족 내부의 분쟁은 되도록 국가형벌에 의한 간섭을 자제하고 내부적으로 해결하도록 하는 것이 바람직하다는 법정책적 고려의 산물이라 할 수 있다. 형법은 친족상도례규정을 권리행사방해죄에서 규정하면서 강도죄와 손괴죄를 제외한 나머지 재산범죄들에 준용하고 있다. 따라서 특별법상의 재산범죄 중에서 강도죄나 손괴죄를 제외한 나머지 재산범죄들도 형법의 친족상도례규정의 적용을 명시적으로 배제하지 않는 한 모두 친족상도례가 적용된다.[51]

이러한 친족상도례의 법적 성격은 그 내용에 따라서 달리 이해된다. 타당하게도 통설에 따르면 형면제의 경우에는 인적처벌조각사유로 해석하고, 친고죄로 한 경우는 피해자의 고소를 소추조건으로 한 것으로 본다. 여기에서의 친고죄는 물론 상대적 친고죄에 해당한다. 그리고 장물죄에서 장물범과 본범 사이에 친족관계가 존재하는 경우에 그 형을 감경 또는 면제하도록 한 것은 장물죄의 범인비호적 성격을 고려한 것으로서, 친족간의 범인비호에 관하여 비난가능성의 감소로 인한 책임감경을 인정한 것으로 이해된다.[52] 이는 친족간의 범인은닉이나 증거인멸과 유사한 성격을 갖는 것이다.

---

50) 일반적인 경우 직계혈족, 배우자, 동거친족, 동거가족 또는 그 배우자 간의 범죄는 형을 면제하고, 그 외의 친족 간의 범죄는 친고죄로 한다. 그리고 장물죄에서는 장물범과 피해자 간에 앞의 근친관계가 있을 때에는 형을 면제하고, 그 외 친족일 경우에는 친고죄로 하며, 장물범과 본범 간에 앞의 근친관계가 있을 때에는 형을 감경 또는 면제하고, 그 외의 친족 관계일 경우에는 친족상도례가 적용되지 않는다.

51) 김성돈, 앞의 책, 285면; 대판 2000. 10. 13., 99오1.

52) 친족상도례의 법적 성격에 대해서는 이례적으로 학설이 모두 일치하는 것으로 보인다.

친족상도례의 내용이 이처럼 인적처벌조각사유 내지 소추조건이기 때문에, 이러한 사유가 객관적으로 존재하면 족하고, 친족관계의 존부에 대한 착오가 있더라도 친족상도례의 적용에 차이를 가져오지 않는다. 예컨대 아버지의 물건으로 알고 절취하였으나 제3자의 물건인 경우에는 친족상도례가 적용되지 않고, 반대로 제3자의 물건으로 알고 절취하였으나 아버지의 물건이었다면 친족상도례가 적용된다.

친족상도례는 친족관계 있는 사람에게만 적용되고 그러한 관계가 없는 공범에 대해서는 적용되지 않는다. 인적 처벌조각사유는 일신전속적 사유로서 해당사유가 있는 사람에게만 적용되기 때문이다. 여기서 공범이라 함은 공동정범, 교사범, 방조범을 모두 포함하는 광의의 공범을 의미한다.

2. 친족관계의 범위

(1) 친족의 범위

친족상도례가 적용되는 친족의 정의와 범위는 민법에 따른다.[53] 민법상 친족은 배우자, 혈족 및 인척을 말한다.[54] 친족상도례규정이 명시하는 친족으로는 다섯 가지가 있다. 직계혈족, 배우자, 동거친족, 동거가족, 그 외의 친족이 그것이다.

① 직계혈족은 직계존속과 직계비속인 혈족을 말하고, 동거유무, 자연혈족, 법정혈족을 묻지 않는다. 피고인이나 피해자가 타가(他家)에 입양된 후에도 생가(生家)를 중심으로 한 종전의 혈족관계는 변함이 없다.

② 배우자는 법률상의 배우자를 말하고 동거여부는 상관이 없다는 것이 다수설이다. 사실혼관계에 있는 배우자도 포함시키거나,[55] 책임감소에 의한 형벌 감면사유인 장물죄의 친족상도례에서는 법률혼관계라도 수년간 별거 중인 경우에는 소비공동체적인 관계를 인정하기 어려우므로 친족상도례규정의 적용을 부정하는 것이 옳다는[56] 등의 소수견해가 있으나, 사실혼관계의 인정범위가 불명확하

---

53) 대판 1980. 4. 22., 80도485.
54) 민법 제767조(친족의 정의) 참조.
55) 김일수/서보학, 앞의 책, 263면; 오영근, 앞의 책, §17/93; 임웅, 앞의 책, 278면.
56) 김일수/서보학, 앞의 책, 263면.

고, 장물죄의 형벌감면의 경우에만 유독 소비공동체적인 관계가 중요시되어야 할 이유가 없으므로, 다수설이 타당하다.

③ 동거친족은 직계혈족과 배우자를 제외하고 동일한 주거에서 일상생활을 함께하는 친족을 의미한다. 동거하는 방계혈족과 인척이 이에 해당한다. 따라서 일시 숙박하는 친족, 가출한 친족, 셋방 사는 친족(借家親族)은 이에 포함되지 않는다. 동거하지 않는 친족 간에는 친고죄를 내용으로 하는 친족상도례가 적용될 뿐이다.

④ 동거가족은 동거하는 가족인데, 가족은 배우자, 직계혈족 및 형제자매, 생계를 같이 하는 직계혈족의 배우자·배우자의 직계혈족·배우자의 형제자매를 말한다.57) 계모자 관계는 인척이지만 직계혈족인 아버지의 생존시에 한하여 직계혈족의 배우자가 되어 가족에 포함된다. ⑤ 그 외 친족은 위 ①, ③, ④에 속하지 않는 혈족58) 및 인척을59) 말한다.

그리고 과거 생질·이질·고종사촌과 같은 일방친족관계, 그리고 어느 쪽에서도 친족이 아닌 이종사촌 등은 1990년 민법 제768조(혈족의 정의)의 일부개정으로 방계혈족에 포함된다. 사돈지간은 친족상도례의 친족의 범위에 속하지 않는다.

(2) 친족관계의 존재범위

1) 인적 범위

친족상도례가 적용되기 위해서는 친족관계가 행위자와 누구 사이에 존재해야 하는지가 문제된다. 이에 대해서는 행위자와 소유자 사이에 친족관계가 존재하면 된다는 소유자관계설,60) 소유자뿐만 아니라 점유자 모두가 행위자와 친족관계가 있어야 한다는 소유자·점유자관계설이61) 있다. 소유자관계설은 절도죄의 보호법

---

57) 민법 제779조(가족의 범위) 참조.
58) 혈족은 자기의 직계존속 및 직계비속인 직계혈족과 자기의 형제자매·형제자매의 직계비속·직계존속의 형제자매 및 그 형제자매의 직계비속을 포함하는 방계혈족을 함께 말한다. 제768조(혈족의 정의) 참조.
59) 인척은 혈족의 배우자, 배우자의 혈족, 배우자의 혈족의 배우자를 말한다. 민법 제769조(인척의 계원) 참조.
60) 김성천·김형준, 앞의 책, 433면; 김일수/서보학, 앞의 책, 264면; 배종대, 앞의 책, 404면; 이재상, 앞의 책, §16/97; 이정원, 앞의 책, 324면; 정영일, 앞의 책, 275면.

익이 소유권이고, 절도죄의 보호법익이 소유권 및 점유라고 하더라도 절도죄는 타인의 소유권과 결합된 점유만을 보호한다는 것을 근거로 한다. 소유자·점유자 관계설은 절도죄의 경우 소유권과 함께 평온한 점유도 보호법익이며 따라서 소유자는 물론이고 정당한 근원이 있는 점유자도 피해자에 포함된다거나, 친족상도 례는 예외규정이므로 예외규정을 지나치게 넓게 해석하는 것은 바람직하지 않다는 점을 논거로 한다.

이상의 논의는 공통적으로 인적 범위를 결정함에 있어서 보호법익 및 피해자와 연결시킨다. 즉, 보호법익이 소유권이므로 피해자는 소유자이고 따라서 소유자와 행위자 사이에 친족관계가 있어야 한다느니, 소유권 및 점유 모두 보호법익이므로 소유자는 물론 점유자도 피해자이고 따라서 소유자 및 점유자 모두 행위자와 친족관계가 있어야 한다는 식이다. 그러나 친족상도례는 범죄성립요건의 문제가 아니므로, 보호법익이나 피해자의 범위와 친족상도례가 적용되는 친족관계의 존재범위가 반드시 일치해야 하는 것은 아니다.

친족상도례의 기본취지는 일정한 인적 관계에 있는 자 사이에서 발생한 재산범죄의 경우에는 형벌권의 행사를 자제하겠다는 법정책적 고려에 있는 것이므로, 필시 사실상의 평온한 점유도 보호법익이고 따라서 점유자도 피해자가 된다고 하더라도 친족상도례는 어디까지나 재산죄에 고유한 제도라는 점에서 소유자와 행위자 사이에서만 친족관계가 있으면 형벌권을 자제한다는 법정책적 결단도 가능하기 때문이다. 이는 주거침입죄가 원래 친족관계를 인적 처벌 조각사유 내지 소극적 소추조건으로 하지 않는 범죄인데도 절도죄와 결합될 경우에는 절도죄에 중점을 두어 친족상도례를 적용한 것에서도 알 수 있다. 즉, 야간주거침입절도죄에서 주거의 평온도 보호법익이고, 따라서 주거자도 피해자임에는 틀림없지만, 친족상도례가 적용되기 위해서 주거자와 행위자 사이에도 친족관계가 있어야 하는 것은 아니다.[62] 따라서 재산죄에서 친족관계의 인적 범위를 보호법익 및 피해

---

61) 박상기, 앞의 책, 280면; 손동권, 앞의 책, § 20/68; 오영근, 앞의 책, §17/94; 임웅, 앞의 책, 279면; 정성근/박광민, 앞의 책, 253면; 대판 1980. 11. 11., 80도131. 횡령죄에서 피해물건의 소유자와 위탁자 모두가 횡령범인과 친족관계가 있어야 한다는 판례로는 대판 2008. 7. 24., 2008도3438.

62) 물론 야간주거침입절도죄를 친족상도례의 적용 범죄로 하는 것이 형법규정의 체계적인 면에서 타당한가에 대해서는 입법론적인 논란의 대상이 된다(김경락, 친족상도례의 적용대상에 관한 문제점 및 입법론, 형사법연구 제24권 제2호, 2012, 141면 이하 참조).

자와 필연적으로 일치시키려고 하는 사고는 재고를 요한다고 본다.

그리고 소유자·점유자관계설이 친족상도례를 예외적 규정으로 보는 시각도 문제가 있다. 친족상도례는 재산범죄에서 원칙적 처벌에 대한 예외를 규정한 것이라고 보기 어렵다. 친족상도례는 우리 형법이 재산범죄에서 행위자와 피해자 사이에 일정한 인적 관계가 있을 경우에는 처벌을 자제한다는 특례를 설정한 것이다. 따라서 친족관계의 존재범위를 판단할 때에는 친족상도례의 취지를 고려하여 합리적으로 접근하면 될 것이고, 굳이 예외규정으로 전제하면서 처음부터 제한적으로 해석하려는 자세가 요구되는 것은 아니라고 본다.

이상의 기본적인 시각을 바탕으로 하면서 재산범죄에서 종국적인 이해갈등의 당사자는 재물 또는 재산의 소유자와 행위자라는 점을 더불어 감안할 때, 소유자관계설이 타당하다고 본다.

그리고 친족상도례의 성격이 인적처벌조각사유이므로, 그 논리적 귀결로써 재물의 소유자가 수인인 경우에는 모든 소유자와 행위자 사이에 친족관계가 있어야 하고, 친족관계가 친고죄의 요건인 경우에는 수인의 소유자 중에서 한 사람만의 고소가 있어도 소추가 가능하다.

2) 시적 범위

친족관계는 행위시에 존재하면 족하고, 그 후에 소멸되어도 친족상도례는 적용된다, 혼인 외의 출생자에 대한 인지는 민법 제860조에 의하여 소급하여 효력이 발생하므로 범행 후에 인지되어도 친족상도례가 적용된다.

Ⅳ. 이득액에 따른 가중처벌의 문제

형법이 재산범죄에서 그 이득액에 따라서 법정형에 차등을 두지 않는 것과는 달리, 「특정경제범죄 가중처벌 등에 관한 법률」(이하 특경법이라 한다)은 사기죄, 공갈죄, 횡령죄, 배임죄 등에 대하여 이득액에 따라 법정형을 3등분하고 있다.[63] 즉, 5억원 미만일 경우에는 형법의 법정형이 적용되고, 5억원 이상 50억원 미만

---

63) 이를 절도죄와 강도죄에도 확대하여야 한다는 견해도 있다(한상훈, 형법 및 형사특별법상 재산범죄 가중처벌규정의 문제점과 개선방향, 형사법연구 제26호, 2006, 154면).

일 경우에는 1차로 가중하고, 50억원 이상일 경우에는 또 다시 가중한다.

이러한 입법방식의 타당성을 두고 찬반의 의견이 있다.[64] 부정적인 견해의 논거는 ① 가중하는 이득액을 중심으로 사소한 차이가 커다란 선고형의 차이를 만들 수 있어 불합리하고, ② 수많은 양형인자 가운데 이득액만으로 법정형의 범위를 한정하기 때문에 구체적 사정에 상응한 법관의 양형재량권을 지나치게 제약하고, ③ 물가상승에 따른 화폐가치의 변동에 따라 부당한 결과가 발생하며, ④ 경합범과 포괄일죄의 기준이 모호한 경우 죄수결정에 문제가 있다는 것 등이다. 반면에 긍정하는 견해의 논거는 ① 재산범죄에서 이득액은 결과 불법의 핵심적 요소이므로 가중처벌의 근거로 삼더라도 책임주의에 반하지 않고, ② 이득액에 따른 가중처벌을 단계적·합리적으로 조정함으로써 양형상의 불합리를 제거할 수 있고, ③ 가중처벌을 명시함으로써 일반예방 및 법적 안정성의 측면에서 바람직할 수 있고, ④ 법원의 양형편차를 최소화하여 사법에 대한 신뢰를 제고할 수 있으며, ⑤ 죄수론 및 이득액 산정 등의 문제는 해석론으로 충분히 해결할 수 있다는 점 등이다.[65]

생각건대 부정논거들은 대부분 긍정논거들에 의하여 설득력 있게 해명되는 것으로 보이며, 비교법적으로 보더라도 독일, 오스트리아, 캐나다, 미국 등의 입법례에서 보듯이 적지 않은 나라에서 재산상의 피해정도나 피해액, 또는 다수 피해자의 발생 등을 가중처벌의 요소로 규정하고 있는 상황을 감안할 때,[66] 이득액에 따라서 차등하여 처벌하는 것이 반드시 불합리하다고 할 수는 없다.

다만, 가중의 방법에 대해서는 재고의 여지가 있는 것으로 보인다. 첫째, 사기·공갈죄와 횡령·배임죄는 법정형이 상당히 차이가 나는데도 불구하고, 이득액에 따라서 가중할 때에는 그러한 차이를 완전히 무시하고 있다는 점, 둘째, 횡령·배임죄에서 이득액이 5억원 이하일 경우는 5년 이하의 징역 또는 1천5백 만원 이하의 벌금인 반면에 50억원 이상일 경우에는 무기 또는 5년 이상의 징역형으로 함으로써 중첩되는 범위가 없이 법정형이 완전히 2분화 되어 있어 오로지

---

64) 부당하다는 견해로는 안경옥, 특정경제범죄 가중처벌 등에 관한 법률의 정비방안, 형사정책 제17권 제2호, 2005; 이기헌, 동종의 범죄를 가액에 따라 차등 처벌하는 특별형법규정, 형사판례연구[3], 한국형사판례연구회, 1995, 112면 이하. 타당하다는 견해로는 한상훈, 앞의 논문, 154면.
65) 한상훈, 앞의 논문, 154면.
66) 한상훈, 앞의 논문, 152면 이하 참조.

이득액만으로써 양자를 그 처벌에서 완전히 달리 취급하도록 되어 있는 점 등은 문제이다. 따라서 첫째, 사기·공갈죄와 횡령·배임죄가 그 범죄의 질에서 본질적 차이가 있는 것으로 입법하였다면, 이득액에 따라서 가중할 때에도 그 점이 여전히 고려되도록 하는 것이 타당할 것이며, 둘째, 가중하는 방법으로서 현재와 같이 별도의 법정형을 규정한다면 적어도 상당 부분 공통적으로 중첩되는 형기가 존재하도록 하거나, 아니면 별도의 법정형을 규정하지 아니하고 장기 또는 장·단기의 1/2을 가중하는 등의 방식이 적합할 것으로 생각한다.

15 재산범죄에서 구성요건의 해석원리로서의 법질서의 통일성*

Ⅰ. 머 리 말

민법적 평가와 형법적 평가의 관계를 설정하는 일은 어렵고 복잡한 일이며, 또한 멀리 보면 법의 근본 내지 법의 일반이론에까지 이르는 오랜 역사를 갖는 테제라 할 수 있다.[1] 형법과 전체 법질서의 ― 특히 민법질서 ― 통일성과 형법의 독자성 간의 긴장관계는 특히 재산범죄의 해석에서 자주 발생하는데, 그 이유는 재산이 형법과 민법의 공통된 보호대상이기 때문일 것이다.

개별 법률의 관점에서만 본다면, 각 법률의 독자성만 강조되어도 충분할 것이지만, 개별 법률 역시 전체 법질서 내에서 하나의 부분법으로 존재한다는 관점에서 보면 개별 법률의 독자성만을 고집할 수는 없는 노릇이고, 관련 법률과의 관계를 고려하지 않을 수 없다.[2] 개별 법률은 전체 법질서 내에서 하나의 부분법

---

* 국민대학교 法學論叢 第33卷 第3號(2021) 261-302면에 게재된 글임.

1) Dierlamm, Neue Entwicklungen bei der Untreue ― Loslösung des Tatbestandes von zivilrechtlichen Kategorien?, StraFo 2005, 397면.

2) 최성진, 형법상 독자적 개념형성권의 인정 여부 ― 형법상 구성요건해석에 있어서 민법상의 개념 및 이론이 미치는 영향 ― , 형사법연구 제27권 제1호(2015), 153면. 이를 "법질서의 통일성과 형법의 독자성 사이의 실제적 조화"라고 표현하기도 한다(양천수, 부동산 명의신탁, 영남대 출판부 2010. 79면 이하 참조).

이라는 사실, 형법 역시 전체 법질서의 부분법이며, 특히 형법은 다른 법질서에 대하여 보충적인 성격을 갖는다는 사실 등을 고려할 때, 다른 법 영역이 형법에 미치는 방사효과의 문제는 피할 수 없을 것이다. 다만, 방사효과의 정도 내지 그 경계를 확정하는 것이 현실적으로 중요하다.[3]

물론 "법질서의 통일성"은 조심스럽게 고려되어야 한다. 개개의 법 영역들은 분화되어 있고, 특히 형법은 형벌이라는 수단 때문에 특별한 지위를 갖기 때문에 더욱더 그러하다. 그럼에도 불구하고 형법 영역에서도 '법질서의 통일성'은 큰 설득력을 갖는다. 왜냐하면 예컨대 재산범죄에 법질서의 통일성을 강조하는 것이 결코 형법을 민법상의 재산개념에 절대적으로 종속시키자는 것도 아니고,[4] 형법상의 재산을 법률적 재산개념처럼 주관적인 권리로 제한시키자는 것도 아니기 때문이다. 오히려 다른 일부의 법질서에 따르면 경제적인 지위의 실현이 금지되고 불허되는 반면에, 형법이 그러한 지위를 재산으로 보호하게 되면, 전체 법질서의 체계에서 평가의 모순(Wertungswiderspruch)이 초래되기 때문에 그것을 피하자는 것일 뿐이다.[5]

재산범죄의 해석에서 형법의 독자성과 전체 법질서의 통일성 간의 충돌 여부가 논의의 대상으로 등장하는 경우들이 꽤 많다. 당장 재산개념에서 그렇다. 즉, 위법하게 취득한 재물의 점유, 위법하거나 반윤리적인 영역에 투입되는 재화, 반윤리적이거나 위법한 법률행위에서 기인하는 무효인 청구 등이 재산범죄의 재산에 해당하는가? 재산범죄에서 소유권 귀속이 민법적 판단에 종속하는가?[6] 배임죄의 임무위배와 민법상의 의무위반은 어떠한 관계에 있는가? 부동산횡령의 경우 보관자는 사실상의 처분권능자인가, 아니면 법적으로 유효한 처분권능자인가? 부

---

3) 최성진, 앞의 논문, 154, 155면.
4) 법질서의 통일성의 요구가 절대적인 것이 아니며, 동질적인 것을 법규 간에 달리 취급하더라도 개별 법규의 규율목적으로부터 나오는 이성적인 근거가 뒷받침 된다면 실질적 정의에 합치한다는 견해는 Kargl, Der strafrechtliche Vermögensbegriff als Problematik der Rechtseinheit, JA 2001, 717면 참조.
5) Sch/Sch/Cramer, §263 Rn. 82; LK/Lackner, §263 Rn. 123.
6) 우리의 학설로는 민법에의 종속성을 지지하는 견해와 형법의 독자성을 지지하는 견해가 맞서 있는 가운데, 판례 또한 구체적인 사례에 따라서 갈팡질팡 하는 상황이다. 독일의 경우에도 완전히 견해가 일치하지는 않지만, 개별사례의 경우 형법적 시각에서 다소 불합리한 결과를 초래한다고 하더라도 민법상의 소유권귀속을 따름으로써 개념형성의 명료함을 추구하는 것이 개별적인 사례의 구체적 타당성보다 우선하므로 민법상의 소유권개념에 따라야 한다는 견해가 우세하고, 판례도(BGHSt 6, 377) 같은 입장이다(NK/Kindhäuser, §242 Rn. 13 ff.).

동산명의수탁자는 횡령죄의 주체인가? 이들의 질문에 답하는 곳에서는 언제나 형법의 독자성과 전체 법질서의 통일성이 서로 대립하는 논거로서 — 명시적 또는 묵시적으로 — 등장한다. 하지만 지면 관계상 이들을 모두 다룰 수는 없고, 법질서의 통일성이 재산범죄의 재산개념에 어떻게 영향을 미칠 수 있는가를 중심으로 고찰하려고 한다.

II. 형법의 제한적 해석원리로서 법질서의 통일성

1. 형법에서 요구되는 법질서의 통일성의 의미

법질서의 통일성에는[7] 상·하의 규범체계 내의 수직적인 통일성과 동등한 규범체계 내의 수평적인 통일성을 생각할 수 있다. 전자는 상위법이 하위법을 구속하는 법원리에 따라서 당연한 것으로 받아들여진다. 예컨대 법률의 헌법합치적 해석과 적용은 너무도 당연하다.[8] 따라서 문제되는 법질서의 통일성은 동등한 지위의 규범체계 내의 수평적인 통일성이다.[9] 물론 법질서의 수평적인 통일성이 요구된다는 일반적인 인식과는 달리, 사회 현실의 세분화와 다양화에 따라서 규범체계 또한 세분화와 다양화가 초래되는 상황에서 법질서의 통일성이라는 개념은 더욱 더 실체를 잃어가고, 또한 법학방법론에서 자유법론이나 법현실주의, 그리고 문제중심적 사고가 위세를 떨치면서 체계중심적 사고를 바탕으로 하는 법질서의 통일성 내지 법체계의 통일성의 중요성이 약화되는 측면이 있다. 또한 법질서의 통일성을 공허한 공식, 또는 비합리적인 전체주의로 매도하는 견해도 없지는 않다고 한다.[10] 하지만 사회현실과 규범체계가 세분화와 다양성을 보이기 때문에 오히려 법질서의 통일성이 다시 강조되어야 할 것인지도 모른다. 다만 오

---

7) 법질서의 통일성을 법체계의 통일성이라는 논제 하에서 상세하게 연구한 논문으로는 오세혁, 법체계의 통일성, 법학연구(홍익대학교 법학연구소) 제4권(2002) 참조.

8) 헌법합치적 법률해석이 법질서의 통일성을 위한 출발점이라는 사실을 확인해주는 판례로는 대결 2006. 6. 22., 2004스42 참조.

9) 법질서의 통일성이란 개별 법률은 헌법합치적으로 해석되어야 한다는 정도의 의미를 갖는 데에 그치고, 각 법률들이 헌법합치적으로 해석되는 한에서는 법률 간의 법적 통일성이란 현실적으로 문제되지 않는다는 견해가 있다(박달현, 법질서의 통일성과 형법의 독자성에 관한 연구, 비교형사법연구 제19권 제1호(2017), 23면).

10) 오세혁, 앞의 논문, 76면.

늘날 세분화와 다양화로 특징되는 규범체계에서 통일성의 요청이 특정 규범의 '구체적인' 해석의 기준을 제시하는 적극적인 기능을 발휘하리라고 기대하기는 어렵다. 통일성의 요구는 '규범 상호간에 가능한 한 모순과 충돌을 피하는 방향으로 해석하고 적용하라'는 정도의 소극적 의미를 갖는다.[11]

특히 형법에서 말하는 법질서의 통일성은 다른 법질서와의 충돌이 발생하는 경우 형법의 독자성을 어떻게, 어느 정도로 양보하여야 하는가의 문제이다. 따라서 '형법의 적용이 전체 법질서와의 통일성에 반한다.'라고 함은 형법이 동질적인 사태에 대하여 다른 법규의 평가와 모순되는 평가를 수용하는 것을 말한다. 따라서 형법에서 요구되는 법질서의 통일성은 평가의 충돌이 있는 경우에 다른 법규의 평가를 수용함으로써 형법적인 평가를 후퇴시키는 것을 말한다.

2. 형법의 최후수단성 · 보충성 · 단편성과 법질서의 통일성

수평적인 통일성이 바람직하다는 점에 동의를 하더라도, 만약 동질적인 사태에 대하여 법규 간의 평가가 충돌하는 경우에 법질서의 통일성을 위하여 어느 법규를 후퇴시켜야 할 것인가는 또 다른 차원의 문제이다. 예컨대 민법적 평가와 형법적 평가가 충돌하는 경우에 단순히 법질서의 통일성만 생각한다면 민법을 후퇴시키는 것도 생각할 수 있다.[12] 따라서 법적 평가가 충돌하는 경우, 형법을 후퇴시켜야 하는 근거는 법질서 통일성의 요구 자체가 아니라, 다른 원리에서 찾아야 한다.

형법 해석의 독자성을 제한하는 원리로서 법질서의 통일성을 거론할 때에는 흔히 형법의 최후수단성이나 보충성[13] 또는 단편성[14] 등의 개념이 함께 등장한

---

11) 송희진, 형법상 위법성판단과 민사불법과의 관계, 강원법학(강원대학교 비교법학연구소) 제15권(2002), 104, 105면; 오세혁, 앞의 논문, 89면; 최성진, 앞의 논문, 165면.
12) 동일한 문제 제기로는, 박달현, 앞의 논문, 13면.
13) 형법의 보충성을 자유민주적 법치국가사상을 토대로 하는 소극적 의미의 보충성을 넘어 사회민주적 법치국가사상을 토대로 하는 적극적 의미의 보충성으로 해석해야 한다는 주장이 있다. 전자는 되도록 국가의 불간섭주의를 견지하는 것이라면, 후자는 개인이 극복하기 어려운 사정 하에서는 국가가 부조를 이행하는 것이라고 한다. 자세한 내용은 Kaufmann, Henkel-FS, 1974, S. 89 ff.
14) Maiwald는 형법의 단편성을 개별구성요건 자체에 내재된 단편성, 전체 법질서의 체계 내에서의 단편성, 도덕규범과의 관계에서 나타나는 단편성으로 분석한다. 상세한 내용은 Maiwald, Zum fragmentarischen Charakter des Strafrechts, Maurach-FS, 1972, S. 9 ff. 참조.

다. 형법이 전체 법질서의 부분법이고, 더구나 형법은 최후수단으로서 다른 법규범에 대하여 보충적이어야 하고, 그 결과로서 형법은 법질서보호의 단편적인 부분만을 담당할 뿐이므로, 전체 법질서와의 충돌이 발생하는 곳에서는 형법의 적용이 자제되어야 한다는 식이다.[15]

하지만 반대로 형법의 최후수단성이나 보충성을 '형법은 법질서의 수호를 위한 가장 근본적이고 최후의 수단으로서 개입하는 것이기 때문에, 다른 법규와의 관계에서 형법을 더 우선해야 한다.'는 주장의 논거로 사용할 여지도 있다.[16] 따라서 형법의 최후수단성 내지 보충성이 과연 형법과 다른 법규 간에 충돌이 발생하는 경우 형법의 자제를 근거지우는 원칙이 될 수 있는가의 문제가 나온다.

형법의 최후수단성이나 보충성은 – 실질적인 범죄개념과 더불어 – 입법자가 범죄화와 비범죄화를 합목적적으로 결정할 때, 그 결정의 정당성을 판단하는 중요한 입법원리이다. 즉, 이들 원칙들은 형법의 제한적인 해석이나 적용을 정당화시키는 직접적인 원리는 아니다.[17]

하지만 형법의 최후수단성이나 보충성이 비록 직접적으로는 입법원리라 할 것이지만, 그 정신이나 취지를 고려하면 형법의 해석과 적용에서 형법적 개입을 자제시켜 그 적용범위를 축소시키는 간접적인 원리로 기능할 수 있다. 형법적 통제의 최소화를 추구하는 것이 최후수단성이나 보충성의 정신이고 취지라면, 이는 입법원리로 그칠 것이 아니라, 형법의 적용단계까지 그 기능영역을 넓히는 것이 바람직할 것이기 때문이다.[18] 이렇게 볼 때, 형법의 최후수단성, 보충성, 단편성 등의 성격은 형법과 다른 법 영역 사이에 평가의 충돌이 발생하는 경우, 형법의 후퇴를 정당화시키는 간접적인 원리가 될 수 있다. 따라서 이 원리들은 그 본래

---

15) 김일수 · 서보학, 형법각론 제6판(2004), 319면; 배종대, 형법각론, 제11전정판(2020), 314면.

16) 오늘날 고도의 현대 위험사회에서 전통적 형법의 도그마틱이 더 이상 적합하지 않은 경우가 있기도 하고, 이에 현대 위험사회에 대처하기 위하여 형법을 최초수단으로 투입하는 사례들이 발생하기도 한다는 분석도 있다(박광현, 형법의 독자성과 민사법과의 법질서 통일성 관점에서 바라 본 학제 간 고찰, 서울법학(서울시립대 법학연구소), 제20권 제1호(2012), 263면; 김재윤, 현대형법의 위기와 과제, 전남대출판부, 2009, 17면).

17) 형법의 보충성과 단편성은 형법의 입법원리일 뿐이고 해석원리로 사용하는 것은 부적절하며, 반면에 입법원리 중에서도 책임원칙이나 비례성원칙은 해석원리로서의 성격도 함께 지닌다는 견해는, 변종필, 해석근거로서의 법질서의 통일성과 형법의 독자성, 비교형사법연구 제13권 제2호(2011), 9, 13면 참조.

18) 보충성의 원칙이 기본적으로는 입법적 원칙임을 인정하면서도 사회변화에 따라서 해석의 융통성이 필요한 경우에는 해석기준이 될 수도 있다는 견해로는 최성진, 앞의 논문, 171면 참조.

적인 고유한 의미에서는 형법의 입법원리라 할 것이지만, 전체 법질서의 통일성을 위하여 형법의 적용을 제한시키는 해석원리로서의 의미도 갖는다.

3. 형법과 다른 법규 간의 통일성에 관한 독일의 학설 및 판례의 변천사

형법과 다른 법질서, 특히 민법과의 긴장관계에 관한 근대 이후의 독일의 이론사적 변천과정을 보면, 형법의 절대적 민법종속성의 시대로부터 출발하여 형법의 절대적 독립성의 시대를 거쳐 현재에는 법질서의 통일성을 해치지 않는 범위 내에서 형법의 독자성을 추구하는 방향으로 변화하였다. Dierlamm의 분석에 따르면, 이미 1885년에 Binding이 그의 규범이론에서 '형법은 민법적 임무에 종속하는 것'으로 파악했다면, 1925년에 이르러 Robert von Hippel은 '형법은 근본적으로 법질서의 중요하고 독립적인 부분으로서, 거대한 다른 법 영역들과 더불어 동일한 권능을 갖는 것으로 존재한다'고 주장하기에 이른다. Dierlamm은 특히 형법에서 국가사회주의적 이데올로기화가 진행되던 1930년대에 들어서면, 형법의 민법종속성을 하나의 "질곡 내지 속박"으로 느끼기 시작했으며,[19] 그러한 사고의 정점은 1938년 "민법적 사고로부터 형법의 해방"이라는 Bruns의 교수자격논문에서 발견된다고 한다.[20] Bruns는 "특별히 형법적인 개념형성 방법론과 해석방법론이 존재하는데, 그것들은 일차적으로 예리하게 연마된 민법의 추상적인 개념형성보다 더 현실친화적이라는 특징을 가지며, 또한 '건전한 국민감정' 및 자연적인 언어관용과도 훨씬 더 잘 조화된다"라고 강조하였다. Bruns 이후로 형법의 독자성이 한동안 독일의 학설을 지배해왔지만, 1960년대 이르면 도전을 받기 시작한다. 즉, 1960년대 들어 Hirsch는, 그때까지도 순수 경제적 재산개념과 명백하게 결별을 하지 못하고 있던 연방대법원의 판례를[21] 주된 표적으로 삼아서, 재산개념에서 민법을 절대적으로 무시하려는 형법에 만연된 경향을 비판하기 시작

---

19) 형법의 절대적 독립성과 그것에 기초하는 순수 경제적 재산개념을 강변하는 Bruns의 견해에 대하여 국가사회주의적 이데올로기가 반영된 것임을 부정할 수 없다면서, 순수 경제적 재산개념에 대하여 강한 경계의 시선을 보내는 입장으로는 Lüderssen, Die Wiederkehr der "Befreiung des Strafrechts vom zivilistischen Denken" – eine Warnung, Hanak-FS, 1999, S. 487 ff. 참조.
20) Dierlamm, 앞의 논문, 397면.
21) BGHSt. 31, 178(179).

했다.[22] Hirsch의 비판이 기폭제가 되어 형법의 절대적 민법종속성이나 형법의 절대적 독립성의 관점은 극복되기 시작하였고, 대신 법질서의 통일성이라는 관점이 강조되기 시작한다. 이는 '민법이 보호하기를 거부하는 것을 형법이 보호를 해서는 안 된다'는 정도의 소극적인 조화를 추구하는 관점으로서, 점점 그 지지세를 확장하여 오늘날 독일의 지배설로 자리 잡았다.

형법과 민법의 긴장관계에 관한 이러한 이론적인 변천사는 재산범죄의 재산개념에 그대로 반영되어 나타나는데, 법률적 재산개념(형법의 절대적 민법종속성의 시대)에서 순수 경제적 재산개념(형법의 절대적 독립성의 시대)을 거쳐 법률적·경제적 재산개념(법질서 통일성의 시대)으로의 변천이 바로 그것이다.

독일 판례도 이러한 이론적인 변천과정을 반영하고 있다. 독일 제국법원은 법률적 재산개념을 취해오다가 1910년 12월 14일 전원합의부 판결(RGSt 44, 230)을 통하여 순수 경제적 재산개념으로 입장을 바꾼다. 이 판결은 부인들이 10DM를 지불하고 30~40페니히 가치의 전혀 쓸모없는 가짜 낙태제를 구입한 사건에서 판매자에게 사기죄를 인정하였다. 그 이전의 판례의 입장이었던 법률적 재산개념을 따랐다면, 그 계약이 반윤리적이기 때문에 부인들에게 그 어떤 반환청구'권'도 인정할 수 없고, 따라서 사기죄의 성립이 부정되었을 것이다. 그러나 이 판례에서 제국법원은 형법과 민법의 임무가 다르기 때문에, 형법이 민법의 재산권 귀속에 그대로 종속하지 않는다는 입장을 취한다. 그리하여 부인들에게 반환청구권이라는 민법상의 권리가 부정됨에도 불구하고 부인들이 지불한 가짜낙태제의 구입대금에 상당하는 재산상 손해를 발생시킨 사기죄로 판단하였다.

이 판결 이후부터 독일 법원은 순수 경제적 재산개념을 계속 견지하였는데,[23] 1987. 4. 26. 연방법원 제5형사부 판결은(BGH, JZ 1987, 684), 고객이 처음부터 화대지급의 의사가 없으면서도 매춘부를 속여 성의 제공을 받은 사건에서, "성을 제공함으로써 약속된 화대나 통상적인 화대를 받게될 것이라는 매춘부의 기대는 형법적으로 보호받는 재산에 속하지 않는다"라고 하였다. 이전의 판례 입장에 따랐다면, 노동력의 제공이 전래적으로 보수를 받고 이루어진다는 조건만 충족되면

---

22) 형법과 민법의 관계에 관한 Hirsch의 상세한 견해는 Hirsch, Zur Abgrenzung von Strafrecht und Zivilrecht, Engisch-FS, 1969, S. 304 ff. 참조.
23) 물론 순수 경제적 재산개념을 약간 벗어나는 다소 어정쩡한 판례도 없지는 않았지만, 기본적으로는 순수 경제적 재산개념에 입각하고 있었다.

재산으로 인정되고, 또 이러한 조건은 이 사례에서도 논란 없이 충족되므로 - 매춘부들은 전래적으로 볼 때 화대를 받는 조건으로 그들의 성행위를 제공한다 - 매춘부들의 성행위 제공은 재산에 해당한다고 판단했을 것이다. 그러나 연방대법원은 이 판결에서 입장을 바꾸어 "형법은 여타의 다른 법질서와 모순되어서는 안 된다"는 논거를 토대로 하여 매춘부의 성행위 제공을 재산으로 인정하지 않았다. 독일 학자들은 독일연방대법원이 이 판결을 통하여 순수 경제적 재산개념을 포기하고 법질서의 통일성을 위한 법률적·경제적 재산개념으로 전향한 것으로 평가한다.

Ⅲ. 재산범죄의 재산개념과 법질서의 통일성

1. 형법상 통일적인 재산개념

협의의 재산범죄들은 폭행·협박, 기망, 배신적 행위 등과 같이 서로 다른 행위양태들을 요구하고 있지만, 그러한 재산범죄들은 모두가 각각의 행위양태들이 상대방의 재산을 침해할 때에만 성립할 수 있기 때문에, 재산범죄들은 모두 재산이라는 공통분모를 통하여 함께 묶여진다. 즉, 재산범죄들의 행위양태들은 각자 다르지만, 그들 행위를 통하여 상대방의 재산이 침해되어야 한다는 점은 공통적이다.[24] 물론 손해개념이 현실적인 손해, 즉 실제 손해를 의미하는지, 손해발생의 구체적 위험까지 포함하는지에 대해서는 논란이 있지만, 재산상의 손해가 협의의 재산범죄의 성립요건이라는 점에서는 견해를 같이 한다. 재산이라는 표지는 이처럼 모든 재산범죄에 공통되어 있고, 재산개념 역시 통일적인 개념이므로,[25] 재산개념은 재산범죄들의 보호범위를 결정하는 역할을 한다.

2. 재산개념과 법질서의 통일성

재산개념으로는 법률적 재산개념, 순수 경제적 재산개념, 그리고 법률적·경

---

24) Kühl, Umfang und Grenzen des strafrechtlichen Vermögensschutzes, JuS 1989, Heft 7, 505면.
25) 이를 형법체계의 내적 통일성이라고 할 수 있다(변종필, 앞의 논문, 7면 참조).

제적 재산개념 등이 있고, 법률적·경제적 재산개념에는 또 다시 전통적인 의미
의 그것과 약간의 수정을 가한 다양한 아류들이 존재한다. 예컨대 개인적 재산개
념,[26] 기능적 재산개념[27] 등이 그것이다. 이들 재산개념이 형법과 민법 간 관계
설정의 문제와 연결된다는 것은 이미 앞에서 살핀 바와 같다.[28]

법률적 재산개념은 이미 극복된 지 오래되었고, 학설로는 순수 경제적 재산개
념과 법률적·경제적 재산개념이 팽팽히 맞서 있는 가운데,[29] 우리 판례는 순수
경제적 재산개념을 따르는 것으로 평가된다.[30] 독일의 경우는 이미 언급했듯이,
순수 경제적 재산개념이 쇠퇴하고 법률적·경제적 재산개념이 지배설의 지위를
확보하였고, 연방대법원의 판례도 법률적·경제적 재산개념으로 기울었다고 볼
수 있다. 이는 형법의 '절대적' 독자성을 포기하고, 법질서의 통일성이라는 관점
에서 재산개념을 구성하려는 경향을 보여주는 현상이다. 독일의 경우 오늘날 현
실적으로 중요한 문제로 다루는 것은 구체적인 사례들에서 과연 민법과의 충돌
이 발생하는지의 여부를 설득력 있게 논증하는 일이다.[31]

이러한 사정은 우리나라에서도 유효하다. 막연히 법질서의 통일성이나 법률
적·경제적 재산개념을 운운하는 것에 그치지 않고, 문제되는 사례에서 민법과의
충돌 여부 및 그 내용을 구체적으로 밝히는 것이 필요하다. 예컨대 경제적 가치
가 있는 사실상의 청구 내지 기대가 법질서에서 관철될 수 없거나, 또는 재화가
비합법적인 목적을 위하여 투입되는 경우, 이러한 사정들이 형법상의 재산개념에

---

26) 대표적으로 Otto, Schmidhäuser(MK/Hefendehl, §263 Rn. 313 참조).
27) 대표적으로 Kindhäuser(NK/Kindhäuser, §263 Rn. 35 이하 참조).
28) 형법상 재산개념에 관한 다양한 견해들은 법질서의 통일성과 형법의 독자성의 관계에 관한 논
  의와는 무관하다는 견해도 있다(박달현, 앞의 논문, 6면 이하 참조).
29) 경제적 재산개념을 지지하는 학자로는 권오걸(스마트 형법각론 초판, 375면), 김성돈(형법각론
  제2판, 291면), 김신규(형법각론 초판, 355면), 손동권(형법각론 개정판, 316면), 오영근(형법
  각론 제2판, 300면), 이재상(형법각론 제9판, 301면), 임웅(형법각론 상 초판, 242면), 정성
  근·박광민(형법각론 전정2판, 286면), 정영일(형법각론 개정판, 278면) 교수 등이며, 법률
  적·경제적 재산개념을 지지하는 학자로는 김일수.서보학(형법각론 새로 쓴 제6판, 315면), 김
  성천·김형준(형법각론 제2판, 454면), 박상기(형법각론 제7판, 324면), 배종대(형법각론 제11
  전정판, 314면), 이형국(형법각론연구 Ⅰ초판, 421면), 이정원(형법각론 초판, 330면) 등이다.
30) 이러한 평가는 대표적으로 이재상, 형법각론, 300면.
31) 법질서의 통일성은 형법해석의 지향방향을 제시하는 원리일 뿐이고, 구체적인 해석지침을 포
  함하지 않기 때문에, 현실적인 해석에서 중요한 것은 법질서의 통일성에 합치하는, 또는 합치
  하지 아니하는 이유를 구체적인 논거를 통하여 논증하는 것임을 강조하는 견해는, 변종필, 앞
  의 논문, 16면 참조.

대하여 어떠한 의미를 가지며, 어떻게 영향을 미치는가를 구체적으로 밝히는 일이 중요하다. "법질서의 통일성"은 그러한 선행적 과정의 필요성과 정당성을 뒷받침하는 원리이다. 선량한 풍속 기타 사회질서에 반하는 사항을 내용으로 하는 법률행위들은, 민법 제103조에 따를 때, 법적효력이 있는 사적 자치에 포함되지 않는다. 그러한 법률행위 자체는 물론이고 그로부터 기인하는 청구도 무효이다.

그러한 무효인 청구를 기망을 통하여 좌절시키거나, 반대로 그것을 기망을 통하여 실현시키면 사기죄가 성립하는가? 민법이 무효로 선언한 것을 형법이 보호대상으로 하는 것은 일견 법체계의 통일성에 반하는 것처럼 보인다. 여기서 구체적으로 밝혀야 할 것은 이러한 잠정적인 결론을 일반적인 것으로 받아들여야 하는가, ― 만약 그렇다고 한다면 ― 민법상 무효인 모든 청구에 대하여 그러한 결론이 도출되어야 하는가이다. 여기서도 '그렇다'라고 한다면, 이는 형법의 절대적인 민법종속성을 인정하는 결과가 되기 때문에 받아들이기 어렵다. 오히려 Cramer가 강조하듯이, 민법상의 모든 무효가 그 종류를 불문하고 재산형법에서 천편일률적으로 동일하게 취급되는 것은 옳지 않다. 법질서의 통일성이 중요한 것은 사실이나, 민법상의 무효조항의 근거를 형법적인 시각에서 실질적으로 고찰하는 과정이 반드시 필요하다.[32]

3. 법질서의 통일성에 부합하는 재산개념을 위한 판단기준

(1) 차등취급의 실질적 근거 기준설

이 견해는 형법과 민법 간의 충돌이란 동질적인 사태를 실질적인 근거의 뒷받침 없이 서로 달리 취급하는 것이라고 한다. 법규 간의 충돌은 '동질적인 것은 동일하게 취급하라'는 기본적인 정의 관념에 어긋나기 때문에 바람직하지 않고, 동질적인 사태를 다르게 취급할 때에는 개별법규의 규율목적으로부터 나오는 이성적인 근거가 있을 때에만 실질적 정의에 합치한다고 한다. 이러한 전제에서 볼 때, 형법과 민법은 그 규율목적이 명백히 차별화되기 때문에, 기본적으로 민법과 형법 간에는 동질적인 사태에 대한 실질적 근거 없는 차등 취급이라는 의미의

---

32) Cramer, Grenzen des Vermögensschutzes im Strafrecht ― OLG Hamburg, JuS 1966, 477면, in: MK/Hefendehl, § 263 Rn. 422.

평가모순 내지 규범충돌은 절대로 생겨나지 않는다고 한다.[33]

민법의 법익개념이 특정 피해자의 구체적 이익인 반면에, 형법의 법익은 법공동체의 실존조건이라는 일반화된 법익이고, 민법이 특정 행위자와 피해자 간의 개별적인 이익의 조정이나 화해를 추구한다면, 형법은 형벌로써 법공동체의 실존조건을 안정화시키는 것이므로, 동질적인 사태를 형법과 민법이 달리 취급하더라도 거기에는 서로 다른 규율목적이라는 실질적인 근거가 바탕이 되어 있고, 따라서 실질적 정의에 반하는 평가모순 내지 규범충돌이 아니라는 것이다. 즉, 민법과는 차별화 되는 형법상의 법익개념과 형벌목적에 지향된 재산개념이 경우에 따라서는 민법의 보호영역에서 제외되는 재산을 포함시킨다고 하더라도 실질적 정의에 반하는 충돌이나 모순에 해당하지 않는다는 것이다.

이 견해에 따르면 예컨대 민법이 승인하지 않거나 그 실현이 거부되는 재산적 지위들을 형법이 보호하더라도 평가모순에 해당하지 않게 된다. 물론 이 견해도 무효인 청구들에 대하여 민법이 보호를 거부한다면, 이는 일정한 활동들에 대한 부정적인 가치판단을 포함하는 것이라는 사실을 부정하지는 않는다. 이는 특히 노동력의 투입을 ─ 예컨대 살인청부업자가 위탁받은 살해행위를 하는 것처럼 ─ 형법이 직접 금지할 때에는, 더더욱 그러하다고 한다. 그러나 기망을 통하여 위법한 재산상의 이익을 취하는자를 사기죄로 처벌한다고 하여 그것이 곧 기본사건이나(살인청부계약) 그로 인한 불법한 행위에(청부살인)에 대한 불승인을 무효화 시키지는 않는다는 것이다. 살인청부업자를 기망하여 그의 노동력을 편취하는 위탁자를 처벌한다고 하여 청부살인 자체가 인가되거나 보호되는 것이 아니라는 생각이다. 그러나 반대로 청부살인업자의 노동력의 투입을 재산에서 제외시켜 위탁자를 사기죄로 처벌하지 않으면, '범죄자에 대한 범죄'를 형법의 범위에서 제외시키는 것이 될 것이고, 그렇게 되면 '재산'이라는 법익 속에서 보호되어야 할 일반적인 이익뿐만 아니라 안전의 유지라는 형법의 중심적인 임무를 무시하는 것이 된다고 한다.[34]

이 견해도 법질서의 통일성이 필요하다는 점은 인정한다. 그러나 동질적인 사태를 재산으로 인정하여 보호대상으로 할 것인가에 대하여 형법과 민법이 서로

---

33) Kargl, 앞의 논문, 717면.
34) Kargl, 앞의 논문, 720면.

다른 평가를 하더라도 거기에는 서로 다른 규율목적이라는 실질적인 근거가 뒷받침되어 있고, 따라서 그러한 차별은 정당화된다고 한다. 결과적으로 이 견해는 형법의 독자적인 재산개념을 긍정하게 된다. 하지만 이 견해는 지나치게 형식 논리를 앞세운다는 점에서 문제가 있다. 형법과 민법이 서로 규율목적을 달리 함으로써 각각의 지향방향이 다른 것은 부인할 수 없고, 따라서 순수하게 논리적으로 보면, 평가의 충돌이나 모순이 발생할 수 없다고 할 수 있다. 지향하는 방향이 서로 다르면 충돌 또한 발생하지 않는다는 것은 논리적으로는 분명하기 때문이다. 하지만 형법이나 민법이나 모두가 전체 법질서로 통합되는 하나의 부분법이라면, 양 법규의 독자성에는 일정한 한계가 있을 수밖에 없다. 형법과 민법이 서로 규율목적이 다르고 그것을 실현하는 방법이 다르더라도 결국은 전체 법질서에 통합될 수 있어야 하기 때문이다.

(2) '처분행위' 내지 '처분과정' 기준설

이 견해는 법적 통일성의 문제를 재산 내지 재산손해라는 보호대상의 관점에서 접근하지 않고, 재산을 변동시키는 처분행위 내지 처분과정의 법적인 승인·보호가치·보호당위성 등을 중심으로 판단한다.[35] 따라서 재산범죄의 보호범위를 '올바른 재산개념'을 통하여 해결하려는 전통적인 시각과 차이가 있다. "어떠한 처분행위 내지 처분과정이 기망으로부터 보호될 수 있고 또 보호되어야 하는가."의 문제로 접근한다. 정적인 상태의 재산 그 자체의 보호를 문제 삼을 것이 아니라 재산이동의 동적 과정의 보호를 – 따라서 거래의 보호를 – 문제 삼아야 한다는 것이다. 왜냐하면 결국 중요한 것은 '재산적으로 의미를 갖는 처분행위 중에서 어떠한 처분행위를 가벌적인 행위양태로부터 보호할 것인가'이기 때문이라고 한다. 형법이라는 2차적인 규범질서에 해당하는 사기죄구성요건은, 민법 등 1차적인 규범질서에[36] 의하여 보호가치를 인정받는, 그래서 행위자유의 발현으로서 나타나는 재산적 처분에 한하여 적용되는 것이 마땅하다는 것이다. 문제의 처분과정이 그것을 통하여 추구하는 불법한 목적 때문에 법적으로 보호되는 행위자유

---

35) Bergmann/Freund, Zur Reichweite des Betrugstatbestandes bei rechts- oder sittenwidrigen Geschäften, JR 1988, Heft 5, 189면.

36) 1차규범과 2차규범의 관계에 관하여 상세하게는 Schünemann, Grund und Grenzen der unechten Unterlassungsdelikte, 1971, S. 221 ff.

에 속하지 않는다면 사기죄의 가벌성은 처음부터 배제된다고 한다. 만약 일정한 처분이 그 처분을 통하여 추구하는 목적 때문에 형법 이전의 규범질서에 의하여 승인되지 않거나 명시적으로 금지됨에도 불구하고 형법이 그것을 보호하려 한다면, 그것은 1차적인 규범질서와 충돌하는 것으로 본다.[37]

예컨대 매춘이 인간존엄에 반하는 것으로서 법적으로 승인되지 않는다면 – 비록 금지되지는 않는다고 하더라도 – 기망을 당하지 않고 안전하게 성의 상업화를 추구하는 것이 법적으로 보호된 행위자유에 속하지 않기 때문에, 고객과 매춘부 간의 거래가 상대방의 기망에 의하여 공격을 받더라도 형법의 보호가 미치지 않는다는 것이다.

여기서 재산 이동의 동적인 과정에 대한 법적인 승인은 '목적 자체에 대한 법적인 승인'을 말한다. 따라서 단순한 반도덕성이나 질서정책적인 법규의 승인 여부는 문제되지 않는다. 예를 들면 외국인이 근로허락 없이 근로자로서 근로를 하는 경우, 그 외국인은 관련법을 어기고 근로를 하고 있지만, 그럼에도 불구하고 법적으로 승인되지 않는 목적을 추구하는 것은 아니다. 따라서 그자에게 급여의 청구권이 없는 것은 아니다. 여기서 예컨대 외국인 근로자가 임금지급과 관련하여 계약당사자에게 기망을 당한다면 그는 온전히 사기죄구성요건의 보호를 받는다.[38]

이 견해에 따르면, 아래 사례 (A)와 사례 (B)의 경우 모두 사기죄의 성립이 부정된다. '올바른 재산개념'에 착안하는 법률적·경제적 재산개념에 따르면 일반적으로 사례 (A)는 사기죄가 부정되고, 사례 (B)는 사기죄가 긍정되는 것과 차이를 보인다. 이 견해는 법적으로 승인되지 않는 목적을 추구하는 거래를 당사자로서 같이 하였는데도, 한쪽 당사자에게는 형법적으로 보호해주면서 다른 당사자에게는 보호를 거부하는 것은 있을 수 없다고 본다.

하지만 이 견해는 재산범죄의 보호대상을 재산에서 건전한 거래질서로 변경시킴으로써 재산범죄의 본질을 벗어났다는 비판을 피하기 어려울 것이다. 또한 이 견해는 민법과 형법의 직접적인 규율대상이 다르다는 사실을 간과하고 있다. 민법은 사적자치를 보호하되 반윤리적이거나 위법한 법률행위, 즉 불법을 목적으로 하는 법률행위는 사적자치의 보호영역에서 배제시키면서, 그 법적 효과로서 그러

---

37) Bergmann/Freund, 앞의 논문, 192면.
38) Bergmann/Freund, 앞의 논문, 193면.

한 법률행위의 결과를 무효로 한다.

하지만 형법은 단순히 반윤리적이고 위법한 법률행위 자체를 규율하는 것이 아니고, 형법적으로 보호되는 법익을 형법이 금지하는 방법으로 침해하는 행위만을 규율한다. 그리고 형법은 형법을 위반한 행위에 대해서조차도 그 행위의 법적인 효과를 부정하려는 것이 아니라 그 행위에 대하여 형벌로써 대처할 뿐이다.

(3) 헌법적 가치결정 기준설

이 견해는 재산이 헌법의 근본적인 가치결정들에 따라서 개인에게 귀속될 수 없는 때에는, 형법이 그러한 가치결정에 반하여 "재산"으로 인정해서는 안 된다고 한다. 모든 법질서에서 효력을 갖는 기본적인 헌법적 척도들이 문제되는 경우라면, 형법도 예외로 취급될 수 없다는 것이다. 기준이 되는 관점은 헌법에 체화된 가치체계에 반하지 않는, 개인에게 귀속되는 재산인가의 여부이며, 그러한 관점에서 재산으로 인정되지 않는 것이라면 그것은 재산범죄의 재산에서도 배제된다고 본다.[39]

형법적인 평가가 언제나 자동적으로 민법적인 평가에 종속되는 것도 아니고, 반대로 민법적인 판단이 형법에서 완전히 도외시되는 것도 아니라면서, 오히려 여기서 주목해야 하는 바는 민법이 보호를 거부하는 이유가 고려되어야 하고, 그 이유가 형법에도 해당되는 것이라면 형법도 보호를 거부하여야 하는데, 이때 민법과 형법에서 함께 고려되어야 하는 이유라면 그 이유는 헌법적 차원의 이유라고 한다. 즉, 이 경우 민법과 형법 간의 통일적인 평가가 요구되는 것은 형법을 민법에 종속시켜서가 아니라 상위 규범인 헌법적인 근거가 그 이유이기 때문이다. 즉, 헌법적 근거는 모든 법 영역에서 고려되어야 하고, 그렇게 되면 민법과 형법 간의 평가의 통일성은 자연히 따라오게 된다는 것이다.[40] 이 견해에 따를 때, 재산개념은 '기본법에 체화된 가치체계에 대한 충돌 없이 개인에게 귀속하는 재화의 총체'로 정의된다.[41]

예컨대 살인청부 사례에서 사람을 살해하는 일은 반윤리적이고 위법한데, 그

---

39) Zieschang, Der Einfluß der Gesamtrechtsordnung auf den Umfang des Vermögensschutzes durch den Betrugstatbestand, Hirsch-FS, 1999, 842면.

40) Zieschang, 앞의 논문, 835면.

41) Zieschang, 앞의 논문, 844면.

러한 노동력의 투입을 살인청부업자의 재산으로 인정하는 것은 헌법적인 가치결정과 모순된다고 한다. 따라서 위탁자가 보수를 지급할 것처럼 속여서 살인청부업자의 노동력을 제공받았더라도 사기죄가 성립하지 않는다.[42] 반면에 살인청부업자가 위탁자를 속여서 보수를 지급받은 경우에는 사정이 다르다. 살인의 청부가 헌법적인 가치질서를 구체화한 민법 제103조(독일 민법 제138조 제1항)에 의거하여 무효라는 사실은 계약을 이행하라는 위탁자의 "청구"가 처음부터 사기죄의 보호재산에 해당하지 않는다는 사실을 의미하는 것이지, 위탁자가 지불한 돈 그 자체에 해당하는 말은 아니고, 따라서 이 경우에는 살인청부업자에게 사기죄가 성립한다.[43] 두 가지 사례에 대한 서로 다른 판단이 위탁자와 살인청부업자를 불평등하게 취급하는 것이 아닌가라는 의문을 제기할지 모른다. 하지만 이러한 의문을 제기하는 것은 합의의 양 당사자 모두에게 윤리위반이 인정되는 것은 맞지만 그들이 실행한 급부 그 자체는 질적으로 다르다는 사실을 간과하고 있다고 한다. 한쪽 당사자에게는 정직하게 번 돈이 문제된다면, 다른 쪽 당사자에게는 헌법에 반하는 노동의 제공이 문제된다는 것이다. 누군가가 돈을 사취당하는 것과 누군가가 헌법에 반하는 급부를 이행하는 것은 차이가 있다는 주장이다.[44]

이 견해는 우선 가벌성을 헌법적 가체체계에 의존시킴으로써 죄형법정주의원칙(명확성원칙)에 반한다는 비판을 받을 수 있다. 이 견해의 주장자인 Zieschang도 이러한 비판을 의식하고는, 여기서 기준으로 고려하는 헌법적 가치결정과의 충돌이라는 관점은 가벌성을 근거지우는 것이 아니라 배제하기 위한 것임을 주목하라고 한다.[45] 하지만 헌법적 가치결정과 충돌하지 않는다는 판단이 내려지면 가벌성이 긍정될 것이기 때문에 죄형법정주의원칙에 반할 위험은 여전히 존재한다.

또한 헌법적 가체체계라는 기준이 추상적이기 때문에 판단결과의 일관성이나 타당성에서도 많은 논란을 불러올 여지가 있다. 예컨대 이 견해는 도품사취의 경우에 절도범의 불법한 점유는 헌법적 가치체계와 충돌하므로 재산이 될 수 없다고 하는데, 과연 절도범의 점유를 재산으로 부정하는 것까지도 헌법적 가치결정으로부터 곧바로 도출되는 것인지는 의문이다. 민법 제205조 제1항에 따르면 ─

---

42) Zieschang, 앞의 논문, 841면.
43) Zieschang, 앞의 논문, 845면.
44) Zieschang, 앞의 논문, 846면.
45) Zieschang, 앞의 논문, 837면.

물론 재산으로 보호한다는 의미는 아니지만 ─ 절도범의 점유보유도 그 박탈이나 방해로부터 보호를 받지 않는가? 또한 이 견해에 따르면 성 매수자가 갖는 화대 반환청구를 재산으로 인정하지 않는데, 이 또한 헌법적 가치결정에 따른 당연한 결론으로 받아들이기는 쉽지 않다. 성의 상품화는 헌법적 가치판단의 대상이라기 보다는 그 사회의 성윤리적 판단의 문제에 불과하다는 시각도 가능하기 때문이 다. 더 나아가 자가용 불법영업행위는 어떠한가? 이처럼 구체적인 사례에서 헌법 적 가치결정을 기준으로 판단하는 것은 막연하고 어렵기만하다.

(4) 손해의 보상을 위한 법적 청구권 기준설

이 견해는 스위스 연방법원의 입장이다. 스위스 연방법원은 "형법은 최후수단 이므로 민법으로 보호받지 못하는 재산적 지위는 형법에서도 보호될 수 없다"라 고 한다. 이때 민법으로 보호받는 지위인가의 판단에는 '본인이 입은 손해의 보 상을 위한, 법적으로 보호된 청구권을 갖는가?'가 그 기준이라고 한다. 당사자에 게 그러한 청구권이 민법으로 명백히 거부되는 한에서는, 그 청구가 갖는 재산적 지위가 기망을 통하여 편취당하더라도 민법상 재산손해가 부정되기 때문에 사기 죄가 되지 않는다는 것이다.[46] 하지만 스위스 연방법원의 견해는 형법의 독자성 을 전혀 고려하지 않는 입장이며, 형법적인 평가가 언제나 자동적으로 민법적인 평가에 종속되는 것은 아니라는 점을 간과하였다는 비판을 받는다.[47] 또한 이 견 해에 따르면 결과적으로 이미 극복된 법률적 재산개념으로 회귀하게 된다는 비 판도 피하기 어렵다.

(5) 사견: 보호대상으로서의 통일성

법질서의 통일성에 적합한 형법상 재산개념을 설정하기 위한 기준을 제시하는 위 견해들 중에서 (1)은 결과적으로 형법의 독자적인 재산개념으로 귀결되고, (2)와 (4)는 형법을 극단적으로 민법에 종속시키는 결과로 이르며, (3)은 그 기 준이 지나치게 추상적이라는 한계가 있다. 이상의 검토를 통하여 시사를 받는 바 는 법질서의 통일성에 적합한 재산개념을 단일의 기준이나 관점에 따라서 정의

---

46) BGE 117 Ⅳ 139(148), in: Zieschang, 앞의 논문, 832면.
47) Zieschang, 앞의 논문, 835면.

하기가 어렵다는 사실이다.

생각건대, (3)의 견해가 제시하는 기준, 즉 헌법적 가치결정과의 조화는 올바른 재산개념을 위한 최소한의 필요조건이 될 것이다. 헌법적 가치결정에 반하는 재산적 지위를 형법이 보호를 할 수는 없기 때문이다. 이는 법질서의 수직적 통일성의 문제이기도 하다.

그런데 이미 언급했듯이 고도의 추상성을 갖는 헌법적 가치결정이라는 기준을 가지고는 명확하게 판단할 수 없는 구체적인 사례들이 많을 수밖에 없다. 이 경우에는 보호대상으로서의 통일성이 하부기준이 되어야 할 것으로 본다. 재산은 재산범죄의 보호법익인 동시에 행위객체이기 때문에, 재산개념이 법질서의 통일성에 부합하는가의 여부는 문제되는 재산적 지위 그 자체가 형법 외의 다른 법질서에서도 보호의 대상으로 인정되는가를 기준으로 판단하여야 할 것으로 본다. 문제의 재산적 지위가 발생하게 된 법률행위나 법적 상황, 또는 재산적 지위를 이동시키는 과정 그 자체는 각 법질서마다 그들의 고유한 규율목적에 따라서 독자적인 관점에서 평가할 문제이기 때문이다.

좀 더 구체적으로 말하면, 형법상 보호대상으로서의 재산은 다음의 사실들을 종합적으로 고려하여 판단하여야 할 것으로 본다. 첫째, 재산은 재산범죄의 행위객체인 동시에 보호법익이기 때문에 재산은 일단 사실상 경제적 가치가 있는 지위이어야 할 것이며, 또한 재산범죄는 개인의 일반적인 재산질서를 규율하는 것이기 때문에, 그러한 지위는 개인에게 귀속되는 것이어야 한다. 둘째, 법적 통일성에 상응하는 재산개념인가의 판단을 위한 일차적인 최소한의 기준은 헌법적 가치결정이다. 이는 수직적 통일성의 당연한 귀결이다. 셋째, 헌법적 가치결정과 충돌하지 않는 것으로 판단되는 경우이거나, 헌법적 가치결정에 따른 판단이 불분명한 경우에는 '보호대상으로서의 통일성'이 기준이 된다. 다른 법질서가 보호의 대상에서 제외시키는 경제적 지위를 형법이 보호대상으로 인정하는 것은 법질서의 직접적인 충돌에 해당하기 때문이다.

아래에서 검토할 5가지의 구체적 사례들에다가 이러한 기준을 적용해보면, 일단 첫째의 기준은 모두 충족한다. 이 기준은 법질서의 통일성과는 무관하고, 오로지 재산범죄의 구성요건과 직접 관련된 것이기 때문에, 순수 경제적 재산개념이나 법률적·경제적 재산개념이나 상관없이 모두 최소요건으로 수용하는 기준이다.[48] 그렇기 때문에 법률적·경제적 재산개념도 기본적으로는 순순 경제적 재산개념을 출발점으로 한다고 말하는 것이다. 반면에 둘째와 셋째의 기준은 법질서의 통일성을 위한 것이기 때문에, 이들 기준은 오로지 법률적·경제적 재산개념에서만 유효한 기준이다. 따라서 이하에서 다루는 '구체적 사례들에 대한 해결'에서는 후자의 둘째와 셋째의 기준에 따른 판단만을 하면 족하다.

Ⅳ. 문제되는 구체적 사례들의 해결

1. 사례 (A): 반윤리적이고 위법한 노동의 투입

(1) 사례의 개관

성 매수자가 화대를 지급할 것처럼 매춘부를 속여 성의 제공을 받았거나, 보수를 지급할 것처럼 속여 살인청부업자로 하여금 살인을 하도록 하였다면, 또는 요금을 지불할 것처럼 속여 불법영업을 하는 자가용을 이용하였다면 각각 사기죄가 성립하는가?

이 물음에 대한 답은 성 제공이나 살인행위, 또는 자가용 불법영업행위 등이 재산에 해당하느냐에 달려 있다. 순순 경제적 재산개념은, 특별한 사정이[49] 없는 한, 사기죄의 성립을 인정한다.[50] 순수 경제적 재산개념에서는 '노동이 통례적으로 반대급부를 조건으로 한다는 사정 하에서 처분되느냐'만이 중요한데, 위 사례들은 그러한 경우에 해당하기 때문이다. 따라서 매춘부의 성의 제공은 재산의 처분으로 이해할 수 있고, 또한 성의 제공에도 불구하고 처음에 약속된 대가를 받지 못했기 때문에 재산상 손해를 인정할 수 있게 된다.[51] 반면에 법질서의 통일성을 기반으로 하는 법률적·경제적 재산개념을 따를 때에는 민법과의 충돌 여

---

48) 물론 법률적 재산개념은 첫째의 기준에서부터 차이가 있다. 법률적 재산개념은 '사실상'의 경제적 가치를 갖는 것만으로는 재산으로 인정하지 않기 때문이다.

49) 특별한 사정이란 노동력의 제공자가 약속받은 대가를 '사실상' 확보하기 어려운 특별한 사정을 말한다.

50) 같은 취지의 견해로는 김신규, 앞의 책, 355, 385면; 임웅, 앞의 책, 241, 242면 참조.

51) 경제적 재산개념을 취하면서도, 정조는 상품화된 경우에도 재산권이 될 수 없고, 부녀의 성행위를 처분행위라고 할 수도 없다는 이유로 사기죄의 성립을 부정하는 견해도 있다(이재상, 앞의 책, 327면).

부를 어떠한 관점에서 판단할 것인가에 따라서 결론이 달라진다. 일반적인 경향은 법질서상 금지된 행위들은 아무런 보호를 누릴 수 없다는 이유를 들어 그러한 활동들을 재산으로 인정하지 않는다.[52] 하지만 법률적·경제적 재산개념의 지지자 중의 소수나, 개인적 재산개념을 주장하는 자가 매춘부의 성의 제공을 재산으로 인정하는 경우도 있다.[53]

(2) 해 결

매춘부의 성의 제공을 재산으로 인정하면 헌법적 가치결정과 충돌하는가? 성행위는 가장 내밀한 인격영역에 해당하므로 그것을 상품으로 폄훼시키는 것은 헌법이 토대로 삼는 인간형상에 비추어 볼 때 인간의 존엄과 배치된다고 보는 견해가 있다.[54] 그러나 매춘부가 제공하는 성 서비스는 자신의 자유의사에 의한 급부인데, 성의 상품화를 과연 헌법적 가치결정과 충돌한다고 볼 수 있는가는 다툼의 여지가 있다.[55] 성의 상품화의 문제는 헌법적 가치판단의 대상이라기보다는 그 사회의 성윤리적 판단의 문제에 불과하다는 시각도 가능하기 때문이다. 실제로 합의에 의한 자발적 성매매행위를 처벌하는 '성매매알선 등 행위의 처벌에 관한 법률' 제21조 제1항에 대한 위헌법률심판이 청구되기도 했고,[56] 독일에서는 매춘법(Prostitutionsgesetz)에 의하여 매춘부에게 화대지불청구의 귀속이 가능하게 되었으며,[57] 독일 행정법원의 판결에서도 매춘의 반윤리성을 부정하는 입장을 취하는 등의 상황을[58] 고려하면, 오늘날 매춘이 헌법적 가치결정과 충돌한다는 입장은 힘을 잃었다고 할 수 있다.

다음으로 '보호대상의 통일성'의 기준에 따르면, 일단 재산에 해당하는가의 판단대상은 성의 제공이라는 노동의 투입 그 자체이다. 성 매수자가 화대를 지급하지 않을 경우 매춘부가 화대지급을 청구할 수 있는가의 여부는 고려의 대상이

---

52) 김일수·서보학, 앞의 책, 316, 434면; NK/Kindhäuser, §263 Rn. 237.
53) 전통적인 법률적·경제적 재산개념을 취하면서도 매춘부의 성의 제공을 재산으로 인정하는 견해로는 배종대, 앞의 책, 373면.
54) Bergmann/Freund, 앞의 논문, 190, 191.
55) 자발적 성매매의 비범죄화를 주장하는 견해도 있다(박성민, 성매매특별법상 자발적 성매매행위의 비범죄화 가능성 고찰, 형사법연구 제27권 제4호, 2015, 15면 참조).
56) 헌재 2016. 3. 31., 2013헌가2.
57) MK/Hefendehl, §263 Rn. 432.
58) Kargl, 앞의 논문, 714면.

아니다. 성 매수자가 기망을 통하여 사취한 객체는 성 서비스의 제공 그 자체이고, 그것이 재산으로서 보호되는가의 문제이기 때문이다. 그렇다면 이제 다른 법영역에서 매춘 자체를 금지하고, 매춘이 갖는 사실적인 경제적 지위를 민법이 보호하지 않음에도 불구하고 형법이 그것을 재산으로 보호할 수 있는가의 문제로 귀착된다. 우리는 매춘행위를 형사처벌의 대상으로 하고 있고,[59] 따라서 성의 제공은 위법한 매춘약정에서 기인하는 것으로서 매춘이 갖는 사실상의 경제적 가치는 민법에서 재산으로 보호받지 못한다. 그럼에도 불구하고, 형법이 성의 제공을 재산으로 보호한다면, 이는 법질서의 보호대상의 측면에서 직접적으로 충돌한다. 다른 일부의 법질서는 노동의 실현 자체를 금지시키고(성매매특별법), 또 다른 법질서는 그 노동이 갖는 사실상의 가치를 재산으로 보호하기를 거부하는데(민법), 형법이 그러한 지위를 재산으로 인정하여 보호의 대상으로 삼는다면 전체 법질서의 체계에서 평가의 모순이 발생하기 때문이다. 법질서상 금지된 행위들은 그 자체 아무런 보호를 누릴 수 없기 때문에, 그러한 활동이 갖는 사실상의 경제적 가치 또한 보호될 수 없다.[60] 자가용의 불법영업행위도 동일한 논거에 의하여 재산으로 인정할 수 없다.

살인청부업자의 "급부이행"은 어떠한가? 매춘부의 급부이행과는 달리 살인청부업자의 급부이행을 그의 재산으로 인정하는 것은 헌법적인 가치결정과 모순된다는 점을 쉽게 수긍할 수 있다.[61] 살인은 인격의 근본인 생명을 침해하는 행위인데, 살인청부업자의 그러한 급부이행을 재산으로 인정하여 보호한다면, 이는 명백히 헌법적 가치결정과 충돌하기 때문이다.

2. 사례 (B): 위법하고 반윤리적인 목적을 위하여 투입되는 재화

(1) 사례의 개관

사례 (A)가 뒤바뀐 모습이다. 매춘부가 성교에 응할 것처럼 성 매수자를 속여 화대를 지급받고 성교에 임하지 않는다면, 살인청부업자가 청부살인을 할 것처럼

---

59) '성매매알선 등 행위의 처벌에 관한 법률' 제21조 제1항 참조.
60) NK/Kindhäuser, §263 Rn. 23; Maurach/Schroeder/Maiwald, BT 1, 7. Aufl.,(1988), §41Ⅱ Rn. 102.
61) Zieschang, 앞의 논문, 846면.

위탁자를 속여 보수를 지급받고 실행하지 않는다면, 자가용 불법영업자가 고객을 태워다 줄 것처럼 속여 요금을 받고 도주해버린다면, 각각 사기죄가 성립하는가?

경제적 재산개념에서는 결론이 간단하다. 사취한 화대, 보수, 요금 등을 재산으로 인정하여 사기죄의 성립을 긍정한다.[62] 법률적·경제적 재산개념에서는 매춘부, 살인청부업자, 자가용 영업자 등의 가벌성을 부정함으로써 사례 (A)와 통일적인 해결을 얻으려는 시도가 있기는 하지만,[63] 매춘부 등의 가벌성을 인정하는 견해가 일반적이다.[64] 피기망자가 반윤리적이거나 금지된 목적을 추구하였다고 하여 그것이 피기망자의 재산가치를 처분할 면허장(Freibrief)을 기망자에게 부여하는 것을 의미하지는 않는다는 것이다. 불법이 두 가지 측면에 — 피기망자의 행위와 기망자의 행위 — 모두에 있지만, 불법의 더 큰 부분은 기망자에게 있기 때문에 기망자의 이익은 피기망자의 이익보다 후순위에 놓여야 한다고도 한다. 반윤리적이거나 불법한 목적을 달성하기 위하여 급부한 재화 그 자체는 바로 법질서의 승인 하에 피기망자에게 귀속되어 있는 것이고, 법은 — 급부를 통하여 추구된 목적과는 별개로 — 정직하게 번 재화가 상실되지 않도록 보호한다고 한다.[65] 간단히 말하면 매춘부의 성 제공행위는 그 자체가 재산으로 인정되지 않는 반면에, 성 매수자가 사취당한 화대 그 자체는 이른바 "그 자체 선한 돈"으로서 재산으로 인정하지 못할 이유가 없다는 것이다.[66]

(2) 해 결

여기서는 화대나 보수, 또는 요금 자체가 재산범죄의 재산에 해당하느냐의 문제이다. 즉 사례 (A)가 성의 제공이라는 급부행위 그 자체가 재산에 해당하는가

---

62) 권오걸, 앞의 책, 433면; 김신규, 앞의 책, 385면;
63) 김일수·서보학, 앞의 책, 434면. 이에 대한 상세한 내용은 Kühl, 앞의 논문, 509면 참조. 독일의 소수 학자도 이러한 사례들에서 사기죄의 가벌성을 부정한다. 승인되지 않는 목적을 위하여 경제적 재화를 투입하는 자는 자기 스스로의 위험으로 행위한 것이고, 그러므로 의식하고 스스로 손해를 입는 것이기 때문에 재화의 투입을 통하여 추구했던 목적을 달성하지는 못했더라도 그러한 목적달성의 흠결은 손해에 해당할 수 없다는 것이다(Sch/Sch/Cramer, § 263 Rn. 150). 재산으로 인정하지 않는 결론에서 같은 입장은 SK/Samson/Günther § 263 Rn. 149.
64) 김성천·김형준, 앞의 책, 513면; 배종대, 앞의 책, 373면.
65) LK/Lackner, § 263, Rn. 242.
66) 이러한 결론은 독일의 경우, 제국법원과 연방법원의 입장과도 일치한다(효과가 없는 낙태제를 판매한 자에게 사기죄를 인정한 제국법원의 RGSt 44, 230와 공무원에게 위법한 청탁을 해줄 것처럼 속여서 금품을 받은 자에게 사기죄를 인정한 연방법원의 BGHSt 29, 300 참조).

의 문제였다면, 사례 (B)는 화대의 지급이라는 급부행위가 아니라, 급부의 대상인 화대가 재산에 해당하는가의 문제이다.

화대로 지급된 돈은 그 자체만 놓고 보면 가치중립적이고, 따라서 그 돈을 피기망자인 성 매수자의 재산으로 귀속시켜 보호의 대상으로 인정한다고 하여 이를 헌법적인 가치질서와 충돌한다고 볼 여지는 없다.[67] 또한 민법과의 관계에서 보면 불법한 목적을 위하여 투입된다는 이유만으로 지급되는 화대 자체에 대하여 민법적인 보호가 배제되지 않는다. 매춘부가 화대를 챙기고 처음부터 의도했던 대로 성의 제공을 거부할 때, 매춘계약 자체가 민법상 무효이기 때문에 성 매수자가 매춘부에게 매춘을 이행하라거나 화대를 반환하라거나, 또는 계약을 취소하자는 등의 '청구'는 민법적으로 보호받지 못하고, 따라서 그러한 청구는 형법상의 재산에 속하지 않을 수 있다. 하지만 그렇다고 하여 화대로 지급한 돈 자체가 민법적인 보호에서 제외되는 대상은 아니다.

또한 화대를 사취당한 성 매수자는 사후적으로 자기 손해를 보전할 그 어떠한 법적인 가능성도 갖지 못하기 때문에, 지급한 화대는 고스란히 성 매수자의 손해로 귀결된다.[68] 여기서 손해가 있다는 판단에는 위법하거나 반윤리적인 반대급부가 ― 즉 화대에 대한 반대급부인 성의 제공 ― 없다는 사정이 척도가 되는 것이 아니고, 성 매수자가 기망을 당하여 자신의 "그 자체 가치중립적인 돈"을 경제적으로 의미 없는 지출에 제공하였다는 사정이 척도가 된다.[69] 따라서 화대를 형법상의 재산으로 인정하고, 기망으로 그것을 편취한 매춘부에게 사기죄를 인정하더라도 헌법이나 민법과의 충돌은 발생하지 않는다. 이러한 결론은 살인청부업자가 위탁자로부터 사취한 보수나 자가용불법영업자가 고객으로부터 사취한 요금에 대해서도 동일하다.[70]

이처럼 사례 (A)와 결론을 달리 하는 것은 반윤리적이고 위법한 법률행위의

---

67) 김성천·김형준, 앞의 책, 513; Zieschang, 앞의 논문, 845면.
68) MK/Hefendehl, § 263 Rn. 439; Martin, Vermögensschaden bei rechts- und sittenwidrigen Rechtsgeschäften, JuS 2001, 301면.
69) Bruns, Gilt die Strafrechtsordnung auch für und gegen Verbrecher untereinander?, Mezger-FS, 1954, 352면; MK/Hefensehl, § 263 Rn. 440.
70) 판례도 비록 법질서의 통일성의 관점에서 접근한 것은 아니지만 사례 (B)에 해당하는 경우 사기죄의 성립을 인정한다(대법원 2006. 11. 23. 선고 2006도6795 판결: 도박자금으로 사용하기 위하여 용도를 속이고 금원을 차용한 사례에서 사기죄를 인정하였다.).

당사자를 사리에 어긋나게 불평등취급을 하는 것이 아니냐는 의문을 제기할지 모른다. 하지만 이러한 의문의 제기는 각 당사자가 실행한 급부의 대상이 질적으로 다르다는 사실을 간과하고 있다. 한쪽 당사자에게는 정직하게 번 돈이 대상이라면, 다른 쪽 당사자에게는 노동의 제공이 대상이다. 윤리위반으로 인하여 당사자의 그 누구도 계약으로 인한 (무효인) 청구에 ― 즉, 계약을 이행하라는 청구 ― 관하여 민법의 보호를 요구할 수 없다. 하지만 그들이 실행하는 급부 자체는 서로 달리 판단된다.

누군가가 그 자체 가치중립적인 돈을 사취당하는 것과 누군가가 법에서 금지되는 노동의 제공을 사취당하는 것은 질적으로 다르기 때문이다.[71] 화대를 재산으로 인정하여 매춘부를 사기죄로 처벌하게 되면, 형법이 사리에 맞지 않는 행위규범으로 전락하게 될 것이라는 비판도 있다. 왜냐하면 매춘부에게 사기죄를 인정하게 되면, 결국 형법규범이 매춘부에게 다음과 같이 말하게 된다는 것이다. 「매춘을 약정하지 말지어다! 그렇지만 약정을 했다면, 약정대로 성심을 다하여 성을 제공하라! 그렇지 않으면 사기죄의 처벌을 면치 못하리라!」 이러한 행위규범은 저지되어야 마땅할 행위양태, 즉 매춘의 이행을 독려하는 결과를 초래한다는 것이다.[72] 하지만 이 비판은 너무 나아가고 있다. 화대를 편취한 매춘부를 사기죄로 처벌하는 것은 약정대로 성을 제공하지 않았다고 비난하는 것도 아니고, 약정대로 성을 제공하라고 독려하는 것도 아니다. 다만 성을 제공할 것처럼 속여서 성 매수자의 돈을 편취한 그 행위만을 비난하고 금지시킬 뿐이다.

3. 사례 (C): 기망을 통하여 실현이 좌절된 무효인 청구

(1) 사례의 개관

매춘부가 성 매수자로부터 화대를 받은 후에 비로소 성교에 응하지 않기로 마음을 고쳐먹었고, 성 매수자가 화대의 반환을 청구하자 기망을 통하여 그 청구를 좌절시킴으로써 목적을 달성하였다면 사기죄가 성립하는가? 이 사례가 거꾸로 될 수도 있다. 성 매수자가 매춘약정을 할 때에는 화대를 지급할 생각이었으나 성교

---

71) Zieschang, 앞의 논문, 846면.
72) Bergmann/Freund, 앞의 논문, 192면.

후에 비로소 화대를 지급하지 않기로 마음먹었고 매춘부가 화대지급을 청구하자 위조화폐를 지급함으로써 목적을 달성했다면 사기죄가 성립하는가? 이들의 사례들은 성 매수자의 화대반환청구나 매춘부의 화대지급청구가 모두 매춘약정이라는 반윤리적이고 위법한 법률행위에 기인하는 것으로서 민법상 무효인 청구에 해당한다는 공통점을 갖는다. 이들의 경우 민법으로 보호받지 못하는 무효인 청구가 형법상의 재산에 해당하는지가 문제된다.

순수 경제적 재산개념에 의하면, 화대반환청구 내지 화대지급청구에 대한 민법적인 평가와는 관계없이, 그들 청구가 사실상 실현가능성이 ― 법적인 실현가능성이 아니라 ― 있고,[73] 또 그럼으로써 그 청구들이 성 매수자나 매춘부의 재산적 이익이 될 수 있는 외관을 갖는다면, 그러한 지위는 재산에 속하게 된다.[74] 반면에 법률적·경제적 재산개념에 의하면 일반적으로 그들 무효인 청구는 형법상 재산에 속하지 않는다.[75] 금지되거나 반윤리적인 법률행위에서 기인하는, 민법에 의하여 승인되지 않는 무효인 청구는 형법에서도 보호를 요청할 수 없다고 보기 때문이다. 그렇게 보지 않을 경우 형법과 민법 사이에 모순이 발생한다는 것이다. 즉, 동일한 지위에 대하여 전체 법질서 내에서 한 번은 무효로 선언하고 (민법) 또 한 번은 재산으로 승인하는(형법) 것은 모순이라는 것이다. 청구의 무효가 청구의 기초가 된 법률행위의 반윤리성에 근거한다면, 반윤리성이라는 법외적인 평가는 전체 법 영역에서 통일적인 법 효과를 가져야 한다고 보는 것이다.[76]

(2) 해 결

비록 매춘의 약정이 반윤리적이고 위법한 법률행위로서 그 자체 무효이고, 또한 무효인 법률행위에서 기인하는 청구도 무효이지만, 매춘 자체를 헌법적 가치에 반하는 것으로 보기 어려울 뿐만 아니라 매춘약정에서 기인하는 청구를 재산

---

73) 사실상의 실현가능성의 판단을 할 때에는 청구자와 피청구자 간의 구체적인 사정들이 검토된다. 예컨대 채권자와 채무자의 인격, 채무자의 지불능력, 채권자와 채무자의 관계 등이 중요한 의미를 가질 수 있다(BGHSt. 2, 364(366 f., 369) 참조).
74) 같은 결론으로는 권오걸, 앞의 책, 432면; 김성돈, 앞의 책, 324면; 오영근, 앞의 책, 401면; 정영일, 각론, 앞의 책, 306면.
75) 김일수·서보학, 앞의 책, 317면; 이정원, 앞의 책, 330면.
76) 무효인 청구가 재산으로 인정되는가에 대하여 독일연방법원은 긍정설(BGHSt. 2, 364 ff.)에서 부정설(BGHSt. 4, 373)로 입장을 변경하였다.

으로 인정한다고 하여 이를 헌법적인 가치결정과 충돌한다고 보기도 어렵다.

하지만 민법과의 충돌 여부에 대해서는 다른 판단으로 이른다. 금지되거나 반
윤리적인 법률행위에서 기인하는, 민법에 의하여 승인되지 않는 무효인 청구는
재산형법에서도 보호를 요청할 수 없다고 본다. 왜냐하면 동일한 지위에 대하여
- 즉, 동일한 대상에 대하여 - 형법과 민법이 그 보호의 여부를 달리하는 것은
직접적인 충돌에 해당하기 때문이다. 즉, 동일한 지위에 대하여 전체 법질서 내
에서 한 번은 보호의 대상으로 승인하고(형법) 또 한 번은 무효로 선언함으로써
보호의 대상에서 제외시키는(민법) 결과가 되기 때문이다. 무효인 청구를 보호의
대상에서 제외시키는 근거가 그 청구의 기초가 된 법률행위의 반윤리성과 위법
성에 있다면, 그 근거는 다른 법 영역에서 그러한 청구를 보호대상으로 할 것인
가를 결정할 때에도 동일하게 고려해야 할 것이다. 청구의 무효가 청구의 기초가
된 법률행위의 반윤리성 및 법질서위반에 근거한다면, 그러한 평가는 전체 법영
역에서 통일적인 법적효과를 가져야 할 것이기 때문이다.[77]

따라서 매춘부가 성 매수자의 화대반환청구를 기망을 통하여 좌절시킨 경우에
는, 결과적으로 매춘부는 반환하지 않아도 되는 화대를 반환하지 않은 것뿐이고,
성 매수자는 법적으로 보호받지 못하는 화대반환청구를 성취하지 못한 것에 불
과하기 때문에 매춘부에게 사기죄가 성립할 수 없다. 그리고 성 매수자가 매춘부
의 화대지급청구를 기망을 통하여 좌절시킨 경우에도 앞의 화대반환청구를 좌절
시킨 사례와 동일하게 해결된다. 화대지급청구 자체가 민법상 보호대상에서 제외
되기 때문에 형법도 그것을 보호할 수 없고, 성 매수자에게 사기죄가 성립하지
않는다.

4. 사례 (D): 무효인 청구를 기망을 통하여 실현시키는 경우

(1) 사례의 개관

성 매수자가 화대를 지급했는데도, 매춘부가 마음을 바꾸어 성교에 응하지 않
으려 하자 매춘부를 속여서 성교에 응하게 한다거나, 거꾸로 매춘부가 성교에 응
했는데도 성 매수자가 마음을 바꾸어 화대를 지급하지 않으려 하자 성 매수자를

---

77) Kühl, 앞의 논문, 508면.

속여서 화대를 지급하도록 하였다면 사기죄가 성립하는가? 성 제공의 청구나 화대지급의 청구는 모두가 무효인 청구에 해당하는데, 그 청구를 기망을 통하여 실현시키는 경우이다. 사례 (C)가 피청구자가 청구자를 기망하여 청구의 실현을 좌절시키는 경우라면, 이 사례는 청구자가 피청구자를 기망하여 무효인 청구를 이행하도록 하는 경우이다.

순수 경제적 재산개념에 따르면, 성을 제공하라는 성 매수자의 청구나 화대를 지급하라는 매춘부의 청구는 모두 재산으로 인정되고, 기망하여 청구를 실현시키면 청구자는 사기죄에 해당한다. 법률적·경제적 재산개념을 취하는 진영에서는 견해가 나뉜다. 특히 성 매수자를 속여서 화대지급청구를 실현시키는 경우에 그렇다. 즉, 매춘부에게 사기죄의 성립을 긍정하는 견해와 부정하는 견해로 나뉜다.[78] 부정하는 견해는 화대지급 자체가 형법상 재산이 될 수 없다는 것을 이유로 들며, 긍정하는 견해는 화대지급청구는 재산에 해당하지 않지만 기망적 방법으로 취득한 화대 자체는 형법상 재산으로서 보호된다고 한다.[79]

(2) 해 결

사례 (C)에서 다루었듯이 화대지급청구는 무효이고 민법상 매춘부에게 귀속될 수 있는 재산이 아니다. 따라서 형법상으로도 매춘부의 청구는 재산으로 보호되지 않는다. 그렇기 때문에 기망을 통하여 그 청구를 실현하여 화대를 편취하면 화대에 해당하는 성 매수자의 재산을 취득하는 것이 되고, 성 매수자는 지급의무가 없는 화대를 지급함으로써 손해를 입게 된다. 즉, 이 경우에는 화대지급청구 자체가 보호받는 재산으로 인정되지 않기 때문에, 기망을 통하여 그 청구를 이행하도록 하여 화대를 챙기는 것은 사기죄로 되는 것이다. 이는 매춘부가 폭행이나 협박을 통하여 화대청구를 관철시켰을 경우 공갈죄나 강도죄가 성립하는 것을 상기하면 이해하기 쉽다.[80]

반면에 매춘부가 성 매수자로부터 화대를 지급받은 후에 마음이 바뀌어 성교

---

78) 반면에 성 매수자가 기망적인 방법으로 성 제공의 청구를 실현시키는 경우에는 매춘부의 성 제공행위가 재산으로 인정되지 않기 때문에 사기죄가 성립하지 않는다는 데에 대체로 견해가 일치한다.
79) Kühl, 앞의 논문, 508면.
80) Kühl, 앞의 논문, 508면.

에 응하지 아니하자, 성 매수자가 매춘부를 속여서 성교에 응하도록 함으로써 무효인 청구를 실현하는 경우에는 사정이 다르다. 사례 (A)에서 보았듯이, 이 경우는 성교라는 노동력의 제공 자체가 재산으로 인정되지 않기 때문에, 성 매수자가 기망적인 방법으로 성 제공의 청구를 실현시키더라도 사기죄가 성립하지 않는다. 매춘부의 화대지급청구나 성 매수자의 성 제공의 청구는 모두가 재산에 해당하지 않고, 따라서 그 청구를 기망을 통하여 좌절시키더라도 사기죄가 성립하지 않지만, 그 청구를 기망을 통하여 실현시키는 경우에는 이처럼 결론이 달리 나온다. 그 이유는 사례 (A)와 사례 (B)의 경우 결론이 달리 나오는 이유와 같다.

즉 이 사례에서 무효인 청구의 대상이 하나는 그 자체 가치중립적인 화대이고, 다른 하나는 성의 제공이라는 노동력의 제공이라는 차이가 있기 때문이다.

5. 사례 (E): 도품에 대한 절도범의 점유

(1) 사례의 개관

절도범이 도품에 대하여 갖는 점유가 재산으로 인정되는가? 즉, 절도범을 속여서 그 도품을 편취하면 사기죄가 성립하는가? 순수 경제적 재산개념에 의하면 도품의 점유가 사실상의 경제적 가치를 갖는 한, 당연히 재산으로 인정되고, 기망을 통하여 그 점유를 취거하면 사기죄가 될 것이다.[81] 반면에 법률적·경제적 재산개념의 진영에서는 견해가 나뉜다. 점유가 위법하다면, 그것을 형법이 재산으로 보호하는 것은 법질서의 모순이므로 사기죄가 성립할 수 없다는 견해가 있고, 독일 민법 제858조 제1항(우리 민법 제205조 제1항, 점유의 보유)에 따라 절도범의 도품 점유도 점유의 박탈 내지 방해로부터 보호받으므로 그것을 형법이 재산으로 보호하더라도 민법과 모순되지 않는다는 견해도 있다.

(2) 해 결

절도범이 도품을 점유함으로써 그 도품을 사실상 사용·수익·처분할 수 있으므로 그 점유가 사실상 경제적 가치를 갖는 것은 분명하다. 그리고 도품에 대

---

81) 예컨대 Schmidhäuser, Otto 등 개인적 재산개념의 주장자들도 사기죄의 성립을 인정한다 (Kühl, 앞의 논문, 511면).

한 절도범의 점유의 보유 그 자체는 민법 제205조(점유의 보유)에 의하여 보호되고, 따라서 제3자가 절도범으로부터 도품을 또다시 절취하거나 강취하면 절도죄 내지 강도죄가 성립한다는 데에는 이론이 없을 것이다.[82] 하지만 민법 제205조는 점유를 재산으로서 보호한다는 것이 아니고, 형식적인 점유의 보유상태를 보호할 뿐이다. 즉 도품의 점유자도 그의 의사에 반하여 그 점유가 박탈되거나 방해를 받지 않지만, 이는 '금지된 자력구제'로부터의 보호를 말하는 것일 뿐이고, 그 점유를 적법한 점유로 승인한다는 의미는 아니다. 따라서 민법이 형식적인 점유의 보유를 보호한다고 하여 그것이 바로 점유를 재산으로 인정하는 것이라고 추론해서는 안 된다.[83] 절도범의 점유는 여전히 민법상으로도 위법한 점유이고, 법적으로 승인되지 않는 점유이다.[84]

결국 민법상 위법하고 승인되지 않는 점유를 형법이 재산으로 인정하여 보호대상으로 할 수 있는가의 문제로 귀착된다. 만약 이를 형법상 보호되는 재산으로 인정하면 동일한 대상을 민법에서는 보호대상으로서의 재산으로 승인하지 않고, 형법에서는 승인하는 결과가 되어 모순된다. 따라서 위법하게 취득한 점유는 앞의 무효인 청구와 같이 재산에 속하지 않는다고 보아야 한다. 따라서 기망을 통하여 그 도품을 편취하더라도 사기죄가 성립하지 않는다. 또한 도품사취의 경우 사기죄를 부정한다고 하여 이것이 도품절취나 도품강취의 경우 절도죄나 강도죄를 인정하는 것과 모순되지도 않는다. 절도죄나 강도죄의 경우 점유는 보호의 대상이 아니고, 단지 탈취의 대상을 특정하는 의미만을 갖기 때문에, 절취나 강취는 위법한 점유를 대상으로 해서도 가능하다. 즉, 도품을 절취하거나 강탈하면 점유침탈을 통하여 원소유자의 소유권을 침해함으로써 절도죄나 강도죄가 성립한다. 하지만 도품사취의 경우에 문제되는 것은 점유가 재산으로서 재산범죄의 보호대상이 되는가의 문제이고, 보호대상인 재산으로 인정되지 않기 때문에 사기죄가 성립하지 않는 것이다. 그렇다면 도품사취의 경우 절도범에 대한 사기죄가 성립할 수는 없다고 하더라도, 도품의 소유자에 대한 사기죄의 성립을 인정할 수

---

82) 독일의 경우, 유일하게 Hirschberg만이 절도범에 대한 절도를 부정한다고 한다(Bruns, 앞의 논문, 341면 각주 4 참조).
83) NK/Kindhäuser, §263 Rn. 239.
84) 장물범의 점유에 대해서 보호할 가치를 부정하는 견해로는, 김봉수, 불법원인급여와 형사책임, 형사법연구, 제27권 제4호(2015), 78면 참조.

는 있지 않느냐는 반론을 제기할지 모른다. 이는 결국 3각 사기의 형태로 소유자에 대한 사기죄를 인정할 수 있느냐의 문제가 되는데, 결론은 부정된다. 절도범이 소유자의 재물을 처분할 법적 지위 내지 사실상의 지위, 즉 처분권한자의 지위를 갖지 못하기 때문이다.[85]

V. 맺 는 말

이상의 고찰을 통하여 얻은 결론은 첫째, 형법이 전체 법체계의 부분법이라는 사실을 인정하는 한, 형법의 해석, 특히 재산범죄의 재산개념의 해석에서 법질서의 통일성을 고려하지 않을 수 없다는 점, 둘째, 법질서의 통일성은 형법의 독자성을 제한하는 하나의 원리에 해당할 뿐이고, 그 자체 구체적인 해석의 기준을 제시해주지는 못하기 때문에, 법질서의 통일성을 위하여 재산개념을 제한적으로 해석할 때에는 반드시 법질서의 충돌 여부에 대한 구체적인 논증이 뒷받침되어야 한다는 점, 셋째, 사실상의 경제적 가치가 있는 어떤 지위를 법질서의 통일성의 관점에서 재산으로 인정할 수 있는가를 판단함에 있어서 제1차적 기준은 헌법적 가치결정과의 충돌 여부이고, 그것이 불분명하거나, 충돌하지 않는 것으로 평가되는 경우에는 제2차적 판단기준으로서 그러한 지위를 다른 법질서에서도 보호의 대상으로 승인하는가의 여부이다.

이러한 결론을 재산개념이 주된 쟁점으로 되어 있는 대표적인 판례 하나에 적용하여 대법원의 입장을 분석·평가하는 것으로 논의를 맺기로 한다.

[대상 판례: 대법원 2001. 10. 23. 선고 2001도2991 판결]

「원심은, 이 사건 공소사실 중 피고인이 대가를 지급하기로 하고 술집 여종업원과 성관계를 가진 뒤 절취한 신용카드로 그 대금을 결제하는 방법으로 그 대가의 지급을 면하여 재산상의 이익을 취득하였다는 부분에 관하여, 정조는 재산권의 객체가 될 수 없을 뿐만 아니라 이른바, 화대란 정조 제공의 대가로 지급받는 금품으로서 이는 선량한 풍속에 반하여 법률상 보호받을 수 없는 경제적 이

---

85) Zieschang, 앞의 논문, 837면.

익이므로, 피고인이 기망의 방법으로 그 지급을 면하였다 하더라도 사기죄가 성립하지 아니한다고 판단하였다. 일반적으로 부녀와의 성행위 자체는 경제적으로 평가할 수 없고, 부녀가 상대방으로부터 금품이나 재산상 이익을 받을 것을 약속하고 성행위를 하는 약속 자체는 선량한 풍속 기타 사회질서에 위반한 사항을 내용으로 하는 법률행위로서 무효이다. 그러나 사기죄의 객체가 되는 재산상의 이익이 반드시 사법상 보호되는 경제적 이익만을 의미하지 아니하고, 부녀가 금품 등을 받을 것을 전제로 성행위를 하는 경우 그 행위의 대가는 사기죄의 객체인 경제적 이익에 해당하므로, 부녀를 기망하여 성행위 대가의 지급을 면하는 경우 사기죄가 성립한다.」

[분석 및 평가]

1. 성행위 자체는 경제적으로 평가할 수 없다고 함으로써, 대법원도 성의 제공행위 자체는 재산으로 인정하지 않는 것으로 보이는데, 이는 이 논문의 입장과 일치한다.

2. 매춘약정을 무효인 법률행위로 보았으므로, 매춘약정에서 기인하는 당사자의 청구도 – 피고인이 갖는 성 제공의 청구 및 여종업원이 갖는 화대지급 청구 – 무효인 청구로 볼 수밖에 없을 것인데, 이는 이 논문의 입장과 일치한다.

3. 부녀가 금품 등을 받을 것을 전제로 성행위를 하는 경우 그 행위의 대가, 즉 이른바 화대 자체는 사기죄의 객체인 경제적 이익에 해당한다고 보았는데, 이는 이 논문의 입장과 일치한다.

4. 사기죄의 객체가 되는 재산상의 이익이 반드시 사법상 보호되는 경제적 이익만을 의미하지 아니한다고 보았는데, 이는 이 논문의 입장과 불일치한다. 이 논문의 입장은 사법상 보호의 대상으로 인정하지 않는 경제적 지위는 형법상 보호되는 재산에 속하지 않는다는 입장이다.

5. 화대가 사기죄의 객체인 경제적 이익, 즉 재산에 해당하기 때문에 피고인이 술집 여종업원을 기망하여 화대지급을 면한 것이 사기죄가 된다는 결론을 내리는데, 이는 논증의 오류이다. 여기서 기망을 통하여 화대지급을 면한다는 것의 의미는 절취한 신용카드로 결제하면서도 마치 화대를 정상적

으로 지급하는 것처럼 기망함으로써 여종업원의 (화대지급)청구를 좌절시킨 다는 의미이다. 그러므로 이 사안의 경우 피고인이 기망을 통하여 편취한 대상은 여종업원의 화대청구이다. 따라서 사기죄의 성립을 검토함에 있어서는 그 화대지급청구가 재산에 해당하는가를 판단했어야 한다. 그러지 않고 화대가 재산에 해당하기 때문에 사기죄가 성립한다는 대법원의 논리구성은 오류이다. 이 사례의 경우 화대가 재산으로 인정된다고 하여 그것이 피고인의 행위가 사기죄가 된다는 논거가 될 수 없다. 결국 대법원은 이 사안에서 피고인의 사기죄 성립과는 무관한 요소를 ─ 즉, 화대가 재산에 해당한다는 점 ─ 근거로 하여 사기죄의 성립을 논증하였으므로, 이는 논증의 오류에 해당한다. 이 사안에서 사취의 대상은 화대지급청구이고, 화대는 단지 그 청구의 대상일 뿐이다. 물론 피고인이 기망을 통하여 화대지급을 면함으로써 결과적으로 피고인은 화대에 해당하는 이익을 얻고, 여종업원은 화대에 해당하는 손해를 입겠지만, 그것은 기망을 통하여 청구를 좌절시킴으로써 나타나는 결과일 뿐이다. 화대가 편취의 대상이 되는 경우는 예컨대 여종업원이 성 서비스를 제공할 것처럼 속여서 고객으로부터 화대를 편취하는 경우뿐이다.

6. 대법원이 위와 같이 논증의 오류를 범함으로써, 실로 중요하게 검토했어야 할 부분을 놓치고 있다. 그것은 무효인 법률행위에서 기인하는 무효인 청구가 재산에 해당하는가, 무효인 청구를 기망을 통하여 좌절시키는 경우 사기죄가 성립하는가이다. 이 문제를 직접 다루는 판례를 아직 발견하지 못하였기 때문에 단언할 수는 없지만, 위 판시 중 "사기죄의 객체가 되는 재산상의 이익이 반드시 사법상 보호되는 경제적 이익만을 의미하지 아니하고..."라고 설시한 부분이나, 대법원이 순수 경제적 재산개념을 따르는 것으로 평가되는 상황 등을 고려하면, 대법원이 이 사안을 무효인 청구를 기망을 통하여 좌절시킨 사례로 정확하게 접근했더라도 사기죄의 성립을 인정했을 것으로 예측된다. 그런데 이 결론은 이 논문의 입장과 불일치한다.

7. 마지막으로 보충적인 분석을 하나 첨가한다면, 만약 이 사례가 피고인이 매춘의 약정 시부터 대가의 지급을 면할 의사를 가졌던 경우라면, ─ 이 판례의 경우, 명확하지는 않으나 성행위 이후에 대가의 지급을 면할 의사를

가졌던 경우로 보인다. ― 사기죄 판단에서 사취의 대상이 달라진다. 이 경우에는 성의 제공 그 자체가 사취의 대상이 되고, 따라서 '성의 제공'이라는 노동력의 투입을 재산으로 볼 수 있는가를 검토하여야 한다. 이 경우 이 논문의 입장에서는 재산으로 인정되지 않고, 따라서 사기죄가 성립하지 않지만, 만약 대법원이 진정 순수 경제적 재산개념을 따른다면, 사기죄의 성립을 인정하게 될 것이다. 하지만 위 판시 중 "일반적으로 부녀와의 성행위 자체는 경제적으로 평가할 수 없고..."를 보면 대법원이 사기죄의 성립을 부정할 여지도 있는데, 그렇다면 대법원은 이미 순수 경제적 재산개념에서 이탈했다고 평가될 수 있다.

16 사기죄의 본질 및 구성요건 구조와 처분의사*

Ⅰ. 머리말

대법원은 '대법원 2017. 2. 16. 선고 2016도13362 전원합의체 판결'을 통하여 사기죄에서 피기망자의 재산처분에는 처분의사, 즉 처분결과에 대한 인식이 필요하지 않다고 함으로써 기존의 일관된 입장이었던 처분결과 인식설의 관점을 포기한다. 재산의 처분에 관한 대법원의 기존의 입장은 주관적으로는 피기망자에게 처분결과에 대한 인식이 있고, 객관적으로는 그러한 처분의사에 지배된 행위가 있어야 한다고 보았다. 이에 따르면 피해자가 기망을 당하여 자기 재산에 손해를 초래하는 행위를 했다고 하더라도 그로 인하여 초래되는 결과에 대한 인식이 없으면 처분행위로 인정될 수 없고, 따라서 사기죄가 성립하지 않는다. 그러나 대법원은 위 판결을 통하여 "비록 피기망자가 처분행위의 의미나 내용을 인식하지 못하였다고 하더라도, 피기망자의 작위 또는 부작위가 직접 재산상 손해를 초래하는 재산적 처분행위로 평가되고, 이러한 작위 또는 부작위를 피기망자가 인식하고 한 것이라면 처분행위에 상응하는 처분의사는 인정된다. 다시 말하면 피기

---

* 비교형사법연구 제19권 제3호(2017), 1~24면에 게재된 글임.

망자가 자신의 작위 또는 부작위에 따른 결과까지 인식하여야 처분의사를 인정할 수 있는 것은 아니다."고 한다. 즉, 대법원은 여전히 처분행위에는 처분의사가 필요하다고 하면서도, 다만 처분의사의 내용을 처분결과의 인식으로 이해하던 것을 처분결과를 직접 초래한 행위 그 자체에 대한 인식으로 입장을 변경한다. 이러한 입장의 변경은 사기죄의 본질이나 구성요건의 구조에 대한 견해의 변경에서 비롯하는 것은 아니다.[1] 즉 대법원은 여전히 사기죄의 본질을 자기손상범죄로 이해하고, 사기죄 구성요건의 구조도 「행위자의 기망 → 기망으로 인한 피기망자의 착오 → 착오로 인한 피기망자의 처분 → 처분으로 인한 피해자의 재산상태의 변동 → 행위자의 재물 또는 재산상 이익의 취득」으로 이해한다. 하지만 대법원은 자기손상범죄라는 사기죄의 본질상 처분의사가 반드시 필요한가의 문제에서 과거와는 다른 입장을 보인 것이다.

위 전원합의체판결의 반대견해와 상통하는 대법원의 과거의 입장은 자기손상범죄로서의 사기죄의 본질상 처분행위도 당연히 자기손상행위이어야 하고, 또한 자기손상행위가 되기 위해서는 자기손상, 즉 처분결과에 대한 결정의사가 필수적이라고 하였다. 처분결과에 대한 아무런 인식 또는 의사가 없는 처분행위는 그 자체 모순이고, 그러한 처분행위를 인정하는 것은 자기손상범죄로서의 본질에 반하는 해석이라는 입장이었다. 처분결과를 스스로 야기했다는 사실을 일컬어 자기손상이라고 하는 것인데, 그에 대한 인식이 없는 행위를 자기손상행위라고 할 수 없다는 논리이다.

반면에 위 판결의 다수의견은 "사기죄가 자기손상범죄라는 의미는 피기망자의 행위가 개입되어 피고인이 재물을 교부받거나 재산상 이익을 취득한다는 것이고, 절도죄와 같은 탈취죄와 달리 피기망자의 착오로 인한 행동이 피고인의 범죄적 중간행위 없이 직접 피기망자의 재산 감소와 피고인 또는 제3자의 재산 증가를 일으킨다는 취지이다. 그러나 피기망자의 행위가 개입된다는 이유만으로 피기망자의 처분결과에 대한 인식이 탈취죄와 사기죄를 구분하는 지표로서 구성요건에 해당한다고까지 볼 이유는 없다. 피해자의 주관적 인식은 재물 또는 재산상 이익의 이전이 피해자의 의사에 의해 지배된 행위에서 기인한 직접적인 결과인지 또

---

1) 이는 위 판결의 다수견해의 보충의견 중 "사기죄가 자기손상범죄이고 그 본질상 피기망자의 행위가 개입되어야 함은 수긍할 수 있지만…"에서 추론된다.

는 피고인의 행위에서 기인한 직접적인 결과인지 여부를 판단할 때 고려하여야 하는 중요한 요소에 불과하다."라고 함으로써 사기죄의 본질을 자기손상범죄라고 하여 반드시 처분결과에 대한 인식이 있는 행위만을 처분행위로 볼 이유가 없다고 한다.

우리나라의 학설도 자기손상범죄로서의 사기죄의 본질이나, 사기죄의 구성요건구조 등에 관해서는 의견이 일치하면서도, 처분의사의 필요성이나 그 내용에 대해서는 견해가 일치하지 않는다. 지배설은[2] 처분행위의 의미와 결과에 대한 인식이 필요하다는 입장으로서 변경 전의 판례와 거의 일치한다. 반면에 위 판결의 다수견해와 같이 처분행위의 행위 자체에 대한 인식으로 족하며 결과에 대한 인식은 필요하지 않다는 학설은 소수설의 지위에 있고,[3] 그 밖에도 재물사기와 이익사기를 구분하여 전자에 대해서만 처분의사가 필요하다거나,[4] 처분의사가 필요하지만 그 내용은 처분결과에 대한 현실적인 인식뿐만 아니라 인식가능성을 포함시켜야 한다는 견해도[5] 있다.

판례를 통하여 오랜 기간 굳건히 유지되어 왔을 뿐만 아니라 지배설의 지위를 누려왔던 견해가 위 전원합의체 판결을 통하여 도전을 받게 되었다. 그러나 이러한 판례의 변경이 사기죄의 본질이나 구성요건의 기본구조에 대한 대법원의 근본적인 인식의 변화에서 기인하는 것은 아니라는 점이 흥미롭다. 그렇다면 차제에 처분의사를 사기죄의 본질이나 특징, 또는 사기죄 구성요건의 기본구조 등의 측면에서 재검토해보는 것도 필요한 것으로 보인다.

---

2) 김선복, 사기죄에 있어서 처분의사의 필요성, 형사법연구 제13호(2000), 171, 176, 177, 181면; 김성돈, 형법각론 제2판(2009), 333면; 김신규, 형법각론 초판(2015), 409면; 배종대, 형법각론 제9전정판(2015), 68/45; 손찬호, 사기죄에 관한 연구: 객관적 구성요건을 중심으로, 성균관대학교대학원, 박사학위논문(2004. 2.); 오영근, 형법각론 제2판(2009), §18/36; 임웅, 형법각론(상) 초판(2000), 330면; 정성근/박광민, 형법각론 전정2판(2015), 378면; 정영일, 형법각론 개정판(2008), 315면.
3) 권오걸, 사기죄와 처분행위 – 성행위에 대한 대가 지급 불이행의 경우 –, 법학연구 제16권 제3호(2016), 한국법학회, 237면; 김성천/김형준, 형법각론 제2판(2006), 507면; 박상기, 형법각론 제7판(2008), 315면; 안동준, 사기
4) 김일수/서보학, 형법각론 제6판(2004), 427면; 이정원, 형법각론 초판(1999), 366면.
5) 김재봉, 사기죄와 처분의사, 형사판례연구 [11](2003), 한국형사판례연구회, 187면 이하.

II. 재산처분

처분의사의 검토에 들어가기 전에, 그것들과 직접 관련되면서 사기죄의 핵심적인 구성요건표지인 '재산처분'의 개념부터 간단히 언급하는 것이 필요할 것이다. 사기죄에서 재산처분은 일반적으로 직접 재산적 '손해'로 이르러 가는 피기망자의 작위, 방임, 부작위로 정의된다. 하지만 엄격히 보면, 손해와 개별재산의 변동을 의미하는 처분결과는 서로 구별되는 것이므로, 다시 말하면 개별재산의 변동이 있더라도 종국적으로 전체 재산에는 아무런 손해가 발생하지 않는 경우도 생각될 수 있으므로,[6] 손해발생과 처분은 분리하는 것이 더 정확할 것이다. 그렇다면 재산처분의 개념은 재산적 중요성을 – 개별재산의 구성 상태에 변동을 가져온다는 점에서 – 갖는 피기망자의 작위, 방임, 부작위로 정의할 수 있다.[7] 그리고 처분행위는 권리의 근거, 변동 및 배제의 효과를 갖는 법률행위일 필요가 없고, 재산 상태에 영향을 미치는 모든 사실상의 행위이면 족하다. 따라서 법률행위적인 의사의 표현을 전제하는 것도 아니다.[8] 그리고 처분이 법률행위로 이루어지는 경우, 그 법률행위가 무효이거나 취소될 수 있는 경우에도 처분은 인정된다. 간단히 말하여 재산처분은 민법상의 개념이 아니다.[9] 재산처분은 전체 재산에서 재산을 구성하는 대상을 들어내거나 재산적 채무를 부담하는 것에 그 본질이 있고, 이러한 결과로 이르는 행위가 객관적으로 필요하다는 데에는 이론이 없다.

다만 그러한 처분행위로 인하여 재산처분의 결과가 직접 초래되어야 한다는 '직접성'의 요구가 재산처분의 표지로서 필요한지[10] 또는 그 직접성의 의미나 효력의 범위 및 그 판단척도가 명확한지, 또는 직접성의 표지가 과연 유용한 것인지 등과 관련하여서는 회의적인 소수의 견해가 없지는 않다.[11] 그렇지만 우리의

---

6) 안동준, 앞의 논문, 816면

7) Maurach/Schroeder/Maiwald, Strafrecht Besonderer Teil I, 7. Aufl., §41 II Rn. 72.

8) 김재봉, 앞의 논문, 170면; BGH 14, 171; Maurach/Schroeder/Maiwald, 앞의 책, §41 II Rn. 75.

9) 이재상, 앞의 책, §18/31; 이정원, 앞의 책, 336면.

10) 직접성의 요청을 재산처분의 표지로 보지 않고 사기죄와 다른 범죄들 간의 경합을 결정하는 척도로 보는 견해도 있다(Kindhäuser, NK, 3. Aufl., §263 Rn. 201, 각주 433 참조).

판례 및 지배설이나[12] 독일의 판례 및 지배설은[13] 직접성을 재산처분의 표지로 서 인정한다. 직접성의 표지에서 결정적으로 중요한 것은 피해자의 재산 변동이 이루어짐에 있어서 피기망자의 처분행위 외에 추가적으로 배후자(기망자)의 위법 한 중간행위가 필요해서는 안 된다는 점이다. 즉 처분개념은 착오와 손해 간의 연결고리로서 행위자(기망자)의 위법한 중간개입 없이 피해자의 처분행위로 인하 여 직접 재산 변동이 이루어진다는 점을 확정하는 역할을 하므로,[14] 직접성을 처 분개념의 본질적인 요소로 이해하는 견해가 타당하다.

그런데 피기망자는 자신이 행하는 처분의 내용과 결과를 인식하여야 하는지, 인식하여야 한다면 어느 범위까지 인식하여야 하는지에 대해서는 논란이 많고, 이 연구도 바로 이 점을 논점으로 한다. 처분결과가 처분의사에 반영되어 있어야 함을 엄격하게 요구하면 할수록 사기죄의 성립범위는 좁혀지고, 처분결과에 대한 피기망자의 인식적 요구를 완화시킬수록 사기죄의 성립범위는 그만큼 넓어진 다.[15] 이는 위 판결의 다수견해와 반대견해의 대립이 잘 보여주고 있다. 우리나 라의 경우 소위 '처분의사'라는 개념하에 처분의 내용 및 결과에 대한 인식이 필 요하다는 견해가 지배적인 위치에 있고,[16] 필요하지 않다는 견해와[17] 필요하지만 그 내용을 지배설과는 달리 이해하는 견해,[18] 그리고 재물사기와 이익사기를 구

---

11) 김재봉, 앞의 논문, 177면; 안동준, 앞의 논문, 817면; Hefendehl, MK, § 263 Rn. 264; Herzberg, ZStW 89, 367면. 직접성의 표지의 유용성에 대한 부정적 시각은 주로 두 가지 측 면에서 기인한다. 하나는 직접성의 판단 척도가 명확하지 않다는 점이다. 다른 하나는 구체적 인 재산위태화가 손해개념에 포함됨으로써 예컨대 점유이완도 이미 그러한 구체적인 재산위태 화를 포함하기 때문에 직접성이 인정될 여지가 있다는 것이다. 즉 행위자가 야기한 위험군과 피해자가 직접 야기한 위험군을 정확하게 구분하기 어렵다는 것이다.

12) 이 연구에 인용된 전원합의체판결도 직접성을 재산처분의 표지로 인정하며, 권오걸(앞의 책, 452면), 김선복(앞의 논문, 167면), 김성돈(앞의 책, 332면), 김성천/김형준(앞의 책, 507면), 김일수/서보학(앞의 책, 427면), 박상기(앞의 책, 316면), 배종대(앞의 책, 68/48), 손동권(형법 각론 개정판(2005), § 22/47), 이정원(앞의 책, 367면), 이재상(앞의 책, § 18/31); 천진호(소취 하와 사기죄에 있어서 재산적 처분행위, 비교형사법연구 제5권 제1호, 2003, 610면) 등의 학 자들도 직접성을 재산처분의 표지로 인정한다.

13) BGHSt 14, 170 (171); BGH GA 1966, 212 (213); 독일의 지배설이라는 소개는 Kindhäuser, NK, 3. Aufl., § 263 Rn. 201. 물론 더욱 엄밀히 보아 직접성의 요구를 재산처분의 표지가 아 니라 사기죄와 다른 범죄들 간의 경합을 결정하는 척도로 보는 견해도 있다(Herzberg, ZStW 89, 387면).

14) Kindhäuser, NK, 3. Aufl., § 263 Rn. 223.

15) 권오걸, 앞의 논문, 235면; 김재봉, 앞의 논문, 169면.

16) 각주 2) 참조.

17) 각주 3) 참조.

별하여 전자의 경우에만 처분의사가 필요하다는 견해[19] 등의 소수설이 있다. 독일의 경우에는 더 다양한 견해들이 난립하고 있는데, 원칙적으로는 처분의사가 필요하지 않지만 책략절도와의 구별이 문제되는 재물사기의 경우에 한하여 처분의사가 필요하다는 견해가 다수설인 동시에 판례의 입장이다.[20] 이 연구에서는 재산처분의 직접성 표지에 대해서는 그것을 긍정하는 입장에서 출발하고, '처분의사'에 집중하여 논하기로 한다. 다만 처분의사의 필요성이나 처분의사의 내용에 관한 기존의 선행연구가 많이 취하고 있는 연구 방법, 즉 구체적인 학설들을 비교·분석·검토하는 방법을 피하고,[21] 처분의사가 필요하지 않음을 ① 자기손상범죄로서의 사기죄의 본질, ② 간접정범의 귀속구조로서의 사기죄의 특성, ③ 사기죄 구성요건의 구조 등의 측면에서 논증해보고자 한다.

처분의사에 대한 구체적인 연구에 들어가기 전에 두 가지를 미리 명확하게 해둘 필요가 있다. 첫째는 처분의사와 손해의 인식은 구별해야 한다는 점이다. 앞서 처분개념에서 밝혔듯이, 개별재산의 변동을 의미하는 처분 결과와 전체 재산의 감소를 의미하는 손해는 구별되므로, 처분의사와 손해의 인식도 구별되어야 한다.[22] 둘째는 처분의 결과를 초래하는 행위 자체는 자유의사에 따른 행위일 것이 필요하다는 점이다.[23]

자유의사의 문제는 주로 사이비 사법경찰관의 압수사례와 관련하여 논의된다. 사법경찰관이라고 속여 피해자로부터 재물을 압수하는 경우, 사기죄가 성립하는지 절도죄가 성립하는지의 문제이다. 독일의 판례와 지배설은[24] 이와 같이 사법경찰관이 정당하게 압수하는 것으로 알고 속아서 압수를 당하는 경우에는 절도를 인정하고, 우리나라에서도[25] 약간의 논란이 있다. 이 경우 절도죄를 인정하는

---

18) 김재봉, 앞의 논문, 187면 이하.
19) 김일수/서보학, 앞의 책, 427면; 이정원, 앞의 책, 366면.
20) BGHSt 14, 170, 172; BGHSt 18, 221, 223; Cramer, Schönke/Schröder, Strafgesetzbuch Kommentar, 25. Aufl., Rn. 60; Geppert, JuS 1977, 69, 70면.
21) 독일의 구체적인 학설들의 소개와 그것들에 대한 비판적 분석은 김재봉, 앞의 논문 참조.
22) 박상기, 앞의 책, 315면.
23) 박상기, 앞의 책, 315면.
23) 권오걸, 앞의 책, 453변; 김성돈, 앞의 책, 333면; 김신규, 앞의 책, 409면; 김일수/서보학, 앞의 책, 427면; 배종대, 앞의 책, 474면; 안동준, 앞의 논문, 811면; 정성근/박광민, 앞의 책, 379면; 정영일, 앞의 책, 315면.
24) BGHSt. 7, 252, 254 f.; Geppert JuS 1977, 70면; Hefendehl, MK, §263 Rn. 236 f.; Samson/Günther, SK, §263 Rn. 70.

견해는 피해자의 행위가 그 압수에 응하는 것 외에는 달리 행위할 방법도 없고, 또 '달리 행위를 한다고 해도 아무런 의미가 없다'라는 인식의 압박상태에서(unter dem Druck der Vorstellung) 행한 행위로서, 자유롭게 의사결정을 할 수 있는 여지가 절대적으로 차단된 상태에서의 행위이기 때문에 처분행위로 인정할 수 없다는 것이다.[26]

이러한 견해에 대해서는 사기죄에서 행위자가 피해자의 동기 형성에 얼마나 강하게 영향을 미쳤는가는 중요하지 않다거나,[27] 권위주의적 국가관에서나 주장될 법한 논리라는[28] 소수의 비판이 있다. 또는 순전히 처분행위의 객관적인 외관에 따라서 피해자가 압수물을 넘겨주는 경우에는 사기죄가, 사이비 사법경찰관이 스스로 취거해 가는 경우에는 절도가 된다는 소수의 견해도 있다.[29]

그러나 다른 행위의 선택가능성이 완전히 차단되지는 않은 상태에서 다만 공포심에서 처분의 의사결정을 하도록 한 경우에는 공갈이 되지만, 피해자를 폭행·협박하여 강취당하는 것 외에 달리 행위할 수 없도록 만든 경우에는 강도가 되듯이, 기망의 경우에도 처분행위 외에 다른 행위의 선택가능성이 없다고 인식하도록 만든 경우에는 절도가 된다고 보아야 한다. 그러한 경우에 기망자가 압수물을 손에 넣은 것은 피해자의 하자 있는, 그러나 자유로운 의사결정에 따른 행위를 이용한 것이 아니고, 피해자의 의사에 반하여 취거한 것으로 보는 것이 합당하기 때문이다. 여기서 처분행위의 외형적인 형태가 교부였는지 묵인이었는지는 중요하지 않다. 설사 사이비 사법경찰관에게 속아 압수물을 친절하게 건네주었다 하더라도 이 역시 자유의사에서 기인하는 행위가 아니라는 점에서는 차이가 없다. 폭행·협박으로 의사결정의 자유를 제압당하였다면 피해자가 사실상 재물을 손수 넘겨주었다고 하더라도, 그것을 처분행위로 인정할 수 없고 따라서 강

---

25) 절도를 인정하는 견해(김신규, 앞의 책, 409면; 배종대, 앞의 책, 68/47)와 사기죄를 인정하는 견해(김성돈, 앞의 책, 333면; 김일수/서보학, 앞의 책, 428면; 이정원, 앞의 책, 369면; 정성근/박광민, 앞의 책, 379면)가 대립한다.
26) 배종대, 앞의 책, 68/47; Geppert, 앞의 논문, 70면; Hefendehl, MK, §263, Rn. 236, 237; Cramer, Strafgesetzbuch Kommentar, 25. Aufl., Rn. 63; Samsom/Günther, SK, §263 Rn. 76.
27) 따라서 사기죄가 성립할 뿐이라고 한다(Kindhäuser, Bemmann-FS, 353면).
28) Maurach/Schroeder/Maiwald, Strafrecht Besonderer Teil I, 7. Aufl., §33 Rn. 31.
29) 김일수, 한국형법 IV(1994), 244면; 김일수/서보학, 앞의 책, 428면; 독일의 경우에는 과거 Nauke가 이러한 견해를 취한 것으로 소개된다(Geppert, 앞의 논문, 70면 참조).

도가 되는 것과 같은 원리이다. 사기죄에서 착오로 인한 하자 있는 의사결정이란 피해자의 의사결정 과정에 내심적 하자가 있다는 의미이지 의사결정의 자유 자체가 부정된다는 의미는 아니다.

Ⅲ. 자기손상범죄로서의 사기죄의 본질과 처분의사

1. 자기손상범죄와 재산처분

절도죄, 강도죄 등이 타인손상범죄라면 사기죄 및 공갈죄 등은 자기손상범죄라고 한다. 사기죄, 공갈죄, 배임죄 등의 재산범죄들은 행위자가 몸소 외부로부터 재산손해를 야기하는 것이 아니라, 재산소유자 또는 재산과 밀접한 관계에 있는 자의 개입 하에서 재산손해를 야기하는 점에 특징이 있다. 사기죄의 경우 재산소유자의 개입방식은 재산의 처분이고, 배임죄의 경우에는 재산관련의 사무처리를 위임하는 것이다. 재산처분이 사기죄의 기술된 구성요건표지인지 기술되지 않은 구성요건표지인지에 대해서는 논란이 있지만,[30] 어쨌든 그것이 사기죄의 객관적 구성요건표지라는 점에는 이론이 없다. 착오 그 자체로는 재산상 손해를 야기할 수 없기 때문에, 착오와 손해를 연결해주는 요소가 필요하고, 그 역할을 수행하는 요소가 재산처분이기 때문이다.[31] 이리하여 재산처분이라는 사기죄의 구성요건표지는 자기손상범죄라는 사기죄의 본질을 규정하는 기능을 가짐과 동시에 절도죄와의 구별을 가능하게 한다.[32] 즉 피해자가 손수 행하는 재산처분이라는 구성요건표지 때문에, 사기죄가 자기손상범죄로 규정되는 것이다. 이러한 점에서 사기죄는 공갈죄와 유사성을 갖는다. 공갈죄도 강요당한 피해자의 자기손상

---

30) 기술되지 않은 구성요건표지로 보는 견해(김일수, 앞의 책, 241면; 이재상, 앞의 책, §18/30), 기술된 구성요건표지로 보는 견해(임웅, 앞의 책, 330면), 재물사기의 경우에는 기술된 구성요건표지이고 이익사기의 경우에는 기술되지 않은 구성요건표지로 보는 견해(오영근, 앞의 책, §19/34) 등이 있다.
31) 권오걸, 앞의 책, 235면; 김재봉, 앞의 논문, 171면.
32) 이은신, 사기죄와 재산적 처분행위, 재판과 판례 제13집(2005), 대구판례연구회, 559면; Hefendehl, MK, Rn. 234. 재산침해행위의 객체가 재산상 이익인 경우에는 처분행위가 가벌적인 사기죄와 불가벌인 이익절도를 구별하는 기능도 한다는 견해가 있다. 그러나 재산상의 이익은 절도죄의 객체가 아니므로 이익사기의 경우에는 사기와 절도의 구별은 문제되지 않는다(김선복, 앞의 논문, 167면).

적 행위인 재산처분을 요구함으로써, 타인손상범죄인 강도죄와 구별된다.[33] 공갈죄와 사기죄는 행위자가 피해자의 재산을 직접 공격하는 것이 아니라 강요나 기망을 통하여 피해자로 하여금 직접 처분하게 함으로써 간접적으로 피해자의 재산을 공격한다. 따라서 「재산처분의 개념은 자기손상범죄로서의 사기죄의 본질에 부합하도록 규정되어야 한다」는 명제가 성립하게 된다.

앞서 「Ⅱ. 처분개념」에서 이미 언급한 처분행위 자체에 대한 '자유의사의 요구'와 처분행위와 처분결과 간의 '직접성의 요구'도 자기손상범죄라는 사기죄의 본질로부터 요구되는 것이다. 손상을 유발한 피해자의 행위가 그의 자유의사에 의한 것이 아니라면, 그 손상을 피해자가 손수 야기한 것이라고 할 수 없고, 또한 손상이 피해자의 행위로부터 직접 초래된 것이 아니라, 추가적으로 개입한 행위자(기망자)의 행위를 통하여 비로소 야기된 것이라면 이 또한 피해자의 자기손상이라고 할 수 없기 때문이다. 그러나 처분의사까지도 자기손상범죄라는 사기죄의 본질로부터 당연히 요구되는 것인지는 의문이다. 항을 바꾸어 상론한다.

2. 자기손상범죄와 처분의사

자기손상범죄로서의 사기죄의 본질이 충족되기 위해서는 재산을 처분한다는 피해자의 결정의사가 필수적이라고 하면서, 재산권과 관련되어 있다는 인식에 기초하여 형성된 의사에 지배된 작위 또는 부작위만이 처분행위로 평가할 수 있다는 견해가 있다. 피해자가 자신의 재산과 관련하여 무엇을 하였는지조차 전혀 인식하지 못하는 경우를 사기죄로 인정하는 것은 자기손상범죄로서의 본질에 반한다는 것이다.[34] 자기손상을 사기죄의 사물논리적 구조로 보면서, 구체적인 재물을 자신의 재산으로부터 내어주거나 의식적으로 권리를 넘겨주는 경우에만 자기손상이라 할 수 있다는 견해도 같은 맥락이다.[35]

그러나 이러한 견해들은 자기손상이라는 개념을 사기죄의 구성요건 구조 속에서 파악하려 하지 않고, 단순히 자기손상이라는 개념 자체에만 천착하여 해석하

33) Maurach/Schroeder/Maiwald, Strafrecht Besonderer Teil Ⅰ, 7. Aufl., §41 Ⅱ Rn. 12.
34) 김재봉, 앞의 논문, 187, 188면(다만 김재봉 교수는 현실적인 인식뿐만 아니라 인식가능성까지 처분의사의 내용으로 포함시킨다); 대법원 2017. 2. 16. 선고 2016도13362 전원합의체 판결의 반대의견의 입장.
35) Hefendehl, MK, §263 Rn. 240.

고 있다는 비판을 면하기 어렵다. 우리가 문제 삼는 것은 사기죄 내에서, 사기죄의 본질을 형성하는 개념으로서의 자기손상의 의미이지, 자기손상의 일반적 개념을 문제 삼는 것이 아니다. 자기손상에 대한 일반적인 개념이해를 문제 삼는 것이라면 손상을 의식하지 못하는 행위를 손상행위라고 할 수 없다거나, 처분의 의미나 결과를 인식하지 못한 행위를 처분행위라고 할 수 없다고 하더라도 특별히 문제될 게 없을 것이다. 그러나 우리의 관심대상은 사기죄를 자기손상범죄 또는 자기처분범죄라고 할 때의 그 자기손상이나 자기처분의 의미를 사기죄의 불법구조 내에서 탐구하는 것이며, 그러한 의미에서의 자기손상이나 자기처분의 개념요소로서 과연 손상 내지 처분결과에 대한 인식이 필요한가의 문제이다.

또한 처분의 결과를 피해자의 처분행위에 귀속시킬 수 있어야만 자기손상이라고 할 수 있다고 전제하고, 처분의 결과를 처분행위에 귀속시키기 위해서는 최소한 피해자가 그 처분결과를 회피할 수 있어야 하며, 이는 결국 피해자가 처분결과를 인식하든지 인식이 가능한 경우라야 함을 의미한다는 견해도 있다. 이러한 원리는 마치 구성요건이나 책임의 단계에서 인적·주관적 귀속의 기준으로서 고의와 과실이 요구되는 것과 동일하다는 것이다. 그리하여 이 견해는 자기손상범죄로서의 본질상 처분의사가 필요하며, 처분의사의 내용은 처분결과에 대한 현실적 인식 또는 인식가능성이라고 한다.[36]

물론 처분행위자에게 처분행위의 결과에 대한 책임을 인적·주관적으로 귀속시키고자 하는 것이라면, 처분행위자가 처분결과를 인식하거나 인식가능하여야 한다고 할 수 있다. 행위로 인하여 발생한 결과를 인식하지도 못하였고, 인식 가능성도 없는 경우라면 그 결과를 행위자의 책임으로 귀속시킬 수 없다는 것은 책임주의의 원칙상 당연하기 때문이다. 그러나 사기죄의 본질이 자기손상범죄로 규정된다고 하여 손상의 결과에 대한 피해자 본인의 책임귀속까지 염두에 둘 이유는 없다고 본다. 자기손상은 피해자의 재산 손상이 행위자(기망자, 즉 피해자의 입장에서 볼 때 타인)의 행위가 아니라 피해자(피기망자, 즉 자기)의 행위를 통하여 초래된다는 의미일 뿐이다. 사기죄에서 처분결과에 대한 책임귀속이나 규범적 비난의 대상은 피해자 및 피해자의 처분행위가 아니라 기망행위자와 그의 기망행

---

36) 김재봉, 앞의 논문, 187, 188면

위이다. 사기죄는 피해자의 재산 손실에 대하여 기망자에게 규범적인 책임을 묻는 것이기 때문이다.

그러한 의미에서 자기손상범죄라는 개념은 불완전 개념이다. 우리 형법은 자기가 책임을 져야하는 자기손상은 전적으로 규율의 대상에서 제외하기 때문에, − 그러한 점에서 자살 교사·방조는 예외적이다 − 결과에 대한 책임이 피해자 본인에게 귀속되는 완전한 의미의 자기손상범죄는 존재하지 않는다. 군형법 제41조에서 근무를 기피할 목적으로 자상을 가하는 행위를 처벌하는 것도 신체의 자기 손상 그 자체가 가벌적이기 때문이 아니라, 신체의 자기 손상을 수단으로 근무를 기피하려 했다는 점에 가벌성의 근거가 있다. 사기죄에서도 피해자의 재산 손상이 결국은 기망자의 기망행위에 귀속되는 것이기 때문에, 규범적으로 정확하게 표현하면 사기죄도 타인손상범죄이다.[37] 다만 피해자의 처분행위의 개입을 이용하는 간접적인 타인손상범죄라는 점에서 절도죄 등과 같은 전형적인 직접적인 타인손상범죄와 구별될 뿐이다. 그럼에도 사기죄를 자기손상범죄라고 하는 것은 − 절도죄와는 달리 − 재산손상의 발생이 피해자 본인 또는 제3자의 − 소위 3각 사기의 경우 − 행위를 통하여 직접 초래되어야 한다는 사실적·구조적 특징을 표현하기 위함이다.

처분자에게 처분결과에 대하여 책임을 귀속시킬 수 있느냐의 문제, 또는 규범적 비난을 가할 수 있느냐의 문제 등은 사기죄의 성립요건과는 아무런 상관이 없기 때문에, 처분결과에 대한 책임귀속이나 규범적 비난을 위하여 필요한 요소를 − 처분결과에 대한 피해자의 인식이나 인식가능성 − 피해자의 처분행위에서 요구할 이유는 없다고 본다. 사기죄에서 처분행위란 손상의 결과가 직접 피해자의 행위에 기인하여 야기된 것인지(자기손상), 행위자의 행위에 의하여 초래된 것인지(타인손상)를 구별해주는 표지로서 기능하는 것이고, 그러한 기능과 무관한 '처분의 의미나 결과에 대한 인식이나 인식가능성'을 처분행위에 요구할 근거는 없는 것이다.

---

37) 사기죄가 사실상 피해자의 자기손상적인 요소를 포함하고 있지만, 규범적으로는 기망자에게 타인손상으로 귀속된다는 정확한 분석은 Kindhäuser, Bemmann-FS, 352면 참조.

Ⅳ. 간접정범의 귀속구조로서의 사기죄의 특성과 처분의사

1. 유형화 된 간접정범으로서의 사기죄

사기죄에서 피기망자는 기망자의 "도구"로서 기능한다는 점은 일반적으로 언급되는 부분이다.[38] 사기죄는 행위자가 피해자를 기망하여 착오에 빠진 피기망자로 하여금 재산처분을 하도록 만들고, 그것에 편승하여 이익을 취득하는 구조로 되어있기 때문이다. 이러한 구조에 착안하여 사기죄를 총칙의 정범귀속 형태 중의 하나인 간접정범을 유형화 한 범죄로 파악하면서 사기죄의 구성요건을 해석할 때에는 간접정범의 귀속규칙이 적용되어야 한다는 견해가 있다.[39] 반면에 간접정범은 이용자가 피이용자의 행위를 스스로 하더라도 가벌적이지만, 사기죄의 경우에는 피해자의 처분행위를 행위자가 스스로 했을 경우 불가벌이라는 — 타인의 재산에 손해를 가하는 행위 일반을 일괄적으로 처벌하는 형벌법규가 없기 때문에 — 차이가 있다거나, 사기죄를 간접정범의 귀속구조로 단순화시키면 사기죄 구성요건의 중요한 표지인 착오의 문제가 처음부터 사장되어버릴 위험이 있다는 등의 이유로 반대하는 견해도 있다.[40]

물론 사기죄가 총칙의 간접정범의 형태로 실현될 수 있다. 甲이 A의 재산을 노리고, 乙로 하여금 A를 기망하여 재산을 처분하도록 강요한다면, 甲은 사기죄의 간접정범이다. 이것이 사기죄가 간접정범으로 실현되는 전형적인 구조이다. 반면에 일반적인 사기죄의 경우 기망행위를 한 행위자는 사기죄의 간접정범이 아니라 직접정범이다. 따라서 엄밀하게 보면 사기죄 자체를 유형화된 간접정범이라고 할 수는 없다. 이러한 현상은 자살교사 · 방조죄에서도 볼 수 있다. 총칙상 교사 · 방조죄의 공범귀속규칙에 따르면 — 공범의 정범 종속성을 전제할 때 — 자살교사 · 방조죄는 성립될 수 없다. 즉 자살교사 · 방조죄는 그 명칭에도 불구하고 공범이 아니고 그 자체 정범이다. 그렇지만 각칙의 자살교사 · 방조죄의 구성

---

38) 안동준, 앞의 논문, 810면; Hefendehl, MK § 263 Rn. 263.

39) Kindhäuser, Bemmann-FS, 340면 이하 참조.

40) Frisch, Funktion und Inhalt des "Irrtums" im Betrugstatbestand, Paul Bokelmann-FS, 651면 이하.

요건이 총칙의 교사·방조죄의 구조를 취하고 있기 때문에 자살교사·방조죄라고 부르고 있을 뿐이다.

따라서 사기죄의 구성요건이 (직접)정범의 귀속 요건을 규정하고 있고 따라서 그 자체는 (직접)정범을 규정한 것이지만, 그 귀속구조가 총칙의 간접정범의 귀속구조를 취하고 있다는 의미에서 사기죄를 유형화 된 간접정범이라고 한다면 그렇게 잘못된 표현은 아니다. 특히 사기죄의 정범귀속 구조는 간접정범의 형태 중에서도 피해자를 직접 도구로 이용하는 간접정범의 귀속구조를 취한다. 甲이 A에게 설사를 유발하는 알약을 감기에 좋은 약이라고 속여 복용하게 함으로써 A가 심한 설사로 고생을 하게 되었다면, 甲은 상해죄의 간접정범이다. 이러한 간접정범의 귀속구조와 사기죄의 (직접)정범의 귀속구조 사이에 그 차이를 찾아보기 어렵다. 더구나 자상행위를 이용하는 간접정범에서 보듯이 피이용자의 자상행위 자체가 가벌적이지 않은 경우는 내용적으로나 구조적으로 사기죄와 아주 유사하다.

다만 사기죄를 유형화된 간접정범으로 볼 수 없다는 견해가 그 근거로서 제시하듯이, 간접정범의 경우에는 피이용자의 행위를 이용자가 직접 했을 경우에 가벌적이지만, 사기죄의 경우에는 그렇지 않다는 차이가 있는 것은 분명하다. 총칙의 간접정범은 행위자가 직접 실행했을 경우에도 가벌적인 행위를 직접 실현하지 않고 간접적으로 실현하는 경우를 가리키는 정범형태이기 때문에, 당연히 피이용자의 행위를 이용자가 직접 했을 경우에도 가벌적일 수밖에 없다. 하지만 사기죄는 직접정범을 규정하는 것이고, 그 구성요건을 모두 충족시킬 때에 비로소 하나의 가벌적인 범행이 성립되는 것이기 때문에, 그 요건의 일부에 불과한 피해자의 재산의 처분을 기망자가 직접 했을 경우 그것만으로는 곧바로 가벌적일 수 없다.

그러나 이러한 차이가 사기죄의 정범귀속 구조가 간접정범의 귀속구조로 되어 있다는 사실을 부정하게 하는 논거가 되지는 않는다. 그러한 차이는 사기죄 구성요건이 그 자체 총칙의 간접정범규정이 아니고, 그 구성요건을 통하여 비로소 가벌성을 창설하는 직접정범규정이라는 사실에서 발생하는 현상일 뿐이다. 사기죄를 유형화된 간접정범이라고 할 때의 그 의미는 사기죄가 간접정범을 규정한 것은 아니지만, - 따라서 위에서 언급한 간접정범과 차이가 있는 것은 당연하지만

- 사기죄의 정범귀속의 구조가 간접정범의 귀속구조로 되어있다는 의미이다.

이처럼 간접정범의 귀속구조를 선택한 것은 입법적인 결단의 결과이다. 타인의 재산을 침해하는 방법은 다양할 수 있다. 그런데 형법은 타인의 재산을 침해하는 행위 일반을 일괄적으로 처벌하는 방법을 포기하고, 특별한 방법에 의한 침해만을 처벌한다. 소위 절도죄와 강도죄 같은 탈취범죄들은 피해자의 의사에 반한 직접적인 침해방법을 선택하고, 사기죄와 공갈죄 등의 소위 편취범죄들은 피해자의 처분행위를 이용하는 간접적인 침해방법을 선택하였다. 이러한 연유에서 사기죄와 공갈죄는 간접정범의 귀속구조를 갖게 되는 것이다. 따라서 사기죄의 구성요건을 해석할 때에는 간접정범의 귀속규칙들이 준거가 될 수 있고, 또 준거가 되어야 할 이유를 갖게 된다. 그리하여 사기죄의 경우 기망자와 피기망자의 관계 및 피기망자의 처분행위의 요소 등은 간접정범에서 피이용자의 행위를 이용자의 행위에로 귀속시킬 수 있는 척도들에 따라서 정해져야 한다.[41] 예컨대 이용을 위한 수단적 요소인 기망·착오의 정도나 재산처분, 그리고 기망·착오·재산처분 간의 인과관계 등과 같이 간접정범의 귀속구조를 충족시키는 데에 중요한 의미를 갖는 요소들은 최소한 기망자가 피해자의 처분행위를 이용했다고 평가하는데 적합하도록, 그리하여 피해자를 도구로 이용했다고 평가하기에 적합하도록 해석할 필요가 있다. 반면에 사기죄에서 간접정범의 귀속구조와는 무관한 요소들, 예컨대 기망의 구체적인 대상이나 피해자의 보호당위성, 재산개념 등은 사기죄의 보호범위나 다른 재산범죄와의 관계 등을 고려하여 독자적으로 해석하면 족하고, 이들을 간접정범의 귀속법칙에 따라서 해석할 이유는 없다.

2. 간접정범의 귀속구조와 사기죄의 (직접)정범의 귀속구조의 구체적 비교

공동정범이나 간접정범의 귀속규칙에 따르면, - 자수범은 논외로 할 때 - 스스로 범죄를 실현하는 것이 정범의 필수조건은 아니다. 그렇다면 간접정범의 경우 구성요건을 스스로 실현하지 아니한 자에게 그 범죄를 마치 스스로 실현한 것과 같이 귀속시키는 것을 가능하도록 하는 척도가 무엇인가? 간접정범의 경우

---

41) Kindhäuser, Bemmann-FS, 350면.

범행을 직접 실행한 자는 순순하게 범행의 수단이어야 하고 - 정범배후의 정범이론은 논외로 한다 - 그 자신이 정범일 수는 없다. 직접 실행한 자가 완전히 고의로 유책하게 실행하여 정범이 되는 때에는 이용자에게는 교사범이 성립할 수 있을 뿐, 간접정범은 배제되기 때문이다. 간단히 말하면, 간접정범은 단독정범이지 실행자에게 공동정범이나 공범으로 참가하는 것이 아니다. 실행자의 행위는 이용자의 구성요건실행을 구성하는 요소가 될 뿐이다. 이러한 사실은 실행자는 자기의 범행이 아니라 이용자의 범행을 실행하는 것이고, 따라서 타인 범행의 도구라는 사정에서 비롯한다.[42]

킨트호이저의 분석에 따르면, 간접정범의 구조는 두 개의 전제조건을 갖는데, 하나는 실행자에게 주관적으로나 객관적으로 범행의 본질적인 표지 중 최소한 하나가 흠결되어야 한다는 점이고, 다른 하나는 실행자의 그러한 흠결이 이용자에게 귀책 될 수 있어야 한다는 점이다.[43] 물론 더욱 구체적으로 실행자에게 범행의 어떠한 표지가 결하여야 하는지, 또는 실행자의 흠결을 배후자에게 귀책시키는 척도가 무엇인지 등에 대해서는 논란이 있을 수 있다.

그러나 우선 첫째의 전제조건과 관련하여 피이용자의 행위가 구성요건해당성이 없는 행위일 경우 그것을 이용하여 간접적으로 어떤 범죄를 실현하는 것이 가능하다는 점에 대해서는 이론이 없다. 예컨대 실행자의 신체적 자상이나 자살 등은 그 자체 구성요건적 행위가 아니지만, 그것을 이용하는 이용자가 상해죄나 살인죄의 간접정범이 되는 경우를 생각하면 된다. 간접정범에서의 피이용자의 행위가 사기죄에서는 피기망자의 처분행위에 해당하는데, 피기망자의 처분행위 자체는 어떤 범죄구성요건을 실현하는 행위가 아니라는 점에서 간접정범의 첫째 전제조건을 충족하고 있다.

이어서 두 번째 조건은 실행자의 그러한 가벌성 조건의 흠결이 이용자에게 귀책 될 수 있어야 한다는 점이다. 즉 실행자의 그러한 결함을 간접정범의 귀속법칙에 따라서 이용자가 메꿀 수 있어야 하는 것이다. 여기서 실행자의 흠결을 이용자에게 귀책시킬 수 있기 위해서는 일차적으로 간접정범의 정범표지인 범행지배, 즉 강요나 기망에 의한 의사지배가 긍정되어야 하는데, 사기죄의 경우 기망

---

42) Kindhäuser, Bemmann-FS, 340면 이하.
43) Kindhäuser, Bemmann-FS, 341면.

자가 우월적 인식에 기하여 피해자의 의사를 지배한다는 점은 어렵지 않게 인정될 수 있다.

하지만 강요나 기망에 의한 의사지배라는 사실적인 범행지배만으로는 아직 간접정범의 정범성을 근거지우는 데에 충분하지 않다. 이를 킨트호이저의 말을 빌어 표현하면,[44] 정범은 그 사건을 형법적 의미에서 그 사람의 범행으로 해석하게 만드는 근거를 더 요구하기 때문에, 사실적 의미의 범행지배는 정범을 인정하기 위한 필수조건이기는 하지만 충분조건은 아니다. 범행지배라고 하기는 하지만 사실은 실행자의 인식이나 의사를 지배하는 것이고, 또 그러한 지배를 위하여 실행자를 강요하거나 기망하는 행위를 했을 뿐인데, 왜 실행자가 직접 실현한 범행 자체에 대하여 이용자가 정범이 되어야 하는가라는 물음이 남기 때문이다. 즉, 사실상 실행자가 실현시킨 바를 이용자의 정범행위로 귀속시키기 위한 규범적 근거가 더 필요한 것이다. 이는 결국 결과를 이용자의 행위에 귀책시키는 객관적 귀속의 문제가 된다.

그렇다면 그러한 귀책을 위해서는 객관적 귀속척도에 따라서 먼저 이용자의 이용행위가 법적으로 허용되지 않는 위험을 창출하는 행위이어야 할 것이다. 예컨대 이웃에 사는 청년의 부탁을 받고 아직 오토바이 운전이 서툰 그 청년이 사고를 당할 위험성이 아주 높다고 확신했으면서도 빌려주어 그 청년이 사고로 부상을 입은 경우를 상정해보면, 일단 우월적 인식을 통한 의사지배는 긍정될 수 있을 것이다. 하지만 오토바이를 빌려주는 행위는 사회적으로 상당한 행위이고 따라서 법적으로 허용되지 않는 위험을 창출하는 행위라고 할 수 없기 때문에 그 결과를 이용자의 행위에 귀책시킬 수 없고 따라서 간접정범에 의한 상해라고 하기는 어렵다. 그런데 사기죄의 기망행위는 피해자의 재산상 손해를 지향하는 행위로서 그 자체가 법적으로 허용되지 않는 위험을 창출하는 행위에 해당한다고 할 수 있다.

다음으로 이용자가 창출한 위험이 피이용자의 행위로 초래된 결과로 상당하게 실현되었다고 평가될 수 있어야 한다. 예컨대 피이용자가 초과 실행한 부분이 이용자에게 예견가능하지 않은 경우라면 피이용자에 대한 의사지배가 인정되더라

---

44) Kindhäuser, Bemmann-FS, 346면.

도 그 초과부분에 대하여는 이용자가 정범으로 책임을 지지 않는데,[45] 그 이유는 초과 실행한 부분을 이용자가 창출한 위험의 상당한 실현이라고 평가할 수 없기 때문이다. 그런데 위험의 상당한 실현이라는 객관적 귀속척도를 사기죄에 적용시 켜 보면, 재산처분 및 손해발생의 직접적 근거가 처분행위이고, 처분행위는 착오 에 근거하여 이루어졌으며, 또한 그 착오는 기망행위를 근거로 하므로, 손해의 발생을 기망행위로 창출된 위험의 상당한 실현이라고 평가하기에 부족함이 없다. 특히 처분행위와 처분결과 간의 직접성의 요구는 위험의 상당한 실현이라는 귀 속척도를 위하여 중요한 의미를 갖는다. 처분의 결과가 기망 및 착오에 근거하는 처분행위를 통하여 직접 야기된 것이 아니면, 그 결과를 기망으로 야기된 위험의 상당한 실현으로 평가하기 어렵기 때문이다.

이리하여 간접정범의 귀속구조와 사기죄의 정범귀속의 구조가 일치할 뿐 아니 라, 간접정범의 정범귀속 척도가 사기죄의 정범귀속의 요건으로 구성요건화 되어 있음이 확인된 셈이다. 그렇다면 사기죄의 처분행위도 간접정범의 피이용행위에 준하여 해석되어야 한다는 요구가 근거를 얻게 된다.

3. 피이용행위로서의 처분행위 및 처분의사

사기죄의 처분행위는 간접정범의 피이용행위에 상응하므로, 피이용행위에 요 구되는 행위요소에 준하여 처분행위를 해석할 수 있다. 결론부터 말하면, 자신의 행위의 의미나 결과에 대한 피이용자의 인식이나 인식가능성은 간접정범의 성립 에 아무런 의미가 없다. 기망을 수단으로 하는 간접정범의 경우는 물론이고, 강 요에 의한 간접정범의 경우에도 피이용자가 자기 행위의 의미나 결과를 인식할 필요는 없는 것이다. 예컨대 사제폭탄임을 모르고 있는 자에게 그것을 주면서 무 조건 군중을 향하여 던지도록 강요하여 여러 사람이 죽었다면, 피이용자는 자신 의 행위의 의미나 결과에 대하여 아무런 인식이 없었지만, 살인죄의 간접정범이 성립하는 데에 아무런 문제가 없다. 피이용자의 행위 및 결과는 이용자의 범행으 로 귀속되는 것이므로, 오히려 피이용자의 행위의 의미 및 결과는 이용자가 인식 하고 있어야 하며 그것으로 충분하다. 다만 간접정범이 이용하는 대상은 피이용

---

45) 배종대, 형법총론 제13판(2017), 138/3; 이재상, 형법총론 제7판(2011), §32/30.

자의 신체라는 물적 수단이 아니라 그의 행위이므로, 피이용자의 행위가 행위로서의 일반적 요소는 충족하여야 한다. 따라서 주관적으로는 행위의사가 있어야 하고, 객관적으로는 작위 또는 부작위 등의 행위 양태가 있어야 한다.

따라서 사기죄에서도 피이용자의 지위에 있는 처분자는 자신의 행위의 의미나 결과를 인식할 필요가 없고, 대신 그 처분행위가 일반적인 행위요소만 충족하면 된다. 오히려 처분행위의 의미와 결과는 기망자가 인식하여야 한다. 사기죄 구성요건에서 처분의사, 더 정확하게 말하면 「피기망자로 하여금 처분하게 하려는 의사」는 기망행위의 주관적 동기[46] 내지 목적으로서 기망자에게 요구되는 주관적 요소라고 해야 할 것이다.

V. 사기죄 구성요건의 구조와 처분의사

사기죄의 객관적 구성요건은 행위자의 기망으로 피해자가 착오에 빠지고, 피해자는 그 착오로 인하여 처분행위를 하며, 처분행위의 결과로서 재산의 변동 및 손해의 발생이 이루어지는 구조로 되어있다. 사기죄의 이러한 구성요건 구조는 '기망–착오–재산처분–재산변동' 간의 객관적 연결을 요구할 뿐이고, 그것으로 족하다. 따라서 처분행위도 사기죄가 '착오–재산처분' 및 '재산처분–재산변동' 사이에서 요구하는 연결 관계의 내용에 따라서 파악하여야 하고, 또 그것으로 충분하다. 사기죄가 요구하는 그들 간의 연결 관계의 내용과 무관한 것은 처분행위의 요소로서 요구할 이유가 없고, 또 그렇게 해서도 안 된다. 그러한 요구는 사기죄의 구성요건과는 무관한 요구가 될 것이기 때문이다.

먼저 '착오–재산처분' 간의 연결에서 사기죄 구성요건이 요구하는 내용은 처분이 착오로 인하여 이루어져야 한다는 것이다. 이는 착오와 처분 간에 인과관계가 인정되어야 한다는 의미이다. 만약 피기망자가 사실에 관하여 착오를 하였지만 그 사실에 대하여 아무런 의미를 두지 않았거나, 그 사실과는 무관한 다른 어떤 의무를 이행하기 위하여 처분행위를 하였다면 인과관계는 부정된다. 그렇지만 인과관계 판단에서 늘 그러하듯이, 처분이 착오에 의하여 동기 지워진 것으로 인

---

46) Hefendehl, MK § 263 Rn. 9.

정된 이상, '진정한 사실을 알았을 경우라도 다른 어떤 동기에서 동일한 처분을 했었을 것인가'라는 가설적 대체원인은 인과관계의 판단에서 고려되지 않는다.[47] 하나의 재산처분에 많은 동기들이 개입되었다면, 착오를 통하여 형성된 동기가 최소한 함께 작용했을 경우 인과관계가 인정된다.[48] 이때 착오와 처분 간의 인과 관계는 심리적으로 매개되는 인관관계이다. 재산처분에 대한 동기가 착오 외의 다른 어떤 것에서 기인한 때에는, 따라서 착오가 행위를 지배한 것이 아닐 때에 는 인과관계가 부정된다.[49] 즉 착오로 인한 하자 있는 인식이 처분의 원인이 되 어야 함을 의미한다.

마찬가지로 '재산처분 – 재산변동' 간에서 요구하는 내용도 재산변동이 재산처 분으로 인한 것이어야 한다는 점이다. 이는 재산변동이 처분행위의 직접적인 결 과이어야 하고, 재산변동을 위하여 기망자의 별도의 추가적인 행위가 필요해서는 안 된다는 것을 의미한다.

따라서 사기죄 구성요건의 구조에서 볼 때, 재산변동을 야기하는, 착오에 기한 처분이라고 평가될 수만 있으면 그 처분은 객관적 구성요건요소로서 인정되기에 충분하다. 그런데 그 처분은 바로 피해자의 행위를 통하여 이루어지고, 그 행위 를 일컬어 처분행위라고 하는 것이므로, 처분행위는 '재산변동을 초래하는, 착오 에 기인한 행위'라고 정의할 수 있다. 즉 처분(행위)의 개념은 그것이 사기죄의 구성요건적 의미와 기능에 맞게 정의되어야 한다. 이처럼 재산처분 및 처분행위 를 사기죄 구성요건의 구조 속에서 그 의미와 기능에 따라서 이해할 때, 처분의 사가 들어설 자리는 어디에도 발견되지 않는다.

착오라는 심리적 상태가 처분행위의 동기 형성에 영향을 미쳤으면 족하고, 피 해자는 자신이 착오에 빠져있음을 인식하면서 처분행위를 할 필요도 없다. 또한 처분행위의 결과로서 재산변동이 직접 초래되면 족하고, 그러한 결과를 인식하거 나 의욕할 필요도 없다. 다만 처분이 행위로써 이루어지는 한에서, 행위 자체의 일반적인 주관적·객관적 요소가 충족되어야 함은 당연하다. 따라서 주관적으로 는 행위 자체에 대한 자유의사의 존재, 행위 자체에 대한 인식의 존재가 필요하

47) Kindhäuser, NK, 3. Aufl., § 263 Rn. 225.
48) Maurach/Schroeder/Maiwald, Strafrecht Besonderer Teil Ⅰ, 7. Aufl., § 41 Ⅱ Rn. 83.
49) Hefendehl, MK, § 263 Rn. 233.

고, 객관적으로는 작위, 부작위 등의 행위 양태를 갖추어야 한다. 사기죄 구성요건의 구조에서 볼 때, 처분결과에 대한 인식이 처분행위의 요소가 되어야 할 근거는 찾아보기 어렵다.

"처분개념은 착오와 손해 간의 연결고리로서 단지 재산의 이동이 행위자(기망자)의 위법한 중간개입 없이 이루어진다는 점을 확정하는 것이기 때문에, 처분개념은 피기망자의 그 어떤 처분의사도 전제하지 않는다. 피기망자가 자신의 행위의 재산적 중요성을 인식하지 못하고 행한 행위도, 그 행위가 재산의 직접적인 변동을 조건지운다면, 구성요건에 해당하는 처분이다."[50]라는 이해는 타당하다.

VI. 맺는말

자기손상범죄로서의 사기죄의 본질, 간접정범의 귀속구조를 취하는 사기죄의 (직접)정범의 귀속구조, 그리고 사기죄 구성요건의 구조 등, 그 어떤 측면에서 보더라도 처분의사가 처분행위의 요소가 되어야 할 이유를 찾을 수 없었다. 적어도 처분의사를 처분행위의 의미와 결과에 대한 인식으로 이해하는 한에서는 그렇다. 다만 일부의 견해처럼,[51] 처분의사를 처분의 결과를 야기하는 행위 그 자체에 대한 인식이라고 이해한다면 처분의사는 당연히 처분행위의 요소이다. 하지만 이러한 제한적 의미라면 처분의사라는 용어의 사용은 적절치 않다. 처분의 의미나 결과와 단절시킨 채, 그 원인된 행위 자체의 인식을 처분의사라고 하는 것은 일반적인 용어사용례와 맞지 않기 때문이다. 따라서 처분행위는 처분의사를 요하지 않는다고 하는 것이 더 정확하다. 그렇다면 다시 처분의사를 포함하지 않는 행위를 처분행위라고 하는 것도 일반적인 용어사용례와 맞지 않게 될 것이다. 예컨대 양도, 살해, 간음, 방어 등을 의식하고 하는 행위를 일반적으로 양도행위, 살해행위, 간음행위, 방어행위로 표기하는 언어관용에서 보듯이, 처분행위도 처분의 의미나 결과를 의식하고 하는 행위로 이해하는 것이 일반적일 언어관용에 부합하기 때문이다.

---

50) Kindhäuser, NK, 3. Aufl., § 263 Rn. 223.
51) 김성천/김형준, 앞의 책, 507면.

사실 처분행위의 요소로서 처분의사를 당연하게 여겨온 다수설과 과거의 판례도 이러한 언어관용의 영향을 받았음을 부인하기 어렵다. 이는 "처분의사의 필요성의 문제는 처분행위의 개념적 해석을 통하여 해결되어야 한다"거나 "처분의사는 처분행위의 본질적 개념요소이다"[52]는 표현에서 추론 가능하다. 하지만 사기죄의 요소로서 거론되는 처분행위가 일상적인 언어관용에 따라서 사용되던 용어를 차용한 것이라고 보기는 어렵다. 처분행위는 사기죄의 구성요건을 해석하는 과정에서 사기죄의 성립요소로서 등장한 것이다. 따라서 처분행위를 일상적인 언어관용에 얽매여 해석하는 것은 올바른 접근이 아니다. 철저히 사기죄의 본질이나 구성요건의 맥락에서 그 의미가 해석되어야 한다. 이 연구의 취지와 결론에 따르면 사기죄의 구성요건에서 실제로 중요한 요소는 '처분행위'가 아니라 피해자가 직접 재산처분의 결과를 초래하였다는 '사실'이다. 자기손상범죄로서의 본질도 바로 이 점을 부각시키는 것이다. 그런데 그 처분결과는 작위, 부작위 등 피해자의 일정한 행위의 효과이므로, 처분의 결과와 그 원인행위를 결합시켜 처분행위로 표현한 것이라고 보는 것이 적절하다. 결론적으로 처분행위는 주관적으로 처분의 결과를 지향하는 행위가 – 이는 일반적인 언어관용에 따른 이해이다 – 아니라 객관적으로 직접 처분결과로 지향된 행위로 – 이는 사기죄의 구성요건 관련적 이해이다 – 정의할 수 있다. 즉, 처분행위에 어떠한 주관적 요소가 필요한가의 문제는 일상적인 언어관용에 따라 해결할 것이 아니라, 착오로 인한, 인식 없는, 재산의 자기손상이라는 사기죄의 불법내용으로부터 해결되어야 한다.[53]

주관적으로 처분결과를 지향하는 의사, 즉 처분의사를 고수하려는 입장이 실천적인 이유로서 중요하게 생각하는 소위 책략절도와 사기죄의 구별과 관련해서 보더라도 처분의사가 실제로 그러한 구별기능을 수행하는 것인지는 의문이다. 이른바 금은방 사례를 보자. 처분의사 필요설의 입장에서는 아직 구입하기로 결정하기 전에 단지 보석을 바깥 햇빛에 한번 비춰보겠다고 하여 건네주자 고객이 그것을 가지고 도주한 경우와 특정 보석을 선택하여 그것을 사겠다고 해서 건네주자 도주한 경우를 비교하면서 처분의사를 고려하지 않고는 절도인지 사기인지의 판단이 불가능하다고 한다. 처분의사를 고려할 때에만, 전자는 처분의사가 부

52) 김선복, 앞의 논문, 181, 182면.
53) Samson/Günther, SK, § 263 Rn. 87a.

정되어 절도가 되고, 후자는 처분의사가 인정되어 사기가 된다는 것이다. 그러나 알고 보면 전자는 보석상의 행위가 객관적으로 처분으로 해석되지 않기 때문에 절도가 되고, 후자는 객관적으로 처분으로 해석되기 때문에 사기가 되는 것이다. 다수설이 구별기준으로 내세우는 처분의사라는 것도 사실은 그러한 해석의 결과에 따라서 의제된 것에 지나지 않는다. 점유를 판단하는 사회규범적 척도에 따를 때, 전자의 경우에는 그 보석에 대한 점유가 여전히 주인에게 있다고 보아야 하며, 많이 양보하더라도 최소한 공동점유를 인정하는 것이 맞다. 따라서 점유를 넘겨주는 처분이 아직 이루어지지 않은 것이다. 반면에 후자의 경우는 동산에 대한 매매계약의 실행단계로서 보석상이 보석에 대한 점유 및 소유권을 넘겨주고 대금을 받으려는 단계이므로 보석을 넘겨주는 보석상의 행위는 처분에 해당한다. 따라서 여기서 사기와 절도 간의 구별기능을 한다는 처분의사라는 것도 사실 알고 보면 객관적으로 처분으로 해석되는 경우와 그렇지 못한 경우의 구별이 먼저이고, 처분의사는 단지 그러한 객관적인 해석의 결과를 처분의사라는 주관적인 요소로 치환시킨 것에 불과하다.[54]

---

54) Hefendehl은 자기손상범죄로서의 사물논리적 구조로부터 처분의사가 반드시 필요하다고 하면서, 재산적 중요성의 정도 내지 재산적 중요성 자체가 처분자에게는 기망의 결과로서 숨겨져 있을 수 있지만, 처분자가 거래관행의 테두리 내에서 자기 행위를 재산법적 전망 하에서 성찰할 수 있는 기회는 가져야 하고 그럴 때에 처분의사가 인정된다고 한다. 그리고 그러한 기회를 가졌는지는 객관적·외적으로 조망할 때 그 행위가 그러한 의식적인 재산처분으로 '해석'되는지의 여부에 따라서 판단된다고 한다(Hefendehl, MK, § 263 Rn. 246 이하 참조). 따라서 이 견해는 처분의사의 필요성을 인정하지만 전통적인 의미에서의 주관적·심리적 성질의 처분의사와는 달리 이해한다. 오히려 이 견해의 근본적인 시각은 결과적으로 「소위 책략절도와의 구별에 유용하다고 하는 처분의사라는 것도 처분자의 행위사태에 대한 객관적 해석이 먼저 이루어지고 그 해석의 결과를 주관적인 요소로 치환한 것에 불과하다」라는 이 논문의 시각과 내용적으로는 일치한다.

17 횡령죄의 주체와 부동산명의수탁자의 지위*

I. 머리말

대법원의 판례 중에서 횡령죄의 주체에 관하여 가장 상세하게 적시하는 판례라면 단연 중간생략등기형명의신탁의 명의수탁자가 신탁부동산을 임의로 처분하는 경우에 횡령죄의 성립을 부정한 "대판 2016. 5. 19., 2014도6992 전합"이다.[1] 이 판례에 대해서는 이미 찬성 또는 반대 취지의 평석이 다수 이루어진 바 있다.[2] 위 판례에서 횡령죄의 성립을 부정한 논거들이 명의수탁자에게 횡령죄의 주체성을 부정한 것과 관련되어 있기 때문에, 이 판례의 타당성 여부는 곧 바로 횡령죄의 주체를 어떻게 이해하느냐에 의하여 결정된다고 할 수 있다. 하여 이 연구는 횡령죄의 주체를 먼저 규명하고, 이에 의거하여 부동산명의수탁자가 횡령죄의 주체가 될 수 있는지를 판단하려 한다.

---

 * 형사법연구 제32권 제2호(2020) 105-137면에 게재된 글임.
 1) 이에 비견할 만한 최근의 판례로는 '대판 2018. 7. 19., 2017도17494 전합'이 있다.
 2) 찬성 취지로는 문영식, 명의신탁 부동산의 처분행위에 관한 형법정책, 형사법의 신동향, 통권 51호, 2016; 송문호, 부동산 명의신탁의 형법상 의미와 전망, 형사정책연구, 27권 3호, 2016; 원혜욱·김자영, 중간생략등기형 명의신탁과 횡령죄, 형사법연구 제28권 제3호, 2016; 홍봉주, 중간생략등기형명의신탁과 수탁자의 형사책임 - 대법원 2016. 5. 19. 선고 2014도6992 전원합의체판결, 법학연구(충남대) 제28권 제1호(2017), 231면 이하 참조, 그리고 반대 취지로는 강지현, 3자간 명의신탁과 횡령죄의 성립 여부, 형사법연구, 제28권 제3호, 2016 참조.

Ⅱ. 영득범죄의 체계

순수한 재물영득죄에는 절도죄와 횡령죄, 그리고 점유이탈물횡령죄가 있다. 이들은 모두 타인 소유의 재물을 위법하게 영득한다는 공통점을 갖는다. 하지만 객체의 측면에서 볼 때, 그들은 서로 배척관계에 있다. 절도죄는 타인의 점유하에 있는 타인의 재물을, 점유이탈물횡령죄는 점유를 이탈한 타인의 재물을, 그리고 횡령죄는 위탁관계에 의하여 보관하고 있는 타인의 재물을 객체로 한다. 따라서 형법상 이들 3가지 범죄구성요건은 상호 독자적인 관계에 있다.

먼저 (점유이탈물)횡령죄와 절도죄는 소유권을 침해하는 방식에서 서로 다르다. 횡령죄는 절도죄와는 달리 타인의 점유를 침해하는 바가 전혀 없다. 횡령행위자는 '탈취'의 수고를 할 필요가 없는 것이다. 반면에 횡령을 통한 소유권의 침해는 절도에 비하여 더 깊고 지속적이라고 할 수 있다. 왜냐하면 절도의 경우에는 새로운 소유권을 발생시킬 수 없을 뿐만 아니라, 도품을 다른 사람에게 양도하더라도 양수인이 소유권을 취득하지 못하는 반면에, 횡령의 경우에는 횡령자가 스스로 소유권을 가질 수 없다는 점은 같지만 제3자가 횡령자로부터 선의로 취득한 경우에는 유효한 소유권을 창출하기 때문이다.[3]

또한 횡령죄는 횡령행위 이전에 미리 행위자에게 '수익권능이 배제된 보관'(Gewahrsam ohne Nutzungsbefugnis)이 허용되어 있다는 점에서 점유이탈물횡령죄와 다르다. 점유이탈물횡령죄보다 횡령죄에 더 무거운 불법이 인정되는 이유도 위탁의 범위를 벗어나서 임의로 처분해서는 안 된다는 신뢰를 저버리고 영득하였다는 데에 있다.[4]

우리 형법의 영득범죄들 간의 구성요건체계는 독일 형법의 그것과는 차이가 있다. 독일 형법은 단순횡령죄를 기본구성요건으로 하고, 위탁물횡령죄와 절도죄는 단순횡령죄의 가중적인 구성요건으로 되어 있다. 독일형법은 우리의 점유이탈물횡령죄에 해당하는 구성요건이 없는 대신에, 재물의 영득죄에 대한 기본적인 구성요건으로서 단순횡령죄를 두고 있다. 단순횡령죄는 타인의 재물이 어떠한 점유상

---

3) Maurach/Schroeder/Maiwald, § 34 Rn. 1.
4) MK/Hohmann, § 246 Rn. 54.

태에 있는지를 불문하고, 그것을 불법하게 영득하기만 하면 성립한다. 그래서 단순횡령죄는 영득범죄의 기본적인 구성요건이다.[5] 절도죄나 위탁물횡령죄는 모두 타인의 재물을 위법하게 영득한다는 단순횡령죄의 요건을 기본으로 하면서 특수한 가중적 요소를 추가적으로 요구하는 구성요건들이다. 절도죄는 타인의 점유에 대한 침해를, 위탁물횡령죄는 위탁신임관계에 대한 배신을 가중적인 요소로 한다.[6]

따라서 독일의 경우 행위자가 타인의 점유를 침탈한다고 오인한 경우에는 절도죄의 미수와 단순횡령죄의 상상적 경합으로 판단한다.[7] 위탁관계에 의하여 보관하는 재물로 오인하고 영득한 경우에는 위탁물횡령죄의 미수와 단순횡령죄의 상상적 경합으로 판단될 것이다. 반면에 우리의 형법상으로는 전자의 경우는 점유이탈물이라는 인식 내지 자기가 보관하는 위탁물이라는 인식이 없으므로 점유이탈물횡령죄나 횡령죄는 성립할 수 없고 절도미수죄만이 성립할 것이며, 후자의 경우에는 점유이탈물이라는 인식이 없으므로 점유이탈물횡령죄는 성립할 수 없고 횡령죄의 미수범만이 성립할 것이다.[8] 독일과 우리의 경우, 이러한 차이가 발생하는 것은 독일의 경우에는 단순횡령죄가 절도죄 및 위탁물횡령죄에 대한 기본구성요건에 해당하지만, 우리의 경우에는 절도죄, 횡령죄, 그리고 점유이탈물횡령죄가 각각 그 객체를 달리함으로써 상호 독자적인 관계에 있기 때문이다.

Ⅲ. 횡령죄의 주체: '위탁'에 의하여 '타인의' 재물을 '보관'하는 자

1. 타인의 재물

(1) 개 념

횡령죄에서 행위자가 위법하게 영득하는 재물은 당연히 타인 소유의 재물이

---

5) NK/Kindhäuser, §246 Rn. 5.
6) MK/Hohmann, §246 Rn. 50; NK/Kindhäuser, §246 Rn. 40.
7) NK/Kindhäuser, Vor §§242 bis 248c Rn. 5.
8) 이는 구체적 부합설 내지 법정적 부합설 중의 구성요건부합설의 결론이다. 반면에 법정적 부합설 중의 죄질부합설에 따르면 전자의 경우에는 절도죄의 미수범과 횡령죄 내지는 점유이탈물횡령죄, 후자의 경우에는 횡령죄의 미수범과 점유이탈물횡령죄의 성립을 인정하게 될 것이다(임웅, 형법총론 개정판, 2002, 161면 참조).

며, 여기서 타인이란 행위자(보관자) 이외의 자로서 자연인, 법인, 법인격 없는 단체나 조합을 불문한다. 위탁된 대체물, 위탁판매 등에 의한 판매대금, 채권추심을 위하여 신탁적으로 채권양도를 받아 추심한 금원, 타인을 위하여 자기소유의 재물을 담보로 제공하고 차용한 금원, 담보로 받은 수표, 담보로 제공된 동산 또는 부동산, 명의신탁된 부동산, 할부 판매 된 물건 등의 소유자가 누구인지가 종종 문제로 되는데, 소유권의 귀속은 원칙적으로 민사법의 원리에 의하거나 관련된 민사특별법이 있는 경우에는 그것에 의하여 결정된다.[9]

재물은 유체물 및 관리 가능한 동력을 말하며, 부동산도 횡령죄의 객체인 재물에 해당한다.[10] 독일 형법이 동산만을 횡령죄의 객체로 하는 것과는 차이가 있다. 그리고 재물의 소유자와 위탁자가 반드시 동일인일 필요는 없는데, 위탁자와 소유자가 다른 경우에 '타인'에 해당하는 자는 당연히 위탁자가 아니라 소유자이다.

(2) 부동산명의신탁의 경우

1) 학설 및 판례

2자간 명의신탁의 경우에는 신탁자가, 그리고 매도인이 선의인 계약명의신탁의 경우에는 매수인(명의수탁자)이 신탁부동산의 소유자라는 데에 견해가 거의[11] 일치하고, 판례도[12] 같은 입장이다. 따라서 명의수탁자가 임의로 처분하면 전자의 경우에는 횡령죄가 될 여지가 있지만, 후자의 경우에는 자신의 재물을 처분하

---

9) 대판 2011. 4. 28., 2010도15350.
10) 반대견해로는 김신, 부동산이 횡령죄의 행위객체에 포함되는가?, 비교형사법연구 제22권 제1호 (2020), 350면 이하.
11) 2자간 명의신탁의 경우 불법원인급여로 보고 수탁자에게 소유가 인정된다는 소수의 견해가 있기는 하다(박상기, 부동산명의신탁과 횡령죄", 형사판례연구[6], 1998, 276면).
12) 판례는 부동산명의신탁의 경우, 신탁자가 그 소유자인가에 대하여 '대판 1970. 8. 31., 70도1434'에서는 부정하고, '대판 1970. 9. 29., 70도1668'에서는 긍정하다가 '대판 1971. 6. 22., 71도740 전합'을 통하여 긍정하는 방향으로 입장을 정리한 바 있다. 최근의 민사판례에서도 대법원은 2자간 명의신탁의 경우 불법원인급여로 인정할 수 없다는 점을 확인해준 바 있다(대판 2019. 6. 27., 2013다218156). 명의신탁이 오랜 기간 판례에 의하여 적법한 법률행위로 인정되어 왔고, 부동산실명법에서도 일부 특별한 경우(종중·배우자·종교재산 등의 경우)에는 명의신탁을 여전히 합법적인 것으로 인정하고 있는 사실, 부동산실명법 제6조가 신탁자에게 이행강제금을 부과하면서까지 물권을 자신의 명의로 등기하도록 강제하고 있는 점 등을 종합적으로 고려할 때, 명의신탁약정 자체를 민법 제103조의 '선량한 풍속 기타 사회질서에 위반한' 불법원인급여로 인정하여 수탁자의 소유권을 인정하는 것은 무리가 있다고 본다.

는 것이 되므로 횡령죄가 성립할 여지가 없다.

중간생략등기형명의신탁의 경우에는 신탁부동산의 소유자가 누구인가에 관하여 견해가 꽤 다양하다. 우선 판례는 과거에 위탁자가 법적 소유자는 아니지만 소유자의 지위를 취득할 수 있는 법적 가능성을 갖는다는 이유로 수탁자를 타인 (신탁자)의 재물을 보관하는 자로 인정함으로써, 적어도 수탁자와의 내부적 관계에서는 신탁자의 소유를 인정하였다.[13] 그러나 대법원은 최근에 입장을 바꿨다. 대법원은 명의신탁자가 매매계약의 당사자로서 매도인을 대위하여 신탁부동산을 이전받아 취득할 수 있는 권리 기타 법적 가능성을 가지고 있기는 하지만, 부동산실명법에 의하여 법적인 소유권은 엄연히 매도인에게 보유되어 있는 것이고, 그렇다고 명의수탁자가 명의신탁자에게 '직접' 신탁부동산의 소유권을 이전할 의무를 부담하는 것도 아니므로, 수탁자와의 내부적 관계에서도 신탁자의 소유를 인정할 수 없다고 한다.[14] 그리하여 이제는 중간생략등기형명의신탁의 경우, 대외적으로나 대내적으로나 매도인만이 신탁부동산의 소유자라는 것이 대법원의 입장이다.

학설을 보면, 형식적으로는 매도인의 소유를 인정한다고 하더라도 실질적으로는 수탁자와의 내적 관계에서 신탁자를 소유자로 인정하여야 한다는 견해와,[15] 부동산실명법에 의거하여 매도인이 소유자라는 견해가[16] 주류를 이룬다. 그 외에 수탁자와의 관계에서 볼 때, 매도인과 신탁자 그 누구도 소유자가 아니므로 횡령죄가 성립할 수 없다는 견해도 있고,[17] 부동산실명법 제4조 제3항, 즉 '제3자가 유효하게 신탁부동산의 소유권을 취득한다'는 것은 그 범위 내에서는 매도인으로부터 명의수탁자 앞으로의 소유권이전등기도 유효한 것으로 취급한다는 의미이

---

13) 대판 2001. 11. 27., 2000도3463.

14) 대판 2016. 5. 19., 2014도6992 전합.

15) 강지현, 앞의 논문, 108면; 김성돈, 형법각론 제2판(2009), 400면; 배종대, 형법각론 제11전정판(2020), [74]/28.

16) 박상기, 앞의 논문, 279면; 백재명, 부동산명의신탁과 횡령죄, 형사판례연구[7](1999), 279면; 원혜욱·김자영, 앞의 논문, 142면.

17) 박홍식, 수탁자의 수탁부동산 처분행위와 횡령죄, 판례연구(제주판례연구회) 제1집(1997), 318면: 소유권귀속을 실질적으로 보면 신탁자를 소유자로 보아야 하므로 매도인은 수탁자에 대한 관계에서 소유자가 아니고, 소유권귀속을 형식적으로 보면, 매도인을 소유자로 보아야 하므로 신탁자는 수탁자에 대한 관계에서 소유자가 아니라는 논리이다. 그리하여 수탁자는 단지 신탁자의 사무, 즉 신탁자를 위하여 등기명의를 계속 가지고 있다가 신탁자에게 넘겨주어야 할 사무를 처리하는 자라고 한다.

므로, 매도인이 소유권자일 수 없다는 견해도 있다.[18] 이 마지막 견해에 의하면 명의수탁자가 신탁부동산을 임의로 처분하는 경우, 매도인과의 관계에서는 더 이상 문제될 것이 없고 신탁자와 수탁자 간의 명의신탁의 문제로 귀결되는 것으로 보아서 신탁자에 대한 횡령죄의 성립가능성이 남게 된다.

매도인이 악의인 계약명의신탁의 경우에는 소유권이 여전히 매도인에게 있다는 견해가 우세한 가운데,[19] 민법에 대한 특별법의 지위에 있는 부동산 실명법상 명의수탁자와의 내부 관계에서는 '실권리자'인 명의신탁자를 소유자로 보아야 한다는 견해도[20] 있다. 매도인이 악의인 계약명의신탁의 경우에는 중간생략등기형 명의신탁의 경우에 비하여 신탁자의 소유를 인정하는 견해가 상대적으로 적은데, 그 이유는 아마도 계약명의신탁의 경우에는 신탁자가 매매계약의 당사자로도 등장하지 않는 점, 이 경우에는 중간생략 등기형명의신탁의 경우와는 달리 대법원이 처음부터 일관되게 신탁자의 소유를 부정하였다는 점 등에 있지 않나 싶다. 판례는 계약명의신탁의 경우 명의신탁자가 당해 부동산 자체를 매도인으로부터 이전받아 취득할 수 있는 권리 기타 법적 가능성조차 갖지 못한다는 이유로 신탁자를 소유자에서 완전히 배제시켜버리고 매도인을 소유자로 본다.[21]

2) 사 견

횡령죄의 관점에서 보면, 소위 3자간 부동산명의신탁의 경우 신탁부동산의 소유자가 매도인인지 명의신탁자인지는 중요하지 않고, 수탁자의 소유가 아니라는 사실만이 의미를 갖는다. 그런데 선의의 계약명의신탁의 경우를 제외하면, 타당하게도 학설이나 판례에서 명의수탁자를 소유자로 인정하는 견해는 없으므로, 신탁부동산이 수탁자의 입장에서 타인의 재물에 해당하는 것만은 분명하다.[22] 따라서 수탁자명의의 부동산이 일단 명의수탁자에게는 '타인의 소유'임이 분명하므로,

---

18) 이창섭, 악의의 계약명의신탁과 명의수탁자의 형사책임, 법학연구(부산대학교 법학연구소) 제54권 제4호(2013), 70면.
19) 박상기, 형법각론 제7판(2008), 382면; 서보학, 부동산명의신탁과 형법상 재산죄의 성부에 대한 검토, 경희법학(경희대 법학연구소) 제50권 제2호(2015), 110면; 이호중, 계약명의신탁과 횡령・배임죄, 고시계 2002(12), 82면.
20) 김성돈, 앞의 책, 402면; 손동권, 명의신탁부동산을 임의처분한 경우의 형사책임, 형사법연구 제15호(2001), 181면.
21) 대판 2016. 8. 24., 2014도6740; 대판 2012. 12. 13., 2010도10515.
22) 최병각, 부동산 명의신탁과 형사처벌, 형사법연구 제27권 제2호(2015), 66면.

명의수탁자가 횡령죄의 주체가 될 수 있는 첫 번째 요건은 충족된다.

민사법적으로는 피해자의 특정이 아주 중요하다. 불법행위로 인한 손해배상이나, 피해의 회복, 또는 손해보전 등을 결정할 때, 피해자를 반드시 확정해야 하기 때문이다. 하지만 형법에서는 범죄의 구체적 피해자를 특정 하는 일은 2차적인 문제이다. 개인의 사적인 법익보호 내지 개인의 구제가 형법의 1차적인 목적이 아니기 때문이다. 법익 일반의 보호라는 공적 질서의 보호가 형법의 '1차적인' 목적이다. 구체적으로 개개인의 법익이 보호되는 것은 공적인 법익질서를 보호함으로써 실현되는 반사적인 효과일 뿐이다. 예컨대 절도죄나 횡령죄처럼 전형적인 영득범죄들은 그 타인이 누구인지를 불문하고 타인의 소유권을 침해해서는 안 된다는 공적인 소유권질서의 확립 그 자체를 보호하려는 것이지, 특정 재물의 특정 소유자를 직접적으로 보호하려는 것이 아니다. 그래서 형법을 공법이라 한다. 형법을 통하여 구체적인 개인의 법익이 보호를 받는 것은 공적인 법익질서가 보호됨으로써 따라오는 반사적 효과일 뿐이다. 물론 형법의 '궁극적인' 목적이 무엇이냐고 묻는다면 개개인의 법익을 보호하는 것이라고 할 수 있다. 공적 질서의 확보 그 자체가 궁극적인 목적일 수는 없고, 그것은 어디까지나 개개인의 실존조건의 보호를 위한 수단이기 때문이다. 그러나 그렇다고 하여 '형법의 직접적인 목적 내지 규율 대상은 공적 질서이다'라는 명제가 부정되는 것은 아니다. 어쨌거나 개개인의 사익의 보호와 공적인 법익질서의 보호가 목적과 수단의 관계에 있다고 하더라도 공법인 형법이 공적 질서 그 자체를 직접적인 제1차적 목적 및 규율 대상으로 한다는 점에는 변함이 없다. 형법은 원칙적으로 피해자 개인의 피해 보전을 위한 구제수단을 갖지 않는 점을 보더라도 이는 분명한 사실이다.

재산죄에서 피해자를 구체적으로 특정 하는 것이 갖는 형법적인 의미를 굳이 찾는다면 그것은 친족상도례의 규정을 적용할 때이다.[23] 사실 구체적으로 누가 피해자인가의 문제는 행위자의 당벌성이나 가벌성에는 아무런 영향을 미치지 않기 때문에, 그것은 재산범죄의 '성립'과는 무관한 문제이다. 3자간 등기명의신탁의 경우, 위탁자를 피해자로 보건 매도인을 피해자로 보건 행위자의 입장에서 타인의 재물을 횡령하였다는 사실에는 아무런 차이가 없으므로, 누구를 피해자로

---

23) 김성돈, 앞의 책, 400면 각주 514); 손동권, 앞의 논문, 176면; 정성근·박광민, 형법각론 전정 2판(2015), 450면 각주 108.

보든 그것은 횡령죄의 성립과는 무관한 문제이다.[24] 그럼에도 피해자를 굳이 말한다면, 횡령죄의 본질이 소유권침해범죄라는 점에서 일단 소유자를 피해자로 볼수 있는데, 이 경우에도 형식적인 소유자(매도인)를 피해자로 볼 것인지, 실권리자(명의신탁자)를 피해자로 볼 것인지가 문제될 수 있고, 또한 절도죄에서 소유자와 점유자가 다른 경우에 양자를 모두 피해자로 보는 판례의 입장을 고려하면 소유자(매도인)와 실권리자(명의신탁자) 모두를 피해자로 볼 여지도 있다.

2. 보 관

(1) 개 념

횡령죄의 주체는 재물의 '보관자'인데, 여기서 보관이란 재물에 대하여 '사실상 또는 법률상 지배력이 있는 상태'를 의미한다.[25] 영업관계에 의하여 타인의 지시를 받아 물건을 사실상 지배하는 점유보조자의 점유,[26] 위임·고용관계로 타인의 물건을 간접점유하게 된 점유매개자의 점유 등은 재물에 대한 사실상의 지배에 해당하고, 창고증권·선하증권·화물상환증 등 물권적 유가증권의 소지를 통한 재물의 지배, 예금을 통한 금원의 지배, 부동산을 대외적으로 유효하게 처분할수 있는 권능의 소유[27] 등은 재물에 대한 법률상의 지배에 해당한다.

특히 부동산의 '보관'에 관하여 판례가 상세하게 설시하는 바에 따르면, 등기명의인은 원칙적으로 유효한 처분권능자, 즉 보관자가 되는데,[28] 다만 등기명의인이라 하더라도 등기가 원인무효이거나[29] 위탁자가 소유권을 취득할 수 없는

---

24) 3자간 등기명의신탁의 경우 누구에 대한 횡령죄인가를 두고 견해가 다양하다. 즉 ① 매도인에 대한 횡령죄설(박상기, 앞의 논문, 279면; 백재명, 앞의 논문, 377면), ② 명의신탁자에 대한 횡령죄설(장영민, 명의신탁된 부동산영득행위의 죄책, 고시계(1997.12), 38면; 강지현, 앞의 논문, 109면; 이상철, "명의신탁부동산의 처분행위와 횡령죄 - 3자간명의신탁에 관한 대법원 2010. 6. 24. 선고 2009도9242 판결을 중심으로 -", 일감법학 제24호, 건대 법학연구소 2013, 89면; 이창섭, 앞의 논문, 70면.), ④ 매도인, 신탁자 모두에 대한 횡령죄설(손동권, 앞의 논문, 176면. 그러나 악의의 계약명의신탁의 경우에는 배임죄설을 취함) 등이 대립한다.
25) 대판 1987. 10. 13., 87도1778.
26) 대판 1986. 8. 19., 86도1093.
27) 부동산의 보관을 이렇게 파악하는 것은 형법상의 '보관'의 개념과 일치하지 않고, 민사적 관점에서 판단한 개념일 뿐이라는 비판을 받기도 한다(김신, 앞의 논문, 351면, 354면).
28) 대판 1996. 1. 23., 95도784.
29) 대판 1989. 2. 28., 88도1368.

경우,[30] 또는 부동산을 공동으로 상속받아 혼자 점유하고 있는 경우에는[31] 등기 명의인이라 하더라도 보관자가 될 수 없다. 이는 누가 재물의 '보관자'인지는 민법·상법 기타의 민사실체법에 의하여 결정되어야 한다는 대법원의 기본적인 입장에[32] 따른 것이다.

(2) 부동산 명의신탁의 경우

부동산실명법에 의하면 명의수탁자가 신탁부동산을 제3자에게 처분하는 경우에 그 처분을 유효한 것으로 인정하고 있으므로, 명의수탁자가 신탁부동산에 대한 처분권능자로서 보관자의 지위에 있다고 보는 것이 타당하다.

물론 부동산실명법 제4조 제1항 및 제2항이 명의신탁약정 및 그로 인한 물권변동을 무효로 하고 있으므로 명의수탁자에게 신탁부동산의 처분권을 인정할 수 없다거나,[33] 부동산실명법 제4조 제3항은 신탁부동산에 대한 신탁자의 보호를 박탈하고자 하는 것이지 명의수탁자에게 유효하게 처분할 수 있는 지위를 부여한 것이 아니라거나,[34] 명의신탁약정 및 그로 인한 물권변동의 무효를 내세워 제3자에게 '대항하지 못할 뿐이지 명의수탁자에게 그 부동산을 제3자에게 유효하게 처분할 수 있는 권능이 부여된 것은 아니라면서,[35] 명의수탁자를 보관자로 볼 수 없다는 견해가 있다.

그러나 제4조 제3항은 명의신탁자와 명의수탁자 간의 내부적인 법적인 관계와는 별개로, 적어도 수탁자와 제3자간의 대외적 관계에서는 수탁자의 처분행위를 유효한 것으로 인정한 것이라고 해석하는 것이 타당할 것이다. 대법원도 2자간 등기명의신탁에서 명의수탁자를 부동산을 제3자에게 유효하게 처분할 수 있는 보관자로 본다.[36] 이는 부동산에 대한 보관자의 개념을 부동산을 대외적으로 유효하게 처분할 수 있는 지위에 있는 자로 이해하는 대법원의 기본입장에 부합한

---

30) 대판 1982. 2. 9., 81도2936.
31) 대판 2000. 4. 11., 2000도565.
32) 대판 2011. 4. 28., 2010도15350.
33) 박홍식, 앞의 논문, 318면; 정도영, 부동산실명법에 위반한 명의신탁과 횡령죄, 재판실무연구 (광주지방법원, 1998), 358면.
34) 천진호, 명의신탁부동산 처분행위와 형사책임, 비교형사법연구 제4권 제1호(2002), 484면.
35) 문영식, 앞의 논문, 312, 313면.
36) 대판 2000. 2. 22., 99도5227.

다. 또한 부동산실명법 제4조 제3항이 '제3자에게 대항하지 못한다.'고 규정함으로써 제3자는 선의·악의를 불문하고 유효하게 신탁부동산의 소유권을 취득할 수 있도록 하였으므로 대법원의 입장은 부동산실명법과도 부합한다. 결국 이 조항에 의하여 수탁자명의의 등기는 적어도 제3자에 대한 외부적 관계에서는 유효한 것으로 의제되는 셈이다.[37]

3. 위탁신임관계

(1) 위탁신임관계의 내용과 발생근거 및 성질

1) 위탁신임관계의 내용

횡령죄의 주체는 '타인의 재물을 보관하는 자'이다. 보관은 위탁관계에 의한 보관이어야 한다. 위탁관계가 구성요건에 명시되어 있는 표지는 아니지만, 해석론을 통하여 당연히 요구되는 것으로 이해하는 데에 이론이 없다. 이는 마치 독일 형법이 위탁물횡령죄를 '자기에게 위탁 중인 타인의 동산을 위법하게 영득한 자'로 규정함으로써 우리와는 달리 '위탁관계'는 명시한 반면에 '보관'을 명시하지 않았지만, 그럼에도 불구하고 독일학자들이 보관을 당연히 요구되는 구성요건표지로 해석하는[38] 것과 같은 맥락이다. (위탁물)횡령죄의 본질이 '위탁에 의하여 보관'하는 타인의 재물을 위법하게 영득하는 것이므로, '위탁관계'나 '보관' 중 어느 하나가 구성요건표지에서 누락되어 있더라도 그것을 보충하여 해석하여야 한다고 보는 것이다.

위탁신임은 재물의 보관자가 그 재물을 위탁의 의미 내에서만 취급할 것이라는 신뢰, 즉 특정된 목적을 위해서만 사용·보관할 것이라는 신뢰 또는 그 재물을 소유자에게 반환할 것이라는 신뢰를 말한다.[39] 간단히 말하면 보관자가 재물을 위탁자의 뜻에 따라서만 지배할 것이라는 기대, 즉 보관은 하지만 임의로 처분을 하지는 않으리라는 기대이다. 위탁은 이러한 신뢰를 기초로 하여 이루어진다. 횡령죄가 점유이탈물횡령죄에 비하여 더 높은 불법을 갖는 이유도 위탁자의

---

37) 송오식, 계약명의신탁에서 명의수탁자의 처분행위와 불법행위 성립 여부 – 대법원 2013. 9. 12. 선고 2010다95185 판결 –, 법학논총(전남대학교 법학연구소) 제34권 제1호(2014), 308면.
38) MK/Hohmann, §246 Rn. 51; Sch/Sch/Eser, §246 Rn. 29.
39) Samson, Grundprobleme, JA 1990, S. 10.

그러한 신뢰를 수탁자가 저버렸다는 데에 있다. 위탁자의 신뢰에 상응하는 수탁자의 의무는 수탁자에게 명시적으로 부과될 수도 있고 묵시적으로 부과될 수도 있다. 그리고 신뢰와 의무의 상응관계에 의하여 수탁자가 부담하는 의무의 내용도 당연히 신뢰에 상응하는 재물의 지배·관리 내지 점유의 반환이다. 그러나 수탁자가 재물의 소유권 자체를 넘겨받는 것은 아니므로 소유권의 반환이 − 재물에 대한 지배의 반환과는 구별된다 − 의무의 내용일 수는 없다. 수탁자가 의무를 소유자로부터 인수했는지 아니면 제3자로부터 인수했는지는 문제되지 않는다. 예컨대 재임차인이 임차인으로부터 의무를 인수하는 것도 얼마든지 가능하다.

위탁신임관계가 횡령죄에서 중요한 것은 그 자체의 정당성이나 보호가치성 내지 보호필요성 때문이 아니라, 그것이 보관자로 하여금 해당 재물을 보관·지배할 수 있도록 허용한 근거라는 점과 그러한 허용에 상응하여 그 재물을 다루어야 할 의무를 보관자에게 부담시키는 근거라는 점에 있다. 보관자의 의무나 허용되는 재물지배의 내용적인 윤곽, 또는 재물지배의 자유의 제한 등은 위탁신임관계의 존재로부터 나온다. 위탁신임관계에 근거하는 의무를 위반한다는 점 때문에 횡령죄는 점유이탈물횡령죄에 비하여 더 중한 당벌성을 갖는다.

2) 위탁신임관계의 발생근거 및 성질

위탁신임관계는 사용대차·임대차·위임·임치 등의 계약에 의하여 발생하는 경우가 대부분이지만, 법정대리·후견·사무관리·주식회사의 대표이사와 같이 법률의 규정에 의하여 발생할 수도 있고, 관습이나 조리 또는 신의칙에[40] 의하여 발생할 수도 있다. 이들은 모두 법적으로 유효한 위탁신임관계라 할 수 있다.

하지만 위탁신임관계는 법적으로 유효한 위탁관계로 제한되지 않고, 사실상의 위탁관계로 족하다.[41] 따라서 위탁자에게 유효하게 위탁할 권한이 있는지, 수탁자에게 재물을 수탁할 법률상 권리가 있는지는 묻지 않는다.[42] 따라서 무권한자

---

40) 대판 2018. 7. 19., 2017도17494 전합; 대판 1996. 5. 14., 96도410.
41) 대판 2016. 5. 19., 2014도6992 전합; 대판 2010. 6. 24., 2009도9242 판결; 대판 2005. 6. 24., 2005도2413.
42) 대판 2005. 6. 24., 2005도2413 참조. 여기에서 대법원은 "횡령죄에서 '재물의 보관'이라 함은 재물에 대한 사실상 또는 법률상 지배력이 있는 상태를 의미하며, 그 보관은 소유자 등과의 위탁관계에 기인하여 이루어져야 하지만, 그 위탁관계는 사실상의 관계이면 족하고 위탁자에게 유효한 처분을 할 권한이 있는지 또는 수탁자가 법률상 그 재물을 수탁할 권리가 있는지

가 위탁함으로써 위탁관계가 법률상 무효 또는 취소된 때에도 이미 인도된 재물의 점유에 대하여 사실상의 위탁신임관계가 인정될 수 있다. 이처럼 '사실상의' 위탁신임관계를 수용하는 배경에는 당벌적인 사례들을 처벌하는 것이 단지 민사법적인 어려움으로 인하여 – 즉, 민사법적인 무효를 이유로 – 좌절되어서는 안 된다는 사고가 깔려있다.[43] 따라서 위탁관계의 발생 원인인 법률행위가 반드시 민사법적으로 유효·적법하지 않더라도, 그것에 기초하는 사실상의 위탁신임관계가 인정되는 것으로 족하다.

(2) 위탁자와 소유자의 관계

재물의 소유자와 위탁자가 반드시 동일인일 필요는 없으므로, 소유자가 아닌 제3자에 의해서도 위탁이 이루어질 수 있다.[44] 보관자가 그 재물을 일정한 범위 내에서 지배할 의무는 위탁자에게 부담하는 것이므로, 보관자는 소유자가 위탁한 경우에는 소유자에 대하여, 제3자가 위탁한 경우에는 제3자에 대하여 의무를 부담한다. 예컨대 재임차인은 임차인에 대하여 의무를 부담한다.[45] 즉 재임차인이 임차물을 임의로 처분하면 임차인의 신뢰를 배신하는 것이다.

소유자와 위탁자가 다른 경우 양자의 관계가 문제될 수 있는데, 제3자가 위탁하는 경우에는 소유자의 의사에 반하지 않아야 한다는 견해가 있다.[46] 독일의 지배설은 제3자가 위탁하는 경우에는 소유자의 동의 내지 승인이 필요하다는 입장이다. 이에 따르면 절도범이 도품을 지인에게 보관시키는 경우처럼, 제3자가 위탁을 통하여 소유자의 이익에 반하는 목적을 추구하는 때에는 위탁관계를 부정한다.[47] 반면에 독일의 소수설은 소유자에게 이익이 되는가의 여부는 수탁자와 위탁자 간의 인적 관계인 위탁관계에 대하여 중요하지 않기 때문에, 절도범이 도품을 지인에게 보관시키는 경우처럼 소유자의 의사에 반하는 경우에도 위탁을

여부를 불문하는 것"이라고 판시한다.

43) Maurach/Schroeder/Maiwald, §45Ⅱ, Rn. 26. 여기에서는 배임죄에서 사실상의 신임관계를 인정하게 된 배경으로 언급하고 있으나, 이러한 배경은 횡령죄에서 사실상의 신임관계를 인정하게 된 배경으로도 볼 수 있다.

44) 강지현, 앞의 논문, 108면; 정성근·박광민, 앞의 책, 431면; 대판 1985. 9. 10., 84도2644; Samson, Grundprobleme, JA 1990, S. 10.

45) NK/Kindhäuser, §246 Rn. 40.

46) 김성돈, 앞의 책, 381면; 정성근·박광민, 앞의 책, 431면.

47) MK/Hohmann, §246 Rn. 53 참조.

부정할 이유가 없다고 한다.[48] 한편 독일의 판례는 한 때 절도범이 도품을 지인에게 보관시키는 경우처럼, 제3자가 위탁을 통하여 소유자의 이익에 반하는 목적을 추구하는 때에는 위탁관계를 부정하기도 하였으나,[49] 절도범이 위탁한 도품을 장물범이 임의로 처분하는 경우에 횡령죄를 인정하는 방향으로 입장을 변경하였다.[50] 후자의 판례는 절도범이 위탁한 재물을 장물범이 임의로 처분·영득하면 횡령죄에 해당한다고 보면서, 훔친 물건에 대한 절도가 가능하듯이 훔친 물건에 대해서도 횡령이 가능하다고 한다. 훔친 물건을 또다시 절취를 하면, 두 번째의 절도가 그 물건을 적법한 점유자와 소유자로부터 멀어지게 함으로써 법질서에 위반하는 상태를 강화하듯이, 훔친 물건을 보관하는 장물범이 그 물건을 임의로 처분하면 그 물건을 적법한 점유자와 소유자로부터 멀어지게 함으로써 법질서에 위반하는 상태를 강화시킨다는 것이다.

　생각건대 횡령죄의 본질은 행위자가 타인의 재물을 위탁에 의하여 지배·보관하고 있는 상황에서 위탁자의 신뢰를 저버리고 보관물을 영득하는 데에 있다. 여기서 위탁신임관계는 횡령죄의 주체를 한정하는 요소인 동시에 횡령죄의 객체를 한정하는 의미도 갖는다. 따라서 위탁에 의하지 않고 우연히 타인의 재물을 지배·보관하게 된 자는 횡령죄의 주체가 될 수 없고, 타면 그러한 재물은 횡령죄의 객체도 될 수 없다. 그러한 재물을 영득하면 점유이탈물횡령죄가 될 뿐이다. 이처럼 위탁신임관계가 횡령죄에서 갖는 의미가 횡령죄의 주체 및 객체를 절도죄나 점유이탈물횡령죄와 차별화하는 데에 있다는 점, 그리고 위탁자에게 위탁할 권한이 있는가의 여부나 수탁자가 그 재물을 수탁할 법률상 권리가 있는가의 여부는 문제가 되지 않는다는 점 등을 종합적으로 고려하면, 제3자가 위탁하는 경우에 소유자의 동의를 요구할 이유가 없고, 위탁이 소유자의 이익에 반한다는 사실이 위탁자와 수탁자 간의 인적관계에 해당하는 위탁신임관계를 부정할 이유가 될 수 없다고 본다. 위탁신임관계는 소유자와 위탁자 간의 문제가 아니라 위탁자와 수탁자 간의 인적관계에 관한 문제라는 사실에 주목할 필요가 있다.

　타면 고의의 측면에서 보더라도 보관자는 위탁자가 위탁할 권한을 가진 자인

---

48) MK/Hohmann, §246 Rn. 53.
49) RGSt 40, 223.
50) RGSt 70, 7-10.

지, 위탁이 소유자의 이익에 반하는 것인지 등을 인식할 필요가 없다. 제3자가 위탁하는 경우 수탁자는 심지어 그 재물의 소유자가 구체적으로 누구인지초차도 알 필요가 없다. 자기가 보관하게 된 재물이 타인의 소유이고, 위탁자의 위탁에 의하여 보관하는 것이라는 점만 인식하면 횡령죄의 객체 및 주체에 대한 고의를 인정하는 데에 부족함이 없다. 이는 우리 대법원도 최근 전원합의체 판결에서 확인해 준 바 있다.[51] 따라서 객관적 구성요건표지로서 의미를 갖는 요소는 모두 고의의 인식대상이고, 돌려 말하면 고의의 인식대상이 아닌 것은 객관적 구성요건표지에 속하지 않는다는, 고의의 기본적인 법리에 의하더라도 위탁자가 소유자로부터 위탁권한을 부여받았는지의 여부, 위탁에 대한 소유자의 동의 여부, 위탁이 소유자의 이익에 반하는가의 여부 등은 객관적 구성요건인 횡령죄의 주체와는 무관한 요소라고 할 것이다.

(3) 부동산명의신탁의 경우 위탁신임관계

부동산명의신탁의 경우 부동산실명법이 위탁신임관계의 발생근거인 명의신탁약정을 금지할 뿐만 아니라 무효로 하면서 형사처벌의 대상으로 하고 있으므로, 그 위탁신임관계가 법률이나 법률행위로 인하여 성립하는 '법적인' 위탁신임관계일 수는 없다.[52] 그리고 판례가 적절히 설시하듯이 부동산실명법의 입법취지나 규율내용 및 태도 등에 비추어 볼 때, 명의신탁약정에 기초한 위탁관계는 불법적인 관계에 지나지 않기 때문에, 그것을 사무관리 · 관습 · 조리 · 신의칙에 기초한 '법적인' 위탁신임관계로 인정할 수도 없다. 따라서 판례도 그러하듯이 부동산명의신탁의 경우 주장될 수 있는 것은 '사실상의' 위탁신임관계이고,[53] 이 점에 대해서는 학설상으로도 별다른 이견이 없다. 판례 및 학설의 이러한 입장은 타당하다.

따라서 부동산실명법의 시행 전후를 비교해볼 때, 명의신탁약정으로 인한 위탁신임관계가 결과적으로 횡령죄의 성립요건으로 인정될 수 있다는 점에서는 차

---

51) 대판 2018. 7. 19., 2017도17494 전합("판결횡령죄가 성립하기 위해서는 횡령의 객체가 된 재물이 '타인의 소유'여야 하고 행위자는 그러한 사실을 인식하는 것으로 충분하고, 나아가 그 소유자가 누구인지까지 인식하여야 하는 것은 아니므로, 행위자가 영득한 재물의 소유자를 누구로 인식했는지에 따라 횡령죄의 성립 여부가 달라질 수 없다.").

52) 강지현, 앞의 논문, 104면.

53) 대판 2016. 5. 19., 2014도6992.

이가 없다. 부동산실명법의 시행 이전에는 명의신탁약정을 유효한 법률행위로 인정함으로써 '법적인' 위탁신임관계가 인정되었다면, 부동산실명법에 의하여 명의신탁약정이 불법·무효로 취급되는 현재는 '사실상'의 위탁신임관계가 인정된다는 차이가 있을 뿐이다.

중간생략등기형명의신탁이나 악의의 계약명의신탁의 경우, 매도인과 수탁자 사이에 어떠한 위탁관계도 인정될 수 없고, 신탁자가 매도인을 '대리하여' 위탁행위를 한 것도 아니기 때문에 매도인에 대한 횡령죄가 성립하지 않는다는 견해가 있다.[54] 하지만 위탁자가 목적물을 위탁할 법률상의 권한이 있는가는 문제되지 않을 뿐만 아니라, 위탁신임관계는 법적으로 유효한 관계 또는 사실상의 관계로서 족하고, 또한 소유자가 아닌 제3자가 위탁하는 경우 반드시 소유자를 대리하여 위탁하여야 하는 것도 아니기 때문에, 위탁자와 수탁자 사이에 사실상의 위탁신임관계의 존재 자체는 인정하는 것이 타당하다고 본다. 간단히 말하여 부동산명의신탁의 경우에도 명의신탁자와 명의수탁자 사이에는 명의수탁자가 신탁부동산을 신탁의 의미 내에서만 지배·보관하고 임의로 처분하지 않을 것이라는 신뢰가 전제가 되어 있으므로, 최소한 신탁부동산에 대한 사실상의 위탁신임관계를 부정할 길은 없다.

형식적 소유자인 매도인과의 관계에서는 위탁신임관계를 인정하기 어렵고, 또한 신탁자는 소유자가 아니므로 신탁자에 대한 횡령죄가 성립할 수 없다는 견해도 있다.[55] 하지만 이 견해는 위탁신임관계가 반드시 소유자와 보관자 사이에 있어야 한다고 전제하고 있다는 점에서 타당하다고 보기 어렵다.

대법원은, 중간생략등기형명의신탁에서 명의수탁자의 임의처분에 대하여 횡령죄의 성립을 부정하면서, 명의신탁자는 매도인에 대하여 소유권을 가지지 아니하고, 명의수탁자 역시 명의신탁자에 대하여 직접 신탁부동산의 소유권을 이전할 의무를 부담하지 아니하므로, 신탁부동산의 소유자도 아닌 명의신탁자에 대한 관계에서 명의수탁자가 '타인의 재물을 보관하는 자'의 지위에 있다고 볼 수 없다고 한다. 대법원이 이렇게 판단한 것은 명의신탁자와 명의수탁자 사이의 사실상의 위탁관계는 인정하면서도 – 형법상 보호할 가치가 있는 위탁관계로 인정하지

---

54) 천진호, 앞의 논문, 488면.
55) 서보학, 앞의 논문, 105, 106면.

는 않지만 − 그 위탁관계가 명의수탁자와 소유자인 매도인과의 사이에서 성립된 것이 아니라는 점을 이유로 삼은 것으로 보이는데, 이는 대법원이 다른 판례에서[56] 소유자와 위탁자가 동일인이 아닌 경우에도 위탁관계를 인정한 것과는 입장 차이를 보인다. 다만 그 다른 판례에서는 제3자의 위탁행위가 정당한 권한에 의하여 이루어진 것이기 때문에 '위탁관계'를 인정하였다면, 중간생략등기형명의신탁의 경우에는 명의신탁자가 매도인의 재물을 위탁할 정당한 지위에 있지 아니하다는 이유로 '위탁관계'를 부정한 것이라고 이해할 여지가 있다. 실제로 그러한 차이를 근거로 삼아 서로 달리 판단한 것이라면 일단 두 판례가 서로 모순되지는 않는다. 그런데 실제로 그러한 차이를 염두에 두었는지는 명확하게 설시되어 있지 않다. 만약 그러한 차이를 염두에 두고 중간생략등기형명의신탁의 경우에 위탁관계를 부정한 것이라면, 그것은 위탁할 정당한 권한이 위탁자에게 있는가의 문제는 소유자와 위탁자 간의 인적관계의 문제일 뿐이고, 그것과 위탁자와 수탁자 간의 인적 관계의 문제인 위탁신임관계의 문제는 별개라고 보는 필자의 견해와 차이를 보이는 부분이다. 즉 필자의 견해에 의하면 중간생략등기형명의신탁의 경우에 명의신탁자가 매도인의 재물을 위탁할 정당한 지위에 있지 아니하다고 할지라도 위탁신임관계를 인정하는 데에는 문제가 없다.

4. 형법상 보호할 가치가 있는 위탁신임관계이어야 하는지 여부

(1) 학설 및 판례

횡령죄의 위탁신임관계는 형법적으로 보호할 가치가 있는 것이어야 하는가의 문제는 가장 뜨거운 논쟁거리이다. 종전과는 달리 대법원이 중간생략등기형명의신탁의 경우 명의수탁자의 임의처분행위에 대하여 횡령죄를 부정하면서 거론한 여러 논거 중에서도 가장 명확한 논거로 삼는 것도 명의신탁약정으로 성립하는 위탁신임관계는 형법적으로 보호할 가치가 없다는 점이다. 이 법리를 견지한다면, 향후 2자간 등기명의신탁의 경우에도 횡령죄를 부정하는 방향으로 판례를 변경해야 할 것으로 본다.

형법상 보호할 가치의 문제는 독일에서도 논란이 심하다. 독일의 논의상황을

---

56) 대판 1985. 9. 10., 84도2644.

간단히 살펴보면 이러하다. 독일의 판례와 지배설은 신뢰관계란 법률행위나 법률의 규정을 토대로 발생할 수도 있고 순수 사실적인 관계에서 그 근거를 가질 수도 있기 때문에, 신뢰관계의 근거가 되는 계약상의 합의가 유효한지 아니면 예컨대 '반윤리성으로 인하여 무효'인지는 중요하지 않다고 본다.[57] 그러므로 위조화폐를 사달라는 부탁을 받고 행위자가 보관하게 된 위탁자의 돈에 대해서도 위탁에 의한 보관으로 인정한다.[58] 이처럼 반윤리적인 거래에서도 위탁관계 및 신뢰관계가 인정되는 것은 위탁물횡령죄의 법적 근거가 피해자를 보호할만한 가치가 있다는 데에 있는 것이 아니라 행위자의 당벌성이기 때문이라고 한다.[59] 다만 재물의 위탁이 반윤리적이거나 위법하면서, 동시에 그 위탁이 소유자의 이익에 반하는 때에는 − 예컨대 절도범이 도품을 지인에게 보관시키는 경우처럼 − 위탁관계를 부정한다.[60]

반면에 법질서에 반하는 신뢰관계는 보호할 가치가 없다는 이유로 반윤리적이거나 위법한 위탁관계의 경우에는 횡령죄의 성립을 부정하는 소수의 견해가 있다. 이 견해는 위탁관계가 반윤리적이거나 위법한 경우거나, 제3자를 통한 재물의 위탁이 소유자의 이익에 반하는 경우, 또는 보관자가 위탁자에게 기망당하여 보관하게 된 경우 등에서는 모두 보호할 만한 가치가 없다는 이유로 위탁관계를 부정한다.[61] 이 견해는 위탁관계를 가장 좁게 인정하는 입장이라 할 수 있다.

또 다른 소수설은 가장 넓게 위탁관계를 인정하는 입장인데, 이에 따르면 위탁관계가 반윤리적이거나 위법하면서 동시에 그 위탁이 소유자의 이익에 반하는 때에도 위탁관계를 인정한다. 위탁관계는 위탁자와 보관자의 인적 관계의 문제이므로 소유자에게 이익이 되는가는 중요하지 않다는 것이다. 다만 보관자가 위탁자에게 기망당하여 보관하게 된 때에는 위탁관계를 부정한다.[62] 예컨대 절도범이 도품이라는 사실을 숨기고 지인에게 보관시킨 경우가 이에 해당한다.

독일에서는 위탁관계의 인정범위에 대하여 이처럼 견해가 대립하고 있지만,

---

57) LK/Ruß § 246 Rn. 26; MK/Hohmann, § 246 Rn. 52.
58) BGH v. 27. 3. 1953 - 2 StR 146/52, NJW 1954, S. 889.
59) Maurach/Schroeder/Maiwald, BT1(7. Aufl.), § 34 Ⅲ. Rn. 41; MK/Hohmann, § 246, Rn. 52.
60) LK/Ruß, § 246 Rn. 26; Wessels, BT-2, § 5 Ⅱ 1; RGSt 40, 222.
61) Sch/Sch/Eser, § 246 Rn. 30; SK/Samson, § 246 Rn. 49; RGSt 70, 7.
62) MK/Hohmann, § 246, Rn. 53.

일반적으로 말하여 횡령죄의 위탁관계가 배임죄에서 요구하는 '재산관리의무를 내용으로 하는 특별한 신뢰관계'만큼 강할 필요는 없다고 보는 점에서는 학설 및 판례가 일치한다.[63] 즉, 독일의 판례와 지배설에 따르면, 횡령죄와는 달리 반윤리적 또는 반법률적인 "신뢰관계"는 가벌적인 배임죄를 성립시키지 못한다. 예컨대 마취제의 구매를 위탁받은 경우나 절도범이 도품을 몰래 팔아 달라고 지인에게 위탁한 경우 등이 그에 해당한다. 이들의 경우 배임죄의 '특별한 신뢰관계'를 인정한다면 마취제를 구입하지 아니했다는 점이나 도품을 팔아주지 않았다는 점을 임무위반으로 보아야 할 텐데 이는 명백히 타당하지 않다는 것이다.[64]

독일과는 달리 우리나라의 판례와 다수설은[65] 횡령죄의 위탁신임관계가 형법적으로 보호할 만한 가치가 있어야 한다고 본다. 대법원은 횡령죄의 위탁신임관계는 '사실상의' 위탁신임관계로 족하지만, 다만 그것이 형법적으로 보호할 만한 가치가 있는 것이어야 한다고 한다. 그리하여 부동산실명법에 반하는 불법적인 관계에 지나지 않는 위탁신임관계는 법적으로 보호할 만한 가치가 없기 때문에 횡령죄의 위탁신임관계로 인정할 수 없다고 한다. 다수설도 기본적으로는 대법원의 입장과 다르지 않다. 즉, "형법이 보호하여야 할 신뢰관계란 기본적으로 형법이 보호할 만한 가치가 있는 신뢰관계이어야 한다"[66]거나 "계약명의신탁의 경우 매도인이 악의인 경우는 물론 선의인 경우에도 신탁자와 수탁자 모두 부동산실명법상 범죄행위자이고 이들 사이의 위탁관계나 신임관계는 형법에 의하여 처벌되어야 할 대상이지 형법이 보호할 가치나 필요가 있는 '대상'은 아니기 때문에 수탁자의 임의처분이 횡령죄나 배임죄를 성립시키지 못한다"[67]라고 주장한다.

판례와 다수설은, '보호하여야 할 신뢰관계'나 '보호할 대상'이라는 표현에서

---

63) MK/Hohmann, Rn. 50; NK/kindhäuser, Rn. 40; BGHSt 9, 90(91 f.); Samson, Grundprobleme, JA 1990, S. 10.

64) Maurach/Schroeder/Maiwald, §45 Ⅱ Rn. 27; SK/Samson, §266 Rn. 32.

65) 강동범, 등기명의신탁에서 신탁부동산의 임의처분과 횡령죄의 성부 - 대법원 2016. 5. 19. 선고 2014도6992 전원합의체 판결 -, 법조 통권 제78호(2016/8), 614면; 계약명의신탁과 수탁자의 형사책임, 법학논집(이대 법학연구소) 제18권 제4호(2014), 155면; 원혜욱·김자영, 앞의 논문, 137면; 조기영, 재산범죄와 보호할 가치 있는 신뢰관계, 형사법연구 제26권 제1호(2014), 115면; 조현욱·김영철, 판례에 나타난 부동산 명의수탁자의 처분행위에 대한 형사책임 법리, 홍익법학(홍익대 법학연구소) 제15권 제3호(2014), 303면; 천진호, 앞의 논문, 487면.

66) 원혜욱·김자영, 앞의 논문, 137면.

67) 강동범, 앞의 논문(이대 법학논집), 155면.

암시되듯이, 횡령죄의 위탁신임관계를 횡령죄의 보호대상 내지 보호법익으로 인식하는 것으로 보인다. '보호가치 있는 신뢰'라는 표현처럼, 보호가치를 운운하는 것은 이미 신뢰를 보호의 대상으로 전제하는 것이라고 할 수 있다. 보호대상이 아니라면 '보호할 가치'를 논할 이유가 없기 때문이다. 이처럼 보호할 가치를 요구하는 견해는 아마도 횡령죄는 '신임관계에 의하여 위탁된 재물의 소유권을 보호하는 것'이라고 이해한 나머지 무의식적으로 '신임관계', '위탁', '소유권' 모두를 보호의 대상으로 이해한 것이 아닌가 싶다.

보호할 가치를 요구하는 견해 중에는 색다른 논거가 발견되기도 한다. 이른바 '보호할 가치가 있는 신뢰관계의 이론'이다. 이 이론은 일정한 신뢰관계를 구성요건요소로 규정하고 있거나(횡령죄, 배임죄) 또는 범죄학적 특성상 범행수행과정에 신뢰관계의 존재가 필요한 재산범죄에서(사기죄, 장물죄) 피해자가 자신의 행위로 인하여 재산상 손해를 입을 수 있고 자신의 재물 또는 재산상 이익의 보호가치가 없는 것임을 알았다면 당해 구성요건에 의한 보호는 부정되어야 한다는 이론이다.[68] 즉 신뢰관계를 전제로 하는 재산범죄에서 피해자의 자기책임적인 행위(예컨대 부동산명의신탁)가 '보호할 가치 있는 신뢰관계'에 해당하지 않는 때에는 당해 범죄(예컨대 횡령죄)의 구성요건을 제한하는 방향으로 해석할 수 있는 것이라고 한다.[69] 그리고 보호할 가치가 있는 신뢰관계인지 여부는 형법을 포함한 전체 규범을 기준으로 판단하여야 한다고 한다. 그리고 구체적으로는 첫째, 행위자가 자기 자신의 이익에 반할 수 있으며 자신의 행위가 보호가치가 없는 것임을 인식하였고, 둘째, 자신에게 발생할 수 있는 손해로부터 스스로를 보호할 수 있는 가능성이 있었을 때에는 신뢰관계에 대한 형법적 보호가치성은 부정된다고 한다. 그리고 이 이론에 의할 때, 부동산명의신탁의 위탁신임관계는 보호할 가치가 부정된다고 한다.[70] 하지만 이 이론은 - 이 이론의 기본 입장은 피해자의 자기책임적인 행위가 피해의 원인이 되었고, 또한 피해자의 자기 보호가능성이 있는 경우에는 행위자의 가벌성을 부정하는 쪽으로 구성요건을 제한적으로 해석할 수 있다는 것이다 - 왜 신뢰관계를 전제로 하는 재산범죄에 한해서만 이 이론이

---

68) 조기영, 앞의 논문, 101면.
69) 조기영, 앞의 논문, 106, 107면.
70) 조기영, 앞의 논문, 108, 109, 115면.

적용될 수 있고, 또 적용되어야 하는지를 먼저 논증해야 할 과제를 안고 있다고 본다.

한편 위탁신임관계가 기본적으로는 법적으로 보호할 만한 가치가 있어야 한다고 보면서도, 다만 위탁신임관계를 발생시키는 법률행위가 민법 103조(반사회질서의 법률행위) 및 제746조(불법원인급여)에 따라 불법원인급여로 평가될 수 있을 정도에 이르러야 보호할 만한 가치가 부정되고, 거기에 미치지 못하고 단지 강행법규에 위반하는 행위라는 사실만으로는 보호할 만한 가치가 곧바로 부정되지 않는다는 견해도 있다.[71]

(2) 사 견

횡령죄에서 위탁신임관계의 배신은 타인의 재물을 불법하게 영득하는 양태 내지 방식에 해당하는 요소이다. 순순한 재물영득죄인 절도죄, 점유이탈물횡령죄, 횡령죄는 모두 타인의 재물을 불법하게 영득한다는 점에서 기본적으로 죄질을 같이한다. 하지만 영득하는 양태와 방식은 각각 다르다. 그리고 이러한 차이로 인하여 그 불법성도 달리 평가된다. 절도는 점유침탈의 방식으로, 점유이탈물횡령죄는 점유침탈도 없고 위탁신임관계의 배신도 없이, 그리고 횡령죄는 점유침탈은 없으나 위탁신임관계의 배신을 통하여 영득한다. 따라서 위탁신임관계의 배신이 횡령죄의 구성요건에서 갖는 의미와 기능은 타인의 재물을 영득하는 양태 내지 방식을 절도죄나 점유이탈물횡령죄의 영득양태 내지 방식과 차별화함과 동시에 그 불법을 차등화하는 데에 있다.

특히 위탁신임관계는 점유이탈물횡령죄와의 차별화를 위하여 특별한 의미를 갖는다. 횡령죄는 위탁자가 수탁자를 신임하여 재물의 보관을 위탁하였는데, 그 신임을 저버리고 영득하였다는 점에서 점유이탈물횡령죄보다 그 불법이 더 무겁다고 평가되어 더 중하게 처벌된다. 따라서 횡령죄의 위탁관계 내지 그 기초가 되는 신뢰는 횡령죄를 통하여 형법적으로 보호하려는 별도의 이익 내지 대상이 아니라, 점유이탈물횡령죄에 비하여 더 중한 침해양태를 설정하는 요소이다.

위탁신임관계의 배신은 횡령죄의 행위양태를 결정하는 행위관련적인 요소일

---

71) 이보영, 부동산 명의신탁과 형사책임, 법학연구(한국법학회) 제33집(2009), 325면; 최병각, 앞의 논문, 59면.

뿐이고 법익관련적인 요소가 아니라는 것이다. 구성요건적인 측면에서 볼 때, 위탁신임관계는 횡령죄에서 두 가지의 측면에서만 의미를 가질 뿐이다. 하나는 재물을 위탁신임관계에 의하여 보관하는 자만이 주체가 될 수 있고 그러한 재물만이 객체가 될 수 있다는 의미, 즉 주체와 객체를 특정하는 의미이고, 다른 하나는 위탁신임관계의 배신을 통한 영득만이 횡령죄의 영득에 해당한다는 의미를 갖는다.

따라서 첫째, 위탁신임관계에 의하여 보관하는 재물을 영득한 것인가, 둘째, 그 위탁신임관계를 저버리고 영득한 것인가라는 두 가지의 질문을 던지는 것으로써 위탁신임관계가 횡령죄의 구성요건요소로서 갖는 의미와 기능은 끝난다. 그 위탁신임관계가 형법적으로 보호할 만한 가치가 있는가의 문제는 횡령죄의 구성요건에서 들어설 자리가 없다. 즉, 그것은 횡령죄의 구성요건과는 무관한 요소이다.

예컨대 소유자가 정비공장에 고급의 외제차를 수리해달라고 맡겼는데, 수리를 마친 사장이 데이트를 나가면서 폼 좀 잡으려고 그 외제차를 두 번씩이나 끌고 나갔다고 하자. 그 사장은 명백히 자기가 보관하는 타인의 재물에 대한 위탁신임관계를 배신하였다. 그럼에도 우리는 이 사례에서 횡령죄의 성립과 관련하여 그 어떤 관심도 갖지 않는다. 이는 곧 위탁신임관계 그 자체는 횡령죄의 독자적인 보호대상 내지 이익이 아니라는 반증이다. 위탁신임관계의 배신이 횡령죄에서 의미를 갖는 것은 그것이 불법영득의 양태라는 점인데, 이 사례에서는 위탁신임관계의 배신이 처음부터 불법영득을 위한 것이 아니기 때문에 횡령죄와 관련하여 아무런 관심도 받지 못하는 것이다. 만약 소유권과 더불어 위탁신임관계 자체도 횡령죄의 보호대상 내지 이익이라고 한다면, 이 사례처럼 명백한 횡령죄의 주체가 명백히 횡령죄의 보호이익을 침해하였음에도 불구하고 횡령죄의 성립에 대하여 무관심 할 수는 없지 않겠는가?

물론 점유침탈의 방식으로 소유권을 침해하는 경우에는 절도죄로 처벌함으로써 점유침탈이 금지되고, 위탁신임관계를 배신하여 소유권을 침해하는 경우에는 횡령죄로 처벌함으로써 위탁신임관계의 배신이 금지되며, 따라서 점유가 보호되고 및 위탁신임관계가 보호되는 효과가 발생하지만, 그것은 어디까지나 그러한 행위양태가 금지됨으로써 나타나는 반사적인 효과일 뿐이다.

절도죄가 점유의 침해를 통한 영득범죄로 되어 있지만, 그렇다고 하여 점유 자체를 보호대상이나 이익으로 삼고 있는 것은 아니며, 따라서 그것이 형법적으로 보호할 만한 가치가 있는가의 여부는 문제되지 않는다는 것은 주지의 사실이다. 만약 절도죄는 점유침해를 통하여 재물을 영득하는 것을 처벌하는 것이므로, 절도죄를 통하여 점유침탈이 금지되고 따라서 점유 자체도 형법적으로 보호되는 대상 내지 이익이며, 그렇기 때문에 그 점유는 형법적으로 보호할 만한 가치가 있어야 하는 것이라면, 누군가가 절도범으로부터 그 도품을 재차 절취하는 경우에는 당연히 절도죄가 성립할 수 없다고 해야 할 텐데, 그렇게 보는 견해는 없지 않은가?

횡령죄에서도 동일한 원리가 적용되는 것이다. 위탁신임관계를 배신한다는 점이 횡령죄의 구성요건에서 갖는 의미 및 성질은 타인의 점유를 침탈한다는 점이 절도죄의 구성요건에서 갖는 의미 및 성질과 다르지 않다. 따라서 횡령죄의 위탁신임관계가 형법적으로 보호할 만한 가치가 있는 위탁신임관계이어야 할 이유는 없다. 구성요건요소로서의 의미와 성질이라는 측면에서 비교하자면, 횡령죄의 위탁신임관계는 절도죄의 점유와 같고, 횡령죄의 위탁신임관계의 배신은 절도죄의 점유침탈과 같으며, 횡령죄에서 위탁신임관계의 보호가치성이 문제되지 않는 것은 절도죄에서 점유의 보호가치성이 문제되지 않는 것과 같다.

(3) 부동산명의신탁의 경우

1) 위탁신임관계의 보호가치성의 문제

부동산명의신탁의 경우 보호가치성의 관점에서 횡령죄의 위탁신임관계를 인정할 수 있는지에 대하여 긍정설과 부정설이 대립하고 있다. 긍정설은 다시 형법적으로 보호할 가치가 있는 것인가에 대한 구체적인 검토 없이 횡령죄의 위탁신임관계는 사실상의 위탁신임관계로 족하다는 이유로 긍정하는 견해와,[72] 위탁신임관계가 형법적으로 보호할 가치가 있는 것이어야 하는데, 부동산명의신탁의 경우 형법적으로 보호할 가치를 부정하기 어렵다는 이유로 긍정하는 견해로[73] 나뉜다.

---

72) 정성근·강동범, 앞의 책, 450면.
73) 이보영, 앞의 논문, 325면; 최병각, 앞의 논문, 59면(여기에서 명의신탁행위는 민법 제103조 위반행위가 아닌 강행법규의 위반행위이므로 명의신탁자의 신임행위가 법적으로 보호받지 못

반면에 부정설은 위탁신임관계는 형법적으로 보호할 가치가 있는 것이어야 하는데, 부동산명의신탁의 경우는 형법적으로 보호할 가치가 있는 위탁신임관계를 인정할 수 없다고 한다.[74]

먼저 부동산 명의신탁이 불법원인급여에 해당하는지부터 정리할 필요가 있다. 만약 명의신탁약정을 선량한 풍속 기타 사회질서에 반하는 행위로서 불법원인급여에 해당하는 것으로 평가하여 소유권이 명의수탁자에게 귀속되는 것으로 본다면, 명의수탁자가 신탁부동산을 임의로 처분하더라도 – 위탁신임관계의 보호가치성의 문제와는 상관없이 – 아예 횡령죄가 성립할 여지가 없어진다. 자기의 재물을 처분하는 것에 불과하기 때문이다. 하지만 자신의 권리를 일정한 조건하에 타인에게 위탁하는 신탁행위 그 자체는 기본적으로 사적 자치의 허용범위에 속하는 문제라 할 것이므로,[75] 자신의 부동산을 등기명의상으로만 타인의 소유로 하려는 명의신탁약정 자체가 그 성질상 당연히 선량한 풍속 기타 사회질서에 반한다고 할 수는 없다. 이 점은 타당하게도 대법원이 일관하여 형사판결 및 민사판결에서 확인해주고 있다. 즉, 대법원은 부동산실명법이 명의신탁을 금지한다고 하여 그 자체 반사회적 행위라고 단정하기 어렵다면서 명의신탁부동산을 불법원인급여에 해당하지 아니한다고 본다.[76]

그렇다면 다음의 문제는 명의신탁약정이 부동산실명법상 무효일 뿐만 아니라 형사처벌의 대상이 되는 불법한 행위이고, 또한 그것을 기초로 성립한 위탁신임관계 역시 불법적인 관계이며, 따라서 그것은 보호할 가치가 없다는 논리로써 횡령죄의 성립을 부정할 수 있느냐이다. 그런데 이를 긍정하는 견해들은 모두가 위탁신임관계 자체를 횡령죄의 보호대상 내지 이익이라고 보는 잘못된 시각을 전제로 하는 것이어서 기본적으로 찬동하기 어렵다.

할 정도로 불법하다고 할 수 없다.), 67면(부동산실명제의 완벽한 구현이 그 자체로 절대적인 정책목표는 아니고, 부동산실명법에 반한 명의신탁의 경우 사실상의 신임관계를 전면 부정하는 것은 신중하게 접근할 일이다. 수탁자의 임의처분에 대하여 아예 면죄부를 주는 것은 신탁자에게 가혹하다고 한다.).

74) 조현욱·김영철, 앞의 논문, 303면; 천진호, 부동산실명법상 부동산명의수탁자의 형사책임, 형사재판의 제문제 제5권(이용우 대법관 퇴임기념논문집, 2005), 284면.

75) 강지현, 앞의 논문, 106면; 양창수, 명의신탁에 대한 규율 재고, 법조 제49권 제11호(2000), 233, 234면 참조.

76) 대판 2019. 6. 27., 2013다218156 참조.(유사한 취지의 판결로는 대판 1988. 11. 22., 88다카7306; 대판 2003. 11. 27., 2003다41722; 대판 2010. 9. 30., 2010도8556.)

위탁 및 보관이 법적으로 금지된 불법한 행위를 통하여 이루어졌다고 하여, 보관자에게 그 재물을 임의로 처분할 자유까지 부여할 수는 없다. 부동산실명법 이 명의신탁자와 마찬가지로 명의수탁자에 대해서도 동일하게 명의신탁약정을 금지하면서 그를 처벌하고 있는 마당에는 — 비록 처벌의 정도는 다르다고 할지라도 — 더욱 그러하다. 타면, 불법원인급여에 해당하지 않음에도 불구하고 단지 명의신탁약정이 위법하다는 사실만으로 신탁부동산에 대한 신탁자의 소유권까지 법의 보호에서 배제시켜야 할 이유가 될 수도 없다. 더구나 부동산실명법이 명의 신탁자의 소유권 보호를 포기하기는커녕 명의신탁자의 등기회복을 강제하는 규정까지 두면서 그의 소유권을 온전한 모습으로 회복시키려는 입장을 취하고 있는 마당에서는 더더욱 그러하다. 부동산실명법의 전체 내용, 즉 명의신탁약정의 무효와 그로 인한 물권변동의 무효, 그리고 소유권등기회복의 요구, 더 나아가 이행강제금을 통한 등기회복의 강제 등을 종합할 때, 부동산실명법은 오히려 신탁자의 소유권을 존중하는 입장을 취하고 있음이 분명하다.

2) 위탁신임관계를 인정하여 횡령죄로 처벌하는 것이 법질서의 통일성에 반하는가?

부동산명의신탁의 경우 횡령죄의 위탁신임관계를 부정하는 견해들은 대부분 부동산 실명법과의 법적 통일성을 내세워 아래와 같은 주장들을 하기도 한다.

(A) 명의수탁자의 처분행위를 횡령죄로 처벌하게 되면 부동산실명법상 형사처벌의 대상이 되는 명의신탁자를 형법적으로 보호하는 것이 되기 때문에 부동산 실명법과 충돌한다는 주장이 있다.[77] 이 주장은 명의수탁자의 처분행위를 횡령죄로 처벌하게 되면, 이는 마치 부동산실명법이 처벌대상으로 삼는 명의신탁약정 내지 명의신탁관계를 보호하는 것이 되는 것으로 보는 듯하다. 만약 횡령죄로 처벌하는 이유가 명의신탁관계 자체를 보호하기 위함이라면 분명 부동산실명법과 충돌한다고 할 수 있다. 하지만 명의수탁자를 횡령죄로 처벌하는 것은 신탁부동산에 대한 신탁자의 소유권을 보호하려는 것이지, 명의신탁약정 및 그로 인한 명의신탁관계 자체를 보호하려는 것이 아니다. 명의수탁자를 횡령죄로 처벌하게 되면 명의신탁약정이 유효·적법하게 된다거나 명의신탁자를 부동산실명법으로 처

---

77) 대판 2016. 5. 19., 2014도6992.

벌할 수 없는 결과로 된다면, 이는 명백히 부동산실명법과 충돌하는 것이라고 할수 있다. 하지만 신탁부동산을 임의로 처분한 명의수탁자를 횡령죄로 처벌하는 것은 신탁부동산에 대한 신탁자(2자간의 경우) 내지 매도인(3자간의 경우)의 소유권을 침해하는 처분행위를 처벌하는 것이지, 명의신탁약정 자체를 유효·적법하게 하거나 신탁자를 부동산실명법에 의하여 처벌받지 않도록 하는 것은 아니다. 부동산실명법을 통하여 명의신탁약정을 금지하고 그러한 행위를 처벌하는 것과 그 약정의 결과로써 보관하게 된 목적물을 명의수탁자가 횡령하는 것을 금지하고 처벌하는 것은 별개의 문제이다.

물론 위탁신임관계의 배신을 통하여 영득하는 경우에만 횡령죄로 처벌할 수있으므로, 횡령죄로 처벌함으로써 위탁신임관계의 배신이 금지되고, 또 그로 인하여 위탁신임관계가 보호를 받는 효과가 발생한다. 하지만 그것은 사실상 발생하는 반사적 효과일 뿐이다. 그렇다고 하여 명의신탁자의 신탁행위가 법적으로유효·적법하게 된다거나 부동산실명법에 따른 신탁자의 처벌이 배제되는 것은아니다. 따라서 그러한 사실상의 반사적 효과가 발생한다고 하여 부동산실명법과형법 간에 규범질서의 충돌이 발생하는 것은 아니다. 즉, 명의수탁자의 처분행위를 횡령죄로 처벌하건 처벌하지 않건, 그것이 부동산실명법의 효력에 영향을 미치는 바는 전혀 없다.

명의수탁자를 횡령죄로 처벌함으로써 명의신탁자가 형법적으로 보호받는 것이비록 사실상의 반사적 효과에 불과하다고 할지라도 그것조차도 받아들일 수 없다고 할지 모르겠다. 그렇다면, 횡령죄로 처벌하지 않게 되면 어떻게 되는가? 이번에는 반대로 부동산실명법상 마찬가지로 위법한 행위를 한 수탁자가 간접적으로 보호를 받게 될 텐데 그것은 또 어떻게 할 것인가? 또한 절도범에게서 그 도품을 절취하거나, 강도범에게서 그 강취품을 강도하는 경우, 절도죄나 강도죄로처벌하면 형사처벌의 대상인 1차 절도범 내지 강도범의 점유가 반사적으로 보호받게 될 터인데, 이 경우도 그러한 반사적 보호를 제공하는 것이 부당하다고 하면서 2차 절도죄나 강도죄를 부정할 것인가?

명의신탁약정 및 물권변동을 무효로 함으로써 명의신탁자가 소유권을 온전하게 회복할 가능성을 열어 놓았고, 명의신탁자가 등기회복 등의 권리행사를 하는것까지 금지하지는 않음으로써 부동산실명법은 오히려 명의신탁자의 재산권 보장과 그 법이 추구하는 사회·경제적 목적 달성의 조화를 꾀하고 있다고 보아야 한다.[78] 즉, 부동산실명법은 명의신탁자의 재산권 보장을 희생시킴으로써 그 법이 추구하는 목적을 달성하고자 하는 것이 아니다. 이는 부동산실명법을 제정할 당시 신탁부동산의 소유권을 명의수탁자에게 귀속시키는 법률안도 국회에 제출되어 있었으나 채택되지 않은 것에서도 알 수 있다. 명의수탁자의 임의처분행위를 횡령죄로 처벌하는 것이 오히려 부동산실명법이 추구하는 두 가지 목적, 즉 명의신탁자의 재산권 보장이라는 목적과 경제 내지 조세정의를 실현하려는 사회·경제적 목적을 조화롭게 달성하는 방법이 된다. 또한 명의수탁자가 임의로 처분한 경우에 부동산실명법이 제3자의 권리취득을 인정하는 것도 부동산 거래질서의 안정을 위한 것일 뿐, 결코 신탁자의 재산권보호를 포기한다는 의미가 아니다. 따라서 명의수탁자의 임의처분을 횡령죄로 처벌함으로써 신탁자의 소유권을 보호하는 것은 부동산실명법과의 법적 통일성을 해치는 것이라기보다는 오히려 부동산실명법의 취지에 부합하는 것이라 해야 할 것이다.[79] 결과적으로 부동산명의신탁의 경우 부동산실명법과의 통일성을 이유로 횡령죄의 위탁신임관계를 부정함으로써 횡령죄의 성립까지 부정하려는 견해는 수긍하기 어렵다.

(B) 명의수탁자의 처분행위를 횡령죄로 처벌하게 되면 명의신탁관계를 오히려 유지·조장하여 부동산실명법의 입법목적에 반하는 결과를 초래한다는 주장이 있다.[80] 이 주장을 달리 말하면 부동산실명법의 입법목적을 달성하기 위하여 형법의 적용이 자제되어야 한다는 것인데, 이것은 곧 소유권질서를 보호하기 위한 기본적인 형벌법규를 단편적인 사회·경제적 목적의 실현을 추구하는 부동산실명법에 종속시키는 결과를 초래하므로, 형법의 독자성이나 규범의 체계적 지위를 고려할 때 받아들이기 어렵다. '명의신탁관계에서 수탁자의 처분행위를 비범죄화함으로써 명의신탁의 악용방지라는 사회적 목적 내지 부동산실명법의 정신에 형법이 부합해야 할 이유가 없다'는 견해가[81] 있는데, 이는 재산관계의 가장 기본

---

78) 대판 2019. 6. 27., 2013다218156.
79) 같은 취지로는 서보학, 앞의 논문, 100면.
80) 박상기, 앞의 논문, 273면; 대판 2016. 5. 19., 2014도6992.
81) 박달현, 부동산실명법의 시행과 부동산명의신탁의 형사법적 문제점 검토, 비교형사법연구 제6권 제2호(2004), 109면 이하; 배종대, 앞의 책, [74]/27; 이보영, 앞의 논문, 319면; 최병각, 앞의 논문, 60면.

적이고 최소한의 필요불가결한 공적 질서를 추구하는 형법규범과 단편적인 사회·경제적 목적을 추구하는 부동산실명법 간의 규범체계적인 위상관계를 정확하게 포착한 아주 적절한 견해로 보인다. '소탐대실'의 우를 범해서는 안 된다는 경책으로 삼을만하다.

그리고 사회현실적인 측면에서 보더라도 위 주장은 수긍하기 어렵다. 즉, 명의수탁자에게 면죄부를 주는 것이 과연 현실적으로 부동산명의신탁을 근절시키겠다는 부동산실명법의 입법취지를 적극 살리는 효과를 가져올지도 의문이기 때문이다. 부동산실명법 시행 이후에도 여전히 명의신탁약정이 횡행하는 이유는 명의수탁자를 횡령죄로 처벌함으로써 명의신탁자가 반사적으로 보호를 받기 때문이 아니라, 대법원도 민사판결에서 적절히 판시하고 있듯이,[82] 오히려 부동산실명법이 명의신탁자에게 신탁부동산에 대한 등기회복 등의 권리행사를 대부분 받아들이고 있기 때문이라고 보는 것이 더 맞지 않을까?

3) 위탁신임관계를 인정하여 횡령죄로 처벌하면 형법의 최후수단성·보충성에 반하는가?

명의수탁자의 임의처분행위에 대해서는 민사적 해결 – 부당이득반환청구 등 – 에 맡기는 것이 타당하다거나 부동산실명법 자체의 처벌규정에 따르는 것만으로도 충분하다면서, 횡령죄의 처벌을 개입시키는 것은 형법의 최후수단성에 비추어 바람직하지 않다는 견해도 있다.[83] 그러나 부동산실명법은 명의신탁행위만을 처벌대상으로 하는 것일 뿐, 명의수탁자가 신뢰관계를 위반하여 명의신탁자의 재산에 대한 소유권을 침해하는 행위를 처벌하는 규정이 아니다. 따라서 명의수탁자의 횡령행위에 대하여는 형사적으로 불문에 부치고 부동산실명법으로 처벌하는 것으로 충분하다는 주장은 불법의 내용과 실질이 완전히 다른 사안(소유권침해)에 대하여 입법의 목적과 성격이 전혀 다른 처벌규정(부동산실명법)의 적용으로 만족하자는 것이어서 타당하지 않다.[84]

또한 명의수탁자의 임의처분에 대하여 민사적 해결 – 부당이득반환청구 등 – 에 맡기는 것이 타당하다는 주장도 받아들이기 어렵다. 모든 재산범죄에 대해서

---

82) 대판 2019. 6. 27., 2013다218156.

83) 문영식, 앞의 논문, 314면.

84) 강지현, 앞의 논문, 113면; 서보학, 앞의 논문, 102면.

는 적어도 법제도적으로는 모두 민사적 해결제도가 마련되어 있다. 그럼에도 재산범죄로 규율하는 것은 민사적 해결만으로는 재산권보호가 충분하지 않다고 판단하였기 때문이다. 부당이득반환청구를 통하여 과연 횡령죄의 규범목적인 소유권의 보호가 보장될 수 있을까? 행위자로부터 부당이득을 반환받는 것은 횡령죄의 목적이 아니다. 재물의 소유자로 하여금 그 재물의 소유권 자체를 향유하도록 하려는 것이 횡령죄의 목적이다. 또한 부당이득을 반환할 재산이 명의수탁자에게 없다면 어떻게 할 것인가? 민사적 대처만으로써는 절대로 형사적 대처를 대신할 수 없다. 그리고 끊임없이 명의수탁자를 유혹하는 불법영득의 충동을 과연 부당이득반환이라는 민사적 제도를 통하여 통제할 수 있을까? 민사적 해결수단을 가지고는 절대로 명의수탁자에 대한 형사적 통제효과를 기대할 수 없다.

Ⅳ. 맺 는 말

횡령죄의 주체는 '타인의 재물을 보관하는 자'이다. 보관이란 재물에 대하여 사실상 또는 법률상 지배력을 갖는 상태를 의미하며, 부동산에 대한 지배는 부동산을 대외적으로 유효하게 처분할 수 있는 권능을 가진 상태를 말한다. 보관은 위탁관계에 의한 보관이어야 하고, 위탁이란 재물을 위탁의 의미 내에서만 취급할 것이라는 신뢰를 기초로 하여 재물의 지배를 넘겨주는 것을 말한다. 신뢰에 기초한 위탁관계는 법적으로 유효한 것뿐만 아니라 사실상의 위탁관계로 족하고, 위탁관계의 성립은 소유자와 보관자 사이에서 이루어질 수도 있고, 소유자가 아닌 제3자와 보관자 사이에서 이루어질 수도 있다. 위탁관계가 제3자와 보관자 사이에서 이루어지는 경우에는 그 위탁이 소유자의 이익 또는 의사에 부합하는지의 여부는 문제되지 않는다. 그러한 문제는 소유자와 위탁자 간의 문제일 뿐이고, 위탁자와 보관자 사이의 인적 관계를 가리키는 위탁신임관계에서는 중요하지 않기 때문이다. 따라서 절도범이 도품을 지인에게 보관시키는 경우에도 위탁신임관계를 부정할 이유가 없다. 그리고 형법적인 보호가치성의 여부도 위탁신임관계의 성립에 영향을 미치지 않는다. 위탁신임관계는 횡령죄의 객체를 위탁신임관계에 의한 보관물로 한정하고, 횡령죄의 주체를 위탁신임관계에 의하여 재물을 보관하는 자로 한정하며, 횡령죄의 구성요건적 행위를 위탁신임관계의 배신을 통한 영득으로 특정하는 의미와 기능을 갖는 구성요건표지일 뿐이다. 위탁신임관계 그 자체는 횡령죄의 보호이익 내지 보호대상이 아니기 때문에, 그것의 형법적 보호가치성의 여부는 횡령죄의 구성요건과는 무관한 문제이다. 물론 위탁관계의 원인행위가 민법 103조(반사회질서의 법률행위) 및 제746조(불법원인급여)에 따라 불법원인급여로 평가됨으로써 소유권이 보관자에게 귀속되는 경우에는 횡령죄가 성립할 수 없다. 이 경우에는 위탁신임관계의 문제 이전에 보관자의 입장에서 이미 타인의 재물이 아니기 때문이다.

횡령죄의 주체를 위와 같이 해석할 때, 부동산의 명의수탁자는 − 명의수탁자가 완전한 소유권을 취득한다고 보는, 매도인이 선의인 계약명의신탁의 경우를 제외하면 − 대외적으로 유효하게 신탁부동산을 처분할 수 있는 지위에 있으므로 보관자에 해당하고, 그 보관자의 지위는 위탁관계에 의하여 발생하였으므로 횡령죄의 주체에 해당한다. 그리고 위탁신임관계의 원인인 명의신탁약정이 무효이고 위법하므로 신탁자와 수탁자 간에 '법적인' 위탁신임관계를 긍정할 수는 없지만, '사실상의' 위탁신임관계는 엄연히 존재한다. 또한 그러한 사실상의 위탁신임관계를 법적으로 보호할 가치가 있는 것이라고 할 수는 없지만, 횡령죄가 요구하는 위탁신임관계가 형법적으로 보호할 가치가 있어야 하는 것으로 제한되지 않는 한, 보호가치성이 없다는 사실이 위탁신임관계를 부정할 이유가 될 수도 없다. 그렇다고 명의수탁자의 임의처분행위를 횡령죄로 처벌하게 되면 부동산실명법의 입법취지에 반하는 결과를 초래함으로써 법적 통일성에 반한다거나 형법의 보충성에 어긋난다고도 할 수 없다. 그렇다면, 중간생략등기형명의신탁의 경우나 그것과 실질적으로 차별화되지 않는 매도인이 악의인 계약명의신탁의 경우 또는 2자간 등기명의신탁의 경우 등에서 명의수탁자가 신탁부동산을 임의로 처분하면 횡령죄가 성립하는 것으로 보아야 할 것이다. 법원은 앞으로 2자간 등기명의신탁의 경우까지 횡령죄의 세계에서 내칠 것이 아니라, 반대로 중간생략등기형명의신탁의 경우를 횡령죄의 세계로 다시 복귀시키고, 매도인이 악의인 계약명의신탁의 경우까지 새롭게 횡령죄의 세계로 편입시켜야 할 것으로 본다.

> **평석**

횡령죄의 주체와 부동산명의수탁자의 지위

김충식*

Ⅰ. 들어가며

스승님의 논문에 감히 서평을 하기 전에 2010년 스승님의 지도를 받아 석사논문을 쓸 수 있었던 그 시절을 돌아봅니다. 스승님의 지도편달 없이는 논문을 완성할 수 없을 정도로 "제 논문에의 의지"는 약했음을 고백합니다.

에피소드 1

반면 스승님께서는 당신의 석·박사 시절 은사님이셨던 심재우 교수님으로부터 "문군, 이제 논문을 써도 되지 않겠나?"는 권유에 "저는 아직 배움이 부족합니다. 더 공부해서 쓰겠습니다."라며 겸손의 고사를 하셨습니다.

에피소드 2

제 대학원 재학 시절(2007~2008년) 스승님께서는 "어렵게 한 공부가 더 남는 법, <형법상의 착오 – 이재상, 장영민 편역>을 참고해 독일어 텍스트로 수업을 진행하자"고 하셨습니다. 독일어가 깜깜했던 저로선 이중으로 수업을 준비해야 했고, 번역서도 있는데 굳이 이렇게까지 해야 하나 불만스러웠습니다. 그러나 역시 어렵게 한 공부가 더 남는 법! 스승님의 방법이 옳았다는 걸 금세 깨달았습니다. 뿐만 아니라, "학사(學事)"도 중요하지만, "인사(人事)"도 그에 못지않게 중요하다면서, 공부에만 매진했을 때 소홀할 수 있을 인생의 길 (연애, 결혼 등) 에 대한 당부도 아끼지 않으실 만큼 조화와 균형 있는 삶을 주문하셨습니다.

에피소드 3

대학원 어느 야간수업을 마치고 의기투합해 노래방에 갔을 때였습니다. 선곡표 보고 아무 노래나 부르기보다는, 룰을 정했습니다. 그 룰은 "노래에 얽힌 자기 사연을 얘기한 뒤 부르기"였죠. 이렇게 하여 스승님께서 열창하신 노래는 "하남석의 밤에 떠난 여인"으로, 감추어진 스승님의 낭만이 그대로 발휘된 시간이었습니다.

---

* 부산대학교 대학원 법학석사.

Ⅱ. 논의의 기초: "보호할 가치 있는" 위탁신임관계로 좁히고 있는 판례의 논리필연적 근거 ?

1. 횡령죄의 본질

크게 영득행위설(불법영득의사 요구)과 월권행위설(권한남용설)로 나뉘고, 판례는 횡령죄와 배임죄의 본질을 넓게 보는 견해[2]를 취하기 때문에 부득이 사후적으로 그 범위를 좁힐 수밖에 없는 것으로 보인다. 후술하는 Ⅳ. 4. 판례 비판에서 보기로 한다.

2. 횡령죄의 구성요건[3] 중 행위주체

"위탁"에 의해 "타인"의 재물을 "보관"하는 자인데, 이 중 부동산명의수탁자를 횡령죄의 주체로 볼 수 있는지는 "위탁관계"의 범위를 어디까지 보느냐에 달려 있다.

Ⅲ. 스승님의 논리

1. 구성요건과 보호법익의 구별

판례와 다수설은, "보호하여야 할 신뢰관계"나 "보호할 대상"이라는 표현에서 암시되듯, 횡령죄의 위탁신임관계를 횡령죄의 보호대상 내지 보호법익으로 인식하는 것으로 보인다고 하시면서, 위탁신임관계의 배신은 횡령죄의 행위양태를 결정하는 행위관련적인 요소일 뿐이고 법익관련적 요소가 아니므로, 구성요건적 측면에서 볼 때 위탁신임관계는 횡령죄에서 두 가지 측면에서 의미를 가질 뿐이라고 하신다. 하나는 재물을 위탁신임관계에 의하여 보관하는 자만이 주체가 될 수 있고 그러한 재물만이 객체가 될 수 있다는 의미, 즉 주체와 객체를 특정하는 의미이고, 다른 하나는 위탁신임관계의 배신을 통한 영득만이 횡령죄의 영득에 해당한다는 의미를 갖는다고 하신다.

요컨대 위탁신임관계는 첫째, 횡령죄의 객체를 위탁신임관계에 의한 보관물로 한정하고, 둘째, 횡령죄의 주체를 위탁신임관계에 의해 재물을 보관하는 자로 한정하며, 셋째, 횡령죄의 구성요건적 행위를 위탁신임관계의 배신을 통한 영득으로 특정하는 의미와 기능을 가질 뿐, 그 자체로는 횡령죄의 보호법익(보호대상)이 아니므로 형법적으로 보호할 가치가 있는지 여부와는 무관하다. 즉 행위관련적 요소일 뿐, 법익관련적 요소가 아니라고 하신다.[4]

---

2) 횡령죄는 영득행위설 (주석 형법각칙 제6권 < 편집대표 김대휘, 김신 >, 2017, 193~196쪽), 배임죄는 배신설 (주 15. 참고)

3) 형법 제355조(횡령, 배임) ① <u>타인의 재물을 보관하는</u> 자가 그 재물을 횡령하거나 그 반환을 거부한 때에는 5년 이하의 징역 또는 1천500만원 이하의 벌금에 처한다.

2. 형사정책적 근거

1) 명의수탁자를 횡령죄로 처벌하게 되면 명의신탁약정이 유효·적법하게 된다거나 명의신탁자를 부동산실명법[5]으로 처벌할 수 없는 결과가 된다면 명백히 부동산실명법과 충돌하는 것이 되겠지만, 신탁부동산을 임의로 처분한 명의수탁자를 횡령죄로 처벌하는 것은 (2자간 명의신탁) 신탁부동산에 대한 신탁자 내지 (3자간 명의신탁) 매도인의 소유권을 침해하는 처분행위를 처벌[6]하는 것이지, 명의신탁약정 자체를 유효·적법하게 하거나 신탁자를 부동산실명법에 의하여 처벌받지 않도록 하는 것은 아니므로, 위탁신임관계를 인정하여 횡령죄로 처벌하는 것이 법질서의 통일성[7]에 반하지 않는다고 하신다.[8]

2) 부동산실명법은 명의신탁행위만을 처벌대상으로 하는 것일 뿐, 명의수탁자가 신뢰관계를 위반하여 명의신탁자의 재산에 대한 소유권을 침해하는 행위를 처벌하는 규정이 아니므로 명의수탁자의 횡령행위에 대하여는 형사적으로 불문에 부치고 부동산실명법으로 처벌하는 것으로 충분하다는 주장에 반대하시면서, 오히려 형법의 최후수단성·보충성[9]에도 반하지 않는다고 하신다.[10]

---

4) 주 1 스승님 논문 125~126쪽.

5) 부동산실권리자 명의등기에 관한 법률을 줄임.

6) 그러나 대판[전합] (2자간 명의신탁) 2021. 2. 18., 2016도18761 및 (3자간 명의신탁) 2016. 5. 19., 2014도6992로 횡령죄의 성립을 부정하였다.

7) 통일성 또는 부동산실명법의 입법목적에 반하다는 견해로, 대판 [전합] 2016. 5. 19., 2014도6992 (나아가 죄형법정주의와 그 파생원칙인 유추해석금지원칙에 반한다고 한다); 박상기, 부동산명의신탁과 횡령죄, 형사판례연구[6], 1998, 276쪽.
그렇지 않다는 견해로 박달현, 부동산실명법의 시행과 부동산명의신탁의 형사법적 문제점 검토, 비교형사법연구, 제6권 제2호, 2004, 109쪽 이하; 이보영, 부동산명의신탁과 형사책임, 법학연구(한국법학회), 제33집(2009), 319쪽; 최병각, 부동산 명의신탁과 형사처벌, 형사법연구 제27권 제2호, 2015, 66쪽.

8) 주 1 스승님 논문 128~131쪽.

9) 최후수단성·보충성에 반한다는 견해로 문영식, 명의신탁 부동산의 처분행위에 관한 형법정책, 형사법의 신동향, 통권 51호, 2016, 314쪽.
그렇지 않다는 견해로 강지현, 3자간 명의신탁과 횡령죄의 성립 여부, 형사법연구, 제28권 제3호, 2016, 113쪽; 서보학, 부동산명의신탁과 형법상 재산죄의 성부에 대한 검토, 경희법학(경희대연구소) 제50권 제2호, 2015, 110쪽.

10) 주 1 스승님 논문 131~132쪽.

Ⅳ. 판 례

1. 횡령죄

(1) 명의신탁

---

1) 계약명의신탁: 대판 2000. 3. 24., 98도4347; 대판 2007. 3. 29., 2007도766 매도인이 선의인 계약명의신탁에서는 수탁자가 소유권을 취득하여 수탁자는 "타인의 재물을 보관하는 자"가 아니므로 논의의 실익 없음
2) 중간생략등기 명의신탁: 대판 [전합] 2016. 5. 19., 2014도6992 → 판례 변경으로 횡령죄 성립 부정
3) 양자간 명의신탁: 대판 [전합] 2021. 2. 18., 2016도18761 → 판례 변경으로 횡령죄 성립 부정

대판 [전합] 2016. 5. 19., 2014도6992 에서 "... 횡령죄의 본질이 신임관계에 기초하여 위탁된 타인의 물건을 위법하게 영득하는데 있음에 비추어 볼 때 위탁신임관계는 횡령죄로 보호할만한 가치 있는 신임에 의한 것으로 한정하는 것이 타당하므로 명의수탁자가 명의신탁자에 대한 관계에서 타인의 재물을 보관하는 자의 지위에 있다고 볼 수 없다"고 판시하였다.

(2) 판례는 송금착오[11] 사안에서 "사실상 위탁관계"로서 "신의칙상 보관관계"를 인정했고, 채권양도 등 사안[12]에서도 위탁신임관계에 의해 채권자(양수인)를 위해 채무자(양도인)의 재물 보관자의 지위를 부정하면서 이는 채무자 자신의 사무일 뿐이라고 하였다. 이는 아래 배임죄에서 "타인의 사무를 처리하는 자"의 범위를 제한함으로써 배임죄의 성립범위를 좁히려는 입장과 일맥상통한다.

---

11) 대판 2010. 12. 9., 2010도891.
12) 대판 [전합] 1999. 4. 15., 97도666; 대판 2011. 5. 13., 2011도1442; 대판 2021. 2. 25., 2020도12927; 대판 [전합] 99. 4. 15., 97도666에서는 "채권양도의 당사자 사이에는 양도인의 사무처리를 통하여 양수인은 유효하게 채무자에게 채권을 추심할 수 있다는 신임관계가 전제되어 있다"고 보아 위탁신임관계를 인정한 데 비해, 대판 2021. 2. 25., 2020도12927에서는 "채무자가 채권양도담보계약에 따라 담보목적채권의 담보가치를 유지·보전할 의무는 계약에 따른 자신의 채무에 불과하고, 채권자와 채무자 사이에 채무자가 채권자를 위하여 담보가치의 유지·보전사무를 처리함으로써 채무자의 사무처리를 통해 채권자가 담보목적을 달성한다는 신임관계가 존재한다고 볼 수 없으므로 채무자가 제3채무자에게 채권양도통지를 하지 않은 채 자신이 사용할 의도로 제3채무자로부터 변제를 받아 변제금을 수령한 경우, 이는 단순한 민사상 채무불이행에 지나지 않을 뿐, 채무자가 채권자와의 위탁신임관계에 의하여 채권자를 위해 변제금을 보관하는 지위에 있다고 볼 수 없어" 위탁신임관계를 부정했다.

2. 배임죄

"타인의 사무를 처리하는 자"에서 "당사자 관계의 전형적·본질적 내용이 통상의 계약에서의 이익대립관계를 넘어서 그들 사이의 신임관계에 기초하여 타인의 재산을 보호 또는 관리하는 데 있어야 하므로 위임 등과 같이 전형적·본질적인 급부의 내용이 상대방의 재산상 사무를 일정한 권한을 가지고 맡아 처리하는 경우에 해당하여야 한다"면서 지속적으로 그 범위를 좁히고 있는 추세[13]이다.

3. 사기죄

판례는 사기이용계좌의 명의인이 전기통신금융사기(보이스피싱) 피해금을 횡령한 사건[14]에서도 "위탁신임관계"를 "보호할 가치 있는 위탁신임관계"로 제한하였다.

4. 판례 비판

(1) 죄형법정주의와 그 파생원칙인 유추해석금지 위배

배임죄의 본질을 배신설[15]로 파악하면 신임관계의 범위가 확대되어 민사상 단순한 채무불이행까지 배임죄로 포섭될 수 있기 때문에, 그 구성요건을 제한적으로 해석하여 범위를 합리적으로 정할 것인지가 중요한 문제[16]가 된다.

그 연장선에서 횡령죄의 본질을 영득행위설로 보면서 신임관계의 범위를 사실상 위탁신임관계로 넓히되, 신임관계에 기초하여 위탁된 타인의 물건을 위법하게 영득하는데 있음에 비추어 보호가치 있는 신임으로 제한하려는 판례[17]는 주 7과는 반대로, 오히려 죄형법정주의와 그 파생원칙인 유추해석금지에 반할 수 있다고 생각한다.

(2) 논리 모순

판례[18]에 의하면, "... 부동산실명법에 반하여 범죄를 구성하는 불법적인 관계에 지나지아니할 뿐 이를 형법상 보호할 가치있는 신임에 의한 것이라고 볼 수 없다 ..."고 판시하였는데, 이는 사실상 위탁관계는 범죄가 되지 않는 범위에서만 인정되는 것으로 풀이된다.

---

13) 대판 [전합] 2020. 8. 27., 2019도14770 외 다수.
14) 대판 [전합] 2018. 7. 19., 2017도17494.
15) 타인의 신뢰를 배반하여 재산을 침해하는 것에 배임죄의 본질이 있다는 견해, 이에 반해 권한남용설은 타인의 재산에 대한 법률상 처분권한을 가진 자가 그 권한을 남용하여 사무를 처리함으로써 타인의 재산을 침해하는 점에 배임죄의 본질이 있다고 주장하는 견해; 이상 주석 형법각칙 제6권<편집대표 김대휘, 김신>, 2017, 351~354쪽.
16) 김성천/김형준, 형법각론 제6판, 소진, 2015, 494쪽 등 (주석 형법각칙 제6권<편집대표 김대휘, 김신>, 2017, 353쪽, 주 8에서 재인용).
17) 대판 [전합] 2016. 5. 19., 2014도6992 등.
18) 대판 [전합] 2016. 5. 19., 2014도6992 등.

그런데 이는 사법상 유효할 것을 요하지 않으므로, 토지거래허가구역 내의 매매계약이 확정적 무효가 되더라도 묵시적 합의에 의한 사실상 위탁관계는 인정한 판례[19]와 모순된다. 즉 그 근거법률(주 19 참고, 부동산 거래신고 등에 관한 법률 제26조 제3항)에 형벌규정이 있는데도 사실상 위탁관계를 인정했다는 것이다.

(3) 판례가 형사처벌 여부에 따라 보호가치 있는 위탁관계를 구별하겠다면, 토지거래허가[20] 사안과 명의신탁[21] 사안은 모두 형사처벌규정이 있는데 왜 前者는 인정하고, 後者는 부정하는지, 이는 모순이 아닌지, 명의신탁약정은 불법원인급여는 아니라고 하면서도[22] 보호할 가치 있는 신임관계 역시 아니라고 한다면 그 형사정책적 근거는 무엇인가? 논리모순은 물론 죄형법정주의와 그 파생원칙인 유추해석금지에 반하는 것은 오히려 판례가 아닌가?

5. 小 結

횡령죄에서 "위탁신임관계"를 "보호할 가치 있는 위탁신임관계"로 제한하려는 판례는 기본적으로 횡령죄의 본질을 영득행위설에 의해 넓게 인정하면서 위탁관계의 범위를 좁히려는 시도를 하고 있고, 사실상 위탁관계는 인정하면서도 여기에 보호할 가치 여부를 따져 부동산명의신탁에서는 부동산실명법에 반하는 범죄를 구성하는 불법이므로 최근 전원합의체로 3자간 명의신탁 및 2자간 명의신탁에서도 위탁신임관계를 부정하였다.

그러나 이렇게 부자연스러워 보이는 판례의 논리보다 선생님의 논리가 훨씬 간명하고, 형사정책적 일관성도 갖추는 것으로 생각된다.

---

19) 대판 2012. 1. 27., 2011도13867.
20) 부동산 거래신고 등에 관한 법률 제26조(벌칙) ③ 제11조 제1항에 따른 허가 또는 변경허가를 받지 아니하고 토지거래계약을 체결하거나, 속임수나 그 밖의 부정한 방법으로 토지거래계약 허가를 받은 자는 2년 이하의 징역 또는 계약 체결 당시의 개별공시지가에 따른 해당 토지가격의 100분의 30에 해당하는 금액 이하의 벌금에 처한다.
제11조(허가구역 내 토지거래에 대한 허가) ① 허가구역에 있는 토지에 관한 소유권·지상권 (소유권·지상권의 취득을 목적으로 하는 권리를 포함한다)을 이전하거나 설정(대가를 받고 이전하거나 설정하는 경우만 해당한다)하는 계약(예약을 포함한다. 이하 "토지거래계약"이라 한다)을 체결하려는 당사자는 공동으로 대통령령으로 정하는 바에 따라 시장·군수 또는 구청장의 허가를 받아야 한다. 허가받은 사항을 변경하려는 경우에도 또한 같다.
21) 부동산 실권리자명의 등기에 관한 법률 제7조(벌칙) ① 다음 각 호의 어느 하나에 해당하는 자는 5년 이하의 징역 또는 2억원 이하의 벌금에 처한다.
1. 제3조 제1항을 위반한 명의신탁자
제3조(실권리자명의 등기의무 등) ① 누구든지 부동산에 관한 물권을 명의신탁약정에 따라 명의수탁자의 명의로 등기하여서는 아니된다.
② 제3조 제1항을 위반한 명의수탁자는 3년 이하의 징역 또는 1억원 이하의 벌금에 처한다.
22) 대판 2014. 7. 10., 선고 2013다74769.

V. 맺으며

"법원은 앞으로 2자간 등기명의신탁의 경우까지 횡령죄의 세계에서 내칠 것이 아니라, 반대로 3자간 등기명의신탁(중간생략등기형 명의신탁)의 경우를 횡령죄의 세계로 다시 복귀시키고, 매도인이 악의인 계약명의신탁의 경우까지 새롭게 횡령죄의 세계로 편입시켜야 할 것으로 본다"고 하신 선생님의 바람[23]과는 달리, Ⅳ. 1. (1) 박스에서 보는 것처럼 판례는 그 반대로 가고 있다.

그러나 판례는 횡령죄의 본질을 영득행위설로 넓게 인정하면서도, 이를 다시 "보호할 가치 있는 위탁관계"로 좁히면서 횡령죄의 위탁신임관계를 횡령죄의 보호대상 내지 보호법익으로 인식하려는 입장으로 보이는 바, 부동산명의신탁에서 횡령죄의 성립을 부정할 수밖에 없는 논리 모순 또는 자충수를 두고 있다는 비판으로부터 자유로울 수 없다.

에피소드 4

2022. 5. 28. 스승님 둘째 따님의 (주례 없는) 결혼식에서 직접 쓰신 손 편지를 읽으면서 하객들의 큰 박수를 받으셨습니다. 딸 없는 사람은 어쩌나 싶을 정도로, 구구절절 따님에 대한 각별한 애정 그 자체셨습니다.

그리하여 학문에서는 저희 제자들이 감히 범접할 수 없을, 완벽의 틀과 스스로에 대한 엄정함을 견지하셨고, 동시에 인생 선배로서 삶의 지혜도 아낌없이 주셨으며, 가정에서 (경상도 사내다 보니) 사모님께는 좀 무뚝뚝하실진 몰라도, 자녀들에게는 한없이 자상하고 든든한 "아빠"이신 스승님의 정년퇴임은 끝없는 학문의 세계에서 안식의 시작이자, 새 출발을 알리는 축제의 장이 되기를 기원합니다.

---

23) 주 1. 선생님 논문 133쪽.

18 배임죄의 주체에 관한 판례이론의 분석과 검토*

Ⅰ. 들어가는 말

형법 제355조 제2항은 "타인의 사무를 처리하는 자가 그 임무에 위배하는 행위로써 재산상의 이익을 취득하거나 제3자로 하여금 이를 취득하게 하여 본인에게 손해를 가한 때"를 배임죄로 규정한다. 이에 배임죄의 주체인 '타인의 사무를 처리하는 자'에 대한 해석을 두고 상당한 논란이 있다. 먼저 '타인의 사무'는 사무의 주체가 타인이라는 의미이고, '타인을 위한 사무'는 이익의 주체가 타인이라는 의미이므로[1] 양자는 명백히 구별되고, 배임죄의 주체는 전자를 말하는 것으로 이해된다. 문제는 '타인의 사무'라는 표지가 전형적인 규범적 구성요건표지에 해당하기 때문에, 규범적 평가를 필요로 한다는 점이다. 판례에 의하면 '타인의 사무를 처리하는 자'는 기본적으로 두 가지 유형으로 나뉜다. 양자 간에 신임관계에 기초를 두고 '타인의 재산관리에 관한 사무를 대행하는 자'와 '타인의 재산보전에 협력하는 자'가 그것이다.

---

* 부산대학교 법학연구 제57권 제4호(2016) 107-140면에 게재된 글임.
1) 이창섭, "배임죄의 본질에 관한 소고", 비교형사법연구 제14권 제2호(2012), 33면. 판례도 타인의 사무를 사무의 주체가 타인이라는 의미로 해석한다(대법원 2014. 2. 27. 선고 2011도3482 판결).

전자에 대해서는 별다른 논란이 있을 수 없다. 타인의 사무를 '대행'하는 입장이기 때문에 그 사무의 주체가 명백히 타인이기 때문이다. 하지만 후자에 대해서는 그 판단이 쉽지 않기 때문에 주로 논란이 되는 부분도 후자에 관한 부분이다. 예컨대 동산 또는 부동산의 이중매매, 동산 또는 부동산의 이중저당, 채권이나 면허권 또는 허가권 등과 같은 권리의 이중양도, 양도담보물의 임의처분, 대물변제예약물의 임의처분 등의 사례들이 이에 해당한다.

이들 사례들은 분명 타인의 재산관리에 관한 사무를 '대행'하는 경우는 아니다. 이들 사례들의 공통점은 계약당사자 일방이 계약상의 의무에 따라서 사무를 처리하는 것이 계약의 이행이라는 자기 사무를 처리하는 것이면서도 동시에 타인의 재산보전을 위하여 중요한 의미를 갖는다는 점이다. 이러한 경우에 그 사무가 '자기의 사무'인 동시에 '타인의 사무'로서의 성격을 함께 갖는 것인지, 아니면 타인을 '위한' 사무이기는 하지만 그럼에도 불구하고 사무 그 자체는 엄연히 '자기의 사무'에 불과한 것인지가 문제이다.

배임죄의 주체에 해당하는지 여부를 쟁점으로 하는 수많은 판례들 중에서 극히 제한적인 개별 판례들, 예컨대 부동산 또는 동산의 이중매매사례들과 같은 경우에는 그간 학자들의 검토가 어느 정도 이루어졌다. 반면에 이미 다양한 관련 판례들이 축적되어 있고, 또 판단 기준의 일관성이라는 측면에서 의문이 제기되기도 하는 상황인데도 불구하고 관련 판례들을 종합적으로 분석하여 배임죄의 주체에 관한 판례 이론을 체계적으로 검토하는 연구는 아직 없는 실정이다. 이에 배임죄의 주체를 해석하는 판례의 기본법리가 어떠한 내용과 구조로 되어 있는지를 규명해보는 것이 필요하다고 본다. 이는 일차적으로 향후 배임죄의 주체에 관한 판례의 예측가능성을 제고할 수 있고, 더구나 개별 판례들을 연구함에 있어서도 대상 판례에 관한 법원의 입장을 정확하게 이해하는 데에도 도움을 줄 수 있기 때문이며, 종국적으로는 법적 안정성의 확보에도 기여할 수 있기 때문이다.

Ⅱ. 배임죄의 주체에 관한 최근의 판례 동향

대법원은 최근에 '타인의 재산 보전에 협력하는 자'로서 배임죄의 주체에 해당하는지 여부를 주된 쟁점으로 하는 판례를 다수 내놓았다. 대물변제예약 부동산을 임의로 처분하는 경우에 대하여 배임죄를 인정하던 종래의 판례를 변경한 전원합의체 판결(대법원 2014. 8. 21. 선고 2014도3363 전원합의체 판결), 양도담보로 제공한 가축들의 폐사로 인한 손해 발생의 위험에 대비하기 체결하였던 가축보험계약을 양도담보권설정자(채무자)가 임의로 해지한 사례에서, 가축보험계약을 체결하거나 유지하는 것을 타인(양도담보권자)의 사무라고 할 수 없다고 한 판결(대법원 2014. 2. 27. 선고 2011도3482 판결), 계약명의신탁의 수탁자가 악의의 매도인으로부터 부동산에 관한 매매계약을 체결하고 자신의 명의로 소유권이전등기를 마친 경우 명의수탁자가 명의신탁자나 매도인에 대하여 배임죄의 주체가 되지 않는다는 판결(대법원 2012. 11. 29. 선고 2011도7361 판결), 동산 이중매매의 경우 매도인을 '타인의 사무'를 처리하는 자로 인정하지 아니한 전원합의체 판결(대법원 2011. 1. 20. 선고 2008도10479 전원합의체 판결), 낙찰계의 계주가 계원들에게서 계 불입금을 징수하지 않은 상태에서 부담하는 계금지급의무가 '타인의 사무'에 해당하지 않는다는 판결(대법원 2009. 8. 20. 선고 2009도3142 판결), 부동산 이중매매에서 매도인이 '선매수인'에게 소유권이전의무를 이행한 경우 후매수인에게서 중도금을 수령한 이후라 하더라도 타인(후매수인)의 사무를 처리하는 자가 아니라고 한 판결(대법원 2009. 2. 26. 선고 2008도11722 판결), 부동산 이중매매에서 매도인이 제1매수인의 사무, 즉 타인의 사무를 처리하는 자에 해당함을 재차 확인한 판결(대법원 2008. 7. 10. 선고 2008도3766 판결), 계약명의신탁에서 수탁자가 선의의 매도인으로부터 부동산에 관한 매매계약을 체결하고 자신의 명의로 소유권이전등기를 마친 경우 명의수탁자가 명의신탁자나 매도인에 대하여 배임죄의 주체가 되지 않는다는 판결(대법원 2008. 3. 27. 선고 2008도455 판결), 채권양도인이 채권양수인을 위하여 타인의 사무를 처리하는 지위에 있음을 인정하면서 채권의 이중양도행위가 배임죄에 해당할 수 있음을 언급한 판결(대법원 2007. 5. 11. 선고 2006도4935 판결) 등이 대표적인 것들이다.

배임죄의 주체에 관한 최근의 연이은 대법원 판결들을 보면, 한편으로는 그 논지의 일관성 또는 정합성에 의문을 갖게도 하고, 또 다른 한편으로는 대법원이 배임죄의 주체에 대한 그간의 기본 입장을 변경하려는 시도를 착수한 것이 아닌가 하는 추측을 갖게도 한다.

먼저 논지의 일관성에 대하여 의문을 갖게 하는 부분을 정리하면, ① 동산 이중매매(부정)와 부동산 이중매매(긍정)의 차별화, ② 동산 이중양도담보(긍정)와 동산 이중매매(부정)의 차별화, ③ 대물변제예약이 된 부동산을 임의처분 하는 경우(부정)와 양도담보가 설정된 부동산을 임의처분 하는 경우(긍정)의 차별화, ④ 낙찰계에서 계 불입금 징수 후의 계주의 계금지급의무(긍정)와 계 불입금 징수 전의 계금지급의무(더 정확하게는 계금징수의무)(부정)의 차별화 등이다.

타면 최근의 판례들을 보면 대법원이 배임죄 주체의 해석에 대한 그간의 기본 입장을 변경하려는 시도를 착수한 것이 아닌가 하는 추측을 갖게 하는 측면도 엿보인다. 그간 대법원은 배임죄의 주체를 비교적 넓게 인정해왔던 것이 사실이다. 그리고 '판례법'[2]이라고 지칭될 정도로 나름대로 안정적인 입장을 확립해왔다. 하지만 최근의 판례들을 보면, 배임죄의 주체의 범위를 제한하는 방향으로 전면적인 재검토에 착수한 것이 아닌가 하는 추측을 갖게 만든다. 사실 배임죄의 주체를 넓게 인정하여 왔던 종래의 판례들에 대해서는 그간 학자들의 꾸준한 비판이 이어져왔음은 주지의 사실이다.

더구나 대법원의 판시 중에는 '배임죄가 그 내용상 개인의 사적 자치를 보장하는 사법의 영역에 국가 형벌권의 개입을 가능하게 한다는 점에서 그 어느 형법 조문보다도 시민사회의 자율적 영역의 핵심을 침해할 우려가 크다'고 피력하거나, 심지어 '오늘날 대부분의 국가에서 배임죄라는 범죄유형을 인정하지 않는다'고 언급하기도 하고, '타인의 재산 보존에 협력하는 자'의 대표적인 해당사례로 인정해 온 부동산 이중매매 사례에 대해서조차도 '배임죄의 본질에 관한 법리적 오류'일 수 있음을 암시하는 표현도[3] 보인다.

이러한 법원실무의 분위기를 감안하면, 대물변제예약 부동산을 임의로 처분한 경우에 배임죄를 부정하는 방향으로 판례를 변경한 2014년의 전원합의체판결이나, 허약한 법리적 논증이라는 비판을 무릅쓰면서까지 동산의 이중매매에 대하여 배임죄를 부정한 2011년의 전원합의체판결은 우연이 아닐 수 있다는 생각을 갖게 한다. 위 대물변제예약 판례에 대하여 대법원 관계자는 보도 자료에서 "배임죄의 해석에 있어서 보다 엄격한 기준을 제시하였다는 점에서 큰 의의가 있다"

---

2) 대법원 2011. 1. 20. 선고 2008도10479 전원합의체 판결.
3) 대법원 2011. 1. 20. 선고 2008도10479 전원합의체 판결.

면서도 "이 판결은 어디까지나 담보목적의 부동산 대물변제예약에 한정해 판단한 것이고 부동산 이중매매나 이중저당에 관하여 판단한 것은 아니다"고 설명한 바 있다. 그러나 법원이 재판의 직접적인 대상이 아닌 사안에 대하여 미리 입장을 밝히기는 어렵다는 점을 감안하면, 위 보도 자료를 액면 그대로 받아들이기는 어려울 것이다. 오히려 법원의 입장이 동요하고 있음을 반증하는 설명으로 볼 여지가 있다.

그간 법원이 배임죄의 주체를 너무 확장적으로 해석·적용함으로써 단순한 민사상 채무불이행을 배임죄로 처벌하여 온 부분이 있다는 비판을 고려한다면, 제한적으로 해석하려는 태도변경은 환영할 만하다. 그런데 문제는 그때그때 사안에 따라서 임시방편적으로 제한해석을 시도하면, 또 다른 혼란을 초래할 수 있다는 점이다. 일정한 범죄성립요건의 해석·적용과 관련하여 판례의 기존 입장을 수정하려면, 그 기본방향과 구체적인 기준이 미리 서 있어야 할 것이다. 이러한 측면에서 보더라도 '타인의 사무'를 해석하는 판례의 기본 법리를 체계적으로 규명해 보는 것은 의미가 있어 보인다.

Ⅲ. 배임죄의 주체에 관한 판례 법리의 분석

1. "타인의 사무"의 해석에 관한 판례의 기본 입장

'타인의 사무'를 해석하는 판례의 기본 입장을 추론하려면, 먼저 '타인의 사무'에 대하여 그 정의를 제시하는 대표적인 판시문이나 반복적으로 등장하는 일반적인 판시문을 검토하는 것이 도움이 된다. 도움이 되는 판시문은 아래와 같다.

"배임죄는 타인의 사무를 처리하는 자가.... <u>사무의 주체인 타인</u>에게 손해를 가함으로써 성립하는 것이므로 그 범죄의 주체는 타인의 사무를 처리하는 지위에 있어야 한다. 여기에서 '타인의 사무'를 처리한다고 하려면 <u>당사자 관계의 본질적 내용이</u> 단순한 채권채무 관계를 넘어서 <u>그들 간의 신임관계에 기초하여 타인의 재산을 보호 또는 관리하는 데 있어야</u> 하고...."4)

---

4) 대법원 2014. 8. 21. 선고 2014도3363 전원합의체 판결; 대법원 2011. 1. 20. 선고 2008도10479 전원합의체 판결; 대법원 2009. 2. 26. 선고 2008도11722 판결; 대법원 1987. 4. 28.

이 판시문의 핵심적인 내용은 「① '타인의 사무'라 함은 '사무의 주체'가 타인이라는 의미이고, ② 당사자 관계의 본질이 그들 간의 신임관계에 기초하여야 하며, ③ 그 신임관계의 내용은 타인의 재산을 보호 또는 관리하는 데에 있어야 한다. 즉, 보호 내지 관리의 대상이 되는 타인의 재산이 존재하여야 한다.」로 요약된다.

"사무처리의 근거, 즉 신임관계의 발생근거는 법령의 규정, 법률행위, 관습 또는 사무관리에 의하여도 발생할 수 있으므로, 법적인 권한이 소멸된 후에 사무를 처리하거나 그 사무처리자가 그 직에서 해임된 후 사무인계 전에 사무를 처리한 경우도 배임죄에 있어서의 사무를 처리하는 경우에 해당한다."5)

이 판시문에서 주목할 부분은 신임관계의 발생근거로서 법령, 법률행위는 물론이고 관습 또는 사무관리도 인정한다는 점이다.

"타인의 사무라 함은.... 타인의 재산관리에 관한 사무를 대행하는 경우, 예컨대 위임, 고용 등의 계약상 타인의 재산의 관리·보전의 임무를 부담하는데 본인을 위하여 일정한 권한을 행사하는 경우, 등기협력의무와 같이 매매, 담보권설정 등 자기의 거래를 완성하기 위한 자기의 사무인 동시에 상대방의 재산보전에 협력할 의무가 있는 경우 따위를 말한다."6)

이 판시문에 의하면 대법원은 타인의 사무로서 타인의 재산을 보호 또는 관리하는 경우로는 ① 타인의 재산관리에 관한 사무를 대행하는 경우와 ② 타인의 재산보전에 협력할 의무가 있는 경우라고 한다.

"배임죄에 있어서 타인의 사무를 처리하는 자라 함은 양자 간의 신임관계에 기초를 둔 타인의 재산보호 내지 관리의무가 있음을 그 본질적 내용으로 하는 것이므로, 배임죄의 성립에 있어 행위자가 대외관계에서 타인의 재산을 처분할 적법한 대리권이 있음을 요하지 아니한다."7)

선고 86도2490 판결; 대법원 1984. 12. 26. 선고 84도2127 판결.
5) 대법원 2000. 3. 14. 선고 99도457 판결; 대법원 1999. 6. 22. 선고 99도1095 판결.
6) 대법원 2014. 2. 27. 선고 2011도3482 판결; 대법원 2009. 5. 28. 선고 2009도2086 판결; 대법원 2008. 3. 13. 선고 2008도373 판결; 대법원 2005. 3. 25. 선고 2004도6890 판결; 대법원 2004. 6. 17. 선고 2003도7645 전원합의체 판결; 대법원 1983. 2. 8. 선고 81도3137 판결.
7) 대법원 2002. 6. 14. 선고 2001도3534 판결; 대법원 2000. 3. 14. 선고 99도457 판결; 대법원

이에 의하면 행위자가 대행 사무 또는 협력 사무를 수행함에 있어서 그에게 대외적으로 타인의 재산을 처분할 적법한 대리권이 있을 필요는 없고, 사실상 대행하는 것으로 족하다.

"사무의 처리가 <u>오로지 타인의 이익을 보호·관리하는 것만을 내용으로 하여야 할 필요는 없고, 자신의 이익을 도모하는 성질도 아울러 가진다고 하더라도 타인을 위한 사무로서의 성질이 부수적·주변적인 의미를 넘어서 중요한 내용을 이루는 경우에는</u> 여기서 말하는 '타인의 사무를 처리하는 자'에 해당한다. 따라서 위임 등 계약에 기하여 위임인 등으로부터 맡겨진 사무를 처리하는 것이 약정된 보수 등을 얻기 위한 것이라고 하더라도, 또는 매매 등 계약에 기하여 일정한 단계에 이르러 타인에게 소유권등기를 이전하는 것이 대금 등을 얻고 자신의 거래를 완성하기 위한 것이라고 하더라도, 그 사무를 처리하는 이는 상대방과의 신임관계에서 그의 재산적 이익을 보호·관리하여야 할 지위에 있다고 할 것이다."8)

이에 따르면 사무의 처리가 자신의 이익을 도모하는 성질도 함께 가진다고 하더라도 타인의 재산을 보호·관리하는 것을 중요한 내용으로 하면 타인의 사무를 처리하는 자로 인정된다.

이상의 판시문들을 종합하면 '타인의 사무'에 관한 판례의 기본 입장은 다음과 같이 정리된다. 타인은 사무라 함은 사무의 주체가 타인임을 말한다. 사무의 주체를 분류 하면 자기 사무, 타인 사무, 자기 및 타인 사무로 분류할 수 있는데, 후자의 2개가 타인의 사무에 해당한다. 당사자 관계의 본질적 내용은 '타인의 재산'을 '보호 또는 관리'하는데 있어야 하며, 그러한 내용의 당사자 관계는 그들 간의 대내적 신임관계에 기초하여야 한다. 신임관계는 법령, 법률행위 등에 근거하는 법적 신임관계뿐만 아니라 관습 또는 사무관리 등에 근거한 사실상의 신임관계도 무방하다. 그리고 타인의 재산을 보호 또는 관리하는 사무는 타인의 재산관리에 관한 사무를 대행하는 경우와 타인의 재산보전에 협력할 의무가 있는 경우로 구분된다. 여기서 대행은 적법한 대리권에 의한 대행뿐만 아니라 신임관계에 기초한 사실상의 대행도 포함한다. 사무가 타인의 재산을 보호·관리하는 것을 중요한 내용으로 하는 것이라면, 사무를 처리하는 자 본인의 이익을 도모하는

1999. 9. 17. 선고 97도3219 판결.
8) 대법원 2012. 5. 10. 선고 2010도3532 판결.

성질을 함께 가지더라도 타인의 사무로 인정된다. 그리고 타인의 재산보전에 협력하는 사무는 '타인의 기존 재산의 보전에 협력하는 사무'와 '계약의 목적이 된 권리가 상대방에게 귀속된 후 그 재산권의 보전에 협력하는 사무', 그리고 '등기 협력사무와 같이 타인과 공동으로 수행하는 사무' 등으로 구체화된다.

2. '타인의 사무'에 대한 구체적인 해석례

(1) 타인의 재산관리에 관한 사무를 대행하는 사무

타인의 재산관리에 관한 사무를 대행하는 경우를 타인의 사무로 인정하는 데에는 어려움이 없고, 논란의 대상이 되지도 않는다. 아래의 판례들은 그 전형적인 사례들이다.

"고객이 증권회사와 체결하는 매매거래 계좌설정 계약은 고객과 증권회사 간의 계속적인 거래관계에 적용될 기본관계에 불과하므로 특별한 사정이 없는 한 그에 의하여 바로 매매거래에 관한 위탁계약이 이루어지는 것이 아니고, 매매거래 계좌설정계약을 토대로 하여 고객이 매수주문을 할 때 비로소 매매거래에 관한 위탁이 이루어진다고 할 것이고(당원 1993. 9. 10. 선고 92도3199 판결, 1993. 12. 28. 선고 93다26632, 26649 판결 등 참조), 고객과 증권회사와의 사이에 이러한 매매거래에 관한 위탁계약이 성립되기 이전에는 증권회사는 매매거래 계좌설정 계약 시 고객이 입금한 예탁금을 고객의 주문이 있는 경우에 한하여 그 거래의 결제의 용도로만 사용하여야 하고, 고객의 주문이 없이 무단 매매를 행하여 고객의 계좌에 손해를 가하지 아니하여야 할 의무를 부담하는 자로서, 고객과의 신임관계에 기초를 두고 고객의 재산관리에 관한 사무를 대행하는 타인의 사무를 처리할 지위에 있다 할 것이다."9)

"피해자가 피고인에게 나중에 국유지 불하를 받아달라고 하면서 피해자 명의로 국유재산대부계약이 체결된 토지 등의 관리를 부탁하였다면 이는 국유재산을 불하받아 주는 사무처리 및 이와 관련된 사무처리를 위임한 것이라고 볼 수 있고, 이러한 위임관계가 단순한 민사상 채무를 부담하는 경우에 그치는 것이 아니라, 위임계약에 따라 타인의 재산관리에 관한 사무를 대행하는 관계라고 보아, 배임죄에 있어서 '타인의 사무'에 해당한다."10)

---

9) 대법원 1995. 11. 21. 선고 94도1598 판결.
10) 대법원 2005. 3. 25. 선고 2004도6890 판결. 이에 대하여 원심은 단순한 민사상의 채무를 부담하는 경우에 해당할 뿐이므로, 오로지 피고인들 자신의 사무 처리에 불과하다고 판단하였다.

"甲 주식회사와 가맹점 관리대행계약, 대리점계약, 단말기 무상 임대차계약, 판매장려금계약을 각 체결하고 甲 회사의 대리점으로서 카드단말기의 판매 및 설치, 가맹점 관리업무 등을 수행하는 乙 주식회사 대표이사인 피고인이, 그 임무에 위배하여 甲 회사의 기존 가입 가맹점을 甲 회사와 경쟁관계에 있는 다른 밴사업자 가맹점으로 임의로 전환하여 甲 회사에 재산상 손해를 가하였다면, 그 업무가 피고인 자신의 계약상 의무를 이행하고 甲 회사로부터 더 많은 수수료 이익을 취득하기 위한 피고인 자신의 사무의 성격을 일부 가지고 있다고 하더라도 甲 회사의 재산적 이익을 보호 내지 관리하는 것을 본질적 내용으로 하는 것이므로, 피고인은 甲 회사와 신임관계에 기하여 <u>甲 회사의 가맹점 관리업무를 대행하는</u> '타인의 사무를 처리하는 자'의 지위에 있다."[11]

"피고인은 위 학교법인의 이사 겸 위 학교법인이 설립 경영하는 위 고등학교의 교장으로서 그의 처인 공소외인이 위 학교법인의 이사장으로 선임되어 있으나, 사실상 피고인이 위 학교법인의 경영을 주도하며 재산관리 및 수익사업을 비롯한 법인업무 전반을 총괄하는 한편 위 고등학교의 교무를 총괄하면서 교비회계에 속하는 자금을 비롯하여 위 고등학교의 운영을 위하여 위 <u>고등학교에 귀속된 모든 자금을 보관·관리하는 업무를 취급하고 있는</u> 자이므로, 학교재산에 관한 임대차계약을 체결하는 경우 업무상 배임죄의 주체가 될 수 있다."[12]

이들 판례들에서 대법원은 각 피고인들이 고객이 입금한 예탁금의 관리사무, 피해자 명의로 국유재산대부계약이 체결된 토지 등의 관리사무, 甲 회사의 가맹점 관리사무, 학교법인에 귀속된 교비회계에 속하는 자금의 관리사무 등을 각 피해자인 고객, 국유재산대부계약 명의인, 甲 회사, 학교법인 등을 위하여 대행하는 관계에 있다고 판단하여 피고인들을 타인의 사무를 처리하는 자로 판단하였다.

(2) 타인의 재산 보전에 협력하는 사무

1) 타인의 기존 재산의 보전에 협력하는 사무

"다방영업 허가에 따르는 재산적 이익의 실질적 귀속자인 甲이 피고인에게 다방시설을 포함한 운영권 일체를 임대함에 있어서 임대기간 동안은 다방 영업허가 명의를 피고인 명의로 변경하고, 그 임대기간이 종료될 때에는 다시 甲 또는 甲이 지정하는

---

11) 대법원 2012. 5. 10. 선고 2010도3532 판결. 이에 대해 원심은 피고인이 피해자 회사에 대한 관계에서 타인의 사무를 처리하는 자에 해당한다고 볼 수 없다고 판단하였다.
12) 대법원 2000. 3. 14. 선고 99도457 판결.

제3자 앞으로 명의를 변경하기로 약정하였다면, 피고인은 임대기간이 종료되면 위 약정대로 그 허가 명의를 변경할 수 있도록 협력할 의무가 있고, 이 의무이행은 피고인 자신의 사무인 동시에 甲의 사무라고 할 것인데, 피고인이 위 명의환원 약정을 부인하고 자신이 명실상부한 영업허가 명의자라고 주장하면서 영업장소를 이전하고 다방의 상호를 변경하고 甲의 명의변경 요구를 거부하는 소위는 배임죄에 해당한 다."13)

대법원은 판례사안과 같은 내용의 약정을 통하여 피고인이 그러한 다방영업 허가의 명의를 일정 기간 경과 후에 甲에게 환원하거나 甲이 지정하는 제3자 앞으로 명의 변경을 해 줄 의무를 지고 있다면, 그 의무의 이행은 피고인이 '다방 영업 허가'라는 甲 소유의 기존 재산의 보전에 협력하는 사무이기 때문에 타인 (甲)의 사무를 처리하는 자에 해당한다고 판단하였다.

"이른바 보통예금은 은행 등 법률이 정하는 금융기관을 수치인으로 하는 금전의 소비임치 계약으로서, 그 예금계좌에 입금된 금전의 소유권은 금융기관에 이전되고, 예금주는 그 예금계좌를 통한 예금반환채권을 취득하는 것이므로, 금융기관의 임직원 은 예금주로부터 예금계좌를 통한 적법한 예금반환 청구가 있으면 이에 응할 의무가 있을 뿐 예금주와의 사이에서 그의 재산관리에 관한 사무를 처리하는 자의 지위에 있다고 할 수 없다."14)

대법원은 보통예금의 경우 은행은 예금주에 대하여 예금반환채무라는 자기 사 무를 부담할 뿐이라고 하면서, 그 이유를 예금액은 은행에 소유권이 이전되므로 예금액을 타인(예금주)의 재산이라 할 수 없고, 따라서 예금액과 관련해서는 은행 이 타인(예금주)의 재산을 보전하는 지위에 있지 않다는 데에서 찾는다.

"금전채무를 담보하기 위하여 채무자가 그 소유의 동산을 채권자에게 양도하되 점 유개정에 의하여 채무자가 이를 계속 점유하기로 한 경우 특별한 사정이 없는 한 동 산의 소유권은 신탁적으로 이전됨에 불과하여 채권자와 채무자 사이의 대내적 관계 에서 채무자는 의연히 소유권을 보유하나 대외적인 관계에 있어서 채무자는 동산의 소유권을 이미 채권자에게 양도한 무권리자가 되는 것이어서 다시 다른 채권자와 사 이에 양도담보 설정계약을 체결하고 점유개정의 방법으로 인도를 하더라도....뒤의 채

---

13) 대법원 1981. 8. 20. 선고 80도1176 판결.
14) 대법원 2008. 4. 24. 선고 2008도1408 판결.

권자는 양도담보권을 취득할 수 없고, 따라서 이와 같이 채무자가 그 소유의 동산에 대하여 점유개정의 방식으로 채권자들에게 이중의 양도담보 설정계약을 체결한 후 양도담보 설정자가 목적물을 임의로 제3자에게 처분하였다면 양도담보권자라 할 수 없는 뒤의 채권자에 대한 관계에서는, 설정자인 채무자가 타인의 사무를 처리하는 자에 해당한다고 할 수 없어 배임죄가 성립하지 않는다."[15]

대법원은 점유개정의 방식으로 동산 양도담보가 이중으로 이루어진 경우, 두 번째로 양도담보 설정계약을 체결한 채권자는 양도담보권을 취득하지 못하고, 따라서 양도담보권 설정자가 두 번째 채권자에 대해서는 보전에 협력할 채권자의 재산권이 존재하지 아니하므로, 두 번째의 채권자에 대하여 타인의 사무를 처리하는 자의 지위에 있지 않다고 판단하였다.

"골프시설의 운영자가 일반회원들을 위한 회원의 날을 없애고, 일반회원들 중에서 주말예약에 대하여 우선권이 있는 특별회원을 모집함으로써 일반회원들의 주말예약권을 사실상 제한하거나 박탈하는 결과가 되었다고 하더라도, 이는 일반회원들에 대한 회원가입계약에 따른 민사상의 채무를 불이행한 것에 불과하고, 골프시설의 운영자가 일반회원들의 골프회원권이라는 재산의 관리에 관한 사무를 대행하거나 그 재산의 보전행위에 협력하는 지위에 있다고 할 수는 없으므로 배임죄의 주체인 타인의 사무를 처리하는 자에 해당하지 아니한다."[16]

대법원은 특별회원을 모집함으로써 일반회원들의 주말예약권을 사실상 제한하는 효과가 발생한다고 하더라도, 특별회원의 모집이라는 사무 자체와 일반회원들의 골프회원권이라는 재산권의 보호·관리 사무는 무관하기 때문에, 특별회원의 모집사무를 타인(일반회원)의 사무 처리로 볼 수 없다고 판단하였다.

"피고인이 피해자에 대한 채무변제로서 공소 외 甲에 대한 임대보증금 수령채권 200만 원을 양도하고 그 대항요건까지 구비하여 주었다면 피고인에게는 피해자를 위한 더 이상의 아무런 사무도 남아 있지 아니한다 할 것이고, 그 후 피고인과 위 주태용 사이에 임대보증금을 200만원으로 감축하였다 하더라도 그 범위 내에서는 위 채권양도는 여전히 유효한 것이고, 따라서 피고인이 주태용으로부터 보증금 잔액 100만원을 수령하였다 하더라도 이로서 피해자의 주태용에 대한 양수채권 100만원이

---

15) 대법원 2004. 6. 25. 선고 2004도1751 판결.
16) 대법원 2003. 9. 26. 선고 2003도763 판결.

소멸되는 것이 아니므로 결국 피고인은 채권자인 피해자의 사무를 처리하는 자도 아니다."[17]

대법원은 피고인이 채권을 양도하면 그 채권은 양수인에게 이전하고, 따라서 양도인은 그 채권을 타인의 재산으로 보호·관리할 의무가 인정되지만, 채권의 양도 후에 양수인에게 채무자 및 제3자에 대한 대항요건까지 구비하여 주었다면, 양도인은 위의 의무로부터 벗어나게 되므로 더 이상 타인(채권양수인)의 재산(채권)을 보호·관리하는 관계에 있지 않다고 판단하였다.

2) 계약의 목적이 된 권리가 상대방에게 귀속된 후 그 재산권의 보전에 협력하는 사무

"직무발명에 대한 특허를 받을 수 있는 권리 등을 사용자 등에게 승계한다는 취지를 정한 약정 또는 근무규정의 적용을 받는 종업원 등은 사용자 등이 이를 승계하지 아니하기로 확정되기 전까지는 임의로 위와 같은 승계 약정 또는 근무규정의 구속에서 벗어날 수 없는 상태에 있는 것이어서, 종업원 등이 그 발명의 내용에 관한 비밀을 유지한 채 <u>사용자 등의 특허권 등 권리의 취득에 협력하여야 할 의무</u>는 자기 사무의 처리라는 측면과 아울러 상대방의 재산보전에 협력하는 타인 사무의 처리라는 성격을 동시에 가지게 되므로, 이러한 경우 종업원 등은 배임죄의 주체인 '타인의 사무를 처리하는 자'의 지위에 있다고 할 것이다."[18]

대법원은 직무발명에 대한 특허를 받을 수 있는 권리 등을 사용자 등에게 승계한다는 약정 또는 근무규정에 따라서 그러한 권리가 타인(사용자)에게 귀속된 이후라면, 그 재산상 이익은 타인(사용자)의 재산이고, 따라서 종업원은 타인의 재산의 보전에 협력하는 자에 해당한다고 판단하였다.

"회원 가입 시에 일정 금액을 예탁하였다가 탈퇴 등의 경우에 예탁금을 반환받는 이른바 예탁금 회원제로 운영되는 골프장의 회원권을 다른 채무에 대한 담보 목적으로 양도한 경우, 회원권은 양도인과 양수인 사이에서는 동일성을 유지한 채 양도인으

---

17) 대법원 1984. 11. 13. 선고 84도698 판결.
18) 대법원 2012. 11. 15. 선고 2012도6676 판결(이 경우 위와 같은 지위에 있는 종업원 등이 임무를 위반하여 직무발명을 완성하고도 그 사실을 사용자 등에게 알리지 않은 채 그 발명에 대한 특허를 받을 수 있는 권리를 제3자에게 이중으로 양도하여 제3자가 특허권 등록까지 마치도록 하는 등으로 그 발명의 내용이 공개되도록 하였다면, 이는 사용자 등에게 손해를 가하는 행위로서 배임죄를 구성한다고 판시함).

로부터 양수인에게 이전하고, 양도인은 <u>양수인에게 귀속된 회원권</u>을 보전하기 위하여 채무자인 골프장 운영 회사에 채권양도 통지를 하거나 채권양도 승낙(필요한 경우에는 명의개서까지)을 받음으로써 양수인으로 하여금 채무자에 대한 대항요건을 갖출 수 있도록 해 줄 의무를 부담하므로, 회원권 양도의 당사자 사이에서는 양도인은 양수인을 위하여 회원권 보전에 관한 사무를 처리하는 자라고 할 것이다."[19]

대법원은 채권은 양도에 의하여 양수인에게 이전하므로, 양도 후 그 채권은 이제 양도인의 입장에서는 타인(양수인)의 재산이 되고, 따라서 양도 후 양도인이 양수인을 위하여 대항요건을 구비하여 주는 것은 타인(양수인)의 재산보전에 협력하는 사무로서 타인의 사무가 된다고 판단하였다.

"<u>주류제조면허의 양도계약</u>은 양도인이 면허취소신청을 함과 동시에 양수인이 면허신청을 하는 방법으로 <u>일반적으로 널리 행하여지고 있으므로 이를 무효라 할 수 없으며</u> 양도인의 면허취소신청은 양수인의 면허획득에 중요한 요소가 되는 것이므로 자기 자신의 사무인 동시에 양수인이 면허신청을 하여 면허를 얻는 사무의 일부를 이룩하고 있는 양수인의 사무라고 할 것이므로 그 의무불이행은 배임죄가 성립한다."[20]

대법원은 면허권은 양도로써 당사자 사이에서는 곧 권리의 이전이 발생하고, 양도인의 면허취소 신청은 양수인이 면허를 취득하게 하는 요소이므로, 이는 타인(양수인)에게 귀속된 면허권이라는 재산(권)의 보전에 관한 사무로서 타인의 사무가 된다고 판단하였다.

"피고인이 임차인 甲과 아파트에 관한 임대차계약을 체결하면서 자신이 소유권을 취득하는 즉시 甲에게 알려 甲이 전입신고를 하고 확정일자를 받아 1순위 근저당권자 다음으로 <u>대항력을 취득할 수 있도록</u> 하기로 약정하였는데, 그 후 甲에게서 전세금 전액을 수령하고 소유권을 취득하였음에도 취득 사실을 고지하지 않고 다른 2, 3순위 근저당권을 설정해 주었다고 하더라도, 피고인이 '타인의 사무를 처리하는 자'의 지위에 있지 않다."[21]

대법원은 위와 같은 내용의 약정만으로는 아직 임차인 甲에게 귀속된 어떠한 담보권적 재산(권)도 없으므로 피고인(임대인)이 타인(임차인)의 재산에 대한 보

---

19) 대법원 2012. 2. 23. 선고 2011도16385 판결.
20) 대법원 1979. 11. 27. 선고 76도3962 전원합의체판결.
21) 대법원 2015. 11. 26. 선고 2015도4976 판결.

호·관리자의 지위에 있지 않다고 판단하였다.

"점포임차권양도계약을 체결한 후 계약금과 중도금까지 지급받았다 하더라도 잔금
을 수령함과 동시에 양수인에게 점포를 명도 하여 줄 양도인의 의무는 위 양도계약
에 따른 민사상의 채무에 지나지 아니하여 이를 타인의 사무로 볼 수 없다."[22]

대법원은 채권의 양도계약 후 중도금을 받은 단계에서는 아직 채권이 양수인
에게 귀속되기 전이므로 그 채권을 양수인의 재산(권)이라 할 수 없고, 따라서
양도인은 아직 타인(양수인)의 재산(권) 보전에 협력할 지위에 있지 않으므로 타
인의 사무를 처리하는 자로 인정하지 아니하였다.

"피고인이 공소 외 B와의 음식점 임대차계약에 의한 임차인의 지위를 피해자 C에
게 양도함으로써 이에 따라 이 양도사실을 임대인 B에게 통지하고 위 C가 갖는 임
차인의 지위를 상실하지 않게 할 의무가 있다고 하여도, 이러한 임무는 피고인이 임
차권 양도인으로서 부담하는 채무로서 피고인 자신의 의무일 뿐이지 부동산매도인이
부담하는 소유권이전등기협력의무와 같이 자기의 사무임과 동시에 양수인의 권리취
득을 위한 사무의 일부를 이룬다고 볼 수 없는 것이다."[23]

대법원은 채권의 성질 또는 당사자의 의사표시에 의하여 채권양도가 제한되는
경우나 임차권과 같이 그 양도에 관하여 다른 일반적인 채권양도와는 달리 채무
자의 동의를 요하는 경우에는 채권양도만으로는 채권이 양수인(위 피해자 C)에게
이전하지 아니하므로 양도인(위 피고인)이 보호·관리할 타인(위 피해자 C)의 재
산이 존재하지 않는 것으로 판단하였다.[24]

"피고인이 1982. 10. 5. 피해자 유건목에게 돈 1,300만원을 같은 해 10.31까지 변
제할 것을 약정하면서 그 담보로 피고인 소유인 이 사건 부동산을 타에 매도하거나
그 부동산에 관하여 중소기업은행 전주지점에 이미 채권최고액 3,450만원에 근저당
설정등기가 된 것 이외에는 타에 추가로 담보설정하지 않겠다는 내용의 지불증을 작
성한 후 이를 공증까지 한 바 있는데도 이에 위배하여 1938. 2. 10 공소 외 이정혁
에게 채권최고액 1,500만원에 근저당설정등기를 경료하여 주었다 하여도, 위와 같은

22) 대법원 1986. 9. 23. 선고 86도811 판결.
23) 대법원 1991. 12. 10. 선고 91도2184 판결.
24) 이민걸, "지명채권 양도인이 양도통지 전에 채권의 변제로서 수령한 금전을 자기를 위하여 소
비한 경우 횡령죄 또는 배임죄의 성립", 형사판례연구[8](2001), 259면.

약정은 피고인이 자기소유의 부동산을 추후 매도하거나 타에 담보제공하지 않겠다는 내용에 불과하여 그런 약정에 따른 임무는 단순한 민사상의 채무를 부담하는 경우에 해당할 뿐, 이로 인하여 피고인이 배임죄에서 말하는 타인의 사무를 처리하는 자에 해당한다고는 할 수 없다."[25]

대법원은 위의 약정에 의하여 작성된 지불증은 담보목적으로 작성된 것이지만, 그러한 지불증 만으로는 피해자가 취득하고 피고인이 관리할 담보권이 형성되지 않으므로, 그러한 약정은 그 약정대로 이행할 민사상의 채무를 발생시키는 계약상의 의무를 부담시키는 데에 불과하고, 타인의 재산보전에 협력할 지위를 발생시키지는 못한다고 판단하였다.

3) 등기협력의무의 이행 등과 같이 타인과의 공동사무의 경우

"부동산매매의 경우에는 매도인과 매수인 사이에 매매목적물의 권리이전에 필요한 서류 등을 수수하는 행위 외에 별도로 국가를 상대로 권리이전에 관한 등기를 신청하여 그 등기를 마치는 때에 비로소 권리이전의 효력이 발생하는 것이다. 특히 위 권리이전에 필요한 등기절차에 있어 주지하는 바와 같이 우리나라는 매도인과 매수인이 공동으로 등기를 신청하도록 하는 공동신청주의를 택하고 있고, 그로 인하여 매도인과 매수인은 공동으로 등기관을 상대로 등기신청사무를 처리하여야 한다는 점에서 상호 협력관계에 놓이게 된다....부동산 이중매매행위를 배임죄로 처벌하는 기존 판례가 '매수인의 권리 취득에 협력할 의무' 또는 '매수인의 등기서류 수령에 협력할 의무'가 아니라 '등기절차에 협력할 의무'라는 개념을 매개로 매도인에 대하여 매수인의 사무를 처리하는 자라는 지위를 인정한 것은 이러한 맥락에서 그 의미를 찾을 수 있다."[26]

부동산 물권의 변동을 위한 등기주의를 취함과 동시에 등기권리자와 등기의무자가 공동으로 신청하도록 하는 공동신청주의 하에서, 부동산 매수인의 소유권이전등기 신청이 매도인의 협력을 필요로 한다는 점에서 매도인에게 타인(매수인)의 재산보전에 협력할 지위를 인정하고, 따라서 매도인을 타인(매수인)의 사무를 처리하는 자로 인정하는 판례의 전통적인 입장을 보여주는 판례이다.

"근저당권설정자는 근저당권자를 위하여 근저당권설정등기를 경료하여 줌으로써 근

---

25) 대법원 1984. 12. 26. 선고 84도2127 판결.
26) 대법원 2011. 1. 20. 선고 2008도10479 전원합의체 판결.

저당권설정계약상의 의무를 이행한 것이 되고 그 후 위 근저당권설정등기를 임의로
말소하여서 안 되는 것은 물권인 근저당권의 대세적 효력의 당연한 귀결로서 근저당
권설정자를 포함한 모든 사람이 부담하는 의무이고 근저당권설정자가 그 설정계약에
따라 근저당권자의 재산의 관리보호를 위하여 특별히 부담하는 의무는 아니므로 근
저당권설정자가 등기관계서류를 위조하여 근저당권설정등기를 말소하였다 하더라도
이는 문서에 관한 범죄를 구성할 뿐이고 달리 배임죄를 구성한다고 할 수 없다."[27]

근저당권 설정계약만으로는 아직 채권자가 근저당권을 취득하지 못하여 채무
자가 타인(채권자) '소유의' 재산의 보전에 협력하는 지위에 있다고는 할 수 없지
만, 근저당권설정등기에 협력해야 할 의무를 타인의 재산보전에 협력하는 사무로
인정하는 전통적인 입장을 한 번 더 확인해주면서도, 이 사건의 경우처럼 근저당
권설정자가 근저당권자에게 이미 근저당권 설정등기를 경료 해 주었다면, 타인의
재산보전에 협력할 사무인 등기협력의무를 이미 이행한 것이므로 더 이상 타인
의 사무를 처리하는 자에 해당하지 않는다고 판단하였다.

"채무자가 채권자에 대하여 소비대차 등으로 인한 채무를 부담하고 이를 담보하기
위하여 장래에 부동산의 소유권을 이전하기로 하는 내용의 대물변제예약에서, 약정의
내용에 좇은 이행을 하여야 할 채무는 특별한 사정이 없는 한 '자기의 사무'에 해당
하는 것이 원칙이다.
채무자가 대물변제예약에 따라 부동산에 관한 소유권을 이전해 줄 의무는 예약 당
시에 확정적으로 발생하는 것이 아니라 채무자가 차용금을 제때에 반환하지 못하여
채권자가 예약완결권을 행사한 후에야 비로소 문제가 되고, 채무자는 예약완결권 행
사 이후라도 얼마든지 금전채무를 변제하여 당해 부동산에 관한 소유권이전등기절차
를 이행할 의무를 소멸시키고 의무에서 벗어날 수 있다. 한편 채권자는 당해 부동산
을 특정물 자체보다는 담보물로서 가치를 평가하고 이로써 기존의 금전채권을 변제
받는 데 주된 관심이 있으므로, 채무자의 채무불이행으로 인하여 대물변제예약에 따
른 소유권등기를 이전 받는 것이 불가능하게 되는 상황이 초래되어도 채권자는 채무
자로부터 금전적 손해배상을 받음으로써 대물변제예약을 통해 달성하고자 한 목적을
사실상 이룰 수 있다. 이러한 점에서 대물변제예약의 궁극적 목적은 차용금반환채무
의 이행 확보에 있고, 채무자가 대물변제예약에 따라 부동산에 관한 소유권이전등기
절차를 이행할 의무는 궁극적 목적을 달성하기 위해 채무자에게 요구되는 부수적 내
용이어서 이를 가지고 배임죄에서 말하는 신임관계에 기초하여 채권자의 재산을 보

---

27) 대법원 1987. 8. 18. 선고 87도201 판결.

호 또는 관리하여야 하는 '타인의 사무'에 해당한다고 볼 수는 없다. 그러므로 채권 담보를 위한 대물변제예약 사안에서 채무자가 대물로 변제하기로 한 부동산을 제3자 에게 처분하였다고 하더라도 형법상 배임죄가 성립하는 것은 아니다."28)

이 판례는 부동산 대물변제예약에 따라서 채무자가 채권자를 위하여 그 부동 산의 소유권이전등기에 협력할 사무를 타인(채권자)의 재산보전에 협력할 사무로 인정했던 기존의 입장을 변경하면서, 그 근거로 대물변제예약만으로는 목적 부동 산에 대한 담보물권이 확정적으로 발생하지 아니하고, 또 채권자가 예약완결권을 행사하는 경우 채무자가 대물변제예약에 따라 부동산에 관한 소유권이전등기절 차를 이행할 의무도 기존의 금전채권의 변제라는 궁극적 목적을 달성하기 위해 채무자에게 요구되는 부수적 내용에 불과하다는 점을 들고 있다.

Ⅳ. 배임죄의 주체에 관한 판례 법리의 검토

1. 신임관계의 요구에 대한 검토

판례는 타인의 재산에 대한 보호·관리사무가 당사자 간의 신임관계에 기초하 고 있어야 한다고 본다. 또한 판례는 배임죄의 본질을 그러한 신임관계의 위반으 로 파악하는 배신설에 입각하고 있는 것으로 이해된다. 이러한 판례의 입장에 대 해서는 찬·반 양론이 존재한다.

먼저 반대하는 견해는 배임죄의 본질을 신임관계의 위반으로 보게 되면, '타인 의 사무'를 '타인을 위한 사무'로 해석하게 되고, 이는 타인'의' 사무가 법문과는 달리 타인'을 위한' 사무라는 뜻으로 확대되어 죄형법정주의에 위반될 여지가 있 다고 한다. 이러한 문제점을 인식하여 배신설의 진영에서 "타인의 재산적 이익에 본질적으로 연결되는 사무"29)라든지, "타인의 재산보호가 신임관계의 전형적·본 질적인 내용이어야 한다"30)라든지, "양자 간의 신임관계에 기초를 둔 타인의 재 산보호 내지 관리의무가 있음을 그 본질적 내용으로 하는 경우"31) 등의 표지를

---

28) 대법원 2014. 8. 21. 선고 2014도3363 전원합의체 판결.
29) 김일수/서보학, 형법각론 제6판(2004), 478면.
30) 이재상, 형법각론 제9판(2013), § 21/13.
31) 대법원 1990. 5. 8. 선고 89도1524 판결; 대법원 1987. 4. 28. 선고 86도2490 판결.

통하여 타인의 사무의 범위를 제한하려고 하지만, 이러한 노력들 또한 근본적인 해결책을 제공하지 못한다고 비판하기도 한다. 뿐만 아니라 채무이행이 채권자인 타인을 위한 사무임이 분명함에도 배신설이 단순한 채무이행은 '타인을 위한' 사무이기는 하지만 '자기의 사무'라고 함으로써 스스로 논리적인 모순을 범한다고 비판하기도 한다.[32]

배신설에 반대하는 견해들 중에는 배신설의 문제점을 근본적으로 해결하기 위해서는 배임죄의 본질을 "사무처리 의무위반"에서 찾아야 한다는 견해도 있다. 형법상의 배임죄는 "타인의 사무를 처리하는 자"라고만 명시할 뿐, 독일 형법의 배신구성요건과 같이 "신뢰관계"를 요구하지 않으며, "임무에 위배하는 행위"라는 법문도 "배임행위"라고 읽어야지 "배신행위"라고 새겨야 할 이유가 없다고 한다. 즉, 임무위배와 배신은 다른 의미이기 때문에 배임죄의 본질은 타인의 사무를 처리하는 자의 "사무처리 의무위반"에서 찾아야 한다는 것이다.[33]

반면에 배임죄의 본질을 신임관계의 위배, 즉 배신으로 이해한다고 하여 타인의 사무의 범위가 무제한적으로 확장되는 것이 아니라는 반론도 만만찮다. 즉, 배임죄의 본질을 대내적인 신임관계의 위배에서 파악한다고 해서 '타인의 사무'를 '타인을 위한 사무'로 해석해야 하는 것도 아니고, 범죄의 본질에 관한 문제와 구체적인 구성요건표지에 대한 해석의 문제는 다른 단계의 논의이기 때문에, 판례가 타인의 사무를 타인을 위한 사무로 해석하는 것이 배임죄의 본질을 잘못 파악한 데에 그 원인이 있다고 평가하는 것은 타당하지 않다는 것이다. 즉 배임죄의 본질론이 "행위를 배임죄로 처벌하는 이유가 무엇인가"를 논하는 것이라면, 개개의 구성요건표지에 관한 해석론은 "행위를 배임죄로 처벌하기 위한 요건은 무엇인가"를 논하는 것이기 때문에, 양자는 그 논의의 단계가 다르다는 것이다. 또한 사무처리의무위반설에서도 사무처리의 근거로서 신임관계가 전제되는 것이고, 따라서 사무처리의무위반설과 배신설은 신임관계 위반을 공통분모로 하고 있으므로 양 설은 서로 배치되는 것이 아니라고도 한다. 다만 사무처리의무가 신임관계 보다는 더욱 구체적인 표지이므로 사무처리의무위반설이 배신설보다는 주체의 범위를 제한하는 데에 더욱 적극적이라는 효과가 있을 뿐이라는 것이다. 따

---

32) 허일태, "부동산 이중매매와 배임죄", 형사법연구 제15호(2001), 332, 333면.
33) 허일태, 앞의 논문, 331면.

라서 배신설과 사무처리의무위반설의 차이가 '타인의 사무'를 해석하는 데에 결정적인 차이를 가져오지도 않는다고 한다.[34]

생각건대 개개 범죄의 본질론이 구성요건표지를 해석함에 있어서 갖는 의미는 구성요건표지들을 그 본질론에서 벗어나지 않도록 해석하여야 한다는 소극적·한정적 기능에 있다. 본질론 자체가 구성요건표지의 구체적인 내용까지 모두 규정해주지는 않고, 또 그렇게 해서도 안 된다. '타인을 위한 사무'의 경우에도 신임관계에 위반되는 배신적 처리가 있을 수 있다. 그러나 그렇다고 하여 '타인을 위한 사무'가 당연히 '타인의 사무'가 되어야 하는 것은 아니다. 배신설의 입장에서도 '타인을 위한 사무'라고 하여 모두 '타인의 사무'에 포함되는 것이 아니라고 하는 이유도 거기에 있다. 배신설의 입장으로 이해되는 판례도 '타인의 사무'를 처리한다고 하려면 당사자 관계의 본질적인 내용이 신임관계에 기초하여 타인의 재산을 보호 또는 관리하는 데 있어야 한다고 할 뿐이다. 즉 신임관계는 타인의 사무를 인정하는데 필요한 조건일 뿐이지, 신임관계가 인정되는 경우에는 언제나 타인의 사무가 된다는 의미로 새기지는 않는다. 여기서 신임관계는 타인의 사무를 정의하는 요소가 아니라 신임관계에 기초하는 사무만이 배임죄에서 요구하는 타인의 사무일 수 있다는 한정적인 의미를 갖는다. 개개 범죄의 본질론은 그 범죄의 가벌성과 당벌성의 근거를 가장 함축적으로 표현하는 기능을 한다. 양설 중에서 과연 어느 것이 배임죄의 본질을 더 잘 파악한 것인가는 별론으로 하고, 적어도 어느 설을 취하느냐에 따라서 '타인의 사무'라는 구성요건표지에 대한 해석의 성패가 좌우된다고 할 수는 없다. 따라서 판례가 타인의 사무를 해석함에 있어서 '신임관계에 기초하는 사무'로 정의하는 것은 문제가 없다고 본다.

2. '타인의 재산보전에 협력하는 사무'에 대한 검토

(1) 타인의 기존 재산의 보전에 협력하는 사무

이미 언급한 바와 같이 대법원은 피해자가 피고인에게 다방시설 운영권을 임대함과 동시에 다방 영업허가 명의를 피고인으로 변경해주면서 다방시설 임대기간 종료 후 영업허가 명의를 다시 피해자 앞으로 변경하기로 하였던 사안에서

34) 이창섭, 앞의 논문, 30, 31, 44면.

피고인은 다방영업 허가라는 재산적 가치가 있는 이익을 타인(다방시설 운영권 임대인)의 재산(권)으로 보호·관리하는 자로서 타인의 사무를 처리하는 자로 인정한다.[35] 즉 대법원은 다방영업 허가라는 재산적 가치의 귀속주체는 임대인이고, 위 다방시설 운영권의 임대 및 허가명의 변경을 내용으로 하는 약정으로 인하여 다방영업 허가권이 피고인에게 이전되는 것이 아니므로 피고인은 타인(임대인)의 재산(다방영업 허가권)보전에 협력하는 지위에 있다고 본 것이다. 이와 같이 계약 등으로 인하여 타인 소유의 기존 재산(권)을 보호·관리하는 자를 '타인의 재산 보전에 협력하는 자'의 범주로 묶어서 타인의 사무를 처리하는 자로 포섭시키는 것은 타당하며, 이에 대해서는 별다른 이견도 없다. 타인 소유의 재산을 보호·관리하는 것은 본래 그 타인의 사무임에 틀림없고, 계약 등을 근거로 하는 신임관계에 기초하여 그 재산을 현실적으로 보호·관리하고 있는 자가 있다면, 그는 실질적으로는 타인의 재산에 관한 관리 사무를 대행하는 자로 볼 수 있기 때문이다.

(2) 계약의 목적이 된 권리가 상대방에게 귀속된 후 그 재산권의 보전에 협력하는 사무

판례는 면허권·허가권·채권 등의 이중양도, 양도담보로 제공된 동산의 처분행위 등의 경우에는 동산의 이중매매와는 달리 타인의 사무 처리자로 인정하면서, 그 논거를 면허권·채권 등의 경우에는 계약의 목적이 된 권리가 계약의 상대방에게 이전·귀속된 이후의 문제인 반면에, 동산 이중매매의 경우에는 계약의 목적이 된 권리(소유권)가 아직 타인(매수인)에게 이전·귀속되기 이전 상태에서의 계약이행 과정의 문제에 불과하다는 점에 찾는다. 즉 전자의 경우에는 이중양도자가 이미 상대방에게 귀속된 면허권·허가권·채권 또는 담보권을 보호·관리하는 지위에 있으므로, 그는 '타인의 재산'을 보호·관리하는 자로서 타인의 사무를 처리하는 자의 지위에 있다는 것이다. 이러한 판례의 기본 입장에 대해서는 찬·반의 양론이 존재한다.

먼저 찬성하는 측에서는 계약에 의하여 부담하는 채무의 이행과 관련하여, 그 이행단계에 따라서 이미 계약의 목적이 된 권리가 상대방에게 이전된 이후와 상

---

35) 대법원 1981. 8. 20. 선고 80도1176 판결.

대방에게 이전되기 이전의 경우를 차별화 하는 것은 의미가 있다고 한다.[36]

반대하는 견해는 판례처럼 배신설을 취하는 한에서는 배임죄의 주체를 규정함에 있어서 상대방에 대하여 신임관계를 위반할 수 있는 지위에 있느냐 하는 것만이 중요하고, 행위자가 보호·관리하는 상대방의 어떤 재산(권)이 존재하느냐의 여부는 아무런 상관이 없다고 하여야 논리적이라고 한다. 따라서 예컨대 행위자가 보호·관리하는 타인의 재산이 존재하지 않는다는 이유로 타인의 사무를 부정한 판례는[37] 판례의 기본 입장인 배신설과 모순된다고 한다.[38] 판례처럼 신임관계에 초점을 맞추고 타인의 사무를 해석하게 되면, '타인소유의 재산'은 결정적인 기준이 되지 않는다는 비판도[39] 같은 맥락이다.

그러나 반대하는 견해가 배임죄의 본질론에서 출발하여 배신적인 행위를 할 가능성을 가진 자는 모두 배임죄의 주체가 되어야 하므로, 행위자가 보호·관리하는 상대방의 어떤 재산(권)이 존재하느냐의 여부는 아무런 상관이 없다고 하여야 논리적이라고 하는 것은 이미 위에서 논한 바와 같이 범죄의 본질론과 구체적인 구성요건표지의 해석론이 서로 다른 단계의 문제라는 점을 간과한 것으로 보인다.

또 다른 반대견해로는 판례처럼 보호·관리하는 타인의 재산이 존재하느냐를 기준으로 하여 타인의 사무를 결정한다면, 부동산 이중매매의 사례들에서는 아직 매수인에게 소유권이 넘어가기 전이므로 타인의 사무를 부정하여야 마땅함에도 법원이 그렇게 하지 않는 것은 스스로 모순을 범하는 것이라는 주장도 있다.[40] 그러나 이 비판은 판례의 입장을 전체적으로 고찰하지 않은 결과로 보인다. 판례는 타인 소유의 재산을 보호·관리하는 경우에만 타인의 사무가 된다고 하지는

---

36) 이창섭, 앞의 논문, 43면.
37) 대법원 2004. 6. 25. 선고 2004도1751. 이 판례에서 대법원은 담보권설정자가 보호·관리할 타인(2차 양도담보권자)의 재산이 부존재하므로 그는 타인(2차 양도담보권자)의 재산을 보호·관리하는 자가 아니므로, 담보권설정자가 점유개정의 방식으로 점유하고 있던 그 담보물을 제3자에게 임의로 처분하더라도 2차 양도담보권자에 대해서는 배임죄 성립을 부정하였다 (이 판례에 대한 비판적 견해로는 손동권, "배임죄 성립에 있어서 동산과 부동산 사이의 차이 문제", 형사법연구 제25권 제4호(2013), 319면 참조).
38) 허일태, "배임죄에서의 행위주체와 손해의 개념", 비교형사법연구 제6권 제2호(2004), 147면.
39) 송희식, "배임죄의 불법과 치역 – 대법원 2011. 1. 20. 선고 2008도10479 전원합의체 판결 –", 한양법학 제22권 제3집(통권 제35집, 2011), 344면.
40) 송희식, 앞의 논문, 345, 346면.

않는다. 오히려 판례는 타인의 사무로 인정되는 경우로서 세부적으로 네 가지 유형을 든다. 타인의 재산관리 사무를 대행하는 경우, 기존의 타인 소유의 재산보전에 협력하는 경우, 계약의 목적이 된 권리가 상대방에게 귀속된 후 그 재산권의 보전에 협력하는 경우, 사무의 성질상 타인과 공동으로 사무를 수행하여야 하는 경우가 그것이다. 그런데 판례는 부동산 이중매매의 경우는 첫 번째부터 세 번째의 유형에 해당하는 것이 아니라, 마지막의 유형에 해당하는 것으로 본다. 즉 판례는 부동산 이중매매의 경우 '타인 소유'의 재산에 대한 보호·관리가 아니라 다른 근거로 사무의 타인성을 인정한 것이므로 모순되는 판단이라고 할 수는 없다. 물론 네 번째의 유형을 과연 타인의 사무로 포섭시키는 것이 타당한지는 아래에서 논하는 바와 같이 별개의 문제이다.

(3) 타인과의 공동사무의 인정에 대한 검토

판례는 일관하여 타인의 사무를 대행하는 경우나 타인에게 '귀속된' 재산을 보호·관리하는 경우가 아니더라도, 타인에게 '귀속될' 재산과 관련된 사무로서 그 사무의 목적달성을 위해서는 타인과 협력하여 공동으로만 수행할 수 있는 경우를 타인의 사무로 인정한다. 이러한 판례의 입장은 주로 부동산 이중매매와 부동산 이중근저당권 설정 등과 관련하여 문제가 된다. 판례는 일관하여 「우리나라는 부동산 소유권이전등기를 매도인과 매수인의 공동신청주의로 하고 있고, 그로 인하여 매도인과 매수인은 공동으로 등기관을 상대로 등기신청사무를 처리하여야 한다는 점에서 상호 협력관계에 놓이게 된다. 여기서 매도인의 등기협력의무는 '매수인의 권리 취득에 협력할 의무' 또는 '매수인의 등기서류 수령에 협력할 의무'가 아니라 '등기절차에 협력할 의무'이다. 판례가 부동산매매에서 부동산등기절차의 고유한 특성을 근거로 하여 타인의 재산 보호 내지 관리를 위한 협력의무의 존재를 긍정하는 반면에, 그와 같은 내용의 협력의무를 상정하기 어려운 동산매매의 경우에서는 매도인을 매수인의 사무를 처리하는 자에 해당하지 않는다고 보는 것은 단순한 채무불이행은 배임죄를 구성하지 않는다는 기본 법리에 보다 충실한 법해석이다.」 라고 한다.

판례의 이러한 해석에 대해서는 찬·반의 양론이 예리하게 대립한다. 먼저 반대 견해로는 매도인과 매수인 사이에 형성되는 부동산 매매의 신뢰관계에서 매수인의 금전채무불이행은 배임죄로 규율하지 않으면서 매도인의 소유권이전의무 불이행만 배임죄로 규율하는 것은 매매관계의 균형을 파괴한다는 비판이 있다.[41]

　동산과 부동산의 구별 없이 중도금까지 받은 단계로 계약의 이행이 진행되어 임의로 계약을 해제할 수 없는 단계에 이른 때에는 매도인과 매수인에게는 – 단순한 채권채무자 관계를 넘어 – 잠정적인 물권적 지위(매도인은 잠정적인 물권적 의무자, 매수인은 잠정적인 물권적 권리자)가 인정되고, 이러한 상태에서의 매도인의 사무는 자기 사무라는 성격과 더불어 상대방(매수인)의 재산보전에 협력하는 타인 사무의 성격을 동시에 가지게 된다고 하는 입장도,[42] 부동산 이중매매의 경우 타인의 사무를 인정하여야 한다는 결론에서는 판례와 입장을 같이 한다. 하지만 이 입장은 그 논거를 판례처럼 동산과 구별하여 등기협력의무의 특성에서 찾아서는 안 된다고 한다. 이중매매의 구조로 보나, 최초의 매수인이 중도금 또는 잔금까지 지급한 경우에는 소유권 이전에 대한 기대권이 발생한다는 측면에서 보나, 동산과 부동산의 경우 아무런 차이가 없는 데에도, 등기절차라는 제3의 매개과정 때문에 자기 사무와 타인 사무로 차별화 하는 것은 설득력이 약하다는 것이다.[43]

　타면, 다음과 같이 판례의 입장에 찬성하는 견해도 존재한다. 「매도인과 매수인의 대립적 관계에서 매도인이 등기소에 출석하여 이전등기의무를 이행하고 매수인이 그 이행을 수령하는 것은 매매계약에서 발생한 채권채무관계에서 일반적으로 나타나는 사법상의 각자의 사무이다. 그러나 그러한 사법상의 이행의 제공·수령과는 달리 국가기관인 등기소에 대하여 소유권이전등기를 요구하는 등기신청이라는 공법상의 행위는 공동으로 해야 하고, 이에 따라 소유권이전등기가 경료 되면 매도인의 이행과 매수인의 수령은 완료된다. 즉 등기신청은 매도인 홀

---

41) 문형섭, "배임죄의 본질과 주체의 범위", 법조 제51권 제1호(2002), 38면. 같은 취지로 허일태, "부동산 이중매매와 배임죄", 형사법연구 제15호(2001), 336면.
42) 손동권, 앞의 논문, 314면. 사실상 내지 실질적 소유권자라는 관점을 사용하여, 부동산 매수인이 잔금까지 지불한 상태라면 매수인을 실질적 소유권자라 할 수 있고, 따라서 매도인의 등기협력사무를 실질적으로 타인(매수인)의 사무에 포함시켜 매도인을 배임죄의 주체로 인정하는 것이 타당하다는 견해도 있다(김종덕, "배임죄 주체의 해석상 몇 가지 문제", 저스티스 통권 제112호(2009), 19면.).
43) 권오걸, "동산의 이중매매와 배임죄 – 부동산 이중매매와의 비교를 통해서 –", 비교형사법연구 제13권 제2호(2011), 413, 421면.

로 처리할 수 없고 반드시 매수인과 공동으로 처리해야 하는 사무이므로 그것을 매도인 자신만의 사무라고 할 수 없고, 매도인과 매수인의 공동사무라고 해야 한다. 이처럼 공동의 사무는 매도인의 입장에서는 매수인(타인)의 사무이다. 따라서 매도인이 등기협력의무를 이행하는 것은 타인의 사무를 처리하는 것이다.」[44]라고 한다.

생각건대 위의 반대 견해 중에서 당사자 간의 평등취급에 반한다는 비판은 계약관계에서 당사자 간의 법적 지위의 대등한 보장이라는 문제가 민법상의 문제일 뿐이고, 행위자의 가벌성과 당벌성을 문제 삼는 형법에서 고려될 문제가 아님을 간과한 것으로 보인다. 배임죄는 양 당사자가 지는 임무의 내용이나 성질에 따라서 독자적으로 결정될 문제이지, 계약당사자의 대등한 취급이라는 민법의 원리에 따라서 결정될 문제는 아니다. 즉 계약당사자 중에서 어느 한쪽 당사자에게 배임죄의 가능성을 인정하려면, 당연히 반대 당사자에게도 그러한 가능성이 보장되어야 하는 것이 아니다. 이는 회사 이사와 회사 간의 관계에서 잘 드러난다. 이사는 임무에 맞게 회사의 업무를 처리할 의무를 지고, 회사는 보수지급의무를 지는데, 원칙적으로 이들 의무이행에서 민사적으로는 대등하게 보호되어야 할 것이지만, 임무위배에 대한 배임죄의 성립에서도 항상 대등하게 취급할 것은 아님은 명백하다. 마치 횡령죄에서도 계약에 의하여 타인의 재물을 보관하고, 그에 대한 반대급부를 제공받는 계약관계에서 쌍방의 민사상 계약이행이라는 측면에서는 당연히 양자의 법적 평등이 보장되어야 하겠지만, 횡령죄의 성립과 관련해서는 오로지 보관자만이 그 대상이 될 수 있다고 하여, 이를 법적 지위의 대등한 보장이라는 원칙에 어긋난다고 할 수 없는 것과 같은 원리이다.

하지만 반대 견해 중에서 법원이 등기협력의무를 내세워 동산 이중매매와 부동산이중매매를 달리 취급하는 것은 부당하다는 비판은 타당한 측면이 있다고 생각한다. 매도인의 등기협력의무는 사실 매매계약상 매도인의 채권적 의무에 다름 아니고, 등기신청이 공동으로 이루어져야 한다고 하여 매도인의 의무의 성질 자체가 바뀌는 것은 아니라고 보기 때문이다. 등기신청이 공동으로 처리되는 사무라고 하더라도 매도인은 등기신청에 필요한 자기의무를(등기이전에 필요한 매도

---

44) 이창섭, 앞의 논문, 35, 36면.

인측의 서류를 제공하거나 등기소에 출석하는 등의 의무) 이행하면 족하다는 사실에는 변함이 없다. 등기의 공동신청이라는 것은 등기관을 상대로 하는 등기신청사무의 방식에 불과하다. 즉, 공동신청이라는 요건은 등기소가 매도인 및 매수인에게 요구하는 요건이지, 매도인과 매수인 사이에서 상호 간에 요구하는 요건이 아니다.[45]

더구나 공동사무이기 때문에 그 사무는 자기 사무인 동시에 상대방의 입장에서 보면 타인 사무가 된다는 논리도 석연치 않다. 예컨대 매도인의 등기협력사무 자체가 매도인의 사무인 동시에 매수인의 사무로서 성격을 갖는다는 의미에서 공동사무라고 한다면, 당연히 그 사무는 타인(매수인)의 사무라고도 할 수 있을 것이다. 그런데 찬성하는 측에서 말하는 공동사무는 그러한 의미가 아니다. 매도인의 사무와 매수인의 사무는 각자 엄연히 분리되어 있지만, 그러한 사무가 협력적으로 함께 실행될 때에만 등기소에 대하여 유효한 행위가 된다는 의미로 사용한다. 이는 분명 매도인의 사무 그 자체가 매도인 및 매수인이 공동으로 수행하는 사무라는 의미와는 다르다.

대법원도 2014년 부동산을 목적물로 하는 대물변제예약사건에서[46] 등기협력의무가 존재한다는 사실만으로 등기의무자가 당연히 '타인의 사무'를 처리하는 자에 해당한다거나 배임죄가 성립한다고 할 수 없음을 명확히 밝힌 바 있다. 더나아가 이 판결의 다수의견에 대한 보충의견 중에는 "종래 부동산 매매계약에서 매도인에게는 등기협력의무가 있고, 등기협력의무는 자기의 사무라는 성격과 타인의 사무라는 성격을 동시에 가지고 있다고 판시하였으나, 판례가 배임죄의 처벌 근거로 삼은 '등기협력의무'라는 용어는 민사적으로 인정되는 '등기절차이행의무'와 그 내용이 전혀 다르지 않다. 그리고 등기협력의무의 내용인즉슨, 매도인이 등기에 필요한 서류를 가지고 등기소에 출석하거나 혹은 등기에 필요한 서류를 등기권리자인 매수인에게 제공하는 것에 불과하다. 등기절차이행의무라는 민사적

---

45) 결론적으로 매도인의 등기이전협력의무를 타인의 사무로 인정하는 것에 반대하는 견해로는 이승준, "배임죄 행위주체 해석의 방향 – 동산 이중양도를 중심으로 –", 인권과 정의 제422호(2011), 99면 이하; 주지홍, "부동산 이중매매에 있어서 배임죄 적용 결과 민사법질서에 미치는 부정적 영향", 법학연구 제51권 제2호(2010), 부산대학교 법학연구소, 319면 이하; 허일태, "부동산 이중매매와 배임죄", 형사법연구 제15호(2001), 332면 이하; 허일태, "배임죄에서의 행위주체와 손해의 개념", 비교형사법연구 제6권 제2호(2004), 145면 이하.
46) 대법원 2014. 8. 21. 선고 2014도3363 전원합의체 판결.

의무를 위반하였다면 그에 따른 민사적인 책임을 지는 것으로 충분하고 나아가 배임죄로 처벌하자고 말하기는 쉽지 않을 것이다. 그런데도 굳이 등기절차이행의 무라는 용어 대신 '등기협력의무'를 고안하여 놓고 그 의무는 자기의 사무임과 동시에 타인의 사무라고 하여 그 위반행위를 배임죄로 처벌할 수 있다는 주장은, 결국 민사상 채무불이행 사안을 형사처벌 하겠다는 의지의 표현이라고 말할 수 밖에 없다."고도 한 바 있다.

3. 판례이론의 일관성에 대한 검토

우리 판례가 타인의 사무를 판단함에 있어서 일관된 기준에 의거하고 있는지 에 대하여 의문을 제기하는 사례들로는 ① 동산 이중매매(타인사무 부정)와 부동 산 이중매매(타인사무 긍정), ② 동산 이중양도담보(타인사무 긍정)와 동산 이중매 매(타인사무 부정), ③ 대물변제예약 된 부동산의 임의처분(타인사무 부정)과 양도 담보가 설정된 부동산의 임의처분(타인사무 긍정), ④ 낙찰계에서 계불입금 징수 후의 계주의 계금지급의무(타인사무 긍정)와 계불입금 징수 전의 계금지급의무(타 인사무 부정) 등에서 서로 다른 판단을 하는 사례들이다.

대법원이 이상의 비교사례들을 각각 다르게 판단한 것을 이 연구에서 분석한 판례이론에 따라 재해석하면 다음과 같이 정리할 수 있다. ①의 경우에는 등기신 청사무처럼 행위자가 타인과 협력적으로 수행해야 하는 사무의 존재 여부에 따 라서, ②, ③, ④의 경우에는 행위자가 보호·관리할 구체적인 타인의 재산(권)이 존재하는지 여부에 따라서 서로 달리 판단한 것으로 볼 수 있다. 따라서 대법원 이 유사해 보이는 위 비교사례들을 서로 달리 판단하면서 적용한 각각의 판단 기준이 타당한지는 별론으로 하고, 기준 및 판단 자체의 일관성은 나름대로 유지 하고 있다고 판단된다.

그러나 적어도 대물변제예약물인 부동산을 임의 처분하는 사례에 대하여 판례 가 그 입장을 변경한 것과 관련해서는 기존의 판례이론과 모순되거나 기존의 이 론을 변경한 것이 아닌가라는 의문이 남을 수 있다. 그러나 부동산 대물변제예약 에 대하여 판례가 태도를 변경한 것은 타인의 사무에 대한 기존의 해석론을 변 경한 것이라고 하기 보다는 대물변제예약의 성격에 대한 기존 입장을 변경한 결과로 보는 것이 합당할 것으로 본다. 즉 과거에는 담보목적으로 체결된 대물변제예약도 그 약정만으로 채권자가 담보권이라는 물권을 취득하는 것으로 해석하였다면, 최근의 변경 판례는 대물변제예약의 약정만으로는 채권자가 확정적인 담보권을 취득하지 못하는 것으로 판단하고 있다. 따라서 대물변제예약의 성격을 이렇게 보게 되면 채무자가 보호·관리할 타인(채권자)의 재산(권)이 존재하지 않게 되므로 결과적으로 타인의 사무를 인정할 수 없게 된다.

V. 맺는말

배임죄의 주체에 관한 판례 이론을 분석한 결과 판례가 타인의 사무로 해석하는 경우는 기본적으로 두 가지 유형으로 드러났다. 양자 간에 신임관계에 기초를 두고 타인의 재산관리에 관한 사무를 대행하는 경우와 타인의 재산 보전에 협력하는 경우가 그것이다. 그리고 타인의 재산 보전에 협력하는 경우는 다시 타인에게 귀속된 '타인 소유'의 재산(권)의 보전에 협력하는 경우와 타인의 사무와 공동하여서만 사무의 목적이 달성될 수 있는 경우로 나뉜다.

이들 중에서 첫 번째의 유형에 대하여 타인의 사무를 인정하는 데에는 타당하게도 이론이 없다. 두 번째의 유형 중에서도 '타인 소유'의 재산(권)의 보전에 협력하는 경우에 타인의 사무를 인정하는 태도도 역시 타당하다고 본다. 타인에게 귀속된 재산(권)은 당연히 타인이 보호·관리할 수 있는 권능을 갖는 것이고, 그 재산(권)의 보전에 협력하는 것은 사실상 타인 재산의 보호·관리에 해당하는 사무라 할 수 있기 때문이다. 즉 법률의 규정이나 법률행위 또는 사실상의 신임관계에 근거하여 타인의 재산(권)을 현실적으로 지배하면서 그 재산(권)의 보전에 협력하여야 하는 자는 실질적으로 타인의 재산을 보전하는 사무를 대행하는 것과 다를 바가 없기 때문이다.

반면에 두 번째의 유형 중에서 타인의 사무와 공동하여서만 사무의 목적이 달성될 수 있는 경우를 타인의 사무로 인정하는 것은 무리가 있다. 매도인의 등기협력의무는 사실 매수인이 소유권을 취득할 수 있도록 하는 매매계약상 매도인의 전형적인 채무의 내용에 다름 아니다. 공법상 등기신청이 공동으로 이루어져야 한다고 하여 매도인의 의무의 성질 자체가 바뀌는 것은 아니다. 공동신청주의 하에서도 매도인은 등기신청에 필요한 자기의무를(등기이전에 필요한 매도인 측의 서류를 제공하거나 등기소에 출석하는 등의 의무) 이행하면 족하다는 사실에는 변함이 없다. 등기의 공동신청이라는 것은 등기관을 상대로 하는 등기신청 요건의 문제이지, 매도인이 매수인을 상대로 사무를 실행하는 방식이나 요건은 아니다. 공동신청의 방식은 매도인과 매수인이 제3자인 등기관에게 등기신청을 할 때에 공동으로 하여야 한다는 것일 뿐이고, 매도인이 매수인에게 매매계약상 이행해야할 의무나 사무의 내용에 추가적으로 무엇을 더 요구하는 것이 아니다. 공동신청의 요구가 매수인과의 대내적인 관계에서 매도인의 사무의 성격에 어떤 변화를 줄 수 있는 요소가 아니라는 말이다. 따라서 판례 및 그에 찬성하는 입장이 부동산 매도인의 계약이행사무라는 전형적인 민사법상의 자기사무를 등기협력의무라는 관점을 등장시켜 타인의 사무에 포섭시키려는 논증은 문제가 있어 보인다. 뿐만 아니라 등기협력의무를 타인의 사무로 인정하는 것은 '타인의 사무'를 처리한다고 하려면 당사자 관계의 본질적 내용이 단순한 채권채무 관계를 넘어서 그들 간의 신임관계에 기초하여 '타인의 재산'을 보호 또는 관리하는 데 있어야 한다는 대법원의 한결같은 기본 입장과도 조화되기 어려운 측면이 있다.

평석

배임죄의 주체에 관한 판례이론의 분석과 검토

하 태 인*

I. 문채규 교수님과의 인연

문채규 교수님과는 부산대학교 대학원에 입학하기 전 형사법을 전공하기로 마음먹고, 찾아뵈었을 때이다. 그 후 부산대학교 대학원에 입학하여 형법 수업을 수강하면서, 형법에 대한 진지한 고민을 하게 된 계기가 되었다.

2012년 경남대학교에 부임한 후 운동을 시작하기로 마음먹고 무엇이 좋을까 고민하다가 교수님께서 평소 즐겨하시던 테니스가 생각나서 시작하게 되었다. 교수님 덕분에 시작한 테니스의 매력에 빠져 지금도 건강을 유지하는 최고의 운동이라고 생각한다. 2015년에는 교수님께서 한국비교형사법학회 회장직을 수행하게 되었고, 총무간사 직을 제안하였고, 이로 인하여 한국비교형사법학회 뿐만 아니라 한국형사법학회 등 다양한 학회에 적극적인 참가하게 된 계기가 되었다. 교수님과는 중국과 일본에 학회행사에 여러 차례 참석하였는데, 특히 2015년에 중국 랴오닝대학에서 학회행사를 마친 후 교수님의 제안으로 백두산을 가기로 하였는데, 8월에 눈이 와서 가지 못하고 단둥에서 관광하였다. 그 후 2019년 길림성대학에서 한중학술대회가 열렸는데, 비록 자비부담이지만 학술행사 후 백두산을 보고 온 기억이 새롭다. 그 외에도 후지산, 만리장성, 자금성 등 많은 추억들이 있다.

교수님이 주장하시는 소극적 구성요건표지이론을 공부하면서, 범죄체계론은 3단계가 아닌 2단계가 타당하다는 생각을 하였다. 그 후 이를 구체적으로 연구하여 '판례분석을 통한 오상방위 해석'이라는 제목으로 형사법학회에 게재되었고, 이를 읽어 보신 교수님께서 '열심히 했네'라는 말씀을 하셨을 때는 무척이나 기뻤다.

이처럼 교수님 덕분에 학회활동을 할 수 있는 계기가 되었으며, 취미 또한 교수님의 덕분이다.

II. 논문의 개관

교수님의 논문에 토를 다는 것이 부담스럽다. 그저 동참(同參)의 의미로 보면 감사하

---

* 경남대 경찰학부 교수.

겠다. 따라서 혹 잘못된 부분이 있어도 혜량하여 주시길 바라면서 글을 쓴다.

주제는 부산대 법학연구 제57권 제4호(2016)에 게재된 "배임죄의 주체에 관한 판례이론의 분석과 검토" 주요 쟁점은 배임죄의 주체에 관한 최근의 판례 동향을 검토한 후 판례 법리 분석과 검토를 하고 있다. 대법원 판결은 배임죄 주체와 관련하여 대법원 1979. 11. 27. 선고 76도3962 전원합의체판결에서부터 대법원 2015. 11. 26. 선고 2015도4976 판결까지 다루고 있다. 논문 제목에서 알 수 있듯이 주요 내용은 대법원 판례에 관한 분석과 이에 대한 검토이다.

배임죄는 "타인의 사무를 처리하는 자가 그 임무에 위배하는 행위"를 하여야 하는데, 배임죄에서 가장 중요한 쟁점에 해당하는 것은 "타인의 사무"의 개념설정이며, 본 논문 역시 타인의 사무, 즉 타인의 사무를 처리하는 자의 범위에 관한 것이다.

판례는 타인의 사무를 처리하는 자를 '타인의 재산관리에 관한 사무를 대행하는 자'와 '타인의 재산 보전에 협력하는 자'로 나누고 있으며, 전자의 경우에는 타인의 사무를 처리하는 자에 해당하는데 별다른 논란이 있을 수 없다고 한다.

따라서 문제가 될 수 있는 것은 타인의 재산 보전에 협력하는 자에 관한 것인데, 'III. 배임죄의 주체에 관한 판례 법리의 분석'에서 이를 구체화하여 타인의 기존 재산 보존에 협력하는 사무, 계약의 목적이 된 권리가 상대방에게 귀속된 후 그 재산권의 보전에 협력하는 사무, 등기협력의무의 이행 등과 같이 타인과의 공동사무의 경우로 나누어 판례 동향을 검토하고 있다.

그리고 'IV. 배임죄의 주체에 관한 판례 법리의 검토'에서는 배임죄의 본질론에 해당하는 신임관계 요부에 관한 학설의 대립을 소개하면서 "범죄의 본질론이 구성요건표지를 해석함에 있어서 갖는 의미는 구성요건표지들을 그 본질론에서 벗어나지 않도록 해석하여야 한다는 소극적·한정적 기능에 있다. 본질론 자체가 구성요건표지의 구체적인 내용까지 모두 규정해주지는 않고, 또 그렇게 해서도 안 된다."고 하면서 "신임관계는 타인의 사무를 인정하는데 필요한 조건일 뿐이지, 신임관계가 인정되는 경우에는 언제나 타인의 사무가 된다는 의미가 아니"라고 한다. 즉 "신임관계는 타인의 사무를 정의하는 요소가 아니라 신임관계에 기초하는 사무만이 배임죄에서 요구하는 타인의 사무일 수 있다는 한정적인 의미를 갖는다"는 것이다. 즉 배임죄의 본질론은 판례의 입장이라고 할 수 있는 배신설을 따르던 그렇지 않던 구체적인 구성요건해석에 있어서 큰 의미가 없다고 한다. 즉 "범죄의 본질론과 구체적인 구성요건표지의 해석론이 서로 다른 단계의 문제"라고 한다. 그러면서 "타인의 사무를 해석함에 있어서 '신임관계에 기초하는 사무'로 정의하는 것은 문제가 없다"고 하였다.

결론적으로 '타인의 재산관리에 관한 사무를 대행하는 경우'와 '타인의 재산 보전에 협력하는 경우'로 나누고, 후자인 '타인의 재산 보전에 협력하는 경우'는 타인에게 귀속된 '타인 소유'의 재산(권)의 보전에 협력하는 경우와 타인의 사무와 공동하여서만 사무의 목적이 달성될 수 있는 경우로 나누고 있다. 이 중 문제되는 것은 '타인의 사무와 공동하여서만 사무의 목적이 달성될 수 있는 경우'로서 대표적으로 부동한 이중매매 사건이다. 부동한 이중매매에서는 등기협력의무를 타인의 사무가 된다는 대법원의 입장 및 찬성하는 견해에 대하여 비판적 입장에서 등기협력의무는 매도인의 자기사무에 해당하는 것으로 보았다.

Ⅲ. 배임죄의 본질과 타인의 사무

1. 배임죄 판단의 논증형식

대법원은 배임죄의 성부에 신임관계를 전제로 한다. 그런데 각급 법원의 결론에 있어서는 일치하지 않고 있으며, 대법원의 전원합의체 판결에서도 반대의견, 보충의견 등이 제시되어 그 적용은 서로 다르다. 이는 배임죄의 성립에 있어 논증과정 및 그 구조가 일치하지 않기 때문으로 판단된다. 즉 신임관계가 존재여부를 검토하고 '타인의 사무처리자'의 지위를 인정여부를 판단하는 논증과정이 있고, 또 배임죄 본질은 신임관계를 전제로 하여야 한다고 하면서도 피고인과 피해자 사이의 신임관계 존재여부는 검토하지 아니하고 곧 바로 사무의 타인성 여부를 검토하는 논증형식이 있다.

배임죄의 성립은 신임관계가 있어야 하며, 이에 따라 타인의 사무처리 자가 될 수 있다는 논증형식이 명확하며 타당하다. 이러한 논증순서를 따르지 아니하고 '타인의 사무처리 자' 여부를 판단하기 위하여 타인의 사무인지 자기의 사무인지를 구분하기는 매우 어려운 일이다. 예컨대 대법원 2018. 5. 17. 선고 2017도4027 전원합의체 판결[다수의견에 대한 보충의견]에서 타인의 재산관리에 관한 사무를 대행하는 자라고 할 수 있는 위임계약에 따른 "수임인이 처리하는 사무는 위임인으로부터 위탁받은 사무를 처리한다는 측면에서 '타인의 사무'이기도 하지만 약정된 자신의 보수를 얻기 위해 자신의 고유한 업무로서 처리한다는 측면에서는 '자기의 사무'이기도 하다"고 하여 모든 사무에 타인의 사무와 자기의 사무가 공존하는 것처럼 제시하여 혼란을 야기한다.

또 위임의 경우에 타인의 사무인가 아닌가는 처리하는 그 사무자체에 있는 것이지 그 이면에 있는 보수유무는 간접적인 것으로서 이를 동시에 판단하는 것은 '사무의 타인성' 판단에 혼란을 가중시키므로 타당한 논증방법이라 할 수 없다. 또한 보수유무로 판단할 경우에 보수를 받는 경우에는 거의 모든 사무에서 배임죄가 성립하며, 보수를 받지 않는 경우에는 타인의 사무가 될 수 없다는 이상한 결론에 도달한다.[1]

또한 대법원의 논증형식은 '타인의 사무를 처리하는 자'란 신임관계에 기초를 두고 '타인의 재산관리에 관한 사무를 대행'하거나 '타인 재산의 보전행위에 협력하는 사람'을 의미한다고 하는데, 이는 문제의 소지가 있다. 먼저 타인의 사무를 대행하는 사람은 이미 '타인의 사무처리 자'라는 신분을 취득한 사람을 전제로 하기 때문에, 당연히 '사무의 타인성'을 띠는 것이다. 문제는 '타인의 재산보전에 협력하는 자'라는 개념으로 접근한다면 '협

---

1) 졸고, 부동산 이중매매와 배임죄, 공안행정학회보 제78호, 2020, 279면.

력'이라는 개념에서 신분취득이 아닌 '사무의 타인성'여부에 중점을 둘 수밖에 없다. 즉 '타인의 사무처리 자'가 타인의 사무를 취급하는 경우에는 배임죄가 성립하지만, '타인의 사무처리 자'가 아닌 경우에는 타인의 재산보전에 협력한다고 하여도 신분이 없어 배임죄가 성립하지 않는다. '타인의 사무처리 자'라는 개념을 확정하는 논증형식은 타인의 사무처라 자라는 신분확정이냐 아니면 타인의 사무라는 개념확정은 그 논증과정이 서로 다르기 때문에, 타인의 사무라는 개념확정의 경우에는 배임죄의 범위를 무한히 넓힐 수 있기 때문에 타당하다고 할 수 없다.[2]

배임죄 관련 대다수의 연구문헌에서 배임죄의 주체, 즉 '타인의 사무처리 자'와 관련하여 주로 '사무의 타인성' 해당여부로 '타인의 사무처리 자'를 검토하고 있는데, 타인의 사무처리 자의 해당여부는 사무의 타인성으로 검토할 것이 아니라, 행위자가 본인을 위하여 행하는 사무처리의 근거에 관하여 검토하여야 한다. 행위자가 처리한 사무가 배임죄의 성립에 필요한 '타인성'을 띠는 경우에는 당연히 '타인의 사무처리 자'에 해당한다고 할 수는 있으나, 사무의 타인성 여부를 가리는 명확한 기준이 없기 때문에 사실관계에 따라 논란을 불러 올 수밖에 없다. 이러한 사무의 타인성 여부를 해결하기 위하여 필요한 것이 사무처리의 근거가 무엇인가라는 것이다. 결국 배임죄의 행위주체인 '타인의 사무를 처리하는 자'라 함은 '사무의 타인성'과 불가분적 관계에 있지만, 그렇다고 하여 배임죄의 행위 주체와 관련하여 사무처리 근거를 검토하지 않고 곧바로 당해 사무가 누구에게 귀속하느냐의 문제를 검토하는 것은 그 논증과정이 혼란을 가져올 수 있다. 즉 타인의 사무를 대행하는 사무가 아닌 일반 거래관계에서 전적으로 타인을 위한 사무에 해당한다는 경우는 드물고, 타인의 사무와 자신의 사무가 공존 하는 것이 대부분이다. 타인의 사무와 자신의 사무가 공존하는 경우에 이를 '타인을 위한 사무'에 해당하는지가 문제될 수 있기 때문이다.[3]

2. 배임죄 본질과 신임관계의 정도

배임죄의 성립에 있어서 신임관계는 필요한가라는 점을 살펴보기로 한다. 이는 배임죄의 본질과 관련되어 있는데 학설은 배신설과 사무처리설로 나뉘고 있다. 또한 배임죄의 본질론과 구성요건해석론은 서로 구별된다는 견해도 있다. 대법원과 통설은 신임관계를 전제로 하는 배신설을 취하고 있다.

형법 해석상 배임죄의 구성요건은 타인의 사무를 처리하는 자가 임무를 위배하는 것으로, 구성요건해석상 배임죄가 성립하기 위해서는 사무처리 위반일 수밖에 없다. 따라서 배임죄의 구성요건해석상 사무처리 위반이 있어야 배임죄가 성립하기 때문에 이는 구성요건해석에 해당하고, 이를 배임죄의 본질이라고 하기는 힘들다. 즉 사무처리 위반설은 배임죄의 본질과 관련하여 그 의미를 형법규정에서 찾고 있기 때문에 배임죄 본질론에 관련

---

2) 졸고, 부동산 이중매매와 배임죄, 276면.
3) 졸고, 형법에서 동산양도담보의 법리, 비교형사법연구 제19권 제1호, 2017, 157면.

된 것이 아니라 배임죄의 구성요건해석의 방향을 제시하는 견해에 가깝다. 즉 사무처리 위반설에 의하면 배임죄의 본질은 사무처리 위반이고, 사무처리 위반은 배임죄의 본질이 되기 때문이다.[4]

배임죄와 횡령죄는 일반법과 특별법의 관계로서 그 본질은 서로 동일하거나 유사한 성격을 가지고 있다. 이는 제정형법 이전의 의용형법에서는 배임죄를 사기죄의 일종으로 규정하였으나, 1953년 제정형법에서는 이론상 배임죄는 횡령죄의 한 형태이므로 횡령죄와 같이 규정하였으며, '본인에게 손해를 가할 목적으로'라는 목적적 요소를 삭제하였고, 종래 배임죄를 횡령죄에 비하여 경하게 처벌하였으나, 제정형법에서는 이들 양자를 완전히 동일하게 취급하였다는 점에서 알 수 있다.[5] 배임죄 본질론의 의미는 횡령죄와 동일한 것이며, 구성요건 해석과는 별개로서 신임관계를 전제로 하지 않는 절도죄, 사기죄, 강도죄 등 다른 재산범죄와 관계와 구별 내지 그 특성을 밝히고자 하는 데 있다고 볼 수 있다.[6]

그러므로 횡령죄는 보관자라는 신임관계를 전제로 하는 것으로서 배임죄 역시 그러한 정도의 신임관계가 형성되어야 한다. 즉, '타인의 재물을 보관하는 자'에 해당하는 수준의 신임관계가 존재하여야 한다. 이러한 점에서 횡령죄와 배임죄는 본인과 행위자 사이에 신임관계를 전제로 할 수밖에 없고, 신임관계를 위반하여 본인에게 손해를 가한 경우에 성립되는 범죄라 할 수 있다. 이를 전제로 배임죄의 성립여부는 신임관계를 전제로 하여 구성요건해석에 해당하는 문제이다.[7]

이러한 배신설에 대하여 제기되는 신임관계를 전제로 하는 경우에 배임죄의 적용범위가 넓어진다는 비판은 타당하다고 할 수 없다. 즉 배임죄 본질론은 신임관계를 전제로 하여야 한다는 것이지, 배임행위가 구성요건을 충족하는가라는 것은 서로 별개의 문제이다. 물론 배임죄의 본질은 신임관계의 존재를 전제로 하지만 어느 정도의 신임관계이어야 배임죄가 성립할 수 있느냐의 문제는 구성요건해석과 관련된다. 따라서 신임관계를 전제로 하는 경우에도 배임죄의 성립범위가 지나치게 확대될 수 있다는 것은 본질론과 구성요건 해석론을 동일시한 것으로 타당하다고 할 수 없다. 즉 신임관계 존재 자체는 배임죄의 본질론과 관련이 있으며, 신임관계의 정도는 배임죄의 구성요건해석과 관련 있다.[8]

배임죄의 행위주체는 '타인의 사무처리 자'라는 진정신분범에 해당한다. 따라서 타인의 사무를 처리하여도 그러한 신분을 취득하지 못한 경우에는 배임죄가 성립하지 않는다. 그러므로 행위주체가 '타인의 사무처리 자'인가라는 점이 선결문제이다. 그런데 '타인의 사무처리 자'라는 개념확정은 '타인의 사무인가'라는 점과 불가분적인 관계로서 그 해결이 쉽지 않다. 따라서 사무의 성질 즉, 타인의 사무인가 자기의 사무인가를 확정하고 이에 따

---

4) 졸고, 배임죄의 본질과 타인의 사무, 법조 727권, 2018, 781면.
5) 이정원, "배임죄의 구조와 문제점", 법학연구(제34권), 전북대학교 법학연구소, 2011, 126-127면.
6) 졸고, 배임죄의 배임죄의 본질과 타인의 사무, 785면.
7) 졸고, 배임죄의 본질과 타인의 사무, 783면.
8) 졸고, 배임죄의 본질과 타인의 사무, 782-785면.

라 '타인의 사무처리 자'라는 점을 해결하기도 한다. 이러한 점 때문에 다양한 견해의 등장과 대법원의 대립양상을 나타내는 것으로 판단된다. 예를 들어 부동산 이중매매에서 등기협력의무가 타인의 사무인가 아니면 자기의 사무인가를 판단하여 '타인의 사무처리 자'라는 점을 확정하기 때문에 혼란이 야기된다.[9] '타인의 사무처리 자'에 해당하기 위해서는 신임관계를 전제로 하여야 하며, 그 신임관계는 횡령죄와 같은 타인의 재물을 보관하는 자와 동질의 것이어야 한다. 이는 '횡령죄와 배임죄는 그 본질을 같이 하고, 다만 그 객체가 재물인가 재산상 이익인가라는 점에서 구별된다.[10] 민법은 물권변동의 효력발생시기에 대해 형식주의를 채택하고 있으며, 부동산 물권변동의 효력은 등기에 의해서 발생하므로 이중매매의 목적물인 부동산은 여전히 매도인의 소유에 속한다. 따라서 부동산 이중매매는 타인의 재물 보관자를 주체로 하는 횡령죄에 해당할 여지가 없다. 그럼에도 불구하고 이를 배임죄로 처벌하는 것은 처벌의 확장이라는 의미밖에 되지 않는다.[11]

그렇다면 구성요건해석과 관련된 신임관계의 정도를 살펴보기로 한다. 이는 신임관계의 발생 근거와 관련되어 있으며, 이는 결국 사무처리의 근거에 해당한다. 여기에 법령, 법률행위, 사실관계 등이 있지만, 구체적으로 살펴보면 이들 관계는 병렬적이고 동질의 신임관계는 아니다. 타인의 사무를 처리하는 자라고 할 수 있는 전형적인 신임관계를 발생시키는 것과 그와 관계없는 단순한 비전형적이고 일반적인 것으로 구분될 수 있다.

타인의 사무처리자라는 신임관계를 전형적이고 직접적으로 발생시키는 법률관계는 다음과 같은 것이 있다. 법령에 의한 것으로서 해당하는 친권자(민법 제911조, 제920조), 법정·지정·선임후견인(민법 제931조, 제932조, 제935조 등), 부재자재산관리인(민법 제23조), 상속재산관리인(민법 제1023조 등), 파산관재인(채무자 회생 및 파산에 관한 법률 제479조), 등이 있고, 계약 또는 법률행위는 위임(민법 제680조), 고용(민법 제655조). 임치(민법 제693조), 조합(민법 제703조) 등이 있다. 이러한 경우에는 그 자체로서 신임관계가 형성이 되며 '타인의 사무처리 자'가 되는 것이어서 맡은 사무가 타인의 사무에 해당한다. 그 외의 법률행위 즉 매매, 소비대차 등은 원칙적으로 타인의 사무가 아닌 자기의 사무에 속하는 것으로 보아야 한다. 이와 같은 법률행위의 경우에는 배임죄에 성립에 요구되는 신임관계를 전제로 하는 것이 아니기 때문에 '처리하는 사무'의 성격에 따라 '타인의 사무처리 자' 여부가 판단된다. 즉 사무처리의 근거는 매매, 임대차, 소비대차 등으로부터 발생하는 신임관계이기는 하나, 그렇다고 하여 타인의 사무처리 자라는 지위가 인정될 수 있느냐는 것은 별개의 문제로서 그 사무처리의 성격을 검토하여야 한다. 따라서 일반적 법률행위 또는 계약 등에서는 배임죄의 성립에 필요한 신임관계가 전제된 것이 아니기 때

---

9) 졸고, 부동산 이중매매와 배임죄, 공안행정학회보 제78호, 2020, 276면.
10) 대법원 역시 "횡령죄와 배임죄는 신임관계를 침해하는 범죄라는 점에서 그 본질을 같이 하고, 다만 횡령죄가 재물을 객체로 함에 대하여 배임죄는 재산상의 이익을 객체로 하는 점에서 구별될 뿐이다"고 하였다(대법원 2018. 5. 17. 선고 2017도4027 전원합의체 판결[다수의견에 대한 보충의견]).
11) 졸고, 부동산 이중매매와 배임죄, 279면.

문에 '타인의 사무처리 자'라는 신분취득 여부를 판단하는 것이 아니라 처리한 사무가 '타인의 사무(사무의 타인성)'인가를 판단하여야 한다.[12] 예컨대 매매의 경우에는 '타인의 사무처리 자'라는 신분은 횡령죄에서의 타인의 재물을 보관하는 정도의 신분을 취득하여야 한다.

타인의 사무를 대행하는 사무가 아닌 일반 거래관계에서 전적으로 타인을 위한 사무에 해당한다는 경우는 드물고, 타인의 사무와 자신의 사무가 공존 하는 것이 대부분이다. 타인의 사무와 자신의 사무가 공존하는 경우에 이를 '타인을 위한 사무'에 해당하는지가 문제된다.[13]

배임죄에서 어떠한 사무의 처리가 타인에게 이익이 되거나 타인에 대하여 이를 처리할 의무를 부담하는 경우라도 그것이 타인의 사무가 아니고 자기의 사무라면 그로 인하여 타인의 사무를 처리하는 지위에 있다고는 할 수 없다.[14]

타인의 사무의 개념에 대하여 '타인이 처리해야 할 사무를 그를 위하여 처리하는 것'이라는 견해, '타인을 위한 사무'는 '타인의 사무'에 해당하지 않아 배임죄가 성립할 수 없다는 견해 등이 있다. 타인의 사무에 '타인을 위한 사무'는 해당하지 않는다는 견해는 이해하기 어렵다. '타인을 위한 사무'는 '전적으로 타인을 위한 사무'인 경우에도 포함된다. 그러므로 '타인의 재산관리에 관한 사무를 대행하는 자'도 '자기를 위한 사무처리 자'가 아니라 '타인을 위한 사무처리자'에 해당하기 때문에 '타인을 위한 사무'가 '타인의 사무'가 될 수 없다는 것은 타당하지 않다. 따라서 앞서 살펴본 것을 종합적으로 검토하면 '타인의 사무'는 '본래 타인이 처리해야 할 사무를 그를 위하여 처리하는 것'으로 정의하는 것이 타당하다.[15]

Ⅳ. 마치며

교수님과의 인연은 18년이 다 되어 간다. 10년이면 강산도 변한다는데 교수님의 흰 머리가 이를 말해준다. 그렇다고 하더라도 교수님께서 보여주셨던 형법에 대한 진지한 접근은 나에게 여전히 깊은 영향을 주고 있다. 교수님께서 일전에 말씀 하셨던 논어의 '學而不思則罔 思而不學則殆' 배우기만 하고 "생각하지 않으면 얻음이 없고, 생각하기만 하고 배우지 않으면 위태롭다"는 글귀를 새기고 있다.

정년퇴임은 학문적 퇴임이 아니라 그저 직을 내려놓는다는 의미라고 본다. 앞으로도 좋은 말씀, 좋은 글 부탁드린다는 말씀 올린다. 또한 테니스 저변확장에도 계속 힘써주시길 바란다.

---

12) 졸고, 배임죄의 본질과 타인의 사무, 787-788면.
13) 졸고, 형법에서 동산양도담보의 법리, 157면.
14) 졸고, 형법에서 동산양도담보의 법리, 161면.
15) 졸고, 배임죄의 본질과 타인의 사무, 792면.

19 공동주거에 대한 주거침입죄*

Ⅰ. 들어가는 말

최근 대법원은 남편의 외출 중에 아내가 내연남을 집에 들여 간통한 사안에서, 종래의 입장을 변경하여 주거침입죄가 성립하지 않는다고 판시하였다(이 판례를 아래에서는 '기본 판례'라 함).[1] 다수설 및 판례에 따르면 '주거의 사실상 평온'이 주거침입죄의 보호법익으로 간주된다. '주거의 사실상 평온'이란 누구를 자기 집에 들이고 누구를 들이지 않을 것인가를 결정함으로써 거주자가 원하지 않는 외부인의 출입 내지 체류로 인한 방해를 받지 않을 이익이다. 이러한 이익의 귀속주체는 주거를 사실상 지배하고 직접적으로 점유하는 자이다. 물론 그 지배와 점유는 적법한 근원에 의하여 개시된 것이어야 한다.[2]

---

* 형사법연구 제34권 제3호(2022) 161-197면에 게재된 글임.

1) 대판 2021. 9. 9., 2020도12630 전원합의체(이하 '기본 판례'라 함).

2) 임차기간이 끝난 주거에 임차인이 계속 거주하고 있는 경우(대판 1973. 6. 26., 73도460), 건물에 대한 경락허가결정이 당연 무효라 하더라도 그 결정에 기한 인도명령에 의한 집행으로 경락인이 그 건물에 거주하고 있는 경우(대판 1984. 4. 23., 83도1429) 등에서는 임차인이나 경락인이 주거자이다. 하지만 주택 매수인이 중도금까지 지급하고 그 주택을 명도 받아 거주하고 있다가 매매계약을 해제하고 중도금반환청구소송을 제기하여 얻은 승소판결에 기하여 위 주택 부지에 대한 강제집행에 착수한 이후에, 매수인이 그 주택의 출입문을 잠가놓고 장기간 비운 상태라면, 더 이상 매수인이 그 주택에 현실적인 거주자라 할 수 없으므로 잠가놓은 출입문을

이러한 이익의 귀속주체가 1인이라면 그 이익은 절대적이고 독점적인 이익이고, 따라서 외부인의 출입 여부를 결정하는 권리 또한 절대적이고 독점적이다. 그 이유는 주거의 평온이 인격의 자유로운 계발의 전제조건이고,[3] 그 자체 헌법 제14조, 제16조에 따라서 보호를 받기[4] 때문이다. 이는 부부주거처럼 다수인이 주거를 공동으로 사용하는 경우에도 '원칙적으로' 타당하다. 공동주거의 경우에도 외부인의 출입 여부를 결정하는 지위는 원칙적으로 그들 구성원 각자에게 독자적으로 주어진다.[5]

그렇기 때문에 외부인의 출입에 대하여 구성원들 사이에 뜻이 서로 다른 경우에는 갈등 내지 충돌이 발생한다. 이하에서는 '기본 판례'의 사안을 '기본 사례'로 하여 그러한 충돌상황의 해결을 시도한다.

물론 공동주거의 형태가 다양하기 때문에 공동주거권자의 권한의 양태도 다양할 수 있다. 예컨대 다가구주택이나 기숙사, 또는 임차인과 임대인이 함께 거주하는 주거 등에서는 보통 개별적인 거주자에게 독점적 배타적인 사용권이 인정되는 공간들이 있는가하면 복도, 공동세탁소, 공동주방, 공동샤워장, 공동화장실 등과 같이 모든 구성원에게 개방된 공동영역이 존재할 수 있다. 이런 경우에도 공동영역에 대해서는 원칙적으로 부부주거처럼 주거권의 동등원칙이 적용되지만, 구체적으로는 부부주거의 경우와는 다소 차이가[6] 있을 수 있다. 이 연구에서는 공동주거의 기본이라 할 수 있는 부부주거에 국한하여 해결의 근본적인 원리를 탐구하는 데에 집중하고자 한다.

매도인이 열고 들어가더라도 주거침입죄에 해당하지 않는다(대판 1987. 5. 12., 87도3).

3) Kargl, Walter, Rechtsgüter und Tatobjekt der Strafbestimmung gegen Hausfriedensbruch, JZ 1999, 935면.

4) 이재상, 형법각론 제9판(2013), §15/8; 헌재결 2020. 9. 24., 2018헌바 171 전원재판부.

5) 김일수/서보학, 형법각론 제6판(2004), 246면; 독일의 다수설이기도 하다(Heinrich, Der Umfang der Ausübung des Hausrechts in einer Wohnung bei mehreren Berechtigten im Rahmen des §123 StGB, JR 1997, 각주 10 참조)

6) 예컨대 공동공간이라 하더라도 독점적 배타적인 공간에 이르기 위해서는 사용할 수밖에 없는 공간(복도)의 경우와 그렇지 않은 공간(공동샤워장)의 경우에는 권한행사의 제한을 위한 척도가 달라질 수 있다.

Ⅱ. 보호법익과 침입행위

1. 보호법익

주거침입죄의 보호법익에 관해서는 주거권설과 사실상 평온설이 대립하는 가운데,[7] 사실상 평온설이 다수설과 판례의 입장으로 되어 있다. 필자는 이미 다른 연구에서[8] 사실상 평온설의 타당성을 논증한 바 있고, 아래에서 다루겠지만 기본 사례를 해결하는 데에는 – 일부 반대 의견과는 달리 – 주거권설과 사실상 평온설 사이에 결론을 달리 하지 않는다는[9] 것이 필자의 입장이기도 하다. 따라서 이하에서는 사실상 평온설의 관점에서 논의를 진행한다.

(1) 보호법익의 성질과 내용

1) 자유와 구별되는 사실상 평온

주거침입죄의 보호법익을 일종의 자유를 침해하는 범죄로 이해하는 경향이 있는데, 이는 특히 주거권설을 기본으로 하는 독일에서 많이 발견된다.[10] 즉 주거권을 보호법익으로 보면서 그 성질을 '인격적 자유에 유사한, 그러나 독특한 법익'으로 본다. 이러한 착상은 아마도 주거침입죄가 주거의 자유를 기본권으로 보호하는 헌법의 하위법규라는 사실에서 비롯하는 것으로 보인다. 하지만 주거침입죄는 개인의 자유 그 자체를 보호하는 범죄가 아니다.[11] 체포·감금죄나 강요죄와 같이 개인의 자유를 보호법익으로 하는 범죄들은 우선 신체활동의 자유나 의

---

7) 주거권설과 사실상 평온설을 모두 배척하면서 '사적 공간에 대한 영역지배의 이익'을 보호법익으로 보자는 제안도 있다.(류전철, 주거침입죄의 해석론과 적용상의 문제, 법학논총(전남대) 제30권 제2호(2010), 99, 100면). '영역지배의 이익설'은 Amelung에게서도 발견되는데, 다만 Amelung은 사실상 평온설을 대체하자는 제안이 아니고, 사실상 평온의 의미를 사회학적인 관점에서 좀 더 구체화한 것이라는 점에서 차이가 있다.
8) 문채규, 주거침입죄의 보호법익 – '사실상 평온설'의 정립을 위하여 –, 비교형사법연구 제12권 제2호(2010).
9) 주거권설과 사실상 평온설의 논쟁이 기본사례의 해결에서 핵심적인 쟁점이 아니라는 타당한 언급으로는 김봉수, '공동거주자 간 법익충돌 사안'에 있어서 주거침입죄의 성부 – 대법원의 전원합의체판결(2020도12630 및 2020도6085)을 중심으로 –, 형사법연구 제34권 제1호(2022). 8, 11면.
10) Kargl, 앞의 논문, 933면 각주 33 참조.
11) '기본 판례'의 다수의견에 대한 보충의견 참조.

사형성 및 의사활동의 자유를 직접 침해하는 범죄이다. 개인의 이러한 자유들은 주거침입을 통하여 침해당하지 않는다. 왜냐하면 외부인이 주거에 들어와 체류하더라도 주거권자는 자유롭게 의사를 형성하고 의사활동을 할 수 있기 때문이다.[12] 뿐만 아니라 외부인이 주거권자의 반대를 무시하고 주거에 들어오더라도 출입을 반대하는 의사형성의 자유나 그 의사에 따라서 출입을 제지하는 의사활동의 자유 그 자체가 침해되지는 않는다. 다만 외부인이 거주자의 의사형성 및 활동에도 불구하고 그것에 불응하여 거주자의 주거에 들어와 체류하는 것일 뿐이다. 따라서 개인의 자유를 주거침입죄의 보호법익이라 보기는 어렵다.[13] 즉 주거침입죄의 보호법익이 타인의 출입과 체류로 인하여 사실상의 평온이 방해받지 않을 '자유'로 정의되기 때문에 자유에 유사한 측면이 있기는 하지만, 자유와는 구별되는 고유하고 독특한 법익이다.[14]

2) 현실적 또는 잠재적 평온으로서 사실상 평온

부재중인 자의 추정적 의사에 반하여 주거에 들어가면 그 자의 사실상의 평온이 침해된다. 사실상의 평온에는 현실적 평온뿐만 아니라 잠재적 평온도 포함된다. 현실적 평온이 주거에 현재하고 있는 거주자가 외부인의 출입에 의하여 현실적으로 방해받지 않는 상태라면, 잠재적 평온은 부재중인 자가 그 주거에 들어왔을 때에 외부인의 체류에 의하여 방해받지 않을 상태를 말한다.[15] 거주자가 출타중이라고 하여 주거침입죄의 보호법익이 사라지는 것이 아니므로, 잠재적인 평

---

12) Kargl, 앞의 논문, 933면.

13) 그래서 주거침입죄는 자유 자체를 보호하는 것이 아니라 자유의 가능성을 보호할 뿐이라고도 한다(Amelung, Der Hausfriedensbruch als Mißachtung physisch gesicherter Territorialität, ZStW 98(1986), 404면).

14) Bohnert, Die Willensbarriere als Tatbestandsmerkmal des Hausfriedensbruchs, GA 1983, 2면; NK/Ostendorf, Rn. 4, 5.

15) 가끔 '사실상'의 의미를 '현실적'의 의미로 이해함으로써 부재중인 자는 '사실상 평온'을 누리지 않는 상태에 있고, 따라서 '사실상 평온설'을 전제로 하면 기본사례의 경우 주거침입죄가 성립할 수 없다는 견해가 있다(김성규, 주거침입죄에 있어서의 '침입'행위의 의미 — 공동거주자의 허락이 대립하는 경우와 관련해서 — 일감법학(건국대 법학연구소) 제45호(2020), 95면). 사실상 평온설에서 '사실상'의 개념은 보호법익을 주거권이라는 '법적' 권리의 개념으로 파악하던 주거권설을 탈피하고 '사실상의 이익'의 관점에서 보호법익을 파악하려는 것이지(물론 여기서 탈피하고자 한 법적 권리개념은 좀 더 구체적으로 말하면 私法상의 권리개념을 말한다. 임상규, 주거침입죄에 관한 대법원의 주요판례와 그 해석 및 입법론적 보완책, 법학논고(경북대 법학연구원), 2010, 344면), 거주중인 자가 '현실적'으로 누리는 평온이라는 의미가 아니다(이 점을 정확하게 포착한 것으로는 '기본 판례'의 다수의견에 대한 보충의견 참조).

온[16])도 사실상의 평온에 포함되는 것임에는 의문이 없다.[17] 물론 기본사례와 관련하여 사실상의 평온에 잠재적 평온까지도 포함되는지에 대하여 논란이 없는 건 아니지만,[18] 그러한 논쟁은 의미가 없다. 1인 주거의 경우 거주자가 출타 중에 외부인이 몰래 들어가면 주거침입죄가 성립한다는 데에 이견이 없고, 그러한 법리가 공동주거라고 하여 달라져야 할 이유가 없기 때문이다.[19]

따라서 기본 사례에서 내연남의 출입 및 체류는 공동주거에 대한 남편의 사실상 평온, 특히 잠재적 평온을 침해하는 것이다. 이는 마치 실험실에서 연구에 몰두하고 있는 연구자를 나오지 못하도록 바깥에서 빗장을 걸어두었다면, 연구자가 그 사실을 모르고 있고 그 당시에 실험실을 나올 의사가 없었더라도 신체활동의 '잠재적' 자유가 침해되는 것으로 보는 것과 같다.[20]

---

16) 이를 '관념적인 평온'으로 표현하기도 하고(류부곤, 공동주거에 대한 주거침입죄의 성립여부, 형사법 연구 제33권 제3호(2021), 108면), '기대되는 사실상 평온'으로 표현하기도 한다(이찬엽, 보호법익의 관점에서 행위양태 및 주체에 따른 주거침입죄 성부, 법학논총(단국대) 제36권 제1호(2012), 424면).

17) 손동권, 형법각론 개정판(2005), §18/17; 홍가혜, 혼외 성관계 목적의 주거출입과 주거침입죄의 성립 여부, 한국범죄심리연구 제13권 제2호(2017), 194면.

18) 반대하는 남편이 부재중인 경우에는 사실상의 평온이 깨질 이유가 없으므로 주거침입죄가 성립하지 않지만, 집 안에 있는 남편이 모르게 아내의 동의를 얻어 들어가는 경우에는 사실상 평온이 침해되므로 주거침입죄가 성립한다는 견해가 있는데(김성천/김형준, 형법각론 제2판(2006), 380면; 임웅, 형법각론(상)(초판)(2000), 229면.), 여기서 사실상 평온은 아마도 현실적인 평온만을 의미하는 것으로 보인다.

19) 같은 취지 김봉수, 앞의 논문, 13면; 김태명, 혼외 성관계를 목적으로 일방 배우자의 승낙을 받아 부부가 공동으로 생활하는 주거에 출입하는 행위의 죄책, 법학연구(전북대 법학연구소), 통권 제67호(2021), 43면; 류부곤, 앞의 논문, 109면. 물론 '사실상' 평온을 '현실적' 평온으로 한정하고, 또 주거침입죄를 추상적 위험범으로 이해함으로써, 부재중인 자의 주거에 침입하는 경우에는 현실적 평온의 침해가능성이 긍정되므로 주거침입죄가 성립한다는 견해도 있다(강용현, 주거침입죄의 범의와 기수시기, 형사판례연구 [4](1996), 236면; 김성돈, 형법각론 제2판(2009), 235, 241면). 한편 현실적 평온의 침해를 평온의 '침해'로, 그리고 잠재적 평온의 침해를 평온의 '교란'으로 구별한 후, 교란은 침해의 위험성을 의미하므로 침해범인 주거침입죄에 해당하지 않게 되는 불합리한 결과가 발생하게 된다면서, 이를 방지하기 위하여 보호법익을 '주거의 비밀'로 이해하는 것이 바람직하다는 견해가 있다. 이렇게 되면 비밀의 침해는 발생했으므로 주거침입죄가 성립하는 타당한 결론으로 이른다는 것이다(김재현, 주거침입죄의 보호법익 및 보호의 정도, 그리고 기 미수의 구별기준, 형사법연구 제25권 제2호(2013), 140면).

20) 물론 체포 감금죄의 보호법익 및 보호의 정도에 대한 이러한 통설적인 견해와는 달리, 법익은 현실적 자유로 보고 보호의 정도를 추상적 위험범으로 파악하는 견해도 있다(김성돈, 앞의 책, 129면). 물론 이 견해가 결론에서는 통설과 동일하지만 이론 구성에서 차이가 있다. 즉, 이 견해에 의하면 위 연구자 감금사례의 경우, 현실적 자유에 대한 추상적 위험을 인정함으로써 체포 감금죄의 성립을 긍정하게 될 것이다.

3) 소극적 이익으로서 사실상 평온

주거침입죄의 보호법익은 외부인의 출입과 체류로부터 방해를 받지 않을 이익[21]으로서 소극적인 성질을 띤다. 외부인을 주거에 초대하여 주거를 소통의 공간으로 활용하는 적극적인 이익과는 구별된다. 당연히 적극적 이익도 헌법적 지위, 즉 주거의 자유에 속하는, 법적으로 보호가치 있는 이익이다. 하지만 적극적 이익은 주거침입죄의 영역 바깥에 놓여 있는 이익이다. 초대를 받은 외부인이 방문하지 않는다고 해서 주거침입죄가 문제되지도 않으며, 외부인을 출입시키지 못하도록 주거권자를 강요한다고 하여 – 당연히 강요죄의 문제는 발생하지만 – 주거침입죄가 문제되지도 않는다. 반대로 반대를 무시하고 외부인이 들어오거나, 외부인을 강요하여 타인의 주거에 들어가도록 하면(주거침입죄의 간접정범) 주거침입죄의 문제가 된다.

그런데 공동주거권자 사이에서 적극적 이익과 소극적 이익이 충돌하는 경우, 무의식적으로 적극적 이익을 우선시키는 시각이 존재하기도 한다. 예컨대 '기본판례'의 다수의견에 대한 별개의견 중에 '공동주거권자 중 일부가 외부인의 출입을 승낙하는 것과 공동주거권자 중 일부가 스스로 주거에 출입하는 것을 동일시함으로써 승낙자의 적극적 이익을 거부자의 소극적인 이익보다 우선시키는' 견해가 있다. 즉 공동주거자 중의 일부가 다른 일부의 출입을 거부함으로써 그의 적극적 이익을 침해하지 못하듯이, 공동주거자 중의 일부가 외부인의 출입을 거부함으로써 다른 일부가 외부인의 출입을 승낙함으로써 누리는 적극적 이익을 침해하지 못한다는 것이다.

그러나 주거권자 본인의 출입권한과 외부인의 출입을 승낙할 수 있는 권한은 동질적인 권한이 아니므로, 양자를 동등하게 취급함으로써 결과적으로 승낙권을 거부권에 우선시키는 논리는 문제가 있다. 오히려 적극적 이익을 위한 승낙권과 소극적 이익을 위한 거부권은 모두 동등한 지위를 갖는, 주거권의 핵심적인 두

---

21) 이러한 이익의 내용을 좀 더 분석적으로 파악하는 견해를 볼 수 있는데, 그에 따르면 주거침입죄의 보호이익을 물리적으로 보호된 영역에 대한 지배이익(영역권), 그리고 영역지배이익을 통하여 보호하는 구체적인 이익들로서 그 영역 내에 존재하는 사람들과 재화들에 대한 '안전이익', 영역 내에서의 '교란방지이익', '비밀유지이익', 외부인을 의식하지 않고 자유롭게 행위할 수 있는 '행위형성자유의 이익' 등이라고 한다(Amelung, 앞의 논문, 365면 이하 참조).

내용으로 보아야 할 것이다. 따라서 적어도 주거침입죄의 성립과 관련해서 볼 때, 일반적으로 승낙의사를 거부의사보다 우선시킨다든지, 적극적 이익의 보호를 소극적 이익의 보호보다 우선시킬 근거는 없다.

4) 개인적 법익으로서 사실상 평온

공동주거의 경우 보호법익은 공동거주자 개개인에게 개별적으로 귀속되는 것이지 공동거주자 전체를 하나의 단위로 하는 집단주체에 귀속되는 것이 아니다. 따라서 주거침입죄는 공동주거 내에서의 공공의 질서를 보호하는 것도 아니다.[22] 사실상 평온은 공동주거 내에서 오로지 공동거주자 개개인이 향유하는 이익으로서 전적으로 개인적 법익에 해당한다.[23]

독일의 판례 및 통설인 주거권설이 주거침입죄의 보호법익을 제대로 충분히 설명해주지 못한다는 비판을 계속 받고 있지만, 그럼에도 불구하고 여전히 주거권설의 가장 긍정적인 측면으로 평가받는 부분은 주거침입죄의 보호법익의 성질을 개인적 이익으로 확립하였다는 점이다.[24]

그러므로 보호법익의 침해는 공동거주자 개인별로 판단되어야 하며, 따라서 기본사례의 경우 승낙한 아내의 법익침해는 존재하지 않지만 출타 중인 남편의 법익침해는 존재한다.

(2) 주거권설과 사실상 평온설의 관계

보호객체와 보호법익이 구별되듯이, 보호객체에 대한 공격과 보호법익의 침해도 구별된다. 즉, 보호법익의 침해는 보호객체에 대한 공격을 통하여 발생하는 결과이다. 따라서 형법은 보호객체에 대한 특정한 양태의 공격을 금지함으로써 법익의 보호를 꾀한다. 살인죄, 상해죄, 폭행죄 등에서는 사람에 대한 물리적·

---

22) 주거공동체의 평화는 주거공간의 침해를 통해서는 기껏해야 간접적으로만 공격을 받을 뿐이기 때문에, 독일 형법이 주거침입죄를 "공공의 질서에 반하는 범죄"의 장에 배치시킨 것은 잘못이라는 지적을 받는다(Kargl, 앞의 논문, 932면). 그리고 개인적 법익임을 반증하는 하나의 법규적 근거로서는 주거침입죄가 친고죄로 되어 있음을 언급하기도 한다(Amelung, 앞의 논문, 407면).
23) 사실상 평온을 공동생활자 전원의 집단적인 평온으로 오해한 나머지 사실상 평온설이 개인적 법익을 보호하는 주거침입죄의 본질과 맞지 않다는 비판이(강용현, 앞의 논문, 230면) 제기되기도 한다.
24) Kargl, 앞의 논문, 934면.

정신적 공격을 금지함으로써 생명·신체의 안전을 도모한다. 주거침입죄도 외부인이 주거를 무단으로 진입하여 체류하는 것을 금지함으로써 주거 내의 사실상 평온을 보호한다. 구성요건적 행위란 보호객체를 공격하는 행위양태를 의미한다. 따라서 주거침입죄에서 보호객체를 공격하는 양태는 '침입'이며, 그 침입을 통하여 주거 내에서의 사실상 평온이 침해된다.

주거침입죄에서 공격의 대상인 보호객체의 문제와 공격의 결과인 보호법익의 문제를 뒤섞어서는 안 되는 이유는 주거를 보호하는 것이 주거 자체를 위해서가 아니라는 사실로부터 어렵지 않게 도출된다. 주거라는 보호객체는 국가가 그것을 공격하지 못하도록 법적으로 금지하는 것을 정당화시키는 더 깊은 의미를 그 속에 담고 있는 용기에(äußerliche Gehäuse) 해당할 뿐이다. 법익의 문제에서는 왜 형법적인 제재가 필요한가에 대한 근거 지움이 문제되고, 형벌이라는 국가적 권력수단의 정당성 등이 문제된다. 그러나 그 정당성은 그 어떤 상태나 물질적인 바탕, 즉 공격객체 그 자체를 보호하는 데에 있지 않고, 공격객체와 연결되어 있는 개인의 이익들을 보호하는 데에 있다. 따라서 개인에게 법적인 지위를 보장하는 권리의 내용과 법을 통하여 보호되는 이익은 분명하게 구별되어야 한다. 이러한 이익은 그것이 개인의 기대와 필요를 대변하기 때문에 정당화된다.[25]

이에 따를 때, 주거침입죄의 경우 법익규정의 중심적인 대상은 주거라는 보호객체 배후에 놓여 있는 개인의 이익이다.[26] 따라서 외부인의 출입 여부를 결정하는 법적인 권한, 즉 주거권이 객체의 보호에 더 가까운 개념이라면, 사실상의 평온은 주거권을 통하여 보호하는 개인의 이익, 즉 보호법익 그 자체이다. 물론 주거권설이건 사실상 평온설이건 모두가 궁극적으로는 보호법익을 외부인의 체류에 의하여 방해받지 않을 이익으로 보는 점에서는 서로 수렴되지만,[27] 주거권설이 외부인의 출입 여부를 결정할 수 있는 자유권적 권리의 측면에 주목하는 반면에,[28] 사실상 평온설은 그러한 권리의 보장을 통하여 확보되는 사실상의 이익

---

25) Kargl, 앞의 논문, 934면.
26) Kargl, 앞의 논문, 934면.
27) 같은 취지로 박정난, 563면. 한편 주거권설이 통설과 판례로 되어 있는 독일에서도 주거침입죄가 보호하는 직접적인 개인의 이익들을 묶어주는 용어가 Volksrecht 이래로 알려진 "주거의 평온"(Hausfrieden)이라고 한다(Kargl, 앞의 논문, 935면).
28) 이러한 이유로 독일에서도 외부인의 출입 및 체류를 결정하는 지위를 보장하는 것으로 설명하고 있는 주거권설에 대하여 법익을 형식적으로 이해한다는 비판이 제기되기도 한다(NK/Ostendorf,

에 중점을 둔다. 따라서 주거권설은 주거권자의 의사를 무시한다는 점을 중시하고, 사실상 평온설은 주거의 배타적 이용이 방해받는 상태 자체를 중시한다. 그래서 기본사례의 경우, 주거권설에 의할 때에 주거침입죄의 성립을 인정하기가 상대적으로 더 용이하다거나[29] 사실상 평온설에 따르면 주거침입죄를 인정하기가 어렵게 된다는[30] 견해들이 등장하기도 한다.[31] 즉 출타 중인 남편의 의사를 무시함으로써 주거권자의 결정권을 침해한 것이 분명하므로 주거권설에 의하면 법익침해가 쉽게 긍정되는 반면에, 아내의 승낙을 받고 평온한 방법으로 들어갔으므로 주거의 사실상 평온이 침해된다고 볼 수 없고 따라서 사실상 평온설에 의하면 주거침입죄의 부정으로 이르게 된다는 것이다.

하지만, 사실상 평온설을 취하더라도 보호법익의 침해를 긍정하는 데에 아무런 문제가 없다. 사실상 평온에는 현재하는 자의 현실적 평온뿐만 아니라 부재중인 자의 잠재적 평온도 포함되기 때문이다.[32]

이상의 고찰을 통하여 기본사례의 경우, 주거권설 대신에 사실상 평온설을 취한다고 하여 주거침입죄가 성립하지 못할 이유가 발견되지 않는다. 하지만 보호법익의 침해가 긍정된다고 하여 곧바로 주거침입죄가 성립하는 것은 아니다. 사실상의 평온이 구성요건적으로 금지된 침입행위를 통하여 침해될 때에만 주거침입죄가 성립할 수 있기 때문이다. 따라서 기본사례의 경우에 내연남의 출입이 침입행위에 해당하는가의 검토가 이어져야 한다.

---

§123 Rn. 5). 주거권설과 사실상 평온설을 법익에 대한 형식적 파악과 실질적 파악으로 대비시키는 입장으로는 문채규, 주거침입죄의 보호법익 – '사실상 평온설'의 정립을 위하여 –, 비교형사법연구 제12권 제2호(2010), 62면; 배종대, 형법각론 제11전정판(2020), [57]/8.

29) 손동권, 형법각론 개정판(2005), §18/2.

30) 송문호, 주거침입죄의 성립범위, 형사정책연구 제20권 제3호(2000), 301면; 오영근, 주거침입죄의 보호법익, 형법판례 150선(한국형사판례연구회), 2016, 215면; 오영근, 주거침입죄의 성립범위, 형사판례연구[8](2000), 235, 236면; 이승준, 주거침입죄 관련 판례 흐름의 비판적 검토, 법학연구(충북대) 제30권 제2호(2019), 88면 이하; 이재상, 앞의 책, §15/7.

31) 엄밀히 말하면 주거권설과 사실상 평온설이 구분된다면서, 이러한 구분은 법익보호의 정도를 결정하는 역할을 한다는 견해가 있다. 즉 침입에 의하여 권리가 박탈당하지 않기 때문에 주거권설에 따르면 주거침입죄를 위험범으로 파악하게 되고, 사실상 평온설을 취하면 침해범으로도 위험범으로도 파악 가능하다고 한다(김재현, 앞의 논문, 130면). 하지만 주거권설을 취한다고 하여 반드시 위험범으로 파악해야 하는 것은 아니다. 권리의 침해를 반드시 권리의 박탈로 이해할 필요는 없기 때문이다. 예컨대 절도를 통하여 소유권이 박탈되지 않음에도 불구하고 절도죄를 소유권을 보호법익으로 하는 침해범으로 파악하는 것이 가능한 것과 같다.

32) 이에 대한 상세한 논증에 대하여는 문채규, 앞의 논문, 69면 이하 참조.

2. 침입행위

(1) 침입의 개념

'침입'은 단순히 주거에 들어가는 것을 의미하지 않으며, 형법적인 중점은 장벽을 타파하고 들어간다는 점에 있다. 장벽은 물리적인 것일 수도 있고 심리적인 것일 수도 있는데, 침입의 개념에서 어느 것이 더 결정적인가에 대해서는 다양한 견해들이 존재한다. 물리적인 장벽만이 의미가 있다든지,[33] 장벽은 "단지 심리적인 것일 수도 있다"라고 함으로써 마치 일차적으로는 물리적인 장벽이 중요하고, 그것이 충분한 장애를 의미하지 않는 경우에만 심리적 장벽이 고려될 수 있다는 뉘앙스를 풍기는 견해 등이 존재하지만, 침입의 개념에는 심리적 장벽, 즉 거부의사가 결정적이라고 보아야 한다.[34]

주거침입죄의 가벌성은 구성요건에서 열거된 공간에 관련되고, 또 그들 공간에 제한되며, 이러한 공간들이 보통은 물리적인 장벽을 통하여 외부인으로부터 보호되는 것이 사실이다. 또한 물리적인 장벽을 설치하는 목적도 침입으로부터 주거의 평온을 보호하는 것이기도 하다. 하지만 '침입'의 개념을 규정함에 있어서는 물리적인 장벽은 결정적이지 않다.[35] 주거권 또는 사실상 평온은 주거라는 공간 그 자체를 통하여 근거가 지워지는 것이 아니며, 일정한 공간과 관련되고, 그러한 한에서 일정한 공간으로 지향된 권리 내지 이익이다. 그리고 주거권자의 의사는 주거공간과 거주자를 연결하는 고리이다. 따라서 주거침입죄의 행위태양인 침입은 그러한 연결을 침해하는 것이지 공간 그 자체를 침해하는 것이 아니다. 물론 침입을 위해서는 일단 신체를 주거에 진입시켜야 하므로 물리적 외형적으로는 주거가 공격객체가 되지만 더욱 본질적인 공격객체는 그 주거에 대한 주거권자의 의사라고 할 수 있다. 주거권자의 의사가 외부인의 진입을 금지하는 의미를 가질 때에는 그것이 장벽이 되고, 따라서 그 장벽을 타파하고 진입하면 침입

---

33) Kargl, 앞의 논문, 930, 931면
34) 한국과 독일의 통설적 견해로서 대표적으로 배종대, 앞의 책, [58]/9; 정성근/박광민, 형법각론 전정2판(2015), 265면; Bohnert, 앞의 논문, 1면; MK/Schäfer, § 123 Rn. 28.
35) Bohnert, 앞의 논문, 3면; Maurach/Schroeder/Maiwald, Strafrecht Besonderer Teil Teilband 1, 7. Aufl., 1988, § 30 Ⅱ Rn. 13

이 된다. 의사 장벽의 타파가 없는 때에는 – 가령 물리적인 장벽의 타파가 있더라도 – 침입은 불가능하다. 권한자의 승낙을 받고 들어오면 행위불법의 핵심, 즉 의사 장벽의 타파가 없으므로 완전히 주거침입죄의 구성요건영역의 바깥에 놓이게 된다. 이러한 관점에서 주거권자의 승낙을 구성요건해당성을 배제하는 '양해'로 이해하는 것이 타당함을 알 수 있다.[36) 따라서 침입은 주거와 물적 공간적 관련성이 있는 주거권자의 의사를 무시한다는 점에서 비로소 그 행위불법의 내용을 얻는[37) 행위양태라고 할 수 있다. 여기서 물리적인 장벽이 설치되어 있는지 없는지는 문제되지 않는다.[38) 주거자의 의사에 반하는[39) 이상 아무런 물리적인 장벽을 타파함이 없이 열린 문으로 태연하고 평온하게 들어가더라도 침입이 될 수 있다.[40)

(2) 의사의 성질

의사는 일신전속적인 요소로서 거주자별로 독자적으로 형성되는 개인의사이다. 따라서 공동주거의 경우 일부 구성원의 의사가 다른 구성원의 의사를 상쇄하지도 못하고 대신하지도 못한다. 또한 의사에 반하는 침입인가의 여부도 거주자 개개인의 의사를 대상으로 개별적으로 판단된다.[41)

또한 의사는 추정적 의사로 족하다. 기본사례의 해결을 위하여 추정적 의사와 현실적 의사 사이에 우열을 두려는 견해가 있는데,[42) 적어도 침입행위의 성립을 위해서는 현실적 의사건 추정적 의사건, 더 나아가 명시적 의사건 묵시적 의사건

---

36) 승낙을 받고 들어가는 것은 침입행위 자체에 해당하지 않기 때문에 구성요건해당성을 배제하는 양해의 법리로 해결하는 것보다는 구성요건표지의 흠결로 간주하는 것이 – 비록 동일한 결과로 이르지만 – 법리적으로 더 타당하다는 견해도 있다(Bohnert, 앞의 논문, 3면).
37) Bohnert, 4면.
38) Bohnert, 3면.
39) 의사에 반하는 경우뿐만 아니라 허락의사 없이 들어오는 경우에도 침입에 해당한다는 견해가 있다. 사적 영역인 주거는 원래 주거권자들에게만 개방되기 때문에 주거권자의 허락의사 없이 들어오면 침입이 된다는 것이다. 하지만 의사 없이 들어오는 경우는 결국 추정적 의사에 반하는 경우에 해당할 것이기 때문에 실제적인 차이는 없다고 할 수 있다(MK/Schäfer, Rn. 27).
40) 박혜진, 주거침입죄의 제한적 해석을 위한 비판적 고찰, 고려법학(고려대 법학연구원) 제61호 (2011), 374면; 손동권, 앞의 책, 18/11.
41) 공동거주자 중의 1인의 승낙이 자신의 법익을 넘어 다른 공동거주자의 법익에 대해서까지 처분의 효력을 갖지는 못한다는 타당한 지적으로는 김봉수, 앞의 논문, 14면.
42) 하태훈, 승낙의 의사표시의 흠결과 주거침입죄의 성부, 형사판례연구[6](1998), 233면; 홍가혜, 앞의 논문, 196면;

아무런 차이가 없다. 이는 1인 주거를 생각하면 명백하다. 1인 주거의 경우 집주인의 추정적 의사에 반하건, 현실적인 의사에 반하건, 묵시적 의사에 반하건, 명시적 의사에 반하건 침입에 해당한다는 점에서는 아무런 차이가 없다. 구성요건적 행위로서 침입의 개념 자체가 1인 주거와 공동주거에서 서로 달리 정의될 수는 없다. 따라서 공동거주자 사이에서 의사가 충돌하는 경우 의사의 형식적 성질에 따라서 다양하게 우선순위를 정해서 해결하려는 견해는 수긍하기 어렵다. 예컨대 부재중인 자의 추정적 거부의사보다 현재중인 자의 현실적 승낙의사가 우선하지만, 현재중인 자들 사이에서는 명시적 거부의사가 현실적인 승낙의사보다 우선한다는 견해는[43) 수긍하기 어렵다.

Ⅲ. 충돌하는 주거권 행사의 해결

1. 문제의 범죄체계론적 위치

이상의 논의를 바탕으로 하면, 기본사례에서 간통남의 출입행위는 출타 중인 남편에 대하여는 보호법익의 침해와 침입행위가 모두 인정되어 주거침입죄의 구성요건을 충족한다. 하지만 아내에 대하여는 구성요건해당성이 없다. 그렇다면 종국적으로 간통남의 출입은 허용되는가, 아니면 금지되는가? 동일한 하나의 출입행위를 두고 남편을 생각하면 금지되고, 아내를 생각하면 허용된다고 할 수는 없다. 그런데 이 문제는 이미 구성요건의 차원을 넘어서는 문제이다. 구성요건적으로 서로 상반된 판단이 내려지는 행위에 대하여 또 다시 구성요건으로 하여금 하나의 통일된 최종 결론을 내놓으라고 할 수는 없는 노릇이다. 주거침입죄의 구성요건은 외부인의 출입이 사실상 평온을 침해하는지, 그리고 의사를 무시한 침입행위인지의 여부를 주거권자 개개인을 대상으로 확정하는 것에서 그 역할이 끝난다. 주거침입죄의 구성요건은 외부인과 주거권자 간의 갈등을 규율하는 것이지, 주거권자들의 내부적인 갈등까지 규율하지는 않는다.

결국 이 문제의 해결은 전체 법질서의 관점으로 넘길 수밖에 없는데, 그것은

---

43) 김일수/서보학, 앞의 책, 246면.

결국 위법성의 단계가 될 것이다. 이 문제는 결국 주거의 평온을 방해받지 않을 남편의 소극적인 이익(주거침입죄의 구성요건적 법익)과 주거를 소통의 공간으로 이용하려는 아내의 적극적인 이익(주거침입죄의 구성요건 외적인 법익) 간의 충돌을 해결하는 문제이다. 따라서 이 문제는 전자를 우선시켜 주거침입죄의 규범명령을 관철시킬 것인가, 아니면 후자를 우선시켜 주거침입죄의 규범명령을 후퇴시킬 것인가의 문제로서 결국 전체 법질서의 관점에서 해결되어야 할 문제이다. 이는 바로 이 문제가 위법성단계의 문제임을 보여준다.[44]

　독일 형법은 구성요건적 행위를 주거 등에 '위법하게 들어가는 것(widerrechtlich eindringen)'으로 기술하고 있는데, 이렇게 한 이유는 '들어가는 것'만으로는 형법적인 불법을 근거지우는 것이 불가능하므로 '위법하게'라는 문언을 행위의 부분요소로서 포착하였다고 한다.[45] 이처럼 독일 형법이 행위를 '위법하게 진입'할 것으로 기술하고 있기 때문에, 독일의 학설과 판례는 공동거주자 간의 충돌의 문제를 구성요건의 단계에서 '위법하게 들어간 것'으로 볼 수 있느냐의 관점에서 다루는 것이 일반화되어 있다.[46] 반면에 우리 형법은 침입의 '위법성'을 구성요건적 행위의 부분요소로 요구하지 않기 때문에, 그 실질이 위법성의 문제인 것을 무리하게 구성요건의 문제, 즉 법익침해의 존부 내지 침입행위의 존부의 문제로 접근할 이유가 없다.[47]

---

44) 이 문제를 명백하게 위법성의 문제로 인식하는 견해는 김경락, 주거침입죄의 침입의 의미 – 보호법익과 '의사에 반하여'에 대한 해석을 중심으로 –, 법학논총(전남대 법학연구소) 제38권 제3호(2018), 158면 참조. 그리고 이 문제를 구성요건에서 다루고는 있지만, '주거권자나 가족 중 일부의 승낙을 받고 들어간 경우에는 원칙적으로 위법하지 않다'고 함으로써 무의식중에 위법성의 문제로 인식하고 있는 경우도 있다(김일수/서보학, 앞의 책, 246면). 그런가 하면 이 문제를 침입행위의 문제로서 역시 구성요건의 문제로 보고는 있지만, 그 문제의 실질을 충돌하는 의사 사이의 효력의 문제, 거부자의 관념적 평온과 동의하는 자의 현실적 평온의 충돌의 문제로 인식하면서, 그 해결은 역시 법적 평가의 문제로 돌아간다는 견해(류부곤, 앞의 논문, 108면), 공동생활에 따른 의무의 측면 및 사회적 한계, 들어가는 동기, 들어가는 행위의 태양 등을 종합적으로 고려하여 침입인가의 여부를 결정해야 한다는 견해 등이 있다(오영근, 형사법판례연구[8](2000), 238, 239면).

45) Kargl, 앞의 논문, 932면.

46) 예컨대 일방 배우자의 동의에 따라서 외부인이 들어와서 체류하는 것이 타방 배우자에게 기대불가능하다면 '위법한' 침입이 된다는 등의 서술을 한다(Heinrich, 앞의 논문, 93면). 이는 의사의 충돌사례를 구성요건의 문제로 다루고 있지만, 실제로는 일부의 의사에 반하기만 하면 침입 자체는 긍정되고 다만 위법성이 부정된다는 사고가 내포되어 있음을 알 수 있다.

47) 물론 2단계 범죄체계로 이르는 총체적 불법구성요건개념을 취하면 결국 구성요건의 문제가 되겠지만, 3단계 범죄체계를 전제한다면 위법성의 문제로 접근하는 것이 더 자연스럽다는 의미

2. 전체 법질서의 관점에서 해결이 요구되는 이유

거주자로 하여금 주거에 대한 소극적 이익과 적극적 이익을 누릴 수 있도록 하는 법적 지위, 즉 광의의 주거권은[48] 인격의 계발에 직결되는 중요한 내용으로서 원칙적으로 각자에게 동등하게 주어지고, 또 각자는 주거권을 독자적으로 행사할 수 있는 것이지만,[49] 동등한 주거권의 행사가 서로 충돌하는 경우에는 조정되어야 한다.[50] 이는 주거권을 제한하기 위해서가 아니라 주거권을 최대한 동등하게 보호하기 위해서다. 주거권자 중에서 1인이라도 동의하면 언제나 외부인의 출입이 허용된다면,[51] 공동거주자 그 누구도 주거의 소극적인 이익을 향유하지 못할 수가 있다. 예컨대 간통을 위하여 아내가 내연남을 끌어들이면 출타 중인 남편이, 그 반대의 경우에는 출타 중인 아내가 주거의 소극적 이익을 향유하지 못하게 된다. 거주자 사이에 충돌이 있게 되면, 언제나 부재중인 반대자의 소극적 이익이 보호받지 못하는 결과가 되고, 또한 누구나 반대하는 부재자의 위치에 놓일 수 있기 때문에, 결과적으로 주거침입죄가 소극적 이익을 보호하는 규범으로서의 존재의미를 잃게 된다.

타면 주거권자 1인의 반대만으로 언제나 외부인의 출입이 금지된다면,[52] 공동거주자 그 누구도 주거의 적극적 이익의 향유가 불가능해질 수 있다. 1인이라도 반대하면 외부인의 출입이 불가능하기 때문이다. 따라서 공동거주자 모두가 주거에 대한 소극적 이익 또는 적극적 이익이 동등하게 최대한으로 보호받을 수 있는 방향으로 전체 법질서의 관점에서 조정이 이루어져야 한다. 이는 결국 주거권

이다.

48) 주거권을 외부인을 주거에 들어오지 못하게 할 권리뿐만 아니라 들어오게 할 권리까지 포함하는 것으로서 소극적 기능과 적극적 기능을 동시에 갖는 것으로 이해하는 견해로는 Heinrich, 앞의 논문, 89, 90면.
49) Sch/Sch/Lenckner, §123 Rn. 18; SK/Rudolphi, §123 Rn. 16.
50) 기본사례의 핵심을 공동주거권자들의 기본권의 충돌로 보면서, 규범조화적 해석이 필요하다는 견해로는 박정난, 공동거주자간 주거의 자유의 충돌과 주거침입죄 성부 - 대법원 2021. 9. 9. 선고 2020도6085 전원합의체 판결 및 2020도12630 전원합의체 판결 -, 법학연구(연세대 법학연구소) 제32권 2호(2022), 22, 23면.
51) 김성규, 앞의 논문, 105면; 류전철, 앞의 논문, 102면; 이형국, 형법각론연구 I 초판(1997), 364면. '기본 판례'의 다수의견에 대한 별개의견.
52) 김성돈, 앞의 책, 241면; 정성근/박광민, 앞의 책, 266면; NK/Ostendorf, §123 Rn. 36.

행사의 한계에 관한 문제로[53] 귀착될 것이다.

3. 주거권 행사의 한계를 설정하는 방법 및 한계의 판단기준

(1) 한계설정의 방법

주거권 행사의 한계를 설정하는 방법으로는 기본적으로 두 가지를 생각할 수 있다. 하나는 1인의 승낙만 있으면 원칙적으로 외부인의 출입을 허용하되, 그 한계를 설정하는 방법이고(제1의 방법), 다른 하나는 1인의 거부만 있으면 원칙적으로 외부인의 출입을 금지하되, 역시 그 한계를 설정하는 방법이다(제2의 방법). 제1의 방법은 공동주거의 경우 일반적으로 일부의 승낙만으로 외부인의 출입이 행해지는 현실을 반영한 것인데, 공동주거의 현실적인 이용실태가 곧바로 위법성이라는 법적 판단의 기준이 되어야 하는 것이 아니라는 측면에서 적절하지 못하다. 제2의 방법은 구성요건해당성과 위법성의 일반적인 관계, 즉 일반적 금지와 예외적 허용의 관계를 고려한 것이다. 이 연구의 입장은 거주자 사이에 의사의 충돌이 있는 경우 반대자에 대해서는 구성요건해당성을 긍정하였는데, 이는 잠정적으로는 위법성이 긍정된다는 것을 의미한다. 그렇다면 한계설정의 문제는 결국 구체적인 충돌상황에서 확정적으로 위법하지 않는 경우, 즉 정당화되는 경우를 찾는 것이므로, 제2의 방법이 상대적으로 더 적절한 것으로 보인다. 물론 이러한 방법의 차이는 형식적인 논리의 문제일 뿐이다. 결국 실질적으로는 의사충돌의 경우 출입의 종국적인 허용 여부를 어떠한 기준으로 판단할 것인가의 문제로 귀착한다.

(2) 한계의 판단기준

1) 내적 합의

기본사례처럼 의사충돌 및 이익충돌의 문제는 일차적으로 그들 간의 내적인 합의에 의하여 해결될 수 있다.[54] 기본사례처럼 법익주체들 사이에서 사적인 이익이 충돌하는 경우에 어느 법익을 우선시킬 것인가는 그들 사이에서 합의로 결

---

53) 같은 취지로는 김태명, 앞의 논문, 51, 52면.
54) NK/Ostendorf, § 123 Rn. 36.

정할 수 있다. 소극적 이익이건 적극적 이익이건 모두 개인적 법익이기 때문에 그 충돌을 어떻게 해결할 것인가는 내부적 합의의 대상, 즉 사적 자치의 대상이 될 수 있기 때문이다. 예컨대 아내의 주거권행사를 우선하기로 합의하였거나, 충돌의 경우에는 승낙의사를 우선하기로 합의하였다면, 기본사례의 경우 남편의 의사 및 그의 소극적 이익은 보호대상에서 후퇴하게 되고, 결과적으로 내연남의 출입은 위법하지 않게 된다. 그러한 합의가 사전에 객관적으로 형성되어 있었다는 사실은 위법성을 조각하는 객관적 정당화 사정에 해당한다. 따라서 위법성조각사유의 일반원리에 의하면, 내연남이 그러한 사정을 행위 시에 인식하고 있었어야 한다. 소위 주관적 정당화요소의 충족이 필요하다. 만약 그러한 합의를 알지 못한 상태에서 내연남이 들어왔다면, 소위 주관적 정당화요소가 결한 사례에 해당할 것이고, 반대로 그러한 합의가 없었음에도 있었던 것으로 오인하고 들어온 것이라면 위법성조각사유의 객관적 전제사실에 대한 착오에 해당할 것이다.

반면에 남편의 주거권행사를 우선하기로, 또는 의사충돌의 경우에는 거부의사를 우선하기로 사전에 합의하였다면, 기본사례에 대한 해결은 달리 나올 수 있다. 즉, 남편의 주거권행사 및 남편의 소극적 이익의 보호가 우선되므로, 내연남의 출입행위는 위법하게 된다.

당연히 법익주체들 간의 내부적인 사적 합의가 일반적인 대외적 금지명령인 구성요건 자체에 영향을 미칠 수는 없다. 예컨대 내적 합의에 따라서 남편의 의사 및 법익보호가 후순위에 놓이더라도, 내연남의 출입이 남편의 의사에 반하고 그의 법익을 침해한 사실 자체가 부정될 수는 없으므로 구성요건해당성은 부정되지 않는다. 하지만 그 행위가 내부적인 사적 합의에 상응하는 이상, 그 행위가 전체법질서의 차원에서 종국적으로 금지되는 행위, 즉 위법한 행위는 아니다.

2) 내적 합의가 없는 경우

사전의 내적인 합의가 없는 경우에는 객관적이고 평가적인 기준에 의하여 위법성을 판단할 수밖에 없다. 이 경우 객관적 기준의 기본토대는 권리남용사상 또는 상호배려의무 등이 될 것이다.[55] 이들은 주거권행사의 남용, 공동거주자 간의 상호배려의무의 위반, 다른 공동주거권자의 주거권행사에 대한 수인의무의[56] 한

---

55) Heinrich, 앞의 논문, 92면.

계, 일부 거주자의 승낙에 따라서 외부인이 출입하는 것이 다른 거주자에게 기대
가능한가의 여부[57] 또는 우리 형법상의 법규적 용어로 말한다면 사회상규[58] 등
으로 표현될 수도 있다. 이들 기준은 모두 용어상의 차이에 불과하며, 실질적으
로는 동질적인 기준이라 할 수 있다.[59] 기본사례의 경우 아내의 동의가 남편에
대한 배려의무를 저버린 것이라면 그것은 곧 남편의 수인의무를 벗어나는 것이
고, 또한 그것은 주거권행사를 남용한 것이라 할 수 있을 것이며,[60] 뿐만 아니라
내연남의 출입은 남편에게 기대 가능한 범위를 벗어난다고 할 것이고, 역시 사회
상규에도 어긋나는 것으로 평가될 것이기 때문이다.

따라서 판단척도에서 중요한 것은 그 명칭이 아니라 그것을 구체화하는 일인
데, 결론부터 말하면 척도를 구체화하는 데에는 한계가 있다. 구체적인 다양한
상황을 전체 법질서의 관점에서 판단하는 문제이기 때문이다. 이는 소위 위법성
조각사유의 일반조항이라 할 수 있는 '사회상규'의 내재적인 한계라고도 할 수
있다. 독일에서도 판례 및 다수설인 기대불가능성의 척도를 구체화시키려는 노력
이 없지 않았지만, 아직까지 별다른 성과를 내지 못한 이유도 그러한 내재적인
한계성 때문이다.

구체화의 노력 중에서 그나마 눈에 띄는 것으로는 Heinrich의 시도이다.
Heinrich도 일단은 기대불가능성이라는 척도가 명확한 것이 아님을 인정한다.[61]
그렇지만 기대불가능성이라는 것은 단지 예외적인 경우를 말하는 것이므로 그
척도로 인한 법적 판단의 불명확성은 개별적으로 볼 때 아주 사소한 것으로 치
부하면서 나름대로 그 내용을 구체화시키려고 시도한다. 즉, '부부 중 일방은 배
우자가 반대하는 경우에도 외부인을 들어오게 할 수 있지만, 이는 외부인이 주거
에 들어와 머무는 것이 기대불가능하지 않는 한에서만 그렇다'고 한다. 그리고

---

56) 오영근, 형사법판례연구[8](2000), 238면.
57) 독일의 다수설이 취하는 기준이고(Heinrich, 앞의 논문, 92면 각주 53 참조) 우리나라에서도
상당한 지지를 받는다(박상기, 형법각론 제7판, 237면; 박정난, 앞의 논문, 580면; 이정원; 주
거침입죄의 구조와 문제점 – 주거침입죄 해석의 기준으로 사실상 평온과 주거권 –, 법학논총
(조선대 법학연구소) 제21집 제1호(2014), 429면).
58) 김경락, 앞의 논문, 158면.
59) 권리남용, 기대불가능성, 수인의 한계 등을 동질적인 기준으로 보는 견해로는 MK/Schäfer, §123
Rn. 37.
60) 김태명, 앞의 논문, 44면.
61) Heinrich, 앞의 논문, 92면.

'예외적으로 기대 불가능한 경우란 기본적으로 공동거주자 간의 갈등과 충돌의 원인이 바로 출입하는 외부인 본인에게 있는 경우이다'라는 대전제로부터 출발한다, 이어서 이에 해당하는 가장 전형적인 첫째 사례는 외부인이 다른 거주자에게 유책한 범법(schuldhafte Rechtsverletzung)을 저지르거나 이미 저지른 경우라고 하면서, 다만 그 범법내용이 사소하거나 이미 오래 전의 경미한 범법일 경우에는 기대불가능성을 인정하기 어렵다고 한다.[62] 예컨대 기본사례처럼 내연남이 독일 민법 제1353조를 통하여 보호하는 '혼인공동체의 침해'라는 중대한 범법을 저지르는 경우라면 그 자의 출입은 남편에게 기대불가능하다고 한다. 둘째 사례는 외부인이 일방 배우자에 대하여 범행을 저지른 경우라고 한다. 그러한 범행에 해당하는 것으로서는 우선 중대하고 반복적인 명예훼손, 신체상해 등이 있고, 특히 주거 내에서 발생하는 때에는 재산범죄도(절도, 손괴 등) 그러한 범행에 해당하는 것으로 본다. 이는 외부인이 동의한 배우자의 가까운 친족인 경우에도 적용되는데, 다만 범법의 정도가 일반적인 경우보다는 더 커야 된다고 한다. 또한 기대불가능성이라는 척도는 객관화되어야 하므로, 예컨대 외부인의 출입을 꺼리는 주거권자의 주관적인 감정만으로는 기대불가능성의 근거가 되지 못한다고 한다. 하지만 특정 외부인의 출입이 괴롭다는 식으로 분명하고도 반복적으로 표현했다면 이는 기대불가능성을 판단할 때 함께 고려될 수 있다고 한다.[63]

구체화를 위한 Heinrich의 노력에도 불구하고, 역시 그 성과가 만족스럽지 못하기는 마찬가지다. 범법의 내용이 어느 정도로 중대하여야 하며, 또 얼마나 최근의 범법이어야 하는지, 또는 주관적인 감정이 고려될 수 있는 경우와 그렇지 않은 경우를 구별하는 기준은 무엇인지, 더 근본적으로는 왜 갈등의 원인이 굳이 외부인 본인에게 있는 경우로 한정되는지 등의 의문은 여전히 남는다. 기대불가능성이라는 척도가 독일의 지배적인 견해이자 판례의 입장임에도 불구하고, 그 구체화의 한계성으로 인하여 독일에서도 그것을 개념적으로나 기능적인 면에서 받아들일 수 없다는 비판을 받기도 한다.[64]

어느 정도 정형화된 정당방위나 긴급피난 등과는 달리, 예컨대 상당히 포괄적

---

62) Heinrich의 이 견해는 MK/Schäfer, §123 Rn. 37에서도 지지를 받는다.
63) Heinrich, 앞의 논문, 92, 93면.
64) NK/Ostendorf, §123 Rn. 36. 우리나라에서도 이러한 이유로 수용하기 어렵다는 견해가 있다 (류부곤, 앞의 논문, 11면).

이고 종합적인 판단을 요하는 사회상규에서 보듯이, 기대불가능성의 척도 또한 그것을 구체화시키는 데에는 분명히 한계가 있을 수밖에 없다. 하지만 공동주거 권자 간의 다양한 갈등 사례들을 전체 법질서의 관점에서 판단하는 문제임을 감 안할 때, 구체화의 내재적인 한계는 감수할 수밖에 없다고 본다.

Ⅳ. 주거침입죄를 부정하는 논거들에 대한 비판적 검토

1. 보호법익 관련적인 부정논거

(1) 추정적 의사에 반한다는 사정만으로 주거침입죄의 성립을 인정하게 되면 주거침입죄를 의사의 자유를 침해하는 범죄의 일정으로 변질시킨다.[65]

만약 남편의 거부의사가 추정된다는 사정만으로 곧바로 주거침입죄의 성립을 긍정한다면, 이 부정논거가 나름의 타당성을 가질지 모른다. 하지만 이 논문의 입장처럼 누구의 주거권행사가 우선되는지는 의사충돌의 구체적인 상황에 따라 서 달라질 수 있다고 한다면, 위 논거는 의미를 잃게 된다. 이 논거는 '기본 판 례'의 다수의견에 대한 별개의견에서 발견되는데, 그것은 아마도 1인의 추정적 의사에 반하기만 하면 곧바로 주거침입죄의 성립을 인정했던 종전 판례에 대한 비판적인 입장을 표현한 것으로 보이고, 그러한 한에서는 의미가 있다. 하지만 이 논문의 입장처럼 의사충돌의 경우에는 항상 전체 법질서의 관점에서 구체적 으로 판단할 문제라고 한다면, 위 논거는 이미 그 전제를 잃고 만다.

(2) 진입의 태양이 평온하면 주거의 사실상 평온의 침해는 없다.[66]

이 부정논거는 진입의 태양이 평온하면 주거의 사실상 평온의 침해는 없는 것 이며, 따라서 아내의 승낙을 받고 평온한 방법으로 들어온 이상, 주거침입죄에 해당하지 않는다고 한다.

그러나 의사에 반한 출입행위와 그것으로 인하여 초래되는 사실상 평온의 침 해는 원인과 결과의 관계에 있으므로 엄연히 구별된다. 따라서 진입의 결과로서

---

65) '기본판례'의 다수의견.
66) 박혜진, 앞의 논문, 375면; 배종대, 앞의 책, 58/10; 송문호, 앞의 논문, 301면; 이승준, 앞의 논문, 88, 89면; '기본 판례'의 다수의견.

사실상 평온의 침해가 초래되면 족하며, 진입 자체가 사실상 평온을 침해하는 태양일 필요는 없다. 예컨대 열린 문으로 마치 자기의 집을 드나들 듯이 아주 태연하게 출입하더라도 그것이 거주자의 의사에 반한다면 그 결과로서 사실상 평온의 침해가 초래될 수 있으며, 반대로 현관문을 부수고 진입함으로써 설사 진입의 태양 자체는 극히 평온하지 못하더라도 거주자의 승낙에 따른 것이라면 주거의 사실상 평온의 침해는 초래되지 않는다. 진입행위 자체의 태양과 진입의 결과로서 초래되는 평온의 침해는 별개의 문제이다.[67]

(3) 반대하는 남편이 부재중인 경우에는 사실상의 평온이 깨질 이유가 없으므로 주거침입죄가 성립하지 않는다?[68]

이 부정논거는 사실상의 평온이 주거에 현재하는 자의 현실적 평온뿐만 아니라 부재중인 자의 잠재적 평온도 포함하는 것임을 간과하고 있다. 부재중인 자의 의사에 반하여 외부인이 들어와서 체류하면 주거의 잠재적 평온이 침해된다. 이는 1인 주거의 경우 거주자가 현재하지 않는 상태에서 외부인이 거주자의 의사에 반하여 들어오면 주거침입죄가 성립하는 것만 보더라도 명백하다. 거주자의 부재중에 그의 추정적 의사에 반하여 외부인이 무단출입하는 것이 어찌 보면 주거침입죄가 성립하는 가장 전형적인 사례가 아닌가?

(4) 공동거주자 중 어느 한 사람의 의사에 반한다고 하여 주거침입죄가 성립된다고 하면, 거부한 거주자의 의사나 법익만을 보호하고, 승낙한 다른 거주자의 의사나 법익을 도외시하는 결과를 초래할 수 있어 부당하다?[69]

우선 이 부정논거는 그 반대의 경우를 상정해보면 그 부당함이 스스로 드러난다. 즉 반대로 공동거주자 중 어느 한 사람의 동의만으로도 주거침입죄가 성립하지 않는다고 보게 되면, 동의한 거주자의 의사나 법익만을 보호하고, 반대한 다른 거주자의 의사나 법익을 도외시하는 결과를 초래할 수 있어 역시 부당하기는

---

67) 구체적으로는 필자와 약간의 차이가 있으나 결과에서 같은 취지로 볼 수 있는 견해로는 김봉수, 앞의 논문, 15면.

68) 김성천/김형준, 앞의 책, 380면; 김완섭, 주거침입죄에 관한 고찰, 사회과학연구(순천향대) 제10권 제3호(2005), 920면; 배종대, 앞의 책, 58/10; 오영근, 형법각론 제2판(2009), §15/29; 이승준, 앞의 논문, 89면; 임웅, 앞의 책, 229면.

69) '기본 판례'의 다수의견에 대한 별개의견.

마찬가지이기 때문이다. 모든 거주자의 의사와 법익은 독자적이고 동등하기 때문에, 일률적으로 어느 거주자의 의사나 법익만을 보호하고 그와 충돌하는 다른 거주자의 의사나 법익을 도외시 할 수 없다.

더 본질적으로는 이 논문의 입장처럼 한 사람의 의사에 반한다고 하여 곧바로 주거침입죄가 성립하는 것이 아니라, 동의자의 법익보호와 거부자의 법익보호를 구체적으로 비교·형량하여 주거침입죄의 성립이 결정되어야 하는 것이라면, 이 부정논거 역시 그 전제를 잃게 된다.

2. 행위 관련적인 부정논거

(1) 침입의 개념은 '거주자가 주거에서 누리는 사실상의 평온상태를 해치는 행위태양으로 주거에 들어가는 것'이다?[70]

이 부정논거는 침입행위를 보호법익과의 관계에서 해석하여야 하고, 따라서 침입이란 '거주자가 주거에서 누리는 사실상의 평온상태를 해치는 행위태양으로 주거에 들어가는 것'을 의미한다고 한다. 그래서 외부인이 주거에 현재하는 거주자로부터 현실적인 승낙을 받아 통상적인 출입방법에 따라 주거에 들어가는 경우라면, 특별한 사정이 없는 한 사실상의 평온상태를 해치는 행위태양으로 주거에 들어가는 것이라고 볼 수 없으므로 침입행위에 해당하지 않는 것으로 본다.

구성요건적 행위는 당연히 구성요건적 보호법익의 침해를 가져올 수 있는 행위이어야 한다. 법익의 침해로 이를 수 없는 행위를 법익의 보호를 위하여 금지한다는 것은 있을 수 없기 때문이다. 행위의 금지와 법익의 보호는 수단과 목적의 관계에 있기 때문에, 행위의 실행과 법익의 침해는 원인과 결과의 관계에 있어야 한다. 하지만 바로 그렇기 때문에 행위와 법익의 침해, 또는 행위의 금지와 법익의 보호는 서로 구별된다. 법익의 침해는 행위의 결과이지 행위 그 자체가

---

70) 이승준, 앞의 논문, 88면; '기본 판례'의 다수의견. 일본 하급심판결에서도 이러한 입장에 따라서 '기본사례'의 경우 주거침입죄의 성립을 부정한 것이 있다고 한다(김성규, 앞의 논문, 96면). 하지만 일본 대심원은 주거침입죄를 인정하는 입장이다(대심원 1939. 12. 22. 판결). 그리고 일본의 일부 학자들은 사실상 평온설을 취하면 침입의 개념이 주거 등의 사실상의 평온을 침해하는 방법으로 들어가는 것이 되고, 주거권설을 취하면 침입의 개념이 주거권자의 의사에 반하여 들어가는 것이 된다고 한다(상세한 내용은 정진연, 주거침입죄의 본질, 법학논총(숭실대) 제11집(1998), 174면 이하 참조).

아니기 때문이다. 따라서 '구성요건적 행위가 당연히 보호법익과의 관계에서 해석되어야 한다.'는 의미는 원인과 결과, 또는 수단과 목적의 관계에 놓일 수 있도록 구성요건적 행위가 해석되어야 함을 말하며, 또 그것으로 충분하다.[71]

그러한 의미에서, 또 그러한 한에서 침입이 사실상 평온과의 관계에서 해석되어야 한다는 것은 자명하다. 그러나 침입행위와 평온의 침해는 별개의 현상이므로, 침입행위 자체가 사실상 평온을 해하는 태양일 필요도 없고 그럴 이유도 없으며, 따라서 그렇게 해석되어야 할 이유도 없다.

더 나아가 이 부정논거는 거주자가 모두 집을 비운 사이에 외부인이 거주자의 추정적 의사에 반하여 열려 있는 문을 통하여 통상적인 출입방법에 따라서 태연하게 들어가더라도 침입에 해당하는 것과도 조화되지 않는다.

(2) 한 사람의 승낙만 받고 들어가면 침입이 아니다?[72]

이 부정논거는 다시 조금씩 내용을 달리하는 4가지로 논거로 나뉜다.

첫째 논거로는, 기본사례에서 내연남의 출입행위 그 자체는 출입을 승낙한 공동거주자의 통상적인 공동주거의 이용행위 내지 이에 수반되는 행위에 해당한다고 할 것이고, 다른 거주자는 사생활이 제약될 수밖에 없는 공동주거의 특성에 비추어 공동거주자 중 한 사람의 승낙을 받은 외부인의 출입을 용인하여야 하는 것으로 본다. 즉 공동거주자 중 한 사람이 다른 거주자의 의사에 반하여 주거에 출입하더라도 주거침입죄가 성립하지 않듯이, 공동거주자 중 한 사람의 승낙에 따라 외부인이 공동주거에 출입한 것이라면, 그것이 다른 거주자의 의사에 반하더라도 주거침입죄가 성립하지 않는다고 한다.[73]

주거권자 본인이 자신의 주거에 들어가는 것이나 외부인을 주거에 들어오게 하는 것이나 모두 주거권자의 권한행사 내지 공동주거의 이용행위에 속하지만, 그 둘은 완전히 다른 차원의 문제이다.[74] 법익주체인 주거권자가 자신의 주거에 출입하는 행위는 아예 주거침입죄의 규율대상이 아니다.[75] 주거침입죄는 타인의

71) 따라서 보호법익의 문제는 행위개념을 설정함에 있어서 하나의 배경이 될 뿐, 그것이 곧바로 행위개념으로 정립되는 것은 아니며, 보호법익과 행위개념의 해석 사이에는 일정한 거리를 갖는다고 표현하기도 한다(류부곤, 앞의 논문, 106면).
72) 이승준, 앞의 논문, 89면; '기본 판례'의 다수의견에 대한 별개의견.
73) '기본 판례'의 다수의견에 대한 별개의견.
74) 같은 취지로는 박정난, 앞의 논문, 573면.

주거에 출입하는 행위를 규율하기 때문이다.[76] 물론 '타인'의 주거라고 명시한 독일 형법과는 달리, 우리 형법에는 '사람'의 주거라고 기술되어 있지만 그것이 타인의 주거를 의미한다는 데에는 의문이 없다.[77] 본인의 주거에 출입하는 권한은 절대적이기 때문에, 공동주거권자들은 주거의 직접 이용권한을 상호 간에 제한할 수도 없고,[78] 그렇기 때문에 권한행사의 충돌이 발생할 여지도 없다. 반면에 외부인의 출입은 주거침입죄의 직접적인 규율대상이고, 단지 주거권자의 동의가 있는 경우에 한하여 그 출입이 허용될 뿐이다. 즉, 외부인의 출입은 공동거주자 각자의 통제대상이다. 외부인의 출입은 공동주거권자 개개인의 독자적인 의사에 의존되어 있고, 따라서 공동주거권자 사이에 의사의 충돌이 발생할 수 있으며, 따라서 그 조정이 요구된다.

자기의 집에 출입하는 권한과 외부인의 출입을 승낙하는 권한, 그리고 자기 집에 출입하는 행위와 승낙을 받고 타인의 주거에 출입하는 행위는 서로 차원을 달리하는 것이므로, 기본사례에서 주거침입죄가 성립하지 않는 근거를 일부의 동의에 따른 외부인의 출입행위를 주거권자 본인의 출입행위와 동일시하는 데에서 찾는 것은 타당하지 않다.

둘째 논거로는, 공동주거의 경우 1인의 허락으로 주거에 들어온 경우는 양해로 보아야 하므로 주거침입죄가 성립하지 않는다는 견해도 발견된다.[79] 그러나 이 논거는 기본적으로 공동거주자 간의 주거권은 원칙적으로 동등하다는 사실과 부합하지 않기 때문에 수긍하기 어렵다. 출입의 허락이 (구성요건해당성을 배제하는) 양해인지 (위법성을 조각하는) 승낙인지는 허락 자체의 효력에 관한 것이지,

---

75) 물론 이혼 등으로 공동주거관계에서 이탈하거나 법원으로부터 출입금지가처분 결정을 받거나 가정폭력처벌법 등에 의하여 주거에 대한 접근금지명령을 받는 경우에는 공동주거권자로서의 지위를 상실하거나 제한을 받게 되므로 주거침입죄의 주체가 될 수 있다(박정난, 앞의 논문, 577면).

76) 판례도 '건조물은 동업자들의 공동점유 하에 있었다 할 것인 바 공동관리 중인 건조물에 공동점유자 중의 1인이 임의로 출입하였다 하여 건조물 침입죄를 구성한다 할 수는 없다.'고 함으로써 공동주거권자 상호간에는 주거침입죄가 성립할 수 없다는 입장이다(대판 1982. 4. 27., 81도2956).

77) 형법은 타인을 일반화 시켜 사람으로 표현하는 경향이 있다. 예컨대 사람을 살해한 자, 사람의 명예를 훼손한 자 등으로 기술하는데, 이들이 모두 행위자 외의 타인을 의미한다는 데에는 이견이 없다.

78) Heinrich, 앞의 논문, 90면.

79) 이승준, 앞의 논문, 89면; 홍승희, 형사판례연구 [21](2013), 192면.

허락과 거부의 충돌을 해결하는 것과는 무관하다.

셋째 논거로는, 자신이 신뢰하지 않는 자와 주거를 공동으로 사용하는 자는 자신의 신뢰를 저버린 그 공동거주자로 인한 법익침해의 결과를 스스로 감수하는 것이 당연하다는 논거도 제시된다.[80]

이 부정논거에 대해서는 우선 기본사례가 남편이 과연 신뢰하지 않는 아내와 공동으로 주거를 사용하고 있는 상황인지부터 의문이다. 오히려 서로 신뢰하면서 주거를 공유하고 있는 상황이라고 전제하는 것이 더 일반적이지 않을까? 그리고 내연남의 출입행위의 당벌성이나 불법성을 판단함에 있어서 굳이 신뢰관계를 고려한다면, 그 출입을 가능하게 한 아내의 동의가 신뢰관계에 반한다는 사실을 중요하게 고려하여야지, 아내가 그러한 배신적인 동의를 하지 않을 것이라고 남편이 신뢰했다는 사실을 중요하게 고려하는 것은 타당하지 않는 것으로 보인다. 법적으로 보호가치가 있는 신뢰관계의 배신이 문제되는 사례에서 ─ 공동거주자 사이에서 상대방의 법익을 침해하지 않도록 주거권을 행사할 것이라는 상호간의 신뢰는 분명 보호가치가 있는 신뢰관계이다 ─ 불법을 평가할 때에는, 일반적으로 신뢰를 저버린 점을 중시하지, 배신하지 않을 것으로 신뢰했다는 점을 중시하지는 않는다.[81]

물론 이 부정논거의 더 근본적인 문제는 의사충돌의 경우에는 구체적인 사정에 따라서 개별적으로 판단해야지 거부의사 또는 동의의사 중에 어느 하나를 일률적으로 중시할 수는 없다는 점이다.

넷째 논거로는, 동등한 공동주거권자 사이에서 어느 한 주거권자의 의사가 우선한다고 볼 수는 없지만, 현실적으로 공동주거권자 중 한 사람의 승낙으로 주거에 출입하는 것이 일반적이므로, 한 사람의 승낙을 받은 외부인의 출입행위는 주거침입죄의 구성요건적 행위인 침입에 해당하지 않는다고 해석하여야 한다는 견해가 있다. 이렇게 해석하는 것이 승낙한 공동주거권자와 승낙받은 외부인의 공

---

80) 류전철, 앞의 논문, 102면.
81) 혹시 이 논거가 신뢰관계를 전제로 하는 재산범죄의 경우 배신자를 신뢰한 자에 대한 자기책임을 일정한 요건 하에서 인정하려는 이른바 '보호할 가치 있는 신뢰관계이론'을(자세한 내용은 조기영, 재산범죄와 보호할 가치 있는 신뢰관계, 형사법연구 제26권 제1호(2014), 101면 이하 참조) 염두에 둔 것이라면, 그 이론이 구성요건을 제한적으로 해석하는 근거로 삼는 것은 '보호가할 가치가 없는 신뢰관계'라는 점에서 우리의 사례와는 차이가 있다.

동주거 출입에 관한 자유와 권리를 보장하는 길이라고 한다.[82]

일단 이 부정논거가 공동주거권자의 의사를 동등한 것으로 본 것은 타당하다. 하지만 일부의 승낙이 있으면 침입이 아니라는 근거를 외부인이 공동주거에 출입하는 일반적인 현상에서 찾는 것에는 문제가 있다. 물론 현실적으로 일부 거주자의 승낙으로 외부인의 출입이 이루어지는 것이 일반적이다. 그러나 이는 의사의 대립이 없거나, 대립이 있더라도 승낙이 거부자의 수인 가능한 범위 내에서 이루어짐으로써 법적인 분쟁으로 비화되지 않는 현실을 말해줄 뿐이다. 하지만 그러한 일반적인 현실이 그렇지 않은 특수한 현실을 – 수인 가능한 범위를 벗어난 승낙의 경우 – 평가하는 바로미터가 될 수는 없다. 일반적인 현실에는 항상 그렇지 않은 현실이 병존하기 마련이며, 우리의 관심사는 바로 후자이다. 즉 공동주거권자 중 일부가 다른 일부가 수인할 수 없는 승낙을 하는, 그래서 충돌과 갈등의 정도가 중대한 특별한 경우를 논하고 있는 것이다.

(3) 거부의사를 동의의사보다 중시할 수 없다?

1) 거부의사를 더 중시해서 형법을 개입시키면 국가가 형벌을 통해 주거권자들에게 의견의 일치를 강제하는 결과를 초래할 여지가 있으므로, 침입행위를 한정적으로 해석하는 것이 필요하다?[83]

하지만 이 부정논거는 구체적인 충돌상황에 따라서는 거부의사를 중시해서 형법을 개입시키는 것이 필요할 수 있음을 간과한 것으로 보인다. 물론 언제나 거부의사만을 중시한다면 거주자 모두가 동의할 때에만 외부인을 출입시킬 수 있을 것이므로, 공동주거의 이용현실에 맞지 않을 뿐만 아니라 주거권이 상호 동등하다는 원칙에도 어긋난다. 그렇지만 반대로 동의의사를 보다 중시해서 항상 형법의 개입을 부정하는 경우에도 이 논거가 염려하는 문제가 있기는 마찬가지이다. 외부인을 출입시키지 않기 위해서는 모두가 반대하도록 강제하는 것이 될 것이기 때문이다. 따라서 충돌의 경우에는 구체적인 사정에 따라서 개별적으로 해결해야지 거부의사 또는 동의의사 중에 어느 하나를 일률적으로 중시할 수는 없다.

---

82) '기본 판례'의 다수의견에 대한 별개의견.
83) 김성규, 앞의 논문, 105면.

2) 승낙 자체가 강제, 기망, 착오 등 의사흠결의 상태가 아닌 자유롭고 진지한 의사에 따른 것으로서 유효하게 성립한 것이라면 다른 거주자의 의사에 반하더라도 침입에 해당하지 않는다.[84]

우리의 문제는 승낙도 거부도 모두 유효하고, 그 양자가 충돌하는 경우를 해결하는 것인데, 승낙이 유효하기 때문에 침입이 아니라는 이 부정논거는 논점을 벗어난 것으로 보인다. 즉, 이 논거는 유효한 승낙이 왜 유효한 거부에 우선하는가에 대한 대답이 되지 못한다.

3) 부재중인 자의 추정적 의사보다 현재하는 자의 명시적인 의사가 우선한다.[85]

이 부정논거를 다시 구체적으로 보면, 현장에 없는 자의 일반적 또는 추정적 의사보다 현장에 있는 자의 명시적 의사가 우선한다거나,[86] 현재하지 않는 자의 추정적 거부의사가 있다고 하여 침입이 인정되지는 않지만 현재하는 주거자의 명시적인 반대 의사가 있는 경우에는 일부의 유효한 동의를 받고 들어가더라도 주거침입이 성립한다고[87] 한다. 하지만 거부나 승낙의 동기, 목적, 배경 등 실질적인 내용을 전혀 고려하지 않고, 오로지 추정적 의사, 현실적 의사, 또는 현재하는 자의 명시적 거부의사 등 순전히 의사의 형식에 따라서 일률적으로 우선순위를 정하는 점에 문제가 있다. 승낙의사건 거부의사건 불문하고, 외부인의 출입에 대한 의사의 형식은 원래 전혀 문제가 되지 않는 것이 기본적인 원칙인데, 공동주거권자들의 의사가 충돌하는 경우에는 왜 갑자가 그러한 형식이 문제가 되

---

84) 이형국, 앞의 책, 364면.

85) 김일수/서보학, 앞의 책, 246면; 송문호, 앞의 논문, 301면; 이승준, 앞의 논문, 88면; '기본 판례'의 다수의견에 대한 별개의견. 스위스 연방대법원은 현장에 없는 동순위 권리자의 의사가 현장에 있는 동순위의 권리자의 의사보다 우선할 수 없는 것으로 본다('기본 판례'의 다수의견에 대한 별개의견 참조).

86) 하태훈, 앞의 논문, 233면; 홍가혜, 앞의 논문, 196면; '기본 판례'의 다수의견에 대한 별개의견. 다만 하태훈 교수는 세칭 '초원복집사건'에 대한 판례를 비판하면서 식당 주인의 현실적 명시적 승낙의사가 행위자의 의도를 알았더라면 출입을 거절했을 것이라는 추정적 가정적 의사에 우선한다는 논리를 전개하고, 이를 우리의 '기본사례'에 적용하여 처의 현실적 명시적 의사가 남편의 추정적 의사에 앞서기 때문에 주거침입죄가 성립하지 않는다고 한다(하태훈, 앞의 논문, 233면). 하지만 그 논리의 타당성은 일단 차치하고, 우선 동일인의 현실적 의사와 추정적 의사의 경합문제와 '기본사례'처럼 서로 다른 자의 의사의 충돌문제를 동일하게 볼 수 있는지부터 의문이다.

87) 김일수/서보학, 앞의 책, 246면.

는지 납득하기 어렵다.

(4) 진입거부의사의 존재를 출입자가 인식할 수 있는 현장의 객관적 형상 내지 상태가 존재함에도 진입하면 침입이 된다.[88]

이 부정논거는 주거에 진입하는 현장에 대한 외연적 평가로 침입 여부를 판단한다. 즉 현장의 형상이 침입의 판단기준이 된다. 그 형상은 행위자에게 '나의 진입이 거주자에게 허락받지 않은 것이다. 나는 무단진입을 하고 있다'는 점을 충분히 인식하게 하거나 인식가능하게 하는 상태를 말한다고 한다. 그러한 외부적 형상 내지 객관적 상태의 존부는 동시대의 사회문화적 통념에 따라서 판단되며, 그러한 형상 내지 상태가 존재함에도 불구하고 진입하면 피해자의 의사를 극복하고 진입하는 것으로서 침입에 해당한다는 것이다. 따라서 기본사례의 경우 그러한 특별한 객관적 상태가 존재하지 않는 한, 침입이 되지 않는다고 한다.[89]

1인 주거의 경우 침입이 되는 데에 거부의사를 인식가능하게 하는 외부적 형상이 진입현장에 있을 것을 요하지 않는다. 외부인의 진입이 거주자의 추정적 의사에 반한다는 사실만으로 족하다. 물론, 진입현장이 거부의사를 인식하기 어렵게 만드는 특별한 객관적 상태를 하고 있었다면 의사에 반하여 진입한다는 인식, 즉 고의가 부정됨으로써 결과적으로 고의의 침입행위가 부정될 수는 있다. 하지만 객관적으로 침입행위가 되는 데에는 문제가 없다. 그럼에도 불구하고, 공동주거권자 사이에 의사의 충돌이 있는 경우에는 왜 갑자기 거부의사를 인식가능하게 하는 외부적 형상이 추가적으로 더 필요한지를 알기 어렵다. 그러한 외부적 형상이 없었기 때문에 부재자의 추정적 거부의사를 인식하기 어려웠고, 또 인식하지 못했다고 항변한다면, 그러한 사정은 당연히 고의의 검토에서는 고려될 것이다.

---

88) 류부곤, 앞의 논문, 113면, 114면.
89) 부재중인 남편의 의사는 추정적인 의사로서 족하므로 사전의 명시적인 거부의사가 필요하지 않다는 것을 설명하면서, 그 예시로서 남편이 출장 전에 "내 아내의 정부의 출입을 금함"이라고 쓴 표지판을 현관문에 걸어두었는가는 그 정부의 가벌성에 아무런 영향을 미치지 않는다는 주장이 있다(Heinrich, 앞의 논문, 93, 94면). 이를 위 부정논거에 적용해보면, 그 표지판의 존재는 명백히 '진입자의 관점에서 진입거부의사의 존재를 인식할 수 있는 현장의 객관적 형상 내지 상태의 존재'라 할 것이므로 침입을 인정하게 될 것이고, Heinrich와는 결론을 달리하게 된다.

혹시 현재하는 자의 동의의사는 현실적 의사로서 명백히 확정적인 것임에 반하여 부재자의 추정적 거부의사는 불확정적이므로, 그러한 차이를 메워서 동등한 차원의 의사로 인정받기 위해서는 추가적으로 그러한 객관적 상태가 필요하다고 보았을 가능성을 조심스럽게 추측해볼 수 있다. 그렇더라도 이 또한 추정적 승낙과 현실적 승낙을 기본적으로 차별화하는 인식을 바탕으로 한다는 점에서 수용하기 어렵다.

더 나아가 그러한 기준을 적용했을 때에 도출되는 결론도 수긍하기 어렵다. 예컨대 남편이 출장을 가면서 '가족 외에는 그 누구의 방문도 불허함'이라는 표지판을 현관문에 달아두었는데, 아내가 학교동창 몇 명을 초대하였다면 진입거부의사의 존재를 출입자가 인식할 수 있는 현장의 객관적 형상 내지 상태가 존재하였으므로 기본사례와는 달리 주거침입을 인정해야 될 텐데, 이 결론은 수긍하기 어렵다.

3. 보충성원칙 관련적인 부정논거

(1) 기본사례와 같은 경우에는 다른 규범이나 사회적 통제수단으로는 해결할수 없는, 그래서 형법의 규율을 요구하는 중대한 법익에 대한 침해의 위험이 명백한 행위이거나 사회에 끼치는 해악이 큰 행위에 해당한다고 볼 수 없다. 이러한 경우까지 주거침입죄로 형사 처벌하는 것은 국가형벌권의 과도한 개입으로서형법의 보충성 원칙에 반한다.[90]

이 부정논거는 공동주거권자 사이에 의사의 충돌이 있는 경우에는 일부 주거권자의 의사에 반하여 외부인이 출입하더라도 형법이 관여해야 할 정도의 사회유해성이 있는 행위에 해당하지 않는다면서 아예 주거침입죄의 규율대상에서 제외시킨다. 하지만 이 논거에는 첫째, 2인 이상이 거주하는 공동주거가 현실적으로 압도적으로 많고, 또 공동주거권자 사이에 의사의 충돌이 있는 경우도 적지않은 현실을 감안할 때, 과연 그러한 경우를 주거침입죄의 규율대상에서 제외시키는 것이 타당한가의 문제가 있고, 둘째, 더 근본적으로는 그러한 경우가 과연형법의 개입을 배제시켜야 할 정도로 사회유해성이 적다고 할 수 있는가의 문제

---

90) '기본 판례'의 다수의견에 대한 별개의견.

가 있다. 개인주거건 공동주거건, 또 공동거주자가 모두가 거부하건 일부만이 거부하건 거부자에 관한 한 주거에 대한 통제권과 사실상 평온이 침해된다는 점에는 변함이 없고, 따라서 그 보호의 당위성도 변함이 없기 때문에, 결코 형법의 개입을 배제시켜야 할 만큼 사회유해성이 적다고 보기 어렵다.

(2) 공동주거의 경우 구성원들의 주거권 행사의 범위에는 "한계"가 있을 수밖에 없지만, 한 사람의 승낙만을 받았더라도 다른 주거권자에 대한 관계에서 외부인이 형사상 처벌되는 "범죄"가 되지 않는 행위를 "목적"으로 공동주거에 들어간 경우에는 주거침입죄가 성립한다고 볼 수는 없다. 이러한 경우에까지 주거침입죄의 성립을 인정하면 주거침입죄의 성립 범위가 지나치게 확장된다. 따라서 기본사례의 경우 이제 더 이상 범죄가 아닌 간통을 목적으로 들어간 것이므로 아내의 승낙이 한계를 벗어난 경우에 해당하지 않아 주거침입죄가 성립하지 않는다.[91]

이 부정논거는 기본사례를 주거권 행사의 한계의 문제로 바라보는 점에서는 타당하다. 하지만 한계의 기준을 '다른 주거권자에 대한 관계'에서 형사상 처벌되는 '범죄목적'이 외부인에게 있는가의 여부로 삼는다는 점에 문제가 있다. 첫째, 왜 범죄목적의 출입으로 한정되는가 하는 점이다. 승낙의 한계는 그 승낙을 다른 공동거주자가 수인할 수 있는가, 또는 다른 공동거주자에 대한 배려의무를 이탈하였는가, 외부인의 출입이 다른 공동거주자에게 기대 가능한 범위에 속하는가, 등의 관점에서 객관적이고 평가적으로 결정되어야 한다. 물론 범죄목적의 경우에는 일반적으로 승낙의 한계를 벗어났다고 할 수 있을 것이다. 하지만 목적하는 범죄가 비교적 경미한 경우에는 승낙의 한계를 벗어나지 않는 것으로 평가될 수도 있다.[92] 타면 기본사례처럼 범죄가 아닌 간통목적의 경우에도, 간통이 부부간의 혼인공동체를 파괴하는 민법상 중대한 범법에 해당하므로,[93] 이 경우에도 승낙의 한계를 인정할 여지는 충분하다.[94] 둘째, 목적하는 범죄가 왜 '다른 주거권

---

91) '기본 판례'의 다수의견에 대한 별개의견.
92) 이 논거는 앞서 다루었던 Heinrich의 견해를 연상시키는데, Heinrich조차도 범법내용이 사소하거나 이미 오래 전의 경미한 범법일 경우에는 승낙의 한계를 벗어나지 않는 것으로 본다.
93) 대법원은 내연남의 간통행위를 남편에 대한 불법행위로 보며(대판 2005. 5. 13., 2004다1899; 대판 2015. 5. 29., 2013므2441), 아내의 간통을 '배우자의 부정한 행위'로서 민법 제840조 제1호가 정한 재판상 이혼사유로 본다(대판 1987. 5. 26., 87므5, 6).
94) 같은 취지로는 김태명, 앞의 논문, 44, 45면. 또한 승낙의 한계가 범죄목적으로 한정되는 것은 아니고, 전체 법질서에 의하여 허용되지 않는 범법을 목적으로 하는 경우에도 승낙의 한계가

자에 대한 관계'에서 성립하는 범죄로 한정되는가도 의문이다. 예컨대 아내가 남편의 전처소생인 딸을 강간하도록 부탁하거나 방문 중인 제3자를 살해하도록 부탁하기 위하여 외부인을 출입시킨 경우라면 남편과의 관계에서 성립하는 범죄는 아니다. 하지만 공동주거권자 간의 승낙의 한계를 설정함에 있어서, 이 경우들을 남편과의 관계에서 성립하는 범죄의 경우와 달리 판단하여야 하는지는 의문이다. 따라서 '다른 거주자에 대한 관계에서 범죄를 목적으로 하는 경우만'을 승낙의 한계로 인정하는 것은 때로는 너무 넓게, 또 때로는 너무 좁게 한계를 인정하는 결과가 되어 부당하다.

(3) 기본사례와 같은 공동거주자 간의 법익충돌사안에서는 양쪽 모두의 손을 들어줄 수도 없고, 그렇다고 대립하는 공동거주자의 어느 일방의 손을 들어 주면 다른 공동거주자의 법익이 법적으로 폐기되는 딜레마가 발생한다. 이러한 딜레마를 극복하는 길은 형법의 보충성원칙에 근거하여 주거침입죄의 성립을 부정하는 것이다.[95]

공동거주자 간의 법익충돌 및 의사충돌의 사안에서 주거침입죄의 성립과 불성립 중 일률적으로 하나를 선택하여야 하는 것이라면, 필자도 위 견해에 찬성하고 싶다. 하지만 필자는 이 충돌사안을 일률적으로 어느 하나의 방향으로 판단할 것이 아니라 충돌의 내용에 따라서 사안별로 구체적으로 판단하여야 한다는 입장이다. 물론 구체적 판단 자체가 어려운 특수한 경우라면 보충성의 원칙은 물론이고, 더 근본적으로는 '의심스러울 때에는 자유를 위하여'의 원칙에 따라 주거침입죄의 불성립으로 결론을 내려야 할 것이다.

V. 맺는말

공동주거권자 사이에서 외부인의 출입에 대한 거부의사와 승낙의사가 충돌하는 상황에서 외부인이 그 주거에 들어가는 행위는 거부자의 의사에 반하여 침입하는 것이고, 또한 주거에 대한 거부자의 사실상 평온을 침해하는 것으로서 주거

인정될 여지가 있다는 견해는 신동운, 형법각론(제2판)(2018), 822면.
95) 김봉수, 앞의 논문, 24면.

침입죄의 '구성요건해당성'이 긍정된다. 하지만 그 행위가 다른 공동거주자의 주거권의 행사에 따른 것이라면, 그 행위의 종국적인 금지 여부는 전체 법질서의 관점에서 결정되어야 한다. 이 문제는 주거권의 행사 내지 주거의 이익을 두고 공동주거권자 사이에서 발생하는 내부적인 충돌의 문제이며, 이는 타인의 주거침입을 금지하는 – 즉, 주거권자와 외부인의 갈등을 규율하는 – 일반적 금지규정인 주거침입죄의 구성요건이 감당할 수 있는 문제가 아니다.

구성요건적 행위를 '위법하게 들어가는 것'으로 기술하고 있는 독일 형법과는 달리 형법은 '침입'의 위법성을 구성요건적 행위의 부분요소로 요구하지 않기 때문에, 그 실질이 위법성의 문제인 기본사례를 구성요건의 문제로 접근할 이유가 없다. 그럼에도 불구하고 기본사례를 구성요건단계에서 법익침해를 긍정할 수 있는지, 또는 침입행위에 해당하는지의 문제로 접근하게 되면, 이미 보편적으로 확립되어 있는 주거침입죄의 보호법익이나 침입행위의 개념과의 불협화음만 일으키게 된다.

기본사례에서 위법성 판단의 근본은 권리남용사상과 상호배려의무가 될 것이다. 외부인의 출입에 대한 공동주거권자들의 권한행사는 상호 간에 내재적인 한계를 갖는다. 각자는 독자적으로 주거권을 행사하되, 동등한 지위를 갖는 다른 공동주거권자의 주거권을 고려하여 남용하지 않아야 한다. 물론 구체적인 충돌상황에서 권리남용 또는 배려의무위반의 여부를 판단하는 척도를 구체화하는 데에는 한계가 있다. 수인의무의 한계, 기대 불가능성, 사회상규 등 다양한 척도들이 제시되지만 그 모두가 구체성과는 거리가 멀다. 결국은 외부인의 출입과 관련하여 '누구를 어떠한 이유와 목적'으로 승낙하거나 거부하였는가를 비교·형량 하는 평가와 판단의 문제로 귀착될 것이다. 척도가 추상적이라는 점이 불만족스럽지만 어쩌겠는가? 어차피 종국에 가서는 항상 경계선 위에서 힘든 줄타기를 할 수밖에 없는 것이 규범학의 운명이 아니던가? 살피고자 하는 사물에 더 이상 다가갈 수 없을 때에는 그 자리에 멈춰 서서 캄먼센스나 리걸마인드의 촉을 긴장시켜 살필 수밖에 없다.

그렇다면 기본 사례의 경우 남편의 소극적 이익 및 거부의사에 손을 들어줄 것인가, 아니면 아내의 적극적 이익 및 승낙의사에 손을 들어줄 것인가? 기본사례와 같은 사정이라면, 즉 아내의 주거권 행사가 내연남과 혼외 성관계를 갖기 위함이었다면, 그러한 주거권 행사는 남편의 수인의무의 한계를 벗어나는 것이고, 그 내연남의 출입행위가 남편에게 기대 가능한 것이라 할 수 없으며, 따라서 아내의 주거권 행사는 권리남용이고 상호배려의무의 위반이라 할 것이다. 필자는 부부의 공동주거를 부부관계를 파탄에 이르게 하는 범법의 장소로 이용하는 아내의 적극적 주거이익보다 그러한 장소로 타락되는 것을 거부하는 남편의 소극적 주거이익에 손을 들어주는 것이 옳다고 본다.[96]

---

96) 독일의 판례(BGH v. 26. 6. 1952 - Ⅳ ZR 228/51; MK/Schäfer, Rn. 38. 각주 172 참조) 및 다수설(MK/Schäfer, Rn. 38; SK/Rudolphi, Rn. 16)은 내연남이나 내연여의 출입허용은 상대방의 입장에서 기대가능성의 한계를 이탈하는 것으로서 그들이 주거에 들어오면 주거침입죄를 구성한다고 본다.

문채규 교수님의 '공동주거에 대한 주거침입죄' 이해

이 수 진*

'문채규 교수님 제자입니다.'라는 말을 하며 많은 교수님들께 인사한지 벌써 10년이 넘어섰다. 처음 교수님과의 만남은 메일로 불쑥 교수님께 형법 공부를 배우고 싶다고 연락하고 얼마 안 되어서 교수님 연구실에서 였다. 나만 그 기억이 있는 줄 알았지만, 교수님 역시 나를 독특하게 기억한다고 말씀하셨다. 그렇게 시작된 교수님과 함께한 나의 대학원 생활은 어렵고 힘들지만, 아주 벅차게 박사학위를 취득하게 되는 큰 인생의 터닝 포인트로 연결되었다. 학위를 받고 학생들을 가르치고 있지만, 여전히 공부할 것이 많은 나는 교수님의 글을 볼 때마다 첫 몇 문장만으로도 감탄을 하고 시작한다. 멋있는 교수님의 발자취를 따라가며 여전히 다양한 형태의 교류를 기대하지만, 교수님의 또 다른 모습도 마주할 미래를 그려본다.

I. 들어가는 말

문채규 교수님께서는 최근 나타난 주거침입죄와 관련한 대법원의 새로운 입장에 대한 '의문 내지는 이견'에서 공동주거의 주거침입과 관련된 연구를 시작하신 듯하다. 다수의 공동주거권자가 존재할 때 주거자 모두의 의사는 존중되어야 함이 마땅하고 각자의 주거에서 사실상 평온이 보장되어야 함이 당연하다. 다만 이 공동주거자간 의사가 일치하지 않을 때 발생하는 의사 충돌로 인한 평온의 훼손을 어떻게 해결할지의 문제는 여전히 꺼지지 않은 불씨처럼 계속 논의되고 있다. 이에 대법원 판결은 종래에는 공동주거자인 남편의 동의없이 아내의 동의만으로 주거에 출입한 내연남의 행위를 남편의 잠재적 평온을 침해한 것으로 보아 주거침입죄가 성립한다고 판시하였다. 그러나 최근 판례는 주거침입죄가 성립하지 않는다고 그 입장을 변경하였다.

이와 관련하여 교수님께서는 과연 이러한 판례의 변경이 의미있는 변화를 시도한 것인지에 대해 검토하고 논증하고자 하였다. 몇 가지 의문을 그 논의의 시작으로 하고 있는데 첫째, 공동주거권자들의 권한간 충돌 발생시 내재적인 한계를 갖게 될 것인데 이를 어떻게 평가해야 하는가? 둘째, 구체성의 한계가 있는 충돌시 발생한 행위의 위법성 판단은

---

* 동서대학교 경찰학과 교수, 법학박사(형사법)

무슨 기준으로 비교·형량해야 하는가? 로 생각해 볼 수 있겠다.

해당 논문에서는 다수인이 함께 주거를 공동으로 사용하는 경우에 구성원 각자에게 출입을 결정하는 권리가 독자적으로 주어진다는 전제에서 구성원들 사이 의견이 다를 경우 어떻게 해결해야 하는지를 정리하고자 한다. 특히 최근 많이 등장하는 다양한 공동주거의 형태 중 부부주거의 형태로 제한하여 검토하였다. 이러한 해당 사안과 관련된 교수님의 견해를 기존의 교수님 견해와 연계하여 소개하고 전달하는 것을 목표로 하여 글을 작성하고자 한다.

Ⅱ. 보호법익과 침입행위

1. 보호법익

주거침입죄의 보호법익과 관련해서는 주거권설과 사실상 평온설이 대립하고 있는데 후자가 판례와 다수설의 입장으로 이해되고 있다.[1] 다만 교수님은 최근 등장한 판례 사안을 해결하는데에는 이들 견해의 차이가 없다고 판단하고 있다. 보호법익이 무엇인지의 문제가 해당 사례의 핵심 쟁점이 아니기 때문이다.[2]

(1) 사실상 평온의 의미

주거침입죄에서 사실상 평온이라 함은 자유의 개념이 아니라고 한다. 이는 체포 감금죄나 강요죄와 달리 의사형성 내지는 신체활동의 자유를 직접 침해하는 것이 아니기 때문이다. 의사에 반하여 주거에 출입하였다 하더라도 의사의 자유가 침해되는 것이 아니다. 주거침입죄의 보호법익이 타인의 출입과 체류로 인하여 사실상 평온이 방해받지 않을 '자유'로 정의되어 있지만 의사의 자유와는 구별되는 것이라 보고 있다. 이를 자유의 가능성을 보호하기 위한 형태로 이해하는 Amelung의 견해를 소개하며 주거침입죄가 가지는 독특하고 고유한 법익이라 이해한다.

사실상의 평온은 현실적 평온뿐 아니라 잠재적 평온 역시 포함된다. 언제든 주거에 출입할 수 있는 부재자의 사실상 평온 역시 보호받아 마땅하기 때문이다.[3] 이는 1인 주거의

---

1) 문채규 교수님 역시 사실상 평온설을 지지하고 있다. 자세한 내용 문채규, "주거침입죄의 보호법익 -'사실상 평온설'의 정립을 위하여-", 비교형사법연구 제12권 제2호, 2010 참조.

2) 이와 같은 견해를 제시하고 있는 김봉수, "'공동거주자 간 법익충돌사안'에 있어서 주거침입죄의 성부 - 대법원의 전원합의체판결을 중심으로 -", 형사법연구 제34권 제1호, 2022, 8, 11면 참조.

3) 필자 역시 이에 동의하고 있고(이수진, "'주거침입죄'에서 공동거주자의 사실상 평온에 관한 검토", 비교형사법연구 제24권 3호, 2022 참조), 판례와 많은 학자의 입장도 이를 지지하고 있으나 이러한 평온을 '현실적' 의미로 제한하고자 하는 견해 역시 존재한다.(김성규, "주거침입죄에 있어서 '침입'행위의 의미 - 공동거주자의 허락이 대립하는 경우와 관련해서 -", 일감법학 제45호, 2020, 95면 참조)

경우 거주자의 부재중에 외부인이 동의 없이 출입한 때에 이견없이 주거침입이 인정된다는 관점[4]에서 본다면 당연한 논리이다.

여기서 주거침입죄의 보호법익은 외부인의 출입과 체류로부터 방해받지 않을 이익(소극적 이익)으로 이해할 수 있는데, 이는 공동주거자가 외부인을 주거에 초대하여 주거를 활용하는 적극적인 이익과 구별되고 양립하면서 충돌이 야기될 수 있다. 적극적인 이익은 주거침입죄 성립의 문제와는 별개로 볼 수 있으나, 권한있는 주거에서 누릴 수 있는 헌법상 권리로 법적 보호가치 있는 이익이다. 이 두 이익이 공동주거권자 간에 각각 달리 발생한 경우도 있는데, 승낙 받고 이루어지는 출입에 대해 공동주거자 중 일부가 주거에 들어오는 것과 동일하게 이해하기도 한다. 이를 근거로 일부의 승낙을 전제로 한 외부인 출입을 이를 동의하지 않은 공동주거자 일부가 누리는 이익보다 우선시하는 견해가 있기도 하다. 그러나 공동 주거권자의 출입과 단순히 그의 승낙을 전제로 한 외부인의 출입은 동일시 될 수 없으므로 이는 타당하지 않다. 또한 사실상 평온은 '공동주거자 개개인이 누릴 수 있는 이익'이라는 점을 고려한다면 더더욱 일부 주거자의 의사를 우선시 할 수 없다는 점에 동의한다. 보호법익의 침해는 공동거주자 개인별로 판단되어야 하며, 그렇기 때문에 문제된 대법원 판례에서 아내의 법익에 대한 침해는 없지만 출타 중인 남편의 법익침해가 존재하는 한 이에 대한 분명한 평가가 필요할 것이다.

(2) 사실상 평온설의 이해를 바탕으로 한 '침입행위'

개인에게 법적인 지위를 보장하는 권리의 내용과 법을 통하여 보호되는 이익은 분명하게 구별되어야 한다. 이러한 이익은 그것이 개인의 기대와 필요를 대변하기 때문에 정당화된다고 본다. 그러므로 주거침입죄에서도 사실상의 평온이 설명하는 주거권을 통하여 보호하는 개인의 이익이 제대로 된 보호법익의 설명인 것이다. 사실상 평온은 주거의 배타적 이용이 방해받는 상태 자체의 의미를 부여하고 있고 이 역시도 현실적 평온뿐 아니라 잠재적 평온도 그 보호의 대상으로 보고 있다. 그러므로 공동거주자 일부의 승낙을 받고 '침입'의 형태가 아닌 평온한 출입을 하였다 하더라도 이를 승낙하지 않은 일부 거주자의 의사에 반한 것으로 주거침입죄를 충족할 수 있다.

그렇기 때문에 '침입'의 개념을 주거에 통상적인 방법으로 들어가지 않는 것에 한하여 이해할 것이 아니라 심리적일 수도 있고 물리적일 수도 있는 소위 '장벽'을 타파하고 들어가는 것으로 이해할 것을 지적한다. 주거와 물적 공간적 관련성이 있는 주거권자의 의사를 무시한 것이 바로 주거침입죄의 행위 태양이라 이해해야 한다. 여기서 '장벽'의 타파는 주거권자의 의사를 무시하는 것인데, '의사'는 형식적 성질에 따라 우선순위를 매겨 그 침입 여부를 결정할 수 있는 것이 아니다. 부재중인 자의 의사보다 현존하는 자의 의사가 우선시 되어야 한다는 형식적 성질에 따른 차별화 견해는 이런 관점에서 받아들일 수 없

---

4) 오영근, 형법각론, 박영사, 2022, 214면 참조; 신동운, 형법각론, 법문사, 2018, 822면 참조; 대법원 2021. 10. 28. 선고 2021도9242 판결 참조.

는 것이다.[5] 또한 '의사'는 일신전속적인 요소이기 때문에 각 개별적 개인의 의사가 다른 구성원의 의사를 상쇄하지 못한다. 다만 이와 관련하여 추정적 의사와 현실적 의사 사이에 우열을 두려는 견해도 존재한다. 그러나 부재중 주거침입죄 성립을 간명히 해결해준 1인 주거 형태를 생각하면, 이 역시 간단히 이해할 수 있다. 1인의 주거자가 존재하는 경우 추정적이든 현실적 의사이든 무관하게 '침입'이 성립되는 접근은 결국 그 의사의 형태는 무관하다는 것을 알려주므로 이들의 우선순위를 정하여 해결하려는 것은 잘못된 접근이다. 각자의 의사는 '모두' 존중되어야 하는 동일선상에서 이해되어야 하는 것이다.

Ⅲ. 공동거주자간 충동하는 주거권 행사의 해결

1. 전체 법질서의 관점에서 해결이 필요한 '주거침입'

그렇다면 가장 중요한, 기본 사안에서의 핵심 쟁점이기도 한 공동거주자간 의사가 충돌할 때 이를 이해하는 방법에 대한 검토가 필요하다. 해당 사례에서 내연남의 주거출입은 공동주거자 중 한 사람인 아내에게는 주거'침입'으로 이해할 수 없지만, 남편에게는 주거'침입'행위로 이해할 수 있다. 그러나 하나의 출입행위를 대상자에 따라 그 침입여부를 달리 이해할 수는 없다. 이에 문채규 교수님은 이는 '전체 법질서의 관점'으로 이해할 수밖에 없음을 제시하고 있다. 해당 사례는 주거의 평온을 방해받지 않을 남편의 「소극적 이익」과 주거를 소통의 공간으로 이용하려는 아내의 「적극적인 이익」간의 충돌을 해결하면 되는,[6] 전체 법질서의 관점에서 해결할 위법성단계의 문제인 것이다. 특히 교수님은 여기서 허락하에 출입한 행위는 '침입'이 아니기 때문에 주거침입죄가 성립할 수 없다는 견해를 독일과 우리 형법 규정의 차이점을 설명하면서 정리하고 있다. 독일 형법은 주거침입 행위를 '위법하게 들어가는 것(widerrechtlich eindringen)'으로 기술하고 있다. 즉 '위법하게' 출입하는 것이 중요한 구성요건 행위를 성립하기 위한 요건이라 보고 있는 것이다. 그러나 우리 형법은 '~침입한 자'라 규정하여 위법성을 구성요건적 행위의 부분 요소로 요구하지 않는다고 본다. 그렇기 때문에 전체 법질서의 관점에서 해결해야 할 문제를 구성요건의 문제 즉 외형상 침입이 있었는지의 문제로 접근할 이유가 없다고 한다.

공동주거자는 모두 주거에서의 평온을 누릴 수 있는 주체로 그중 1인의 동의로 외부인 출입이 허용되는 것으로 이해한다면, 교수님이 설명하고 있는 소극적 이익을 나머지 공동주거자 모두가 향유할 수 없게 된다. 이는 결론적으로 소극적 이익의 보호를 위한 역할을

---

5) 이와 같은 의사는 김태명, "혼외 성관계를 목적으로 일방 배우자의 승낙을 받아 부부가 공동으로 생활하는 주거에 출입하는 행위의 죄책", 법학연구 통권 제67집, 2021, 43-44면 참조.

6) 주거권을 외부인이 주거에 들어오지 못하게 할 권리와 들어오게 할 권리로 구분하여 소극적 기능과 적극적 기능을 동시에 갖는 것으로 이해하는 다음의 견해를 가져와 설명하고 있다. (Heinlich, Der Umfang der Ausübung des Hausrechts in einer Wohnung bei mehreren Berechtigten im Rahmen des §123 StGB, JR 1997, ff 89)

'주거침입죄'가 하지 못하는 문제로 드러난다. 물론 반대로 1인의 반대로 무조건적으로 일부 동의하에 출입한 행위가 금지된 것으로 이해될 수는 없다. 그렇기 때문에 적극적 그리고 소극적 이익을 모두 최대한 보호할 수 있는 방향으로의 접근이 필요하다고 정리하고 있다.

2. 주거권 행사 한계의 판단 기준과 방법

한계설정의 문제는 결국 구체적인 충돌상황에서 확정적으로 위법하지 않은 정당화되는 경우를 찾아야 하는 문제이다. 충돌상황을 전제로 한다면 일반적으로 금지되나 예외적으로 허용되는 상황을 확인하는 방법이 유용할 것이다. 이러한 종국적인 허용을 어떻게 판단할 것인지의 문제가 남는다. 교수님은 이를 내적 합의의 유무로 판단할 것을 제시한다. 사전적 합의를 통해 이는 판단될 수 있다. 즉 공동주거간 어느 법익을 우선시킬지 여부가 온전히 결정할 수 있는 사적자치의 대상으로 이해할 수 있다고 본다. 공동주거자 중 일부의 의사에 반하여 출입한 행위는 주거침입 구성요건이 되나, 사적합의에 상응한다면 전체 법질서 차원에서 위법한 행위가 될 수 없다.

문제는 내적합의가 없는 경우이다. 아마 최근 논의되고 있는 애초에 합의로 시작되는 공동주거 외에 전통적인 가족이 함께 사용하는 주거의 형태에서는 내적합의를 위한 의사교환은 없는 경우가 대부분일 것이다. 이런 상황에 대해 교수님은 객관적 기준의 기본토대로 권리남용사상 또는 상호배려 의무를 들고 있다. 공동주거자들 간의 주거권행사의 남용이나 상호배려의무를 위반하였거나 주거권행사에 있어 상대방의 수인의무의 한계, 일부 거주자의 승낙으로 타인의 출입이 가능한 것으로 기대할 수 있는지 달리말해 사회상규를 기반으로 한 평가가 이루어져야 할 것이다. 그렇다면 이를 구체화하는 과정이 필요하다. 그런데 우리가 사회상규라는 개념에서도 경험한 바와 같이 구체화하는 것은 한계가 있다. 이때 교수님은 Heinlich가 제시한 기대불가능성의 척도를 생각해 볼 수 있다. 이는 외부인의 주거출입이 기대불가능하지 않는 한에서 수인될 수 있는 출입이라고 한다. 기대불가능성은 주관적인 감정이 아닌 분명하고 반복적인 어떤 형태로든 의사표시가 있었던 것을 요한다고 설명한다. 하지만 이러한 접근에도 여전히 결정의 한계와 어려운 판단영역이 존재할 수밖에 없다.

IV. 일부 거주자의 승낙만으로 주거침입죄가 부정되는가?

교수님은 의견을 변경한 판례의 입장에서 제시하고 있는 주거침입 부정의 논거를 살펴보면서 그 타당성을 점검하고 있다. 이러한 분석을 통해 주장에 대한 분명한 근거가 없다는 관점에서 충분히 비판할 수 있기 때문이다.

1. 보호법익의 관점에서의 논거

먼저 판례는 추정적 의사에 반한다는 사유로 주거침입죄를 성립하는 것은 의사의 자유를 침해하는 범죄로 한다는 문제를 야기한다고 비판하고 있다. 종래 주거침입죄를 인정한 판례는 1인의 추정적 의사에 반하는 것만으로도 범죄를 인정하였으므로 이러한 비판적 관점을 이해할 수 있을지 모르나, 현재 교수님의 견해는 전체법질서에 반한다면 주거침입죄를 인정하겠다는 것으로 이러한 비판으로 접근하여 문제시 할 수 없다.

두 번째로 판례는 주거 출입의 형태에 중점을 두고, '침입'행위일 때 범죄가 성립할 수 있음을 지적하고 일부의 동의라도 받아 평온하게 출입한 경우라면 주거침입죄가 될 수 없다고 비판한다. 그러나 이는 주거에 대한 사실상 평온을 침해하는 것을 이야기 하는 것이므로 반드시 그 행위형태가 침입을 충족해야 하는 것이 아니고 이처럼 좁게 이해하는데에는 충분한 논거가 없다. 또한 최근 판례는 자물쇠를 훼손하여 주거에 '침입'했음에도 불구하고 별거중이지만 부부이고 공동주거라는 이유로 현재는 다른 곳에 머무르지만 용이한 출입을 부부의 일방이 막은 경우는 충분한 출입의 권한이 있으므로 '침입'이라 하더라도 주거침입죄가 성립될 수 없다고 하였다. 이는 '침입'이 주거의 출입하는데 있어서 불법을 형성하는 중요한 의미가 아님을 역으로 증빙하는 것으로 이해할 수 있다.[7]

셋째, 출입을 반대하는 공동주거자가 부재중이라면 사실상 평온이 깨질 이유가 없다는 것은 부재중인 경우에도 주거에 대한 사실상 평온을 누릴 수 있다는 1인 주거에 부재중에 허락없이 출입한 경우도 주거침입죄가 되는데 문제없다는 것만으로 충분히 잘못된 접근임을 알 수 있다.

마지막으로 공동주거중 일부의 의사에 반한다는 것만으로 주거침입죄를 성립하는 것은 승낙하지 않은 자의 이익만을 보호하고 승낙한 자의 의사표시와 그로 인해 누리고자 하는 이익을 제한한 문제를 초래한다는 비판이 있다. 그러나 지속적으로 설명한 바와 같이 단순히 일부의 승낙이 없었다는 것만으로 우리는 범죄가 성립한다고 보지 않는다. 오히려 동의자의 법익과 거부자의 법익에 대한 판단이 필요하다는 입장이 모두의 이익을 함께 고려하는데 더 타당한 입장일 수 있다. 최근 판례의 입장은 원치 않는 의사표시가 어떤 형태로든 있었음에도 승낙한 자가 있으면 이를 보호의 대상으로 판단하지 않는 경솔한 접근을 보이고 있기 때문이다.

2. 행위의 관점에서의 논거

판례에서 제시하고 있는 주거침입 부정논거에는 침입행위를 보호법익과의 관계에서 이해하여 접근하려는 의견도 보인다. 일부의 동의를 받고 통상적인 출입방법에 따라 주거에

---

7) 이수진, "주거침입죄에서 공동거주자의 사실상 평온에 관한 연구", 비교형사법연구 제24권 제3호, 2022, 12-13면 참조.

들어간 경우라면 특별한 사정이 없는 한 사실상 평온상태를 해치는 행위태양으로 주거에 들어간 것으로 볼 수 없다고 한다.

그러나 행위의 금지와 법익의 보호는 분리하여 이해할 필요가 있다. 법익을 침해한 행위는 행위의 결과이지 행위 그 자체가 아니기 때문이라 지적하는데 적절한 접근이다. 금지된 행위를 통해 보호법익을 훼손하는 결과를 야기하는 것이지 그 자체는 아니기 때문이다. 원인과 결과 정도의 관계로 이해함이 타당할 것이다. 또한 한 사람의 승낙이 있으면 침입이 될 수 없다는 관점에 따르면 일부라도 승인을 받고 출입하는 자의 행위는 거주자의 통상적인 출입행위와 똑같이 이해할 수 있고, 사생활의 제약이 수반되는 공동주거의 경우에는 사생활의 제약이 수반될 수밖에 없고 승낙은 이를 용인하는 것으로 이해하고 있다. 그러나 주거권자 본인이 자신의 주거에 들어가는 행위는 다른 공동주거자의 동의가 필요없기 때문에 타인이 승낙받고 들어온 행위와 동일시 할 수 없다. 본인의 주거에 출입하는 행위는 절대적인 것으로 이해할 수 있기 때문이라 설명한다. 공동주거의 1인의 승낙을 기반으로 한 출입은 양해로 보아야 하므로 범죄가 성립하지 않는다는 견해가 있다. 그러나 이는 공동주거권자 간 충돌되는 의사에 대한 검토가 없다는 한계가 있고 '신뢰하지 않는 공동거주자를 둔 경우'는 원치 않는 출입에 대한 감수의무를 수반한다는 주장도 있으나 해당 사례에서의 부부관계는 이러한 논리의 적용이 어려운 상황이라 보인다. 신뢰를 저버린 행위가 평가의 대상이 되어야 할 것이지 신뢰를 하였다는 점에서 문제의 해결을 찾아서는 안 된다. 마지막으로 어느 한 주거권자의 승낙이 있는 상태에서 출입하는 것이 일반적이므로 이를 침입에 해당한다고 봐서는 안 되다는 견해가 있는데 이는 이런 상황이 의사대립이 없는 상황이거나 나머지 주거자의 수인가능한 범위의 행위일 때에 한하여 이해가능하다.

덧붙여서 동의의사를 거부의사보다 더 중시해야 한다는 견해와 추정적인 의사보다 현재하는 명시적인 의사를 더 중요시 한다는 견해 그리고 현장에 대한 외연적 평가를 통해 주거'침입'여부를 결정한다는 견해 역시 왜 유효한 승낙이 우선되고 오로지 형식적인 문제가 우선순위와 범죄 성립에 영향을 미쳐야 하는지에 대한 설명이 전혀 이루어지지 않은 상태[8]에서는 납득할 수 없음이 사실이다.

우리는 이러한 논거들이 설명할 수 없는 나머지 주거자의 승낙이 수반되지 않은 일부 주거자의 승낙이 있을 뿐인 경우에 의사의 충돌을 어떻게 해결할지에 대한 의문의 명백한 해답은 판례에서도 제시되지 않았음을 알 수 있다.

---

8) 이러한 모든 문제는 공동주거에서는 생각의 정리가 어려울 수 있으나, 1인 주거의 사례로 변형하여 고민해 보면 문제 있는 논거임을 확인할 수 있다. 외부형상이 존재하지 않더라도 외부적 명확한 의사표시가 없더라도 추정적 의사에 반하여 정상적 방법으로 출입한 행위는 주거침입 행위로 해석할 수 있기 때문이다. 이러한 이해가 공동주거에서는 달리 새로운 관점의 접근이 필요하다는 것은 수인하기 어렵고 만약 그래야 한다면 그를 위한 논거가 분명히 있어야 하는데 공동으로 주거권을 가진 경우는 그 의사와 평온을 누릴 수 있는 이익의 훼손 판단을 달리 해야 한다는 설명이 판시사항 어디에도 없다.

3. 보충성 원칙을 기반으로 범죄 불성립을 주장하는 견해

형법은 '중대한 법익에 대한 침해'나 '위험이 명백한 행위'에 대한 처벌을 요청하고 있다. 또한 국가 형벌권의 과도한 개입을 방지하기 위해 형법의 보충성의 원칙이 적용되어야 하므로 일부 주거자의 동의가 있었다면 형벌권이 작동되어서는 안 된다고 한다. 그러나 과연 이 주거의 형태에서의 출입이 특별히 사회 유해성이 없다고 해석될 수 있는 것인가?

물론 수인의 권리가 공동으로 존재하고 있고 이러한 권리자들 간의 의사가 달리 존재하는 경우에는 각자의 권리 행사에 한계가 있을 수밖에 없다. 그렇지만 이러한 한계를 공동주거자의 의사와 행위자의 주거 출입행위가 아닌 그 이상의 다른 개념으로 설명하는 것은 오히려 전형적인 주거침입죄의 성립여부에 대한 접근을 혼란스럽게 만든다. 예를 들어 승낙한 주거자 외의 주거자에 대한 범죄의 목적이 있어야 한다는 기준은 주거침입죄의 본질을 제한하거나 지나치게 확대하는 문제를 가져오게 될 것이다.

V. 맺 는 말

이러한 검토를 바탕으로 하여 문채규 교수님은 해당 사안에서의 문제는 주거의 이익을 중심으로 공동주거권자 사이에 발생하는 내부적인 충돌의 문제이므로 주거침입죄의 구성요건만으로 분명히 해결할 수 없음을 지적하고 있다. 그러므로 전체 법질서를 기반으로 하여 해당 출입행위가 주거침입인지 아닌지를 판단해야 하는 것이다. 이때 판단의 근본은 권리남용사상과 상호배려의무가 된다고 설명하며 공동주거권자들 권한 행사는 이러한 원리의 작동으로 내재적인 한계를 갖는다 설명한다. 이를 보다 분명하게 구체화하면 권리의 충돌사안에서 명확한 해결에 도움이 될 수 있으나 이는 어려움이 있다. 승낙은 무엇은 기반으로 어떤 이유로 이루어졌는지 등의 판단이 이루어져야 하는 것이다.

이러한 기준으로 구체적 사안마다 세심하고 정치한 분석을 한다는 생각으로 제시된 판례 사안을 확인해 본다면 '아내의 적극적 이익인 승낙의사'와 '남편의 추정적 의사'간의 평가가 필요하다. 해당 사안에서 아내는 승낙을 통해 내연남을 출입시키면서 혼외 성관계를 목적하였고 이는 동등한 권한은 가지는 공동주거자인 남편의 수인을 기대하기 힘든 출입의도라 할 수 있다. 물론 단순히 범죄 목적으로 출입하였다는 것만으로 그 출입자체의 불법을 긍정할 수는 없는 것이 타당하다.[9] 그러나 해당 사안에서 두 공동주거자의 권리 행

---

9) 이와 관련하여 대법원 1997. 3. 28. 선고 95도2674 판결에 의하면 "일반인의 출입이 허용된 음식점이라 하더라도, 영업주의 명시적 또는 추정적 의사에 반하여 들어간 것이라면 주거침입죄가 성립되는바, 기관장들의 조찬모임에서의 대화내용을 도청하기 위한 도청장치를 설치할 목적으로 손님을 가장하여 그 조찬모임 장소인 음식점에 들어간 경우에는 영업주가 그 출입을 허용하지 않았을 것으로 보는 것이 경험칙에 부합하므로, 그와 같은 행위는 주거침입죄가 성립한다."고 판시한 바 있다. 그러나 이는 이미 대법원 2022. 3. 24. 선고 2017도18272 전원합의

사의 한계는 이러한 비교와 점검을 통해 주거권을 기반으로 한 주거에서의 평온의 훼손을
방지하도록 해야 할 것이다.

체 판결에서 "각 음식점 영업주로부터 승낙을 받아 통상적인 출입방법에 따라 각 음식점의 방
실에 들어간 것은 주거침입죄에서 규정하는 침입행위에 해당하지 아니하고, 설령 다른 손님인
병과의 대화 내용과 장면을 녹음·녹화하기 위한 장치를 설치하거나 장치의 작동 여부 확인
및 이를 제거할 목적으로 각 음식점의 방실에 들어갔더라도, 그러한 사정만으로는 피고인들에
게 주거침입죄가 성립하지 않는다."고 하며 과거의 판시한 잘못된 해석을 바로잡은 바 있다.

검사의 부당한 불기소처분에 대한 법적 통제와 기소편의주의의 미래*

Ⅰ. 들어가는 말

오늘날 우리의 형사사법에 대한 국민들의 불신은 가히 그 절정에 이른 기분이다. 언제부터인가 충격과 더불어 참신한 신조어로 슬며시 등장했던 "유전무죄 무전유죄"라는 냉소적인 표현도 이미 우리들에게 무감각해진지도 오래된 듯하다. 물론 그 불신의 원인에 대해서는 다양한 시각에서 접근할 수 있을 것이다. 예컨대 가장 근본적인 원인은 반세기의 헌정사가 보여준 바와 같이, 국가권력의 총체적 왜곡에서 빚어진 자유와 인권의 질곡에서 찾을 수 있을 것이고, 좀 더 가깝게는 헌정사와 그 길을 함께 걸어 왔던 형소법의 변천과정과 그 배경에서 찾을 수 있지 않을까 생각한다.[1] 그러나 더욱 직접적이면서도 구체적인 원인은 역시 현

---

* 고려대학교 안암법학 제6권(1997) 48-93면에 게재된 글임.

1) 형소법이 1954년에 제정된 이래 8차례에 걸쳐 개정이 이루어졌는데, 이 중에서 4차례는 民選 國會의 활동이 배제된 채 비상입법기구를 통하여(1961. 9. 1, 국가재건최고회의 제39차 상임 위원회 상정, 의결; 1963. 12. 13, 국가재건최고회의 제135차 상임위원회 상정, 의결; 1973. 1. 25, 제3회 비상국무회의 상정, 의결; 1980. 12. 18, 국가보위입법회의 제8차 본회의 상정, 의 결) 이루어졌다는 사실에서도 이미 불신의 원인은 잉태될 수밖에 없었다고 본다. 형소법의 개 정사에 대한 상세한 설명은 유인학, 형사소송법의 전개과정과 개정사, 사법행정, 1984(10) 참 조. 형사소송법의 주요한 개정이 주로 비상입법기구를 통하여 이루어짐으로써 그것이 형사사 법에 부정적으로 미친 효과에 대해서는 신동운, "한국 검찰제도의 현황과 개선책, 「서울대학교 법학」 제29권 2호(1988) 참조.

재의 형사법 제도와 그 운용실태에서 찾아야 할 것이다.

형사사법의 두 축은 검찰과 법원이고, 그 내용은 검찰권의 행사와 형사재판이다. 따라서 형사사법에 대한 불신의 현실적인 직접적 원인은 여기서 찾아야 할 것이다. 객관성과 형평성 그리고 통일성을 상실한 유예선고의 양형, 가중한 업무부담으로 뜻하게 않게 이루어지는 졸속재판, 이유 없는 지연재판, 능률 우위적・비민주적・권위주의적 재판의 진행, 이 모든 것은 형사재판에서 비롯되는 불신의 요인들이다. 타면 검찰권의 행사와 관련해서는 야기되는 불신도 적지 않다. 오히려 우리의 현실을 직시할 때, 후자에서 비롯되는 불신이 더 본질적이라고 하는 것이 솔직한 고백일 것이다. 내사와 입건 단계에서 이루어지는 자의와 외압의 개입, 권력형 부정부패 비리사건이나 공무원의 독직사건에 대한 수사여부와 방향 정도에 대한 정치적 압력의 작용, 공소권 행사의 무원칙 등에서 비롯되는 국민들의 불신은 형사재판에서 비롯되는 불신보다 더 한층 직접적이고 체감적이라고 할 수 있기 때문이다.[2]

이러한 맥락에서 공소권 운용의 적정화 실현은 형사사법에 대한 국민적 신뢰회복을 위해서도 불가피하고 절실한 문제라고 인식하여, 현행 우리의 공소제도를 진단하고 공소권 운용이 적정하게 이루어질 수 있도록 제도적 재정비의 모형을 제시하고자 함에 이 연구의 목적을 두고 있다.

II. 공소에 관한 두 원칙의 상대화

1. 의 의

기소법정주위와 기소편의주의를 공소의 두 가지 기본원칙이라 한다. 기소법정주의(Legalitätsprinzip)[3]는 범죄에 대한 혐의가 충분하고 소송조건이 갖추어져 있

---

2) 배종대・이상돈, 『형사소송법』, 1997, 326면: 최근 한국형사정책연구원이 서울에 거주하는 20~60세 남성 493명을 대상으로 설문조사를 하여 발표한 연구보고서에 의하면 "법원의 재판이 공정하지 않다"라고 응답한 비율이 50.5%에 이르는 반면에, "검찰의 사건처리가 공정하지 않다"라고 응답한 비율은 63.4%에 이르고 있으며, "유전무죄 무전유죄"라는 말에 공감한다고 응답한 자가 무려 80.9%에 이른다고 한다(『법률신문』, 1997. 6. 12, 3면 참조)
3) 독일의 Legalitätsprinzip은 엄밀히 말하면 '구체적 형의사건에 대한 수사의무'와 '충분한 혐의 사건에 대한 기소의무'를 포괄하는 개념이다. 따라서 공소원칙만을 의미하는 기소법정주의와

으면 공소권자인 검사가 공소제기의 의무를 지고 반드시 공소를 제기하도록 하는 기소원칙이다. 이에 대응되는 기소편의주의(Opportunitätsprinzip)는 수사결과 범죄의 객관적 혐의가 충분히 인정되고 소송조건도 구비되어 법원에 의한 유죄판결의 가능성이 높은 경우에도, 형사정책적 고려에 의하여 공소를 제기하지 않고 기소유예로써 수사절차를 종결할 수 있는 재량을 검사에게 허용하는 제도이다.

그런데 모든 제도가 그렇듯이 두 제도 역시 어느 것이 절대적이다 라고 할 수 없을 정도로 서로 장단점을 나누어 가지고 있다. 비교법적으로 보더라도 예컨대 독일의 경우에는 기소법정주의를 채택하고 있고, 우리나라, 미국, 프랑스, 일본, 네덜란드 등의 나라에서는 기소편의주의를 채택하고 있다.[4] 다만 어떠한 원칙을 채택하는 국가든지 간에 공통된 점이 있다면, 그것은 모든 나라가 순수한 형태의 원칙을 고수할 수 없음을 인식했다는 사실이다 즉 모든 나라는 제한과 수정을 통하여 원칙을 완화시켜서 운용하고 있는 것이 현실이다. 여기서 제한과 수정이라 함은 결국 대응되는 원칙을 부분적으로 수용하는 것에 다름 아니다. 이리하여 오늘날의 각국의 기소제도에서 어느 국가가 기소법정주의나 기소편의주의를 예외적·부분적으로 수용한다거나 또는 그 반대의 경우에 해당한다는 의미로 이해하여야 한다.

그런데 여기서 원칙에 대하여 제한과 수정을 가하는 방향은 서로 반대일 지라도 그 이념과 목적은 동일하다. 그것은 바로 공소권 행사의 합법성과 합목적성, 즉, 적정성을 최대한으로 실현하는 것이다. 따라서 기소법정주의를 원칙으로 하고 그것을 제한하고 수정하느냐, 아니면 기소편의주의를 원칙으로 하면서 그것을 제한하고 수정하느냐는 동일한 이념과 목적을 위한 접근방법의 차이일 뿐이므로, 내용적으로는 얼마든지 수렴될 수 있고 또 수렴되지 않을 수 없을 것으로 생각한다. 즉, 동일한 하나의 목표를 향하여 두 원칙이 상대화하여 종국적으로는 내

Legalitätsprinzip은 동일개념이 아니다. 이러한 취지에서 Legalitätsprinzip의 번역어로는 합법성원칙이 더 정확한 표현이라는 지적이 있다(배종대·이상돈, 앞의 책, 325면). 한편 기소법정주의와 독일의 Legalitätsprinzip을 같은 개념으로 파악하여 구체적 형의사건에 대한 수사의무를 기소법정주의의 개념내용으로 포함시키는 견해가 있으나[김상호, "기소편의주의의 한계와 통제방안"「동아법학」제20호(1996), 50면: 조준현, "기소편의주의와 기소법정주의,"「고시연구」1992(12), 124면], 이는 타당하지 않다.

4) 독일의 기소법정주의는 프랑스에서 유래한 것으로 알려져 있다. 프랑스는 프랑스대혁명 당시 기소법정주의를 채택하였는데, 이것이 독일로 도입되어 지금까지 유지되고 있는 것으로 보는 것이다(정구환, "프랑스 검찰의 제도와 운영,"「검찰」, 1990, 167면 주111).

용면에서 수렴하게 되는 것이다. 상대화된 두 원칙은 이제 선택의 대상일 뿐이지 선택을 제약하는 그 어떤 절대성도 내포하고 있지 못하다.[5]

원칙의 상대화는 두 단계로 이루어진다. 첫째 단계는 원칙의 절대성을 부정하고 그 내재적 한계를 설정하는 것이고. 둘째 단계는 내재적 한계를 일탈하는 사례를 통제함으로써 원칙의 상대화를 현실적으로 실현하는 것이다. 전자를 '내적 제한에 의한 상대화'라 한다면, 후자는 '통제를 통한 상대화'라 할 수 있을 것이다.

2. 기소법정주의원칙의 상대화

(1) 전통적 기소법정주의의 위기

전통적인 기소법정주의는 Kant와 Hegel의 사상에 터잡은 절대적 형벌이론과 응보형법을 정신적 뿌리로 하면서, 구체적으로는 첫째, 자의금지를 통한 정의의 실현, 둘째, 예외없는 형사처벌을 통한 일반예방, 셋째, 기소독점에 대한 견제 등을 그 이론적 뿌리로 하고 있음은 주지의 사실이다. 즉 기소법정주의에 대한 전통적인 시각은 '검사의 기소독점에 대한 불가피한 보완책'[6], 또는 '실체법의 절대적 형벌이론에 대한 절차법상의 반영체' 등으로 특징지을 수 있다.[7]

그런데 이러한 전통적 기소법정주의는 사회평화에 대한 중대한 위반만을 범죄로 처벌하고, 또 응보를 형벌의 본질적인 근거와 의미로 파악하며, 더 나아가 모든 형벌청구를 소화해 낼 수 있는 인적·물적 자원이 완비되어 있는 고대의 권위주의적 형법체계에서나 적합할 수 있었을지 모르겠다. 문제는 오늘날의 법 현실 및 사회 현실은 이미 이러한 요건들을 충족시킬 수 없게 되었다는 점이다. 오늘날 각양각색의 다양한 사회적 목적을 위하여 형벌규범이 날로 증식해 가고 있

---

5) 같은 취지: 이재상, 「형사소송법 1, 1987, 327면: 한국형사정책연구원, "검사의 기소재량에 관한 연구," 1%3. 57면; 조준현, 앞의 논문, 120면; 정구환, 앞의 논문, 167면; Peter Rieß, Die Zukunft des Legalitätsprinzips, NStZ 1981, S.4 f.: 여기서 Rieß는 예외를 인정하는 기소법정주의와 예외를 인정하는 기소편의주의는 실질적으로는 입법 기술의 차이에 불과하다고 함으로써 양 원칙이 적정수준으로 상대화될 때 내용적으로는 하나로 수렴될 수 있음을 인정하고 있다.

6) 이 점을 독일연방법원은 다음과 같이 분명히 하고 있다. 법률에 다른 예외규정이 없는 한 소추기관이 범죄를 기소하는 것은 기소법정주의에 따른 법적 의무에 해당한다. 기소법정주의에 의한 기소의무는 검사의 기소독점을 정당화시킬 수 있는 근거이다 (BGHSt 15, 159).

7) 그러나 오늘날에는 검사의 객관의무와 자의배제의 보장, 활발하게 작동하는 형사사법의 기능력의 보장 등과 같이, 법치국가원칙에서 도출되는 국가의 의무 차원에서 기소법정주의의 근거를 찾는다(Vgl. Heinz Schöch, Reihe Alternativkommentar, Band 2/Teilband 1, 1992, §152 Rdn. 6.)

는 반면, 예컨대 도로교통과 같은 일상적인 생활영역에까지 형법이 침투해 들어오고 있음에 반하여, 형사사법의 자원은 턱없이 부족현상을 보이고 있다. 이러한 법현실 및 사회현실은 이제 더 이상 전통적 기소법정주의가 유지될 수 없도록 만들고 있는 것이다.[8] 더구나 일반적인 법의식의 동요를 불러오지 않는 정도의 암수범죄가 현실적으로 존재한다는 사실은 실체형법을 흠결 없이 완벽하게 관철시키는 것이 법익보호와 법평화를 위해서 반드시 필수적인 것이 아닐 수 있다는 점을 암시해 준다.[9] 그래서 독일과 같이 소위 기소법정주의를 취하는 법제에서도 이론적·형식적으로는 기소법정주의를 견지하고 있으나, 현실적으로는 현행제도상 가능한 이성적 범위 내에서 기소법정주의를 완화하는 수단과 방법을 찾지 않을 수 없게 되는 것이다.[10]

뿐만 아니라 기소법정주의가 전통적 의미에서 완화되어 상대화됨으로써, 그 정당화 근거에도 수정이 일어날 수밖에 없게 되었다. 즉 예방적 행위자형법의 관점이 유입되면서 절대적 응보적 행위형법이 극복되었고, 따라서 절대적인 기소법정주의의 요청은 이제 그 본질적인 준거점의 일부를 상실하게 되었기 때문이다.[11]

오늘날의 기소법정주의에 대한 새로운 정당화는 예외와 제한을 수용하는 원칙으로서의 상대적 기소법정주의에 대한 정당화의 문제이다. 상대적 기소법정주의는 예외와 제한을 수용하면서도 여전히 기소법정주의를 원칙으로 한다는 의미이다. 따라서 상대적 기소법정주의의 정당화는 다음과 같이 二重構造로 이루어져야 한다. 첫째, 비록 예외와 제한을 인정하지만, 여전히 기소의무를 원칙으로 하는 것이 오늘날의 예방적·행위자 지향적 현대형법에 어떻게 조화될 수 있는가를 설명해 줄 수 있어야 한다. 둘째, 기소의무에 대한 예외와 제한을 정당화할 수 있어야 하고, 또 그 기준을 제시할 수 있어야 할 것이다.[12]

---

8) Thomas Weigend, Das "Opportunitätsprinzip" zwischen Einzelfallgerechtigkeit und Systemeffizienz, ZStW 109(1997), S.104 f.
9) Peter Rieß, a.a.O., S.5.
10) Thomas Weigend, a.a.O., S.1(15. 11) 김상호, 앞의 논문, 50면.
11) 김상호, 앞의 논문, 50면.
12) 그런데 상대화된 기소법정주의의 정당화 문제와 관련하여 주의해야 할 점은, 기소편의주의적 관점에서 수용한 예외와 제한을 기소법정주의에 의한 기소의무와 대립된 관계로 이해하거나 기소의무에 대한 체계이질적 파괴로 이해해서는 안된다는 점이다. 즉 예외와 제한을 기소법정주의에 대한 기능적 제한 또는 기소법정주의의 내재적 한계로 이해하여야 한다(Vgl. Heinz Schöch, a.a.O., §152 Rdn. 15; Peter Rieß, a.a.O., S.4). 이러한 이해의 맥락에서만 기소의무

(2) 기소법정주의에 대한 새로운 정당화 근거의 모색

상대화된 기소법정주의의 정당화 근거를 위와 같이 이원적으로 접근하는 대표적인 학자는 P. Rieß이다.[13]

그는 먼저 기소재량원칙에 대한 기소의무원칙의 상대적 우월성을 형법의 임무 및 형사절차의 과제라는 측면에서 찾는다. 그는 먼저 형법의 임무를 법익 보호로, 그리고 형사절차의 과제를 법 평화의 보장으로 설정한다. 그리고 형법은 사회통제의 최후수단이기 때문에 형법이 효과적으로 관철되어야 한다는 것은 법치국가개념에서 나오는 헌법적 요청이라 하고, 또 형법은 형사절차를 통해서만 그 실현이 가능하다고 볼 때, 형사절차는 당연히 형법의 관철을 '원칙'으로 삼아야 한다고 한다. 그럴 때에만 형사절차의 법 평화의 확보기능도 보장될 수 있다고 한다. 형법의 임무를 보충적·최후수단적 법익보호로 설정했다면 당벌적인 행위에 대해서는 원칙적으로 처벌받도록 하는 것이 논리적이라는 것이다. 형법을 통한 보호가 불가피한 것으로 검증된 법익을 보호하는 것이 형법의 임무라면, 형법에 위반한 사례에 대해서는 원칙적으로 형법이 적용될 수 있도록 되어 있어야 한다는 의미이다. 따라서 형사 소송법은 소추의무를 원칙으로 삼아야 한다는 결과가 된다.

사회일탈적인 행위에 대해서 그것이 형법을 통한 법익보호가 필요할 정도로 사회적 약속인지의 판단은 원칙적으로 실체형법에서 이루어져야 할 문제인데, 만약 기소편의주의를 원칙으로 채택한 결과 절차적인 재량규범에 의해 형법의 상당부분을 소추기관이 무력화할 수 있다면, 이는 형법과 형사소송법의 관계를 뒤바꾸는 것이 될 것이며, 이는 결국 법치국가원리, 민주주의 개념, 확정성의 원리와 충돌하게 된다는 것이다.[14]

와 기소재량이 원칙과 예외의 관계로서 상대화된 기소법정주의로 통합될 수 있고, 더 나아가 통일적인 정당화 근거도 모색될 수 있게 된다.

13) Vgl. Peter Rieß, a.a.O., S.5 f. 그리고 Rieß는 합리적으로 적정하게 수정된 기소법정주의와 합리적이고 적정하게 통제된 기소편의주의는 내용적으로 수렴되기 때문에 어느 것을 택하느냐는 결국 원칙과 예외의 형식적인 관계의 反轉에 불과하다고 본다. 그렇다면 기존의 법전통과 법의 계속성을 유지한다는 관점에서도 독일의 경우는 기소의무를 원칙으로 견지하는 것이 더욱 바람직하다고 본다.

14) 이 점에서는 김상호 교수도 P. Rieß와 견해를 같이 하고 있다(김상호, 앞의 논문, 50면).

타면 P. Rieß는 기소의무의 원칙에 대한 예외와 제한의 정당화 근거를 다음과 같은 내용의 비례성원칙(Verhältnismäßigkeitsgrundsatz)에서 찾는다.[15]

첫째, 상대적 형벌이론 및 행위자 지향적 형법의 관점에 서게 될 때 법익 보호와 법평화유지라는 형법의 목적을 그르치지 않는 범위 내에서라면, 가벌적 행위에 대한 처벌을 포기하는 것이 비례성원칙에 따라 요구될 수 있다. 물론 여기서도 비례성원칙에 따라 처벌의 포기를 가능하게 하는 것은 실체형법의 몫이다. 그런데 입법자가 한계영역에 놓여 있는 그러한 미묘한 구체적 사례들을 모두 형법에 구성요건으로 정형화한다는 것은 불가능하다. 따라서 법적용을 위한 평가척도들이 입법적인 근본결정으로부터 충분히 정확하게 도출될 수 있다는 가정하에서라면 미묘한 한계사례들에 대한 판단은 탄력성 있는 소송법에 넘겨주는 것도 정당화될 수 있다고 본 것이다.[16]

둘째, '법의 부정에 대한 부정을 실현하는 것이 형소법의 목적이 아니라 무너진 법 평화를 회복시키는 것이 형소법의 목적이라면, 처벌을 포기함으로써 더 큰 형사정책적인 효과가 기대되는 구체적 경우에는 이것을 선택할 수 있도록 하는 것이 더욱 합목적적이라 할 것이며, 이 또한 비례성원칙에 합당하다고 한다.

셋째, 구체적인 경우 형사절차의 관철을 통한 형법의 실현이 사회공동체의 다른 이익과 충돌되는 상황에서 맹목적인 진실추구가 사회전체적인 측면에서 오히려 법평화를 해치는 결과를 초래할 수도 있다. 이러한 경우에는 형사절차의 포기가 고려될 수 있어야 할 것이며,[17] 이 또한 비례성원칙에서 도출될 수 있는 논리하고 한다.[18]

---

15) 기소법정주의에 대한 제한의 근거가 헌법적 차원의 비례성원칙에서 도출된다는 관점은 독일의 경우 이제 일반화된 인식에 속한다고 할 수 있다(Vgl. Thomas Weigend, a.a.O., S.IE. Anrn 8: 더 나아가 Weigend는 선택적 기소를 통하여 형사사법의 기능력을 제고시킨다는 형사정책적 측면도 상대적 기소법정주의의 정당화 근거로 제시한다).
16) 이러한 관점에 대해서는 Cramer도 비슷한 견해를 취한다 Peter Cramer, Ahndungs beflürfnis und staatlicher Sanktionsanspruch – Berœrkungen einer Reform der Verfahrenseinstellung aus Gründen der Opwrtunität – Maurach-FS, 1972, 6.49M.
17) 예컨대 형소법 제147조의 증인거부권, 제148, 149조의 증언거부권, 위법모집증거의 증거금지 등은 다른 사회적 이익과 충돌되는 경우 형사절차가 제한될 수 있다는 것을 보여 준다.
18) 독일 형소법 제135조의 c, 153조의 d, 153조의 e 등은 이러한 관점의 구체화이다.

(3) 기소법정주의의 상대화의 구체적 내용

독일은 기소법정주의를 취하는 대표적 국가이지만 기소법정주의에 대한 예외와 제한이 점차 확대됨으로써 기소법정주의의 위기론까지 대두될 정도로 기소법정주의는 상대화되어 있다. 따라서 독일의 기소법정주의에 대한 예외와 제한을 검토해 봄으로써 기소법정주의의 상대화의 내용과 방향을 가늠해 볼 수 있을 것이다.

1) 예외적 기소편의주의의 수용을 통한 상대화

독일은 범죄의 혐의가 충분하고 소송조건이 구비되어 있음에도 불구하고, 범죄의 경미성(153조 ①항, 153조의 a ①항), 책임의 경미성(153조 ①항, 153조의 a ①항), 소추이익의 부존재(153조 ①항, 153조의 c ①항, 154조 ①항, 154조의 a ①항, 154조의 b ①②③항, 376조, 독일 형법 232조 ①항[19]), 다른 방법을 통한 소추이익의 대체가능성(153조의 a ①항), 소추이익에 우선하는 국가적 이익 또는 다른 특별한 공익의 존재(153조의 c ②항, 153조의 d ①항, 153조의 e ①항, 154조의 c, 154조의 d), 형사사법체계의 효율성(153조의 b StPO, 31조 BMG) 등을 고려하여 검사로 하여금 기소를 유예할 수 있도록 함으로써, 결국 기소편의주의적 관점의 수용에 의하여 기소법정주의의 예외를 인정하고 있다.[20]

---

19) 독일 형법 제232조는 상해 또는 과실치상을 친고죄로 하면서도, 형사소추의 특별한 공익이 있다는 판단 아래 직권에 의한 개입이 필요하다고 인정되는 경우에는 고소 없이도 소추할 수 있도록 한 특별한 규정이다. 여기서 공익성 판단은 형사정책적 관점에서 이루어지는 평가적 가치판단에 해당하고, 따라서 직권에 의한 소추여부의 결정은 기소편의주의적 관점의 수용이라 할 수 있다.

20) 이를 기소법정주의에 대한 예외라고 할 수는 있으나 기소편의주의의 수용이라고는 볼 수 없다는 지적이 있다. 책임이 경미하고 소추이익이 없다는 점 등이 엄격하게 전제되어 있으므로 검사가 재량적 판단을 할 수 없다는 것을 논거로 하고 있다(조준현, 앞의 논문, 126면). 그러나 책임의 경미성, 소추이익, 소추이익과 충돌하는 다른 공익 등에 대한 고려는 그 자체 기소편의주의의 핵심개념에 해당한다고 보아야 하며, 그것들에 대한 판단의 엄격성의 확보는 기소편의주의에서도 요구된다고 할 것이므로 기소법정주의에 대한 독일 형소법의 예외규정들은 대부분 기소편의주의 관점의 수용이라 해도 무리가 없을 것이다(배종대·이상돈, 앞의 책, 325면). 다만 독일 형소법 제153조의 b에 의하면 독일 형법 제60조에 따른 형면제요건이 갖추어진 경우에 법원의 동의를 얻어 검사는 불기소를 할 수 있는데, 여기서 검사가 할 수 있는 것은 단지 실체법상의 형면제요건의 존부를 확인하고 그 결과에 따라 기소여부를 결정할 수 있을 뿐이고 평가적 가치판단의 여지가 전혀 없으므로, 이것은 기소법정주의의 예외임에는 분명하나 입법기술적으로 기소편의주의의 수용과는 거리가 있다(vgl., René 1310y, Zur Systematik der

이를 몇 개의 조문에 의거하여 구체적으로 보면 다음과 같다.

가장 기본이 되는 독일 형소법 제153조 ①항에 보면 대상범죄가 '경죄'에 해당하고[21] '책임이 경미'할뿐만 아니라, 소추의 이익이 없을 때에는 관할법원의 동의를 얻어 소추하지 아니할 수 있다. 그리고 경미범죄에 해당하고 특히 타인의 재산을 노린 범죄의 경우, 발생한 손해가 경미한 때에는 '법원의 동의를 요하지 않는다.' 라고 되어 있다.

제153조의 a ①항은 형벌 이외의 다른 방법을 통하여 소추이익을 기대할 수 있을 경우, 비례성의 원리에 따라 기소하지 않을 수 있도록 규정하고 있다. 즉 輕罪에 해당하면서 책임이 경미하여, 일정한 내용의 부과명령 및 지시를 통하여 손해회복을 위한 일정한 급부제공, 공공시설이나 국고를 위한 일정한 금액의 납입, 기타 공익을 위한 급부제공, 일정한 한도의 부양의무 소추이익을 대신할 수 있을 때에는 관할법원과 피의자의 동의를 얻어 잠정적으로 기소를 유예할 수 있도록 한다.

또한 소추이익보다 더 큰 公益을 위하여 소추가 포기될 수 있는 경우로서, 제153조의 c ②항은 "실행행위는 이 법의 시행영역 밖에서 이루어졌지만 그 실행행위에 의한 범죄의 실현이 이 법의 시행영역 안에서 이루어진 경우, 형사절차를 수행하는 것이 독일연방공화국에 중대한 불이익을 초래할 염려가 있거나 기타 중요한 공익에 反하는 때에는 소추하지 않을 수 있다."로 하고 있다.

이러한 내용들은 요구된 요건들에 대한 검사의 평가적 가치판단에 의거해서 기소여부를 결정할 수 있도록 한 것으로서, 기소편의주의의 예외적 수용에 해당한다. 경우에 따라서는 법원의 동의를 요구하고 있으나 이것은 어디까지나 검사의 재량일탈을 통제하여 합법적 가치판단을 보장하기 위한 것이지 가치판단의 재량성 그 자체를 부정하는 것은 아니다.[22]

Einstellungsgründe im Strafverfahren, GA 1980, S.171ff.; Thomas Weigend, a.a.O., S.108).

21) 독일 형법 제12조에 의하면 下限刑이 벌금형으로 되어 있거나 1년 미만의 자유형으로 되어 있는 범행을 輕罪로 분류한다.

22) Vgl. Karin Werner, Die Rechtsstellung des Verletzten im Strafverfahren bei staatsanwaltlichen Verfahrenseinstellungen aus Opportunitätsgründen, NStZ 1984, S.403.

2) 예외의 보장을 통한 상대화의 실현

기소편의주의의 예외적 수용은 비례성원칙에 따른 기소법정주의의 내재적 한계에서 비롯되는 것인데, 그것을 제도적으로 수용하는 데에 그쳐서는 안되고, 현실적으로 실현될 수 있도록 하는 보장장치가 필요하다. 그럴 때에만 비로소 기소법정주의는 전통적 기소법정주의의 경직성과 절대성을 극복한 상대화된 기소법정주의로서 현실적으로도 정당화될 수 있는 것이다.

그리하여 독일 형소법은 예외적으로 수용된 기소편의주의의 관점에서 검사가 기소유예를 할 수 있고 또 기소유예를 하는 것이 타당하다고 판단됨에도 불구하고 검사가 기소를 한 경우, 법원은 검사와 피고인의 동의를 얻어[23] 절차를 중지할 수 있도록 하고 있다.[24] 이는 바로 소추권자인 검사에 대한 법원의 사후통제를 통하여 기소법정주의 원칙이 그 내재적 한계에 구속되도록 함으로써 기소법정주의의 상대화를 철저하게 실현하기 위한 장치이다.

3. 기소편의주의원칙의 상대화

(1) 전통적 기소편의주의의 위기

기소편의주의는 원래 형사정책적인 장점을 그 정당화 근거의 출발점으로 하고 있다. 즉 형법을 통한 통제의 필요성이 상대적으로 약한 범죄에 대해서는 조기에 절차를 끝낼 수 있게 함으로써, 상대적으로 통제필요성이 큰 범죄에 대하여 형사소추의 효율성을 높일 수 있다는 점을 그 본질적인 근거로 한다. 범죄통제의 효

---

23) 여기서 피고인의 동의를 요건으로 한 것은 무죄판결의 기대라는 피고인의 이익을 고려한 것이며, 검사의 동의를 요건으로 한 것은 기소독점주의 및 기소편의주의의 원리상 절차의 중지여부에 대한 고유한 결정권자는 원래 검사라는 점에 근거를 둔 것이다(Vgl. Heinz Schöch, a.a.O., §153 Rdn. 45. 48.).
   이와 관련하여 독일 형소법에서 눈여겨 볼 점은 기소편의주의적 관점에서 이루어지는 절차중지는 원칙적으로 검사와 법원의 상호동의를 요건으로 하면서 상호통제를 가하고 있다는 사실이다. 즉 검사가 기소유예처분을 할 경우에도 원칙적으로 법원의 동의를 요건으로 하고 있음은 앞에서 이미 보았다. 여기서 법원의 동의를 원칙으로 한 것은 검사의 기소유예처분의 남용을 막기 위한 목적이고, 그 근거는 물론 기소법정주의이다. 기소법정주의에 따라 검사는 원칙적으로 기소의무를 지고 있으므로 예외적으로 기소재량을 인정하더라도 그 재량에 대한 통제가 필요하다고 본 것이다. 이처럼 상호통제를 통하여 독일 형소법은 기소편의주의적 절차중지의 적정화를 위하여 만전을 기하고 있음을 알 수 있다.
24) 독일 형소법 153조 ②항, 153조의 a ②항, 153조의 e ②항.

율성을 소추단계에서 실현하고자 하는 이념이 그 토대로 되어 있는 것이다.[25] 물론 이에 부수하여 나타나는 기타의 기대효과들, 예컨대 형사절차의 경제성 추구가 가능하다는 장점, 실체형법을 통하여 철저히 실현하기에는 한계가 있는 소위 '경미범죄에 대한 비범죄화의 목적'을 형사절차를 통하여 보충할 수 있다는 장점 등도 기소편의주의의 정당화 근거가 될 수 있다.[26]

이러한 형사정책적 정당화 근거는 법체계적인 면에서 형법 및 헌법상의 원칙과도 연결된다. 예방적 관점에서 형사제재의 필요성이 부인될 때 형사소추를 포기함으로써 처벌하지 않을 수 있도록 한다는 것은 형법의 최후수단성에도 부합하고, 헌법상의 비례성원칙 및 구체적 정의의 이념과도 상응하는 것이기 때문이다.

그런데 형사정책이라는 현실적 필요성과 유용성, 그리고 법체계상 형법 및 헌법의 이념과의 상응성 등의 충분한 근거를 가진 기소편의주의가 오늘날 위기를 맞고 있는데, 그 원인은 정당화 근거의 이탈에 있다. 부당한 불기소의 남용으로 형법의 최후수단성이 갖는 적극적 측면을 – 형법의 투입없이도 법질서의 확보가 가능할 때에는 형사제재가 자제되어야 한다는 점이 최후수단성의 소극적 측면이라면, 형법의 투입없이는 법질서의 확보가 어려울 때에는 형사제재가 반드시 이루어져야 한다는 점은 최후수단성의 적극적 측면이라고 할 수 있다 – 훼손한다든지, 공소재량권의 행사가 형평성을 상실하여 비례성원칙과 구체적 정의의 이념을 위반함으로써 기소편의주의의 정당화 근거를 이탈하고 있는 것이다.

그리하여 이제 기소편의주의의 정당화 문제는 정당화 근거를 이탈하지 못하도록 제한하고 통제하는 방향으로 집중되어 있고,[27] 그것은 최후수단성의 두 측면

---

25) René BIOY, a.a.O., S.172.
26) Heinz Schöch, a.a.O., §153 Rdn. 1, 2; 형법규범과 한국의 전통사회규범의 갈등이 있을 때 전자를 후퇴시킬 수 있다는 법사회학적 관점을 우리나라 기소편의주의의 타당근거로 제시하는 견해가 있다(배종대·이상표 앞의 책, 325면).
27) 이 점에서 상대적 기소법정주의의 정당화 문제와는 차이가 있다. 기소법정주의는 절대적 형벌이론 및 응보형법이라는 그 정신적 뿌리에서부터 위기를 맞았을 뿐만 아니라 전통적 기소법정주의를 관철시키는 것이 현실적으로 불가능할 정도로 형벌규범 및 규범위반이 급증하는 반면에, 그것을 소화시킬 수 있는 형사사법 자원을 확충하는 데에는 한계가 있다는 법현실 및 사회현실 면에서도 도전을 받고 있기 때문에, 통제와 제한을 통한 상대화의 정당화문제 이전에 기소법정주의 그 자체가 정당화될 수 있느냐가 새롭게 재검토될 필요가 있었다. 반면에 기소편의주의의 위기는 기소재량의 운용의 파행성에서 비롯되는 것이기 때문에, 기소편의주의의 정당화 문제는 통제와 제한의 정당화 문제로 국한시킬 수 있다. 물론 기소편의주의에 걸었던

의 균형적 실현과 비례성원칙 및 구체적 정의의 실현을 기소재량의 내재적 한계로 설정하는 길이다. 이러한 내재적 한계에 따라 기소편의주의가 제한되고 통제될 때에만 기소편의주의는 그 존립의 근거를 유지할 수 있을 것이기 때문이다. 이는 바로 기소재량의 상대화, 더 나아가 기소편의주의의 상대화를 의미하는 것이다. 타협 없는 기소강제가 불가능하게 되었듯이, 제한 없는 절대적 기소재량도 이제 설 자리를 잃은 것이다.

(2) 기소편의주의의 상대화의 내용

기소편의주의의 상대화는 결국 기소재량의 제한이다. 그리고 기소재량을 제한하는 방법에는 예외의 수용에 의하여 재량권의 존재 자체를 제한하는 방법과 재량권의 행사를 통제하는 방법이 있다.[28]

1) 내재적 한계설정의 당위성

기소편의주의를 취하는 한, 기소재량은 어떠한 국가의 어떠한 범죄에 대해서도 예외 없이 인정되어야 하는가? 이것은 기소재량 그 자체의 존재한계성에 관하여 던지는 질문이 될 것이다.

그런데 기소편의주의가 본질적으로 특별예방의 관점을 그 정당화근거로 하고 있다고 볼 때, 범죄성질상 또는 사회현실의 지속적인 특수한 사정상, 특별예방보다는 적극적 일반예방을 우선시켜야 할 경우가 있을 수 있다면 그러한 특수한 상황의 특수한 범죄에 대해서는 기소재량 자체를 부정하는 것도 생각할 수 있을 것이다.

뿐만 아니라 탄핵주의의 원리에서 보더라도 기소재량의 무한계성을 인정하는 것은 문제가 될 수 있다. 탄핵주의에 의해 법원이 아닌 독립기관으로서의 검사에

특별예방효과는 기대에 못 미치고, 반면에 일반예방효과만 실추시키고 있다는 부정적인 평가가 기소편의주의에 대한 懷疑를 갖게 할 수도 있으나 본질적인 것으로 보지는 않는다.

28) 여기서 기소법정주의와 기소편의주의는 그 상대화의 방법론에서 차이가 난다. 즉 원칙 자체의 내재적 한계를 설정하는 상대화방법은 동일하지만 통제를 통한 상대화 방법에서 차이가 있다. 예컨대 기소법정주의의 상대화를 위한 통제는 원칙 자체에 대한 통제가 아니라(독일의 기소강제절차는 기소법정주의원칙을 통제하는 제도가 아니라, 그것을 유지·확보하는 제도이다), 기소법정주의의 예외로서 수용된 기소편의주의를 적정하게 통제함으로써 간접적으로 기소법정주의를 적정 수준으로 상대화시키려고 한다. 반면에 기소편의주의의 경우는 기소편의주의원칙 자체를 직접 통제함으로써 기소편의주의를 상대화시킨다.

게 공소권을 귀속시킨 것은 본래 국가형벌권의 남용으로 인한 부당한 침해를 막기 위한 법치국가적 요청의 표현이다 따라서 공소권의 본질은 이러한 법치국가적 형사소송이념으로부터 접근하여야 한다.29)

그런데 오늘날 법치국가적 형사소송이념은 피의자 및 피고인의 보호치원을 넘어서 피해자의 보호에까지 확장되고 있다. 기소재량의 절대성을 인정하더라도 피의자 및 피고인의 보호에 흠결이 생기지는 않는다. 그러나 기소재량의 절대성에 의한 부당한 불기소가 남발할 경우, 피해자의 보호에 허점이 노출되고, 이는 확장된 법치국가적 형사소송이념과 충돌하게 되는 것이다.

기소편의주의의 핵심내용인 검사에 의한 기소유예는 실질적으로는 법원의 형사재판 이전단계에서 행해지는 또 하나의 재판이다. 다만 不處罰의 재판만을 할 수 있다는 점에서 차이가 있을 뿐이다.30) 그럼에도 불구하고 기소재량 의 절대성을 인정한다는 것은 형사절차의 또 다른 糾問化를 초래하는 결과가 된다. 결국 기소유예를 통한 不處罰의 경우에 한해서는 수사의 주체와 판단의 주체가 동일해짐으로써 不告不理의 탄핵구조가 붕괴되기 때문이다. 피해자의 보호에 대한 허점은 바로 이러한 기소재량의 절대화로 인한 새로운 糾問化의 초래에서 비롯되는 측면이 있는 것이다.31) 따라서 소추단계의 糾問化가 초래하는 부작용은 재량권 행사를 통제함으로써 방지 내지 완화시킬 수도 있겠지만, 그 이전에 재량권의 존재에 대한 내재적 한계를 설정함으로써 근본적으로 차단할 수도 있을 것이다.

비교법적으로 볼 때 기소편의주의를 원칙으로 하면서 특정범죄에 대해서는 예외적으로 기소법정주의를 수용함으로써 기소재량권의 존재 자체에 제한을 가하는 나라는 찾아보기 어렵다.

다만 미국의 특별검사제도는32) 실질적으로는 검사로부터 소추권 및 소추 재량을 박탈하여 특별검사를 통하여 소추되도록 하려는데 그 제도의 본질이 있으므

---

29) 심재우, "검사의 소송법상의 지위 "「고시계」, 1977(10), 15면 이하.

30) 검사의 기소여부결정과 법원의 예심결정이 그 실질적인 성격에서 동질적임을 강조하는 견해에 대해서는, Vgl. Bernd Weiland, Von Recht und Pflicht zur Anklageerhebung, NStZ 1991(12), S.574ff.; Wilfried Bottke, Zur Anklagepflicht der Staatsanwaltschaft, GA 1980(8), S.311.

31) P. Rieß는 검사에게 기소재량이 확대됨으로써, 법의 역사에서 극복된 − 규문주의가 검사의 소추단계에서 재생될 수 있는 위험에 대하여 경고한다(vgl. Peter Rieß, a.a.O., S.10).

32) 상세한 내용은 김원배, "미국 특별검사제도의 내용과 문제점(현안분석)," 국회입법 조사분석실, 1995.

로, 특별검사제도가 적용될 수 있는 범죄에 한해서는 기소편의주의 자체가 예외적으로 제한되어 있다고 해석할 수 있다.

2) 재량성의 통제를 통한 기소편의주의의 상대화의 실현

기소독점주의, 기소편의주의, 검사동일체원칙이 결합되면 이미 구조적으로 기소재량의 일탈가능성은 필연적이라 할 수 있다. 그러므로 기소편의주의를 채택할 때에는 기소재량에 대한 통제도 불가결하다 할 것이다. 따라서 세계 각국의 입법례를 보면, 기소편의주의의 상대화는 효율적 범죄통제, 비례성원칙, 형법의 최후수단성 등 소위 기소편의주의의 정당화 근거 그 자체에서 도출되는 내재적 한계의 기소재량을 통제함으로써 상대화시키는 방법을 마련하고 있다.

이러한 방법들로서는 기소유예요건의 구체적 법정화, 법원의 사전동의, 기소재량 가이드라인의 채택, 검찰 내부의 결제제도, 법무부장관의 지휘·감독권의 제한, 미국의 특별검사제도 등과 같은 事前的인 통제방법이 있고, 검찰항고, 프랑스 또는 영국의 사인소추제도, 미국의 대배심제도 및 직무집행영장제도, 재정신청, 일본의 검찰심사회제도, 기소강제절차, 헌법소원 등의 사후적인 통제방법들이 사용되거나 논의되고 있다.

이를 다시 통제주체에 따라 분류하면 객관적 기준에 의한 직접적 통제, 소추기관의 내적 통제, 법원 등 제3의 기관을 통한 외부적 통제로 묶을 수 있다. 이하에서는 이러한 분류에 의거해서 통제제도를 분석하여 우리나라의 기소편의주의의 통제제도를 모색하는 데 자료로 삼고자 한다.

가. 객관적 기준에 의한 직접적 통제

(가) 법규정을 통한 직접적 통제

현실 속에서 어떤 행위가 사회유해적 행위로서 가벌적이어야 하는가는 실체형법의 구성요건적 유형화를 통하여 이루어져야 하며, 이는 법치국가원리, 민주주의의 권력분립의 원리, 형법의 확정성의 원칙에 따른 기본적인 요청이라 할 것이다. 그런데 비례성의 관점에서 판단할 때 처벌의 필요성 여부가 분명하지 않은 한계영역의 사례들까지 모두 형법의 구성요건으로 정형화한다는 것은 현실적으로 불가능하므로 앞에서 언급한 바와 같이, 미묘한 한계 사례들에 대해서는 탄력성 있는 소송법에 넘겨 줄 수도 있다. 이는 바로 소추기관에게 소추재량을 인정하여 소추단계에서 처벌필요성 여부를 결정하게 하는 방법이다.

그런데 이러한 취지에서 비롯되는 기소편의주의도 법치국가원리 등의 예외영역에 놓일 수는 없다. 따라서 입법자는 미리 소추재량의 내용, 목적 및 그 정도 등을 규정해 줌으로써 소추여부의 판단척도를 입법적으로 제시해 주어야 한다[33] 이러한 관점에서 독일은 예외적으로 수용한 기소재량에 대하여 범죄의 경미성, 책임의 경미성, 소추이익의 부존재, 소추이익에 우선하는 국가적 이익 또는 다른 특별한 공익의 존재 등을 소추여부의 판단척도로서 입법화해 두고 있고, 기소편의주의를 원칙으로 하고 있는 우리나라나 일본은 양형의 조건들을 소추여부의 판단척도로 규정하고 있다.

그런데 이러한 규정들은 일반조항의 성격을 갖는 것이기 때문에[34] 기소편의주의에 대한 직접적 통제기능을 하는 데에는 한계가 있다. 그러나 법원 등과 같은 다른 기관에 의한 사후통제의 과정을 통하여 일반조항의 내용이 점차 구체화되고 또 그 적용의 엄격성이 보장된다면, 그러한 규정들은 간접적으로 통제기능을 발휘할 수 있을 것이다. 따라서 기소편의주의를 원칙으로 하는 법제에서도 소추여부의 판단척도를 가능한 한, 구체적이고 실질적으로 *法定*하는 것은 필요하다 할 것이다.

(나) 기소재량 가이드라인에 의한 직접적 통제

기소재량 가이드라인은 검사의 기소재량권 행사에 대한 기준을 미리 구체적이고 세부적으로 설정해 둠으로써, 객관적 기준에 의해 재량권 행사를 통제하고 그 적정화를 꾀하기 위한 것이다. 이때 기소재량 가이드라인을 설정하는 기관은 검찰이 될 수도 있고, 외부기관이 될 수도 있을 것이다. 기소재량기준제도는 미국에서 특히 활발하게 논의되는 제도인데, 일본에서도 검찰내부에서 부분적으로 그 시행방안이 거론되고 있다.[35]

그런데 기소재량기준도 그것을 구체적으로 유형화하는 데에는 한계가 있을 수밖에 없고, 법적 구속력에도 문제가 있다. 따라서 검찰이 기소재량기준을 수용한

---

33) Vgl. Peter Rieß, a.a.O., S.4 f.
34) 같은 취지: 한국형사정책연구원, 앞의 연구보고서, 19%, 64, &8, 69면.
35) 자세한 내용은 - 한국형사정책연구원, 위의 연구보고서, 62면 이하 참조.

다면 그것은 검찰의 내부적인 자율적 통제기준으로서 기여할 수 있을 것이다. 특히 이것을 내부결제제도와 결합하여 운용하는 방안을 검토해 봄직하다.

나. 소추기관의 내적 통제

소추기관의 내적 통제제도로서는 불기소처분에 대한 검찰항고제도가 가장 대표적이다. 검찰항고제도는 – 기소법정주의 국가건 기소편의주의 국가건 불문하고, 고소사건 또는 고소·고발사건에 대한 검사의 부당한 불기소처분을 통제하는 제도로서 널리 채택되고 있다.[36]

구체적인 내용은 국가마다 다를 수 있으나 일반적인 구조는 유사하다. 즉 검사의 불기소처분에 불복하는 경우에 고소인 또는 고발인은 고등검찰청 검사장, 검찰총장 또는 법무부 장관 등에게 항고하고, 검사장 등은 항고가 이유 있다고 판단되는 경우 수사재개명령이나 공소제기명령 등을 통하여 불기소처분을 奐正하게 한다.

이러한 검찰항고제도에 대해서는 검사동일체원칙에 의해 검찰 전체를 하나의 권력기관으로 볼 때, 검찰항고는 결국 기관 내부의 자율적 통제의 차원일 수밖에 없기 때문에 그 내재적 한계가 있다는 지적을 받는다. 국가권력의 속성상 '자율적' 통제는 극단적인 경우 '統制의 否定'일 수도 있다는 시각에 따른 지적이다. 따라서 검찰항고의 통제기능이 현실적으로 작동되도록 하기 위해서는 '자율'에다가 외부적으로 자극을 가할 수 있는 시스템이 필요하다는 것을 알 수 있다. 예컨대 독일의 기소강제절차나 우리의 재정신청제도는 이러한 측면에서 제도적 의의가 크다고 할 수 있다. 즉 부당한 불기소처분에 대해서 검찰 항고가 통제기능을 수행하지 못할 때에는 다시 기소강제절차 등을 통하여 통제되게 함으로써, 검찰항고제도의 통제기능이 미리 작동되도록 간접적으로 압박을 가할 수 있는 것이다.

---

36) 독일이 기소법정주의를 원칙으로 하면서 검찰항고제도를 채택하고 있다면, 우리나라는 기소편의주의하에서 검찰항고제도를 채택하고 있다. 한편 기소편의주의를 원칙으로 하는 프랑스는 검사의 부당한 불기소처분에 대해서 법무부장관과 고등검시장은 직권 또는 이해관계인의 사정에 의하여 공소제기명령을 할 수 있도록 함으로써, 그 기능상 검찰항고제도와 유사한 내부적 통제제도를 마련해 두고 있다(정구환, "프랑스 검찰의 제도와 운영," 「검찰」, 1990, 169면).

다. 제3의 기관을 통한 외적 통세

(가) 법원에 의한 통제

① 법원의 事前同意

독일은 예외적으로 기소유예처분이 가능한 사례에 대해서 기소유예처분에 앞서 법원의 동의를 얻도록 하는 경우가 있다. 기소유예요건의 충족여부를 법원으로 하여금 사전에 검토할 수 있는 기회를 갖도록 함으로써, 검사의 기소 재량을 통제하려는 것이다.

법원의 사전동의에 의한 통제는 독일과 같이 기소편의주의를 예외적으로 인정하는 법제에서는 법논리적으로 무리 없는 방안일 수 있다. 기소법정주의를 원칙으로 하기 때문에 검사는 혐의가 상당한 범행에 대해서는 기소할 의무를 진다. 여기서 예외적으로 기소재량을 인정한다는 것은 기소의무를 해제시킨다는 의미이다. 따라서 법원의 사전동의를 유예처분의 전제로서 요구하는 것은 결국 기소의무의 해제에 조건을 다는 것으로 법논리상 문제될 것이 없다.[37] 어디까지나 기소의무를 원칙으로 하기 때문에 특수한 상황을 위해 의무를 완화시키더라도, 법원의 사전동의 등과 같은 전제조건을 통하여 완화의 정도를 조절할 수 있는 것이기 때문이다.[38]

하지만 기소편의주의를 원칙으로 하면서 법원의 사전동의를 전제요건으로 요구하는 것은 법논리상 어색하다. 사전동의를 요하는 것은 재량성에 대한 본질적

---

37) 이러한 법논리에 입각하여, 독일의 기소유예처분 중에서 법원의 사전동의를 전제로 하지 않는 조항에 대하여 소추체계를 파괴하는 것이라고 비판하는 견해도 있다[Vgl. Friedrich- Christian Schroeder, Zur Rechtskraft staatsanwaltschaftlicher Einstellungs verfügungen, NStZ 1996(7). S.319].

38) 이 논문 주23) 참조. 한편 법원의 사전동의가 갖는 통제기능의 실효성에 대한 懷疑的인 시각의 예로서는 Karin Werner, a.a.o., S.401 참조. 참고로 독일 형소법 제153조의 a와 관련하여 (관할법원 및 피의자의 동의하에, 지시이행을 조건으로 내린 검사의 절차 중지처분). 법원의 사전동의를 얻지 않은 채 검사가 절차중지결정과 동시에 부과명령을 내렸고, 피의자가 그 지시를 이행했을 경우 기소강제절자에 의하여 기소하게 하는 것이 가능한가에 대해서는 견해가 대립하고 있다. 즉 신뢰의 원칙상 다시 기소하게 하는 것은 부당하다는 견해[Vgl. Gerhard Karl, Entstehen eines Verfahrenshindemisse.s nach §153 a 4 StPO trotz natwendiger, aber fehlender Zustimmung des Gerichts, NStZ I995(11), S.535]와 여기서 법원의 사전동의는 기소강제절차가 배제되기 위한 전제조건인데, 법원의 사전동의가 없음은 그러한 전제조건의 흠결에 해당하므로 기소경제절차가 배제될 수 없고. 따라서 기소강제절차에 의하여 기소될 수 있다는 견해(Vgl. Fliedrich-Chñstian Schroeder. a.a.O., S.319 f.)가 대립하고 있다.

인 제한이므로, 사전동의를 요건으로 하면서 기소재량을 원칙으로 한다는 것은 모순되기 때문이다. 따라서 다른 방법이 없는 불가피한 사정이 아닌 한, 기소편 의주의를 원칙으로 하는 법제에서 기소유예처분에 앞서 법원의 사전동의를 '일반적' 전제요건으로 요구하는 것은 바람직하지 않다.[39]

다만 기소편의주의의 원칙하에 특정범죄에 대해서는 예외적으로 기소법정주의로 하고, 이 예외의 경우를 다시 원칙과 연결시킨다는 의미에서 기소유예를 할 수 있는 여지를 인정한다면, 이때의 기소유예처분에 법원의 사전 동의를 전제로 하는 것은 논리상 문제가 없을 것이다. 적어도 이 예외적인 범행에 관한 限, 기소의무를 원칙으로 하고 기소재량은 예외로 하는 것이므로, 위의 독일의 경우와 구조적으로 동일해지기 때문이다.

② 법원에 의한 사후통제

법원에 의한 사후통제 제도로서는 우리나라와 일본의 재정신청, 독일의 기소 강제절차, 미국의 직무집행영장 제도 등이 대표적인 예다. 헌법소원도 이 범주에 넣을 수 있다. 헌법소원과 재정신청은 우리의 제도를 다룰 때 논하기로 하고 여기서는 재정신청의 前身이라 할 수 있는 기소강제절차와 직무집행영장 제도에 대해서만 보기로 한다.

먼저 독일의 기소강제절차는 기소법정주의가 적용되는 모든 범죄에 대하여[40] 부당하게 불기소되었을 경우, 피해자인 고소인의 신청에 의하여 법원이 검사에게 공소제기를 강제하는 제도로서 기소법정주의를 유지·확보함과 동시에, 피해자의 정당한 형사소추의 이익을 보호함을 목적으로 한다. 따라서 기소강제절차는 기소

---

39) 김상호 교수는 이러한 법논리와 검사에 대한 우리 국민들의 낮은 신뢰도를 종합적으로 고려하여 1년 이상의 자유형에 해당하는 범죄에 대하여 법원의 사전동의를 요하도록 하자는 견해를 제시한다(김상호, 앞의 논문, 63면). 한편 손동권 교수는 기소법정주의로 전환할 것을 전제로 하여, 예외적으로 기소유예가 가능한 경우 법원의 동의를 요건으로 하자고 주장한다[손동권, "12·12 및 5·18 사건과 관련된 형사소송법적 문제점,"「법정고시」, 1996(2)]. 손동권 교수는 완전한 독일식의 상대화된 기소법정 주의를 주장하고 있는 것이다.
40) 독일은 1953년 형소법 개정시 현행 제172조 2항의 입법을 통하여 사인소추가 가능한 범죄 및 기소편의주의가 적용되는 범죄들을 기소강제절차의 대상범죄에서 제외시켰다. 그런데 그 개정 이전에는 기소편의주의적 기소유예처분도 사법심사의 대상이 된다고 본 것이 그 당시의 지배적인 견해였다고 한다(Karin Werner, a.a.O., S.401). 한편 기소강제절차의 대상을 모든 범죄로 확대해야 한다는 주장이 독일에서 활발하게 개진되고 있다[Vgl. Heinz Schöch, Die Rechtsstellung des Verletzten im Strafverfahren, NStZ 1984(9), S.389 Anrn. 61].

편의주의에 대한 통제제도는 아니다. 그러므로 기소편의주의적 절차중지가 가능한 범죄들은 기소강제절차의 대상에서 제외되어 있다. 그러나 기소강제절차는 우리의 재정신청제도와 관련이 있을 뿐만 아니라, 1953년의 독일 형소법 개정 이전에는 기소편의주의적 절차중지도 기소강제절차의 대상이 되었고 또, 현행법의 개정을 통하여 기소편의주의적 절차중지를 다시 기소강제절차의 대상으로 포함시켜야 한다는 주장이 활발하게 개진되고 있는 상황이므로 우리의 재정신청과 비교하여 그 특징적인 점을 몇 가지 살펴보는 것은 의미 있는 일일 것이다.

첫째, 신청권자에 차이가 있다. 재정신청권자는 고소인 또는 고발인인데, 기소강제절차의 신청권자는 피해자인 고소인으로 한정하고 있다. 둘째, 재정신청은 검찰항고와 선택적으로 하도록 되어 있는데, 독일의 기소강제절차는 檢察抗告前置主義로 되어 있다. 셋째, 신청이 이유 있다고 판단될 때, 재정신청은 부심판결정에 의해 공소제기를 擬制하는 반면 기소강제절차는 검사에게 공소 제기를 강제한다. 넷째, 기소강제절차는 그 신청자에게 공소제기의 당위성을 소명하게 한다든지, 변호사의 서명을 요구한다든지 등의 부담을 가중시킴으로써 신청의 남용을 방지하기 위한 장치를 마련하고 있다.[41]

다음 미국의 직무집행영장제도는 고소 또는 고발사건에 대한 검사의 부당한 불기소처분이 있을 때 고소인 또는 고발인이 법원에 직접 직무집행영장을 발부하도록 청구하고, 이에 따라 법원이 검사의 기소를 강제하는 제도이다. 기소편의주의를 취하는 미국에서 검사의 기소재량을 통제하는 효과적인 장치로서 활용되고 있다고 한다.[42]

(나) 기타의 외적 통제제도

① 미국의 대배심제도와 일본의 검찰심사회제도[43]

미국의 대배심제도는 검사의 불기소처분이 부당하다고 판단될 때, 민간인인 배심원단의 결정에 의하여 직접 소추를 개시할 수 있도록 함으로써 국민소추 내

---

41) 더 상세한 내용에 대해서는 한국형사정책연구원, 앞의 연구보고서, 43면 이하 참조.
42) 한국형사정책연구원, 위의 연구보고서, 32면 이하.
43) 미국의 대배심제도는 700여 년 동안 존속하다가 20C 초에 폐지된 바 있는 영국의 대배심을 기원으로 한다(이중근, "일본 검찰심사회 - 제도 고찰." 「검찰」, 1975 제1집, 95면, 96면). 그리고 일본의 검찰심사회제도가 도입되는 과정에서 미국의 대배심제도와 어떻게 관련되어 있는지에 대해서는 한국형사정책연구원, 앞의 연구보고서, 51년. 52면, 참조.

지는 공중소추의 형태로 검사의 소추권을 통제하는 제도이다. 한편 검찰 심사회 제도는 검사의 불기소처분에 대하여 민간인으로 구성된 검찰심사회가 기소상 당·불기소부당을 의결하여 불기소처분 검사의 소속 검사장에게 기소를 권고함 으로써 검사의 소추권행사를 국민참여의 형태로 통제하려는 제도이다. 여기서 기 소상당 의결은 검사장에 대한 권고적 효력밖에 없다는 점에서 대배심제도와 근 본적으로 다르다. 이러한 양 제도에 대해서는 통제장치로서의 실효성이 약하다는 비판과 더불어 개선방안이 활발히 논의되고 있으나, 국민참여를 통한 형사사법의 민주화 장치라는 의미에서 높게 평가받기도 한다.[44)]

② 프랑스의 사인소추제도

프랑스의 사인소추제도는 영국, 독일 등 현재 私訴를 인정하고 있는 그 어떤 국가보다도 활성화되어 있다. 검사의 공소제기 여부에 관계없이 사소를 제기할 수 있을 뿐만 아니라, 검사의 불기소에 불복하여 사소를 제기할 수도 있다. 뿐만 아니라 사소제기가 있으면 검사는 기소를 인수하여 수행할 의무를 지므로, 피의 자는 수사나 증거확보의 부담을 지지 않는다. 기소편의주의를 취하는 프랑스는 특별한 통제제도를 두지 않는 대신[45)] 사소제도를 강화하여 독자적인 기소기능, 기소강제기능, 배상명령청구기능, 부대공소기능 등 다양한 기능의 복합체로 활용 함으로써 검사의 기소재량을 입체적으로 통제한다고 볼 수 있다.[46)]

프랑스는 형소법 제31조, 제40조에 의거하여 명백히 기소편의주의를 채택하고 있으나,[47)] 사소제도에 의하여 실질적으로는 모든 범죄에 대하여 기소가 강제될 수 있게 된다.

---

44) 자세한 내용은 이중근, 앞의 논문, 96면 이하; 한국형사정책연구원, 위의 연구보고서, 51면 이 하; 김용우, "검사의 기소재량과 통제방안(현안분석)," 국회입법조사분석실, 1997, 11, 12, 14, 15면 참조. 사법민주화의 측면에서 검찰심사회 – 제도를 긍정적으로 평가하는 우리나라의 학 자도 있다[조준현, 앞의 논문, 122면; 신동운, "한국 검찰제도의 현황과 개선책,"「서울대 법학」 제29권 2호(1998), 50면].

45) 프랑스는 검사의 불기소처분에 대하여 검찰항고나 재정신청 같은 제도화된 불복방법을 갖고 있지 않다. 다만 법무부장관과 고등검사장은 직권 또는 이해관계인의 진정에 의하여 공소제기 명령을 할 수 있도록 하고 있을 뿐이다. 이것은 어디까지나 업무의 계급적 통제시스템에 불과 하기 때문에 제도화된 불복방법이라고 보기는 어렵다(정구환, 앞의 논문, 169면).

46) 프랑스의 사소제도에 대한 상세한 소개로는 한국형사정책연구원, 형사절차상 피해자 보호방안, 1993, 142면 이하.

47) 제31조는 "검찰은 공소권을 행사하고 법률의 적용을 청구한다"로, 제40조는 "검사장은 고소 또는 고발을 접수하고 그 처리결과에 대하여 판정한다"로 규정하고 있다

4. 상대화된 두 원칙의 내용적 수렴

기소법정주의건 기소편의주의건 이제 전통적 의미의 순수한 형태를 견지할 수 는 없다. 기소편의주의에 대해서는 합리적 통제가 그리고 기소법정주의에 대해서 는 탄력적 운용이 불가피한 현실로 된 것이다. 따라서 양 원칙은 상대화의 길을 걸을 수밖에 없고, 또 그럴 때에만 정당화될 수 있음은 이미 본바와 같다. 그런 대 상대화의 지향점은 동일하고, 그것은 바로 공소권 행사의 적정화임도 분명하 다. 따라서 양 원칙의 상대화는 서로 반대방향에서 출발하여 동일한 지향점으로 향하여 가고 있고, 지향점에 접근하면 할수록 결국 그 내용은 점점 동일하게 수 렴될 수밖에 없다.

그리하여 이제 기소법정주의를 원칙으로 취한다고 해서 "상당한 혐의가 인정 되는 사건에 대해서는 검사가 원칙적으로 기소의무를 진다"라고 말할 수 없는 실정이다. 예컨대 기소법정주의를 원칙으로 한다는 독일의 경우, 일반 형법범에 대해서 보면 이제 거의 모든 범죄에 대해서 기소편의주의적 기소유예가 가능하 게 되어 있다.[48]

타면 기소편의주의를 취하는 국가에서는 기소재량에 대한 통제시스템의 정비 를 통하여 재량의 영역을 합리적으로 좁혀 가고 있다. 가장 현저한 국가가 프랑 스임을 이미 보았다. 검사는 기소편의주의적 관점에서 기소를 결정할 수 있도록 함으로써 기소편의주의를 원칙으로 채택하고 있지만, 보충적으로 모든 범죄에 대 해서 사소가 가능하도록 함으로써, 실질적으로는 모든 범죄에 대해서 기소강제가 가능하도록 되어 있다는 것이다. 미국도 특별검사제도, 직무집행영장제도, 대배 심제도, 기소재량 가이드라인제도의 검토 등 입체적인 통제시스템을 통하여 기 소재량을 엄격히 제한하고 있다. 그 뿐만 아니라 우리와 가장유사한 형태의 기 소제도를 취하는 일본도 검찰관적격심사회 제도와 검찰심사회 제도를 유기적으 로 결합함으로써[49] 기소재량의 남용과 오용을 근원적으로 차단하려는 제도를 마

---

48) 경미범죄, 사소한범죄(이는 공익성 여부에 따라 공소 여부를 결정하므로 기소편의주의적 기소 유예의 대상범죄로 분류가능하다), 기타 공익 또는 소추이익 등의 관점에서 기소유예 가능한 범죄 등을 고려할 때, 일반 형벌범 중에서 기소편의주의적 절차중지가 가능한 범죄는 80% 정 도의 수준에 이른다.

49) 일본의 검찰관적격심사회는 부적격검사를 파면시킬 수 있는 권한이 있다. 그리고 검찰심사회

련하고 있다.

따라서 적정수준으로 상대화된 두 원칙의 관계는 '원칙과 예외의 형식적인 반목관계'에 불과하고, 어느 원칙을 취하느냐는 이제 입법기술의 차이에 불과하다. 결국 실질적으로 중요한 문제는 어떤 원칙을 선택할 것이냐가 아니고, 선택한 원칙을 어떻게 적정한 수준으로 상대화 할 것이냐이다. 즉 기소법정주의를 취한다 함은 기소법정주의를 원칙으로 하고 기소편의주의를 원칙으로 하되 재량의 내재적 한계에 의한 엄격한 통제를 전제로 한다는 것으로서, 이것은 원칙의 형식적인 반목일 뿐이고, 내용은 하나로 수렴되고 있는 것이다.

따라서 내용적으로 말한다며 기소에 관한 원칙은 이제 하나이고, 그것은 바로 '적정기소원칙'이라 할 것이다. 이는 공소권 행사의 실태를 보면 그대로 반영되어 나타난다. 예컨대 사건 전체에 대한 불기소율을 비교한다든지, 전체불기소에 대한 기소유예율을 비교해 보면 기소법정주의의 국가와 기소편의주의 국가간에 차이가 나지 않음을 볼 수 있다.[50]

Ⅲ. 우리나라 기소편의주의

1. 개 관

우리는 한일병합으로 일본의 형소법이 적용되면서부터 소추기관과 재판기관을 분리하는 탄핵주의 소송구조에 의한 불고불리의 원칙을 철저히 하고 있다. 따라서 소추기관이 공소를 제기하지 않는 한, 심판을 개시할 수 없고 또 소추가 제기

의 의결서는 검찰관 적격심사회에 송부하도록 되어 있으므로 불기소부당·기소상당의 의결을 받은 불기소처분의 처분검사는 검찰관적격심사회에서 보고되는 결과가 된다. 이러한 결과보고가 검찰관 적격심사회에서 당해 검사에게 불리하게 작용할 가능성이 있으므로, 양 제도의 결합은 결과적으로 검사의 공소권행사의 적정화를 위해 기여하게 된다.

50) 독일의 경우 1978년 전체 처리건수의 내용을 보면 기소가 48%, 불기소가 52%이며, 다시 불기소의 내용을 보면 혐의불충분이 70%, 기소유예처분이 30%로 소개되고 있다. 그리고 1981년 불기소처분의 내용을 보면 혐의불충분 61%, 기소유예34%, 기타 5%로 소개된다. 반면에 1991년 한국의 전체 처리건수의 내용을 보면 기소가 53%, 불기소가 38%, 기소중지가 9%를 차지하고, 불기소처리의 내용은 혐의의불기소처분이 74%, 기소유예처분이 26%로 되어 있다. 비교년도가 일치하지 않지만 대략적으로 보면 불기소처분의 비율 및 기소유예처분의 비율에서 거의 차이가 없음을 할 수 있다.

된 경우에도 공소제기된 범죄사실에 대해서만 심판할 수 있다. 이러한 불고불리의 원칙은 형벌권 행사의 일방적 집중을 막음으로써 그 자의성을 배제함과 동시에 재판의 공정성을 확보하고, 심판의 범위를 미리 특정하게 함으로써 심리의 능률과 정확성을 기하며, 동시에 피소추자의 방어권행사를 실질적으로 보장하자는 데에 그 취지가 있다. 이러한 모든 것은 국가형벌권의 남용으로 인한 부당한 침해를 막기 위한 최소한의 법치국가적 요청이라 할 것이다.[51]

또한 형소법 "공소는 검사가 제기하여 수행한다"(제246조)고 규정하고, 즉결심판에 관한 절차법 제3조 제1항은 "즉결심판은 관할경찰서장 또는 관할 해양경찰서장이 관할법원에 이를 청구한다"고 규정함으로써 엄격한 국가소추 주의를 채택하고 있다. 뿐만 아니라 즉결심판청구사건을 제외한 모든 형사사건은 검사만 기소할 수 있도록 함으로써 기소독점주의를 취하고 있다.

비교법적으로 볼 때, 여전히 사인소추 내지는 공중소추를 인정하고 있는 국가도 있으나, 이것은 국가소추독점에 대한 견제기능을 한다는 데 그 의의가 남아 있을 뿐, 독자적인 기소제도로서의 의미는 거의 상실한 상태이다. 질서유지의 담당자가 동시에 형벌권의 주체가 되는 것이 논리적이고 또 공형벌이 개인의 복수 감정을 만족시키는 도구일 수 없다는 점 등에 비추어 볼 때, 국가소추주의는 당연한 귀결일 것이다.[52] 또한 검사를 소추권의 주체로 하는 기소독점주의는 법률전문가이면서 동시에 법의 수호자 내지는 공익의 대표자로서의 지위에 있는 검사에게 공소권을 맡김으로써, 공정한 공소권행사를 기대할 수 있다는 점을 그 근거로 하고 있다.

기소독점주의가 관료주의화 한다든지 검찰의 정치적 중립성이 확보되지 않는 상황 하에서는 그 폐단이 심각할 수 있다는 지적도 있다.[53] 그러나 이러한 폐단 때문에 국가소추주의나 검사를 주체로 하는 기소독점주의를 포기하는 것은 타당하지 않다고 생각한다. 다만 그러한 폐단을 최소화시키기 위하여 적절한 견제장치를 마련하는 방향으로 노력함이 필요하다.

그리고 우리 형소법은 제247조 제1항에서 "검사는 형법 제51조의 사항을 참

---

51) 심재우, 앞의 논문, 15면 이하.
52) 심재우, 앞의 논문, 16면; 정영석·이형국, 「형사소송법」 1994, 229면.
53) 배종대·이상돈, 앞의 책, 323면

작하여 공소를 제기하지 아니할 수 있다"고 규정함으로써, 기소편의주의를 채택하고 있다.[54] 더 나아가 형소법 제255조는 "공소는 제1심 판결의 선고 전까지 취소할 수 있다"고 규정하여 공소변경주의를 취하고 있다. 따라서 우리의 기소제도 그 자체는 완전한 기소편의주의의 원리에 입각하고 있는 셈이다.

이상을 종합할 때 우리의 기소제도는 완전한 국가소추주의를 전제로 하여, 거의 완전한 기소독점주의와 기소편의주의가 결합되어 있다. 이러한 기소 제도에서는 이미 구조적으로 공소권의 남용 및 오용가능성이 내재되어 있다고 볼 때[55] 그것에 대한 견제와 통제제도의 완비는 그만큼 더 불가피하다 할 것이다.

2. 기소편의주의에 대한 통제제도

기소편의주의에 대하여 가능할 수 있는 현행법상의 통제제도는 내적통제제도와 외적통제제도로 나누어 고찰할 수 있다. 내적통제제도로는 법무부장관의 지휘·감독권의 제한, 고소·고발인 등에 대한 불기소 통지 및 불기소이유 고지, 검찰항고 및 재항고가 있고, 재정신청과 헌법소원제도는 외적 통제제도라 할 수 있다.

(1) 내적 통제제도

1) 법무부장관의 지휘·감독권의 제한

정치적 압력으로부터 검찰권을 보호한다는 이유에서 법무부장관을 검사 동일체의 구조에서 배제시키고 있다. 검찰청법은 제8조에서 "법무부장관은 검찰사무의 최고 감독로서 일반적으로 검사를 지휘·감독하고, 구체적 사건에 대하여는 검찰 총장만을 지휘·감독한다"고 규정하고 있다. 물론 이것은 정치적 외풍으로부터 검찰권 일반을 보호하기 위한 것이다. 그런데 공소권은 검찰권의 핵심을 이룬다 할 것이므로, 이것은 그 기능상으로는 공소권행사가 정치적 외풍에 의해 객관성과 공정성을 잃지 않도록 하는 통제제도로서의 의미가 있다. 그러나 검찰총

---

54) 형사피해자의 재판절차진술권(헌법 제27조 제5항)과 범죄피해구조청구권(헌법 제30조) 등의 헌법적 근거에 주목하여 형소법상의 기소편의주의규정을 제한적으로 해석하여, 우리의 기소제도를 기소법정주의를 원칙으로 하면서 제한적으로 기소편의주의를 수용하는 것으로 이해해야 한다는 주장이 있다(신동운, 「형사소송법 I」, 1997, 302면).

55) 심재우, 앞의 논문, 16면; 정양석·이형국, 앞의 책, 229면; 이재상, 앞의 책 324면.

장의 정치적 중립성, 법무부장관과 검찰총장의 관계 등 현실적인 요인들을 감안할 때 통제기능의 실효성은 의심스럽다.

2) 검찰내부의 결제

검사는 비록 단독관청이긴 하지만 내부적으로 상사의 결재를 받아 사건을 처리한다. 결재는 소속장의 지휘·감독권에 기한 내부적 절차로서 대외적 효력은 없다. 그러나 내부적으로는 사건처리의 통일을 기하고 검사의 개인적인 편견이나 과오를 배제시키는 데에 기여할 수 있으므로 부당불기소처분에 대한 통제기능을 가진다 할 것이다.

이러한 통제기능의 활성화방안으로 생각할 수 있는 것은 사건처리에 관한 결제기준을 객관화·투명화하는 것이다. 앞에서 논한 기소재량 가이드라인 제도와 내부 결재제도를 연결시키는 방안이 그 하나가 될 수 있을 것이다.

3) 고소인·고발인에 대한 불기소처분의 통지 및 이유고지

형소법 제258조와 제259조에 의하면 고소·고발사건에 관하여 불기소처분을 하는 경우 검사는 고소인·고발인에게 서면으로 그 취지를 통지하여야 하고, 청구가 있을 경우에는 서면으로 그 이유를 설명하여야 한다. 이 규정은 불기소처분의 결정을 내리려고 하는 검사에게 심리적 제약을 가하여 검사로 하여금 신중한 결정을 하도록 유도하고, 그럼으로써 부당한 불기소처분을 통제하려는 취지를 담고 있다. 그러나 이러한 통제는 어디까지나 심리적·간접적 통제라는 점에서 한계가 있다. 오히려 이 제도는 고소인·고발인이 검찰항고, 재정신청, 헌법소원을 제기함에 있어서 그 발판을 마련해 준다는 데에 실질적 의미가 있다고 보아야 한다.[56] 따라서 이 제도의 원래 취지를 살리기 위해서는 부당한 불기소처분에 대한 외적인 통제제도를 확보함으로써, 심리적 통제 효과를 현실적으로 강화시키는 것이 필요하다.

---

56) 현행법은 이러한 실질적 의미에 불철저한 태도를 보이고 있다. 현행법은 고소인·고발인의 청구가 있을 경우에만 검사에게 이유고지의 의무를 부과하고 있으나, 이는 이제도의 실질적 의미에 불철저한 편의주의적·권위주의적 발상이다. 불기소처분의 취지를 통지할 때, 그 이유도 함께 고지하도록 하여야 할 것이다. 예컨대 독일 형소법 제171조는 불기소처분의 경우 그 이유를 명기하여 통지하도록 하면서, 고소인이 불복을 신청할 수 있다는 것과 불복신청의 기간까지도 고지하도록 함으로써 이 제도의 실질적 의미에 충실하게 규정하고 있다.

4) 검찰항고

검찰청법 제10조에 의하면 검사의 불기소처분에 불복이 있는 고소인 또는 고발인은 그 검사가 속하는 지방검찰청 또는 지청을 거쳐 서면으로 관할 고등검찰청 검사장에게 항고할 수 있고, 당해 지방검찰청 또는 지청의 검사는 항고가 이유 있다고 인정하는 때에는 그 처분을 경정하여야 하고, 그렇지 않을 때에는 항고를 기각한다. 그리고 항고의 기각처분에 불복이 있는 항고인은 그 검사가 속하는 고등검찰청을 거쳐 서면으로 검찰총장에게 재항고할 수 있으며, 당해 고등검찰청의 검사는 재항고가 이유 있다고 인정하는 때에는 그 처분을 경정하여야 하고, 그렇지 않을 때에는 재항고를 기각한다. 이것을 불기소처분에 대한 검찰항고 및 재항고라 한다.

이러한 검찰항고제도는 검찰의 기소독점과 검사의 독립관청으로서의 지위에 대응 하는 검찰내부의 자율적 통제제도라는 점에서 그 한계성의 지적을 받고 있다. 즉 항고사건과 재항고사건을 불기소처분을 행한 검사가 아닌 다른 검사가 처리하게 함으로써 어느 정도 공정성을 기대할 수도 있지만, 당해 사건에 대해서 검찰 전체의 기본입장이 부당하게 불기소의 태도를 취하는 경우에는 한계가 있다는 지적이다.[57] 즉 검사의 개인적인 편견이나 오류 또는 정실에 의한 부당불기소처분을 시정하는 효과 정도만 기대될 수 있다는 의미이다.

그러나 이러한 한계성에도 불구하고 검찰항고제도 그 자체의 존립근거는 충분하다고 생각한다. 공소권이 검찰에 독점되어 있고 또 공소권의 행사에서 원칙적으로 처분검사의 독립성이 인정되는 현행 기소제도의 체계를 유지한다는 가정하에서라면, 외적 통제에 앞서서 공소기관으로서의 검찰이 자체적으로 공소권 행사의 통일성과 형평성 및 적정성을 도모할 수 있는 기회를 갖도록 하는 것이 바람직하기 때문이다. 따라서 현행 검찰항고제도는 존속시킬 필요가 있다고 생각하며, 다만 몇 가지 점에서 수정·보완되어야 할 점이 있다.

첫째, 근거규정의 법체계적인 정비이다. 검찰항고제도는 현재 검찰청법에 규정되어 있다. 검찰항고제도는 부당불기소처분에 대한 범죄피해자 등 이해관계인의 재판청구권, 재판절차진술권, 범죄피해구조청구권 등의 헌법적 권리의 정당한 실

---

57) 정종섭, "검사의 불기소처분에 대한 헌법소원심판제도", 「인권과 정의」, 1996(5), 13면.

현을 궁긍적인 목적으로 하는 제도이다. 뿐만 아니라 공소제기의 여부는 전체 형사절차의 핵심적인 분기점에 해당한다.[58] 따라서 부당한 불기소처분을 시정함을 목적으로 하는 검찰항고는 형사절차의 기본법인 형사소송법에 규정함이 마땅할 것이다.[59]

둘째, 항고사건의 처분권자를 상향조정해야 한다. 현행제도에 의하면 항고는 고등검찰청 검사장에게 하도록 하면서, 그 처분은 불기소처분검사가 소속한 지방검찰청 또는 지청에 소속하는 동급의 다른 검사가 하도록 되어 있다. 재항고의 경우에도 구조적으로 동일하게 되어 있다. 같은 검찰청에 소속하고 있고, 직위에서도 명령복종관계에 있지 않는 동급의 검사 사이에서 어느 정도의 자율적 통제가 이루어질 수 있을지에 대해서는 비관적이지 않을 수 없다. 또한 동일 검찰청 내에서의 자율적 통제는 내부결제제도에 의하여 달성될 수 있고, 통제체계상으로도 검찰항고는 내부결제와는 차원이 다르다고 할 수 있다 따라서 항고사건의 처분은 고등검찰청 검사 또는 소속 검찰청의 장이 하도록 하고, 재항고의 처분은 대검찰청 검사 또는 검찰총장이 하도록 해야 할 것이다.

앞서 언급한 바와 같이 현행 검찰항고제도의 의미가 검사의 개인적인 사유로 인한 부당불기소처분의 시정으로 축소되고 있는 현실에서 같은 검찰청 소속의 동급 검사에게 항고사건을 처분하게 하면, 이 축소된 의미마저 더욱 축소될 수도 있을 것이다.[60]

셋째 항고기간의 조정이다. 재정신청기간이 불기소처분 통지접수 후 10일 인데 반하여, 검찰항고기간은 법에 규정된 특별한 예외적인 경우가 아닌 한, 30일로 되어 있다.

그리고 현행 항고제도상 고소인·고발인은 검찰항고와 재정신청을 모두 활용하는 것은 불가능하게 되어 있다. 즉 재정신청을 한 자는 재정신청을 취소하지 않는 한, 항고할 수 없고(검찰청법 제10조 제5항), 항고인이 재정신청을 한 때에는

---

58) 신동운, 앞의 책, 309면.
59) 독일 형소법은 검찰항고의 근거규정을 형소법(제172조 제1항)에 두고 있다.
60) 독일의 경우 항고는 불기소처분검사의 상관에게 하도록 하고, 항고에 대한 결정도 그 상관이 하도록 하고 있다(독일 형소법 제172조). 올바른 입법태도라고 생각한다. 그런데 독일의 검사는 검사장의 대리인으로 직원을 행사한다. 따라서 지방검찰청 검사의 결정에 대한 항고는 고등검찰청 검사장이 결정하고, 고등검찰청 검사의 결정에 대한 항고는 법무부장관이 결정하게 될 것이다(한국형사정책연구원, "검사의 기소재량에 관한 연구", 1993, 43면).

그 항고는 취소된 것으로 간주한다고(동조 제6항)되어있다. 따라서 항고하려는 자는 재정신청을 포기할 수밖에 없고, 그 반대도 마찬가지다.

다만 현행법에 따를 때 검찰항고와 재정신청을 모두 활용할 수 있는 형식 논리적 가능성은 하나이다. 그것은 검찰항고절차가 종결된 후에 재정신청을 하는 방법이다. 그런데 이것도 논리적인 가능성일 뿐이고 현실적으로는 불가능하다. 그 이유는 바로 항고기간과 재정신청기간의 관계 때문이다. 즉 재정신청이 가능하자면 불기소처분 통지접수 후 10일 이내에 검찰항고절차가 종결되어야 하는데, 현실적으로 거의 불가능한 것이다.

그런데 현행 검찰항고제도와 같이 재정신청을 한 경우에 검찰항고를 제한하는 이유가 유사한 절차의 중복을 피하기 위하 양제도를 동시에 이용하는 것을 막는데에 있다는 점을 인정하더라도, 비교적 손쉬운 이용방법인 검찰 항고를 먼저 활용하게 하고, 그 다음에 재정신청을 이용할 수 있는 기회를 보장하는 것도 의미가 있다 할 것이다. 따라서 기간을 조정하여 양제도를 모두 활용할 수 있도록 함이 타당하다.[61] 이렇게 하기 위해서는 검찰항고에 소요된 기간은 재정신청기간에서 배제시키거나, 재정신청기간을 항고절차 종결시부터 계산하는 방법 등이 강구될 수 있을 것이다.

(2) 외적 통제제도

1) 재정신청

현행 형소법상의 재정신청제도는 공무원의 직권남용죄(형법 제123조 내지 제125 조)에 대한 검사의 불기소처분에 불복하는 고소인 또는 고발인이 당해 처분의 불법·부당 여부의 판단을 구하는 신청을 법원에 하고, 법원이 심판에 부하는 결정을 하게 되면 공소제기가 있는 것으로 간주하는 제도이다. 이 제도는 제3의 독립된 기관인 법원으로 하여금 검사의 부당한 불기소처분을 시정하게 함으로써 결국 기소편의주의가 합법성과 합목적성을 이탈하지 못하도록 통제하는데 그 취지가 있으며, 법원의부심판결정에 의해 공소제기를 의제함으로써 기소독점주의에

---

61) 이견: 이석연, "불기소처분에 대한 헌법소원의 문제점 고찰,"「판례월보」242호(1990), 24면, 이석연, 현재 헌법연구관은 현행 재정신청과정에서의 검사장 또는 지청장의 처리규정(형소법 제261조)이 검찰항고기능과 중첩되므로 검찰항고제도를 폐지할 것을 주장한다.

대한 예외를 인정하게 된다.[62]

재정신청제도는 형소법 제정시부터 채택되었으며, 그 대상범죄에 아무런 제한 없이 모든 고소·고발사건에 대하여 재정신청을 허용했었다.[63] 그러다가 유신헌 법하에서 1973년 제3차형소법 개정 때에 현행 형소법과 같이 수사공무원 등의 직권남용죄에 대해서만 재정신청이 가능하도록 축소시켰다.[64] 이리하여 이제 재 정신청제도가 그 기능이 거의 마비된 채 유명무실한 제도로 전락되어 버렸고, 그 결과 재정신청을 통하여 일반 법원이 수행해야 할 견제기능을 헌법소원심판을 통하여 헌법재판소가 담당하는 통제체계의 불정합성이 야기되고 있다는 지적을 받고 있다.[65] 따라서 재정신청제도에 대한 전면적인 재검토가 필요한 시점에 이 르렀다고 생각한다.

(가) 우선 재정신청의 대상을 모든 고소·고발사건으로 확대해야 하고,[66] 그 당위성과 필요성은 여러 측면에서 논증될 수 있다.

첫째 헌법적 차원의[67] 법치국가적 관점에서 재정신청의 전면 확대가 요구된

---

62) 재정신청제도는 독일의 기소강제절차에서 유래한다고 보는 견해가 지배적이다. 그러나 기소강 제절차가 기소법정주의를 유지·확보하기 위한 것이라면 재정신청제도는 기소편의주의를 견제 하기 위한 제도라는 점, 따라서 전자는 기소의무의 대상범죄를 주된 대상으로 하는 반면 후자 는 기소편의주의의 대상범죄를 주된 대상으로 한다는 점, 기소강제절차는 법원이 검사에게 기 소를 강제시킴으로써 기소독점주의가 유지되는 반면에 재정신청제도는 부심판결정에 의해 공 소제기를 의제함으로써 기소독점주의의 예외를 이룬다는 점 등에서 차이가 난다.

63) 형사소송법 제정초안에 대한 공청회의 속기록에 의하면 형소법 제정시에 재정신청 제도에 상 당히 심혈을 기울였음을 알 수 있다(한국형사정책연구원, 「형사소송법제정자료집」, 1990, 127 면 이하 참고).

64) 그런데 1990년에 들어와서 몇몇의 특별법상의 범죄들, 즉 헌정질서파괴범죄의 공소시효 등에 관한 특별법 제4조가 정하고 있는 죄, 5·18 민주화운동 등에 관한 특별법 제3조가 정하고 있 는 죄, 공직선거 및 선거부정방지법 제273조가 정하고 있는 죄 등에 대해서는 추가로 재정신 청을 허용하고 있다. 그리고 군사법원법은 군검찰관의 불기소처분에 대하여 고소인 또는 고발 인에게 재정신청을 허용하면서 그 대상범죄를 제한하고 있지 않다(동법 제301조 제1항).

65) 정종섭, 앞의 논문, 16면 이하.

66) 형소법 제정당시 제한없는 재정신청제도의 도입이 한국 형사사법사에서 차지하는 의미, 그리 고 그것이 유신헌법하에서 제3차 형소법 개정기에 공무원의 직권남용죄로 축소되는 배경과 그 논거에 대한 예리한 비판에 대해서는 신동운, "한국 검찰제도의 현황과 개선책", 「서울대 법학」 제29권 2호(1988), 43면 이하의 50면 이하 참조.

67) 공소제기와 관련한 검사의 결정에 대해서는 어떠한 경우에도 법원에 의한 심사의 가능성이 열 려 있어야 한다는 점을 '재판을 받을 권리'와 '평등권'이라는 헌법상의 기본권을 근거로 하여 치밀하게 논거지우는 견해로는 Bernd Heinrich, Die gerichtliche Nachprüfbarkeit von Entscheidungen der Staatsanwaltschaft im Zusammenhang mit der Anklageerhebung, NStZ 1996(3), S.110 ff.

다. 재정신청제도는 권위주의로 흐르기 쉬운 행정관청에 대응하는 법치국가적인 무기라고 할 것이다. 특히 기소편의주의 원칙하에서는 불기소처분의 요건들이 정확하게 정형화되어 있지 못하고, 재량의 영역이 광범위하다는 점을 감안할 때, 규범적 요건들을 이탈할 가능성이 훨씬 크다. 우리와 같이 기소독점주의와 기소편의주의가 거의 완전한 형태로 결합되어 있는 법제에서는 더욱더 그러하다 그러므로 독립된 법원으로 하여금 검찰을 통제하게 하는 것은 힘의 균형을 통하여 국가권력행사의 적정화를 보장한다는 차원에서 반드시 필요한 것으로 보인다. 뿐만 아니라 이러한 사법적 통제를 통하여 불확정적인 불기소처분 요건들을 개별화 할 수 있을 것이며, 이리하여 법적 안정성도 도모할 수 있을 것이다.[68]

둘째, 통제체계의 체계정합성과 기능활성화를 위해서도 전면 확대가 요구된다. 재정신청제도 외에는 검사의 공소권행사에 대한 제3의 독립기관에 의한 통제제도가 없고, 재정신청도 그 대상이 극히 제한되어 있으므로 헌법재판소가 불기소처분에 대한 통제체계의 전면에 등장하게 되었다. 그 결과 불기소처분에 대한 폭주하는 헌법 소원청구사건으로 인하여 헌법재판소의 기능이 왜곡되고 있다는 지적의 소리가 높다.

이것은 직접적으로는 헌법재판소의 위상과 기능에도 맞지 않고, 근본적으로는 국가작용의 체계적인 정합성에도 맞지 않다. 뿐만 아니라 헌법재판소는 사건의 사실면에 관한 실체적 진실을 확보하는 데에 한계를 가질 수밖에 없으므로 불기소 처분의 당·부당을 정확하게 판단하는 데에 어려움이 있고, 자연히 그 통제도 불철저해질 수밖에 없는 통제기능상의 장애도 안고 있다 할 것이다. 체계정합성을 회복하는 길은 재정신청을 전면 확대하여 법원이 통제체계의 일선에 나서고, 헌법소원심판은 최후통제제도로 물러서게 하는 것이다.[69]

---

68) 기소편의주의 관점에서 행하는 기소유예처분에 대하여 사법적 통제를 가하는 것은 형사정책적이 이유에서 바람직하지 않다는 반론이 있으나 사법적 통제를 합목적성의 통제가 아닌 합법성의 통제로 제한하면 검사의 형사정책적 역할영역도 유지하면서 동시에 통제효과도 기대할 수 있을 것이다. 이처럼 합법성의 통제로 제한할 때 사법심사의 내용은 기소유예요건의 존부, 검사가 재량권을 행사할 때 합리적인 고려들을 토대로 하고 있는지 여부, 법률적인 가치척도들을 존중했는지 여부 등이 될 것이다. 한편 우리 헌법재판소가 검사의 공소권 행사를 헌법소원 심판청구의 대상이 된다고 결정하면서 원용한 법치국가적 논거들은 재정신청의 전면확대를 위한 논거로서도 그대로 타당하다고 본다.

69) 체계정합성의 관점에서 피력한 좀더 상세한 분석에 관해서는 정종섭, 앞의 논문, 16면 이하 참고.

더 나아가 검찰내부의 통제체계의 기능활성화를 위해서도 재정신청을 전면 확대 하여야 한다. 불기소처분에 대한 헌법소원심판이 행해지자 검찰에서도 불기소처분에 더 신중해지고, 항고와 재항고의 심사가 더 신중해지게 된 것을 헌법소원 심판제도의 효과로서 평가하기도 한다.[70] 이것은 외적 통제시스템의 구축이 간접적으로 내적 통제시스템의 기능 활성화를 가져올 수 있다는 증거이다. 재정신청 제도가 헌법소원 심판보다 그 통제력이 더욱 직접적이라고 보기 때문에 재정신청제도를 전면 확대할 경우, 내적 통제시스템의 기능 활성화에 관하여 더 큰 효과를 기대할 수 있을 것이다. 이를 외적 통제제도가 내적 통제제도에 대해서 갖는 간접적 통제효과라고 할 수 있다.

셋째, 재정신청의 인용율이 낮아 통제제도로서의 실효성이 약하므로 전면 확대의 필요성이 없다는 논거는 수긍하기 어렵다. 재정신청제도의 의의는 검사의 공소권 행사를 '직접' 규제하는 데에 있지 않다. 오히려 1차적으로는 적정한 공소권 행사를 위해 노력하도록 유도하고, 검찰항고 등의 내적 통제시스템에 충실하도록 하며, 만약 이러한 시스템의 작동이 이루어지지 않을 경우에는 법원에 의해 사후적으로 시정 된다는 것을 보여 준다는 데에 더 큰 의의가 있는 것이다. 즉 예방적 효과에 더 큰 의의가 있다는 의미다. 그러므로 재정신청의 현실적인 인용율과 인용율이 낮다는 논거로 재정신청을 제한하려는 시도는 옳지 않다.[71]

넷째, 제3차 형소법 개정시에 재정신청의 대상을 축소시키기 위해 제시된 논거들이 설득력이 약하다는 측면이다.

① 법원의 업무가중이 염려된다는 논거는 기우일 수 있다. 물론 현재와 같이 대상을 극히 제한하는 것보다는 재정신청건수가 늘어날 것임에는 틀림없다. 그러나 우려할 정도에 이르지는 않을 것이라고 생각한다. 법원에 의한 전면적인 통제가 가능할 경우, 검찰 내적인 통제체계의 기능활성화는 필연적인 현상이 될 것이므로 재정신청으로까지 이르러 갈 만한 부당한 불기소처분이 절대적으로 줄어들 수밖에 없고, 또 재정신청에 의한 사법통제가 합법성의 통제로 제한됨으로써 인용율이 높지 않을 것이므로, 가히 심각한 수준으로 재정신청이 폭주하여 법원의 업무가 가중되지는 않을 것이기 때문이다.[72]

---

70) 정종섭, 앞의 논문, 15면.
71) 비슷한 취지: 한국형사정책연구원, "형사절차상 피해자 보호방안", 1993, 162면.

② 공무원의 직권남용죄를 제외하고는 검찰항고로써 충분히 구제 가능하다는 논거도 앞서 검토한 항고제도의 한계성에 비추어 설득력이 약하다.

③ 검찰권과 사법권의 분리라는 관점에서 검사의 재량행위에 대하여 법원 이 간섭함은 부당하다는 논거도 너무 형식적이다. 기소재량은 자유재량이 아니라 법치주의적 합법성의 통제하에 있다는 점, 법원에 의한 통제는 합목적성의 통제가 아니라 합법성의 통제로 제한된다는 점, 재정신청은 기소편의주의에 대한 '직접적인' 규제수단이라기보다는 부당한 불기소결정에 대한 사후적수단으로서의 의미에 더 가깝다는 점 등에 의거할 때, 재정신청제도가 검사의 재량권을 직접 침해함으로써 권력분립의 원리에 위반한다고는 볼 수 없기 때문이다.[73]

(나) 다음으로는 검찰항고제도와의 관계를 재정립하는 과제가 있다. 현행법상으로는 양자를 택일적으로 이용하도록 되어 있다. 검찰항고와 재정신청은 공소권행사의 적정화를 실현한다는 궁극적인 목적은 동일하지만 통제제도의 체계적 의의는 다른 것이다. 따라서 양자를 병렬적 택일관계에 두는 것이 아니라, 1차적으로는 검찰항고에 의하도록 하고, 재정신청은 보충적으로 이용하는 제도로 체계화하는 것이 바람직하다. 즉 항고전치주의를 채택하는 것이다. 물론 이렇게 조정할 경우에는 현행 재정신청의 처리과정에 대한 손질도 필요하다. 즉 재정신청의 처리과정에서 검찰에 의한 시정절차를 폐지하는 것이 바람직하다.

2) 헌법소원

1973년 형소법 개정으로 재정신청의 대상이 극도로 제한되어 오던 중, 1987년 헌법개정에 따라 헌법재판소제도가 도입되었고 헌법재판의 일환으로서 헌법소원을 두었을 뿐만 아니라, 헌법재판소가 1989년 4월 17일 최초로 검사의 불기소처분이 헌법소원심판의 대상이 된다는 점을 분명히 하기에 이르렀다.[74] 이리하여 헌법소원이 재정신청제도의 기능을 대신하는 장치로서 검사의 불기소 처분을 통제하는 제도로서 활발하게 이용되고 있다.[75]

---

72) 기소편의주의적 절차중지에 대해서도 기소강제절차를 확대적용해야 하느냐의 문제를 놓고 독일에서도 이러한 방향의 논란이 전개되고 있으나 업무가중의 우려는 기우일 수 있다는 논거가 설득력 있어 보인다.

73) 한국형사정책연구원, "형사절차상 피해자 보호방안", 1993. 163면.

74) 헌법재판소 1989. 4. 17. 선고 88헌마3 결정.

이러한 상황에서 헌법소원이 부당한 불기소처분에 대한 통제제도로서의 현실적인 유용성을 가진다는 점에서는 의심의 여지가 없다.[76] 하지만 통제제도의 체계정합성의 측면에서 바람직하지 못하다는 지적과, 헌법재판이 갖는 사실규명의 한계성으로 인한 통제기능의 장애가 있을 수밖에 없다는 지적을 피하기 어렵다.

뿐만 아니라 불기소처분에 대한 헌법소원의 인용결정의 주문이 소극적이 라는 점도 문제로 지적할 수 있다. 헌법재판소는 일관하여 검사의 불기소처분은 "이를 취소한다"는 주문형식을 사용하고 있다. 헌법재판은 불기소처분의 타당성 여부를 판단하는 데에 필요한 기초적인 사실을 정확하게 규명하는 데에 한계가 있으므로 적극적으로 기소명령을 하게 한다든지 기소강제의 효과를 인정하기에는 어려운 점이 없지 않다. 하지만 헌법소원의 보충성과 최후수단성을 고려하고 또 헌법재판소의 결정에 의해 강제된 기소가 부당할 경우에는 수소법원의 판단에 의해 시정될 수 있는 기회가 있으므로, 사안에 따라서는 헌법재판소의 인용결정에 재기수사명령이나 공소제기명령의 효과를 부여하는 것도 생각해 볼 수 있다.[77]

3. 우리나라의 기소제도에 대한 총체적 평가

이상의 고찰을 토대로 하여 우리의 기소제도를 총체적으로 평가하면 다음과 같은 특징으로 집약할 수 있다.

첫째, 구조적으로 완전한 기소편의주의에 입각하고 있다. 기소유예처분에 앞서 검사의 공소권을 통제할 만한 아무런 검찰외적 장치도 없다. 구속력 있는 객관적 기준, 법원의 사전동의, 기소편의주의의 적용이 배제되는 예외의 수용 등 내재적 또는 사전적 통제기능을 수행하는 아무런 장치도 없다. 일반조항의 성격을 벗어날 수 없는 양형의 조건만이 기소유예의 법정기준일 뿐이다. 게다가 거의 완전한 형태의 기소독점주의까지 결합되어 있을 뿐만 아니라 견고한 검사동일체의 구축

---

75) 헌법재판소 개청 이래 금년 9월말 현재 불기소처분에 대한 헌재의 인용건수는 모두 52건에 해당한다. 그리고 헌재 개청 이래 지난해 3월말까지는 34건을 인용함으로써 6.18%의 인용율을 보였으며, 인용된 34건 중에서 24건을 처리완료하면서 11건을 기소하였다. 따라서 기소율은 45.83%에 해당한다(「법률신문」, 1996. 4. 22. 5면; 1997. 9. 29. 3면 참조).

76) 이석연, "불기소처분에 대한 헌법소원제도의 운용 및 개선방안 일고", 「인권과 정의」, 1991, 85~86면.

77) 불기소처분에 대한 헌법소원제도에 관한 연구는 최근에 비교적 활발하게 전개되고 있다(정종섭 앞의 논문, 주1) 참조).

은 타의 추종을 불허할 정도이다. 그리고 공소취소도 완전히 자유롭다.[78] 실로 공소에 관한 한 검찰권의 왕국이다. 권력의 절대화는 남용과 오용의 근원이다.

사후적 통제체계 또한 허술하고 비체계적이라는 사실을 확인하였다. 프랑스는 제한 없이 인정되는 사인소추를 통하여 기소편의주의를 국민이 직접 통제할 수 있도록 하고 있었다. 미국은 검사에 대한 공선제를 통하여 검찰권행사의 적정화를 위한 제도적 토대를 마련함과 동시에 직무집행영장제도, 대배심제도 등을 통하여 공소권행사에 대한 법원에 의한 사후통제와 국민에 의한 사후통제로 통제체계를 입체화하고 있다. 한편 우리와 가장 유사한 기소제도를 취하는 일본도 검찰관 적격심사회 제도를 통하여 검찰권행사의 적정화를 위한 제도적 토대를 마련하면서, 검찰심사회제도에 의해 공소권행사의 국민적 통제가 가능하도록 하고 있다.[79] 뿐만 아니라 양제도를 유기적으로 결합시켜서 검찰심사회제도의 통제기능을 실질화하고 있음도 이미 본 바와 같다.[80] 비교법적으로 보더라도 우리의 사후통제제도의 미비함은 확연히 드러난다.

기소재량에 대한 통제체계는 기소편의주의의 성패뿐만 아니라, 기소편의주의의 정당화에 직결된다는 점은 이미 논증한 바 있다. 따라서 기소편의주의의 유지를 전제로 하는 한, 그 사전적·사후적 제한 및 통제체계의 재정비는 불가피한 과제인 동시에 시급하다 할 것이다. 특히 외적 통제제도의 정비는 그 자체의 직접적인 통제기능의 중요성뿐만 아니라 간접적으로는 검찰내적인 통제시스템을 활성화시키는 데에도 기여하는 효과가 크므로 더욱 중요하다 할 것이다.

---

78) 우리와 같은 기소편의주의를 취하면서도 프랑스는 공소취소를 불허하고, 미국은 연방형사소송규칙에서 연방검사는 법원의 승인이 있을 때에만 고소를 취소할 수 있도록 하고 있다(정구환, 앞의 논문, 168면; 한국형사정책연구원, "검사의 기소재량에 관한 연구", 1993, 35면).
79) 일본의 검찰관적격심사회는 일본 검찰제도의 특색의 하나이다. 국회의원 6명, 검찰관, 법무성 관리, 법관, 변호사, 일본학사원회원 각 1명 등 11명의 위원으로 구성되고, 이 심사회에서 부적격의결을 받은 검사는 파면된다(백형구, "일본의 검찰제도", 「검찰」, 1990, 104면). 그리고 일본은 검찰심사회의 의결서는 불기소처분을 한 검찰관을 지휘·감독하는 소속 검사장 및 검찰관 적격심사회에 송부하도록 함으로써 검찰관적격심사회와 검찰심사회를 연결시키고 있다(한국형사정책연구원, 앞의 연구보고서, 53면). 이렇게 함으로써 검찰심사회 의결의 권고적 효력은 실질적으로 더욱 강화될 수 있을 것이다.
80) 이 논문 주49) 및 79) 참조.

Ⅳ. 기소제도의 재정비 모델

1. 기소편의주의원칙의 유지

기소편의주의의 폐해가 만연되어 있는 우리의 사법현실에 대한 심각한 우려와 함께 기소법정주의 원칙으로서의 전환을 주장하는 견해가 등장하고 있어 주목된다.[81]

그런데 양원칙은 이제 상대화된 원칙으로서만 존립의 정당성을 획득할 수 있고, 결국은 양원칙에 따른 공소권행사의 실질적 내용에는 차이가 없게 됨을 이미 보았다. 그렇다면 이제 원칙을 바꾼다고 하는 것은 형식적인 틀을 바꾸는 것에 불과하고, 그 의미도 상징성의 차원을 벗어날 수 없을 것이다. 반면에 형식적 틀을 반전시키고자 시도할 때에 예상되는 부작용은 너무나 현실적이다. 법전통의 단절과 그것에 기인하는 법의식상의 혼란은 물론이거니와, 제도반전에 따른 법원과 검찰간에 예상되는 갈등 및 그 갈등으로 인한 법개정의 어려움 등이 바로 그러한 부작용에 해당할 것이다.[82] 따라서 기소편의주의원칙이라는 형식적인틀은 그대로 유지하면서 적정한 제한과 통제제도를 통하여 적정기소원칙의 내용으로 채우는 방향이 현실적인 대안이라고 생각한다.[83]

오늘날의 법현실 및 사회현실에서는 기소편의주의가 공소제도의 기본틀로서는 상대적으로 더욱 적합한 것으로 보인다. 다만 제한과 통제를 통하여 재량의 합법성과 합목적성을 보장할 수 있는 제도적 보완장치를 구축하여 적정기소를 실현하는 과제만이 남아 있을 뿐이다.[84]

---

81) 박상기, "기소편의주의와 그 문제점," 「고시행정」, 1990(12), 89면; 김상호, 앞의 논문, 67면; 송동권, "12·12 및 5·18 사건과 관련된 형사소송법적 문제," 「법정고시」, 1996(2), 76~77면, 그런데 이러한 주장자들은 모두가 현행 독일식의 기소법정주의, 즉 기소법정주의를 원칙으로 하면서도 예외적으로 기소편의주의를 수용하는 상대화된 기소법정주의를 주장하는 점에서 완전히 일치한다. 한편 신동운 교수는 헌법규정과 관련지어 우리의 현행 기소제도를 재조명하면서 기소법정주의를 원칙으로 하고 기소편의주의는 제한적으로 인정하는 것으로 해석가능하다고 한다(신동운, 앞의 책, 302면).

82) 영장심사제도의 변경을 놓고 1997년 1년 동안 법원과 검찰간에 전개된 갈등상황을 상기할 필요가 있다.

83) 같은 취지: 백형구, 「형사소송법」, 1993, 471면 이하.

84) 이 논문 주27) 참조.

2. 기소유예기준의 이원화

현행법으로는(형소법 제247조 제1항) 형법 제51조 양형의 조건이 기소유예의 유일한 기준이다. 양형의 조건에는 형사정책적인 관점이 반영되어 있고, 기소유예가 형사정책적인 제도이기 때문에 양형의 조건을 기소유예의 기준으로 해 놓은 것이라고 본다. 그런데 양형의 조건은 어디까지나 양형을 위한 실체법적 기준일 뿐이고, 형사절차에서 형사정책적 고려를 하기 위한 직접적인 절차법적 기준은 아니다. 따라서 기소유예에는 형사정책적 관점을 함축하는 직접적인 절차법적 기준이 필요하다.

예컨대 독일 형소법 제15조에서 기소편의주의적 절차중지의 요건으로 되어 있는 '소추이익의 부존재' 등은 그 좋은 예라고 할 수 있다.[85] 우리도 다소 포괄적이기는 하지만 이러한 절차법적 요건을 法定化하는 것이 필요하다고 본다. 이것은 기소유예를 하고자 할 때 절차법적인 측면에서 형사정책적 관점을 고려하도록 해 줄 것이고, 형사절차에서 형사정책적 관점을 직접적으로 반영하기 위한 제도가 바로 기소유예라는 점을 상기할 때 그 의미가 크다고 할 수 있다.

뿐만 아니라 재정신청의 대상범죄를 전면 확대한다고 볼 때, 그러한 절차법적 요건은 법원이 기소유예의 합법성통제를 행함에 있어서 판단의 중요한 준거점으로 기능할 것이다.

3. 조건부 기소유예제도의 도입

범죄혐의가 상당하고 소송조건이 갖추어진 구체적인 사례 중에서는 당연히 기소를 함이 마땅한 경우가 있는가 하면, 기소유예를 함이 타당한 경우가 있기도 하다. 그런데 그 중간 영역에 속하는 경우도 있을 수 있다. 공소권행사의 무원칙성이라는 국민적 불신의 소지는 이 중간 영역에 속하는 사례들의 경우에 많이 생겨날 것이다. 이 부분에 대한 기소 내지 기소유예는 검사 개인에 따른 편차가 클 것이기 때문이다. 따라서 이 부분을 기소와 기소유예의 중간영역에 속한다고 볼 수 있는 조건부 기소유예로써 흡수하는 방안이 필요하다고 생각한다. 미국의

---

85) 이에 관한 자세한 설명은 Vgl. René Boy, a.a.O., S.171 ff.

재판전 다이버전(pretrial diversion), 독일의 지시이행조건부 절차중지(독일 형소법 제153조의 a) 등이 비교법적인 例라고 할 수 있다. 우리나라도 소년범에 대해서는 선도조건부 기소유예를 인정하고 있다.

부과되는 조건의 내용은 원상회복의 성질일 수도 있고, 수강명령이나 봉사명령 등과 같은 재사회화 프로그램일 수도 있으며, 공익성급부일 수도 있을 것이다. 다만 조건부기소유예는 재판에 의하지 않은 일종의 형사적 불이익이 수반되는 처분이기 때문에 반드시 법원과 피의자의 동의를 얻도록 하여야 할 것이다.[86)

4. 예외적 기소법정주의의 수용

기소편의주의를 원칙으로 하면서도 특정범죄에 대해서는 예외적으로 기소법정주의를 수용할 수 있음은 이미 앞에서 논증해 본 바와 같다.[87)

그리고 우리의 특수한 검찰현실도 예외적 기소법정주의의 수용을 요구하고 있다. 즉 검찰권행사의 독립성과 객관성의 상실로 국민적 신뢰가 추락할 대로 추락되어 있는 우리의 검찰풍토를 고려할 때, 특별히 정치권력의 부당한 간섭이 쉽게 이루어질 수 있는 범죄나 특별히 객관성을 상실하기 쉬운 범죄 등에 대해서는 예외적으로 기소법정주의를 인정함으로써, 공소권행사의 독립성과 객관성을 확립할 필요성이 크다 할 것이기 때문이다. 특히 정치적 영향력에 좌우되기 쉬운 정

---

86) 독일 형소법 제153조의 a 제1항: 輕罪이면서 책임이 경미하여 아래의 지시이행을 통하여 형사소추의 공익을 대신할 수 있다고 인정하는 때에는 검사는 관할법원과 피의자의 동의를 얻어 잠정적으로 공소를 제기하지 않을 수 있다. 1. 손해회복을 위한 일정한 급부이행, 2. 공공시설이나 국고에 일정한 금액을 납입할 것, 3. 기타 공익활동을 할 것, 4. 일정 한도의 부양의무를 이행할 것. 검사는 지시이행을 위하여 제1항 1호 내지 3호의 경우에는 3월 내지 6월, 4호의 경우에는 1년 이하의 기간을 부여한다. 검사는 지시를 추후에 취소할 수 있으며, 1회에 한하여 3개월의 범위 내에서 기간을 연장할 수 있다. 피의자의 동의가 있는 때에는 추후에 지시이행을 추가할 수 있으며 또 변경할 수 있다. 피의자가 지시를 이행한 때에는 더 이상 소추할 수 없다. 피의자가 지시를 이행하지 아니하는 경우에는 그 이행을 위하여 제공한 급부는 반환하지 아니한다.

87) 헌법재판소는 검사의 불기소처분을 헌법소원의 대상으로 인정하면서 "국가는 이미 범죄가 발생한 경우에 범인을 수시하여 형벌권을 행사함으로써 범죄로부터 국민을 보호하여야 할 것이고 형벌권을 행사하지 아니하는 경우에는 최소한 형벌권을 행사하지 아니하는 것이 보다 더 나은 결과를 초래할 수 있다고 기대되는 경우에 한정되어야 할 것이다"(헌법재판소 1989. 4. 17., 선고 88헌마3 결정)고 판시하여 기소편의주의의 정당화근거인 비례성원칙이 동시에 기소편의주의의 제한근거일 수 있음을 천명하고 있다. 이러한 헌법재판소의 논지에 따라 기소법정주의를 예외적으로 수용하자는 견해로는 이석연, 「법률신문」, 1994. 3. 3., 14면 참조.

치적 독직사건들에 대해서는 수사의 적시성과 기민성이 그 생명이라 할 수 있는데, 기소편의주의하에서는 기소여부에 대한 정치적 눈치를 살피느라 수사의 적시성과 기민성을 놓치게 되어 수사에 치명적인 장애가 발생하는 사례들을 우리는 많이 체험하였다.[88]

뿐만 아니라 법의 목적을 실현함에 있어서 실체법과 절차법의 共同步調의 필요성이라는 측면에서도 예외적 기소법정주의의 인정은 필요하다 일반예방의 필요성이 특히 큰 범죄유형에 대해서 우리나라는 특별법을 통한 重刑化의 방법을 선호한다. 이는 일반예방을 위한 실체법적 대응이다. 그런데 '사형집행현장에서의 절도사건'이 암시하는 바와 같이 실체법에 의한 重刑化의 方法에 기대할 수 있는 일반예방효과는 한계가 있다. 절차법적인 공동보조가 요청되는 것이다. 그것은 바로 형법적용의 엄정성이고 이를 위해서는 기소법정주의가 강점을 갖는다 할 것이다.

그러면 어떠한 범죄를 예외적으로 기소법정주의의 대상으로 할 것인가? 두 가지 기준을 생각할 수 있다. 하나는 일정 수준 이상의 *法定刑*을 기준으로 하는 것이고, 또 하나는 범죄의 성질을 기준으로 하는 것이다.[89] 그런데 후자의 방법이 좋을 것으로 생각한다. 그 이유는 첫째, 후자의 방법이 예외성과 특수성을 더 잘 살릴 수 있고, 둘째, 우리 형법상 범죄의 질과 법정형의 정도가 적정하게 상응하지 못하는 경우가 있다는 점, 셋째, 법정형이 전반적으로 인플레되어 있다는 점 등이다.

이렇게 볼 때 우리의 현실에서 예외적 기소법정주의의 수용이 절실한 범죄들은 우선 세 가지로 유형화할 수 있다. ① 공소권행사의 독립성이 특히 위험시되는 범죄들, ② 공소권행사의 객관성이 위태로운 범죄들, ③ 일반예방의 필요성이 특히 큰 범죄들이 그것이다. 그리고 ①에 해당하는 대표적인 것으로서는 정치적 부정부패사건, ②에 해당하는 대표적인 것으로는 수사공무원 등의 직권남용죄,

---

88) 따라서 기소법정주의를 예외적으로 수용하는 것이 반드시 검찰의 위상을 위축시키는 것으로만 생각할 필요는 없다. 궁극적으로는 정치권력으로부터 검찰의 독립성을 보장함으로써 그 위상을 강화시킬 수도 있을 것이기 때문이다. 신동운 교수는 검찰권한의 강화가 곧 바로 위상강화로 직결되는 것은 아니고, 오히려 국민의 신뢰붕괴로 실질적인 위상이 하락할 수도 있음을 상기시킨다(신동운, "한국 검찰제도의 현황과 개선책," 「서울대 법학」 29권 2호(1988), 58면).

89) 김용우, "검사의 기소재량과 통제방안(현안분석)," 국회입법조사분석실, 1997. 16면: 이석연, 「법률신문」, 1994. 3. 3, 14면.

③에 해당하는 대표적인 것으로는 성폭력범죄 등을 들 수 있다.

그런데 예외적 기소법정주의의 대상범죄에 대해서도 기소유예를 할 수 있는 여지를 남겨둘 필요가 있다. 그럴 때에 비로소 예외적 기소법정주의는 원칙적 기소편의주의에 대한 대립·갈등의 관계가 아니라, 기능적 제한관계를 유지할 수 있게 될 것이기 때문이다. 다만 이 예외적인 범죄에 관한 限, 기소법정주의에 의하여 검사는 원칙적으로 기소의무를 지고 기소유예는 예외적으로 허용되는 것이므로 예외의 허용요건을 법정화하고, 또 법원의 사전동의하에 기소유예를 하도록 하는 것이 타당할 것이다.[90]

5. 검찰내부의 결재제도의 투명화

검찰내부의 결재제도도 내부적으로는 사건처리의 통일을 기하고 검사의 개인적인 편견이나 과오를 배제시키는 데에 기여할 수 있으므로 활성화시킬 필요가 있다. 기소재량 가이드라인을 설정하여 그것을 검찰내부의 결재기준으로 삼음으로써 결재의 객관성과 투명성을 확보하는 것이 그 하나의 방안이라고 생각한다.

6. 사후적 통제제도의 정비

사후적 통제제도는 검찰항고, 재정신청, 헌법소원이 삼각편대를 이루는 것이 이상적이면서도 동시에 현실적이다. 이들 각각에 대해서는 이미 상세한 검토를 거쳤기 때문에 여기서는 논점만을 정리하여 상기하고자 한다.

첫째, 검찰항고에 대해서는 ① 검찰항고제도의 근거규정을 형소법에 두어야 한다. ② 항고사건의 처리과정을 재조정하여야 한다. 즉 항고사건의 처분은 고등검찰청 검사 또는 불기소처분 검사가 소속하는 검찰청의 검사장이 하고, 재항고 사건은 대검찰청 검사 또는 검찰총장이 하도록 한다.

둘째, 재정신청은 그 대상을 모든 고소·고발사건으로 전면 확대하여야 한다.

셋째, 검찰항고와 재정신청의 관계와 관련해서는 재정신청은 檢察抗告前置主義로 하고, 재정신청의 기간은 항고사건의 종결시부터 계산하도록 한다. ② 절차

---

90) 여기서 법원의 사전동의는 기소의무를 예외적으로 해제시켜 주는 대신에 요구하는 최소한의 전제조건으로 볼 수 있다(Vgl. Friedrich-Christian Schroeder, a.a.O., S.319).

의 중복을 피하고 항고단계에서 검찰의 신중한 검토를 유도하기 위하여, 재정신청의 처리과정에서 검찰에 의한 更正의 절차를 삭제하여야 한다.

넷째, 헌법소원은 최후수단이기 때문에 통제력을 강화시킬 필요가 있다. 경우에 따라서는 소극적 취소명령에 그칠 것이 아니라 적극적 기소명령을 내릴 수 있도록 할 필요가 있다.

7. 공소취소제도의 수정

우리는 제1심 판결선고 전까지는 검사가 자유롭게 공소를 취소할 수 있고 (형소법 제256조 제1항), 검사가 공소를 취소할 경우 법원은 공소기각을 할 수밖에 없도록(형소법 제327조 4호) 하고 있다. 물론 기소편의주의와 공소변경주의가 결합하는 것은 자연스럽다고 본다. 그런데 기소편의주의가 상대화될 수밖에 없었다면 공소변경도 그것에 상응하는 제한을 받는 것이 또한 자연스럽다 할 것이다.

뿐만 아니라 순수한 기소편의주의를 취한다고 하더라도 기소 후의 사건에 대해서까지 당연히 소송물에 대한 검사의 자유로운 처분이 보장되어야 하는 것은 아니다.[91] 즉 공소가 제기되면 사건이 일단 법원의 主宰下로 이행하기 때문에 법원의 일정한 통제를 인정할 수 있는 것이다. 예컨대 프랑스는 기소편의주의를 채택하면서도 공소의 취소는 불허하고, 미국도 연방형사소송규칙 제48조 a에서 일단 기소된 사건에 대해서는 법원의 승인이 있을 때에만 취소할 수 있도록 하고 있는데. 근거 있는 입법태도라고 생각한다. 따라서 우리도 법원의 동의를 전제로 하여 공소취소를 허용하는 것이 바람직하다고 본다.[92]

---

91) 같은 취지: 백형구, 앞의 책, 472면. 반면에 공소취소를 기소편의주의의 논리적 귀결로 보는 견해로는 정영석·이형국, 앞의 책, 233면.
92) 같은 입장: 손동권, 앞의 논문, 77면.

平 석

'검사의 부당한 불기소처분에 대한 법적 통제와 기소편의주의의 미래' 논문에 대한 서평

여 현 수*

I. 서 론

1. 우리사회의 공정과 정의에 대한 논의의 등장

우리 사회에서 미디어가 차지하는 역할은 실로 크다고 할 수 있다. 과거 TV와 라디오, 신문 등은 우리가 사회를 알아가는 나침반 역할을 해주었다. 여러 언론 위원회 등에서 관련 매체를 감시하고 검열하면서 해당 미디어에 노출된 다수의 구성원들은 그 위원회 위원들의 가치관이 자신도 모르게 자신의 것인 것 마냥 삶에 중심이 되는 가치관이 되어 그 시각으로 우리 사회를 바라보며 생활해 나갔다. 이는 상식(common sense)이란 이름으로 우리 사회에 나름의 대중적 질서를 만들었고 많은 사람들이 그 테두리 안에서 생각하고 판단하고 행동했다. 이러한 행동의 시간들이 축적되면서 상식은 대중상식으로 한 단계 진화하였고 많은 갈등이나 사회현상에서 대중상식은 하나의 기준으로 작용하게 되었다.[1]

사람들은 사회의 모습과 어긋나는 행동에 대하여 상식이 없다며 비판하였고 기준이 되는 행동에 어긋나는 모습들은 비판의 대상이 되었다.

이후 인터넷이 보급되면서 사람들의 대중상식은 서서히 허물어지기 시작했다. 사람들은 TV와 신문뿐 아니라 인터넷과 SNS등을 통해 사회변화를 듣고 배우게 되었고 점차 정해진 틀에서 요구되어지는 정보가 아닌 자신이 원하는 정보를 찾아 배우게 되었다. 자신의 개성과 주관이 강해지고 점차 이러한 내면의 변화들이 외적인 변화로까지 표출되어 이전에 상식적이지 않다고 비판받던 것들이 점차 드러나 표현되었고 하나의 상식에 의한 사회통제가 아닌 여러 개성들에 의한 사회 구성이 새로운 화두가 되면서 우리 사회는 좀 더 다양하고 다이내믹해졌다.

이 과정에서 사람들은 기존의 사회규칙이나 질서에 대한 의구심을 나타내며 공정과 정

---

* 부산대학교 법학전문대학원 박사과정 수료.

1) 대중문화에 대한 과거 검열은 표현의 자유를 억압하였고 특정 계층이나 집단에 치우친 의견들이 중시되는 부정적인 측면이 분명히 있었지만 당시 시대분위기를 반영한 대중문화가 형성되는 기능도 했다는 점도 있었다.

의의 가치에 대하여 논하게 되었다.

'정의란 무엇인가', '어떻게 살 것인가' 라는 주제의 하버드 대학 강연들이 국내에서까지 회자되고 많은 이들에게 주목을 받으면서 우리 사회는 정의와 공정에 대하여 진지한 고민과 대화들이 필요했었다.[2] 하지만 지금의 우리사회는 사회의 거의 대부분의 사안에 대하여 상대방과 대화나 토론보다는 법에 의한 해결을 시도하면서 법 중심주의 사회로 나아가고 있다. 과연 그 원인은 무엇이고 우리는 지난 시간동안 과연 무엇을 놓쳤던 것일까.

2. 시대의 변화(객관식 세대)

우리는 초, 중, 고등학교 시절 객관식 문제를 통해 우리의 학습 능력을 평가했다. 객관식 문제는 답이 정해져 있기 때문에 토론이나 논의가 필요 없다. 그저 문제에 대한 답을 혼자 외워 시험에서 답을 골라내면 되는 것이다. 이러한 방식의 평가들은 객관적으로 보였으며 특히 점수를 통해 1등부터 마지막 등수까지 서열 세우기에 아주 적당했다.[3] 그 때문인지 우리는 어떤 문제를 해결함에 있어 토론하는 것이 익숙하지 않다. 특히 여러 중요 사안들에 대하여 이전부터 토론하고 논의하는 과정들이 낯설게 느껴졌다.

늘 혼자 공부하고 혼자 문제를 풀어온 객관식 세대에게 토론과 논의를 통해 문제를 해결하라고 하는 것 자체가 무리한 요구이다. 사실 지금 우리 초등학생들은 객관식 문제 대신 토론이나 서로 대화를 통해 논의해야 하는 문제들이 교육에서 다루어지고 있다. 물론 중, 고등학교 교육은 아직 대학의 서열화에 따라 아이들은 1등부터 줄세워야 하기에 다시 객관식 교육으로 회귀하지만 이러한 교육제도 역시 점차 바뀌게 될 것이다.

3. 시대의 변화(주관식 세대)

앞서 이야기한 것처럼 지금 초등학교는 이미 성적표에 등수가 없고 그 학생의 활동이나 관심분야에 대한 이야기 즉 학생의 가능성에 대한 이야기가 들어 있다. 이것은 변화의 시작이다. 아직 수능이라는 제도가 남아 있어 중, 고등 교육은 여전히 객관식으로 아이들을 줄 세우기 하지만 결국 지금의 우리나라 출산율[4]에 비추어 볼 때 학령인구 감소로 인해 수요와 공급의 원리에 따라 대학의 구조조정은 시작될 것이고 결국 지역 거점 대학이

---

2) 그즘하여 당시 정부(문재인 정부)에서는 여러 사회적으로 관심이 높은 사안에 대하여 학계와 정부 및 시민단체와 시민대표 등이 모두 모여 관련기구를 만들어 서로 논의하고 토론하는 방식으로 여러 사안들에 대하여 해결하려 했고 우리사회는 이러한 논의기구를 통해 사회의 정의와 공정에 대한 논의들을 시작하였다.

3) 산업발전과정에서 우리 사회는 농업사회 브나로드 운동(러시아어로 '민중속으로'란 뜻으로 민중계몽운동)을 통해 발전을 시작하였고 이 시기는 일부 소위 엘리트라 불리는 지식인들이 대중을 이끌어 가는 시대였기 때문에 1등이란 등수는 소수 엘리트를 발굴해 내기 위한 매우 중요한 수단이었다.

4) 한국경제신문(2023. 10. 10.) "노벨경제학상 수상자 클로디어 골딘 하버드대 교수 한국의 출산율은 0.86명에 불과", https://www.hankyung.com/article/202310105560i.

나 프랑스의 1대학 2대학 같은 대학 평준화가 진행되어 대학 서열 붕괴가 올 수도 있는 상황에서 향후 우리 중, 고등교육 역시 아이들을 줄 세우기 위한 객관식 교육 대신 토론과 논의로 이루어진 주관식 교육이 더욱 확산될 것으로 예측된다. 산업화 이후 지식정보화 사회는 이미 소수의 엘리트들이 이끌어 가는 산업구조가 아니라 플랫폼에서 여러 산업들이 더해지면서 새로운 사업들이 만들어 지는 4차산업 시대이기 때문에 산업간 논의나 토론이 중요한 사업발생의 역할을 하게 될 것이며 이러한 미래 산업시대에 주관식 세대는 그 주인공이 될 것이다.

4. 변화하는 시대 법 만능 사상의 대두

그렇다면 지금 우리의 법과 제도는 어떻게 변화해야 하느냐가 중요한 과제인데 앞에서도 언급한 것처럼 지금의 세대들은 정의와 공정을 중요한 가치로 인식하고 있다. 과거 상식이란 것은 사회 관습으로서 생활규범으로서의 역할을 담당하였고 사람들의 갈등에 있어서도 상식이라는 경계선을 기준으로 갈등들이 해소되었지만, 앞에서 이야기한 것처럼 여러 미디어나 개인의 가치관과 개성의 중시 등의 변화로 지금 시대에서는 대중의 상식이라는 것이 사라지고 있는 상황에서 그것을 대체할 수 있는 공동의 기준이 필요한데 가장 좋은 공동의 기준은 갈등 당사자들이 서로 대화나 논의를 통해 관습을 하나씩 쌓아 올려 사회문화라는 새로운 사회 기준을 만들어 나가는 것이다. 하지만 현재 주된 경제활동을 하는 객관식 세대들의 경우 대화와 토론이 익숙하지 않다보니 우선 공정하다고 판단되어지는 법에 의한 판단을 받으려는 경향이 있고 이러한 사회분위기와 함께 일부 극단적으로 행동을 하는 사람들[5]로 인해 사람들의 법에 대한 의존도는 더욱 깊어져 가고 있는 상황이다. 법이 모든 사회현상을 명시하여 규정하지 못함에도 불구하고 지금 당장 우리 사회가 논의나 대화를 통해 만들어 놓은 상식의 틀이 없기 때문에 결국 법 만능사회로 흘러가고 있는 것이다.

5. 법 만능 사상로 인한 우리 사회의 모습

이러한 법 만능 사상은 사법권에 지나치게 의지하게 되는 모습을 만들어 내고 이는 결국 사법권이 필요 이상으로 중요시되는 사법사회로의 모습을 나타나게 된다. 흔히 많은 사람들이 우리나라는 경제가 가장 먼저 발전하고 그다음이 사회문화고 정치는 발전하지 않는다고 이야기하는데 틀린 말은 아닌 것 같다. 국회의원들과 같은 정치인들은 입법 활동을 하는 사람으로 과거 법조인들로 많이 구성되어 있었다. 하지만 사회가 발전하면서 법조인 대신 정말 그 분야에 종사하거나 그 입장이 되어 있는 사람들이 정치활동을 하고

---

5) 고소를 하나의 놀이처럼 쉽게 이야기 하는 사람들이나 철저히 편파적인 자신의 주장만을 일방적으로 이야기하는 사람들 그리고 이를 유투브 등을 통해 방송하며 사람들이 가지고 있던 사회의 기본적인 상식들을 붕괴시키는 행동을 하는 사람들을 의미한다.

있고 유럽국가에서는 기존의 기득권 정당이 아닌 새로운 정당이나 젊고 다양한 이력의 정치인들이 부상하고 있는 상황이다. 하지만 우리나라는 여전히 과거의 법조인들이 지금의 사법사회의 흐름을 타고 정치활동의 주된 역할을 하고 있다. 이러한 모습을 보면서 우리 정치가 성장했다고 이야기할 수 없는 것이다. 이는 비단 국회의원 선거의 문제만이 아니다. 대통령선거에서부터 정부의 구성에 이르기까지 법조인들의 참여가 매우 높은 상황으로 사법사회는 다른말로 법조인들의 사회라 칭할 수 있을 것이다.[6]

사법사회가 오래 지속되고 심화되면 권력이 특정 집단에 집중되어지고 이에 따라 특정한 계층이 해당권력을 이용하여 자신들에게 유리한 사회를 조성할 것인데, 이러한 사회에서 과연 공정한 법의 집행이 계속 될 수 있을까 라는 걱정이 드는 것이 지금의 현실이다.

6. 논문의 주된 내용과 서평의 주요 전개방식

이러한 상황에서 27년 전 작성된 존경하는 문채규 교수님의 논문은 여전히 지금의 상황을 예측이라도 한 것처럼 형사사법에 대한 중요한 논의들로 가득하다. 검사의 부당한 불기소처분에 대한 법적 통제와 기소편의주의의 미래라는 논문제목에서 드러나 있는 것처럼 법 판단의 시작이 되는 기소가 과연 공정하고 정의롭게 이루어지고 있는지 미흡한 부분이 있다면 어떤 것들이 바뀌어야 하는지에 대한 논의이다. 해당논문에서 관련 내용에 대한 풍부한 법률적 견해들이 소개되었기에 필자는 앞서 서론에서 논의한 것처럼 사회문화적인 관점에서 해당 논문을 소개할 예정이다. 사회 문화란 것이 역사의 흐름과 함께하는 것이다 보니 그 글을 서술함에 있어 서론이 길어졌음에 양해를 구하며 지금부터는 논문의 주요 내용에 대하여 수정 및 요약 정리하는 형식으로 글을 전개해 보려 한다.

※ 이하 본문의 내용은(Ⅱ. 부당한 불기소 처분에 대한 법적 통제~Ⅳ. 기소제도의 재정비 모델 및 Ⅴ. 논문의 추가적 논의 부분)은 '검사의 부당한 불기소처분에 대한 법적 통제와 기소편의주의의 미래'의 논문 내용을 요약 정리한 것입니다.

Ⅱ. 부당한 불기소 처분에 대한 법적통제

1. 공소에 관한 두 원칙

기소법정주의[7]와 기소편의주의[8] 공소의 두 가지 원칙이다. 독일의 경우 기소법정주의

---

6) 법무부장관부터 금융감독원장에 이르기까지 법조인들이 그 수장을 맡고 있는 상황이다.
7) 범죄에 대한 혐의가 충분하고 소송조건이 갖추어져 있으면 공소권자인 검사가 공소제기의 의무를 지고 반드시 공소를 제기하도록 하는 기소원칙.
8) 수사결과 범죄의 객관적 혐의가 충분히 인정되고 소송조건도 구비되어 법원에 의한 유죄판결의 가능성이 높은 경우에도, 형사정책적 고려에 의하여 공소를 제기하고 않고 기소유예로써 수사절차를 종결 할 수 있는 재량을 검사에게 허용하는 제도.

를 채택하고 있고 우리나라, 미국, 프랑스, 일본, 네덜란드 등의 나라에서는 기소편의주의를 채택하고 있다. 두 공소원칙은 공소권 행사의 합법성과 합목적성, 즉 적정성을 최대한으로 실현한다는 점에서 그 이념과 목적이 동일하다. 우선 기소법정주의를 취하고 있는 독일의 경우 기소법정주의에 대한 예외와 제한이 점차 확대됨으로써 기소법정주의의 위기론까지 대두될 정도로 기소법정주의는 상대화되어 있다. 반면 기소편의주의는 원래 형사정책적인 장점을 그 정당화 근거의 출발점으로 하고 있다. 즉 형법을 통한 통제의 필요성이 상대적으로 약한 범죄에 대해서는 조기에 절차를 끝낼 수 있게 함으로써, 상대적으로 통제필요성이 큰 범죄에 대하여 형사소추의 효율성을 높일 수 있다는 점을 그 본질적인 근거로 한다. 이러한 기소편의주의가 오늘날 위기를 맞고 있다. 그 원인은 정당화 근거의 이탈에 있다. 부당한 불기소의 남용으로 형법의 최후수단성이 갖는 적극적 측면을[9] 훼손한다든지, 공소재량권의 행사가 형평성을 상실하여 비례성원칙과 구체적 정의이념을 위반함으로서 기소편의주의의 정당화 근거를 이탈하고 있는 것이다.

2. 기소재량에서 재량성 통제를 통한 기소편의주의의 상대화의 실현

기소독점주의, 기소편의주의, 검사동일체의원칙이 결합되면 이미 구조적으로 기소재량의 일탈가능성은 필연적이라 할 수 있다. 그러므로 기소편의주의를 채택할 때에는 기소재량에 대한 통제도 부가결하다 할 것이다. 따라서 세계각국의 입법례를 보면 기소재량을 통제함으로써 상대화시키는 방법을 마련하고 있다.

이러한 방법으로는 기소유예요건의 구체적 법정화, 법원의 사전동의, 기소재량 가이드라인의 채택, 검찰 내부의 결제제도, 법무부 장관의 지휘와 감독권의 제한, 미국의 특별검사제도 등과 같은 사전적 통제방법이 있고, 검찰항고 프랑스 또는 영국의 사인소추제도, 미국의 대배심제도 및 직무집행영장제도, 재정신청, 일본의 검찰심사회제도, 기소강제절차, 헌법소원 등의 사후적인 통제방법들이 사용되거나 논의되고 있다. 이를 바탕으로 우리나라의 통제방법에 대하여 살펴보고자 한다.

(1) 법규정을 통한 직접적 통제

처벌의 필요성 여부가 분명하지 않은 한계영역의 사례들까지 모두 형법의 구성요건으로 정형화한다는 것은 현실적으로 불가능하므로 앞에서 언급한 바와 같이, 미묘한 한계사례들에 대해서는 탄력성 있는 소송법에 넘겨 줄 수도 있다. 이는 바로 소추기관에게 소추재량을 인정하여 소추단계에서 처벌필요성 여부를 결정하게 하는 방법이다. 따라서 입법자는 미리 소추재량의 내용, 목적 및 그 정도 등을 규정해 줌으로서 소추여부의 판단척도를 입법적으로 제시해 주어야 한다. 따라서 기소편의주의를 원칙으로 하는 법제에서도 소

---

9) 형법의 투입 없이도 법질서의 확보가 가능할 때에는 형사제재가 자제되어야 한다는 점이 최후수단성의 소극적 측면이라면, 형법의 투입 없이는 법질서의 확보가 어려울 때에는 형사제재가 반드시 이루어져야 한다는 점은 최후수단성의 적극적 측면이라고 할 수 있다.

추여부의 판단척도를 가능한 구체적이고 실질적으로 법정하는 것이 필요하다 할 것이다.

(2) 소추기관의 내적 통제

소추기관의 내적통제제도로서는 불기소처분에 대한 검찰항고제도가 가장 대표적이다. 검찰항고제도는 검사동일체원칙에 의해 검찰 전체를 하나의 권력기관으로 볼 때, 검찰항고는 결국 기관 내부의 자율적 통제의 차원일 수밖에 없기 때문에 그 내재적 한계가 있다는 지적을 받는다. 따라서 검찰항고의 통제기능이 현실적으로 작동되도록 하기 위해서는 '자율'에다가 외부적으로 자극을 가할 수 있는 시스템이 필요하다는 것을 알 수 있다. 예컨대 독일의 기소강제절차나 우리의 재정신청제도는 이러한 측면에서 제도적 의의가 크다고 할 수 있다.[10]

(3) 법원에 의한 통제

독일은 예외적으로 기소유예처분이 가능한 사례에 대해서 기소유예처분에 앞서 법원의 동의를 얻도록 하는 경우가 있다. 기소유예요건의 충족여부를 법원으로 하여금 사전에 검토할 수 있는 기회를 갖도록 함으로써, 검사의 기소재량을 통제하려는 것이다.

Ⅲ. 우리나라의 기소편의주의

1. 개 관

형소법은 "공소는 검사가 제기하여 수행한다."(제246조)고 규정하고, 즉결심판에 관한 절차법 제3조 제1항은 "즉결심판은 관할경찰서장 또는 관할 해양경찰서장이 관할법원에 이를 청구한다"고 규정함으로써 엄격한 국가소추주의를 채택하고 있다. 뿐만 아니라 즉결심판청구사건을 제외한 모든 형사사건은 검사만 기소할 수 있도록 함으로써 기소독점주의를 취하고 있다. 이러한 상황에서 기소독점주의가 관료주의화한다든지 검찰의 정치적 중립성이 확보되지 않는 상황하에서는 그 폐단이 심각할 수 있다는 지적도 있다. 그러한 폐단을 최소화시키기 위하여 적절한 견제장치를 마련하는 방향으로 노력함이 필요하다.

우리 형소법은 제247조 제1항에서 "검사는 형법 제51조의 사항을 참작하여 공소를 제기하지 아니할 수 있다"고 규정함으로써, 기소편의주의를 채택하고 있다.

2. 기소편의주의에 대한 통제제도

기소편의주의에 대하여 기능할 수 있는 현행법상의 통제제도는 내적통제제도와 외적통제제도를 나누어 고찰할 수 있다.

---

10) 즉 부당한 불기소처분에 대해서 검찰항고가 통제기능을 수행하지 못할 때에는 다시 기소강제절차 등을 통하여 통제되게 함으로써, 검찰항고제도의 통제기능이 미리 작동되도록 간접적으로 압박을 가할 수 있다는 것이다.

(1) 내적통제제도

'법무부장관의 지휘·감독권 제한' 규정은 사실 검찰총장의 정치적 중립성, 법무부장관과 검찰총장의 관계 등 현실적인 요인들을 감안할 때 통제기능의 실효성은 의심스럽다.

'검찰내부의 결재' 규정은 내부적으로는 사건처리의 통일성을 기하고 검사의 개인적 편견이나 과오를 배제시키는 데에 기여할 수 있으므로 부당불기소처분에 대한 통제기능을 가진다 할 것이다.

'고소인·고발인에 대한 불기소처분의 통지 및 이유고지' 이 규정은 불기소처분의 결정을 내리려고 하는 검사에게 심리적 제약을 가하여 검사로 하여금 신중한 결정을 하도록 유도하고, 그럼으로써 부당한 불기소처분을 통제하려는 취지를 담고 있다. 그러나 이러한 통제는 어디까지나 심리적·간접적 통제라는 한계가 있다.

'검찰항고' 현행검찰항고제도는 검찰청법에 규정되어 있는데 부당한 불기소처분을 시정함을 목적으로 하는 검찰항고는 형사절차의 기본법인 형사소송법에서 규정함이 마땅하다. 또한 항고사건 처분권자가 동급의 검사에 의해 이루어지게 되어 있는데 이 경우 자율적 통제가 이루어질 수 있는지 의아하다. 자율적 통제는 내부결제제도에 의하여 달성될 수 있기에 항고사건 처분권자를 상향조정하여 항고사건의 처분은 고등검찰청 검사 또는 소속 검찰청의 장이 하도록 하고, 재항고의 처분은 대검찰청 검사 또는 소속 검찰총장이 하도록 하여야 할 것이다. 그리고 항고기간을 조정하여 재정신청과 검찰항고 양제도를 모두 활용할 수 있도록 함이 타당하다. 즉 검찰항고에 소요된 기간은 재정신청기간에서 배제시키거나, 재정신청기간을 항고절차 종결시부터 계산하는 방법 등이 강구 될 수 있다.

(2) 외적통제제도

'재정신청'[11] 재정신청제도는 형소법 제정시부터 채택되어 그 대상범죄에 아무런 제한 없이 모든 고소·고발사건에 대하여 허용이 되다가 유신헌법하인 1973년 제3차 형소법 개정때 수사공무원 등의 직권남용죄에 대해서만 재정신청이 가능하도록 축소되었다. 이러한 재정신청의 대상은 모든 고소·고발사건으로 확대되어야 한다.[12] 그 이유로 기소편의주의하에서 불기소처분의 요건들이 정확하게 정형화되어 있지 못하고 재량의 영역이 광범위하다는 점을 감안할 때 독립된 법원으로 하여금 검찰을 통제하게 하는 것은 힘의 균형을 통하여 국가권력의 적정화를 보장한다는 차원에서 반드시 필요한 것으로 보인다. 더 나아가 검찰 내부의 통제체계의 기능활성화를 위해서도 재정신청을 전면 확대하여야 한

---

11) 형소법상의 공무원의 직권남용죄에 대한 검사의 불기소처분에 불복하는 고소인 또는 고발인이 당해 처분의 불법·부당 여부의 판단을 구하는 신청을 법원에 하고, 법원이 심판에 부하는 결정을 하게 되면 공소제기가 있는 것으로 간주하는 제도.

12) 재정신청의 대상범죄로는 고발사건의 경우 형법 제123조부터 제126조의 범죄에 국한되나, 고소사건의 경우에는 2007년에 형사소송법이 개정됨에 따라 모든 고소범죄로 확대되어 운영되고 있다.

다. 불기소처분에 대한 헌법소원심판이 행해지자 검찰에서도 불기소처분이 더 신중해 지고, 항고와 재항고의 심사가 더 신중해지게 된 것을 헌법소원심판제도의 효과로서 평가하기도 한다. 이것은 외적 통제시스템의 구축이 간접적으로 내적 통제시스템의 기능활성화를 가져올 수 있다는 증거이다. 재정신청제도가 헌법소원심판보다 그 통제력이 더욱 직접적이라고 보기 때문에 재정신청제도를 전면 확대할 경우, 내적 통제시스템의 기능활성화에 관하여 더 큰 효과를 기대할 수 있을 것이다.

'헌법소원' 제도가 재정신청제도의 기능을 대신하는 장치로서 검사의 불기소처분을 통제하는 제도로서 활발하게 이용되고 있는 상황에서 헌법소원이 부당한 불기소처분에 대한 통제제도로서의 현실적인 유용성을 가진다는 점에서는 의심의 여지가 없다. 하지만 통제제도의 체계정합성의 측면에서 바람직하지 못하다는 지적과, 헌법재판이 갖는 사실규명의 한계성으로 인한 통제기능의 장애가 있을 수밖에 없다는 지적을 피하기 어렵다.

Ⅳ. 기소제도의 재정비 모델

1. 기소편의주의원칙의 유지

기소편의주의의 폐해가 만연되어 있는 우리의 사법현실에 대한 심각한 우려와 함께 기소법정주의의 원칙으로의 전환을 주장하는 견해가 있으나 사실 원칙을 바꾼다고 하는 것은 형식적인 틀을 바꾸는 것에 불과하고, 형식적인 틀을 반전시키고자 시도할 때에 법전통의 단절과 그것에 기인하는 법의식상의 혼란 등 여러 부작용들이 예상되므로 기소편의주의원칙이라는 형식적인 틀은 그대로 유지하면서 적정한 제한과 통제제도를 통하여 적정기소원칙의 내용으로 채우는 방향이 현실적인 대안이라고 생각된다.

2. 기소유예기준의 이원화

현행법으로는 형법 제51조 양형의 조건이 기소유예의 유일한 기준이다. 양형의 조건에는 형사정책적인 관점이 반영되어 있고, 기소유예가 형사정책적 제도이기 때문에 양형의 조건을 기소유예의 기준으로 해 놓은 것으로 본다. 그런데 양형의 조건은 어디까지나 양형을 위한 실체법적 기준일 뿐이고, 형사절차에서 형사정책적 고려를 하기 위한 직접적인 절차법적 기준은 아니다. 따라서 기소유예에는 형사정책적 관점을 함축하는 직접적인 절차법적 기준이 필요하다. 예컨대 독일 형소법 제153조에서 기소편의주의적 절차주의의 요건으로 되어 있는 '소추이익의 부존재' 등은 그 좋은 예라고 할 수 있다. 우리도 다소 포괄적이기는 하지만 이러한 절차법적 요건을 법정화하는 것이 필요하다고 본다.

3. 조건부 기소유예제도의 도입

범죄혐의가 상당하고 소송조건이 갖추어진 구체적인 사례 중에서는 당연히 기소를 함이 마땅한 경우가 있는가 하면, 기소유예를 함이 타당한 경우가 있기도 하다. 그런데 그 중간 영역에 속하는 경우도 있을 수 있다. 공소권 행사의 무원칙성이라는 국민적 불신의 소지는 이 중간 영역에 속하는 사례들의 경우에서 많이 생겨날 것이다. 이 부분에 대한 기소 내지 기소유예는 검사 개인에 따른 편차가 클 것이기 때문이다. 따라서 이 부분을 기소와 기소유예의 중간영역에 속한다고 볼 수 있는 조건부 기소유예로써 흡수하는 방안이 필요하다고 생각한다. 미국의 재판전 다이버전, 독일의 지시이행조건부 절차중지 등이 비교법적인 예라고 할 수 있다. 우리나라도 소년범에 대해서는 선도조건부 기소유예를 인정하고 있다.

부과되는 조건의 내용은 원상회복의 성질일 수도 있고, 수강명령이나 봉사명령 등과 같은 재사회화 프로그램일 수도 있으며 공익성급부일 수도 있을 것이다. 다만 조건부기소유예는 재판에 의하지 않는 일종의 형사적 불이익이 수반되는 처분이기 때문에 반드시 법원과 피의자의 동의를 얻도록 하여야 할 것이다.

4. 예외적 기소법정주의의 수용

검찰권행사의 독립성과 객관성의 상실로 국민적 신뢰가 추락할 대로 추락되어 있는 우리의 검찰풍토를 고려할 때, 특별히 정치권력의 부당한 간섭이 쉽게 이루어질 수 있는 범죄나 특별히 객관성을 상실하기 쉬운 범죄 등에 대해서는 예외적으로 기소법정주의를 인정함으로써, 공소권행사의 독립성과 객관성을 확립할 필요성이 크다 할 것이다. 특히 정치적 영향력에 좌우되기 쉬운 정치적 독직사건들에 대해서는 수사의 적시성과 기민성이 그 생명이라 할 수 있는데, 기소편의주의하에서는 기소여부에 대한 정치적 눈치를 살피느라 수사의 적시성과 기민성을 놓치게 되어 수사에 치명적 장애가 발생하는 사례들을 우리는 많이 체험하였다.

5. 검찰내부의 결제제도의 투명화

검찰내부의 결제제도도 내부적으로는 사건처리의 통일성을 기하고 검사의 개인적인 편견이나 과오를 배제시키는데 기여할 수 있으므로 활성화시킬 필요가 있다. 기소재량 가이드라인을 설정하여 그것을 검찰내부의 결제기준으로 삼음으로써 결재의 객관성과 투명성을 확보하는 것이 그 하나의 방안이라 생각한다.

6. 사후적 통제제도의 정비

사후적 통제제도는 검찰항고, 재정신청, 헌법소원이 삼각편대를 이루는 것이 이상적이면서도 동시에 현실적이다.

검찰항고에 대해서는 검찰항고제도의 근거규정을 형소법에 두어야 한다. 그리고 항고사건 처리과정을 재조정[13]하여야 한다.

재정신청은 그 대상을 모든 고소·고발사건으로 전면 확대하여야 하고 검찰항고와의 관계에 있어서 재정신청의 기간은 항고사건이 종결한 때부터 계산하도록 한다.

헌법소원은 최후의 수단이기 때문에 통제력을 강화시킬 필요가 있다. 경우에 따라서는 소극적 취소명령에 그칠 것이 아니라 적극적 기소명령을 내릴 수 있도록 할 필요가 있다.

7. 공소취소제도의 수정

우리는 제1심 판결선고 전까지 검사가 자유롭게 공소를 취소할 수 있고 검사가 공소를 취소할 경우 법원은 공소기각을 할 수밖에 없도록 하고 있다. 물론 기소편의주의와 공소변경주의가 결합하는 것은 자연스럽다고 본다. 그런데 기소편의주의가 상대화될 수밖에 없다면 공소변경도 그것에 상응하는 제한을 받는 것이 또한 자연스럽다 할 것이다. 따라서 우리도 법원의 동의를 전제로 하여 공소취소를 허용하는 것이 바람직하다고 본다.

V. 추가적 논의

1. 우리나라의 기소제도

우리의 기소제도는 구조적으로 완전한 기소편의주의에 입각하고 있다. 기소유예처분에 앞서 검사의 공소권을 통제할 만한 아무런 검찰외적 장치도 없다. 구속력 있는 객관적 기준, 법원의 사전동의, 기소편의주의의 적용이 배제되는 예외의 수용등 내제적 또는 사전적 통제기능을 수행하는 아무런 장치[14]도 없다. 게다가 거의 완전한 형태의 기소독점주의까지 결합되어 있을 뿐만 아니라 견고한 검사동일체의 구축은 타의 추종을 불허할 정도이다. 그리고 공소취소도 완전히 자유롭다. 실로 공소에 관한 한 검찰권의 왕국이다. 권력의 절대화는 남용과 오용의 근원이다. 또한 사후적 통제계계 또한 허술하고 비체계적이라는 사실을 확인[15]하였다. 기소재량에 대한 통제체계는 기소편의주의의 성패뿐만 아니라 기소

---

13) 항고사건의 처분은 고등검찰청 감사 또는 불기소처분 검사가 소속하는 검찰청의 검사장이 하고, 재항고사건은 대검찰청 검사 또는 검찰총장이 하도록 한다.

14) 일반조항의 성격을 벗어날 수 없는 양형의 조건만이 기소유예의 법정기준일 뿐이다.

15) 미국은 직무집행영장제도, 대배심제도 등을 통하여 공소권행사에 대한 법원에 의한 사후통제와 국민에 의한 사후통제로 통제체계를 입체화하였고 프랑스는 제한 없이 인정되는 사인소추

편의주의의 정당화에 직결된다는 점에서 기소편의주의의 유지를 전제로 하는 한 그 사전적·사후적 제한 및 통제체계의 재정비는 불가피한 과제라 할 것이다.

2. 조건부 기소유예제도 도입 현황

앞서 논문에서 주장된 조건부 기소유예제도의 도입 부분[16]의 경우 최근 그 논의가 활발히 이루어지고 있어 간략하게 소개하고자 한다.

조건부 기소유예의 경우 형사소송법에 직접적 명문규정이 없음에도[17] 개별 법률(2007년 8월 3일(전문개정 2011. 4. 12.) 「가정폭력범죄의 처벌 등에 관한 특례법」 제9조의2,[18] 2007년 12월 21일 「소년법」 제49조의 3,[19] 2014년 9월 29일 「아동학대범죄의 처벌 등에 관한 특례법」 제26조[20] 등)을 통해 일부 영역에서 조건부 기소유예제도가 시행되고 있고 최근에는 2023년 6월 19일 마약사범을 대상으로 '사법－치료－재활'을 연계하는 조건부 기소유예제도를 시범적으로 운영하기로 하였다. 이는 마약류 사범에 대한 치료 및 재범예방 교육과 함께 보호관찰관의 약물 모니터링과 상담 등을 통해 6개월간 선도하는 보호관찰소 선도 조건부 기소유예제도로 서울 지역을 중심으로 법무부·대검찰청·보건복지부·식약처가 함께 실시하며 사업의 효과성을 검증한 뒤 향후 전국으로 확대·추진할 계획이다.[21] 이렇듯 과거 문채규 교수님의 논문에서 주장된 조건부 기소유예제도의 도입에 대한 많은 논의와 고민들이 있었기에 지금의 조건부 기소유예제도에 대한 논의들이 활발하게 이루어 질 수 있어다는 생각이다.

를 통하여 기소편의주의를 국민이 직접 통제할 수 있도록 하고 있다. 일본도 검찰관적격심사회 제도를 통하여 검찰권행사의 적정화를 위한 제도적 토대를 마련하면서 검찰심사회제도에 의해 공소권행사에 국민적 통제가 가능하도록 하고 있다.

16) 검사의 부당한 불기소처분에 대한 법적통제와 기소편의주의의 미래 논문 중 89p 부분
17) 조건부 기소유예제도의 법적 근거에 관하여 형사소송법 제247조(기소편의주의)를 법적근거로 인정할 수 있다는 주장과 해당 조항은 말 그대로 기소유예만을 명시하는 규정이기에 조건부 기소유예제도의 새로운 법적 근거가 필요하다는 주장이 있다.
18) 제9조의2(상담조건부 기소유예) 검사는 가정폭력사건을 수사한 결과 가정폭력행위자의 성행교정을 위하여 필요하다고 인정하는 경우에는 상담조건부 기소유예를 할 수 있다.
19) 제49조의3(조건부 기소유예) 검사는 피의자에 대하여 다음 각 호에 해당하는 선도(善導) 등을 받게 하고, 피의사건에 대한 공소를 제기하지 아니할 수 있다. 이 경우 소년과 소년의 친권자·후견인 등 법정대리인의 동의를 받아야 한다. 1. 범죄예방자원봉사위원의 선도 2. 소년의 선도·교육과 관련된 단체·시설에서의 상담·교육·활동 등
20) 제26조(조건부 기소유예) 검사는 아동학대범죄를 수사한 결과 다음 각 호의 사유를 고려하여 필요하다고 인정하는 경우에는 아동학대행위자에 대하여 상담, 치료 또는 교육 받는 것을 조건으로 기소유예를 할 수 있다. 1. 사건의 성질·동기 및 결과 2. 아동학대행위자와 피해아동과의 관계 3. 아동학대행위자의 성행(性行) 및 개선 가능성 4. 원가정보호의 필요성 5. 피해아동 또는 그 법정대리인의 의사
21) 메디포뉴스, 2023.6.19. https://www.medifonews.com/news/article.html?no=179818 기사

V. 요약 및 결론

검사의 기소권한은 실로 막강한 권한이라는 생각이 든다. 특히 최근 사회상황을 보면 더욱 그러하다. 몇 년 전부터 선택적 정의라는 말이 사람들 사이에서 많이 오르내리고 있다. 비슷해 보이는 위법한 행위의 사례에 있어서 수사기관의 선택에 따라 본인과 가족들까지 모두 처벌을 받는 경우가 있는가 하면 마치 해프닝인 것 마냥 없었던 일처럼 그냥 지나쳐지는 경우도 있다.

우리가 '법'이란 사회적 약속이자 규칙을 만들어 놓은 이유는 모든 구성원이 이것을 지켜야 사회가 유지되기 때문이다. 하지만 선택적 정의에 의해 예외적으로 '법'을 지키지 않는 예외적인 존재들이 계속 생겨난다면 결국 우리사회에서 '법'은 신뢰와 존중을 받지 못할 것이고 가장 기본적인 가치관이 부정된 사회는 유지되기 힘들 것이다. 결국 선택적 정의가 광범위하게 퍼지고 있는 지금의 우리 사회는 이미 균열이 시작되었다고 볼 수 있다. 이것을 바로 잡지 않는다면 그 균열을 결국 우리 사회를 분열시켜 새로운 사회가 형성되거나 극한의 대립으로 치닫게 될 것이다.

특정한 세력에 권력이 집중되는 모습이 보이면 다른 국가기관이나 언론, 시민단체 등이 그 견제 세력으로서 해당 세력을 견제하며 온전한 비판을 통해 각자 자정되어 나아가야 하는데, 작금의 상황은 특정한 세력에 권력이 집중되는 상황에서 해당 세력이 가지고 있는 강력한 수사권력으로 인해 견제해야할 기관이나 언론 그리고 시민단체에 이르기 까지 그 목소리를 내지 못하고 해당 수사권에 억눌려 그 기능이 작동하지 못하고 있는 상황이다. 최근에는 심지어 특정세력이 다른 기관이나 언론에까지 인사권을 행사하여 자신과 정치적 성향을 함께하는 사람들을 배치하고 다른 목소리를 내는 사람들은 수사권력을 통해 법의 처분을 받게 하던가 보조금을 줄여 버리는 등의 방식으로 결국 자신의 방향으로 가게끔 모두를 길들이고 있다.

이러한 독점적 권력이 사회에 미치는 영향은 초반에 국민들의 눈과 귀를 속이고 신뢰를 얻기 위해 '정의로운 척' 행동을 할 때 외에는 모두 우리사회에 해가 되는 영향뿐이다. 특정한 세력이 권력을 잡으면 당연히 자신들의 권력을 확장시키고 유지시키기 위한 정책을 낼 것이고, 이것은 결국 우리사회에 균형을 무너트려 지금의 사회가 붕괴되는 시작이 될 것이다. 상호 건전한 비판과 견제가 있어야 올바른 방향으로 나아갈 수 있다는 것을 우리 모두가 명심해야 할 것이다.

형법상 행위개념에 관한 사념

허 일 태*

Ⅰ. 형법상 행위개념의 이해

형법상 행위개념은 존재론적으로만 규명되어야 한다는 전제는 잘못된 것이다.[1] 행위개념 자체가 이미 형법상으로 의미를 지닌 행위이어야 한다면, 형법상 의미 있는 행위는 규범적 차원에서만 제대로 이해될 수 있기 때문이다. 예를 들어 보자. 형법상 폭행의 개념은 타인에 대한 구타나 때리는 등의 태도인데, 우리는 물건을 폭행한다고 하지 않으며, 심지어 동물에 대한 구타나 때리는 행위도 이를 폭행이라고 부르지 않는다. 이런 면에서 폭행이라는 행위는 순수 존재론적 개념일 수 없으며, 일정한 무력의 사용과 함께 인간이라는 피해자를 대상에 한정하여 사용되는 형법적 개념이다. 명예를 훼손하는 행위 역시 타인의 인격을 언어적으로 비방하는 방식이기에, 비방의 언어가 아닌, 일상의 통상적 언어도 존재론적으로 형법상 행위개념에 속한다고 하는 주장은 형법상 행위개념을 희화할 뿐이다. 형법상 행위개념을 무조건 존재론적으로 파악할 수 있다는 사고방식은 잘

---

* 동아대학교 법학전문대학원 명예교수.

1) 존재론적 차원에서 볼 때 '행위'가 존재하여야 그것을 기초로 구성요건해당성, 위법성 책임 등의 형법적 평가를 할 수 있기에 형법상 행위개념은 존재론적으로 인정될 수 있으며, 이런 관점에서 전 구성요건적 행위개념을 인정해야 한다는 대표적 견해로는 김성돈, 형법총론(제2판), SKKUP, 134~135쪽 참조.

못된 것이다. 더구나 인격을 갖지 않은 동물에 대한 언어에 의한 비방적 행위도 형법상 행위개념에 속한다고 할 수 없다.

이처럼 인격을 갖춘 타인에 대한 무력의 행사나 비방적 언어의 사용은 사회적으로 금지되는 행위라는 점에서 폭행이나 명예를 훼손하는 언어는 규범적 성질을 배제하고 순수하게 존재론적으로 설명할 수 없다. 더구나 이런 행위는 부진정부작위범의 부작위 방식으로 실현될 수 있다는 것은 모든 형법학자가 인정한다. 부작위의 개념은 규범적 차원이지, 존재론적으로 아무런 흔적이 없지 않은가? 따라서 형법상 행위개념은 규범적 관점을 벗어날 수 없다.

그럼에도 형법상 행위개념은 전 구성요건적 차원에서 순수하게 존재론적으로 규명할 수 있다는 학설이 다수설이다. 이런 주장은 작위뿐만 아니라 부작위도 행위의 실체가 구체적으로 존재한다는 것인데, 이는 진실이 아니지 않는가? 학문은 솔직해야 한다. 어떤 주장이 앞뒤가 모순일 때 그런 주장은 버리는 것이 상책이다.

형법상 행위개념은 범죄를 범할 수 있는 행위자의 행위능력을 전제하고 있다. 왜냐하면 형법상 행위는 행위자의 행위능력을 완전히 배제하고서 생각할 수 없는 개념이기 때문이다. 그러므로 형법상 행위 주체가 인정되기 위해서는 형법상 행위능력을 지녀야 하며, 행위능력자의 형법상 의미를 지닌 행위가 다름이 아닌 형법상 행위이다.

형법상 행위 주체는 정범의 자격을 가진 자다. 정범이란 범죄적 사안을 장악하고 주도적으로 범죄를 실현하거나 할 수 있는 자를 말한다. 그렇다면 형법상 행위가 성립하기 위해서는 (형법상 금지되는) 사안의 내용을 실현하거나 실현할 수 있는 인간의 태도나 행태라고 부를 수 있다.

이런 점들을 종합적으로 검토해 볼 때 형법상 행위개념은 다음과 같이 정의할 수 있다. 즉 "자신의 태도나 행동을 목적적으로 조종할 수 있는 인간이 사회적으로 볼 때, 회피했어야 할 위험을 창출하거나 창출할 수 있는 인격적 태도를 형법상 행위이다." 이를 다른 말로 표현하면 목적적 행위지배를 할 수 있는 행위자가 행위 시에 회피할 수 있었고 그래서 회피했어야 할 위험을 자초하거나 야기케 한 일체의 인격적 활동을 형법상 의미 있는 행위라고 해야 한다. 왜냐하면 성숙한 인간이라면 제한된 범위 내이긴 하지만 사물의 인과 과정을 조종하고 지배하여 작품을 형성하는 탁월한 능력을 지녔을 뿐만 아니라, 그 작품 활동 과정에서

야기된 위험을 예상하고 그것을 회피하는 능력까지도 겸비하고 있기 때문이다.

인간은 이러한 능력을 바탕으로 그의 과학적 지식에 기초하여 자신의 활동을 지배하거나 조절함으로써 우리의 문화 형성에 기여하는 작품 활동을 할 수 있는 유일한 존재이며, 사회적으로 봐서 이득이 되는 작품 활동뿐만 아니라, 악영향을 끼치는 활동도 가능한 이중적 존재이기도 하다. 그렇기에 인간은 우리의 문화를 계승하고 창달하는 데 사회적으로 부정적인 영향을 줄 수 있는 사회침해적 행동을 회피할 수 있는 능력을 품고 있고, 또한 그러한 침해적 행동을 회피해야 할 책무도 지고 있다. 이와 같은 책무에 근거하여 공동생활에 위험이 되는 행동을 피할 수 있었음에도 위험을 창출한 자에 관해서는 사회방위를 위해 불가피한 경우에 국한하여 최후의 수단인 형법적 대응을 하게 된다.

형법은 바로 이러한 인간의 활동 능력과 사회적 책무를 전제로 하여 사회방위를 위해 불가피한 경우에 개입하는 것이다. 즉 우리 형법이 전제하고 있는 인간상은 과학적 지식에 기초하여 일정한 목표를 세워 그 목표를 실행할 수 있을 뿐만 아니라, 그러한 목표의 실행으로 야기되는 부수적인 제반 사정까지 일정한 범위에서 예견하여 그것을 회피할 수 있는 능력자이며, 더 나아가서 자기의 활동 범주에서 빚어진 결과에 대하여 사회적 책무를 부담하는 인격자이다.

그렇기에 형법상의 의미 있는 행위를 할 수 있는 능력자는 인간 모두가 포함되는 것이 아니라 목적적 행위지배가 가능한 인격 있는 행위능력자로 국한해야 한다.[2] 이러한 능력자에는 자기가 목적하는 바를 실현할 수 있을 뿐만 아니라, 그 행위로 부수되는 제 사정을 참작할 수 있는 능력이 있으면 족하고, 그 행위가 사회적으로 어떠한 의미를 갖는지 알 수 있는 능력을 요구하지 않는다. 그런 점에서 자기의 행위가 법적으로 위법한지 여부를 인식할 수 있고, 그에 따라 적법한 행위를 할 수 있는 책임능력과 구별된다.[3] 대법원도 책임능력을 '사물의 시비

---

2) 종래 학자들은 모든 인간은 행위능력이 있는 것으로 간주하여 진통이 개시된 유아 때부터 시작하여 맥박과 호흡 또는 뇌의 기능이 영원히 정지되어 죽을 때까지 형법상 의미 있는 행위를 할 수 있는 존재로 보고 있다. 그러나 그것은 지나치다. 왜냐하면 인간이라고 해서 모두가 범죄라는 작품 활동을 할 수 있는 능력을 지니지 않고, 주체적으로 활동을 할 수 있는 자에 국한해서만 행위능력이 있다고 보아야 한다는 점에서 주체적인 의사형성 능력이나 자신의 행위를 목적적으로 조종할 수 있을 때 비로소 행위능력이 인정될 수 있다. 민법에서도 의사능력이 없는 자는 행위능력이 없는 것으로 보고 있다.
3) 형법 제9조와 제10조가 행위능력이 아닌 책임능력을 규율하고 있다고 해석해야 할 이유는 다

선악을 변별할 능력이나 인식하는 바에 따라 행동할 능력이 없어 그 행위의 위법성을 의식하지 못하고 또는 이에 따라 행위를 할 수 없는 상태'에 있는 것임을 명확히 하고 있다.[4]

그러나 형법상 행위가 성립되기 위해서는 '행위능력' 있는 자의 행위가 필수적으로 요청되지만, 행위능력이 자기의 행위를 목적적으로 지배할 수 있는 능력을 말하는 것이라 해서, 형법상 행위개념이 목적적 행위론처럼 목적적 활동이라고 할 수는 없다. 왜냐하면 형법상 '행위능력'은 자기 자신의 결정 의사에 근거하여 인과적 과정을 지배하거나 조종하는 능력을 말하는 데 반해서, 형법상 '행위'는 그런 능력을 지닌 자가 현실 세계에서 회피했어야 할 위험을 야기하는 인격적 태도를 말하는 것이기 때문이다. 그러므로 반드시 행위능력자의 목적적 조종에 의한 작품 형성행위만이 형법상의 의미 있는 행위로 되는 것이 아니라, 그런 능력자가 무의식적 실수로 위험을 창출하는 경우 때로는 그 위험을 회피해야 할 사회적 책무 때문에 형법상의 행위로 보아야 할 필요가 있다. 이런 이유로 그런 위험을 일반적으로 회피할 수 있었던 행위능력자에는 사회평화를 위해 사회적으로 중요한 이익침해를 방지해야 할 의무가 부여될 수 있으며, 그러한 의무를 지고 있는 자가 법적으로 준수했어야 할 책무를 다하지 않아 보호해야 할 이익을 침해 내지 침해할 수 있는 경우에야 비로소 형법상 개입의 기초가 되는 형법상의 행위가 존재한다고 해야 말할 수 있다. 이런 관점에서 형법상 행위는 결코 형법상 행위주체와 분리될 수 없으며, 상호 밀접하게 연결되어 있음을 본다.

그 결과 형법상 행위론의 실익은 도대체 누가 형법상 행위능력을 가졌느냐에 달려 있다. 필자의 입장에 따른다면 사회적 일탈 사안을 장악할 수 없는 자는 그의 행위가 비록 사회적으로 중요할지라도 형법상 행위자의 행위가 아니다. 절대적 폭력이나 법인의 행위 또한 형법상 행위일 수 없고, 주체적으로 활동할 수 없는 어린아이뿐만 아니라 무의식에 빠져 있는 자도 형법상 행위를 범할 수 없다

음과 같다. 형법 제9조가 14세 미만자에 대해 불가벌로 하는 것은 초등학교 학생일지라도 자신의 행위를 주도적으로 실행할 수 있다. 심지어 범죄구성요건의 객관적 요소를 적지 않게 인식할 수 있다. 이런 점에서 이들에게는 행위능력은 있지만, 책임능력이 없을 뿐이다. 이들은 범죄의 불법성에 대한 변별력이 없기 때문이다. 같은 맥락에서 형법 제10조도 역시 불법에 대한 시비를 할 수 있는 변별력을 문제 삼는다.

4) 대판 1985. 5. 28., 85도361.

고 해야 한다. 이와 별개의 문제로 주체적으로 활동할 수 있는 자가 마땅히 준수해야 할 책무나 의무의 이행을 태만함으로써 형법상 행위를 범할 수 있음은 물론이다.

형법상 행위론에 관하여 국내의 교과서는 이른바 독일에서 주장된 '사회적 행위론'을 주로 노래하고 찬양하고 있다. 여기서 사회적 행위론이란 '사회적으로 중요한 인간의 행태'이며, 모든 행위개념은 결합요소로서 기능, 근본요소로서 기능 그리고 한계요소로서 기능을 모두 갖춰야 하는데, 사회적 행위론은 이를 갖추고 있다고 주장한다.[5] 행위개념에서 필연적으로 요구되는 3가지 기능은 구성요건적 행위에 해당하는 행위라면 당연히 인정될 수 있다는 점에서 실익이 없다.

이런 사회적 행위론은 다음과 같은 문제에 직면한다.

첫째로 형법상 행위는 전 구성요건적 행위를 문제 삼아야 한다고 주장하더라도 형법상 범법행위에 해당하거나 해당할 수 있는 행위를 문제 삼아야 한다. 왜냐하면 범죄구성요건의 실현이나 실현될 수 있는 행위와 아무런 관련 없는 전 구성요건적 행위는 비록 사회적으로 아무리 중요하더라도 형법상 무의미하기 때문이다. 부동산매매계약이나, 상속 등은 사회적으로 매우 중요하지만, 계약을 맺고 상속했다고 해서 이런 행위유형은 형법상 행위가 되지도 않고, 될 필요도 없지 않은가?

둘째로 우리 형법은 형식적 범죄개념을 채택하고 있다. 따라서 어떤 행위가 사회적으로 중요한 것인지 여부를 묻지 않고 형식적으로라도 구성요건에 해당할 만한 행위를 범했거나 그런 행위 자격을 가졌는지 따지도록 설계되어 있다. 구성요건에 형식적으로 해당하는 행위라면 사회적으로 중요한 가치를 가졌는지 여부, 즉 그 행위가 사회적으로 중요하지 않은 경미한 짓이고, 사회적으로 용납할 만한 행위에 불과하다면 비로소 형법 제20조의 사회상규에 의해 위법성 조각 여부가 검토될 수 있다.

셋째로 절대적 폭력은 사회적으로 중요한 인간의 행태로서 기능을 하고 있지만, 누구도 이런 절대적 폭력을 형법상 행위개념으로 파악하지 않는다.

넷째로 사회적 행위론은 형법상 행위개념을 지나치게 넓게 인정하게 됨으로써

---

5) 특히 김성돈, 앞의 책, 134~135쪽 참조.

범죄 수사의 범위에 쉽게 해당할 수 있게 한다.

사회적 행위론을 주장하는 분들은 정면에서 형법상 행위개념은 전 구성요건적 개념이며, 우리 형법은 형식적 범죄개념을 취한다고 주장하면서, 뒤에서는 사회적으로 중요한 의미를 지닌 것만 형법상 행위의 실체를 지닌다고 말함으로써 실행행위의 구성요건 해당성 이전에 가치 관계적이고 실질적 범죄개념으로 치장하는 모순을 품고 있다.

사회적 행위론의 이런 모순을 극복하고자 '재조명된 사회적 행위론'을 주장하고, '인간의 의사에 의해 지배되거나 지배가능한 사회적 인간의 행태'로 수정해야 한다는 사회적 행위론도 있다.[6] 그런데 수정된 사회적 행위론은 목적적 행위론과 본질적으로 동일한 입장이다. 왜냐하면 목적적 행위론에 따르면 인간의 행태 중에서 얻고자 하는 목표에 계획적으로 조종하는 인간의 능력에 기초를 두고, '목적에 의해서 의식적으로 조종된 작용'을 형법상 행위개념이라고 부르는데, 이는 '인간의 (목적적) 의사에 지배되거나 지배(조종) 가능한 인간의 행태'라는 점과 본질적으로 차이가 없기 때문이다. 다만 차이가 있다면 '사회적'이라는 용어 사용 여부인데, 이 '사회적'이란 용어는 있거나 없어도 형법 행위개념을 파악하는 인자로서 역할이 거의 없다.

치밀하게 정제화되지 않은 잘못된 형법 이론은 형법학에서 배제되어야 하며, 독일에서 주장되었다고 하여 그것들 모두 우리 형법의 가치체계에 부합된다는 사고방식은 극복되어야 마땅하다.

Ⅱ. 행위개념의 재구성 필요성

종래의 행위론 중의 일부는 형법 규범의 구성요건 해당성 여부와 관계없이 규범 이전의 행위를 문제 삼았음을 위에서 보았다. 이에 따라 형법상 행위개념은 행위개념의 기초기능과 한계기능을 충족하면 족하지, 굳이 목적적 행위론처럼 오직 고의행위만을 형법상 행위로 한정하는 것을 비판하였다. 그러나 인과적 행위론은 가벌성 범위를 지나치게 확대할 수 있다는 점에서, 사회적 행위론은 사회적

---

6) 김성돈, 앞의 책, 140쪽 참조.

으로 중요한 척도를 기준으로 삼고 있는바, 이는 결과적으로 구성요건에 해당할
만한 중요한 사회적 일탈행위와 깊은 관련을 맺을 수밖에 없다는 점에서 비판을
피해 갈 수 없었다. 이런 유형의 행위론은 형법상의 해석론이나 입법론의 기초가
되기에는 별 실익을 가져다주지 않는다. 게다가 형법상 의미 있고 실익 있는 체
계 적합적인 행위개념으로 안주하기도 어렵다. 왜냐하면 형법상 행위론은 형법상
의미를 갖는 행위론을 전제하며, 형법의 입법론이나 해석론에 실익을 줄 수 있어
야 하기 때문이다.

　물론 이들 행위론이 전혀 무익한 것이라고 할 수 없다. 형법상 의미 있는 인
간의 행위에 대해 다양한 고찰과 그에 대한 해명의 공로를 부인할 수 없기 때문
이다. 그러나 이제까지의 행위론은 가벌적 행위와 불가벌적 비행위(非行爲)에 대
한 형법상 실익 있고 체계적합적인 구별할 수 있는 행위개념을 제대로 제공하지
못했기에, 행위개념 부인론의 입장에 쉽게 동의할 여지를 주었다.

　행위개념 부인론에 결코 동의할 수 없다. 왜냐하면 형법상 행위개념이 가벌적
행위인지, 아니면 아예 처음부터 구성요건적 행위에 적합할 수 없는 비행위인가
에 대한 기준인 한계기능을 무시할 수 없다면, 이러한 한계기능의 내용을 합리적
으로 담보할 수 있는 행위개념의 상위개념기능, 즉 형법상 의미 있는 가벌적 행
위가 무엇인가를 정의하는 것이 불가피하게 요구하게 되는데, 행위개념 부인론은
이를 거부하기 때문이다.

　형법은 수범자인 국민에 대한 행위 결정규범이다. 어느 행위가 행위 결정규범
에 반하는지 여부의 기준은 형법상 행위개념을 설정하는 데 있어서 중요하다. 왜
냐하면 형법상 행위개념으로 인간의 활동 자유에 대한 형법의 개입 가능성은 되
도록 축소됨을 필요로 하기 때문이다. 그리고 그에 대한 통일적인 기준도 제시되
는 것이 바람직하다. 이런 점에서 형법상 행위개념은 형법상 입법과 형법해석의
경우 구체적 실익을 가져야 하며, 그러기 위해서는 형법상 행위는 가벌적 기준으
로써 구성요건적 행위에 준하거나 어울릴 수 있는 행위를 핵심축으로 하는 행위
개념의 재구성이 불가피한 것으로 보인다.

Ⅲ. 재구성된 행위개념

1. 정 의

형법상 행위란 자신의 태도나 행동을 목적적으로 조종할 수 있는 인간이 사회적으로 회피해야 할 위험을 야기하는 인격적 혹은 사회적 태도를 말한다. 이를 다른 말로 표현하면 목적적 행위지배를 할 수 있는 행위자가 행위 시에 회피할 수 있었고, 그래서 회피해야 할 위험을 침해한 일체의 인격적 활동을 형법상 행위로 파악한다.

2. 근 거

성숙한 인간이라면 제한된 범위 내이긴 하지만 사물의 인과과정을 조종하고 지배하여 작품을 형성하는 능력의 소유자일 뿐만 아니라, 그 작품 활동 과정에서 야기된 위험을 예상하고 그것을 회피하는 능력까지 겸비하고 있음을 우리는 부정하기 어렵다. 인간은 이러한 능력을 바탕으로 과학적 지식에 기초하여 자신의 활동을 지배하거나 조절함으로써 우리의 문화형성에 기여하는 작품 활동을 할 수 있는 유일한 존재이자, 사회적으로 봐서 이득이 되는 작품뿐만 아니라, 악영향을 끼치는 활동도 가능한 이중적 존재이기도 하다. 그러므로 인간은 문화를 계승하고 창달하는데 사회적으로 부정적인 영향을 줄 수 있는 사회침해적 행동을 회피할 수 있는 능력을 향유하고, 또한 그러한 침해적 행동을 회피해야 할 책무도 지고 있다. 이와 같은 책무에 근거하여 사회적 위험을 야기하는 행동을 회피할 수 있었음에도 위험을 자초한 자에 대해 형법적 대응이 요구된다.

형법은 바로 이러한 인간의 활동 능력과 사회적 책무를 전제로 하여 사회방위를 위해 불가피한 경우에 개입한다. 즉 형법이 전제하고 있는 인간상은 과학적 지식에 기초하여 일정한 목표를 세워 그 목표를 실행할 수 있을 뿐만 아니라, 그러한 목표의 실행으로 야기되는 부수적인 제반 사정까지 일정한 범위에서 예견하여 그것을 회피할 수 있는 능력자이자, 자기의 활동 범주에서 빚어진 결과에 대하여 사회적 책무를 부담하는 인격자이다.

그러므로 형법상 의미 있는 행위를 할 수 있는 능력자는 인간 모두가 포함되는 것이 아니라 자신의 목표를 조절하고 지배할 수 있는 목적적 행위지배가 가능한 인격 있는 행위능력자로 국한해야 한다. 이러한 능력자에 포함되기 위해서는 자기가 목적하는 바를 실현할 수 있고, 그 행위로 부수되는 제 사정을 참작할 수 있는 능력이 있으면 충분하다. 자신의 행위가 사회적으로 어떠한 의미를 갖는지 알 수 있는 능력을 요구하지 않는다. 이런 점에서 형법상 행위능력은 자기의 행위가 법적으로 위법한 지 여부를 인식할 수 있고, 그에 따라 적법한 행위를 할 수 있는 책임능력과 구별된다.[7] 대법원도 책임능력을 "사물의 시비선악을 변별할 능력이나 인식하는 바에 따라 행동할 능력이 없어 그 행위의 위법성을 의식하지 못하고 또는 이에 따라 행위를 할 수 없는 상태"에 있는 것이라고 명백히 판시하고 있다.[8]

형법상 행위가 성립되기 위해서는 '행위능력' 있는 자의 행위가 필수적으로 요청되지만, 행위능력이 자기의 행위를 목적적으로 지배할 수 있는 능력을 말하는 것이라 해서, 형법상의 행위개념은 반듯이 목적적 행위론처럼 목적적 활동이라고 할 필요성이 없다. 왜냐하면 형법상 '행위능력'은 인간 자체의 의사에 근거하여 인과적 과정을 지배하거나 조종하는 활동 능력을 말하는 데 반해서, 형법상 '행위'는 그런 능력을 지닌 자가 현실 세계에서 회피했어야 할 사회적 위험을 야기하는 인격적 태도를 말하는 것이므로, 행위능력자의 목적적 조종에 의한 작품 형성행위만이 형법상 의미 있는 행위로 인정되는 것이 아니다. 그런 능력자가 무의식적 실수로 위험을 야기하는 경우에도 때로는 그 위험을 회피해야 할 사회적 책무 때문에 형법상 행위로 보아야 할 필요가 있다. 그러므로 그런 위험을 일반적으로 회피할 수 있었던 행위 능력자에게는 사회평화를 위해 사회적으로 중요한 이익침해를 방지해야 할 의무가 부여될 수 있으며, 그러한 의무를 지고 있는

---

7) 형법 제9조와 제10조가 행위능력이 아닌 책임능력을 규율하고 있다고 해석해야 할 이유는 다음과 같다. 형법 제9조가 14세 미만자에 대해 불가벌로 하는 것은 초등학교에 입학할 수 있는 6~7세의 어린아이일지라도 범죄구성요건의 객관적 요소인 행위주체를 비롯한 객체, 방법, 수단, 결과 등을 많은 경우 충분히 인식할 수 있는 것은 사실이지만, 그러나 불법에 대한 변별력이 없기 때문이다. 같은 맥락에서 형법 제10조도 역시 불법에 대한 시비를 할 수 있는 변별력을 문제 삼고 있어 보인다(이에 관해서는 현행형법 제10조를 토대로 한 형법개정안 제21조 1항의 "행위의 옳고 그름을 판단할 능력"이라는 표현과 각주 59의 대법원판결 참조).

8) 대판 1985. 5. 28., 85도361.

자가 법적으로 이행했어야 할 도리를 다하지 않아 보호해야 할 이익을 침해나 침해할 수 있는 경우 비로소 형법상 개입의 기초가 되는 형법상 행위가 존재한다고 해야 한다.

Ⅳ. 여 론

문채규 교수는 테니스를 참 잘 친다. 통상의 수준을 넘어선다. 유일한 즐거움이 학문연구와 테니스가 아닌가 하고 생각될 정도다. 그런 그와 2005년 가을 경남고등학교 인근에 소재한 테니스장에서 테니스를 쳤다. 이날도 그와 테니스를 함께 치면서 평소와 달리 자주 피곤해하는 저에게 병원으로 당장 가서 심장 진찰을 받아보라고 권유했다. 그의 말에 따라 병원에 갔더니, 담당 의사 왈 지금 관상동맥 3개 중에서 2개가 막혔으니, 시술이 급하다고 한다. 문채규 교수 덕분에 곧바로 관상동맥을 시술하였기에 나는 살 수 있었다. 그러니 그는 내겐 생명의 은인이다.

그는 남들에 대한 뒷담화를 한 적도 없었고, 그래서 들은 적도 없다. 게다가 남들에 대한 비난이나 비판도 인내한다. 데일 카네기의 세계적으로 유명한 저서인 '인간관계론'에서 가장 강조한 부분이 남들에 대한 비난이나 뒷담화 금지인데, 그는 그것을 알고 그랬는지 아니면 모르고 그랬는지 모르겠지만, 좌우간 그랬다. 반면에 남들에 대한 칭찬은 자주 하는 데 주저하지 않는 그런 분이다.

형사법의 쟁점에 관한 끊임없는 연구와 발표는 그의 주된 관심 대상이자, 그의 삶에서 핵심적 요소였다. 탁월한 역량이 발휘된 수많은 연구논문을 그는 끊임없이 발표하였고, 그런 훌륭한 논문들 덕분에 당시 350명이 넘는 회원을 가진 '한국형사법학회'에서 처음으로 신설된 논문상인 정암학술상을 수상한 첫 번째 주인공이 되었다.

인성은 어떨까? (고) 심재우 교수, 김일수 교수와 배종대 교수 이들 세 분께서 들려준 문채규의 한결같은 인간성은 '남을 위한 헌신과 배려'였다. 저 역시 그렇게 느꼈다. 그는 남들에게 부담되는 일은 무조건 삼갔으며, 선후배를 위해서뿐만 아니라 주변의 사람들을 위해 희생이 필요할 때 서슴없이 자기 자신을 희생하였다.

문채규 교수가 2024년 2월 정년을 맞이하기 이전에 그를 위한 기념행사를 베풀고 싶다고 살며시 전한 바 있다. 2023년 12월 중순 어느 날 문채규 교수의 제자가 내게 전하길 "허일태 교수가 관여한 기념행사에는 전혀 참여할 생각이 없으니 그리 알아달라고 엄명하였다."고 한다. 그는 그 어떤 것도 남들에게 부담 주는 것을 극도로 싫어했기 때문이다.

문채규 교수는 1998년 여름 '한국비교형사법학회'를 창립하는 데 깊이 관여하였다. 그는 아무런 군말 없이 학회창립에 필요한 부분마다 정성껏 도와주었다. 후일 '한국비교형사법학회' 회장직을 역임하는 등 학회의 상임이사를 오랫동안 맡아오면서 '한국비교형사법학회'의 창립과 유지 및 발전에 문채규 교수의 역할 또한 매우 컸다.

그런 그가 내년(2024년) 2월 65세로 정년을 맞이한다. 이런 문채규 교수를 존경하는 제자들이 많다. 이들이 모여 각자 스승의 수많은 논문 중 한 편을 읽고 그 깊이를 재음미하여, 그것을 담아 아담한 단행본을 편찬하기로 결의했다는 얘길 들었다. 그래서 저도 학회지에 실렸던 문채규 교수의 논문 "횡령죄의 주체와 부동산명의수탁자의 지위"를 읽고서 느낀 소회를 쓸 예정이었다. 그런데 이 논문을 읽고 나니, 저랑 견해가 다른 부분도 있어서 그것을 비판적으로 검토함은 동료에 대한 도리가 아니라고 느꼈다.

그래서 형법상 행위개념에 관한 논문으로 대체했다. 이 논문의 의도는 적지 않은 형법학자가 형법상 행위개념을 행위주체와 아무런 관계없이 오로지 행위 자체에서 찾으려 하고, 또한 행위개념을 순수한 존재론적 관점에서 찾아야 한다는 잘못된 믿음을 밝혀보려는 데 있다.

형법학계의 신사이자 학문의 한없는 깊이뿐만 아니라 격조 높은 논증 그리고 은은한 향기를 품어내는 문 교수는 저와 동시대에서 형사법에 관한 학문 활동을 펼쳤던 동료이자, 생명의 은인이기도 하다. 이런 문 교수에게 고마움을 표시하고자 이 논문을 바친다.

판례색인

저자 및 편집위원 소개

편집위원
- **위원장** 최석윤
- **위원** 하태영, 이석배, 하태인, 이근우, 최성진, 강수경, 김은경, 김충식,
 이수진, 여현수, 정윤철, 조현영

형법학의 주요문제

2024년 2월 1일 인쇄
2024년 2월 15일 초판 발행

저 자 문채규교수정년기념준비위원회

발행인 배   효   선

발행처 도서
출판 **法 文 社**

주 소 10881 경기도 파주시 회동길 37-29
등 록 1957년 12월 12일/제2-76호(윤)
전 화 (031)955-6500~6 FAX (031)955-6525
E-mail (영업) bms@bobmunsa.co.kr
(편집) edit66@bobmunsa.co.kr
홈페이지 http://www.bobmunsa.co.kr
조 판 법 문 사 전 산 실

정가 40,000원   ISBN 978-89-18-91474-9